미래와 통하는 책

동양북스 외국어 베스트 도서

700만 독자의 선택!

새로운 도서, 다양한 자료 동양북스 홈페이지에서 만나보세요!

www.dongyangbooks.com
m.dongyangbooks.com

※ 학습자료 및 MP3 제공 여부는 도서마다 상이하므로 확인 후 이용 바랍니다.

홈페이지 도서 자료실에서 학습자료 및 MP3 무료 다운로드

PC

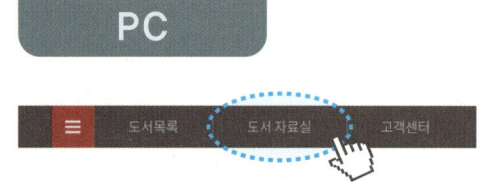

❶ 홈페이지 접속 후 도서 자료실 클릭
❷ 하단 검색 창에 검색어 입력
❸ MP3, 정답과 해설, 부가자료 등 첨부파일 다운로드
  * 원하는 자료가 없는 경우 '요청하기' 클릭!

MOBILE

* 반드시 '인터넷, Safari, Chrome' App을 이용하여 홈페이지에 접속해주세요. (네이버, 다음 App 이용 시 첨부파일의 확장자명이 변경되어 저장되는 오류가 발생할 수 있습니다.)

❶ 홈페이지 접속 후 ☰ 터치

❷ 도서 자료실 터치

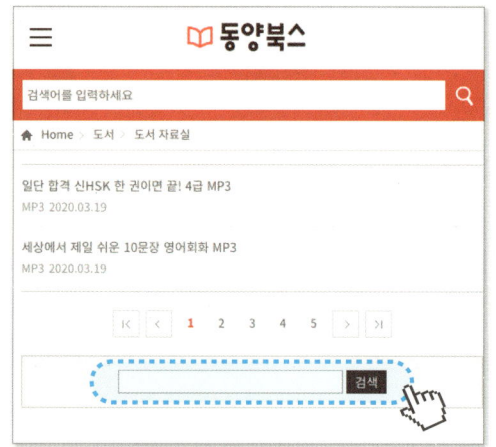

❸ 하단 검색창에 검색어 입력
❹ MP3, 정답과 해설, 부가자료 등 첨부파일 다운로드
  * 압축 해제 방법은 '다운로드 Tip' 참고

刘云 郝小焕 姜安 主编
윤정미(青美)·김순기(金顺基) 해설
张俏然 감수

차례

이 책의 구성과 특징 ·· 4

HSK 7-9급 시험 소개 ··· 6

HSK7-9급 영역별 문제 유형 ································· 8

모범 답안 및 해설

실전모의고사 1회 ·· 10

실전모의고사 2회 ·· 92

실전모의고사 3회 ·· 176

실전모의고사 4회 ·· 260

실전모의고사 5회 ·· 348

이 책의 구성과 특징

● 국내 최다 '5'회분, 최신 기출 유형 실전모의고사 수록!

도서 내 수록된 문제 수, 어휘 수, 해설 양 모두 국내 최대!

북경대학교 출판사에서 출간된 최신 기출 유형 모의고사 5회분을 제공한다. 실제 시험의 난이도와 출제 유형을 파악할 수 있으며, 쉽고 정확한 해설과 함께 HSK 7-9급의 준비 기간을 단축시킬 수 있다.

● 학습자의 편의를 위한 친절한 해설과 구성!

긴 지문 속 정답 힌트 빠르게 찾기

모든 지문에 단락 구분을 표시해 두어 학습자는 정답의 핵심 내용이 위치한 부분을 빠르게 찾을 수 있다.

모르는 어휘는 바로 찾아 확인하기

문제 지문뿐만 아니라, 해설까지 하단에 상세한 어휘 자료를 추가하여 학습의 편의성을 높였다.

수준별 모범 답안 2개 제공

쓰기, 통번역, 말하기 영역 문제에서 학습자가 자신의 수준에 맞게 선택하여 익힐 수 있도록 2개의 모범 답안을 제공한다.

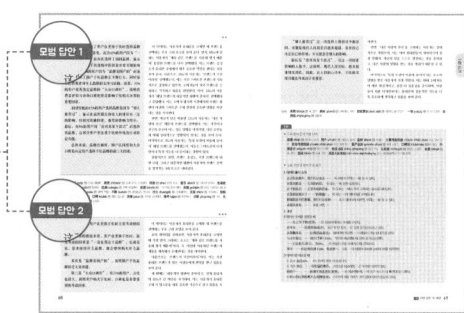

● 주요 문장 형식 모음 TIP 제공!

주요 문장 형식 학습으로 긴 글의 이해 속도 향상

정답 확인을 마친 후 지문 속 HSK 7-9급 빈출 문장 형식을 별도로 학습한다. 문제에서 접한 원문에 추가 예문을 더하여 학습자는 해당 문장 형식을 오랫동안 기억할 수 있을 뿐만 아니라, 유사 문장 출제 시 빠르고 정확한 해석이 가능하다.

● '북경' 현지에서 녹음된 실제 시험 유형 MP3 음원!

연습도 실전처럼, 듣기 문항 완벽 적응

문제집에 수록된 5회분 모의고사를 통해 학습자는 실제 시험의 빠르기에 맞춰 듣기 문항을 연습하고 완벽하게 적응할 수 있다.

문제별 편집 MP3 음원 추가 제공

해설집의 듣기, 통번역 제2부분, 말하기 영역은 문제별 편집된 MP3 음원이 추가로 제공되어 원하는 부분만 반복 청취가 가능하다.

MP3 바로 듣기 QR

스마트폰으로 QR코드를 스캔하면 MP3 실시간 재생 페이지로 연결되며, 해당 음원은 동양북스 홈페이지(www.dongyangbooks.com)에서 무료로 다운로드할 수 있다.

HSK 7-9급 시험 소개

HSK 7-9급 시험은 중국어를 제2언어로 사용하는 응시자의 사회생활, 학술 연구 등 분야의 복잡한 주제에 대해 중국어 교류 능력을 중점적으로 평가한다. 〈국제 중문 교육 중문 수준 등급 표준〉(GF0025-2021)에 따라 설계 및 개발되었으며, 한 번의 시험 성적에 따라 7, 8, 9급으로 나누어 지는데, 9급이 최고 등급이다.

1. 응시 대상

HSK 7-9급은 중국어를 제2언어로 하는 고급 수준의 학습자, 중국어 전공자, 석박사과정 중국 유학 희망자 또는 중문 학술 연구 및 경제·문화·과학 기술 분야의 한중 교류 관련 종사자 등을 그 대상으로 한다.

2. 시험 방식 (IBT)

IBT(Internet-Based Test)는 컴퓨터로 진행하는 시험 방식이다. HSK 7-9급은 IBT 형식으로 시험이 진행되는데, 필기구와 메모지를 사용할 수 없는 대신 키보드에서 중국어 입력기 sougou(搜狗)를 사용하면 빠른 한자 타이핑이 가능하다.

3. 시험 내용

HSK 7-9급은 중국어 듣기, 말하기, 읽기, 쓰기 및 통번역 능력, 주제 분석, 어법 및 11,000개의 중국어 어휘, 관련 중국 문화 및 현재 중국 상황 등을 시험 중점 내용으로 한다.

4. 시험 시간

HSK 7-9급은 일반적으로 오후 1:00 ~ 1:30에 입실하여 시험을 진행한다. 이때 각 영역별 시간에 맞추어 시험 프로그램이 자동으로 통제되므로, 타 영역으로의 페이지 이동은 불가능하다.

시험 영역	시험 시간
듣기	오후 2:00 ~ 2:30
독해	오후 2:30 ~ 3:30
휴식 10분	
쓰기	오후 3:40 ~ 4:35
통번역 (번역)	오후 4:45 ~ 5:10
휴식 10분	
통번역 (통역)	오후 5:20 ~ 6:00
말하기	

5. 시험 구성

HSK7-9급은 듣기, 독해, 쓰기, 통번역, 말하기 5개의 영역으로 이루어져 있다. 전체 98문항(객관식 67문항, 주관식 31문항)이 출제되며, 휴식 시간을 제외한 총 시험 시간은 약 210분이다.

시험 영역		시험 내용	문제 유형	문항 수			시험 시간
				객관식	주관식	합계	
듣기	제1부분	뉴스, 비즈니스, 토론, 인터뷰, 강연, 기록, 회의 발언 등	옳고 그름 판단	10문항	–	40문항	약 30분
	제2부분		정답 선택 및 작성	9문항	3문항		
	제3부분			15문항	3문항		
독해	제1부분	뉴스, 과학 저술, 조사 보고서, 학술 문헌, 중국 문화 및 개황 등	정답 선택	28문항	–	47문항	약 60분
	제2부분		어순 배열	5문항	–		
	제3부분		정답 작성	–	14문항		
휴식 10분							
쓰기	제1부분	도표 분석 및 묘사 (제공되는 주제에 근거하여 본인의 견해를 발표 및 논증)	도표 작문 (200자)	–	1문항	2문항	약 55분
	제2부분		주제 작문 (600자)	–	1문항		
통번역 (번역)	제1부분	설명문, 서술문, 논설문 등 다른 장르의 외국어 자료를 중국어로 번역	서면 번역	–	2문항	2문항	약 35분
휴식 10분							
통번역 (통역)	제2부분	설명문, 서술문, 논설문 등 다른 장르의 외국어 자료를 중국어로 통역	구술 통역	–	2문항	2문항	약 6분
말하기	제1부분	응용문, 서술문, 논설문 등의 자료를 본인의 관점으로 전달 혹은 발표	응용 읽고 말하기	–	1문항	5문항	약 24분
	제2부분		자료 보고 답하기	–	3문항		
	제3부분		관점 표현하기	–	1문항		
합계				67문항	31문항	98문항	약 210분

HSK 7-9급 영역별 문제 유형

듣기

- **제1부분**(1-10번, 녹음 자료 2개)

  총 10문항으로 모두 객관식이다. 녹음에서 들은 내용을 바탕으로 문제 내용이 일치하는지를 판단한다. 정답 칸에 녹음 내용과 일치하면 '✓'를, 일치하지 않으면 '✗'를 표시한다.

- **제2부분**(11-22번, 녹음 자료 2개)

  총 12문항으로 객관식 9문항, 주관식 3문항이다. 인터뷰 형식의 대화를 듣고 문제의 정답을 보기에서 선택하거나 주관식으로 작성해야 한다.

- **제3부분**(23-40번, 녹음 자료 3개)

  총 18문항으로 객관식 15문항, 주관식 3문항이다. 장문의 녹음 내용을 바탕으로 문제의 정답을 보기에서 선택하거나 주관식으로 작성해야 한다.

독해

- **제1부분**(41-68번, 독해 지문 4개)

  총 28문항으로 모두 객관식이다. 장문의 독해 지문 내용을 바탕으로 문제의 정답을 보기에서 선택해야 한다.

- **제2부분**(69-73번, 독해 지문 1개)

  총 5문항으로 어순 배열 문제이다. A에서 G까지 7개의 순서가 뒤섞인 단락들을 논리적으로 일관된 글이 되도록 다시 정렬해야 한다. 이 과정에서 한 개의 단락은 내용과 무관한 방해 요소이며, 밑줄 친 단락의 위치는 고정되어 있으므로 순서를 변경할 필요가 없다.

- **제3부분**(74-87번, 독해 지문 2개)

  총 14문항으로 모두 주관식이다. 장문의 독해 지문 내용을 바탕으로 문제의 올바른 정답을 10글자 이내로 간략하게 작성해야 한다.

쓰기

- **제1부분**(88번, 도표 1개)

  총 1문항이다. 도표를 설명하고 분석하는 200자 내외의 글을 작성해야 하며, 제한 시간은 15분이다.

- **제2부분**(89번, 주제 제시 글 1개)

  총 1문항이다. 제시된 주제에 관해 자신의 의견을 주장하는 600자 내외의 글을 작성해야 한다. 제한 시간은 40분이다.

통번역

● **제1부분**(90-91번, 번역 자료 2개)

총 2문항이다. 제시된 두 개의 한국어 자료를 읽고 중국어로 번역문을 작성해야 한다. 두 개의 번역문을 작성하는 데 제한 시간은 35분이다.

● **제2부분**(92-93번, 통역 자료 2개)

총 2문항이다. 제시된 두 개의 한국어 자료를 읽고 중국어로 통역해야 한다. 각 자료는 1분의 준비 시간과 2분의 말하기 시간이 주어진다. 구술 시험에 해당하는 통번역 제2부분 문제는 말하기 영역 시험과 함께 진행되며, 시작 시 아래의 안내 멘트가 주어진다.

大家好！欢迎大家参加HSK（7-9级）口试。HSK（7-9级）口试，该口试包含口译和口语两部分，共7题。请大家注意，所有题目作答都要在听到"嘀"声后开始。好，考试现在开始。	여러분 안녕하세요! HSK 7-9급 구술 시험에 참가한 것을 환영합니다. HSK7-9급 구술 시험은 통역과 말하기 두 부분을 포함하며, 모두 7문항입니다. 주의하세요. 모든 문항의 답변은 '띠' 소리를 들은 후 시작해야 합니다. 그럼, 이제부터 시험을 시작하겠습니다.

말하기

● **제1부분**(94번, 상황 설정 제시 자료 1개)

총 1문항이다. 자료의 내용을 확인하고 문제에서 제시하는 요청 사항에 따라 구술로 답변해야 한다. 준비 시간 3분과 대답 시간 3분이 주어진다.

● **제2부분**(95-97번, 녹음 자료 1개)

총 3문항이다. 하나의 자료와 3개의 질문을 들은 후 응시자는 들은 내용을 바탕으로 구술로 답변해야 한다. 95, 96번은 녹음 내용에서 정답을 찾아야 하며, 97번은 녹음 내용에 관련된 개인의 의견을 묻는다. 이때 별도의 준비 시간은 제공되지 않으며 95, 96번의 대답 시간은 30초, 97번의 대답 시간은 2분이 주어진다.

● **제3부분**(98번, 녹음 자료 1개)

총 1문항이다. 녹음 자료를 듣고 제시되는 질문에 대해 자신의 관점을 구술로 답변해야 한다. 준비 시간 3분과 대답 시간 3분이 주어진다.

HSK 7-9급
실전모의고사

모범 답안 및 해설

MP3 바로 듣기

실전모의고사 1회 모범 답안

듣기 P12

제1부분

1 ✗   2 ✓   3 ✓   4 ✗   5 ✓   6 ✗   7 ✗   8 ✗   9 ✓   10 ✓

제2부분

11 D   12 B   13 C   14 A   15 时间的门槛。   16 A   17 B
18 戏剧艺术和中国传统文化。   19 精确地再现历史。   20 C   21 A   22 A

제3부분

23 A   24 B   25 A   26 C   27 与时俱进。/ 创新。   28 D   29 D   30 C   31 C
32 D   33 简洁又形象。   34 B   35 A   36 A   37 D   38 耐心。   39 D   40 C

독해 P36

제1부분

41 D   42 A   43 C   44 A   45 D   46 C   47 B   48 B   49 D   50 C
51 B   52 B   53 A   54 B   55 A   56 D   57 C   58 D   59 D   60 A
61 D   62 B   63 A   64 B   65 A   66 D   67 B   68 C

제2부분

69 F   70 A   71 C   72 G   73 D

제3부분

74 传报信息。   75 西周。   76 盛极一时。
77 表示军情紧急。   78 3000多只。   79 官府的紧急公文。
80 中国邮驿的发展史。   81 《神农本草经》。   82 化妆品、保健品。
83 五代时期。   84 山东菏泽。   85 形态和生态习性。
86 繁荣兴旺、富贵吉祥。 87 数量多。

쓰기

제1부분   88 [모범답안] .... P66   제2부분   89 [모범답안] P70

통번역

제1부분   90 [모범답안] .... P76   91 [모범답안] P77
제2부분   92 [모범답안] .... P78   93 [모범답안] P79

말하기

제1부분   94 [모범답안] P80
제2부분   95 [모범답안] ...... P84   96 [모범답안] ...... P84   97 [모범답안] P85
제3부분   98 [모범답안] P88

一、听力 듣기

제1부분 (1-10) 들은 내용을 바탕으로 아래 문장이 원문의 내용과 일치하는지 판단하세요.
원문과 일치하면 '✓'을, 일치하지 않으면 '✗'를 표시하세요.

1-5　　　　　　　　　　　　　　　　　　　　　　　　　　　　　　　　MP3 01-01

① 有一条南北走向的山谷，❶ 它的西坡长满松、柏、柘、女贞等杂树，而东坡却只有雪松。这一奇异的景观始终是个谜，谁也不知道谜底是什么。

② 1983年的冬天，大雪纷飞，有两个旅行者来到了这个山谷。他们支起帐篷，望着漫天飞舞的大雪，惊奇地发现，❷ 由于特殊的风向，山谷东坡的雪总比西坡的雪来得大，不一会儿满枝的雪松上就积了厚厚的一层雪。当雪积到一定程度时，❸ 雪松那富有弹性的枝丫就开始向下弯曲，于是积雪便从枝丫上滑落，待压力减轻，刚弯下去的树枝又立即反弹回来，雪松依旧保持着苍翠挺拔的身姿。就这样，雪反复地下，雪松反复地弯；雪反复地落，雪松反复地弹……不论雪下得多大，雪松始终完好无损。

③ 谜底终于被揭开了：东坡雪大，❸ 因为其他的树没有雪松这个本领，树枝都被积雪压断了，渐渐地丧失了生机；❹ 西坡雪小，树上少量的积雪根本就压不断树枝，所以松、柏、柘、女贞之类的树种，都存活了下来。

④ 帐篷中的旅行者为自己的这一发现感到高兴。一位说："我得到了一个启示，对于外界的压力，可以通过正面抗争去战胜它。但 ❺ 有时也需要像雪松那样先弯曲一下，做出适当的让步，以求反弹的机会。"

남북 방향으로 이어진 한 계곡이 있다. ❶ 이 계곡의 서쪽 비탈에는 소나무, 측백나무, 산뽕나무, 당광나무 등 여러 종류의 잡목이 빽빽이 자라지만, 동쪽 비탈에는 오직 설송만이 자라고 있다. 이 기이한 풍경은 오랫동안 수수께끼로 남아 있었고, 아무도 그 해답을 알지 못했다.

1983년 겨울, 눈이 펑펑 내리던 날 두 명의 여행자가 이 계곡을 찾았다. 그들은 텐트를 치고, 하늘 가득 흩날리는 눈을 바라보던 중 놀라운 사실을 발견했다. ❷ 독특한 풍향 때문에 산골짜기 동쪽 비탈에는 늘 서쪽보다 훨씬 많은 눈이 쌓였다. 얼마 지나지 않아 설송(雪松) 가지 위에는 두껍게 눈이 한 겹 쌓였다. 일정한 양이 쌓이면 ❸ 설송의 탄력 있는 가지가 서서히 아래로 휘어지면서 눈이 가지에서 미끄러져 떨어졌고 무게가 줄어든 가지는 바로 다시 원래 자리로 튕겨 올라왔으며 설송은 여전히 푸르고 곧은 자태를 유지했다. 그리하여 눈이 계속 내리면 설송은 다시 휘었고, 눈이 쌓였다가 다시 떨어지면 설송 가지는 반복해서 튕겨 올랐다. 아무리 많은 눈이 내려도 설송은 늘 부러진 곳이 없었다.

마침내 수수께끼의 정답이 밝혀졌다. 동쪽 비탈에는 눈이 많이 내렸고, ❸ 다른 나무들은 설송처럼 이 특별한 능력이 없기 때문에 가지가 눈의 무게를 이기지 못하고 부러졌고, 점점 생기를 잃어 갔다. 반면 ❹ 서쪽 비탈에는 적은 양의 눈이 내려 나무들이 무게를 버틸 수 있었고, 소나무, 측백나무, 산뽕나무, 당광나무 등의 다양한 나무들이 살아남을 수 있었다.

텐트 안에서 이 광경을 지켜보던 여행자는 자신의 발견에 기뻐했다. 한 사람이 "나는 여기서 중요한 깨달음을 얻었어. 외부의 압력에 정면으로 맞서 싸워 이길 수도 있지만, ❺ 때로는 설송처럼 먼저 몸을 굽히고 적절히 양보함으로써 재기의 기회를 찾을 필요도 있어."라고 말했다.

단어　**走向** zǒuxiàng 명 방향　**山谷** shāngǔ 명 산골　**坡** pō 명 비탈, 언덕　**长满** zhǎngmǎn 가득 자라다　**松** sōng 명 소나무　**柏** bǎi 명 측백나무　**柘** 명 산뽕나무　**女贞** nǚzhēn 명 당광나무　**杂树** záshù 명 잡목　**而……却……** ér……què…… 그러나 ~은 오히려 ~하다　**奇异** qíyì 형 기이하다　**谜底** mídǐ 명 수수께끼의 답 (비유:사건의 진상, 실체를 밝히다)　**揭开谜底** jiēkāi mídǐ 수수께끼가 밝혀지다(풀리다)　**支起** zhīqǐ 동 받치다, 지지하다　**帐篷** zhàngpéng 명 텐트　**漫天飞舞** màntiān fēiwǔ 성 하늘에 흩날리다　**惊奇** jīngqí 형 놀랍고도 이상하다　**风向** fēngxiàng 명 풍향　**富有** fùyǒu 형 풍부하다　**弹性** tánxìng 명 탄성, 신축성, 유연성　**积** jī 동 쌓다. 쌓이다　**枝丫** zhīyā 명 나뭇가지, 잔가지　**弯曲** wānqū 형 동 휘어지다, 굽다, 꺽이다　**滑落** huáluò 동 미끄러져 떨어지다　**反弹** fǎntán 동 원상태로 돌아가다　**苍翠** cāngcuì 형 푸르고 싱싱하다　**挺拔** tǐngbá 형 우뚝 솟다　**弹** dàn 동 튕기다　**完好无损** wánhǎowúsǔn 온전하다, 전혀 손상이 없다　**本领** běnlǐng 명 재주, 재능, 능력　**丧失** sàngshī 동 상실하다, 잃다　**压** yā 동 (내리)누르다　**存活** cúnhuó 동 생존하다　**启示** qǐshì 명 깨달음을 얻다　**抗争** kàngzhēng 동 항쟁하다, 맞서다　**战胜** zhànshèng 이겨내다, 극복하다　**适当** shìdàng 형 적절하다, 알맞다, 적당하다　**求** qiú 동 추구하다, 찾다

1 ✗

| 这条山谷里只生长着松树和柏树。( ) | 이 계곡에는 소나무와 측백나무만 자라고 있다. (✗) |

해설　녹음 첫 번째 단락에서 '它的西坡山谷长满松、柏、柘、女贞等杂树(계곡의 서쪽 비탈에는 소나무, 측백나무, 산뽕나무, 당광나무 등 여러 종류의 잡목이 빽빽이 자란다)'라고 했으므로 문제 내용과 일치하지 않는다. 문제 속 '只', '都', '最' 등의 부사들은 정답의 힌트가 될 수 있으므로 미리 체크해 두는 것이 좋다.

단어　山谷 shāngǔ 몡 계곡　只 zhǐ 뵘 오직 ~만　生长 shēngzhǎng 동 생장하다, 나서 자라다　长满 zhǎngmǎn 동 가득 자라다　而……却…… ér…què… 그러나 ~은 오히려 ~하다

2 ✓

| 风向导致了山谷东坡和西坡的雪量不一样大。( ) | 풍향 때문에 계곡 동쪽 비탈과 서쪽 비탈의 적설량이 다르다. (✓) |

해설　녹음 두 번째 단락에서 '由于特殊的风向，山谷东坡的雪总比西坡的雪来得大(독특한 풍향 때문에, 산골짜기 동쪽 비탈은 늘 서쪽보다 훨씬 많은 눈이 쌓였다)'라고 했는데, 이를 문제에서 '山谷东坡和西坡的雪量不一样大(동쪽 비탈과 서쪽 비탈의 적설량이 다르다)'로 바꿔 표현했다. 모두 적설량의 차이가 있음을 나타내는 표현이므로 녹음과 문제 내용은 일치한다. 비교문 및 유의어 형태는 특히 출제되는 경우가 많으므로 빈출 형식을 미리 정리해 두는 것이 좋다.

- A 和 B 不一样 (형용사) A는 B와 같이 (형용사)하지 않다
  - 예) 东坡和西坡的雪量不一样大。
- A 比 B (동사 + 得 + 형용사) A는 B보다 (동사)하는 것이 더 (형용사)하다
  - 예) 东坡的雪比西坡的雪来得大。
- A 比 B (형용사 + 得很 / 得多 / 多了) A는 B보다 훨씬 (형용사)하다
  - 예) 东坡的雪量比西坡的(大得很 / 大得多 / 大多了)。

단어　风向 fēngxiàng 몡 풍향　导致 dǎozhì 동 초래하다, 야기하다　雪量 xuěliàng 몡 적설량

3 ✓

| 雪松树枝的弹性更大。( ) | 설송 가지의 탄성이 더 크다. (✓) |

해설　녹음 두 번째 단락에서 '雪松那富有弹性的枝丫(설송의 탄력 있는 가지가)', '雪松反复地弹(설송의 가지가 반복해서 팅겨오르다)' 등의 표현을 통해 설송이 탄성이 있음을 말하고 있다. 또한 세 번째 단락의 '因为其他的树没有雪松这个本领(다른 나무들은 설송처럼 이 특별한 능력이 없기 때문에), 树枝都被积雪压断了(가지가 눈의 무게를 이기지 못하고 부러졌다)'를 통해 설송 가지의 탄성이 상대적으로 더 크다는 것을 알 수 있으므로 녹음과 문제 내용은 일치한다. 弹性은 HSK 빈출 어휘이므로 꼭 기억해 두자.

단어　雪松 xuěsōng 몡 설송(히말라야 삼목 Cedrus deodara)　树枝 shùzhī 몡 나뭇가지　弹性 tánxìng 몡 탄성, 유연성(비유: 회복력)

4 ✗

| 西坡树上的积雪常常压断树枝。( ) | 서쪽 비탈의 나무 위에 쌓인 눈이 자주 나뭇가지를 부러뜨린다. (✗) |

해설 녹음 세 번째 단락에서 '西坡雪小，树上少量的积雪根本就压不断树枝(서쪽 비탈에는 적은 양의 눈이 내려 나무들이 무게를 버틸 수 있었다)'라고 했으므로 문제 내용과 일치하지 않는다.

단어 积雪 jīxuě 명 쌓인 눈 동 눈이 쌓이다 压断 yāduàn 동 눌러서 부러뜨리다 生存 shēngcún 동 생존하다

5 ✓   ★★

| 这篇文章想告诉我们适当弯曲能够更好地发展自己。( ) | 이 글은 우리가 적절히 굽히는 것이 자신을 더 잘 발전시키는 데 도움이 된다는 것을 말하고자 한다. (✓) |

해설 녹음 네 번째 단락에서 '有时也需要像雪松那样先弯曲一下(때로는 설송처럼 먼저 몸을 굽히고), 做出适当的让步(적절히 양보함으로써), 以求反弹的机会(재기의 기회를 찾을 필요도 있다)'라고 했으므로 문제 내용과 일치한다.

단어 适当 shìdàng 형 적당하다, 적절하다 弯曲 wānqū 동 굽히다, 휘다 让步 ràngbù 동 양보하다, 타협하다 反弹 fǎntán 동 원상태로 돌아오다, 반등하다(비유: 재기하다)

TIP

● 주요 문장 형식

而……却…… (그러나 ~은 오히려 ~하다)
원문 它的西坡长满松、柏、柘、女贞等杂树，而东坡却只有雪松。
예문 北方的冬天寒风刺骨，而南方却依然温暖如春。

由于…… (~때문에, ~으로 인하여)
원문 由于特殊的风向，山谷东坡的雪总比西坡的雪来得大。
예문 由于天气突然变冷，院子里的花全冻坏了。

6-10   MP3 01-02

在中国传统观念里，燕窝被认为是滋补圣品。对燕窝的科学分析表明，燕窝的蛋白质含量约为50%，碳水化合物含量约为30%，其余是水分和矿物质等。❻ 燕窝的蛋白质含量看上去不低，却敌不过常见的豆腐皮。从营养学角度看，同等质量燕窝所含有的蛋白质，甚至比不上一枚鸡蛋。

有人会说，许多明星都说护肤养颜的秘诀是吃燕窝。❼ 但是，影视、广告中的明星们，他们肌肤所呈现的状态多是靠化妆和影视后期加工，而非依赖吃燕窝之类的食品。常吃燕窝的人之所以成为燕窝的拥趸，不外乎以下原因：❽ 燕窝价格并不便宜，能消费得起燕窝的人，必然用得起各类护肤品和化妆品，面对阳光暴晒的概率也会更低。要知道，阳光中的紫外线是导致皮肤老化的主要原因之一。更重要的是，❾ 由心理上的认同感带来的 "安慰剂效应"，让吃燕窝的人 "坚信" 自己皮肤光洁有弹性，这才是燕

중국의 전통적인 관념에서, 제비집(燕窝)은 최고의 보양식품으로 여겨진다. 과학적 분석에 따르면, 제비집의 단백질 함량은 약 50%, 탄수화물 함량은 약 30%이며, 나머지는 수분과 미네랄 등으로 구성되어 있다. ❻ 제비집의 단백질 함량이 보기에는 낮지 않으나, 오히려 흔한 두부피만도 못하다. 영양학적으로 보면, 같은 무게의 제비집이 포함하는 단백질량은 심지어 달걀 한 개에도 미치지 못한다.

어떤 사람들은 "수많은 스타들이 피부 관리 비결로 제비집을 먹는다"고 말한다. ❼ 하지만 영화나 광고에서 보여지는 스타들의 피부 상태는 대개 메이크업과 후반 작업의 효과에 의한 것이며, 결코 제비집 같은 음식을 섭취한 덕분이 아니다. 제비집을 자주 먹는 사람들이 제비집의 추종자가 된 것은 단지 다음과 같은 이유 때문이다. ❽ 제비집은 가격이 비싸며 이를 소비할 수 있는 사람들은 당연히 고급 화장품과 피부 관리 제품을 사용할 경제적 여유가 있으며, 강한 햇볕에 노출될 확률도 낮다. 햇빛 속의 자외선은 피부 노화를 유발하는 주요 원인 중 하나임을 알아야 한다. 더욱 중요한 것은 ❾ 심리적 믿음에서 오는 '플라세보 효과'로 인

14

真正的功效。

⑩ 燕窝的售卖者还会提供繁复多样的信息，如燕窝的分类和鉴别方法、燕窝的熬炖方法等，这一切都为燕窝增添了神秘色彩，像是一门博大精深的学问。这样的"知识体系"让吃燕窝的人笃信自己的选择和研究，并加重对燕窝的迷信和膜拜。

해 제비집을 먹는 사람들은 자신의 피부가 매끈하고 탄력 있으며 이것이 바로 제비집의 진정한 효과라 확신한다.

⑩ 제비집 판매자들은 제비집의 종류 및 감별법, 끓이는 방법등을 포함한 복잡하고 다양한 정보를 제공하며, 이 모든 것이 제비집에 신비로운 색채를 더해주며, 이를 마치 깊이 있는 학문처럼 포장한다. 이러한 '지식 체계'는 제비집을 먹는 사람들이 자신의 선택과 연구를 굳게 믿도록 만들고, 제비집에 대한 미신과 경배를 가중시킨다.

단어 燕窝 yànwō 명 제비집 滋补圣品 zībǔ shèngpǐn 명 최고의 보양식품 蛋白质 dànbáizhì 명 단백질 含量 hánliàng 명 함량 碳水化合物 tànshuǐhuàhéwù 명 탄수화물 矿物质 kuàngwùzhì 명 미네랄 豆腐 dòufu 명 두부 枚 méi 양 매, 장, 개주로 형체가 작고 동글납작한 물건을 세는 양사) 护肤养颜 hùfū yǎngyán 피부 관리 秘诀 mìjué 명 비결 肌肤 jīfū 명 피부 呈现 chéngxiàn 동 나타내다, 나타나다 拥趸 yōngdǔn 명 추종자 不外乎 búwàihū ~에 불과하다 暴晒 bàoshài 동 (햇볕이) 내리쬐다 概率 gàilǜ 명 확률 紫外线 zǐwàixiàn 명 자외선 安慰剂 ānwèijì 명 플라세보 光洁 guāngjié 형 빛나고 깨끗하다, 윤이나다 售卖者 shòumàizhě 명 판매자 繁复 fánfù 형 복잡하다 多样 duōyàng 형 다양하다 鉴别 jiànbié 동 감별하다 熬 áo 동 오랫동안 끓이다, 달이다, 조리다 炖 dùn 동 (약한 불에 장시간) 고다, 푹 삶다 博大精深 bódàjīngshēn 성 사상·학식이 넓고 심오하다 笃信 dǔxìn 동 깊게 믿다, 진심으로 믿다 迷信 míxìn 명 미신 동 맹신하다 膜拜 móbài 동 경배하다, 숭배하다

6 X

燕窝中的蛋白质含量高于豆腐皮。（   ）   제비집의 단백질 함량은 두부피보다 높다. (X)

해설 녹음 첫 번째 단락에서 '燕窝的蛋白质含量看上去不低(제비집의 단백질 함량이 보기에는 낮지 않으나), 却敌不过常见的豆腐皮(오히려 흔한 두부피만도 못하다)'라고 했으므로 문제 내용과 일치하지 않는다.
- 핵심 표현: A 敌不过 B (A는 B만 못하다) / A 高于 B (A가 B보다 낫다)

단어 燕窝 yànwō 명 제비집 蛋白质 dànbáizhì 명 단백질 含量 hánliàng 명 함량 豆腐皮 dòufupí 명 두부피 敌不过 díbuguò 대적할 수 없다, ~만 못하다

7 X

影视、广告中，明星们的肌肤呈现光泽的原因是靠吃滋补食品。（   ）   영화나 광고 속 스타들의 피부가 윤기 있어 보이는 이유는 보양식을 섭취한 덕분이다. (X)

해설 녹음 두 번째 단락에서 '影视、广告中的明星们，他们肌肤所呈现的状态是靠化妆和影视后期加工(영화나 광고에서 보여지는 스타들의 피부는 메이크업과 후반 작업의 효과에 의한 것이며), 而非依赖吃燕窝之类的食品(결코 제비집 같은 음식을 섭취한 덕분이 아니다)'라고 했으므로 문제 내용과 일치하지 않는다.
- 핵심 표현: A 的原因是 B (A의 원인은 B이다) / 是 A, 而非 B (A이고, B가 아니다)

단어 影视 yǐngshì 명 영화와 드라마, 영상미디어 肌肤 jīfū 명 피부 呈现 chéngxiàn 동 나타내다 光泽 guāngzé 명 광택, 윤기 滋补 zībǔ 동 보양하다

8 X

吃燕窝可以预防皮肤老化。（   ）   제비집을 먹으면 피부 노화를 예방할 수 있다. (X)

해설   녹음 두 번째 단락에서 '燕窝价格并不便宜(제비집은 가격이 비싸며), 能消费得起燕窝的人，必然用得起各类护肤品和化妆品(제비집을 먹는 사람들은 스킨케어 제품과 화장품을 사용할 경제적 능력이 되고), 面对阳光暴晒的概率也会更低(햇빛에 노출될 확률도 낮다'라고 했다. 이는 피부 노화 예방이 제비집 복용이 아니라 스킨케어 제품 사용 및 햇빛 노출 방지를 통해 이루어진다는 것을 알 수 있으므로 문제 내용과 일치하지 않는다.

단어   预防 yùfáng 동형 예방(하다)　老化 lǎohuà 동 노화하다　用得起 yòng de qǐ (경제력이 있어서) 사용할 수 있다　护肤品 hùfūpǐn 명 스킨케어 제품

9 ✓ ★★

| 燕窝的真正功效在于它的心理作用。(　　) | 제비집의 진정한 효능은 심리적 효과에 있다. (✓) |

해설   녹음 두 번째 단락에서 '由心理上的认同感带来的"安慰剂效应"(심리적 믿음에서 오는 '플라세보 효과'로 인해), 让吃燕窝的人"坚信"自己皮肤光洁有弹性(제비집을 먹는 사람들은 자신의 피부가 매끈하고 탄력 있으며), 这才是燕窝真正的功效(이것이 바로 제비집의 진정한 효과라 확신한다)'라고 했으므로 문제 내용과 일치한다.

단어   功效 gōngxiào 명 효능　在于 zàiyú 동 ~에 달려 있다(유의어: 取决于, 决定于)　认同 rèntóng 동 인정하다, 공감하다　认同感 rèntónggǎn 공감, 동질감　安慰剂 ānwèijì 명 플라세보　效应 xiàoyìng 명 효과, 반응

10 ✓ ★★

| 商家提供的系统的燕窝知识是为了加深消费者对燕窝的喜爱和迷恋。(　　) | 판매자가 제공하는 체계적인 제비집 관련 지식은 소비자들이 제비집을 더욱 좋아하고 집착하도록 하기 위한 것이다. (✓) |

해설   녹음 세 번째 단락의 '燕窝的售卖者还会提供繁复多样的信息(제비집 판매자들은 복잡하고 다양한 정보를 제공하며)' 부분은 문제의 '商家提供的系统的燕窝知识(판매자가 제공하는 체계적인 제비집 관련 지식)'과 일치한다. 또한 동일 단락 마지막에서 '这样的"知识体系"让吃燕窝的人笃信自己的选择和研究(이러한 '지식 체계'는 제비집을 먹는 사람들이 자신의 선택과 연구를 굳게 믿도록 만들고), 并加重对燕窝的迷信和膜拜(제비집에 대한 미신과 숭배를 가중시킨다)'라고 했으므로 문제 내용과 일치함을 알 수 있다.

- 핵심 표현: A 是为了 B (A의 목적은 B이다)

단어   商家 shāngjiā 명 업체, 판매상　系统 xìtǒng 형 체계적인　消费者 xiāofèizhě 명 소비자　喜爱 xǐài 동 좋아하다　迷 mílàn 동 미련을 갖다, 집착하다　笃信 dǔxìn 동 깊게 믿다, 진심으로 믿다　膜拜 móbài 동 경배하다, 숭배하다

> **TIP**
>
> ● 주요 문장 형식
>
> **看上去……，却敌不过……** (보기에는 ~하지만, 오히려 ~만도 못하다)
> 원문 燕窝的蛋白质含量看上去不低，却敌不过常见的豆腐皮。
> 예문 牛排看上去很高级，却敌不过一碗简单的蔬菜汤健康。
>
> **有人会说，……，但……** (어떤 이는 ~이라고 말하지만, 그러나 ~하다)
> 원문 有人会说，许多明星都说护肤养颜的秘诀是吃燕窝。但是……而非依赖吃燕窝之类的食品。
> 예문 有人会说早餐吃得简单也行，但营养丰富的早餐能让一天更有精力。
>
> **为……增添了神秘色彩** (~에 신비로운 색채를 더했다)
> 원문 这一切都为燕窝增添了神秘色彩，像是一门博大精深的学问。
> 예문 巧克力在口中慢慢融化，释放出层层香味，这些都为巧克力增添了神秘色彩。

제2부분 (11-22)

인터뷰 형식의 대화를 듣고 올바른 답을 선택하거나 빈칸을 채우세요.

11-16

女: 各位观众好，欢迎来到未来大讲堂，今天我们邀请到的是京东商城的创始人兼总裁刘强东。刘总您好，您之前说"价格战就算再打80年，京东也一定会打下去。"，您为什么会这样说?

男: 这涉及我们的商业理念。很多公司认为，想赚更多的钱，就要打造属于自己的品牌，同样的东西，加上自己的品牌，就能卖得更贵，这样就能不断提升毛利率。这就是把品牌所有者和零售平台混为一谈了。⑪ 品牌所有者追求的是品牌溢价；而做一个零售平台，就应该服务比别人好，价格还要比别人便宜，但服务比别人好绝对不能成为涨价的理由。⑫ 我们的商业逻辑不是要靠涨价、提高毛利率获利，而是要通过降低成本获利。

女: 那京东商城是如何做到降低成本的呢?

男: ⑬ 电子商务成本的比拼主要是物流成本的比拼。电子商务的成本主要包括人力成本、房租成本、物流成本、市场费用、研发成本。这些成本中，其他都有平均的市场价格，只有物流成本是唯一可以降的，而且降下来也不会影响公司的健康度。这个成本，我们降到行业的32%到40%之间，大概一个包裹的成本在6.7到8元之间。现在京东每天至少处理4万个包裹，一个包裹的价格降低几块钱，这个数字就相当可观了。

女: 今天大家已经看到了投资物流的价值。⑭ 在当初您决定要创建物流系统的时候，同行们都不看好。是什么理由让您决定坚持要做物流系统的呢?

男: 物流并不是非常低级、简单的体力劳动，它的知识性、技术性非常强，时间门槛很高。大家都说顺丰快递的服务很好，顺丰现在14万名员工。如果给你一千亿，你能在一年时间内打造一个顺丰吗? 绝对不可能。因为要招聘这14万名员工，对他们进行培训，保证最好的服务体验，一年时间谁也做不到。所以 ⑮ 做物流最大的门槛不是资金的门槛，而是时间的门槛。

女: 能否请您说说，完善的物流系统还给京东带来了哪些好处?

여: 시청자 여러분, 안녕하세요. 미래 대강당에 오신 것을 환영합니다. 오늘 우리가 초대한 손님은 징둥(京东)몰의 창립자이자 총재인 리우창둥(刘强东)대표님입니다. 리우 대표님, 안녕하세요. 이전에 "가격 전쟁을 80년을 더 치르더라도 징둥은 반드시 계속 해 나갈 것이다."라고 말씀하셨는데, 그렇게 말씀하신 이유가 무엇인가요?

남: 그것은 우리의 비즈니스 철학과 관련이 있습니다. 많은 회사들은 더 많은 수익을 얻기 위해서는 자신만의 브랜드를 만들어야 한다. 같은 제품이라도 자신만의 브랜드를 붙이면 더 높은 가격에 판매할 수 있고, 이를 통해 지속적으로 마진율을 높일 수 있다는 것이죠. 하지만 이는 브랜드 소유자와 소매 플랫폼을 혼동하는 것입니다. ⑪ 브랜드 소유자는 브랜드 프리미엄을 추구하지만, 소매 플랫폼을 운영하는 입장에서는 더 나은 서비스를 제공하면서도 가격은 경쟁사보다 낮아야 합니다. 단, 경쟁사보다 더 나은 서비스를 제공하는 것이 가격을 올리는 이유가 되어서는 안 됩니다. ⑫ 우리 회사의 비즈니스 논리는 가격 인상이나 마진율을 높이는 방식으로 수익을 창출하는 것이 아니라, 비용 절감을 통해 수익을 창출하는 것입니다.

여: 그렇다면 징둥몰은 어떻게 비용을 절감하고 있나요?

남: ⑬ 이커머스에서 비용절감 경쟁의 핵심은 물류 비용 절감에 있습니다. 이커머스의 주요 비용에는 인건비, 임대료, 물류 비용, 마케팅 비용, 연구개발 비용이 포함됩니다. 이 비용들 중에서 다른 항목들은 시장 평균 가격이 형성되어 있지만, 물류 비용만은 유일하게 절감이 가능하며, 비용을 낮추더라도 기업건강지수에는 영향을 주지 않습니다. 저희는 이 비용을 업계의 32%에서 40% 사이로 낮추었는데, 대략 소포 한 개당 비용은 6.7에서 8위안 사이입니다. 현재 징둥은 하루 최소 4만 개 이상의 소포를 처리하고 있으며, 소포당 몇 위안만 절감해도 이 금액은 엄청난 비용 절감 효과를 볼 수 있습니다.

여: 현재 사람들은 물류 투자에 대한 가치를 실감하고 있습니다. 하지만 ⑭ 당시 물류 시스템을 구축하겠다고 결정했을 때, 업계에서는 모두 좋지 않게 보았습니다. 그럼에도 불구하고 물류 시스템을 구축하겠다고 결심한 이유는 무엇인가요?

남: 물류는 결코 저급하거나 단순한 체력 노동이 아닙니다. 이는 막강한 지식과 기술력이 필요하며, 시간이란 진입 장벽이 매우 높습니다. 많은 사람들이 순평(顺丰) 택배 서비스가 뛰어나다고 평가합니다. 현재 순평에는 14만명의 직원이 있는데, 만약 여러분에게 1,000억 위안을

男 : 它让我们提高了运转效率。现在国内的零售企业和其他电子商务平台平均的库存周转率大约在40到60天之间。去年一年,京东在全国新开了12个仓储物流中心,扩展了80多个城市的物流网络。我们的库存,包括所有品牌商品在内,运转周期缩短至大约30天。而 ⓰ 电子产品的平均周转期更是缩短至15到18天。和传统的零售企业及其他电子商务平台相比,我们的库存周转率大约提升了一倍多。这意味着我可以在缩短30天账期的情况下,与供货商协商维持相同的价格。

주며, 단 1년 만에 쑨핑과 같은 회사를 만들라고 한다면 가능할까요? 절대 불가능합니다. 14만 명의 직원을 채용하고, 그들을 교육하며, 최고의 서비스 경험을 보장하는 것은 단기간에 그 누구도 이룰 수 있는 일이 아닙니다. 따라서 ⓯ 물류 산업에서 가장 높은 장벽은 자본의 문턱이 아니라 '시간이란 진입 장벽'입니다.

여: 그렇다면, 완벽한 물류 시스템이 징둥에 가져다준 또 다른 이점은 무엇인가요?

남: 물류 시스템 덕분에 우리의 운영 효율성이 크게 향상되었습니다. 현재 국내 소매업체와 기타 이커머스 플랫폼들의 평균 재고 회전율은 약 40~60일 사이입니다. 지난 1년 동안 징둥은 전국에 12개의 새로운 물류 창고를 설립하고, 80개 이상의 도시에서 물류 네트워크를 확장했습니다. 모든 브랜드 상품을 포함한 우리의 재고는 회전 주기가 약 30일로 단축되었습니다. 그리고 ⓰ 전자제품의 평균 재고 회전 주기는 약 15-18일로 더욱 단축되었습니다. 전통적인 소매업체나 다른 이커머스 플랫폼과 비교했을 때, 우리의 재고 회전율은 약 두 배 이상 높아졌습니다. 이는 우리가 30일로 단축한 결제 주기에서 공급업체와 동일한 가격을 유지할 수 있도록 협상할 수 있음을 의미합니다.

단어   邀请 yāoqǐng 통 초대하다   创始人 chuàngshǐrén 명 창립자   兼 jiān 통 겸하다   总裁 zǒngcái 명 총재   涉及 shèjí 통 관련되다   理念 lǐniàn 명 이념, 철학   打造 dǎzào 통 만들다   品牌 pǐnpái 명 브랜드   毛利率 máolìlǜ 명 마진율   零售 língshòu 명 소매(하다)   混为一谈 hùnwéiyìtán 성 동일시하다, 똑같이 취급하다   溢价 yìjià 명 프리미엄   涨价 zhǎngjià 명 가격이 오르다   逻辑 luójí 명 논리   降低 jiàngdī 통 내리다, 인하하다   成本 chéngběn 명 원가, 생산비   比拼 bǐpīn 통 치열하게 경쟁하다   包裹 bāoguǒ 명 소포   可观 kěguān 통 훌륭하다, 대단하다   门槛 ménkǎn 명 문턱(비유: 진입 장벽)   快递 kuàidì 명 택배   招聘 zhāopìn 통 모집하다, 채용하다   电子商务 diànzi shāngwù 명 전자상거래, 이커머스   周转率 zhōuzhuǎnlǜ 명 회전율   仓储物流中心 cāngchǔ wùliú zhōngxīn 창고 물류 센터   扩展 kuòzhǎn 통 확장하다   缩短 suōduǎn 통 단축하다, 줄이다   供货商 gōnghuòshāng 명 공급업체   协商 xiéshāng 통 협상(하다), 협의(하다)   维持 wéichí 통 유지하다

11 D ★

问: 品牌的所有者追求的是什么?	질문: 브랜드 소유자가 추구하는 것은 무엇인가?
A 产品多元化	A 제품 다각화
B 提升知名度	B 인지도 향상
C 提高产品质量	C 제품 품질 향상
D 获得品牌溢价	D 브랜드 프리미엄

해설   첫 번째 질문에 대한 남자의 답변에서 '品牌所有者追求的是品牌溢价(브랜드 소유자는 브랜드의 프리미엄을 추구한다)'라고 했으므로 정답은 D이다. 보기의 '产品, 知名度, 品牌' 등의 어휘를 통해 인터뷰 대상이 기업인임을 미리 예상할 수 있다.

단어   多元化 duōyuánhuà 통 다원화하다   提升 tíshēng 통 향상시키다   知名度 zhīmíngdù 명 지명도   品牌 pǐnpái 명 브랜드   溢价 yìjià 명 프리미엄

12 B

问: 京东商城是通过什么方法盈利的?	질문: 징둥몰은 어떤 방법으로 수익을 창출하는가?
A 提高服务价格	A 서비스 가격 인상
B 降低产品成本	B 제품 원가 절감
C 收取广告费用	C 광고비를 받다
D 收取会员订阅费	D 회원 구독료를 받다

해설 　보기의 '提高价格', '降低成本', '收取费用' 등은 기업의 수익 창출 방식을 나타내는 빈출 표현들로 녹음 주제를 미리 예상할 수 있다. 첫 번째 질문에 대한 남자의 답변에서 '我们的商业逻辑不是……, 而是要通过降低成本获利(우리의 비즈니스 철학은 ~이 아니라, 비용 절감을 통해서 수익을 창출한다)'라고 했으므로 정답은 B이다.
'不是 A, 而是 B(A가 아니라 B이다)' 문형에서 而是 다음에 정답이 나오는 경우가 많으므로 주의해서 듣자.

단어 　降低 jiàngdī 동 인하하다　成本 chéngběn 명 비용, 원가　收取 shōuqǔ 동 받다, 수납하다　费用 fèiyòng 명 비용
　　　订阅费 dìngyuèfèi 명 구독료　获利 huòlì 동 이익을 얻다　盈利 yínglì 동 명 이윤(이다)

13 C

问: 京东商城降低了哪方面的成本?	질문: 징둥몰은 어떤 측면에서 비용을 절감했는가?
A 人力成本	A 인건비
B 房租成本	B 임대 비용
C 物流成本	C 물류 비용
D 研发成本	D 연구 개발 비용

해설 　두 번째 질문에 대한 남자의 답변에서 '电子商务成本的比拼主要是物流成本的比拼(이커머스의 비용 경쟁은 물류 비용 경쟁이다)'와 '其他都有平均的市场价格(다른 항목들은 시장 평균 가격이 형성되어 있지만), 只有物流成本是唯一可以降的(물류 비용만은 유일하게 절감이 가능하다)'라고 했으므로 정답은 C이다.

단어 　房租 fángzū 명 임대료　物流 wùliú 명 물류　研发 yánfā 동 연구 개발하다

14 A

问: 最初京东决定创建物流系统时, 同行们怎么认为?	질문: 징둥이 처음 물류 시스템을 구축하기로 결정했을 때, 업계에서는 어떻게 평가했는가?
A 不抱希望	A 희망을 갖지 않았다
B 非常支持	B 적극 지지했다
C 左右摇摆	C 망설이며 결정하지 못했다
D 坚决反对	D 단호하게 반대했다

해설 　여자의 세 번째 질문에서 '在当初您决定要创建物流系统的时候(당시 물류 시스템을 구축하겠다고 결정했을 때), 同行们都不看好(업계에서는 좋게 보지 않았다)'라고 했다. 정답은 不看好(부정적으로 보다)'와 의미가 통하는 A이다. 보기에서 '支持', '摇摆', '反对' 등은 모두 의견을 나타내는 표현이므로 견해를 묻는 문제임 유추할 수 있다. 진행자의 질문에서도 문제가 출제될 수 있다는 것에 유의하자.

단어　摇摆 yáobǎi 통 (의지나 감정이) 흔들리다　看好 kànhǎo 통 (정세나 시세를) 좋게 보다

15 时间的门槛。　★★

问: 做物流系统的难点是什么?	질문: 물류 시스템을 구축하는 데 있어 가장 큰 어려움은 무엇인가?
时间的门槛。	시간이란 진입 장벽.

해설　세 번째 질문에 대한 남자의 답변에서 '做物流最大的门槛不是资金的门槛(물류 사업에서 가장 큰 진입 장벽은 자금이 아니라), 而是时间的门槛(시간이란 진입 장벽이다)'라고 했다. 듣고 정답 쓰기 문제 구간에서는 여러 차례 반복해서 들려주는 어휘를 미리 메모해 두는 것이 좋다. 만약 한자가 생각나지 않는다면 자신이 알아볼 수 있는 메모를 기입해 두자.

단어　物流系统 wùliú xìtǒng 명 물류 시스템　难点 nándiǎn 명 어려움, 어려운 점　门槛 ménkǎn 명 문턱, 진입 장벽

16 A　★

问: 京东电子产品的平均周转率大约是多长时间?	질문: 징둥의 전자제품 평균 재고 회전율은 대략 얼마인가?
A 15-18天 B 40-60天 C 30天左右 D 80天左右	A 15~18일 B 40~60일 C 30일 정도 D 60일 정도

해설　네 번째 질문에 대한 남자의 답변에서 '电子产品的平均周转期更是缩短至15到18天(전자제품의 평균 회전율이 15일~18일로 단축되었다)'라고 했으므로 정답은 A이다. 보기 C(30일 정도)는 전자제품이 아닌 모든 브랜드 상품의 회전율 단축일을 말하므로 정답이 될 수 없다.

단어　摇摆 yáobǎi 통 (의지나 감정이) 흔들리다　看好 kànhǎo 통 (정세나 시세를) 좋게 보다

TIP

- **주요 문장 형식**

  打造……品牌 (~한 브랜드를 만들다)
  - 원문　想赚更多的钱，就要打造属于自己的品牌。
  - 예문　要想打造出强大的个人品牌，就要塑造独一无二的自我形象。

  把 A 和 / 与 B 混为一谈 (A와 B를 동일시하다)
  - 원문　把品牌所有者和零售平台混为一谈了。
  - 예문　在评价某些行为时，我们不能把法律与道德混为一谈。

  不是 A，而是 B (A가 아니고 B이다)
  - 원문　做物流最大的门槛不是资金的门槛，而是时间的门槛。
  - 예문　真正的幸福不是物质的富足，而是心灵的满足和平静。

女: 大家好，今天我们有幸请到了舞台诗剧《只此青绿》的服装总设计师阳东霖。今年很多人都在评价《只此青绿》的服装太美了，在你看来，服装背后究竟是什么打动了这些观众？

男: 我觉得这样的轰动背后折射出两点，第一点是戏剧艺术的魅力在慢慢地走近大众。以前，真正能花钱走进剧场的年轻观众很少。❶ 但近些年来，20—30岁之间的观众占了60%。这是一个长达10多年的市场培养，十年前在上大学的这个群体接触到了一些舞台戏剧艺术，十年后他们有了消费能力，开始愿意为戏剧买单，这是戏剧的普及。第二是年轻人对于中国传统文化认同越来越深。很多国风品牌受到年轻人的追捧，像汉服市场的持续火爆等。这样的产业发展折射出来的是国民对传统文化的认知达到了一个空前的高度。❷ 那么《只此青绿》结合了戏剧艺术，结合了中国传统文化，我觉得这是它成功的前提。

女: 我看到你有说过，为了《只此青绿》的创作，你带着团队去了好几次故宫博物院，原因是什么？

男: ❸ 在做影视剧时需要相对传统一些，服饰要尽量精确地再现历史，不能去误导观众。但舞台戏剧的魅力在于它能够给人一个很大的想象、思考空间。更多舞台艺术的题材，讲故事的同时也在抒情。就比如 ❹ 青绿舞段，它未必一定是宋代的某一个人，但它代表的是我对宋代的一个感受，我对于宋代《千里江山图》这幅画的一种感受。

女: 《只此青绿》中运用到了多种"绿"，包括石青与石绿制造了层峦叠嶂的视觉效果，几乎达到了《千里江山图》画中的颜色，这些绿色经历了哪些选取过程？

男: 颜色的提取，我们用的就是石青和石绿，它是中国青绿山水画惯用的两种颜料，但因为石青、石绿也分头青、一青、二青，不同的颜色，所以 ❺ 我们在染色的时候很难把握。它不像翠绿或朱砂红，颜色很好控制，石青、石绿这样的颜色，你会发现蓝里面又泛绿，绿里面又透青，是有层次的。也许你在舞台上看到的就是两个色块，❻ 但通过镜头就呈现出了色彩的变化，它是立体的。通过面料配合，你会发现镜头特写时，面料本身就像丘壑一样，有各种各样的褶皱。这样的褶皱透过人眼时，就可以看到不同颜色的呈现。这是在经验上不断尝试的结果，光是面料我们就试了数十种，选取了各种各样的面料去染颜色。因为同样的颜色，不同的面料染出来，它的感受是完全不一样的，着色度有多少，面料克数是多少，含棉量有多少，能上多饱满的颜色，都需要去琢磨和研究。

다. 그것은 중국 청록산수화(青绿山水画)에서 일반적으로 사용되는 두 종의 염료인데, 석청과 석록도 '두청(头青)', 일청(一青), 이청(二青)'으로 나뉘기 때문에 색감이 다릅니다. 따라서 ㉑염색 과정에서 색을 정확히 구현하는 것이 쉽지 않았어요. 청록색(翠绿)이나 주사홍(朱砂红)처럼 조절이 쉬운 색이 아니에요. 석청과 석록 이런 색은 청색 속에 녹색이 감돌고, 녹색 속에 또 푸른빛이 나는 것을 발견할 수 있을텐데요. 색감의 깊이(층차)가 있어요. 무대에서 보면 단순한 두 가지 색상이지만, ㉒카메라 렌즈를 통해 색상의 변화와 입체적인 효과를 나타낼 수 있습니다. 원단의 조화를 통해 카메라의 클로즈업 장면에서, 원단 자체의 다양한 주름이 마치 산맥처럼 보입니다. 사람의 눈을 통해서 이런 주름을 보면 서로 다른 색상으로 표현되는 것을 볼 수 있다. 이런 질감과 색감의 조화는 수십 번의 시도를 거쳐 얻은 결과이며, 원단만 해도 수십 가지를 시험했고, 다양한 원단을 선택해 염색해 보았습니다. 같은 색상이라도 원단에 따라 염색된 느낌이 완전히 다르기 때문입니다. 착색 정도가 얼마인지, 원단의 무게는 얼마나 되는지, 면 함유량은 어느 정도인지, 색상이 얼마나 풍부하게 표현될 수 있는지 등 모든 요소를 세심하게 고민하고 연구해야 합니다.

단어 **舞台诗剧** wǔtái shījù 명 무대 시극 **总设计师** zǒng shèjìshī 명 총괄 디자이너 **轰动** hōngdòng 동 뒤흔들다. (세상을) 떠들썩하게 하다 **折射** zhéshè 동 굴절시키다, 반영하다 **戏剧** xìjù 명 극, 연극 **魅力** mèilì 명 매력 **接触** jiēchù 동 닿다. 접촉하다 **买单** mǎidān 동 계산하다. 지불하다 **普及** pǔjí 동 보급되다, 보편화시키다. 대중화시키다 **国风** guófēng 명 중국풍(중국 전통 문화를 기반으로 하여 많은 중국 요소를 포함하고 글로벌 유행 추세에 적응하는 예술 형식이나 생활 방식) **追捧** zhuīpěng 동 열광적으로 사랑하다 **火爆** huǒbào 형 폭발적이다, 핫하다 **故宫博物院** Gùgōng Bówùyuàn 고유 고궁 박물관 **服饰** fúshì 명 복식, 의상 **精确** jīngquè 형 정확하다 **误导** wùdǎo 동 오도하다, 그릇되게 인도하다 **题材** tícái 명 제재, 소재 **抒情** shūqíng 동 감정을 표현하다, 서정적이다 **层峦叠嶂** céngluándiézhàng 산이 첩첩이 겹쳐 있는 모양(첩첩산중) **提取** tíqǔ 동 추출하다, 뽑아내다 **染色** rǎnsè 동 염색하다, 물들이다 **把握** bǎwò 동 장악하다, 컨트롤하다 **翠绿** cuìlǜ 명 청록색 **朱砂红** zhūshā hóng 명 주사홍 **控制** kòngzhì 동 제어하다 **面料** miànliào 명 옷감, 원단 **配合** pèihé 동 배합하다 **镜头** jìngtóu 명 장면, 화면, 신(scene) **特写** tèxiě 명 (영화의) 클로즈업 **丘壑** qiūhè 명 언덕과 골짜기, 산수화 **褶皱** zhězhòu 명 주름 **着色** zhuósè 동 착색하다 **棉** mián 명 면 **饱满** bǎomǎn 형 풍만하다, 충만하다 **琢磨** zhuómó 동 생각하다, 궁리하다

17 B

问: 近些年观看戏剧演出的观众, 哪个年龄段的比例最高?	질문: 최근 몇 년간 연극 공연을 관람한 관객 중 어느 연령대의 비율이 가장 높은가?
A 10—20 岁 B 20—30 岁 C 30—40 岁 D 40—50 岁	A 10—20세 B 20—30세 C 30—40세 D 40—50세

해설 첫 번째 질문에 대한 남자의 답변에서 '近些年来, 20—30岁之间的观众占了60%(최근 몇 년간 20~30대 관객들이 60%를 차지하고 있다)'라고 했으므로 정답은 B이다.

단어 **戏剧** xìjù 명 연극 **演出** yǎnchū 동 공연(하다) **年龄段** niánlíngduàn 명 연령대 **比例** bǐlì 명 비율

18 戏剧艺术和中国传统文化。　　★★

问: 《只此青绿》服装获得成功基于哪两个原因?	질문: 《단지 청록》 의상의 성공은 어떤 두 가지 원인에 근거하는가?
戏剧艺术和中国传统文化。	희극 예술과 중국 전통 문화.

해설　첫 번째 질문에 대한 남자의 답변에서 '《只此青绿》结合了戏剧艺术，结合了中国传统文化(《단지 청록》은 연극 예술과 중국전통문화를 결합했다). ……这是它成功的前提(이것이 성공의 전제 조건이 되었다)'라고 했으므로 정답은 戏剧艺术和中国传统文化이다. 성공 요인을 묻고 답하는 구간은 시험에 자주 출제되므로 유의해서 듣자.
- 핵심 표현: A 结合了 B (A는 B를 결합시키다)　• 빈출 단어: 戏剧, 传统

단어　基于 jīyú 깨 ~에 근거하다　前提 qiántí 명 전제 (조건)　传统 chuántǒng 명형 전통(적이다)

19 精确地再现历史。　　★★

问: 做影视剧的服装有什么要求?	질문: 영화나 드라마 의상에는 어떤 요구 사항이 있는가?
精确地再现历史。	정확한 역사의 재현.

해설　전통 문화 역사 소재의 예술(연극, 무용극, 전시 등)을 소개하는 지문들은 보통 역사를 있는 그대로 재현하는 것에 중점을 두고 출제되는 경우가 많다. 두 번째 질문에 대한 남자의 답변에서 '在做影视剧时需要相对传统一些(영화나 드라마를 제작할 때는 상대적으로 역사에 충실해야 하며), 服饰要尽量精确地再现历史(의상과 장신구는 최대한 정확하게 역사를 재현해야 한다)'라고 했다. 영화나 드라마를 제작할 때 의상은 정확한 역사의 재현이 요구되므로 정답은 精确地再现历史이다.

단어　精确 jīngquè 형 정확하다　再现 zàixiàn 동 재현하다

20 C　　★★

问: 设计师带团队去博物馆参观时更注重哪个方面?	질문: 디자이너가 팀을 이끌고 박물관을 관람했을 때 더 중점을 둔 부분은 무엇인가?
A 服饰的工艺技术	A 의상의 공예 기술
B 艺术品的视觉效果	B 예술 작품의 시각적 효과
C 对时代和画作的感受	C 시대와 그림에 대한 느낌
D 历史人物的背景与故事	D 역사적 인물의 배경과 이야기

해설　두 번째 질문에 대한 남자의 답변에서 '就比如青绿舞段，它未必一定是宋代的某一个人(청록무 장면에서 표현하는 것은 반드시 송대의 특정 인물을 의미하는 것이 아니다), 但它代表的是我对宋代的一个感受(오히려 나의 송대에 대한 느낌), 我对于宋代《千里江山图》这幅画的一种感受(나의 송대 《천리강산도》라는 작품에 대한 느낌을 나타낸다)'라고 했으므로 정답은 C이다.

단어　服饰 fúshì 명 의상　工艺 gōngyì 명 제작 기술　视觉 shìjué 명 시각　画作 huàzuò 명 그림　感受 gǎnshòu 명 느낌, 감상 동 느끼다

21 A ★★

问: 服饰中绿色的选取难度在于什么?	질문: 의상 중에 녹색을 고를 때 어려운 점은 무엇인가?
A 层次变化	A (색감의) 깊이 변화
B 潮流和趋势	B 유행과 트렌드
C 光线的影响	C 조명의 영향
D 文化和情感因素	D 문화와 감정적 요소

해설 세 번째 질문에 대한 남자의 대답에서 '我们在染色的时候很难把握(염색 과정에서 색을 정확히 구현하는 것이 쉽지 않았다)', '石青、石绿这样的颜色, 你会发现蓝里面又泛绿, 绿里面又透青, 是有层次的(석청과 석록 이런 색은 청색 속에 녹색이 감돌고, 녹색 속에 또 푸른빛이 나는 것을 발견할 수 있는데, 색감의 깊이(층차)가 있다)'라고 했다. 의상 색의 구현이 쉽지 않은 이유가 색감이 깊이(층차)가 있기 때문이라고 했으므로 정답은 A이다.

단어 层次 céngcì 몡 단계, 등급, 깊이   潮流 cháoliú 몡 조류, 추세   趋势 qūshì 몡 추세, 경향   情感 qínggǎn 몡 감정, 느낌

22 A ★★★

问: 服饰中绿色的立体呈现还需要什么的配合?	질문: 의상에서 녹색을 입체적으로 표현하기 위해 추가적으로 필요한 요소는 무엇인가?
A 面料和材质	A 원단과 소재
B 剪裁和设计	B 재단과 디자인
C 图案和纹理	C 패턴과 무늬
D 配件和装饰	D 부속품과 장식

해설 세 번째 질문에 대한 남자의 답변은 녹색 의상에 대한 설명이다. 답변 중 '但通过镜头就呈现出了色彩的变化, 它是立体的(그러나 카메라 렌즈를 통해 색상의 변화와 입체적인 효과를 나타낼 수 있다)'에서 관련 내용이 언급되었다. 이어지는 내용에서 '通过面料配合(원단의 조화를 통해), 你会发现镜头特写时(카메라의 클로즈업 장면에서), 面料本身就像丘壑一样, 有各种各样的褶皱(원단 자체의 다양한 주름이 마치 산맥처럼 보인다)'라고 했으므로 정답은 A이다. 녹음에서 面料 단어는 그대로 들려주었으나, 材质(재질) 단어는 맥락을 통해서 파악해야 한다.

단어 面料 miànliào 몡 원단   材质 cáizhì 몡 재질   剪裁 jiǎncái 동 재단(하다)   图案 tú'àn 몡 도안   纹理 wénlǐ 몡 무늬, 결   配件 pèijiàn 몡 부속품, 액세서리   装饰 zhuāngshì 동몡 장식(하다)

TIP

- **주요 문장 형식**

  以前……。但近些年来…… (예전에는 ~했다. 하지만 근 몇 년 동안 ~하다)
  - 원문 以前, 真正能花钱走进剧场的年轻观众很少。但近些年来, 20—30岁之间的观众占了60%。
  - 예문 以前, 说一个人"有野心", 不是什么好话。但近些年来, "有野心"似乎成了远大抱负的代名词。

  A 里(面)泛 B, A 里(面)透 B (A 속에 B가 감돌고, A 속에 B가 비치다)
  - 원문 蓝里面又泛绿, 绿里面又透青, 是有层次的。
  - 예문 白里泛红, 白里透红。

제3부분 (23-40) 녹음을 듣고 올바른 답을 선택하거나 빈칸을 채우세요.

23-28

如果你去北京吃糕点，当地人常会推荐三禾稻香村（下文简称"稻香村"），鲜花玫瑰饼、自来红、自来白、萨其马……稻香村是京式美食的代表。作为有着一百多年历史的糕点老字号，稻香村如今已成为中国最大的传统糕点食品企业。

㉓ 稻香村经营的是南方糕点，过去北京人把这样的店称为南货店。稻香村最初坐落在前门外观音寺，也就是现在的大栅栏西街东口北侧，掌柜的是江苏南京人郭玉生，他率领几个伙计，租了几间门脸房，经过一番整修和准备，挂出了"稻香村"的招牌。㉔ 开张之日就门庭若市，㉓ 给吃惯了北方风味食品的北京人带来了更加精细的南点。

民国时期，作家鲁迅、冰心，京剧名角谭富英等常到北京稻香村购物。㉕ 一次，冰心来到店里，买了一些熟食和南点，店伙计好算账时，冰心才发现身上没有带钱。伙计跑上二楼请出了掌柜的。老掌柜一见是熟人，满脸笑意，忙说："东西您先拿去吃，下次来，一块儿算就行了！" 多年之后，㉖ 冰心老人回忆起此事，对稻香村诚信的生意经仍赞不绝口。

㉗ 北京稻香村能取得今天惊人的发展速度，并不是只靠过去"老字号"的积累坐吃山空，而是与时俱进，持续不断地创新。北京稻香村有自己的研发部，以前是研发什么，生产销售什么，但是现在整个顺序完全倒过来了，㉘ 要看消费者需要什么，只要顾客有需要，他们就愿意恢复和创新。从流行的肉松饼到燕麦巧克力，北京稻香村始终跟随着顾客的需求对产品加以研发、创新。

现在，北京稻香村连锁店门前，每天都有众多等待美食的顾客排队，这已成为北京商业区中的一道热闹的风景。

베이징에서 전통 디저트를 맛보려 한다면, 현지인들은 흔히 싼허다오샹춘(三禾稻香村, 이하 '다오샹춘')을 추천한다. 장미꽃빵, 쯔라이훙(自来红), 쯔라이바이(自来白), 사치마(萨其马) 등 다오샹춘은 베이징식 전통 디저트의 대표라고 할 수 있다. 다오샹춘은 100년이 넘는 역사를 지닌 전통 제과 브랜드로, 현재 중국 최대의 전통 제과 식품 기업으로 성장했다.

㉓ 다오샹춘은 남방식 디저트를 판매하는 곳으로, 과거 베이징 사람들은 이런 가게를 '남화점(南货店)'라고 불렀다. 다오샹춘은 처음에 쳰먼(前门)밖 관음사(观音寺), 즉 현재의 다스란(大栅栏) 서가 동쪽 입구 북쪽에 자리 잡았다. 창립자인 궈위성(郭玉生)은 장쑤(江苏) 난징(南京) 출신으로 그는 몇몇 직원들과 함께 가게를 빌려 대대적인 정비 후 '다오샹춘'이라는 간판을 내걸었다. ㉔ 개업 첫날부터 문전성시를 이루었으며, ㉓ 주로 북방식 음식에 익숙한 베이징 사람들에게 보다 정교한 남방식 디저트를 선보였다.

민국(民国) 시기, 작가 루쉰(鲁迅)과 빙신(冰心), 경극 명배우 탄푸잉(谭富英) 등이 자주 베이징 다오샹춘에서 구매를 했다. ㉕ 한번은, 빙신이 가게를 찾아 몇 가지 조리된 음식과 남방식 디저트를 구입했는데, 점원이 포장을 마치고 계산을 할 때, 그제서야 돈을 가져오지 않았다는 사실을 깨달았다. 점원은 황급히 2층으로 올라가 주인을 모셔왔고, 주인은 익숙한 그녀를 알아보고 환한 미소를 지으며 말했다. "일단 가져가서 드세요. 다음번에 오실 때 같이 계산하시면 됩니다!" 수년이 지난 후, ㉖ 빙신은 이 일을 떠올리며 다오샹춘의 장사 비결인 상호신뢰를 극찬했다.

㉗ 베이징 다오샹춘이 오늘날과 같은 놀라운 성장 속도를 이룰 수 있었던 것은 단순히 '오래된 전통 브랜드'라는 과거의 명성에 기대어 안주했기 때문이 아니다. 오히려 시대의 흐름에 맞춰 지속적인 혁신을 거듭해왔기 때문이다. 다오샹춘은 자체 연구개발(R&D) 부서를 운영하고 있으며, 과거에는 먼저 제품을 개발한 후 생산·판매하는 방식이었지만, 현재는 그 순서를 완전히 뒤집었다. ㉘ 소비자의 니즈를 먼저 파악한 후, 고객이 원하기만 하면 전통 디저트를 다시 선보이고, 새로운 제품을 개발했다. 유행하는 육송빵(肉松饼)에서 오트밀 초콜릿(燕麦巧克力)까지, 다오샹춘은 고객의 요구를 반영해 지속적으로 제품을 개발하고 혁신하고 있다.

현재 베이징 다오샹춘의 각 체인점 앞에는 매일 수많은 사람들이 줄을 서서 전통 디저트를 기다리는 진풍경이 펼쳐진다. 이는 베이징 상업지구에서 하나의 활기찬 명물로 자리 잡았다.

단어 糕点 gāodiǎn 명 디저트, 제과 推荐 tuījiàn 통 추천하다 坐落 zuòluò 통 건물이 ~에 자리 잡다(위치하다) 观音寺 Guānyīn Sì 고유 관음사 大栅栏 Dàshílàn 베이징시에 있는 유명한 상업 거리 掌柜(的) zhǎngguì(de) 상점의 주인 率领 shuàilǐng 통 거느리다, 이끌다 门脸房 ménliǎnfáng 명 (대로변의) 상가, 점포 门庭若市 méntíng ruòshì 성 문전성시를 이루다(방문객이 매우 많음) 赞不绝口 zànbùjuékǒu 성 칭찬이 자자하다 坐吃山空 zuòchī shānkōng 성 앉아서 까먹으면 산이라도 말아먹는다 与时俱进 yǔshí jùjìn 성 시대와 더불어 발전하다 顺序 shùnxù 명 순서 倒过来 dào guòlái 뒤집다 连锁店 liánsuǒdiàn 명 체인점

23 A　★

问: 稻香村的糕点属于什么风格?	질문: 다오샹춘의 디저트는 어떤 스타일에 속하는가?
A 精细的南方糕点	A 정교한 남방식 디저트
B 咸香的北方糕点	B 짭짤한 북방식 디저트
C 麻辣的四川风味	C 매운 사천식 풍미
D 细腻的广式糕点	D 부드러운 광둥식 디저트

해설　듣기 제3부분은 일반적으로 녹음의 흐름과 문제의 출제 순서가 일치하므로 녹음을 들으면서 동시에 보기의 내용을 확인하자. 녹음 두 번째 단락에서 '稻香村经营的是南方糕点(다오샹춘은 남방식 디저트를 판매하는 곳으로), 过去北京人把这样的店称为南货店(과거 베이징 사람들은 이런 가게를 남화점이라고 불렀다)'라고 했으므로 정답은 A이다. 이어진 내용 '……给吃惯了北方风味食品的北京人带来了更加精细的南点(주로 북방식 음식에 익숙한 베이징 사람들에게 보다 정교한 남방식 디저트를 선보였다)'에서도 정답 확인이 가능하다.

단어　精细 jīngxì 형 정교하다 糕点 gāodiǎn 명 디저트 咸香 xiánxiāng 짭짤하다 麻辣 málà 맵다 细腻 xìnì 형 부드럽다 稻香村 Dàoxiāngcūn 고유 다오샹춘(중국 전통 디저트 식품회사)

24 B　★★

问: "开张之日就门庭若市"指的是什么?	질문: '개점 첫날부터 문전성시를 이뤘다'는 무엇을 의미하는가?
A 门面很大	A 가게 규모가 크다
B 生意兴隆	B 장사가 번창하다
C 产品独特	C 제품이 독특하다
D 位置显眼	D 위치가 눈에 띈다

해설　녹음에서 들려주는 开张之日就门庭若市의 의미를 묻는 질문이다. 门庭若市는 가게 앞이 시장처럼 붐벼 장사가 잘 된다는 뜻이므로 정답은 B이다.

단어　面 ménmiàn 명 외관. (길가 쪽) 상점 앞면 生意 명 장사 兴隆 xīnglóng 형 번창하다. 흥하다 位置 wèizhì 명 위치 显眼 xiǎnyǎn 형 눈에 띄다, 시선을 끌다 庭若市 méntíngruòshì 성 문전성시를 이루다(방문객이 매우 많음)

25 A

问：冰心去稻香村购物时遇到了什么问题？	질문: 빙신(冰心)이 다오샹춘에서 구매할 때 어떤 문제를 겪었는가?
A 忘带钱了 B 糕点卖完了 C 糕点涨价了 D 店伙计算错账了	A 돈을 가져오지 않았다 B 디저트가 모두 팔렸다 C 디저트 가격이 올랐다 D 점원이 계산을 잘못했다

해설 세 번째 단락에서 '一次，冰心来到店里，买了一些熟食和南点(한번은, 빙신이 가게에 와서 조리된 음식과 남방식 디저트를 구입했는데), 店伙计包好算账时(점원이 포장을 마치고 계산을 할 때), 冰心才发现身上没有带钱(그제서야 돈을 가져오지 않았다는 것을 깨달았다)'라고 했으므로 정답은 A이다.

단어 涨价 zhǎngjià 동 가격이 오르다 店伙计 diànhuǒjì 명 점원 算账 suànzhàng 동 (물건 값을) 계산하다

26 C

问：说话人举冰心购物的例子，是为了说明什么？	질문: 화자가 빙신의 구매를 사례로 든 이유는 무엇인가?
A 老掌柜心胸狭窄 B 南货店的流行程度 C 稻香村对诚信的重视 D 作家奇特的饮食习惯	A 사장은 속이 좁다 B 남방식 가게의 유행 정도 C 다오샹춘은 신뢰를 중시한다 D 작가의 독특한 식습관

해설 녹음 세 번째 단락에서 '冰心老人回忆起此事，对稻香村诚信的生意经仍赞不绝口(빙신이 이 일을 떠올리며 다오샹춘의 장사 비결인 상호신뢰(신용)을 극찬했다)'라고 했으므로 정답은 C이다.

단어 老掌柜 lǎozhǎngguì 명 가게 주인, 사장님 心胸 xīnxiōng 명 마음 狭窄 xiázhǎi 형 (마음이) 좁다 诚信 chéngxìn 명 신뢰, 신용, 성실 饮食 yǐnshí 명 음식 举例子 jǔ lìzi 예를 들다 购物 gòuwù 동 구매(하다) 冰心 Bīngxīn 고유 빙신(중국 현대 작가)

27 与时俱进。/ 创新。

问：北京稻香村为什么再一次得到了快速发展？	질문: 베이징 다오샹춘이 다시 한 번 빠르게 성장한 이유는 무엇인가?
与时俱进。/ 创新。	시대와 더불어 발전하다. / 혁신하다.

해설 녹음 네 번째 단락의 '北京稻香村能取得今天惊人的发展速度(베이징 다오샹춘이 오늘날 놀라운 성장 속도를 이룰 수 있었던 것은), 并不是只靠过去……, 而是与时俱进, 持续不断地创新(결코 ~에 의존한 것이 아니라, 시대 변화에 맞춰 지속적으로 혁신했기 때문이다)'를 통해 다오샹춘이 빠르게 성장할 수 있었던 이유가 与时俱进 또는 创新이라는 것을 알 수 있다. 기업 소개 글은 성공 요인을 묻는 문제를 자주 출제하므로 항상 주의해서 듣도록 하자.

단어 与时俱进 yǔshí jùjìn 정 시대와 더불어 발전하다 创新 chuàngxīn 명동 혁신(하다)

28 D ★★★

问：稻香村研发部的核心理念是什么？	질문: 다오샹춘 연구개발부의 핵심 이념은 무엇인가?
A 拥有老字号的核心技术	A 전통 브랜드의 핵심 기술을 보유하고 있다
B 开发了多种口味的糕点	B 다양한 맛의 디저트를 개발했다
C 聘请了优秀的管理人员	C 우수한 관리 인력을 채용했다
D 以市场消费需求为中心	D 시장 수요를 핵심으로 한다

해설 녹음 네 번째 단락에서 '要看消费者需要什么，只要顾客有需要，他们就愿意恢复和创新(소비자의 니즈를 파악한 후, 고객이 원하기만 하면 전통 디저트를 다시 선보이고, 새로운 제품을 개발했다)'라고 했다. 녹음의 '顾客需求(고객의 니즈)'는 보기 D의 '市场需求(시장 수요)'와 의미가 통하므로 정답은 D이다.

단어 老字号 lǎozìhào 몡 오래된 전통 브랜드 核心 héxīn 몡 핵심 口味 kǒuwèi 몡 맛 聘请 pìnqǐng 동 초빙하다, 영입하다 研发部 yánfābù 몡 연구개발부서(R&D) 理念 lǐniàn 몡 이념, 철학

TIP

● **주요 문장 형식**

挂……的招牌 (~의/~한 간판을 걸다)
- 원문 掌柜的是江苏南京人郭玉生，……，经过一番整修和准备，挂出了"稻香村"的招牌。
- 예문 学院门前挂着一块醒目的招牌。

A 并不是 B，而是 C (A는 결코 B가 아니고, C이다)
- 원문 北京稻香村能取得今天惊人的发展速度，并不是只靠过去"老字号"的积累坐吃山空，而是与时俱进，持续不断地创新。
- 예문 成功并不是偶然的，而是通过不断努力和积累获得的。

一道……的风景 (~한 풍경)
- 원문 现在，北京稻香村连锁店门前，每天都有众多等待美食的顾客排队，这已成为北京商业区中的一道热闹的风景。
- 예문 一道美丽的风景，一道迷人的风景，一道独特的风景

29-34   MP3 01-06

① 时下，"平台"一词成了人们书面用语中的热词，日渐流行开来。"信息平台""交易平台""技术平台""政务平台"等举不胜举。

② ㉙ ㉞ 其实，"平台"一词并非新造词，古已有之。唐李白诗《梁园吟》："天长水阔厌远涉，访古始及平台间。"杜甫诗《玉台观》之二："浩劫因王造，平台访古游。" ㉙ 这里的"平台"指的是供休息、眺望等用的露天台榭。这种用法现今也有，如"记者现场看到，经过修复，绿荫中的苏州河亲水平台重新焕发出了风采。"但这并非本文要说明的时下流行的"平台"。

③ 时下流行的"平台"是什么意思呢？

오늘날 '플랫폼'이라는 단어는 사람들의 문어체 표현에서 핫 키워드가 되었으며, 나날이 더 유행하고 있다. '정보 플랫폼', '거래 플랫폼', '기술 플랫폼', '행정 플랫폼' 등 너무 많아서 일일이 열거하기 어려울 정도이다.

㉙ ㉞ 사실, '플랫폼'이라는 단어는 신조어가 아니라 예로부터 존재했던 표현이다. 당나라 이백의 시《양원음(梁园吟)》에는 '天长水阔厌远涉，访古始及平台间(하늘은 아득하고 물길은 넓어 멀리 떠도는 길이 지겨웠으나, 옛 자취를 찾다 마침내 이 평대(平台)에 이르게 되었다)'라고 적혀 있다. 두보의 시《옥대관(玉台观)》의 두 번째 작품에는 '浩劫因王造, 平台访古游(큰 재앙이 왕으로 인해 일어났고, 나는 평대에서 옛 자취를 찾는 여행을 떠난다)'라고 쓰여 있다. ㉙ 여기서 '플랫폼'은 휴식을 취하거나 조망할 수 있는 야외 정

20世纪90年代，电脑与人们工作生活的联系越来越密切。许多电脑中的专业术语在人们的日常用语中也频频出现，如"菜单""互联网""点击"等。㉚"平台"原先也是电脑中的专业术语，如"系统平台"，意思是电脑里为应用软件提供基础、让软件运行的系统环境。㉛㉞由于电脑的普及与广泛运用，普普通通的"平台"摇身一变成为人们热衷的新词，一个与高新信息技术相关的时髦词语，例如，"构筑这一数字化的多彩生活平台，需要一种强有力的介质来实现和高科技生活接入的方式，那就是网络接入和支持平台。"

　　㉜如今，"平台"的运用范围日益宽泛，扩展到电脑领域以外的许多行业。同时它的意义也从"电脑操作系统"扩大到"一切虚拟的为某项工作提供支持的系统或层面"。比如，在物流业，"上海构建国际物流运输平台"；在科技界，"西门子运用新技术平台为手机用户开发了多种无线服务"；在工商界，"共建企业电子商务智能平台"；在卫生、教育界，"国内外中医药共建平台""为孩子们提供学习平台"。电脑的普及促使"平台"在许多领域中流行。㉝㉞由于它简洁又形象，渐渐成了书面语中的热词。

자나 누각을 의미한다. 이런 용법은 지금도 사용되는데, 예를 들어 '기자가 현장에서 본 바에 따르면, 복구 작업을 거친 후 푸른 나무가 우거진 쑤저우허친수이 핑타이(苏州河亲水平台)가 다시금 빛을 발했다.'와 같은 표현이 있다. 하지만 이것은 이 글에서 다루려는 요즘 유행하는 '플랫폼'의 의미가 아니다.

요즘 유행하는 '플랫폼'은 무엇을 의미하는가?

20세기 90년대, 컴퓨터는 점점 사람들의 일상과 업무에서 긴밀한 관계를 맺게 되었다. 컴퓨터의 여러 전문 용어가 사람들의 일상 언어에서 자주 등장하기 시작했는데, 예를 들어 '메뉴', '인터넷', '클릭' 등이 있다. ㉚'플랫폼'은 원래 컴퓨터 전문 용어였다. 예를 들어 '시스템 플랫폼'은 컴퓨터에서 응용 소프트웨어가 실행될 수 있도록 기반을 제공하는 시스템 환경을 의미한다. ㉛㉞컴퓨터의 보급과 광범위한 활용으로 인해, 아주 평범한 '플랫폼'이라는 단어는 사람들이 열광하는 신조어로 변모하였고, 첨단 정보 기술과 관련된 유행어가 되었다. 예를 들어, '이 디지털화된 다채로운 생활 플랫폼을 구축하려면, 강력한 매개체와 하이테크 라이프 액세스 방식이 필요하며, 그것이 바로 네트워크 접속 및 지원 플랫폼이다.'와 같은 문장에서 볼 수 있다.

㉜오늘날 '플랫폼'의 사용 범위는 점점 더 광범위해 졌으며, 컴퓨터 분야를 넘어 다양한 업계로 확장되고 있다. 동시에 그 의미도 '컴퓨터 운영 체제'에서 '어떤 작업을 지원하는 모든 가상의 시스템 또는 분야'로 확대되었다. 예를 들어, 물류 업계에서는 '상하이가 국제 물류 운송 플랫폼을 구축하고 있다.'고 하며, 과학기술 분야에서는 '지멘스는 새로운 기술 플랫폼을 활용하여 핸드폰 사용자들을 위한 다양한 무선 서비스를 개발했다.'라고 한다. 또한, 상공업에서는 '기업 이커머스 스마트 플랫폼을 공동으로 구축하고 있다.'라고 하며, 보건 및 교육 분야에서는 '국내외 중의학 공동 플랫폼 구축', '아이들에게 학습 플랫폼을 제공하다.' 등의 표현이 있다. 컴퓨터의 보급은 '플랫폼'이라는 단어를 다양한 산업 분야로 확산시켰다. ㉝㉞이 단어는 간결하면서도 직관적인 덕분에 점점 문어체에서 인기어가 되었다.

단어 　**时下** shíxià 명 지금, 오늘날, 현재　**平台** píngtái 명 플랫폼, 테라스　**热词** rècí 명 인기어, 핫 키워드　**举不举** jǔbùshèngjǔ 성 너무 많아서 일일이 다 열거할 수가 없다　**古已有之** gǔyǐyǒuzhī 옛날에 이미 있었다　**眺望** tiàowàng 동 멀리 바라보다, 조망하다　**露天** lùtiān 명 노천　**台榭** táixiè 명 누각과 정자　**绿荫** lǜyīn 명 녹음(푸른 잎이 우거진 나무나 수풀)　**焕发** huànfā 동 환하게 빛나다　**采** fēngcǎi 명 풍모, 풍채　**频频** pínpín 부 반번히　**点击** diǎnjī 동 클릭하다　**应用软件** yìngyòng ruǎnjiàn 명 응용 프로그램　**普及** pǔjí 동 보급하다, 보편화시키다, 대중화시키다　**广泛** guǎngfàn 형 광범위하다, 폭넓다　**摇身一变** yáoshēn yíbiàn 성 변신하다, 돌변하다　**热衷** rèzhōng 동 몰두하다, 몰입하다　**时髦** shímáo 형 트렌디하다　**构筑** gòuzhù 동 구축하다　**宽泛** kuānfàn 형 (의미가) 광범하다　**领域** lǐngyù 명 영역, 분야　**虚拟** xūnǐ 형 가상의, 허구의　**简洁** jiǎnjié 형 간결하다

29 D ★

问: "平台"在古代是用来做什么的?	질문: 고대에서 '플랫폼'은 무엇을 하는 데 사용되었는가?
A 居住和生活	A 거주와 생활
B 教育和学习	B 교육과 학습
C 商业和贸易	C 상업과 무역
D 休息和眺望	D 휴식과 조망

해설   녹음 두 번째 단락에서 '其实"平台"一词并非新造词, 古已有之(사실 '플랫폼'이라는 단어는 신조어가 아니라 예로부터 존재했던 표현이다)', '……这里的"平台"指的是供休息、眺望等用的露天台榭(여기서 '플랫폼'은 휴식을 취하거나 조망할 수 있는 야외 정자나 누각을 의미한다)'라고 했으므로 정답은 D이다.

단어   居住 jūzhù 통 거주하다   商业 shāngyè 명 상업   贸易 màoyì 명 무역   眺望 tiàowàng 통 멀리 바라보다, 조망하다   新造词 xīnzàocí 명 신조어   台榭 táixiè 명 누각과 정자

30 C ★★

问: 平台作为电脑专业术语最开始指的是什么?	질문: '플랫폼'이 컴퓨터 전문 용어로 처음 사용되었을 때 무엇을 의미했는가?
A 大型购物网站	A 대형 온라인 쇼핑몰
B 电子游戏类型	B 게임 장르
C 电脑系统环境	C 컴퓨터 시스템 환경
D 施展才能的舞台	D 재능을 발휘하는 무대

해설   녹음 네 번째 단락에서 '"平台"原先也是电脑中的专业术语('플랫폼'은 원래 컴퓨터 전문 용어였다), 如"系统平台", 意思是电脑里为应用软件提供基础、让软件运行的系统环境(예를 들어 '시스템 플랫폼'은 컴퓨터에서 응용 소프트웨어가 실행될 수 있도록 기반을 제공하는 시스템 환경을 의미한다)'라고 했으므로 정답은 D이다.

단어   大型 dàxíng 형 대형의   应用软件 yìngyòng ruǎnjiàn 명 응용 소프트웨어   运行 yùnxíng 통 작동하다, 실행하다   电子游戏 diànzǐ yóuxì 명 컴퓨터 게임   类型 lèixíng 명 유형   系统 xìtǒng 명 시스템   施展 shīzhǎn 통 발휘하다, 펼치다   舞台 wǔtái 명 무대

31 C ★

问: 为什么"平台"变成了时下的热词?	질문: 왜 '플랫폼'이 요즘 인기 있는 단어가 되었는가?
A 出于健康的考虑	A 건강상의 이유로
B 时尚潮流的发展	B 패션 트렌드의 발전
C 电脑的普及和广泛运用	C 컴퓨터의 보급과 광범위한 활용
D 人们渴望恢复国学教育	D 사람들이 국가교육의 회복을 희망하기 때문에

해설   녹음 네 번째 단락에서 '由于电脑的普及与广泛运用(컴퓨터의 보급과 광범위한 활용으로 인해), 普普通通的"平台"摇身一变成为人们热衷的新词(아주 평범한 '플랫폼'이라는 단어는 사람들이 열광하는 신조어로 변모하였다)'라고 했으므로 정답은 C이다.

단어   出于 chūyú 동 ~에서 비롯하다   时尚 shíshàng 명 트랜드, 유행   潮流 cháoliú 명 조류, 대세   渴望 kěwàng 동 갈망하다   恢复 huīfù 동 회복하다   热衷 rèzhōng 열중하다, 열올리다   摇身一变 yáoshēn yíbiàn 성 바뀌다, 변신하다

32 D ★

问: 在当今时代,"平台"的词义指的是什么? 　　질문: 현대 사회에서 '플랫폼'은 무엇을 의미하는가?

A 居民生活的基础　　　　　　　　　　　A 주민 생활의 기반
B 具备最尖端的技术　　　　　　　　　　B 가장 첨단의 기술을 갖춘 것
C 拥有巨大的实体介质　　　　　　　　　C 막대한 실물 매개체를 보유한 것
D 在虚拟层面提供支持　　　　　　　　　D 가상 환경에서 지원을 제공하는 것

해설   녹음 다섯 번째 단락의 '如今,"平台"的运用范围日益宽泛(오늘날 '플랫폼'의 사용 범위는 점점 더 광범위해 졌으며)'를 통해 화제가 '현대 사회의 플랫폼'으로 전환되었음을 알 수 있다. 이어지는 내용에서 '同时它的意义也从"电脑操作系统"扩大到"一切虚拟的为某项工作提供支持的系统或层面"(동시에 그 의미도 '컴퓨터 운영 체제'에서 '어떤 작업을 지원하는 모든 가상의 시스템 또는 분야'로 확대되었다)'라고 했으므로 정답은 D이다.

단어   居民 jūmín 명 주민   尖端 jiānduān 명 첨단   拥有 yōngyǒu 동 보유하다   实体 shítǐ 명 실체   介质 jièzhì 명 매개체, 매개물   虚拟 xūnǐ 형 허구의, 가상적인   层面 céngmiàn 명 방면, 측면   运用 yùnyòng 명동 활용(하다), 응용(하다)   扩展 kuòzhǎn 동 확장하다

33 简洁又形象。 ★★

问: "平台"这个词的特点是什么? 　　질문: '플랫폼'이라는 단어의 특징은 무엇인가?

简洁又形象。　　　　　　　　　　　　　간결하면서도 직관적이다.

해설   녹음 마지막 부분에서 '由于它简洁又形象, 渐渐成了书面语中的热词(이 단어는 간결하면서도 직관적인 덕분에 점점 문어체에서 인기어가 되었다)'라고 했으므로 '플랫폼' 단어의 특징은 简洁又形象이다.

단어   简洁 jiǎnjié 형 간결하다, 심플하다   形象 xíngxiàng 형 구체적이다, 직관적이다

34 B ★★★

问: 这篇文章主要谈的是什么? 　　질문: 이 글에서 주로 다루는 내용은 무엇인가?

A 如何搭建系统平台　　　　　　　　　　A 시스템 플랫폼을 구축하는 방법
B "平台"的词义发展　　　　　　　　　　B '플랫폼'이라는 단어의 의미 변화
C 高科技如何改变生活　　　　　　　　　C 첨단 기술이 삶을 어떻게 변화시키는가
D 电脑术语丰富词汇系统　　　　　　　　D 컴퓨터 용어가 어휘 체계를 풍부하게 하다

해설   녹음에서 아래의 내용들을 통해 '플랫폼'이란 단어가 고대부터 오늘날까지 어떤 의미로 변화하였는지 말하고 있으므로 정답은 B이다.
　　　"平台"一词并非新造词, 古已有之('플랫폼'이라는 단어는 신조어가 아니라 예로부터 존재했던 표현이다)
　　　……成为人们热衷的新词(……사람들이 열광하는 신조어로 변모했다)
　　　……渐渐成了书面语中的热词(……점점 문어체에서 인기어가 되었다 인기어가 되었다)

단어   搭建 dājiàn 동 세우다, 구축하다   高科技 gāokējì 첨단기술   术语 shùyǔ (전문 학술) 용어   词汇 cíhuì 명 어휘

TIP

- **주요 문장 형식**

"……"一词成了……(的)热词 ('~' 단어가 ~한 인기 있는 단어가 되었다)
- 원문: 时下，"平台"一词成了人们书面用语中的热词。
- 예문: 近日 "deepseek" 一词成为热词。

由于 A 成为(成了) B (A로 인해 B가 되다(되었다))
- 원문: 由于电脑的普及与广泛运用，普普通通的"平台"摇身一变成为人们热衷的新词。
  由于它简洁又形象，渐渐成了书面语中的热词。
- 예문: 他由于热爱电影,最终成为了一个演员。

从 A 扩大到(发展为/变化为) B (A에서 B로 확대되다(발전되다/변화되다))
- 원문: 同时它的意义也从"电脑操作系统"扩大到"一切虚拟的为某项工作提供支持的系统或层面"。
- 예문: 购买服务范围从"重点领域"扩大到"多领域"。

35-40

关于宣纸的起源，民间一直流传着一个传说。东汉时期，㉟ 发明造纸技术的蔡伦离世后，其弟子孔丹在皖南以造纸为业。他很想造出世上最好的纸，为师傅画像修谱，以表怀念之情，但年复一年难以如愿。一天，孔丹遇见一棵老的青檀树倒在溪边，由于终年日晒水洗，树皮已腐烂变白，露出一缕缕细长洁净的纤维。㊱ 孔丹把树皮取下来用于造纸，经过反复试验，终于造出于是，种质地绝妙的纸来，这便是后来有名的宣纸。宣纸中有一种叫"四尺丹"的名贵品种，一直流传至今，就是为了纪念孔丹。

㊲ ㊵ 宣纸具有很强的弹性和韧性。将生宣揉成一团之后还可以展平，经过熨烫，依旧可以恢复原貌。㊲ 如书法工艺中的拓片，当薄薄的宣纸贴在凸凹不平的碑文、器皿的表面时，任凭反复敲打，宣纸依然能够保持伸缩自如、裂而不断的完美状态。

到商店里购买宣纸时，把水滴在宣纸上，落在纸面上的水滴逐渐向四周扩散的就是生宣，而水滴落在纸面上没有立即扩散或不再扩散开的是熟宣，这是检验生宣与熟宣的简单方法。㊳ 生宣具有较强的湿染性，使得书写时困难加大。因此，它可以锻炼书写者的耐心。

㊵ 生宣除具备湿染性的特性之外，还具备较强的吸墨性。这种吸墨性与其内在的构造以及所用墨液有着不可分割的关系，这种极其细小的"墨颗粒"与宣纸内部纤维"管道结构"完美融合后留下了墨迹。

待墨迹晾干后，㊴ 把晾干字迹后的生宣纸泡在

화선지(宣纸)의 기원에 대해 민간에서는 전해 내려오는 전설이 있다. 동한(东汉) 시기, ㉟ 제지술을 발명한 차이룬(蔡伦)이 세상을 떠난 후, 그의 제자인 콩단(孔丹)은 환난(皖南) 지역에서 종이를 만드는 일을 업으로 삼았다. 그는 세상에서 가장 좋은 종이를 만들어 스승의 초상을 그려 족보를 정리함으로써 그의 그리운 마음을 표현하고자 했으나, 해를 거듭해도 뜻을 이루지 못했다. 어느 날, 공단은 시냇가에 쓰러져 있는 오래된 청단(青檀)나무를 발견했다. 그 나무는 일년 내내 햇빛을 받고 물에 씻기면서 껍질이 썩어 희게 변했고, 가늘고 길며 깨끗한 섬유가 밖으로 드러나 있었다. 이에 ㊱ 콩단은 그 나무껍질을 벗겨 종이를 만드는 데 사용해 보았고, 수차례 실험을 거쳐 마침내 질감이 더없이 뛰어난 종이를 만들어 냈다. 이것이 바로 훗날 유명한 화선지이다. 화선지 중에는 '사척단(四尺丹)'이라는 고급 품종이 있는데, 이는 콩단을 기리기 위해 오늘날까지 전해 내려오고 있다.

㊲ ㊵ 화선지는 매우 높은 탄력성과 인성(韧性)을 지니고 있다. 생화선지(生宣, 가공하지 않은 화선지)는 한데 뭉쳤다가 다시 평평하게 펼칠 수 있고, 다림질을 하면 본래의 형태로 복원할 수 있다. ㊲ 예를 들어, 서예에서 탁본을 뜰 때 얇은 화선지를 울퉁불퉁한 비문이나 기물의 표면에 붙이고 반복해서 두드리더라도, 화선지는 자유롭게 늘었다 줄었다 하면서도 찢어지지 않는 완벽한 상태를 유지한다.

화선지를 구입할 때, 생화선지와 숙화선지(熟宣, 가공된 화선지)를 구별하는 간단한 방법이 있다. 화선지 위에 물을 한 방울 떨어뜨려서 물이 점차 사방으로 번져 나가면 생화선지고, 물이 즉시 번지지 않거나 더 이상 퍼지지 않으면 숙화선지다. ㊳ 생화선지는 강한 번짐 효과(습윤성)를 가지고 있어, 글을 쓸 때 어려움을 가중시킨다. 그렇기 때문에 생화

清水里，即使泡上半天，着墨的生宣纸也不会发生跑墨现象，㊵ 即墨汁不会因为水的浸泡而发生墨汁化开的问题，这种现象体现了宣纸的胶着性。即使用干燥的写过字的生宣纸擦湿手，手上通常也不会沾上墨迹。宣纸可谓"水走墨留""寿纸千年"，至今人们依旧用宣纸作为书写和书画创作的专用纸。

선지를 사용하면 서예가의 인내심을 기를 수 있다.

㊵ 생화선지는 습윤성의 특성을 지닐 뿐만 아니라 강한 먹 흡수력도 가지고 있다. 이러한 흡수력은 화선지의 내부 구조와 사용된 먹의 성질과 불가분의 관계가 있으며, 극도로 미세한 '먹 입자'가 화선지 내부 섬유의 '관형 구조'와 완벽하게 결합한 후 먹 자국을 남긴다.

먹 자국을 완전히 말린 후, ㊴ 글씨가 마른 생화선지를 맑은 물에 담가도 반나절이 지나도록 먹이 번지는 현상이 발생하지 않으며, 글씨를 쓴 생화선지는 먹물이 물에 의해 번지는 현상이 발생하지 않는다. ㊵ 즉 물에 잠겼기 때문에 먹물이 녹는 문제가 발생하지 않는다 이러한 현상은 화선지의 강한 접착성을 보여 준다. 설령, 마른 상태의 글씨가 적힌 생화선지로 젖은 손을 닦아도 손에 먹이 묻지 않는다. 화선지는 '물은 흘러도 먹은 남는다'. '천 년을 가는 종이'라고 불리며, 현재까지도 서예 및 서화 창작을 위한 전용 종이로 사용되고 있다.

단어 宣纸 xuānzhǐ 몡 화선지 起源 qǐyuán 툥 기원(하다) 蔡伦 Cài Lún 고유 차이룬(최초로 마포, 나무껍질 등을 원료로 종이를 만든 인물) 孔丹 Kǒng Dān 고유 콩단(차이룬의 제자) 皖南 Wǎnnán 고유 안후이성의 양쯔강 이남 지역 像 huàxiàng 몡 초상화 修谱 xiūpǔ 툥 족보를 정리하다 怀念 huáiniàn 툥 그리워하다, 그리다 檀树 qīngtánshù 몡 청단목, 박달나무 溪边 xībiān 몡 시냇가 日晒 rìshài 툥 햇살이 내리쬐다 腐烂 fǔlàn 툥 썩어 문드러지다 缕 lǚ 얭 줄기, 가닥(가늘고 긴 것을 세는 데 쓰임) 洁净 jiéjìng 쪵 깨끗하다, 정갈하다 纤维 xiānwéi 몡 섬유 质地 zhìdì 몡 재질 绝妙 juémiào 쪵 절묘하다, 더없이 훌륭하다 弹性 tánxìng 몡 탄성 生宣 shēngxuān 몡 생화선지(가공하지 않은 화선지) 熟宣 shúxuān 몡 숙화선지(가공된 화선지) 韧性 rènxìng 몡 인성(재료의 질긴 정도) 揉成一团 róuchéngyìtuán 손으로 비벼 한데 뭉치다 展平 zhǎnpíng 툥 펴다, 펼치다 熨烫 yùntàng 툥 다리다, 다림질하다 拓片 tàpiàn 몡 탁본 凸凹不平 tū'āobùpíng 쪵 울퉁불퉁하다 碑文 bēiwén 몡 비문(비석에서 탁본한 글자) 器皿 qìmǐn 몡 기물, 그릇 任凭 rènpíng 젭 ~일지라도 敲打 qiāodǎ 툥 두들기다 伸缩自如 shēnsuōzìrú 자유자재로 늘었다 줄었다 하다 裂而不 liè ér bú duàn 갈라져도 끊어지지 않는다 滴 dī 얭 (한 방울씩) 떨어뜨리다 水滴 shuǐdī 몡 물방울 扩散 kuòsàn 툥 확산하다, 번지다 湿染性 shīrǎnxìng 습윤성, 번지는 성질 耐心 nàixīn 몡 인내심 吸墨性 xīmòxìng 먹 흡수력 墨液 mòyè 몡 먹물 不可分割 bùkěfēngē 쪵 갈라놓을 수 없다, 불가분의 融合 rónghé 툥 융합하다 墨迹 mòjì 몡 묵적(먹으로 쓴 흔적) 晾干 liànggān 툥 말리다, 건조하다 泡 pào 툥 (물에) 담그다 着墨 zhuómò 툥 글씨를 쓰다 跑墨 pǎomò 먹이 번지다 胶着性 jiāozhuóxìng 접착성 干燥 gānzào 쪵 건조하다

35 A ★★

问: 关于宣纸的起源，下面哪项正确？	질문: 화선지의 기원에 대해 다음 중 올바른 것은?
A 为了纪念蔡伦	A 차이룬(蔡伦)을 기리기 위해서
B 受到蔡伦的启发	B 채륜에게서 영감을 받아서
C 为了造出最贵的纸	C 가장 비싼 종이를 만들기 위해서
D 不小心加入了腐烂的树皮	D 실수로 썩은 나무껍질을 첨가해서

해설 녹음 첫 번째 단락에서 '发明造纸技术的蔡伦离世后(제지술을 발명한 차이룬이 세상을 떠난 후), ……, 他很想造出世上最好的纸(세상에서 가장 좋은 종이를 만들어), 为师傅画像修谱，以表怀念之情(그=콩단)는 세상에서 가장 좋은 종이를 만들어 스승의 초상을 그려 족보를 정리함으로써 그의 그리운 마음을 표현하고자 했다)'라고 했으므로 정답은 A이다.

단어 纪念 jìniàn 툥 기념하다 受到启发 shòudào qǐfā 영감을 받다 腐烂 fǔlàn 툥 썩어 문드러지다 树皮 shùpí 나무 껍질 造纸 zàozhǐ 종이를 만들다 表 biǎo 툥 (생각, 감정)을 표현하다, 드러내다 以 yǐ 젭 ~하여, ~함으로써

36 A ★

问: 孔丹使用了什么作为宣纸的材料?	질문: 콩단은 화선지의 재료로 무엇을 사용했는가?
A 树皮	A 나무껍질
B 旧衣服	B 헌 옷
C 枯树叶	C 마른 나뭇잎
D 动物皮毛	D 동물의 털가죽

해설 녹음 첫 번째 단락에서 '孔丹把树皮取下来用于造纸(공단은 그 나무껍질을 벗겨 종이를 만드는 데 사용해 보았고), 经过反复试验终于造出一种质地绝妙的纸来(수 차례 실험을 거쳐 마침내 질감이 더없이 뛰어난 종이를 만들어 냈다). 这便是后来有名的宣纸(이것이 바로 훗날 유명한 화선지이다)'라고 했으므로 정답은 A이다.

단어 枯 kū 동 시들다   皮毛 pímáo 명 털가죽

37 D ★

问: 拓印主要利用了宣纸的什么性能?	질문: 탁본은 주로 화선지의 어떤 특성을 이용하는가?
A 湿染性	A 습윤성
B 撕不破	B 찢어지지 않는다
C 表面光滑	C 표면이 매끄러움
D 弹性和韧性	D 탄성과 인성

해설 녹음 두 번째 단락에서 '宣纸具有很强的弹性和韧性(화선지는 매우 높은 탄성과 인성을 지니고 있다)。将生宣……可以展平(생선지는……다시 평평하게 펼칠 수 있고), 依旧…恢复原貌(여전히 본래의 형태로 복원할 수 있다), 如书法工艺中的拓片(예를 들어, 서예에서 탁본을 뜰 때……)'라고 했으므로 정답은 D이다.

단어 湿染性 shīrǎnxìng 습윤성, 번지는 성질   撕 sī 동 찢다, 찢어지다   光滑 guānghuá 형 매끈하다   弹性 tánxìng 명 탄성   韧性 rènxìng 명 인성(재료의 질긴 정도)   原貌 yuánmào 명 원형, 원래의 모습   工艺 gōngyì 명 공예

38 耐心。 ★

问: 生宣可以锻炼书写者的什么品质?	질문: 생화선지는 글씨를 쓰는 사람의 어떤 품성을 단련할 수 있는가?
耐心。	인내심.

해설 녹음 세 번째 단락에서 '生宣具有较强的湿染性, 使得书写时困难加大(생선지는 강한 번짐 효과(습윤성)를 가지고 있어, 글을 쓸 때 어려움을 가중시킨다)。因此, 它可以锻炼书写者的耐心(그렇기 때문에 생화선지를 사용하면 서예가의 인내심을 기를 수 있다)'라고 했으므로 정답은 耐心이다.

• 빈출 단어: 耐心, 坚持不懈, 毅力, 诚信, 知足常乐

단어 耐心 nàixīn 명 인내심   生宣 shēngxuān 명 생화선지(가공하지 않은 화선지)   品质 pǐnzhì 명 품성, 소질, 인품

39 D ★

问: 宣纸成为书画创作的专用纸是由于什么原因?	질문: 화선지가 서화 창작의 전용 종이가 된 이유는 무엇인가?
A 产量低	A 생산량이 적어서
B 价格昂贵	B 가격이 비싸서
C 墨迹容易晾干	C 먹 자국이 쉽게 마르기 때문에
D 不会发生跑墨现象	D 먹물이 번지지 않기 때문에

해설 녹음 다섯 번째 단락에서 '把晾干字迹后的生宣纸泡在清水里(마른 글씨가 적힌 생선지를 맑은 물에 담가도), 即使泡上半天(반나절이 지나도록), 着墨的生宣纸也不会发生跑墨现象(먹이 번지는 현상이 발생하지 않는다)'라고 했으므로 정답은 D이다.

단어 产量 chǎnliàng 명 생산량 昂贵 ángguì 형 비싸다 墨迹 mòjì 명 묵적(먹으로 쓴 흔적) 晾干 liànggān 동 말리다, 건조하다 跑墨 pǎomò 동 먹이 번지다

40 C ★★

问: 这篇文章主要谈的是什么?	질문: 이 글에서 주로 말하고자 하는 내용은 무엇인가?
A 孔丹的创新精神	A 콩단의 혁신 정신
B 用墨的注意事项	B 먹 사용 시 주의사항
C 宣纸的品质特性	C 화선지의 품질 특성
D 书法的演变历史	D 서예의 변천사

해설 녹음에서 아래의 내용들을 통해 화선지의 특성을 말하고 있으므로 정답은 C이다.
宣纸具有很强的弹性和韧性(화선지는 매우 높은 탄력성과 인성을 지니고 있다)
生宣除具备湿染性的特性之外，还具备较强的吸墨性
(생화선지는 습윤성의 특성을 지닐 뿐만 아니라 강한 먹 흡수력도 가지고 있다)
即墨汁不会因为水的浸泡而发生墨汁化开的问题，这种现象体现了宣纸的胶着性
(물에 잠겼기 때문에 먹물이 녹는 문제가 발생하지 않는다 이러한 현상은 선지의 강한 접착성을 보여 준다)

단어 创新 chuàngxīn 동 혁신하다 注意事项 zhùyì shìxiàng 주의 사항 品质 pǐnzhì 명 품질 特性 tèxìng 명 특성 书法 shūfǎ 명 서예 演变 yǎnbiàn 명동 변화(하다), 발전(하다)

TIP

• 주요 문장 형식

关于……的起源，流传着……传说(有……传说) (~의 기원에 대해, ~의 전설이 전해지고 있다(~의 전설이 있다))
원문 关于宣纸的起源，民间一直流传着一个传说。
예문 关于汉字的起源，有很多种传说。

经过反复试验，终于…… (반복적인 실험을 통해 마침내 ~하게 되다)
원문 经过反复试验，终于造出一种质地绝妙的纸来。
예문 爱迪生经过反复试验终于发明了灯泡。

除具备(具有) A 的特性之外，还具备(具有) B (A의 특성을 가지고 있는 것 외에도, B의 특성도 가지고 있다)
원문 生宣除具备湿染性的特性之外，还具备较强的吸墨性。
예문 植物除了具有向光性的特性以外，还具有向地性、向水性。

二、阅读 독해

제1부분 (41-68) 지문을 보고 올바른 답을 선택하세요.

41-47

六必居酱园坐落在前门外粮食店街路西，是全国闻名的老字号，**㊶** 其门面房子是中国古典式的木结构建筑，1994年翻建仍保持着古色古香的建筑风格。

六必居创始至今已有将近五百年的历史。**㊷** 他们家生产的酱菜，咸甜适口、色泽鲜亮、脆嫩清香、酱味浓郁，令人赞不绝口。这种独特的口感与选料精细分不开。精选北京大兴产的鲜嫩黄瓜，要6根共500克，必须"顶花带刺"，并且"条顺"；再用500克自制的面酱，先腌制后酱制，冬季要10天左右的时间方制成一罐"六必居"甜酱黄瓜。**㊸** 早在清代，六必居自产自销的酱菜就被选作宫廷御品。为了送货方便，清朝宫廷还赐给六必居一顶红缨帽和一件黄马褂，这两件衣帽一直被六必居保存到1966年。

除了酱菜，六必居这一店名也常常引起人们的好奇。**㊹** 商人给自己的店铺起字号和人们为自己的孩子起名字，从古至今都是一样，图个吉利、叫得响。像店铺的字号以带"庆""福""顺"等字的居多。可是，六必居的掌柜为什么给自己的店铺起个"六必"的字号？

关于"六必"的解释有许多，有人说，六必居是六个人合伙开的买卖，他们托人求明代的大学士严嵩写牌匾，**㊺** 严嵩提笔写了"六心居"三个字，转念一想又认为六人"六心"不好，所以在"心"字上加上了一撇成了"必"。也有人说，**㊻** 六必居最初是个酒坊，它们酿酒必须齐全，下料必须优良，泉水必须香甜。还有人说，最早六必居的后厂酿酒，前店除卖酒外，还卖柴、米、油、盐、酱、醋等六样人们的日常生活必需用品，所以叫"六必居"。

几百年来，**㊼** 六必居遵循古训，讲求厚德务实，靠着销售一瓶瓶微利的酱腌菜成为全国酱腌菜行业中规模最大的企业。

류비쥐장원은 첸먼와이(前门外) 량스뎬 거리(粮食店街) 서쪽에 위치하며, 전국적으로 유명한 오래된 전통 브랜드(老字号)이다. **㊶** 이 가게의 건물 외관은 중국 전통 목조 건축물이며, 1994년에 재건축되었지만 여전히 고풍스러운 건축 스타일을 유지하고 있다.

류비쥐는 창립 이래 근 500년 가까운 역사를 지니고 있다. **㊷** 그 가게에서 생산하는 장아찌는 짭짤하면서도 달콤하고, 색감이 밝고 선명하며, 아삭하고 상큼하며, 장맛이 진하여 사람들의 칭찬이 자자하다. 이러한 독특한 맛은 세심한 재료 선택과 밀접한 연관이 있다. 베이징 다싱(大兴)에서 생산된 신선한 오이를 엄선하여 사용하며, 6개의 오이(총 500g)는 반드시 '꽃이 달려 있고 가시가 있는 상태'이며, '일정한 모양'을 유지해야 한다. 이 오이를 500g의 직접 만든 면장(面酱)에 먼저 절인 후 장에 담가 숙성시키는데, 겨울철에는 약 10일 정도 숙성해야 비로소 류비쥐의 달콤한 오이 장아찌가 한 통 완성된다. **㊸** 일찍이 청나라 시대부터, 류비쥐의 자체 생산·판매하는 장아찌는 황실에서 사용하는 물품으로 선정되었다. 또한 배달 편의를 위해 청나라 황실에서는 류비쥐에 붉은 술 장식이 달린 모자와 황마괘를 하사했다. 이 두 가지 의복과 모자는 1966년까지 류비쥐에서 보관하였다.

장아찌 외에도, '류비쥐'라는 상호 역시 사람들의 호기심을 자아내곤 한다. **㊹** 상인들이 가게의 상호를 짓는 방식과 사람들이 자녀의 이름을 짓는 방식은 예나 지금이나 다르지 않다. 행운을 바라고, 발음하기 좋아야 한다. 가게와 같은 상호에는 흔히 '경(경사)', '복', '순(순조로움)' 등의 글자가 들어가는 경우가 많다. 그런데 왜 류비쥐의 주인은 자신의 가게 이름을 '六必(여섯 가지 필수)'라고 지었을까?

'六必'에 대한 해석은 여러 가지가 있다. 어떤 사람들은 류비쥐가 여섯 명이 동업해서 연 가게였다고 한다. **㊺** 옌쑹은 처음에 '六心居'라는 세 글자를 적었는데, 다시 생각해보니 여섯 사람의 '여섯 마음(각자 딴 마음을 품다)'이 좋지 않다 여겨 '心'자 위에 획을 하나 더 추가하여 '必'로 바꾸었다. 또 어떤 사람은 **㊻** 류비쥐가 원래 술을 만드는 양조장이었고, 양조장은 술을 빚을 때 반드시 모든 조건을 다 갖추어야 하며, 술에 넣는 재료는 반드시 우수하고, 사용되는 샘물은 반드시 맛이 좋아야 했다고 말했다. 또 다른 사람들은 초기 류비쥐의 가게 뒤에서는 술을 빚었고, 앞쪽 가게에서는 술 외에도 땔감, 쌀, 기름, 소금, 장, 식초 등 여섯 가지 생활 필수품을 함께 판매했기 때문에 '六必居'라는 이름이 붙었다고 설명한다.

수백 년 동안, ㉖ 류비쥐는 옛사람들의 가르침을 따르면서, 도덕을 중시하고 실용적인 경영을 추구해 왔으며, 한 병 한 병의 장아찌를 판매한 적은 이윤으로 전국 장아찌 업계에서 규모가 가장 큰 기업으로 성장하였다.

단어 六必居酱园 Liùbìjū jiàngyuán 고유 류비쥐장원(중국 식품 회사 브랜드) 酱园 jiàngyuán 장원장. 장아찌 등을 만들어 판매하는 상점) 坐落 zuòluò 통 (건물이) ~에 자리 잡다(위치하다) 前门外 Qiánménwài 고유 베이징의 거리 이름 粮食店街 liángshidiàn jiē 곡물 상점 거리 闻名 wénmíng 형 유명하다 老字号 lǎozìhào 명 오래된 전통 브랜드 古典式 gǔdiǎnshì 고전적인 结构 jiégòu 명 구조 建筑 jiànzhù 명 건축 翻建 fānjiàn 통 보수하다, 재건축하다 古色古香 gǔsègǔxiāng 고유 고풍스럽다 酱菜 jiàngcài 명 장아찌 适口 shìkǒu 입맛에 맞다, 맛있다 色泽 sèzé 명 빛깔과 광택 鲜亮 xiānliang 형 선명하다, 산뜻하다 脆嫩 cuìnèn 형 아삭아삭하다 清香 qīngxiāng 형 상쾌하다, 상큼하다 酱味 jiàngwèi 명 장맛 浓郁 nóngyù 형 (향기가) 짙다, 그윽하다 赞不绝口 zànbùjuékǒu 성 칭찬이 자자하다 口感 kǒugǎn 명 맛, 식감 精细 jīngxì 형 세심하다, 깐깐하다 大兴 Dàxīng 고유 다싱(베이징에 위치한 지명) 鲜嫩 xiānnèn 형 신선하고 연하다 条顺 tiáoshùn 형 (모양이) 균형이 잡히다, 고르다 面酱 miànjiàng 명 (맛이) 단 된장 腌制 yānzhì 소금에 절이다 罐 guàn 양 항아리, 단지, 깡통 自产自销 zìchǎn zìxiāo 자체 생산 자체 판매하다 宫廷 gōngtíng 궁정, 황실 御品 yùpǐn 황제와 황실이 사용하는 용품 赐 cì 통 (황제가) 하사하다, 주다 红缨帽 hóngyīngmào (청나라 시대) 붉은 술을 단 모자 黄马褂 huáng mǎguà 황마괘(청나라 시대 황제가 공을 세운 신하에게 하사한 관복) 图 tú 통 의도하다, 바라다 吉利 jílì 형 길하다, 행운 掌柜 zhǎngguì 명 상점 주인, 사장 店铺 diànpù 명 점포 严嵩 Yán Sōng 고유 엔숭(명나라 시대 인물) 牌匾 páibiǎn 명 간판, 현판 撇 piě 명 (한자의 필획) 삐침 酒坊 jiǔfáng 명 양조장 酿酒 niàngjiǔ 통 술을 빚다, 술을 담그다 柴 chái 명 장작, 땔감 酱 jiàng 명 절인 식품(장) (된장, 간장 등에) 절이다 醋 cù 명 식초 讲求 jiǎngqiú 통 추구하다 厚德 hòudé 덕이 있다 务实 wùshí 통 실용성을 추구하다 销售 xiāoshò 통 판매하다 微利 wēilì 적은 이윤, 박리

41 D ★

前门外六必居的门面:	첸먼와이 류비쥐 가게의 외관은:
A 是砖瓦结构	A 벽돌기와 구조이다
B 是旅游景点	B 관광 명소이다
C 始建于1994年	C 1994년에 처음 지어졌다
D 保留了古风特点	D 고풍스러운 특징을 유지하고 있다

해설 첫 번째 단락에서 '其门面房子是中国古典式的木结构建筑(이 가게의 건물 외관은 중국 전통 목조 건축물이며), 1994年翻建仍保持着古色古香的建筑风格(1994년에 재건축되었지만 여전히 고풍스러운 건축 스타일을 유지하고 있다)'라고 했으므로 정답은 D이다.

• 핵심 표현: A 坐落在 B (A는 B에 위치한다)   • 빈출 단어: 古色古香, 古风

단어 保留 bǎoliú 통 보존하다 古风 gǔfēng 명 고풍 古色古香 gǔsè gǔxiāng 성 고풍스럽다, (색채나 분위기가) 옛 모습 그대로다 保持 bǎochí 통 지키다, 유지하다

42 A ★★

六必居的酱菜为什么深受群众的喜爱?	류비쥐의 장아찌는 왜 대중에게 큰 사랑을 받았는가?
A 用料很讲究	A 재료 사용이 매우 까다로 와서
B 广告效应好	B 광고 효과가 좋아서
C 富含营养成分	C 영양 성분이 풍부해서
D 赠品非常丰富	D 사은품이 매우 많아서

해설	두 번째 단락 초반의 '他们家生产的酱菜, ……, 令人赞不绝口(그 가게에서 생산하는 장아찌는, ……, 사람들의 칭찬이 자자하다)'에서 관련 내용이 언급되었다. 이어지는 내용에서 '这种独特的口感与选料精细分不开(이러한 독특한 맛은 세심한 재료 선택과 밀접한 연관이 있다)'라고 했으므로 정답은 A이다. • 핵심 표현: A 与 B 分不开(A는 B와 밀접한 관련이 있다)　• 빈출 유의어: 讲究 – 精美, 精致, 精巧
단어	**喜爱** xǐài 동 사랑　**选料** xuǎnliào 명 재료　**用料** yòngliào 명 재료, 원자재　**讲究** jiǎngjiū 동 신경을 쓰다, 중히 여기다 형 정교하다, 섬세하고 아름답다　**精细** jīngxì 형 세심하다, 주의 깊다　**效应** xiàoyìng 명 효과　**富含** fùhán 동 다량 함유하다　**赠品** zèngpǐn 명 사은품

43 C ★★

六必居在清代:	류비쥐는 청나라 시대에:
A 开始生产酱菜	A 장아찌 생산을 시작했다
B 不向百姓出售	B 일반 백성에게 판매하지 않았다
C 深受皇家喜爱	C 황실에서 매우 사랑받았다
D 有多家代理商	D 여러 대리점을 두고 있었다

해설	두 번째 단락 후반의 '早在清代(이미 청나라 시대부터)'에서 관련 내용이 언급되었다. 이어지는 내용에서 '六必居自产自销的酱菜就被选作宫廷御品(류비쥐의 자체 생산·판매하는 장아찌는 왕실에서 사용하는 물품으로 선정되었다)'라고 했는데, 황실에서 사용하는 물품으로 선정되는 것은 즉 황실에서 해당 장아찌를 좋아했음을 의미하므로 정답은 C이다. • 핵심 표현: A 被选作 B / A 被选为 B (A는 B로 선정되다)
단어	**清代** qīngdài 청대(청나라 시대)　**宫廷** gōngtíng 명 궁전, 궁궐, 왕실　**宫廷御品** gōngtíng yùpǐn 왕실에서 사용하는 물품　**喜爱** xǐài 동 사랑　**酱菜** jiàngcài 명 장아찌　**出售** chūshòu 동 판매하다　**皇家** huángjiā 명 황실　**代理商** dàilǐshāng 명 대리점

44 A ★★

为什么很多店铺字号中常常有"庆""福""顺"等字?	왜 많은 가게 상호에 '경', '복', '순' 등의 글자가 자주 포함되는가?
A 希望带来好运气	A 행운을 가져오기를 바라서
B 受到了皇家的鼓励	B 황실의 장려를 받아서
C 群众识字程度不高	C 대중의 문해 수준이 높지 않아서
D 为了和孩子的名字相符	D 자식의 이름과 맞추기 위해

해설	세 번째 단락 후반의 '像店铺的字号以带"庆""福""顺"等字的居多(가게와 같은 상호에는 '경', '복', '순' 등의 글자가 들어가는 경우가 많다)'에서 관련 내용이 언급되었다. 앞 문장에서 가게의 이름을 짓는 기준에 대해 '从古至今都是一样, 图个吉利、叫得响(예나 지금이나 다르지 않다. 행운을 바라고, 발음하기 좋아야 한다)'라고 했으므로 정답은 A이다. • 빈출 단어: 吉利, 吉祥
단어	**店铺** diànpù 명 점포　**字号** zìhào 명 상호　**吉利** jílì 형 길하다, 운이 좋다　**好运气** hǎo yùnqi 운이 좋다　**鼓励** gǔlì 동 격려하다　**识字** shízì 동 (글자를) 알다　**相符** xiāngfú 형 서로 일치하다

45 D ★★

严嵩把店名从"六心"改为"六必"是为了:	옌쑹이 가게 이름을 '六心'에서 '六必'로 바꾼 이유는:

A 显得新奇	A 신선하게 보이도록 하기 위해
B 读起来更顺口	B 발음이 더 자연스럽도록 하기 위해
C 更容易被消费者接受	C 소비자들이 더 쉽게 받아들이도록 하기 위해
D 避免解释为合伙人之间不和睦	D 동업자들 간의 불화로 해석되는 것을 피하기 위해

해설 네 번째 단락 중반에서 '严嵩提笔写了"六心居"三个字(옌쑹은 처음에 '六心居'라는 세 글자를 적었는데), 转念一想又认为六人"六心"不好(다시 생각해보니 여섯 사람의 여섯 마음(각자 딴 마음을 품는 것)이 좋지 않다 여겨), 所以在"心"字上加上了一撇成了"必"('心'자 위에 획을 하나 더 추가하여 '必'로 바꾸었다)'라고 했으므로 정답은 D이다. '一心'은 '마음을 같이 하다'라는 뜻으로, '六心'는 '각자 딴 마음을 품다'로 해석할 수 있다.

단어 转念 zhuǎnniàn 동 생각을 바꾸다   新奇 xīnqí 형 신기하다   顺口 shùnkǒu 형 발음하기 좋다   避免 bìmiǎn 동 피하다   合伙人 héhuǒrén 명 동업자   和睦 hémù 형 화목하다

46 C ★★

除了"六个人","六必"还指的是：	'여섯 사람' 외에 '六必'가 의미하는 것:
① 酿酒要求	① 양조 조건
② 制作工艺	② 제작 공정
③ 六种营养成分	③ 여섯 가지 영양 성분
④ 六样生活必需品	④ 여섯 가지 생활 필수품
A ①② B ②④ C ①④ D ②③	A ①② B ②④ C ①④ D ②③

해설 네 번째 단락은 '六必'에 대한 다양한 해석을 설명하고 있다. 해당 단락 중반에서 '六必居最初是个酒坊, 它们酿酒必须齐全, 下料必须优良, 泉水必须香甜(류비쥐가 원래 술을 만드는 양조장 이였고, 양조장은 술을 빚을 때 반드시 모든 조건을 다 갖추어야 하며, 술에 넣는 재료는 반드시 우수하고, 사용되는 샘물은 반드시 맛이 좋아야 했다)', '……前店除卖酒外, 还卖柴、米、油、盐、酱、醋等六样人们的日常生活必需用品(앞쪽 가게에서는 술 외에도 땔감, 쌀, 기름, 소금, 장, 식초 등 여섯 가지 생활 필수품을 함께 판매했다)'라고 했다. '六必'에 대한 해석으로 양조 조건과 여섯 가지 생활 필수품을 언급했으므로 정답은 D이다.

단어 道 dào 양 종류   制作 zhìzuò 동 제작하다   工艺 gōngyì 명 공예, 제작 기술   必需品 bìxūpǐn 명 필수품

47 B ★

根据文意，第五段的空白处最适合填入的词语是：	문맥에 따라 다섯 번째 단락의 빈칸에 가장 적절하게 들어갈 단어는 다음 중 어느 것인가?
A 循环	A 순환하다
B 遵循	B 따르다
C 参照	C 참조하다
D 参谋	D 자문하다

해설   빈칸이 포함된 '六必居_____古训(류비쥐는 옛사람의 가르침을 따르면서)'에서 문맥상 빈칸 뒤의 古训(옛 사람의 교훈)과 함께 사용할 수 있는 단어는 '(원칙, 규칙 등을) 따르다, 준수하다, 지키다'라는 의미의 A 遵循이다.

- 빈출 조합: 遵循原则(원칙을 준수하다), 遵循规则(규칙을 따르다), 遵循指导方针(지도 방침을 따르다)
　　　　　　遵守法规(법규를 지키다), 遵守家训(가훈을 지키다), 遵守规律(법칙을 따르다)

단어   空白处 kòngbáichù 몡 공백, 빈 곳　适合 shìhé 혱 적합하다　填入 tiánrù 동 기입하다　循环 xúnhuán 동 순환(하다)　遵循 zūnxún 동 (원칙, 규칙 등을) 따르다, 준수하다, 지키다　参照 cānzhào 동 참조하다, 참고하다　参谋 cānmóu 동 조언하다

TIP

- 주요 문장 형식

A 坐落在 B / A 坐落于 B (A는 B에 위치한다)
원문 坐落在前门外粮食店街路西，是全国闻名的老字号。
예문 灵隐寺坐落于山清水秀、环境幽静的地方，是佛教信徒朝拜和游客游览的胜地。

仍保持着……的风格 / 特点 / 特征 (여전히 ~한 풍격 / 특징을 유지하고 있다)
원문 1994年翻建仍保持着古色古香的建筑风格。
예문 如今，北京大学仍保持着古典与现代交织的风格。

早在~时代 / 时期，……就…… (일찍이 ~시대 / 시기에)
원문 早在清代，六必居自产自销的酱菜就被选作宫廷御品。
예문 早在5000多年前，我们的祖先就发现了茶的解毒功能。

以……居多 (~의 수량이 많다)
원문 像店铺的字号以带"庆""福""顺"等字的居多。
예문 中国的成语以四字居多。

有人说……，也有人说……，还有人说…… (어떤 이는 ~라고 하는데, 어떤 이는 ~라고도 하며, 또 어떤 이는 ~라고 한다)
원문 关于"六必"的解释有许多，有人说……，也有人说……，还有人说……。
예문 追溯中国人饮茶的起源，有的认为起于上古，也有的认为起于周，还有的认为起于秦汉，甚至起于唐代的说法也有，真可谓众说纷纭。

48-54

　　在各种科幻电影中，观众很难看到宇航员生病的场景。❹⓼ 假如宇航员真的在太空中出现头疼脑热等不适，离他们最近的急诊室是在十万八千里外的地球上，他们该如何是好呢？

　　❹⓽ 现在的做法是，宇航员会在飞船里准备一个药箱，里面放上一些常用药物，比如退烧药、消炎药、止晕药等。当感觉身体不适时，宇航员会向地面的医生报告，医生会及时发出指令，告诉他该怎么吃药。

　　但是在不久的将来，一种由纳米碳构成的生物胶囊也许可以帮助他们。美国国家航空航天局正在加紧研发一种生物胶囊，将其植入人体皮下后，❺⓿ 能在宇航员毫无察觉时迅速自动诊断其身体中的异常状况，并进行相应治疗，就像一个随身相伴的医生。

　　각종 SF 영화에서 우주비행사가 병에 걸리는 장면을 관객들은 거의 볼 수 없다. ❹⓼ 만약 우주비행사가 실제로 우주에서 두통이나 발열 같은 증상을 겪는다면, 가장 가까운 응급실은 십만 팔천리 밖(아득히 먼) 지구에 있는데, 그들은 어떻게 해야 할까?

　　❹⓽ 현재의 방법은 우주비행사들이 우주선에 약상자를 하나 준비하고, 그 안에 해열제, 소염제, 멀미약 등 자주 사용하는 약물을 넣어 두는 것입니다. 우주비행사가 몸이 불편하면 즉시 지상의 의사에게 보고하고, 의사는 신속하게 지시를 내려 약의 복용법을 알려준다.

　　하지만 머지않은 미래에는 나노 탄소로 만든 생체 캡슐이 이런 문제를 해결할지도 모른다. 미국항공우주국(NASA)은 현재 일종의 생체 캡슐을 서둘러 개발 중인데, 이 캡슐을 인체의 피하에 삽입한 후에, ❺⓿ 우주비행사가 전혀 알아차리지 못할 때 몸속의 이상을 자동으로 진단하고,

4 生物胶囊的成本并不高，制造工艺也不复杂。(51) 只要先将纳米碳放入胶囊模具，再填入人工细胞，最后用纳米碳或是蛋白质胶水将其黏合，一颗生物胶囊就制造成功了。

5 生物胶囊的研究者表示，在进入太空前，宇航员只要进行一项微创手术，在大腿表皮下植入几颗生物胶囊，就拥有了对抗绝大部分疾病的能力。这种手术非常简单，只需使用普通的麻药。

6 (52) 太空中有无数能够威胁人体健康的因素，最主要的就是高强度的辐射，它会杀死宇航员的骨髓细胞并破坏其免疫系统。(53) 生物胶囊中填充的细胞可以检测到辐射强度的上升，并自动释放药物，保护人体。胶囊内装有一种“粒细胞集落刺激因子”，不仅可以帮助宇航员抵抗辐射，还可以帮助他们对抗其他常见太空疾病，比如感染、发烧、器官衰竭和失眠等。目前，研究人员正在有针对性地研发相应的抵抗因子。

7 生物胶囊中细胞的纳米外壳有一定的空隙，可以允许药物通过，但保证人工细胞一直留在胶囊中。(54) 生物胶囊不是一次性用品，胶囊中的细胞可以通过自身新陈代谢维持活力。这些细胞的寿命从几个月到几年不等，因此每个胶囊都可以连续使用数年之久。生物胶囊本身也没有“保质期”，它的纳米碳结构是惰性的，非常稳定且具有弹性，至今没有发现人体中有可以分解该生物胶囊的酶。生物胶囊也不会造成人体的排异反应，当宇航员返回地球时，可由医生取出。

즉각적인 치료를 진행할 수 있어, 마치 언제나 곁에 함께 있는 의사와 같다.

생체 캡슐을 원가는 결코 높지 않으며, 제조 공정도 복잡하지 않다. (51) 먼저 나노 탄소를 캡슐 틀에 넣고, 인공 세포를 채운 뒤, 나노 탄소나 단백질 접착제로 밀봉하기만 하면 하나의 생체 캡슐이 완성된다. 4

생체 캡슐 연구자들에 따르면, 우주로 떠나기 전에 우주비행사는 최소 절개술로 허벅지 피부 아래 몇 개의 생체 캡슐을 삽입만 하면, 대부분의 질병에 대응할 수 있는 능력을 갖추게 된다. 이 시술은 아주 간단해서 일반 마취만으로도 가능하다. 5

(52) 우주에는 인체 건강을 위협하는 수많은 요소가 존재하며, 그중 가장 위험한 것은 강한 방사선이다. 방사선은 우주비행사의 골수 세포를 파괴하고 면역 체계를 파괴시킨다. (53) 생체 캡슐 속 세포는 방사선 강도의 상승을 감지할 수 있으며 자동으로 약물을 방출해 신체를 보호한다. 또한, 캡슐에는 “과립구 집락 자극 인자”라는 성분이 포함되어 있어 우주비행사들이 방사선을 이겨내는데 도움이 될 뿐만 아니라 감염, 발열, 장기 부전, 불면증 같은 흔한 우주 질병 대응에도 도움을 줄 수 있다. 현재 연구진은 특정 질병에 대항할 수 있는 저항인자를 개발 중이다. 6

생체 캡슐 내부의 세포는 나노 외막을 가지고 있으며, 이 외막에는 일정한 빈틈이 있어 약물은 통과할 수 있지만 인공 세포는 캡슐 안에 안전하게 머물도록 보장한다. (54) 생체 캡슐은 일회용이 아니며, 내부의 세포는 자체적인 신진대사를 통해 활력을 유지할 수 있다. 이 세포들의 수명은 몇 달에서 몇 년까지 다양하며, 모든 캡슐을 수년간 연속으로 사용할 수 있다. 생체 캡슐 자체에는 “유효기간”이 없다. 나노 탄소 구조는 비활성이라 안정적이며 탄성을 지녔고, 현재까지 인체에서 생체 캡슐을 분해할 수 있는 효소는 발견되지 않았다. 생체 캡슐은 인체에서 거부 반응을 일으키지 않으며, 우주비행사가 지구로 귀환한 후 의사가 안전하게 제거할 수 있다. 7

단어 **科幻** kēhuàn 명 SF(공상 과학) **宇航员** yǔhángyuán 명 우주 비행사 **场景** chǎngjǐng 명 상황, 장면, 신(scene) **头疼脑热** tóuténg nǎorè 대수롭지 않은 병(잔병) **不适** búshì 형 (몸이) 편치 않다 **急诊室** jízhěnshì 명 응급실 **飞船** fēichuán 명 우주 비행선 **药箱** yàoxiāng 명 약상자 **退烧** tuìshāo 동 열이 내리다, 해열하다 **消炎** xiāoyán 동 소염 하다, 염증을 없애다 **晕** yūn 동 현기증이 나다 **指令** zhǐlìng 명동 명령(하다) **纳米** nàmǐ 명 나노 **碳** tàn 명 탄소 **构成** gòuchéng 명동 구성(하다), 형성(하다) **胶囊** jiāonáng 명 캡슐(capsule) **植入** zhírù 동 삽입하다, 이식하다 **察觉** chájué 동 발견하다, 느끼다 **诊断** zhěnduàn 명 동 진단(하다) **模具** mújù 명 틀, 판, 모형 **填入** tiánrù 동 채워 넣다, 기입하다 **细胞** xìbāo 명 세포 **蛋白质** dànbáizhì 명 단백질 **胶水** jiāoshuǐ 명 접착제 **黏合** niánhé 동 붙이다 **微创手术** wēichuàng shǒushù 명 최소 절개술, 최소 침습술 **表皮** biǎopí 명 표피, 상피 **对抗** duìkàng 동 대항하다, 맞서다, 저항하다 **麻药** máyào 명 마취약 **威胁** wēixié 동 위협하다 **辐射** fúshè 명동 방출(되다), 방사(하다) **骨髓** gǔsuǐ 명 골수 **免疫系统** miǎnyì xìtǒng 면역 체계 **填充** tiánchōng 동 메우다, 채워 넣다, 충전하다 **检测** jiǎncè 동 검사 · 측정하다 **释放** shìfàng 동 (에너지 등을) 방출하다 **抵抗** dǐkàng 동 저항하다, 맞서다 **器官** qìguān 명 (생물의) 기관 **衰竭** shuāijié 동 (질병으로 기력이나 생리 기능이) 쇠약해지다 **失眠** shīmián 명 불면(증) 동 잠을 이루지 못하다 **外壳** wàiké 명 외각, 겉껍질, 겉면 **空隙** kòngxì 명 틈, 간격 **新陈代谢** xīnchéndàixiè 명 신진대사 성 낡은 것이 없어지고 새 것이 생겨나다 **惰性** duòxìng 명 불활성(다른 화합물과 쉽게 반응하지 않는 성질) **稳定** wěndìng 형 안정적이다 **弹性** tánxìng 명 탄성 **酶** méi 명 효소 **排异反应** páiyì fǎnyìng 거부 반응 **粒细胞集落刺激因子** lìxìbāo jíluòcìjī yīnzi 명 과립구 집락자극인자(백혈구 생성 촉진제)

48 B ★

画线短语 "十万八千里外" 用来形容:	밑줄 친 구절 '十万八千里外'가 표현하는 의미는:
A 医疗设备齐全	A 의료 장비가 완비되었다
B 距离非常遥远	B 거리가 매우 멀다
C 迫切的思乡心情	C 고향을 그리는 절박한 심정
D 地球的运动轨迹	D 지구의 운동 궤도

해설 첫 번째 단락에서 '假如宇航员真的在太空中出现头疼脑热等不适(만약 우주비행사가 실제로 우주에서 두통 이나 발열 같은 증상을 겪는다면), 离他们最近的急诊室是在十万八千里外的地球上(가장 가까운 응급실은 십만 팔천리 밖 지구에 있다)'라고 했다. 이를 통해 우주비행사가 지구와 매우 먼 거리에 있음을 유추할 수 있으므로 정답은 B이다. 里는 거리를 세는 양사로, 十万八千里(십만 팔천 리)는 비유적으로 매우 먼 거리를 의미한다.

단어 齐全 qíquán 웹 완비하다 距离 jùlí 웹 거리 十万八千里 shíwàn bāqiān lǐ 매우 먼 거리, 매우 큰 차이 里 lǐ 웹 리(1리=500미터) 遥远 yáoyuǎn 웹 아득히 멀다 迫切 pòqiè 웹 절실하다, 절박하다 轨迹 guǐjì 웹 궤도

49 D ★

现行的太空医疗手段是:	현재 시행되고 있는 우주 의료 방법은:
A 使用纳米碳生物胶囊治疗	A 나노 탄소 생체캡슐을 사용하여 치료한다
B 将病人送回地面救助中心	B 환자를 지구의 구조 센터로 돌려 보낸다
C 医务人员随行进入太空舱	C 의료진이 동행하여 우주선에 탑승한다
D 飞船中提前备好常用药物	D 우주선에 미리 상용 약품을 준비해 둔다

해설 두 번째 단락 초반에서 '现在的做法是(현재의 방법은), 宇航员会在飞船里准备一个药箱(우주비행사들이 우주선에 약상자를 하나 준비하고), 里面放上一些常用物(그 안에 자주 사용하는 약물을 넣어 두는 것이다)'라고 했으므로 정답은 D이다. 시간의 흐름에 따라 변화하는 내용이 문제로 제시될 수 있으므로 现行과 같은 단어에 유의하자.

단어 纳米碳 nàmǐtàn 웹 나노탄소 生物胶囊 shēngwù jiāonáng 웹 생체 캡슐, 바이오 캡슐 救助 qiùzhù 통 도와주다, 구조하다 太空舱 tàikōngcāng 웹 우주선 캡슐 飞船 fēichuán 웹 우주 비행선 备好 bèihǎo 준비해 두다

50 C ★★

根据文意, 第三段的空白处最适合填入的词语是:	문맥에 따라, 세 번째 단락의 빈칸에 가장 적합한 단어는:
A 无故	A 이유 없이
B 丝毫	B 털끝만치도
C 毫无	C 전혀 ~하지 않다
D 无力	D 무력하다

해설 빈칸이 포함된 '能在宇航员_____察觉时(우주비행사가 전혀 알아차리지 못할 때), 迅速自动诊断其身体中的异常状况(몸 속의 이상을 자동으로 진단하고)'에서 문맥상 빈칸 뒤의 察觉(발견하다, 느끼다)와 함께 사용할 수 있는 단어는 '조금도 ~하지 않다'라는 의미의 C 毫无이다. B 丝毫는 뒤에 不, 没, 无 등의 부정부사가 함께 쓰여야 하므로 정답이 될 수 없다.

• 빈출 조합: 毫无疑问(틀림없이), 毫无保留(아낌없이, 남김없이), 毫无意义(아무런 의미도 없다)

단어　故 gù 뷔 이유 없이, 까닭 없이　丝毫 뷔 털끝만치도, 조금도　毫无 뷔 조금도(전혀) ~이 없다, ~하지 않다　无力 혱 무력하다

51　B

生物胶囊中除纳米碳外，还有： / 생체 캡슐에는 나노 탄소 외에도 다음 중 무엇이 포함되어 있는가:

A 蛋白质 / A 단백질
B 人工细胞 / B 인공 세포
C 活性化合物 / C 활성 화합물
D 复合维生素 / D 복합 비타민

해설　네 번째 단락 초반에서 '只要先将纳米碳放入胶囊模具(먼저 나노 탄소를 캡슐 틀에 넣고), 再填入人工细胞(인공 세포를 채운 뒤), 最后用纳米碳或是蛋白质胶水将其黏合(나노 탄소나 단백질 접착제로 밀봉하기만 하면), 一颗生物胶囊就制造成功了(하나의 생체 캡슐이 완성된다)'라고 했으므로 정답은 B이다.

단어　蛋白质 dànbáizhì 몡 단백질　细胞 xìbāo 몡 세포　活性 huóxìng 몡 활성　化合物 huàhéwù 몡 화합물　复合 fùhé 몡 복합　维生素 wéishēngsù 몡 비타민

52　B

高强度太空辐射会对人体产生什么影响? / 강력한 우주 방사선은 인체에 어떤 영향을 미치는가?

① 诱发癌症 / ① 암을 유발한다
② 杀死骨髓细胞 / ② 골수 세포를 파괴한다
③ 导致智力残缺 / ③ 지능 저하를 초래한다
④ 损伤免疫系统 / ④ 면역 체계를 손상시킨다

A ①② 　B ②④ 　C ①④ 　D ②③ / A ①② 　B ②④ 　C ①④ 　D ②③

해설　여섯 번째 단락 초반의 '太空中有无数能够威胁人体健康的因素(우주에는 인체 건강을 위협하는 수많은 요소가 존재하며), 最主要的就是高强度的辐射(그중 가장 위험한 것은 강한 방사선이다)'에서 관련 내용이 언급되었다. 이어지는 내용에서 '它会杀死宇航员的骨髓细胞并破坏其免疫系统(방사선은 우주비행사의 골수 세포를 파괴하고 면역 체계를 파괴시킨다)'라고 했으므로 정답은 B이다.

• 빈출 유의어: 破坏 – 损伤

단어　高强度 gāoqiángdù 몡 고강도　辐射 fúshè 몡 방사선　诱发 yòufā 동 (질병을) 유발하다　癌症 áizhèng 몡 암　骨髓 gǔsuǐ 몡 골수　导致 dǎozhì 동 초래하다, 야기하다　残缺 cánquē 동 불완전하다, 부족하다, 훼손되다　损伤 sǔnshāng 명동 손상(되다)

53 A ★★

第六段主要介绍了太空胶囊的:	여섯 번째 단락이 우주 캡슐에 대해 주요하게 소개하는 것은:
A 功能 B 原料 C 效益 D 种类	A 기능 B 원료 C 효익 D 종류

해설 지문에 단락이 여러 개 있는 경우 문제 단락을 정확하게 체크하자. 여섯 번째 단락 중반에서 '**生物胶囊中填充的细胞……**(생체 캡슐 속 채워진 세포는…), **并自动释放药物, 保护人体**(자동으로 약물을 방출해 신체를 보호한다)'라고 했으며, 이어지는 내용에서 '**不仅可以帮助宇航员抵抗辐射**(우주비행사들이 방사선을 이겨내는데 도움이 될 뿐만 아니라), **还可以帮助他们对抗其他常见太空疾病**(흔한 우주 질병 대응에도 도움을 줄 수 있다)'라고 했다. 제시된 내용들은 모두 우주 캡슐의 기능을 말하고 있으므로 정답은 A이다.

단어 功能 gōngnéng 몡 기능, 성능   原料 yuánliào 몡 원료, 소재   效益 xiàoyì 몡 (주로 경제적, 물리적) 효과와 이익, 수익   种类 zhǒnglèi 몡 종류

54 B ★★

关于太空胶囊，下列哪项正确？	우주 캡슐에 관해 다음 중 올바른 것은？
A 制作成本高昂 B 可连续使用多年 C 植入手术过程复杂 D 会造成人体的排异反应	A 제작 비용이 매우 비싸다 B 여러 해 동안 연속해서 사용할 수 있다 C 이식 수술 과정이 복잡하다 D 인체의 거부 반응을 유발할 수 있다

해설 올바른 내용을 찾는 문제는 지문의 전반적인 내용을 빠르게 확인하는 능력이 필요하다.
일곱 번째 단락 중반에서 '**生物胶囊不是一次性用品**(생체 캡슐은 일회용이 아니다), …… **这些细胞的寿命从几个月到几年不等**(이 세포들의 수명은 몇 달에서 몇 년까지 다양하며), **每个胶囊都可以连续使用数年之久**(모든 캡슐을 수년간 연속으로 사용할 수 있다)'라고 했으므로 정답은 B이다.

단어 制作 zhìzuò 동 제작하다   成本 chéngběn 몡 원가, 생산비   高昂 gāo'áng 혱 굉장히 비싸다   连续 liánxù 동 연속하다, 계속하다   植入 zhírù 동 삽입하다, 이식하다   排异反应 yìcháng fǎnyìng 거부 반응

TIP

- 주요 문장 형식

比如……等 (예를 들면 ~ 등)

원문 宇航员会在飞船里准备一个药箱，里面放上一些常用药物，比如退烧药、消炎药、止晕药等。

예문 胶囊内装有一种"粒细胞集落刺激因子"，不仅可以帮助宇航员抵抗辐射，还可以帮助他们对抗其他常见太空疾病，比如感染、发烧、器官衰竭和失眠等。

先 A，再(然后) B，最后 C。(먼저 A하고, 다음으로 B하고, 마지막으로 C하다)

원문 只要先将纳米碳放入胶囊模具，再填入人工细胞，最后用纳米碳或是蛋白质胶水将其黏合，一颗生物胶囊就制造成功了。

예문 红烧排骨的做法并不复杂，只要先准备好食材，然后按照食谱一步步烹饪，最后放进自己喜欢的餐具里，一道美味佳肴就会呈现在你的眼前。

……的因素很多，最主要的就是…… (~의 요소는 많지만, 가장 주요한 것은 ~이다)

원문　太空中有无数能够威胁人体健康的因素，最主要的就是高强度的辐射。

예문　影响消费的因素很多，最主要因素是居民收入和物价水平。

不仅可以 A，还可以 B (A할 수 있을 뿐만 아니라, 또 B할 수 있다)

원문　胶囊内装有一种"粒细胞集落刺激因子"，不仅可以帮助宇航员抵抗辐射，还可以帮助他们对抗其他常见太空疾病，比如感染、发烧、器官衰竭和失眠等。

예문　运动有益于身心健康，不仅可以帮助我们强身健体，还可以帮助我们放缓衰老的速度，最终会提高我们的生活质量。

55-61

⑤⑤ 高铁已成为人们<u>必不可少</u>的交通工具。复兴号高铁持续运行速度达每小时350公里，轻松实现日行万里。越来越多的人将高铁作为出行的首选交通工具。⑥① 然而高铁所产生的噪声却让人担忧。

⑤⑥ 高铁噪声的来源有受电弓噪声、车头空气动力噪声、车辆上部空气动力噪声、车辆下部噪声和结构噪声等，比如我们"耳熟能详"的钢轨摩擦就属于其中一种。对这些高铁运行而产生的噪声，我们既无法让车轮与车厢分离，也无法让风停止歌唱，只能戴上耳机。可是长时间戴耳机并不舒服。

怎么办呢？科学家们研制了一种降噪头靠，可以进行主动降噪，降低高铁噪声中的低频部分。降噪头靠可以形成一个保护区，即降噪区域，只要乘客们在降噪区域，听到的噪声就会减小，从而可以免受噪声"妖怪"的干扰。

⑥⓪ 降噪头靠是怎样形成降噪区的呢？答案是借助扬声器，也就是俗称的"大喇叭"。⑤⑦ 科学家们在座椅周围放置多个扬声器，发出特定的声波来抵消噪声。就像武侠小说里的以毒攻毒，降噪头靠是以声消声，利用声波来抵消噪声。

以声消声，主要是利用声波的相消性干涉原理，即两列频率相同、相位相反的声波叠加，声波幅值就会减小。扬声器发出的正是与噪声声波相位相反的声波，噪声声波与扬声器发出的声波叠加，该区域的声波幅值便减小，人们听到的声音也就减小了。

高铁噪声种类这么多，降噪头靠都能消除吗？为了让乘客免受这些噪声的干扰，降噪头靠可以做到<u>兵来将挡，水来土掩</u>。⑤⑨ 由于降噪头靠的核心控制器具有自适应算法，因此能够监测噪声，⑤⑧ 并针对不同的噪声设计发出相应的声波，以实现更有效的降噪。无噪声时，降噪头靠是不发声的。

值得注意的是，降噪头靠降低的是高铁噪声中的低频部分，属于主动降噪技术；㊿ 噪声的高频部分一般使用吸声材料进行降噪，属于被动降噪技术。

㊶ 神奇的降噪头靠通过以声消声，还您清静。目前，中国科学院噪声与振动重点实验室已经完成了降噪头靠的实验部分，让我们期待高铁上的降噪头靠可以早日和大家见面！

단어　高铁 gāotiě 명 고속 철도　复兴号 Fùxīng hào 고유 푸싱하오(중국 고속 철도 명칭)　噪声 zàoshēng 명 소음　电弓噪声 diàngōng zàoshēng 팬터그래프(Pantograph noise)　耳熟能详 ěrshú néngxiáng 성 많이 들어 너무나 익숙하다　钢轨 gāngguǐ 철도의 레일　摩擦 mócā 명동 마찰(하다)　车轮 chēlún 명 바퀴　车厢 chēxiāng 차 칸　低频 dīpín 명 저주파　高频 dīpín 명 고주파　区域 dīpín 명 구역, 구간　妖怪 yāoguài 명 요괴, 괴물　干扰 gānrǎo 동 간섭하다, 방해하다　借助 jièzhù 동 도움을 빌다, ~의 힘을 빌리다　扬声器 yángshēngqì 명 확성기, 스피커　俗称 súchēng 동 속칭　大喇叭 dàlǎbā 명 (확성 작용을 하는) 나팔 모양의 물건, 메가폰　座椅 zuòyǐ 명 좌석　声波 shēngbō 명 음파　抵消 dǐxiāo 동 상쇄하다　武侠小说 wǔxiá xiǎoshuō 명 무협 소설　以毒攻毒 yǐdú gōngdú 성 독으로써 독을 물리치다　相消性干涉 xiāngxiāoxìng gānshè 명 상쇄 간섭(destructive interferenc)　频率 pínlǜ 명 주파수, 빈도　叠加 diéjiā 동 중첩되어 겹치다　幅值 fúzhí 명 진폭　挡 dǎng 동 막다, 차단하다　掩 yǎn 동 가리다, 숨기다　核心 héxīn 명 핵심　控制器 kòngzhìqì 명 제어기　自适应算法 zìshìyìng suànfǎ 명 자기 적응형 알고리즘　监测 jiāncè 동 모니터링하다　针对 zhēnduì 동 겨냥하다　吸声 xīshēng 명동 흡음(하다)　清静 qīngjìng 형 (환경이) 조용하다, 고요하다　振动 zhèndòng 명동 진동(하다)　兵来将挡，水来土掩 bīnglái jiāngdǎng, shuǐlái tǔyǎn 병사가 오면 장수가 막고, 물이 오면 흙으로 덮다(비유: 구체적인 상황에 맞추어 그에 맞는 대책을 세운다)

55 A ★★

根据文意，第一段的空白处最适合填入的词语是：	문맥상 첫 번째 단락의 빈칸에 가장 적합한 단어는：
A 必不可少	A 없어서는 안 된다
B 不翼而飞	B 흔적도 없이 없어지다
C 成千上万	C 수가 대단히 많다
D 川流不息	D 사람과 차들이 끊임없이 오가다

해설 　빈칸이 포함된 '高铁已成为人们_____的交通工具(고속 철도는 사람들에게 없어서는 안 될 교통수단이 되었다)'에서 문맥상 빈칸에는 해당 교통수단이 사람들에게 매우 중요함을 나타내는 단어가 와야 한다. 따라서 정답은 '없어서는 안 된다(필수적이다)'라는 의미의 A 必不可少이다.

- 빈출 조합: 必不可少的元素(반드시 필수적인 요소), 必不可少的条件(반드시 필수적인 조건)

단어 　必不可少 bìbùkěshǎo 〖성〗 없어서는 안된다, 필수적이다　不翼而飞 búyì érfēi 〖성〗 날개도 돋지 않았는데 날아가다, 온데간데없다　成千上万 chéngqiān shàngwàn 〖성〗 수천수만의, 수가 대단히 많다　川流不息 chuānliú bùxī 〖성〗 강물이 쉼 없이 흐르다(비유: 사람과 차들이 끊임없이 오가다)

56 D ★

下列哪项不是高铁噪声的来源? 　　　　　　다음 중 고속 철도 소음의 원인이 아닌 것은?

A 受电弓噪声　　　　　　　　　　　　　A 팬터그래프 소음
B 钢轨摩擦声　　　　　　　　　　　　　B 레일 마찰 소음
C 空气动力噪声　　　　　　　　　　　　C 공기역학적 소음
D 发动机运行噪声　　　　　　　　　　　D 엔진 작동 소음

해설 　불일치 항목을 찾는 문제는 먼저 보기를 꼼꼼하게 체크한 후 지문을 읽는 것이 유리하다. 두 번째 단락 초반의 '高铁噪声的来源有……(고속 철도 소음의 근원은 ~에 있다)'에서 관련 내용이 언급되었다. 이어지는 내용에서 A 受电弓噪声(레일 마찰 소음), C 空气动力噪声(공기역학적 소음), B 钢轨摩擦声(레일 마찰 소음)이 차례대로 제시되었다. 发动机运行噪声(엔진 작동 소음)은 제시되지 않았으므로 정답은 D이다.

단어 　噪声 zàoshēng 〖명〗 소음　受电弓 shòudiàngōng 〖명〗 팬터그래프　钢轨 gāngguǐ 〖명〗 철도의 레일　摩擦 mócā 〖명〗〖동〗 마찰(하다)　动力 dònglì 〖명〗 동력　发动机 fādòngjī 〖명〗 엔진, 모터　运行 yùnxíng 〖동〗 운행하다

57 C ★★

下列哪项是形成降噪区的原理?　　　　　질문: 다음 중 소음 저감 구역이 형성되는 원리는 무엇인가?

A 心理学原理　　　　　　　　　　　　　A 심리학 원리
B 借助扬声器　　　　　　　　　　　　　B 확성기의 도움을 받는다
C 声波的相消性干涉　　　　　　　　　　C 음파의 상쇄 간섭
D 利用大喇叭播放音乐　　　　　　　　　D 스피커를 이용하여 음악을 재생함

해설 　네 번째 단락 중반에서 '学家们在座椅周围放置多个扬声器(과학자들은 좌석 주변에 여러 개의 스피커를 배치하여), 发出特定的声波来抵消噪声(특정한 음파를 방출함으로써 소음을 상쇄한다)。……降噪头靠是以声消声, 利用声波来抵消噪声(저감 헤드레스트는 소리로 소음을 없애주며, 음파로 소음을 상쇄한다)'라고 했다. 이를 통해 소음 저감 구역이 형성되는 원리가 음파로 소음을 상쇄하는 것임을 알 수 있다. 추가로 다섯 번째 단락 초반에서 '以声消声, 主要是利用声波的相消性干涉原理(소리로 소음을 없애는 원리는 주로 음파의 상쇄 간섭 원리를 이용하는 것이다)'라고 알려 주었으므로 정답은 C이다. B 借助扬声器는 소음 저감 구역의 형성 원리가 아닌 저감 헤드레스트의 작동 수단에 해당하므로 정답이 될 수 없다.

단어 　声波 shēngbō 〖명〗 음파　相消性干涉 xiāngxiāoxìng gānshè 〖명〗 상쇄 간섭　抵消 dǐxiāo 〖동〗 상쇄하다　以声消声 yǐshēng xiāoshēng 소리로 소음을 없애다

58 D ★★

画线部分"兵来将挡，水来土掩"的意思主要是指：	밑줄 친 부분 '兵来将挡，水来土掩'이 주로 나타내는 것은:
A 具备防水功能	A 방수 기능을 갖추고 있다
B 调动军队的力量	B 군대의 힘을 동원하다
C 尽所有的力量做最后的一搏	C 모든 힘을 다해 마지막 승부를 걸다
D 针对不同情况采用灵活的对策	D 상황에 따라 유연하게 대처하다

해설 여섯 번째 단락의 밑줄 친 부분 '兵来将挡，水来土掩'은 '상황에 따라 유연하게 대처하다'는 뜻의 중국 속담이다. 해당 단락 후반의 '并针对不同的噪声设计发出相应的声波(다양한 소음에 맞춰 해당하는 음파를 설계해 방출함으로써)，以实现更有效的降噪(보다 효과적인 소음 저감을 실현할 수 있다)'를 통해서 '상황에 따른 대처' 의미를 유추할 수 있으므로 정답은 D이다.

단어 防水 fángshuǐ 통 방수하다(되다)   调动 diàodòng 통 동원하다   最后一搏 zuìhòu yìbó 최후의 한 방   搏 bó 통 (손으로) 치다, 때리다   采用 cǎiyòng 통 채택하다, 도입하다   灵活 línghuó 형 유연하다, 원활하다   对策 duìcè 명 대책

59 D ★★

关于"降噪头靠"，下列哪项正确？	'소음 감소 헤드레스트'에 관하여 다음 중 올바른 것은?
A 可以抵消所有声波	A 모든 음파를 상쇄할 수 있다
B 会在全程发出乐声	B 전 과정에서 음악이 재생된다
C 需要附加吸声材料	C 추가적인 흡음 재료가 필요하다
D 内含自动适应系统	D 자동 적응 시스템이 내장되어 있다

해설 여섯 번째 단락 중반에서 '由于降噪头靠的核心控制器具有自适应算法(이는 소음 저감 헤드레스트의 핵심 제어장치가 자기 적응형 알고리즘을 갖추고 있어)，因此能够监测噪声(소음을 감지할 수 있다)'라고 했으므로 정답은 D이다. '자기 적응형 알고리즘(自适应算法)'과 '자동 적응 시스템(动适应系统)'이 유의어임을 유추할 수 있어야 한다.

단어 全程 quánchéng 명 전 과정   附加 fùjiā 통 부가(하다), 추가(하다)   吸声 xīshēng 명 흡음(하다)   材料 cáiliào 명 재료   内含 nèihán 통 내장하다   自动 zìdòng 형 자동으로   适应 shìyìng 통 적응하다   系统 xìtǒng 명 시스템

60 A ★

高铁降低噪声主要靠的是哪两种材料？	고속 철도의 소음 감소에 주로 사용되는 두 가지 소재는?
① 扬声器	① 확성기
② 吸声材料	② 흡음 재료
③ 中空材料	③ 중공(속이 빈) 소재
④ 有孔木吸声板	④ 구멍이 있는 목재 흡음판
A ①② B ②④ C ①④ D ②③	A ①② B ②④ C ①④ D ②③

해설	네 번째 단락 초반의 '降噪头靠是怎样形成降噪区的呢? (저감 헤드레스트는 어떻게 소음 감소 구역을 형성하는 것일까?) 答案是借助扬声器, 也就是俗称的 "大喇叭"(답은 메가폰이라 불리는 확성기를 활용하는 것이다)', 그리고 일곱 번째 단락의 '噪声的高频部分一般使用吸声材料进行降噪(소음의 고주파 부분은 일반적으로 흡음 재료를 이용해 소음을 줄인다)'를 통해 철도 소음 감소의 두 가지 소재는 '확성기'와 '흡음 재료'임을 알 수 있다. 따라서 정답은 A이다.
단어	**扬声器** yángshēngqì 몡 확성기, 스피커 **吸声材料** xīshēngcáiliào 몡 흡음 재료 **中空** zhōngkōng 혱 속(중간)이 빈 **有孔** yǒu kǒng 구멍이 있다

61 D ★★

上文主要谈的是:	위 글이 주로 말하는 것은:
A 高铁带来的各种噪声	A 고속 철도가 유발하는 다양한 소음
B 高铁 "日行万里" 的秘诀	B 고속 철도가 "하루 만 리"를 달릴 수 있는 비결
C 为什么高铁会成为出行首选	C 고속 철도가 이동 수단 일순위로 선택된 이유
D 如何让高铁的噪声 "消失"	D 고속 철도의 소음을 사라지게 하는 방법

해설	글의 주제를 묻는 질문은 보통 정답이 첫 단락이나 마지막 단락에 있다. 먼저 첫 번째 단락 후반에서 '然而高铁所产生的噪声却让人担忧(그러나 고속 철도가 발생시키는 소음은 사람들의 우려를 불러일으키고 있다)'라며 문제를 제기했다. 이어지는 글에서 '고속 철도의 소음을 줄이는 방법'에 관한 내용이 나오며, 마지막 여덟 번째 단락 초반에서 '神奇的降噪头靠通过以声消声, 还您清静(신기한 소음 저감 헤드레스트는 소리로 소음을 제거하는 방식을 통해 당신에게 조용한 환경을 되찾아 준다)'라고 했다. 해당 지문은 '저감 헤드레스트를 통한 고속 철도의 소음 감소'가 중심 내용이므로 정답은 D이다. '还你清净(고요함을 되찾아 주다)'는 '让噪音消失(소음을 사라지게 하다)'와 의미가 상통한다.
단어	**高铁** gāotiě 몡 고속 철도 **噪声** zàoshēng 몡 소음 **日行万里** rìxíng wànlǐ 匊 하루 만 리를 달리다 **秘诀** mìjué 몡 비결 **首选** shǒuxuǎn 몡통 일순위, 우선하여 선택하다 **消失** xiāoshī 통 사라지다

TIP

- **주요 문장 형식**

A 已成为人们必不可少的 B (A는 이미 사람들에게 없어서는 안 될 B가 되었다)
  - 원문 高铁已成为人们必不可少的交通工具。
  - 예문 互联网已经成为我们日常生活必不可少的一部分。

也就是俗称的 "……" (또한 '~'라고도 불리다)
  - 원문 降噪头靠是怎样形成降噪区的呢? 答案是借助扬声器, 也就是俗称的 "大喇叭"
  - 예문 农历正月初一春节, 也就是俗称的 "大年"。

主要是……(的)原理 (주로 ~을 이용하는 원리이다)
  - 원문 以声消声, 主要是利用声波的相消性干涉原理。
  - 예문 声纳技术主要运用了回声定位的原理。

值得注意的是, …… (주목할 점은 ~이다)
  - 원문 值得注意的是, 降噪头靠降低的是高铁噪声中的低频部分, 属于主动降噪技术; 噪声的高频部分一般使用吸声材料进行降噪, 属于被动降噪技术。
  - 예문 值得注意的是, 第四次工业革命带来的管理革命也加速了新质生产力的发展。

漫步细雨中对于人们来说，或许是浪漫而惬意的，但对体积微小的昆虫而言，譬如蚊子，雨中漫步简直是一场灾难。**㊿** 一滴雨的重量可达到蚊子体重的50倍之多，人们所谓的毛毛雨，**㊺㊻** 在蚊子看来，不亚于一辆辆甲壳虫汽车从天而降。但是，在"甲壳虫汽车雨"中，蚊子却能够毫发无损，这是什么原因呢？

　　为破解这一谜题，科学家对雨中飞舞的蚊子进行了高速摄像，以观察蚊子被雨滴击中瞬间的行为。

　　通过视频，科学家们分析了雨滴击中蚊子不同部位的各种情况，计算出蚊子被雨滴击中的瞬间所受到的作用力，以及其后随雨滴向下移动的距离。他们发现，蚊子并不像人们可能推测的那样去躲避雨滴，也不会因遭到雨滴的冲击而受伤，秘密之一就在于蚊子体重极轻。

　　原来，蚊子被雨滴击中时并不抵挡，而是与雨滴融为一体，顺应它的趋势落下。如果雨滴击中蚊子的翅膀或腿部，它会向击中的那一侧倾斜，并通过"侧身翻滚"的高难度动作，让雨滴从身体一侧滑落；**㊽** 当雨滴正中蚊子身体时，它先顺应雨滴强大的推力与之一同下落，随之迅速侧向微调与雨滴分离并恢复飞行。

　　研究者还发现，**㊿** 当雨滴击中栖息于地面的蚊子时，雨滴的速度在瞬间减小为0，这时蚊子就会承受相当于它体重10000倍的力，足以致命。当蚊子在空中被击中并采用"不抵抗"策略时，它受到的冲击力就减小到其体重的1/300至1/50，此时，雨滴就像一根极细小的羽毛压在了蚊子身上——这是蚊子能够承受的。

　　尽管蚊子柔弱如风中柳絮，会被雨滴砸得摇晃不定，但 **㊾** 正是由于它体重极轻，雨滴在与蚊子碰撞的过程中几乎没有减速，它的动能也几乎没有转化为对蚊子的撞击能量，而是让蚊子瞬间加速下降，从而化解了高速下降的雨滴带来的巨大冲击。这就像是"以柔克刚"，达到"四两拨千斤"的效果，没想到小小的蚊子还是个太极高手呢！

　　㊿ 蚊子在雨中安然无恙的另一个秘密，是覆盖它们全身的细毛具有疏水性。这种防水的细毛使蚊子与打在它身上的雨滴保持分隔状态，从而使蚊子能够迅

　　비 오는 날 천천히 거닐며 산책하는 것은 사람들에게는 낭만적이고 유쾌한 일일지 모르지만, 몸집이 조그마한 곤충, 예를 들면 모기에게 빗속 산책은 그야말로 재앙이다. **㊻** 빗방울 한 방울의 무게는 모기 체중의 50배에 달할 수 있으며, 사람들이 가랑비로 부르는 비가 **㊺㊻** 모기가 보기에는 폭스바겐 비틀 자동차들이 하늘에서 쏟아지는 것과 다를 게 없다. 그러나 이러한 '폭스바겐 비틀 자동차 비' 속에서도 모기는 털끝 하나 다치지 않는다. 도대체 그 이유는 무엇일까?

　　이 미스터리를 풀기 위해 과학자들은 빗속을 나는 모기를 초고속 카메라로 촬영하여 빗방울이 모기를 맞히는 순간의 행동을 관찰했다.

　　촬영된 영상을 통해, 과학자들은 빗방울이 모기의 서로 다른 부위에 충돌했을 때 발생하는 다양한 상황을 분석하고, 모기가 빗방울에 맞는 순간 받는 힘과 빗방울과 함께 낙하하는 거리를 계산했다. 과학자들은 모기가 사람들이 예상한 것처럼 빗방울을 피하지도 않았으며, 빗방울 충격으로 인해 다치지도 않는다는 사실을 발견했다. 그 비밀 중 하나는 바로 모기의 체중이 극도로 가볍다는 점에 있었다.

　　알고 보니, 모기는 빗방울에 맞았을 때 이에 저항하지 않고 오히려 빗방울과 하나가 되어 그 힘에 순응하여 함께 떨어진다. 만약 빗방울이 모기의 날개나 다리를 맞추면, 맞은 쪽으로 기울어진 후, 몸을 옆으로 회전시키는 고난도 동작을 통해 빗방울이 몸 한쪽으로 미끄러져 떨어지도록 한다. **㊽** 빗방울이 모기의 몸통 중앙을 맞혔을 때, 모기는 먼저 빗방울의 강한 밀어내는 힘에 순응하여 함께 낙하하다가, 곧바로 옆 방향으로 미세한 조정을 하여 빗방울과 분리된 후 다시 비행을 재개한다.

　　연구진은 또 다른 사실도 발견했다. **㊿** 빗방울이 땅 위에 머무르는 모기를 명중했을 때, 빗방울의 속도는 순간적으로 0이 되면서, 이때 모기는 자신의 체중의 10,000배에 해당하는 엄청난 힘을 받게 되며, 이는 치명적일 수 있다. 하지만 모기가 공중에서 빗방울을 맞고 '저항하지 않는 전략'을 사용할 경우, 모기가 받는 충격은 체중의 1/300에서 1/50 수준으로 감소하게 된다. 이때 빗방울은 마치 매우 가는 깃털이 모기의 몸 위에 살짝 얹힌 것과 같으며, 모기는 이를 충분히 견딜 수 있다.

　　비록 모기는 바람에 흩날리는 버드나무 솜털처럼 가냘프고, 빗방울을 맞아 몸이 흔들리기도 하지만, **㊾** 극도로 가벼운 체중 덕분에 빗방울과 충돌하는 과정에서 거의 속도가 줄어들지 않으며, 빗방울의 운동 에너지가 모기의 몸을 강타하는 충격 에너지로 변환되지 않고, 오히려 모기의 낙하 속도를 순간적으로 증가시켜 빠르게 떨어지는 빗방울의 큰

速摆脱雨滴重新飞起，以避免雨滴将它们砸落地面造成致命伤害。

这一发现引起了广泛关注。事实上，这项研究不只与蚊子有关。在面对大自然时，动物往往有着比人类更丰富的经验，它们在千万年的进化过程中拥有了适应生存环境的生理结构和功能。⑱ 研究动物应对大自然的特殊本领，可为科学家和工程师提供新的设计思想，解决机械技术上的诸多难题——比如，可以更好地设计微型飞行器，让它们能像蚊子一样，在雨中轻盈地飞翔。

충격을 흡수하도록 만든다. 이것은 마치 '부드러움으로 강함을 이기고', '작은 힘으로 큰 힘을 이긴다'의 효과를 거둔 것과 같다. 뜻밖에도 작은 모기가 태극권의 고수였던 것이다.

⑮ 모기가 비 속에서도 무사할 수 있는 또 다른 비밀은 몸 전체를 덮고 있는 미세한 털이 발수성을 가지고 있다는 점이다. 이 방수 기능이 있는 미세한 털은 빗방울이 모기의 몸에 직접 닿지 않도록 분리된 상태를 유지하게 하며, 모기가 신속하게 빗방울에서 벗어나 다시 날아오를 수 있도록 해주며, 이로써 모기는 빗방울에 맞아 지면으로 떨어지는 치명적인 위험을 피할 수 있다.

이 발견은 광범위한 관심을 불러일으켰다. 사실, 이 연구는 단순히 모기에만 국한된 것이 아니다. 자연을 마주할 때, 동물들은 종종 인간보다 더 풍부한 경험을 지니고 있으며, 수천만 년에 걸친 진화 과정 속에서 생존 환경에 적응하기 위한 생리 구조와 기능을 갖게 됐었다. ⑱ 자연에 대처하는 동물들의 특별한 능력을 연구하는 것은 과학자들과 엔지니어들에게 새로운 설계 아이디어를 제공할 수 있으며, 기계 기술의 다양한 문제를 해결해 줄 수도 있으며, 예로 모기처럼 비 속에서도 가볍게 날아다닐 수 있는 초소형 비행체를 더욱 효과적으로 설계하는 데 기여할 수 있다.

단어 漫步 mànbù 동 한가롭게 거닐다 惬意 qièyì 형 만족하다. 흡족하다 微小 wēixiǎo 형 미세하다. 미미하다 昆虫 kūnchóng 명 곤충 譬如 pìrú 동 예를 들다 蚊子 wénzi 명 모기 灾难 zāinàn 명 재난 滴 dī (액체) 한 방울 所谓 suǒwèi 형 소위, 이른바 毛毛雨 máomáoyǔ 명 보슬비, 이슬비 甲壳虫汽车 Jiǎkéchóng qìchē 고유 폭스바겐 비틀 차량 从天而降 cóngtiān érjiàng 성 하늘에서 떨어지다 毫发无损 háofā wúsǔn 성 털끝 하나 다치지 않다 破解 pòjiě 동 어려운 문제를 해결하다 谜题 mítí 명 수수께끼 飞舞 fēiwǔ 동 공중에 흩날리다 摄像 shèxiàng 동 촬영하다 瞬间 shùnjiān 명 순간 视频 shìpín (동)영상 作用力 zuòyònglì 명 작용력 推测 tuīcè 동 추측하다 躲避 duǒbì 동 피하다 抵挡 dǐdǎng 동 막다. 저지하다 融为一体 róngwéiyìtǐ 성 하나가 되다, 혼연일체 顺应趋势 shùnyìng qūshì 추세에 순응하다 翅膀 chìbǎng 명 날개 倾斜 qīngxié 동 기울다. 기울어지다 翻滚 fāngǔn 동 구르다. 뒤척이다 滑落 huáluò 동 미끄러져 떨어지다 顺应 shùnyìng 동 순응(하다), 적응(하다) 推力 tuīlì 명 추진력 侧向 cèxiàng 옆방향 微调 wēitiáo 미세 조정하다 分离 fēnlí 동 분리하다 栖息 qīxī 동 서식하다 相当于 xiāngdāngyú ~에 맞먹다, ~에 상당하다 致命 zhìmìng 형 치명적이다 策略 cèlüè 명 전략 羽毛 yǔmáo 명 깃털 柔弱 róuruò 형 연약하다 柳絮 liǔxù 명 버들개지 砸 zá (무거운 것으로) 내리치다 摇晃不定 yáohuàng búdìng 형 이리 저리 흔들리다 撞击 zhuàngjī 동 부딪다 以柔克刚 yǐróu kègāng 부드러움으로 강함을 이기다 四两拨千斤 sìliǎng bō qiānjīn (요령을 터득하면) 작은 힘으로 큰 힘을 이길 수 있다 安然无恙 ānrán wúyàng 형 무탈하다. 무사하다 覆盖 fùgài 동 가리다. 덮다 疏水性 shūshuǐxìng 명 소수성, 발수성 分隔 fēngé 동 갈라놓다 摆脱 bǎituō 동 벗어나다 广泛 guǎngfàn 형 광범위하다. 폭넓다 诸多 zhūduō 형 수많은 微型 wēixíng 형 소형의 飞行器 fēixíngqì 명 비행체 轻盈 qīngyíng 형 가뿐하다. 가볍다 飞翔 fēixiáng 동 비상하다

62 B ★★

根据文意，第一段的空白处最适合填入的词语是： | 문맥상 첫 번째 단락의 빈칸에 가장 적합한 단어는：

A 说不上
B 不亚于
C 不相上下
D 层出不穷

A 단정할 수 없다
B ~에 못지 않다
C 막상막하이다
D 끊임없이 발생하다

해설 빈칸이 포함된 '在蚊子看来，_____一辆甲壳虫汽车从天而降(모기가 보기에는 폭스바겐 비틀 자동차들이 하늘에서 쏟아지는 것과 다름이 없다)'에서 문맥상 빈칸 뒤의 내용은 모기의 생각에 해당한다. 不亚于는 '~에 못지 않다', '~와 다름없다'라는 의미로 어떤 사실이나 판단을 나타내므로 정답은 B이다.

단어 不亚于 búyàyú ~에 못지 않다. ~와 다름없다   说不上 shuōbushàng ~라고 할 정도는 아니다   不相上下 bùxiāng shàngxià 휑 막상막하이다   层出不穷 céngchū bùqióng 휑 (문제, 현상 등이) 끊임없이 발생하다

63 A ★★★

第一段中,"甲壳虫汽车雨"是指:	첫 번째 단락에서 '폭스바겐 비틀 차량 비'가 가리키는 것은:
A 雨的重量大	A 비의 중량이 크다
B 汽车的体积大	B 자동차의 크기가 크다
C 天敌的数量多	C 천적의 수가 많다
D 甲壳虫的躯体巨大	D 딱정벌레의 몸체가 거대하다

해설 첫 번째 단락 중반의 '一滴雨的重量可达到蚊子体重的50倍之多(빗방울 한 방울의 무게는 모기 체중의 50배에 달할 수 있으며), 人们所谓的毛毛雨(사람들이 가랑비로 부르는 비가), 在蚊子看来, 不亚于一辆辆甲壳虫汽车从天而降(모기가 보기에는 폭스바겐 비틀 자동차들이 하늘에서 쏟아지는 것과 다름이 없다)'를 통해 모기에게 빗방울은 차량처럼 크고 무겁다는 것을 알 수 있다. 따라서 정답은 A이다. 一辆辆과 같은 양사 중첩 형태는 수량이 많음을 강조한다.

단어 体积 tǐjī 몡 체적, 부피   天敌 tiāndí 몡 천적   甲壳虫汽车 Jiǎkéchóng qìchē 고유 폭스바겐 비틀 차량   躯体 qūtǐ 몡 신체, 체구   巨大 jùdà 휑 거대하다

64 B ★

飞行过程中蚊子的身体被雨击中时会:	비행 중 모기의 몸이 빗방울에 맞았을 때:
A 立刻躲避雨滴	A 즉시 빗방울을 피한다
B 随着雨滴下降	B 빗방울과 함께 떨어진다
C 受到轻微伤害	C 가벼운 상처를 입는다
D 加速侧向飞行	D 가속하여 옆으로 비행한다

해설 네 번째 단락 후반의 '当雨滴正中蚊子身体时(빗방울이 모기의 몸통 중앙을 맞췄을 때)'에서 관련 내용이 언급되었다. 이어지는 내용에서 '它先顺应雨滴强大的推力与之一同下落(먼저 빗방울의 강한 밀어내는 힘에 순응하여 함께 낙하한다)'라고 했으므로 정답은 B이다.

단어 顺应 shùnyìng 통 순응하다   随着 suízhe 개 ~을 따라서, ~에 뒤이어   落下 luòxià 통 낙하하다   躲避 duǒbì 통 피하다   雨滴 yǔdī 몡 빗방울   轻微 qīngwēi 휑 소형의   伤害 shānghài 통 다치다   加速 jiāsù 통 가속하다   侧向 cèxiàng 몡 옆 방향

65 A ★★

蚊子能够"以柔克刚"靠的是:	모기가 '부드러움으로 강함을 이기는' 능력을 가질 수 있는 이유는:
A 体重轻	A 체중이 가볍다
B 承受能力强	B 충격을 견디는 능력이 강하다
C 应对经验丰富	C 대처 경험이 풍부하다
D 懂得太极之道	D 태극권의 원리를 이해하고 있다

해설 여섯 번째 단락 초반에서 '正是由于它体重极轻(극도로 가벼운 체중 덕분에), ……, 从而化解了高速下降的雨滴带来的巨大冲击(빠르게 떨어지는 빗방울의 큰 충격을 흡수 하도록 만든다)'라고 했다. 이어지는 내용에서 '这就像是"以柔克刚", 达到"四两拨千斤"的效果(이것은 마치 '부드러움으로 강함을 이기고', '작은 힘으로 큰 힘을 이긴다'의 효과를 거둔 것과 같다)'라고 했으므로 정답은 A이다.

단어 以柔克刚 yǐróu kègāng 셩 부드러움으로 강함을 이기다 体重 tǐzhòng 몡 체중 承受 chéngshòu 동 감당하다, 이겨내다 应对 yìngduì 동 대응하다, 대처하다 太极 tàijí 몡 태극(권)

66 D ★

当地面上的蚊子被雨滴击中时会:	땅에 있는 모기가 빗방울에 맞았을 때:
A 毫发无伤	A 털끝 하나 다치지 않는다
B 瞬间起飞	B 순식간에 날아오른다
C 左右摇摆不定	C 좌우로 흔들려 불안정하다
D 受到致命的伤害	D 치명적인 피해를 입는다

해설 다섯 번째 단락 초반에서 '当雨滴击中栖息于地面的蚊子时(빗방울이 땅 위에 머무르는 모기를 명중했을 때), 雨滴的速度在瞬间减小为0(빗방울의 속도는 순간적으로 0이 되면서), 这时蚊子就会承受相当于它体重10000倍的力(이때 모기는 자신의 체중의 10,000배에 해당하는 엄청난 힘을 받게 되며), 足以致命(이는 치명적일 수 있다)'라고 했으므로 정답은 D이다.

단어 毫发无伤 háofā wúshāng 셩 털끝 하나 다치지 않는다(조금도 지장이 없다) 瞬间 shùnjiān 몡 순간 摇摆不定 yáobǎi búdìng 셩 이리 저리 흔들리다 致命 zhìmìng 동 치명적이다 相当于 xiāngdāngyú ~에 맞먹다, ~에 상당하다

67 B ★★

蚊子能成功逃生, 主要依赖于:	모기가 성공적으로 도망쳐 살아남을 수 있는 주요 이유는:
A 雨滴的冲击力变小	A 빗방울의 충격력 감소
B 全身细毛的防水性	B 전신에 있는 미세한 털의 방수 기능
C 栖息于地面的运气	C 땅에 머물러서 따른 행운
D 蚊子体重特别轻	D 모기의 체중이 특히 가볍다

해설 일곱 번째 단락 초반에서 '蚊子在雨中安然无恙的另一个秘密(모기가 비 속에서도 무사할 수 있는 또 다른 비밀은), 是覆盖它们全身的细毛具有疏水性(전체를 덮고 있는 미세한 털이 발수성을 가지고 있다는 점이다)'라고 했으므로 정답은 D이다.

단어 逃生 táoshēng 동 도망쳐 구사일생으로 살아남다 依赖 yīlài 동 의존하다 冲击力 chōngjīlì 몡 충격 细毛 xìmáo 몡 잔털, 솜털 防水性 fángshuǐxìng 몡 방수성 栖息 qīxī 동 서식하다

68 C ★★★

根据文意，下列哪项正确？	문장의 의미에 따라 다음 중 올바른 것은 무엇인가?
A 蚊子喜欢在雨中"散步"	A 모기는 빗속에서 "산책"하는 것을 좋아한다.
B 微型飞行器的避雨功能强大	B 초소형 비행체는 막강한 방수 기능을 가지고 있다.
C 蚊子具有独特的"仿生"价值	C 모기는 독특한 '생명 공학'적 가치를 가지고 있다.
D 高速摄像可以观察蚊子吸血过程	D 초고속 카메라는 모기가 피를 빠는 과정을 관찰할 수 있다.

해설 여덟 번째 단락 중반에서 '研究动物应对大自然的特殊本领(자연에 대처하는 동물들의 특별한 능력을 연구하는 것은), 可为科学家和工程师提供新的设计思想(과학자들과 엔지니어들에게 새로운 설계 아이디어를 제공할 수 있으며), 解决机械技术上的诸多难题(기계 기술의 다양한 문제를 해결해 줄 수도 있다)'라고 했다. 이어지는 내용에서 모기를 예로 들었으므로 정답은 '모기의 생명 공학적 가치'를 나타내는 C이다.

단어 微型 wēixíng 혱 소형의 飞行器 fēixíngqì 몡 비행체 避雨 bìyǔ 비를 피하다 本领 běnlǐng 몡 재능, 능력 工程师 gōngchéngshī 몡 엔지니어 设计理想 shèjì lǐxiǎng 설계 아이디어 机械 jīxiè 몡 기계 仿生 fǎngshēng 몡 생물학, 생명 공학 동 물의 구조·기능·형태 따위를 모방 응용하다 高速摄像 gāosù shèxiàng 고속 촬영 吸血 xīxuè 동 흡혈하다

TIP

- **주요 문장 형식**

对于 A 来说，或许是……的，但对 B 而言，…… (A에게는 어쩌면 ~일 수 있지만, B에 대해 말하자면 ~이다)

원문 漫步细雨中对于人们来说，或许是浪漫而惬意的，但对体积微小的昆虫而言，譬如蚊子，雨中漫步简直是一场灾难。

예문 成功的人生，对于成年人来说或许是幸福的人生，但对儿童而言，两者并不一定是等同的。

……并不(是) A，而是 B (~는 결코 A하는 것이 아니라, B하는 것이다)

원문 蚊子被雨滴击中时并不抵挡，而是与雨滴融为一体，顺应它的趋势落下。

예문 挫折并不是永久的失败，而是奋斗的新起。

研究动物……，可为科学家和工程师提供新的设计思想，解决……的诸多难题 (생물 공학 주제 빈출 문장)
(동물의 ~을 연구하는 것은 과학자들과 엔지니어들에게 새로운 설계 아이디어를 제공할 수 있으며, ~의 다양한 문제를 해결해 줄 수 있다)

원문 研究动物应对大自然的特殊本领，可为科学家和工程师提供新的设计思想，解决机械技术上的诸多难题。

예문 研究动物的运动方式，可为科学家和工程师提供新的设计思想，解决机器人行走的诸多难题。

제2부분 (69-73) 다음 글의 순서가 뒤섞여 있습니다. 논리적으로 일관된 글이 되도록 다시 정렬하세요. 이 과정에서 한 개의 단락은 내용과 무관한 방해 요소이므로 제외해야 합니다.

69-73 밑줄 친 단락의 위치는 고정되어 있으므로 순서를 변경할 필요가 없습니다.

★★★

A 在阿根廷的瓦尔德斯半岛，我们将这种技术应用于南露脊鲸。瓦尔德斯的中央半岛周围有两个大的圆形海湾，这里的海水不深且清澈，许多鲸聚集于此，交配繁衍。这种独特的地理位置也使得它成为研究的好地方，我们可以轻易地在陆地上起飞无人机，在非常靠近海岸的理想条件下拍摄大量鲸的照片。

B 这实在让我们伤透了脑筋。超大的体型对鲸很重要，这让鲸能够储存足够的能量用于长途移动，从而在诸多分散的地点觅食。可惜，在研究这些自由生活的鲸时，我们却很难将体重作为一个变量纳入研究，因为测它们的重量实在太难了！所以，我们需要一种新的方法，可以在不造成伤害的前提下称量鲸的体重。我和同事想出的解决方案是一种名为"摄影测量法"的技术—— 根据空中无人机拍摄的照片来测量体重。

C 借助无人机，我们能够测量鲸的长度、宽度、高度和体围，再根据这些测量值建立精确的3D 模型，以此预测鲸的体积。不过，光靠体积，还不足以算出鲸的重量，我们还需要知道密度。为此，我们参考了北太平洋露脊鲸的旧记录，这是与南露脊鲸同种但不同地理分布的一种鲸。这些北太平洋露脊鲸是在之前科研捕鲸活动中被杀死的，记录里不仅有它们的长度、体围，还有最重要的数字——重量。根据长度和宽度，我们用3D 模型算出了每头死鲸的体积，然后根据重量算出它们的密度。北太平洋露脊鲸与南露脊鲸相似，仅靠无人机的测量结果，我们就可以推算出活的南露脊鲸的重量。完整的方法最近已经在科学期刊《生态与进化方法》中发表。

D 摄影测量法不仅更加仁慈，还可以追踪同一头鲸的生长和身体状况的变化，例如脂肪储备。同时，对于一些小而脆弱、无法承受科研捕鲸活动的鲸群，我们的方法也能够评估它们的健康状况。因此，这种方法为大型鲸的生态学和生理学研究开辟了一条新的途径，将大大有益于科学的发展和对这些神奇生物的保护。

E 通过无人机采集的鲸鱼呼气样本，可以帮助我们研

A 아르헨티나의 발데스 반도에서 우리는 이 기술을 남방긴수염고래에 적용했다. 발데스 반도의 중앙부에는 두 개의 큰 원형 만이 있는데, 이곳은 수심이 깊지 않고 바닷물이 맑아 많은 고래들이 이곳에 모여 짝짓기와 번식을 한다. 이러한 독특한 지리적 위치 덕분에 이곳은 연구하기에 최적의 장소가 되었으며, 우리는 육지에서 쉽게 드론을 띄울 수 있고, 해안 가까운 곳에서 이상적인 조건으로 많은 고래 사진을 촬영할 수 있다.

B 이것은 우리로 하여금 골머리를 썩게 했다. 초대형 체구는 고래에게 매우 중요한 요소인데, 이것이 고래가 장거리 이동을 하며 흩어진 여러 지역에서 먹이를 찾을 수 있도록 충분한 에너지를 저장할 수 있게 한다. 그러나 자유롭게 생활하는 고래를 연구할 때, 체중을 하나의 변수로 연구에 포함시키기가 매우 어렵다. 왜냐하면 고래의 체중을 측정하는 것은 실로 대단히 어렵기 때문이다! 그래서 우리는 고래에 해를 끼치지 않는 전제하에 고래의 체중을 측정할 수 있는 새로운 방법이 필요했다. 나와 동료가 생각해낸 솔루션은 '사진 측정법(Photogrammetry)'이라는 기술이다. 이는 공중 드론이 촬영한 사진을 기반으로 고래의 체중을 측정하는 방법이다.

C 드론을 활용하면, 고래의 길이, 폭, 높이 및 몸통 둘레를 측정할 수 있고, 이 측정치에 근거하여 정밀한 3D 모델을 생성하여 고래의 부피를 예측할 수 있다. 그러나 부피만으로는 고래의 체중을 정확히 산정할 수 없으며, 또한 밀도를 알아야 한다. 이를 위해 우리는 북태평양 긴수염고래의 기존 연구 기록을 참고했다. 이 고래는 남방긴수염고래와 같은 종이지만 지리적 분포가 다르다. 이 북태평양 긴수염고래는 과거 과학적 포경(고래 연구 목적으로 포획하는 행위) 과정에서 희생된 개체들로, 연구 기록에는 길이와 몸통 둘레만이 아니라 가장 중요한 체중 정보도 포함되어 있다. 길이와 폭을 기준으로 우리는 3D 모델을 사용하여 각 죽은 고래의 체적을 계산한 다음, 체중을 기준으로 밀도를 산출했다. 북태평양 긴수염고래와 남방긴수염고래는 유사하기 때문에, 드론을 활용한 측정결과만으로도 우리는 살아 있는 남방긴수염고래의 체중을 추정할 수 있게 되었다. 이 방법은 최근 이미 과학 저널《생태 및 진화 방법(Methods in Ecology and Evolution)》에 발표되었다.

D 사진 측정법은 고래에게 더욱 친화적인 방법일 뿐만 아니라, 개별 고래의 성장과 신체 상태(예: 지방 저장량)의 변화를 추적할 수도 있다. 동시에, 우리의 방법은 개체수가 적고 취약하여 과학 연구 포경 활동을 감당할 수 없는

究它的DNA、体内激素和细菌，从而进一步分析出它们的家族关系、压力水平和健康状况。根据样本还可以分析鲸鱼呼吸道的微生物，以判断鲸鱼常见疾病的来源。

F 鲸是地球上最大的动物，也是海洋生态系统中的重要捕食者。作为一名海洋生物学家，我有幸能近距离地观察它们。看一头像公共汽车那么大、14米长、将近40吨重的母鲸，温柔地将它5米长、将近1吨重、刚出生的"小"宝宝托上海面呼吸，这是一种很神奇的体验。话说，我是怎么知道这头鲸重40吨的呢？毕竟，我们既没办法捉住十几米长的大家伙，然后简单粗暴地把它放在秤上，也不可能游到海里，拿个卷尺去量它。

G 这当然不是人类第一次测量鲸的体重。我们对大型鲸生理学的知识，大部分都来自捕鲸业。这个行业的传统做法，通常需要对鲸进行测量，有时甚至需要称重——但这些，都是在杀死鲸的情况下进行的。而我们的称量方法，好处是不需要杀死它们。

고래 무리의 건강 상태를 평가할 수도 있다. 따라서 이 방법은 대형 고래의 생태학 및 생리학 연구를 위한 새로운 길을 열어주었으며, 이는 장차 과학의 발전과 이러한 신비로운 동물을 보호하는데 크게 도움이 될 것이다.

E 드론을 이용해 수집한 고래의 호흡 샘플은 고래의 DNA, 체내 호르몬, 박테리아 연구에 도움을 줄 수 있다. 이를 통해 고래의 가족 관계, 스트레스 수준, 건강 상태를 더 깊이 분석할 수 있다. 또한, 이 샘플을 바탕으로 고래의 호흡기 내 미생물을 분석함으로써, 고래에게 흔히 발생하는 질병의 원인을 파악할 수 있다.

F 고래는 지구에서 가장 거대한 동물이며, 또한 해양 생태계에서 중요한 포식자이다. 해양 생물학자로서 저는 운 좋게도 그들을 가까이서 관찰할 수 있었다. 몸체가 버스만 한, 길이가 14미터, 무게가 40톤에 달하는 어미 고래가, 막 태어난 5미터 길이, 약 1톤 무게의 '작은' 새끼고래를 해수면위로 부드럽게 밀어 올려 숨을 쉬게 하는 장면은 지켜보는 것은 정말 신비로운 경험이다. 그런데, 나는 이 고래가 40톤이라는 사실을 어떻게 알았을까? 어쨌든 우리는 10미터가 넘는 거대한 고래를 잡아 단순 무식하게 저울 위에 올려놓을 수도 없고, 그렇다고 바닷속으로 들어가 줄자로 직접 측정할 수도 없다.

G 물론, 인간이 고래의 몸무게를 측정한 것은 이번이 처음은 아니다. 대형 고래의 생리학에 대한 우리의 지식은 대부분 포경산업(고래를 잡는 산업)에서 얻은 것이다. 이 업계의 전통방식은 보통 고래에 대한 측량을 진행하며, 때로는 체중을 재기도 한다. 그러나 이러한 과정은 모두 고래를 죽인 후에 이루어졌다. 반면, 우리가 사용하는 측정 방법의 장점은 고래를 죽이지 않고도 체중을 측정할 수 있다는 점이다.

단어 A 阿根廷 Āgēntíng 고유 아르헨티나 瓦尔德斯半岛 Wǎěrdésī bàndǎo 고유 발데스 반도(아르헨티나 동부에 위치한 지명) 露脊鲸 lùjǐjīng 명 수염고래 海湾 hǎiwān 명 만(바다가 육지 속으로 파고들어 와 있는 곳) 清澈 qīngchè 형 맑다. 투명하다 聚集 jùjí 동 모이다 交配 jiāopèi 동 교배(하다) 繁衍 fányǎn 동 번식하다 陆地 lùdì 명 육지 海岸 hǎiàn 명 해안

B 伤透脑筋 shāngtòu nǎojīn 골머리를 앓다 储存 chǔcún 동 저장하다 长途 chángtú 명 장거리 移动 yídòng 동 이동하다 诸多 zhūduō 형 수많은 分散 fēnsàn 동 분산(하다, 시키다) 觅食 mìshí 동 먹이를 찾다 变量 biànliàng 명 변량, 변수 纳入 nàrù 동 넣다 测 cè 동 측량하다 前提 qiántí 명 전제 称量 chēngliáng 동 무게를 달다 方案 fāngàn 명 방안, 계획 无人机 wúrénjī 명 무인기, 드론 拍摄 pāishè 동 촬영하다

C 借助 jièzhù ~의 힘을 빌리다 测量 cèliáng 동 측량하다 体围 tǐwéi 명 몸통 둘레 精确 jīngquè 형 매우 정확하다 模型 móxíng 명 견본, 모델, 모형 预测 yùcè 동 예측(하다) 体积 tǐjī 명 체적, 부피 密度 mìdù 명 밀도 分布 fēnbù 동 분포하다 捕 bǔ 동 포획하다 推算 tuīsuàn 동 추산하다

D 仁慈 réncí 형 인자하다, 자비롭다 追踪 zhuīzōng 동 추적하다 脂肪 zhīfáng 명 지방 储备 chǔbèi 동 저장하다 脆弱 cuìruò 형 약하다 评估 pínggū 동 평가하다 开辟 kāipì 동 개척하다 途径 tújìng 명 경로, 수단

E 采集 cǎijí 동 수집(하다) 呼气 hūqì 명 숨을 내쉬다 样本 yàngběn 명 표본, 샘플 呼吸道 hūxīdào 명 호흡 기관 微生物 wēishēngwù 명 미생물 判断 pànduàn 동 판단(하다) 常见 chángjiàn 형 흔하다 疾病 jíbìng 명 질병 来源 láiyuán 명 근원, 출처

F 鲸 jīng 명 고래 海洋 hǎiyáng 명 해양 生态系统 shēngtài xìtǒng 명 생태계 捕食 bǔshí 동 먹이를 잡다 生物学家 shēngwùxuéjiā 명 생물학자 距离 jùlí 명 거리 吨 dūn 명 톤(무게 단위) 温柔 wēnróu 형 부드럽다, 다정하다 托 tuō 동 받쳐 들다 捉住 zhuōzhù 잡다 粗暴 cūbào 형 난폭하다 秤 chèng 명 저울 卷尺 juǎnchǐ 명 줄자 量 liáng 동 (길이·크기·무게·넓이·분량 등을) 재다, 달다

G 传统 chuántǒng 명 전통 甚至 shènzhì 접 심지어 杀死 shāsǐ 동 죽이다

문장 배치 순서

해설 **69 F**

F 단락은 1인칭 시점으로 주제를 도입하고 있다. 이 글의 주인공은 鯨(고래)이고 '放在秤上(저울에 올려두다)', '拿卷尺量它(줄자로 재다)' 등의 표현을 통해 고래의 체중을 어떻게 측정할 것인가에 대한 이야기를 시작한다. 이후 B 단락에서 고래 체중 측정이 어려운 이유를 상세히 설명하고, 해결책으로 '攝影測量发(사진 측정법)'을 제안한다. B 단락 마지막의 '根据空中无人机拍摄的招聘来测量体重(공중 드론이 촬영한 사진을 기반으로 고래의 체중을 측정하다)'의 내용은 다음 A 단락과 자연스럽게 이어진다.

70 A

A 단락에서 언급된 '这种技术(이 기술)'은 앞에 B 단락에서 소개된 '攝影測量发(사진 측정법)'을 가리킨다. A 단락에서는 이 기술이 아르헨티나 발데스 반도에서 실제로 적용된 사례임을 설명하며, 이전에 제시된 기술적 내용을 이어간다. A 단락 후반 '我们……起飞无人机，……拍摄拍摄大量鯨的照片(우리는 드론을 날려서 대량의 고래 사진을 촬영한다)'의 내용을 통해 다음 단락이 '드론의 이용 효과'를 설명하는 C임을 알 수 있다.

71 C

C 단락 초반의 '借助无人机(드론을 이용해)'는 A 단락 마지막 부분과 자연스럽게 연결된다. 그리고 A 단락에서 언급된 남방긴수염고래에 대한 사진 측정법의 구체적인 원리와 실행 방법을 추가적으로 설명한다.

72 G

G 단락에서 '인류가 처음으로 고래의 체중을 측정한 사례'를 언급하는데, 이는 A와 C 단락의 내용과 연결된다. G 단락은 고래 체중 측정의 역사적 배경을 정리하고 있으며, 단락 후반의 '我们的称量方法(우리가 사용하는 측정 방법의), 好处是不需要杀死它们(장점은 고래를 죽이지 않고도 체중을 측정할 수 있다는 점이다)'는 새로운 측량 방법의 장점을 강조하면서 뒤이어 올 단락이 D임을 알려 준다.

73 D

D 단락 초반의 '更加仁慈(더욱 친화적이다)'이라는 표현은 G 단락에서 언급된 '我们的称量方法，好处是不需要杀死它们(고래를 죽이지 않고 체중을 측정하는 방식)'을 의미한다. D 단락에서는 사진 측정법의 장점과 중요성을 설명하며, 이 방법이 실제로 어떻게 활용될 수 있는지를 보여 준다.

E 단락은 드론을 이용해 고래의 호흡 샘플을 수집하여 DNA와 건강 상태를 연구하는 내용을 다루지만, 이는 핵심 주제인 '사진 측정법'과 직접적인 연관이 없다. 따라서 해당 단락은 방해 요소로 판단할 수 있다.

TIP

● 단락 순서 찾기 스킬
① 这, 那, 此, 其 등의 지시대사는 첫 문장으로 올 수 없으므로 A, G는 소거하고 문장을 찾는다.
② 고정 단락을 정독해서 주제를 파악한 후 문맥상 자연스러운 앞뒤 단락을 찾는다.

제3부분 (74-87)

아래의 문제에 답하세요. 답안은 10글자 이내로 작성해야 합니다.

74-80

㊀ 中国是世界上邮驿起源最早、最发达的国家之一，也是世界上最早、最成功地发现并运用通信规律组织书信传递的国家之一。中国古代创造和积累的一整套治邮经验，已在全球范围内被广泛借鉴。

在原始社会，㊆ 我们的先民大概是采取以物示意的方法来传递信息的。到了商代，边疆开始有了通信兵，负责传递军情。这种形式延至明清，历经千年，其中尤以汉代的组织规模为大。

古代战争中，常在边防军事要塞或交通要冲的高处，每隔一定距离建筑一座高台，㊆ 俗称烽火台，亦称烽燧、墩堠、烟墩等。高台上有驻军守候，发现敌人入侵，白天燃烧柴草以"燔烟"报警，夜间燃烧薪柴以"举烽"（火光）报警。一台燃起烽烟，邻台见之也相继举火，逐台传递，须臾千里，以达到报警敌情、调兵遣将、求得援兵、克敌制胜的目的。

㊆ 到了西周，我国已经出现了比较完整的邮驿制度。当时，各诸侯国因政治、军事上的需要，在大道上经常设有驿马和邮车，往返传送官府文书。

秦始皇统一六国后，开始在全国修筑驰道。"车同轨""书同文"，更促进了邮驿通信的发展。

㊆ 到了唐朝，这种制度更是盛极一时。唐朝的邮驿分陆驿、水驿和水陆兼办三种，共有1600多处，其中水驿260多处，水陆兼办的也有80多处，由驿亭的亭长管理送信的事。那时送信就像跑接力赛一样，一站接一站往前传。㊆ 遇到紧急军情，就在信封上插根羽毛，驿亭接到插有羽毛的信后，便马不停蹄地飞速把信传递到收信人的手里。邮驿的行程也有明文规定，如陆驿规定马每天走70里，驴50里，车30里。

到了700多年前的元朝，中国的邮驿通信已经非常发达，仅在中国境内，就设有驿站1496处。那时除"马驿"外，还出现了"狗驿"。狗跑得快，又能认路，不需人骑，只要在狗身上绑一个装信的小袋，它就能很快把信送到固定的地点。㊆ 当时，有个最大的"狗驿"驯养着3000多只专门送信的"邮犬"，这也是当时世界上最大的狗驿。

另外，㊆ 元朝还沿袭宋朝的办法，在各州县广泛设置"急递铺"。这种急递铺是专门传递官府的紧急公文的，有点像现在的军邮，全国估计约有2万处，

㊀ 중국은 세계에서 우역(邮驿, 옛날 공문서를 전달하던 통신 조직)이 가장 일찍 시작되고 가장 발전한 국가 중 하나이며, 또한 세계에서 가장 먼저 통신 원리를 발견하고 이를 활용하여 서신을 전달하는 체계를 성공적으로 구축한 국가 중 하나이다. 중국 고대에 창조되고 축적된 일련의 우편 행정 경험은 전 세계적으로 널리 참고되고 있다.

원시 사회에서 ㊆ 우리 선조들은 아마도 물건을 이용하여 의사를 전달하는 방법으로 정보를 전달했을 것이다. 상나라 시대에 들어서면서, 국경 지역에 통신병이 등장하여 군사 정보를 전달하기 시작했다. 이러한 형태는 명·청 시대까지도 지속되었으며, 수천 년 동안 이어졌고, 특히 한나라 때는 조직 규모가 가장 컸다.

고대 전쟁에서, 국경 지역의 군사 요충지 또는 교통의 중요한 고지대에 일정한 간격을 두고 높은 망루를 세웠는데, ㊆ 이를 봉화대라고 불렀으며, 봉수대(烽燧), 돈후(墩堠), 연돈(烟墩) 등으로도 불렸다. 봉화대에는 군사가 주둔하며 감시하였고 적의 침입을 발견하면, 낮에는 건초와 장작을 태워 연기를 피워 신호를 보내고, 밤에는 장작을 태워 불빛으로 정보를 발령했다. 하나의 봉화대에서 봉화를 올리면, 인접한 봉화대가 이를 보고 연이어 신호를 전달했으며, 순식간에 수천 리까지 적의 침입을 알릴 수 있었으며 군대를 배치하고 원군을 요청하며 적을 물리치는 목적을 달성할 수 있었다.

㊆ 서주 시대에 이르러, 중국에는 이미 비교적 완전한 우역 제도가 등장하였다. 당시 각 제후국들은 정치 및 군사적 필요성 때문에 대로에 역마(驿马)와 우편 수레를 배치하여, 관청 문서를 왕래하며 전달하였다.

진시황이 6국을 통일한 후, 전국에 '치도(마차길)'를 건설하기 시작했다. 또한 '바퀴 폭의 통일(车同轨)', '문자의 통일(书同文)'은 우역 통신 체계의 발전을 이끌었다.

㊆ 당나라 시대에 이르러, 이러한 제도는 더욱 번성하였다. 당나라의 우역은 육로 역(陆驿), 수로 역(水驿), 수륙 겸용 역(水陆兼办) 세 가지로 나뉘었으며, 총 1,600여 곳이 존재했다. 그중 수로 역참은 260여 곳, 수륙 겸용 역참은 80여 곳이 존재했다. 서신 관리 업무는 역정(역참에 설치한 휴식처)의 정장(옛날 관직명, 숙역의 장)이 관리하였다. 당시 서신 전달 방식은 계주 경기처럼 한 역참에서 다음 역참으로 차례로 전달하였다. ㊆ 긴급한 군사 정보를 전달해야 할 경우, 서신 봉투에 깃털을 꽂았다. 역정에서 깃털이 꽂힌 서신을 받으면, 즉시 말을 멈추지 않고 빠르게 서신을 수신인에게 전달하였다. 우역의 이동 거리도 명확한 규정이 있었다. 예를 들어, 육로 역참에서 말은 하루에 70리, 당나귀

每铺有几个铺丁，日夜不停地递送文件，一昼夜可行200公里。

明朝驿站，基本上沿袭旧制。清朝中叶以后，近代邮政逐渐发展起来，代替了古老的驿站制度。

는 하루에 50리, 수레는 하루에 30리를 이동하도록 정해져 있었다.

약 700여 년 전 원나라(元朝) 시기에 이르러 중국의 우역 통신은 이미 매우 발달하였다. 당시 중국 영토 내에만 1,496개의 역참이 설치되어 있었다. 그때는 기존의 '마역(马驿)' 외에도 '개역(狗驿)'이 등장했다. 개는 빠르게 달릴 수 있고 길을 잘 찾아가기 때문에 사람이 타지 않아도 되었다. 단지 개의 몸에 서신을 담은 작은 주머니를 묶어 두면, 개가 신속하게 서신을 지정된 장소까지 배달할 수 있었다. ⓻⓼ 당시 가장 큰 '개역'에는 3,000마리 이상의 우편 전달 전용 개가 길러졌으며, 이는 당시 세계에서 가장 큰 개역이었다.

그 밖에, ⓻⓽ 원나라는 송나라의 방식을 계승하여 각 주와 현에 '급송 역참'을 광범위하게 설치했다. 이 '급송 역참'은 오로지 관청의 긴급 공문만을 전달하였으며, 현재의 군사 우편과 비슷하다. 전국적으로 약 2만 개의 급송 역참이 있었으며, 각 역참에는 여러 명의 배달원이 배치되어 밤낮으로 쉬지 않고 문서를 배달했으며, 하루 동안 약 200km까지 이동할 수 있었다.

명나라의 역참 체계는 기본적으로 기존 제도를 계승하였으며, 청나라 중엽 이후로는 근대적인 우편 시스템이 점차 발전하면서 전통적인 역참 제도를 대체하였다.

단어 举烽 jǔfēng 통 봉화를 올리다 邮驿 yóuyì 명 우역(옛날 공문서를 전달하던 통신 조직) 起源 qǐyuán 명동 기원(하다) 通信 tōngxìn 명동 통신(하다) 规律 guīlǜ 명 법칙, 규칙, 규율 组织 zǔzhī 명동 구성(하다), 결성(하다) 书信 shūxìn 명 편지, 서한, 서신 传递 chuándì 동 전달하다 积累 jīlěi 동 누적하다, 축적하다 套 tào 양 가지(사상이나 언어·동작 등이 체계를 이루고 있는 것) 广泛 guǎngfàn 형 폭넓다 借鉴 jièjiàn 동 참고로 하다, 거울로 삼다 采取 cǎiqǔ 동 (방침·수단·태도 등을) 채택하다, 취하다 边疆 biānjiāng 명 변경, 변방 延 yán 동 늘이다, 연장하다 尤 yóu 부 더욱이, 특히 边防 biānfáng 명 변경, 변방 要塞 yàosài 명 요새 要冲 yàochōng 명 요충지 隔 gé 동 (공간·시간적으로) 간격이 있다, 거리가 있다 俗称 súchēng 동 속칭하다, 흔히 ~라 부르다 烽火台 fēnghuǒtái 명 봉화대, 봉수대 烽燧 fēngsuì 명 봉화 墩堠 dūnhòu 명 돈후(경계를 하기 위하여 토담을 쌓아 놓게 만든 땅) 烟墩 yāndūn 명 (방언) 봉화대, 봉수대 驻军 zhùjūn 명 주둔군 동 군대를 주둔시키다 守候 shǒuhòu 동 지키다 入侵 rùqīn 동 침입하다 燃烧 ránshāo 동 연소(하다) 柴草 cháicǎo 명 장작과 건초 燔烟 fányān 명 연기 报警 bàojǐng 동 경보나 긴급 신호를 보내다 薪柴 xīnchái 명 땔감, 장작 烽烟 fēngyān 명 봉화 须臾 xūyú 명 잠시, 잠깐 调兵遣将 diàobīng qiǎnjiàng 성 병력을 이동시키고 장수를 파견하다 克敌制胜 kèdí zhìshèng 성 적을 물리치고 승리를 거두다 诸侯 zhūhóu 명 제후 官府 guānfǔ 명 (지방에 위치한) 관청, 관아 修筑 xiūzhù 동 세우다, 건설하다 驰道 chídào 명 치도(천자나 귀인이 다니는 길) 盛极一时 shèngjí yìshí 성 한 시기 동안 매우 유행하다 兼 jiān 동 겸하다 驿亭 yìtíng 명 역정(역참에 설치된 휴식처) 亭长 tíngzhǎng 명 정장(옛날 관직명, 숙역의 장) 接力赛 jiēlìsài 명 릴레이 경주 插 chā 동 끼우다, 삽입하다, 찌르다, 꽂다 羽毛 yǔmáo 명 깃털 不停蹄 mǎbùtíngtí 성 잠시도 쉬지 않고 계속 나아가다 绑 bǎng 동 (끈·줄 등으로) 감다, 묶다 固定 gùdìng 동 고정시키다 驯养 xúnyǎng 동 기르며 길들이다 邮犬 yóuquǎn 명 우편견 沿袭 yánxí 동 답습하다 设置 shèzhì 동 설치하다, 설립하다 昼夜 zhòuyè 명 주야, 밤낮

---

74 传报信息。 ★★

| 烽火台的主要作用是什么? | 봉화대의 주요 기능은 무엇인가? |
| 传报信息。 | 정보를 전달하는 것이다. |

해설	두 번째 단락 초반의 '我们的先民是采取以物示意的方法来传递信息的(우리 선조들은 물건을 이용하여 의사를 전달하는 방법으로 정보를 전달했을 것이다)'를 통해 이 글이 소개하려는 내용이 '传递信息'(정보 전달)'임을 유추할 수 있다. 세 번째 단락 중반에서 '烽火台(봉화대)'가 직접적으로 언급되었는데, 동일 단락 후반의 '以达到报告敌情(적의 침입을 알릴 수 있었으며), 调兵遣将(군대를 배치하고), 求得援兵(원군을 요청하며), 克敌制胜的目的(적을 물리치는 목적을 달성할 수 있었다)'를 통해서도 봉화대의 기능이 '정보 전달'임을 알 수 있다. 정답은 传报信息와 传递信息 모두 가능하다. 독해 3부분은 IBT(컴퓨터)시험에서 답안 작성 시 한자 발음을 모르면 답안 작성이 어려울 수 있다. 이때는 원문에 나온 유의어나 비슷한 표현을 사용해 정답을 작성해 보자.
단어	烽火台 fēnghuǒtái 명 봉화대 作用 zuòyòng 명동 작용(하다) 传报 chuánbào 통 알리다, 통지하다 传递 chuándì 통 전하다

75 西周。 ★★

比较完整的邮驿制度是在什么时期出现的?	비교적 완전한 우편 및 역참 제도는 어느 시기에 등장했는가?
西周。	서주 시대.

해설	네 번째 단락 초반에서 '到了西周(서주 시대에 이르러), 我国已经出现了比较完整的邮驿制度(중국에는 이미 비교적 완전한 우역 제도가 등장하였다)'라고 했으므로 정답은 西周이다.
단어	完整 wánzhěng 형 온전하다 邮驿 yóuyì 명 우역(옛날 공문서를 전달하던 역참) 制度 zhìdù 명 제도 西周 Xīzhōu 서주(시대)

76 盛极一时。 ★★★

请用文中的一个成语描述唐朝邮驿制度的发展程度。	원문에 나온 성어를 사용하여 당나라 우편 및 역참 제도의 발전 수준을 표현하시오.
盛极一时。	한 때 매우 성행하게 되다.

해설	여섯 번째 단락 초반에서 '到了唐朝(당나라 시대에 이르러), 这种制度更是盛极一时(이러한 제도는 더욱 번성하였다)'라고 했으므로 정답은 盛极一时이다. 평소 HSK 빈출 성어들을 정리해 두는 습관을 기르자!
단어	描述 miáoshù 통 묘사하다 唐朝 Tángcháo 명 당나라, 당 왕조 盛极一时 shèngjí yìshí 성 한 때 매우 성행하다(크게 유행하다)

77 表示军情紧急。 ★

信封上插羽毛的作用是什么?	봉투에 깃털을 꽂는 이유는 무엇인가?
表示军情紧急。	비상 군사 상황임을 나타낸다.

해설	여섯 번째 단락 중반에서 '遇到紧急军情(긴급한 군사 정보를 전달해야 할 경우), 就在信封上插根羽毛(서신 봉투에 깃털을 꽂았다)'라고 했으므로 정답은 表示军情紧急이다.
단어	插 chā 통 꽂다 羽毛 yǔmáo 명 깃털 军情 jūnqíng 명 군사 상황(정보) 紧急 jǐnjí 형 긴급하다

78 3000多只。 ★

当时世界上最大的犬驿驯养了多少只"邮犬"？	당시 세계에서 가장 큰 개역(狗驿)에서는 몇 마리의 '우편 견'을 길렀는가?
3000多只。	3000여 마리.

해설   일곱 번째 단락 후반에서 '当时，有个最大的"狗驿"驯养着3000多只专门送信的"邮犬"(당시 가장 큰 '개역'에는 3,000마리 이상의 우편 전달 전용 개가 길러졌으며), 这也是当时世界上最大的狗驿(이는 당시 세계에서 가장 큰 개역이었다)'라고 했으므로 정답은 3000多只이다.

단어   犬驿 quǎnyì 명 견역(개역)   驯养 xúnyǎng 동 기르며 길들이다   邮犬 yóuquǎn 명 우편 견

79 官府的紧急公文。 ★

急递铺是专门用于传递什么的?	급송 역참(急递铺)은 주로 무엇을 전달하는 데 사용되었는가?
官府的紧急公文。	관청의 긴급 공문.

해설   문제 키워드는 '急递铺(급송 역참)'이다. 여덟 번째 단락 초반의 '元朝还沿袭宋朝的办法(원나라는 송나라의 방식을 계승하여), 在各州县广泛设置"急递铺"(각 주와 현에 '급송 역참'을 광범위하게 설치했다)'에서 관련 내용이 언급되었다. 이어지는 내용에서 '这种急递铺是专门传递官府的紧急公文的(이런 '급송 역참'은 오로지 관청의 긴급 공문만을 전달하였다)'라고 했으므로 정답은 官府的紧急公文이다.

단어   急递铺 jídìpù 명 급송 역참   传递 chuándì 동 전하다   官府 guānfǔ 명 관청   紧急 jǐnjí 형 긴급하다   公文 gōngwén 명 공문

80 中国邮驿的发展史。 ★★★

上文主要介绍了什么？	위 글은 주로 무엇을 소개하고 있는가?
中国邮驿的发展史。	중국 우역의 발전 역사.

해설   첫 번째 단락의 '中国是世界上邮驿起源最早、最发达的国家之一(중국은 세계에서 우역이 가장 일찍 시작되고 가장 발전한 국가 중 하나이며)'에서 이 글의 핵심 주제가 '중국의 우역'이라는 것을 유추할 수 있다. 이어지는 단락들에서 '在原始社会(원시 사회에서)', '古代战争中(고대 전쟁 중)', '到了西周(서주 시대에 이르러)', '到了唐朝(당나라에 이르러)', '到了元朝(원나라에 이르러)', '明朝(명나라)' 등 중국 각 시대별 우역의 발전사를 소개하고 있으므로 정답은 中国邮驿的发展史이다.
- 빈출 조합: ……的发展史(~의 발전사), ……历史演变过程(~의 역사 변천과정), ……的历史由来(~의 역사적 유래)

단어   起源 qǐyuán 명 기원   发展史 fāzhǎnshǐ 명 발전사

81-87

作为我国特有的一种花卉植物，牡丹被誉为"百花之王"，在唐、明、清三朝曾被当作"国花"，在历史上很早便融入了我国人民的生活。然而最早，它并不是一种观赏花卉，其根皮入药，称为"丹皮"。[81] 牡丹入药可追溯到秦汉，当时被列为上品，是名贵的药材，秦汉时的医书《神农本草经》中就有关于牡丹的记载。此后的《本草纲目》等医书中，均详细地记载了牡丹的药用价值。

[82] 牡丹的药理用途十分广泛。据统计，我国有1300多个药方涉及丹皮，它是诸如"六味地黄丸"等著名中成药的主要原料。另外随着丹皮消炎、抗过敏、抗病毒、提高免疫力、祛斑美白等药效的不断发现，其应用范围正不断向化妆品、保健品等领域延伸。

当然，对于吃货来说，[83] 牡丹的食用方法更加重要。早在五代时期，在《复斋漫录》中就记载了牡丹花的食用方法。明清以后，用牡丹制作的食品的种类日益增多，应用牡丹花制作糕点、花酒、菜肴和茶的方法逐渐完善起来。到了现代，通过有关科研机构、医学专家、烹调专家的精心研制，选用牡丹的根、茎、叶、花为原料，经上浆、烹炸、浇汁等工序，烧制成了"牡丹菜"系列，进一步将牡丹的食用功能发扬光大。

在牡丹一千多年的栽培史中，人们培育了数以千计的牡丹品种。除按花色、花型分类外，人们也常根据花期的早晚、植株的高矮、当年生枝条的成长量、香味浓淡、用途等进行分类。新中国成立后，特别是改革开放以来，全国范围内，牡丹产业的发展又迎来了一个新的高潮，无论品种数量、类型还是规模都是以往历朝历代无法比拟的。这段时期，牡丹的种植和培育与科技紧密结合，并且在规模化、产业化方面均取得了长足的进步。[84] 以山东菏泽为例，其牡丹栽培面积已达80000余亩，品种1000多个，是世界上面积最大的牡丹栽培、观赏和科研中心。

[85] 近年来，人们又发现不同地区栽培的牡丹不仅形态上有一定差异，而且生态习性上也有本质的差别，据此又把牡丹划分为不同的栽培类群（品种群），这种分类对引种具有重要意义。如今，我国作为世界牡丹的发源地，拥有所有8个野生种和1000多个栽培品种，遍及我国大部分地区。

우리나라(중국) 특유의 화훼 식물인 모란은 '백화의 왕'으로 불리며, 당(唐), 명(明), 청(清) 세 왕조에서는 '국화'로 여겨졌다. 역사적으로 일찍이 우리 국민의 생활에 스며들었으나, 최초에는 관상용 꽃이 아니었다. 모란뿌리의 껍질은 약재로 사용되었으며 '단피'로 불렸다. [81] 모란이 약재로 쓰인 것은 진·한 시대까지 거슬러 올라가며, 당시 상등품으로 분류되어 귀한 약재로 취급되었다. 진·한 시대의 의서《신농본초경》에도 모란에 대한 기록이 남아 있으며, 이후《본초강목》등의 의서에서도 모란의 약용 가치가 상세히 기록되어 있다.

[82] 모란의 약리적 용도는 매우 광범위하다. 통계에 따르면, 중국에서는 1,300개 이상의 처방에서 단피가 사용되며, "육미지황환"과 같은 유명한 한방제약의 주요 원료이기도 하다. 또한 모란뿌리의 껍질의 소염, 항알레르기, 항바이러스, 면역력 강화, 잡티 제거와 미백 등 약효가 지속적으로 발견됨에 따라, 그 활용 범위가 점차 화장품, 건강 보조식품 등의 분야로 확대되고 있다.

물론, 미식가들에게는 [83] 모란의 식용 방법이 더욱 중요하다. 일찍이 오대 시기,《복재만록》에서 이미 모란꽃의 식용법을 기록하고 있다. 명·청 이후로는 모란을 이용해 제작한 음식의 종류가 나날이 증가하였으며, 모란꽃을 활용해 만든 디저트, 꽃술, 요리, 차 등의 제작법이 점점 완벽해지게 되었다. 현대에 이르러 관련 연구 기관, 의학 전문가 및 요리 전문가들의 심혈을 들인 연구를 통해 모란의 뿌리, 줄기, 잎, 꽃을 원료로 사용하여 반죽 입히기, 튀기기, 소스 끼얹기 등의 과정을 거쳐 '모란 요리' 시리즈가 만들어졌으며, 이를 통해 모란의 식용 기능이 더욱 발전하게 되었습니다.

모란이 재배된 1,000여 년의 역사 속에서 사람들은 수천 종의 모란 품종을 육성했다. 꽃 색깔과 꽃 형태에 따라 분류하는 것 외에도, 사람들은 일반적으로 개화 시기, 식물의 높이, 그해 자란 나뭇가지의 성장량, 향기의 강도, 용도 등에 따라 다양하게 분류했다. 신중국 성립 이후, 특히 개혁개방 이래 중국 전역에서 모란 산업은 새로운 전성기를 맞이했으며, 품종 수, 유형, 규모 면에서 역대 어느 시대와도 비교할 수 없을 정도로 발전했다. 이 시기에 모란의 재배 및 육성이 과학기술과 긴밀하게 결합되었을 뿐만 아니라 대형화 및 산업화 측면에서 모두 장족의 발전을 이루었다. [84] 예를 들어, 산둥 허쩌(菏泽)는 모란 재배 면적이 8만 무(亩, 약 5,300ha)에 달하며, 1,000여 개의 품종을 보유하여 세계 최대의 모란 재배, 관상 및 연구 중심지로 자리 잡았다.

[85] 최근 몇 년간 사람들은 지역별로 재배된 모란이 형태만이 아니라 생태학적 습성에서도 본질적인 차이를 보인다는 사실을 발견했고, 이를 기준으로 모란을 다양한 재배 유형(품종군)으로 분류하였으며, 이러한 분류법은 모란의 도

⑥ 在中国的传统文化中，吉祥文化、喜庆文化是一个相当重要的内容，而牡丹繁荣兴旺、富贵吉祥的文化内涵恰恰与此相符合，因此受到人们的喜爱，并涌现出许多以牡丹为题材的诗词文赋、书法绘画以及其他艺术品。据不完全统计，⑰ 历代吟诵牡丹的诗词约有10000首，与牡丹有关的小说、戏剧、影视、故事传说更是<u>不胜枚举</u>。此外，牡丹的形象也以各种形式融入人们的日常生活中，不仅体现在建筑装饰、衣物服饰、生活用品等方面，还出现在艺术创作、节日庆典等许多场合。

입 및 육성에 중요한 의미를 가진다. 현재 중국은 세계 모란의 발원지로서 8종의 야생 모란과 1,000여 개의 재배 품종을 보유하고 있으며, 이는 중국 대부분 지역에 널리 분포하고 있다.

⑥ 중국 전통문화에서 길상 문화와 경사 문화는 상당히 중요한 요소이며, 모란이 상징하는 번영과 번창, 부귀와 길운의 문화적 의미는 이러한 전통과 정확히 들어맞는다. 따라서 모란은 사람들에게 널리 사랑받으며, 이를 주제로 한 수많은 시사(诗词)·문부(文赋), 서예, 회화 및 기타 예술 작품들이 창작되었다. 불완전한 통계에 따르면, ⑰ 역대 모란을 소재로 한 시가는 약 1만 수에 달하며, 모란과 관련된 소설, 연극, 영화나 드라마, 전설이야기는 훨씬 더 <u>헤아릴 수 없을</u> 정도로 많다. 또한, 모란의 이미지는 다양한 방식으로 사람들의 일상생활 속에 스며들어 있으며, 건축 장식, 의복 및 생활용품만이 아니라 예술 창작, 명절 축하행사 등 다양한 분야에서도 활용되고 있다.

단어　花卉 huāhuì 명 화훼　植物 zhíwù 명 식물　牡丹 mǔdān 명 모란(꽃), 목단　被誉为 bèiyùwéi ~로 꼽히다, ~로 칭송 받다　融入 róngrù 동 융합되다, 녹아 들다, 스며들다　观赏 guānshǎng 동 관상하다, 감상하다　根皮 gēnpí 명 뿌리의 껍질　入药 rùyào 동 약으로 쓰다　追溯 zhuīsù 동 거슬러 올라가다　列为 lièwéi (어떤 부류에) 속하다, 들다　上品 shàngpǐn 명 상등품, 최상품　药材 yàocái 명 약재　记载 jìzǎi 동 기재하다, 기록하다　均 jūn 부 모두　详细 xiángxì 형 상세하다　用途 yòngtú 명 용도　涉及 shèjí 동 관련되다, 미치다　诸如 zhūrú 접 이를 테면, 예를 들면　中成药 zhōngchéngyào (한방으로 된) 제약　消炎 xiāoyán 동 소염 하다　过敏 guòmǐn 명 알레르기　病毒 bìngdú 명 바이러스　免疫力 miǎnyìlì 명 면역력　祛斑 qūbān 동 잡티를 제거하다　应用 yìngyòng 동 응용하다, 활용하다　化妆品 huàzhuāngpǐn 명 화장품　保健品 bǎojiànpǐn 건강 보조품, 건강 기능 식품　领域 lǐngyù 명 영역, 분야　延伸 yánshēn 동 확대되다, 뻗어 나가다　吃货 chīhuò 명 (유행어) 미식가, 먹보　糕点 gāodiǎn 명 디저트　花酒 huājiǔ 명 꽃으로 빚은 술　菜肴 càiyáo 명 요리　烹调 pēngtiáo 동 요리(하다), 조리(하다)　精心 jīngxīn 형 정성 들이다, 심혈을 기울이다　研制 yánzhì 동 연구 제작(제조)하다　茎 jīng 명 (식물의) 줄기　上浆 shàngjiāng 동 (반죽을) 묻히다　烹炸 pēngzhà 동 튀기다　浇汁 jiāozhī 소스를 뿌리다, 끼얹다　工序 gōngxù 명 제조공정　发扬光大 fāyáng guāngdà 원래의 기초 위에서 더욱 확대 발전시키다　栽培 zāipéi 동 배양하다, 재배하다　培育 péiyù 동 기르다, 재배하다　数以千计 shùyǐqiānjì 수천의　植株 zhízhū 명 식물체　枝条 zhītiáo 명 (나뭇)가지　比拟 bǐnǐ 동 비교하다, 비유하다　长足 chángzú 형 장족의　菏泽 Hézé 고유 허쩌(산둥(山东)에 있는 지명)　差异 chāyì 명 차이　类群(品种群) lèiqún(pǐnzhǒngqún) 동식물군체(품종군)　发源地 fāyuándì 발원지, 기원지, 발상지　遍及 biànjí 널리 퍼지다　吉祥 jíxiáng 형 길하다, 상서롭다　喜庆 xǐqìng 형 경사스럽다　繁荣兴旺 fánróng xīngwàng 형 번영과 번창　富贵吉祥 fùguì jíxiáng 형 부귀와 행운　内涵 nèihán 명 내포, 교양, 함축　恰恰 nèihán 부 꼭, 바로　符合 fúhé 동 부합하다, 맞다　涌现 yǒngxiàn 동 대량으로 나타나다, 생겨나다, 배출되다　题材 tícái 명 제재, 소재　诗词 shīcí '诗(시)·词(사)'의 병칭　文赋 wénfù 문부(송대에는 산문 형식으로 글을 써서 '문부'라고 불렀다)　绘画 huìhuà 명 회화　吟诵 yínsòng 읊다, 낭송하다　不胜枚举 búshèng méijǔ 성 (너무 많아서) 일일이 다 들(셀) 수 없다　装饰 zhuāngshì 명동 장식(하다)　庆典 qìngdiǎn 명 축전, 축하 의식

81 《神农本草经》。　★

牡丹的药用价值，最早记录于哪本书？　　모란의 약용 가치를 기록한 최초의 책은?

《神农本草经》。　　《신농본초경》.

해설　첫 번째 단락 후반에서 '牡丹入药可追溯到秦汉(모란이 약재로 쓰인 것은 진·한 시대까지 거슬러 올라가며), ……, 秦汉时的医书《神农本草经》中就有关于牡丹的记载(진·한 시대의 의서《신농본초경》에도 모란에 대한 기록이 남아 있다)'라고 했다. 'A 可追溯到 B' 문형은 '사물의 기원(발원, 근원지)'을 나타내므로, 모란이 약재로 쓰인 최초의 기록이 진·한 시대의 의서《신농본초경》임을 알 수 있다. 따라서 정답은《神农本草经》이다.

단어　牡丹 mǔdān 명 모란꽃　入药 rùyào 동 약으로 쓰다　秦汉 qínhàn 명 진·한 시대　医书 yīshū 명 의서　追溯 zhuīsù 동 거슬러 올라가다　记载 jìzǎi 명동 기록(하다)

82 化妆品、保健品。 ★★

除了制作药品外，牡丹的药效还在哪些领域发挥作用？	의약품 제조 외에, 모란의 약효는 어떤 분야에서 활용되는가?
化妆品、保健品。	화장품, 건강 보조식품.

해설 두 번째 단락에서 '牡丹的药理用途十分广泛(모란의 약리적 용도는 매우 광범위하다)。……, 其应用范围正不断向化妆品、保健品等领域延伸(그 활용 범위가 점차 화장품, 건강 보조식품 등 다양한 분야로 확대되고 있다)'라고 했으므로 정답은 化妆品、保健品이다.

단어 药品 yàopǐn 몡 약품 药效 yàoxiào 몡 약효 领域 lǐngyù 영역, 분야 发挥 fāhuī 동 발휘하다 化妆品 huàzhuāngpǐn 몡 화장품 保健品 bǎojiànpǐn 몡 기능 식품

83 五代时期。 ★★★

哪个朝代最早记载了牡丹的食用方法？	어느 왕조에서 가장 먼저 모란의 식용 방법을 기록했는가?
五代时期。	오대 시기.

해설 세 번째 단락 초반에서 '牡丹的食用方法(모란의 식용법)'이 언급되었다. 이어지는 내용에서 '早在五代时期，在《复斋漫录》中就记载了牡丹花的食用方法(일찍이 오대 시기, 《복재만록》에서 이미 모란꽃의 식용법을 기록하고 있다)'라고 했으므로 정답은 五代时期이다.
● 핵심 표현: 早在……时期, ……中就记载了 (일찍이 ~시대에 ~에 기록되었다)

단어 朝代 cháodài 몡 왕조의 연대 记载 jìzǎi 동 기록하다 食用 shíyòng 형 식용의 동 식용하다

84 山东菏泽。 ★

世界上面积最大的牡丹栽培、观赏和科研中心在哪里？	세계에서 가장 큰 모란 재배, 관상 및 연구 중심지는 어디인가?
山东菏泽。	산둥 허쩌.

해설 네 번째 단락 후반에서 '以山东菏泽为例(예로, 산둥 허쩌는), ……, 是世界上面积最大的牡丹栽培、观赏和科研中心(세계 최대의 모란 재배, 관상 및 연구 중심지로 자리 잡았다)'라고 했으므로 정답은 山东菏泽이다.

단어 面积 miànjī 몡 면적 栽培 zāipéi 동 재배하다 观赏 guānshǎng 동 관상하다, 감상하다 科研 kēyán 몡 과학 연구 菏泽 Hézé 고유 허쩌 (산둥(山东)에 있는 지명)

85 形态和生态习性。 ★

近年来，牡丹的栽培类群是根据什么划分的？	최근 몇 년 동안, 모란의 재배 유형(품종군)은 무엇을 기준으로 구분되었는가?
形态和生态习性。	형태와 생태학적 습성.

해설	다섯 번째 단락 초반에서 '近年来(최근 몇 년간), 人们又发现……牡丹不仅形态上又一定差异(사람들은 또 발견하였는데~ 모란이 형태만이 아니라), 而且生态习性上也有本质的差别(생태학적 습성에서도 본질적인 차이를 보인다는 사실을 발견했다)'라고 했다. 이어지는 내용에서 '据此又把牡丹划分为不同的栽培类群(品种群)(이를 기준으로 모란을 다양한 재배 유형(품종군)으로 분류하였다)'라고 했으므로 정답은 形态和生态习性이다.

기타 답안으로 形态和生态习性。/ 形态与生态习性。/ 形态、生态习性。 등도 가능하다.

단어	形态 xíngtài 명 형태 划分 huàfēn 동 구분하다

86 繁荣兴旺、富贵吉祥。 ★

牡丹具有怎样的文化内涵?	모란은 어떤 문화적 의미를 가지고 있는가?
繁荣兴旺、富贵吉祥。	번영과 번창, 부귀와 길운.

해설	여섯 번째 단락 초반에서 '在中国的传统文化中(중국 전통문화에서), 吉祥文化、喜庆文化是一个相当重要的内容(길상 문화와 경사 문화는 상당히 중요한 요소이며), 而牡丹繁荣兴旺、富贵吉祥的文化内涵恰恰与此相符合(모란이 상징하는 번영과 번창, 부귀와 길운의 문화적 의미는 이러한 전통과 정확히 들어맞는다)'라고 했으므로 정답은 繁荣兴旺、富贵吉祥이다.
단어	具有 jùyǒu 동 가지다, 구비하다 内涵 nèihán 명 내포, 함양 繁荣兴旺 fánróng xīngwàng 성 번영과 번창 富贵吉祥 fùguì jíxiáng 성 부귀와 길운

87 数量多。 ★★

画线词语 "不胜枚举" 是什么意思?	밑줄 친 표현 '不胜枚举'의 의미는 무엇인가가?
数量多。	수가 많다.

해설	不胜枚举는 '너무 많아서 일일이 다 셀 수 없다'는 뜻으로 HSK 빈출 성어이다. 여섯 번째 단락 중반에서 '历代吟诵牡丹的诗词约有10000首(역대 모란을 소재로 한 시가는 약 1만 수에 달한다)'라 했다. 이어지는 내용 '与牡丹有关的……更是不胜枚举'에서 '更是(더, 훨씬)' 뒤에는 문맥상 '1만 수 이상의 큰 수'를 나타내는 말이 이어져야 하므로 밑줄 친 성어의 의미가 '수량이 매우 많다'라는 것을 알 수 있다. 따라서 정답은 数量多이다.
단어	不胜枚举 búshèngméijǔ 성 (너무 많아서) 일일이 다 셀 수가 없다 数量 shùliàng 명 수량 涌现 yǒngxiàn 동 (사람이나 사물이) 대량으로 생겨나다, 배출되다

三、书写 쓰기

제1부분 (88) 도표를 설명하고 분석하는 200자 내외의 글을 작성하세요. 제한 시간은 15분입니다.

88 ★★

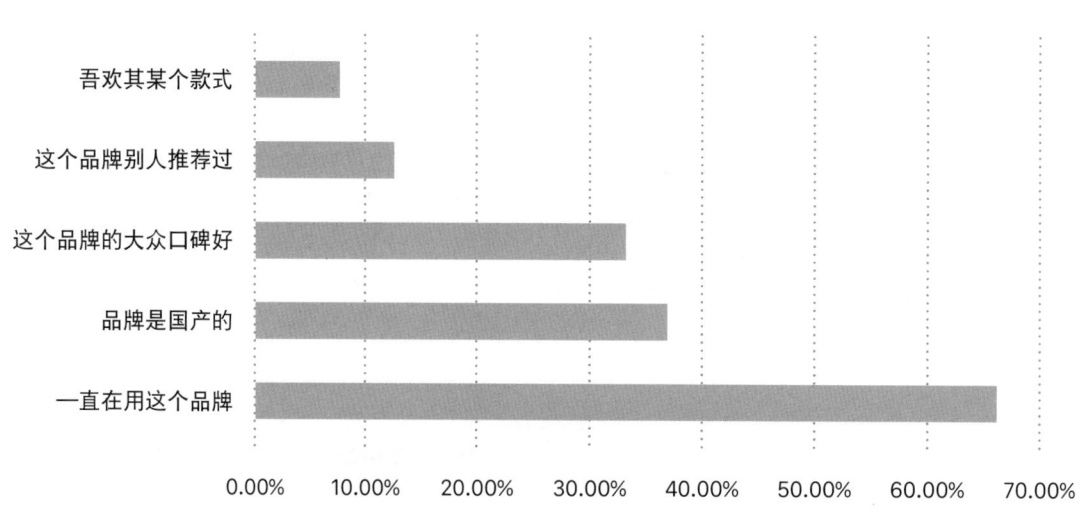

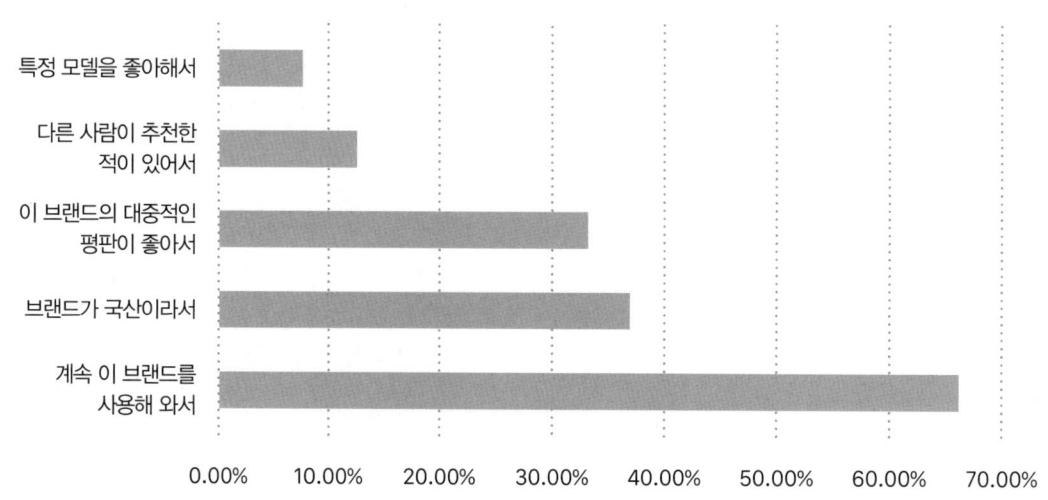

단어 用户 yònghù 명 사용자, 유저 更换 gēnghuàn 동 교체하다 考虑 kǎolǜ 동 고려하다 品牌 pǐnpái 명 브랜드 款式 kuǎnshì 명 디자인, 스타일, (기기) 모델 推荐 tuījiàn 동 추천하다 大众 dàzhòng 명·형 대중(적이다) 口碑 kǒubēi 명 평판, 입소문 国产 guóchǎn 명 국산

🔍 고득점 작문 가이드

해당 문제는 사용자가 휴대폰을 교체할 때 브랜드를 선택하는 이유에 대한 '설명'과 '분석'을 요구한다. 따라서, 도표 정보를 정확히 이해해야 할 뿐만 아니라, 도표에 포함된 데이터를 객관적이고 합리적으로 분석할 필요가 있다. 다음과 같은 단계를 참고하여 글을 작성해 보자.

1. 도표 정보 이해하기
- 데이터 수집: 먼저 도표를 꼼꼼히 관찰하여 모든 데이터와 정보를 수집한다.
- 핵심 정보 파악: 도표에서 가장 중요한 정보를 확인한다. 예를 들어, 본 문제에서는 다섯 가지 선택 요인과 이에 해당하는 비율이 주요 정보이다.

2. 글의 구조 구성
- 도입부: 도표의 주제와 목적을 간략하게 소개한다.
- 본문: 중요도나 논리적 순서에 따라 각 요인을 분석한다. 예를 들어, 가장 높은 비율을 차지하는 요인을 먼저 분석한 후, 점차 낮은 비율의 요인을 설명한다.
- 결론: 분석 내용을 정리하고 주요 결론을 도출한다.

3. 분석 및 해석
- 데이터 해석: 예를 들어, 65%의 사용자가 '계속 같은 브랜드를 사용해 왔기 때문에'라는 이유를 선택했다면, 이는 브랜드 충성도의 중요성을 시사한다.
- 실제 상황과 연결: 데이터와 현실을 연계하여 해석할 수 있습니다. 예를 들어, 35%의 사용자가 국산 브랜드를 선택했다면, 이는 국산 브랜드의 경쟁력이 향상되고 소비자의 신뢰도가 증가했음을 반영한다.

4. 기타 유의사항
- 정확하고 명확한 표현: 정확한 단어와 명확한 문장 구조를 사용한다.
- 중복 표현 지양: 시간과 글자 수 제한이 있으므로 동일한 정보를 반복해서 설명하지 않도록 한다.
- 객관적 분석: 도표 정보를 주관적으로 해석하는 것을 피하고, 객관적인 분석과 설명을 유지한다. 도표를 면밀히 관찰하고, 합리적인 분석과 논리적인 구성을 통해 정보를 정확하게 설명하면, 응시자는 데이터 분석 능력과 글쓰기 역량을 효과적으로 보여 줄 수 있다.

모범 답안 1 ★★

这些数据展现了用户在更换手机时选择品牌的主要考虑因素。首先，高达65%的用户因为"一直在用这个品牌"而再次选择了相同品牌，显示出品牌忠诚度在手机选购中扮演着非常关键的角色。其次，35%的用户因为"品牌是国产的"而选择，这反映了国产手机品牌正不断壮大，同时显示出消费者对本土品牌的支持与信赖。接着，33%的用户觉得选定品牌的"大众口碑好"，说明消费者评价与市场口碑仍然是影响手机购买决策的重要因素。

相对较低的12%的用户选择品牌是因为"别人推荐过"，显示出虽然朋友和家人的建议有一定的影响，但相对其他因素，推荐的影响力较小。最后，有8%的用户因"喜欢其某个款式"而选择该品牌，这部分用户更注重手机的外观设计或特定功能。

总体来说，品牌忠诚度、国产认同度和大众口碑是决定用户选择手机品牌的前三大因素。

이 데이터는 사용자가 휴대폰을 교체할 때 브랜드를 선택하는 주요 고려 요소를 보여 준다. 먼저, 65%에 달하는 사용자가 '계속 같은 브랜드를 사용해 왔기 때문에' 동일한 브랜드를 다시 선택했다. 이는 브랜드 충성도가 휴대폰 구매에서 매우 중요한 역할을 한다는 것을 보여 준다. 다음으로, 35%의 사용자는 '브랜드가 국산이라서' 선택했는데, 이는 국산 스마트폰 브랜드가 지속적으로 성장하고 있으며, 소비자들이 자국 브랜드를 신뢰하고 지지하고 있음을 반영한다. 이어, 33%의 사용자가 '해당 브랜드의 대중적인 평판이 좋아서' 선택했다고 응답했다. 이는 소비자 평가와 시장에서의 브랜드 평판이 여전히 스마트폰 구매 결정에 중요한 영향을 미친다는 것을 시사한다.

반면, 비교적 낮은 비율인 12%의 사용자는 '다른 사람의 추천' 때문에 브랜드를 선택했다. 이는 가족이나 친구의 추천이 어느 정도 영향을 미치지만, 다른 요인들에 비해 상대적으로 영향력이 작다는 것을 보여 준다. 마지막으로, 8%의 사용자는 '특정 모델이 마음에 들어서' 해당 브랜드를 선택했는데, 이들은 스마트폰의 디자인이나 특정 기능을 더 중시하는 경향이 있다.

종합적으로 보면, 브랜드 충성도, 국산 브랜드에 대한 신뢰, 그리고 대중적인 평판이 사용자의 브랜드 선택을 결정짓는 3대 요소로 나타났다.

단어 数据 shùjù 명 수치, 데이터 展现 zhǎnxiàn 동 보여 주다, 드러내다 因素 yīnsù 요인, 요소 显示 xiǎnshì 동 나타내 보이다 忠诚度 zhōngchéngdù 충성도 选购 xuǎngòu 선택 구입하다 扮演 bànyǎn 동 ~의 역을 맡아 하다 关键 guānjiàn 명 관건, 키포인트 형 결정적인 角色 juésè 명 배역, 역할 不断 búduàn 부 끊임없이, 부단히 壮大 zhuàngdà 강대해지다 支持 zhīchí 지지하다 信赖 xìnlài 동 신뢰하다 口碑 kǒubēi 명 평판, 입소문 决策 juécè 동 의사를 결정하다 推荐 tuījiàn 동 추천하다 功能 gōngnéng 명 기능 认同度 rèntóngdù 명 신뢰도

모범 답안 2 ★★★

这张表格是用户在更换手机时主要考虑的因素。

从图表的数据来看，用户在更换手机时，最先考虑的因素是"一直在用这个品牌"，也就是说，原来使用什么品牌，就会继续购买什么品牌。

其次是"品牌是国产的"，说明国产手机品牌深受大家欢迎。

第三是"大众口碑好"，有33%的用户，占比也很大，说明用户购买手机时，口碑也是非常重要的考虑因素。

이 데이터는 사용자가 휴대폰을 교체할 때 브랜드를 선택하는 주요 고려 요인을 보여 준다.

표의 데이터를 살펴보면, 사용자가 휴대폰을 교체할 때 가장 먼저 고려하는 요소는 '계속 같은 브랜드를 사용해 왔기 때문에'이다. 즉, 이전에 사용하던 브랜드의 제품을 계속해서 구매한다는 것을 의미한다.

다음으로는 '브랜드가 국산이라서'이다. 이는 국산 휴대폰 브랜드가 많은 사람들에게 환영을 받고 있음을 보여 준다.

세 번째는 '대중적인 평판이 좋아서'로, 전체 응답자의 33%로 큰 비중을 차지하며, 이는 사용자가 휴대폰 구매 시 입소문을 매우 중요한 기준으로 삼고 있음을 시

"别人推荐过"这一项选择人数相对少的原因,可能是现代人自我意识越来越强,喜欢自己决定自己的事情,不太愿意受别人的影响。

最后是"喜欢其某个款式",受这一项因素影响的人最少。这说明,现代人很实际,越来越重视实用性。因此,在人们的心目中,手机的实用功能比外观设计更重要。

사한다.

반면, '다른 사람의 추천'을 고려하는 사용자는 상대적으로 적었으며, 이는 아마 현대인들이 자아의식이 점점 강해져, 자신의 일을 스스로 결정하는 것을 좋아하고, 다른 사람의 영향을 받는 것을 꺼리기 때문일 수 있다.

마지막으로 '특정 모델이 마음에 들어서'라는 요소의 영향을 받은 사용자가 가장 적었다. 이는 현대 소비자들이 매우 현실적이고, 점점 더 실용성을 중시하며, 사람들이 외관 디자인보다는 휴대폰의 실용적인 기능을 더욱 중요하게 생각하고 있음을 보여 준다.

단어 **表格** biǎogé 명 표, 양식 **购买** gòumǎi 동 구매하다, 사다 **自我意识** zìwǒ yìshí 명 자의식, 자기 인식 **一项** yíxiàng 명 한 가지 항목 **实用性** shíyòngxìng 명 실용성

TIP

- 도표 분석 문제 핵심 단어

数据 shùjù 명 데이터, 수치 **用户** yònghù 명 사용자, 유저 **品牌** pǐnpái 명 브랜드 **主要考虑因素** zhǔyào kǎolǜ yīnsù 주요 고려 요소 **优先考虑因素** yōuxiān kǎolǜ yīnsù 우선 고려 요소 **国产品牌** guóchǎn pǐnpái 명 국산 브랜드 **口碑好** kǒubēi hǎo 평판이 좋다 **外观设计** wàiguān shèjì 명 외관 디자인 **特定功能** tèdìng gōngnéng 명 특정 기능 **认同度** rèntóngdù 명 공감도, 신뢰도 **表格** biǎogé 명 표, 양식 **图表** túbiǎo 명 도표, 차트 **深受大家欢迎** shēn shòu dàjiā huānyíng 많은 사람들에게 큰 인기를 얻다

- 도표 설명 및 분석 주요 표현

1. 데이터 출처 소개

从这张表格中,我们可以看出…… 이 표에서 우리는 ~을 알 수 있다.
这张表格是……方面的内容。 이 표는 ~에 관한 내용이다.
这个图表是……主要考虑的因素。 이 도표는 ~에서 주로 고려하는 요소를 나타낸다.
这张图表展示了……(的数据)。 이 표는 ~의 데이터를 보여줍니다.
根据图表中的数据,我们可以看到…… 표의 데이터에 따르면, 우리는 ~을 알 수 있다.
从图表来看,…… 표를 보면, ~

2. 과정

1) 데이터 추세를 설명할 때

……呈上升(下降)趋势。 ~은 상승(하락)하는 추세를 보인다.
近年来,……逐渐增加(减少)。 최근 몇 년 동안, ~은 점점 증가(감소)하고 있다.
从数据来看,……比例最高(最低)。 데이터에 따르면, ~의 비율이 가장 높다(가장 낮다).
与去年相比,……增长(下降)了00%。 작년과 비교했을 때, 00% 증가(감소)했다.
……占比最大(最小),为00%。 ~의 비중이 가장 크며(작으며), 00%이다.
其中,……的比例达到了00%,位居第一。 그중, ~의 비율이 00%에 달하여 1위를 차지한다.

2) 데이터를 비교할 때

A 比 B 高出00%。 A는 B보다 00% 더 높습니다.
A 与 B 相比,……有明显的差异。 A와 B를 비교하면, ~은 뚜렷한 차이가 있다.
相较于……,……的增长速度更快(更慢)。 ~과 비교했을 때, ~의 증가 속도가 더 빠르다(더 느리다).
A 和 B 的比例相差不大(相差悬殊)。 A와 B의 비율 차이가 크지 않다(차이가 상당히 크다).

3) 데이터 변화의 원인을 설명할 때
造成这种现象的原因可能是…… 이러한 현상이 발생하는 원인은 ~일 가능성이 있다.
这可能与……有关。 이것은 ~과 관련이 있을 수 있다.
……的增加(减少)，主要是由于…… ~의 증가(감소)는 주로 ~때문이다.
这一变化可能受到……的影响。 이러한 변화는 ~의 영향을 받았을 가능성이 있다.

3. 결론
总而言之，…… 결론적으로, ~
总体来看，…… 전체적으로 보면, ~
以上说明，…… 위 내용은 ~을 설명한다.
综上所述，…… 종합적으로 말하자면, ~
由此可见，…… 이를 통해 ~을 알 수 있다.
通过分析图表，我们可以发现，…… 표를 분석해 보면, 우리는 ~을 발견할 수 있다.
这表明……在……中起着重要作用。 이는 ~이 ~에서 중요한 역할을 한다는 것을 보여 준다.

제2부분 (89)

제시된 주제에 관해 작문을 하세요. 제한 시간은 40분입니다.

89 ★★★

《论语》中说："三人行，必有我师焉。择其善者而从之，其不善者而改之。"意思是与众人相处，其中必定有可以作为我老师的人；选择别人好的学习，看到别人缺点，反省自身有没有同样的缺点，如果有，就加以改正。你是否赞同"三人行，必有我师焉"的观点？请写一篇600字左右的文章，谈谈你对这句话的认识并论证你的观点。

《논어》에서 '세 사람이 길을 가면 반드시 나의 스승이 있다'라고 말했습니다. 이 말은 여러 사람과 어울릴 때 반드시 나에게 배울 점이 있는 사람이 있으며, 다른 사람의 장점을 선택하여 본받고, 단점을 보았을 때는 스스로를 돌아보아 같은 단점이 있다면 이를 고쳐야 한다는 뜻입니다. 당신은 '세 사람이 길을 가면 반드시 나의 스승이 있다'라는 관점을 지지하나요? 600자 내외의 글을 작성하여 이 문장에 대한 견해를 밝히고, 자신의 관점을 논증하시오.

단어 焉 yān 조 어조를 강조하거나 문장을 마무리할 때 사용됨 众人 zhòngrén 명 대중, 많은 사람들 缺点 quēdiǎn 명 결점, 단점 反省 fǎnxǐng 동 반성하다 自身 zìshēn 명 자신, 자기 자신 改正 gǎizhèng 동 고치다, 수정하다 赞同 zàntóng 동 찬성하다, 동의하다 观点 guāndiǎn 명 관점, 견해 认识 rènshi 동 인식하다, 알다 论证 lùnzhèng 동명 논증(하다), 증명(하다)

🔍 고득점 작문 가이드

해당 문제는 주제 작문으로, 공자의 '세 사람이 길을 가면 반드시 나의 스승이 있다(三人行，必有我师焉)'라는 말에 대한 수험생의 이해와 견해를 평가하는 것이다. 다음과 같은 단계를 참고하여 글을 작성해 보자.

1. 문제 이해

이 글은 《논어》의 명언을 인용하여 타인으로부터 배움의 중요성을 논하는 문제이다. 먼저, 이 문장의 의미를 정확히 파악한 후, 이 견해에 동의하는지 여부를 고민해야 한다.

2. 글의 구성 계획

도입: 개인 경험, 역사적 사례, 혹은 주변 관찰을 통해 이 주제를 자연스럽게 도입한다.

예를 들어, 학습이나 직장 경험을 바탕으로 이 말이 실제로 적용되는 사례를 제시하며 자신의 견해를 설명한다.

본론 1: (배움의 기회) 다양한 사람들과의 교류를 통해 새로운 지식을 습득하고, 다른 문화를 이해하는 과정에서 배움이 이루어진다는 점을 논의한다.

본론 2: (자기 성찰과 성장) 타인의 장점에서 배울 뿐만 아니라, 타인의 단점을 보면서 자신을 돌아보고 개선할 수 있다는 점을 강조한다.

반론 및 반박: (선택 사항) '모든 사람이 배움의 대상이 될 수 있는가?'와 같은 의문을 제기한 후 이에 대한 반론을 제시할 수도 있다.

결론: 주요 논점을 정리하고, 이 문장이 자신의 삶과 더 넓은 사회에서 어떤 의미를 가지는지 강조한다. 개인적인 경험과 연결하여 다시 한번 이 문장의 가치를 강조할 수 있다.

3. 논리적인 전개

문단 간의 연결이 자연스럽도록 구성하고, 각 주장에 대해 구체적인 예시나 경험을 들어 설득력을 높인다.

4. 효과적인 표현 사용

대조, 수사적 질문, 열거 등 다양한 표현 기법을 활용하여 문장을 더욱 생동감 있게 만든다.
문장은 명확하고 간결하게 작성하며, 너무 복잡하거나 장황한 문장은 피한다.

5. 개인적 시각과 감정 반영

1인칭 시점을 사용하여 자신의 생각과 감정을 드러내며, 솔직한 감정을 담아 독자가 공감할 수 있도록 한다.

6. 주제에서 벗어나지 않기

글 전체가 '세 사람이 길을 가면 반드시 나의 스승이 있다'라는 주제에 집중해야 한다.
주제와 관련 없는 내용으로 벗어나지 않도록 주의한다.

모범 답안 1

身为一名国际留学生，我对孔子在《论语》中所述的"三人行，必有我师焉"深有体会。这句话不仅指引了我的学习方向，也在很大程度上塑造了我的人生态度。

首先，这句古老的智慧教导我，无论身处何地、与谁共事，都有学习的机会。这种深刻的教诲在我的留学生活中尤为重要。每个人，无论来自哪个国家，都有自己的知识、经验和观点，这些都可能成为我学习的源泉。身处国外，我周围的人来自世界各地，拥有不同的文化背景和生活经历，这些差异使我有机会接触到更丰富、更多元的知识和视野。此外，这句话也鼓励我以开放的心态对待不同的声音和观点，这对我适应新环境、理解不同文化具有重要作用。

其次，"择其善者而从之，其不善者而改之"是对自我反思和自我提升的倡导。当我在他人身上看到优点，我会尝试吸取并运用到自己的生活和学习中。同时，我也会在他人的缺点中看到自我改进的空间，这种反思使我能够持续自我提升，而不是满足于现状。这种自我修正的意识在我面临困难，遇到挑战时尤其重要，因为它让我意识到我可以通过努力和学习，改变自己，进而改变我所面对的情况。

然而，这并不意味着我应该盲目地模仿他人，或者对他人的缺点进行无情的批判。相反，我应该有独立思考的能力，了解哪些是我应该学习的，哪些是我应该避免的。这就要求我对自己有足够的了解，明白我所追求的是什么，我所坚持的是什么。只有这样，我才能在这个纷繁复杂的世界中，保持自我而不迷失。

总的来说，我坚信"三人行，必有我师焉"这一古老的智慧在今天依然有着重要的价值。它教我怎样去学习，怎样去生活，怎样去成长。这是一种敬畏知识、尊重他人、反思自我、永不止步的人生态度，我将带着这种态度，继续我的留学生涯，努力成为一个更好的人。

국제 유학생으로서 '세 사람이 길을 가면 반드시 나의 스승이 있다'라는 공자의 말에 깊이 공감한다. 이 말은 내 학습 방향을 제시해 줬을 뿐만 아니라, 내 삶의 자세를 만드는 것에 큰 영향을 주었다.

먼저, 이 오래된 지혜는 어디에 있든, 누구와 함께하든 항상 배울 기회가 있다는 것을 알려 준다. 이 깊은 가르침은 나의 유학생활에서 특히나 중요했다. 사람은 어느 나라에서 왔든 각자의 지식, 경험, 관점을 가지고 있고, 그 모든 것이 내 배움의 원천이 될 수 있다. 해외에 거주하면, 내 주변 사람들은 세계 각지에서 왔으며, 서로 다른 문화적 배경과 생활 경험을 가지고 있다. 이러한 차이 덕분에 나는 더 풍부하고 다양한 시각과 지식을 접할 수 있었다. 그리고 이 말은 나에게 다른 의견과 관점을 열린 마음으로 받아들이는 태도를 가지라고 가르쳐 주었다. 덕분에 새로운 환경에 적응하고, 다양한 문화를 이해하는 데도 큰 도움이 되었다.

다음으로, '그의 선한 점은 배우고, 좋지 않은 점은 반면교사로 삼아라'라는 가르침은 스스로를 돌아보고 성장할 수 있도록 한다. 다른 사람에게서 장점을 발견하면, 그걸 받아 들여 내 삶과 학습에 적용하려 노력하고, 동시에 다른 사람의 단점을 통해 나 자신의 개선할 부분을 보게 된다. 이런 반성 덕분에 나는 현상에 안주하지 않고 계속해서 발전할 수 있었다. 이러한 스스로 바르게 고쳐 나가려는 의식은 내가 어려움에 부딪히거나 도전에 직면했을 때 특히 중요하며, 그것은 내가 노력과 학습을 통해 나 자신을 변화시킬 수 있고, 나아가 내가 직면한 상황을 변화시킬 수 있다는 것을 깨닫게 해주기 때문입니다.

하지만, 이 말이 무작정 남을 따라 하거나, 다른 사람의 단점을 가차 없이 비판해야 한다는 의미는 아니다. 오히려 내가 독립적으로 사고하는 능력을 길러야 하며. 무엇을 배워야 하고, 무엇을 피해야 하는지를 아는 것이 중요하다. 그러려면 자기 자신을 충분히 이해하고, 내가 추구하는 것과 지켜야 할 것이 무엇인지 분명히 알아야 한다. 그래야만 이 복잡한 세상 속에서 나를 잃지 않고 살아갈 수 있다.

결론적으로, 나는 '세 사람이 길을 가면 반드시 나의 스승이 있다'는 이 오래된 지혜가 오늘날 여전히 중요한 가치가 있다고 확신한다. 이 말은 어떻게 배우고, 어떻게 살아가며, 어떻게 성장해야 하는지를 알려 준다. 그것은 지식을 경외하고, 타인을 존중하며, 끊임없이 스스로를 돌아보고 멈추지 않는 삶의 태도이다. 나는 이 태도를 가슴에 품고 유학생활을 이어가면서, 더 나은 사람이 되기 위해 노력할 것이다.

단어 **国际** guójì 명 국제 **述** shù 동 서술하다, 말하다 **深有体会** shēn yǒu tǐhuì 깊이 체감하다, 깊은 깨달음을 얻다 **指引** zhǐyǐn 동 인도하다, 이끌다 **塑造** sùzào 동 형성하다, 만들다 **智慧** zhìhuì 명 지혜 **教导** jiāodǎo 명 가르침 동 가르치다 **深刻** shēnkè 형 깊다, 심오하다 **教诲** jiàohuì 동 가르치다, 깨우치다 **源泉** yuánquán 명 원천, 근원 **身处** shēnchǔ (특정한 환경이나 상황에) 처하다 **拥有** yōngyǒu 동 소유하다, 가지다 **差异** chāyì 명 차이, 차별성 **接触** jiēchù 동 접하다, 교류하다 **多元** duōyuán 형 다원적인, 다양한 **视野** shìyě 명 시야, 견문 **鼓励** gǔlì 동 격려하다, 응원하다 **待** duìdài 동 대하다, 다루다 **自我反思** zìwǒ fǎnsī 자기 반성 **自我提升** zìwǒ tíshēng 자기 발전 **倡导** chàngdǎo 동 선도하다, 권장하다, 장려하다 **尝试** chángshì 동 시도하다, 해보다 **吸取** xīqǔ 동 흡수하다, 받아들이다 **运用** yùnyòng 동 활용하다 **修正** xiūzhèng 동 수정하다, 바로잡다 **意识** yìshí 명 의식, 인식 **面临** miànlín 동 직면하다, 맞닥뜨리다 **盲目** mángmù 형 맹목적인, 무분별한 **模仿** mófǎng 동 모방하다, 따라 하다 **无情批判** wúqíng pīpàn 가차 없이 비판하다 **独立思考** dúlì sīkǎo 명 독립적인 사고 **避免** bìmiǎn 동 피하다, 방지하다 **纷繁复杂** fēnfán fùzá 성 복잡하고 다양하다 **迷失** míshī 동 길을 잃다, 방향을 잃다 **敬畏** jìngwèi 동 경외하다, 두려워하며 존경하다 **永不止步** yǒng bù zhǐbù 성 결코 멈추지 않다, 끊임없이 나아가다 **生涯** shēngyá 명 생애, 커리어

모범 답안 2 ★★★★

"三人行，必有我师焉。择其善者而从之，其不善者而改之。"

我在中国留学时，中国老师给我讲过孔子的这段话。当时，我不懂文言文，老师非常耐心地给我讲解了这段话的含义。因此，这段话给我留下了深刻的印象。

首先"三人行，必有我师焉"我觉得非常有道理。随着社会的发展，社会分工越来越明确，我们这个时代更是能人倍出的时代，每个人身上的能量都可能是无限的，那么，三人中，一定有我可以拜他为师，向他学习的地方。特别是我们这些来自不同国家的留学生，因为每个国家都有他们独特的先进文化，所以，更是有很多相互要学习的东西。

其次，"择其善者而从之，其不善者而改之。"是告诉我们要学习别人的优点和好处，看到别人的缺点，如果自己有同样的问题就改正。

有句话说，"尺有所短，寸有所长"，任何人都有优点，也都有缺点。生活在社会中，我们每个人都会有自己的不足，那么，在看到别人身上的优点，学习他们的长处，克服自己的缺点，弥补自己的不足，我们就会不断地进步，就会不断地提高自己。

最后，孔子是中国古代的圣人/先哲/贤者/。这么有名的贤者都知道自己的不足，要谦虚地向别人学习，我作为一个普通人，当然更要多向别人学习。在这个世界上，没有十全十美的人，"金无足赤，人无完人"，每个人都有优点和不足。只有勇于承认自己的不足，能够低下头，虚心向别人学习的人才是无敌的。

'세 사람이 함께 길을 가면, 그 중에 반드시 내 스승이 있으며, 그의 좋은 점을 선택하여 따르고, 좋지 않은 점은 반성하여 고친다.'

내가 중국에서 유학할 때, 중국 선생님께서 나에게 공자의 이 말씀을 가르쳐 주셨다. 당시 나는 문언문을 이해하지 못했지만, 선생님께서 아주 인내심 있게 이 말의 의미를 설명해 주셨다. 그렇기 때문에, 이 말은 나에게 깊은 인상을 남기게 되었다.

우선, '세 사람이 길을 가면 반드시 내 스승이 있다'는 말이 매우 이치에 맞다고 생각한다. 사회가 발전함에 따라 분업이 점점 더 명확해지고 있으며, 우리 시대는 특히 인재가 끊임없이 배출되는 시대이다. 각 개인이 가진 능력은 무한할 수도 있기 때문에, 세 사람 중에는 반드시 내가 스승으로 삼고 배울 만한 사람이 있을 것이다. 특히, 우리처럼 서로 다른 나라에서 온 유학생들에게는 더욱 그렇다. 각 나라는 고유한 선진 문화를 가지고 있기 때문에, 서로 배워야 할 점이 더욱 많다고 할 수 있다.

다음으로, '그의 선한 점은 배우고, 좋지 않은 점은 반면교사로 삼아라'라는 말은 우리에게 다른 사람의 장점과 강점을 배워야 한다는 것이며, 다른 사람의 단점을 보았을 때, 만약 나에게도 같은 문제가 있다면 이를 고쳐야 한다는 것이다.

'자는 긴 곳이 있고, 척은 짧은 곳이 있다.'라는 말이 있듯이, 누구나 장점과 단점을 모두 가지고 있다. 사회 속에서 살아가다 보면 누구나 부족한 점이 있기 마련이다. 그렇기에 다른 사람의 장점을 발견하고 이를 배워 자신의 강점으로 삼으며, 자신의 단점을 극복하고 부족한 부분을 채운다면 우리는 끊임없이 성장하고 자기 발전을 할 수 있을 것이다.

마지막으로, 공자는 중국 고대의 성인(圣人)이다. 이렇게 유명한 성인조차도 스스로의 부족함을 알고 겸허하게 다른 사람에게서 배워야 한다고 했다. 그렇다면 평범한 사람인 나는 더욱 더 다른 사람에게서 배워야 한다

因此，人与人之间，能够互相学习，互相帮助，互相勉励，我们就会更进步，更发展，更强大。

고 생각한다. 이 세상에는 완벽한 사람은 없다. '순금에도 티가 있고, 완벽한 사람은 없다'라는 말처럼, 누구나 장점과 단점을 가지고 있다. 자신의 부족함을 용기 있게 인정하고, 고개 숙여 겸허한 자세로 다른 사람에게 배우는 사람만이 진정한 강자가 될 수 있다.

따라서 사람들 간에 서로 배우고, 돕고, 격려할 수 있다면, 우리는 더욱 발전하고, 성장하며, 강해질 수 있다.

단어 **文言文** wényánwén 몡 문언문(고전 중국어)　**耐心** nàixīn 몡 인내심　**讲解** jiǎngjiě 통 설명하다, 해설하다　**含义** hányì 몡 함의, 의미　**社会分工** shèhuì fēngōng 몡 사회적 분업　**明确** míngquè 혱 명확한, 분명한　**能人倍出** néngrén bèichū 셩 인재가 끊임없이 배출되다　**无限** wúxiàn 혱 무한한, 끝없는　**拜他为师** bài tā wéi shī 셩 그를 스승으로 섬기다　**特** dútè 혱 독특한, 특별한　**尺有所短, 寸有所长** chǐyǒusuǒduǎn, cùnyǒusuǒcháng 자에는 짧은 부분이 있고, 치에는 긴 부분이 있다(비유: 누구나 장점과 단점이 있음)　**弥补** míbǔ 통 메우다, 보완하다　**圣人** shèngrén 몡 성인(聖人), 지혜로운 위인　**先哲** xiānzhé 몡 옛 성현, 선현(어질고 사리에 밝은 사람)　**贤者** xiánzhě 몡 현자, 덕망 있는 사람　**谦虚** qiānxū 혱 겸손한　**十全十美** shíquán shíměi 셩 완벽하다, 흠잡을 데 없이 완벽함　**金无足赤, 人无完人** jīnwúzúchì, rénwúwánrén 순금에도 티가 있고, 완벽한 사람은 없다(비유: 완전무결한 것은 없다)　**承认** chéngrèn 통 인정하다, 승인하다　**低头** dītóu 통 고개를 숙이다, 굴복하다　**虚心** xūxīn 혱 겸허한, 열린 마음의　**无敌** wúdí 혱 무적의, 당할 자가 없다　**勉励** miǎnlì 통 격려하다

TIP

- **명언 주제에 대한 의사 표현 Tip**

일반적으로 자료에서 옛 성현이나 위인들의 명언이 제공되었을 때는 가능하면 찬성하는 태도를 취하는 것이 유리한데 그 이유로는 다음과 같다.

① 성현들의 말씀은 보편적 진리를 담고 있음
  공자, 맹자 등의 가르침은 오랜 역사 속에서 검증된 가치 있는 내용이므로, 이에 동의하는 입장이 논리적으로 더 설득력 있을 수 있다.
② 논거를 쉽게 마련할 수 있음
  명언에 대한 찬성 입장은 다양한 예시(역사 사례, 현대 사회 적용 가능성 등)를 통해 뒷받침하기가 수월하다.
③ 논술 평가에서 안정적인 점수를 받을 가능성이 높음
  시험에서는 일반적으로 긍정적이고 균형 잡힌 의견이 더 높은 평가를 받을 가능성이 있다.

- **찬성 견해를 나타내는 표현**

  这段话给我留下了深刻的印象。이 말은 나에게 깊은 인상을 남겼다.
  我对这段话深有体会。나는 이 말에 깊이 공감한다.
  我对这句话感受颇深。나는 이 말에 깊은 감명을 받았다.

- **HSK 빈출 명언 모음**

1. 학습 관련 명언

  学无止境。배움에는 끝이 없다.
  敏而好学, 不耻下问。영리하면서 배우기를 좋아하고, 아랫사람에게 묻는 것을 부끄러워하지 않는다.
  纸上得来终觉浅, 绝知此事要躬行。책에서 얻은 지식은 얕을 뿐, 진정으로 알기 위해서는 직접 실천해야 한다.
  → 글쓰기 소재: 빠르게 변화하는 시대에서 끊임없는 학습이 필요하다는 점을 제시하며, 자기 계발을 위해 온라인 강의로 새로운 지식과 기술을 배우는 사례 소개하기.

2. 인생 관련 명언

  千里之行, 始于足下。천 리 길도 발 아래에서 시작된다.
  天生我材必有用。하늘이 나를 낳은 것은 반드시 쓸모가 있기 때문이다.
  人生如逆水行舟, 不进则退。인생은 거슬러 올라가는 배와 같아서, 나아가지 않으면 후퇴하게 된다.
  → 글쓰기 소재: 자기 계발, 운동, 재테크 등 작은 목표를 세우고 꾸준히 실천하는 사례 소개하기.

3. 노력 관련 명언

  一分耕耘, 一分收获。뿌린 만큼 거둔다.
  业精于勤, 荒于嬉。학문은 부지런함에서 정진하고, 게으름에서 황폐해진다.
  → 글쓰기 소재: 단기적인 성공보다는 꾸준한 노력이 중요함을 강조할 수 있는 사례 소개하기.

4. 인생 및 도덕 관련 명언

  己所不欲, 勿施于人。자기가 원하지 않는 것은 남에게도 하지 마라.
  → 글쓰기 소재: 타인을 배려하는 태도가 중요하다는 점을 제시하며, 온라인 공간에서 악성 댓글 기입 또는 선플 운동 등을 사례로 소개하기.

  海纳百川, 有容乃大。바다는 모든 강을 받아들이기에 크듯이, 사람도 포용력이 있어야 위대해진다.
  → 글쓰기 소재: 다문화 사회에서 서로 다른 문화와 배경을 가진 사람들이 협력하며 살아가는 사례 소개하기.

5. 인간 관계 관련 명언

  以诚待人, 方能赢得真心。진심으로 사람을 대해야 진정한 마음을 얻을 수 있다.
  → 글쓰기 소재: 기업들이 고객과 신뢰를 쌓기 위해 정직한 마케팅을 하거나, ESG(환경·사회·정부) 경영을 강조하는 사례 소개하기.
  人无远虑, 必有近忧。사람이 멀리 내다보는 생각이 없으면, 반드시 가까운 근심이 생긴다.
  → 글쓰기 소재: 환경문제 대응을 위해 각국이 탄소 배출을 줄이려는 노력 소개하기.

四、翻译 통번역

제1부분 (90-91) 다음 두 개의 자료를 중국어로 번역하세요. 제한 시간은 35분입니다.

90 ★

중국의 전통 예술, 예를 들면 서예와 도자기는 현대 문화에 큰 영향을 미치고 있다. 이러한 예술 형태는 세월의 흐름 속에서 변화와 발전을 겪었지만, 그 본질은 변하지 않았다. 많은 현대 예술가들은 전통과 현대를 결합한 작품을 창작하며, 이를 통해 중국의 역사와 문화를 현대에 전달한다.

고득점 번역 가이드

번역의 어려움은 중국 전통 예술의 특징을 정확하게 묘사하는 것, 그리고 그것이 현대 문화에서 어떻게 변화했는지를 표현하는 것에 있다. 또한, 예술 형식의 본질을 어떻게 정확히 전달할 것인지, 그리고 현대 예술가들이 전통과 현대를 어떻게 결합하는지를 설명하는 것도 중요한 부분이다. 번역을 할 때 유의해야 할 사항들은 다음과 같다.

1. 문화적 단어의 처리

예를 들어, 서예(书法)나 도자기(陶瓷) 같은 중국 문화와 밀접한 관련이 있는 단들은 문화적 의미를 정확히 이해하고 적절하게 번역하는 것이 중요하다.

2. 복잡한 문장 구조

어떤 문장들은 구조가 복잡하기 때문에, 원문의 의미를 정확히 전달하면서도 자연스럽게 번역하는 것이 필요하다. 예를 들어, '많은 현대 예술가들은 전통과 현대를 결합한 작품을 창작하며, 이를 통해 중국의 역사와 문화를 현대에 전달한다.'라는 문장에서 뒤 절의 '이'는 앞 절에서 언급된 '작품'을 가리킨다는 점을 명확히 이해하고 번역해야 한다.

모범 답안

中国的传统艺术,例如书法和陶瓷,对现代文化产生了巨大影响。这些艺术形式虽然历经岁月的变迁与发展,但其本质未曾改变。许多现代艺术家创作融合传统与现代的作品,通过这些作品将中国的历史与文化传承至现代。

단어　**传统艺术** chuántǒng yìshù 명 전통 예술　**例如** lìrú 통 예를 들다　**陶瓷** táocí 명 도자기　**岁月** suìyuè 명 세월　**变迁** biànqiān 명통 변천, 변화(하다)　**未曾** wèi céng 부 한 번도 ~한 적이 없다　**融合** rónghé 통 융합하다　**传承** chuánchéng 통 전수하다, 계승하다

중국의 고속 철도는 그 나라의 기술 발전과 국민의 생활 편의를 대표하는 것 중 하나다. 그것은 중국이 얼마나 빠르게 근대화와 발전을 이룩하였는지를 보여주는 중요한 지표로 간주된다.

많은 중국 사람들이 이 고속 철도를 이용하여 먼 거리를 짧은 시간 안에 여행할 수 있게 되었다. 전통적인 명절이나 휴가 시즌에는 수많은 사람들이 고향을 방문하거나 여행지를 찾아가기 위해 고속 철도를 이용한다.

또한 중국의 고속 철도는 다른 국가들에게도 기술 전달의 기회를 제공하며, 중국과 다른 나라 들 간의 경제 및 문화 교류를 촉진하였다. 이로 인해 중국은 전 세계적으로 철도 기술의 선두주자로 인식되게 되었다.

결론적으로, 중국의 고속 철도는 그 나라의 혁신적인 발전과 세계적인 리더십을 상징하며, 중국 국민들에게는 편리하고 효율적인 이동 수단으로 자리 잡았다.

🔍 고득점 번역 가이드

이 문항은 중국의 고속 철도를 다루며, 중국에서의 급속한 발전과 세계 철도 기술에서의 선도적인 위치를 설명하고 있다. 번역을 할 때 유의해야 할 사항들은 다음과 같다.

1. 피동형 문장의 올바른 번역

피동형 문장은 번역 시 어려운 부분이 될 수 있다. 예를 들어, '중국 국민들에게는 편리하고 효율적인 이동 수단으로 자리 잡았다'라는 문장은 "被动的主体 + 被 + 行为的执行者 + 视为 + 形容词/名词/状态"와 같은 구조를 활용하여 번역할 수 있다.

2. 복잡한 문장 구조와 문장 간의 연계성

제시된 지문은 문장 구조가 긴밀하게 연결되어 있으므로, 번역 시 首先, 此外, 总之 등을 사용하여 문장 간의 자연스러운 흐름과 논리적인 연결을 유지하는 것이 중요하다.

3. 문화적 배경 이해

이 글은 중국 고속 철도의 영향력과 세계적 위상을 설명하고 있으므로, 번역의 정확성을 높이기 위해 중국 고속 철도와 관련된 배경 지식을 충분히 이해하는 것이 필요하다.

모범 답안

　　中国的高速铁路代表着该国的技术进步和国民生活的便利性。它被视为展示中国实现现代化与发展速度的重要指标。

　　许多中国人现在可以乘坐这种高速铁路，在短时间内长途旅行。在传统的节日或假期，无数人利用高速铁路回乡或前往旅游目的地。

　　此外，中国的高速铁路还为其他国家提供了技术转移的机会，促进了中国与其他国家之间的经济和文化交流。这使得中国在全球铁路技术领域中被视为领导者。

　　总之，中国的高速铁路象征着该国的创新发展和全球领导地位，并已成为中国公民便捷高效的交通工具。

단어　**高速铁路** gāosù tiělù 명 고속 철도　**代表** dàibiǎo 동 대표하다　**技术进步** jìshù jìnbù 명 기술 진보　**便利性** biànlìxìng 명 편리성　**被视为** bèi shìwéi ~로 여겨지다　**展示** zhǎnshì 동 전시하다, 보여 주다　**指标** zhǐbiāo 명 지표　**乘坐** chéngzuò 동 탑승하다　**长途** chángtú 형 장거리의　**假期** jiàqī 명 휴가　**无数人** wúshù rén 명 수많은 사람　**回乡** huíxiāng 동 고향에 돌아가다　**前往** qiánwǎng 동 향하다, 가다　**目的地** mùdìdì 명 목적지　**技术转移** jìshù zhuǎnyí 기술 이전　**促进** cùjìn 동 촉진하다　**使得** shǐdé 동 ~하게 하다　**全球** quánqiú 명 전 세계 형 세계적인　**领域** lǐngyù 명 분야　**领导者** lǐngdǎo zhě 명 지도자　**总之** zǒngzhī 접 요약하자면, 요컨대　**象征** xiàngzhēng 동명 상징(하다)　**创新** chuàngxīn 동명 혁신(하다)　**便捷** biànjié 형 편리하고 빠르다　**高效** gāoxiào 형 효율이 높다　**交通工具** jiāotōng gōngjù 명 교통수단

제2부분 (92-93) 다음 두 개의 글을 중국어로 통역하세요. (통역 시간 각 2분)

92 ★★★

인공지능이 완전히 통합된 미래의 나의 하루를 상상해 봅니다. 아침에 일어나면 제가 제일 좋아하는 커피를 AI 가 자동으로 준비해 줍니다. 출근길에는 자율주행 차가 안전하게 저를 목적지까지 데려갑니다. 직장에서는 AI 가 업무를 보조하며, 효율적으로 시간을 관리해 줍니다. 저녁에는 AI 가 건강에 좋은 식단을 제안하며, 잠자리에 들기 전에는 내일의 일정을 알려 줍니다.

🔍 고득점 통역 가이드

해당 문은 미래 생활 속에서 인공지능(AI)이 완전히 융합되고 광범위하게 활용되는 모습을 설명하고 있다. 통역을 할 때 유의해야 할 사항들은 다음과 같다.

1. 과학기술 용어의 처리
예를 들어, 인공지능(人工智能), 자율 주행 차(自动驾驶汽车) 등의 용어를 정확하게 통역하여 적절하게 활용해야 한다.

2. 미래 사회의 모습 표현
미래 생활에서 AI가 다양한 방식으로 적용되는 모습을 정확하게 포착하고 세밀하게 묘사해야 한다.

3. 이해하기 쉬운 표현 활용
기술적 내용을 포함하고 있지만, 전반적으로 쉽게 이해할 수 있는 언어를 사용하여 독자가 부담 없이 읽을 수 있도록 해야 한다.

모범 답안

我设想了一下人工智能完全融入的未来生活的一天。早上醒来，人工智能会自动为我准备我最喜欢的咖啡。上班路上，自动驾驶汽车会安全地把我送到目的地。在工作中，人工智能会辅助我处理事务，并帮我高效管理时间。晚上，人工智能会为我推荐健康的饮食，并在睡前告诉我明天的日程安排。

단어 设想 shèxiǎng 동명 상상(하다), 가정(하다) 人工智能 réngōng zhìnéng 명 인공지능 融入 róngrù 융합하다, 녹아 들다 醒来 xǐnglái 동 깨어나다 自动 zìdòng 형 자동적으로 自动驾驶汽车 zìdòng jiàshǐ qìchē 명 자율주행차 辅助 fǔzhù 동 보조하다 处理 chǔlǐ 동 처리하다 事务 shìwù 명 업무 高效 gāoxiào 형 고효율적인 推荐 tuījiàn 동 추천하다 饮食 yǐnshí 명 음식 日程安排 rìchéng ānpái 일정 계획표, 스케줄 표

스트레스에 직면했을 때, 아래의 권장 사항들이 도움이 될 것입니다.

첫째, 당신의 생각과 감정을 인식하십시오. 스트레스는 우리의 마음과 몸에 영향을 미치므로, 우리가 어떻게 느끼고 생각하는지를 이해하는 것이 중요합니다.

둘째, 건강한 생활습관을 유지하십시오. 규칙적인 운동, 건강한 식습관, 충분한 수면은 스트레스를 관리하는데 큰 도움이 됩니다.

셋째, 휴식을 취하십시오. 짧은 휴식이나 휴가를 통해 스트레스를 해소하고 에너지를 충전하는 것이 좋습니다.

넷째, 긍정적인 사람들과 함께 시간을 보내십시오. 그들의 태도와 행동은 종종 우리의 태도와 행동에 영향을 미치며, 스트레스를 줄이는 데 도움이 될 수 있습니다.

마지막으로, 전문가의 도움을 청하십시오. 심리학자 또는 상담사와의 상담은 스트레스 관리에 매우 유용할 수 있습니다.

고득점 통역 가이드

해당 문제는 스트레스에 대처하는 다양한 방법을 제시하며, 감정 관리, 생활 습관, 사회적 교류, 전문적 도움 등의 영역을 다루고 있다. 통역을 할 때 유의해야 할 사항들은 다음과 같다.

1. 문장의 논리성과 일관성 유지
제시된 글은 스트레스를 극복하는 방법을 논리적인 순서로 배열하고 있으므로, 통역 시에도 이 논리적 흐름을 명확하게 유지하는 것이 중요하다.

2. 특정 표현 방식의 정확한 변환
예를 들어, '첫째, 둘째, 셋째, 넷째' 등의 순서 표현을 적절히 변환하고, 권장 사항을 표현하는 문장 구조도 자연스럽게 통역해야 한다.

3. 심리 및 생리 개념에 대한 이해
제시된 글에서는 심리적, 생리적 반응과 관련된 개념을 다루고 있으므로, 해당 개념을 정확히 이해하여 통역의 정확성을 유지하는 것이 필요하다.

모범 답안

当面对压力时，以下建议将会有所帮助。

首先，要意识到自己的想法和情绪。由于压力会对我们的身心产生影响，因此了解我们自己的感受和想法是很重要的。

其次，保持健康的生活习惯。规律的运动、健康的饮食习惯和充足的睡眠对于管理压力非常有帮助。

第三，要适当休息。通过短暂的休息或假期来缓解压力并补充能量是很好的选择。

第四，与积极的人相处。他们的态度和行为往往会影响我们的态度和行为，并有助于减轻压力。

最后，寻求专业人士的帮助。与心理学家或咨询师进行咨询对于管理压力可能非常有用。

단어 面对 miànduì 동 마주하다 压力 yālì 명 압력, 스트레스 建议 jiànyì 명동 제안(하다) 有所 yǒusuǒ 동 어느 정도 意识 yìshí 명동 의식 (하다), 인식(하다) 情绪 qíngxù 명 감정 感受 gǎnshòu 명 느낌 동 느끼다 保持 bǎochí 동 유지하다 规律 guīlǜ 명 규칙, 법칙 饮食习惯 yǐnshí xíguàn 명 식습관 充足 chōngzú 형 충분한 睡眠 shuìmián 명 수면 适当 shìdàng 형 적당한 短暂 duǎnzàn 형 짧은 环节 huánjié 명 단계, 과정 补充 bǔchōng 동 보충하다 能量 néngliàng 명 에너지 相处 xiāngchǔ 동 함께 지내다 有助于 yǒuzhùyú 동 ~에 도움이 되다 减轻 jiǎnqīng 동 경감하다, 줄이다 寻求 xúnqiú 동 찾다, 구하다 专业人士 zhuānyè rénshì 명 전문가 咨询师 zīxúnshī 명 상담사 咨询 zīxún 명동 상담(하다)

五、口语 말하기

제1부분 (94) 제시된 내용들을 응용해서 말해 보세요. (준비 시간 3분, 대답 시간 3분)

94 ★★

<table>
<tr><td>

天蓝公司诚聘产品营销经理

岗位责任
1. 负责本部门的销售管理工作；
2. 掌握市场发展情况，能根据市场变化，提出具体的营销策划方案和详细的计划；
3. 负责该地区市场的开发工作；
4. 重点负责市场调查、分析、预测工作；
5. 负责相关人员的管理工作，包括员工的培训、检查等；
6. 负责本部门各种紧急事件的处理工作。

岗位能力要求
1. 本科及以上学历；
2. 两年以上团队管理经验；
3. 具备销售渠道拓展的宏观规划能力与执行能力；
4. 具备优秀的营销策划能力及文字运用能力；
5. 具备紧急情况的处理能力；
6. 适应出差，抗压性强，愿意接受挑战。

联系方式
更多招聘信息，请访问公司网站
http://www.bluesky.com.cn
地址：北京市海淀区海淀北一街1号
电话：010-12345678
邮箱：hr@bluesky.com.cn

</td><td>

톈란(天蓝)회사 제품 마케팅 매니저 채용 공고

직무 책임
1. 해당 부서의 영업 관리 업무 담당
2. 시장 동향을 파악하고, 시장 변화에 맞춰 구체적인 마케팅 기획안 및 세부 계획 수립
3. 담당 지역 시장 개척
4. 시장 조사, 분석 및 예측 업무 중점 담당
5. 관련 인력 관리 업무 담당 (직원 교육, 점검 등 포함)
6. 부서 내 각종 긴급 상황 처리 업무 담당

직무 요구 사항
1. 학사 학위 이상 소지자
2. 2년 이상의 팀 관리 경험 보유
3. 영업 채널 확장의 거시적 기획 및 실행 능력 보유
4. 우수한 마케팅 기획 및 문서 작성 능력 보유
5. 긴급 상황 대응 능력 보유
6. 출장 가능, 강한 스트레스 관리 능력 및 도전 정신 보유

연락 방법
더 많은 채용 정보는 회사 웹사이트에서 확인 가능합니다.
http://www.bluesky.com.cn
주소: 베이징시 하이뎬구 하이뎬베이 1가 1호
전화: 010-12345678
이메일: hr@bluesky.com.cn

</td></tr>
<tr><td>

你的外籍朋友王美丽正在找工作，你看到你公司发布的招聘职位非常适合她。请你告诉她相关的信息，并邀请她来参加面试。

</td><td>

당신의 외국인 친구 왕메이리가 지금 일자리를 찾고 있는데, 당신의 회사에서 발표한 채용 공고가 그녀에게 매우 적합하다는 것을 보게 되었습니다. 그녀에게 관련 정보를 알려주고, 면접에 참석하도록 요청해 보세요.

</td></tr>
</table>

단어 天蓝公司 Tiānlán gōngsī [고유] 톈란 회사(회사명) | 诚聘 chéngpìn [동] 정식으로 채용하다 | 营销 yíngxiāo [동] 마케팅하다, 영업하다 | 经理 jīnglǐ [명] 매니저, 경영자 | 岗位 gǎngwèi [명] 직위, 직책 | 责任 zérèn [명] 책임 | 负责 fùzé [동] 담당하다, 책임지다 | 本部门 běn bùmén [명] 본 부서, 해당 부서 | 销售 xiāoshòu [동] 판매하다, 영업하다 | 掌握 zhǎngwò [동] 숙달하다, 장악하다 | 策划 cèhuà [동] 기획하다, 계획하다 | 方案 fāng'àn [명] 방안, 계획안 | 详细 xiángxì [형] 상세한, 자세한 | 开发 kāifā [동] 개발하다, 개척하다 | 调查 diàochá [동] 조사하다 | 分析 fēnxī [동] 분석하다 | 预测 yùcè [동] 예측하다 | 包括 bāokuò [동] 포함하다 | 员工 yuángōng [명] 직원 | 培训 péixùn [동] 훈련하다, 교육하다 | 检查 jiǎnchá [동] 점검하다, 검사하다 | 本科 běnkē [명] 학부 과정 | 学历 xuélì [명] 학력 | 团队 tuánduì [명] 팀, 단체 | 渠道 qúdào [명] 경로, 루트 | 拓展 tuòzhǎn [동] 확장하다, 넓히다 | 宏观 hóngguān [형] 거시적인, 광범위한 | 规划 guīhuà [명] 계획, 기획 | 执行 zhíxíng [동] 실행하다, 집행하다 | 出差 chūchāi

⑧ 출장 가다　**抗压性** kàngyāxìng ⑲ 스트레스 저항력, 압박을 견디는 능력　**挑战** tiǎozhàn ⑲⑧ 도전(하다)　**招聘** zhāopìn ⑧ 채용하다, 모집하다　**访问** fǎngwèn ⑧ 방문하다, 찾아가다　**网站** wǎngzhàn ⑲ 웹사이트　**地址** dìzhǐ ⑲ 주소　**海淀区** Hǎidiànqū 고유 베이징 하이뎬구(지명)　**邮箱** yóuxiāng ⑲ 이메일, 우편함　**外籍** wàijí ⑲ 외국 국적　**邀请** yāoqǐng ⑧ 초대하다, 요청하다　**面试** miànshì ⑲⑧ 면접(보다)

🔍 고득점 말하기 가이드

이 문항은 채용 정보의 핵심 내용을 외국인 친구에게 정확하게 전달하고, 적절한 언어를 사용하여 면접에 초대하는 것이 중요하다. 유의해야 할 사항들은 다음과 같다.

1. 내용의 완전성

직무 책임, 요구 능력, 연락처 등의 핵심 정보를 포함해야 한다. 하지만 모든 항목을 하나하나 나열할 필요는 없으며, 요약을 통해 왕메이리에게 가장 관련 있는 정보를 중심으로 전달하는 것이 좋다.

2. 언어의 정확성

명확하고 정확한 한국어로 정보를 전달해야 하며, 단어 선택과 문법 사용에 신경 써야 한다.

3. 상황에 적절한 표현 사용

친구에게 소개하는 내용이므로 너무 격식을 차릴 필요는 없지만, 일자리 기회의 중요성을 강조할 수 있도록 약간의 공식적인 느낌을 유지하는 것이 좋다.

4. 초대 문구 사용

친구가 면접에 참여하도록 자연스럽게 초대하는 문장을 포함해야 한다. 도움을 줄 의사가 있음을 표현하여 친밀함과 따뜻한 분위기를 전달하면 더욱 좋다.

★ **준비 시간 3분 집중 공략법**

- 핵심 내용을 빠르게 파악하기
- 원문을 기반으로 말할 내용 순서 정하기
- 각 단락 사이에 추가할 연결어 생각해두기
- 원문을 보면서 말 할 때 자연스러운 억양 추가하기

★ **취업 정보 전달 핵심 표현 익히기**

- 例如, …… 예를 들면, ~
- 这家公司正在招人，你可以去试试。이 회사에서 채용 중이야.
- 你对市场营销感兴趣吗？너 마케팅에 관심 있어?
- 你要不要考虑一下？한번 고려해 볼래?
- 这个职位的要求和你的经验很符合，你可以考虑一下。
  이 직책의 직무 요구 조건이 너의 경험과 잘 맞으니 한번 고려해 봐.
- 这个岗位要求…… 이 직책은 ~을 요구해.
- 薪资待遇不错。급여 조건이 괜찮아.
- 你符合条件,可以试试！너랑 잘 맞을 것 같아. 한번 지원해 봐!
- 这家公司在北京，薪资待遇也不错，你要不要看看？
  이 회사는 베이징에 있고, 급여와 복지도 괜찮은데 한번 볼래?

모범 답안 1 ★★

　　王美丽，我今天在公司网站上看到一个很适合你的职位——产品营销经理。这个职位的主要职责包括销售管理、市场分析和预测、团队管理以及紧急情况的处理等。岗位要求至少本科学历，两年以上团队管理经验，并且具备优秀的营销策划和执行能力。

　　我真心觉得这个职位非常符合你的专业背景和经验，而且我知道你一直想在这样的领域工作。地址在北京市海淀区，如果你有兴趣的话，我可以给你人事部门的联系方式，也可以帮你推荐或者联系人事部门安排面试。

　　왕메이리, 오늘 회사 웹사이트에서 너에게 딱 맞는 제품 마케팅 매니저 직책을 봤어.

　　이 직책의 주요 업무는 판매 관리, 시장 분석 및 예측, 팀 관리, 그리고 긴급 상황 대응 등이야. 지원 자격으로는 최소 학사 학위이고, 2년 이상의 팀 관리 경험과, 뛰어난 마케팅 기획 및 실행 능력이 필요해. 나는 이 직책이 네 전공과 경력에 정말 잘 맞는다고 생각해. 게다가 너도 이런 분야에서 일하고 싶어 했잖아! 근무지는 베이징시 하이뎬구인데, 혹시 관심 있으면 인사부 연락처를 줄 수도 있고, 추천해 주거나 면접을 주선해 줄 수도 있어.

단어　**职位** zhíwèi 몡 직위, 직책　**符合** fúhé 동 부합하다, 충족하다　**专业** zhuānyè 몡 전공, 전문 분야　**背景** bèijǐng 몡 배경　**经验** jīngyàn 몡 경험　**领域** lǐngyù 몡 분야, 영역　**人事部门** rénshì bùmén 인사부　**联系方式** liánxì fāngshì 연락 방법, 연락처　**推荐** tuījiàn 동 추천하다

모범 답안 2 ★★★

　　喂，李浩，你好！我刚刚在网上看到一个招聘启事，是天蓝公司在招聘产品营销经理，我觉得这份工作挺适合你的。过一会儿，我把招聘启事转发给你，你自己再详细看看。我先简单给你介绍一下启事上的内容，我觉得你可能会感兴趣。

　　首先，职位是产品营销经理。主要负责销售管理、市场调查、市场分析、市场预测，还有员工培训等，这些工作都是你的长项，都是你拿手的，是不是很动心啊？

　　然后，招聘条件是：有本科或以上学历，有两年以上团队管理经验等，这些条件你都具备。还有要出差呀等其它一些具体的要求，等一下，我把启事内容转发给你后，你自己再慢慢看吧。

　　我觉得你的性格很适合这个工作，要不要去试一下。启事上有联系方式：网站名，地址、电话、邮箱都有。看完后，你可以直接跟公司联系。去面试前，有什么需要我帮忙的话，随时联系我。

　　여보세요, 리하오, 안녕! 방금 인터넷에서 톈란 회사가 제품 마케팅 매니저를 모집한다는 채용 공고를 봤어. 이 일자리가 너에게 꽤 잘 맞을 것 같더라고. 있다가 채용 공고를 너에게 전달해 줄게. 자세히 읽어봐. 내가 간단히 공고 내용을 소개해 줄게. 아마 흥미를 느낄 거야.

　　우선, 직책은 제품 마케팅 매니저야. 주요 업무는 영업 관리, 시장 조사, 시장 분석, 시장 예측, 그리고 직원 교육 등인데, 이 모든 업무가 너의 강점이자 전문 분야잖아. 정말 매력적이지 않아?

　　그리고 채용 조건으로는 학사 이상의 학력을 요구하고, 2년 이상의 팀 관리 경험 등이 필요해. 너는 이 조건들을 모두 갖추고 있잖아. 또, 출장이 필요하다는 등 다른 구체적인 요구사항들도 있는데, 좀 있다가, 공지내용 전달해 줄테니 천천히 봐.

　　나는 너의 성격이 이 일에 딱 맞을 것 같다고 생각해. 한번 시도해 보지 않을래? 공고에는 웹사이트 이름, 주소, 전화번호, 이메일 등 연락처도 기재되어 있으니, 읽어보고 바로 회사에 연락하면 돼. 면접 전에 도움이 필요하면 언제든지 연락 줘.

단어　**招聘启事** zhāopìn qǐshì 채용 공고　**适合** shìhé 적합하다, 알맞다　**转发** zhuǎnfā 전달하다, 공유하다　**详细** xiángxì 휑 상세한, 자세한　**感兴趣** gǎn xìngqù 관심이 있다　**长项** chángxiàng 강점, 장점　**拿手** náshǒu 휑 능숙하다, 뛰어나다　**动心** dòngxīn 동 마음이 끌리다, 마음이 움직이다　**随时** suíshí 뷔 언제든지, 수시로

TIP

- **구술 시험에서 자연스럽고 유창하게 말하기 노하우**
  1. 문장을 짧고 간결하게 전달하기
  2. 키워드를 강조하며 말하기
  3. 首先, 而且, 另外, 如果와 같은 연결어를 활용해 자연스럽게 말하기
  4. 자주 쓰이는 표현 미리 외우두기
  5. 감정과 자연스러운 억양 추가하기

- **장문 말하기 훈련 방법**
  1. 간단한 문장을 여러 번 반복하며 연습하기
  2. 하루에 최소 5~10분은 소리 내어 말하기
  3. 틀려도 신경 쓰지 말고 말하는 습관 들이기

제2부분 (95-97) 자료를 듣고 3개의 질문에 대답하세요.(95, 96 대답 시간 30초, 97 대답 시간 2분)

95-97

★★★ MP3 01-08

1 大家下午好，欢迎大家来参加今天的培训。

2 首先，我来给大家讲一个故事。有一天，某公司的几位员工陪着他们的客户在丽江旅游。正当他们玩得高兴的时候，突然下起大雨来。(95) 眼看大家的衣服就要被淋湿，这时让人感动的场面出现了：这个公司的员工们纷纷脱下自己的西服，用手撑开，围成人伞，使他们的客户免受雨淋。

3 这个公司的员工迅速而默契地配合，是公司文化和精神的具体体现，(96) 他们的团结精神让人佩服。相信这就是该公司能够一直在行业中处于领先地位的原因。我们要跟同事、领导形成相互信任的关系，在工作过程中，大家要多沟通交流、互相帮助，完成我们共同的目标。

4 在团队中，大家既是对手又是伙伴，我们要避免恶性竞争，积极进行良性竞争。通过努力， 我们可以创建一个积极互动的环境，实现个人和团队的双赢。谁能最终享受到胜利成果？是能始终跟着团队一起成长的人，对团队的前景始终看好的人，为了团队新的目标不断学习新东西的人。希望我们大家都能做这样的人。

안녕하세요, 여러분. 오늘 교육에 참석해 주셔서 감사합니다. 1

먼저, 여러분께 짧은 이야기를 들려드리려고 합니다. 어느 날, 한 회사의 직원 몇 명이 고객을 모시고 리장에서 여행을 하고 있었습니다. 모두가 즐겁게 여행을 즐기고 있던 중, 갑자기 비가 쏟아지기 시작했습니다. (95) 곧 옷이 흠뻑 젖을 상황에서 감동적인 장면이 펼쳐졌습니다. 그 회사의 직원들이 잇달아 자신의 정장을 벗어 손으로 펼쳐 우산처럼 만들었고, 고객들이 비를 맞지 않도록 해준 것입니다. 2

이 회사의 직원들이 신속하고 묵묵히 협력하는 것은, 기업 문화와 기업정신의 구체적인 구현이며, (96) 그들의 단결력은 많은 사람들에게 감동을 주었습니다. 이것이 그 회사가 업계에서 항상 선두를 달릴 수 있는 이유일 것입니다. 우리는 동료 및 리더와 신뢰를 쌓으며, 업무 과정에서 원활한 소통과 협력을 통해 서로를 돕고, 함께 목표를 달성해야 합니다. 3

한 팀 안에서 우리 모두는 경쟁자이면서도 동료이므로, 지나친 경쟁을 피하고, 건전한 경쟁을 적극적으로 해야 합니다. 노력을 통해 우리는 긍정적인 상호소통 환경을 조성하고, 개인과 팀 모두에게 윈윈(win-win)을 실현할 수 있습니다. 그렇다면, 결국 누가 승리의 결실을 얻게 될까요? 그 것은 팀과 함께 꾸준히 성장하는 사람, 팀의 미래를 긍정적으로 바라보는 사람, 그리고 새로운 목표를 위해 끊임없이 배움을 이어가는 사람입니다. 우리모두가 그런 사람이 될 수 있기를 바랍니다. 4

단어 培训 péixùn 동 교육하다, 훈련하다 陪 péi 동 동행하다, 함께하다 客户 kèhù 명 고객, 거래처 丽江 Lìjiāng 고 리장(중국 윈난성의 관광 도시) 旅游 lǚyóu 명 동 여행(하다) 眼看 yǎnkàn 부 곧, 금방, 눈앞에서 淋湿 línshī 동 흠뻑 젖다 纷纷 fēnfēn 잇따라, 연이어 脱 tuō 동 벗다, 빠져나오다 撑开 chēngkāi 동 (우산 등을) 펼치다 围 wéi 동 둘러싸다, 에워싸다 伞 sǎn 명 우산 默契 mòqì 동 말하지 않아도 통하는, 적척 맞는, 호흡이 잘 맞는 配合 pèihé 동 협동하다, 협력하다 团结精神 tuánjié jīngshén 명 단결 정신 佩服 pèifú 동 존경하다, 감탄하다 领先地位 lǐngxiān dìwèi 선도적 지위, 리더 위치 沟通 gōutōng 동 소통하다, 교류하다 对手 duìshǒu 명 상대, 경쟁자 伙伴 huǒbàn 명 동반자, 파트너 竞争 jìngzhēng 명 동 경쟁(하다) 双赢 shuāngyíng 동 윈윈하다, 쌍방이 이득을 얻다 享受 xiǎngshòu 동 누리다, 즐기다

95 ★★

问: 某公司的员工为了避免客人淋湿做了什么?   질문: 회사의 직원들은 고객이 비를 맞지 않도록 하기 위해 무엇을 했나요?

모범 답안

这个公司的员工们纷纷脱下自己的西服, 用手撑开, 围成人伞, 使他们的客户免受雨淋。   그 회사의 직원들은 자신의 정장을 벗어 손으로 펼쳐 우산처럼 만들었고, 고객들이 비를 맞지 않도록 보호해 주었다.

해설 질문에서 '직원들이 손님을 비로부터 보호하기 위해 무엇을 했는지'를 묻고 있다. 녹음 두 번째 단락의 '眼看大家的衣服就要被淋湿, 这时让人感动的场面出现了(곧 옷이 흠뻑 젖을 상황에서 감동적인 장면이 펼쳐졌다)'에서 관련 내용이 언급되었고, 이어진 내용에서 정답이 제시되었다. 대답할 때 먼저 행동이 일어난 순서대로 '脱下西服', '撑开', '围成人伞'의 내용을 말하고, 마지막에 '使顾客免受雨淋'으로 결과를 정리해 주면 실수를 줄이고 쉽게 대답할 수 있다. 또는 '他们都脱下西服, 用衣服围成了人伞(그들은 모두 양복을 벗어, 옷으로 사람 모양의 우산을 만들었습니다)'라고 간략하게 대답하는 것도 가능하다.

단어 纷纷 fēnfēn 부 잇따라, 연이어, 계속해서 脱下 tuōxià 동 (옷이나 액세서리 등을) 벗다 撑开 chēngkāi 동 (우산 등을) 펼치다, 벌리다 围成 wéichéng 동 둘러서다, 둘러싸서 형성하다 人伞 rén sǎn 명 사람들의 우산(비를 막기 위해 둘러선 사람들의 모습) 客户 kèhù 명 고객, 거래처 免受 miǎnshòu 동 (나쁜 영향 등을) 받지 않다, 피하다 雨淋 yǔlín 동 빗물에 젖다

96 ★

问: 为什么这个公司一直在行业中处于领先地位?   질문: 왜 이 회사는 업계에서 항상 선두를 유지하고 있나요?

모범 답안

公司员工的团结精神是这个公司一直在行业中处于领先地位的原因   회사 직원들의 단결 정신이 그 회사가 업계에서 항상 선두를 유지하는 이유이다.

해설 질문에서 '왜 이 회사가 업계에서 선두 자리를 유지하고 있는지'를 묻고 있으므로, 녹음 세 번째 단락에서 제시된 '他们(公司员工)的队精神(그들(회사 직원들)의 단결 정신)'을 핵심 이유로 대답해야 한다. 들리는 질문을 그대로 활용하여 '这个公司一直在行业中处于领先地位的原因就是公司员工的团结(그 회사가 업계에서 항상 선두를 유지하는 이유는 회사 직원들의 단결 정신이다)'라고 대답하는 것도 가능하다. 기업의 성공 스토리를 소개하는 글은 HSK의 빈출 내용이므로 관련 표현들을 미리 익혀 두자.

- 处于领先地位 선도적 위치에 있다
  - 예 该公司在人工智能领域处于领先地位。 이 회사는 인공지능 분야에서 선도적 위치에 있다.
    我们的产品在市场上处于领先地位。 우리 제품은 시장에서 선두 자리를 차지하고 있다.

단어 行业 hángyè 명 업계, 산업 处于 chǔyú 동 (어떤 상태나 위치에) 처하다, 놓여 있다 领先 lǐngxiān 형 선두의, 앞서가는 地位 dìwèi 명 지위, 위치

问: 你同意"在团队中，大家既是对手又是伙伴"这个观点吗？请谈谈你的理由。

질문: 당신은 '팀 내에서 모두가 경쟁자이면서도 동시에 동반자이다'라는 의견에 동의하나요? 그 이유를 설명해 주세요.

고득점 말하기 가이드

이 문항은 '팀 내에서 모두가 경쟁자이면서도 동시에 동반자이다'라는 의견에 대해 동의 여부를 밝히고 그 이유를 설명하는 것을 요구한다. 조리있는 대답을 위해서는 아래의 사항들에 유의해야 한다.

1. 명확한 입장 표명

먼저 이 의견에 동의하는지 여부를 분명하게 표현해야 한다. 이는 답변의 기본이 되며, 논리를 전개하는 출발점이 된다.

2. 논리적 근거 제시

1) 팀 내의 경쟁과 협력 관계

팀원들은 공동의 목표를 달성하기 위해 협력해야 하지만, 동시에 자원과 기회를 두고 경쟁하는 관계이기도 하다. 이처럼 경쟁과 협력이 공존하는 이유를 설명해야 한다.

2) 인간관계에서의 이해관계 충돌과 협력 기회

팀원들은 각자의 이익과 목표를 추구하면서도 협력을 통해 문제를 해결해야 한다. 협상과 협력을 통해 갈등을 조정하고 해결할 수 있는 방법을 논의할 수 있다.

3) 개인 차이의 영향

경험, 관점, 기술이 다른 사람들이 모이면 의견 차이가 생길 수 있지만, 이러한 차이가 팀 전체의 역량을 강화하는 요소가 될 수도 있다. 서로의 강점을 활용해 상호 보완하며 협력하는 과정을 설명할 수 있다.

4) 복잡하고 변화하는 인간관계

인간관계는 문화적 배경, 경험, 감정 등의 영향으로 인해 역동적으로 변할 수 있다. 때로는 경쟁자가 되고, 때로는 동반자가 되는 관계의 유동성을 설명해야 한다.

3. 결론 도출

팀 내에서 경쟁과 협력이 공존한다는 점을 인식하는 것은 매우 중요하다. 이해관계를 조정하고 협력을 촉진하는 데 도움이 되며, 더 건강한 인간관계를 구축하는 데 기여할 수 있다.

4. 언어 표현

내용을 구성하는 것과 동시에, 문장의 유창성, 논리적 연결성, 정확성을 신경 써야 한다. 적절한 어휘와 문장 구조를 사용하여 명확하게 표현하는 것이 중요하다.

모범 답안 1

我同意这个观点。

首先，在团队或社交环境中，人们常常同时存在竞争和合作的关系。每个人都有自己的目标和利益，因此可能会在某些方面成为对手，争夺资源和机会。然而，他们也可以在共同的目标下成为合作伙伴，实现共同利益。

其次，人际关系中的利益冲突是常见的现象。每个人都有自己的需求和利益，当这些需求和利益发生冲突时，人们可能会发展出竞争的关系。然而，同样的冲突也可能为双方提供合作的机会，通过协商和合作解决分歧，从而建立更紧密的友好关系。

另外，每个人都有独特的个性、经验和技能。这些差异可能导致人们在某些方面产生分歧，因为他们的观点和方法不同。然而，这些差异也可以为团队带来互补的优势，通过相互学习和合作，使团队更具创造力和多样性。

最后，人际关系往往是复杂多变的。人们的情感、态度和互动方式受到各种因素的影响，如文化背景、个人经历、情绪状态等。因此，在人际关系中，人们可能同时扮演对手和伙伴的角色，动态的关系可以随着时间和情境的变化而变化。

总之，认识到人际关系中的对手和伙伴关系的存在，可以帮助我们更好地理解人与人之间的互动及其相互影响，有助于我们在处理冲突、促进合作和建立健康的人际关系时表现得更加灵活和富有同理心。

나는 이 의견에 동의한다.

먼저, 팀이나 사회적 환경에서는 경쟁과 협력관계가 동시에 존재하는 경우가 많다. 각자는 자신의 목표와 이익을 가지고 있기 때문에, 따라서 어떤 측면에서는 경쟁자가 되어 자원과 기회를 놓고 다툴 수 있다. 하지만 그들은 또한 공동의 목표하에 협력 파트너가 되어 공동의 이익을 실현할 수 있다.

둘째, 인간 관계에서 이익 충돌은 흔한 현상입니다. 각자는 자신의 필요와 이익을 가지며, 이들이 충돌할 때 경쟁 관계가 형성될 수도 있다. 하지만 이러한 갈등이 오히려 양측에 협력의 기회를 제공할 수도 있으며, 서로 협상하고 협력함으로써 갈등을 해결하고 더 견고한 관계를 구축할 수 있다.

그 외에, 모든 사람은 자신만의 개성과 경험, 기술을 가지고 있다. 이러한 차이로 사람들이 특정 분야에서 의견이 갈릴 수도 있습니다. 왜냐하면 그들의 관점과 방법이 다르기 때문입니다. 하지만 이러한 다양성이 팀에게는 상호 보완적인 강점이 될 수도 있다. 서로 배우고 협력함으로써, 팀은 더욱 창의적이고 다양성을 가질 수 있게 된다.

마지막으로, 인간관계는 종종 복잡하고 변화무쌍하다. 사람들의 감정, 태도, 상호작용 방식은 문화적 배경, 개인적인 경험, 감정 상태 등 다양한 요소의 영향을 받는다. 따라서 인간관계에서는 한 사람이 동시에 경쟁자이면서도 동반자가 될 수 있으며, 이 변화 발전적인 관계는 시간과 상황의 변화에 따라 유동적으로 변할 수 있다.

결론적으로, 인간관계에서 경쟁과 협력관계가 공존한다는 사실을 인식하는 것은 사람들 간의 상호작용과 상호 영향을 더 잘 이해하는 데 도움이 된다. 또한, 갈등을 해결하고, 협력을 촉진하며, 건강한 인간관계를 구축할 때 보다 유연하고 공감 능력을 가질 수 있도록 도와준다.

단어 团队 tuánduì 몡 팀, 단체　社交 shèjiāo 몡 사교, 소셜 활동　环境 huánjìng 몡 환경　竞争 jìngzhēng 동 경쟁하다　合作 hézuò 몡 협력(하다), 협업(하다)　目标 mùbiāo 몡 목표　利益 lìyì 몡 이익, 혜택　对手 duìshǒu 몡 상대, 경쟁자　争夺 zhēngduó 동 쟁탈하다, 경쟁하여 차지하려 하다　资源 zīyuán 몡 자원　伙伴 huǒbàn 몡 동반자, 파트너　冲突 chōngtū 몡동 충돌(하다), 갈등(이 생기다)　协商 xiéshāng 동 협상하다, 의논하다　分歧 fēnqí 몡 의견 차이 / 의견이 다르다　紧密 jǐnmì 형 긴밀한, 밀접한　友好 yǒuhǎo 형 우호적인, 친근한　技能 jìnéng 몡 기술, 능력　互补 hùbǔ 서로 보완하다　优势 yōushì 몡 우세, 강점　情绪 qíngxù 몡 감정, 정서　扮演 bànyǎn 동 (역할을) 맡다, 수행하다　角色 juésè 몡 역할　动态 dòngtài 몡 동태, 변화(발전)하는 상태　灵活 línghuó 형 유연한, 융통성이 있는　富有 fùyǒu 동 풍부하다, 가득 차 있다　同理心 tónglǐxīn 몡 공감 능력, 공감

모범 답안 2 ★★

我非常赞同。

"在团队中，大家既是对手/又是伙伴"这句话，还是在我大学要毕业时/听老师讲过。老师说，你们马上就要毕业了，很快就走上社会了，你们心中会有很多梦想，想成就一番事业。但在你们的成长过程中，会遇到很多挑战，也会有很多的迷茫。其实进入社会后，最重要的是要学会如何与人打交道，要懂得一个道理"在团队中，大家/既是对手又是伙伴"。也就是说，成长离不开对手的激励，成就需要团队的合作。

当时，我似懂非懂，开始工作以后，对这句话有了切身的感受。

刚到新公司不久，我就遇到了一个很强的竞争对手，他也是刚刚毕业的大学生。他做事很认真，也很努力，所以，老板很赏识他。起初，我心中对他全是嫉妒和敌意，认为他影响了我的晋升。如果没有他，我可能早就提升为科长了。但后来，我想起了老师说过的话："在团队中，大家既是对手又是伙伴，对手会激励你成长，团队合作促进你的成就。"我慢慢地/调整自己的心态，并不断学习他的优点，公司里有项目还主动找他合作。现在，我俩都成了公司的骨干。

所以，我很认同"在团队中，大家既是对手又是伙伴"这句话，就像刚才录音中说的那样：我们要避免恶性竞争，积极进行良性竞争。我们可以创建一个积极互动的环境，实现个人和团队的双赢。

나는 이 말에 매우 동의한다.

대학 졸업을 앞두고 선생님께서는 나에게 '팀에서, 모두는 경쟁자이자 동료이다.'라는 말씀을 하신 적이 있다.

선생님께서는 이렇게 말씀하셨다. "여러분은 곧 졸업하고 사회에 나가게 될 것입니다. 여러분 마음 속에는 많은 꿈이 있을 것이고, 큰 일을 이루고 싶어 할 것입니다. 하지만 여러분의 성장 과정에서는 많은 도전과 혼란이 있을 것입니다. 사실 사회에 나가면 가장 중요한 것은 사람들과 어떻게 관계를 맺을지 배우는 것이며, '팀에서 모두가 경쟁자이자 동료이다'라는 이치를 이해하는 것입니다. 바꾸어 말하면, 성장은 경쟁자의 자극에서 나오며, 성취는 팀워크에서 이루어진다는 뜻입니다."

당시 나는 잘 이해하지 못했지만, 일을 시작하고 나서 그 말에 대해 실감하게 되었다.

새 회사에 입사한 지 얼마 돼지 않아, 나는 아주 강한 경쟁자를 만났는데, 그 역시 대학을 막 졸업한 학생이었다. 그는 일에 매우 성실하고 노력하는 사람이라, 대표님에게 높이 평가되었다. 처음에는 그를 질투하고 적대감을 느꼈으며 나의 승진에도 방해가 된다고 여겼고, 그가 없었다면 나는 아마도 일찍이 과장으로 승진했을 거라고 생각했다. 하지만 나중에 선생님의 말씀을 떠올랐다: "팀에서, 우리는 경쟁자이자 동료이다. 경쟁자는 당신을 성장하게 하고, 팀워크는 당신의 성취를 돕는다." 나는 점차 마음을 가다듬고, 그의 장점을 배우며 회사의 프로젝트에서도 그와 적극적으로 협업을 시도했다. 지금은 우리 두 사람 모두 회사의 핵심 인재가 되었다.

그래서 나는 '팀에서, 우리는 경쟁자이자 동료이다.'라는 말을 매우 공감한다. 방금 녹음에서 말한 것처럼, 우리는 악성 경쟁을 피하고, 선의의 경쟁을 해야 한다. 우리는 개인과 팀 모두가 윈윈할 수 있는 긍정적인 상호작용 환경을 만들 수 있다.

단어 赞同 zàntóng 동 찬성하다, 동의하다 对手 duìshǒu 명 경쟁자, 상대 伙伴 huǒbàn 명 동반자, 파트너 梦想 mèngxiǎng 명 꿈, 이상 成就 chéngjiù 동 성취하다, 이루다 一番 yì fān 한 차례, 한 바탕 事业 shìyè 명 사업, 경력, 커리어 挑战 tiǎozhàn 동 도전하다 迷茫 mímáng 형 막막한, 혼란스러운 打交道 dǎ jiāodào 동 교류하다, 접촉하다 激励 jīlì 동 격려하다, 고무하다 合作 hézuò 동 협력하다, 협업하다 似懂非懂 sìdǒng fēidǒng 성 아는 듯 모르는 듯하다 切身 qièshēn 형 직접적인, 실제적인 竞争 jìngzhēng 동 경쟁하다 老板 lǎobǎn 명 사장, 회장 上司 shàngsī 명 상사 领导 lǐngdǎo 명 지도자, 리더 赏识 shǎngshí 동 높이 평가하다, 인정하다 嫉妒 jídù 동 질투하다, 시기하다 敌意 díyì 명 적대감, 적의 晋升 jìnshēng 동 승진하다 调整 tiáozhěng 동 조정하다, 조율하다 心态 xīntài 명 마음가짐, 심리 상태 骨干 gǔgàn 명 핵심 인력, 중추적 인물 避免 bìmiǎn 동 피하다, 방지하다 双赢 shuāngyíng 동 윈윈하다, 쌍방이 이득을 얻다

> **TIP**
>
> - 구술 시험 고득점 획득 노하우
>
> 1. 단순한 문장 구조 사용하기! 복잡한 문장보다는 간단하고 명확한 표현을 사용하는 것이 고득점에 유리하다.
> 2. 체계적인 답변을 위해 키워드만 적어두기!
> 3. 개인적인 경험이나 사례를 들어 더 설득력 있는 답변 만들기!
> 4. 중복된 표현 피하기! 비슷한 의미의 표현을 반복하지 않도록 주의하기!

제3부분 (98)

자료를 듣고 질문에 대해 자신의 관점을 말해 보세요. (대답 시간 3분)

98 ★★★ MP3 01-09

孟子是中国战国时期著名的思想家、政治家、教育家，也是孔子学说的继承者，儒家学派的重要代表人物。据说，孟子三岁丧父，孟母艰辛地将他抚养成人。他在《孟子》一书中说："故天将降大任于是人也，必先苦其心志，劳其筋骨，饿其体肤，空乏其身。"大意是说，上天要把重任降临在某个人身上，一定先要使他心意苦恼，筋骨劳累，忍饥挨饿，身体空虚乏力。这句话指出了磨难对个人成长的重要作用。

맹자는 중국 전국 시대의 유명한 사상가, 정치가, 교육가이며, 공자의 사상을 계승한 유가 학파의 중요한 대표 인물입니다. 전해지는 이야기로는, 맹자는 세 살 때 아버지를 여의었고, 그의 어머니가 힘겹게 그를 키워냈다고 한다. 그는 《맹자》에서 "자고로 하늘이 어떤 사람에게 큰 임무를 맡기려 할 때는, 반드시 먼저 그의 마음을 괴롭게 하고, 몸을 지치게 하며, 배고픔을 견디게 하고, 온몸을 궁핍하게 만든다."라고 했다. 이 말의 뜻은, 하늘이 어떤 사람에게 중대한 임무를 맡기기 전에, 반드시 먼저 그를 고뇌하게 만들며, 육체를 지치게 하고, 굶주림에 시달려 몸이 허약하고 기운이 없게 만든다는 의미이다. 이 문장은 시련이 개인의 성장에 있어 중요한 역할을 한다는 점을 강조하고 있다.

请结合听到的内容，谈谈你对"故天将降大任于是人也，必先苦其心志，劳其筋骨，饿其体肤，空乏其身"的认识。

들었던 내용을 바탕으로 "자고로 하늘이 어떤 사람에게 큰 임무를 맡기려 할 때는, 반드시 먼저 그의 마음을 괴롭게 하고, 몸을 지치게 하며, 배고픔을 견디게 하고, 온몸을 궁핍하게 만든다"라는 말에 대한 자신의 견해를 말하세요.

단어 孟子 Mèngzǐ [고유] 맹자(중국 고대 사상가) 战国时期 Zhànguó shíqī [명] 전국 시대(춘추 전국 시대) 著名 zhùmíng [형] 유명한 学说 xuéshuō [명] 학설 继承者 jìchéngzhě [명] 계승자 儒家 rújiā [명] 유가(공자의 학설을 따르고 연구하는 학파) 学派 xuépài [명] 학파 丧父(丧母) sàngfù(sàngmǔ) [동] 부친상을 당하다(모친상을 당하다) 艰辛 jiānxīn [형] 고생스럽다, 힘겹다 抚养 fǔyǎng [동] 양육하다, 기르다 降 jiàng [동] 내려오다, 떨어지다 大任 dàrèn [명] 큰 임무, 중대한 책임 是 shì 대 이것(이 지문에서는 '这'의 의미) 心志 xīnzhì [명] 의지, 정신 筋骨 jīngǔ [명] 근육과 뼈, 신체, 육체 空乏 kōngfá [동] 궁핍하다, 부족하다 重任 zhòngrèn [명] 중대한 임무 降临 jiànglín [동] 내려오다, 다가오다(주로 운명이나 사건이 닥치는 것을 의미) 苦恼 kǔnǎo [형] 괴로운, 고민스러운 劳累 láolèi [동] 피로하다, 힘들다 忍饥挨饿 rěnjī āi'è [성] 굶주림을 견디다 空虚乏力 kōngxū fálì [형] 허약하고 힘이 없다 磨难 mónàn [명][동] 고난, 시련(을 겪다)

고득점 말하기 가이드

조리있는 대답을 위해서는 아래의 사항들에 유의해야 한다.

1. 인용문의 이해

먼저, 맹자의 이 말이 전달하는 핵심 사상을 정확히 이해해야 한다. 즉, 고난이 개인의 성장에 얼마나 중요한 역할을 하는지에 대한 내용을 단순히 문자적으로 해석하는 것이 아니라, 그 속에 담긴 깊은 의미를 파악해야 한다.

2. 시대적 배경과 연결

맹자의 시대적 배경과 사상을 설명하면서 고대 철학이 현대 삶과 어떻게 연결되는지를 보여줄 수 있다. 이를 통해 단순한 옛 문장의 해석이 아니라, 현대적인 관점에서 어떻게 적용할 수 있는지를 탐구해야 한다.

3. 관점 전개 방법

인과관계: 성장과 고난 사이의 인과관계를 상세히 설명해야 한다. 어려움과 시련이 어떻게 사람의 의지와 능력을 단련하는지에 대해 논의할 수 있다.

인재 성장: 고난이 개인의 역량을 발전시키는 데 어떤 역할을 하는지를 강조해야 한다. 특히, 역경 속에서 어떻게 문제 해결 능력과 강한 정신력을 키울 수 있는지를 설명할 수 있어야 한다.

4. 실제 사례와 연결

현실 속 사례나 개인적인 경험을 들어 설명하는 것이 효과적이다. 실제 삶에서 어떻게 이 말이 적용될 수 있는지, 그리고 어려움을 극복하면서 스스로를 어떻게 성장시킬 수 있는지를 예시로 들어야 한다.

5. 결론 도출

핵심 내용을 정리하며, 고난은 단순한 장애물이 아니라 성장과 성공을 촉진하는 촉매제임을 강조해야 한다. 적극적인 마음가짐과 도전에 맞서는 용기를 제안하는 방식으로 마무리하는 것이 좋습니다.

6. 언어 표현

정확하고 유창한 문장을 사용하며, 복잡한 사상을 논리적으로 표현해야 한다. 어휘와 문장 구조를 적절히 활용하여 글의 일관성과 흐름을 유지하는 것이 중요하다.

이 문항은 응시자의 글 이해 능력만이 아니라, 사고력과 논리적 서술 능력을 평가하는 문제이다. 나아가, 철학적 관점에서 삶의 의미와 개인의 성장 과정을 깊이 생각해 보도록 유도하는 질문이기도 하다.

모범 답안 1 ★★

"故天将降大任于是人也，必先苦其心志，劳其筋骨，饿其体肤，空乏其身"，这句话深刻地揭示了成长与困苦之间的紧密联系。我认为这句话传递出几个重要的观点和启示：

首先，这句话表达了成长与困难之间的/因果关系。当天命注定要赋予某人重任时，不会轻易给予，而是通过使其经历磨难和挑战来培养其能力和意志力。困难和挫折是成长的必经之路，它们能够锻炼人的意志和毅力，促使我们不断超越自我。

其次，这句话强调了困苦对个人发展的重要作用。面对困境和挑战，人们需要付出更多的努力和奋斗才能克服困难。正是通过经历艰苦的环境，

'하늘이 어떤 사람에게 큰 임무를 맡기려 할 때는, 반드시 먼저 그의 마음을 괴롭게 하고, 육체를 지치게 하며, 배고픔을 견디게 하고, 온몸을 궁핍하게 만든다.' 이 문장은 성장과 고난 사이의 밀접한 관계를 깊이 있게 드러내고 있다. 나는 이 문장이 몇 가지 중요한 관점과 깨달음을 전달한다고 생각한다.

먼저, 성장과 어려움 사이의 인과관계를 표현하고 있다. 하늘이 운명적으로 어떤 사람에게 중요한 임무를 맡기려 할 때, 그것을 쉽게 주는 것이 아니라, 먼저 그 사람이 시련과 도전을 겪도록 하여 그의 능력과 의지를 키우도록 한다. 어려움과 실패는 성장의 필수 과정이며, 이러한 경험을 통해 사람은 자신의 의지와 인내력을 단련하고, 스스로를 끊임없이 초월할 수 있도록 해준다.

다음으로, 고난이 개인의 발전에 중요한 역할을 한다는 점을 강조하고 있다. 어려움과 도전에 직면했을 때,

人们才能够深刻理解生活的本质，培养坚强的意志和应对逆境的能力，从而更好地应对未来的挑战。

　　此外，这句话也提醒我们在追求成功和接受重任的过程中，必须保持/谦逊和务实的态度。经历苦心志、劳筋骨、饿体肤、空乏身的过程，会使我们更加珍惜机会和成果，同时也让我们懂得珍视身心的健康，注重平衡和内心的满足感。

　　总之，这句话启示我们在人生的道路上，应当勇敢面对困难和挑战，用积极的心态去应对磨难，从中汲取经验和智慧，不断成长，实现自身价值。磨难并非拦路的绊脚石，而是我们成长和成功的必经之路。只有在磨难中锻炼和超越自己，我们才能够承担更大的责任，并取得更大的成就。

사람은 더 많은 노력과 끊임없는 도전을 통해 이를 극복해야 한다. 바로 이러한 어려운 환경을 경험하는 과정에서 우리는 삶의 본질을 깊이 이해하고, 강한 정신력과 역경을 극복하는 능력을 키울 수 있으며, 미래의 도전에 보다 능동적으로 대응할 수 있다.

그 외에, 성공을 추구하고 중요한 책임을 맡는 과정에서 겸손하고 현실적인 태도를 유지해야 한다는 것을 상기시켜준다. 고난을 겪으며 마음이 단련되고, 몸이 지치고, 배고픔과 궁핍을 경험하는 과정을 통해, 우리는 기회와 성취의 가치를 더욱 소중히 여기게 되는 동시에, 또한 심신의 건강을 소중히 여기고, 삶의 균형과 내면의 만족을 추구하는 태도를 가지게 된다.

결론적으로, 이 말은 우리에게 인생의 길에서 어려움과 도전에 맞서 용감하게 대처하고, 긍정적인 마음가짐으로 시련에 대응하며, 그 속에서 경험과 지혜를 얻어 지속적으로 성장하고, 자신만의 가치를 실현하라는 깨달음을 준다. 시련은 길을 가로막는 걸림돌이 아니라, 우리가 성장하고 성공하는 데 있어 반드시 거쳐야 하는 길이다. 오직 시련 속에서 자신을 단련하고 극복함으로써 우리는 더 큰 책임을 질 수 있고, 더 큰 성과를 이룰 수 있다.

단어 揭示 jiēshì 동 밝혀내다, 드러내다　困苦 kùnkǔ 형 곤궁하고 고통스럽다　紧密 jǐnmì 긴밀하다, 밀접하다　传递 chuándì 동 전달하다, 전파하다　启示 qǐshì 동명 깨달음(을 얻다)　天命 tiānmìng 명 천명, 운명　注定 zhùdìng 운명으로 정해져 있다　赋予 fùyǔ 동 부여하다, 주다　重任 zhòngrèn 중대한 임무　给予 jǐyǔ 동 주다, 제공하다　磨难 mónàn 동 고난, 시련(을 겪다)　意志力 yìzhìlì 의지력　挫折 cuòzhé 동 좌절, 실패　锻炼 duànliàn 동 단련하다, 연마하다　毅力 yìlì 끈기 인내력　促使 cùshǐ 동 촉진하다, ~하게 하다　超越 chāoyuè 동 초월하다, 뛰어넘다　自我 zìwǒ 명 자기 자신　强调 qiángdiào 동 강조하다　困境 kùnjìng 명 곤경, 어려운 상황　挑战 tiǎozhàn 동 도전하다　付出 fùchū 동 (대가를) 치르다　克服 kèfú 동 극복하다　本质 běnzhì 명 본질　坚强 jiānqiáng 형 굳센, 강인한　逆境 nìjìng 명 역경　提醒 tíxǐng 동 일깨우다, 상기시키다　追求 zhuīqiú 동 추구하다　谦逊 qiānxùn 동 겸손하다　务实 wùshí 동 실용적이다, 실속을 차리다　心志 xīnzhì 의지, 정신　筋骨 jīngǔ 명 육신, 몸　体肤 tǐfū 몸과 피부　空乏 kōngfá 동 궁핍하다, 부족하다　珍惜 zhēnxī 동 소중히 여기다, 아끼다　平衡 pínghéng 동 조화, 균형(을 이루다)　汲取 jíqǔ 동 흡수하다, 받아들이다　拦路 lánlù 동 길을 막다, 방해하다　绊脚石 bànjiǎoshí 걸림돌, 장애물　承担 chéngdān 동 맡다, 책임지다

모범 답안 2 ★★★

　　坦率地说，这段内容我没有完全听懂，好像是说，孟子是著名的思想家、教育家，还有孟子说，上天给你重要的任务，需要苦恼，需要饿肚子，好像是说一个人要成长需要很多的困难。

　　孟子、孔子、庄子、老子都是中国古代著名的学者，所以，我想，孟子说的话也一定是有道理的。

　　一个人要成就大事业必须经历很多的磨难、苦难，我赞同这个观点。

　　人来到这个世界上，都想有个有意义的人生。

솔직히 말해서, 이 내용을 내가 완전히 이해하지 못했다. 하지만 맹자는 유명한 사상가이자 교육자였고, 또한 맹자가 말하기를, 하늘이 중요한 임무를 부여하면 고통을 겪고 배고픔을 겪어야 한다고 했던 것 같다. 이는 사람이 성장하려면 많은 어려움이 필요하다는 뜻인 것 같다.

맹자, 공자, 장자, 노자는 모두 중국 고대의 유명한 학자들이므로, 나는 맹자가 한 말도 분명히 일리가 있을 것이라고 생각한다.

사람이 큰 일을 이루려면 많은 시련과 고난을 겪어야 한다는데 이 관점에 저는 동의한다.

사람은 이 세상에 태어나면 모두 의미 있는 인생을

很多人都有美好的理想，都想成就一番事业。可在现实生活中，我们会遇到各种各样的困境和挑战，虽然人们都希望万事如意、心想事成，但世上没有免费的午餐，成就任何大业都不是一帆风顺的，成就大业必须要有坚韧不拔的精神。

我们先看看历史人物吧。历史上有哪个成功者没有经历过挫折苦难呢？历史上的美国总统林肯，他的一生经历了无数的挫折和失败，最后成为美国历史上最伟大的总统；中国改革开放的总设计师邓小平，也是历经人生坎坷，三落三起。他一次次被打倒，又一次次站起来，最终成为世界瞩目的伟人。韩国前总统金大中，一生多次经历牢狱生活，却一直没有放弃/民主斗争，最终成为荣获诺贝尔和平奖的伟人。

再看看我们身边的人吧。太多太多啦，只要是有所成就的人，看看他们的成长经历，他们都是经历过无数次的挫折、失败后，最终才走到今天的成功的。

因此，孟子说的道理，我认为是对的。

살기를 원한다. 많은 사람들은 아름다운 이상을 가지고 있으며, 모두 큰 업적을 이루고 싶어한다. 그러나 현실에서 우리는 다양한 난관과 도전에 직면하게 된다. 비록 사람들은 모든 일이 순조롭고 마음먹은 대로 되기를 바라지만, 세상에 공짜 점심은 없고, 어떤 큰 일을 이루는 것도 순탄치 않다. 큰 일을 이루려면 강인한 정신이 필요하다.

먼저 역사적 인물들을 한번 보자. 역사에서 성공한 사람 중 고난과 시련을 겪지 않은 사람이 있을까? 역사상 미국의 대통령 링컨은 그의 인생에서 수많은 좌절과 실패를 겪었고, 결국 미국 역사상 가장 위대한 대통령이 되었다. 중국의 개혁 개방의 총설계자인 덩샤오핑 역시 인생의 굴곡진 세 번의 좌절과 세 번의 재기를 겪었다. 그는 여러 번 좌절했지만 매번 다시 일어서 결국 세계가 주목하는 위인이 되었다. 한국의 전 대통령 김대중은 여러 차례 감옥생활을 겪었지만, 민주주의를 위한 투쟁을 포기하지 않았고, 결국 노벨 평화상을 수상한 위인이 되었다.

이제 우리 주변 사람들을 한번 보자. 정말 너무도 많은데, 성취를 이룬 사람들이라면, 그들의 성장 과정을 봤을 때 수많은 좌절과 실패를 겪은 후 마침내 오늘의 성공을 이룬 것이다.

따라서 맹자가 말한 이치가 맞다고 나는 생각한다.

단어 坦率 tǎnshuài 형 솔직하다 著名 zhùmíng 형 유명한 苦恼 kǔnǎo 형 괴로운, 고민스러운 饿肚子 è dùzi 동 배고픈 상태가 되다, 굶주리다 困难 kùnnán 명 어려움, 곤란 형 어려운, 곤란한 孟子 Mèngzǐ 고유 맹자(중국 고대 사상가) 孔子 Kǒngzǐ 고유 공자(중국 고대 사상가) 庄子 Zhuāngzǐ 고유 장자(중국 고대 사상가) 老子 Lǎozǐ 고유 노자(중국 고대 사상가) 磨难 mónàn 명 고난, 시련 苦难 kǔnàn 명 고난 成就 chéngjiù 명 성취하다, 이루다 一番 yì fān 한 차례, 한 바탕 事业 shìyè 명 사업, 커리어 困境 kùnjìng 명 곤경, 어려운 상황 挑战 tiǎozhàn 동 도전하다 万事如意 wànshì rúyì 성 모든 일이 뜻대로 되다 心想事成 xīnxiǎng shìchéng 성 마음먹은 대로 이루어지다 免费 miǎnfèi 동 무료로 제공하다 午餐 wǔcān 명 점심 식사 一帆风顺 yìfān fēngshùn 성 순풍에 돛을 단 듯 일이 순조롭게 진행되다 坚韧不拔 jiānrèn bùbá 성 강인하고 끈질기며 쉽게 흔들리지 않다 精神 jīngshén 명 정신, 기백 挫折 cuòzhé 명 좌절, 실패 林肯 Línkěn 고 링컨(Abraham Lincoln) 改革开放 gǎigé kāifàng 개혁개방(중국의 경제·정치 개혁 정책을 가리킴) 总设计师 zǒng shèjìshī 총설계사(주로 덩샤오핑을 가리킴) 邓小平 Dèng Xiǎopíng 고유 덩샤오핑(중국 개혁개방의 주도자) 坎坷 kǎnkě 형 험난한, 굴곡진 三落三起 sānluò sānqǐ 삼락삼기(덩샤오핑이 세 번 실각하고 세 번 복귀한 사건) 瞩目 zhǔmù 형 주목할 만한 牢狱 láoyù 명 감옥, 교도소 放弃 fàngqì 동 포기하다 荣获 rónghuò 동 영예롭게 수상하다 诺贝尔和平奖 Nuòbèi'ěr hépíngjiǎng 명 노벨 평화상

HSK 7-9급 실전모의고사

모범 답안 및 해설

MP3 바로 듣기

실전모의고사 **2회 모범 답안**

듣기 ········ P94

제1부분

1 ✓ 2 ✗ 3 ✗ 4 ✗ 5 ✓ 6 ✗ 7 ✓ 8 ✗ 9 ✓ 10 ✗

제2부분

11 A 12 D 13 C 14 温度和湿度。 15 高温天气和体育锻炼。 16 B 17 B
18 C 19 城市韵味和城市精神。 20 D 21 B 22 C

제3부분

23 B 24 C 25 细菌。 26 A 27 C 28 B 29 D 30 B 31 D
32 常规饮食。 33 C 34 C 35 C 36 A 37 B 38 技术和安全。 39 C 40 A

독해 ········ P120

제1부분

41 B 42 C 43 C 44 A 45 C 46 D 47 A 48 C 49 B 50 B
51 A 52 D 53 C 54 A 55 D 56 B 57 B 58 B 59 A 60 C
61 D 62 D 63 A 64 C 65 C 66 B 67 D 68 C

제2부분

69 G 70 D 71 B 72 C 73 E

제3부분

74 鳄鱼。 75 势力相等。 76 数量多。
77 被天敌吃掉。 78 树叶上。 79 保持卵的湿润。
80 智慧和创新。 81 安徽省。 82 最初用花灯照明。
83 大禹的妻子。 / 女娇。 84 举足轻重的地位。 85 折扇、方巾。
86 滑稽。 87 小花场。

쓰기

제1부분 88 [모범답안] ········ P150   **제2부분** 89 [모범답안] ········ P154

통번역

제1부분 90 [모범답안] ········ P158   91 [모범답안] ········ P159
제2부분 92 [모범답안] ········ P160   93 [모범답안] ········ P161

말하기

제1부분 94 [모범답안] ········ P164
제2부분 95 [모범답안] ········ P168   96 [모범답안] ········ P169   97 [모범답안] ········ P169
제3부분 98 [모범답안] ········ P172

一、听力 듣기

제1부분 (1-10) 들은 내용을 바탕으로 아래 문장이 원문의 내용과 일치하는지 판단하세요.
원문과 일치하면 '✓'을, 일치하지 않으면 '✗'를 표시하세요.

1-5   MP3 02-01

清朝末年，上海有一家梨膏店，生意做得很大，① 店门口挂着"天知道"三个大字的牌匾。"天知道"梨膏店的兴起，竟与对面的水果店有着不解之缘。

光绪八年，水果店从山东运到上海五十箱梨。因为路途遥远，梨子经过颠簸，又淋了雨，运到上海就开始腐烂。❶ 对门有个小店，里面住着夫妻二人，他们正愁没有食物吃，见水果店扔掉了许多烂梨，就拾来削去皮，挖掉腐烂的地方后发现梨肉依然甜美。他们就把梨切成小块儿，以一个铜钱五块的价格出售，生意很是兴隆。后来，夫妻俩就专门到水果店购买烂梨。买得多了，这对夫妻就将梨削好放进大缸用糖腌起来，这样更好吃，一上市卖得更火了。后来夫妻俩到处买烂梨，削去皮放进锅里熬成梨汁，制成膏糖。❷ 春天没有梨吃，人们都想吃梨膏糖，一下子竟成了南方的名产。

第二年，一位朝廷的钦差大臣巡视上海，将梨膏糖带到北京献给慈禧太后。当时慈禧正患咳嗽，吃后觉得味道极佳，便传旨命夫妻俩进贡梨膏糖。从此，夫妻二人生意越做越大，正式开了梨膏店。

❸ 后来水果店老板知道了梨膏糖的秘密，他气不过，就在夜里找了一张纸，上书"天知道"三个字，贴在了梨膏店的大门上。第二天，这夫妻俩看到这三个字，男老板大笑起来，说："我正想为我们的梨膏糖起个响亮的名号，既然连皇上和皇太后都吃过，叫'天知道'正合适。我就用这三个字当招牌！"后来，水果店老板又在梨膏店墙上画了一只乌龟，还写了"不知羞耻"四个字。夫妻俩看到以后，男老板却说：❹ "我们就以乌龟为商标。梨膏糖能止咳、延年益寿，乌龟也是长寿的象征。"从此，❺ 这个商标就成了上海的驰名商标。

청나라 말기, 상하이에 한 리가오(梨膏) 가게가 있었는데, 장사가 아주 잘 되었다. 가게 입구에는 '천지도(天知道)'라는 세 글자의 현판이 걸려 있었다. '천지도' 리가오 가게의 인기는 뜻밖에도 맞은편 과일가게와 떼어놓을 수 없는 인연이 있다.

광서 8년, 과일가게는 산둥에서 상하이로 배 50상자를 운송했다. 거리가 멀고, 도중에 흔들리고 비까지 맞아 배는 상하이에 도착했을 때 이미 썩기 시작했다. ❶ 과일가게 맞은편에 부부가 살고 있는 작은 가게가 있었는데, 그들은 마침 먹을 것이 없어 걱정 있었다. 과일가게에서 다수의 썩은 배를 버린 것을 보고는 그것을 주워 와서 껍질을 벗기고 썩은 부분을 도려내자 배 속살은 여전히 달콤하다는 것을 알게 되었다. 그들은 배를 잘게 잘라 다섯 조각을 엽전 한 개의 가격에 팔았고, 장사가 매우 잘되었다. 이후, 부부는 과일가게에서 썩은 배를 일부러 사기 시작했다. 많이 사게 되자, 부부는 배를 손질해 큰 항아리에 담아 '설탕에 절여 두었고, 이렇게 하니 더 맛있어져 시장에 나오자마자 더 잘 팔렸다. 이후 부부는 곳곳을 다니면서 썩은 배를 사 모아 껍질을 벗기고 솥에 넣어 배즙을 졸여서 가오탕을 만들었다. ❷ 봄에는 먹을 배가 없어서 사람들이 모두 리가오탕(梨膏糖)을 먹고 싶어 했기에, 리가오탕(梨膏糖)은 단숨에 남쪽 지방의 명물이 되었다.

이듬해, 조정의 어사가 상하이를 시찰하다가 리가오탕(梨膏糖)을 베이징으로 가져가 서태후(慈禧太后)께 진상했다. 당시 서태후는 마침 기침을 앓고 있었는데, 먹은 후 맛이 아주 뛰어나다고 느껴 부부에게 리가오탕을 진상하라는 어명을 내렸다. 그때부터 부부의 장사는 점점 더 번창하게 되었고, 정식으로 리가오탕 가게를 열게 되었다.

❸ 나중에 과일가게 주인은 리가오탕의 비밀을 알게 되었고, 너무 분해서 밤에 종이 한 장을 구해 다가 '天知道(하늘은 안다)'라는 세 글자를 써서 리가오탕 가게 대문에 붙였다. 다음 날 부부는 그 세 글자를 보게 되었고 남편이 크게 웃으며 "우리 리가오탕에 딱 맞는 멋진 이름을 찾고 있었는데, 이왕 황상(皇上=天子)과 황태후까지 리가오탕을 드셨으니 '하늘이 안다(天知道)'가 딱이네요. 이 세 글자를 간판으로 쓰겠어요!"라고 말했다. 그 후, 과일가게 주인은 다시 리가오탕 가게 벽에 거북이 한 마리를 그리고, 그 옆에 '不知羞耻 (부끄러운 줄도 모른다)'라는 네 글자를 써 놓았다. 부부가 그것을 보고, 남편은 오히려 ❹ "우리 거북이를

94

상표로 삼을 수 있겠네요. 리가오탕은 기침을 멎게 하고 장수를 돕는 약인데, 거북이는 또한 장수의 상징 이기도 하니까요."라고 말하였다. 그리하여 ❺ 이 상표는 상하이의 유명 브랜드가 되었다.

단어 清朝 Qīngcháo 몡 청나라, 청 왕조 末 mò 몡 끝, 말기 梨膏 lígāo 몡 리가오(배로 만든 청) 梨膏糖 lígāotáng 몡 리가오탕(배와 약재를 끓여 만든 중국의 전통 사탕) 牌匾 páibiǎn 몡 (문 위나 처마 아래에 걸어 두는) 현판 不解之缘 bù jiě zhī yuán 솅 떼어놓을 수 없는 인연 光绪 Guāngxù 고유 광서(청나라 덕종(德宗)이 즉위한 해에 붙인 칭호) 梨 lí 몡 배 路途 lùtú 몡 길, 여정 遥远 yáoyuǎn 톙 아득히 멀다, 요원하다 颠簸 diānbǒ 동 흔들리다, 요동치다 淋雨 línyǔ 통 비를 맞다 腐烂 fǔlàn 통 썩다 愁 chóu 통 걱정하다 扔掉 rēngdiào 통 버리다 拾 shí 통 줍다 削 xiāo 통 깎다 挖掉 wādiào 통 파내다 切 qiē 통 자르다 铜钱 tóngqián 엽전 兴隆 xīnglóng 톙 번창하다 缸 gāng 몡 항아리 糖 táng 몡 설탕, 사탕 腌 yān 통 절이다 锅 guō 몡 솥, 냄비 熬 áo 통 고다, 끓이다 汁 zhī 몡 즙, 액 朝廷 cháotíng 몡 조정 钦差大臣 qīnchāi dàchén 흠차대신(청나라의 사신을 가리킴) 巡视 xúnshì 통 순시하다 慈禧太后 Cíxǐ Tàihòu 고유 서태후(자희태후, 청나라 함풍제의 후궁) 咳嗽 késou 통 기침하다 传旨 chuánzhǐ 통 황제의 명을 전하다 进贡 jìngòng 통 진상하다 上书 shàngshū 통 종이에 ~라고 적다 招牌 zhāopái 몡 간판 乌龟 wūguī 몡 거북이 不知羞耻 bù zhī xiūchǐ 부끄러움을 모른다 商标 shāngbiāo 몡 상표 止咳 zhǐké 통 기침을 멈추다 延年益寿 yánnián yìshòu 솅 장수를 누리다 长寿 chángshòu 통 장수(하다) 驰名 chímíng 통 유명하다

1 ✓ ★★

夫妻二人最开始是为了填饱肚子才捡的烂梨。(　)　　부부는 처음에 배를 채우기 위해 썩은 배를 주웠다. (✓)

해설 녹음 두 번째 단락에서 '对门有个小店(맞은편 작은 가게에), 里面住着夫妻二人(부부 두 사람이 살고 있었고), 他们正愁没有食物吃(그들은 먹을 음식이 없어서 걱정이었다), 见水果店扔掉了许多烂梨(과일가게에서 많은 썩은 배를 버리는 것을 보고는), 就拾来(주워 와서)……'라고 했으므로 문제 내용과 일치한다. 썩은 배를 주운 이유로 '没有食物吃(먹을 음식이 없다)'와 '为了填饱肚子(배를 채우기 위해)'가 유사한 의미임을 파악해야 한다.

단어 愁 chóu 통 걱정하다, 근심하다 食物 shíwù 몡 음식 填饱 tián bǎo 통 배불리 먹다, 배를 채우다 肚子 dùzi 몡 배 복부 捡 jiǎn 통 줍다, 집다 烂梨 làn lí 썩은 배

2 ✗ ★

人们特别想吃梨膏糖的季节是秋天。(　)　　사람들이 특히 리가오탕을 먹고 싶어 하는 계절은 가을이다. (✗)

해설 녹음 두 번째 단락에서 '春天没有梨吃(봄에 먹을 배가 없으니), 人们都想吃梨膏糖(사람들은 모두 리가오탕을 먹고 싶어했다)'라고 했으므로 문제 내용과 일치하지 않는다.

단어 梨膏糖 lígāotáng 몡 리가오탕(배와 약재를 끓여 만든 중국의 전통 사탕) 季节 jìjié 몡 계절

3 ✗ ★★

水果店老板将梨膏的秘密公之于众了。(　)　　과일가게 주인은 리가오의 비밀을 세상에 공개했다. (✗)

해설 녹음 네 번째 단락에서 '后来水果店老板知道了梨膏糖的秘密(후에 과일가게 주인이 리가오탕의 비밀을 알게 되었고), ……, 就在夜里找了一张纸(밤에 종이 한 장을 구해 다가), 上书 "天知道" 三个字('천지도' 세 글자를 적어), 贴在了梨膏店的大门上(리가오탕 가게 대문에 붙였다)'라고 했다. 과일가게 주인이 '天知道(하늘은 안다)'를 써서 붙인 것은 부부에게 메시지를 전달하기 위함으로, 구체적인 리가오탕의 비밀을 대중에게 공개했다고는 볼 수 없다. 따라서 녹음은 문제 내용과 일치하지 않는다.

단어 老板 lǎobǎn 명 사장, 주인 将 jiāng 개 ~을 将 A 公之于众 jiāng A gōng zhī yú zhòng A를 대중에게 공개하다(알리다)

4 ✗ ★★

用乌龟当商标是因为男老板认为乌龟代表着好运。( )

거북이를 상표로 사용한 것은 남자 주인이 거북이가 행운을 상징한다고 여겼기 때문이다. (✗)

해설 녹음 네 번째 단락에서 '我们就以乌龟为商标(우리 거북이를 상표로 삼을 수 있겠네요), ……乌龟也是长寿的象征(거북이는 또한 장수의 상징이기도 하니까요)'라고 했으므로 문제의 '好运(행운)'과 일치하지 않는다. 세부 내용을 파악하는 문항으로 평소 문제 속 핵심 어휘를 세심하게 보는 습관을 길러야 한다.

단어 乌龟 wūguī 명 거북이 商标 shāngbiāo 명 상표 A 是因为 B A shì yīnwèi B A는 B 때문이다 长寿 chángshòu 명동 장수(하다) 好运 hǎoyùn 명 좋은 운, 행운

5 ✓ ★★

这个故事告诉我们应该把挫折当成机遇。( )

이 이야기는 우리에게 좌절을 기회로 삼아야 한다는 것을 알려 준다. (✓)

해설 문제의 키워드가 '把挫折当成机遇(좌절을 기회로 삼다)'라는 것을 파악해야 한다. 녹음에서 부부는 먹을 것이 없어 걱정하던 중 썩은 배를 주워 리가오탕을 만들었고, 결국 '这个商标就成了上海的驰名商标(이 상표는 상하이의 유명 브랜드가 되었다)'라고 했으므로 문제 내용과 일치한다.

단어 挫折 cuòzhé 명동 실패(하다), 좌절(하다) 机遇 jīyù 명 기회 把 A 当成 B bǎ A dāngchéng B A를 B로 여기다. A를 B로 삼다

> **TIP**
>
> ● 주요 문장 형식
>
> ……的兴起，与……有着不解之缘 (~의 부흥(인기)은 ~과 떼어놓을 수 없는 인연이 있다)
> 원문 "天知道"梨膏店的兴起，竟与对面的水果店有着不解之缘。
> 예문 共享单车的兴起，与环保理念的普及有着不解之缘。
>
> 为……起……的名号 (~를 위해(~에게) ~한 이름을 지어주다)
> 원문 我正想为我们的梨膏糖起个响亮的名号，既然连皇上和皇太后都吃过，叫"天知道"正合适。
> 예문 他为那家餐馆起了"美味天堂"的名号，吸引了不少食客。
>
> 成了驰名商标 (유명한 브랜드가 되었다)
> 원문 从此，这个商标就成了上海的驰名商标。
> 예문 由于提供专业可靠的药品服务，北京同仁堂成了驰名商标。

6-10

王羲之，晋朝人，是中国历史上著名的书法家之一。他曾经做过右军将军，因此后人又尊称他为王右军。❻ 王羲之博采众长，自成一家，书法风格独树一帜，被后人誉为"书圣"。

❼ 王羲之的书法造诣，虽与他的天赋有关，但更重要的还是他刻苦练习。他为了把字练好，无论休息还是走路，他心里总是想着字体的结构，揣摩着字的骨架和气韵，甚至不停地用手指在衣襟上书写，久而久之，连身上的衣服都磨破了。他曾经在池塘边练字，每次写完，就在池塘里洗涤笔砚，时间一久，整个池塘的水都被染成了墨色。由此可知，他在练习书法上所下功夫之深了。

王羲之从小就喜欢看鹅，时常逗鹅玩耍。成年以后，更喜欢养鹅。他觉得大白鹅浑身羽毛洁白，一尘不染，鹅掌鲜红，在绿水中轻快划动，好像一只小船，十分可爱。所以，❽ 他就在院子里专门修建了两个水池子，一个用来刷洗笔砚，一个用来养鹅。王羲之几乎每天都在池边摆上书案，研墨练字或看书，当他写累了，手指酸疼了，就放下笔，走到鹅池边去看鹅，观察鹅的各种动作。经过一两年的观察和研究，❾ 他编制了一套以鹅掌划水动作为主，融合大鹅行走、亮翅、觅食等独特姿态的"鹅掌操"。❿ 王羲之运用这套"鹅掌操"活动身躯四肢，既增强了体力，又促进了习练书法的功力，使自己的晚年生活更加健康充实。

왕희지(王羲之)는 진나라 사람으로, 중국 역사상 유명한 서예가 중 한 명이다. 그는 한때 우군(右军) 장군을 지낸 적이 있어, 후세 사람들은 그를 '왕우군(王右军)'이라 존칭하였다. ❻ 왕희지는 여러 서체의 장점을 널리 받아들여 자신만의 독자적인 서풍을 이루었으며, 그의 서예는 독특한 개성을 지녀 후세 사람들에게 '서성(书圣)'이라 불렸다.

❼ 왕희지의 서예 실력은 그의 타고난 재능과도 관련이 있지만, 더 중요한 것은 그의 끊임없는 노력과 연습이었다. 그는 글씨를 잘 쓰기 위해, 쉬는 시간이든 걷는 중이든 항상 마음속으로 글자의 구조를 생각하고, 자형의 골격과 기운을 연구했으며, 심지어 손가락으로 옷자락 위에 끊임없이 글씨를 쓰곤 했다. 시간이 오래 지나자 몸에 입은 옷조차 닳아 해졌을 정도였다. 그는 연못가에서 글씨를 연습했는데, 매번 글씨를 쓴 뒤에는 연못에서 붓과 벼루를 씻었고, 시간이 흐르면서 연못의 물 전체가 먹빛으로 물들었다. 이로써 그가 서예 연습에 얼마나 많은 심혈을 기울였는지를 알 수 있었다.

왕희지는 어릴 때부터 거위 보는 것을 좋아해 자주 거위와 놀곤 했다. 성인이 된 후에는 거위를 기르는 것을 더욱 좋아하게 되었다. 그는 크고 흰 거위의 온몸이 새하얀 깃털로 티 없이 깨끗하고, 붉은색 거위발이 푸른 물 위를 가볍게 저어가며 움직이는 모습이 마치 작은 배처럼 아주 사랑스럽다고 여겼다. 그래서 ❽ 그는 집 마당에 연못 두 개를 따로 만들었는데, 하나는 붓과 벼루를 씻는 용도이고, 다른 하나는 거위를 기르기 위한 것이었다. 왕희지는 거의 매일 연못가에 책상을 놓고 먹을 갈아 글씨를 연습하거나 책을 읽었다. 글씨를 쓰다 피곤해지고 손가락이 아프면 붓을 내려놓고 거위 연못가로 가서 거위를 바라보며 그들의 다양한 움직임을 관찰했다. 1~2년에 걸친 관찰과 연구 끝에, ❾ 그는 거위발이 물을 젓는 동작을 중심으로 큰 거위의 걷기, 날개 펴기, 먹이 찾기 등의 독특한 자세를 융합한 '거위발 체조(鹅掌操)'를 만들었다. ❿ 왕희지는 이 '거위발 체조'를 통해 몸과 팔다리를 단련했으며, 체력을 기르는 동시에 서예 실력을 높이는 데에도 도움이 되어, 그의 노년 생활을 더욱 건강하고 충실하게 했다.

단어 王羲之 Wáng Xīzhī 고유 왕희지(중국 진나라 서예가) 晋朝 Jìncháo 명 진나라, 진 왕조 书法家 shūfǎjiā 명 서예가 右军将军 yòujūn jiāngjūn 명 우군 장군 尊称 zūnchēng 명 존칭 博采众长 bócǎi zhòngcháng 성 여러 가지 장점을 널리 받아들이다 自成一家 zìchéng yìjiā 성 독자적인 학파를 이루다 独树一帜 dúshù yízhì 성 독자적으로 하나의 파(派)를 형성하다 被誉为 bèi yù wéi ~라고 불리다 书圣 shūshèng 명 서성(서예의 대가) 造诣 zàoyì 명 조예 天赋 tiānfù 명 타고난 재능 字体 zìtǐ 명 글씨체 结构 jiégòu 명 구조 揣摩骨架 chuǎimó gǔjià 뼈대(구조)를 연구하다 气韵 qìyùn 명 (글씨·그림·글 따위의) 기운, 기품, 운치 衣襟 yījīn 명 옷자락, 옷섶 久而久之 jiǔ ér jiǔ zhī 성 오랜 시간이 지나면서 磨破 mópò 동 닳아 해지다 池塘 chítáng 명 연못 洗涤 xǐdí 동 씻다 笔砚 bǐyàn 명 붓과 벼루 染 rǎn 동 물들다, 염색하다 墨色 mòsè 명 먹색 下功夫 xià gōngfu 노력을 기울이다 鹅 é 명 거위 玩耍 wánshuǎ 동 놀다 浑身 húnshēn 명 온몸 羽毛 yǔmáo 명 깃털 洁白 jiébái 형 새하얗다 一尘不染 yì chén bù rǎn 성 티끌 하나 없이 깨끗하다 鹅掌 ézhǎng 명 거위발 划动 huádòng 동 저어서 움직이다 修建 xiūjiàn 동 건설하다 刷洗 shuāxǐ 동 문질러 씻다 摆 bǎi 동 놓다, 배열하다 书案 shū'àn 명

서재용 책상 **研墨** yánmò 동 먹을 갈다 **酸疼** suānténg 형 결리고 아프다 **编制** biānzhì 동 (작품 따위를) 편집하여 완성하다, 엮다 **融合** rónghé 동 융합하다 **亮翅** liàngchì 동 날개를 펴다 **觅食** mìshí 동 먹이를 찾다 **姿态** zītài 명 자세, 태도 **身躯四肢** shēnqū sìzhī 명 몸과 사지 **充实** chōngshí 형 충실하다, 풍부하다

6 ✗ ★★

| 王羲之因出版过很多书而被称为"书圣"。（ ） | 왕희지는 많은 책을 출판했기 때문에 '서성(書聖)'이라 불렸다. （ ✗ ） |

해설 녹음 첫 번째 단락에서 '王羲之博采众长(왕희지는 여러 서체의 장점을 널리 받아들여), 自成一家(자신만의 독자적인 서풍을 이루었으며), 书法风格独树一帜(그의 서예는 독특한 개성을 지녀), 被后人誉为"书圣"(후세 사람들에게 '서성'이라 불렸다)'라고 했다. 그가 서성으로 불린 이유는 그의 서예가 독특한 개성을 지녔기 때문이므로 문제 내용과 일치하지 않는다. 이유나 원인을 파악하는 문제가 자주 출제되므로 '因……而……' 구간에 주의하도록 하자!

- 빈출 성어: 博采众长 (여러 가지 장점을 널리 받아들이다)
  - 自成一家 (독자적인 학파를 이루다)
  - 独树一帜 (독자적으로 하나의 파(派)를 형성하다)

단어 **出版** chūbǎn 동 출판하다 **被称为** bèi chēngwéi ~라고 불리다 **书圣** shūshèng 명 서성(서예의 대가) **博采众长** bócǎi zhòngcháng 성 여러 가지 장점을 널리 받아들이다 **自成一家** zìchéng yījiā 성 독자적인 학파를 이루다 **独树一帜** dúshù yízhì 성 독자적으로 한 파(派)를 형성하다

7 ✓ ★★

| 文章列举"衣服磨破"和"池塘水变墨色"两个例子是为了说明王羲之的勤奋刻苦。（ ） | 글에서는 '옷이 닳아 해짐'과 '연못물이 먹색으로 변함' 두 가지 예를 들어 왕희지의 근면하고도 고된 노력을 설명하고자 했다. （ ✓ ） |

해설 녹음 두 번째 단락에서 '王羲之的书法造诣(왕희지의 서예 실력은), 虽与他的天赋有关系(그의 타고난 재능과도 관련이 있지만), 但更重要的还是他刻苦练习(더 중요한 것은 그의 끊임없는 노력과 연습이었다)'라고 했다. 또한 이어진 내용 중에서 '由此可知(이로써), 他在练习书法上所下功夫之深了(그가 서예 연습에 얼마나 많은 심혈을 기울였는지를 알 수 있다)'라고 했으므로 문제 내용과 일치한다.

- 빈출 단어: 勤奋刻苦 (근면하고 고된 노력 / 근면함과 고생스러움)

단어 **列举** lièjǔ 동 열거하다 **磨破** mópò 동 닳아서 해지다, 마모되다 **池塘** chítáng 명 연못 **墨色** mòsè 명 먹물 색, 먹색 **例子** lìzi 명 예, 사례 **勤奋** qínfèn 형 근면하다, 부지런하다 **刻苦** kèkǔ 형 끈기 있다, 고생을 참다

8 ✗ ★

| 王羲之喜欢在养鹅池里洗笔。（ ） | 왕희지는 거위를 기르는 연못에서 붓을 씻는 것을 좋아했다. （ ✗ ） |

해설 녹음 세 번째 단락에서 '他就在院子里专门修建了两个水池子(그는 집 마당에 연못 두 개를 따로 만들었는데), 一个用来刷洗笔砚(하나는 붓과 벼루를 씻는 용도이고), 一个用来养鹅(다른 하나는 거위를 기르기 위한 것이었다)'라고 했으므로 문제 내용과 일치하지 않는다.

단어 **养鹅** yǎng é 거위를 기르다 **池** chí 명 연못 **洗笔** xǐ bǐ 붓을 씻다

9 ✓ ★★★

"鹅掌操" 主要是以鹅掌划水动作为主。(　)   '거위발 체조(鹅掌操)'는 주로 거위발이 물을 젓는 동작을 중심으로 구성되어 있다. (✓)

해설   녹음 세 번째 단락에서 '他编制了一套以鹅掌划水动作为主(그는 거위발이 물을 젓는 동작을 중심으로), 融合大鹅行走(큰 거위의 걷기), 亮翅(날개 펴기), 觅食等独特姿态的(먹이 찾기 등의 독특한 자세를 융합한) "鹅掌操"(거위발 체조를 만들었다)'라고 했으므로 문제 내용과 일치한다.
- 핵심 표현: A 主要是以 B 为主 (A는 주로 B를 위주로 한다)

단어   鹅掌操 é zhǎng cāo 명 거위발 체조   划水 huá shuǐ 동 물을 젓다   为主 wéizhǔ 동 ~을 위주로 하다

10 ✗ ★★

王羲之晚年非常孤独和凄凉。(　)   왕희지의 만년은 매우 외롭고 쓸쓸했다. (✗)

해설   녹음 마지막 부분에서 '王羲之运用这套 "鹅掌操" 活动身躯四肢(왕희지는 이 '거위발 체조'를 통해 몸과 팔다리를 단련했으며), ……, 使自己的晚年生活更加健康充实(그의 노년 생활을 더욱 건강하고 충실하게 했다)'라고 했으므로 문제 내용과 일치하지 않는다. 유명인에 관한 일화는 HSK 빈출 소재이다. 다양한 지문들을 많이 읽고 관련 상식을 미리 접해 두면 시험에서 문제 풀이 부담을 줄일 수 있다.

단어   晚年 wǎnnián 명 만년, 노년   孤独 gūdú 형 외롭다, 고독하다   凄凉 qīliáng 형 쓸쓸하다, 처량하다   充实 chōngshí 형 충실하다 동 충실하게 하다

TIP

- 주요 문장 형식

被后人誉为 "……" (후세 사람들에게 ~이라 불리다)
원문   王羲之博采众长, 自成一家, 书法风格独树一帜, 被后人誉为 "书圣"。
예문   敦煌莫高窟的壁画, 色彩绚丽、形象生动, 被后人誉为 "东方艺术明珠"。

由此可知, 在……上所下功夫之深了 (그가 ~에 얼마나 많은 심혈을 기울였는지 알 수 있다)
원문   由此可知, 他在练习书法上所下功夫之深了。
예문   毕加索每天不断作画并尝试各种风格, 由此可知, 他在绘画艺术上所下功夫之深了。

既 A, 又 B (A할 뿐만 아니라, 또 B하다)
원문   王羲之运用这套 "鹅掌操" 活动身躯四肢, 既增强了体力, 又促进了习练书法的功力。
예문   坚持锻炼既能提升耐力, 又能改善心情。

제2부분 (11-22)

인터뷰 형식의 대화를 듣고 올바른 답을 선택하거나 빈칸을 채우세요.

11-16

MP3 02-03

女: 各位听众好, 夏日炎炎, 但仍有很多市民坚持体育锻炼。家住朝阳区的邵女士告诉记者, 抱着"夏天出汗量大, 健身可以更快速减脂"的想法坚持跑步。然而, 上周傍晚跑步时, 她出现了想呕吐、目眩等症状, 甚至一度晕厥, ⓫ 幸好在同事的帮助下, 通过冷敷才逐渐缓解。韩老师, 对这种锻炼理念, 您怎么看呢?

男: ⓬ 在高温天气下进行体育运动, 确实容易产生各种意外损伤和病症。做好防护措施, 控制好运动量, 及时补充水分, 做到科学健身才能有效规避运动伤害。

女: 具体来说, 高温情况下运动容易引发哪些病症呢?

男: 最常见的是中暑。在高温环境下, 身体如果无法有效散热, 可能导致体温升高过快, 出现头痛、恶心、呕吐和意识暂时丧失等症状。比中暑更严重的是热痉挛和热射病。热痉挛是指因高强度运动或体力耗尽而引起的肌肉痛性痉挛。⓭ 而热射病则是一种严重的急症, 表现为高热和意识障碍, 严重时甚至可能造成死亡。此外, 高温下运动对循环系统、消化系统、泌尿系统都会造成一定影响。例如, 大量出汗和氯化物的丧失可能导致胃液酸度降低, 引发消化不良。高温下运动还可能使小肠的运动减慢, 引发其他胃肠道疾病。

女: 很多健身爱好者更倾向于选择在室内使用各类健身器材进行锻炼, 这样能避免您说的这些情况发生?

男: 室外温度较高, 人们运动时更警惕身体发生的变化, 但在室内运动时往往容易忽视。⓮ 室内健身要注意温度和湿度, 一般建议将空调温度设置在22—24摄氏度之间, 并保持适当湿度, 以提供一个舒适的运动环境。如果室内温度过低, 运动结束突然进入室外高温环境, 可能会引发感冒、痢疾等疾病。在没有空调的室内, 应确保室内有良好的空气流通, 可以通过开窗或使用风扇来增加空气流动。

女: ⓯ 面对高温天气和体育锻炼之间的矛盾, 我们是否有更科学合理的健身方法和指导, 既能达到

여: 청취자 여러분 안녕하세요, 무더운 여름이지만 여전히 많은 시민들이 꾸준히 운동을 하고 있습니다. 차오양구에 사는 샤오 여사는 기자에게 '여름에는 땀이 많이 나니까 운동하면 더 빨리 다이어트를 할 수 있다.'는 생각으로 달리기를 계속하고 있다고 말했습니다. 그러나 지난주 저녁에 달리기를 하던 중 구토, 어지럼증 등의 증상이 나타났고, 한차례 실신하기도 했습니다. ⓫ 다행히 동료의 도움으로 냉찜질을 통해 점차 완화되었습니다. 한 선생님, 이런 운동 개념에 대해 어떻게 생각하시나요?

남: ⓬ 고온 날씨에 운동을 하면 확실히 각종 예상치 못한 부상과 질병이 발생하기 쉽습니다. 보호 조치를 잘 하고, 운동량을 적절히 조절하며, 제때 수분을 보충하고 과학적인 운동을 해야 운동 부상을 효과적으로 피할 수 있습니다.

여: 구체적으로 말하면, 고온에서 운동하면 어떤 질병을 일으키기 쉬운 가요?

남: 가장 흔한 것은 일사병입니다. 고온 환경에서 몸이 열을 효과적으로 식히지 못하면 체온이 너무 빨리 상승하여 두통, 메스꺼움, 구토, 일시적인 의식 상실 등의 증상이 나타날 수 있습니다. 일사병보다 더 심각한 것은 열경련과 열사병입니다. 열경련은 고강도 운동이나 체력 소모로 인해 발생하는 근육의 통증성 경련을 말합니다. ⓭ 그러나 열사병은 심각한 급성 질환으로, 고열과 의식 장애가 나타나며, 심할 경우 사망에 이를 수도 있습니다. 그 외에도 고온 상태에서의 운동은 순환계, 소화계, 비뇨계에도 일정한 영향을 줄 수 있습니다. 예를 들어, 다량의 땀과 염화물의 상실은 위액의 산도를 낮춰 소화불량을 유발할 수 있고, 고온 속에서 운동하면 소장의 운동이 느려져 기타 위장 질환이 생길 수 있습니다.

여: 많은 피트니스 애호가들이 실내에서 다양한 운동 기구를 사용해 운동하는 것을 더 선호하는데, 이렇게 하면 선생님께서 말씀하신 이런 상황들을 피할 수 있는 건가요?

남: 실외 온도가 높을 때는 사람들이 운동 중에 몸의 변화에 더 주의하게 되지만, 실내에서 운동할 때는 이를 종종 간과하기 쉽습니다. ⓮ 실내 운동 시에는 온도와 습도에 주의해야 하는데, 일반적으로 에어컨 온도는 섭씨 22~24도 사이로 설정하고 적절한 습도를 유지하는 것이 쾌적한 운동 환경을 제공하는 데 도움이 됩니다. 실내 온도가 너무 낮게 되면, 운동 후 갑자기 실외의 고온 환경으로 나가면 감기나 이질 같은 질병이 발생할 수 있

健身效果，又能有效规避高温所带来的运动风险呢？

男：是的，需要特别注意以下几个方面：在运动过程中要定期休息，适当调整运动强度，避免过度劳累；**⑯ 应选择透气性好、吸汗快干的运动服装和鞋袜**，以便身体能够更好地散热和排汗；高温天气下运动要充分补水，尤其是补充盐分和电解质；运动后应避免立即大量饮用冰饮料或洗凉水澡等。

습니다. 에어컨이 없는 실내라면, 실내 공기가 잘 순환되도록 창문을 열거나 선풍기를 사용해 공기 흐름을 원활히 해야 합니다.

여: ⑮ 고온 날씨와 운동 사이의 모순을 마주할 때, 운동 효과를 얻으면서도 고온으로 인한 위험을 효과적으로 피할 수 있는 보다 과학적이고 합리적인 운동 방법이나 지침이 있을까요?

남: 네, 특히 다음 몇 가지 사항에 주의할 필요가 있습니다. 운동 중에는 주기적으로 휴식을 취하고, 운동 강도를 적절히 조절하여 과도한 피로를 피해야 합니다. ⑯ **통기성이 좋고 땀 흡수가 빠르며 잘 마르는 운동복과 신발, 양말을 선택해** 몸에 열을 식히고 땀을 배출하는 데 도움이 되도록 해야 합니다. 고온 날씨에 운동할 경우에는 수분을 충분히 보충해야 하며, 특히 염분과 전해질 보충이 중요합니다. 운동 후에는 찬 음료를 한꺼번에 많이 마시거나 찬물로 샤워하는 것을 피해야 합니다.

단어 夏日炎炎 xiàrì yányán 성 한여름 뙤약볕이 뜨겁다 减脂 jiǎn zhī 동 지방을 줄이다. 체지방 감소 傍晚 bàngwǎn 명 저녁 무렵 呕吐 ǒutù 동 구토하다 目眩 mùxuàn 동 눈 앞이 아찔하다 症状 zhèngzhuàng 명 증상 一度 yídù 부 한 차례, 한동안 晕厥 yūnjué 동 기절하다 冷敷 lěngfū 동 냉찜질 하다 缓解 huǎnjiě 동 완화하다 损伤 sǔnshāng 동 손상(하다) 防护 fánghù 동 보호하다 措施 cuòshī 명 조치 控制 kòngzhi 동 통제하다, 조절하다 规避 guībì 동 피하다, 회피하다 中暑 zhòngshǔ 동 더위 먹다, 일사병에 걸리다 散热 sànrè 동 열을 식히다 恶心 ěxīn 형 혐오스럽다, 역겹다, 구역질이 나다 동 싫어하다, 혐오하다 丧失 sàngshī 동 상실하다 热痉挛 rè jìngluán 열경련 热射病 rèshèbìng 열사병 耗尽 hàojìn 동 소진하다, 다 써버리다 而引起的 ér yǐnqǐ de ~로 인해 발생한 肌肉 jīròu 명 근육 障碍 zhàng'ài 명 장애 循环系统 xúnhuán xìtǒng 명 순환계 消化 xiāohuà 동 소화하다 泌尿 bìniào 명 비뇨 氯化物 lǜhuàwù 명 염화물 胃液 wèiyè 명 위액 酸度 suāndù 명 산도, 산성도 小肠 xiǎocháng 명 소장 胃肠道 wèichángdào 명 위장(관) 健身 jiànshēn 동 헬스하다, 운동하다 倾向于 qīngxiàng yú 동 ~하는 경향이 있다 器材 qìcái 명 기구, 장비 警惕 jǐngtì 동 경계하다, 조심하다 设置 shèzhì 동 설정하다, 설치하다 摄氏 shèshì 명 섭씨 痢疾 lìjí 명 이질 风扇 fēngshàn 명 선풍기 劳累 láolèi 형용사 피곤하다, 과로하다 透气性 tòuqìxìng 명 통기성 吸汗 xīhàn 동 땀을 흡수하다 盐分 yánfèn 명 염분 电解质 diànjiězhì 명 전해질

11 A ★

问: 邵女士采用了哪种方法来缓解她的症状？	질문: 소(邵) 여사는 어떤 방법으로 그녀의 증상을 완화했는가?
A 冷敷	A 냉찜질하기
B 换鞋	B 신발 갈아 신기
C 吃退热剂	C 해열제 먹기
D 洗凉水澡	D 찬물로 목욕하기

해설 여자의 첫 번째 질문에서 '幸好在同事的帮助下(다행히 동료의 도움으로), 通过冷敷才逐渐缓解(냉찜질을 통해 점차 완화되었다)'라고 했으므로 정답은 A이다. 通过 뒤에는 주로 수단이나 방법이 소개되어 문제 정답과 관련된 내용이 자주 나온다. 해당 부분을 주의해서 듣는 연습을 하면 핵심 내용 파악에 큰 도움이 된다.

단어 冷敷 lěngfū 명 동 – 냉찜질(하다) 退热剂 tuìrèjì 명 해열제 凉水澡 liáng shuǐ zǎo 명 찬물 목욕 采用 cǎiyòng 동 채택하다, 사용하다 缓解 huǎnjiě 동 완화하다, 경감하다 症状 zhèngzhuàng 명 증상

12 D ★★

问: 高温天气下如何才能有效避免运动伤害?	질문: 고온 날씨에 어떻게 해야 운동 중 부상을 효과적으로 피할 수 있는가?
A 减少运动量 B 多喝冰饮料 C 只在室内健身 D 做好防护措施	A 운동량 줄이기 B 차가운 음료 많이 마시기 C 실내에서만 운동하기 D 보호 조치 잘하기

해설 첫 번째 질문에 대한 남자의 답변에서 '在高温天气下进行体育运动(고온 날씨에 운동을 하면), 确实容易产生各种意外损伤和病症(확실히 각종 예치치 못한 부상과 질병이 발생하기 쉽다). 做好防护措施(보호 조치를 잘 하고), 控制好运动量(운동량을 적절히 조절하며), ……, 做到科学健身(과학적인 운동을 해야)才能有效规避运动伤害(운동 부상을 효과적으로 피할 수 있다)'라고 했으므로 정답은 D이다. 질문의 避免과 녹음에서의 规避가 유사한 의미임을 기억해 두자.

단어 防护 fánghù 명동 보호(하다) 措施 cuòshī 명 조치, 대책 高温天气 gāowēn tiānqì 명 고온 날씨 有效 yǒuxiào 형 효과적이다 避免 bìmiǎn 동 피하다, 막다 规避 guībì 동 피하다 伤害 shānghài 동 상해, 피해

13 C ★★

问: 高温下运动可能会引发的最严重的病症是什么?	질문: 고온에서의 운동이 유발할 수 있는 가장 심각한 증상은 무엇인가?
A 中暑 B 痢疾 C 热射病 D 热痉挛	A 일사병 B 이질 C 열사병 D 열경련

해설 두 번째 질문에 대한 남자의 답변에서 '而热射病则是一种严重的急症(그러나 열사병은 심각한 급성 질환으로), 表现为高热和意识障碍(고열과 의식 장애가 나타나며), 严重时甚至可能造成死亡(심할 경우 사망에 이를 수도 있다)'라고 했다. 언급된 내용 중 가장 심각한 증상은 '造成死亡(사망에 이르다)'이므로 정답은 C이다.

단어 中暑 zhòngshǔ 동 일사병에 걸리다, 더위를 먹다 痢疾 lìjí 명 이질 热射病 rèshèbìng 명 열사병 热痉挛 rè jīngluán 명 열경련 引发 yǐnfā 동 일으키다, 유발하다

14 温度和湿度。 ★

问: 室内运动时, 我们要特别注意哪些事项?	질문: 실내 운동을 할 때, 우리는 어떤 사항에 특히 주의해야 하는가?
温度和湿度。	온도와 습도.

해설 세 번째 질문에 대한 남자의 답변에서 '室内健身要注意温度和湿度(실내 운동 시에는 온도와 습도에 주의해야 한다)'라고 하였으므로 정답은 温度和湿度이다.

단어 事项 shìxiàng 명 사항 温度 wēndù 명 온도 湿度 shīdù 명 습도

15 高温天气和体育锻炼。 ★★

问: 这段对话主要谈及了哪两方面的矛盾?	질문: 이 대화는 주로 어떤 두 가지 측면의 모순에 대해 언급하고 있는가?
高温天气和体育锻炼。	고온 날씨와 운동.

해설　여자의 네 번째 질문 중 '面对高温天气和体育锻炼之间的矛盾(고온 날씨와 운동 사이의 모순을 마주할 때)'에서 직접적으로 정답 高温天气和体育锻炼이 언급되었다.

단어　谈及 tánjí 통 언급하다　矛盾 máodùn 명 모순　高温天气 gāowēn tiānqì 명 고온 날씨　体育锻炼 tǐyù duànliàn 명 체육 훈련, 운동　之间 zhījiān 명 사이

16 B ★

问: 为了使身体更好地散热和排汗，我们可以做什么?	질문: 몸이 열을 더 잘 식히고 땀을 잘 배출할 수 있도록 우리는 무엇을 할 수 있는가?
A 避免过度劳累	A 과도한 피로를 피하다
B 选择透气服装	B 통풍이 잘 되는 옷을 선택하다
C 充分补充盐分	C 염분을 충분히 보충하다
D 进行室外运动	D 실외 운동을 하다

해설　네 번째 질문에 대한 남자의 답변에서 '应选择透气性好(통기성이 좋고)、吸汗快干的(땀 흡수가 빠르며 잘 마르는)运动服装和鞋袜(운동복과 신발, 양말을 선택해), 以便身体能够更好地散热和排汗(몸에 열을 식히고 땀을 배출하는 데 도움이 되도록 해야 한다)'라고 했으므로 정답은 B이다.

단어　避免 bìmiǎn 통 피하다, 막다　过度 guòdù 형 과도하다　劳累 láolèi 형 피로하다, 과로하다　透气 tòuqi 통 통풍되다, 공기가 통하다　盐分 yánfèn 명 염분　散热 sànrè 통 열을 식히다　排汗 páihàn 통 땀을 배출하다

TIP

- **주요 문장 형식**

幸好……, 才…… (다행히 ~하여, 겨우 ~하다)
　원문　幸好在同事的帮助下，通过冷敷才逐渐缓解。
　예문　幸好我及时发现了这个问题，才避免了一场事故。

……, 甚至…… (심지어 ~하기도 하다)
　원문　热射病则是一种严重的急症，……，严重时甚至可能造成死亡。
　예문　抑郁症主要表现为显著而持久的情绪低落，有的患者甚至可能有自伤或自杀的行为。

应 A, 以便 B (B하기 위하여 A해야 한다)
　원문　应选择透气性好、吸汗快干的运动服装和鞋袜，以便身体能够更好地散热和排汗。
　예문　无论做什么事我们都应提前做好充分准备，以便有备无患。

17-22

女：大家好，❶ 今天我们的嘉宾是海派画家汪家芳，近些年，汪老师一直在探索用中国画独特的视觉形式，为上海创作时代的"大画"，开拓中国画城市表达的新境界。汪老师，您能先给我们介绍一下什么是"大画"吗？

男：❶ 真正的"大画"并不是指纸张的大小，而是要有内容，有故事，讲述一个时代的故事或历史故事。它能够通过画面清晰地讲述一个问题，传达一个思想。这就是我心中的"大画"。

女：据说您的"大画"创作始于2018年，您受到委托为中国首届进口博览会接待外宾时的大厅创作一幅背景画。

男：是的，❶ 我希望通过这幅画，让观赏者感受到上海的城市韵味和城市精神。因此，我选择了上海最有烟火气的，最贴近市民的地方——石库门。这幅画名为《上海》，是以石库门为主线，远景是繁华的陆家嘴金融中心，展现了上海的城市发展历程。上海标志性的梧桐树，被秋天的金黄渲染，映衬出这里是上海的时代强音。

女：您的画可以称为时代"大画"，之所以精彩，是因为根基于脚下厚厚的泥土，心间深深的情感。您将对上海最深沉的爱付诸笔端，浸没在诗情画意之中，用与时俱进的精品力作，不断开拓艺术的新境界。作为一名海派画家，您的作品继承着海派艺术的风范，吸纳了民间艺术样式，借鉴了西洋technology，追求雅俗共赏，又具有新海派艺术的气象。您后来又画了《浦东》？

男：这是我为庆祝浦东开发开放30周年创作的一幅画作，宽9米，高4.5米。❷ 展现浦东的一个难题是如何用中国画来表现现代化的高楼大厦，这在传统作品中无从借鉴，于是我吸收了西方油画的表现手法，希望在形式上实现传统技法与现代艺术形式的融合。除了绘画，我也会把海派的理念应用于陶瓷艺术创作上。

女：这些画作从类型上看都属于中国山水画？

男：是的，我自幼喜爱绘画，并在华东师范大学艺术系本硕连读七年，❷ 其间跟随画家苏春生老师专攻中国山水画。在山水画的世界里，我不断探寻其精神内涵。我尊重古人对山水的敬畏，❷ 尤其敬仰徐霞客，他用一生时间游历名山大川，留下对后世影响深远的《徐霞客游记》。艺术之路同样需要积累与游历，所以我用10年时间重走徐霞客的足迹，创作了百幅画作，记录沿途的大好河山，思考山水之中的时代精神。

도자기 예술 창작에도 적용하고 있습니다.
여: 이 그림들은 유형으로 보면 모두 중국 산수화에 속하나요?
남: 그렇습니다. 저는 어릴 때부터 그림을 좋아했고, 화동범대학 예술학과에서 학사와 석사를 연이어 7년간 공부했습니다. ㉒ 그 기간 동안 화가 쑤춘성(苏春生) 선생님을 따라 중국 산수화를 전문적으로 배웠습니다. 산수화의 세계에서 저는 그 정신이 내포하는 의미를 끊임없이 탐구해왔습니다. 저는 옛사람들이 산수에 대해 가졌던 경외심을 존중하며, ㉑ 특히 쉬샤커(徐霞客)를 깊이 존경합니다. 그는 평생을 바쳐 명산대천을 유람하며 후세에 큰 영향을 끼친《쉬샤커 유람기(徐霞客游记)》를 남겼습니다. 예술의 길 역시 축적과 여행이 필요하다고 생각하여, 저는 10년의 시간을 들여 쉬샤커의 자취를 다시 따라가며 100점의 그림을 창작했고, 여정 속의 아름다운 산하를 기록하며 산수 속 시대 정신에 대해 사유했습니다.

단어 嘉宾 jiābīn 명 초대 손님   海派(=上海派) hǎipài(=Shànghǎi pài) 고유 해파 화가(상하이파, 19세기 중엽 이래로 상해와 그 주변 지역에서 활약한 화가 집단)   汪家芳 Wāng Jiāfāng 고유 왕자방(인명)   探索 tànsuǒ 통 탐색하다, 찾다   视觉 shìjué 명 시각   开拓 kāituò 통 개척하다   境界 jìngjiè 명 경지   纸张 zhǐzhāng 명 종이   讲述 jiǎngshù 통 이야기하다   清晰 qīngxī 형 명확하다. 선명하다   传达 chuándá 통 전달하다   委托 wěituō 통 위탁하다. 의뢰하다   首届 shǒujiè 명 첫 회, 제1기   进口博览会 jìnkǒu bólǎnhuì 명 수입 박람회   幅 fú 양 폭(그림, 천 등을 세는 단위)   韵味 yùnwèi 명 운치, 멋   烟火气 yānhuǒqì 명 생활의 정취   贴近 tiējìn 통 가까이 다가가다   石库门 Shíkùmén 고유 스쿠먼(상하이의 전통 가옥 양식)   远景 yuǎnjǐng 명 원경   繁华 fánhuá 형 번화하다   陆家嘴金融中心 Lùjiāzuǐ jīnróng zhōngxīn 고유 루자쭈이 금융 센터(상하이 위치)   标志性 biāozhìxìng 형 상징적인   梧桐树 wútóngshù 명 오동나무   渲染 xuànrǎn 통 번지다. 물들이다   映衬 yìngchèn 통 대비시키다. 돋보이게 하다   根基于 gēnjī yú ~에 뿌리를 두다   泥土 nítǔ 명 흙   深沉 shēnchén 형 깊고 무겁다   付诸 fùzhū 통 (실제로) 실행하다   笔端 bǐduān 명 붓끝, 필치   浸没 jìnmò 통 잠기다, 몰두하다   诗情画意 shīqíng huàyì 성 시적 정취와 회화적 분위기   与时俱进 yǔshí jùjìn 성 시대와 함께 발전하다   精品 jīngpǐn 명 수작, 뛰어난 작품   继承 jìchéng 통 계승하다   风范 fēngfàn 명 품격, 기풍   吸纳 xīnà 통 흡수하다. 받아들이다   样式 yàngshì 명 양식, 스타일   借鉴 jièjiàn 통 참고하다. 본받다   画技 huàjì 명 그림 기법   雅俗共赏 yǎsú gòngshǎng 성 고급과 대중이 함께 즐기다   高楼大厦 gāolóu dàshà 명 고층 빌딩   无从 wúcóng 부 ~할 길이 없다   吸收 xīshōu 통 흡수하다   油画 yóuhuà 명 유화   绘画 huìhuà 명 회화   理念 lǐniàn 명 이념, 개념   陶瓷 táocí 명 도자기   山水画 shānshuǐhuà 명 산수화   自幼 zìyòu 부 어릴 때부터   本硕 běnshuò 명 학사·석사 과정   跟随 gēnsuí 통 따르다   专攻 zhuāngōng 통 전공하다   探寻 tànxún 통 탐색하다   内涵 nèihán 명 (내포하는)내용, 의미   敬畏 jìngwèi 통 경외하다, 두려워하다   敬仰 jìngyǎng 통 존경하다   徐霞客 Xú Xiákè 고유 쉬샤커(명나라 시기 여행가)   游历 yóulì 통 여행하며 견문을 넓히다   名山大川 míngshān dàchuān 성 명산과 대천   足迹 zújì 명 발자취   沿途 yántú 명 길가, 거리 주변   大好河山 dàhǎo héshān 성 아름다운 강산

17 B ★★

问: "海派"一词可能是根据什么来命名的?	질문: '해파'라는 말은 무엇을 근거로 명명된 것인가?
A 刊物名称	A 간행물 명칭
B 地方特色	B 지역 특색
C 海运通道	C 해운 통로
D 建筑标志	D 건축 상징

해설 질문의 키워드는 '海派(해파)'와 '命名(이름을 짓다)'이다. 여자의 첫 번째 질문 중 '今天我们的嘉宾是海派画家汪家芳(오늘의 초대 손님은 해파 화가 왕자팡 선생님입니다)'에서 '海派(해파)'가 언급되었다. 이어지는 내용에서 '……, 为上海创作时代的"大画"(상하이를 위한 시대의 '대화(大画)'를 창작하며)'라고 했으며, 전반적인 인터뷰에서 왕자팡(汪家芳) 선생님의 그림에 관해 '상하이'에 관련된 내용이 반복적으로 언급되었으므로 정답은 B이다.

단어 刊物 kānwù 몡 간행물 地方特色 dìfāng tèsè 몡 지역 특색 海运 hǎiyùn 몡 해운, 해상 운송 标志 biāozhì 몡 표지, 기호, 상징 命名 mìngmíng 동 이름을 짓다, 명명하다

18 C ★★

问: 汪家芳认为"大画"最核心的要素是什么?	질문: 왕자팡은 '대화(大画)'의 가장 핵심적인 요소를 무엇이라고 생각하는가?
A 纸张要很大 B 内容要很多 C 有时代内涵 D 有历史传承	A 종이가 아주 커야 한다 B 내용이 아주 많아야 한다 C 시대적 의미를 가지고 있다 D 역사적 전승이 있다

해설 첫 번째 질문에 대한 남자의 답변에서 '真正的"大画"并不是指……(진정한 '대화'는 결코 ~을 말하는 것이 아니라), 而是要有内容, 有故事(그 안에 내용과 이야기가 있어야 하고), 讲述一个时代的故事或历史故事(시대적 이야기나 역사적 이야기를 서술하는 것을 말한다)'라고 했으므로 정답은 C이다. 녹음의 '讲述一个时代的故事(시대적 이야기를 서술하다)'와 보기의 '有时代内涵(시대적 의미가 있다)'가 유사한 의미임을 유추할 수 있어야 한다.
• 핵심 표현: 不是 A, 而是 B (A가 아니고 B이다) → 문제의 핵심 내용은 주로 B 부분에서 자주 언급된다.

단어 纸张 zhǐzhāng 몡 종이 内涵 nèihán 몡 (내포하는) 내용, 의미 历史传承 lìshǐ chuánchéng 역사적 전승(전수하고 계승함) 核心 héxīn 몡 핵심 要素 yàosù 몡 요소, 필수 요소

19 城市韵味和城市精神。 ★★★

问: 汪家芳希望通过《上海》这幅画来传达上海哪方面的特征?	질문: 왕자팡은 《상하이》라는 이 그림을 통해 상하이의 어떤 특색을 전달하고자 하는가?
城市韵味和城市精神。	도시의 운치와 도시 정신.

해설 두 번째 질문에 대한 남자의 답변에서 '我希望通过这幅画(저는 이 그림을 통해), 让观赏者感受到上海的城市韵味和城市精神(관람객들이 상하이의 도시의 정취와 도시 정신을 느낄 수 있기를 바랍니다)'라고 했으므로 정답은 城市韵味和城市精神이다. 예술가들이 작품을 통해 전달하려는 내용은 빈출 문항에 해당하므로 문제 풀이 시 이 부분을 주의해서 듣는 연습을 하자.

단어 传达 chuándá 동 전달하다, 전하다 特征 tèzhēng 몡 특징 韵味 yùnwèi 몡 운치, 정취 精神 jīngshén 몡 정신, 마음, 기운

20 D ★★

问: 汪家芳怎样解决了《浦东》创作中的难题?	질문: 왕자팡은 《푸둥》 창작에서의 어려움을 어떻게 해결했는가?
A 利用近景和远景交替 B 探索山水画独特内涵 C 描摹城市的繁华摩登 D 借鉴西洋画表现技巧	A 근경과 원경을 교차하여 활용하다 B 산수화의 독특한 내포를 탐구하다 C 도시의 변화하고 현대적인 모습을 묘사하다 D 서양화의 표현 기법을 참고하다

해설 세 번째 질문에 대한 남자의 답변에서 '展现浦东的一个难题是(푸둥을 표현하는 데 있어 어려운 점 중 하나는)……, 这在传统作品中无从借鉴(이는 전통 작품에서 참고할 수 있는 것이 없었다), 于是我吸收了西方油画的表现手法(그래서 나는 서양 유화의 표현 기법을 흡수하였다)'라고 했으므로 정답은 D이다. 吸收(흡수하다) – 借鉴(본받다), 手法(방법) – 表现技巧(표현 기법), 西方油画(서양 유화) – 西洋画(서양화) 등이 서로 의미가 통함을 유추할 수 있어야 한다.

단어 交替 jiāotì 동 교체하다, 번갈아 하다 探索 tànsuǒ 동 탐색하다, 탐구하다 描摹 miáomó 동 묘사하다, 그리다 繁华 fánhuá 형 번화하다, 화려하다 摩登 módēng 형 모던한, 현대적인 借鉴 jièjiàn 동 참고하다, 본받다 西洋画 xīyánghuà 명 서양화 技巧 jìqiǎo 명 기술, 기법 无从 wúcóng 부 ~할 길이 없다 手法 shǒufǎ 명 방법, 기법

21 B ★★

问: 徐霞客给了汪家芳什么启示?   질문: 쉬샤커는 왕자팡에게 어떤 깨달음을 주었는가?

A 争取著作出版权   A 저서 출판권을 확보하다
B 做艺术需要游历   B 예술은 여행이 필요하다
C 对古人保持敬畏   C 옛사람에 대한 경외심을 지녀야 한다
D 一生只做一件事   D 평생 한 가지 일만 하다

해설 네 번째 질문에 대한 남자의 답변에서 '尤其敬仰徐霞客(특히 쉬샤커를 깊이 존경한다), 他用一生时间游历名山大川(그는 평생을 바쳐 명산대천을 유람하며), 留下对后世影响深远的《徐霞客游记》(후세에 큰 영향을 끼친《쉬샤커 유람기》를 남겼다)'라고 했다. 이를 통해 쉬샤커가 왕자팡에게 큰 영향을 끼쳤음을 알 수 있다. 이어지는 내용에서 왕자팡이 '艺术之路同样需要积累与游历(예술의 길 역시 축적과 여행이 필요하다고 생각한다)'라고 했으므로 정답은 B이다.

단어 争取 zhēngqǔ 동 쟁취하다, 노력하다 著作 zhùzuò 명 저작, 작품 동 저술하다 出版权 chūbǎnquán 명 출판권 游历 yóulì 동 여행하다, 유람하다 敬畏 jìngwèi 동 경외하다, 두려워하다 启示 qǐshì – 계시, 시사 동 깨닫게 하다

22 C ★★

问: 关于汪家芳, 下面哪种说法是正确的?   질문: 왕자팡에 대해 아래 설명 중 옳은 것은?

A 最高学历是博士   A 최고 학력은 박사이다
B 以陶瓷创作为主   B 도자기 창작 위주이다
C 精通中国山水画   C 중국 산수화에 정통하다
D 特别喜欢写游记   D 여행기 쓰는 것을 특히 좋아한다

해설 네 번째 질문에 대한 남자의 답변에서 왕자팡은 '其间跟随画家苏春生老师专攻中国山水画(그 기간 동안 화가 쑤춘성 선생님을 따라 중국 산수화를 전문적으로 배웠다)'라고 했다. 또 이어지는 내용 '在山水画的世界里(산수화의 세계에서), 我不断探寻其精神内涵(나는 그 정신이 내포하는 의미를 끊임없이 탐구해왔다)'라고 했으므로 그가 산수화에 매우 정통했음을 알 수 있다. 따라서 정답은 C이다. 인터뷰 대상은 각 분야 성공 인사들이므로, 그들의 전문 분야를 파악하면서 듣는 연습을 하면 정확한 정답을 찾는 데 도움이 된다.

단어 最高学历 zuìgāo xuélì 명 최고 학력 博士 bóshì 명 박사 陶瓷 táocí 명 도자기 精通 jīngtōng 동 정통하다, 능통하다 游记 yóujì 명 유람기, 여행기

TIP

- 주요 문장 형식

并不是 A，而是 B (결코 A가 아니고 B이다)

원문 真正的"大画"并不是指纸张的大小，而是要有内容，有故事，讲述一个时代的故事或历史故事。
예문 人生并不是一场短跑，而是一场很远的马拉松。

之所以 A，是因为 B (A한 이유는, B이기 때문이다)

원문 您的画可以称为时代"大画"，之所以精彩，是因为根基于脚下厚厚的泥土，心间深深的情感。
예문 人们之所以追捧名牌大学，是因为它确实有很多优势条件。

제3부분 (23-40) 녹음을 듣고 올바른 답을 선택하거나 빈칸을 채우세요.

23-28

MP3 02-05

唾液可以传递人类最珍贵的信息，从唾液中几乎可以安全地识别一个人的基因序列。唾液为孕产妇和婴幼儿的健康检查提供了非常有效的信息。㉓ 从孕妇唾液中可以发现警示早产迹象的激素异常。唾液还可以告诉年轻夫妇他们的宝宝为何大哭不止。

㉔ 唾液是消化系统不可或缺的帮手，它是食物消化的催化剂。唾液中的淀粉酶能将食物中的少量淀粉分解成麦芽糖，淀粉类食物在口中咀嚼次数越多，我们就会觉得越香甜就是这个原因。

㉕ 唾液能够帮助身体抵抗细菌的侵犯。唾液中含有大量的蛋白质，这种蛋白质对保持口腔组织的健康至关重要。㉖ 但经常吸烟饮酒的人唾液中蛋白质的含量会降低。当烟雾与唾液接触后，唾液便会发生变化，降低其抵抗香烟中毒素的能力。几年前，科学家进行的一项研究发现，癌细胞在与唾液和烟雾的混合物接触后，污染后的唾液可能成为癌细胞生长的温床。

随着研究的深入，唾液在人类疾病的检测、预防和治疗中的作用变得更加重要。人们关注的不仅是唾液中可能发现的癌细胞，还有唾液的快速检测能力——仅仅20分钟，即可判断一个人是否患有糖尿病。㉗ 这种检测设备一旦投入使用，相关疾病的预防工作就会变得更加简单。因为它可以让医生在很短的时间内就掌握患者的信息。

㉘ 研究证明，唾液是你宝贵的信息库，是反映你健康状况的一扇窗。随着研究的深入，它会带给我们更多的惊喜。

타액은 인간의 가장 소중한 정보를 전달할 수 있으며, 타액으로부터 안전하게 한 사람의 유전자 서열을 거의 식별할 수 있다. 타액은 임산부와 영유아의 건강 검진에 매우 효과적인 정보를 제공한다. ㉓ 임산부의 타액에서 조산을 경고하는 호르몬 이상을 발견할 수 있다. 타액은 또한 젊은 부부에게 아기가 왜 울음을 그치지 않는지를 알려줄 수 있다.

㉔ 타액은 소화 계통에 없어서는 안 될 조력자로, 음식 소화의 촉매제이다. 타액 속의 아밀라아제는 음식에 포함된 소량의 전분을 엿당으로 분해할 수 있으며, 전분류식품은 입에서 많이 씹을수록 더 달콤하게 느껴지는 것이 바로 이 때문이다.

㉕ 타액은 신체가 박테리아의 침입에 저항하도록 도와준다. 타액에는 다량의 단백질이 함유되어 있으며, 이 단백질은 구강 조직의 건강을 유지하는 데 매우 중요하다. ㉖ 하지만 흡연과 음주를 자주 하는 사람은 타액 속 단백질 함량이 감소하게 된다. 연기가 타액과 접촉하면 타액은 변화하여 담배 속 독소에 대한 저항 능력이 약해진다. 몇 년 전 과학자들이 실시한 연구에서, 암세포가 타액과 연기의 혼합물에 접촉한 후, 오염된 타액이 암세포가 자라는 온상이 될 수 있음이 밝혀졌다.

깊이 있는 연구가 진행됨에 따라 타액은 인간 질병의 진단, 예방 및 치료에서 점점 더 중요한 역할을 하게 되었다. 사람들은 타액 속에서 발견될 수 있는 암세포 만이 아니라, 타액의 빠른 진단 능력에도 주목하고 있다. 단 20분 만에 한 사람이 당뇨병을 앓고 있는지를 판단할 수 있다. ㉗ 이러한 진단 장비가 실제로 사용되면 관련 질병의 예방 작업은 훨씬 더 간단해질 것이다. 왜냐하면 의사가 매우 짧은 시간 내에 환자의 정보를 파악할 수 있기 때문이다.

㉘ 연구에 따르면 타액은 당신의 소중한 정보 저장소이며, 건강 상태를 반영하는 창이다. 깊이 있는 연구가 진행됨에 따라 타액은 우리에게 더 많은 놀라움을 안겨줄 것이다.

단어　**唾液 tuòyè** 몡 타액, 침　**传递 chuándì** 동 전달하다　**珍贵 zhēnguì** 혱 진귀하다, 소중하다　**识别 shíbié** 동 식별하다　**基因 jīyīn** 몡 유전자　**序列 xùliè** 몡 서열, 순서　**孕产妇 yùnchǎnfù** 몡 임산부　**婴幼儿 yīngyòuér** 몡 영유아　**警示 jǐngshì** 동 경고(하다), 주의(하다)　**早产 zǎochǎn** 몡 조산　**迹象 jìxiàng** 몡 징후, 조짐　**激素 jīsù** 몡 호르몬　**异常 yìcháng** 혱 이상하다, 비정상적이다　**消化系统 xiāohuà xìtǒng** 몡 소화 계통　**不可或缺 bùkěhuòquē** 솅 없어서는 안 된다, 필수불가결하다　**帮手 bāngshǒu** 몡 조력자, 도우미　**催化剂 cuīhuàjì** 몡 촉매제　**淀粉酶 diànfěnméi** 몡 아밀라제(전분 분해 효소)　**麦芽糖 màiyátáng** 몡 맥아당, 엿당　**咀嚼 jǔjué** 동 씹다　**抵抗 dǐkàng** 동 저항하다　**细菌 xìjūn** 몡 세균　**侵犯 qīnfàn** 동 침범하다　**口腔 kǒuqiāng** 몡 구강　**饮酒 yǐnjiǔ** 동 음주하다　**烟雾 yānwù** 몡 연기, 스모그　**接触 jiēchù** 동 접촉하다　**毒素 dúsù** 몡 독소　**癌细胞 áixìbāo** 몡 암세포　**混合物 hùnhéwù** 몡 혼합물　**污染 wūrǎn** 동 오염(시키다)　**温床 wēnchuáng** 몡 온상　**检测 jiǎncè** 동 진단하다, 검사하다, 측정하다　**预防 yùfáng** 동 예방하다　**治疗 zhìliáo** 동 치료하다　**判断 pànduàn** 동 판단하다　**患有 huànyǒu** 동 (병에) 걸리다　**糖尿病 tángniàobìng** 몡 당뇨병　**设备 shèbèi** 몡 설비, 장비　**一旦 yídàn** 부 일단 ~하면　**投入 tóurù** 동 투입하다, 몰두하다　**患者 huànzhě** 몡 환자　**信息库 xìnxīkù** 몡 정보 데이터베이스　**一扇窗 yí shàn chuāng** 몡 하나의 창, 기회　**惊喜 jīngxǐ** 몡 놀라운 기쁨, 서프라이즈

23 B ★

问: 孕妇的唾液可以警示什么情况?	질문: 임산부의 타액은 어떤 상황을 경고할 수 있는가?
A 宝宝的睡眠质量 B 孕妇的激素异常 C 食物的咀嚼次数 D 细菌的污染指标	A 아기의 수면의 질 B 임산부의 호르몬 이상 C 음식의 씹는 횟수 D 세균의 오염 지표

해설　녹음 첫 번째 단락에서 '从孕妇唾液中(임산부의 타액에서)可以发现警示早产迹象的激素异常(조산을 경고하는 호르몬 이상을 발견할 수 있다)'라고 했으므로 정답은 B이다.

단어　**宝宝 bǎobao** 몡 아기에 대한 애칭　**孕妇 yùnfù** 몡 임산부　**激素 jīsù** 몡 호르몬　**异常 yìcháng** 혱 이상하다, 비정상적이다　**咀嚼 jǔjué** 동 씹다, 음미하다　**细菌 xìjūn** 몡 세균　**污染 wūrǎn** 동 오염시키다　**指标 zhǐbiāo** 몡 지표, 목표, 기준　**警示 jǐngshì** 동 경고하다

24 C ★★

问: 文章中所指的"消化系统不可或缺的帮手"是什么?	질문: 글에서 말하는 '소화 계통에 없어서는 안 될 조력자'는 무엇인가?
A 婴儿的唾液更黏稠 B 唾液能抑制癌细胞 C 唾液有益食物消化 D 糖尿病预防很简单	A 아기의 타액은 더 끈적하다 B 타액은 암세포를 억제할 수 있다 C 타액은 음식 소화에 유익하다 D 당뇨병 예방은 매우 간단하다

해설　녹음 두 번째 단락에서 '唾液是消化系统不可或缺的帮手(타액은 소화 계통에 없어서는 안 될 조력자로), 它是食物消化的催化剂(음식 소화의 촉매제이다)'라고 했다. 질문의 '消化系统不可或缺的帮手(소화 계통에 없어서는 안 될 조력자)'는 바로 '唾液(타액)'이며, 그것의 '음식 소화의 촉매제 기능'은 곧 소화에 도움이 된다는 것을 나타낸다. 따라서 정답은 C이다.

단어　**婴儿 yīng'ér** 몡 영아, 아기　**唾液 tuòyè** 몡 침, 타액　**黏稠 niánchóu** 혱 끈적거리다, 점성이 있다　**抑制 yìzhì** 동 억제하다, 억누르다　**癌细胞 áixìbāo** 몡 암세포　**有益 yǒuyì** 혱 유익하다, 도움이 되다　**糖尿病 tángniàobìng** 몡 당뇨병　**预防 yùfáng** 동 예방하다, 방지하다

25 细菌。 ★★

问: 唾液能帮助身体抵抗什么的侵害?	질문: 타액은 몸이 무엇의 침해에 저항하도록 도울 수 있는가?
细菌。	세균.

해설   녹음 세 번째 단락에서 '唾液能够帮助身体抵抗细菌的侵犯(타액은 몸이 세균의 침입을 막는 데 도움을 줄 수 있다)'라고 직접적으로 언급했으므로 정답은 细菌이다.

단어   唾液 tuòyè 몡 침, 타액   抵抗 dǐkàng 됭 저항하다, 막다   细菌 xìjūn 몡 세균   侵害 qīnhài 됭 침해하다, 해를 끼치다   侵犯 qīnfàn 됭 침범하다, 침해하다

26 A ★

问: 唾液中蛋白质含量低，可能的原因是什么?	질문: 타액 속 단백질 함량이 낮다면, 가능한 원인이 무엇인가?
A 经常抽烟喝酒	A 자주 담배를 피우고 술을 마신다
B 癌细胞增加了	B 암세포가 증가했다
C 刷牙方式不对	C 양치질 방법이 잘못되었다
D 食物含糖过少	D 음식에 당분이 너무 적다

해설   녹음 세 번째 단락에서 '经常吸烟饮酒的人(흡연과 음주를 자주 하는 사람은)唾液中蛋白质的含量会降低(타액 속 단백질 함량이 감소하게 된다)'라고 했으므로 정답은 A이다. 녹음의 '吸烟饮酒'가 보기에서 '抽烟喝酒'로 바꿔 표현되었다. 제시된 유사 어들을 빠르게 파악하는 연습이 필요하다.

단어   抽烟 chōuyān 됭 담배를 피우다   吸烟 xīyān 됭 흡연하다   喝酒 hējiǔ 됭 술을 마시다   癌细胞 ái xìbāo 몡 암세포   含糖 hán táng 당분을 포함하다, 당이 들어 있다

27 C ★

问: 文章提到的"检测设备"的优点是什么?	질문: 글에서 언급된 '진단 장비'의 장점은 무엇인가?
A 价钱便宜	A 가격이 저렴하다
B 体型微小	B 크기가 매우 작다
C 检测快速	C 진단이 빠르다
D 应用广泛	D 활용 범위가 넓다

해설   녹음 네 번째 단락에서 '这种检测设备一旦投入使用(이러한 진단 장비가 실제로 사용되면), 相关疾病的预防工作就将变得更加简单(관련 질병의 예방 작업은 훨씬 더 간단해질 것이다). 因为它可以让医生在很多的时间内就掌握患者的信息(왜냐하면 의사가 매우 짧은 시간내에 환자의 정보를 파악할 수 있기 때문이다)'라고 했다. 해당 진단 장비의 사용은 곧 빠른 시간내에 진단이 가능하도록 하므로 정답은 C이다.

단어   体型 tǐxíng 몡 체형, 몸매   微小 wēixiǎo 톙 미세하다, 아주 작다   检测 jiǎncè 됭 진단하다, 검사하다, 측정하다   快速 kuàisù 톙 빠르다, 신속하다   应用 yìngyòng 몡됭 응용(하다), 활용(하다)   广泛 guǎngfàn 톙 광범위하다, 폭넓다

28 B ★★

问: 下列哪项最适合作为文章的标题?	질문: 다음 중 글의 제목으로 가장 적절한 것은?
A 癌细胞的温床	A 암세포의 온상
B 你的唾液贵如金	B 당신의 타액은 금처럼 귀하다
C 基因与生命密码	C 유전자와 생명의 암호
D 珍爱生命，远离烟酒	D 생명을 아끼고 술·담배를 멀리하자

해설　녹음 다섯 번째 단락에서 '**研究证明**(연구에 따르면), **唾液是你宝贵的信息库**(타액은 당신의 소중한 정보 저장소이며), **是反映你健康状况的一扇窗**(건강 상태를 반영하는 창이다)'에서 이 글의 핵심 내용이 '타액의 연구 가치와 중요성'임을 알 수 있다. 따라서 정답은 타액의 가치를 높게 표현한 B이다.

단어　癌细胞 ái xìbāo 명 암세포　温床 wēnchuáng 명 온상, 발생지　贵如金 guì rú jīn 금처럼 귀하다, 매우 소중하다　基因 jīyīn 명 유전자　密码 mìmǎ 명 암호, 비밀번호　珍爱 zhēn'ài 동 소중히 여기다　远离 yuǎnlí 동 멀리하다, 멀리 떨어지다

TIP

• 주요 문장 형식

从……中可以发现 (~에서 발견할 수 있다)
원문　从孕妇唾液中可以发现警示早产迹象的激素异常。
예문　从研究植物中可以发现很多生命的奇迹和美丽。

A 是不可或缺的 B (A는 없어서는 안 되는/필수불가결한 B이다)
원문　唾液是消化系统不可或缺的帮手，它是食物消化的催化剂。
예문　农作物生长过程中，水是不可或缺的要素。

……含量降低 (~의 함량이 낮아지다)
원문　经常吸烟饮酒的人唾液中蛋白质的含量会降低。
예문　营养不良可能会出现血红蛋白含量降低的情况。

让我们来看看水果与果汁有什么区别。

水果的主要成分是水,其次含量较多的是糖和膳食纤维,还有一些矿物质、维生素和多酚。

㉙ 通常,水果中的多酚和多酚氧化酶是不会碰面的,但在榨汁时,细胞破裂,它们就会"狭路相逢"了。也就是说,把水果榨成汁,大家看重的抗氧化剂会有相当大的损失。

水果中的膳食纤维往往是不溶的,口感不好,榨汁后也就被去除了。但水果中的矿物质大多跟纤维成分在一起,于是它们也就跟着果汁残渣一起被丢弃了。

㉚ 损失了膳食纤维、矿物质和维生素,主要留下了糖——相当于糖被浓缩了。好喝的果汁,糖含量往往在10%以上——虽然这是"纯天然的糖",但还是会影响健康。

比较好的做法是不给婴儿喝果汁。6个月之后,开始给孩子添加辅食,不过孩子的主要营养还是来自母乳或者配方奶。这个阶段,让孩子尝试新食物对将来接受多样化食物至关重要。然而 ㉛ 果汁的引入只会强化婴儿对糖的偏好,从而影响对其他健康食物的接受。㉜ 周岁之后,孩子可以像大人一样从常规饮食中获得各种营养,此时 ㉞ 果汁作为一种饮料,既无毒也无害,但其营养缺陷主要是高糖,其他营养成分相对较少。因此,我们建议限制孩子喝果汁的量。

关键不在于"是否喝果汁",而在于"喝什么"更有益于健康。人体每天需要一定量的水,果汁也是补充水分的一种方式。㉝ 但是否选择喝果汁,主要取决于你的"替代品"是什么。例如,如果不喝果汁而改喝纯水或者牛奶,就是相当健康的选择;如果不喝果汁,而改喝市场上的其他饮料,如碳酸饮料、乳酸菌饮料、椰子汁等,这些饮料商业概念炒作很厉害,实际上未必有益健康,可能比喝果汁还要糟糕。

과일과 과일주스의 차이가 무엇인지 살펴보겠다.

과일의 주요 성분은 물이며, 그 다음으로 많은 것은 당분과 식이섬유이며, 그 외에 일부 미네랄, 비타민 및 폴리페놀을 포함하고 있다.

㉙ 보통 과일 속의 폴리페놀과 폴리페놀 산화효소는 서로 만나지 않지만, 즙을 낼 때 세포가 파괴되면서 이들은 '좁은 길에서 적을 만나는' 격이 된다. 다시 말해, 과일을 주스로 짜면 우리가 중시하는 항산화 물질이 상당 부분 손실된다.

과일 속의 식이섬유는 대부분 불용성이어서 식감이 좋지 않아, 주스를 짠 후에 바로 제거된다. 그런데 과일 속 미네랄의 대부분은 섬유질 성분과 함께 존재하므로, 이것들 또한 주스 찌꺼기와 함께 버려진다.

㉚ 식이섬유, 미네랄, 비타민을 잃고 주로 당분만 남으니, 결국 당분이 농축된 셈이다. 맛있는 과일주스의 당분 함량은 흔히 10% 이상이다. 비록 이것이 '천연 당분'이라 하더라도 여전히 건강에 영향을 미칠 수 있다.

더 나은 방법은 아기에게 과일주스를 먹이지 않는 것이다. 생후 6개월 이후부터 이유식을 시작하지만, 이 시기 아이의 주요 영양 공급원은 여전히 모유 또는 분유이다. 이 단계에서 아이가 새로운 음식을 시도하도록 하는 것은 앞으로 다양한 음식을 잘 받아들이게 하는 데 매우 중요하다. 그러나 ㉛ 과일주스를 접하게 되면 아이가 당분을 선호하는 성향을 강화하여, 다른 건강한 음식의 수용에 영향을 미친다. ㉜ 돌 이후, 아이는 성인과 마찬가지로 일상적인 식사에서 다양한 영양을 얻을 수 있다. 이때 34 과일주스는 하나의 음료로서 독성이 없고 무해하나, 영양상 결점은 주로 높은 당분에 있으며 다른 영양소는 상대적으로 적다. 따라서 우리는 아이가 과일주스를 마시는 양을 제한할 것을 권장한다.

핵심은 '과일주스를 마시느냐 마느냐'가 아니라, '무엇을 마시는 게 더 건강에 좋은가'이다. 인체는 매일 일정량의 수분을 필요로 하고, 과일주스도 수분을 보충하는 하나의 방식이다. ㉝ 하지만 과일주스를 마실지 여부는 주로 '대체품'이 무엇인가에 따라 결정된다. 예를 들어, 과일주스 대신 순수한 물이나 우유를 마신다면 상당히 건강한 선택이다. 만약 과일주스 대신 탄산음료, 유산균 음료, 코코넛 주스 등 시장의 다른 음료로 바꿔 마신다면, 이러한 음료는 상업적 개념이 과장되게 홍보되었을 뿐 실제로 건강에 유익하지 않을 수 있으며, 아마도 과일주스보다 더 나쁠 것이다.

단어 果汁 guǒzhī 몡 과일주스 成分 chéngfèn 몡 성분 含量 hánliàng 몡 함량 糖 táng 몡 당, 설탕 膳食纤维 shànshí xiānwéi 몡 식이섬유 矿物质 kuàngwùzhì 몡 무기질 维生素 wéishēngsù 몡 비타민 多酚 duōfēn 몡 폴리페놀 氧化酶 yǎnghuàméi 몡 산화효소 碰面 pèngmiàn 동 만나다, 마주치다 榨汁 zhàzhī 동 즙을 짜다 细胞 xìbāo 몡 세포 破裂 pòliè 동 파열되다, 찢어지다 狭路相逢 xiálù xiāngféng 성 적과 맞닥뜨리다(원수를 외나무다리에서 만나다) 抗氧化剂 kàngyǎnghuàjì 몡 항산화제 损失 sǔnshī 동 손실(되다) 溶róng 동 녹다, 용해되다 去除 qùchú 동 제거하다 残渣 cánzhā 몡 찌꺼기, 잔여물 丢弃 diūqì 동 버리다, 폐기하다 浓缩 nóngsuō 동 농축하다 纯天然 chúntiānrán 형 순수 천연의 婴儿 yīng'ér 몡 영아, 아기 添加 tiānjiā 동 첨가하다 辅食 fǔshí 몡 이유식, 보조식품 母乳 mǔrǔ 몡 모유 配方奶 pèifāngnǎi 몡 분유 偏好 piānhào 동 선호(하다) 常规 chángguī 몡 일반적인 규칙, 관례 缺陷 quēxiàn 몡 결함, 결점 限制 xiànzhì 동 제한하다 在于 zàiyú 동 ~에 (달려) 있다 补充 bǔchōng 동 보충하다 取决于 qǔjuéyú 동 ~에 의해 결정되다 替代品 tìdàipǐn 몡 대체품 碳酸饮料 tànsuān yǐnliào 몡 탄산음료 乳酸菌饮料 rǔsuānjūn yǐnliào 몡 유산균 음료 椰子汁 yēzizhī 몡 코코넛 주스 概念 gàiniàn 몡 개념 炒作 chǎozuò 동 과장하여 홍보하다 未必 wèibì 부 반드시 ~한 것은 아니다 糟糕 zāogāo 형 엉망이다, 형편없다

29 D ★★

| 问: 文章中提到"狭路相逢"的是哪两种成分? | 질문: 본문에서 '狭路相逢(좁은 길에서 적을 만나다)'라고 언급한 두 가지 성분은 무엇인가? |

A 糖和维生素
B 水和抗氧化剂
C 纤维和矿物质
D 多酚和多酚氧化酶

A 당분과 비타민
B 물과 항산화제
C 섬유질과 미네랄
D 폴리페놀과 폴리페놀 산화효소

해설 녹음 세 번째 단락에서 '通常，水果中的多酚和多酚氧化酶是不会碰面的(보통 과일 속의 폴리페놀과 폴리페놀 산화효소는 서로 만나지 않지만), 但在榨汁时(즙을 낼 때), 细胞破裂(세포가 파괴되면서), 它们就会"狭路相逢"了(이들은 '좁은 길에서 적을 만나는' 격이 된다)'라고 했으므로 정답은 D이다.

단어 狭路相逢 xiálù xiāngféng 성 적과 맞닥뜨리다(원수를 외나무다리에서 만나다) 维生素 wéishēngsù 몡 비타민 抗氧化剂 kàng yǎnghuà jì 몡 항산화제 矿物质 kuàngwùzhì 몡 무기질, 미네랄 多酚氧化酶 duōfēn yǎnghuà méi 몡 폴리페놀 옥시다아제(산화효소)

30 B ★★

| 问: 水果榨汁后会发生什么变化? | 질문: 과일을 주스로 짠 후에는 어떤 변화가 발생하는가? |

A 矿物质会氧化
B 糖的浓度会增加
C 抗氧化剂会消失
D 膳食纤维会溶解

A 미네랄이 산화된다
B 당의 농도가 증가한다
C 항산화제가 소실된다
D 식이 섬유가 용해된다

해설 녹음 다섯 번째 단락에서 '损失了膳食纤维、矿物质和维生素(식이섬유, 미네랄, 비타민을 잃고), 主要留下了糖(주로 당분만 남게 되어)——相当于糖被浓缩了(당분이 농축된 것과 같다)'라고 했다. 녹음의 '浓缩(농축하다)'는 보기의 '浓度增加(농도가 증가하다)'와 의미가 통하므로 정답은 B이다. 녹음 세 번째 단락 마지막 부분에서 '把水果榨成汁(과일을 주스로 짜면), 大家看重的抗氧化剂会有相当大的损失(우리가 중시하는 항산화 물질이 상당 부분 손실된다)'라고 하여 보기 C 抗氧化剂会消失를 선택할 수도 있을 것이다. 하지만 녹음의 '有损失(손실이 있다)'와 보기의 '消失(소실되다, 없어지다)'는 의미적 차이가 있으므로 C는 정답이 될 수 없다.

단어 榨汁 zhà zhī 동 즙을 짜다, 착즙하다 氧化 yǎnghuà 동 산화하다 浓度 nóngdù 몡 농도 抗氧化剂 kàng yǎnghuà jì 몡 항산화제 消失 xiāoshī 동 소실되다, 없어지다 膳食纤维 shànshí xiānwéi 몡 식이섬유 溶解 róngjiě 동 용해되다, 녹다

31 D ★

问: 喝果汁对婴儿有什么影响?	질문: 과일주스를 마시는 것은 아기에게 어떤 영향을 미치는가?
A 引发糖尿病	A 당뇨병을 유발한다
B 导致智力下降	B 지능 저하를 초래한다
C 阻碍肠胃器官生长	C 위장 기관의 성장을 방해한다
D 不利于接受其他食物	D 다른 음식을 받아들이는 데 불리하다

해설 　녹음 여섯 번째 단락에서 '果汁的引入只会强化婴儿对糖的偏好(과일주스를 접하게 되면 아이가 당분을 선호하는 성향을 강화하여), 从而影响对其他健康食物的接受(다른 건강한 음식의 수용에 영향을 미치다)'라고 했으므로 정답은 D이다. '不利于(~에 불리하다)'와 '影响(영향을 끼치다)'가 비슷한 표현임을 빠르게 파악한다면 답을 쉽게 찾을 수 있다.

단어 　**婴儿** yīng'ér 명 영아, 아기　**糖尿病** tángniàobìng 명 당뇨병　**导致** dǎozhì 동 초래하다, 일으키다　**智力** zhìlì 명 지능　**阻碍** zǔ'ài 동 방해하다, 저지하다　**肠胃** chángwèi 명 장과 위, 소화기관　**器官** qìguān 명 기관　**不利于** búlì yú ~에 불리하다, ~에 해롭다

32 常规饮食。 ★★

问: 周岁之后的孩子可以从哪里获取营养?	질문: 돌이 지난 아이는 어디에서 영양을 얻을 수 있는가?
常规饮食。	일상적인 식사.

해설 　녹음 여섯 번째 단락에서 '周岁之后(돌 이후), 孩子可以像大人一样(아이는 성인과 마찬가지로)从常规饮食中获得各种营养(일상 음식에서 다양한 영양을 얻을 수 있다)'라고 했으므로 정답은 常规饮食이다.

단어 　**获取** huòqǔ 동 얻다, 획득하다　**营养** yíngyǎng 명 영양　**常规** chángguī 명 일반적인 규칙, 관례　**饮食** yǐnshí 명 음식, 식사

33 C ★★★

问: 是否喝果汁取决于什么?	질문: 과일주스를 마실지 여부는 무엇에 따라 결정되는가?
A 孩子的消化能力	A 아이의 소화 능력
B 果汁中水的含量	B 과일주스 속 물의 함량
C 替代饮料的健康程度	C 대체 음료의 건강 정도
D 其他食物的商业价值	D 다른 음식의 상업적 가치

해설 　녹음 일곱 번째 단락에서 '是否选择喝果汁(과일주스를 마실지 여부는), 主要取决于"替代品"是什么(주로 '대체품'이 무엇인가에 따라 결정된다)'라고 했다. 또한 이어지는 내용에서 '如果……喝纯水或者牛奶(만약 순수한 물이나 우유를 마신다면), 就是相当健康的选择(상당히 건강한 선택이다); 如果……喝市场上的其他饮料, 如碳酸饮料等(만약 탄산음료와 같은 시장의 음료를 마신다면), ……可能比喝果汁还要糟糕(아마도 과일주스보다 더 나쁠 것이다)'라고 했으므로 정답은 C이다. 과일주스를 마시지 않더라도, 대체 음료가 건강한지 아닌지에 따라 선택이 달라진다는 점을 파악해야 한다.

단어 　**取决于** qǔjué yú 동 ~에 달려 있다　**替代饮料** tìdài yǐnliào 명 대체 음료　**健康程度** jiànkāng chéngdù 명 건강 수준

34 C ★★

问: 这篇文章主要谈了什么内容?	질문: 이 글에서 주로 다루는 내용은 무엇인가?
A 有益健康的饮料	A 건강에 유익한 음료
B 婴儿的饮食偏好	B 아기의 음식 선호
C 果汁的营养缺陷	C 과일주스의 영양적 결함
D 果糖的保健功效	D 과당의 건강 효능

해설 녹음에서는 전반적으로 과일을 주스로 짰을 때 나타나는 부정적 결과를 말하고 있다. 녹음 여섯 번째 단락에서 '果汁作为一种饮料(과일주스는 하나의 음료로서), ……, 但其营养缺陷主要是高糖(영양상 결점은 주로 높은 당분에 있으며), 其他营养成分相对较少(다른 영양소는 상대적으로 적다)'라고 했으므로 정답은 C이다.

- 핵심 표현: A 主要是 B (A의 주원인은 B이다)

단어 有益 yǒuyì 형 유익하다, 도움이 되다 婴儿 yīng'ér 명 영아, 아기 偏好 piānhào 명통 선호(하다) 缺陷 quēxiàn 명 결점, 결함 保健 bǎojiàn 명 건강 관리 통 건강을 지키다 功效 gōngxiào 명 효능, 효과

TIP

- **주요 문장 형식**

主要成分是 A, 其次是 B, 还有 C (주요 성분은 A이고, 다음으로 B이며, 또 C가 있다)
主要成分是 A, 还有 B, 另外还有 C (주요 성분은 A이고, 또 B가 있으며, 그 외에 C도 있다)

원문 水果的主要成分是水，其次含量较多的是糖和膳食纤维，还有一些矿物质、维生素和多酚。
예문 西瓜的主要成分是水分和糖分，西瓜还含有一定量的蛋白质和脂肪，另外还含有多种维生素和矿物质。

通常 A, 但 B (보통은 A인데, 그러나 B이다)

원문 通常，水果中的多酚和多酚氧化酶是不会碰面的，但在榨汁时，细胞破裂，它们就会"狭路相逢"了。
예문 这种问题通常不会发生，但在特定情况下可能会出现。

不在于 A, 而在于 B (A에 달린 것이 아니라, B에 달렸다 / A에 의해 결정되는 것이 아니라, B에 의해 결정된다)

원문 关键不在于"是否喝果汁"，而在于"喝什么"更有益于健康。
예문 成功不在于你有多聪明，而在于你有多努力。

① 在飞机航行中，飞行员能睡觉吗？答案是能。

起飞与降落两个阶段，是飞行员最忙的时候。以起飞阶段来说，飞机可能因为爬升太快而导致速度降低，也可能因为爬升角度过小导致爬升太慢，这不仅影响航程，还会给地面造成很大噪声。㉟ 在这一阶段，机长需要让飞机保持最有利的速度，副驾驶则监控各种仪表数据，并对飞机状态进行调整。

㊱ 等飞机到了巡航高度，也就是你可以暂时松开安全带，并等待乘务员送来飞机餐的这段时间，飞机的升力和重力相等，飞行速度也不变。如果没有意外情况的话，飞行的事儿就可以交给电脑操作了。所以在巡航状态下，两名飞行员同时睡着，不一定会出现事故。但出于安全考虑，至少应有一名飞行员保持警觉，监控飞行状态，确保飞机飞行过程中始终有飞行员是清醒的。㊲ 毕竟一旦有意外情况，比如天气突变、飞行员误操作、机上出现安全事件等，飞行员的作用是自动驾驶系统无法替代的。

㊳ 对于飞行员，尤其是执行长距离航班的飞行员来说，不仅从技术角度可以睡，从安全角度来说，也很有必要睡一会儿。

㊴ 飞行员疲劳驾驶的后果非常严重。调查显示：在商业航班事故中，75%的事故涉及人为差错，其中机组疲劳占15%—20%。

在国内，为了预防和缓解飞行员疲劳、避免飞行事故，有这样一些建议：加强机组团队沟通、嚼口香糖、喝咖啡或茶，以及在飞行安全有保障的前提下小睡一会儿。㊵ 长距离飞行往往需要扩编飞行机组，也就是说，有两个或两个以上的飞行员小组轮流开飞机，被换下来的一组飞行员可以安心补觉。另外，扩编机组中负责着陆阶段操纵飞机的飞行员，必须在飞行任务的后半段时间里，至少连续休息两小时。

단어 航行 hángxíng 동 항행하다, 비행하다 降落 jiàngluò 동 착륙하다 阶段 jiēduàn 명 단계 飞行员 fēixíngyuán 명 비행사, 파일럿 爬升 páshēng 동 상승하다 航程 hángchéng 명 비행 여정(일정) 噪声 zàoshēng 명 소음 机长 jīzhǎng 명 기장 副驾驶 fùjiàshǐ 명 부기장 监控 jiānkòng 동 모니터링하다, 감시하고 제어하다 仪表 yíbiǎo 명 계기판 数据 shùjù 명 데이터 巡航 xúnháng 동 순항하다 暂时 zànshí 부 잠시, 일시적으로 松开 sōngkāi 동 풀다 安全带 ānquándài 명 안전벨트 乘务员 chéngwùyuán 명 승무원 飞机餐 fēijīcān 명 기내식 升力 shēnglì 명 양력 重力 zhònglì 명 중력 相等 xiāngděng 형 서로 같다 警觉 jǐngjué 명 경각심을 가지다 确保 quèbǎo 동 확실히 보장하다 清醒 qīngxǐng 형 정신이 맑다 毕竟 bìjìng 부 어쨌든, 결국 误操作 wùcāozuò 명 오조작, 조작 실수 自动驾驶系统 zìdòng jiàshǐ xìtǒng 자동 조종 시스템 无法替代 wúfǎ tìdài 대체할 수 없다 执行 zhíxíng 동 실행하다 长距离航班 chángjùlí hángbān 장거리 항공편 疲劳驾驶 píláo jiàshǐ 명 피로 운전 商业航班 shāngyè hángbān 명 상업 항공편 涉及 shèjí 동 관련되다, 포함하다 人为差错 rénwéi chācuò 인적 오류 机组 jīzǔ 명 (항공기의) 승무원 팀 预防 yùfáng 동 예방하다 缓解 huǎnjiě 동 완화하다 避免 bìmiǎn 동 피하다, 방지하다 团队 tuánduì 명 팀, 단체 沟通 gōutōng 동 소통하다 嚼 jiáo 동 씹다 口香糖 kǒuxiāngtáng 명 껌 保障 bǎozhàng 동 보장하다 扩编 kuòbiān 동 규모를 확대하다 轮流 lúnliú 동 번갈아 가다 补觉 bǔjiào 동 수면을 보충하다 着陆 zhuólù 동 착륙하다 操纵 cāozòng 동 조종하다

35 C ★★

问: 起飞阶段, 机长主要负责什么? 　　　질문: 이륙 단계에서 기장은 주로 무엇을 책임지는가?

A 监督空乘人员　　　　　　　　　　　A 객실 승무원을 감독한다
B 观察仪表数据　　　　　　　　　　　B 계기판 데이터를 관찰한다
C 保持飞机速度　　　　　　　　　　　C 비행기의 속도를 유지한다
D 服务客舱乘客　　　　　　　　　　　D 객실 승객에게 서비스를 제공한다

해설 녹음 두 번째 단락에서 '在这一阶段, 机长需要让飞机保持最有利的速度(이 단계에서 기장은 비행기가 가장 유리한 속도를 유지하도록 해야 한다)'라고 했으므로 정답은 C이다. '这一阶段'은 앞 문장에서 언급된 '以起飞阶段来说'와 연결된다는 것을 파악해야 한다. B 观察仪表数据(계기판 데이터 모니터링)은 부기장의 역할이므로 정답이 될 수 없다.

단어 起飞 qǐfēi 동 이륙하다 监督 jiāndū 동 감독하다, 감시하다 空乘人员 kōngchéng rényuán 항공 승무원 观察 guānchá 동 관찰하다 仪表 yíbiǎo 명 외모, 복장 客舱 kècāng 명 객실(비행기 내) 乘客 chéngkè 명 승객

36 A ★★

问: 电脑在什么高度能够操控飞机? 　　　질문: 컴퓨터는 어느 고도에서 비행기를 조종할 수 있는가?

A 巡航高度　　　　　　　　　　　　　A 순항 고도
B 平流层高度　　　　　　　　　　　　B 성층권 고도
C 单数高度层　　　　　　　　　　　　C 홀수고도층
D 5000米高度　　　　　　　　　　　　D 5000미터 고도

해설 문제 키워드는 '컴퓨터가 비행기를 조종할 수 있는 고도'이다. 녹음 세 번째 단락에서 '等飞机到了巡航高度(비행기가 순항 고도에 도달하면), ……。如果没有意外情况的话(만약 돌발 상황이 없다면), 飞行的事儿就可以交给电脑操作了(비행 임무는 컴퓨터에 조종을 맡길 수 있다)'라고 했으므로 정답은 A이다. '等飞机到了巡航高度(비행기가 순항 고도에 도달하면)'과 '可以交给电脑操作(컴퓨터에게 조종을 맡길 수 있다)' 사이에 많은 설명이 삽입되어 있어 문장의 핵심을 놓칠 수 있다. 따라서 문제를 풀 때는 항상 핵심 정보를 빠르게 파악하는 연습을 해야 한다.

단어 巡航 xúnháng 동 순항하다 高度 gāodù 명 고도 平流层 píngliúcéng 명 성층권 单数 dānshù 명 단수 高度层 gāodùcéng 명 고도층

37 B		★★

问: 文章列举了天气突变等意外情况，是为了论证什么？	질문: 글에서 기상 급변 등 돌발 상황을 열거한 것은 무엇을 논증하기 위한 것인가?
A 着陆操作困难 B 飞行员作用大 C 航行的危险性 D 电脑配置重要	A 착륙 조작의 어려움 B 조종사의 역할이 크다 C 비행의 위험성 D 컴퓨터 설비의 중요성

해설　녹음 세 번째 단락에서 '毕竟一旦有意外情况(결국 일단 돌발 상황이 발생하면), 比如天气突变(예를 들어 날씨 급변)、飞行员误操作(조종사의 조작 실수)、机上出现安全事件等(기내 안전 문제 등)，飞行员的作用是自动驾驶系统无法替代的(조종사의 역할은 자동 비행 시스템이 대체할 수 없는 것이다)'라고 했다. 이러한 예외 상황을 나열한 이유는 조종사가 여전히 필수적인 존재임을 강조하기 위한 것이므로 정답은 B이다.

단어　列举 lièjǔ 동 열거하다, 나열하다　论证 lùnzhèng 동 논증하다, 입증하다　着陆 zhuólù 동 착륙하다　操作 cāozuò 명동 조작(하다)　飞行员 fēixíngyuán 명 비행사, 조종사　作用 zuòyòng 명 역할, 작용　航行 hángxíng 동 항해하다, 항공하다　危险性 wēixiǎn xìng 명 위험성　电脑 diànnǎo 명 컴퓨터　配置 pèizhì 명동 배치(하다), 구성(하다)

38 技术和安全。		★★

问: 文章是从哪两个角度来谈飞行员睡觉问题的？	질문: 글은 조종사의 수면 문제를 어떤 두 가지 각도에서 다루고 있는가?
技术和安全。	기술과 안전.

해설　녹음 네 번째 단락에서 '对于飞行员(조종사에게 있어서), 尤其是执行长距离航班的飞行员来说(특히 장거리 비행을 수행하는 조종사에게는), 不仅从技术角度可以睡(기술적인 측면에서 잠을 잘 수 있을 뿐만 아니라), 从安全角度来说(안전의 측면에서도), 也很有必要睡一会儿(잠시 자는 것이 매우 필요하다)'라고 했다. 조종사의 수면 문제와 관련해서 '技术角度(기술적 측면)'과 '安全角度(안전 측면)'이 언급되었으므로 정답은 技术和安全이다.
　● 핵심 표현: 不仅 A，也 B (A일 뿐만 아니라, 또한 B하다)

단어　角度 jiǎodù 명 각도, 시각　技术 jìshù 명 기술　安全 ānquán 명형 안전(하다)

39 C		★

问: 商业航班的飞行事故中，飞行员疲劳驾驶引发的事故比例是多少？	질문: 민항기의 비행 사고 중 조종사의 피로 운항으로 인한 사고 비율은 얼마인가?
A 40% B 75% C 15%—20% D 50%—60%	A 40% B 75% C 15%—20% D 50%—60%

해설   녹음 다섯 번째 단락에서 '飞行员疲劳驾驶的后果非常严重(조종사의 피로 운항으로 인한 결과는 매우 심각하다). 调查显示(조사에 따르면): 在商业航班事故中(상업 항공편 사고 중), 75%的事故涉及人为差错(75%는 인적 과실과 관련이 있으며), 其中机组疲劳占15%—20%(그중 항공기 승무원 팀의 피로가 차지하는 비율이 15%~20%이다)'라고 했으므로 정답은 C이다. 보기의 B 75%는 '人为差错(인적 과실)'과 관련된 내용이므로 정답이 될 수 없다.

단어   商业航班 shāngyè hángbān 명 상업 항공편   事故 shìgù 명 사고   疲劳驾驶 píláo jiàshǐ 명 피로 운전   引发 yǐnfā 동 일으키다, 유발하다   比例 bǐlì 명 비율

40 A   ★★

问: 为应对飞行员疲劳，长距离飞行会采取什么措施?

질문: 조종사의 피로에 대처하기 위해 장거리 비행에서는 어떤 조치를 취하는가?

A 增加飞行机组
B 更新电脑系统
C 为飞行员提供咖啡
D 建议飞行员多交流

A 조종팀을 확대 편성한다
B 컴퓨터 시스템을 업데이트한다
C 조종사에게 커피를 제공한다
D 조종사 간의 소통을 늘릴 것을 제안한다

해설   녹음 여섯 번째 단락에서 '长距离飞行往往需要扩编飞行机组(장거리 비행 시에는 종종 조종팀을 확대 편성해야 한다)'라고 했다. 이는 조종사의 피로를 관리하기 위한 방법으로 '扩编飞行机组(조종팀의 확대 편성)'이 핵심 내용임을 알 수 있다. 따라서 정답은 A이다. 문제 키워드는 '扩编(확대 편성하다)'이며, 그 의미를 빠르게 이해하는 것이 중요하다.

단어   增加 zēngjiā 동 증가하다, 늘리다   机组 jīzǔ 명 (항공기의) 승무원 팀   更新 gēngxīn 동 갱신하다, 업데이트하다   提供 tígōng 동 제공하다

TIP

- **주요 문장 형식**

如果……, 就…… (만약 ~하면, 곧 ~하다)
원문   如果没有意外情况的话, 飞行的事儿就可以交给电脑操作了。
예문   社会如果没有法律, 就会出现一系列严重的问题。

(比)如……等 (예를 들면 ~등)
원문   毕竟一旦有意外情况, 比如天气突变、飞行员误操作、机上出现安全事件等, 飞行员的作用是自动驾驶系统无法替代的。
예문   如果火灾是由于人不可抗力的自然灾害引起的, 如雷击、地震等, 那么, 相关人员就不用承担法律责任。

不仅 A, 也 B (A할 뿐만 아니라, B하다)
원문   对于飞行员, 尤其是执行长距离航班的飞行来说, 不仅从技术角度可以睡, 从安全角度来说, 也很有必要睡一会儿。
예문   外出时带口罩, 不仅可以预防肺部吸入粉尘、污染物等, 也能起到一定的保温效果。

二、阅读 독해

제1부분 (41-68)
지문을 보고 올바른 답을 선택하세요.

41-47

㊶ 在皖南众多风格独特的徽派民居村落中，宏村是最具代表性的。从整个外观上说，宏村是"桃花源"里一座奇特的牛形古村落，既有山林野趣，又有水乡风貌，素有"中国画里的乡村"之美誉。村中各户皆有水道相连，汩汩清泉从各户潺潺流过，层楼叠院与湖光山色交相辉映，处处是景、步步入画。闲庭信步其间，悠然之情浓烈得让人心醉。

㊷ 古宏村人规划、建造的牛形村落和人工水系，是当今"建筑史上一大奇观"：巍峨苍翠的雷岗为牛首，参天古木是牛角，由东而西错落有致的民居群宛如庞大的牛躯。引清泉为"牛肠"，经村流入被称为"牛胃"的月塘后，被过滤了的水流向村外被称作"牛肚"的南湖。人们还在绕村的河溪上架起了四座桥梁，作为"牛腿"。这种别出心裁的科学的村落水系设计，不仅为村民解决了消防用水，而且调节了气温，为居民生产、生活用水提供了方便，创造了一种"浣汲未防溪路远，家家门前有清泉"的良好环境。

㊸ 宏村的建筑主要是住宅和私家园林，也有书院和祠堂等公共设施，建筑组群比较完整。各类建筑都注重雕饰，木雕、砖雕和石雕等细腻精美，具有极高的艺术价值。㊹ 村内街巷大都傍水而建，民居也都围绕着月塘布局。住宅多为二进院落，有些人家还将活水引入宅内，形成水院，开辟了鱼池。比较典型的建筑有南湖书院、乐叙堂、承志堂、德义堂、松鹤堂、碧园等。

㊺ 宏村阴雨天多，云雾天多，接近于海洋性气候，年均气温7.8℃。㊻ 年平均降雨日数183 天，多集中于4—6 月，山上全年降水量为2395 毫米。西南风、西北风较多，年平均降雪日数49 天。

2006 年以后，宏村的旅馆业开始有了新发展，家家户户只要家里有几间空房间的，都开始挂牌搞起了农家乐。因此，㊼ 到宏村游玩，尽量住在村里，这样出入宏村就不用多买门票。而且村中多是老宅子，运气好的话，还能住进有雕花大床的厢房。由于

㊶ 완난(중국 안후이(安徽)성의 장강 이남 지역)에 있는 수많은 독특한 스타일의 휘파(徽派) 민가 마을 중에서, 홍춘(宏村)은 가장 대표성을 지닌다. 전체 외관으로 보았을 때, 홍춘은 '도화원(桃花源)' 속에 있는 독특한 소 모양의 고대 마을로, 전원과 산야의 정취도 있고 물의 고장인 면모도 있기에, 평소에 '중국화 속의 마을'이라는 명성을 가지고 있다. 마을의 각 가정은 모두 수로로 연결되어 있고, 맑은 샘물이 각 집을 따라 졸졸 흐르며, 층층이 쌓인 건물과 호수와 산의 경치가 서로 어우러져, 곳곳이 풍경이고 걸음마다 그림 속으로 들어가는 듯하다. 한가롭게 뜰을 거닐다 보면, 느긋한 감정이 짙게 퍼져 사람의 마음을 취하게 만든다.

㊷ 고홍춘(古宏村) 사람들이 계획하고 건설한 소 모양의 마을과 인공 수계는 오늘날 '건축사에 있어서 굉장한 기관'이다: 웅장하고 푸르른 레이강(雷刚)산은 소의 머리이고, 하늘 높이 솟은 고목은 소의 뿔이며, 동쪽에서 서쪽으로 들쑥날쑥 운치 있게 배치된 민가들은 거대한 소의 몸통과 같다. 맑은 샘물을 끌어들여 '소의 창자'로 삼고, 마을을 지나 '소의 위'라 불리는 월당(月塘)에 유입된 후, 정화된 물은 마을 밖의 '소의 배'라 불리는 남호로 흘러간다. 사람들은 마을을 둘러싼 하천 위에 네 개의 다리를 세워 '소의 다리'로 삼았다. 이처럼 기발하고 과학적인 마을 수계 설계는 마을 사람들의 소화용수를 해결했을 뿐만 아니라 기온을 조절하고, 주민의 생산과 생활용수에 편의를 제공했으며, '빨래하고 물 긷는 데 시냇물길이 멀지 않아, 집집마다 문 앞에 맑은 샘물이 있다'는 좋은 환경을 만들어냈다.

㊸ 홍춘의 건축은 주로 주택과 개인 정원이며, 서원과 사당 등의 공공 시설도 있어 건축군이 비교적 완전하다. 각종 건축물은 모두 조각 장식에 중점을 두며 목조, 전조, 석조 등이 섬세하고 정교하여 매우 높은 예술적 가치를 지닌다. ㊹ 마을 안의 거리와 골목은 대부분 물가에 지어졌고, 민가들도 모두 월당(月塘)을 중심으로 배치되어 있다. 주택은 대부분 이진 구조(二进院落)의 안채이며, 일부 가정은 흐르는 물을 집 안으로 끌어들여 물의 정원을 형성하고, 연못도 만들었다. 비교적 대표적인 건축물로는 남호서원, 악서당, 승지당, 덕의당, 송학당, 벽원이 있다.

㊺ 홍춘은 흐리고 비 오는 날이 많고, 안개 낀 날도 많으며, 해양성 기후에 가깝다. 연평균 기온은 7.8℃이며, ㊻ 연평균 강우일수는 183일로 주로 4~6월에 집중된다. 산에서는 연간 강수량이 2395mm에 이른다. 남서풍과 북서풍

游客众多，在旅游高峰期最好提前预订。

이 비교적 많고, 연평균 강설일수는 49일이다.

　　2006년 이후, 훙춘의 숙박업은 새로운 발전을 이루기 시작해, 집에 빈방이 몇 개라도 있는 가정에서는 모두 간판을 내걸고 농가 민박을 시작했다. 그러므로 ㊼ 훙춘을 여행할 때는 되도록 마을 안에 묵는 것이 좋은데, 그러면 훙춘에 드나들 때 입장권을 여러 번 사지 않아도 되기 때문이다. 게다가 마을 안에는 대부분이 고택이어서 운이 좋으면 조각이 새겨진 대형 침대가 있는 별채에 머물 수도 있다. 관광객이 많기 때문에 관광 성수기에는 미리 예약하는 것이 좋다.

단어 皖南 Wǎnnán [고유] 완난(중국 안후이(安徽)성의 장강(양쯔강) 이남 지역) 徽派 huīpài [명] 휘파(안후이 지방의 건축 양식) 民居 mínjū [명] 민가 村落 cūnluò [명] 마을 宏村 Hóngcūn [고유] 훙춘(중국 안후이(安徽)성의 전통 마을) 桃花源 táohuāyuán [명] 도화원(이상향, 유토피아) 山林野趣 shānlín yěqù [전원과 산야의 정취] 水乡风貌 shuǐxiāng fēngmào 수향(물의 고장)의 풍경 素有 sùyǒu [동] 평소에 있다, 원래부터 있다 美誉 měiyù 명성, 명예 汩汩清泉 gǔgǔ qīngquán 세차게 흐르는 맑은 샘물 潺潺流过 chánchán liúguò 졸졸 흐르다 层楼叠院 cénglóu diéyuàn 층층이 쌓인 건물 湖光山色 húguāng shānsè 호수와 산의 아름다운 풍경 交相辉映 jiāoxiāng huīyìng 서로 빛을 더하다 闲庭信步 xiántíng xìnbù 한적한 정원에서 느긋하게 걷다 悠然 yōurán [형] 한가롭다 浓烈 nóngliè [형] (냄새가)진하다, 강렬하다 心醉 xīnzuì 마음이 취하다, 감탄하다 水系 shuǐxì 수계(땅 표면의 물이 점점 모여 하나의 물줄기를 이루는 시스템) 巍峨苍翠 wēi'é cāngcuì 우뚝 솟고 푸르다 一大 yídà 굉장히, 아주 큰 奇观 qíguān [명] 기관(기이한 광경, 현상) 雷岗 Léigǎng [고유] 레이강(안후이(安徽)성에 위치한 산) 参天古木 cāntiān gǔmù [명] 하늘을 찌를 듯한 고목 牛角 niújiǎo [명] 소의 뿔 错落有致 cuòluò yǒuzhì (사물의 배열이) 들쭉날쭉하면서도 운치가 있다 宛如 wǎnrú [동] 마치 ~와 같다 庞大 pángdà [형] 거대하다 牛躯 niúqū [명] 소의 몸체 清泉 qīngquán [명] 맑은 샘물 月塘 yuètáng [명] 달 모양 연못 过滤 guòlǜ [동] 여과하다 架 jià [동] 설치하다 桥梁 qiáoliáng [명] 다리, 교량 别出心裁 biéchū xīncái [성] 독창적이다 消防 xiāofáng [명] 소방 浣汲 huànjí 빨래하고 물을 긷다 住宅 zhùzhái [명] 주택 私家园林 sījiā yuánlín 개인 정원 祠堂 cítáng [명] 사당 公共设施 gōnggòng shèshī [명] 공공시설 组群 zǔqún [명] 군집, 모임 雕饰 diāoshì [명] 조각 장식 细腻 xìnì [형] 섬세하다 精美 jīngměi [형] 정교하고 아름답다 街巷 jiēxiàng [명] 거리와 골목 傍水 bàngshuǐ [동] 물가에 인접하다 围绕 wéirào [동] 둘러싸다 布局 bùjú [동] 배치하다, 배열하다 开辟 kāipì [동] 개척하다, 개발하다 鱼池 yúchí [명] 물고기를 기르는 연못 典型 diǎnxíng [형] 전형(적)인 阴雨天 yīnyǔtiān [명] 흐리고 비 오는 날 云雾天 yúnwù tiān [명] 안개 낀 날 挂牌 guàpái [동] 간판을 걸다 农家乐 nóngjiālè [명] 농가 민박 雕花 diāohuā [명] 조각 무늬 [동] 조각하다 厢房 xiāngfáng [명] 측면에 위치한 방 高峰期 gāofēngqī [명] 성수기 预订 yùdìng [동] 예약하다

41 B

宏村的建筑风格属于：

A 苏派
B 徽派
C 京派
D 川派

훙춘의 건축 양식이 속하는 것은:

A 소파(장쑤 지역 유파)
B 휘파(안후이 지역 유파)
C 경파(베이징 지역 유파)
D 천파(쓰촨 지역 유파)

해설 첫 번째 단락 초반에서 '在皖南众多风格独特的徽派民居村落中(완난에 있는 수많은 독특한 스타일의 휘파 민가 마을 중에서), 宏村是最具代表性的(훙춘은 가장 대표성을 지닌다)'라고 했으므로 정답은 B이다.

단어 格 fēnggé [명] 스타일, 풍격, 양식 属于 shǔyú [동] ~에 속하다 苏派 Sūpài [명] 소파(장쑤 지역 유파) 徽派 Huīpài [명] 휘파(안후이 지역 유파) 京派 Jīngpài [명] 경파(베이징 지역 유파) 川派 Chuānpài [명] 천파(쓰촨 지역 유파)

42 C ★

宏村被称为"建筑史上一大奇观"，是因为它：	훙춘이 '건축사에서 굉장한 기관'이라고 불리는 이유는:
A 修建了最高的木质建筑 B 保留了丰富的明清建筑 C 构建了科学的牛形村落 D 再现了高超的古代工艺	A 가장 높은 목조 건축을 지었기 때문에 B 풍부한 명청 시대의 건축물을 보존했기 때문에 C 과학적인 소 모양 마을을 건설했기 때문에 D 뛰어난 고대 공예를 재현했기 때문에

해설 두 번째 단락 초반의 '古宏村人规划、建造的牛形村落和人工水系(고훙춘 사람들이 계획하고 건설한 소 모양의 마을과 인공 수계는), 是当今"建筑史上一大奇观"(오늘날 '건축사에 있어서 굉장한 기관'이다)'에서 관련 내용이 언급되었다. 훙춘이 '건축사에서 굉장한 기관'으로 불리는 이유는 바로 **牛形村落和人工水系(소 모양의 마을과 인공 수계)** 때문임을 알 수 있으며, 동일 단락 후반의 '这种别出心裁的科学的村落水系设计……(이처럼 기발하고 과학적인 마을 수계 설계는 ~)'에서 마을 수계 설계가 과학적이라는 것을 확인할 수 있으므로 정답은 C이다.

단어 奇观 qíguān 명 경이로운 광경, 장관   修建 xiūjiàn 동 (건축물을) 건설하다, 짓다   木质 mùzhì 명 목재의, 나무 재질의   明清 Míng-Qīng 명 명청(시대), 명나라와 청나라   建筑 jiànzhù 명동 건축(하다)   构建 gòujiàn 동 구축하다, 구성하다   再现 zàixiàn 동 재현하다, 다시 나타나다   高超 gāochāo 형 (기예가) 뛰어나다, 탁월하다   工艺 gōngyì 명 공예, 기술, 제작 기법

43 C ★

宏村建筑包括：	훙춘 건축에는 포함되는 것은?
① 民居 ② 官衙 ③ 寺庙 ④ 书院	① 민가 ② 관아 ③ 사찰 ④ 서원
A ①③ B ②④ C ①④ D ②③	A ①③ B ②④ C ①④ D ②③

해설 세 번째 단락 초반에서 '宏村的建筑主要是住宅和私家园林(훙춘의 건축은 주로 주택과 개인 정원이며), 也有书院和祠堂等公共设(서원과 사당 등의 공공 시설도 있어), 建筑组群比较完整(건축군이 비교적 완전하다)'라고 했다. 훙춘 건축에는 '住宅(주택)', '私家园林(개인 정원)', '书院(서원)', '祠堂(사당)'이 포함된다고 했으므로 정답은 C이다. 지문의 '住宅(주택)'와 보기의 '民居(민가)'가 뜻이 통함을 유추할 수 있어야 한다.

단어 住宅 zhùzhái 명 주택, 집   民居 mínjū 명 민가, 일반 서민의 집   官衙 guānyá 명 관아, 옛날 관리의 관청 건물   寺庙 sìmiào 명 사찰, 절   书院 shūyuàn 명 서원(옛날의 교육 기관)

44 A ★★

宏村的房屋大多：	훙춘의 집들은 대부분:
A 依水而建 B 散落在山上 C 属于公共设施 D 备有雕花大床	A 물가에 지어졌다 B 산 위에 흩어져 있다 C 공공시설에 속한다 D 조각이 새겨진 대형 침대를 갖추고 있다

해설 세 번째 단락 중반에서 '村内街巷大都傍水而建(마을 안의 거리와 골목은 대부분 물가에 지어졌고), 民居也都围绕着月塘布局(민가들도 모두 월당을 중심으로 배치되어 있다)'라고 했다. 지문의 '傍水而建'과 보기의 '依水而建'은 모두 '물가에 짓다'라는 뜻을 나타내므로 정답은 A이다.

단어 **依水而建 yīshuǐ érjiàn** 물길을 따라 지어지다(물가에 지어지다) **散落 sànluò** 통 흩어지다, 분산되다 **设施 shèshī** 명 시설, 설비 **备有 bèiyǒu** 통 (필요한 것을) 모두 갖추고 있다 **雕花 diāohuā** 명 조각 장식 통 꽃무늬를 조각하다

45 C ★★★

根据文意，第四段的空白处最适合填入的词语是：	문맥에 따르면, 네 번째 단락의 빈칸에 가장 적절한 단어는:
A 等于	A ~와 같다
B 差不多	B 비슷하다
C 接近于	C ~에 가까운
D 雷同	D 유사하다

해설 빈칸 앞에 제시된 '宏村阴雨天多(훙춘은 흐리고 비 오는 날이 많고), 云雾天多(안개 낀 날도 많다)'의 내용은 '海洋性气候(해양성 기후)'의 특성에 해당한다. 따라서 빈칸에 가장 적절한 단어는 '~에 가깝다'라는 의미의 C 接近于이다. 보기 B 差不多와 D 雷同은 의미적으로는 유사하지만 'A( )B'의 형태로 쓰일 수 없다.

• 핵심 표현: A 接近于 B (A는 B에 가깝다 / A는 B와 비슷하다)

단어 **等于 děngyú** 통 ~와 같다, ~에 해당하다 **差不多 chàbuduō** 부 거의, 대체로 형 비슷하다 **接近于 jiējìn yú** ~에 가까워지다, 거의 ~에 해당하다 **雷同 léitóng** 형 (부정적 어감) 지나치게 유사하다, 판에 박혔다

46 D ★

关于宏村的气候，下列哪项正确？	훙춘의 기후에 대해 다음 중 옳은 것은 무엇인가?
A 夏季炎热干燥	A 여름은 무덥고 건조하다
B 冬季气温多在零下	B 겨울 기온은 대부분 영하이다
C 秋季最适合旅游	C 가을이 여행하기에 가장 적합하다
D 降雨天数约占全年一半	D 강우 일수는 연중 절반가량을 차지한다

해설 네 번째 단락 중반에서 '年平均降雨日数183天(연평균 강우일수는 183일이다)'라고 했는데, 183일은 '约占全年一半(약 한 해의 절반을 차지한다)'와 동일한 내용이므로 정답은 D이다.

단어 **炎热 yánrè** 형 무덥다, 매우 덥다 **干燥 gānzào** 형 건조하다 **气温 qìwēn** 명 기온 **零下 língxià** 영하(0도 이하) **降雨 jiàngyǔ** 통 비가 내리다 **天数 tiānshù** 명 (기간 내의) 일수, 날 수 **约 yuē** 부 약, 대략 **占 zhàn** 통 (비율을) 차지하다

47 A ★

根据本文，游客选择在村内民宿住宿的好处是：	본문에 따르면, 관광객이 마을 내 민박에 숙박하는 장점은:
A 不用另买门票	A 따로 입장권을 살 필요가 없다
B 餐饮出行免费	B 식사와 교통이 무료이다
C 可以体验农活	C 농사 체험을 할 수 있다
D 有纪念品赠送	D 기념품이 증정된다

해설 다섯 번째 단락 중반의 '**到宏村游玩，尽量住在村里**(훙춘을 여행할 때는 되도록 마을 안에 묵는 것이 좋은데)'에서 관련 내용이 언급되었다. 이어지는 내용에서 '**这样出入宏村就不用多买门票**(그러면 훙춘을 출입할 때 입장권을 여러 번 사지 않아도 되기 때문이다)'라고 했으므로 정답은 A이다.

단어 **游客** yóukè 명 관광객, 여행자 **民宿** mínsù 명 민박 **住宿** zhùsù 명 동 숙박(하다) **另** lìng 부 따로, 별도로 **门票** ménpiào 명 입장권, 티켓 **餐饮** cānyǐn 명 음식 및 음료, 식음료 **免费** miǎnfèi 형 무료이다 **农活** nónghuó 명 농사일 **纪念品** jìniànpǐn 명 기념품 **赠送** zèngsòng 동 증정하다, 선물로 주다

TIP

- **주요 문장 형식**

在众多……中，……是最具代表性的 (수많은 ~중에서, ~은 가장 대표성을 지닌다)

원문 在皖南众多风格独特的徽派民居村落中，宏村是最具代表性的。

예문 在黄山众多的奇松中，最具代表性的是"迎客松"。

素有"……"之美誉 (평소에 ~이라는 명성을 가지고 있다)

원문 宏村是"桃花源"里一座奇特的牛形古村落，既有山林野趣，又有水乡风貌，素有"中国画里的乡村"之美誉。

예문 四川，位于中国西南部，地处长江上游，素有"天府之国"的美誉。

是"……（的）一大奇观" (~의 굉장한 기관(경관)이다)

원문 古宏村人规划、建造的牛形村落和人工水系，是当今"建筑史上一大奇观"

예문 吉林雾凇是代表冬季美景的一大奇观。

48-54

1 栈道这种常见于险峻山区的道路形式，是在陡峭的悬崖上用木材架设的通道，在中国古代很早就产生了。㊽ 关于栈道最早的记载是在战国时期。秦昭襄王以范雎为相，开凿栈道，在悬崖绝壁间，穴山为孔、插木为梁，铺设木板，联为栈阁，形成独特的山间栈道。这是一个与万里长城同样古老的巨大土木工程，是人类历史上的创举。㊾ 如今尚存的古栈道主要有子午道、骆谷道、褒斜道、陈仓道等，均系古代自长安翻越秦岭，前往南方诸省的驿道。

2 栈道的主要作用在于沟通，㊿ 在中国，古栈道、大运河、长城一并被列为古代三大杰出建筑，在军事防备、物资运输、民间生活等方面发挥了重要的作用。

3 与栈道有关的尽人皆知的成语，叫作 (51) "明修栈道，暗度陈仓"。"陈仓"是陕西省宝鸡市的古名，此处特指渭河北岸的陈仓古渡口。此处的"栈道"指的是从关中翻越秦岭，南通汉中、巴蜀的古代交通要道，由秦岭古道、褒斜道、连云栈道组成，全长250 公里，架于悬崖绝壁和泥沼之地。这个栈道在关中的出口斜峪关，距陈仓古渡口约70 公里。

잔도(栈道)는 험준한 산악 지대에서 흔히 볼 수 있는 도로 형태로, 가파른 절벽 위에 목재를 이용해 세운 통로이며, 중국 고대에 아주 이른 시기에 생겨났다. ㊽ 잔도에 대한 가장 이른 기록은 전국 시대다. 진(秦)나라 소양왕(昭襄王)이 범저(范雎)를 재상으로 삼고 잔도를 개척하였으며, 낭떠러지 절벽 사이에 산을 뚫어 구멍을 만들고 나무를 꽂아 들보를 삼고, 나무판을 깔아 잔각을 연결하여 독특한 산간 잔도를 형성하였다. 이것은 만리장성과 마찬가지로 오래된 대형 토목 공사로, 인류 역사상 하나의 독창적인 시도이다. ㊾ 현재까지 남아 있는 고대 잔도로는 자오도(子午道), 락곡도(骆谷道), 포사도(褒斜道), 진창도(陈仓道) 등이 있으며, 모두 고대 장안에서 진령산맥을 넘어 남방의 여러 성으로 가는 역로이다. 1

잔도의 주요 기능은 연결에 있는데, ㊿ 중국에서는 고대 잔도, 대운하, 만리장성이 함께 고대 3대 뛰어난 건축물로 꼽히며, 군사 방어, 물자 운송, 민간 생활 등 여러 방면에서 중요한 역할을 했다. 2

잔도와 관련된 널리 알려진 성어는 (51) '명수잔도, 안도진창(明修栈道，暗度陈仓)'이다. '진창(陈仓)'은 산시성(陕西省) 보계시(宝鸡市)의 옛 이름이며, 여기서는 위하(渭河) 북안(北岸)의 진창(陈仓) 옛 나루터를 가리킨다. 이곳의 '잔도'는 관중(关中) 지역에서 진령산맥을 넘어 남쪽의 한중(汉中), 파촉(巴蜀)으로 통하는 고대 교통 요로를 가리키 3

这个成语来源于一段历史。当年秦朝被推翻的时候，项羽、刘邦以及其他参加反秦战争的各路将领，齐集商议胜利以后怎样割据国土，大家 ㊾ 约定：谁先攻下秦都咸阳，谁就在关中为王。

　　关中不但物产丰富，而且军事工程也有强固的基础。结果，最先进入咸阳的是刘邦，而势力最强的项羽企图独霸天下，既不想让刘邦当"关中王"，也不肯让他回到家乡一带去，㊿ 便故意把巴、蜀和汉中三个郡分给刘邦，封其为汉王，以南郑为都城，企图把刘邦关进偏僻的山里去；同时，把关中划作三部分，分给秦朝的降将章邯、司马欣和董翳，以便阻塞刘邦向东发展的出路；项羽自封为西楚霸王，封地九郡，占领长江中下游和淮河流域一带广大肥沃之地，以彭城（今江苏徐州）为都城。

　　刘邦表面上服从安排，暂时领兵西上，开往南郑，并且接受张良的计策，把一路走过的几百里栈道全部烧毁，以示无东归之意。㊾ 烧毁栈道，一方面是为了防御，另一方面是为了迷惑项羽，使其放松对刘邦的戒备，以为刘邦不打算回返了。刘邦到了南郑后，拜韩信为大将，商议向东发展、夺取天下的策略。于是，㊼ 韩信派出几百名官兵去修复栈道，暗中却和刘邦统率的主力部队抄小路袭击陈仓，杀死守将，逼章邯自杀，令驻守关中东部的司马欣和北部的董翳投降。自此，刘邦全部占领关中地区，为以后建立汉朝奠定了基础。

며, 진령고도(秦岭古道), 포사도(褒斜道), 연운잔도(连云栈道)로 구성되어 있고, 총 길이는 250킬로미터이며 낭떠러지 절벽과 늪지대 위에 세워져 있다. 이 잔도는 관중 지역의 출구 사곡관(斜峪关)에 있으며, 진창 옛 나루터와는 약 70킬로미터 떨어져 있다.

　이 성은 한 단락의 역사에서 유래되었다. 진나라가 무너졌을 그 당시, 항우(项羽), 유방(刘邦) 및 기타 진나라에 맞서 전쟁에 참가한 여러 장수들이 함께 모여 승리 후 어떻게 영토를 나눌지를 의논했으며, 모두가 ㊾ 약속했다 : 먼저 진의 수도 함양을 점령하는 사람이 관중에서 왕이 될 것이다.

　관중 지역은 물산이 풍부할 뿐만 아니라, 군사 공학(engineering) 또한 탄탄한 기반을 가지고 있었다. 결과적으로, 가장 먼저 함양에 입성한 사람은 유방이었으나, 가장 세력이 강했던 항우는 천하를 독차지하려 하며, 유방이 '관중왕'이 되는 것을 원하지도 않았고, 또한 그가 고향 일대로 돌아가는 것도 허락하지 않으려 하여, ㊿ 일부러 파(巴), 촉(蜀), 한중(汉中) 세 군(郡)을 유방에게 나누어 주고 그를 한왕으로 봉하며, 남정(南郑)을 도성으로 삼게 하여, 유방을 외진 산속에 가두려 했다. 동시에 관중 지역을 세 부분으로 나누어 진나라 항복한 장수인 장한(章邯), 사마흔(司马欣), 동예(董翳)에게 나누어 주어, 유방이 동쪽으로 발전하는 길을 막으려 했다. 항우는 스스로 서초패왕이라 칭하며, 아홉 군을 봉지로 받고, 장강 중하류와 회하강(淮河) 유역 일대의 넓고 비옥한 땅을 점령하고, 팽성(현 강소성 서주시)을 도성으로 삼았다.

　유방은 겉으로는 명령에 따르는 척하며, 잠시 군대를 이끌고 서쪽으로 올라 남정으로 향했고, 동시에 장량(张良)의 계책을 받아들여, 지나온 수백 리의 잔도를 모두 불태워 동쪽으로 돌아갈 뜻이 없음을 보여주었다. ㊾ 잔도를 불태운 것은 한편으로는 방어를 위한 것이고, 다른 한편으로는 항우를 혼란스럽게 하여 경계를 늦추게 하기 위함이었다. 항우는 유방이 돌아갈 뜻이 없다고 여겼다. 유방이 남정에 도착한 후, 한신(韩信)을 대장으로 삼고, 동쪽으로 진출하여 천하를 차지할 전략을 의논하였다. 이에 ㊼ 한신은 수백 명의 병사를 보내 잔도를 복구하게 했고, 동시에 유방이 이끄는 주력 부대와 함께 몰래 지름길로 진창(陈仓)을 기습하여 수비 장수를 죽이고, 장한(章邯)을 자살하게 만들었으며, 관중 지역 동부를 지키던 사마흔(司马欣)과 북부를 지키던 동예(董翳)를 투항하게 만들었다. 이로써 유방은 관중 지역 전부를 점령하였고, 훗날 한나라를 세우기 위한 기초를 마련하게 되었다.

단어 　栈道 zhàndào 명 잔도(절벽에 구멍을 낸 후, 그 구멍에 받침대를 넣고 위에 나무판을 놓아 만든 길)　险峻山区 xiǎnjùn shānqū 험준한 산악 지대　陡峭 dǒuqiào 형 가파르다, 험준하다　悬崖 xuányá 명 절벽, 낭떠러지　架设 jiàshè 동 설치하다, 가설하다　记载 jìzǎi 동 기록하다　秦 Qín 고유 진나라　昭襄王 Zhāo Xiāng Wáng 고유 소양왕(진나라 왕의 이름)　范雎 Fàn Jū 고유 범수(진나라 재상 이름)　开凿 kāizáo 동 파다, 뚫다　绝壁 juébì 명 절벽　穴 xué 명 구멍, 동굴　孔 kǒng 명 구멍　插木 chāmù 명 나무를 박다　梁 liáng 명 들보　铺设 pūshè 동 깔다, 포장하다　木板 mùbǎn 명 나무판　栈阁 zhàngé 명 잔도 누각　创举 chuàngjǔ 명 독창적인 시도　尚存 shàngcún 아직 남아 있다　骆谷道 Luògǔ Dào 고유 락곡도(고대 도로 이름)　褒斜道 Bāoxié Dào 고유 포사도(진령산맥의 산간 대로 이름)　陈仓道 Chéncāng Dào 고유 진창도(고대 도로 이름)　翻越 fānyuè 동 넘어가다, 넘다　秦岭 Qín Lǐng 고유 진령산맥(중국 중부를 가로지르는 산맥으로 중국 남북 간의 지리 경계선임)　诸省 zhūshěng 여러 성(행정 구역)　驿道 yìdào 명 역도, 옛날 교통로　沟通 gōutōng 동 연결하다, 소통하다　防备 fángbèi 동 방어하다, 경계하다　尽人皆知 jìnrén jiēzhī 성 모두가 다 안다　明修栈道, 暗度陈仓 míng xiū zhàndào, àn dù Chén Cāng 성 눈에 띄게 잔도를 고치면서, 몰래 천창으로 침입하다(전략적 기만 전술)　陕西省 Shǎnxī Shěng 고유 산시성(중국 성(省)급 행정 구역)　宝鸡市 Bǎojī Shì 고유 보계시(산시성(陕西省)의 도시)　渭河 Wèi Hé 고유 위하강(보계시에 위치한 강의 이름)　渡口 dùkǒu 명 나루터　巴蜀 Bā Shǔ 고유 파(巴)와 촉(蜀)을 부르는 말(현재의 쓰촨(四川) 지역)　要道 yàodào 명 요로, 주요 통로　泥沼 nízhǎo 명 늪지대　斜峪关 Xiéyùguān 고유 사욕관(섬서성(陕西省)에 위치한 역사 유적지)　来源于 láiyuán yú 동 ~로부터 유래되다　推翻 tuīfān 동 전복하다　项羽 Xiàng Yǔ 고유 항우(중국 진나라 말기의 장군)　刘邦 Liú Bāng 고유 유방(중국 한나라를 세운 초대 황제)　将领 jiànglǐng 명 장군, 지휘관　齐集 qíjí 동 집결하다　割据 gējù 동 땅을 나누어 가지다, 할거하다　攻下 gōngxià 동 함락시키다　秦都 qíndū 진나라의 수도　咸阳 Xiányáng 고유 함양(중국 진나라의 수도)　强固 qiánggù 형 강하고 견고하다, 탄탄하다　企图 qǐtú 동 꾀하다, 시도하다　独霸天下 dúbà tiānxià 천하를 제패하다　巴 Bā 고유 파(중국 고대의 소국)　蜀 Shǔ 고유 촉(중국 고대의 소국)　郡 jùn 명 군(옛 행정 단위)　偏僻 piānpì 형 외진, 외딴　降将 xiángjiàng 명 항복한 장수　章邯 Zhāng Hán 고유 장한(중국 진나라 장군)　司马欣 Sīmǎ Xīn 고유 사마흔(중국 진나라 말기 장수)　董翳 Dǒng Yì 고유 동예(중국 고대 장수 이름)　阻塞 zǔsè 동 막다, 차단하다　自封 zìfēng 동 스스로 ~라 칭하다　西楚霸王 Xīchǔ Bàwáng 고유 서초패왕(항우의 칭호)　占领 zhànlǐng 동 점령하다　长江 Cháng Jiāng 고유 장강(양쯔강)　中下游 zhōngxiàyóu 명 중하류(중류와 하류를 함께 일컫는 말)　淮河流域 Huái Hé liúyù 회하강 유역　肥沃 féiwò 형 비옥하다　彭城 Péng Chéng 고유 팽성(항우의 근거지)　服从 fúcóng 동 복종하다　张良 Zhāng Liáng 고유 장량(유방의 책사)　计策 jìcè 명 계책, 전략　烧毁 shāohuǐ 동 불태우다　防御 fángyù 동 방어하다　迷惑 míhuò 동 혼란스럽게 하다　戒备 jièbèi 명 경계, 대비　韩信 Hán Xìn 고유 한신(유방 진영의 장수)　夺取 duóqǔ 동 빼앗다, 쟁취하다　策略 cèlüè 명 전략　暗中 ànzhōng 부 몰래, 암암리에　统率 tǒngshuài 동 지휘하다　抄小路 chāo xiǎolù 지름길로 가다　袭击 xíjī 동 기습하다　守将 shǒujiàng 명 수비를 맡은 장수　投降 tóuxiáng 동 항복하다　奠定 diàndìng 동 확립하다, 기초를 다지다

48 C ★

史料记载最早的栈道铺设于：	사료에 기록된 최초의 잔도는 다음에 부설되었다:
A 水边	A 물가
B 平原	B 평원
C 山间	C 산간
D 地下	D 지하

해설　첫 번째 단락 중반의 '关于栈道最早的记载是在战国时期(잔도에 대한 가장 이른 기록은 전국 시대다)'에서 관련 내용이 언급되었다. 이어지는 내용에서 '在悬崖绝壁间(낭떠러지 절벽 사이에), 穴山为孔、插木为梁(산을 뚫어 구멍을 만들고 나무를 꽂아 들보를 삼고), ……'라고 했다. '悬崖绝壁'와 '穴山为孔'은 모두 산을 나타내므로 정답은 C이다.

단어　史料 shǐliào 명 사료, 역사 자료　记载 jìzǎi 명 동 기록(하다)　栈道 zhàndào 명 잔도(절벽에 나무 돌로 낸 좁은 길)　铺设 pūshè 동 (길 등을) 깔다　平原 píngyuán 명 평원　山间 shānjiān 명 산 사이, 산골짜기

49 B ★★

现存的栈道古迹：	현존하는 잔도 유적지는:
A 都连接长城	A 모두 만리장성과 연결된다
B 均通往南方	B 모두 남방으로 통한다
C 皆始建于战国	C 모두 전국 시대에 건설되었다
D 全长250公里	D 총 길이는 250킬로미터이다

해설	첫 번째 단락 후반의 '如今尚存的古栈道(현재까지 남아 있는 고대 잔도는)……'에서 관련 내용이 언급되었다. 이어지는 내용에서 '均系……前往南方诸省的驿道(모두 남방의 여러 성으로 가는 역로이다)'라고 했으므로 정답은 B이다.
단어	现存 xiàncún 통 현존하다 古迹 gǔjì 명 고적, 유적지 连接 liánjiē 통 연결하다 均 jūn 부 모두, 전부 通往 tōngwǎng 통 (~로) 통하다, 이어지다 均系 jūnxì 모두 ~이다(문어체) 自 zì 전 ~로부터, ~에서(시작 지점) 前往 qiánwǎng 통 향하다, (어떤 곳으로) 가다 诸多 zhūduō 수 많은, 다수의(문어체) 皆 jiē 부 모두 始建于 shǐjiàn yú 통 ~에 처음 건립되다

50 B ★

根据本文，属于中国古代三大杰出建筑的是：	본문에 따르면, 중국 고대 3대 뛰어난 건축물에 속하는 것은:
A 索道 B 大运河 C 大雁塔 D 避暑山庄	A 케이블카 B 대운하 C 대안탑 D 피서산장

해설	문제의 키워드는 '中国古代三大杰出建筑(중국 고대 3대 뛰어난 건축물)'이다. 두 번째 단락에서 '在中国，古栈道、大运河、长城一并被列为古代三大杰出建筑(중국에서는 고대 잔도, 대운하, 만리장성이 함께 고대 3대 뛰어난 건축물로 꼽힌다)'라고 했으므로 정답은 B이다.
단어	杰出 jiéchū 형 걸출한, 뛰어난 一并 yībìng 부 함께 被列为 bèi lièwéi ~로 지정되다, ~에 포함되다 索道 suǒdào 명 케이블카 大运河 Dà Yùnhé 고유 대운하(중국의 유명한 인공 수로) 大雁塔 Dàyàntǎ 고유 대안탑(중국 시안의 유명한 불탑) 避暑山庄 bìshǔ shānzhuāng 피서산장

51 A ★★★

与第三段中的"明修栈道，暗度陈仓"意思相近的成语是：	세 번째 단락에 나오는 '명수잔도, 안도진창(明修栈道，暗度陈仓)'과 의미가 비슷한 성어는:
A 声东击西 B 卧薪尝胆 C 破釜沉舟 D 同归于尽	A 성동격서(동쪽에서 소리를 내고 서쪽을 치다) B 와신상담(섶에 누워 쓸개를 맛보다) C 파부침주(솥을 깨고 배를 가라앉히다) D 동귀어진(함께 멸망하다)

해설	세 번째 단락 초반에서 언급된 '明修栈道，暗度陈仓(눈에 띄게 잔도를 고치면서, 몰래 진창으로 침입하다)'는 전략적 기만 기술을 나타내는데, 여섯 번째 단락의 '韩信派出几百名官兵去修复栈道(한신은 수백 명의 병사를 보내 잔도를 복구하게 했고), 暗中却和刘邦统率的主力部队抄小路袭击陈仓(동시에 유방이 이끄는 주력 부대와 함께 몰래 지름길로 진창을 기습하여)'에서 그 내용을 확인할 수 있다. 이 말은 겉과 속이 다른 행동으로 상대를 교란시키는 전략을 나타내므로 정답은 A이다.
단어	声东击西 shēngdōng jīxī 성 성동격서(동쪽에서 소리를 내고 서쪽을 치다. 이쪽을 치는 척하고 저쪽을 치다) 卧薪尝胆 wòxīn chángdǎn 성 와신상담(섶에 누워 쓸개를 맛보다. 원수를 갚거나 마음먹은 일을 이루기 위하여 온갖 어려움과 괴로움을 참고 견디다) 破釜沉舟 pòfǔ chénzhōu 성 파부침주(솥을 깨고 배를 가라앉히다. 사력을 다해 싸우다) 同归于尽 tóng guī yú jìn 성 동귀어진(함께 멸망하다. 양쪽 모두 피해 입는 것을 감수하고 함께 끝장을 보다)

52 D ★★

根据文意，第四段的空白处最适合填入的词语是：	문맥에 따르면, 네 번째 단락의 빈칸에 가장 적절한 단어는:
A 投票	A 투표하다
B 表决	B 표결하다
C 肯定	C 긍정하다
D 约定	D 약속하다

해설　네 번째 단락 빈칸 앞뒤의 내용은 여러 사람이 모여 합의하고 조건을 정한 상황이므로, 문맥에 가장 자연스러운 정답은 D이다. 해당 문제에서 '约定(약속하다)'은 여러 장수들 중 진나라의 수도를 먼저 함락시키는 사람이 왕이 되기로 한 것을 나타낸다.

단어　**白处** kòngbáichù 몡 빈칸, 공란　**填入** tiánrù (빈칸 등에) 채워 넣다, 기입하다　**投票** tóupiào 몡통 투표(하다)　**表决** biǎojué 통 표결하다　**肯定** kěndìng 통 긍정하다, 인정하다 閈 틀림없이　**约定** yuēdìng 통 약속하다

53 C ★★

项羽把巴、蜀、汉中地区分给刘邦，是想:	항우가 파, 촉, 한중 지역을 유방에게 나누어 준 의도는:
A 安抚其他将士	A 다른 장수들을 달래기 위해
B 逼迫韩信投降	B 한신을 항복시키기 위해
C 限制刘邦的发展	C 유방의 발전을 제한하기 위해
D 开发此处的资源	D 이 지역의 자원을 개발하기 위해

해설　다섯 번째 단락 중반의 '……便故意把巴、蜀和汉中三个郡分给刘邦(일부러 파, 촉, 한중 세 군을 유방에게 나누어 주고)'에서 관련 내용이 언급되었다. 이어지는 내용에서 '封其为汉王(그를 한왕으로 봉하며), ……, 企图把刘邦关进偏僻的山里去(유방을 외진 산속에 가두려 했다); 同时, 把关中划作三部分, 分给秦朝的降将章邯、司马欣和董翳(동시에 관중을 세 부분으로 나누어 진나라 항복한 장수인 장한, 사마흔, 동예에게 나누어 주어), 以便阻塞刘邦向东发展的出路(유방이 동쪽으로 발전하는 길을 막으려 했다)'라고 했으므로 정답은 C이다. 지문의 '阻塞(가로막다)'와 보기의 '限制(제한하다)'의 의미가 서로 통함을 유추할 수 있어야 한다.

단어　**安抚** ānfǔ 통 달래다, 위로하다, 안심시키다　**将士** jiàngshì 몡 장수와 병사들, 장병들　**逼迫** bīpò 통 강요하다, 핍박하다, 압박하다　**投降** tóuxiáng 통 항복하다　**限制** xiànzhì 통 제한하다　**阻塞** zǔsè 통 막다, 차단하다(물리적/추상적 모두 가능)　**发展** fāzhǎn 통 발전하다, 확장되다

54 A ★★

刘邦烧毁栈道，是为了:	유방이 잔도를 불태운 목적은:
① 防御敌人	① 적을 방어하기 위해
② 欺骗韩信	② 한신을 속이기 위해
③ 迷惑项羽	③ 항우를 혼란스럽게 하기 위해
④ 不再回返	④ 다시 돌아가지 않기 위해
A ①③　B ②④　C ①④　D ②③	A ①③　B ②④　C ①④　D ②③

해설 여섯 번째 단락 중반에서 '**烧毁栈道**(잔도를 불태운 것은), **一方面是为了防御，另一方面是为了迷惑项羽**(한편으로는 방어를 위한 것이고, 다른 한편으로는 항우를 혼란스럽게 하여 경계를 늦추게 하기 위함이었다)'라고 직접적으로 언급하고 있으므로 정답은 A이다.

단어 **烧毁** shāohuǐ 동 불태워 없애다, 불에 태워 파괴하다 **栈道** zhàndào 명 잔도(절벽에 설치된 좁은 나무 다리) **防御** fángyù 명동 방어(하다) **欺骗** qīpiàn 동 속이다, 기만하다 **迷惑** míhuò 동 현혹하다, 혼란시키다 **回返** huífǎn 동 되돌아가다, 회귀하다

TIP

- **주요 문장 형식**

关于……最早的记载…… (~에 대한 가장 이른 기록은 ~이다)

원문 关于栈道最早的记载是在战国时期。

예문 中国是茶的故乡，关于茶叶的最早记载可以追溯到公元前2737年。

如今尚存的……主要有…… (오늘날까지 남아있는 ~은 주로 ~가 있다)

원문 如今尚存的古栈道主要有子午道、骆谷道、褒斜道、陈仓道等。

예문 深圳的南头古城，始建于东晋时期，距今已经有1000多年的历史，如今尚存的有南城门和东城门。

为……奠定了基础 (~을 위한 기초를 마련하였다)

원문 自此，刘邦全部占领关中地区，为以后建立汉朝奠定了基础。

예문 东晋书法家王羲之，从小勤奋练字，坚持数十年如一日，练就了扎实的功夫，这为他以后成为大书法家奠定了基础。

被列为…… (~으로 지정되다, 등재되다)

원문 在中国，古栈道、大运河、长城一并被列为古代三大杰出建筑。

예문 这座寺庙被列为世界文化遗产。

55-61

1 我们周围的世界是一个声音的总汇。小到元粒子，大到银河系，万物都在振动。(55) 人类的耳朵能够感知的振动频率非常有限（20 赫兹—20000 赫兹），但这并不意味着，在听觉范围之内的声音就不会对我们的身体产生影响。

2 就振动频率和强度而言，噪声对我们的身体更有害。举个例子说吧，莫斯科西南区的一处楼房安装了电梯，(56) 这本来是件值得高兴的事，结果却适得其反。楼里的大多数居民开始经常性地失眠头疼。原来，日夜运转的电梯机械成了噪声源，而电梯井则像一个巨型喇叭，又加重了这种噪声。

3 噪声有害，美妙的音乐又如何呢？(57) 实际上，音乐声在50 分贝左右时会使人身心放松，给人以美感。而声音一旦高于85 分贝，就会造成听力损伤。一般情况下，当人耳较长时间地听到音量达100 分贝的声音时，无论多么美妙的音乐都可造成不可恢复性听力损伤，严重者还会造成听力丧失。

우리 주변의 세계는 소리의 집합체이다. 작게는 소립자에서 크게는 은하계에 이르기까지, 만물은 모두 진동하고 있다. (55) 인간의 귀가 감지할 수 있는 진동 주파수는 매우 제한적이다(20헤르츠~20000헤르츠). 그러나 이는 청각 범위 내의 소리만이 우리 몸에 영향을 주지 않는다는 것을 의미하지는 않는다. 1

진동의 주파수와 강도로 볼 때, 소음은 우리 몸에 더 해롭다. 예를 들어보자. 모스크바 남서부의 한 건물에 엘리베이터가 설치되었는데, (56) 본래 이는 기뻐할 만한 일이었지만, 결과는 오히려 역효과가 났다. 건물 내 대부분의 주민들이 자주 불면과 두통을 겪기 시작했다. 알고 보니, 밤낮으로 작동하는 엘리베이터 기계가 소음원이 되었고, 엘리베이터 통로는 마치 거대한 스피커처럼 작용하여 이 소음을 더욱 증폭시켰던 것이다. 2

소음이 해롭다면, 아름다운 음악은 어떨까? (57) 실제로, 음악 소리가 50데시벨 정도일 때는 사람의 몸과 마음을 이완시키고, 아름다운 느낌을 준다. 그러나 소리가 85데시벨을 초과하면 청력 손상이 발생한다. 일반적으로, 사람의 귀가 장시간 동안 100데시벨에 달하는 소리를 들으면, 아무리 3

一些在听觉范围之外的声音对人的危害也是相当大的，火山学家对这一点非常了解。㊾熔岩喷发时发出的响声是一种低音波（低于20 赫兹），它使人不自觉地产生恐惧感和躲避的念头。有实验表明，特定频率的声波可以影响人体的生理反应。

　　当今医学界已经在成功地利用声音治疗疾病。俄罗斯生物学家的研究表明，森林里树木摇摆的声音对降低病人血压的疗效胜过任何药物。㊾而音乐对疾病的疗效也是广为人知的。专家发现，胃肠道具备音符"fa"的共振频率，音符"do"能够治疗牛皮癣，而"si""so"和"do"的和声对肿瘤病患者有效果。

　　其实，我们每个人都有过运用声音治疗疾病的经历，尽管我们自己没意识到。难道您从未尝试过通过抚摸小猫来放松疲惫的神经吗？科学家证实：㊿能带来疗效的既不是小猫柔软的毛，也不是猫身上散发的特殊气味，而是温顺的小家伙发出的低叫声。现在，猫的呼噜声已经被用于某些医疗程序中，以帮助患者放松和减轻压力。

　　㊶声音，真是让我们爱恨交加。

단어　**总汇** zǒnghuì 명 총체, 집합체　**元粒子** yuánlìzǐ 명 소립자　**银河系** yínhéxì 명 은하계　**振动** zhèndòng 명통 진동(하다)　**频率** pínlǜ 명 빈도, 주파수　**有限** yǒuxiàn 형 제한된, 유한한　**赫兹** hèzī 명 헤르츠(Hz, 주파수 단위)　**噪声** zàoshēng 명 소음　**莫斯科** Mòsīkē 고유 모스크바(러시아 수도)　**安装** ānzhuāng 통 설치하다　**失眠** shīmián 명불면증, 잠을 못 자다　**机械** jīxiè 명 기계　**巨型** jùxíng 형 거대한　**喇叭** lǎba 명 나팔, 스피커　**美妙** měimiào 형 아름답고 훌륭한　**分贝** fēnbèi 명 데시벨(dB)　**损伤** sǔnshāng 명통 손상(되다)　**丧失** sàngshī 통 잃다, 상실하다　**熔岩** róngyán 명 용암　**喷发** pēnfā 통 분출하다　**低音波** dīyīnbō 명 저주파 음파　**恐惧感** kǒngjùgǎn 명 공포감　**躲避** duǒbì 통 피하다　**念头** niàntou 명 생각, 마음　**俄罗斯** Éluósī 고유 러시아　**森林** sēnlín 명 숲, 삼림　**树木** shùmù 명 나무　**摇摆** yáobǎi 통 흔들리다　**降低** jiàngdī 통 낮추다　**血压** xuèyā 명 혈압　**疗效** liáoxiào 명 치료 효과　**胜过** shèngguò 통 능가하다, 뛰어나다　**广为人知** guǎng wéi rén zhī 성 널리 알려지다　**胃肠道** wèichángdào 명 위장　**音符** yīnfú 명 음표　**共振** gòngzhèn 명 공진, 공명　**牛皮癣** niúpíxuǎn 명 건선(피부병)　**和声** héshēng 명 화음　**肿瘤病** zhǒngliúbìng 명 종양 질환　**尝试** chángshì 통 시도하다　**抚摸** fǔmō 통 쓰다듬다, 어루만지다　**疲惫** píbèi 형 피곤하다　**柔软** róuruǎn 형 부드럽다　**散发** sànfā 통 발산하다, 퍼지다　**气味** qìwèi 명 냄새　**呼噜声** hūlūshēng 명 코 고는 소리　**爱恨交加** àihèn jiāojiā 사랑과 증오가 뒤섞이다

130

55 D ★

关于人耳能感知的振动频率，下列哪项正确？	인간의 귀가 감지할 수 있는 진동 주파수에 관하여, 다음 중 옳은 것은?
A 源自机械运动	A 기계 작동에서 비롯된다
B 不会影响健康	B 건강에 영향을 주지 않는다
C 形成了噪声源	C 소음원이 형성된다
D 有一定的范围	D 일정한 범위가 있다

해설 첫 번째 단락 중반에서 '人类的耳朵能够感知的振动频率非常有限(20赫兹—20000赫兹)(인간의 귀가 감지할 수 있는 진동 주파수는 매우 제한적이다(20헤르츠~20000헤르츠))'라고 했다. '20赫兹—20000赫兹(20헤르츠~20000헤르츠)'는 인간의 귀가 감지할 수 있는 진동 주파수의 일정 범위를 나타내므로 정답은 D이다.

단어 感知 gǎnzhī 동 감지하다, 느끼다 振动 zhèndòng 명 진동 频率 pínlǜ 명 주파수, 빈도 源自 yuánzì 동 ~에서 유래하다, ~에서 비롯되다 机械 jīxiè 명 기계 噪声源 zàoshēngyuán 명 소음원(소음이 발생하는 근원) 一定 yídìng 형 일정한 范围 fànwéi 명 범위, 영역

56 B ★★★

根据文意，第二段的空白处最适合填入的词语是：	문장의 의미에 따르면, 두 번째 문단의 빈칸에 들어갈 가장 적절한 단어는:
A 异曲同工	A 이곡동공(다른 곡조이지만 효과는 같다)
B 适得其反	B 적득기반(역효과가 나다)
C 南辕北辙	C 남원북철(남쪽으로 가려 하면서 수레를 북쪽으로 몰다)
D 显而易见	D 현이역견(분명하고 쉽게 알 수 있다)

해설 두 번째 단락의 내용에 따르면 엘리베이터를 설치한 것은 '值得高兴的事(기뻐할만한 일)'이었으나, 결과적으로 주민들의 '失眠头疼(불면증과 두통)'을 유발하게 되었다. 따라서 빈칸에는 '결과가 기대한 것과 반대이다, 역효과가 나다'라는 의미의 B가 와야 한다. 빈칸 바로 앞의 역접을 나타내는 부사 却를 통해서도 빈칸에는 앞쪽과 상반되는 내용이 나온다는 것을 유추할 수 있다.

단어 异曲同工 yìqǔ tónggōng 성 이곡동공(표현 방식은 다르지만 효과는 같다) 适得其反 shì dé qí fǎn 성 적득기반(역효과가 나다) 南辕北辙 nányuán běizhé 성 남원북철(목표와 행동이 정반대이다, 방향이 완전히 어긋나다) 显而易见 xiǎn ér yì jiàn 성 현이역견(누구나 쉽게 알 수 있다, 명백히 알 수 있다)

57 B ★

下列哪个分贝的音乐更适合人听？	다음 중 사람이 듣기에 더 적합한 데시벨은?
A 5 B 50 C 100 D 20000	A 5 B 50 C 100 D 20000

해설 세 번째 단락 초반에서 '实际上，音乐声在50 分贝左右时会使人身心放松(실제로, 음악 소리가 50데시벨 정도일 때는 사람의 몸과 마음을 이완시키고), 给人以美感(아름다운 느낌을 준다)'라고 했다. 사람의 몸과 마음을 이완시키고, 아름다운 느낌을 준다는 것은 곧 사람이 듣기에 적합함을 나타내므로 정답은 B이다.

단어 分贝 fēnbèi 명 데시벨(decibel)

58 B ★★

熔岩喷发的响声:	용암이 분출하는 소리는:
① 能被人听到 ② 会让人恐惧 ③ 可治疗疾病 ④ 属于低音波	① 사람이 들을 수 있다 ② 사람을 두렵게 한다 ③ 질병을 치료할 수 있다 ④ 저음파에 속한다
A ①③ B ②④ C ①④ D ②③	A ①③ B ②④ C ①④ D ②③

해설   네 번째 단락 중반에서 '熔岩喷发时发出的响声是一种低音波(용암이 분출할 때 나는 소리는 일종의 저주파인데), 它使人不自觉地产生恐惧感和躲避的念头(이는 사람으로 하여금 무의식적으로 공포와 도피하려는 감정을 불러일으킨다)'라고 했으므로 정답은 B이다.

단어   熔岩 róngyán 몡 용암   喷发 pēnfā 동 (화산 등이) 분출하다   响声 xiǎngshēng 몡 소리, 울림   恐惧 kǒngjù 몡 공포 । 형 두려워하다   属于 shǔyú 동 ~에 속하다, ~에 해당하다   低音波 dīyīnbō 몡 저주파

59 A ★★

如果患有胃病，应该用哪个音符来治疗?	위장병을 앓고 있다면, 어떤 음표로 치료해야 하는가?
A fa B do C si D so	A fa B do C si D so

해설   다섯 번째 단락 후반의 '而音乐对疾病的疗效也是广为人知的(음악이 질병에 미치는 치료효과 역시 널리 알려져 있다)'에서 관련 내용이 언급되었다. 이어지는 내용에서 '胃肠道具备音符"fa"的共振频率(위장기관이 음표 'fa'의 공명 주파수를 갖고 있다)'라고 했으므로 정답은 A이다. 'fa'의 공명 주파수는 위장의 움직임에 영향을 끼쳐 해당 기관의 기능을 활성화시키는 데 도움이 된다고 한다.

단어   患有 huànyǒu 동 (병을) 앓고 있다   胃病 wèibìng 몡 위장병, 위의 질환   音符 yīnfú 몡 음표   治疗 zhìliáo 몡 동 치료(하다)

60 C ★

带来放松神经疗效的是小猫的:	신경 이완 효과를 가져오는 것은 고양이의:
A 温顺的动作 B 柔软的毛发 C 低低的叫声 D 特殊的气味	A 온순한 행동 B 부드러운 털 C 낮은 울음소리 D 특별한 냄새

해설   여섯 번째 단락 중반에서 '能带来疗效的既不是小猫柔软的毛(치료 효과를 주는 것은 고양이의 부드러운 털도 아니고), 也不是猫身上散发的特殊气味(고양이에게서 나는 독특한 냄새도 아니며), 而是温顺的小家伙发出的低叫声(바로 순한 고양이가 내는 낮은 울음소리이다)'라고 했으므로 정답은 C이다.

• 핵심 표현: 不是 A, 也不是 B, 而是 C (A가 아니고, B도 아니고, C이다)
  → 而是 뒤 내용부터 확인하면 답을 더 빨리 찾을 수 있다.

단어 放松 fàngsōng 동 긴장을 풀다, 이완하다 神经 shénjīng 명 신경 疗效 liáoxiào 명 치료 효과, 치료 효능 小猫 xiǎo māo 명 아기 고양이 温顺 wēnshùn 형 온순하다, 순하다 柔软 róuruǎn 형 부드럽다, 유연하다 低低的 dīdī de 조용조용한, 낮은 (소리의) 叫声 jiàoshēng 명 울음소리, 짖는 소리 气味 qìwèi 명 냄새, 향기

61 D ★★★

上文介绍了:	윗글에서는 소개한 것은:
A 频率的重要性	A 주파수의 중요성
B 音乐的杀伤力	B 음악의 살상력
C 治病的新方法	C 질병 치료의 새로운 방법
D 声音的利与害	D 소리의 이로움과 해로움

해설 마지막 일곱 번째 단락에서 '声音，真是让我们爱恨交加(소리란, 정말로 우리가 사랑하면서도 미워할 수밖에 없는 존재다)'라고 했다. 소리에 대한 긍정적인 부분과 부정적인 부분을 모두 소개했으므로 정답은 D이다. '爱恨交加'는 '사랑과 미움이 공존한다'는 의미이며, 단순한 감정 외에도 사물이나 사건의 양면성을 나타낼 때도 사용된다.

단어 频率 pínlǜ 명 빈도, 주파수 杀伤力 shāshānglì 명 살상력, 파괴력 利 lì 명 이익, 이로운 점 害 hài 명 해로움, 해

TIP

● 주요 문장 형식

小到……, 大到……, 都…… (작은 ~에서부터 큰 ~까지 모두 ~하다)
원문 我们周围的世界是一个声音的总汇。小到元粒子，大到银河系，万物都在振动。
예문 那家商店商品种类齐全，小到日常用品，大到家具电器，什么都有。

本来 A, 结果却 B (본래 A였는데(A를 예상했는데), 결과적으로는 오히려 B이다)
원문 这本来是件值得高兴的事，结果却适得其反。
예문 我送她礼物，本来以为她会很惊喜，结果她却什么反应都没有。

既不是 A, 也不是 B, 而是 C (A가 아닐 뿐만 아니라, B도 아니고, C이다)
원문 能带来疗效的既不是小猫柔软的毛，也不是猫身上散发的特殊气味，而是温顺的小家伙发出的低叫声。
예문 我做的这道菜既不是中式，也不是韩式，而是我自己独创的特殊风味菜。

AB交加 (A와 B가 동시에 나타나다)
원문 声音，真是让我们爱恨交加。
예문 风雨交加 / 风雪交加 / 悲喜交加 / 惊喜交加

㉒ 动感单车在克服了室外行驶的一切缺点后，由于技术上的改进，不仅简单易学，而且成为一项能够使全身得到锻炼的有氧运动。它适合15 到50 岁的人群。㉓ 但是由于其通常配备绚丽灯光和高分贝的音乐，选择动感单车的人士集中在20到45岁之间，大多数是年轻白领。

动感单车基本与普通单车相似，包括车把、车座、蹬板和轮子几个部分，车身稳固地联结为一个整体。与普通单车不同的是，动感单车的结构可以进行较大的调整，以便骑行者感觉更舒适。在开始骑行之前，㉔ 首先要调整座位的高度，通常这个高度应以骑行者站在地面上，大腿抬起至与地面平行时的高度为准。这样在骑行时，大腿与小腿的夹角不会过小，从而减轻了髌骨的负担，避免膝盖受伤。

据教练介绍，动感单车是健身房中运动量最大的器械之一，有效地进行40 分钟的动感单车训练，可以消耗大约500卡路里的热量，对体能的要求非常高。㉕ 一堂课下来，通常会排出很多汗液，身体的水分流失很快，因此要及时补充水分。但是水分大量流失并不代表它是靠"脱水"来减肥的。在以腿部为中心的锻炼过程中，臀部、腰部、背部、手臂的肌肉都能得到充分锻炼，同时还能够增强心肺功能。

㉖ 但是需要注意的是，在进行动感单车训练之前，一定要花时间做好充分的热身运动，比如在跑步机上慢跑一会儿，或者跳一段健美操，等身体开始兴奋时再参与。因为长期近乎休眠的身体不适应突然增强的负荷和强度，如果筋骨没有得到适当的拉伸舒展，身体很容易受伤。

㉗ 动感单车上的呼吸方法非常重要，应该学会腹式呼吸。在进行腹式呼吸时，由于腹部肌肉紧张与松弛交替发生，从而使局部肌肉内毛细血管也交替出现收缩与舒张，这样可以加速血液循环，扩大氧气供给，有利于代谢物的排出，对全身器官组织起到调整和促进作用，同时也能极大增强肺功能。

服装方面㉘ 最好穿专业的动感单车服，弹性好的棉质运动服装也可以替代，系鞋带的运动鞋是最佳选择，因为这样可以很牢固地把脚固定在脚蹬上，防止脱蹬。

㉒ 스피닝 바이크는 야외 주행의 모든 단점을 극복한 후, 기술적인 개선으로 인해 단순하고 배우기 쉬울 뿐만 아니라, 전신을 단련할 수 있는 유산소 운동이 되었다. 이는 15세부터 50세까지의 사람들에게 적합하다. ㉓ 그러나 일반적으로 화려한 조명과 고데시벨 음악이 함께 하기 때문에, 스피닝 바이크를 선택하는 사람들은 주로 20세에서 45세 사이이며, 대부분이 젊은 화이트칼라이다.

스피닝 바이크는 기본적으로 일반 자전거와 비슷하며, 핸들, 안장, 페달, 바퀴 등 몇 부분으로 구성되고, 본체는 견고하게 하나로 연결되어 있다. 일반 자전거와 다른 점은, 스피닝 바이크의 구조는 비교적 큰 조정이 가능하여 라이더가 더 편안하게 느낄 수 있도록 한다는 것이다. ㉔ 타기 전에 먼저 안장의 높이를 조절해야 하며, 일반적으로 이 높이는 라이더가 바닥에 서서 허벅지를 들어 지면과 평행을 이루었을 때의 높이를 기준으로 삼는다. 이렇게 하면 라이딩 중 허벅지와 종아리 사이의 각도가 너무 작아지지 않아 슬개골에 가해지는 부담을 줄이고 무릎 부상을 피할 수 있다.

코치의 말에 따르면, 스피닝 바이크는 헬스장에서 운동량이 가장 많은 기구 중 하나이며, 40분 동안 효과적으로 스피닝 바이크 훈련을 하면 약 500칼로리의 열량을 소모할 수 있어 체력에 대한 요구가 매우 높다. ㉕ 한 수업이 끝나면 보통 많은 땀이 배출되는데, 신체의 수분이 매우 빠르게 손실되므로 제때에 수분을 보충해야 한다. 그러나 수분이 많이 손실된다고 해서 그것이 '탈수'를 통해 체중을 줄이는 것은 아니다. 다리 부위를 중심으로 한 운동 과정에서 엉덩이, 허리, 등, 팔의 근육도 충분히 단련될 수 있으며, 동시에 심폐 기능도 강화할 수 있다.

㉖ 하지만 주의해야 할 점은, 스피닝 바이크 훈련을 하기 전에 반드시 시간을 들여 충분한 준비 운동을 해야 한다는 것이다. 예를 들면 러닝머신에서 잠깐 천천히 달리거나, 에어로빅을 잠깐 추는 등의 방식으로, 몸이 풀린 후에 참여해야 한다. 장기간 거의 휴면 상태였던 몸은 갑자기 증가한 부담과 강도에 적응하기 어렵기 때문에, 근육과 뼈가 적절히 스트레칭되지 않으면 쉽게 부상을 입을 수 있다.

㉗ 스피닝 바이크에서의 호흡법은 매우 중요하며, 복식 호흡을 배워야 한다. 복식 호흡을 할 때, 복부 근육이 긴장과 이완을 교대로 반복하게 되며, 이로 인해 국소 근육 내 모세혈관도 교대로 수축과 이완을 하게 되어, 혈액 순환을 가속화하고 산소 공급을 확대시키며, 대사 산물의 배출에 유리하고 전신의 기관과 조직을 조절하고 촉진하는 역할을 하며, 동시에 폐 기능도 크게 강화할 수 있다.

복장 면에서 ㉘ 가장 좋기로는 전문적인 스피닝 바이크 옷을 입는 것인데, 신축성 좋은 면 소재 운동복으로 대체할 수도 있다. 운동화는 끈을 맬 수 있는 것이 가장 좋으며, 이는 발을 페달에 단단히 고정시켜 페달에서 발이 미끄러지는 것을 방지할 수 있기 때문이다.

단어 动感单车 dònggǎn dānchē 몡 스피닝 자전거 | 克服 kèfú 통 극복하다 | 行驶 xíngshǐ 통 주행하다 | 缺点 quēdiǎn 몡 단점 | 改进 gǎijìn 통 개선하다 | 简单易学 jiǎndān yìxué 간단하고 배우기 쉽다 | 有氧运动 yǒuyǎng yùndòng 몡 유산소 운동 | 配备 pèibèi 통 갖추다 | 绚丽 xuànlì 혱 눈부시고 화려하다 | 灯光 dēngguāng 몡 조명 | 高分贝 gāofēnbèi 몡 높은 데시벨(큰 소리) | 白领 báilǐng 몡 화이트칼라 | 相似 xiāngsì 혱 닮다, 비슷하다 | 车把 chēbǎ 몡 핸들, 운전대 | 蹬板 dēngbǎn 몡 페달 | 轮子 lúnzi 몡 바퀴 | 固 wěngù 혱 안정적이다 | 联结 liánjié 통 연결하다 | 调整 tiáozhěng 통 조절하다 | 大腿 dàtuǐ 몡 허벅지 | 抬起 táiqǐ 통 들어 올리다 | 夹角 jiājiǎo 몡 끼인 각도 | 髌骨 bìngǔ 몡 무릎뼈(슬개골) | 膝盖 xīgài 몡 무릎 | 练 jiàoliàn 몡 트레이너, 코치 | 器械 qìxiè 몡 기구, 기계 | 训练 xùnliàn 통 훈련(하다) | 消耗 xiāohào 통 소모하다 | 卡路里 kǎlùlǐ 몡 칼로리 | 一堂课 yì táng kè 한 수업, 한 강의 | 汗液 hànyè 몡 땀 | 脱水 tuōshuǐ 통 탈수하다 | 臀 tún 몡 엉덩이 | 腰 yāo 몡 허리 | 背 bèi 몡 등 | 手臂 shǒubì 몡 팔 | 肌肉 jīròu 몡 근육 | 心肺 xīnfèi 몡 심폐 | 功能 gōngnéng 몡 기능 | 热身运动 rèshēn yùndòng 몡 준비 운동 | 跑步机 pǎobùjī 몡 러닝머신 | 健美操 jiànměicāo 몡 에어로빅 | 休眠 xiūmián 통 휴면하다 | 负荷 fùhè 몡 부담, 하중, 부하 | 筋骨 jīngǔ 몡 근육과 뼈 | 拉伸 lāshēn 통 스트레칭하다 | 舒展 shūzhǎn 통 이완하다, 펼치다 | 腹式呼吸 fùshì hūxī 복식 호흡 | 松弛 sōngchí 혱 이완된, 느슨한 | 交替 jiāotì 통 번갈아 하다 | 局部 júbù 몡 국소, 일부 | 毛细血管 máoxì xuèguǎn 몡 모세혈관 | 收缩 shōusuō 통 수축하다 | 舒张 shūzhāng 통 이완하다, 확장하다 | 血液循环 xuèyè xúnhuán 몡 혈액순환 | 供给 gōngjǐ 통 공급하다 | 代谢物 dàixièwù 몡 대사물, 노폐물 | 肺 fèi 몡 폐 | 弹性 tánxìng 몡 탄성 | 棉质 miánzhì 몡 면직물, 면 소재 | 系鞋带 jì xiédài 신발끈을 묶다 | 牢固 láogù 혱 튼튼하다 | 固定 gùdìng 통 고정하다 | 脚蹬 jiǎodēng 몡 발판, 페달 | 防止 fángzhǐ 통 방지하다 | 脱蹬 tuōdēng 통 페달에서 발이 벗어나다

62 D ★★

根据本文，下列哪项不是动感单车流行的原因?	본문에 따르면, 다음 중 스피닝 바이크가 유행하는 이유가 아닌 것은?
A 简单易上手	A 간단하고 배우기 쉽다
B 锻炼到全身	B 전신을 단련할 수 있다
C 不需去户外	C 야외에 나갈 필요가 없다
D 有教练指导	D 코치가 지도를 한다

해설 첫 번째 단락 초반의 '动感单车在克服了室外行驶的一切缺点后(스피닝 바이크는 야외 주행의 모든 단점을 극복한 후)'는 보기 C 내용에 해당한다. 이어지는 내용 '由于技术上的改进(기술적인 개선으로 인해), 不仅简单易学(단순하고 배우기 쉬울 뿐만 아니라)'는 보기 A 내용에 해당하며, '而且成为一项能够使全身得到锻炼的有氧运动(전신을 단련할 수 있는 유산소 운동이 되었다)'는 보기 B에 해당한다. 따라서 지문에서 언급되지 않은 D가 정답이다. 일치 불일치를 묻는 문제에서는 '不'를 놓쳐 답을 잘못 선택할 수도 있으니 문제를 꼼꼼하게 보도록 하자.

단어 克服缺点 kèfú quēdiǎn 단점을 극복하다 | 上手 shàngshǒu 통 익히다, 배우다 | 户外 hùwài 몡 야외, 실외 | 教练 jiàoliàn 몡 코치 | 指导 zhǐdǎo 몡통 지도(하다)

63 A ★★

根据本文，什么原因可能导致45岁以上的人不太喜爱动感单车?	본문에 따르면, 45세 이상의 사람들이 스피닝 바이크를 그다지 좋아하지 않는 이유는 무엇인가?
A 锻炼环境	A 운동 환경
B 消费金额	B 소비 금액
C 运动强度	C 운동 강도
D 受伤概率	D 부상 확률

해설 　첫 번째 단락 후반에서 '由于其通常配备绚丽灯光和高分贝的音乐(화려한 조명과 고데시벨 음악이 함께 하기 때문에), 选择动感单车的人士集中在20到45岁之间(스피닝 바이크를 선택하는 사람들은 주로 20세에서 45세 사이이며), 大多数是年轻白领(대부분이 젊은 화이트칼라이다)'라고 했으므로 정답은 A이다. '绚丽灯光和高分贝的音乐(화려한 조명과 높은 데시벨의 음악)'은 '운동 환경'에 속하며 45세 이상 사람들이 이런 환경을 선호하지 않음을 유추할 수 있다.

단어 　锻炼 duànliàn 동 단련하다, 운동하다　环境 huánjìng 명 환경　消费 xiāofèi 명동 소비(하다)　金额 jīn'é 명 금액　强度 qiángdù 명 강도(강약의 정도)　受伤 shòushāng 동 부상당하다, 다치다　概率 gàilǜ 명 확률

64 C ★★

调整动感单车座位的高度是为了:	스피닝 바이크 안장의 높이를 조절하는 목적은:
A 避免拉伤 B 降低强度 C 保护膝盖 D 美化腿形	A 염좌를 피하기 위해서 B 강도를 낮추기 위해서 C 무릎을 보호하기 위해서 D 다리 모양을 아름답게 하기 위해서

해설 　두 번째 단락 중반의 '首先要调整座位的高度(타기 전에 먼저 안장의 높이를 조절해야 하며)'에서 관련 내용이 언급되었다. 이어지는 내용에서 '从而减轻了髌骨的负担, 避免膝盖受伤(슬개골에 가해지는 부담을 줄이고 무릎 부상을 피할 수 있다)'라고 했다. 지문의 '避免膝盖受伤(무릎 부상을 피하다)'는 보기의 '保护膝盖(무릎을 보호하다)'와 의미가 상통하므로 정답은 C이다. 독해 파트에서 '……是为了:' 형태의 문제를 만났을 경우 지문 속 '从而' 다음 내용을 먼저 확인하면 정답 부분을 빠르게 찾을 수 있다.

단어 　座位 zuòwèi 명 좌석, 자리　拉伤 lāshāng 동 근육을 다치다, 근육이 당기다　降低 jiàngdī 동 낮추다, 줄이다　保护 bǎohù 동 보호하다　膝盖 xīgài 명 무릎　美化 měihuà 동 아름답게 하다　腿形 tuǐxíng 명 다리 모양

65 C ★★

一堂动感单车课:	스피닝 바이크는 수업 한 번에:
① 会流失大量水分 ② 能让人快速减肥 ③ 不能多喝矿泉水 ④ 可锻炼心肺功能	① 많은 수분이 손실된다 ② 빠르게 살을 뺄 수 있다 ③ 생수를 많이 마셔서는 안 된다 ④ 심폐 기능을 단련할 수 있다
A ①③　B ②④　C ①④　D ②③	A ①③　B ②④　C ①④　D ②③

해설 　세 번째 단락 중반에서 '一堂课下来, 通常会排出很多汗液, 身体的水分流失很快(한 수업이 끝나면 보통 많은 땀이 배출되는데, 신체의 수분이 매우 빠르게 손실된다)'라고 했다. 또한 동일 단락 후반에서 '同时还能够增强心肺功能(동시에 심폐 기능도 강화할 수 있다)'라고 했으므로 정답은 C이다. 일치하는 내용을 찾는 문제인 경우 보기를 먼저 읽은 후 지문을 보는 것이 유리하다.

단어 　一堂课 yì táng kè 한 수업, 한 강의　流失 liúshī 동 (물·인력 등이) 유실되다, 빠져나가다　水分 shuǐfèn 명 수분　减肥 jiǎnféi 동 다이어트하다　矿泉水 kuàngquánshuǐ 명 광천수(미네랄 워터)　锻炼 duànliàn 동 단련하다, 운동하다　心肺 xīnfèi 명 심장과 폐　功能 gōngnéng 명 기능

66 B

骑动感单车之前，需要： | 스피닝 바이크를 타기 전에 필요한 것은:

A 调整自己心情　　　　　　　　　　A 자신의 기분을 조절하는 것
B 进行热身运动　　　　　　　　　　B 준비 운동을 하는 것
C 检查自己服装　　　　　　　　　　C 자신의 복장을 점검하는 것
D 保证充足睡眠　　　　　　　　　　D 충분한 수면을 보장하는 것

해설　네 번째 단락 초반에서 '但是需要注意的是，在进行动感单车训练之前(하지만 주의해야 할 점은, 스피닝 바이크 훈련을 하기 전에), 一定要花时间做好充分的热身运动(반드시 시간을 들여 충분한 준비 운동을 해야 한다)'라고 했으므로 정답은 B이다.

단어　骑 qí 통 (자전거·말 등을) 타다　调整 tiáozhěng 통 조절하다, 조정하다　热身运动 rèshēn yùndòng 명 준비 운동, 워밍업　检查 jiǎnchá 통 점검하다, 검사하다　保证 bǎozhèng 통 보장하다, 확실히 하다　充足 chōngzú 형 충분하다, 넉넉하다　睡眠 shuìmián 명 수면, 잠

67 D

第五段主要介绍了腹式呼吸的： | 다섯 번째 단락이 주로 소개한 것은 복식 호흡의:

A 方法　　　　　　　　　　　　　　A 방법
B 时间　　　　　　　　　　　　　　B 시간
C 频率　　　　　　　　　　　　　　C 빈도
D 作用　　　　　　　　　　　　　　D 작용

해설　다섯 번째 단락 초반의 '动感单车上的呼吸方法非常重要, 应该学会腹式呼吸(스피닝 바이크에서의 호흡법은 매우 중요하며, 복식 호흡을 배워야 한다)'에서 관련 내용이 언급되었다. 해당 단락 후반에서 '……对全身器官组织起到调整和促进作用(전신의 기관과 조직을 조절하고 촉진하는 역할을 하며, 同时也能极大增强肺功能(동시에 폐 기능도 크게 강화할 수 있다)'라며 복식 호흡의 작용을 제시했으므로 정답은 B이다.
• 핵심 표현: 对……起到……(的)作用 (~에 대해 ~의 작용을 하다)

단어　腹式 fùshì 형 복식의(배로 하는 방식의)　呼吸 hūxī 명 동 호흡(하다)　频率 pínlǜ 명 빈도, 주파수　作用 zuòyòng 명 작용, 효과, 기능

68 C

根据文意，第六段的空白处最适合填入的词语是： | 문장의 의미에 따르면, 여섯 번째 단락의 빈칸에 들어갈 가장 적절한 단어는:

A 职业　　　　　　　　　　　　　　A 직업
B 行业　　　　　　　　　　　　　　B 업계
C 专业　　　　　　　　　　　　　　C 전문적인
D 商业　　　　　　　　　　　　　　D 상업

해설　빈칸 전후 내용을 살펴보면 '最好穿＿＿＿＿＿ 的动感单车服(가장 좋기로는 전문적인 스피닝 바이크 옷을 입는 것이고), 弹性好的棉质运动服装也可以替代(신축성 좋은 면 소재 운동복으로 대체할 수도 있다)'라고 했다. 빈칸에는 대체 복장인 '신축성 좋은 면 소재 운동복' 보다 더 좋은 조건을 나타내는 단어가 와야 하므로 정답은 C이다. 专业는 '전문적인'의 뜻으로 '专业+사물'은 어떤 분야에 특화된 것을 가리킨다.

• 빈출 단어: 专业器具(전문 기구), 专业用品(전문 용품), 专业设备(전문 장비), 专业运动鞋(기능성 운동화)

단어　职业 zhíyè 명 직업　行业 hángyè 명 업계, 산업 분야　专业 zhuānyè 형 전문적인　商业 shāngyè 명 상업, 비즈니스

TIP

- **주요 문장 형식**

不仅 A, 而且 B (A할 뿐만 아니라, 게다가 B하다)

원문　动感单车在克服了室外行驶的一切缺点后，由于技术上的改进，不仅简单易学，而且成为一项能够使全身得到锻炼的有氧运动。

예문　多读书，不仅能增长我们的知识，而且还能开阔我们的视野。

A 与 B 相似 (A는 B와 비슷하다)

원문　动感单车基本与普通单车相似，包括车把、车座、蹬板和轮子几个部分，车身稳固地联结为一个整体。

예문　这座城市的建筑风格与欧洲的一些古城有些相似，都带有古典韵味。

(A) 与 B 不同的是…… (A가 B와 다른 것은 ~이다)

원문　与普通单车不同的是，动感单车的结构可以进行较大的调整，以便骑行者感觉更舒适。

예문　与宁静的乡村夜晚不同的是，大城市的夜生活繁华喧嚣，是是实在在的不夜城。

在……之前，一定要…… (~하기 전에 반드시 ~해야 한다)

원문　在进行动感单车训练之前，一定要花时间做好充分的热身运动。

예문　有些水果，如草莓、葡萄等，在食用之前一定要用盐水充分浸泡，这样才能有效地消除寄生虫。

제2부분 (69-73) 다음 글의 순서가 뒤섞여 있습니다. 논리적으로 일관된 글이 되도록 다시 정렬하세요. 이 과정에서 한 개의 단락은 내용과 무관한 방해 요소이므로 제외해야 합니다. 밑줄 친 단락의 위치는 고정되어 있으므로 순서를 변경할 필요가 없습니다.

69-73

A 植物生长活动的最低温度通常是0℃。秋天之后，许多一年生草本植物纷纷枯萎。到了寒冷的冬季，<u>冰封的大地上几乎看不到红花绿叶，但也有些"英雄好汉"是不怕严寒的。</u>

B 耐冻植物都有休眠的特性，它们常使用"沉睡"的妙法来对付寒冬。一般而言，处于休眠状态的植株抗寒力强，并且植株休眠越深，抗寒能力越强。事实上，多年生植物的季节性休眠是长期自然选择的结果，是植物应对不利环境的一大绝招。

C 此外，每一棵树都有一副"甲胄"，保护它们娇嫩的组织不受寒气侵袭。这副"甲胄"就是木栓层。每年夏天，树木都在树干和树枝的皮下储存木栓组织——死的间层。木栓既不透水，也不透气。停滞在气孔中的空气能够阻挡树木的热量向外散发。树木年龄越大，木栓层越厚。因此，老树、粗树的抗寒能力比枝嫩干细的小树强。

D 到了秋天，情形就变了，秋季白昼温度高，日照强，叶子的光合作用旺盛；而夜间气温低，树木生长缓慢，养分消耗少，积累多，于是树木越长越"胖"，变得粗壮并木质化，树叶里合成了更多的脱落酸（休眠素）。这种植物激素被输送到植物枝梢的尖端和侧芽后，这些部位的新陈代谢会受到抑制，从而进入休眠状态，不再萌芽生长，植物体也停止生长。这意味着植物的物质和能量消耗大大减少，养分因此被积蓄起来，树木逐渐有了抵御寒冷的能力，即使叶子在冬天被冻掉，小枝依旧完好无损。

E 另外，植物还常常会通过细胞内水分减少或合成液态抗冻有机物来增强细胞的抗冻性。有的植物会通过降低自身含水量以适应低温环境，安全过冬。具体来说，就是将水分从细胞内排到细胞外，防止细胞内的水结冰。如果以上方法还不足以抵抗严寒，一些植物还会通过增加糖或蛋白质、脂肪的含量，或者增强生物膜系统结构的稳定性来练就更高更强的御寒本领。

F 植物通过光合作用将无机物转化为有机物，并将太阳能转化为化学能，储存在所形成的有机化合物中。每年光合作用所同化的太阳能约为人类所能

A 식물 생장 활동의 최저 온도는 일반적으로 0℃이다. 가을이 지나면 많은 한해살이 초본 식물들이 잇달아 시들어 죽는다. 추운 겨울이 되면 얼어붙은 대지 위에서는 붉은 꽃이나 푸른 잎을 거의 볼 수 없지만, <u>몇몇 '영웅 호걸(英雄好汉)'들은 추위를 두려워하지 않는다.</u>

B 내한성 식물들은 모두 휴면의 특성을 가지고 있으며, 이들은 흔히 '잠자는' 묘한 방법으로 혹독한 겨울을 견딘다. 일반적으로 휴면 상태에 있는 식물체는 내한성이 강하고, 휴면이 깊을수록 내한 능력이 더 강하다. 사실 다년생 식물의 계절성 휴면은 장기간의 자연 선택의 결과로, 식물이 불리한 환경에 대응하는 큰 비책이다.

C 이 밖에도, 나무마다 하나의 '갑옷'을 가지고 있어 그들의 연약한 조직이 한기에 침입을 당하지 않도록 보호한다. 이 '갑옷'은 바로 코르크층이다. 해마다 여름이 되면 나무는 줄기와 가지의 껍질 아래에 코르크 조직인 죽은 간층(死的间层)에 저장한다. 코르크는 물도 통하지 않고, 공기도 통하지 않는다. 기공에 정체된 공기는 나무의 열이 외부로 발산되는 것을 막을 수 있다. 나무의 나이가 많을수록, 코르크층은 더 두꺼워진다. 따라서 오래된 나무, 굵은 나무가 여리고 가는 어린 나무보다 내한성이 더 강하다.

D 가을이 되면 상황이 달라진다. 가을철 낮에는 온도가 높고 일조량이 강해 잎의 광합성 작용이 왕성하다. 그러나 밤에는 기온이 낮아 나무의 생장이 느려지고 영양분 소비는 적으며 축적은 많아진다. 그래서 나무는 점점 더 '뚱뚱'해지고 튼튼해지며 목질화되고, 잎에서는 더 많은 탈락산 아브시스산 (휴면 호르몬)이 합성된다. 이 식물 호르몬이 식물의 가지 끝과 측아(곁눈)로 운반되면, 이 부위의 신진대사가 억제되어 휴면 상태에 들어가 더 이상 싹이 트거나 자라지 않고, 식물체도 성장을 멈춘다. 이는 식물의 물질과 에너지 소비가 크게 줄어들어 영양분이 축적됨을 의미하며, 나무는 점차 추위를 견딜 수 있는 능력을 가지게 되고, 비록 겨울에 잎이 얼어 떨어져도 작은 가지는 여전히 온전하다.

E 이 외에도 식물은 종종 세포 내 수분을 줄이거나 액체 상태의 내한 유기물을 합성함으로써 세포의 내한성을 강화한다. 어떤 식물은 자신의 수분 함량을 낮춤으로써 저온 환경에 적응하고 안전하게 겨울을 난다. 구체적으로는 세포 내의 수분을 세포 밖으로 내보내 세포 내의 물이 얼지 않도록 하는 것이다. 위의 방법으로도 혹한을 견디기에 충분하지 않으면, 일부 식물은 당이나 단백질, 지방의 함량을 증가시키거나 생체막 시스템 구조의 안정성을 강

量的 10 倍。有机物中所存储的化学能，除了供植物本身和全部异养生物之用外，更重要的是可供人类营养和活动的能量来源。

G 通常而言，即便是同一种植物，冬季和夏季的抗冻能力也不一样。在夏季活动期多不耐寒，在冬季休眠期则更为耐寒。这是因为春夏季节，植物生长旺盛，养分消耗多于积累，因而其抗冻能力较弱。如北方的梨树，在-30 至-2 ℃ 低温下能够平安越冬，在春天却抵挡不住微寒的袭击；松树的针叶，冬天能耐 -30℃的严寒，夏天如果人为地降温到 -8 ℃ 就会冻死，就是这个道理。

화함으로써 더 높고 강한 내한 능력을 익히게 된다.

F 식물은 광합성을 통해 무기물을 유기물로 전환하고 태양에너지를 화학에너지로 전환하여 생성된 유기화합물에 저장한다. 매년 광합성으로 동화된 태양에너지는 인류가 필요로 하는 에너지의 약 10배에 달한다. 유기물에 저장된 화학에너지는 식물 자신과 모든 종속영양 생물에 이용될 뿐 아니라, 더욱 중요한 것은 인류의 영양과 활동을 위한 에너지원으로 사용된다는 점이다.

G 일반적으로 같은 종류의 식물이라도 겨울과 여름의 내한 능력은 다르다. 여름철 생장기에는 추위를 잘 견디지 못하지만, 겨울철 휴면기에는 더 잘 견딘다. 이는 봄과 여름에는 식물의 생장이 왕성하여 영양분 소비가 축적보다 많기 때문에 내한 능력이 약하기 때문이다. 예를 들어, 북방의 배나무는 -30℃에서 -2℃의 낮은 온도에서도 무사히 겨울을 날 수 있지만, 봄에는 약간의 추위에도 버티지 못한다. 소나무의 바늘잎은 겨울에는 -30℃의 혹한을 견디지만, 여름에 인위적으로 온도를 -8℃로 내리면 얼어 죽게 되는 것도 바로 이 때문이다.

단어 A 植物 zhíwù 몡 식물 温度 wēndù 몡 온도 草本 cǎoběn 몡 초본(풀과 같은 식물) 纷纷 fēnfēn 튀 잇달아, 연이어 枯萎 kūwěi 동 시들다 寒冷 hánlěng 춥다 冬季 dōngjì 몡 겨울철 冰封 bīngfēng 얼어붙다 红花绿叶 hónghuā lǜyè 붉은 꽃과 푸른 잎 英雄好汉 yīngxióng hǎohàn 몡 영웅호걸 不怕严寒 búpà yánhán 혹한을 두려워하지 않다

B 耐冻 nàidòng 추위에 강하다 沉睡 chénshuì 동 깊이 잠들다 妙法 miàofǎ 몡 묘법, 훌륭한 방법 付 duìfù 대응하다 寒冬 hándōng 추운 겨울. 엄동 抗寒力 kànghánlì 내한력(추위를 견디어 내는 힘) 植株 zhízhū 식물체 季节性 jìjiéxìng 몡 계절성 应对 yìngduì 동 대응하다, 대처하다 绝招 juézhāo 몡 비책

C 副 fù 양 쌍. 짝을 이루는 것을 세는 단위 甲胄 jiǎzhòu 몡 갑옷 娇嫩 jiāonèn 여리고 연약한 寒气 hánqì 몡 한기 侵袭 qīnxí 동 침입하다 木栓层 mùshuāncéng (나무의) 코르크층 树干 shùgàn 몡 나무 줄기 树枝 shùzhī 몡 나뭇가지 储存 chǔcún 동 저장하다 间层 jiāncéng 간층(사이 층) 透水 tòushuǐ 몡 물이 통하다 透气 tòuqì 몡 공기가 통하다 停滞 tíngzhì 몡 정체되다 孔 qìkǒng 몡 기공(공기 구멍) 阻挡 zǔdǎng 동 막다 散发 sànfā 동 발산하다 粗树 cūshù 몡 굵은 나무 枝嫩干细 zhīnèn gànxì 가지는 연약하고 줄기는 가늘다

D 白昼 báizhòu 몡 낮 光合 guānghé 몡 광합성하다 缓慢 huǎnmàn 동 느리다 粗 cūzhuàng 동 튼튼하다 木质化 mùzhìhuà 동 목질화되다(목질이 단단해지다) 合成 héchéng 동 합성하다 脱落酸(休眠素) tuōluòsuān(xiūmiánsù) 아브시스산(식물의 휴면 호르몬) 激素 jīsù 몡 호르몬 输送 shūsòng 동 운반하다 枝梢 zhīshāo 몡 나무 가지 끝 尖端 jiānduān 몡 첨단, 뾰족한 끝 몡 첨단의, 최신 侧芽 cèyá 몡 측아, 곁눈 新陈代谢 xīnchéndàixiè 몡 신진대사 抑制 yìzhì 동 억제하다 萌芽 méngyá 동 싹트다 积蓄 jīxù 동 저장하다 完好无损 wánhǎo wúsǔn 온전하다, 손상 없다

E 细胞 xìbāo 몡 세포 液态 yètài 몡 액체 有机物 yǒujīwù 몡 유기물 排 pái 동 배출하다 结冰 jiébīng 얼음이 얼다 蛋白质 dànbáizhì 몡 단백질 脂肪 zhīfáng 몡 지방 生物膜 shēngwùmó 몡 생체막 定性 wěndìngxìng 몡 안정성 练就 liànjiù 동 익히다, 연마하다 御寒 yùhán 동 추위를 막다 本领 běnlǐng 몡 능력, 재주

F 光合作用 guānghé zuòyòng 몡 광합성 작용 无机物 wújīwù 몡 무기물 转化 zhuǎnhuà 동 전환하다 有机化合物 yǒujī huàhéwù 몡 유기화합물 异养生物 yìyǎngshēngwù 몡 종속영양생물

G 抗冻能力 kàngdòng nénglì 내한성(추위를 견디어 내는 능력) 活动期 huódòngqī 몡 활동기 耐寒 nàihán 동 추위에 강하다 休眠期 xiūmiánqī 몡 휴면기 旺盛 wàngshèng 동 왕성하다 养分 yǎngfēn 몡 영양분 消耗 xiāohào 동 소모하다 积累 jīlěi 동 축적하다 梨树 líshù 몡 배나무 越冬 yuèdōng 동 겨울을 나다 抵挡 dǐdǎng 동 막아내다 微寒 wēihán 몡 약간 추운 袭击 xíjī 동 습격하다 松树 sōngshù 몡 소나무 针叶 zhēnyè 몡 침엽 降温 jiàngwēn 몡 기온이 떨어지다 冻死 dòngsǐ 얼어 죽다

문장 배치 순서

해설 A 단락은 글 전체의 도입 부분이다. 겨울은 식물에게 매우 혹독한 계절이지만 '有些"英雄好汉"是不怕严寒的(몇몇 '영웅호걸'들은 추위를 두려워하지 않는다)'의 표현을 통해 이 글의 주요 소개 대상을 알려 주고 있다.

69 G
G 단락은 A에서 제시된 '겨울에도 살아남는 식물'의 실제 사례를 소개하고 있다. 초반에서 '即便是同一种植物，冬季和夏季的抗冻能力也不一样(같은 종류의 식물이라도 겨울과 여름의 내한 능력은 다르다)'라며 계절에 따른 식물의 내한 능력에 차이가 있음을 말했는데, 해당 단락의 주 내용은 '春夏季节(봄여름 계절)'의 내한 능력을 설명하고 있으므로, 시간적 순서상 뒤에는 가을, 겨울에 대한 설명이 이어짐을 유추할 수 있다.

70 D
D 단락의 시작에서 '到了秋天，情形就变了(가을이 되면 상황이 달라진다)'의 내용이 언급되었으므로 G 단락 뒤에 올 문장으로 선택할 수 있다. 해당 단락은 주로 식물은 가을이 되면 휴면을 위해 저장을 하고, 생장을 멈추며, 抵御寒冷能力(내한능력)이 증가한다는 설명을 하고 있으며, 이는 G 단락 초반에서 제기한 계절별 내한 능력 차이에 대한 내용으로 자연스럽게 이어진다.

71 B
B 단락에서는 '耐冻植物都有休眠的特性(내한성 식물들은 모두 휴면의 특성을 가지고 있으며), ……是植物应对不利环境的一大绝招(식물이 불리한 환경에 대응하는 큰 비책이다)'의 내용으로 '휴면'이 생존의 핵심 전략임을 강조하고 있다. 이는 앞 D 단락에서 제시된 '树叶里合成了更多的脱落酸（休眠素）(잎에서는 더 많은 탈락산 아브시스산 (휴면 호르몬)이 합성된다)' 내용에 대한 추가적 정보 전달로 볼 수 있다.

72 C
C 단락 첫 부분의 '此外，每一棵树都有一副'甲胄'(이 밖에도, 나무마다 하나의 '갑옷'을 가지고 있어)……'는 식물이 추위를 견뎌내는 방법으로, 앞서 설명한 '休眠(휴면)'에 이어서 두 번째 대응 전략인 '木栓层(코르크층)'을 제시하고 있다.

73 E
E 단락 첫 부분의 '另外，植物还常常会通过细胞内水分减少(이 외에도 식물은 종종 세포 내 수분을 줄이거나)……'에서 '另外(그 밖에)'는 어떤 논거를 제시할 때 주로 首先, 此外 다음으로 쓰인다. 따라서 해당 단락은 C 단락 뒤에 오는 문장임을 알 수 있다. 또한 내용적으로 추위를 견디는 방법으로 세 번째 대응 전략인 세포 내 수분 조절을 소개하며, 단락의 후반에서는 '如果以上方法还不足(만약 위 방법들로 부족하다면)……'을 통해 추가적인 방법도 소개하고 있다.

전체 내용을 보아 F 단락은 식물의 광합성과 에너지 전환을 설명하고 있다. 따라서 글의 주제와 관련이 크지 않으므로 해당 단락은 방해 요소로 판단할 수 있다.

* **한 눈에 정리하기**

단락 순서	핵심 내용	문장 내 역할	연결 고리
A	冬天植物不怕严寒	전체 주제 제시	冬天植物
G	冬夏抗寒能力不同	문제의식 제기	需要解释"为什么"
D	秋天开始准备休眠	원인 분석 ①	秋天是转折点
B	休眠是抗寒关键手段	원인 분석 ②	补充 D
C	木栓层结构	보조 대응 전략 ①	"此外" 转折
E	水分/化学物调整	보조 대응 전략 ②	"另外" 并列 C
F	光合作用、人类营养	✗ 주제 이탈	

제3부분 (74-87)
아래의 문제에 답하세요. 답안은 10글자 이내로 작성해야 합니다.

74-80

㊆ 在非洲内陆的水域中，最强大的水生物种莫过于鳄鱼。它们仰仗其庞大的身躯和冷酷的猎杀手段，成为纵横交错的河流湖泊中当之无愧的霸主。令人惊叹的是在鳄鱼的领地，有一种足以与它 ㊄ 分庭抗礼 的种群，竟是身躯只有10 厘米左右的小鱼——非洲鲋鱼。

㊅ 非洲鲋鱼虽然是鱼类当中的"小不点"，但它们的数量大得惊人。在某些河流中，它们的总数可能远远超过其他鱼类。这种数量优势使它们的生存显得相对地从容和有利。正因为如此，它们变得在自然界中不可小觑。

同样的生活环境，为什么独独非洲鲋鱼的数量可以超越其他鱼类呢？这与它们独特的繁殖方式有关。

众所周知，鱼类是将卵产在水里让其孵化的。可是，㊆ 鱼卵在水里要面对太多的危险。大鱼、水鸟、水獭、蛇、螃蟹等天敌都会将它们列入自己的食谱。这也正是其他鱼类的数量难以增加的根本原因。非洲鲋鱼却独辟蹊径，没有将卵产在水里孵化。

㊇ 到了产卵期，非洲鲋鱼会仔细搜寻，寻找岸边有大树的水域。当它发现有树枝伸到水面，便选择距水面有一段距离的某片合适的树叶作为产房。然后，它尽力从水中跃起，将身子紧紧黏附在叶片朝下的一面，将卵排在上面。卵附着在悬在水面半米高的树叶上，几乎隔绝了所有来自天空、陆地以及水中的天敌。

随后，㊈ 它会一直待在这里，不间断地甩动尾巴，以便激起水花溅到树叶上的卵上面，保证卵始终处于湿润状态，直到小鱼孵出落到水里。正因为选择了这种独特的孵化方式，非洲鲋鱼的庞大数量才有了绝对的保障。

㊉ 生存是一件极其艰难的事情，而智慧恰恰是解决所有难题的灵丹妙药。不囿于常规，全力求新求异，也许生存不仅会显得比较容易，更会焕发出夺目的性灵之光。

㊆ 아프리카 내륙의 수역에서 가장 강력한 수생 생물종은 단연 악어이다. 악어는 거대한 몸집과 냉혹한 사냥 수단에 의존해, 복잡하게 얽힌 강과 호수에서 의심할 여지없는 지배자가 되었다. 놀라운 것은, 악어의 영역에서 그에 ㊄ 대등하게 맞설 수 있는 하나의 종이 존재하는데, 뜻밖에도 그것이 몸길이가 겨우 10센티미터 정도의 작은 물고기인 아프리카 틸라피아라는 점이다.

㊅ 아프리카 틸라피아는 비록 물고기 중에서는 '꼬마(작은 몸집)'이지만, 그 수는 놀랄 만큼 많다. 어떤 강에서는 그들의 총수가 다른 어류를 훨씬 능가할 수 있다. 이러한 수적 우위는 그들의 생존을 상대적으로 여유롭고 유리하게 만든다. 바로 이러한 이유로 틸라피아는 자연계에서 결코 과소평가할 수 없는 존재가 되었다.

같은 생활 환경에서 왜 유독 아프리카 틸라피아만이 다른 어류보다 더 많은 수를 유지할 수 있는 것일까? 이는 그들의 독특한 번식 방식과 관련이 있다.

잘 알려져 있다시피, 물고기는 알을 물속에 낳아 부화시킨다. 하지만 ㊆ 물속의 알은 너무나 많은 위험에 직면해야 한다. 큰 물고기, 물새, 수달, 뱀, 게 등 천적들이 모두 그것들을 자신의 먹이 목록에 올린다. 이것이 바로 다른 물고기들의 수가 쉽게 늘지 못하는 근본적인 이유다. 그러나 아프리카 틸라피아는 새로운 길을 개척하여, 알을 물속에서 부화시키지 않는다.

㊇ 산란기가 되면, 아프리카 틸라피아는 꼼꼼하게 수색하며 강가에 큰 나무가 있는 수역을 찾는다. 나뭇가지가 수면 위로 뻗어 있는 것을 발견하면, 수면에서 일정 거리 떨어진 적당한 나뭇잎 한 장을 산란 장소로 선택한다. 그리고는 물에서 힘껏 뛰어올라 몸을 잎의 아랫면에 바짝 달라붙게 한 후, 그 위에 알을 낳는다. 알은 수면에서 약 반 미터 높이에 매달린 나뭇잎에 붙어 있어, 하늘·육지·물속의 모든 천적으로부터 거의 완전히 차단된다.

그 후, ㊈ 아프리카 틸라피아는 그 자리를 떠나지 않고 끊임없이 꼬리를 흔드는데, 물보라를 일으켜 나뭇잎 위의 알에 튀게 하여, 알이 언제나 촉촉한 상태로 유지되도록 하기 위함이다. 그렇게 작은 물고기들이 부화하여 물속으로 떨어질 때까지 이어진다. 바로 이러한 독특한 부화 방식을 선택했기 때문에, 아프리카 틸라피아는 그 엄청난 개체 수를 확실히 보장받을 수 있는 것이다.

㊉ 생존은 극히 어려운 일이며, 지혜야말로 모든 문제를 해결하는 만능약이다. 기존의 틀에 얽매이지 않고, 전력을 다해 새롭고 색다름을 추구한다면, 아마 생존은 단지 쉬워지는 것을 넘어서 눈부신 영혼의 빛을 발할지도 모른다.

단어 非洲 Fēizhōu [고유] 아프리카　内陆 nèilù [명] 내륙　水域 shuǐyù [명] 수역, 물이 있는 지역　莫过于 mòguòyú ~보다 더한 것은 없다　鳄鱼 èyú [명] 악어　仰仗 yǎngzhàng [동] 의지하다, 기대다　庞大 pángdà [형] 방대하다　身躯 shēnqū [명] 몸　冷酷 lěngkù [형] 냉혹한, 냉정한　猎杀 lièshā [동] 사냥하다, 죽이다　纵横交错 zònghéng jiāocuò [성] 복잡하게 얽혀 있다　河流湖泊 héliú húpō [명] 강과 호수　当之无愧 dāngzhī wúkuì [성] 자격이 충분하다, 전혀 손색이 없다　霸主 bàzhǔ [명] 지배자, 제왕　令人惊叹 lìngrén jīngtàn 놀라움을 자아내다　领地 lǐngdì [명] 영토, 영역　足以 zúyǐ [조동] ~할 만하다, 충분히 ~할 수 있다　分庭抗礼 fēntíng kànglǐ [성] 대등하게 겨루다, 지위가 대등하다　种群 zhǒngqún [명] 종족, 개체군　厘米 límǐ [명] 센티미터　鲋鱼 fùyú [명] 아프리카 틸라피아　小不点 xiǎobùdiǎn [명] 꼬맹이, 아주 작은 존재　优势 yōushì [명] 우세, 강점　从容 cóngróng [형] 여유 있는, 침착한　不可小觑 bùkě xiǎoqù [성] 과소평가해서는 안 된다, 만만치 않다　超越 chāoyuè [동] 초월하다, 뛰어넘다　繁殖 fánzhí [동] 번식하다　卵 luǎn [명] 알, 난　孵化 fūhuà [동] 부화하다　水獭 shuǐtǎ [명] 수달　螃蟹 pángxiè [명] 게　列入 lièrù [동] 포함되다　食谱 shípǔ [명] 식단, 먹이 목록　独辟蹊径 dúpì xījìng [성] 새로운 길을 개척하다　搜寻 sōuxún [동] 수색하다, 찾아다니다　岸边 ànbiān [명] 물가, 강가　树枝 shùzhī [명] 나뭇가지　伸 shēn [동] (신체나 물체의 일부분을) 뻗다, 내밀다　产房 chǎnfáng [명] 산란장, 분만실　黏附 niánfù [동] 들러붙다　朝下 cháoxià 아래로 향하다　附着 fùzhuó [동] 부착되다　悬 xuán [동] 매달다, 걸다　隔绝 géjué [동] 차단하다, 단절되다　间断 jiànduàn [동] 끊기다, 중단되다　甩动 shuǎidòng [동] 흔들다, 휘두르다　尾巴 wěiba [명] 꼬리　激起 jīqǐ [동] 일으키다, 자극하다　水花 shuǐhuā [명] 물방울, 튀는 물　溅 jiàn [동] 튀다, 튀기다　湿润 shīrùn [형] 축축한, 촉촉한　保障 bǎozhàng [명][동] 보장(하다)　灵丹妙药 língdān miàoyào [명] 특효약(비유: 모든 문제를 해결할 수 있는 방법)　囿于 yòuyú [동] 얽매이다, 제한되다　常规 chángguī [명] 통상적인 방식, 관례　求新求异 qiúxīn qiúyì [성] 새롭고 독특함을 추구하다　焕发 huànfā [동] 빛나다, 발산하다　夺目 duómù [형] 눈부신, 눈길을 끄는　性灵之光 xìnglíng zhī guāng [명] 영혼의 빛

74 鳄鱼。 ★

| 非洲内陆水域的霸主是什么动物？ | 아프리카 내륙 수역의 지배자는 어떤 동물인가? |

| 鳄鱼。 | 악어. |

해설 　첫 번째 단락에서 '在非洲内陆的水域中，最强大的水生物种莫过于鳄鱼(아프리카 내륙의 수역에서 가장 강력한 수생 생물 종은 단연 악어이다)'라고 했다. 또한 이어지는 내용에서 '成为纵横交错的河流湖泊中当之无愧的霸主(복잡하게 얽힌 강과 호수에서 여지없는 지배자가 되었다)'라고 했으므로 정답은 鳄鱼이다.

단어 　非洲 Fēizhōu [명] 아프리카　内陆 nèilù [명] 내륙　水域 shuǐyù [명] 수역　鳄鱼 èyú [명] 악어　霸主 bàzhǔ [명] 패자, 지배자, 강자　最强大 zuì qiángdà [형] 가장 강력한　莫过于 mòguòyú ~보다 나은 것은 없다, ~이 최고다　当之无愧 dāngzhī wúkuì [성] 그 자리에 손색이 없다, 자격이 충분하다

75 势力相等。 ★★★

| 画线词语"分庭抗礼"是什么意思？ | 밑줄 친 단어 '分庭抗礼'의 뜻은 무엇인가? |

| 势力相等。 | 세력이 서로 같다. |

해설 　성어 '分庭抗礼(분정항례)'의 어원은 옛날에 손님과 주인이 만날 때 뜰의 동쪽과 서쪽에 나뉘어 서서 서로 예를 갖추는 행동에서 비롯되었으며, 이때 抗은 '대등하다'는 의미를 나타낸다. 후에 이 표현은 양측의 지위와 세력이 서로 대등하여 서로 맞설 수 있음을 비유하는 데 사용되었다.

· 기타 가능 정답: 势力相等, 实力相当, 地位平等, 平分秋色, 平起平坐, 不分高低

단어 　势力相等 shìlì xiāngděng 세력(영향력)이 비슷하다　实力相当 shílì xiāngdāng 실력이 막상막하이다　地位平等 dìwèi píngděng 지위가 평등하다　平分秋色 píngfēn qiūsè [성] 실력이 엇비슷하다, 막상막하이다　平起平坐 píngqǐ píngzuò [성] 대등한 지위에 있다, 나란히 앉을 수 있다　不分高低 bùfēn gāodī [성] 우열을 가릴 수 없다, 실력이 대등하다

76 数量多。 ★★

鲫鱼在自然界不可小觑的原因是什么?	틸라피아가 자연계에서 과소평가할 수 없는 이유는 무엇인가?
数量多。	수가 많다.

해설 두 번째 단락 초반에서 '非洲鲫鱼虽然是鱼类当中的"小不点"(아프리카 틸라피아는 비록 물고기 중에서는 '꼬맹이(작은 몸집)'이지만), 是鱼 但它们的数量大得惊人(그 수는 놀랄 만큼 많다)'라고 했다. 해당 단락 마지막에서 '正因为如此, 它们变得在自然界中不可小觑(바로 이러한 이유로 틸라피아는 자연계에서 결코 과소평가할 수 없는 존재가 되었다)'라고 했으므로 정답은 数量多이다.
• 기타 가능 정답: 数量大, 数量大得惊人(수량이 놀라울 정도로 많다)

단어 不容小觑 bùróng xiǎoqù 셩 가볍게 여길 수 없다, 무시할 수 없다 数量 shùliàng 명 수량, 양 惊人 jīngrén 형 놀랍다, 경이롭다

77 被天敌吃掉。 ★★

鱼卵产在水里会面临什么危险?	물고기가 알을 물속에 낳을 경우 어떤 위험에 직면하는가?
被天敌吃掉。	천적에게 먹힌다.

해설 네 번째 단락 중반에서 '鱼卵在水里要面对太多的危险(물속의 알은 너무나 많은 위험에 직면해야 한다). 大鱼、水鸟、水獭、蛇、螃蟹等天敌都会将它们列入自己的食谱(큰 물고기, 물새, 수달, 뱀, 게 등 천적들이 모두 그것들(물속의 알)을 자신의 먹이 목록에 올린다)'라고 했으므로 물속의 알이 천적에게 먹힌다는 표현을 정답으로 작성하면 된다.
• 기타 가능 정답: 被天敌吃掉, 天敌会吃掉它们, 成为天敌的食物, 天敌把它们列入食谱

단어 鱼卵 yúluǎn 명 물고기 알, 어란 面临 miànlín 동 (어려움 등을) 직면하다, 맞닥뜨리다 危险 wēixiǎn 명 형 위험(하다)

78 树叶上。 ★★

非洲鲫鱼将鱼卵产在何处?	아프리카 틸라피아는 알을 어디에 낳는가?
树叶上。	나뭇잎 위.

해설 다섯 번째 단락 초반의 '到了产卵期(산란기가 되면), 非洲鲫鱼会仔细搜寻(아프리카 틸라피아는 꼼꼼하게 수색하며), 寻找岸边有大树的水域(강가에 큰 나무가 있는 수역을 찾는다)'에서 관련 내용이 언급되었다. 이어지는 내용에서 '…… 然后, 它尽力从水中跃起(그리고는 물에서 힘껏 뛰어올라), 将身子紧紧黏附在叶片朝下的一面(몸을 잎의 아랫면에 바짝 달라붙게 한 후), 将卵排在上面(그 위에 알을 낳는다)'라 했으므로 정답은 树叶上이다.

단어 鱼卵 yúluǎn 명 물고기 알, 어란 卵 luǎn 명 알(생물학적 의미) 排 pái 동 배출하다, 배설하다, (알을) 낳다 树叶 shùyè 명 나뭇잎 叶片 yèpiàn 명 (잎의) 잎사귀, 잎 조각 产房 chǎnfáng 명 분만실(비유: 산란 장소) 何处 héchù 대명 어디, 어느 곳

79 保持卵的湿润。 ★

非洲鲗鱼甩动尾巴是为了什么?	아프리카 틸라피아가 꼬리를 흔드는 이유는 무엇인가?
保持卵的湿润。	알의 습기를 유지하기 위해.

해설   여섯 번째 단락 초반에서 '它会一直待在这里(아프리카 틸라피아는 그 자리를 떠나지 않고), 不间断地甩动尾巴(끊임없이 꼬리를 흔드는데), 以便激起水花溅到树叶上的卵上面(물보라를 일으켜 나뭇잎 위의 알에 튀게 하여), 保证卵始终处于湿润状态(알이 언제나 촉촉한 상태로 유지되도록 하기 위함이다)'라고 했으므로 정답은 保持卵的湿润이다. 정답으로 원문의 표현 保证卵处于湿润状态을 그대로 적어도 좋다.

단어   **甩动** shuǎidòng 동 (좌우로) 흔들다, 휘두르다   **尾巴** wěiba 명 꼬리   **湿润** shīrùn 형 촉촉하다, 습윤하다   **处于** chǔyú 동 (어떤 상태나 환경에) 처하다, 있다

80 智慧和创新。 ★★★

上文主要想告诉我们生存需要什么?	위 글은 우리에게 생존에 무엇이 필요한지를 말하고자 하는가?
智慧和创新。	지혜와 창의력.

해설   마지막 단락 초반의 '生存是一件极其艰难的事情(생존은 극히 어려운 일이며), 而智慧恰恰是解决所有难题的灵丹妙药(지혜야 말로 모든 문제를 해결하는 만능약이다)'에서 생존에 필요한 첫 번째 요소가 '智慧(지혜)'임을 알 수 있다. 또한 이어지는 내용에서 '不囿于常规, 全力求新求异(기존의 틀에 얽매이지 않고, 전력을 다해 새롭고 색다름을 추구한다면), 也许生存不仅会显得比较容易(아마 생존은 단지 쉬워지는 것을 넘어서)'라고 했으므로 생존에 필요한 두 번째 요소가 '创新(창의력)'임을 알 수 있다. 따라서 정답은 智慧和创新이다.

- 기타 가능 정답: 智慧和打破常规(지혜와 관습 타파), 智慧和求新求异(지혜와 새롭고 독특한 것을 추구하는 것)
                智慧和不囿于常规(지혜와 틀에 얽매이지 않는 것)

단어   **生存** shēngcún 동 명 생존(하다)   **智慧** zhìhuì 명 지혜   **创新** chuàngxīn 명 창의력, 혁신   **不囿于** búyòu yú 동 ~에 구애받지 않다, ~에 얽매이지 않다   **常规** chángguī 명 통상적인 규칙, 일반적인 방식, 관례   **求新求异** qiúxīn qiúyì 새롭고 독특한 것을 추구하다

❶ 花鼓灯是安徽省优秀的民间艺术之一，是安徽民间舞蹈中流传最广、参与人数最多、影响最大、知名度最高的歌舞艺术，也是汉族舞蹈的典型代表之一。❷ 以前的花鼓灯表演多是广场表演，且在夜晚花灯的照耀下进行，这也是花鼓灯名称的由来。后来，花鼓灯发展到了舞台表演，更具观赏性。

相传，花鼓灯起源于夏代。在涂山脚下，大禹会诸侯的地方，❸ 大禹娶了涂山氏的女儿——女娇为妻。新婚不久，大禹便外出治理洪水。大禹治水十三年，三次路过家门而不入，女娇十分想念大禹，每天抱着儿子启站在山坡上向着远方眺望，祝愿丈夫治水成功，早日归来。❸ 由于她望夫心切，精诚所致，化作了一块巨石，后人称为"望夫石"或"启母石"。为了纪念他们，人们盖起了禹王庙，每年农历三月二十八赶庙会，打起锣鼓，跳起舞，从此就有了花鼓灯。❹ 至宋朝花鼓灯已发展成为比较系统的艺术形式，在民间舞蹈艺术中占据了举足轻重的地位。每年举行的艺术灯会，花鼓灯都是作为压轴戏出场，因此被称为"缀大灯"。

花鼓灯的角色繁多，分工也较为细致。❺ 男角统称"鼓架子"，女角统称"兰花"。根据分工的不同，鼓架子又可分为大鼓架子、小鼓架子、丑鼓和伞把子。大鼓架子主要表演"上盘鼓"中的叠罗汉，俗称"底座"；小鼓架子主要表演"大花场"和"小花场"；❻ "丑鼓"类似于戏曲中的丑角，演出时身背花鼓，善于即兴演唱，表演滑稽诙谐；"伞把子"又称"领伞的"，负责全场演出的指挥和调度，其中，"文伞把子"主要负责领唱和对唱，"武伞把子"以舞蹈为主，调整队形，掌控节奏。

❺ "兰花"以折扇和方巾为主要道具，表演时左手持方巾，右手执扇，通过步法及姿态的变换表达不同的思想感情。

❼ 舞蹈是花鼓灯的主要组成部分。花鼓灯的舞蹈包括"大花场""小花场"和"盘鼓"三部分。"大花场"是大型的集体情节舞；"小花场"是花鼓灯舞蹈的核心部分，多为两人或三人即兴表演的具有简单情节的抒情舞；"盘鼓"没有固定的表演形式，是舞蹈、武术与技巧表演的结合，同时又具有造型艺术的特征。

❶ 화고등(花鼓灯)은 안후이성의 뛰어난 민간 예술 중 하나로, 안후이 민속무용 가운데 가장 널리 퍼졌고, 참여 인원이 가장 많으며, 영향력도 가장 크고, 인지도 또한 가장 높은 가무 예술이다. 또한 한족 무용의 대표적인 형식 중 하나이기도 하다. ❷ 이전의 화고등 공연은 대부분 광장에서 열렸으며, 밤에 화등의 불빛 아래에서 진행되었는데, 이것이 '화고등'이라는 이름의 유래이다. 이후 화고등은 무대 공연으로 발전하여, 더욱 보는 재미(具观赏)가 높아졌다.

전설에 따르면 화고등은 하(夏)나라 시대에 기원했다고 한다. 투산(涂山) 기슭, 대우(大禹, 중국 고대 물을 다스린 영웅)는 제후들을 만난 곳에서 ❸ 대우는 투산 씨의 딸인 여교(女娇)를 아내로 맞이하였다. 결혼한 지 얼마 지나지 않아 대우는 홍수를 다스리기 위해 떠났고, 홍수를 다스리는 13년 동안, 집 앞을 세 번이나 지나면서도 들어가지 않았다. 여교는 대우를 매우 그리워하며, 매일 아들 기(启)를 안고 언덕 위에 올라 멀리 바라보며 남편이 홍수를 잘 다스리고 하루빨리 돌아오기를 기원했다. ❸ 그녀의 간절한 그리움과 정성이 지극하여 마침내 거대한 바위로 변했는데, 후세 사람들은 이를 '망부석' 또는 '기모석(启母石)'이라 불렀다. 사람들은 이들을 기리기 위해 우왕묘(禹王庙)를 세웠고, 매년 음력 3월 28일에 묘회(庙会)를 열어, 징과 북을 치고 춤을 추었으며, 이로 인해 화고등이 생겨났다고 한다. ❹ 송나라 시기에는 화고등이 비교적 체계적인 예술 형식으로 발전하여 민간 무용 예술 중에서 중요한 위치를 차지하게 되었다. 매년 열리는 예술 등회에서 화고등은 항상 공연의 마지막 순서로 등장하여, '첩대등'이라 불리게 되었다.

화고등의 등장인물은 매우 다양하며, 배역도 비교적 세분화되어 있다. ❺ 남성 배역은 통칭 '고가자(鼓架子)'라고 부르고, 여성 배역은 통칭 '란화(兰花)'라고 부른다. 배역에 따라, 고가자는 다시 대고가자(大鼓架子), 소고가자(小鼓架子), 축고(丑鼓), 산파자(伞把子)로 나뉜다. 대고가자는 주로 '상반고(上盘鼓)' 중에서 첩로한(叠罗汉)을 공연하며, 일명 '저좌(底座)'라 부른다. 소고가자(小鼓架子)는 주로 '대화장'과 '소화장'을 공연한다. ❻ '축고'는 전통 연극에서의 어릿광대역과 비슷하며, 공연 중에는 화북을 등에 지고, 즉흥 노래에 능하고, 익살스럽고 유쾌한 연기를 한다. '산파자'는 '우산잡이'라고도 하며, 전체 공연의 지휘와 조정을 맡는다. 그중 '문산파자'는 주로 선창과 듀엣을 맡고, '무산파자'는 주로 무용을 통해 대형을 조정하고 리듬을 조절한다.

❺ '란화'는 접이 부채와 정사각 손수건을 주요 소품으로 사용하며, 공연 시 왼손에는 손수건, 오른손에는 부채를 들고, 보법과 자세의 변화로 다양한 사상과 감정을 표현한다.

❼ 무용은 화고등의 주요 구성 요소이다. 화고등 무용은 '대화장', '소화장', '반고'의 세 부분으로 구성된다. '대화장

在长期的表演过程中，花鼓灯形成了自己的演出套路：开场锣敲响过后，"文伞把子"或"丑鼓"首先出场，接下来是"武伞把子"上场，然后依次进行"大花场"和"小花场"表演，最后是"盘鼓"或后场小戏表演。

(大花场)'은 서정적인 대형 군무이며, '소화장(小花场)'은 화고등 무용의 핵심 부분으로, 대부분 두세 명이 즉흥적으로 간단한 줄거리를 담아 서정적으로 공연하는 무용이다. '반고(盘鼓)'는 정해진 공연 형식이 없으며, 무용과 무술, 기술 공연의 결합으로, 동시에 조형 예술의 특성도 가지고 있다.

오랜 기간의 공연 과정을 거치며, 화고등은 고유의 공연 방식을 형성하게 되었다. 오프닝 징이 울린 후, '문산파자' 또는 '추고'가 먼저 등장하고, 이어서 '무산파자'가 등장한다. 그 다음 순서로 '대화장'과 '소화장' 공연이 진행되며, 마지막으로 '반고' 또는 후반의 소형극이 공연된다.

단어　花鼓灯 huāgǔdēng 명 화고등(중국 안후이성 민속무용)　安徽省 Ānhuī Shěng 고유 안후이성(중국 성(省)급 행정 구역)　舞蹈 wǔdǎo 명 무용, 춤　流传最广 liúchuán zuìguǎng 가장 널리 퍼지다　典型代表 diǎnxíng dàibiǎo 대표적인 예, 전형적인 예　花灯 huādēng 명 꽃등, 장식등　照耀 zhàoyào 동 비추다, 밝히다　观赏性 guānshǎngxìng 명 관상성, 볼거리　起源于 qǐyuán yú ~에서 유래하다　涂山 Túshān 고유 도산(고)　大禹 Dà Yǔ 고유 대우(중국 고대 물의 영웅)　诸侯 zhūhóu 명 제후　娶 qǔ 동 장가들다, 아내로 맞이하다　治理 zhìlǐ 동 다스리다, 통치하다　启 qǐ 고유 기(대우(大禹)의 아들)　山坡 shānpō 명 산비탈, 언덕　眺望 tiàowàng 동 멀리 바라보다　望夫心切 wàngfū xīnqiè 성 남편을 간절히 기다리는 마음　精诚所致 jīngchéng suǒzhì 성 지성이면 감천이다　化作 huàzuò 동 ~으로 변하다, ~으로 되다　巨石 jùshí 명 큰 바위　盖 gài 동 세우다, 덮다, 짓다　庙 miào 명 사당, 절　庙会 miàohuì 절에서 열리는 시장 또는 행사　锣鼓 luógǔ 명 징과 북(타악기류)　占据 zhànjù 동 차지하다, 점유하다　举足轻重 jǔzú qīngzhòng 성 매우 중요한 역할을 하다, 결정적인 영향을 주다　压轴戏 yāzhóuxì 명 마지막을 장식하는 하이라이트 공연　出场 chūchǎng 동 출연하다, 등장하다　缀大灯 zhuì dàdēng 명 공연 명칭　角色 juésè 명 배역, 역할　繁多 fánduō 형 매우 많다, 다양하다　分工 fēngōng 동 역할 분담(을 하다)　细致 xìzhì 형 세밀한, 정교한　统称 tǒngchēng 동 통칭하다, 통틀어 부르다　鼓架子 gǔjiàzi 명 화고등 공연에서 남성 배역의 통칭　兰花 lánhuā 명 화고등 공연에서 여성 배역의 통칭　丑鼓 chǒugǔ 명 배역 명칭　伞把子 sǎnbǎzi 명 산파자(배역 명칭)　上盘鼓 shàngpángǔ 명 상반고(배역 명칭)　叠罗汉 diéluóhàn 명 첩로한(공연 명칭)　底座 dǐzuò 명 저좌(공연 명칭)　类似于 lèisì yú ~와 유사하다　戏曲 xìqǔ 명 전통 연극, 희곡　丑角 chǒujué 명 익살스러운 배역, 광대　善于 shànyú ~을 잘하다　即兴 jíxìng 명 즉흥적인　滑稽 huájī 우스꽝스러운, 웃기는　诙谐 huīxié 형 익살스러운　调度 diàodù 동 조율하다, 조정하다　领唱 lǐngchàng 명/동 선창(하다)　对唱 duìchàng 명 듀엣(으로 부르다)　掌控 zhǎngkòng 동 지휘하다, 통제하다　折扇 zhéshàn 명 접이식 부채　方巾 fāngjīn 명 네모난 수건　道具 dàojù 명 소품　持 chí 동 들다, 지니다　执 zhí 동 쥐다, 잡다　步法 bùfǎ 명 보법, 스텝　姿态 zītài 명 자세, 태도　集体 jítǐ 명 집단(의), 단체(의)　情绪舞 qíngxùwǔ 명 서정적 무용　核心 héxīn 명 핵심, 중심　抒情舞 shūqíngwǔ 명 서정적 무용　固定 gùdìng 동 고정하다 형 고정된　造型艺术 zàoxíng yìshù 명 조형예술　路 tàolù 명 방식, 방법, 시스템　敲响 qiāoxiǎng 동 울리다, 두드리다　依次 yīcì 부 차례대로, 순서대로

81 安徽省。 ★

花鼓灯流传于中国哪个省份？	화고등은 중국 어느 성에서 전해졌는가？
安徽省。	안후이성.

해설　첫 번째 단락 초반에서 '花鼓灯是安徽省优秀的民间艺术之一(화고등은 안후이성의 뛰어난 민간 예술 중 하나로), 是安徽民间舞蹈中流传最广(안후이 민속무용 가운데 가장 널리 퍼졌다)'라고 했으므로 정답은 安徽省이다.

단어　花鼓灯 huāgǔdēng 명 화고등(중국 안후이 지역의 전통 민속 춤)　流传于 liúchuán yú ~에 전해지다, ~에 유행하다　省份 shěngfèn 명 성(省), 지방 행정 단위

82 最初用花灯照明。 ★★

花鼓灯的命名缘由是因为什么?	화고등의 이름의 유래는 무엇 때문인가?
最初用花灯照明。	처음에 화등으로 밝게 비추었기 때문이다.

해설 이름의 유래를 묻는 것은 HSK 빈출 질문이다. 첫 번째 단락 중반에서 '以前的花鼓灯表演多是广场表演(이전의 화고등 공연은 대부분 광장에서 열렸으며), 且在夜晚花灯的照耀下进行(밤에 화등의 불빛 아래에서 진행되었는데), 也是花鼓灯名称的由来(이것이 '화고등'이라는 이름의 유래이다)'라고 했으므로 정답은 最初用花灯照明이다.
- 기타 가능 정답: 表演时需要花灯照明(공연 시 화등으로 밝게 비추는 것이 필요했기 때문이다)
  以前表演时夜晚需要花灯的照耀(이전에는 공연 시 밤에 화등으로 밝게 비추어야 했기 때문이다)

단어 命名 mìngmíng 통 명명하다, 이름을 붙이다 缘由 yuányóu 명 연유, 원인, 이유 花灯 huādēng 명 화등(꽃 모양의 등) 照明 zhàomíng 명 조명 통 (조명으로) 밝게 비추다

83 大禹的妻子。 / 女娇。 ★

"望夫石"因谁而命名?	'망부석'은 누구 때문에 이름이 붙여졌는가?
大禹的妻子。 / 女娇。	우임금의 아내. / 여교.

해설 두 번째 단락 중반의 '由于她望夫心切, 精诚所致(그녀의 간절한 그리움과 정성이 지극하여), 化作了一块巨石(마침내 거대한 바위로 변했는데), 后人称为 "望夫石" 或 "启母石" (후세 사람들은 이를 '망부석' 또는 '기모석'이라 불렀다)'에서 관련 내용이 언급되었다. 망부석의 주인공 '她(그녀)'는 동일 단락 초반 '大禹娶了涂山氏的女儿——女娇为妻(대우는 투산 씨의 딸인 여교(女娇)를 아내로 맞이하였다)'에서 소개된 大禹的妻子 또는 女娇이다.

단어 望夫石 wàngfūshí 명 망부석(남편을 기다리다 돌이 된 전설 속 바위) 大禹 Dà Yǔ 고유 대우(고대 중국의 물을 다스린 영웅) 妻子 qīzi 명 아내 女娇 Nǚ Jiāo 고유 여교(고대 전설 속 대우의 아내)

84 举足轻重的地位。 ★★

花鼓灯作为压轴戏登场说明它具有什么样的地位?	화고등이 마지막 순서 공연으로 등장하는 것은 그것이 어떤 지위를 가지고 있음을 나타내는가?
举足轻重的地位。	매우 중요한 역할을 하는 지위.

해설 두 번째 단락 마지막 문장 '每年举行的艺术灯会, 花鼓灯都是作为压轴戏出场(매년 열리는 예술 등회에서 화고등은 항상 공연의 마지막 순서로 등장하여)'에서 관련 내용이 언급되었다. 바로 앞 문장 '至宋朝花鼓灯已发展成为比较系统的艺术形式(송나라 시기에는 화고등이 비교적 체계적인 예술 형식으로 발전하여), 在民间舞蹈艺术中占据了举足轻重的地位(민간 무용 예술 중에서 매우 중요한 위치를 차지하게 되었다)'를 통해 화고등의 지위가 매우 중요함을 알 수 있다. 따라서 정답은 举足轻重的地位이다.

단어 压轴戏 yāzhòuxì 명 마지막 하이라이트 공연, 피날레 작품 登场 dēngchǎng 통 등장하다, 무대에 오르다 举足轻重 jǔzú qīngzhòng 성 매우 중요한 역할을 하다, 결정적인 영향을 주다 地位 dìwèi 명 지위, 위치

85 折扇、方巾。 ★★

花鼓灯女角表演时的道具有哪些?	화고등의 여성 배역이 공연할 때 사용하는 도구는 무엇인가?
折扇、方巾。	접이 부채, 정사각 손수건.

해설　세 번째 단락 초반의 '男角统称"鼓架子"，女角统称"兰花"(남성 배역은 통칭 '고가자'라고 부르고, 여성 배역은 통칭 '란화'라고 부른다)'를 통해 '兰花(란화)'는 화고등 공연에서 여성 배역의 명칭임을 알 수 있다. 네 번째 단락 초반에서 '"兰花"以折扇和方巾为主要道具('란화'는 접이 부채와 정사각 손수건을 주요 소품으로 사용하며)'라고 했으므로 정답은 '折扇、方巾'이다. 또는 折扇和方巾라고 적어도 좋다.

단어　女角 nǚjué 명 여자 배역(극중 여성 인물)　表演 biǎoyǎn 동 공연하다, 연기하다　道具 dàojù 명 소품, 무대 도구　折扇 zhéshàn 명 (무대 소품으로 자주 사용) 접이식 부채　方巾 fāngjīn 명 정사각형 손수건(머리 장식 또는 소품으로 사용)

86 滑稽。 ★★

"丑鼓"的表演特点是什么?	'추고'의 공연 특징은 무엇인가?
滑稽。	익살스러움.

해설　세 번째 단락 중반에서 '"丑鼓"类似于戏曲中的丑角('축고'는 전통 연극에서의 어릿광대역과 비슷하며), 演出时身背花鼓(공연 중에는 화북을 등에 지고), 善于即兴演唱(즉흥 노래에 능하고), 表演滑稽诙谐(익살스럽고 유쾌한 연기를 한다)'라고 했다. 공연을 묘사한 내용으로 제시된 滑稽 또는 滑稽诙谐 모두 정답으로 가능하다.

단어　丑鼓 chǒugǔ 명 (전통극에서) 우스꽝스러운 역할의 북 연주　特点 tèdiǎn 명 특징, 특색　滑稽 huájī 형 우스운, 익살스러운　诙谐 huīxié 형 익살맞은, 유머러스한

87 小花场。 ★

花鼓灯舞蹈的核心部分是什么?	화고등 무용의 핵심 부분은 무엇인가?
小花场。	소화장.

해설　다섯 번째 단락 초반의 '舞蹈是花鼓灯的主要组成部分(무용은 화고등의 주요 구성 요소이다)'에서 관련 내용이 언급되었다. 이어지는 내용에서 '……"小花场"是花鼓灯舞蹈的核心部分('소화장'은 화고등 무용의 핵심 부분으로)'라며 정답 小花场이 직접적으로 제시되었다.

단어　舞蹈 wǔdǎ 명 무용, 춤　核心部分 héxīn bùfen 명 핵심 부분　小花场 xiǎohuāchǎng 명 소화장(민속무용에서 여성 무용의 하이라이트 장면)

三、书写 쓰기

제1부분 (88) 도표를 설명하고 분석하는 200자 내외의 글을 작성하세요. 제한 시간은 15분입니다.

88 ★

在线旅游用户性别分布

 52.8% 男性   **47.2%** 女性

在线旅游活跃用户学历分析

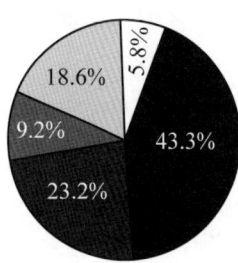

- 研究生
- 本科
- 大专
- 高中、高职及中专技校
- 初中及以下

5.8% / 18.6% / 9.2% / 23.2% / 43.3%

온라인 여행 사용자 성별 분포

 52.8% 남성   **47.2%** 여성

온라인 여행 활성 사용자 학력 분석

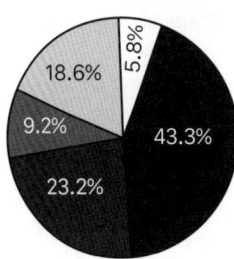

- 대학원생
- 대학교
- 전문대학교
- 고등학교, 직업학교 및 기술학교
- 중학교 이하

5.8% / 18.6% / 9.2% / 23.2% / 43.3%

단어 在线 zàixiàn 몡 온라인 活跃用户 huóyuè yònghù 몡 활성 사용자(Active User) 分布 fēnbù 동 분포(하다) 学历 xuéli 몡 학력 分析 fēnxī 몡동 분석(하다) 研究生 yánjiūshēng 몡 대학원생 本科 běnkē 몡 학부(대학교 학사 과정) 大专 dàzhuān 몡 전문대학(2~3년제 대학) 高职 gāozhí 몡 고등직업교육(전문대와 유사) 及 jí 접 및, 그리고 中专技校 zhōngzhuān jìxiào 중등전문학교 및 기술학교 初中 chūzhōng 몡 중학교

고득점 작문 가이드

이 문항의 데이터는 온라인 여행 사용자의 성별 및 학력 분포 특성을 다루며, 두 개의 데이터가 존재하지만 서로 독립적인 정적 데이터로 작성 시 상호 간섭이 없다. 해당 정보를 분석함으로써 응시자는 데이터의 내재된 의미를 이해하고 분석하는 능력을 보여야 한다.

1. 분석 기준 구분

성별 분포와 학력 분포라는 두 개의 독립적인 분석 기준이 있으며, 각각 따로 고려하고 분석해야 한다. 성별 측면에서는 남녀 비율과 그 의미를 중점적으로 분석해야 하며, 학력 측면에서는 학력 수준별 분포를 분석하고 그 배경 원인을 해석해야 한다.

2. 데이터 비교 및 연결

데이터를 서술할 때는 성별 간의 비교, 학력 수준 간의 비교를 포함해야 한다. 학력 분석에서는 서로 다른 학력 수준의 데이터를 연결하여 분석할 수 있다.

3. 심층 분석 및 해석

단순한 데이터 서술을 넘어, 데이터의 배경 원인과 의미를 심층적으로 분석해야 한다. 예를 들어, 학력 분석에서 고등교육을 받은 집단이 주를 이루는 이유를 설명할 때, 해당 집단의 소득 수준이나 인터넷 사용 빈도 등의 요인을 고려할 수 있다.

4. 종합적 고려 및 결론 도출

두 가지 분석 기준을 검토한 후, 더 높은 차원의 종합적인 고려와 결론을 도출할 수 있다. 예를 들어, 남녀 사용자의 분포가 유사하다는 점을 분석하고, 온라인 여행 서비스가 성별에 관계없이 적절한 서비스와 제품을 제공해야 한다는 제안을 도출할 수 있다.

해당 문제는 응시자가 도표를 이해하는 것을 바탕으로, 데이터의 논리적 구조와 의미를 분석하는 능력을 갖추고 있어야 하며, 자신의 견해와 결론을 명확하고 정확하게 표현할 수 있어야 한다. 또한 세부적인 데이터 관찰과 심층적인 분석을 통해 온라인 여행 사용자들의 성별 및 학력 특성을 종합적으로 이해하는 능력을 표현할 수 있어야 한다.

모범 답안 1 ★

这两组数据展示了在线旅游用户的性别和学历分布特征。

首先，从性别分布来看，男性和女性在在线旅游中的参与度相近，男性略多，占比52.8%，女性占比47.2%。这意味着在线旅游平台和服务对于两性都具有较高的吸引力，但男性用户占比稍高。

从学历分析来看，大部分在线旅游的活跃用户都受过高等教育。本科学历用户占比最高，达到43.3%，再到大专的23.2%，这两个层次的用户合计超过65%。相比之下，研究生用户则较少，仅占5.8%。高中、高职及中专技校用户占比为9.2%，初中及以下用户占比18.6%，这显示出即使在受教育程度较低的群体中，在线旅游也有一定的市场。

이 두 개의 데이터는 온라인 여행 사용자들의 성별 및 학력 분포 특성을 보여 준다.

먼저, 성별 분포를 보면 남성과 여성의 참여도가 비슷하지만, 남성이 다소 높은 52.8%를 차지하며, 여성은 47.2%를 차지한다. 이는 온라인 여행 플랫폼과 서비스가 양성 모두에게 높은 매력을 지니고 있지만, 남성 사용자가 약간 더 많다는 것을 의미한다.

학력 분석을 보면, 대부분의 온라인 여행 활성 사용자는 고등교육을 받았다. 학사 학위 소지자가 43.3%로 가장 높은 비율을 차지하며, 전문대 졸업자가 23.2%로 그 뒤를 잇는다. 이 두 집단을 합치면 전체의 65% 이상을 차지한다. 반면, 대학원 졸업자는 5.8%로 상대적으로 적다. 고등학교, 직업학교 및 기술학교 졸업자는 9.2%, 중학교 이하 학력자는 18.6%로 나타났으며, 이는 교육 수준이 낮은 그룹에서도 온라인 여행 시장이 일정한 수요를 가지고 있음을 보여 준다.

综合来看，在线旅游用户中，受过高等教育的群体占主导地位，这可能与这部分群体的收入水平、互联网使用频率及旅游消费习惯有关。同时，男女用户分布均衡，表明在线旅游业务需要针对两性都提供合适的服务与产品。

　　종합적으로 보면, 고등교육을 받은 사용자가 온라인 여행 시장에서 주된 소비층을 이루고 있으며, 이는 이들의 소득 수준, 인터넷 활용 빈도, 여행 소비 습관과 관련이 있을 가능성이 크다. 또한, 남녀 사용자 비율이 비교적 균형을 이루고 있어, 온라인 여행 서비스가 성별을 불문하고 다양한 사용자층을 대상으로 적절한 서비스와 제품을 제공해야 함을 시사한다.

단어　**数据** shùjù 몡 데이터, 수치　**展示** zhǎnshì 동 보여 주다, 나타내다　**用户** yònghù 몡 사용자　**性别** xìngbié 몡 성별　**学历** xuélì 몡 학력　**分布** fēnbù 동 분포(하다), 분배(하다)　**特征** tèzhēng 몡 특성, 특징　**参与度** cānyùdù 몡 참여도　**稍高** shāo gāo 약간 높다　**吸引力** xīyǐnlì 몡 매력　**教育** jiàoyù 몡 교육　**本科** běnkē 몡 학사 과정　**大专** dàzhuān 몡 전문대　**研究生** yánjiūshēng 몡 대학원생　**高中** gāozhōng 몡 고등학교　**高职** gāozhí 몡 고등직업학교　**中专** zhōngzhuān 몡 중등직업학교　**初中** chūzhōng 몡 중학교　**受教育** shòu jiàoyù 교육을 받다　**群体** qúntǐ 몡 집단, 무리　**收入水平** shōurù shuǐpíng 소득 수준　**频率** pínlǜ 몡 빈도　**消费习惯** xiāofèi xíguàn 소비 습관　**均衡** jūnhéng 몡 균형을 이루다　**提供** tígōng 동 제공하다　**合适** héshì 형 적합하다

모범 답안 2　★★

　　这是在线旅游用户的性别分布情况和在线旅游活跃用户学历分析图。

　　根据图表可知，在线旅游用户中，男性占比52.8%，女性占比47.2%，男性比女性稍微多一点，但没有太大的差别，说明是否对在线旅游业感兴趣和男女性别没有太大的关系。

　　再看看学历分析。在线旅游活跃用户中，占比最高的用户是本科学历，达43.3%。其次是大专，占比23.2%。然后是初中及以下用户，占比18.6%。再就是高中、高职及中专技校用户，占比9.2%，研究生用户最少，仅占5.8%。

　　从学历分析来看，大学生和大专生用户比较多，初中及以下用户也不少。而研究生和高中生用户相对少一点，可能是研究生忙于写论文，搞学术研究，而高中生需要应对高考，所以，这两组用户相对其他学历群来说，时间上更受限制吧。

　　总之，大学生和大专生用户，还有初中及以下用户的在线旅游市场相对大一些。

　　이것은 온라인 여행 사용자 성별 분포와 온라인 여행 활성 사용자 학력 분석 그래프이다.

　　그래프에 따르면, 온라인 여행 사용자 중 남성 비율은 52.8%, 여성 비율은 47.2%로, 남성이 여성보다 약간 더 많지만 큰 차이는 없다. 이는 온라인 여행 산업에 대한 관심이 성별과 크게 관련이 없음을 보여 준다.

　　다음으로 학력 분석을 살펴보자. 온라인 여행 활성 사용자 중 가장 높은 비율을 차지하는 학력은 학사 학위(대학생)로, 43.3%에 달한다. 그 다음으로 전문대 졸업자가 23.2%를 차지하며, 중학교 이하 학력 사용자는 18.6%를 기록했다. 고등학교, 직업학교 및 기술학교 사용자는 9.2%, 석사 이상 학력 사용자는 가장 적은 5.8%로 나타났다.

　　학력 분석을 보면, 대학생과 전문대 졸업자의 비율이 비교적 높으며, 중학교 이하 학력의 사용자도 적지 않다. 반면, 석사 이상과 고등학생 사용자는 상대적으로 적은데, 이는 아마도 석사 과정 학생들은 논문 작성과 연구에 바쁘고, 고등학생들은 대학 입시에 집중해야 하기 때문에 다른 학력층에 비해 시간의 제약을 받기 때문일 것이다.

　　결론적으로, 대학생과 전문대 졸업자, 그리고 중학교 이하 학력을 가진 사용자들이 온라인 여행 시장에서 비교적 큰 비중을 차지하고 있다.

단어　**性别** xìngbié 몡 성별　**分布** fēnbù 동 분포하다　**情况** qíngkuàng 몡 상황　**活跃** huóyuè 형 활발하다, 활약하다　**分析** fēnxī 동 분석하다　**图表** túbiǎo 몡 도표　**稍微** shāowēi 부 약간, 다소　**差别** chābié 몡 차이, 차별　**感兴趣** gǎn xìngqù 흥미를 느끼다　**论文** lùnwén 몡 논문　**学术** xuéshù 몡 학술　**应对** yìngduì 동 대응하다　**高考** gāokǎo 몡 대학 입학시험(중국의 수능)　**群** qún 양 무리, 집단　**限制** xiànzhì 동 제한하다

> **TIP**

- 도표 분석 문제 공략법

1. 도표의 핵심 정보 파악

　1) 제목 확인: 도표가 무엇을 나타내는지 파악하기

　2) 주요 수치 분석: 비율, 변화 추세, 비교 대상 등을 확인하기

　3) 특징 도출: 어떤 점이 눈에 띄는지(예: 특정 그룹이 압도적으로 많음, 연도별 증가/감소 등) 확인하기

2. 논리적인 글 구조 만들기와 상용 표현

　1) 도표 개요: 도표의 주제 소개

　　该图表显示了…… (이 도표는 ~을 보여 준다)

　　从图表可以看出…… (도표에서 ~을 알 수 있다)

　　根据统计数据…… (통계 데이터에 따르면 ~이다)

　2) 핵심 데이터 분석 개요: 수치 설명 (성별, 연령, 학력 등)

　　A占……%，B占……%，两者相比…… (A는 ~%, B는 ~%를 차지하며, 비교해 보면 ~이다)

　　……比例最高/最低，占……% (~의 비율이 가장 높다/낮다, ~%를 차지한다)

　　与……相比，……有所增加/减少 (~와 비교하면 ~이 증가/감소했다)

　3) 원인 분석: 특정 현상이 나타나는 이유 설명

　　这可能是由于…… (이는 ~때문일 가능성이 있다)

　　导致这一现象的原因可能是…… (이러한 현상을 초래한 원인은 ~일 수 있다)

　　其中一个重要因素是…… (중요한 요인 중 하나는 ~이다)

　4) 미래 전망 및 해결책: 추세 예측 및 개선 방안 제시

　　未来，这一趋势可能会继续…… (미래에는 이러한 추세가 계속될 것이다)

　　为了吸引更多用户，应该…… (더 많은 사용자를 끌어들이기 위해서는 ~해야 한다)

　　可见，A 对 B 具有重要影响 (A는 B에 중요한 영향을 미친다는 것을 알 수 있다)

3. 자연스러운 문장 연결 표현

　1) 비교

　　相比之下 (비교해 보면) / 与……相比 (~와 비교하면)

　2) 원인과 결과

　　由于 A, 因此 B (A때문에 B이다) / 这可能与……有关 (이는 ~와 관련이 있을 수 있다)

　3) 결론

　　综上所述 (종합하면) / 可见…… (~라는 것을 알 수 있다)

제2부분 (89)

제시된 주제에 관해 작문을 하세요. 제한 시간은 40분입니다.

89 ★★★

《孟子》中说："穷则独善其身，达则兼济天下。"意思是当一个人处在困境中时，要管好自己的道德修养，而在得志时要努力使老百姓都能得到好处。你是否赞同"穷则独善其身，达则兼善天下"？请写一篇600字左右的文章，谈谈你对这句话的认识并论证你的观点。

《맹자》에서 '궁즉독선기신, 달즉겸제천하(穷则独善其身, 达则兼济天下)'라고 했습니다. 이는 사람이 곤경에 처했을 때는 자신의 도덕적 수양을 닦아야 하고, 성공했을 때는 백성들이 혜택을 받을 수 있도록 힘써야 한다는 의미입니다. 당신은 '궁즉독선기신, 달즉겸제천하'라는 말에 동의하십니까? 600자 내외의 글을 작성하여 이 문장에 대한 견해를 밝히고, 자신의 관점을 논증하시오.

단어 孟子 Mèngzǐ 고유 맹자(중국 고대 사상가) 穷 qióng 형 가난한, 어려운 独善其身 dúshàn qíshēn 성 자기만 생각하고 집단을 생각하지 않다 达 dá 동 도달하다 兼济天下 jiānjì tiānxià 세상을 구하다, 모두를 돕다 困境 kùnjìng 명 어려운 상황, 곤경 管好 guǎnhǎo 잘 관리하다 道德修养 dàodé xiūyǎng 명 도덕 수양 得志 dézhì 성공하다, 뜻을 이루다 老百姓 lǎobǎixìng 명 백성, 일반 사람들 赞同 zàntóng 동 찬성하다, 동의하다 认识 rènshi 명동 인식(하다), 이해(하다) 论证 lùnzhèng 동 논증하다, 증명하다 观点 guāndiǎn 명 견해, 의견

🔍 고득점 작문 가이드

이 문항은 《맹자》의 한 격언을 인용하여 '궁즉독선기신, 달즉겸제천하(穷则独善其身，达则兼济天下)'라는 관점에 대해 응시자가 자신의 견해를 표현하도록 요구한다. 다음 항목들에 유의하여 글을 작성해 보자.

1. 주제의 깊이 있는 이해
'궁즉독선기신'과 '달즉겸제천하'가 각각 의미하는 바를 정확히 이해하고, 이 관점이 현실에서 어떻게 적용될 수 있는지 생각한다.

穷则独善其身 가난하면 자신만을 올바르게 한다. (어려운 상황에서 자기 수양이 중요함을 강조)
- 예) 处于困境时，我们应当坚持自己的道德原则，而不是盲目地妥协。
  곤경에 처했을 때, 우리는 자신의 도덕적 원칙을 지켜야 하고, 맹목적인 타협을 해서는 안 된다.

达则兼济天下 여유가 생기면 사회에 기여해야 한다. (성공 후 사회적 책임을 다하는 중요성을 강조)
- 예) 成功并不只是个人的荣耀，更是社会责任的开始。作为社会的一员，我们有责任回馈社会。
  성공은 결코 개인의 영광이 아니라, 사회적 책임의 시작이다. 사회 구성원으로써 우리는 사회에 보답할 책임이 있다.

2. 명확한 입장 정리
해당 관점에 대해 찬성과 반대, 혹은 중립적인 입장을 결정하고, 자신의 설명과 이유를 제시한다.

3. 논리적인 흐름을 위한 구성 잡기

서론: 문제 소개 및 자신의 의견 명확히 밝힌다.
- 예) 我完全赞同"穷则独善其身，达则兼济天下"这句话，因为它揭示了一个人在不同生活阶段应该有的责任。
  나는 '궁즉독선기신, 달즉겸제천하'라는 말에 완전히 찬성하는데, 그 말은 한 사람이 각각의 생활에서 가져야할 책임을 명시하기 때문이다.

본론: '궁즉독선기신'과 '달즉겸제천하'에 관한 두 가지 주장을 예시를 통해 설명한다.
- 예) 首先，在困境中我们应该保持道德准则，不轻易妥协。其次，当我们有能力时，帮助他人、回馈社会是我们的责任。
  먼저, 곤경 속에서 우리는 도덕적 준칙을 유지해야 하고, 쉽게 타협해서는 안 된다. 다음으로, 능력이 있을때 타인을 돕고 사회에 보답하는 것은 우리의 책임이다.

결론: 최종적으로 자신의 생각을 요약하고 사회에 어떻게 적용할 수 있을지 제시한다.

- 예) 총的来说，这句话提醒我们，无论身处何种境地，我们都应该坚守自己的道德底线，并在有能力时为社会做出贡献。
  종합적으로 말하자면, 이 글귀는 우리가 어떤 상황에 처해있던 간에 자신의 도적적 한계를 유지해야 하고, 늘력이 있을 때 사회를 위해 공헌해야 함을 일깨워 준다.

4. 사례와 경험의 합리적 활용
개인 실생활 경험이나 관찰한 사회적 현상을 글에 포함시켜 설득력을 높인다.
- 예) 在我工作的初期，我也曾经历过很多困难，这让我更加注重个人的道德修养。
  내가 일하기 시작한 초기에, 나도 많은 어려움을 겪은 적이 있었고, 이것은 내가 개인의 도덕적 수양을 더욱 중시하게 만들었다.
  当我逐渐有了一定的经济基础后，我开始参与一些公益活动，帮助那些需要帮助的人。
  내가 점차 일정한 경제적 기반을 갖게 된 후, 나는 몇몇 공익 활동에 참여하기 시작했고, 도움이 필요한 사람들을 도왔다.

모범 답안 1 ★★

　　孟子曾说过："穷则独善其身，达则兼善天下。"我完全赞同，并且觉得这对我自身和对我所处的社会有着深远的影响。

　　第一，"穷则独善其身"，这表明了在困难或者贫穷的环境下，我们应该首先善待并提升自己，确保自身的品格、道德、能力不受环境的影响。这个道理我深有体会，学习汉语的过程中，尤其是刚开始的时候，我常常面临各种挫折和困难。但我坚信，只有首先提升自己，无论是语言能力还是心理素质，才能逐步克服这些困难。因此，我一直在努力学习，不断自我提升，让自己在面对困难时依然保持乐观和坚韧。

　　第二，"达则兼善天下"，这个道理告诫我们，在得到成功或者权力后，应该用它来造福社会，而不仅仅是自己。在我看来，这就是一种社会责任感的体现。当我有能力的时候，我应该尽然而，我认为，"穷则独善其身，达则兼善天下"并不是两种相互排斥的状态，而是一个连续的过程。在任何时候，我们都应该保持对自我提升的追求，同时，我们也应该时刻准备着去帮助他人，去做一些有益于社会的事情。这样，我们就能在自我提升的同时，也使周围的世界变得更好。

　　总的来说，我深深地赞同孟子的这个观点，并且我认为它不仅仅是个人道德修养的一种指导原则，更是一种对于社会责任的深刻理解。无论我们处在什么样的环境中，都应该持续地提升自

맹자는 '궁즉독선기신, 달즉겸제천하(穷则独善其身, 达则兼济天下)'라고 말했다. 나는 이 말에 전적으로 동의하며, 이것이 나 자신과 내가 속한 사회에 깊은 영향을 미친다고 생각한다.

첫째, '궁즉독선기신'은 어려움이나 빈곤한 환경 속에서 우리가 먼저 자신을 잘 대하고 성장시켜야 하며, 품격, 도덕, 능력이 환경에 영향을 받지 않도록 해야 함을 의미한다. 나는 이 점을 깊이 공감한다. 예를 들어, 중국어를 배우는 과정에서, 특히 처음에는 많은 좌절과 어려움을 겪었다. 그러나 나는 먼저 나 자신을 향상시키는 것이 중요하다고 믿었다. 언어 능력이든 심리적 태도이든, 스스로 성장해야만 어려움을 극복할 수 있다. 그래서 나는 꾸준히 공부하며, 자신을 발전시키기 위해 노력했고, 어려움 속에서도 긍정적이고 끈기 있는 태도를 유지했다.

둘째, '달즉겸제천하'는 성공하거나 권력을 얻었을 때, 그것을 오직 자신만을 위해서가 아니라 사회를 위해 사용해야 한다는 의미이다. 나는 이것이 사회적 책임감의 표현이라고 생각한다. 능력이 있을 때, 가능한 한 다른 사람을 돕고, 내가 속한 공동체나 더 나아가 사회 전체에 기여해야 한다. 중국어를 배우면서 나는 더 많은 사람들과 교류할 기회를 얻었고, 그들의 필요와 어려움을 이해할 수 있었다. 이를 통해 나는 다른 사람을 도울 기회를 가질 수 있었고, 동시에 이 원칙의 중요성을 더욱 깊이 깨닫게 되었다.

그러나 나는 '궁즉독선기신'과 '달즉겸제천하'가 서로 배타적인 상태가 아니라, 연속적인 과정이라고 생각한다. 우리는 언제나 자기 발전을 추구해야 하며, 동시에 언제든 타인을 돕고 사회에 기여할 준비가 되어 있어야 한다. 이렇게 하면 스스로 성장하는 동시에 주변 세상을 더 좋게 만들 수 있다.

己，同时也不忘记对社会的贡献。我相信，只有这样，我们才能真正实现个人和社会的和谐发展。

결론적으로, 나는 맹자의 이 관점을 깊이 공감하며, 이는 단순한 개인의 도덕적 수양의 가이드라인이 아니라, 사회적 책임에 대한 깊은 이해를 담고 있다고 생각한다. 우리는 어떤 환경에 처하든 지속적으로 자신을 발전시키면서, 사회에 기여하는 것을 잊지 말아야 한다. 나는 이러한 태도가 있어야만 개인과 사회가 조화를 이루며 발전할 수 있다고 믿는다.

단어 孟子 Mèngzǐ [고유] 맹자(중국 고대 사상가)   曾 céng [부] 일찍이, 한때   赞同 zàntóng [동] 동의하다   所处 suǒchǔ 처한 곳, 위치한 곳   深远 shēnyuǎn [형] 심원하다. 깊고 멀다   表明 biǎomíng [동] 표명하다, 밝히다   贫穷 pínqióng [형] 가난하다   善待 shàndài [동] 잘 대하다   提升 tíshēng [동] 향상시키다   确保 quèbǎo [동] 확실히 보장하다   品格 pǐngé [명] 품격, 인격   道德 dàodé [명] 도덕   体会 tǐhuì [동][명] 체득(하다)   尤其 yóuqí [부] 특히   面临 miànlín [동] 직면하다   坚信 jiānxìn [동] 굳게 믿다   无论 wúlùn [접] ~에 관계없이   心理素质 xīnlǐ sùzhì 심리적 소양   逐步 zhúbù [부] 점진적으로, 차츰   自我提升 zìwǒ tíshēng 자기 계발하다   依然 yīrán [부] 여전히   坚韧 jiānrèn [형] 강인하고 끈기 있다   告诫 gàojiè [동] 훈계하다, 경고하다   造福 zàofú [동] 행복을 가져오다. 행복하게 하다   责任感 zérèngǎn [명] 책임감   尽可能 jǐn kěnéng [부] 가능한, 최대한   社区 shèqū [명] 지역 사회, 커뮤니티   收益 shōuyì [명] 수익, 이익   接触 jiēchù [동] 접촉하다, 교류하다   需求 xūqiú [명] 수요, 필요   相互排斥 xiānghù páichì 서로 배척하다   连续 liánxù [동] 연속하다 [형] 연속적인   有益于 yǒuyì yú ~에 유익하다   个人 gèrén [명] 개인   修养 xiūyǎng [명] 수양, 교양   指导原则 zhǐdǎo yuánzé 가이드라인   贡献 gòngxiàn [동] 기여(하다)   和谐 héxié [형] 조화롭다. 화목하다

모범 답안 2 ★★★★

孟子说："穷则独善其身，达则兼善天下。"我非常喜欢孟子的这段话。

首先分析一下，"穷则独善其身"，汉字中的"穷"字，有经济上贫困的意思，也指人所处环境不利，处在困境中。"独善其身"就是说要保持正直，修养自身。所以，"穷则独善其身"意思是当一个人处在困境中时，要管好自己的道德修养。

再看看"达则兼善天下"的含义。

"达"的意思是"得志、显达"。"兼善天下"就是努力使天下的老百姓能得到好处。

这句话表达了两种意境，一是人在困境时的态度，二是人在得志时的情怀。

那么怎样才能做到"穷则独善其身，达则兼善天下。"呢？

我们先看看历史名人。宋朝著名文学家苏东坡，曾经仕途不顺，进过监狱，但他即使在人生最艰难的时刻，也不改变自己的志向，努力完善自己，不断提高自己的修养。而一旦有机会展现自己的才华时，又以一个大丈夫的情怀、责任，为天下民众而奔波。

我们再看看现代成功人士。阿里巴巴集团创始人马云，开始创业时，他遭遇了无数挑战与困

맹자는 '궁즉독선기신, 달즉겸제천하'라 말했으며, 나는 이 말이 정말 마음에 든다.

먼저 '궁즉독선기신'를 분석해 보자. 한자에서 '궁(穷)'은 경제적으로 가난하다는 뜻도 있지만, 불리한 환경이나 어려운 상황에 처하는 것도 의미한다. '독선기신(独善其身)'는 정직함을 유지하고 자기 수양을 한다는 뜻이다. 따라서, '궁즉독선기신'는 '어려운 상황에 처했을 때, 자신의 도덕적 수양을 잘 지켜야 한다'라는 의미다.

이제 '달즉겸제천하'의 의미를 살펴보자.

'뜻을 이루다(达)'는 '성공하고 출세하다'는 뜻이고, '겸제천하'는 '온 세상 사람들이 혜택을 받을 수 있도록 노력한다'는 뜻이다. 이 말은 두 가지 경지를 나타낸다. 하나는 사람이 어려운 상황에 처했을 때 가져야 할 태도이고, 다른 하나는 사람이 성공했을 때 가져야 할 포부이다.

그렇다면 어떻게 하면 '궁즉독선기신, 달즉겸제천하'를 실천할 수 있을까?

먼저 역사적 인물을 살펴보자. 송나라의 유명한 문인 소동파(苏东坡)는 관직에서 순탄하지 않았고 감옥에 갇힌 적도 있었다. 하지만 그는 인생에서 가장 힘든 순간에도 자신의 뜻을 굽히지 않았으며, 자신을 개선하는데 노력했으며, 끊임없이 자신을 단련하고 수양했다. 그리고 일단 자신의 재능을 펼칠 기회를 얻었을 때는, 대장부의 포부와 책임감을 가지고 백성을 위해 힘썼다.

难，但他坚持梦想，坚定信念，毅然放弃了原来安稳的工作，全身心投入到创业中，以一种永不言败的精神，在创业道路上不断超越自我，最终获得了巨大成功。而后作为企业家又承担起社会的责任。

最后，再看看我们身边人。很多看似平平凡凡的人，他们也在追求自己的梦想。无论遇到什么困难都不忘初心，以极强的自律修身养性。日复一日，年复一年，最终形成一股无形的力量推动着社会的发展，间接地起到了"兼善天下"的作用。

다음으로 현대의 성공한 사람들을 보자. 알리바바 그룹의 창업자 마윈(马云)은 창업 초기 수많은 도전과 어려움을 겪었다. 그러나 그는 꿈을 포기하지 않고 확고한 신념을 지키며 결연히 안정적인 직장을 떠나 창업에 전념했다. 끝없는 도전 정신으로 창업의 길에서 끊임없이 자신을 뛰어넘어 결국 큰 성공을 이루었다. 이후 기업가로서 사회적 책임을 다하는데 노력하였다.

마지막으로, 우리 주변의 평범한 사람들을 보자. 비록 특별해 보이지 않을지라도, 그들 또한 자신의 꿈을 쫓고 있다. 어떤 어려움이 닥쳐도 초심을 잃지 않고 강한 자기 절제력으로 심신을 갈고 닦는다. 이러한 노력이 하루하루 쌓이고 쌓여 결국 보이지 않는 거대한 힘이 되어 사회를 발전시키고, 간접적으로 '세상을 함께 이롭게 하는(兼善天下)' 작용을 하게 된다.

단어 贫困 pínkùn 형 빈곤하다 不利 búlì 형 불리하다 困境 kùnjìng 명 곤경, 어려운 상황 保持 bǎochí 동 유지하다 正直 zhèngzhí 형 정직하다 修养 xiūyǎng 명 교양, 수양 自身 zìshēn 명 자신, 스스로 得志 dézhì 동 뜻을 이루다, 출세하다 显达 xiǎndá 동 명성을 얻다, 출세하다 意境 yìjìng 명 경지 情怀 qínghuái 명 정서, 감정 宋朝 Sòngcháo 명 송나라, 송 왕조 苏东坡 Sū Dōngpō 고유 소동파(북송 시대 문인) 仕途 shìtú 벼슬길, 관직 생활 监狱 jiānyù 명 감옥 志向 zhìxiàng 명 지향, 포부 完善 wánshàn 형 완전하게 하다, 개선하다 才华 cáihuá 명 재능, 재주 奔波 bēnbō 동 바쁘게 뛰어다니다 阿里巴巴集团 Ālǐbābā Jítuán 고유 알리바바 그룹 遭遇 zāoyù 동 (불행한 일을) 겪다 信念 xìnniàn 명 신념 毅然 yìrán 부 결연히, 단호히 放弃 fàngqì 동 포기하다 安稳 ānwěn 형 안정적이다 投入 tóurù 동 몰입하다, 몰두하다 永不言败 yǒng bù yán bài 형 결코 패배를 인정하지 않다 超越自我 chāoyuè zìwǒ 자신을 초월하다, 극복하다 承担 chéngdān 동 감당하다, 책임지다 平凡 píngfán 형 평범하다 不忘初心 búwàng chūxīn 형 초심을 잊지 않다 自律 zìlǜ 동 자기 절제하다, 자율적인 修身养性 xiūshēn yǎngxìng 형 몸과 마음을 닦아 수양하다 股 gǔ 양 (힘, 기운 등의) 가닥, 줄기 推动 tuīdòng 동 추진하다, 촉진하다 间接 jiànjiē 형 간접적인

TIP

- **문장의 논리적 연결을 돕는 표현**
  首先, 我认为…… 첫 번째로, 나는 ~라고 생각한다. (첫 번째 주장 제시)
  其次, 另一方面…… 다음으로, 또 다른 측면에서는 ~이다. (두 번째 주장 제시)
  然而, 有人可能会认为…… 그러나, 어떤 사람은 ~라고 생각할 수 있다. (반박 및 해결 제시)
  总的来说, ……因此…… 결론적으로, ~이므로 ~ (결론 제시)

- **찬성 견해를 나타내는 표현**
  我完全赞同…… 나는 ~에 완전히 동의한다.
  我认为这是正确的, 因为…… 나는 이것이 옳다고 생각한다. 왜냐하면 ~

- **반대 견해를 나타내는 표현**
  虽然有些人认为…… 비록 어떤 사람들은 ~라고 생각하지만
  尽管如此, 我认为…… 그렇지만 나는 ~라고 생각한다

- **결론 제시 표현**
  总的来说, 我认为…… 결론적으로 나는 ~라고 생각한다.
  因此, 我支持…… 따라서 나는 ~을 지지한다.

四、翻译 통번역

제1부분 (90-91) 다음 두 개의 자료를 중국어로 번역하세요. 제한 시간은 35분입니다.

90 ★★

전통적인 중국 음악은 현대 팝 음악에 큰 영향을 주었다. 전통 악기와 현대 악기의 조화, 고대의 멜로디와 현대의 리듬이 결합될 때, 중국 음악의 독특한 매력이 탄생한다. 많은 중국 뮤지션들이 이러한 혼합을 통해 세계적인 무대에서 주목받는 음악을 만들어냈다.

고득점 번역 가이드

이 문항은 전통 중국 음악이 현대 대중음악에 미친 영향을 다루며, 전통과 현대의 대비 및 음악적 요소의 결합에 중점을 둔다. 번역의 핵심은 두 문화 간의 교류와 융합을 정확히 이해하고 표현하는 데 있으며, 번역 시 유의해야 할 사항들은 다음과 같다.

1. 문화적 배경 이해
전통 중국 음악의 특징과 현대 대중음악의 스타일을 파악하여, 두 요소가 결합하면서 만들어내는 독특한 매력을 정확하게 묘사해야 한다.

2. 전문 용어의 정확한 번역
전통 악기(传统乐器), 현대 악기(现代乐器) 등과 같은 용어를 정확하게 번역하고, 문화적 의미를 유지해야 한다.

3. 감성과 예술성의 전달
이 글은 단순히 음악의 기술적 측면을 설명하는 것이 아니라, 음악이 주는 감성과 예술적 효과도 다루고 있다. 따라서 번역 과정에서 이러한 요소들이 온전히 표현되도록 해야 한다.

모범 답안

中国传统音乐对现代流行音乐产生了巨大的影响。当传统乐器与现代乐器相融合，古代的旋律与现代的节奏相结合时，就诞生了中国音乐的独特魅力。许多中国音乐家通过这种融合，创作出了在世界舞台上引人注目的音乐作品。

단어 传统音乐 chuántǒng yīnyuè 명 전통 음악　现代 xiàndài 명 형 현대(적인)　流行 liúxíng 형 유행하는 동 유행하다　产生 chǎnshēng 동 발생하다　巨大 jùdà 형 거대한, 엄청난　影响 yǐngxiǎng 명 영향을 미치다　当 dāng 접 ~할 때　乐器 yuèqì 명 악기　融合 rónghé 동 융합하다　旋律 xuánlǜ 명 선율, 멜로디　节奏 jiézòu 명 리듬, 박자　结合 jiéhé 동 결합하다　诞生 dànshēng 동 탄생하다　独特 dútè 형 독특한　魅力 mèilì 명 매력　许多 xǔduō 형 대단히 많다, 허다하다　创作 chuàngzuò 동 창작하다　舞台 wǔtái 명 무대　引人注目 yǐnrén zhùmù 성 사람들의 주목을 끌다　作品 zuòpǐn 명 작품

TIP

- **핵심 표현 정리**

A 对 B 产生了…… (A가 B에 ~을 발생시키다)
예) 这个决定对公司的发展产生了积极的作用。 이 결정은 회사 발전에 긍정적인 효과를 가져왔다.

当……时，…… (~할 때, ~하다 → 특정한 상황 A가 발생했을 때, 어떤 결과 B가 뒤따름을 나타냄)
예) 当你遇到困难时，不要放弃。 네가 어려움에 부딪혔을 때, 포기하지 마라.

A 与 B 相结合 / 相融合 (A와 B가 결합되다 / 융합되다 = 조화를 이루다)
- 예) 我们要把现代科技与传统产业相结合。 우리는 현대 기술을 전통 산업과 결합해야 한다.

许多 A 通过 B，创作出了…… (많은 A가 B를 통해 ~을 창작했다)
- 예) 许多导演通过社会现象，创作出了有深度的电影。 많은 감독들이 사회 현상을 통해 깊이 있는 영화를 창작했다.

91 ★★★

중국에서도 '극단적인 단순화' 또는 '극단적인 단순주의'라는 개념이 점점 인기를 얻고 있다. 이것은 생활에서 불필요한 물건이나 생각을 줄이고, 중요한 것에만 집중하는 방식을 의미한다.

특히, 현대 중국의 도시에서는 빠른 생활의 속도와 다양한 정보 속에서 사람들이 마음의 평온을 찾고자 하는 움직임이 늘고 있다. 많은 젊은 세대들은 극단적인 단순주의의 원칙을 채택하여, 삶의 질을 향상시키려고 노력한다.

이 움직임은 또한 중국의 패션과 디자인 분야에도 영향을 미치고 있다. 단순하면서도 세련된 디자인이 인기를 얻으며, 이러한 추세는 다양한 상품에서 볼 수 있다.

극단적인 단순주의는 중국에서 새로운 생활 방식의 한 부분으로 자리잡고, 사람들의 삶에 더 큰 만족감과 편안함을 가져다준다.

🔍 고득점 번역 가이드

이 글은 극단적 미니멀리즘(极简主义)이 중국에서 유행하는 현상과 그 영향력을 탐구한다. 번역의 핵심은 미니멀리즘이 다양한 분야에서 어떻게 구체적으로 구현되는지를 이해하고 중국의 문화적 배경을 반영하는 것으로, 번역 시 유의해야 할 사항들은 다음과 같다.

1. 개념의 깊이 있는 해석
'미니멀리즘'은 단순한 디자인 트렌드가 아니라 삶의 방식, 심리적 상태, 디자인 경향 등 다양한 영역을 포함하는 개념이다. 이를 폭넓게 이해하고 반영해야 한다.

2. 문화 간 이해
글에서는 현대 중국 도시 생활에서의 미니멀리즘 적용 사례를 다룬다. 따라서 이를 정확히 번역하려면 중국의 사회적·문화적 맥락을 고려해야 한다.

3. 다양한 측면에서의 영향 분석
미니멀리즘이 생활, 심리, 패션, 디자인 등 여러 분야에 미친 영향을 설명하고 있으므로, 번역 시 각 영역을 명확하게 서술하고 논리적인 흐름을 유지해야 한다.

모범 답안

在中国，"极端简化"或"极端简约主义"这一概念正逐渐受到欢迎。它意味着减少生活中不必要的物品和想法，只专注于重要的事情。

特别是，在现代中国城市中，随着生活节奏的加快和信息量的增加，人们越来越倾向于寻求内心的平静。许多年轻一代采纳了极端简约主义的原则，努力提升生活质量。

这一趋势也影响了中国的时尚和设计领域。简单而精致的设计受到青睐，这种趋势在各种商品中都可以看到。

极端简约主义在中国已成为一种新的生活方式的一部分，为人们的生活带来了更大的满足感和舒适感。

단어 **极端** jíduān 형 극단적인 | **简化** jiǎnhuà 동 간소화하다 | **简约主义** jiǎnyuē zhǔyì 명 미니멀리즘(=**极简主义** jíjiǎn zhǔyì) | **概念** gàiniàn 명 개념 | **逐渐** zhújiàn 부 점차, 서서히 | **受到** shòudào 동 받다 | **欢迎** huānyíng 명동 환영(하다) | **意味着** yìwèizhe 동 의미하다 | **减少** jiǎnshǎo 동 줄이다 | **不必要** bú bìyào 형 불필요한 | **物品** wùpǐn 명 물품 | **专注** zhuānzhù 동 집중하다 | **城市** chéngshì 명 도시 | **随着** suízhe 개 ~에 따라 | **节奏** jiézòu 명 리듬, 속도 | **加快** jiākuài 동 빨라지다, 가속화되다 | **信息量** xìnxī liàng 명 정보량 | **增加** zēngjiā 동 증가하다 | **倾向** qīngxiàng 동 경향이 있다 | **寻求** xúnqiú 동 찾다, 추구하다 | **内心** nèixīn 명 내면, 마음속 | **平静** píngjìng 형 평온하다 | **年轻一代** niánqīng yídài 명 젊은 세대 | **采纳** cǎinà 동 채택하다, 받아들이다 | **原则** yuánzé 명 원칙 | **提升** tíshēng 동 향상시키다 | **质量** zhìliàng 명 품질, 질 | **趋势** qūshì 명 추세, 트렌드 | **影响** yǐngxiǎng 명동 영향(을 미치다) | **时尚** shíshàng 명 패션 형 유행하는 | **设计** shèjì 명동 디자인(하다), 설계(하다) | **领域** lǐngyù 명 분야, 영역 | **简单** jiǎndān 형 간단한, 단순한 | **精致** jīngzhì 형 정교한, 세련된 | **受到青睐** shòudào qīnglài 인기를 끌다, 주목받다 | **满足感** mǎnzúgǎn 명 만족감 | **舒适感** shūshìgǎn 명 편안함, 쾌적함

TIP

- 빠르고 정확한 한중 번역 스킬
① 의미 단위로 분리하여 번역하기
② 문맥에 맞는 단어 선택하기
③ 생략된 주어나 목적어 보완하기
④ 긴 문장을 짧게 변형하기
⑤ 고유 한국어 표현을 중국어에 맞게 변형하기
⑥ 접속사 십분 활용하기
  并且 / 而且 (그리고) | 因此 / 所以 (그러므로) | 但是 / 不过 (하지만) | 尤其是 / 特别是 (특히) | 结果 / 最终 (결과적으로)
⑦ 숫자와 단위 변환하기
⑧ 번역 후 자연스럽게 다듬기

제2부분 (92-93) 다음 두 개의 글을 중국어로 통역하세요. (통역 시간 각 2분)

92 ★

상하이는 패션과 디자인의 중심지로 떠오르고 있다. 이 도시는 현대적인 건축물과 고전적인 건물이 어우러진 독특한 풍경을 제공한다. 매년 다양한 패션 쇼와 전시회가 열리며, 세계적인 디자이너들이 이 도시를 방문해 그들의 창작물을 선보인다. 상하이의 패션과 디자인은 중국의 현대 문화의 중심으로 자리 잡았다.

🔍 고득점 통역 가이드

이 문항은 상하이가 패션과 디자인 중심지로서 갖는 위상에 초점을 맞춘다. 통역의 핵심은 상하이의 패션 산업과 문화적 지위를 생생하게 표현하는 것으로, 통역 시 유의해야 할 사항들은 다음과 같다.

1. **지역적 특색과 문화적 의미의 이해**

예를 들어, '패션과 디자인의 중심지로 떠오르고 있다(正崛起为时尚与设计的中心)'라는 표현은 상하이가 패션과 디자인 분야에서 중요한 위치를 차지하고 있음을 강조하는 문장이다. 상하이의 국제적인 패션 트렌드와 독특한 문화적 배경을 반영하여 통역해야 한다.

2. **전문 용어의 정확한 통역**

패션쇼(时尚秀), 전시회(展览), 런웨이(走秀), 디자이너 브랜드(设计师品牌) 등의 용어를 정확하게 통역해야 한다. 패션 및 디자인 관련 분야와 같은 전문 용어들은 평소에 정리해 두는 습관을 가지도록 한다.

3. 디테일한 묘사의 정확한 전달

현대적 요소와 고전적 건축의 조화, 세계적으로 유명한 디자이너들의 참여, 혁신적인 디자인 전시 및 행사 등 이러한 부분들을 통역할 때 세부적인 묘사를 살리면서도 자연스럽고 매끄럽게 전달해야 한다.

모범 답안

上海正逐渐崛起为时尚与设计的中心地。这座城市提供了现代建筑与古典建筑相融合的独特景观。每年，这里都会举办各种时装秀和展览会，吸引全球设计师前来展示他们的作品。上海的时尚与设计已成为中国现代文化的核心。

단어 崛起 juéqǐ 동 떠오르다, 부상하다 时尚 shíshàng 명 패션, 유행 现代建筑 xiàndài jiànzhù 명 현대 건축 古典建筑 gǔdiǎn jiànzhù 명 고전 건축 融合 rónghé 동 융합하다 景观 jǐngguān 명 경관 举办 jǔbàn 동 개최하다 时装秀 shízhuāngxiù 명 패션쇼 展览会 zhǎnlǎnhuì 명 전시회 吸引 xīyǐn 동 끌다, 모으다 全球 quánqiú 명 전 세계 前来 qiánlái 동 오다 展示 zhǎnshì 동 전시하다 核心 héxīn 명 핵심

TIP

- 핵심 표현 정리

  逐渐成为 + 명 (점차적으로 ~로 떠오르다 / ~가 되다)
  예 这座城市逐渐成为文化艺术的中心。 이 도시는 문화 예술의 중심지로 떠오르고 있다.

  提供了 + 형 + 的 + 명 (~한 ~을 제공하다)
  예 这座博物馆提供了丰富的历史文化资源。 이 박물관은 풍부한 역사 문화 자원을 제공한다.

  장소 + 每年都会举办 + 명 (~에서 매년 ~가 열린다)
  예 上海每年都会举办音乐节和艺术展览。 상하이에서는 매년 음악 축제와 예술 전시회가 열린다.

  吸引 + 명 + 前来 + 동 (~을 끌어들이다, ~이 오게 하다)
  예 这场活动吸引了各国的专业人士前来交流。 이 행사는 각국의 전문가들을 끌어들여 교류하게 한다.

  已成为 + 명 (이미 ~가 되었다)
  예 这座城市已成为国际金融中心。 이 도시는 이미 국제 금융 중심이 되었다.

---

93 ★★

중국의 도시들은 공유 자전거 붐으로 인해 큰 변화를 겪었다. 이러한 공유 자전거는 사람들이 편리하게 이동하게 해주며, 교통체증 문제를 완화하는데 크게 기여하였다.

많은 중국인들, 특히 젊은 세대는 매일 출퇴근을 포함한 일상 생활에서 공유 자전거를 사용한 다 . 이러한 서비스는 스마트폰 애플리케이션과 결합되어 있어, 사용자들이 쉽게 자전거를 찾고 이용할 수 있다.

그러나 공유 자전거의 인기로 인해 일부 도시에서는 주차 문제나 재활용 문제도 발생하였다. 중국의 여러 도시는 이러한 문제를 해결하기 위해 관련 규정과 지침을 마련하였다.

종합적으로 볼 때, 공유 자전거는 중국 도시의 교통 문화를 혁신적으로 변화시켰으며, 그로 인해 더 친환경적이고 효율적인 도시 생활을 실현할 수 있게 되었다 .

고득점 통역 가이드

이 글은 중국에서 공유 자전거가 유행하면서 나타난 도시 변화를 다루고 있다. 통역의 핵심은 공유 자전거의 장점과 단점을 균형 있게 전달하고 도시 생활 전반에 미친 영향을 구체적으로 묘사하는 것으로, 통역 시 유의해야 할 사항들은 다음과 같다.

1. 현실적인 사회 문제 반영
공유 자전거는 교통 체증 해소, 이동 편의성 증대 등의 긍정적인 효과를 가져왔지만, 주차 문제, 관리 부족, 재활용 문제 등도 함께 발생했다. 이러한 현실적인 문제들을 자연스럽게 통역해야 한다.

2. 기술과 현대 생활의 결합 표현
공유 자전거는 스마트폰 앱과 연동되어 사용이 간편하며, 이는 현대 기술이 사람들의 이동 방식을 어떻게 변화시켰는지를 보여주는 좋은 사례다. 이러한 부분을 강조하여 통역해야 한다.

3. 장점과 단점을 균형 있게 서술
(1) 장점: 교통 체증 완화, 대중교통 보완, 친환경 이동수단
(2) 단점: 무분별한 주차, 도시 미관 훼손, 자전거 관리 및 재활용 문제
  예를 들어, '然而，由于共享单车的普及，一些城市也出现了停车和回收问题(그러나 공유 자전거의 인기로 인해 일부 도시에서는 주차 문제나 재활용 문제도 발생하였다)'처럼, 긍정적인 변화만이 아니라 발생한 문제점도 균형 있게 전달해야 한다.

4. 객관적이고 종합적인 시각 유지
공유 자전거가 가져온 긍정적인 변화만이 아니라, 해결해야 할 문제점도 함께 제시해야 한다. 글 전체의 논조를 유지하며 객관적이고 공정한 통역이 필요하다.

5. 중국 도시의 문화 및 지역적 특징 반영
공유 자전거가 중국의 대도시에서 어떻게 자리 잡았는지, 현지 교통 문화와 어떤 연관이 있는지 등을 고려하여 통역해야 한다. 예를 들어, '출퇴근 시간대 대중교통을 보완하는 역할을 한다'와 같이 공유 자전거가 실제 중국에서 어떻게 활용되는지를 잘 반영해야 한다.

결과적으로, 통역할 때는 공유 자전거의 긍정적 변화와 현실적인 문제를 모두 포함하고, 현대 기술과 도시 문화의 연결성을 살리며, 자연스럽고 객관적인 표현을 유지하는 것이 중요하다.

모범 답안

　　中国的城市因为共享单车热潮而经历了巨大的变化。共享单车为人们提供了便利的出行方式，并为缓解交通拥堵问题做出了巨大贡献。

　　许多中国人，尤其是年轻一代，在日常生活中，包括上下班，都使用共享单车。这种服务与智能手机应用程序相结合，使用户能够轻松找到并使用自行车。

　　然而，由于共享单车的普及，一些城市也出现了停车和回收问题。为了解决这些问题，中国多个城市已经制定了相关法规和指导方针。

　　总体来看，共享单车对中国城市的交通文化产生了革命性的变化，从而实现了更加环保和高效的城市生活。

단어 **共享单车** gòngxiǎng dānchē 명 공유 자전거　**热潮** rècháo 명 열풍, 붐　**经历** jīnglì 동 겪다　**巨大** jùdà 형 거대한　**便利** biànlì 형 편리한　**出行方式** chūxíng fāngshì 이동 수단　**缓解** huǎnjiě 동 완화하다　**交通拥堵** jiāotōng yōngdǔ 명 교통 체증　**巨大** jùdà 형 거대한　**贡献** gòngxiàn 명동 기여(하다), 공헌(하다)　**尤其** yóuqí 부 특히　**包括** bāokuò 동 포함하다　**智能手机** zhìnéng shǒujī 명 스마트폰　**应用程序** yìngyòng chéngxù 명 애플리케이션　**用户** yònghù 명 사용자　**能够** nénggòu 할 수 있다　**使用** shǐyòng 동 사용하다　**普及** pǔjí 동 보급되다, 대중화되다　**回收** huíshōu 동 회수하다　**制定** zhìdìng 동 제정하다　**相关法律** xiāngguān fǎlǜ 명 관련 법률　**指导方针** zhǐdǎo fāngzhēn 명 지침, 가이드라인　**革命性** gémìngxìng 형 혁신적이다　**环保** huánbǎo 형 친환경적이다　**高效** gāoxiào 형 고효율적이다

> [!TIP]
> ● 핵심 표현 정리
>
> **因为……经历……** (~으로 인해 ~을 겪다)
> 예) 因为气候变化，生态系统经历了大规模的破坏。 기후 변화로 인해 생태계는 대규모 파괴를 겪었다.
>
> **为……提供……** (~에게 ~을 제공하다)
> 예) 这家医院为患者提供了高质量的医疗服务。 이 병원은 환자들에게 고품질의 의료 서비스를 제공했다.
>
> **对/为……做出巨大贡献** (~에 큰 기여를 하다)
> 예) 这项发明为解决全球能源危机做出了巨大贡献。 이 발명은 세계 에너지 위기 해결에 큰 기여를 했다.
>
> **在……中使用……** (~하는 중에 ~을 사용하다)
> 예) 在日常生活中，我们经常使用智能手机进行购物和支付。
> 일상 생활 중에서 우리는 자주 스마트폰을 사용하여 쇼핑과 결제를 한다.
>
> **与/和……结合** (~과 결합되다)
> 예) 这种教育方法与科技结合，极大地提升了学习效果。 이 교육 방법은 기술과 결합되어 학습 효과를 크게 향상시켰다.
>
> **产生革命性(的)变化** (혁신적인 변화를 일으키다)
> 예) 可再生能源的利用产生了革命性的变化，减少了对传统能源的依赖。
> 재생 가능 에너지의 활용은 혁신적인 변화를 일으켰고, 전통적인 에너지 의존도를 줄였다.

五、口语 말하기

제1부분 (94) 제시된 내용들을 응용해서 말해 보세요. (준비 시간 3분, 대답 시간 3분)

94 ★★

你的公司希望在香格里拉酒店预订一个宴会厅用于新员工入职团建活动，共有20人参加。活动需要10间商务套房，以及带舞台的场地。活动当天除了桌椅、家具和花艺布置外，还需要打印机、投影仪、灯光、音响、背景板和装饰材料等。你作为老板的助理，已与酒店沟通了活动安排。

당신의 회사는 샹그릴라 호텔에서 신입 직원 입사 워크숍 행사를 위해 연회장을 예약하기를 원하며, 총 20명이 참석할 예정입니다. 행사에는 10개의 비즈니스 스위트룸과 무대가 있는 공간이 필요합니다. 행사 당일에는 테이블과 의자, 가구, 꽃 장식 외에도 프린터, 프로젝터, 조명, 음향, 배경판 및 기타 장식 재료가 필요합니다. 당신은 사장님의 비서로서 이미 호텔과 행사 일정을 조율하였습니다.

宴会厅报价					
名称	规格	风格	数量	单价（元）	总价（元）
商务套房	商务套房（含早餐）	现代	10间	349	3490
宴会厅	20人	商务	1个	1888	1888
茶歇	20人	西式糕点	20人	39	780
花艺	百合、玫瑰	现代	4束	69	276
其他装饰材料	舞台、打印机、投影仪、灯光、音响、背景板等	无要求	1套	899	899
总价（元）					7333

연회장 견적서					
항목	규격	스타일	수량	단가(위안)	총액(위안)
비즈니스 스위트룸	비즈니스 스위트룸 (조식 포함)	현대식	10개	349	3490
연회장	20인	비즈니스	1개	1888	1888
티타임 (teatime)	20인	서양식 디저트	20인	39	780
플라워 데코	백합, 장미	현대	4다발	69	276
기타 장식 및 장비	무대, 프린터, 프로젝터, 조명, 음향, 배경판 등	별도 요구 없음	1세트	899	899
총액 (위안)					7333

请向你的老板汇报此次活动安排及活动报价。

이번 행사 일정 및 견적을 사장님께 보고해 주세요.

단어 汇报 huìbào 통 (상황을 종합하여) 보고하다 香格里拉酒店 Xiānggélǐlā jiǔdiàn 고유 샹그릴라 호텔 预定 yùdìng 통 예약하다 宴会厅 yànhuìtīng 연회장 用于 yòngyú 통 ~에 사용하다 入职 rùzhí 통 입사하다 团建活动 tuánjiàn huódòng 워크숍(团队建设活动的줄임말) 商务套房 shāngwù tàofáng 명 비즈니스 스위트룸 舞台 wǔtái 명 무대 花艺 huāyì 플로리스트리, 꽃 장식 布置 bùzhì 통 배치하다, 장식하다 投影仪 tóuyǐngyí 명 프로젝터 灯光 dēngguāng 명 조명 音响 yīnxiǎng 명 음향 장비 背景板 bèijǐngbǎn 명 배경판, 백드롭 装饰材料 zhuāngshì cáiliào 장식 재료 助理 zhùlǐ 명 조수, 어시스턴트 沟通 gōutōng 통 소통하다 活动安排 huódòng ānpái 명

행사 일정, 행사 기획 **报价** bàojià 몡동 견적(을 내다) **茶歇** cháxiē 몡 티타임(teatime)을 가지다 **规格** guīgé 몡 규격, 사양 **含** hán 동 포함하다 **百合** bǎihé 몡 백합 **玫瑰** méiguī 몡 장미 **格** fēnggé 몡 스타일, 풍격 **商务** shāngwù 몡형 비즈니스(의) **西式糕点** xīshì gāodiǎn 몡 서양식 디저트, 서양식 과자 **单价** dānjià 몡 단가 **总价** zǒngjià 몡 총액

🔍 고득점 말하기 가이드

문제의 요청 사항을 논리적으로 말하기 위하여 유의해야 할 사항들은 다음과 같다.

1. 이해력과 전달력
이 문항은 비즈니스 견적서를 정확하게 이해하고, 그 내용을 다른 사람에게 제대로 전달할 수 있는지를 평가한다. 세부 사항을 꼼꼼히 확인하고, 요약할 때 중요한 정보를 빠뜨리지 않도록 해야 한다.

2. 논리적인 구조
답변은 견적서의 각 부분을 체계적으로 정리하여 제시해야 한다. 각 항목의 설명이 명확하고 자연스럽게 이어지도록 구성하는 것이 중요하다.

(1) 초반 인사와 목적 전달
> 예) 王总，今天我向您汇报的是关于新员工入职团建活动的安排和相关报价。
> 왕 대표님, 오늘은 신입사원 입사 관련 워크숍 활동의 일정과 견적을 보고 드리겠습니다.
> 老板，我会简要汇报一下本次活动的具体安排及费用情况。
> 사장님, 이번 활동의 구체적인 일정과 비용에 대해 간략히 보고를 드리겠습니다.

(2) 핵심 내용 간결하게 전달
> 예) 我们已经与香格里拉酒店确认了活动的相关安排。活动将在商务宴会厅举行，宴会厅可以容纳20人。
> 저희는 이미 샹그릴라 호텔과 활동 관련 사항을 확인했습니다. 행사는 비즈니스 연회장에서 진행되며, 연회장은 20명을 수용할 수 있습니다.
> 活动期间，我们预定了10间商务套房，所有房间都包含早餐。
> 행사 기간 동안 비즈니스 스위트룸 10개를 예약했으며, 모든 객실에는 조식이 포함되어 있습니다.
> 为了确保活动顺利进行，茶歇环节提供了西式糕点，供20人享用。
> 행사가 원활히 진행될 수 있도록 티타임에는 20명이 이용할 수 있는 서양식 디저트를 준비했습니다.
> 装饰方面，我们将准备舞台、打印机、投影仪、音响、灯光和背景板等设施。
> 장식과 관련해서는 무대, 프린터, 프로젝터, 음향, 조명, 백드롭 등 시설을 준비할 예정입니다.

(3) 수치와 가격의 명확한 제시
> 예) 活动的总费用包括商务套房、宴会厅、茶歇和装饰材料，合计总价是7333元。
> 총 비용에는 비즈니스 스위트룸, 연회장, 티타임과 장식 자재가 포함되며, 총액은 7,333위안입니다.

(4) 의견을 묻거나 추가 요청 제시
> 예) 如果您有任何问题或需要增加的项目，请随时告诉我，我将按照您的要求做出调整。
> 혹시 문의 사항이나 추가로 필요하신 사항이 있으시면, 언제든 말씀해 주십시오. 요청에 따라 조정하겠습니다.

(5) 결론과 감사 인사
> 예) 总的来说，所有的安排已经确认并且费用在预算范围内，期待您的批准。
> 전반적으로 모든 일정은 이미 확정되었고, 비용도 예산 범위 내에 있습니다. 승인 부탁드립니다.

3. 비즈니스 용어 활용
'견적', '총액', '예약' 등 적절한 비즈니스 용어를 정확하게 사용하여 상황에 맞게 표현해야 한다.

4. 예의와 공식적인 표현
상사에게 보고하는 상황이므로, 적절한 예의를 갖추고 공식적인 어조를 유지해야 한다.

결국, 이 문항은 단순한 정보 이해와 전달 능력만이 아니라, 특정 비즈니스 상황에서 체계적이고 정확하게 그리고 격식을 갖추어 의사소통 할 수 있는지를 평가한다.

모범 답안 1

老板，关于我们即将在香格里拉酒店举办的新员工入职团建活动，我已经与酒店方沟通了所有的安排，并得到了详细的报价。

第一，商务套房：我们预订了10间商务套房，每个套房都包括早餐。总价为3490元。第二，宴会厅：适合20人的商务风格宴会厅，价格为1888元。

第三，茶歇：西式糕点，为20人准备，总价780元。

第四，花艺装饰：现代风格的百合和玫瑰，共4束，总价为276元。

第五，其他装饰材料：包括舞台、打印机、投影仪、灯光、音响、背景板等，总价为899元。

总体费用为7333元。所有的安排均符合我们的要求和预算。请您审核，也请您告知是否有其他要求或需要更改。

사장님, 곧 샹그릴라 호텔에서 진행될 신입 직원 입사 워크숍 행사와 관련하여, 호텔 측과 모든 사항을 조율하였으며 상세한 견적을 받았습니다.

첫 번째로 비즈니스 스위트룸입니다. 총 10개 객실을 예약하였으며, 모든 객실을 조식 포함하여 총가격은 3,490위안입니다.

두 번째로 연회장입니다. 20명 규모의 비즈니스 스타일 연회장으로 가격은 1,888위안입니다.

세 번째로 티타임입니다. 서양식 디저트로 20인분으로 준비하였으며, 총가격은 780위안입니다.

네 번째로 플라워 데코입니다. 현대적인 백합과 장미로 모두 네 다발이며, 총가격은 276위안입니다.

다섯 번째로 기타 장식 및 장비입니다. 무대, 프린터, 프로젝터, 조명, 음향, 배경판을 포함한 총가격은 899위안입니다.

전체 비용은 7,333위안입니다. 모든 준비 사항이 당사의 요구 및 예산에 부합합니다. 검토 후 추가 요청 사항이나 수정할 부분이 있으면 말씀해 주십시오.

단어 举办 jǔbàn 동 개최하다, 열다　酒店方 jiǔdiànfāng 호텔 측　详细 xiángxì 형 상세하다　包括 bāokuò 동 포함하다　适合 shìhé 동 적합하다, 어울리다　总体 zǒngtǐ 명 전체, 총체적　费用 fèiyòng 명 비용　均 jūn 부 모두, 전부　符合 fúhé 동 부합하다, 맞다　预算 yùsuàn 명 예산　审核 shěnhé 동 심사하다, 검토하다　告知 gàozhī 동 알리다, 고지하다　是否 shìfǒu 부 ~인지 아닌지　更改 gēnggǎi 동 변경하다, 수정하다

모범 답안 2

李总，我向您汇报一下新员工入职团建活动的场所和费用情况。这是香格里拉酒店宴会厅的详细报价表，您看看。

这次我们参加活动的人数有20个。所以需要10间商务套房，以及带舞台的场地。

商务套房，酒店给的报价是每套房间349元，每个套房都含有早餐，总价为3490元。宴会厅是商务风格，价格为1888元。茶歇是西式糕点，单价39元，我们20人，总价780元。花艺是现代风格的百合和玫瑰，共4束，单价69元，总价为276元。其他装饰材料：包括舞台、打印机、投影仪、灯光、音响、背景板等，总价为899元。

这些所有费用合起来是7333元。这个价位，我认为是比较合理的。王总，您看这个预算可以吗？如果您同意，我现在就去预订。

이 대표님, 신규 직원 입사 팀빌딩 행사 장소 및 비용 내역을 보고 드리겠습니다. 이것은 샹그릴라 호텔 연회장의 상세 견적서로, 한번 봐 주시기 바랍니다.

이번 행사에 참여하는 인원은 총 20명입니다. 따라서 비즈니스 스위트룸 10개와 무대가 있는 연회장이 필요합니다.

호텔 측에서 제시한 비즈니스 스위트룸 가격은 객실당 349위안이며, 모든 객실은 조식을 포함하여 총 3,490위안입니다. 연회장은 비즈니스 스타일로 가격은 1,888위안입니다. 티타임은 서양식 디저트인데, 1인당 39위안이며, 20인 기준 총 780위안입니다. 플라워 데코는 현대적인 스타일의 백합과 장미로 총 네 다발입니다. 개당 69위안으로, 총금액은 276위안입니다. 기타 장식 및 장비로는 무대, 프린터, 프로젝터, 조명, 음향, 배경판 등을 포함하여 총 899위안입니다.

위 항목들을 모두 합한 총 비용은 7,333위안입니다. 제 생각에 이 가격대면 비교적 합리적이라고 여겨집니다. 이 대표님, 보시기에 이 예산이면 괜찮을까요? 승인해 주시면 바로 예약을 하도록 하겠습니다.

단어 　**汇报** huìbào 图 보고하다　**总价** zǒngjià 图 총액　**合起来** hé qǐlái 합치다, 더하다　**价位** jiàwèi 图 가격(대)　**合理** hélǐ 图 합리적인　**预算** yùsuàn 图 예산　**预订** yùdìng 图 예약하다

제2부분 (95-97)
자료를 듣고 3개의 질문에 대답하세요.(95, 96 대답 시간 30초, 97 대답 시간 2분)

95-97
★★★ MP3 02-08

⑨⑤ 春秋时期，晋国的晋献公想要扩大自己的实力和地盘，便以邻近的虢国经常侵犯晋国边境为由，要派兵消灭虢国。可是在晋国和虢国之间隔着一个虞国，讨伐虢国必须经过虞地。

"怎样才能顺利通过虞国呢？"晋献公问手下的大臣。大夫荀息说："虞国国君是个目光短浅、贪图小利的人，只要我们送他价值连城的美玉和宝马，他不会不答应借道的。"晋献公一听，心中有些不舍。荀息看出了晋献公的心思，就说："虞虢两国是唇齿相依的近邻，虢国灭了，虞国也不能独存，您的美玉宝马不过是暂时寄存虞公那里罢了。"晋献公采纳了荀息的计策。

虞国国君见到这两样珍贵的礼物，顿时大喜过望，听到荀息提出借道虞国的请求时，他当时就满口答应了。⑨⑥ 虞国大夫宫之奇听说后，急忙阻止道："不行，不行。虞国和虢国是唇齿相依的近邻，我们两个小国相互依存，有事可以彼此帮助。万一虢国被灭了，我们虞国也就难保了。俗话说，'唇亡齿寒'，没有嘴唇，牙齿也保不住啊！借道给晋国是万万不可的。"虞公说："晋国乃大国，现在特意送来美玉宝马和咱们交朋友，难道咱们借条道路让他们走走都不行吗？"宫之奇连声叹气，知道虞国离灭亡的日子不远了，于是就带着一家老小离开了虞国。

果然，晋国军队借道虞国，消灭了虢国，随后又将亲自迎接晋军的虞公抓住，灭了虞国。

⑨⑤ 춘추 시대, 진(晋)나라의 진헌공(晋献公)은 자신의 세력과 영토를 확장하고자 했다. 그는 이웃한 괵(虢)나라가 자주 진나라의 국경을 침범한다는 명분을 내세워 군대를 보내 괵나라를 멸망시키려 했다. 그러나 진나라와 괵나라 사이에는 우(虞)나라가 있어, 괵나라를 공격하려면 반드시 우나라를 지나야 했다.

"어떻게 하면 우나라를 무사히 통과할 수 있겠는가?" 진헌공이 신하들에게 물었다. 이에 대부 순식(荀息)이 말했다. "우나라 군주는 눈앞의 이익만 보는 사람입니다. 대단히 값진 아름다운 옥과 명마를 보내면 반드시 길을 빌려줄 것입니다." 진헌공은 이를 듣고 선뜻 내키지 않았다. 그러자 순식이 그의 마음을 꿰뚫어 보고 "우나라와 괵나라는 서로 의지하는 가까운 이웃입니다. 괵나라가 멸망하면 우나라도 혼자서 버틸 수 없습니다. 결국, 이 아름다운 옥과 명마는 잠시 우공(우나라 군주)에게 맡겨두는 것에 불과합니다."라 말했고, 진헌공은 순식의 계책을 받아들였다.

우나라 군주는 귀한 아름다운 옥과 명마를 보자 크게 기뻐했고, 순식이 길을 빌려달라는 요청을 하자 단번에 허락했다. ⑨⑥ 이를 들은 우나라 대부 궁지기(宫之奇)는 깜짝 놀라며 황급히 만류했다. "안 됩니다, 안 됩니다. 우나라와 괵나라는 입술과 이처럼 서로 의지하는 관계입니다. 우리 두 작은 나라는 서로 의존하며, 유사 시 서로를 도울 수 있습니다. 만약 괵나라가 멸망하면 우리 우나라도 살아남기 어렵습니다. 옛말에 '입술이 없으면 이가 시리다'라 했습니다. 입술이 사라지면 이도 보호받지 못합니다. 진나라에 길을 빌려주는 것은 절대 해서는 안 됩니다." 그러나 우공은 "진나라는 대국이니 우리와 친하게 지내려 일부러 아름다운 옥과 명마를 보낸 것이오. 그런데 우리가 단지 길 하나 빌려주는 것조차 안 된다는 말이오?"라 말했다. 이에 궁지기는 연거푸 깊은 한숨을 쉬며 더 이상 설득할 수 없음을 깨달았다. 그는 우나라의 멸망이 머지않았음을 직감하고, 가족을 데리고 나라를 떠났다.

결국, 진나라 군대는 우나라를 통해 괵나라로 진격했고, 괵나라를 멸망시켰다. 이어서, 직접 진나라 군대를 맞이하러 나왔던 우공을 사로잡아 우나라까지 멸망시켰다.

단어　**春秋时期** Chūnqiū shíqī 명 춘추 시대　**晋国** Jìnguó 고유 진나라(춘추시대 국가)　**晋献公** Jìn Xiàn Gōng 고유 진헌공(진나라 군주)　**扩大** kuòdà 동 확대하다, 넓히다　**地盘** dìpán 명 세력 범위, 영토　**邻近** línjìn 동 인접한, 가까운　**虢国** Guóguó 고유 괵국(춘추시대 소국)　**侵犯** qīnfàn 동 침범하다　**边境** biānjìng 명 변경, 국경 지역　**为由** wéiyóu 명 ~을 이유로　**派兵** pàibīng 동 군대를 파견하다　**消灭** xiāomiè 동 소멸시키다, 없애다　**隔** gé 동 사이에 두다　**虞国** Yú guó 고유 우국(춘추시대 소국)　**讨伐** tǎofá 동 토벌하다　**大臣** dàchén 명 대신, 신하　**大夫** dàfū 명 대부(고대 중국의 관직)　**荀息** Xún Xī 고유 순식(진나라 대신 이름)　**目光短浅** mùguāng duǎnqiǎn 성 안목이 짧다, 근시안적이다　**贪图小利** tāntú xiǎolì 성 작은 이익에 눈이 멀다　**价值连城** jiàzhí liánchéng 성 매우 가치가 높다　**美玉** měiyù 명 아름다운 옥　**宝马** bǎomǎ 명 명마, 좋은 말　**借道** jièdào 동 길을 빌려 지나가다　**不舍** bùshě 동 아쉬워하다, 미련을 두다　**心思** xīnsi 명 생각, 의도　**唇齿** chúnchǐ 명 입술과 이(비유: 밀접한 관계)　**相依** xiāngyī 동 서로 의지하다　**独存** dúcún 동 혼자 살아남다　**寄存** jìcún 동 맡기다, 보관하다　**采纳** cǎinà 동 받아들이다　**计策** jìcè 명 계책, 전략　**顿时** dùnshí 부 곧바로, 즉시　**大喜过望** dàxǐ guòwàng 성 기대 이상으로 기뻐하다　**请求** qǐngqiú 동 요청하다　**答应** dāying 동 동의하다, 응답하다　**宫之奇** Gōng zhī Qí 고유 궁지기(우나라 신하 이름)　**阻止** zǔzhǐ 동 저지하다　**依存** yīcún 동 의존하다　**彼此** bǐcǐ 대명 서로, 피차　**灭** miè 동 멸망하다, 사라지다　**难保** nánbǎo 동 보장하기 어렵다, 장담하기 어렵다　**唇亡齿寒** chúnwáng chǐhán 성 입술이 없어지면 이가 시리다(비유: 서로 밀접한 관계)　**保不住** bǎo bu zhù 지키지 못하다　**万万不可** wànwàn bùkě 절대 불가하다　**连声叹气** liánshēng tànqì 연이어 탄식하다　**灭亡** mièwáng 동 멸망하다　**一家老小** yìjiā lǎoxiǎo 온 가족, 가족 구성원 전체　**消灭** xiāomiè 동 제거하다, 없애다　**迎接** yíngjiē 동 맞이하다, 영접하다

🔍 고득점 말하기 가이드

95~97 문항에서 들려주는 지문은 주로 단순한 정보 전달이 아니라 특정 메시지를 담고 있다. 세부 정보와 메시지를 모두 기억하기 위해서는 지문 내용을 정리하며 기록하는 전략이 반드시 필요하다.

1. 핵심 정보를 구분하여 단어로 간략히 기록하기

　(1) 인물: 주요 인물의 이름　예 晋献公(진헌공), 虞国国君(우나라 군주)
　(2) 장소: 중요한 장소　예 虞国(우나라), 晋国(진나라), 虢国(괵나라)
　(3) 시간: 사건이 일어난 시간　예 春秋时期(춘추시대)
　(4) 행동: 중요한 행동이나 결정　예 扩大实力(세력을 확대하다), 借道(길을 빌려 지나가다), 消灭(소멸시키다)
　(5) 결과: 사건의 결과　예 灭国(나라가 멸망하다), 成功(성공하다)

*한자가 생각나지 않거나 쓰는 데 시간이 오래 걸린다면 한어병음으로 간단히 기록해 두자.

2. 전반적인 야기의 흐름 기록하기

　예 晋献公要消灭虢国(진헌공이 괵나라를 멸하려고 했다)
　　通过虞国借道(우나라를 통해 길을 빌려 지나가다)
　　荀息建议送美玉宝马(순식은 옥과 명마를 선물할 것을 건의했다)
　　虞公答应(우공이 승낙하였다)
　　虞国灭亡(우나라가 멸망하였다)

3. 기호나 약어를 활용하여 간단하고 빠르게 기록하기

　'→' 또는 '-' 등을 사용하여 사건의 흐름을 시각적으로 기록해 두면 대답 시 내용의 재구성이 용이하다.

　예 晋献公(진헌공) → 攻虢国(괵나라를 공격하다) → 虞国借道(우나라의 길을 빌려 지나가다) → 灭虢国(괵나라를 멸하다) → 灭虞国(우나라를 멸하다)

95　★★

| 问: 晋献公为什么想要派兵灭了虢国? | 질문: 진헌공은 왜 군대를 보내 괵나라를 멸망시키려고 했는가? |

모범 답안

| 晋国的晋献公想要扩充自己的实力和地盘。 | 진나라의 진헌공은 자신의 세력과 영토를 확장하려고 했다. |

해설 녹음 첫 번째 단락에서 '要派兵消灭虢国(군대를 보내 괵나라를 멸망시키려고 했다)'라며 관련 내용이 언급되었다. 바로 앞 내용에서 '晋国的晋献公想要扩大自己的实力和地盘(진나라의 진헌공은 자신의 세력과 영토를 확장하고자 했다)'라며 괵나라로 군대를 보낸 이유가 제시되었다. 녹음의 '扩大(확대하다)'는 유사어 '扩充(확충하다)'으로 바꿔 말할 수 있다. 95–96 문제는 특히 '누가', '무엇을', '왜'라는 질문이 자주 나오므로 듣는 과정에서 반드시 핵심 내용으로 기록해 두자.

단어 派 pài 图 파견하다, 보내다 兵 bīng 圆 병사, 군대 灭 miè 图 멸망시키다, 없애다 扩充 kuòchōng 图 확충하다, 확대하다 实力 shílì 圆 세력 地盘 dìpán 圆 영토

96 ★★★

问: 宫之奇为什么阻止虞国国君把路借给晋国?

질문: 궁지기는 왜 우나라 군주가 진나라에 길을 빌려주는 것을 막으려고 했는가?

모범 답안

因为虞国和虢国是相互依存的国家，有事可以互相帮助，万一虢国被灭了，虞国也就难保了。

우나라와 괵나라는 서로 의존하는 관계에 있는 국가로, 어려운 일이 생기면 서로 도울 수 있다. 만약 괵나라가 멸망하게 되면, 우나라도 안전할 수 없게 되기 때문이다.

해설 녹음 세 번째 단락 중반의 '虞国大夫宫之奇听说后，急忙阻止道: (이를 들은 우나라 대부 궁지기는 깜짝 놀라며 황급히 만류했다)'에서 관련 내용이 언급되었다. 이어지는 내용에서 '虞国和虢国是唇齿相依的近邻(우나라와 괵나라는 입술과 이처럼 서로 의지하는 관계입니다)，我们两个小国相互依存，有事可以彼此帮助(우리 두 작은 나라는 서로 의존하며 유사 시 서로를 도울 수 있습니다). 万一虢国被灭了，我们虞国也就难保了(만약 괵나라가 멸망하면 우리 우나라도 살아남기 어렵습니다)'라며 그 이유를 말했다. 우나라와 괵나라는 서로 밀접한 관계임을 설명하는 '相互依存(서로 의존하다)'이 핵심 표현이며, 답변을 할 때는 '难保(보장하기 어렵다)'라는 표현을 통해 우나라도 위험에 처할 수 있음을 전달해야 한다.

단어 阻止 zǔzhǐ 图 저지하다, 막다 国君 guójūn 圆 나라의 군주 相互 xiānghù 凰 상호, 서로 依存 yīcún 图 의존하다, 의지하며 존재하다 难保 nánbǎo 图 보장하기 어렵다, 장담하기 어렵다

97 ★★★

问: 请结合"唇亡齿寒"这个成语谈一谈为什么领导者在做决策时需要有长远的眼光?

질문: '순망치한'이라는 성어를 바탕으로, 지도자가 왜 장기적인 안목을 가지고 의사 결정을 해야 하는지에 대해 이야기해 보세요.

🔍 고득점 말하기 가이드

성어 '순망치한(唇亡齿寒)'은 '입술을 잃으면 이가 영향을 받는다'라는 의미로 의존 관계의 중요성을 나타낸다. 이야기 속에서 우나라 군주는 눈앞의 이익에만 집중하다가 괵나라와의 의존 관계를 고려하지 못하였으므로, 해당 성어를 통해 비판이 가능하다. 리더는 결정을 내릴 때 눈앞의 이익과 상황만이 아니라, 더 장기적인 시각에서 여러 결과를 종합적으로 분석하여 현명한 결정을 내려야 한다는 점을 교훈으로 하며, 아래의 논리적 구성을 통해 말의 설득력을 높일 수 있다.

1. 주제 소개 및 성어 설명

먼저 '순망치한(唇亡齿寒)'이라는 성어를 설명하며 답변의 기초를 다진다. 이 성어는 사물 간의 상호 의존 관계를 상징적으로 표현하며, 이야기 속에서 지도자가 장기적인 안목을 가져야 함을 보여 준다.

2. 구체적인 사례 분석
우리나라 군주의 잘못된 결정과 그 배경에 있는 근시안적인 사고, 단기적인 이익만을 추구하는 태도를 분석한다. 특히 우리나라 군주가 괵나라와의 상호 의존 관계를 간과하여 장기적인 결과를 고려하지 못한 점을 강조한다.

3. 현실과 연결하여 지도자의 자질 강조
지도자가 결정을 내릴 때 필요한 안목과 지혜를 더욱 깊이 탐구한다. 장기적인 이익, 전체적인 시각, 사전 예방의 중요성을 강조하며, 현실 사례를 들어 논의를 더욱 설득력 있게 만든다.

4. 교훈 정리 및 핵심 내용 강조
마지막으로, 이야기에서 얻을 수 있는 주요 교훈을 정리하고, 지도자가 갖추어야 할 장기적인 비전과 전략적 사고의 중요성을 다시 한 번 강조한다. 또한, 의사결정 시 전체적인 상황을 고려해야 한다는 점을 환기하며, 상호 의존 관계와 장기적인 이익의 중요성을 상기시킨다.

모범 답안 1 ★★

"唇亡齿寒"这个成语形象地描述了物体之间的相互依存关系。嘴唇若失去了，牙齿会感到寒冷，因为缺乏了嘴唇的保护。这不仅是对具体物体的描述，更是对事物间相互关系的深入揭示。

对于领导者而言，做决策不仅仅是考虑当前的情况和短期利益，更重要的是要有长远的眼光，考虑到决策可能带来的连锁反应和长期影响。以上述故事中的虞国国君为例，他在短暂利益面前迅速答应了晋国的请求，但未考虑到一旦虢国被攻占，虞国作为与虢国相互依存的国家也会面临被攻打的命运。

从这个角度看，领导者在做决策时应当站在更高的角度，全面考察各种可能的后果，而不仅是眼前的收益。只有这样，才能确保决策是明智和深远的，真正保障团体、组织或国家的长远利益。因此，"唇亡齿寒"不仅告诉我们物体间的依存关系，更告诫我们在决策时要有远见，避免盲目地为了短期的利益而损害了长期的发展。

'순망치한'이라는 성어는 사물 간의 상호 의존 관계를 시각적으로 묘사한다. 입술이 사라지면 이가 시린 것처럼, 입술이 보호 역할을 하지 못하면 치아도 위태로워진다. 이는 단순히 물리적인 현상을 설명하는 것이 아니라, 사물 간의 긴밀한 관계를 깊이 있게 드러내는 표현이다.

지도자의 입장에서 볼 때, 의사 결정은 단순히 현재 상황과 단기적인 이익만 고려해서는 안 된다. 더 중요한 것은 장기적인 안목을 가지고, 결정이 가져올 연쇄 반응과 장기적인 영향을 신중하게 따져보는 것이다. 예를 들어, 우(虞)나라 군주는 눈앞의 이익에 급급해 진(晋)나라의 요청을 쉽게 받아들였지만, 괵(虢)나라가 점령당하면, 상호 의존하는 우나라도 공격당할 수 있다는 사실을 간과했다.

이러한 관점에서 보면, 지도자는 의사결정을 내릴 때 더 넓은 시각에서 다양한 가능성과 결과를 종합적으로 고려해야 하며, 단기적인 이익을 고려해서는 안됩니다. 따라서, 이렇게 해야만 현명하고 장기적인 결정을 내릴 수 있으며, 진정으로 단체, 조직 또는 국가의 장기적인 이익을 보장할 수 있습니다. 결국 '순망치한'은 단순한 사물 간의 의존 관계를 넘어, 의사 결정에서 장기적인 안목이 얼마나 중요한지를 깨닫게 해주며, 단기적인 이익을 위해 장기적인 발전을 희생하지 않도록, 항상 신중한 판단이 필요함을 상기시켜 준다.

단어 唇亡齿寒 chúnwáng chǐhán 젱 입술이 없으면 이가 시린다(비유: 서로 밀접한 관계에 있음) 形象 xíng xiàng 시각적으로 描述 miáoshù 동 묘사하다, 설명하다 物体 wùtǐ 몡 물체 若 ruò 젭 만약 牙齿 yáchǐ 몡 이, 치아 寒冷 hánlěng 혱 차갑다, 춥다 缺乏 quēfá 동 결핍되다, 부족하다 嘴唇 zuǐchún 몡 입술 揭示 jiēshì 동 드러내다, 밝히다 领导 lǐngdǎo 몡 지도자 而言 éryán ~로 보자면, ~로 말하자면 眼光 yǎnguāng 몡 안목 决策 juécè 동 결정을 내리다 连锁反应 liánsuǒ fǎnyìng 연쇄 반응 上述 shàngshù 동 상술한, 위에서 말하는 为例 wéilì 예로 들다 短暂 duǎnzàn 혱 짧다. 단기간의 利益 lìyì 몡 이익 迅速 xùnsù 혱 빠르다, 신속하다 攻占 gōngzhàn 동 점령하다 攻打 gōngdǎ 동 공격하다 角度 jiǎodù 몡 각도, 관점 全面 quánmiàn 혱 전면적인, 전체적인 后果 hòuguǒ 몡 (부정적)결과 确保 quèbǎo 동 보장하다 明智 míngzhì 혱 현명하다 保障 bǎozhàng 동 보장(하다) 长远利益 chángyuǎn lìyì 장기적인 이익 告诫 gàojiè 동 경고하다, 주의시키다 远见 yuǎnjiàn 몡 선견 盲目 mángmù 혱 맹목적이다 损害 sǔnhài 동 해치다, 손상시키다

모범 답안 2

"唇亡齿寒"这个成语故事讲了三个国家的利益关系。

第一个是晋国。想要扩大自己的实力和地盘，要出兵消灭邻近的虢国。

第二个是虢国。晋国与虢国之间隔着一个虞国。

第三个是虞国。晋国要讨伐虢国必须经过虞国。

那么，从企业的角度看，这三个国家都代表了什么。

晋国是要发展自己的实力，属于有目标的挑战者；虢国是被攻打的对象，是人们要达到的目标；虞国是实现目标的条件。

晋国为了实现自己的目标，先认真研究了实现计划的条件。晋国大臣荀息分析说：虞国国君是个目光短浅、贪图小利的人，只要我们送他美玉和宝马，他就会答应借道。

虞国国君见到美玉和宝马，非常高兴，马上答应了。虞国大夫宫之奇是聪明的人，听说后，阻止说不行。虞国和虢国是唇和齿的关系，没有嘴唇，牙齿也保不住啊！就是"唇亡齿寒"的意思。可惜，虞国国君没有听宫之奇的劝阻，最后的结果是晋国军队借道虞国，消灭了虢国，随后又灭了虞国。

"唇亡齿寒"的故事，给企业领导者的启示是：一，不能短视。在现代企业的战略抉择中，如果像虞国国君那样只看见眼前的利益，那么，就看不到未来的风险。比如，有些企业为了暂时的利润，不讲信誉，不重视产品质量，这样的公司不仅不能成就大业，最后还可能导致企业衰败。其实，虞国大臣宫之奇已经看出了晋国的计谋，可是作为虞国国君---企业的领导者，没有看到长远，只看到了眼前的"美玉和宝马"，那注定会导致失败和灭亡。

二，要看长远。领导者在做决策时需要有长远的眼光。看看那些成功的名人，他们都具有目光长远的品质。美国著名企业家比尔·盖茨，软公司创办之初就看到了个人电脑和软件行业的在微巨大潜力，并成功地将微软发展成为全球最大的软件公司。还有，特斯拉总裁马斯克啊，阿里巴巴的创始人马云等等。他们的成功都是因为有长远的

'순망치한'이라는 고사성어 이야기는 세 나라의 이해관계를 다루고 있다.

첫번째는 진(晋)나라이다. 진나라는 자신의 세력과 영토를 확장하기 위해 이웃 나라 괵(虢)나라를 정벌하려 한다.

두번째는 괵나라이다. 진나라와 괵나라 사이에는 우(虞)나라가 위치해 있다.

세번째는 우나라이다. 진나라가 괵나라를 공격하려면 반드시 우나라를 지나가야 한다.

그렇다면, 기업의 관점에서 이 세 나라는 각각 무엇을 의미할까?

진나라는 자신의 실력을 키우려는 목표 지향적인 도전자이며, 괵나라는 공략해야 할 대상이며 목표이고, 그리고 우나라는 목표를 이루기 위한 조건에 해당한다.

진나라는 자신의 목표를 달성하기 위해 먼저 실행 계획의 조건을 신중하게 분석했다. 진나라의 신하 순식(荀息)은 "우나라 군주는 눈앞의 이익만 탐하는 어리석은 사람입니다. 그에게 아름다운 옥과 좋은 말을 선물하면, 반드시 길을 내어줄 것입니다."라 말했다.

우나라 군주는 아름다운 옥과 좋은 말을 보자 매우 기뻐하며 곧바로 허락했다. 그러나 우나라의 대신 궁지기(宮之奇)는 현명한 사람이었다. 그는 이 소식을 듣고 반대하였다. 우나라와 괵나라는 입술과 이의 관계입니다. 입술이 없어지면 이도 보호받지 못합니다. 이것이 바로 '순방치한'의 뜻이다. 안타깝게도 우나라 군주는 궁지기의 충고를 듣지 않았고, 결국 진나라 군대는 우나라를 통해 괵나라를 멸망시켰으며, 이어서 우나라까지 정복했다.

'순망치한'의 이야기가 기업 경영자에게 주는 교훈은 첫째, 근시안적 사고를 피하라. 현대 기업의 전략적 선택에서 우나라 군주처럼 눈앞의 이익만 좇으면, 미래의 위험을 보지 못한다. 예를 들어, 일부 기업이 단기적인 이익을 위해 신뢰를 저버리고 제품의 품질을 소홀히 한다면, 결국 대업을 이루지 못할 뿐만 아니라, 몰락할 수밖에 없다. 사실, 우나라 대신 궁지기는 진나라의 계략을 간파했지만, 기업의 리더에 해당하는 우나라 군주는 눈앞의 '아름다운 옥과 좋은 말'만 보았을 뿐, 장기적인 예측을 하지 못했다. 이는 실패와 멸망을 초래할 수밖에 없다.

둘째, 장기적인 안목을 가져라. 리더는 의사 결정을 할 때 장기적인 안목을 가져야 한다. 성공한 인물들을 살펴보면, 모두 장기적인 비전을 가지고 있었다. 예를 들어, 미국의 유명한 기업가 빌 게이츠는 마이크로소프트를 창업할 당시 개인용 컴퓨터와 소프트웨어 산업의

| 眼光, 能够看到未来。 | 거대한 가능성을 내다보았고, 결국 마이크로소프트를 세계 최대의 소프트웨어 회사로 성장시켰다. 또한, 테슬라의 CEO 일론 머스크, 알리바바 창업자 마윈 등도 장기적인 비전을 바탕으로 성공을 이루었다. |

단어 利益关系 lìyì guānxi 이해관계 属于 shǔyú 동 ~에 속하다 目标 mùbiāo 명 목표 挑战者 tiǎozhànzhě 명 도전자 对象 duìxiàng 명 대상 分析 fēnxī 동(명) 분석(하다) 目光短浅 mùguāng duǎnqiǎn 안목이 짧다 贪图小利 tāntú xiǎolì 눈앞의 작은 이익만 탐하다 阻止 zǔzhǐ 동 저지하다, 막다 嘴唇 zuǐchún 명 입술 牙齿 yáchǐ 명 치아, 이빨 启示 qǐshì 명 깨달음 동 깨닫게 하다 短视 duǎnshì 형 근시안적이다 战略 zhànlüè 명 전략 风险 fēngxiǎn 명 위험, 리스크 暂时 zànshí 부 잠시, 임시로 利润 lìrùn 명 이윤, 이익 信誉 xìnyù 명 신용과 명성 品质 pǐnzhì 명 품질 成就大业 chéngjiù dàyè 대업을 이루다 衰败 shuāibài 동 쇠퇴하다, 몰락하다 领导者 lǐngdǎozhě 명 리더, 지도자 目光长远 mùguāng chángyuǎn 멀리 내다보다, 장기적인 시야 比尔盖茨 Bǐ'ěr Gàicí 고유 빌 게이츠 微软 Wēiruǎn 고유 마이크로소프트(Microsoft) 创办之初 chuàngbàn zhī chū 창립 초기 潜力 qiánlì 명 잠재력 特斯拉 Tèsīlā 고유 테슬라(Tesla) 总裁 zǒngcái 명 대표이사, 총재 马斯克 Mǎsīkè 고유 일론 머스크(Elon Musk) 阿里巴巴 Ālǐbābā 고유 알리바바(Alibaba) 创始人 chuàngshǐrén 명 창립자, 창시자 马云 Mǎ Yún 고유 마윈(알리바바 그룹 창립자)

제3부분 (98)

자료를 듣고 질문에 대해 자신의 관점을 말해 보세요. (대답 시간 3분)

98 ★★★ MP3 02-09

| 屠呦呦, 生于浙江宁波, 是中国的药物化学家。1972年, 她从青蒿中提取出了青蒿素, 有效治疗了数百万疟疾患者。2015年, 她因此成为首位获得诺贝尔生理学或医学奖的中国科学家。她曾经表示: "真实的科研是为了人类, 而非荣誉。" | 투유유(屠呦呦)는 중국의 약물 화학자로, 저장성 닝보에서 태어났다. 1972년, 그녀는 칭호에서 아르테미시닌을 추출하여 수백만 명의 말라리아 환자를 효과적으로 치료하는 데 기여했다. 이 공로로 2015년, 그녀는 노벨 생리학·의학상을 수상한 최초의 중국인 과학자가 되었다. 그녀는 한때 이렇게 말했다. "진정한 연구는 명예를 위한 것이 아니라, 인류를 위한 것이다." |
| 请结合听到的内容, 谈谈你对 "真实的科研是为了人类, 而非荣誉" 的认识。 | 들은 내용을 바탕으로 "진정한 연구는 명예가 아니라 인류를 위한 것이다."에 대한 당신의 생각을 이야기해 보세요. |

단어 屠呦呦 Tú Yōuyōu 고유 투유유(중국의 유명한 과학자) 浙江宁波 Zhèjiāng Níngbō 고유 중국 저장성 닝보(지명) 药物 yàowù 명 약물 化学家 huà xué jiā 명 화학자 青蒿 qīnghāo 명 청호 (약용 식물) 提取 tíqǔ 동 추출하다 青蒿素 qīnghāosù 명 아르테미시닌(말라리아 치료약) 有效 yǒuxiào 형 효과적이다 治疗 zhìliáo 동 치료하다 疟疾 nüèji 명 말라리아 患者 huànzhě 명 환자 首位 shǒuwèi 명 첫 번째 获得 huòdé 동 얻다 획득하다 诺贝尔 Nuòbèi'ěr 고유 노벨(상) 生理学 shēnglǐxué 명 생리학 医学奖 yīxuéjiǎng 명 의학상 科学家 kēxuéjiā 명 과학자 表示 biǎoshì 동 나타내다, 표현하다 科研 kēyán 명 과학 연구 人类 rénlèi 명 인류 非 fēi 접 ~가 아니다 荣誉 róngyù 명 영예, 명예 结合 jiéhé 동 결합하다 认识 rènshi 명(동) 인식(하다)

TIP

★ 핵심 내용 메모

인물: 屠呦呦, 药物化学家(투유유, 중국의 약물 화학자)
기여 및 성과: 从青蒿中提取(청호에서 추출), 有效治疗疟疾(말라리아를 효과적으로 치료)
수상: 获得诺贝尔奖(노벨 생리학 수상), 首位获得(중국 최초의 수상자)
개인적 견해: 科研是为了人类, 而非荣誉。(진짜 연구는 인류를 위한 것이지, 명예를 위한 것이 아니다)

주요 내용:
- 科研是为了人类。(연구는 인류를 위한 것이다)
- 青蒿素为人类带来了希望。(아르테미시닌은 인류에게 희망을 주었다)
- 研究应关注实际问题。(연구는 실제 문제에 집중해야 한다)
- 荣誉是对科研的认可，但不是目的。(명예는 연구에 대한 인정일 뿐, 목적은 아니다)

🔍 고득점 말하기 가이드

듣기 자료에서 투유유의 연구 성과와 수상 업적을 부각해서 들려주고 있지만, 문제의 핵심 주제는 그녀의 발언 내용인 '真实的科研是为了人类，而非荣誉(진정한 연구는 명예를 위한 것이 아니라, 인류를 위한 것이다)'이다. 과학 연구의 궁극적인 목표는 개인적인 이익이나 명예가 아니라, 인류 사회에 실질적인 기여를 해야 한다는 점에 중점을 두고, 아래에 제시된 방식으로 접근하여 대답해 보자.

1. 주제를 명확히 제시하기
투유유(屠呦呦)의 사례를 언급하며 그녀의 공헌과 연구에 대한 깊은 이해를 강조한다. 이렇게 시작하면 곧바로 핵심을 파악할 수 있다.

2. 견해를 구체적으로 설명하기
투유유의 사례를 심층적으로 분석하며, '진정한 연구는 명예가 아닌 인류를 위한 것'이라는 관점을 설명한다. 연구의 본질적인 목적과 의미를 논의하며, 인류에 대한 봉사와 실질적인 문제 해결의 중요성을 강조한다.

3. 사례를 들어 뒷받침하기
다른 연구자들과 연구 프로젝트의 예시를 추가하여, 연구가 인류 복지와 연결되는 방식과 명예만을 좇지 않는 사례를 제시한다.

4. 가능한 위험성 논의하기
연구가 명예와 영광만을 목표로 한다면 발생할 수 있는 문제를 지적한다. 예를 들어, 연구 방향이 왜곡되거나 실질적인 문제를 외면하는 상황을 설명하며, 연구 본연의 목적을 다시 강조한다.

5. 핵심 내용 정리 및 강조하기
초심을 지키고 인류를 위해 의미 있는 기여를 하는 것이 연구자의 본분임을 다시 한 번 언급하며, 명예와 이익에 휩쓸리지 않는 자세의 중요성을 강조한다.

6. 언어 표현에 신경 쓰기
논리적으로 자연스럽고 명확한 문장을 사용하여, 흐름이 매끄럽고 이해하기 쉬운 답변을 구성해야 한다.

7. 공감과 감동을 더하기
마지막으로, 투유유에 대한 찬사와 개인적인 느낌을 덧붙여 감동을 유도하고 공감을 불러일으킨다.

모범 답안 1 ★★

屠呦呦女士的贡献对世界医学领域产生了深远的影响。面对如此宏大的成就，她仍能淡然处之，坚守内心的初衷，这让我深受启发。对于她所说的"真实的科研是为了人类，而非荣誉"，我深以为然。

在我看来，科研的本质不仅在于追求答案或解决难题，更在于其对人类的实际益处。像青蒿

투유유 여사의 공헌은 세계 의학 분야에 깊은 영향을 미쳤다. 그녀는 이처럼 위대한 업적을 이루고도 담담하게 초심을 굳건히 지켰고, 이는 나에게 큰 영감을 주었다. "진정한 연구는 명예가 아니라 인류를 위한 것"이라는 그녀의 말에 깊이 공감한다.

내가 보기에, 연구의 본질은 단순히 해답을 찾거나 난제를 해결하는 데 있는 것이 아니라, 그것이 인류에

素这样的发现，其背后并不是简单的实验和数据，而是对无数疟疾患者的希望和救赎。这样的发现才是科研的真正意义。

荣誉和名誉固然重要，它们是对科研工作者努力的一种认可。但如果我们将其视为科研的唯一目的，就容易陷入功利误区，甚至可能迷失初衷。正如屠呦呦所言，真正的科研应出于对人类的关心和责任，是为了解决实际问题，为人类带来福祉。

总之，屠呦呦的话提醒了我，无论在哪个领域，我们都应该始终坚守初心，为人类作出真正有意义的.贡献，而不是仅仅追求名利和荣誉。

게 실질적인 혜택을 줄 수 있는지에 있다. 아르테미시닌(青蒿素)과 같은 발견 뒤에는 단순한 실험과 데이터가 아니라, 수많은 말라리아 환자들의 희망과 구원이 담겨 있다. 이것이야 말로 연구의 진정한 의미다.

물론 영예와 명예도 중요하다. 그것들은 과학 연구자들의 노력에 대한 일종의 인정입니다. 하지만 그것을 연구의 유일한 목적으로 여긴다면, 우리는 쉽게 공리적 오류에 빠지고, 심지어 초심을 잃을 수도 있다. 투유유가 말했듯이, 진정한 연구는 인류에 대한 관심과 책임감에서 비롯되며, 실질적인 문제를 해결하고 인류에 행복을 가져다주기 위함이다.

결국, 그녀의 말은 나에게 중요한 깨달음을 주었다. 어떤 분야에서 든 우리는 초심을 굳건히 지키고, 명예와 이익이 아닌, 인류에게 진정으로 의미 있는 기여를 해야 한다.

단어 **屠呦呦 Tú Yōuyōu** 고유 투유유(중국의 유명한 과학자)   **贡献 gòngxiàn** 명 기여   **医学领域 yīxué lǐngyù** 의학 분야   **深渊影响 shēnyuān yǐngxiǎng** 심오한 영향   **宏大 hóngdà** 형 거대하다   **成就 chéngjiù** 명 성취, 업적   **坦然处之 tǎnrán chǔzhī** 담담하게 대처하다   **坚守 jiānshǒu** 동 지키다, 고수하다   **初衷 chūzhōng** 명 초심   **启发 qǐfā** 명 영감 동 깨우치다   **深以为然 shēnyǐwéirán** 성 깊이 공감하다   **科研 kēyán** 명 과학 연구   **实验 shíyàn** 명 실험   **数据 shùjù** 명 데이터   **无数 wúshù** 형 무수히 많은   **救赎 jiùshú** 명 구원(하다)   **荣誉 róngyù** 명 영예   **名誉 míngyù** 명 명예   **认可 rènkě** 명동 인정(하다)   **视为 shìwéi** 동 ~로 여기다   **陷入 xiànrù** 동 빠지다, 함정에 빠지다   **功利 gōnglì** 명 이익, 실리   **误区 wùqū** 명 오해, 오류   **迷失 míshī** 동 길을 잃다, 방황하다   **福祉 fúzhǐ** 명 복지, 행복   **提醒 tíxǐng** 동 상기시키다, 일깨우다

모범 답안 2   ★★★

屠呦呦，是中国的药物化学家，也是首位获得诺贝尔生理学或医学奖的中国科学家。她曾说："真实的科研是为了人类，而非荣誉。"这句话令人非常感动。

屠呦呦的话，让我想起了中央电视台的一档节目《开讲啦》。

80多岁的王志珍院士上节目，可能是鞋子老化了，地上出现了很多黑色的渣子。主持人撒贝宁看到后，他弯腰把地上的黑渣捡了起来，然后问："您这双鞋穿了多久？"王志珍院士有点尴尬地说，"哎呀，这双鞋我穿了好多年了，我一直都没注意呢！"这时，撒贝宁红着眼眶说道："王老师来参加节目，甚至没精心去挑选一双鞋。我刚才看到的那一瞬间，我眼泪都快出来了。我才知道一个科学家在乎的是什么，他们不愿意把时间浪费在不重要的事情上。"大家都被撒贝宁的话深深感动了。现场响起了热烈的掌声。

투유유는 중국의 약물 화학자로, 노벨 생리학·의학상을 수상한 최초의 중국 과학자이다. 그녀는 이전에 "진정한 과학 연구는 명예를 위한 것이 아니라 인류를 위한 것이다."라 말한적이 있다. 이 말은 많은 사람들에게 깊은 감동을 주었다.

투유유의 말을 듣고, 나는 CCTV의《강연을 시작하다》라는 프로그램이 떠올랐다.

한 번은 80여세의 왕즈전(王志珍) 원사(院士)가 이 프로그램에 출연했다. 그런데 그의 신발이 오래되어 바닥에 작고 검은 부스러기들이 떨어졌다. 이를 본 진행자 사베이닝(撒贝宁)은 몸을 숙여 바닥의 검은 부스러기를 주어 들어 조용히 물었다. "선생님, 이 신발을 얼마나 신으셨나요?" 왕즈전 원사는 조금 민망한 표정으로 웃으며 대답했다. "아, 이 신발을 꽤 오랫동안 신었네요. 미처 신경 쓰지 못했어요." 그 순간, 사베이닝의 눈시울이 붉히며 말했다. "왕 교수님께서는 프로그램에 출연하면서도 신발을 새로 살 신경조차 쓰지 못하셨다. 방금 그 모습을 본 순간, 저는 눈물이 나올 뻔했습니다. 저는 이제서야 과학자들이 진정으로 신경 쓰는 것이 무엇인지 깨달았습니다. 그들은 중요하지 않은 것에 시간을

事实上，很多科学家都是这样，他们为人类做出了巨大的贡献，同时也获得了很多荣誉，受到了众人的爱戴。但他们面对如此辉煌的成就，却非常淡然。

很多科学家也都说出过类似的话语。

中国著名科学家钱三强就曾经说过：科学不是为了个人荣誉，不是为了私利，而是为人类谋幸福。

物理化学家徐光宪也表示过，我的研究是为了国家和人民，不是为了个人的荣华富贵。

我认为，荣誉、名誉、利益、金钱等这些东西，对有些人来说当然重要，但真正的科学家，他们却是站在高度，进行深度研究。所以，他们更在乎为人类带来的实际好处。就像屠呦呦发现的青蒿素，有效治疗了数百万疟疾患者，解除了那么多病患者的痛苦。也许，这就是科学家们的情怀吧。

我想，像屠呦呦这些科学家们对世界作出的贡献就是给人类带来了幸福，这也正是科学研究的真正意义。

낭비하지 않는다는 것을요." 이 말에 현장은 깊은 감동에 휩싸였고, 뜨거운 박수가 터져 나왔다.

사실, 많은 과학자들이 이러한 삶을 살아간다. 그들은 인류를 위해 거대한 기여를 했으며, 동시에 많은 영예와 대중의 존경을 받았다. 그러나 그들은 자신이 이룬 눈부신 업적 앞에서도 차분했다.

비슷한 말을 한 과학자들은 많다.

중국의 저명한 과학자 첸싼창(钱三强)은 이렇게 말했다. "과학은 개인의 명예나 사리사욕을 위한 것이 아니라, 인류의 행복을 위한 것이다."

또한, 물리화학자 쉬광셴(徐光宪) 역시 이렇게 말했다. "내 연구는 개인의 부귀영화를 위한 것이 아니라, 국가와 국민을 위한 것이다."

내 생각에, 명예, 명성, 이익, 돈 등은 어떤 사람들에게는 중요할 수 있다. 그러나 진정한 과학자들은 더 높은 차원에서 깊이 있는 연구를 한다. 그들이 더 중시하는 것은 인류에게 실질적인 혜택을 가져오는 것이다.

바로 투유유가 발견한 아르티메시닌(青蒿素)이 수백만 명의 말라리아 환자를 치료하며 수많은 사람들의 고통을 덜어주었던 것처럼. 어쩌면, 이것이 바로 과학자들의 정신이 아닐까?

나는 투유유 같은 과학자들이 세상에 남긴 가장 큰 공헌은, 인류에게 행복을 가져다준 것이라 생각하며, 이것이 바로 과학 연구의 진정한 의미이다.

단어 中央电视台 Zhōngyāng Diànshìtái [고유] 중국 중앙방송(CCTV)　一档 yí dàng [양] 하나의(TV 프로그램 등)　开讲啦 Kāijiǎng la [고유] CCTV의 한 토크쇼 프로그램 명칭(강의를 시작해요)　渣子 zhāzi [명] 부스러기　主持人 zhǔchírén [명] 진행자, 사회자　撒贝宁 Sā Bèiníng [고유] 사베이닝(중국의 유명한 프로그램 진행자)　弯腰 wānyāo [동] 허리를 굽히다　尴尬 gāngà [형] 난처하다　眼眶 yǎnkuàng [명] 눈가, 눈시울　精心 jīngxīn [형] 정성을 들이다, 심혈을 기울이다　一瞬间 yīshùnjiān 한순간, 순식간에　在乎 zàihu [동] 신경 쓰다, 마음에 두다　愿意 yuànyì [동] 원하다　爱戴 àidài [명][동] 사랑, 우러러 받들다　辉煌 huīhuáng [형] 찬란하다, 눈부시다　淡然 dànrán [형] 담담하다, 태연하다, 침착하다　类似 lèisì [동] 유사하다, 비슷하다　话语 huàyǔ [명] 말, 언어　钱三强 Qián Sānqiáng [고유] 첸싼창(중국 원자물리학자)　谋 móu [동] 계획하다, 도모하다　徐光宪 Xú Guāngxiàn [고유] 쉬광셴(중국 화학자)　荣华富贵 rónghuá fùguì [명] 영화와 부귀　高度 gāodù [명] 높이, 고도 [형] 높은 수준의　情怀 qínghuái [명] 감정, 정서, 마음가짐　院士 yuànshì [명] 원사(과학원, 아카데미 등의 회원. 중국 각 분야에서 뛰어난 기여를 한 높은 학문적 수준과 창의력을 가진 과학자와 엔지니어를 가리키며, 중국과학원, 중국공학원 등의 기관에서 선발되어 명예직함과 특별한 대우를 부여한다)

HSK 7-9급 실전모의고사

모범 답안 및 해설

MP3 바로 듣기

실전모의고사 3회 모범 답안

듣기 P178

제1부분

1 ✗ 2 ✗ 3 ✗ 4 ✓ 5 ✓ 6 ✓ 7 ✓ 8 ✗ 9 ✓ 10 ✓

제2부분

11 D 12 A 13 C 14 D 15 方便渡河。 16 A 17 C 18 C 19 B
20 D 21 增强皮肤的抵抗力。 22 D

제3부분

23 B 24 胃部和食道。 25 C 26 B 27 D 28 A 29 B 30 A 31 生存。
32 C 33 B 34 A 35 C 36 D 37 B 37 文学。 39 A 40 D

독해 P203

제1부분

41 A 42 B 43 D 44 B 45 D 46 A 47 C 48 B 49 A 50 D
51 C 52 C 53 D 54 D 55 A 56 D 57 C 58 A 59 B 60 B
61 A 62 A 63 B 64 A 65 B 66 D 67 A 68 B

제2부분

69 F 70 D 71 G 72 A 73 B

제3부분

74 1864米。
75 轩辕黄帝。
76 迎客松。
77 黄山怪石。
78 11月到次年5月。
79 紫云峰下。
80 黄山四绝。
81 被动防御。 / 装死。
82 足和触角。
83 小石头。
84 没有办法。
85 承压能力。
86 一块。
87 150牛顿。

쓰기

제1부분 88 [모범답안] ......P233   제2부분 89 [모범답안] P237

통번역

제1부분 90 [모범답안] ......P241   91 [모범답안] P242
제2부분 92 [모범답안] ......P243   93 [모범답안] P244

말하기

제1부분 94 [모범답안] P246
제2부분 95 [모범답안] ......P252   96 [모범답안] ......P252   97 [모범답안] P253
제3부분 98 [모범답안] P256

一、听力 듣기

제1부분 (1-10) 들은 내용을 바탕으로 아래 문장이 원문의 내용과 일치하는지 판단하세요.
원문과 일치하면 '✓'을, 일치하지 않으면 'X'를 표시하세요.

1-5

MP3 03-01

❶ 韩信出身贫寒，父母早逝，他每天靠讨饭度日。

有一天，❷ 韩信在河边碰到一个专门给别人洗衣服的老婆婆。老婆婆见他饿得骨瘦如柴，面无血色，便把自己的饭分一些给他吃。一连几天，这位老婆婆都给韩信饭吃，韩信十分感激，便对老婆婆说："您这样照顾我，将来我一定要好好报答您。" ❸ 老婆婆说："我不要你报答。只希望你努力自立啊！"韩信满脸羞愧。从此以后，他认真读兵书，练习武艺，决心做个有用的人。

乡里有一个恶霸，在街上大声羞辱韩信说："看你整天舞枪弄棒，像是个有胆量的人。你敢拿剑刺我吗?要是不敢，你就从我胯下爬过去吧!"周围看热闹的人都哈哈大笑起来。韩信心想："如果我拿剑刺他，岂不犯了杀人罪？日后还有什么前途？不如忍受眼前之辱，不逞一时之勇为好。"于是，他趴在地上，从那个恶霸胯下爬了过去。

❹ 后来，韩信投奔汉王刘邦门下，受到重用，他率领汉军东征西讨，终于打败了最强大的对手项羽，协助刘邦建立了汉朝。

❺ 韩信被封为楚王，回到故乡，他派人找到了那个给他饭吃的老婆婆，并赠送她一千两黄金。他找到了那个曾经侮辱过他的恶霸，恶霸吓得直打哆嗦，韩信笑着说："你不必害怕，过去的事就算了。"又对左右的将士说："这个人虽然羞辱过我，但也激励了我上进，就让他做个中尉吧!"

❶ 한신은 가난한 집안에서 태어나서 부모는 일찍 세상을 떠났고, 매일 구걸하며 생계를 이어갔다.

어느 날, ❷ 한신은 강가에서 남의 빨래를 해주는 노파를 만났다. 노파는 그가 굶주려 뼈만 남고 얼굴에 핏기조차 없는 모습을 보고, 자신의 밥을 조금 나누어 주었다. 며칠 동안 노파는 계속해서 한신에게 밥을 주었고, 한신은 매우 고마워하며 노파에게 말했다. "저를 이렇게 돌봐 주시니, 언젠가 꼭 보답하겠습니다." ❸ 노파가 "나는 네가 보답하길 바라지 않는다. 다만 스스로 자립하기 위해 노력하길 바란다."고 말하자 한신은 얼굴이 부끄러움으로 가득 찼다. 그 뒤로 그는 병법서를 열심히 읽고 무예를 연마하며, 쓸모 있는 사람이 되기로 결심했다.

마을에는 악질 불량배가 있었는데, 거리에서 한신을 향해 큰 소리로 모욕하며 말했다. "네가 맨날 창과 곤봉이나 휘두르고 있는 걸 보니 용감한 사람 같긴 하나 네가 감히 칼로 나를 찌를 수 있겠느냐? 찌르지 못하겠다면 내 가랑이 밑으로 기어가라!" 주변에 있던 구경꾼들은 모두 크게 웃었다. 한신은 속으로 생각했다. "내가 칼로 그를 찌르면 살인죄를 짓게 되니, 이후에 무슨 앞날이 있겠는가? 차라리 지금의 치욕을 참고, 순간적인 용기를 부리지 않는 것이 낫다." 그래서 그는 땅에 엎드려 그 악당의 가랑이 밑을 기어 갔다.

❹ 이후 한신은 한왕 유방(刘邦)에게 몸을 의탁했고, 중용되었다. 그는 한나라 군을 이끌고 동쪽으로 정벌하고 서쪽으로 토벌하여, 마침내 가장 강력한 적수인 항우(项羽)를 물리치고 유방을 도와 한나라를 세웠다.

❺ 한신은 초왕에 봉해졌고, 고향으로 돌아가 사람을 보내 자신에게 밥을 나눠주었던 그 노파를 찾아 천 냥의 황금을 선물했다. 그는 또한 자신을 모욕했던 그 악질 불량배도 찾아냈다. 불량배는 겁에 질려 벌벌 떨었고, 한신은 웃으며 말했다. "두려워할 필요 없느니라, 과거의 일은 문제삼지 않겠다." 그리고 곁에 있던 장수들에게 말했다. "이 사람은 나를 모욕하긴 했지만, 그것 또한 나를 자극시켜 앞으로 나아가게 했으니, 이 사람을 중위로 임명하라."

단어 韩信 Hán Xìn 고유 한신(중국 서한의 군사가) 出身贫寒 chūshēn pínhán 가난한 집안 출신이다 早逝 zǎoshì 동 일찍 죽다 靠 kào 동 의지하다, 기대다 讨饭 tǎo fàn 동 밥을 빌어먹다, 구걸하다 度日 dùrì 동 (어렵게) 살아가다 老婆婆 lǎopópo 명 할머니(아이들이 늙은 부인을 높여 부르는 말) 骨瘦如柴 gǔ shòu rú chái 성 뼈만 남아 앙상하다 面无血色 miàn wú xuèsè 얼굴에 핏기가 없다 照顾 zhàogu 동 돌보다 报答 bàodá 동 보답하다 自立 zìlì 동 자립하다 满脸羞愧 mǎnliǎn xiūkuì 부끄러운 기색이 역력하다 练习武艺 liànxí wǔyì 무예를 연마하다 乡 xiāng 명 고향, 시골 恶霸 èbà 명 악당, 깡패 羞辱 xiūrǔ 동 모욕하다 舞枪弄棒 wǔqiāng nòngbàng 창과 몽둥이를 휘두르다(무술을 연습하다) 胆量 dǎnliàng 명 담력 剑 jiàn 명 검, 칼 刺 cì 동 찌르다 胯下 kuàxià 명 가랑이 아래 爬 pá 동 기어가다 看热闹 kàn rènao (시끌벅적한 것을) 구경하다(비유: 수수방관하다) 岂 qǐ 부 어찌 (~하겠는가?) 犯 fàn 동 (죄를) 범하다 杀人罪 shārénzuì 살인죄 前途 qiántú 명 앞길, 미래 忍受 rěnshòu 동 참다, 견디다 不逞一时之勇 bùchěng yìshí zhī yǒng 순간적인 용기를 부리지 않다(이성적인 판단과 전략적 인내를 겸한 후퇴로, 당장의 승부가 아니라 인생 전체의 승리를 추구하는 큰 포부를 의미한다) 趴 pā 동 엎드리다 投奔 tóubèn 동 의탁하다, 찾아가다 刘邦 Liú Bāng 고유 유방(중국 한나라의 초대 황제) 门下 ménxià 명 (유방을 따르던) 장수들, 휘하 인물, 추종자 重用 zhòngyòng 동 중용하다, 중요한 자리에 임용하다 率领 shuàilǐng 동 이끌다, 거느리다 东征西讨 dōngzhēng xītǎo 사방으로 출병하여 토벌하다 对手 duìshǒu 명 상대, 적수 项羽 Xiàng Yǔ 고유 항우(중국 진나라 말기의 장수) 协助 xiézhù 동 협조하다, 도우다 封 fēng 동 (작위에) 봉하다 赠送 zèngsòng 동 증정하다, 선물하다 侮辱 wǔrǔ 동 모욕하다 吓 xià 동 겁주다, 놀래키다, 놀라다 打哆嗦 dǎ duōsuo 벌벌 떨다 激励 jīlì 동 격려하다 上进 shàngjìn 동 발전하려 하다 中尉 zhōngwèi 명 중위(군사 계급)

1 X ★★

早年曾有少数亲戚接济过韩信。( )   어릴 적 한신(韩信)은 소수의 친척들로부터 도움을 받은 적이 있었다. (X)

해설 녹음 첫 번째 단락에서 '韩信出身贫寒(한신은 가난한 집안에서 태어나), 父母早逝(부모는 일찍 세상을 떠났고), 他每天靠讨饭度日(매일 구걸하며 생계를 이어갔다)'라고 했다. '구걸하며 생계를 이어갔다'는 말은 '친척의 도움을 받지 못했음'을 의미하므로 문제 내용과 일치하지 않는다. 두 번째 단락에서 들리는 '老婆婆(할머니)'는 어린이가 나이든 여성을 부르는 호칭이며, 친척 관계를 의미하지 않는다.

단어 亲戚 qīnqi 명 친척   接济 jiējì 동 (물자나 금전으로) 원조하다, 돕다

2 X ★

老婆婆专门到河边给韩信洗衣服。( )   노파는 일부러 강가로 가서 한신의 빨래를 해 주었다. (X)

해설 녹음 두 번째 단락에서 '韩信在河边碰到一个专门给别人洗衣服的老婆婆(한신은 강가에서 남의 빨래를 해주는 노파를 만났다)'라고만 했고, 한신의 빨래를 해 주었다는 내용은 언급되지 않았다. 따라서 문제 내용과 일치하지 않는다. 문제의 '专门到河边(일부러 강가에 가다)'와 녹음의 '专门给别人洗衣服(전문적으로 남의 빨래를 해 주다)'에서 专门의 의미적 차이를 구분하도록 하자.

단어 老婆婆 lǎopópo 명 할머니(아이들이 늙은 부인을 높여 부르는 말)   专门 zhuānmén 부 일부러, 전문적으로

3 X ★★★

韩信遇到恶霸之后立志习武。( )   한신은 악질 불량배를 만난 뒤 무예를 배우기로 결심했다. (X)

해설 녹음 두 번째 단락에서 '老婆婆说: …… 韩信满脸羞愧(노파가 ~라 말하자 한신은 얼굴이 부끄러움으로 가득 찼다). 从此以后(그 뒤로), 他认真读兵书(그는 병법서를 열심히 읽고), 练习武艺(무예를 연마하며), 决心做个有用的人(쓸모 있는 사람이 되기로 결심했다)'라고 했다. '老婆婆(할머니)'의 말을 듣고 무예를 배우기로 결심한 것이지, 악질 불량배를 만난 후 결심한 것이 아니므로 문제 내용과 일치하지 않는다.

단어 　**遇到** yùdào 통 (우연히) 마주치다, 겪다　　**恶霸** èbà 명 깡패, 불량배, 악당　　**立志** lìzhì 통 뜻을 세우다, 포부를 가지다　　**习武** xíwǔ 통 무술을 배우다, 무예를 익히다

4 ✓ ★★

| 韩信后来协助刘邦建立了汉朝。( ) | 한신은 훗날 유방을 도와 한나라를 세우는 데에 기여했다. (✓) |

해설　녹음 네 번째 단락에서 '后来，韩信投奔汉王刘邦门下(이후 한신은 한왕 유방에게 몸을 의탁했고), 受到重用(중용되었다), 他率领汉军东征西讨(그는 한나라 군을 이끌고 동쪽으로 정벌하고 서쪽으로 토벌하여), 终于打败了最强大的对手项羽, 协助刘邦建立了汉朝(마침내 가장 강력한 적수인 항우를 물리치고 유방을 도와 한나라를 세웠다)'라고 했으므로 문제 내용과 일치한다.

단어　**协助** xiézhù 통 협조하다, 도와주다　　**刘邦** Liú Bāng 고유 유방(중국 한나라의 초대 황제)　　**建立** jiànlì 통 세우다, 설립하다　　**汉朝** Hàncháo 명 한나라, 한 왕조

5 ✓ ★★

| "一饭千金"这个成语很可能出自这个故事。( ) | '일반천금'이라는 성어는 아마 이 이야기에서 유래했을 가능성이 크다. (✓) |

해설　녹음 다섯 번째 단락에서 '韩信被封为楚王(한신은 초왕에 봉해졌고), 回到故乡(고향으로 돌아가), 他派人找到了那个给他饭吃的老婆婆(사람을 보내 자신에게 밥을 나눠주었던 그 노파를 찾아), 并赠送她一千两黄金(천 냥의 황금을 선물했다)'라고 했다. 한신은 노파가 준 한 끼 식사를 천 냥의 황금으로 보답했으므로 문제 내용과 일치한다.

단어　**一饭** yí fàn 명 한 끼 식사　　**千金** qiānjīn 명 천금, 아주 큰 돈　　**一饭千金** yí fàn qiān jīn 성 한 끼 식사의 은혜를 천금으로 갚다(작은 은혜에도 크게 보답하다)　　**出自** chūzì 통 ~에서 유래하다, 나오다

TIP

● 주요 문장 형식

岂不……? (어찌 ~아니겠는가? → 반문의 어기를 강조)
원문　如果我拿剑刺他，岂不犯了杀人罪?
예문　学了那么多知识却用不上，白白浪费那么多好时光，岂不可惜?

逞一时之勇 (순간의 용기를 과시하다)
원문　不如忍受眼前之辱，不逞一时之勇为好。
예문　无论做什么事都不能冲动，逞一时之勇的结果常常是长久的后悔和遗憾。

吓得直打哆嗦 (겁에 질려 벌벌 떨다)
원문　他找到了那个曾经侮辱过他的恶霸，恶霸吓得直打哆嗦。
예문　小华特别胆小，听到打雷声都会吓得直打哆嗦。

6-10

　　秦腔是中国汉族最古老的戏剧之一，其历史可追溯至秦朝。秦腔主要流行于陕西、甘肃一带，❻ 这个地区在古时属于秦国，因此该地区的戏曲被称为"秦腔"。因为早期秦腔演出时，常用枣木梆子敲击伴奏，故又被称为"梆子腔"。❼ 秦腔成形后，传播到全国各地，因其成熟、完整的表演体系，对各地的剧种产生了不同程度的影响，并直接催生了一系列梆子腔戏，成为梆子腔剧种的鼻祖。

　　秦腔唱腔包括"板路"和"彩腔"两部分，每部分均有欢音和苦音之分。❽ 苦音腔最能代表秦腔特色，深沉哀婉、慷慨激昂，适合表现悲愤、怀念、凄哀的感情。欢音腔则欢乐明快，刚健有力，擅长表现喜悦和明朗的感情。

　　❾ 秦腔的表演技艺非常丰富，身段和特技应有尽有，一些神话戏的表演技艺尤其奇特而多姿。❿ 如演《黄河阵》，要用五种法宝道具，如量天尺、翻天印等，可施放长串焰火。这些技巧的运用是为了烘托舞台气氛，增强戏剧效果。秦腔的演出是以唱、念、做、打为中心的综合表演。每个表演手段都必须始终体现歌舞化、程式化、戏剧化、节奏化的特性，演员在舞台上的动作，加上配乐，可以让观众有身临其境之感。

진창(秦腔)은 중국 한족의 가장 오래된 극(戏剧) 중 하나로, 그 역사는 진나라 시대로 거슬러 올라간다. 진창은 주로 산시성과 간쑤성 일대에서 유행하는데, ❻ 이 지역은 고대에 진나라에 속해 있었기 때문에 이 지역의 전통 극을 '진창'이라고 부른다. 초기의 진창 공연에서는 대추나무로 만든 방자(북채)를 두드리며 반주를 했기 때문에, '방자창(梆子腔)'이라고도 불렸다. ❼ 진창이 형성된 이후 전국 각지로 퍼졌고, 그 완성도 높은 공연 체계 덕분에 각 지역의 극종(剧种)에 다양한 영향을 주었으며, 여러 종류의 방자창 극을 직접적으로 탄생시키는 계기가 되었고, 방자창 극종의 시조가 되었다.

진창의 창법은 '판로'와 '채창' 두 부분으로 나뉘며, 각각 환음창(기쁜 음조)와 고음창(슬픈 음조)로 구분된다. ❽ 고음창은 진창의 특징을 가장 잘 대표하는데, 깊고 애절하거나 호방하고 격정적인 표현에 적합해, 분노, 그리움, 비애 등의 감정을 표현하는 데 뛰어나다. 환음창은 밝고 경쾌하며, 강건하고 힘차서 기쁨이나 명랑한 감정을 표현하는 데 능하다.

❾ 진창의 공연 기예는 매우 다양하며, 몸동작과 특수 기술을 모두 갖추었다. 일부 신화극의 공연 기법은 특히 독특하고 다채롭다. ❿ 예를 들어《황하진》을 공연할 때는 '양천척(量天尺)', '번천인(翻天印)' 등 다섯 가지 보물 도구를 사용하는데, 이들은 긴 불꽃을 뿜어낼 수 있다. 이러한 기술의 활용은 무대 분위기를 고조시키고, 극적인 효과를 높이기 위함이다. 진창의 공연은 창(노래), 염(대사), 주(동작), 타(무예)를 중심으로 한 종합 공연이다. 각각의 공연 수단은 반드시 시종일관 가무화, 격식화, 희극화, 리듬의 규칙화의 특징을 구현해야 하는데, 배우의 무대 위 동작에 배경음악이 더해져 관객으로 하여금 자신이 그 상황 속에 있는 것 같은 느낌이 들게 한다.

단어 秦腔 Qínqiāng 고유 진창(중국 산시성 지역의 전통 지방극) | 戏剧 xìjù 명 극, 연극 | 追溯 zhuīsù 통 거슬러 올라가다 | 秦朝 Qíncháo 명 진나라, 진 왕조 | 陕西 Shǎnxī 명 산시성(중국 성(省)급 행정 구역) | 甘肃 Gānsù 명 간쑤성(중국 성(省)급 행정 구역) | 属于 shǔyú 통 ~에 속하다 | 戏曲 xìqǔ 명 중국의 전통적인 희곡(곤곡(昆曲)·경극(京剧)) 등의 각종 지방극(地方剧)을 포함) | 枣木 zǎomù 명 대추나무 | 梆子 bāngzi 명 방자(북채), 막대기형 타악기 | 敲击 qiāojī 통 두드리다 | 伴奏 bànzòu 통 반주(하다) | 故 gù 접 그래서, 그러므로 | 传播 chuánbō 통 전파하다, 퍼뜨리다 | 表演 biǎoyǎn 명통 공연(하다) | 体系 tǐxì 명 체계, 시스템 | 催生 cuīshēng 통 촉발시키다, 탄생시키다 | 一系列 yíxìliè 명 일련의 | 梆子腔 bāngziqiāng 명 방자창(창극의 한 갈래) | 鼻祖 bízǔ 명 시조, 창시자 | 唱腔 chàngqiāng 명 창법 | 板路 bǎnlù 명 판로(진창(秦腔)의 창법 중 하나) | 彩腔 cǎiqiāng 명 채창(진창(秦腔)의 창법 중 하나) | 深沉哀婉 shēnchén āiwǎn 깊고 애절하다 | 慷慨激昂 kāngkǎi jī'áng 열정적이고 격앙되다 | 悲愤 bēifèn 슬프고 분하다 | 怀念 huáiniàn 통 그리워하다 | 凄哀 qī'āi 슬프고 애처롭다 | 欢音腔 huānyīnqiāng 명 환음창(진창 중의 한 곡조) | 刚健有力 gāngjiàn yǒulì 강건하고 힘차다 | 擅长 shàncháng 통 ~을 잘하다, 능하다 | 喜悦 xǐyuè 명 기쁨 | 身段 shēnduàn 명 몸짓, 몸동작 | 特技 tèjì 명 특기, 특수 기술 | 应有尽有 yīngyǒu jìnyǒu 성 있어야 할 것은 다 있다 | 多姿 duōzī 형 다채롭다, 다양하고 아름답다 | 法宝 fǎbǎo 명 (불교의) 법보(비유: 보물 도구, 신통한 방법) | 道具 dàojù 명 소품, 무대 도구 | 量天尺 liàngtiānchǐ 명 양천척(극에서 쓰이는 상징적 소품 이름) | 翻天印 fāntiānyìn 명 번천인(극에서 쓰이는 상징적 소품 이름) | 施放 shīfàng 통 방출하다, 내뿜다 | 长串 chángchuàn 명 길게 이어진 줄, 열 | 焰火 yànhuǒ 명 불꽃 | 烘托 hōngtuō 통 부각시키다, 돋보이게 하다 | 程式化 chéngshìhuà 통 격식화되다 | 节奏化 jiézòuhuà 통 (리듬이) 규칙화되다 | 配乐 pèiyuè 통 배경음악을 넣다 | 身临其境 shēn lín qí jìng 성 그 자리에 있는 듯하다, 현장감이 있다

6 ✓ ★

| 秦腔的命名源自它的流行地区。( ) | 진창이라는 이름은 그것이 유행한 지역에서 유래했다. (✓) |

해설 녹음 첫 번째 단락에서 '这个地区在古时属于秦国(이 지역은 고대에 진나라에 속해 있었기 때문에), 因此该地区的戏曲被称为"秦腔"(이 지역의 전통 극을 '진창'이라고 부른다)'라고 했으므로 문제 내용과 일치한다.
전통 공예, 차, 술 등의 이름은 대부분 생산 지명에서 유래한 경우가 많으며, HSK 빈출 소재이다.
〈茅台酒: 贵州茅台镇特产 / 龙井茶: 浙江杭州龙井村特产 / 景德镇瓷器: 江西景德镇特产〉

단어 秦腔 Qínqiāng 고유 진창(중국 산시성 지역의 전통 지방극) 命名 mìngmíng 동 명명하다, 이름을 붙이다 源自 yuánzì 동 ~에서 유래하다

7 ✓ ★★

| 文中的"鼻祖"可以解释为秦腔是梆子腔剧种的"源头"。( ) | 본문에 나오는 '시조'는 진창이 방자창 극종의 '기원'임을 뜻한다고 해석할 수 있다. (✓) |

해설 녹음 첫 번째 단락에서 '秦腔成形后(진창이 형성된 이후), 传播到全国各地(전국 각지로 퍼졌고), 因其成熟、完整的表演体系(그 완성도 높은 공연 체계 덕분에), ……, 并直接催生了一系列梆子腔戏(여러 종류의 방자창 극을 직접적으로 탄생시키는 계기가 되었고), 成为梆子腔剧种的鼻祖(방자창 극종의 시조가 되었다)'라고 했으므로 문제 내용과 일치한다. 鼻祖는 '시조, 창시자'를 의미하므로 '源头(기원, 시초)'라는 의미와 통한다.
• 핵심 표현: A 是 B 的源头 (A는 B의 기원이다)

단어 鼻祖 bízǔ 명 시조, 창시자, 원조(어떤 분야를 처음 시작한 사람) 解释 jiěshì 동 해석하다, 설명하다 梆子腔 bāngziqiāng 명 방자창(북방 지방의 전통 연극 음악 형식) 剧种 jùzhǒng 명 극종(연극의 장르 또는 종류) 源头 yuántóu 명 기원, 시초

8 ✗ ★

| 欢音腔最能代表秦腔的特点。( ) | 환음창은 진창의 특징을 가장 잘 대표한다. (✗) |

해설 녹음 두 번째 단락에서 '苦音腔最能代表秦腔特色(고음창은 진창의 특징을 가장 잘 대표하는데)'라고 했다. 진창의 특징을 가장 잘 대표하는 것은 고음창이므로 문제 내용과 일치하지 않는다.

단어 欢音腔 huānyīnqiāng 명 환음창(진창 중의 한 곡조) 代表 dàibiǎo 명동 대표(하다) 特点 tèdiǎn 명 특징, 특성

9 ✓ ★

| 秦腔的表演综合运用了多种特技。( ) | 진창의 공연은 다양한 특수 기술을 종합적으로 활용한다. (✓) |

해설 녹음 세 번째 단락에서 '秦腔的表演技艺非常丰富, 身段和特技应有尽有(진창의 공연 기예는 매우 다양하며, 몸동작과 특수 기술을 모두 갖추었다)'라고 했으므로 문제 내용과 일치한다. 문제의 '多种特技(다양한 특수 기술)'과 녹음의 '特技应有尽有(특수 기술을 모두 갖추었다)'는 서로 의미가 통함을 유추할 수 있어야 한다.

단어 综合 zōnghé 동 종합적으로 运用 yùnyòng 동 운용하다, 활용하다 特技 tèjì 명 특수 기술, 묘기(연기·무대의 특별한 기술이나 동작) 丰富 fēngfù 형 풍부하다 应有尽有 yīngyǒu jìnyǒu 성 없는 게 없다

10 ✓

| 《黄河阵》中使用了五种法宝道具。（　） | 《황하진》에서는 다섯 가지 보물 도구가 사용되었다. (✓) |

해설 녹음 세 번째 단락에서 '如演《黄河阵》，要用五种法宝道具, 如量天尺、翻天印等(예를 들어《황하진》을 공연할 때는 '양천척', '번천인' 등 다섯 가지 보물 도구를 사용하는데)'라고 했으므로 제시문 내용과 일치한다.

단어 使用 shǐyòng 통 사용하다　法宝 fǎbǎo 명 (불교의) 법보(비유: 보물 도구, 신통한 방법)　道具 dàojù 명 소품, 무대 도구

TIP

● 주요 문장 형식

……是……最古老的……之一，其历史可追溯至(到)…… (~은 가장 오래된 ~중 하나이며, 그 역사는 ~까지 거슬러 올라 간다)
원문　秦腔是中国汉族最古老的戏剧之一，其历史可追溯至秦朝。
예문　汉字是世界上最古老的文字之一。其历史可追溯到距今约6000年前的新石器时代晚期。

……主要流行于……一带 (~은 주로 ~일대에서 유행한다)
원문　秦腔主要流行于陕西、甘肃一带。
예문　信天游(xìntiānyóu 중국 산시성 북부 민가 곡조의 총칭)是民歌的一种，主要流行于陕北一带。

……包括"……"和"……"两部分，A……，B则…… (~은 '~'과 '~' 두 부분을 포함하는데, A는 ~하고, B는 ~하다)
원문　秦腔唱腔包括"板路"和"彩腔"两部分，每部分均有欢音和苦音之分。苦音腔最能代表秦腔特色，深沉哀婉、慷慨激昂，适合表现悲愤、怀念、凄哀的感情。欢音腔则欢乐明快，刚健有力，擅长表现喜悦和明朗的感情。
예문　书法包括软笔书法和硬笔书法。软笔书法一般指用毛笔书写汉字的书法；硬笔书法的书写工具则是钢笔、铅笔、粉笔等。

제2부분 (11-22)

인터뷰 형식의 대화를 듣고 올바른 답을 선택하거나 빈칸을 채우세요.

11-16

MP3 03-03

女: 您好，今天我们一起来聊一聊国家非物质文化遗产——侗族木构建筑营造技艺。侗族木构建筑营造技艺始于魏唐时期的干栏建筑，据说已有一千多年的历史了。它和一般的木结构建筑是不是不太一样？

男: 侗族村寨的建筑有一些最基本的构件：鼓楼、萨堂（祖母祠）、戏台、民居、禾晾、禾仓、寨门、凉亭、风雨桥，以及鼓楼前的歌坪。⓫ 这十大件实际上已构成了一个完整的侗族村寨聚落，成为社区中的一个建筑群，其中最重要的当然是鼓楼和风雨桥。⓬ 侗族鼓楼源于古代的"罗汉楼"，其设计灵感源于杉树的形态。鼓楼皆以优质杉木凿榫衔接，顶梁柱拔地而起直达顶层，采用杠杆原理，层层支撑而上。风雨桥是廊桥的一种，它是集桥、廊、亭三者为一体的桥梁建筑。还有大家熟悉的吊脚楼，也属于干栏式建筑，正

여: 안녕하세요. 오늘은 국가 무형문화유산인 동족(侗族) 목조 건축 건축술에 대해 이야기 나눠보려고 합니다. 동족 목조 건축 기술은 위·당 시기의 간란식(고상가옥) 건축에서 시작되었는데, 벌써 천여 년의 역사를 지녔다고 하더라고요. 이 기술, 일반적인 목조 건축이랑은 좀 다른가요?

남: 동족 마을 건축에는 몇 가지 기본적인 요소들이 있습니다. 고루(鼓楼), 사당(조모 사당), 공연 무대, 민가, 곡식 말리는 틀, 곡식 창고, 마을 입구, 정자, 풍우교, 그리고 고루 앞의 노래마당까지, 사실상 ⓫ 이 열 가지가 하나의 완전한 동족 마을 공동체를 구성합니다. 이 건축물들은 모여서 하나의 건축 군락을 이루는데, 그 중에서도 가장 핵심적인 건 고루(鼓楼)와 풍우교(风雨桥)입니다. ⓬ 동족의 고루는 고대의 '나한루(罗汉楼)'에서 유래했는데, 그 설계는 삼나무의 형태에서 영감을 얻었습니다. 고루는 전부 질 좋은 삼나무를 사용하여 장붓구멍을 파서 연결하고, 중심 기둥은 땅에서 꼭대기까지 곧게 세워

屋建在实地上，厢房除一边靠在实地和正房相连外，其余三边皆悬空，靠柱子支撑，因此称为"吊脚楼"。

女：侗族木构建筑，无论是结构复杂的鼓楼、风雨桥，还是结构较为简易的凉亭、吊脚楼，其造型都独具特色。在设计上，侗族木构建筑有哪些特点呢？

男：侗族木构建筑依山傍水，式样美观，技艺精巧，体现了侗族工匠们高超的建筑工艺水平和精神追求。⑬ 在设计上，注意运用直线、斜线、曲线、折线进行多重组合构图，构建了比例协调、均衡对称、规整完美的建筑造型艺术，充溢着朴实自然的美感。不仅造型美观，⑭ 而且工艺堪称一绝——整座建筑凿榫打眼、穿梁接拱、立柱连枋，不用一颗铁钉，全以榫卯连接，结构牢固，结合填密，具有极高的工艺价值。

女：这样看来，⑯ 侗族木构建筑不仅具有工艺价值，而且很实用。

男：确实如此，它具有鲜明的审美功能，其设计、结构、制作都体现了侗族的民族信仰、精神追求和审美情趣。同时，它还具有明显的实用功能，例如：吊脚楼经济适用，通风良好，光线充足，冬暖夏凉；而鼓楼则成为寨民讲款议事、娱乐休闲的中心；⑮ 风雨桥不仅可以方便群众过河，还能遮风挡雨。目前保存最好、规模最大的风雨桥是程阳八寨中的程阳永济桥。

서 지렛대 원리를 이용해 층층이 받쳐 올리는 구조입니다. 풍우교는 랑교(廊桥)의 한 형태인데, 다리, 복도, 정자가 하나로 합쳐진 복합 건축물입니다. 그리고 많은 분들이 알고 있는 조각루(吊脚楼)도 간란식(고상가옥) 건축에 속해요. 본채는 땅 위에 있고, 곁채는 한 면만 본채와 붙어 있고 나머지 세 면은 공중에 떠 있어서 기둥으로 지탱하죠. 그래서 '조각루(다리로 들어올린 집)'라고 부르는 겁니다.

여: 동족의 목조 건축은 구조가 복잡한 고루나 풍우교든, 비교적 단순한 정자나 조각루든, 외형이 다 굉장히 독특하더라고요. 설계면에서는 어떤 특징이 있나요?

남: 동족 목조 건축은 보통 산을 등지고 물을 끼고 지어집니다. 형태도 아름답고, 기술도 정교하죠. 동족 장인들의 높은 건축 기술 수준과 정신적 추구가 잘 드러나는 부분이에요. ⑬ 설계적으로는 직선, 사선, 곡선, 꺾은 선 등을 활용해서 다양한 건축 구도를 구성하고, 비율은 균형 있고 대칭적이며, 전체적으로 정돈되고 완벽한 조형미를 갖추고 있습니다. 거기에 소박하고 자연스러운 아름다움이 넘쳐흐르죠. 외형만 예쁜 게 아니라 ⑭ 공예 기술도 으뜸이라 할 만해요. 전 건축물이 장붓구멍을 파고 들보를 꿰어 아치를 연결하며, 기둥과 들보를 세워서 완성되는데, 못은 한 개도 쓰지 않고 모두 장부 접합 연결로 제작되어 구조는 튼튼하고 연결은 빈틈없죠. 공예 기술적 가치가 매우 높습니다.

여: 이야기를 들어보니, ⑯ 동족 목조 건축은 기술적인 가치가 있을 뿐만 아니라 실용성도 뛰어난 것 같네요.

남: 확실히 그렇죠. 심미적인 기능이 뚜렷합니다. 디자인, 구조, 제작 방식 모두가 동족의 민족 신앙, 정신적 추구, 미적 감각을 드러내고 있어요. 동시에 실용적인 기능도 분명합니다. 예를 들어 조각루는 경제적이면서도 실용적이고, 통풍이 잘 되고 채광도 좋아서 겨울에는 따뜻하고 여름에는 시원하죠. 그리고 고루는 마을 사람들이 모여 회의하거나 여가를 즐기는 중심 공간이 됩니다. ⑮ 풍우교는 사람들이 강을 편하게 건널 수 있을 뿐만 아니라, 비바람도 피할 수 있는 구조예요. 현재 가장 잘 보존되어 있고 규모도 큰 풍우교는 청양팔채(程阳八寨)에 있는 청양영제교(程阳永济桥)입니다.

단어　**国家非物质文化遗产** guójiā fēiwùzhì wénhuà yíchǎn 몡 국가 무형문화유산　**侗族** Dòngzú 고유 동족(중국 소수민족)　**木构** mùgòu 몡 목조 구조　**建筑** jiànzhù 몡 건축(물)　**营造技艺** yíngzào jìyì 몡 건축술　**魏唐时期** Wèi-Táng shíqī 몡 위나라와 당나라 시기　**干栏建筑** gānlán jiànzhù 몡 고상 가옥(기둥 위에 지어진 집 구조)　**村寨** cūnzhài 몡 마을, 촌락　**构件** gòujiàn 몡 부재, 부품, 구성 요소　**鼓楼** gǔlóu 몡 고루(시각이나 경보를 알리도록 북을 설치한 건물)　**萨堂** sàtáng 몡 사당(특히 조모를 모시는 곳)　**戏台** xìtái 몡 무대　**禾晾** héliàng 몡 곡식 말리는 구조물　**禾仓** hécāng 몡 곡식 창고　**寨门** zhàimén 몡 마을 입구의 문(소수민족 마을의 대문)　**凉亭** liángtíng 몡 정자　**风雨桥** fēngyǔqiáo 몡 풍우교(비와 바람을 막는 다리)　**歌坪** gēpíng 몡 노래하는 마당, 광장(동족이 각종 명절 축제와 가무 공연을 거행하는 주요 장소)　**聚落** jùluò 몡 거주지, 마을　**社区** shèqū 몡 커뮤니티, 지역사회　**建筑群** jiànzhùqún 몡 건축 군락　**源于** yuányú 동 ~에서 유래하다　**罗汉楼** Luóhànlóu 고유 나한루(나한을 모시기 위해 세운 누각)　**灵感** línggǎn 몡 영감, 창의적 아이디어　**杉树** shānshù 몡 삼나무　**凿榫** záosǔn 동 장붓구멍(목재의 연결을 위해 파는 구멍)을 파다　**衔接** xiánjiē 동 이어지다, 접합되다　**顶梁柱** dǐngliángzhù 몡 대들보(비유: 중추적 인물)　**拔地而起** bá dì ér qǐ 성 우뚝 솟아오르다　**直达** zhídá 동 직행하다, 곧장 도달하다　**杠杆原理** gànggǎn yuánlǐ 지렛대 원리

支撑而上 zhīchēng ér shàng 떠받쳐 위로 올라가다　廊桥 lángqiáo 몡 랑교(지붕이 있는 복도형 다리)　吊脚楼 diàojiǎolóu 몡 조각루(기둥 위에 지은 가옥)　正屋 zhèngwū 본채　厢房 xiāngfáng 몡 별채, 곁채　实地 shídì 실제 현장　悬空 xuánkōng 동 공중에 뜨다　独具特色 dújù tèsè 독특한 특색을 지니다　依山傍水 yīshān bàngshuǐ 셩 산을 등지고 물을 끼고 있다　技艺精巧 jìyì jīngqiǎo 기술이 정교하다　高超 gāochāo 형 뛰어나다, 출중하다　精神追求 jīngshén zhuīqiú 정신적 추구　斜线 xiéxiàn 몡 사선, 빗금　曲线 qūxiàn 몡 곡선　折线 zhéxiàn 몡 꺾은 선　多重组合 duōchóng zǔhé 다중 조합　比例协调 bǐlì xiétiáo 비례가 조화롭다　均衡对称 jūnhéng duìchèn 균형 있고 대칭적이다　规整完美 guīzhěng wánměi 정돈되고 완벽하다　充溢 chōngyì 동 넘치다, 가득하다　朴实 pǔshí 형 소박하다　堪称一绝 kānchēng yì jué 셩 으뜸이라 할 만하다　凿榫打眼 záo sǔn dǎ yǎn 장붓구멍(목재의 연결을 위해 파는 구멍)을 파다　穿梁接拱 chuān liáng jiē gǒng 대들보와 아치를 잇다　立柱连枋 lì zhù lián fāng 기둥과 들보를 세워서 완성하다　铁钉 tiědīng 몡 철못　榫卯连接 sǔnmǎo liánjiē 장부 접합 연결(목재의 연결 방식으로 한쪽 부재 끝을 가늘고 길게 만들어(榫), 다른 쪽 부재 끝에는 구멍(卯)을 파서 서로 끼워 맞추는 전통 방식)　结构牢固 jiégòu láogù 구조가 견고하다　结合缜密 jiéhé zhěnmì 연결이 빈틈없다　信仰 xìnyǎng 몡 신앙　审美情趣 shěnměi qíngqù 몡 미적 감각　经济适用 jīngjì shìyòng 경제적이고 실용적이다　讲款议事 jiǎng kuǎn yì shì 일상 회의나 협의를 하다　娱乐休闲 yúlè xiūxián 몡 오락과 여가　遮风挡雨 zhēfēng dǎngyǔ 비바람을 막다(비유: 감싸다, 보호하다)　程阳永济桥 Chéngyáng Yǒngjì Qiáo 고유 청양영제교(유명한 풍우교 이름)

11　D　★★

问: 侗族村寨的建筑中最重要的是什么?	질문: 동족 마을의 건축물 중 가장 중요한 것은?
A 寨门和民居	A 마을 입구와 민가
B 戏台和祖母祠	B 공연 무대와 조모 사당
C 凉亭和吊脚楼	C 정자와 조각루
D 鼓楼和风雨桥	D 고루와 풍우교

해설　첫 번째 질문에 대한 남자의 답변에서 '这十大件实际上已构成了一个完整的侗族村寨聚落(이 열 가지가 하나의 완전한 동족 마을 공동체를 구성합니다), 成为社区中的一个建筑群(이 건축물들이 모여서 하나의 건축 군락을 이루는데), 其中最重要的当然是鼓楼和风雨桥(그 중에서도 가장 핵심적인 건 고루와 풍우교입니다)'라고 했으므로 정답은 D이다.

단어　寨门 zhàimén 몡 마을 입구의 문(소수민족 마을의 대문)　戏台 xìtái 몡 공연 무대, 야외 무대　祖母祠 zǔmǔcí 몡 조모 사당(조상을 모시는 곳)　凉亭 liángtíng 몡 정자(야외 쉼터 건축물)　吊脚楼 diàojiǎolóu 몡 조각루(기둥 위에 지은 집)

12　A　★★

问: 鼓楼的灵感源自什么?	질문: 고루의 설계는 무엇에서 영감을 얻었는가?
A 杉树	A 삼나무
B 罗汉	B 나한
C 萨堂	C 사당
D 杠杆	D 지렛대

해설　첫 번째 질문에 대한 남자의 답변에서 '侗族鼓楼源于古代的"罗汉楼"(동족의 고루는 고대의 '나한루'에서 유래했는데), 其设计灵感源于杉树的形态(그 설계는 삼나무의 형태에서 영감을 얻었습니다)'라고 했으므로 정답은 A이다.
'창작의 영감'은 HSK 빈출 질문이다. 'A 灵感源于 B(A는 B에서 영감을 얻다)' 표현에서 B구간을 잘 듣도록 하자!

단어　杉树 shānshù 몡 삼나무　罗汉 luóhàn 몡 나한(불교 용어, 깨달음을 얻은 성자)　萨堂 sàtáng 몡 사당　杠杆 gànggǎn 몡 지렛대　灵感 línggǎn 몡 영감, 창의적 아이디어　源自 yuánzì 동 ~에서 비롯되다, 유래하다　源于 yuányú 동 ~에서 기원하다, 유래하다

13 C ★★★

问：侗族木构建筑有什么特点？	질문: 동족 목조 건축은 어떠한 특징을 가지는가?
A 精美华丽	A 정교하고 화려하다
B 建于山腰	B 산허리에 지어진다
C 造型和谐	C 형상이 조화롭다
D 有曲线美	D 곡선미가 있다

해설　고득점자를 위한 문제로 단순히 단어 뜻을 아는 것 이상으로, 듣기 지문 전체의 흐름과 핵심 메시지를 파악해서 정답을 찾을 수 있어야 한다. 두 번째 질문에 대한 남자의 답변에서 '在设计上，注意运用直线、斜线、曲线、折线进行多重组合构图(설계적으로는 직선, 사선, 곡선, 꺾은 선 등을 활용해서 다양한 건축 구도를 구성하고), 构建了比例协调、均衡对称、规整完美的建筑造型艺术(비율은 균형 있고 대칭적이며, 전체적으로 정돈되고 완벽한 조형미를 갖추고 있습니다)'라고 했다. 이는 건물 설계의 조화로움을 강조하므로 정답은 C이다.

단어　精美 jīngměi 형 정교하고 아름답다　华丽 huálì 형 화려하다　山腰 shānyāo 명 산허리　造型 zàoxíng 명 형상, 조형　和谐 héxié 형 조화롭다　曲线美 qūxiànměi 명 곡선미

14 D ★★★

问：侗族木构建筑工艺为什么堪称一绝？	질문: 동족 목조 건축 기술이 뛰어난 이유는 무엇인가?
A 传承地方特色	A 지역적 특색을 계승한다
B 构图朴实自然	B 구도는 소박하고 자연스럽다
C 体现民族信仰	C 민족 신앙을 반영한다
D 全以榫卯连接	D 모두 장부 결합으로 연결된다

해설　두 번째 질문에 대한 남자의 답변 중 '而且工艺堪称一绝(공예 기술도 으뜸이라 할 만해요)'에서 관련 내용이 언급되었다. 이어지는 내용에서 '整座建筑凿榫打眼、穿梁接拱(전 건축물이 장붓구멍을 파고 들보를 꿰어 아치를 연결하며)、立柱连枋(기둥과 들보를 세워서 완성되는데), 不用一颗铁钉，全以榫卯连接(못은 한 개도 쓰지 않고 모두 장부 접합 연결로 제작되어), 结构牢固，结合缜密，具有极高的工艺价值(구조는 튼튼하고 연결은 빈틈없죠. 공예 기술적 가치가 매우 높습니다)'라고 했다. 건축 기술의 핵심은 '榫卯连接(장부 결합 연결)'이므로 정답은 D이다.

단어　堪称一绝 kānchēng yījué 으뜸이라 할 만하다, 독보적이라 불릴 만하다　传承 chuánchéng 명 동 계승(하다)　构图 gòutú 명 동 구도(를 잡다)　朴实 pǔshí 형 소박하다, 꾸밈없다　信仰 xìnyǎng 명 신앙, 믿음　榫卯 sǔnmǎo 명 순모 접합(목재 연결 방식으로 돌출된 부분과 뚫린 부분은 깎아 끼워 맞추는 형식)

15 方便渡河。 ★★★

问：修建程阳永济桥的目的最有可能是什么？	질문: 청양영제교를 건설한 목적은 무엇일 가능성이 가장 큰가?
方便渡河。	강을 건너기가 편하다.

해설　세 번째 질문에 대한 남자의 답변에서 '风雨桥不仅可以方便群众过河，还能遮风挡雨(풍우교는 사람들이 강을 편하게 건널 수 있을 뿐만 아니라, 비바람도 피할 수 있는 구조입니다). 目前保存最好、规模最大的风雨桥是……程阳永济桥(현재 가장 잘 보존되어 있고 규모도 큰 풍우교는 청양영제교입니다)'라고 했다. 청양영제교는 대표적인 풍우교에 해당하므로, 풍우교의 건설 목적이 곧 청양영제교의 건설 목적과 동일하다. 따라서 정답은 方便过河이다.

건축물을 소개하는 내용에서 그 기능을 묻는 문제가 자주 출제된다. 녹음을 들을 때 HSK의 빈출 질문들을 미리 파악해 두면 정답 파악하기가 더 쉬워진다.

단어 修建 xiūjiàn 동 건설하다 程阳永济桥 Chéngyáng Yǒngjì Qiáo 고유 청양영제교(유명한 풍우교 이름) 方便渡河 fāngbiàn dùhé 강을 건너기 편리하다 遮风挡雨 zhēfēng dǎngyǔ 비바람을 막다(비유: 감싸다, 보호하다)

16 A ★★★

问: 根据上文, 下列哪项正确?	질문: 위 글에 따르면, 다음 중 옳은 것은 무엇인가?
A 鼓楼非常实用	A 고루는 매우 실용적이다
B 吊脚楼四边悬空	B 조각루는 네 면이 공중에 떠 있다
C 干栏建筑始于魏唐	C 간란식 건축은 위·당 시기에 시작되었다
D 风雨桥是国家重点文物	D 풍우교는 국가 중점 유물이다

해설 여자의 세 번째 질문에서 '侗族木构建筑……, 而且很实用(동족 목조 건축은~, 실용성도 뛰어난 것 같네요)'라고 언급했으며, 남자 게스트 역시 이에 대한 답변으로 '它还具有明显的实用功能(실용적인 기능도 분명합니다)'라고 했다. 이를 통해 동족 목조 건축의 특징이 실용적이라는 것을 알 수 있는데, 고루는 동족 목조 건축의 기본 요소에 포함되므로 정답은 A이다.

C (X) 여자의 첫 번째 질문에서 '侗族木构建筑营造技艺始于魏唐时期的干栏建筑(동족 목조 건축 기술은 위·당 시기의 간란식(고상가옥) 건축에서 시작되었다)'라고 했다. 동족 목조 건축 기술은 위·당 시기의 간란식 건축에서 시작된 것이지, 간락식 건축(干栏建筑)이 위당 시대에 시작된 것은 아니기 때문에 C도 정답이 될 수 없다.

D (X) 여자의 첫 번째 질문에서 '国家非物质文化遗产——侗族木构建筑营造技艺(국가 무형문화유산인 동족 목조 건축 건축술)'이 언급되었으나, 风雨桥에 대한 내용은 없었으므로 D도 정답이 될 수 없다.

단어 鼓楼 gǔlóu 명 고루(시각이나 경보를 알리도록 북을 설치한 건물) 实用 shíyòng 형 실용적이다 吊脚楼 diàojiǎolóu 명 조각루(기둥 위에 지은 가옥) 悬空 xuánkōng 동 공중에 떠 있다 干栏建筑 gānlán jiànzhù 간란식 건축(고상가옥) 始于 shǐyú 동 ~에서 시작되다 魏唐 Wèi Táng 고유 위당(위나라와 당나라) 风雨桥 fēngyǔqiáo 명 풍우교(비와 바람을 막는 다리) 国家重点文物 guójiā zhòngdiǎn wénwù 명 국가 중요 문화재

17-22

女：王老师，你知道吗？❷ 从天而降的片片雪花不仅给人们带来欢乐，同时也可以提供无须额外投入的清洁能源。根据推算，10万吨雪的融化所需能耗相当于制冰所需能耗的等量，相当于1.2万吨石油的能耗。我们是否可以想象一下，如果利用雪花进行存雪制冷，节约的燃油将会十分可观。

男：是的，❼ 无能耗的"雪能源"正在北半球北方市民生活中扮演越来越重要的角色。入冬以后，人们将降雪随时积存起来，集中保管在专用的雪库里，来年夏天，将其送入各户以达到制冷的目的。来自大自然的雪，反过来又开始为保护生态做贡献。

女：我曾看过一个报道，❽ 某市最近出现了一座以存雪为制冷剂的6层空调住宅楼，虽然一个夏天的用雪量不小，但该市每年的降雪量很大，一个冬天郊外的积雪可厚达2米。一间雪库可积存100吨雪，足以满足夏天需求。那么雪除了制冷以外，还有什么作用呢？

男：❾❷ 雪还可以用于空气净化。雪的晶粒结构非常复杂，即使攥成雪团，其内部的微孔仍可保持足够的空间，含有甲醛等有害物质的空气经过时，这些化学成分会被吸附，若将空气流量调整至适当程度，可滤除90%以上的甲醛等有害成分。另外，雪水经过蒸发后会重新凝结，形成冰状水，❷⓪ 这是一种超软水，其中钾、钠等矿物质的含量较低，具有很强的渗透力。因此，对人体有着奇妙的保健作用，对治疗红眼病、皮肤烫伤、冻伤都有效果，尤其对于轻症患者，每三四个小时涂洗一次，不需其他药物，四五天即可痊愈。❷❶ 常用超软水洗澡可以增强皮肤的抵抗力，促进血液循环，有助于减少疾病。

女：超软水真是一种神奇的水。

男：据说清纯的超软水还是一种美妙的天然饮料。研究表明，雪水中所含酶化合物比普通水多，因此当今医学界普遍认为，每天饮用1到2杯雪水，可以显著降低血中胆固醇含量，有助于防治动脉硬化症。医学专家还提醒，随着年龄的增长，体内冰结构水会日益减少，加速人的衰老。因此，上了年纪的人饮用超软水更有好处，有助于延年益寿。

즘 의학계에서는 매일 눈이 녹은 물 1~2컵을 마시면 혈중 콜레스테롤 수치를 크게 낮추고 동맥경화를 예방하는 데 도움이 된다고 보고 있어요. 또 의학 전문가들은 나이가 들수록 우리 몸 안에 있는 '얼음 구조의 물'이 점점 줄어들어 노화를 촉진한다고 말해요. 그래서 나이가 든 사람들이 초연수를 마시면 훨씬 더 좋고, 장수에도 도움이 된다고 하죠.

단어 从天而降 cóng tiān ér jiàng 성 하늘에서 떨어지다(비유: 갑자기 발생하다) 雪花 xuěhuā 명 눈송이 额外 éwài 형 추가적인, 별도의 投入 tóurù 명|동 투입(하다), 투자(하다) 清洁 qīngjié 형 청결하다 동 깨끗하다 能源 néngyuán 명 에너지원 推算 tuīsuàn 동 추산하다, 추정하다 吨 dūn 양 톤(무게 단위) 融化 rónghuà 동 녹다 能耗 nénghào 명 에너지 소모량 制冰 zhìbīng 동 얼음을 만들다 等量 děngliàng 명 동일한 양 存雪 cúnxuě 동 눈을 저장하다 制冷 zhìlěng 동 냉각하다, 냉방하다 燃油 rányóu 명 연료유, 연료 十分可观 shífēn kěguān 아주 굉장하다 扮演 bànyǎn 동 (역할을) 맡다 角色 juésè 명 역할 积存 jīcún 동 쌓아두다, 축적하다 雪库 xuěkù 명 눈 저장고 贡献 gòngxiàn 명 공헌(하다), 기여(하다) 制冷剂 zhìlěngjì 명 냉매, 냉각제 住宅楼 zhùzhái lóu 명 주거용 아파트 郊外 jiāowài 명 교외 积雪 jīxuě 명 쌓인 눈 晶粒 jīnglì 명 결정 입자 攥 zuàn 동 움켜쥐다 雪团 xuětuán 명 눈 덩어리 微孔 wēikǒng 명 미세한 구멍 甲醛 jiǎquán 명 포름알데히드 附 xīfù 동 흡착하다 空气流量 kōngqì liúliàng 명 공기 흐름량 滤出 lǜchū 동 걸러내다 蒸发 zhēngfā 동 증발하다 凝结 níngjié 동 응결하다, 엉기다 超软水 chāoruǎnshuǐ 명 초연수(경도 성분이 거의 제거된 매우 순수한 물) 钾 jiǎ 명 칼륨 钠 nà 명 나트륨 矿物质 kuàngwùzhì 명 무기질 渗透力 shèntòulì 명 침투력 保健 bǎojiàn 동 건강을 보호하다 명 건강에 좋은 红眼病 hóngyǎnbìng 명 결막염 烫伤 tàngshāng 동 화상을 입다 冻伤 dòngshāng 동 동상을 입다 涂洗 túxǐ 동 바르고 씻다 痊愈 quányù 동 완쾌되다 洗澡 xǐzǎo 동 목욕하다 抵抗力 dǐkànglì 명 저항력, 면역력 促进 cùjìn 동 촉진하다 血液循环 xuèyè xúnhuán 명 혈액 순환 清纯 qīngchún 형 맑고 순수하다 酶 méi 명 효소 化合物 huàhéwù 명 화합물 显著 xiǎnzhù 형 뚜렷하다, 현저하다 胆固醇 dǎngùchún 명 콜레스테롤 防治 fángzhì 동 예방하고 치료하다 动脉硬化症 dòngmài yìnghuà zhèng 명 동맥경화증 衰老 shuāilǎo 형 노쇠하다, 늙어 쇠약해지다 延年益寿 yánnián yìshòu 성 수명을 늘리고 건강을 유지하다

17 C ★

问: "雪能源"的好处是什么?	질문: '눈 에너지'의 장점은 무엇인가?
A 创新空调技术	A 혁신적인 에어컨 기술
B 供南方人过冬	B 남방 사람들이 겨울을 날 수 있도록 한다
C 保护生态环境	C 생태 환경을 보호한다
D 降低石油价格	D 석유 가격을 낮춘다

해설 첫 번째 질문에 대한 남자의 답변 중 '无能耗的"雪能源"正在北半球北方市民生活中扮演越来越重要的角色(에너지 소비가 없는 '눈 에너지'는 북반구 북부 지역 시민들의 생활에서 점점 더 중요한 역할을 하고 있어요)'에서 관련 내용이 언급되었다. 이어지는 내용에서 '来自大自然的雪, 反过来又开始为保护生态做贡献(자연에서 온 눈이 다시 생태 보호를 위해 기여하는 셈이에요)'라 했으므로 정답은 C이다.

• 핵심 표현: 为……做贡献(~을 위해 기여하다)

단어 雪能源 xuě néngyuán 명 눈 에너지 创新 chuàngxīn 동 창조하다, 혁신하다 供 gōng 동 공급하다 过冬 guòdōng 동 겨울을 나다 生态环境 shēngtài huánjìng 명 생태 환경 降低 jiàngdī 동 낮추다 石油 shíyóu 명 석유

18 C ★

问: 文中提到的 "6层空调住宅楼" 有什么特点?	질문: 본문에 언급된 '6층 에어컨 아파트'의 특징은 무엇인가?
A 靠近郊区	A 외곽 지역에 인접하다
B 建有雪库	B 눈 저장고가 있다

| C 用雪制冷 | C 눈으로 냉방을 한다 |
| D 以雪建造 | D 눈으로 건물을 짓는다 |

해설   여자의 두 번째 질문에서 '某市最近出现了一座以存雪为制冷剂的6层空调住宅楼(최근 어떤 도시에 눈을 냉매로 활용하는 6층짜리 에어컨 아파트가 생겼다고 하더라고요)'라고 했으므로 정답은 C이다. 진행자의 질문에서도 문제가 출제될 수 있다는 것을 기억하자!

단어   住宅楼 zhùzhái lóu 몡 주거용 아파트   靠近 kàojìn 동 가까이 다가가다   郊区 jiāoqū 몡 교외   雪库 xuěkù 몡 눈 저장고   制冷 zhìlěng 동 냉각하다   建造 jiànzào 동 건설하다

19   B   ★★

问: 雪为什么可以净化空气?	질문: 눈이 공기를 정화할 수 있는 이유는 무엇인가?
A 晶粒结构简单	A 결정 입자의 구조가 단순하다
B 微孔有吸附力	B 미세 구멍은 흡착력을 지녔다
C 化学反应强大	C 화학 반응이 강하다
D 降落速度缓慢	D 낙하 속도가 느리다

해설   두 번째 질문에 대한 남자의 답변 중 '雪还可以用于空气净化(눈은 공기 정화에도 사용할 수 있어요)'에서 관련 내용이 언급되었다. 이어지는 내용에서 '其内部的微孔仍可保持足够的空间(내부에 미세한 틈이 충분한 공간을 확보하고 있어요), 含有甲醛等有害物质的空气经过时, 这些化学成分会被吸附(포름알데히드 같은 유해물질이 섞인 공기가 그 틈을 지나가면, 이 화학 성분 들이 눈에 흡착되죠). ……可滤除90%以上的甲醛等有害成分(포름알데히드 같은 유해 성분을 90% 이상 걸러낼 수 있어요)'라고 했다. 눈은 내부에 미세한 틈이 있고, 그 틈에 유해 물질이 흡착된다고 했으므로 정답은 B이다.
긴 내용의 녹음을 듣고 정답을 찾는 문제가 많으므로, 항상 핵심 내용을 순서대로 기록하면서 듣는 연습이 필요하다.
- 기록 예시: 雪(눈) → 净化空气(공기 정화) → 化学成分(화학 성분) → 经过微孔(미세한 틈으로 들어가다) → 被吸附(흡착되다) → 滤除有害成分(유해 성분을 걸러내다)

단어   净化 jìnghuà 동 정화하다   晶粒 jīnglì 몡 결정 입자   结构 jiégòu 몡 구조   微孔 wēikǒng 몡 미세 구멍   吸附力 xīfùlì 몡 흡착력   化学反应 huàxué fǎnyìng 몡 화학 반응   降落 jiàngluò 동 내려오다   缓慢 huǎnmàn 형 느리다

20   D   ★

问: 关于超软水, 下列哪项正确?	질문: 초연수에 대해 다음 중 옳은 것은?
A 含有多种矿物质	A 다양한 미네랄을 함유하고 있다
B 可以渗透进血液	B 혈액 속으로 침투할 수 있다
C 每天饮用越多越好	C 매일 많이 마실수록 좋다
D 对人体有保健作用	D 인체에 건강 증진 효과가 있다

해설   두 번째 질문에 대한 남자의 답변에서 '这是一种超软水(이건 일종의 '초연수'예요), 其中钾、钠等矿物质的含量较低(칼륨, 나트륨 같은 미네랄 함량이 낮고), 具有很强的渗透力(침투력이 매우 강해요)。因此, 对人体有着奇妙的保健作用(그래서 인체에 신비한 건강 증진 효과가 있어요)'라고 했으므로 정답은 D이다.

단어   含有 hányǒu 동 포함하다   矿物质 kuàngwùzhì 몡 광물질   渗透 shèntòu 동 스며들다   血液 xuèyè 몡 혈액   饮用 yǐnyòng 동 마시다   保健作用 bǎojiàn zuòyòng 몡 건강 증진 효과   超软水 chāoruǎnshuǐ 몡 초연수(경도 성분이 거의 제거된 매우 순수한 물)

21 增强皮肤的抵抗力。 ★★★

问: 专家认为使用超软水洗澡对皮肤有什么作用?	질문: 전문가들은 초연수로 목욕하는 것이 피부에 어떤 작용을 한다고 여기는가?
增强皮肤的抵抗力。	피부의 저항력을 높인다.

해설 두 번째 질문에 대한 남자의 답변에서 '常用超软水洗澡可以增强皮肤的抵抗力(초연수로 목욕을 자주 하면 피부 저항력이 높아지고)'라 했으므로 정답은 增强皮肤的抵抗力이다. 녹음에서 정답이 직접적으로 언급되었지만, 긴 내용을 다 듣고 나서 해당 정답을 다시 기억해 내는 것은 쉽지 않다. 핵심 내용을 기록하면서 듣는 연습을 하자!

단어 洗澡 xǐzǎo 통 목욕하다 皮肤 pífū 명 피부 增强 zēngqiáng 통 강화하다 抵抗力 dǐkànglì 명 저항력

22 D ★★

问: 两位说话人主要介绍了什么?	질문: 두 사람이 주로 소개한 내용은 무엇인가?
A 雪花的快乐	A 눈송이의 즐거움
B 雪与生态资源	B 눈과 생태 자원
C 超软水的功能	C 초연수의 기능
D 雪的利用价值	D 눈의 활용 가치

해설 여자의 첫 번째 질문에서 '从天而降的片片雪花……, 同时也可以提供无须额外投入的清洁能源(하늘에서 내려오는 눈송이는~, 별도의 비용 투입 없이도 사용가능한 청정 에너지를 제공할 수 있어요). ……如果利用雪花进行存雪制冷, 节约的燃油将会十分可观(만약 눈을 저장해서 냉방에 활용한다면, 절약되는 연료가 아주 굉장할 것이에요)'라고 했다. 또한 두 번째 질문에 대한 남자의 답변에서도 '雪还可以用于空气净化(눈은 공기 정화에도 사용할 수 있어요)'라고 했다. 녹음 중반부터 초연수를 소개하고 있으나, 이 글에서 중점적으로 소개하는 내용은 눈의 활용 가치이므로 정답은 D이다.

단어 雪花 xuěhuā 명 눈송이 生态资源 shēngtài zīyuán 명 생태 자원 功能 gōngnéng 명 기능 利用价值 lìyòng jiàzhí 명 활용 가치 清洁能源 qīngjié néngyuán 명 청정 에너지 制冷 zhìlěng 통 냉각하다 节约燃油 jiéyuē rányóu 통 연료를 절약하다 空气净化 kōngqì jìnghuà 명 공기 정화

제3부분 (23-40) 녹음을 듣고 올바른 답을 선택하거나 빈칸을 채우세요.

23-28

MP3 03-05

随着天气越来越热，溺水事故也进入高发期。最近，❷ 网络平台上经常出现民众对溺水者进行急救的视频。在这些视频中，溺水者被倒挂在救人者的背上，救人者通过奔跑、抖动身体等方式，试图帮助溺水者排出体内的水。这种被称为"倒挂排水"的方法受到不少人的追捧。

对此，国家高级拓展培训师、中国探险协会探险领队李崇表示，"倒挂排水法"不可取。❷ 因为倒挂排出的是进入胃部和食道中的水，而对于溺水者来说，最致命的是吸入肺部的水。

专家指出，❷ 如果肺部吸入了大量的水，留给肺泡进行氧气交换的空间就会减少。时间一长，会导致人体血液中氧气不足，大脑受损，进而导致呼吸和心跳停止。"倒挂排水法"不仅无法排出肺内的水，还可能将胃中的食物弄进气管，增加呼吸道阻塞的风险。

❷ 抢救心搏骤停患者的最佳时间为4分钟，在正常室温下，心搏骤停超过4分钟脑细胞就会出现不可逆转的损害，如果时间超过10分钟，即使病人被抢救过来，也可能出现脑死亡。"千万不要因为使用错误的急救方式而错失急救的黄金期。"李崇强调。

❷ 李崇表示，应针对不同情况的溺水者，采取相应的急救措施。首先要迅速判断溺水者是否出现呼吸、心跳停止。❷ 如果溺水者有呼吸和心跳，那么在拨打120等待专业急救人员的同时，应先清理溺水者口腔中的异物，并让其保持侧卧姿势并做好保暖。如果溺水者已经没有呼吸和心跳，那么在清理其口腔异物后，应立即进行人工呼吸和心肺复苏。

날씨가 점점 더워지면서 익수 사고가 자주 발생하는 시기에 접어들고 있다. 최근에는 ❷ 온라인 플랫폼에서 시민들이 익수자에게 응급 처치를 하는 영상이 자주 등장하고 있다. 이 영상들 속에서 익수자는 구조자의 등에 거꾸로 매달린 상태로, 구조자는 달리거나 몸을 흔드는 방식으로 익수자의 몸속 물을 빼내려 한다. 이런 방식은 '도괘배수(倒挂排水)'라고 불리며 많은 사람의 열광적인 사랑을 받고 있다.

이에 대해 국가 고급 체험형 교육 트레이너이자 중국 탐험협회 탐험 대장인 리충(李崇)은 '도괘배수법(거꾸로 물 빼는 방법)'은 바람직하지 않다'고 말한다. ❷ 왜냐하면 이 방법으로 빠지는 물은 위와 식도로 들어간 물일 뿐이고, 익수자에게 가장 치명적인 것은 폐로 흡입된 물이기 때문이다.

전문가들은, ❷ 폐에 많은 양의 물이 들어가면 폐포가 산소 교환을 할 수 있는 공간이 줄어든다. 시간이 지나면 인체 혈액 속 산소가 부족해지며 뇌가 손상되어 결국 호흡과 심정지가 올 수 있다고 지적한다. '도괘배수법'은 폐 속의 물을 배출할 수 없을 뿐 아니라, 오히려 위 속 음식물이 기도로 들어가 호흡기 폐쇄 위험을 높일 수 있다.

❷ 심정지 환자를 살릴 수 있는 최적의 시간은 4분이며, 정상 실내 온도에서 심정지가 4분 이상 지속되면 뇌세포에 되돌릴 수 없는 손상이 생기고, 시간이 10분을 넘기면 설령 환자를 살려냈다 해도 뇌사 상태에 이를 수 있다. 리충은 '잘못된 응급 처치 방식으로 인해 골든 타임을 놓쳐서는 절대 안 된다'고 강조한다.

❷ 리충은 상황에 따라 익수자에게 적절한 응급 조치를 취해야 한다고 말한다. 우선 익수자의 호흡과 심장이 멈췄는지를 신속히 판단해야 한다. ❷ 익수자에게 호흡과 맥박이 있다면, 120에 신고해 전문 구급대를 기다리는 동시에, 우선 익수자의 입안에 있는 이물질을 제거하고, 몸을 옆으로 눕힌 자세를 유지하며 보온 조치를 해야 한다. 만약 익수자가 이미 호흡과 심장이 멈췄다면, 입안 이물질을 제거한 뒤 곧바로 인공호흡과 심폐소생술을 실시해야 한다.

단어 溺水 nìshuǐ 图 물에 빠지다 高发期 gāofāqī 图 발생률이 높은 시기 网络平台 wǎngluò píngtái 图 인터넷 플랫폼 急救 jíjiù 图图 응급 처치(하다) 视频 shìpín 图 동영상 倒挂 dàoguà 图 거꾸로 매달다 背 bèi 图 등(신체 부위) 奔跑 bēnpǎo 图 뛰다, 달리다 抖动 dǒudòng 图 흔들다, 털다 试图 shìtú 图 시도하다 排出 páichū 图 배출하다 追捧 zhuīpěng 图 큰 인기, 열광적인 사랑 拓展培训师 tuòzhǎn péixùnshī 체험형 교육 트레이너 探险 tànxiǎn 图 탐험(하다) 协会 xiéhuì 图 협회 领队 lǐngduì 图 이끌다, 인솔하다 可取 kěqǔ 图 받아들일 만하다, 바람직하다 胃部 wèibù 图 위(장기 부위) 食道 shídào 图 식도 致命 zhìmìng 图 치명적인 吸入 xīrù 图 흡입하다 肺部 fèibù 图 폐 부위 肺泡 fèipào 图 페포(허파로 들어가 기관지의 끝에 포도송이처럼 달려 있는 자루) 氧气 yǎngqì 图 산소 心跳 xīntiào 图 심장 박동 气管 qìguǎn 图 기관(호흡기관) 阻塞 zǔsè 图 막히다, 차단되다 抢救 qiǎngjiù 图 응급 처치를 하다 心搏 xīnbó 图 심박 骤停 zhòutíng 图 갑자기 멈추다 不可逆转 bùkě nìzhuǎn 되돌릴 수 없다 损害 sǔnhài 图 손상시키다 黄金期 huángjīnqī 图 황금기, 최적기 针对 zhēnduì 개 ~에 대해, ~을 겨냥하여 采取 cǎiqǔ 图 (조치·방법 등을) 취하다 措施 cuòshī 图 조치 拨打 bōdǎ 图 전화를 걸다 清理 qīnglǐ 图 정리하다, 치우다 口腔 kǒuqiāng 图 구강, 입안 异物 yìwù 图 이물질 侧卧 cèwò 图 옆으로 눕다 姿势 zīshì 图 자세 保暖 bǎonuǎn 图 보온하다 人工呼吸 réngōng hūxī 图 인공호흡 心肺复苏 xīnfèi fùsū 图 심폐소생술 (CPR)

23 B ★

问：民众可能在哪种情况下使用"倒挂排水法"？	질문: 사람들이 어떤 상황에서 '도괘배수법'을 사용하는가?
A 中暑 B 溺水 C 肺炎 D 中风	A 열사병 B 익수(물에 빠지다) C 폐렴 D 중풍

해설 녹음 첫 번째 단락에서 '网络平台上经常出现民众对溺水者进行急救的视频(온라인 플랫폼에서 시민들이 익사자에게 응급 처치를 하는 영상이 자주 등장하고 있다)'…… 这种被称为"倒挂排水"的方法受到不少人的追捧(이런 방식은 '도괘배수'라고 불리며 많은 사람의 열광적인 사랑을 받고 있다)'라고 했으므로 정답은 B이다.

단어 中暑 zhòngshǔ 통 더위를 먹다 溺水 nìshuǐ 통 물에 빠지다 肺炎 fèiyán 명 폐렴 中风 zhòngfēng 명 중풍 民众 mínzhòng 명 민중, 대중 倒挂 dàoguà 통 거꾸로 매달다 排水法 páishuǐfǎ 명 배수법

24 胃部和食道。 ★★★

问：倒挂排出的是什么部位的水？	질문: 도괘배수법으로 어느 부위의 물을 빼낼 수 있는가?
胃部和食道。	위와 식도.

해설 녹음 두 번째 단락에서 '因为倒挂排出的是进入胃部和食道中的水(왜냐하면 이 방법으로 빠지는 물은 위와 식도로 들어간 물일 뿐이고)'라고 했으므로 정답은 胃部和食道이다. 어휘 난이도는 높지 않으나 문제를 듣기 전까지는 답을 예상하기 어렵다. 대부분 고득점자를 위한 문제이지만, HSK문제 출제 유형을 많이 파악할수록 정답 작성에 유리하다.

단어 胃部 wèibù 명 위 부위 食道 shídào 명 식도 部位 bùwèi 명 부위

25 C ★★

问：肺里吸入大量的水会导致什么后果？	질문: 폐에 많은 양의 물이 들어가면 어떤 결과를 초래하는가?
A 肺泡会缩小 B 阻塞呼吸道 C 血液供氧不足 D 食物不易消化	A 폐포가 수축한다 B 기도가 막힌다 C 혈액의 산소 공급이 부족해진다 D 음식 소화가 잘 안 된다

해설 녹음 세 번째 단락에서 '如果肺部吸入了大量的水(폐에 많은 양의 물이 들어가면), 留给肺泡进行氧气交换的空间就会减少(폐포가 산소 교환을 할 수 있는 공간이 줄어든다). 时间一长，会导致人体血液中氧气不足(시간이 지나면 인체 혈액 속 산소가 부족해지며), 大脑受损, 进而导致呼吸和心跳停止(뇌가 손상되어 결국 호흡과 심정지가 올 수 있다고 지적한다)'라고 했으므로 정답은 C이다. 문제 보기들이 부정적인 내용을 담고 있다면 녹음에서 '导致(야기시키다)' 다음에 나오는 내용에 집중하자!

단어 肺泡 fèipào 명 폐포(허파로 들어간 기관지의 끝에 포도송이처럼 달려 있는 자루) 缩小 suōxiǎo 통 줄어들다, 축소하다 阻塞 zǔsè 통 막히다, 막다 呼吸道 hūxīdào 명 호흡기 血液 xuèyè 명 혈액 供氧 gōngyǎng 산소를 공급하다 氧气交换 yǎngqì jiāohuàn 명 산소 교환

26 B ★★

问：抢救心搏骤停者的黄金时间是多少？	질문: 심장이 멎은 사람을 구조하는 데 있어서 '골든 타임'은 몇 분인가?
A 1 分钟 B 4 分钟 C 10 分钟 D 超过10 分钟	A 1분 B 4분 C 10분 D 10분 이상

해설　녹음 네 번째 단락에서 '抢救心搏骤停患者的最佳时间为4分钟(심정지 환자를 살릴 수 있는 최적의 시간은 4분이며)'라 했으므로 정답은 B이다. 문제의 '黄金时间(골든 타임)'과 녹음의 '最佳时间(최적의 시간)'이 서로 의미가 통함을 유추할 수 있어야 한다.

단어　抢救 qiǎngjiù 통 응급 처치를 하다　心搏 xīnbó 명 심박　黄金时间　骤停 zhòutíng 통 갑자기 멈추다　黄金时间 huángjīn shíjiān 명 골든 타임　超过 chāoguò 통 초과하다　最佳时间 zuìjiā shíjiān 명 최적의 시간

27 D ★★

问：对于溺水者，专家表示应该怎么做？	질문: 익수자에 대해 전문가들은 어떻게 해야 한다고 하는가?
A 将人移至通风处 B 立即进行人工呼吸 C 使用胸外心脏按压 D 采取不同的急救方法	A 사람을 통풍이 잘 되는 곳으로 옮긴다 B 즉시 인공호흡을 실시한다 C 흉외 심장 압박을 한다 D 다양한 응급 처치 방법을 취한다

해설　녹음 다섯 번째 단락에서 '李崇表示，应针对不同情况的溺水者，采取相应的急救措施(리충은 상황에 따라 익수자에게 적절한 응급 조치를 취해야 한다고 말한다)'라고 했으므로 정답은 D이다.
- 핵심 표현: 应针对不同情况的……，采取相应的…… (다양한 상황의 ~에 대해, 상응하는 ~을 취하다)

단어　移至 yízhì 통 옮기다　人工呼吸 réngōng hūxī 명 인공호흡　胸外 xiōngwài 명 흉외　心脏 xīnzàng 명 심장　按压 ànyā 통 압박하다　采取 cǎiqǔ 통 취하다　急救 jíjiù 명 응급 처치

28 A ★★

问：针对有呼吸和心跳的溺水者，首先要做什么？	질문: 호흡과 맥박이 있는 익수자에게 먼저 해야 할 일은 무엇인가?
A 清理口腔异物 B 保持侧卧姿势 C 做好保暖措施 D 等待专业人员	A 입 안 이물질을 제거한다 B 옆으로 눕힌 자세를 유지한다 C 보온 조치를 한다 D 전문 인력을 기다린다

해설　녹음 다섯 번째 단락의 '如果溺水者有呼吸和心跳(익수자에게 호흡과 맥박이 있다면)'에서 관련 내용이 언급되었다. 이어지는 내용에서 '那么在拨打120等待专业急救人员的同时(120에 신고해 전문 구급대를 기다리는 동시에), 应先清理溺水者口腔中的异物(우선 익수자의 입안에 있는 이물질을 제거하고), 并让其保持侧卧姿势并做好保暖(몸을 옆으로 눕힌 자세를 유지하며 보온 조치를 해야 한다)'라고 했으므로 정답은 A이다. D 等待专业人员(전문 인력을 기다린다)는 익수자에게 직접적으로 하는 행동이 아니므로 문제의 정답이 될 수 없다.

단어　**清理 qīnglǐ** 동 제거하다　　**口腔 kǒuqiāng** 명 구강　　**异物 yìwù** 명 이물질　　**侧卧 cè wò** 동 옆으로 눕다　　**姿势 zīshì** 명 자세　　**保暖 bǎonuǎn** 동 보온하다　　**措施 cuòshī** 명 조치

TIP

- 주요 문장 형식

受到……的追捧 (~의 열광적인 사랑을 받다)
- 원문　这种被称为"倒挂排水"的方法受到不少人的追捧。
- 예문　近年来，AI技术受到越来越多人的追捧。

针对不同……，采取相应的…… (서로 다른 ~에 대해 상응하는 ~을 취하다)
- 원문　针对不同情况的溺水者，采取相应的急救措施。
- 예문　名医华佗给人看病时，会针对不同病因，采取相应的治疗方法，即对症下药。

在……的同时 (~하는 동시에)
- 원문　如果溺水者有呼吸和心跳，那么在拨打120等待专业急救人员的同时，应先清理溺水者口腔中的异物，并让其保持侧卧姿势并做好保暖。
- 예문　抑郁症患者在配合医生进行治疗的同时，还应该积极地采取自救措施。

29-34

MP3 03-06

　　从热带雨林到寒带针叶林，从潮湿的海滩到干燥的高山，兰花的踪迹随处可见。㉙ 兰花的种子十分细小，很多比人的头发丝还细。种子的外种皮内部还有许多充满空气的腔室，这进一步减轻了种子的重量。凭借轻巧的身躯，㉚ 种子一离开果荚就能随风飘荡到远离母株的地方。种子的外围包裹了一层致密的细胞，这可以防止水分快速渗透。因此，种子还可以通过水流、黏附在动物皮毛上等方式"走"到更远的地方。

　　㉛ ㉞ 兰花为了生存，使出浑身解数，真可谓"足智多谋"。它们大多生长在岩壁、树干或贫瘠的土壤上，这样可以减少与其他植物竞争，为自身的发展争取更大的空间。

　　绝大多数兰花是典型的虫媒花，它们的花粉被打包成块状，不便于传播者取食。㉜ 兰花家族中有三分之一的成员更是不折不扣的"铁公鸡"。有的兰花将自己装扮得像有花蜜的花朵，如果蜜蜂不辨真假而钻进花中寻找蜜源，就只能乖乖地为兰花传粉了；有的兰花还会发出长距离传播的香甜气味，色香俱全，吸引蜜蜂和蝴蝶主动上门充当"信使"；有的兰花将自己伪装成雌性昆虫，当雄性昆虫试图与这些伪装的"雌虫"交配时，传粉过程便开始了。高超的"骗术"，使兰花在享受传粉服务的同时，却不为传粉者

　　열대우림부터 한대 침엽수림, 습한 해변부터 건조한 고산지대까지, 난초의 흔적은 어디서나 볼 수 있다. ㉙ 난초의 씨앗은 매우 작아서, 대부분 사람 머리카락보다도 가늘다. 씨앗의 외피 안쪽에는 공기로 가득 찬 여러 개의 공간이 있어, 씨앗의 무게를 더욱 줄여준다. 가벼운 몸 덕분에 ㉚ 씨앗은 열매 껍질을 떠나는 순간 바람을 타고 모식물(母株)에서 멀리 날아갈 수 있다. 씨앗의 바깥은 촘촘한 세포층으로 둘러싸여 있어 수분이 빠르게 스며드는 것을 막아준다. 이 덕분에 씨앗은 물의 흐름을 타거나 동물의 털에 붙는 등의 방식으로 더 먼 곳까지 '이동'할 수도 있다.

　　㉛ ㉞ 난초는 생존을 위해 온 힘을 다하는데, 그야말로 '지략이 뛰어나다'라고 할 수 있다. 대부분의 난초는 바위 벽, 나무줄기, 혹은 척박한 토양에서 자라는데, 이는 다른 식물들과의 경쟁을 피하고 자신의 생장을 위해 생존 공간을 확보하기 위함이다.

　　대다수의 난초는 전형적인 충매화(虫媒花)로, 꽃가루가 덩어리 형태로 싸여 있어 곤충이 쉽게 먹지 못하게 되어 있다. ㉜ 난초 가족 중 3분의 1은 철저한 '구두쇠'이다. 일부 난초는 꿀이 있는 꽃처럼 자신을 꾸미서, 꿀을 찾아온 벌이 속아 꽃 안으로 들어오면 순순히 난초의 꽃가루를 옮길 수밖에 없다. 또 어떤 난초는 멀리까지 퍼지는 달콤한 향기를 내뿜어, 향기와 색깔로 꿀벌과 나비를 유혹해 자발적으로 '전령' 역할을 하게 만든다. 심지어 어떤 난초는 암컷 곤충처럼 자신을 위장해, 수컷 곤충이 교미를 시도하는 순간 꽃가루 전달이 이루어지도록 만든다. 고도의 '속임수'는 난초로 하여금 꽃가루를 옮기는 서비스를 누리게 하는 동시에

㉝ 还有一些兰花，即使没有昆虫传粉，也能正常开花、结果并繁殖后代。例如，缘毛鸟足兰的子房中的胚珠可以直接发育成种子。这些兰花可以在缺少传粉者的情况下顺利繁殖，并且可以把那些吸引昆虫的"成本"节省下来，将更多的资源投入到种子生产中去，实现资源的高效利用。

㉞ 当然，我们还可以列举更多的例子来证明兰花的智慧。同时，我们是否也能从兰花在广阔世界悠然自得、长久生存的能力中获得些许启示呢?

㉝ 또 어떤 난초들은 곤충이 없어도 스스로 꽃을 피우고 열매를 맺어 번식할 수 있다. 예를 들어, 연모조족란(缘毛鸟足兰)은 씨방 속의 배주가 직접 씨앗으로 발달할 수 있다. 이러한 난초들은 수분자(꽃가루를 옮기는 매개체)가 부족한 상황에서도 번식을 이어갈 수 있으며, 곤충을 유인하기 위한 "비용"을 줄이고 더 많은 자원을 씨앗 생산에 투입함으로써 자원의 효율적인 활용을 이룰 수 있다.

㉞ 물론, 우리는 난초의 지혜를 보여주는 더 많은 예시를 열거할 수 있다. 동시에, 넓은 세상 속에서 여유롭게 오래도록 살아가는 난초의 생존력에서 우리 역시 어떤 깨달음을 얻을 수 있지 않을까?

단어 热带雨林 rèdài yǔlín 명 열대우림 寒带针叶林 hándài zhēnyèlín 명 한대 침엽수림 潮湿 cháoshī 형 습한 海滩 hǎitān 명 해변 干燥 gānzào 형 건조한 踪迹 zōngjì 명 흔적 随处可见 suíchù kějiàn 어디에서나 볼 수 있다 细小 xìxiǎo 형 작고 미세한 头发丝 tóufàsī 명 머리카락(가는 실) 外种皮 wàizhǒngpí 명 외종피(씨앗의 겉껍질) 腔室 qiāngshì 명 빈 공간 凭借 píngjiè 동 ~에 의지하다 轻巧 qīngqiǎo 형 가볍고 정교한, 날렵한 身躯 shēnqū 명 몸, 신체 果荚 guǒjiá 명 꼬투리 随风 suífēng 바람에 따르다 飘荡 piāodàng 동 (물 위를) 떠돌다, (바람에) 나부끼다 母株 mǔzhū 명 모체 식물 包裹 bāoguǒ 동 포장하다 致密 zhìmì 형 촘촘하고 조밀한 渗透 shèntòu 동 스며들다, 침투하다 黏附 niánfù 동 들러붙다 使出浑身解数 shǐchū húnshēn xièshù 온 힘을 다하다 足智多谋 zúzhì duōmóu 성 지혜롭고 계책이 많다 岩壁 yánbì 명 암벽 树干 shùgàn 명 나무줄기 贫瘠 pínjí 형 척박한, 메마른 土壤 tǔrǎng 명 토양 典型 diǎnxíng 형 전형(적인) 虫媒花 chóngméihuā 충매화(벌, 나비, 파리 등 곤충에 의해 꽃가루 받이를 하는 꽃) 花粉 huāfěn 명 꽃가루 块状 kuàizhuàng 명 덩어리 모양 传粉 chuánfěn 동 수분하다(꽃가루를 옮기다) 取食 qǔshí 동 먹이를 얻다 不折不扣 bùzhé búkòu 성 한 푼의 에누리도 없다(비유: 한 치의 어김도 없다, 틀림없다) 铁公鸡 tiěgōngjī 명 구두쇠 装扮 zhuāngbàn 동 꾸미다, 장식하다 花蜜 huāmì 명 꿀 不辨真假 búbiàn zhēnjiǎ 진위를 구분하지 못하다 钻进 zuānjìn 동 파고들다, 들어가다 蜜源 mìyuán 명 꿀의 원천 乖乖地 guāiguāi de 얌전히, 순순히 传播 chuánbō 동 퍼뜨리다, 전파하다 香甜气味 xiāngtián qìwèi 달콤한 향기 色香俱全 sèxiāng jùquán 성 색과 향이 모두 갖춰진 蜜蜂 mìfēng 명 꿀벌 蝴蝶 húdié 명 나비 上门 shàngmén 동 찾아오다 充当 chōngdāng 동 역할을 맡다 信使 xìnshǐ 명 전달자, 사자 伪装 wěizhuāng 동 위장(하다) 雌性 cíxìng 명 암컷 昆虫 kūnchóng 명 곤충 交配 jiāopèi 동 교미하다 高超 gāochāo 형 뛰어난 骗术 piànshù 명 속임수 回报 huíbào 동 보답하다 繁殖 fánzhí 동 번식하다 缘毛鸟足兰 yuánmáo niǎozú lán 연모조족란(난초의 일종) 子房 zǐfáng 명 자방(씨방) 胚珠 pēizhū 명 배주(식물 씨방 속의 구형 물체로, 수정 후 발육하여 씨앗이 됨) 投入 tóurù 동 투입하다, 몰두하다 高效 gāoxiào 형 효율적인 列举 lièjǔ 동 열거하다 智慧 zhìhuì 명 지혜 广阔 guǎngkuò 형 광활한 悠然自得 yōurán zìdé 성 유유자적하다 些许 xiēxǔ 형 약간 启示 qǐshì 명 깨달음, 계시하다, 시사하다

29 B ★★

问: 兰花种子的特点是什么?	질문: 난초 씨앗의 특징은 무엇인가?
A 数量众多	A 수량이 매우 많다
B 分量很轻	B 무게가 매우 가볍다
C 内部裹有一层细胞	C 내부에 세포층이 싸여 있다
D 外部附着了许多腔室	D 외부에 많은 공기방이 붙어 있다

해설 녹음 첫 번째 단락 중 '兰花的种子十分细小，很多比人的头发丝还细(난초의 씨앗은 매우 작아서, 대부분 사람 머리카락보다도 가늘다)'. ……这进一步减轻了种子的重量(씨앗의 무게를 더욱 줄여준다)'의 내용을 통해 난초 씨앗이 매우 가벼움을 알 수 있다. 따라서 정답은 B이다.

단어 分量 fènliàng 명 무게 裹有 guǒyǒu 동 싸여 있다, 포함되어 있다 细胞 xìbāo 명 세포 附着 fùzhuó 동 부착하다 腔室 qiāngshì 명 공간, 실내

30 A ★★

问: 兰花的种子可以借助下列什么方式传播?	질문: 난초 씨앗은 다음 중 어떤 방식의 도움을 받아 퍼지는가?
A 水流传播 B 自行弹射 C 植物表皮黏附 D 动物消化传播	A 물의 흐름을 통해 퍼진다 B 스스로 튕겨 나간다 C 식물의 표면에 들러붙는다 D 동물의 소화를 통해 퍼진다

해설 　녹음 첫 번째 단락에서 '种子一离开果荚就能随风飘荡到远离母株的地方(씨앗은 열매 껍질을 떠나는 순간 바람을 타고 모식물에서 멀리 날아갈 수 있다)'라고 했다. 또한 이어진 내용에서 '种子还可以通过水流、黏附在动物皮毛上等方式 "走" 到更远的地方(씨앗은 물의 흐름을 타거나 동물의 털에 붙는 등의 방식으로 더 먼 곳까지 '이동'할 수도 있다)'라고 했다. 난초 씨앗이 퍼지도록 도움을 주는 것은 '바람', '물의 흐름' 그리고 '동물의 털'이므로 정답은 A이다.
　'飘荡(떠돌다, 나부끼다)', '传播(퍼뜨리다, 전파하다)', '走到更远的地方(더 먼 곳까지 이동하다)'는 모두 의미가 통한다.

단어 　水流 shuǐliú 몡 물 흐름　传播 chuánbō 동 전파하다　自行 zìxíng 틘 스스로 하다　弹射 tánshè 동 튕겨 나오다, 발사하다　表皮 biǎopí 몡 표피　黏附 niánfù 동 달라붙다　借助 jièzhù 동 도움을 받다

31 生存。 ★★

问: 兰花 "足智多谋" 是为了什么?	질문: 난초가 '지략이 뛰어난' 것은 무엇을 위함인가?
生存。	생존.

해설 　녹음 두 번째 단락에서 '兰花为了生存, 使出浑身解数(난초는 생존을 위해 온 힘을 다하는데), 真可谓 "足智多谋" (그야말로 '지략이 뛰어나다'라고 할 수 있다)'라고 했다. 난초의 뛰어난 지략은 생존을 위한 지략이므로 정답은 生存이다.

단어 　足智多谋 zúzhì duōmóu 성 지혜가 많고 꾀가 많다　生存 shēngcún 동 생존하다　浑身解数 húnshēn jiě shù 성 혼신의 힘, 모든 기량(비유: 온 힘을 기울이다, 최선을 다하다)

32 C ★★★

问: 把兰花比喻为 "铁公鸡" 指的是什么?	질문: 난초를 '구두쇠'에 비유한 이유는 무엇인가?
A 与真菌共生 B 练就了上乘轻功 C 不给传粉者好处 D 生长在贫瘠的土壤上	A 곰팡이와 공생한다 B 뛰어난 경공술을 익혔다 C 수분자에게 보상을 주지 않는다 D 척박한 토양에서 자란다

해설 　녹음 세 번째 단락의 '兰花家族中有三分之一的成员更是不折不扣的 "铁公鸡" (난초 가족 중 3분의 1은 철저한 '구두쇠'이다)'에서 관련 내용이 언급되었다. 이어지는 내용에서 '高超的 "骗术" (고도의 '속임수'), 使兰花在享受传粉服务的同时(난초로 하여금 꽃가루를 옮기는 서비스를 누리게 하는 동시에), 却不为传粉者提供任何回报(곤충에게는 아무런 대가를 제공하지 않도록 한다)'라고 했다. 난초를 '铁公鸡(구두쇠)'에 비유한 것은 수분자(꽃가루 전달을 도와준 곤충)에게 아무런 대가를 제공하지 않기 때문이므로 정답은 C이다.

단어 　比喻 bǐyù 몡 비유　铁公鸡 tiěgōngjī 구두쇠　真菌 zhēnjūn 몡 곰팡이　练就 liànjiù 동 연마하다　上乘 shàngchéng 몡 상등의, 뛰어난　轻功 qīnggōng 몡 경공(중국 전통 무술의 일종)　传粉者 chuánfěnzhě 수분자(꽃가루를 옮기는 매개체)　贫瘠 pínjí 혱 척박하다　土壤 tǔrǎng 몡 토양

33 B ★★

问: 关于兰花的繁殖方式，下列哪项正确？	질문: 난초의 번식 방식에 대해 옳은 설명은 무엇인가?
A 少数依赖于昆虫 B 部分可以自行繁殖 C 通过嫁接方式传播 D 有的不需要发育成种子	A 일부는 곤충에 의존한다 B 일부는 스스로 번식할 수 있다 C 접붙이기를 통해 퍼진다 D 어떤 것은 씨앗으로 발달하지 않는다

해설　세부 내용을 확인하는 문제이다. 녹음 네 번째 단락에서 '还有一些兰花，即使没有昆虫传粉，也能正常开花、结果并繁殖后代(또 어떤 난초들은 곤충이 없어도 스스로 꽃을 피우고 열매를 맺어 번식할 수 있다)'라고 했으므로 정답은 B이다. '自行(스스로)'의 뜻을 알아 두자.

단어　**依赖** yīlài 동 의존하다　**昆虫** kūnchóng 명 곤충　**繁殖** fánzhí 동 번식하다　**嫁接** jiàjiē 동 접목하다, 접붙이기 하다　**发育** fāyù 동 발육하다, 성장하다　**自行** zìxíng 분 (도움 없이) 스스로, 자체적으로

34 A ★

问: 下列哪一项最适合做本文标题？	질문: 이 글의 제목으로 가장 적절한 것은?
A 兰花的"智慧" B 兰花的生态链 C 兰花的经济效益 D 兰花与昆虫的"斗争"	A 난초의 '지혜' B 난초의 생태 사슬 C 난초의 경제적 가치 D 난초와 곤충의 '싸움'

해설　녹음 두 번째 단락에서 '兰花……，真可谓"足智多谋"(난초는 ~, 그야말로 '지략이 뛰어나다'라고 할 수 있다)'라고 했다. 또한 녹음 다섯 번째 단락에서도 '当然，我们还可以列举更多的例子来证明兰花的智慧(물론, 우리는 난초의 지혜를 보여주는 더 많은 예시를 들 수 있다)'라고 했다. 이 말은 앞에서 열거한 많은 예가 모두 난초의 지혜에 관한 것임을 의미하므로 정답은 A이다.

단어　**智慧** zhìhuì 명 지혜　**生态链** shēngtài liàn 명 생태계　**经济效益** jīngjì xiàoyì 명 경제적 효과　**昆虫** kūnchóng 명 곤충　**斗争** dòuzhēng 명 투쟁, 싸움

TIP

- 주요 문장 형식

  从……到…… (~에서 ~까지)
  - 원문　从热带雨林到寒带针叶林，从潮湿的海滩到干燥的高山，兰花的踪迹随处可见。
  - 예문　从远古时代的部落社会到今天的现代文明，人类历史经历了无数辉煌与变迁。

  为了……使出浑身解数 (~을 위해 온 힘을 다하다)
  - 원문　兰花为了生存，使出浑身解数，真可谓"足智多谋"。
  - 예문　各电视台为了提高收视，使出了浑身解数，真可谓"八仙过海，各显神通"啊。

  列举……的例子 (~의 예시를 열거하다)
  - 원문　当然，我们还可以列举更多的例子来证明兰花的智慧。
  - 예문　老师为了提升学生的写作水平，列举了很多的例子来介绍写好文章的方法。

有个远房亲戚特别喜欢绘画，他参加了许多培训，每月都要画大量的作品，也试图参加各种官方或民间组织的画展，但十多年过去，也没能成为知名画家。㉟ 他向我倾诉了自己的苦恼，并埋怨某些掌握美术话语权的人缺乏辨识力，看不起草根画家。我对他说："一个人爱好绘画是好事，但爱好绘画不一定要当画家啊，做画家实在太辛苦了，远不如赏画观书来得快乐。" ㊱ 我之所以给他泼冷水是有原因的。这位亲戚曾几次寄画给我，其画作笔触呆滞，色彩平庸，缺乏想象力，没有个人特色，而且旁边配的诗也显得牵强，缺乏意境。以这样的水平想在艺术创作领域取得成功，恐怕很难。

　　㊲ 漫画家白晓东说过："不要浪费时间去敲一堵墙。"这句话非常正确。墙是一种封闭的障碍，里面的人出不来，即使你从春天敲到冬天，也不太可能有人为你凿开一个门洞。聪明的人一旦发现自己面对的是一堵墙，转身就会绕开。

　　不觉想起鲁迅的事来。鲁迅的人生成就无须赘述，至今很少有人能超越他所达到的综合性高度。然而，众所周知，鲁迅最初是学医的，他当时的医学成绩如何呢？有一份资料显示：解剖学 59.3分、组织学 73.7分、生理学 65分、伦理学 83分、德语 60分、物理 60分、化学 60分，平均65.5 分，在全班142名同学中排名第68名。这样的成绩自然不算差，但也称不上出色，尤其是专业核心课程的成绩明显偏低。㊴ 鲁迅是懂得"不要浪费时间去敲一堵墙"的，㊳ 他敲了一阵之后，意识到医学可能不适合自己，立即去敲"文学之门"了，而这"门"也真的给了他应有的尊重和荣誉。

　　一个人偶尔误将墙当作门来敲也并无大碍，毕竟人生在世，谁不会走点弯路呢。关键是，敲了一段时间后，如果墙没有任何反应，你就需要仔细看看，确定它是否真的是一扇门。㊵ 如果是门，则继续敲，敲到打开为止；如果不是门，就应立即转向，并用心分辨墙与门的区别，避免再走入歧路。

단어 远房亲戚 yuǎnfáng qīnqi 명 먼 친척 绘画 huìhuà 명동 그림(을 그리다) 培训 péixùn 명동 양성(하다), 교육(하다) 试图 shìtú 동 시도하다 官方 guānfāng 명 공식적인, 정부 측 民间 mínjiān 명형 민간(의), 일반 시민(의) 倾诉 qīngsù 동 (속마음을) 털어놓다 苦恼 kǔnǎo 명 고뇌 埋怨 mányuàn 동 원망하다, 불평하다 话语权 huàyǔquán 명 발언권 缺乏 quēfá 동 부족하다 辨识力 biànshílì 명 식별력, 분별력 看不起 kàn bu qǐ 동 깔보다, 얕보다 草根 cǎogēn 명 풀뿌리(비유: 일반 대중, 아마추어, 비 전공자) 远不如 yuǎn bùrú 한참 못 미치다 泼冷水 pō lěngshuǐ 찬물을 끼얹다 (비유: 의욕을 꺾다) 亲戚 qīnqi 명 친척 笔触呆滞 bǐchù dāizhì 붓터치가 둔하다 色彩平庸 sècǎi píngyōng 표현 색채가 평범하다 配 pèi 동 더하다, 맞추다 牵强 qiānqiǎng 형 억지스럽다 意境 yìjìng 명 예술적 분위기, 심경 领域 lǐngyù 명 영역, 분야 恐怕 kǒngpà 부 아마, 어쩌면 漫画家 mànhuàjiā 명 만화가 白晓东 Bái Xiǎodōng 고유 바이샤오둥(사람 이름) 敲 qiāo 동 두드리다 一堵墙 yì dǔ qiáng 벽 하나 封闭 fēngbì 동 폐쇄하다, 막다 障碍 zhàng'ài 명 장애, 방해물 凿开 záokāi 쪼개다, 뚫다 门洞 méndòng 명 집 대문 绕开 ràokāi 돌아서 피하다 鲁迅 Lǔ Xùn 고유 루쉰(중국 현대 문학가) 赘述 zhuìshù 동 장황하게 설명하다 解剖学 jiěpōuxué 명 해부학 伦理学 lúnlǐxué 명 윤리학 排名 páimíng 동 순위(를 매기다) 称不上 chēng bu shàng 동 ~이라고 부르기 어렵다 偏低 piāndī 형 비교적 낮다 荣誉 róngyù 명 명예 偶尔 ǒu'ěr 부 가끔 误 wù 동 실수하다, 잘못 알다 并无大碍 bìngwú dà'ài 큰 문제가 안 된다 走弯路 zǒu wānlù (길을) 돌아가다, 시행착오를 겪다 一扇门 yí shàn mén 문 하나 转向 zhuǎnxiàng 동 방향을 바꾸다 用心 yòngxīn 동 마음을 쓰다 부 정성을 다해 分辨 fēnbiàn 동 분별하다, 식별하다 歧路 qílù 명 갈림길

35 C ★★

问: 亲戚为什么口出怨言?	질문: 그 친척은 왜 불만을 털어놓았는가?
A 没有培训机会	A 교육받을 기회가 없어서
B 无法参加画展	B 전시회에 참가할 수 없어서
C 没有被人赏识	C 인정을 받지 못해서
D 草根画家太多	D 아마추어 화가가 너무 많아서

해설 녹음 첫 번째 단락에서 '他向我倾诉了自己的苦恼(그는 나에게 자신의 고민을 털어놓았는데), 并埋怨某些掌握美术话语权的人缺乏辨识力(미술계의 발언권을 쥔 몇몇 사람들이 분별력이 부족하고), 看不起草根画家(아마추어 화가들을 무시한다며 불만을 토로했다)'라고 했다. 녹음의 '看不起(무시하다)'와 보기의 '没有被人赏识(인정을 받지 못하다)'의 뜻이 서로 통하므로 정답은 C이다.

단어 培训 péixùn 동 교육하다 画展 huàzhǎn 명 미술 전시회 赏识 shǎngshì 동 인정하다, 알아주다 亲戚 qīnqi 명 친척 怨言 yuànyán 명 불평, 원망

36 D ★★★

问: "泼冷水" 一词在文中针对哪种情况?	질문: '찬물을 끼얹다'는 표현은 글 속에서 어떤 상황을 가리키는가?
A 看不起亲戚	A 친척을 얕잡아 보아서
B 亲戚太热了	B 친척이 너무 더워서
C 和亲戚有矛盾	C 친척과 갈등이 있어서
D 亲戚画得不好	D 친척의 그림 실력이 좋지 않아서

해설 녹음 첫 번째 단락의 '我之所以给他泼冷水是有原因的(내가 찬물을 끼얹는 데는 이유가 있었다)'에서 관련 내용이 언급되었다. 이어지는 내용 '其画作笔触呆滞, 色彩平庸, 缺乏想象力, 没有个人特色((친척이 보내온) 그 그림들은 붓의 터치가 둔하고 색채가 평범하며 상상력이 부족했고 개인적인 개성이 없었다)'를 통해 찬물을 끼얹은 이유가 '친척의 그림 실력이 나빠서'임을 알 수 있다. 따라서 정답은 D이다.

단어 泼冷水 pō lěngshuǐ 동 찬물을 끼얹다(비유: 열정을 깨다) 针对 zhēnduì ~을 겨누다, ~에 대응하다 看不起 kànbuqǐ 동 깔보다, 무시하다 亲戚 qīnqi 명 친척 矛盾 máodùn 명 갈등, 모순 형 모순되는

37 B ★★

问: 面对一堵墙,漫画家白晓东最可能会怎样做?   질문: 벽을 마주했을 때, 만화가 바이샤오둥은 어떻게 할 가능성이 가장 높은가?

A 继续敲
B 转身离开
C 求助别人
D 去凿个门洞

A 계속 두드린다
B 돌아서서 떠난다
C 다른 사람에게 도움을 청한다
D 벽에 문을 뚫는다

해설   녹음 두 번째 단락의 '漫画家白晓东说过: "不要浪费时间去敲一堵墙。"(만화가 바이샤오둥은 '벽을 문으로 착각하고 두드리는 데 시간을 낭비하지 말라'고 말한 바 있다)'에서 관련 내용이 언급되었다. 이어지는 내용에서 '聪明的人一旦发现自己面对的是一堵墙, 转身就会绕开(똑똑한 사람은 자신 앞에 있는 것이 벽임을 깨달으면, 곧바로 돌아서 다른 길을 찾는다)'라 했으므로 정답은 B이다.

단어   一堵墙 yì dǔ qiáng 뗑 벽 한 면   漫画家 mànhuàjiā 뗑 만화가   敲 qiāo 통 두드리다   转身 zhuǎnshēn 통 몸을 돌리다. 돌아서다   求助 qiúzhù 통 도움을 요청하다   凿 záo 통 뚫다. 파다   门洞 méndòng 뗑 집 대문   绕开 ràokāi 통 돌아서 피하다

38 文学。 ★

问: 鲁迅先生成功敲了一扇什么门?   질문: 루쉰 선생은 '어떤 문'을 두드려 성공했는가?

文学。   문학.

해설   녹음 세 번째 단락에서 '他敲了一阵之后(그는 한동안 그 벽을 두드리다가), 意识到医学可能不适合自己(의학이 자신에게 맞지 않는다는 것을 깨닫고), 立即去敲 "文学之门" 了(곧장 '문학의 문'을 두드리러 갔다), 而这 "门" 也真的给了他应有的尊重和荣誉(그리고 그 문은 그에게 합당한 존중과 영예를 안겨주었다)'라고 했으므로 정답은 文学이다.

단어   文学 wénxué 뗑 문학   敲 qiāo 통 두드리다   扇 shàn 양 (문, 창문의) 짝, 개

39 A ★★★

问: "不要浪费时间去敲一堵墙"的意思与下列哪个成语相似?   질문: '벽을 두드리며 시간을 낭비하지 말라'는 말은 다음 중 어떤 성어와 뜻이 비슷한가?

A 另辟蹊径
B 坚持不懈
C 瞻前顾后
D 南辕北辙

A 새로운 길을 개척한다
B 끝까지 포기하지 않는다
C 앞뒤를 재며 망설인다
D 반대로 나아간다

해설   녹음 세 번째 단락에서 '鲁迅是懂得 "不要浪费时间去敲一堵墙" 的(루쉰은 '벽을 두드리며 시간을 낭비하지 말라'는 이치를 잘 이해하고 있었다)'라는 내용이 언급되었다. 이어지는 내용 '他敲了一阵之后, 意识到医学可能不适合自己, 立即去敲 "文学之门" 了(그는 한동안 그 벽을 두드리다가, 의학이 자신에게 맞지 않는다는 것을 깨닫고 곧장 '문학의 문'을 두드리러 갔다)'에서 벽을 만났을 때는 즉시 방향을 바꾸어야 한다는 것을 말하고 있다. 따라서 정답은 A이다. '另辟蹊径(새로운 길을 개척한다)'은 루쉰이 자기에게 맞지 않는 의학의 길을 버리고, 문학의 길을 선택한 것을 의미한다.

단어 相似 xiāngsì ⑱ 닮다, 비슷하다   另辟蹊径 lìng pì xī jìng ⑳ 새로운 길을 개척하다   坚持不懈 jiānchí búxiè ⑳ 끝까지 포기하지 않다, 끈기 있게 해 나가다   瞻前顾后 zhānqián gùhòu ⑳ 신중하게 앞뒤를 살피다, 너무 망설이다   南辕北辙 nányuán běizhé ⑳ 행동과 목표가 정반대이다

40 D ★★★

问: 上文主要想告诉我们什么?	질문: 이 글은 주로 우리에게 어떤 점을 말하고 있는가?
A 如何砌好一堵墙	A 벽을 잘 쌓는 법
B 请求帮助并不可耻	B 도움을 구하는 건 부끄러운 일이 아니다
C 坚持就可能把墙敲开	C 계속 두드리면 언젠가는 벽이 열린다
D 遇到弯路要及时绕开	D 잘못된 길을 만나면 즉시 피해가야 한다

해설 주제 관련 내용은 주로 녹음의 시작이나 마지막에 제시되는 경우가 많다. 녹음 네 번째 단락 마지막 부분에서 '如果是门，则继续敲，敲到打开为止(만약 문이라면 계속 두드려서 열릴 때까지 두드려야 하고) ; 如果不是门，就应立即转向，并用心分辨墙与门的区别，避免再走入歧路(문이 아니라면 즉시 방향을 바꾸어야 하며, 벽과 문의 차이를 제대로 가려낼 줄 알아야 다시 잘못된 길을 가지 않을 수 있다)'라고 했다. 문과 벽의 예시를 들어 잘못된 길을 만났을 때는 즉시 방향을 바꾸어야 한다고 했으므로 정답은 D이다.

단어 砌 qì ⑧ (벽돌, 돌 등을) 쌓다   可耻 kěchǐ ⑱ 부끄러운, 수치스러운   弯路 wānlù ⑲ 굽은 길, 잘못된 길   及时 jíshí ⑲ 제때에

二、阅读 독해

제1부분 (41-68) 지문을 보고 올바른 답을 선택하세요.

41-47

便宜坊烤鸭店是北京著名的"中华老字号"饭庄，创立于明朝永乐十四年（1416年），距今已有约600年的历史，是中国商务部首批认定并授予牌匾的"中华老字号"。便宜坊的"焖炉烤鸭"是北京烤鸭两大流派之一，皮酥肉嫩，口味鲜美，享誉京城。㊶ 又因其烤制过程鸭子不见明火，保证了烤鸭表面无杂质，因此被现代人称为"绿色烤鸭"，可谓是馈赠佳品。

很多顾客看了"便宜坊"这个名号，可能会觉得奇怪，说："'便宜坊'三个字让人乍一看是便宜货的意思，不好听呀！"其实，这个名字是有来历的。

据说，明嘉靖三十年（1551年），㊷ 兵部员外郎杨继盛在朝堂之上弹劾奸臣，却反被奸臣诬陷。等下了朝，他感觉非常忧郁，便在回去的路上漫无目的地走，以化解心中的苦闷。当来到菜市口米市胡同时，他忽闻一股香气扑鼻而来，见一小店，此时自己也是饥肠辘辘，便推门而入。进入店中，他四下一看，店堂虽然不大，却干净幽雅，宾客满堂。他便找了个比较清静的桌子坐下，点了酒水、烤鸭及其他菜肴，㊸ 把烦闷与不快抛至九霄云外，大口吃肉，痛饮美酒。此时，有人认出他是杨继盛，是爱国名臣良将，便告之掌柜。掌柜听说后，非常惊喜，赶紧上前招呼，端菜斟酒，对杨继盛表达钦佩之意。杨继盛也是一个性情耿直的人，两个人聊得非常投机。攀谈的过程中，杨继盛知道这个店的名号是便宜坊，又见店家待客非常周到，于是感叹道："此店真乃方便宜人，物超所值！"㊹ 于是命人拿来文房四宝，待笔、墨、纸、砚备齐，杨继盛提笔一挥而就，写下三个大字"便宜坊"！众人看了都拍手称好。此后，杨继盛与众位同僚经常光顾这家店，品尝焖炉烤鸭。便宜坊也由此而声名远播。

20世纪60年代，周恩来总理等一行人来到便宜坊用餐。周总理看到了便宜坊的变化，感触颇深。餐后，周总理起身，沉思片刻，指着堂内便宜坊的字号，语重心长地说：㊺ "便宜坊是我们老祖宗留下的宝贵财富，'便宜'两字应以'便利人民、宜室宜家'为核心，服务人民、服务大众。"从此，"便宜坊"有了新的解意，其经营宗旨有了更准确的内涵。

㊻ 如今的便宜坊烤鸭店，以焖炉烤鸭为招牌菜，融合鲁菜特色，已经成为集团化企业。㊼ 旗下老字号品牌众多，除了以焖炉烤鸭技艺独树一帜的"便宜坊烤鸭店"，还有乾隆皇帝亲赐牌匾的"都一处烧麦馆"、光绪皇帝御驾光临的"壹条龙饭庄"、建于清道光二十三年（1843年）有"北京八大楼之一"称号的"正阳楼饭庄"等，店铺已经多达36家。

찾아 화덕 오리구이를 즐겼고, 편의방도 이로 인해 명성이 널리 퍼졌다고 한다.

20세기 60년대, 저우언라이(周恩来) 총리 일행이 편의방에 와서 식사를 했다. 저우 총리는 편의방의 변화를 보고 깊은 감회를 느꼈다. 식사 후, 저우 총리는 자리에서 일어나 잠시 생각에 잠기고는, 가게 안의 '편의방'이라는 간판을 가리키며 의미심장하게 말하기를, ㊺"편의방은 우리 조상들이 남긴 귀중한 유산이며, '편의(便宜)'라는 두 글자는 '백성을 편리하게 하고, 가정에 유익하다'는 뜻을 핵심으로 삼아, 국민을 위해, 대중을 위해 봉사해야 한다"고 말했다. 이로부터 '편의방'은 새로운 의미를 갖게 되었으며, 그 운영 이념도 보다 정확한 내포를 지니게 되었다.

㊻ 오늘날의 편의방 오리구이점은 화덕 오리구이를 대표 요리로 삼고, 산둥요리의 특색을 융합하여 이미 그룹화된 기업으로 성장했다. ㊼ 산하에 여러 개의 오래된 전통 브랜드를 보유하고 있으며, 화덕 오리구이 기술로 독보적인 '편의방 오리구이점' 외에도, 건륭제(乾隆皇帝)가 친히 현판을 하사한 '도일처 샤오마이관', 광서제(光绪皇帝)가 친히 방문한 '일조룡 음식점', 청나라 도광 23년(1843년)에 세워져 '베이징 8대 누각 중 하나'로 불리는 '정양루 음식점' 등이 있으며, 현재 점포가 36곳에 달한다.

단어 便宜坊烤鸭店 Piányifāng kǎoyādiàn 고유 편의방 북경오리구이점 老字号 lǎozìhào 명 오래된 전통 브랜드 饭庄 fànzhuāng 명 식당, 음식점 明朝永乐 Míngcháo Yǒnglè 고유 명나라 영락제(연호) 商务部 shāngwùbù 명 상무부 首批 shǒupī 첫 번째 认定 rèndìng 동 인정하다, 확정하다 授予 shòuyǔ 동 수여하다, 부여하다 牌匾 páibiǎn 명 간판, 현판 焖炉烤鸭 mènlúkǎoyā 화덕에서 고기를 간접 열로 굽는 방식의 북경 오리구이 皮酥肉嫩 pí sū ròu nèn 껍질은 바삭하고 살은 부드럽다 口味鲜美 kǒuwèi xiānměi 맛이 신선하고 맛있다 享誉 xiǎngyù 동 명성을 얻다 烤制 kǎozhì 동 굽다, 조리하다 明火 mínghuǒ 명 직화 杂质 zázhì 명 불순물 可谓 kěwèi ~이라고 (말)할 수 있다 馈赠 kuìzèng 동 선물로 주다 乍一看 zhà yí kàn 언뜻 보기에는 便宜货 piányihuò 명 값싼 물건 嘉靖 Jiājìng 고유 가정(명나라 연호) 员外郎 yuánwàiláng 원외랑(관직 이름) 杨继盛 Yáng Jìshèng 고유 양지성(명나라 충신) 朝堂 cháotáng 명 조정, 궁정 회의 장소 弹劾 tánhé 동 탄핵하다 奸臣 jiānchén 명 간신 诬陷 wūxiàn 동 무고하다, 누명 씌우다 漫无目的 màn wú mùdì 정처 없이, 목적지를 두지 않고 化解 huàjiě 동 풀다, 해소하다 苦闷 kǔmèn 동 괴롭고 답답하다 菜市口米市胡同 Càishìkǒu Mǐshì Hútòng 고유 채사구 미시 골목(베이징 지명) 一股香气 yì gǔ xiāngqì 한 줄기 향기 扑鼻而来 pūbí ér lái 향기가 코를 찌른다. 냄새가 풍기다 饥肠辘辘 jīcháng lùlù 형 배가 몹시 고파 꼬르륵 소리가 나다 幽雅 yōuyǎ 형 우아하고 조용하다 宾客满堂 bīnkè mǎntáng 손님이 가득하다 菜肴 càiyáo 명 요리, 음식 烦闷 fánmèn 형 답답하고 우울하다 痛饮美酒 tòngyǐn měijiǔ 맛있는 술을 실컷 마시다 名臣良将 míngchén liángjiàng 훌륭한 신하와 장수 掌柜 zhǎngguì 명 옛날 가게 주인을 부르던 호칭 招呼 zhāohu 동 응대하다, 부르다 端菜 duān cài 동 음식을 나르다 斟酒 zhēnjiǔ 동 술을 따르다 钦佩 qīnpèi 동 존경하다 性情耿直 xìngqíng gěngzhí 성격이 강직하다 聊得投机 liáo de tóujī 대화가 잘 통하다 攀谈 pāntán 동 이야기를 나누다 周到 zhōudào 동 세심하다, 빈틈없다 宜人 yírén 형 기분 좋은, 쾌적한 物超所值 wù chāo suǒ zhí 가격 대비 성능이 뛰어나다 文房四宝 wénfáng sìbǎo 문방사보 (붓, 먹, 종이, 벼루) 笔·墨·纸·砚 bǐ, mò, zhǐ, yàn 붓, 먹, 종이, 벼루 提笔 tí bǐ 붓을 들다 一挥而就 yì huī ér jiù 동 단번에 훌륭한 글을 써 내다 拍手称好 pāishǒu chēnghǎo 손뼉 치며 칭찬하다 同僚 tóngliáo 명 동료(공직에서 함께 일하는 사람) 声名远播 shēngmíng yuǎnbō 명성이 멀리 퍼지다 周恩来 Zhōu Ēnlái 고유 저우언라이(중국의 전 국무원 총리) 感触颇深 gǎnchù pō shēn 큰 감회를 느끼다 沉思片刻 chénsī piànkè 잠시 생각에 잠기다 语重心长 yǔ zhòng xīn cháng 성 의미심장하다 老祖宗 lǎozǔzong 명 선조 宗旨 zōngzhǐ 명 목적, 취지 内涵 nèihán 명 내포된 의미, 함의 招牌菜 zhāopáicài 대표 요리, 간판 요리 融合 rónghé 동 융합하다 鲁菜 lǔcài 명 산둥 요리(중국 8대 요리 중 하나) 旗下 qíxià 명 소속, 산하 独树一帜 dúshù yízhì 성 독자적인 스타일을 이루다 乾隆皇帝 qiánlóng Huángdì 고유 건륭제(청나라 황제) 亲赐 qīncì 황제가 직접 하사하다 都一处烧麦馆 Dūyīchù Shāomàiguǎn 고유 도일처 샤오마이관(유명 음식점 이름) 光绪皇帝 Guāngxù Huángdì 고유 광서제(청나라 황제) 御驾光临 yùjià guānglín 황제가 친히 방문하다 壹条龙饭庄 Yītiáolóng Fànzhuāng 고유 일조룡 음식점(전통 음식점 이름) 道光 Dàoguāng 고유 도광(청나라 연호) 正阳楼饭庄 Zhèngyánglóu Fànzhuāng 고유 정양루 식당 店铺 diànpù 명 가게, 점포

41 A

被称为"绿色烤鸭"是因为便宜坊烤鸭的:	'친환경 오리구이'라고 불리는 이유는 편의방 오리구이의:
A 制作工艺	A 제작 공정 때문이다
B 原料来源	B 재료 출처 때문이다
C 悠久历史	C 유구한 역사 때문이다
D 美味口感	D 맛있는 식감 때문이다

해설 첫 번째 단락 후반에서 '又因其烤制过程鸭子不见明火，保证了烤鸭表面无杂质(또한 오리를 굽는 과정에서 직접 불에 닿지 않도록 하여 표면에 불순물이 생기지 않도록 보장하기 때문에), 因此被现代人称为 "绿色烤鸭" (현대인들은 이를 '친환경 오리구이'라 부른다)'라고 했으므로 정답은 A이다. 지문의 '烤制过程(굽는 과정)'과 보기의 '制作工艺(제작 공정)'이 뜻이 통함을 유추할 수 있어야 한다.

단어 被称为 bèi chēngwéi ~이라 불리다　绿色 lǜsè 형 친환경적인, 무공해의　制作工艺 zhìzuò gōngyì 명 생산 공정, 생산 기술, 제작 기술　原料 yuánliào 명 원료　来源 láiyuán 명 출처

42 B

杨继盛进店时:	양지성이 가게에 들어섰을 때:
A 刚输了比赛	A 막 시합에서 졌다
B 心情很郁闷	B 마음이 매우 우울하고 답답했다
C 身上没有钱	C 가진 돈이 없었다
D 已吃过晚饭	D 저녁 식사를 이미 마쳤다

해설 세 번째 단락 초반에서 '兵部员外郎杨继盛在朝堂之上弹劾奸臣，却反被奸臣诬陷(병부 원외랑 양지성이 조정에서 간신을 탄핵했으나, 도리어 간신에게 모함을 당하게 되었다). 等下了朝，他感觉非常忧郁(조정에서 물러난 뒤 그는 마음이 매우 울적하여), 便在回去的路上漫无目的地走，以化解心中的苦闷(돌아가는 길에 아무 생각 없이 거닐며 답답한 마음을 달래고자 했다)'라고 했으므로 정답은 B이다.

• 빈출 단어: 郁闷, 忧郁, 苦闷

단어 心情 xīnqíng 명 기분, 심정　郁闷 yùmèn 형 우울하고 답답하다　忧郁 yōuyù 형 우울하다, 울적하다　苦闷 kǔmèn 형 괴롭고 답답하다

43 D

根据文意，第三段的空白处最适合填入的词语是:	지문 내용에 따르면, 세 번째 단락의 빈칸에 들어갈 가장 적절한 표현은:
A 天涯海角	A 아득히 멀고 구석진 곳
B 四面八方	B 사방팔방
C 五湖四海	C 전국 각지
D 九霄云外	D 하늘 끝 저 멀리

해설	빈칸이 포함된 '把烦恼与不快抛至_____(근심과 걱정을 하늘 끝 저 멀리까지 떨쳐버리고)'에서 문맥상 빈칸에는 근심과 불쾌함을 '아주 멀리' 떨쳐버린다는 내용이 와야 하므로 정답은 D이다. 把……抛至九霄云外 구문은 주로 '근심', '걱정' 등과 함께 쓰여 '~을 멀리 떨쳐버리다'라는 의미를 나타낸다.
단어	烦闷 fánmèn 통 울적하다 不快 bùkuài 혱 불쾌하다 天涯海角 tiānyá hǎijiǎo 졩 아득히 멀고 구석진 곳 四面八方 sìmiàn bāfāng 졩 사방팔방, 모든 방향 五湖四海 wǔhú sìhǎi 졩 전국 각지, 세계 각지 九霄云外 jiǔxiāo yúnwài 졩 아주 높은 하늘 밖, 아득히 먼 곳

44 B ★★★

由众人的反应可知，杨继盛擅长：	사람들의 반응으로 알 수 있는 양지성이 뛰어난 것은:
A 取名 B 书法 C 表演 D 作诗	A 작명 B 서예 C 연기 D 시 짓기

해설	세 번째 단락 후반의 '众人看了都拍手称好(사람들은 이를 보고 모두 박수 치며 칭찬했다)'에서 사람들의 양지성에 대한 반응이 언급되었다. 그 배경으로 앞 내용에서 '于是命人拿来文房四宝, 待笔、墨、纸、砚备齐(이에 문방사우를 가져오게 하여 붓, 먹, 종이, 벼루를 준비시켰다), 杨继盛提笔一挥而就, 写下三个大字"便宜坊"(양지성은 붓을 들어 단번에 '편의방'이라는 세 글자를 써냈다고 한다)'라고 했으므로 정답은 B이다. 笔, 墨, 纸, 砚은 모두 书法에 쓰이는 재료이며, '一挥而就(단번에 훌륭한 글을 써 내다)'는 서예, 그림 등이 대단히 숙련됨을 나타낸다.
단어	擅长 shàncháng 통 …을 잘하다, 능하다 取名 qǔmíng 통 이름을 짓다 书法 shūfǎ 몡 서예 作诗 zuòshī 통 시를 짓다

45 D ★★

周总理认为便宜坊：	저우 총리가 생각하는 편의방은:
① 是珍贵遗产 ② 应服务人民 ③ 可扩大店面 ④ 需改进技艺	① 진귀한 유산이다 ② 국민을 위해 봉사해야 한다 ③ 점포를 확대할 수 있다 ④ 기술을 개선할 필요가 있다
A ①③ B ②④ C ①④ D ①②	A ①③ B ②④ C ①④ D ①②

해설	네 번째 단락 중반에서 '便宜坊是我们老祖宗留下的宝贵财富(편의방은 우리 조상들이 남긴 소중한 유산이며), "便宜"两字应以"便利人民、宜室宜家"为核心('편의'라는 두 글자는 '백성을 편리하게 하고, 가정에 유익하다'는 뜻을 핵심으로 삼아), 服务人民、服务大众(국민을 위해, 대중을 위해 봉사해야 한다)'라고 했으므로 정답은 D이다. 지문의 '老祖宗留下的宝贵财富(조상이 남긴 귀중한 재산)'과 보기의 '珍贵遗产(진귀한 유산)'이 뜻이 통함을 유추할 수 있어야 한다.
단어	宝贵 bǎoguì 혱 귀중하다 财富 cáifù 몡 재산, 부 珍贵 zhēnguì 혱 진귀하다 遗产 yíchǎn 몡 유산 服务 fúwù 통 서비스하다 扩大 kuòdà 통 확대하다, 넓히다 店面 diànmiàn 몡 가게, 점포 改进 gǎijìn 통 개선하다 技艺 jìyì 몡 기예, 기술

46 A ★

现在的便宜坊：	현재의 편의방은:
A 主推烤鸭和鲁菜	A 오리구이와 산동 요리를 주력으로 한다
B 管理层参与分红	B 경영진이 수익을 나눠 가진다
C 多在郊区开分店	C 대부분 교외 지역에 분점을 낸다
D 面临着生存危机	D 생존 위기를 겪고 있다

해설 다섯 번째 단락 초반의 '如今的便宜坊烤鸭店(오늘날의 편의방 오리구이점은)'에서 관련 내용이 언급되었다. 이어지는 내용에서 '以焖炉烤鸭为招牌菜, 融合鲁菜特色, 已经成为集团化企业(산동요리의 특색을 융합하여 이미 그룹화된 기업으로 성장했다)'라고 했으므로 정답은 A이다.

단어 主推 zhǔtuī 图 주력하다. 주로 홍보하다 烤鸭 kǎoyā 图 오리구이 鲁菜 lǔcài 图 산동(山东) 요리 管理层 guǎnlǐ céng 图 관리층 参与 cānyù 图 참여하다 分红 fēnhóng 图 배당(금) 图 배당하다 郊区 jiāoqū 图 교외, 외곽 面临 miànlín 图 직면하다, 마주하다

47 C ★

正阳楼饭庄：	정양루 음식점은:
A 始建于光绪时期	A 광서제 시기에 세워졌다
B 牌匾为皇帝所赐	B 현판을 황제가 하사했다
C 属于老字号品牌	C 오래된 전통 브랜드에 속한다
D 已有36家门店	D 이미 36개의 지점을 운영한다

해설 다섯 번째 단락 중반에서 便宜坊에 대한 부연 설명으로 '旗下老字号品牌众多(산하에 여러 개의 오래된 전통 브랜드를 보유하고 있다)'라고 했다. 이어지는 내용에서 '有"北京八大楼之一"称号的"正阳楼饭庄"等('베이징 8대 누각 중 하나'로 불리는 '정양루 음식점' 등이 있다)'라며 정량루 음식점이 라오쯔하오 브랜드에 속함을 말해 준다. 따라서 정답은 C이다.

단어 旗下 qíxià 图 산하, 소속 称号 chēnghào 图 칭호, 호칭 属于 shǔyú 图 ~에 속하다 老字号 lǎozìhào 图 오래된 전통 브랜드 品牌 pǐnpái 图 브랜드 正阳楼饭庄 Zhèngyánglóu fànzhuāng 교유 정양루 음식점 门店 méndiàn 图 매장, 점포 始建于 shǐjiàn yú ~에 처음 건립되다 牌匾 páibiǎn 图 현판 皇帝 huángdì 图 황제 赐 cì 图 하사하다, 내려주다

TIP

● 주요 문장 형식

距今已有……年的历史, 是…… (지금으로부터 ~년의 역사를 가지고 있으며, ~이다)
- 원문 便宜坊烤鸭店是北京著名的"中华老字号"饭庄, 创立于明朝永乐十四年(1416 年), 距今已有约600年的历史, 是中国商务部首批认定并授予牌匾的"中华老字号"。
- 예문 兵马俑是秦朝时期的一项伟大工程, 距今已有两千多年的历史, 是世界文化遗产。

乍一看 A, 其实, B (언뜻 보면 A이지만, 사실은 B이다)
- 원문 "便宜坊"三个字让人乍一看是便宜货的意思, 不好听呀！其实, 这个名字是有来历的。
- 예문 这种东西乍一看没什么特别的, 其实, 它的作用是不可想象的。

把……抛至(抛到)九霄云外 (~을 멀리 떨쳐버리다)
- 원문 把烦闷与不快抛至九霄云外。
- 예문 回到家看到可爱的孩子, 她把白天的一切烦恼都抛到九霄云外了。

48-54

1 鲁庄公十年的春天，㊾ 齐国军队攻打鲁国，鲁庄公将要迎战。㊽ 曹刿请求庄公召见他。他的同乡说："大官们会谋划这件事的，你又何必参与呢？" ㊾ 曹刿说："大官们眼光短浅，不能深谋远虑。" 于是他进宫去见庄公。

2 曹刿问庄公："您凭什么跟齐国打仗？" 庄公说：㊿ "衣食是使人生活安定的东西，我不敢独自占有，一定拿来分给别人。" 曹刿说："这种小恩小惠不能遍及百姓，百姓是不会跟从您的。" 庄公又说："祭祀用的牛羊、玉帛之类，我从来不敢虚报数目，一定要做到诚实可信。" 曹刿说："这种诚意难以使人信服，神明是不会保佑您的。" (51) 庄公接着说："大大小小的案件，虽然不能每一件都了解清楚，但一定要处理得合情合理。" 曹刿回答道："这才是尽本职的事，可以凭这一点去打仗。作战时请允许我跟您一起去。"

3 (52) 鲁庄公和曹刿同乘一辆战车，在长勺和齐军作战。庄公刚上战场就要击鼓进军，曹刿说："现在不行。" 齐军擂鼓三次之后，曹刿说："可以击鼓进军了。"

4 结果，齐军大败。庄公正要下令追击，曹刿说："还不行。" 说完就下车察看齐军的车辙，然后登上车，手扶车轼观望齐军的队形。仔细观察一番后，他说："现在可以追击了。" 于是，庄公命令军队追击齐军。

5 最终，(53) 鲁国的军队战胜了齐军，鲁庄公向曹刿询问取胜的原因。曹刿答道："打仗，要靠勇气。第一次擂鼓能振作士兵们的勇气。第二次擂鼓时，士兵们的勇气就会减弱。等到第三次擂鼓时，士兵们的勇气已经枯竭了。敌方的勇气已经枯竭，而我方的勇气正旺，所以我们打败了他们。齐国是大国，难以摸清他们的情况。经过观察后，我发现他们的车辙混乱，军旗也倒下了，于是下令追击他们。"

6 (54) 鲁庄公听了曹刿的这番话，不禁称赞道："将军真是精通战事的奇才啊！"

노장공(鲁庄公)10년 어느 봄, ㊾ 제나라 군대가 노나라를 공격하자, 노장공은 이에 맞서 싸우려 했다. ㊽ 조귀(曹刿)는 장공(노장공)에게 그를 접견하기를 청했다. 그의 고향 친구가 말하기를, "대신들이 이 일을 계획할 텐데 너까지 나설 필요가 있겠느냐?" 하자, ㊾ 조귀는 "대신들은 안목이 짧아 멀리 내다보지 못한다"라고 말했다. 그래서 그는 궁궐에 들어가 장공을 뵈었다. 1

조귀가 장공에게 물었다. "폐하께서는 무엇을 근거로(어떠한 장점을 갖추어서) 제나라와 싸우려 하십니까?"라고 하자, ㊿ 장공은 "의식(衣食)은 백성을 안정시키는 근본이니, 감히 혼자 독차지하지 않고 반드시 백성과 나누려 하오."라고 말했다. 이에 조귀는 "그런 작은 은혜와 혜택은 백성 모두에게 미치기 어렵기 때문에, 백성은 따르지 않을 것입니다."라고 말했다. 장공은 다시 "제사를 지낼 때 쓰는 소, 양, 옥과 비단 같은 것은 숫자를 속인 적이 없고 반드시 정직하게 하려 했소."라고 말했다. 조귀는 "그런 정성으로는 사람들의 신뢰를 얻기 어렵고, 신들도 축복하지 않을 것입니다."라고 말했다. (51) 장공은 이어 "크고 작은 사건들을 비록 다 파악하지는 못하지만, 반드시 공정하고 합리적으로 처리하려 했소."라고 말했다. 조귀가 대답하기를 "이것이야말로 임금이 본분을 다하는 것이며, 이 점을 근거로 전쟁을 해도 되니, 싸움이 시작되면 저도 함께 갈 수 있도록 허락해 주십시오."라고 했다. 2

(52) 노장공은 조귀와 함께 같은 전차를 타고 장작(长勺)에서 제(齐)나라 군대와 싸웠다. 장공은 전장에 막 올라서자 곧 북을 쳐 진군하려 했지만, 조귀는 "지금은 안 됩니다."라고 말했다. 제나라 군이 세 번의 북을 친 뒤에야 조귀는 "이제 북을 치고 나아가도 됩니다."라고 말했다. 3

결국 제나라 군은 크게 패했다. 장공이 곧바로 추격 명령을 내리려 하자, 조귀는 "아직 안 됩니다."라고 말했다. 그리고는 전차에서 내려 제나라 군의 수레 자국을 살핀 뒤 다시 전차에 올라, 손으로 수레 난간을 짚고 제나라 군의 대오를 관찰했다. 자세히 살펴본 뒤 그는 "이제 추격해도 됩니다."라고 말했다. 그러자 장공은 군대에 추격 명령을 내렸다. 4

결국 (53) 노나라 군은 제나라 군을 물리쳤다. 노장공은 조귀에게 이길 수 있었던 이유를 물었다. 조귀는 "전쟁은 기세에 달려 있습니다. 첫 번째 북소리는 병사들의 기세를 북돋습니다. 두 번째 북소리 때에는 기세가 줄고, 세 번째 북소리 때는 이미 기세가 다 빠져 있었습니다. 적군의 기세가 이미 꺾인 반면, 우리 군의 기세는 한창이었기 때문에 이길 수 있었습니다. 제나라는 큰 나라라서 상황을 파악하기가 어렵습니다. 관찰을 통해 그들의 수레 자국은 어지럽고 군기(깃발)도 쓰러져 있어, 그제야 추격 명령을 내렸습니다."라고 말했다. 5

㊹ 노장공은 조귀의 이 말을 듣고, "장군은 참으로 전쟁에 능한 귀재로구나!"라며 감탄했다.

단어 鲁庄公 Lǔ Zhuānggōng 고유 노장공(춘추시대 노나라 군주, 庄公은 군주를 나타내는 호칭임) 齐国 Qíguó 고유 제나라 攻打 gōngdǎ 동 공격하다 国 Lǔguó 고유 노나라 迎战 yíngzhàn 동 맞서 싸우다 曹刿 Cáo Guì 고유 조귀(노나라의 명장) 谋划 móuhuà 동 계획하다, 책략을 세우다 参与 cānyù 동 참여하다 眼光短浅 yǎnguāng duǎnqiǎn 눈앞의 이익만 보다 深谋远虑 shēnmóu yuǎnlǜ 성 계획이 주도면밀하고 긴 안목을 지녔다 凭 píng 개 ~에 근거하여, ~에 따라 小恩小惠 xiǎo'ēn xiǎohuì 성 (사람을 꾀기 위하여 베푸는) 작은 선심 遍及 biànjí 동 두루 미치다, 골고루 퍼지다 百姓 bǎixìng 일반 백성 跟从 gēncóng 동 따르다 祭祀 jìsì 동 제사를 지내다 玉帛 yùbó 명 옥과 비단(제물) 虚报数目 xūbào shùmù 수량을 허위로 보고하다 诚实可信 chéngshí kěxìn 정직하고 믿을 만하다 信服 xìnfú 믿고 복종하다 神明 shénmíng 명 신령, 신 保佑 bǎoyòu 동 가호하다, 보호하다 案件 ànjiàn 명 사건, 사안 合情合理 héqíng hélǐ 성 합리적이고 타당하다 尽 jìn 동 다하다 本职 běnzhí 명 본래의 직무 乘 chéng 동 (차, 배 등을) 타다 长勺 Chángsháo 장작(고대 노나라 지역) 作战 zuòzhàn 동 전투하다 击鼓进军 jīgǔ jìnjūn 북을 쳐서 진군하다 擂鼓 léigǔ 동 북을 세차게 치다 追击 zhuījī 동 추격하다, 뒤쫓다 察看 chákàn 동 살펴보다 车辙 chēzhé 바퀴 자국, 차의 흔적 手扶 shǒufú 손잡이 车轼 chēshì 자동차의 차축, 차륜 队形 duìxíng 명 대형, 군대의 진형 一番 yì fān 한바탕, 한차례 询问 xúnwèn 묻다, 질문하다 取胜 qǔshèng 동 승리를 거두다, 이기다 振作 zhènzuò 동 기운을 차리다, 분발하다 枯竭 kūjié 동 고갈되다, 바닥나다 正旺 zhèngwàng 한창 번성하다, 기세가 좋다 摸清 mōqīng 동 파악하다, 명확히 알다 军旗 jūnqí 군기, 군대의 깃발 不禁 bùjīn 참을 수 없다, 저절로 精通 jīngtōng 동 잘 알다, 정통하다 奇才 qícái 명 기인, 천재

48 B ★★★

根据文意，第一段的空白处最适合填入的词语是： / 글의 내용에 따르면, 첫 번째 단락의 빈칸에 가장 적절한 단어는:

A 遇见 / A 우연히 만나다
B 召见 / B 불러서 만나다
C 召集 / C (다수의 인원을) 소집하다
D 集合 / D 집합하다

해설 빈칸이 포함된 '曹刿请求庄公＿＿＿＿他'는 '조귀는 노장공(군주)에게 그를 ~하기를 청했다'로 해석할 수 있다. 이어지는 내용에서 조귀와 노장공의 면담이 나오므로, 빈칸에 들어갈 가장 적절한 단어는 '(윗사람이 아랫사람을) 불러서 면담하다'라는 의미의 B 召见이다. C 召集은 '다수의 사람을 불러모으다'라는 의미를 나타내므로 정답이 될 수 없다.

단어 鲁庄公 Lǔ Zhuānggōng 고유 노장공(춘추시대 노나라의 군주) 召见 zhàojiàn 동 (상급자가 하급자를) 불러서 면담하다, 접견하다 遇见 yùjiàn 동 마주치다, 우연히 만나다 召集 zhàojí 동 불러모으다, 소집하다 集合 jíhé 동 모이다, 집합하다

49 A ★★

曹刿找鲁庄公是为了： / 조귀가 노장공을 찾은 이유는:

A 协助作战 / A 전쟁을 도우려고
B 谋求官职 / B 관직을 얻으려고
C 诉说友情 / C 우정을 말하려고
D 打击大官 / D 대신을 공격하려고

해설 첫 번째 단락 초반에서 '齐国军队攻打鲁国(제나라 군대가 노나라를 공격하자), 鲁庄公将要迎战(노장공은 이에 맞서 싸우려 했다)'라고 했으며, 동일 단락 후반에서 '曹刿说："大官们眼光短浅, 不能深谋远虑。" 于是他进宫去见庄公(조귀는 "대신들은 안목이 짧아 멀리 내다보지 못한다"라고 말했다. 그래서 그는 궁궐에 들어가 장공을 뵈었다)'라고 했다. 문맥을 통해 조귀가 노장공에게 전쟁에 관련된 조언을 하려고 하는 것을 알 수 있으므로 정답은 A이다.

단어　**协助** xiézhù 통 협조하다, 도와주다　**作战** zuòzhàn 통 작전하다, 싸우다　**攻打** gōngdǎ 통 공격하다, 습격하다　**谋划** móuhuà 통 모의하다, 계획하다　**眼光短浅** yǎnguāng duǎnqiǎn 눈앞밖에 못 본다, 근시안적이다　**深谋远虑** shēnmóu yuǎnlǜ 심사숙고하고 멀리 내다보다　**进宫** jìngōng 통 궁궐에 들어가다

50　D ★★

鲁庄公认为自己有哪些优点?	노장공이 스스로 갖췄다고 여긴 장점은:
① 用心备战且观察细致	① 전쟁 준비에 정성을 들이고 세심하게 살핀다
② 常常与别人分享衣食	② 다른 이들과 자주 음식과 옷을 나눈다
③ 祭祀神明时诚实守信	③ 신께 제사를 올릴 때 성실하게 신용을 지키다
④ 谦虚谨慎又待人诚恳	④ 겸손하고 신중하며 사람을 성의껏 대한다
A ①②　B ②④　C ①④　D ②③	A ①②　B ②④　C ①④　D ②③

해설　두 번째 단락 초반에서 조귀의 질문에 대한 대답으로 노장공이 말하기를 '衣食是使人生活安定的东西, 我不敢独自占有, 一定拿来分给别人(의식은 백성을 안정시키는 근본이니, 감히 혼자 독차지하지 않고 반드시 백성과 나누려 했다)'라고 했다. 또한 이어지는 내용에서 '祭祀用的牛羊、玉帛之类, 我从来不敢虚报数目, 一定要做到诚实可信(제사를 지낼 때 쓰는 소, 양, 옥과 비단 같은 것은 숫자를 속인 적이 없고 반드시 정직하게 하려 했다)'라고 했으므로 정답은 C이다.

단어　**分享** fēnxiǎng 통 나누다, 공유하다　**衣食** yīshí 명 의식주, 옷과 음식　**诚实** chéngshí 형 성실하다, 정직하다　**守信** shǒuxìn 통 신용을 지키다　**可信** kěxìn 형 믿을 수 있다　**备战** bèizhàn 통 전쟁에 대비하다　**细致** xìzhì 형 세심하다, 꼼꼼하다　**祭祀** jìsì 통 제사를 지내다　**神明** shénmíng 명 신령, 신　**谦虚谨慎** qiānxū jǐnshèn 겸손하고 신중하다　**待人诚恳** dàirén chéngkěn 사람을 진심으로 대하다

51　C ★★

曹刿认为可以打仗的前提条件是:	조귀가 전쟁을 해도 된다고 판단한 전제 조건은:
A 齐军已有退意	A 제나라 군대가 이미 물러날 기세를 보인다
B 鲁国国富民强	B 노나라가 부유하고 백성들이 강하다
C 鲁庄公小心处理各种案件	C 노장공이 각종 사항을 신중하게 처리한다
D 鲁庄公是精通战事的奇才	D 노장공이 전쟁에 능한 인물이다

해설　두 번째 단락 후반에서 장공이 '大大小小的案件, 虽然不能每一件都了解清楚(크고 작은 사건들을 비록 다 파악하지는 못하지만), 但一定要处理得合情合理(반드시 공정하고 합리적으로 처리하려 했다)'라고 했다. 이에 대해 조귀는 '这才是尽本职的事, 可以凭这一点去打仗(이것이야 말로 임금이 본분을 다하는 것이며, 이 점을 근거로 전쟁을 해도 된다)'라고 했다. 여기서 조귀가 말하는 '전쟁을 할 수 있는 조건'은 노장공이 사건들을 공정하고 합리적으로 처리하는 태도에 달려 있다는 것을 의미하므로, 정답은 C이다. 지문의 '处理得合情合理(공정하고 합리적으로 처리하다)'와 보기의 '小心处理(신중하게 처리하다)'이 뜻이 통함을 유추할 수 있어야 한다.

단어　**打仗** dǎzhàng 통 전쟁을 하다　**前提条件** qiántí tiáojiàn 전제 조건　**国富民强** guó fù mín qiáng 성 나라가 부유해야만 국민이 강성해진다　**合情合理** hé qíng hé lǐ 성 합리적이고 공정하다　**尽本职** jìn běnzhí 통 본분을 다하다　**凭** píng 개 ~에 근거하여, ~에 따라　**精通** jīngtōng 통 잘 알다, 정통하다　**战事** zhànshì 명 전투, 전쟁　**奇才** qícái 명 재주와 지혜가 뛰어난 사람, 귀재

52 C ★

鲁国与齐国打仗的地点是:	노나라와 제나라가 싸운 장소는:
A 长平	A 장평
B 长春	B 장춘
C 长勺	C 장작
D 长安	D 장안

해설 세 번째 단락 초반에서 '鲁庄公和曹刿同乘一辆战车，在长勺和齐军作战(노장공은 조귀와 함께 같은 전차를 타고 장작에서 제나라 군대와 싸웠다)'라고 했으므로 정답은 C이다.

단어 地点 dìdiǎn 몡 장소, 위치　打仗 dǎzhàng 됭 전쟁을 하다　作战 zuòzhàn 됭 작전하다, 전투를 벌이다

TIP
- **지역으로 기억하는 중국 역사**

长平(장평)
长平之战(장평 전투): 기원전 260년, 조나라와 위나라 사이에서 벌어진 전투
개요: 조나라가 큰 패배를 당하며, 위나라가 승리하였다. 이 전투는 조나라의 국력에 큰 타격을 주었으며, 전쟁의 양상에 중요한 영향을 미치게 되었다.

长勺(장작)
长勺之战(장작 전투): 기원전 684년, 제나라와 노나라 사이에서 벌어진 전투
개요: 노나라의 승리로 막을 내렸으며, 이 전투로 약소국이었던 노나라는 대국들 사이에서 정치적 위신이 크게 올라가게 되었다.

53 D ★★★

鲁国取胜的原因是:	노나라가 승리한 이유는:
A 粮草及武器充足	A 군량과 무기가 넉넉했다
B 提前布置了埋伏	B 미리 매복을 준비했다
C 掌握了战场的地形分布	C 전장의 지형을 잘 파악했다
D 准确判断了进攻时间点	D 공격 타이밍을 정확히 판단했다

해설 다섯 번째 단락 초반의 '鲁国的军队战胜了齐军，鲁庄公向曹刿询问取胜的原因 (결국 노나라 군은 제나라 군을 물리쳤다. 노장공은 조귀에게 이길 수 있었던 이유를 물었다)'에서 관련 내용이 언급되었다. 이어지는 내용에서 조귀가 말하기를 '打仗，要靠勇气(전쟁은 기세에 달려 있습니다). 第一次擂鼓能振作士兵们的勇气(첫 번째 북소리는 병사들의 기세를 북돋습니다). 第二次擂鼓时，士兵们的勇气就会减弱. 等到第三次擂鼓时，士兵们的勇气已经枯竭了(두 번째 북소리 때에는 기세가 줄고, 세 번째 북소리 때는 이미 기세가 다 빠져 있었습니다). 敌方的勇气已经枯竭，而我方的勇气正旺，所以我们打败了他们(적군의 기세가 이미 꺾인 반면, 우리 군의 기세는 한창이었기 때문에 이길 수 있었습니다)'라고 했다. 전투에서 적의 용기가 약해지고 우리 군의 용기가 강한 타이밍에 공격했기 때문에 승리할 수 있었으므로 정답은 D이다.

단어 粮草 liángcǎo 몡 군량과 사료, 군수물자　武器 wǔqì 몡 무기　布置 bùzhì 됭 배치하다　埋伏 máifú 됭 매복하다　准确 zhǔnquè 혱 정확하다　判断 pànduàn 몡됭 판단(하다)　进攻 jìngōng 됭 공격하다, 진격하다　时间点 shíjiān diǎn 몡 시점, 타이밍

54 D

最适合做上文标题的是：	위 글의 제목으로 가장 적절한 것은:
A 战场之谜	A 전장의 수수께끼
B 勇气之源	B 용기의 근원
C 庄公称雄	C 장공이 패권을 잡다
D 曹刿论战	D 조귀의 전쟁론

해설 이 글은 전체적으로 조귀가 전투를 시작하는 적기를 어떻게 판단했는지, 그리고 전투 중 내린 올바른 결정에 대해 설명하고 있다. 또한 마지막 여섯 번째 단락에서 '鲁庄公听了曹刿的这番话，不禁称赞道："将军真是精通战事的奇才啊！"(노장공은 조귀의 이 말을 듣고, "장군은 참으로 전쟁에 능한 귀재로구나!"라고 감탄했다)'라고 했으므로 가장 적절한 정답은 D이다.
《曹刿论战 조귀의 전쟁론》은 중국 고대의 역사서《左传》에 실린 이야기로, 曹刿(조귀)라는 전략가가 鲁庄公(노장공)에게 전쟁에서 승리하기 위한 전략과 전술을 설명하는 내용이다. 이 이야기는 전쟁의 타이밍과 전략적 판단의 중요성을 강조한다

단어 精通 jīngtōng 동 정통하다. 능통하다　战场 zhànchǎng 명 전장, 전쟁터　谜 mí 명 수수께끼, 난제　称雄 chēngxióng 동 패권을 잡다, 우세를 차지하다

TIP

● 주요 문장 형식

何必……呢? (~할 필요가 있는가?)
원문　他的同乡说："大官们会谋划这件事的，你又何必参与呢？"曹刿说："大官们眼光短浅，不能深谋远虑。"
예문　你又不是不了解他的性格，何必生那么大的气呢。

凭什么……? (무엇을 근거로 ~하는가?)
원문　曹刿问庄公："您凭什么跟齐国打仗？"
예문　你凭什么拿下这么大的工程?

……的这番话 (~의 말/이야기)
원문　鲁庄公听了曹刿的这番话，不禁称赞道："将军真是精通战事的奇才啊！"
예문　听了他的这番话后，我受到了很大的启发。

55-61

⑤⑤ 武汉人一直有过早的习惯，提起武汉的过早就不得不提到热干面，它是每一个武汉人都熟悉的平民美食。在武汉人心中，它远比其他的早餐更能代表武汉的美食小吃。

⑤⑥ 热干面起源于码头，这里由于两江交汇，水路运输非常发达，历史上是重要的水运枢纽。⑤⑦ 大量的码头工人和船工在天刚亮时就要开始繁重的体力劳动，因此他们在匆忙的选择早餐时，⑤⑦⑥① 需要一种制作快捷方便、味道好、能支撑体力劳动且价格便宜的早餐。于是，热干面应运而生。

⑤⑤ 우한 사람들은 예로부터 아침 일찍 식사하는 습관이 있었다. 우한의 아침 식사를 이야기할 때 러간멘(热干面)을 빼놓을 수 없으며, 이는 모든 우한 사람들에게 익숙한 서민 음식이다. 우한 사람들 마음속에서, 러간멘은 다른 어떤 아침 식사보다도 우한의 먹거리를 대표하는 음식이다.

⑤⑥ 러간멘은 부두에서 유래했다. 이곳은 양쯔강(长江)과 한강(汉江)이 만나는 지점으로, 수로 교통이 매우 발달했고 역사적으로 중요한 수상 운수의 중심지였다. ⑤⑦ 많은 부두 노동자들과 선원들은 날이 채 밝기도 전에 고된 육체노동을 시작해야 했기 때문에, 바쁘게 아침 식사를 고를 때 ⑤⑦⑥① 조리 시간이 짧고 맛이 좋으며, 체력노동을 버틸 수 있고 가격도 저렴한 음식을 필요로 했다. 그래서, 러간멘은 시대의

当地人说，热干面的起源还有一个故事。在汉口长堤街有个名叫蔡明伟的食贩。他以前一直以卖凉面或汤粉为生。但是有一天因为天气炎热，剩下了不少面没有卖出去，所以他为了避免面条发臭变味，就把剩面煮熟沥干，晾在案板上。❺❽一不小心，他碰倒了案上的油壶，麻油泼在面条上。蔡明伟看到这种情况也无计可施，只能重新将面条用油拌匀再晾放。第二天早上，蔡明伟将拌过油的熟面条放在沸水中稍烫，用漏网捞起后装入碗中，然后再加上卖凉粉时用的调料，煮好的面热气腾腾，香气四溢，人们吃得津津有味，赞不绝口。有人问他卖的是什么面，他脱口而出——"热干面"。从那之后热干面就迅速地传播开来了。

现在，武汉人吃热干面是很有讲究的。做武汉热干面的店铺要规范，厨子要正宗，原料要地道，调料要上等，配菜要天然。此外，还可以根据各人的喜好，喜欢辣的可以加入辣椒红油，还可以选择咸菜、萝卜干、酸豆角等作为配料，也可以加入香菜。❺❾食用前应趁热将面拌匀，❻❿让芝麻酱均匀地裹在面上，如蚂蚁上树。这时吃起来，格外香气扑鼻，味道好极了。

❻❶吃热干面时，最好搭配一碗蛋酒、一袋牛奶、一杯豆浆或一碗酸甜的米酒，边吃边喝。如果只吃不喝，就会觉得嘴巴干干的，也就品尝不出热干面的最佳风味了。有些早餐店会在热干面旁边提供排骨藕汤或者鸡汤，供不喜欢口感太干的顾客选择，方便他们浇上汤汁调味。

필요에 맞춰 생겨났다.

현지인들은 러간멘의 기원에 관한 또 다른 이야기를 전해왔다. 한구 장제 거리(汉口长堤街)에는 차이밍웨이(蔡明伟)라는 이름의 밥 장수가 있었다. 그는 원래 냉면이나 탕펀(汤粉)을 팔며 생계를 유지했다. 그런데 어느 날 날씨가 몹시 더워, 많은 면이 팔리지 않고 남게 되었다. 그는 면이 상하거나 냄새가 나지 않게 하려고 남은 면을 삶아 물기를 뺀 뒤 조리대 위에 넣어 두었다. 그런데 ❺❽실수로 조리대 위에 있던 기름병을 건드려 참기름이 면 위로 쏟아졌다. 차이밍웨이는 어찌할 도리가 없었고, 할 수 없이 면에 기름을 골고루 버무려 다시 말려 두었다. 다음 날 아침, 그는 기름을 버무려 놓은 삶은 면을 끓는 물에 데쳐 체로 건져낸 다음 그릇에 담고, 량펀에 쓰던 양념을 얹어 손님에게 내놓았다. 익힌 면에서는 뜨거운 김이 피어오르고 향기가 사방으로 퍼져나갔으며, 사람들은 맛있게 먹고 칭찬을 아끼지 않았다. 누군가가 그에게 무슨 면이냐고 묻자, 그는 무심코 "러간멘"이라고 대답했다. 그때부터 러간멘은 빠르게 퍼져 나갔다.

오늘날 우한 사람들은 러간멘을 먹는 데도 많은 기준을 가지고 있다. 러간멘을 만드는 점포는 규격화 되어야 하고, 요리사는 정통이어야 하며, 재료는 본고장 것이어야 하고, 양념은 최고급이어야 하며, 고명은 자연산이어야 한다. 이 외에도 각자의 기호에 따라 매운맛을 좋아하면 고추기름을 넣을 수 있고, 장아찌, 무말랭이, 초두각(초절임 콩줄기) 등을 넣을 수도 있으며, 고수도 추가할 수 있다. ❺❾먹기 전에는 반드시 뜨거울 때 면을 잘 비벼서 ❻❿개미가 나무를 타고 오르는 것처럼 참깨장이 면에 골고루 감싸게 해야 한다. 이때 먹으면 유난히 향기롭고 맛이 아주 뛰어났다.

❻❶러간멘을 먹을 때는 계란국(蛋酒) 한 그릇, 우유 한 봉지, 두유 한 컵 또는 새콤달콤한 미주(米酒) 한 그릇을 곁들이면 가장 좋다. 먹기만 하고 마시지 않으면 입이 바싹 마르게 되어, 러간멘의 진정한 맛을 느끼기 어렵게 되었다. 일부 아침 식당에서는 러간멘 옆에 갈비연근탕이나 닭고기국을 제공하기도 했는데, 이는 퍽퍽한 식감을 싫어하는 손님이 국물을 부어 맛을 조절할 수 있도록 하기 위함이었다.

단어 **热干面** règānmiàn 명 러간멘(중국 우한의 유명한 국수 요리) **起源于** qǐyuán yú 동 ~에서 기원하다 **码头** mǎtóu 명 부두, 선착장 **交汇** jiāohuì 동 교차하다, 만나다 **运输** yùnshū 명동 운송(하다), 수송(하다) **枢纽** shūniǔ 명 중심지, 허브 **船工** chuángōng 명 뱃사람, 선원 **繁重** fánzhòng 형 과중하다 **匆忙** cōngmáng 형 바쁘다 **制作** zhìzuò 동 제작하다, 만들다 **快捷** kuàijié 형 빠르고 편리하다 **支撑** zhīchēng 동 지탱하다, 버티다 **汉口长堤街** Hànkǒu Chángdī Jiē 고유 한구 장제 거리(지명) **蔡明伟** Cài Míngwěi 고유 차이밍웨이(인명) **食贩** shífàn 명 음식 장수 **炎热** yánrè 형 무덥다 **剩下** shèngxià 동 남다, 남은 **发臭变味** fāchòu biànwèi 상하다, 악취가 나고 맛이 변하다 **煮熟** zhǔshú 동 익히다, 삶다 **沥干** lìgān 동 물을 빼다, 체에 받다 **晾** liàng 동 말리다, 식히다 **案板** ànbǎn 명 조리대, 도마 **碰倒** pèngdǎo 동 부딪혀 넘어뜨리다 **油壶** yóuhú 명 기름병 **麻油** máyóu 명 참기름 **泼** pō 동 (액체를) 끼얹다, 뿌리다 **无计可施** wú jì kě shī 성 아무런 대책이 없다 **拌匀** bànyún 동 고루 섞다 **沸水** fèishuǐ 명 끓는 물 **稍烫** shāo tàng 살짝 데치다 **漏网** lòuwǎng 명 (주방용) 체, 채반 동 그물에서 빠져나가다, 법을 피하다 **捞起** lāoqǐ 동 건져 올리다 **凉粉** liángfěn 명 량펀(묵으로 만든 차가운 면) **调料** tiáoliào 명 양념, 조미료 **热气腾腾** rèqì téngténg 형 김이 모락모락 나다 **香气四溢** xiāngqì sìyì 향기가 가득 퍼지다 **津津有味** jīnjīn yǒuwèi 형 아주 맛있게 먹다 **赞不绝口** zàn bù jué kǒu 성 칭찬을 아끼지 않다 **脱口而出** tuōkǒu ér chū 성 무심코 말이 튀어나오다 **讲究** jiǎngjiu 동 중시하다 형 까다롭다 **店铺** diànpù 명 상점, 가게 **规范** guīfàn 명동 규범(의), 표준(의) **厨子** chúzi 명 요리사 **正宗** zhèngzōng 형 정통의 **配菜** pèicài 곁들이

채소, 반찬 **咸菜** xiáncài 몡 장아찌 **酸豆角** suān dòujiǎo 몡 절인 긴 강낭콩 **趁热** chèn rè 뜨거울 때, 김이 있을 때 **芝麻酱** zhīmajiàng 몡 참깨소스 **均匀** jūnyún 혱 고르게, 균일하게 **裹** guǒ 통 감싸다, 묻히다 **蚂蚁上树** mǎyǐ shàng shù 개미가 나무를 타고 오르다 **香气扑鼻** xiāngqì pūbí 혱 향기가 코를 찌르다 **搭配** dāpèi 통 조합하다, 어울리다 **豆浆** dòujiāng 몡 두유 **排骨藕汤** páigǔ ǒu tāng 몡 돼지갈비 연근탕 **口感太干** kǒugǎn tài gān 표현 식감이 너무 퍽퍽하다 **浇上汤汁** jiāo shàng tāngzhī 국물을 끼얹다 **调味** tiáowèi 통 간을 하다, 조미하다

55 A ★★

"过早"是指:	'过早'가 가리키는 것은:
A 吃早餐 B 起太早 C 上早班 D 去晨练	A 아침을 먹는다 B 너무 일찍 일어난다 C 오전 근무이다 D 아침 운동을 간다

해설 첫 번째 단락 초반의 '武汉人一直有过早的习惯(우한 사람들은 예로부터 过早의 습관이 있었다)'에서 관련 내용이 언급되었다. 이어지는 내용에서 '提起武汉的过早就不得不提到热干面(우한의 过早를 이야기할 때 러간몐을 빼놓을 수 없다)', '在武汉人心中, 它远比其他的早餐更能代表武汉的美食小吃(우한 사람들 마음속에서, 그것(러간몐)은 다른 어떤 아침 식사보다도 우한의 먹거리를 대표하는 음식이다)'라고 했다. 아침 식사를 대표하는 러간몐이 过早의 핵심이므로 过早는 바로 아침 식사를 가리킨다는 것을 유추할 수 있다. 따라서 정답은 A이다.

단어 **早餐** zǎocān 몡 아침밥, 조식 **晨练** chénliàn 몡통 아침 운동(을 하다)

56 D ★

武汉热干面起源于:	우한 러간몐의 유래는:
A 市井小巷 B 大学校园 C 机关食堂 D 河边码头	A 시장 골목 B 대학교 캠퍼스 C 관공서 식당 D 강가 부두

해설 두 번째 단락 초반에서 '热干面起源于码头(러간몐은 부두에서 유래했다)'라고 했으므로 정답은 D이다.

단어 **起源** qǐyuán 통 기원하다 **市井** shìjǐng 몡 시장 거리 **小巷** xiǎoxiàng 몡 골목 **机关** jīguān 몡 기관, 조직 **码头** mǎtóu 몡 부두, 선창

57 C ★★★

根据文意，第二段的空白处最适合填入的词语是:	글의 내용에 따르면, 두 번째 단락의 빈칸에 들어갈 가장 적절한 표현은:
A 突如其来 B 呱呱坠地 C 应运而生 D 从天而降	A 갑자기 닥치다 B 갓 태어나다 C 시대의 필요에 맞춰 생겨나다 D 하늘에서 뚝 떨어지다

해설	빈칸에는 러간몐을 설명하는 내용이 와야 한다. 앞 내용에서 '大量的码头工人和船工在天刚亮时就要开始繁重的体力劳动(많은 부두 노동자들과 선원들은 날이 채 밝기도 전에 고된 육체노동을 시작해야 했다), 因此他们在匆忙的选择早餐时, 需要一种制作快捷方便、味道好、能支撑体力劳动且价格便宜的早餐(그래서 바쁘게 아침 식사를 고를 때 조리 시간이 짧고 맛이 좋으며, 체력노동을 버틸 수 있고 가격도 저렴한 음식을 필요로 했다)'라고 했으므로, 빈칸에 가장 적절한 표현은 '시대의 필요에 맞춰 생겨나다'라는 의미의 C 应运而生이다.
단어	**突如其来** tū rú qí lái 셩 갑자기 닥쳐오다　**呱呱坠地** gūgūzhuìdì 셩 (갓난아이가, 사물이) 갓 태어나다　**应运而生** yìngyùnérshēng 셩 시대의 요구에 의해서 나타나다　**从天而降** cóngtiānérjiàng 셩 하늘에서 떨어지다. 갑자기 발생하다

58 A ★★★

蔡明伟发明热干面，是因为他：　　　　　차이밍웨이가 러간몐을 발명하게 된 이유는:

A 将错就错　　　　　　　　　　　　　A 실수를 계기로 새로운 걸 만들어냈다
B 精心设计　　　　　　　　　　　　　B 정성껏 설계했다
C 遍访名师　　　　　　　　　　　　　C 명인을 두루 찾아다녔다
D 得到食谱　　　　　　　　　　　　　D 조리법을 전수받았다

해설	세 번째 단락 중반의 '一不小心, 他碰倒了案上的油壶, 麻油泼在面条上(실수로 조리대 위에 있던 기름병을 건드려 참기름이 면 위로 쏟아졌다). 蔡明伟看到这种情况也无计可施(차이밍웨이는 어찌할 도리가 없었고), 只能重新将面条用油拌匀再晾放(할 수 없이 면에 기름을 골고루 버무려 다시 말려 두었다)'에서 러간몐의 조리법은 실수로 탄생되었음을 알 수 있다. 차이밍웨이는 실수한 결과를 그대로 반영하여 새로운 요리를 만들었으므로 정답은 A이다.
단어	**将错就错** jiāng cuò jiù cuò 셩 잘못된 것을 그대로 계속 밀고 나가다　**精心** jīngxīn 부사 정성을 들여. 세심하게　**遍访** biànfǎng 동 두루 찾아다니다　**食谱** shípǔ 명 식단. 요리법

59 B ★

食用武汉热干面时，应该：　　　　　　　우한 러간몐을 먹을 때에는:

A 多放辣油　　　　　　　　　　　　　A 고추기름을 많이 넣는다
B 趁热拌匀　　　　　　　　　　　　　B 뜨거울 때 잘 비벼 먹는다
C 添加肉类　　　　　　　　　　　　　C 고기를 추가한다
D 讲究盛具　　　　　　　　　　　　　D 그릇을 중시한다

해설	네 번째 단락 후반에서 '食用前应趁热将面拌匀(먹기 전에는 반드시 뜨거울 때 면을 잘 비벼야 한다)'라고 했으므로 정답은 B이다.
단어	**辣油** làyóu 명 고추기름　**趁热** chèn rè 뜨거울 때　**拌匀** bànyún 고루 섞다. 잘 비비다　**添加** tiānjiā 동 첨가하다. 추가하다　**讲究** jiǎngjiu 동 중요시하다　**盛具** shèngjù 명 담는 그릇, 용기

60 B ★★★

第四段中的划线词"蚂蚁上树":	네 번째 문단의 밑줄 친 표현 '개미가 나무를 타다'는:
A 展现了热干面的工序	A 러간멘의 조리 과정을 보여 준다
B 描绘了热干面的外形	B 러간멘의 모습을 묘사한다
C 象征着热干面的美味	C 러간멘의 맛을 상징한다
D 突出了热干面的颜色	D 러간멘의 색을 부각시켰다

해설 네 번째 단락 후반에서 '让芝麻酱均匀地裹在面上，如蚂蚁上树(개미가 나무를 타고 오르는 것처럼 참깨장이 면에 골고루 감싸게 해야 한다)'라고 했다. '蚂蚁上树(개미가 나무를 타고 오르다)'는 참깨장이 면에 골고루 묻어 있는 모습을 생동감 있게 비유한 표현이므로 정답은 B이다.

단어 芝麻酱 zhīmajiàng 명 참깨장, 참깨 소스   均匀 jūnyún 형 고르게 하다, 균일하다   裹 guǒ 동 싸다, 감싸다   如 rú 동 ~처럼   展现 zhǎnxiàn 동 드러내다, 나타내다   工序 gōngxù 명 제조 공정   描绘 miáohuì 묘사하다, 그려내다   突出 tūchū 동 부각시키다

61 A ★★

上文介绍了:	위 글에서 소개한 내용은:
① 价格亲民且又制作便捷	① 가격이 저렴하고 만들기 쉽다
② 最早流传于年轻人之中	② 처음에는 젊은이들 사이에서 퍼졌다
③ 配以饮品则其滋味更佳	③ 음료와 함께 먹으면 더 맛있다
④ 是中国最负盛名的小吃	④ 중국에서 가장 유명한 길거리 음식 중 하나다
A ①③ B ②④ C ①④ D ①②	A ①③ B ②④ C ①④ D ①②

해설 두 번째 단락 후반의 '需要一种制作快捷方便、味道好、能支撑体力劳动且价格便宜的早餐(조리 시간이 짧고 맛이 좋으며, 체력노동을 버틸 수 있고 가격도 저렴한 음식을 필요로 했다)'는 보기 ①에 해당한다. 그리고 마지막 다섯 번째 단락 초반의 '吃热干面时，最好搭配一碗蛋酒、一袋牛奶、一杯豆浆或一碗酸甜的米酒，边吃边喝(러간멘을 먹을 때는 계란국 한 그릇, 우유 한 봉지, 두유 한 컵 또는 새콤달콤한 미주 한 그릇을 곁들이면 가장 좋다)'는 보기 ③에 해당한다. 일치 불일치 문제는 보기에서 키워드를 파악한 후 원문을 보아야 정답을 빠르게 찾을 수 있다.

단어 价格亲民 jiàgé qīnmín 가격이 아주 착하다 (서민적인 가격)   制作便捷 zhìzuò biànjié 제작이 간편하다, 만들기 쉽다   配以饮品 pèi yǐ yǐnpǐn 음료를 곁들이다   滋味更佳 zīwèi gèng jiā 맛이 더 좋다   最负盛名 zuì fù shèngmíng 가장 유명하다, 가장 명성이 높다

TIP

● 주요 문장 형식

提起……就不得不提到…… (~에 대해 말하자면, ~을 언급하지 않을 수 없다)
원문 武汉人一直有过早的习惯，提起武汉的过早就不得不提到热干面。
예문 提起冬天取暖，就不得不提到韩国的"温突"地暖。

以……为生 (~을 생업으로 삼다, ~으로 생계를 유지하다)
원문 在汉口长堤街有个名叫蔡明伟的食贩。他以前一直以卖凉面或汤粉为生。
예문 在远古时代，我们的祖先主要以采集和打猎为生。

从那之后……就迅速地传播开来了 (그때 이후로 ~은 빠르게 전파되었다)

원문 煮好的面热气腾腾，香气四溢，人们吃得津津有味，赞不绝口。有人问他卖的是什么面，他脱口而出一"热干面"。从那之后**热干面**就迅速地传播开来了。

예문 从那之后，**这种音乐**就迅速地传播开了。

62-68

① 夏天是出汗的旺季。出汗不仅影响人的舒适感，更重要的是与健康有关联。

② 汗液从何而来？原来是由一种称为汗腺的腺体产生的。(62) 汗腺广泛地分布于皮肤，哪里有皮肤，哪里就有它的存在。其中，手掌和足底的汗腺最多，大约每平方厘米有600 个；大腿处的汗腺最少，平均每平方厘米大约有120 个。

③ 将汗腺放在显微镜下，你会看到它是一种管状结构，可分为两部分：一部分埋藏于皮肤内， 由管子盘曲而成，是产生汗液的地方，称为分泌部；(63) 另一部分则伸向皮肤表面，开口处扩大成漏斗状，叫汗孔，生成的汗液从这里排出来，称为排泄部。

④ (64) 据估计，一个人大约有300万个汗腺，其中分布于腋窝、脐窝、肛门四周及生殖器等处的汗腺管腔较大，是小汗腺的10 倍多，叫作大汗腺。(63) 其余的是小汗腺，尤其是以脚掌、额部、背部等处数量最多。

⑤ 汗腺的主要使命是分泌汗液，一般每天的分泌量在400至600毫升之间，高温时可达1000毫升。汗液99%是水，因此俗称汗水。另外还含有钠、钾、氨基酸、脂肪酸、乳酸、尿酸、尿素等成分，与尿液差不多，这便是汗腺的第一个功能——排泄功能，可以与肾脏功能相互补充。例如，(65) 吃了葱蒜等食物后两三天，如果身上仍散发出很浓的葱蒜味，那可能是汗腺排泄的结果。

⑥ 出汗还有调节体温的作用，因为汗液的蒸发会带走身体的热量，(66) 如果汗腺管堵塞，导致汗液排出不畅，就可能发炎并形成痱子。这就是汗腺的第二个功能——散热功能。

⑦ 汗腺的第三个功能是保护皮肤。一方面，汗液与体表的皮脂混合，形成乳状脂膜，发挥滋润和保护皮肤的作用。另一方面，(67) 德国专家发现汗液中含有一种用途广泛的抗生素，在消灭致病细菌方面很有成

① 여름은 땀이 많이 나는 계절이다. 땀을 흘리는 것은 사람의 쾌적함에 영향을 줄 뿐만 아니라, 건강과도 관련이 있다.

② 땀은 어디서 생겨나는가? 원래는 땀샘이라고 불리는 샘에서 생성된다. (62) 땀샘은 피부에 광범위하게 분포하며, 피부가 있는 곳이라면 어디든 존재한다. 이 중 손바닥과 발바닥에 땀샘이 가장 많고, 제곱센티미터당 약 600개가 있으며, 허벅지 부위에는 땀샘이 가장 적고, 평균 제곱센티미터당 약 120개 정도 있다.

③ 땀샘을 현미경으로 들여다보면, 그것은 관 형태의 구조로 되어 있고, 두 부분으로 나뉜다는 것을 알 수 있다. 한 부분은 피부 속에 묻혀 있으며, 관이 돌돌 말린 형태로, 땀이 생성되는 곳으로 분비부라고 한다. (63) 다른 한 부분은 피부 표면으로 뻗어 있으며, 입구가 깔때기처럼 확장된 형태로 땀구멍이라 불리고, 생성된 땀은 이곳을 통해 배출되며, 이 부분을 배출부라고 한다.

④ (64) 추정에 따르면, 한 사람에게는 약 300만 개의 땀샘이 있으며, 그중 겨드랑이, 배꼽, 항문 주위, 생식기 등 부위에 있는 땀샘관은 크기가 커서 소땀샘의 10배가 넘고, 이를 대땀샘이라 한다. (63) 나머지는 소땀샘으로, 특히 발바닥, 이마, 등 부위에 가장 많이 분포한다.

⑤ 땀샘의 주요 임무는 땀을 분비하는 것이며, 일반적으로 하루 분비량은 400~600밀리리터이고, 기온이 높을 경우 1000밀리리터에 이를 수 있다. 땀의 99%는 물로 구성되어 있어서, 흔히 한수(汗水)라고 불린다. 이 외에도 나트륨, 칼륨, 아미노산, 지방산, 젖산, 요산, 요소 등의 성분이 포함되어 있어, 소변과 비슷하다. 이것이 바로 땀샘의 첫 번째 기능인 배출 기능이며, 신장 기능과 서로 보완할 수 있다. 예를 들어 (65) 파나 마늘 같은 음식을 먹은 후 몇일이 지나도 몸에서 여전히 강한 냄새가 나는 경우, 이는 땀샘의 배출 결과일 수 있다.

⑥ 땀을 흘리는 또 다른 기능은 체온을 조절하는 것이다. 땀이 증발할 때 체내 열을 함께 가져가기 때문에, (66) 땀샘관이 막혀 땀이 원활하게 배출되지 않으면 염증이 생기거나 땀띠가 생길 수 있다. 이것이 땀샘의 두 번째 기능인 열 발산 기능이다.

⑦ 땀샘의 세 번째 기능은 피부를 보호하는 것이다. 한편으

效，能防治常见的皮肤传染病，如脓包病等。

汗液中的酸性物质可能伤害表层皮肤，导致皮肤过早老化。在大量出汗后，人们除了要及时补充水分，满足皮肤细胞的需求，还应该勤洗澡，包括面部和全身的清洁。㊻要勤换内衣裤和鞋袜，穿着吸汗且透气性好的衣物，以便于汗液的及时蒸发，减少汗液对皮肤的伤害。

로는 땀과 피부 표면의 피지가 섞여 유화된 지방막을 형성하고, 이는 피부에 윤기를 주고 보호하는 역할을 한다. 다른 한편으로는 ㊼ 독일 전문가들이 땀 속에 다양한 용도의 항생물질이 포함되어 있다는 사실을 발견했으며, 이 물질은 병을 유발하는 세균을 제거하는 데 효과가 있어 농포(종기) 같은 흔한 피부 전염병을 예방하고 치료하는 데 도움이 된다고 했다.

땀 속의 산성 물질은 피부 표면에 손상을 줄 수 있으며, 그로 인해 피부가 조기에 노화될 수 있다. 땀을 많이 흘린 후에는 수분을 제때 보충하여 피부 세포의 요구를 충족시키는 것 외에도, 얼굴과 전신을 포함한 청결을 유지하기 위해 자주 샤워해야 한다. ㊻ 속옷과 양말을 자주 갈아입고, 땀 흡수가 잘 되고 통기성이 좋은 옷을 입어야 땀이 잘 증발하여 땀이 피부에 주는 손상을 줄일 수 있다.

단어 **旺季** wàngjì 몡 성수기 **舒适感** shūshìgǎn 몡 편안함, 쾌적함 **关联** guānlián 동 관련(되다) **汗腺** hànxiàn 몡 땀샘 **腺体** xiàntǐ 몡 선(샘) 조직 **分布** fēnbù 동 분포하다 **皮肤** pífū 몡 피부 **手掌** shǒuzhǎng 몡 손바닥 **足底** zúdǐ 몡 발바닥 **平方厘米** píngfāng límǐ 몡 제곱 센티미터 **大腿** dàtuǐ 몡 허벅지 **显微镜** xiǎnwēijìng 몡 현미경 **管状** guǎnzhuàng 몡 관 모양의 **埋藏** máicáng 동 묻혀 있다, 잠복하다 **盘曲** pánqū 동 구불구불 휘다 **汗液** hànyè 몡 땀 **分泌部** fēnmìbù 몡 분비 부위 **伸向** shēnxiàng 동 뻗다, 향하다 **漏斗状** lòudǒuzhuàng 몡 깔때기 모양의 **汗孔** hànkǒng 몡 땀구멍 **排泄部** páixiè bù 몡 배출부 **估计** gūjì 동 추정하다 **腋窝** yèwō 몡 겨드랑이 **脐窝** qíwō 몡 배꼽 부위 **肛门** gāngmén 몡 항문 **生殖器** shēngzhíqì 몡 생식기 **管腔** guǎnqiāng 몡 관의 내부 공간 **脚掌** jiǎozhǎng 몡 발바닥 **额部** ébù 몡 이마 부위 **毫升** háoshēng 몡 밀리리터 **俗称** súchēng 동 흔히 ~라 부르다 **钠** nà 몡 나트륨 **钾** jiǎ 몡 칼륨 **氨基酸** ānjīsuān 몡 아미노산 **脂肪酸** zhīfángsuān 몡 지방산 **乳酸** rǔsuān 몡 젖산 **尿酸** niàosuān 몡 요산 **尿素** niàosù 몡 요소 **尿液** niàoyè 몡 소변 **肾脏** shènzàng 몡 신장, 콩팥 **补充** bǔchōng 동 보충하다 **葱** cōng 몡 파 **蒜** suàn 몡 마늘 **散发** sànfā 동 (냄새 등을) 발산하다 **浓** nóng 형 진하다, 강하다 **调节** tiáojié 동 조절하다 **蒸发** zhēngfā 동 증발하다 **堵塞** dǔsè 동 막히다 **不畅** bùchàng 형 원활하지 않다 **痱子** fèizi 몡 땀띠 **体表** tǐbiǎo 몡 신체 표면 **皮脂** pízhī 몡 피지 **混合** hùnhé 동 혼합하다 **乳状脂膜** rǔzhuàng zhīmó 몡 유상지질막(피부 보호막) **滋润** zīrùn 형 촉촉하다, 윤기 있다 **抗生素** kàngshēngsù 몡 항생제 **消灭** xiāomiè 동 없애다, 박멸하다 **细菌** xìjūn 몡 세균 **成效** chéngxiào 몡 성과, 효과 **防治** fángzhì 동 예방하고 치료하다 **脓包病** nóngbāobìng 몡 농포성 피부병, 종기 **细胞** xìbāo 몡 세포 **勤洗澡** qín xǐzǎo 자주 샤워하다 **清洁** qīngjié 형 청결하다 동 깨끗이 하다 **吸汗** xīhàn 동 땀을 흡수하다 **透气性** tòuqìxìng 몡 통기성

62 A ★

根据文意，第二段的空白处最适合填入的词语是：	글의 내용에 따르면, 두 번째 단락의 빈칸에 들어갈 가장 적절한 단어는:
A 广泛 B 广大 C 宽泛 D 宽松	A 광범위하다 B 광대하다 C 지나치게 넓다 D 느슨하다

해설 빈칸이 포함된 '汗腺_____地分布于皮肤(땀샘은 피부에 광범위하게 분포하며)'에서 문맥상 빈칸 뒤의 分布(분포하다)를 수식할 수 있는 가장 적절한 단어는 '광범위하다'라는 의미의 A 广泛이다.

• 빈출 조합: 分布广泛(분포가 광범위하다), 广泛分布(광범위한 분포)

단어 **广泛** guǎngfàn 형 광범위하다, 널리 퍼지다(적용 범위나 영향력이 넓음) → 话题广泛, 用途广泛 **广大** guǎngdà 형 넓고 크다(사람이나 지역 등 대상 규모 큼) → 群众广大, 广大地区 **宽泛** kuānfàn 형 너무 넓고 포괄적임(표현/내용의 구체성이 부족함) → 说法太宽泛, 演讲内容太过宽泛 **宽松** kuānsōng 형 느슨하다, 여유롭다(기준/정책이 엄격하지 않음) → 政策宽松, 管理宽松, 环境宽松

63 B ★★

关于汗腺，下列哪两项正确？

① 平均分布于皮肤
② 足底多为小汗腺
③ 分泌部也叫汗孔
④ 排泄部呈漏斗状

A ①③　B ②④　C ①④　D ①②

땀샘에 대해 옳은 두 가지는:

① 피부에 고르게 분포한다
② 발바닥에는 대부분 소땀샘이 있다
③ 분비부는 땀구멍이라고도 한다
④ 배출부는 깔때기 모양이다

A ①③　B ②④　C ①④　D ①②

해설　세 번째 단락 후반의 '另一部分则伸向皮肤表面(다른 한 부분은 피부 표면으로 뻗어 있으며), 开口处扩大成漏斗状, 叫汗孔(입구가 깔때기처럼 확장된 형태로, 땀구멍이라 불리고, 生成的汗液从这里排出来, 称为排泄部(생성된 땀은 이곳을 통해 배출되며, 이 부분을 배출부라고 한다)'를 통해 땀샘의 배출부는 깔때기 모양임을 알 수 있다. 또한 네 번째 단락 후반에서 '其余的是小汗腺, 尤其是以脚掌、额部、背部等处数量最多(나머지는 소땀샘으로, 특히 발바닥, 이마, 등 부위에 가장 많이 분포한다)'라고 했으므로 정답은 B이다.

단어　小汗腺 xiǎo hànxiàn 몡 소한선(작은 땀샘)　分泌部 fēnbìbù 몡 분비부　汗孔 hànkǒng 몡 땀구멍　排泄部 páixiè bù 몡 배설부　呈……状 chéng…zhuàng ~한 형태를 띠다　漏斗 lòudǒu 몡 깔때기　脚掌 jiǎozhǎng 몡 발바닥　足底 zúdǐ 몡 발바닥

64 A ★

人体的汗腺数量大约有多少个？

A 300多万
B 400多万
C 600多万
D 1000多万

인체의 땀샘 수는 대략 몇 개인가？

A 300만여 개
B 400만여 개
C 600만여 개
D 1000만여 개

해설　네 번째 단락 초반에서 '据估计, 一个人大约有300万个汗腺(추정에 따르면, 한 사람에게는 약 300만 개의 땀샘이 있다)'라고 했으므로 정답은 A이다.

단어　汗腺 hànxiàn 몡 땀샘　大约 dàyuē 분 대략, 약, 대충

65 B ★

身上长时间有葱蒜味，主要是因为:

A 葱蒜正在杀菌
B 汗腺排泄汗液
C 肾脏排泄尿液
D 餐后没有刷牙

몸에서 오랫동안 파·마늘 냄새가 나는 주된 이유는:

A 파·마늘이 살균 작용 중이기 때문이다
B 땀샘이 땀을 배출하기 때문이다
C 신장이 소변을 배출하기 때문이다
D 식사 후 양치하지 않았기 때문이다

해설　다섯 번째 단락 후반에서 '吃了葱蒜等食物后两三天(파나 마늘 같은 음식을 먹은 후), 如果身上仍散发出很浓的葱蒜味(며칠이 지나도 몸에서 여전히 강한 냄새가 나는 경우), 那可能是汗腺排泄的结果(이는 땀샘의 배출 결과일 수 있다)'라고 했으므로 정답은 B이다.

단어   杀菌 shājūn 통 살균하다   汗腺 hànxiàn 명 땀샘   排泄 páixiè 통 배설하다, 배출하다   肾脏 shènzàng 명 신장, 콩팥   尿液 niàoyè 명 소변, 오줌

66 D ★

汗腺管如果堵住了，可能会形成：	땀샘관이 막히면 생길 수 있는 것은:
A 伤疤	A 흉터
B 鸡眼	B 티눈
C 麻风	C 나병
D 痱子	D 땀띠

해설   여섯 번째 단락 중반에서 '如果汗腺堵塞，导致汗液排出不畅，就可能发炎并形成痱子(땀샘관이 막혀 땀이 원활하게 배출되지 않으면 염증이 생기거나 땀띠가 생길 수 있다)'라고 했으므로 정답은 D이다.

단어   汗腺管 hànxiànguǎn 명 땀샘관(땀샘의 관)   堵住 dǔzhù 통 막다, 차단하다   堵塞 dǔsè 통 정체, 막힘 통 막히다   伤疤 shāngbā 명 상처 자국, 흉터   鸡眼 jīyǎn 명 티눈   麻风 máfēng 명 한센병(나병)   痱子 fèizi 명 땀띠

67 A ★

汗液中的抗生素：	땀 속의 항생 물질은:
A 可防治常见的皮肤传染病	A 흔한 피부 전염병을 예방하고 치료할 수 있다
B 经常刺激皮脂	B 피지를 자주 자극한다
C 也存在于尿液中	C 소변에도 존재한다
D 已提炼至药品中	D 이미 약품으로 정제되었다

해설   문제의 키워드는 '抗生素(항생 물질)'이다. 일곱 번째 단락 중반의 '德国专家发现汗液中含有一种用途广泛的抗生素(독일 전문가들이 땀 속에 다양한 용도의 항생물질이 포함되어 있다는 사실을 발견했다)'에서 관련 내용이 언급되었다. 이어지는 내용에서 '在消灭致病细菌方面很有成效(이 물질은 병을 유발하는 세균을 제거하는 데 효과가 있어), 能防治常见的皮肤传染病，如脓包病等(농포(종기) 같은 흔한 피부 전염병을 예방하고 치료할 수 있다)'라고 했으므로 정답은 A이다.

단어   抗生素 kàngshēngsù 명 항생제   防治 fángzhì 예방하고 치료하다   传染病 chuánrǎnbìng 명 전염병   刺激 cìjī 통 자극(하다)   尿液 niàoyè 명 소변, 오줌   提炼 tíliàn 통 정제하다, 추출하다

68 B ★★

穿透气性好的衣服有助于：	통기성이 좋은 옷을 입으면 도움이 되는 것은:
A 满足皮肤细胞的需要	A 피부 세포의 요구를 충족시킨다
B 减少汗液对皮肤的伤害	B 땀이 피부에 끼치는 피해를 줄여준다
C 加快汗液排泄的速度	C 땀이 더 빨리 배출되도록 한다
D 保留汗液中的矿物质	D 땀 속의 무기질을 유지시켜 준다

해설   마지막 여덟 번째 단락 후반에서 '要勤换内衣裤和鞋袜，穿着吸汗且透气性好的衣物(속옷과 양말을 자주 갈아입고, 땀 흡수가 잘 되고 통기성이 좋은 옷을 입어야)，以便于汗液的及时蒸发，减少汗液对皮肤的伤害(땀이 잘 증발하여 땀이 피부에 주는 손상을 줄일 수 있다)'라고 했으므로 정답은 B이다.

단어   **透气性** tòuqìxìng 명 통기성   **有助于** yǒuzhù yú ~에 도움이 되다   **细胞** xìbāo 명 세포   **排泄** páixiè 동 배설하다, 배출하다   **保留** bǎoliú 동 보존하다, 남겨두다   **矿物质** kuàngwùzhì 명 무기질, 미네랄

TIP

- 주요 문장 형식

不仅 A，更重要的是 B (A일 뿐만 아니라, 더 중요한 것은 B이다)
원문 出汗不仅影响人的舒适感，更重要的是与健康有关联。
예문 城市绿化树不仅美化环境，更重要的是其维持生态平衡的作用。

广泛(地)分布 (광범위하게 분포하다)
원문 汗腺广泛地分布于皮肤，哪里有皮肤，哪里就有它的存在。
예문 这种多年生草本植物，广泛分布于亚洲、欧洲等地区。

尤其是……最…… (특히 ~이 가장 ~하다)
원문 其余的是小汗腺，尤其是以脚掌、额部、背部等处数量最多。
예문 不良情绪对我们的身体健康造成威胁，尤其是生气的时候最严重。

제2부분 (69-73)

다음 글의 순서가 뒤섞여 있습니다. 논리적으로 일관된 글이 되도록 다시 정렬하세요. 이 과정에서 한 개의 단락은 내용과 무관한 방해 요소이므로 제외해야 합니다. 밑줄 친 단락의 위치는 고정되어 있으므로 순서를 변경할 필요가 없습니다.

69-73 ★★

A 由此，动物学家们明白了，在西伯利亚山林里，每年冬天，许多体弱的动物冻死，但为什么唯独没有花腹驼鹿，同时也解释了这种驼鹿被祖辈人称作"西伯利亚丛林勇士"的原因。这一切，都和小鹿遇到的磨难有关。

B 纵横的伤口最终形成了美丽的花纹，这确实令人称奇。在人生漫长的旅途中，人和小鹿遭遇的环境极其相似，当苦难来临时，心存胆怯地回避，很可能是致命的，与其回避，不如勇敢地去正视并迎击它。但凡成功的人，没有谁是不遭受磨难的，只有经历了磨难，你才可能更接近成功，更理性地看待人生，很多时候，哪怕命运刺了你一刀，你只要有足够的勇气去面对和搏击，伤口同样能绽放出另一种美丽。

C 这一现象引起了动物学家的注意。经过跟踪研究，他们终于发现了野生花腹驼鹿的一个惊人习性：每年秋季来临，母鹿都会带领小鹿找一个荆棘丛生的地方，然后群鹿依次跳跃着穿越大片荆棘丛。因为幼鹿个子矮，所以每只小鹿的腹部都被划出了一道道渗血的伤痕。

D 一个偶然的机会，几个猎手遇到了一只遭黑熊袭击而受伤的母花腹驼鹿，并将它带回村中饲养。次年春天，伤势痊愈的驼鹿产下了一窝鹿崽儿。猎人们发现，那些可爱的小鹿的腹部并没有花纹，原来花腹驼鹿腹部的花纹并非天生就有。小鹿渐渐长大，但花纹仍未出现。猎人们的好奇心愈发强烈，于是他们开始更加密切地关注小鹿。四年后，当这些小鹿长大，花纹仍未显现，这让猎人们百思不得其解。

E 西伯利亚森林中一半以上的树木树龄超过100年。这一方面是因为气候严寒，只有熬过幼年期的树木才可能在这里存活；另一方面则是因为人迹罕至，长期保持着原始状态。由于严酷的自然环境，这里的树木笔直、细长、高大。

F 在遥远且寒冷的西伯利亚针叶阔叶混交林中，生活着一种外形与普通驼鹿相似但腹部布满不规则花纹的奇特驼鹿，这些花纹异常美丽。因此，动物学家把它们命名为花腹驼鹿。因为它们在丛林和寒冷中展现出极强的生存能力，当地人称它们为"西伯利亚丛林勇士"。在这里，花腹驼鹿受到保护，而且不捕杀花腹驼鹿的规矩在猎户中代代流传。

G 进一步观察揭示了一个惊人的秘密：由于受伤，小鹿即使觅食时已经吃饱，也不能躺下休息，因为这会刺痛伤口。所以，它们只好一直站着吃草。这样拼命进食的好处是，在酷寒的西伯利亚冬天来临之前，每只小鹿都储存了足够御寒的营养和能量。一只小鹿需要经历三个秋季的荆棘刺伤，直至成年。而那些美丽的花纹，其实就是这些伤痕留下的印记。

속에는 외형은 일반 사슴과 비슷하지만, 배에 불규칙한 아름다운 무늬가 있는 특별한 사슴이 살고 있다. 동물학자들은 이 무늬가 매우 아름답기 때문에 이 사슴을 꽃무늬 배 말코손바닥사슴이라 명명하였다. 이들은 숲과 추위 속에서 매우 강한 생존력을 보이기 때문에, 현지 사람들은 이 사슴들을 '시베리아 숲의 용사'라 불렀다. 이곳에서는 꽃무늬 배 말코손바닥사슴이 보호받고 있으며, 꽃무늬 배 말코손바닥사슴을 잡지 않는 규칙이 사냥꾼들 사이에서 대대로 전해져 온다고 현지인들은 말한다.

G 더 자세한 관찰을 통해 놀라운 비밀이 밝혀졌다고 한다. 상처를 입은 탓에, 새끼 사슴은 먹이를 찾아 배불리 먹었더라도 누워 쉴 수 없으며, 그렇게 하면 상처가 아프기 때문이라고 한다. 그래서 새끼 사슴은 계속 서서 풀을 먹을 수밖에 없다. 이렇게 필사적으로 먹는 습관 덕분에, 혹독한 시베리아의 겨울이 오기 전까지 새끼 사슴은 추위를 견딜 수 있는 충분한 영양과 에너지를 비축하게 된다. 한 마리의 새끼 사슴은 세 번의 가을을 지나며 가시에 찔리는 과정을 겪어야 성체가 될 수 있다고 한다. 그리고 그 아름다운 무늬는 사실 바로 그 상처들이 남긴 흔적이라고 말한다.

단어

A 植西伯利亚山林 Xībóliyà shānlín 고유 시베리아 산림　体弱 tǐruò 형 몸이 약하다　唯独 wéidú 부 유독　花腹驼鹿 huāfù tuólù 꽃무늬 배 말코손바닥사슴　祖辈人 zǔbèi rén 명 조상, 선조　丛林 cónglín 명 밀림, 정글　勇士 yǒngshì 명 용사, 전사　磨难 mónàn 명 시련, 고난

B 纵横 zònghéng 명 종횡, 가로 세로　伤口 shāngkǒu 명 상처　花纹 huāwén 명 무늬　令人称奇 lìngrén chēngqí 경이롭다　漫长 màncháng 형 매우 길다　旅途 lǚtú 명 여행길　相似 xiāngsì 형 비슷하다　胆怯 dǎnqiè 형 겁이 많다　回避 huíbì 동 회피하다　致命 zhìmìng 형 치명적인　迎击 yíngjī 동 맞서 싸우다　但凡 dànfán 접 ~하기만 하면　哪怕 nǎpà 접 설령 ~하더라도　刺 cì 명 가시 동 찌르다　搏击 bójī 동 격투하다, 싸우다　绽放 zhànfàng 동 (꽃이) 피어나다

C 引起注意 yǐnqǐ zhùyì 주목을 끌다　跟踪研究 gēnzōng yánjiū 추적 연구하다　野生 yěshēng 형 야생의　惊人 jīngrén 형 놀라운　荆棘丛生 jīngjí cóngshēng 가시덤불이 무성하다　依次 yīcì 부 순차적으로　跳跃 tiàoyuè 동 뛰어넘다, 도약하다　穿越 chuānyuè 동 관통하다, 지나가다　矮 ǎi 형 키가 작다　划出 huàchū 동 긋다, 베다　渗血 shènxiě 동 피가 배어 나오다　伤痕 shānghén 명 상처 자국

D 偶然 ǒurán 부 우연히 형 우연한　猎手 lièshǒu 명 사냥꾼　黑熊 hēixióng 명 흑곰　袭击 xíjī 동 습격하다　饲养 sìyǎng 동 사육하다　次年 cìnián 명 다음 해　伤势痊愈 shāngshì quányù 상처가 회복되다　产下 chǎnxià 동 낳다 (동물의 출산)　一窝 yīwō 양 한 배 (무리)의 새끼　鹿崽儿 lùzǎir 명 사슴 새끼　天生 tiānshēng 형 타고난　未 wèi 부 아직 ~하지 않다　好奇心 hàoqíxīn 명 호기심　愈发 yùfā 부 더욱 더　密切关注 mìqiè guānzhù 예의 주시하다　百思不得其解 bǎisī bùdé qí jiě 성 아무리 생각해도 이해할 수 없다

E 森林 sēnlín 명 숲　树龄 shùlíng 명 나무의 나이(수령)　严寒 yánhán 형 혹한의　熬过 áoguò 동 버티다, 견디다　幼年期 yòuniánqī 명 어린 시기　存活 cúnhuó 동 살아남다　人迹罕至 rénjì hǎnzhì 성 인적이 드물다　严酷 yánkù 형 혹독한　笔直 bǐzhí 형 곧은, 일직선의

F 遥远 yáoyuǎn 형 멀리 떨어진　针叶 zhēnyè 명 침엽 (소나무류의 잎)　阔叶 kuòyè 활엽(넓은 잎)　混交 hùnjiāo 명 동 혼합(되다)　布满 bùmǎn 동 가득 퍼지다　驼鹿 tuólù 명 말코손바닥사슴　异常 yìcháng 형 이상하게, 특별히　命名为 mìngmíng wéi ~라고 이름 붙이다　捕杀 bǔshā 동 사냥하여 죽이다　规矩 guīju 명 규칙, 예절　猎户 lièhù 명 사냥가문, 사냥꾼　代代流传 dàidài liúchuán 대대로 전해지다

G 揭示 jiēshì 동 밝히다, 드러내다　秘密 mìmì 명 비밀　即使 jíshǐ 접 설령 ~하더라도　觅食 mìshí 동 먹이를 찾다　刺痛 cìtòng 동 찌르다　拼命 pīnmìng 부 필사적으로　进食 jìnshí 동 먹다　来临 láilín 동 다가오다　储存 chúcún 동 저장하다　御寒 yùhán 동 추위를 막다　直至成年 zhízhì chéngnián 성인이 될 때까지　印记 yìnjì 명 흔적, 자국

문장 배치 순서

해설 **69 F**

F 단락은 글 전체의 도입 부분이다. 단락 초반의 '在遥远且寒冷的西伯利亚针叶阔叶混交林中(멀고도 추운 시베리아의 침엽수와 활엽수가 뒤섞인 숲 속에는), 生活着一种外形与普通驼鹿相似但腹部布满不规则花纹的奇特驼鹿, 这些花纹异常美丽(외형은 일반 사슴과 비슷하지만, 배에 불규칙한 아름다운 무늬가 있는 특별한 사슴이 살고 있다)'에서 이 글의 주인공 꽃무늬 배 말코손바닥사슴(花腹驼鹿)이 처음으로 소개되었다.

70 D

D 단락은 앞 F 단락의 '무늬'에 대한 설명과 직접적으로 연결된다. 사냥꾼의 이야기를 통해 꽃무늬 배 말코손바닥사슴(花腹驼鹿)은 새끼 때 복부에 무늬가 없으며, '当这些小鹿长大, 花纹仍未显现(이 새끼 사슴들이 다 자란 뒤에도 무늬는 여전히 나타나지 않았다)'라는 내용으로 다음 문단에 나올 무늬에 관한 의문점을 자연스럽게 이끌어낸다.

C 단락 초반의 '这一现象引起了动物学家的注意(이 현상은 동물학자의 관심을 끌었다)'에서 '这一现象(이 현상)'은 앞 D 단락의 배 말코손바닥사슴(花腹驼鹿)의 복부 무늬가 후천적인 것을 가리킨다. 동물학자들이 이 현상을 연구한 결과 새끼 사슴들이 가시덤불을 뛰어넘을 때 배에 상처가 생긴다는 점을 발견하였다.

71 G

G 단락 초반의 '进一步观察揭示了一个惊人的秘密(더 자세한 관찰을 통해 놀라운 비밀이 밝혀졌다)'는 해당 단락이 앞 C 단락에 이은 부연 설명임을 알려 준다. G 단락은 어미 꽃무늬 배 말코손바닥사슴이 새끼를 가시덤불 속으로 통과시키는 이유를 더욱 자세히 설명하며, 이 행동이 새끼의 생존 능력을 어떻게 키우는지를 보여 준다.

72 A

A 단락은 동물학자의 관찰 과정 전체를 요약하고 있다. 꽃무늬 배 말코손바닥사슴이 얼어 죽지 않고 살아남을 수 있는 이유를 설명하고, 이들이 왜 '西伯利亚丛林勇士(시베리아 숲의 전사)'라고 불리는지를 말해 준다. 이는 앞 C, G 단락에서 나온 내용을 종합적으로 정리하는 결론 역할을 한다.

73 B

B 단락은 새끼 꽃무늬 배 말코손바닥사슴이 겪은 고난을 출발점으로, 이를 인생의 고난에 대한 은유로 확장시켜 철학적인 성찰과 감상을 담아낸다. '在人生漫长的旅途中……伤口同样能绽放出另一种美丽(인생이란 긴 여정에서 ~ 상처는 또다른 아름다움으로 피어날 수 있다)'의 내용은 앞선 이야기들과 감정적으로 연결되며, 글 전체의 교훈을 제시하여 마무리를 짓고 있다.

E 단락은 시베리아 숲의 나무에 대해 묘사하고 있지만, 본문의 주제인 꽃무늬 배 말코손바닥사슴과는 직접적인 관련이 없다. 따라서 해당 단락은 방해 요소로 판단할 수 있다.

제3부분 (74-87)
아래의 문제에 답하세요. 답안은 10글자 이내로 작성해야 합니다.

74-80

❼❹ 被誉为"天下第一奇山"的黄山，位于安徽省南部黄山市黄山区，有72峰，主峰莲花峰海拔1864米，与光明顶、天都峰并称三大黄山主峰，为36大峰之一。黄山是安徽旅游的标志，是中国十大风景名胜中唯一的山岳。❼❺ 黄山原名"黟山"，因峰岩青黑，从远处望去呈现苍黛色而得名，后因传说轩辕黄帝曾在此炼丹，故改名为"黄山"。❽⓪ 黄山的代表性景观有"四绝"，即奇松、怪石、云海、温泉。

黄山延绵数百里，千峰万壑，到处生长着松树。这些松树分布于海拔800米以上的高山，北坡的松树一般生长在1500至1700米处，而南坡的松树在1000至1600米处。黄山松的生长方式非常奇特，它们扎根岩石缝隙里，无须泥土，枝丫都向一侧伸展。松针粗短，苍翠浓密；干曲枝虬，千姿百态。❼❻ 黄山名松很多，还曾有人编纂《名松谱》，收录了众多黄山松。可以叫出名字的松树有成百上千棵，每棵都具有独特而优雅的风姿。其中最著名的是迎客松，树龄至少已有1300年。它如同一个人伸出一只臂膀欢迎远道而来的客人，姿态优美。

黄山怪石以奇取胜，以多著称。其形态可谓千奇百怪，令人叫绝。似人似物，似鸟似兽，情态各异，形象逼真。❼❼ 从不同的位置观赏黄山怪石，在不同的天气中情趣迥异，可谓"横看成岭侧成峰，远近高低各不同"。

黄山一年之中有云雾的天气超过200天，水汽升腾或雨后雾气未消，就会形成波澜壮阔、一望无边的云海，黄山的大小山峰、千沟万壑都隐没在云涛雾浪里，天都峰、光明顶也就成了浩瀚云海中的孤岛。❼❽ 一般来说，每年的11月到次年5月是观赏黄山云海的最佳时间段，尤其是雨雪天之后，逢日出及日落之前，云海必定最为壮观。

❼❾ 黄山温泉源自海拔850多米的紫云峰下，泉水以碳酸氢盐，可饮可浴。相传轩辕黄帝在此沐浴四十九日得以返老还童，羽化飞升，因此黄山温泉被誉为"灵泉"。黄山温泉常年不息，水温在42℃左右，属高山温泉，置身其中，能够舒缓身心、净化心灵。

❼❹ '천하 제일 기산(奇山)'이라 불리는 황산은 안후이성 남부 황산시 황산구에 위치하며, 72개의 봉우리가 있다. 주봉인 연화봉의 해발은 1864미터이며, 광명정, 천도봉과 함께 황산의 삼대 봉우리로 불리며, 36대 봉우리 중 하나에 속한다. 황산은 안후이 관광의 상징이며, 중국 10대 풍경 명소 가운데 유일한 산악 경관이다. ❼❺ 황산의 원래 이름은 '의산'이며, 봉우리의 암석이 검푸른색을 띠고 있어 멀리서 보면 짙은 청록색으로 보여 이렇게 불렸다. 후에 전설에 따르면, 헌원황제가 이곳에서 단약을 만들었다고 하여 이름이 '황산'으로 바뀌었다. ❽⓪ 황산의 대표적인 경관으로는 '4대 절경'이 있으며, 이는 기이한 소나무, 기괴한 바위, 운해, 온천이 해당한다.

황산은 수백 리에 걸쳐 뻗어 있으며, 수많은 봉우리와 골짜기에는 소나무가 자라고 있다. 이들 소나무는 해발 800미터 이상의 고산 지대에 분포하며, 북쪽 경사면의 소나무는 보통 1500에서 1700미터 지대에, 남쪽 경사면의 소나무는 1000에서 1600미터 지대에 자란다. 황산 소나무는 매우 특이한 방식으로 자라는데, 바위틈에 뿌리를 내리며 흙이 필요 하지 않고, 가지는 한쪽으로만 뻗는다. 소나무 잎은 짧고 굵으며, 검푸르고 빽빽하다. 줄기와 가지는 뒤틀려졌으며, 모양은 천차만별이다. ❼❻ 황산에는 유명한 소나무가 많으며, 예전에 누군가 《명송보(名松谱)》라는 책을 엮어 많은 황산 소나무를 수록하기도 했다. 이름을 부를 수 있는 소나무만 해도 수백 수천 그루에 달하며, 각각의 나무들은 모두 독특하고 우아한 자태를 지니고 있다. 그중 가장 유명한 것은 '영객송'이며, 수령은 최소 1300년에 달한다. 이 나무는 마치 멀리서 온 손님을 환영하듯 팔 하나를 뻗은 사람처럼 보이며, 그 자태가 우아하고 아름답다.

황산의 기괴한 바위는 그 특이함이 압도적이며, 수가 많기로도 유명하다. 그 형태는 각양각색의 기괴한 모양으로 사람을 감탄하게 한다. 사람, 사물, 새, 짐승을 닮았으며, 각각의 모습과 분위기가 다르고 모양이 매우 사실적이다. ❼❼ 다양한 위치에서 황산의 기괴한 바위를 감상하면, 날씨에 따라 분위기가 전혀 달라지는데, "옆으로 보면 큰 산맥이 되고 측면에서 보면 봉우리가 되며, 거리와 높이에 따라 그 모습이 각기 다르다"라고 할 수 있다.

황산에는 1년 중 200일 이상 안개 낀 날씨이며, 수증기가 피어오르거나 비가 내린 뒤 안개가 걷히지 않으면, 웅장하며 끝없이 펼쳐진 드넓은 운해가 형성된다. 황산의 크고 작은 산봉우리와 수많은 골짜기들은 모두 물결치는 구름과 안개 속에 잠기고, 천도봉과 광명정도 광활한 운해 속의 외딴섬처럼 보인다. ❼❽ 일반적으로 매해 11월부터 이듬해 5월까지가 황산 운해를 감상하기에 가장 좋은 시기이며, 특히 비나 눈이 온 뒤 일출이나 해 지기 전에는 운해가 가장 장관을 이룬다.

㊆ 황산 온천은 해발 850미터가 넘는 자운봉 아래에서 나오며, 온천수는 탄산수소염으로 마실 수도 있고, 목욕할 수도 있다. 전설에 따르면, 헌원황제가 이곳에서 49일간 온천욕을 하여 젊음을 되찾고 승천했다고 전해지며, 그로 인해 황산 온천은 '영험한 샘'이라 불린다. 황산 온천수는 연중 끊이지 않으며, 수온은 약 42℃로 고산 온천에 속한다. 온천에 몸을 담그면 심신이 편안해지고, 마음이 정화된다고 한다.

단어   被誉为 bèi yù wéi ~라고 불리다   安徽省 Ānhuī Shěng 고유 안후이성(중국 성(省)급 행정 구역)   峰 fēng 명 봉우리   莲花峰 Liánhuā Fēng 고유 연화봉(황산의 봉우리 이름)   海拔 hǎibá 명 해발   光明顶 Guāngmíngdǐng 고유 광명정(황산의 봉우리 이름)   天都峰 Tiāndū Fēng 고유 천도봉(황산의 봉우리 이름)   并称 bìngchēng 통 함께 불리다   标志 biāozhì 명(동) 상징(하다)   风景名胜 fēngjǐng míngshèng 명 풍경 명소   山岳 shānyuè 명 산악   黟山 Yī Shān 고유 의산(황산의 옛 이름)   苍黛色 cāngdàisè 명 검푸른 빛깔   轩辕黄帝 Xuānyuán Huángdì 고유 헌원황제   炼丹 liàndān 통 단약을 만들다   四绝 sìjué 명 4대 절경(기송, 괴석, 운해, 온천)   奇松 qísōng 명 기이한 소나무   怪石 guàishí 명 괴석(기괴한 바위)   云海 yúnhǎi 명 운해   温泉 wēnquán 명 온천   延绵 yánmián 통 길게 이어지다   千峰万壑 qiān fēng wàn hè 성 수많은 봉우리와 계곡   坡 pō 명 비탈   扎根 zhāgēn 통 뿌리를 내리다   缝隙 fèngxì 명 틈, 갈라진 곳   泥土 nítǔ 명 흙, 진흙   枝丫 zhīyā 명 나뭇가지   一侧 yícè 명 한쪽   伸展 shēnzhǎn 통 뻗다, 펴다   松针粗短 sōngzhēn cūduǎn 소나무 잎이 굵고 짧다   苍翠浓密 cāngcuì nóngmì 짙고 푸르다   干曲枝虬 gān qū zhī qiú 줄기와 가지가 비틀리고 구불구불하다   千姿百态 qiān zī bǎi tài 성 천태만상, 다양한 모습   编纂 biānzuǎn 통 편찬하다   收录 shōulù 통 수록하다   优雅 yōuyǎ 형 우아하다   风姿 fēngzī 명 자태, 풍채   迎客松 yíngkè sōng 명 영객송(황산의 명물 소나무 이름)   树龄 shùlíng 명 수령   伸出 shēnchū 통 내뻗다   臂膀 bìbǎng 명 팔, 팔뚝   远道而来 yuǎndào ér lái 먼 길을 오다   姿态优美 zītài yōuměi 자태가 아름답다   以奇取胜 yǐ qí qǔ shèng 기이함으로 승부하다   以多著称 yǐ duō zhùchēng 수가 많기로 유명하다   令人叫绝 lìngrén jiàojué 감탄하게 하다   情态各异 qíngtài gè yì 형태나 제각각 다르다   形象逼真 xíngxiàng bīzhēn 형상이 마치 진짜와 같다   情趣迥异 qíngqù jiǒng yì 정취가 서로 다르다   云雾 yúnwù 명 구름과 안개   升腾 shēngténg 통 솟아오르다   雾气未消 wùqì wèi xiāo 안개가 아직 걷히지 않다   波澜壮阔 bōlán zhuàngkuò 성 웅장하고 장대한   一望无边 yíwàng wúbiān 끝없이 펼쳐지다   隐没 yǐnmò 통 숨다, 사라지다   云涛雾浪 yún tāo wù làng 구름과 안개의 물결   浩瀚 hàohàn 형 광활하다, 방대하다   孤岛 gūdǎo 명 외딴 섬   逢 féng 통 만나다   紫云峰 Zǐyún Fēng 고유 자운봉(황산 봉우리의 이름)   泉水 quánshuǐ 명 샘물   碳酸氢盐 tànsuānqīngyán 명 중탄산염   沐浴 mùyù 통 목욕하다(비유: 어떤 환경에 푹 빠지다)   返老还童 fǎn lǎo huán tóng 성 노인이 다시 젊어지다   羽化 yǔhuà 통 신선이 되다   置身其中 zhìshēn qízhōng 몸담다   舒缓身心 shūhuǎn shēnxīn 몸과 마음을 편하게 하다   净化心灵 jìnghuà xīnlíng 마음을 정화하다

74 1864米。

莲花峰有多高?	연화봉은 얼마나 높은가?
1864米。	1864미터.

해설   첫 번째 단락 초반에서 '被誉为"天下第一奇山"的黄山, ……, 有72峰, 主峰莲花峰海拔1864米('천하 제일 기산'이라 불리는 황산은, ……, 72개의 봉우리가 있고, 주봉인 연화봉의 해발은 1864미터이다)'라고 했으므로 정답은 1864米이다.

단어   峰 fēng 명 봉우리, 산봉우리   海拔 hǎibá 명 해발

75 轩辕黄帝。

黄山因谁而命名?	황산은 누구로 인해 이름이 붙여졌는가?
轩辕黄帝。	헌원황제.

해설	첫 번째 단락 중반에서 '黄山原名"黟山"(황산의 원래 이름은 '의산'이며), ……, 后因传说轩辕黄帝曾在此炼丹, 故改名为"黄山"(후에 전설에 따르면, 헌원황제가 이곳에서 단약을 만들었다고 하여 이름이 '황산'으로 바뀌었다)'라고 했으므로 정답은 轩辕黄帝이다.

단어 **命名** mìngmíng 동 명명하다, 이름을 짓다   **轩辕皇帝** Xuānyuán Huángdì 고유 헌원황제   **故** gù 접 고로, 그래서 (문어체 표현)   **改名** gǎimíng 동 개명하다, 이름을 바꾸다

76 迎客松。 ★

黄山最有名的松树是哪一棵?	황산에서 가장 유명한 소나무는 어느 것인가?
迎客松。	영객송(손님을 맞이하는 소나무).

해설 두 번째 단락 중반에서 '黄山名松很多(황산에는 유명한 소나무가 많으며), ……, 其中最著名的是迎客松(그중 가장 유명한 것은 '영객송'이다)'라고 했으므로 정답은 迎客松이다.
 • 핵심 표현: ……很多, 其中最……是…… (~이 많은데, 그중 가장 ~한 것은 ~이다)

단어 **松树** sōngshù 명 소나무   **迎客松** yíngkè sōng 명 영객송(황산의 명물 소나무 이름)

77 黄山怪石。 ★★

文中引用诗句"横看成岭侧成峰，远近高低各不同"，描绘了哪种景观的特点?	글에 인용된 시구 "옆으로 보면 큰 산맥이 되고 측면에서 보면 봉우리가 되며, 거리와 높이에 따라 그 모습이 각기 다르다"는 어떤 경관의 특징을 묘사하는가?
黄山怪石。	황산의 기괴한 바위.

해설 세 번째 단락 중반에서 '从不同的位置观赏黄山怪石(다양한 위치에서 황산의 기괴한 바위를 감상하면), 在不同的天气中情趣迥异(날씨에 따라 분위기가 전혀 달라지는데), 可谓"横看成岭侧成峰, 远近高低各不同"("옆으로 보면 큰 산맥이 되고 측면에서 보면 봉우리가 되며, 거리와 높이에 따라 그 모습이 각기 다르다"라고 할 수 있다)'라고 했다. 해당 시구로 표현되는 경관은 황산의 기괴한 바위이므로 정답은 黄山怪石이다.

단어 **引用** yǐnyòng 동 인용하다   **诗句** shījù 명 시구   **描绘** miáohuì 동 묘사하다   **景观** jǐngguān 명 경관, 풍경

78 11月到次年5月。 ★

观赏黄山云海的最佳时间段是什么时间?	황산 운해를 감상하기 가장 좋은 시기는 언제인가?
11月到次年5月。	11월부터 이듬해 5월까지.

해설 네 번째 단락 후반에서 '一般来说, 每年的11月到次年5月是观赏黄山云海的最佳时间段(일반적으로 매해 11월부터 이듬해 5월까지가 황산 운해를 감상하기에 가장 좋은 시기이며)'라고 했으므로 정답은 11月到次年5月이다.

단어 **观赏** guānshǎng 동 관람하다, 감상하다   **最佳** zuìjiā 형 최적의, 최적이다   **时间段** shíjiānduàn 명 시간대   **次年** cìnián 명 이듬해, 다음 해

79 紫云峰下。　★★

黄山温泉源自哪里?	황산 온천은 어디에서 나오는가?
紫云峰下。	자운봉 아래.

해설　다섯 번째 단락 초반에서 '黄山温泉源自海拔850多米的紫云峰下(황산 온천은 해발 850미터가 넘는 자운봉 아래에서 나오며)'라고 했으므로 정답은 紫云峰下이다.

단어　**温泉 wēnquán** 명 온천　**紫云峰 Zǐyún Fēng** 고유 자운봉(황산의 봉우리 이름)

80 黄山四绝。　★★

上文主要介绍了什么?	윗글은 주로 무엇을 소개하는가?
黄山四绝。	황산 4대 절경.

해설　첫 번째 단락 후반에서 '黄山的代表性景观有"四绝"，即奇松、怪石、云海、温泉(황산의 대표적인 경관으로는 '4대 절경'이 있으며, 이는 기이한 소나무, 기괴한 바위, 운해, 온천이 해당한다)'라고 했으며, 이어지는 내용에서 각 단락마다 이 4대 절경(奇松, 怪石, 云海, 温泉)에 대해 구체적인 소개를 하고 있으므로 정답은 黄山四绝이다.

단어　**代表性 dàibiǎoxìng** 대표적인　**黄山四绝 Huáng Shān sìjué** 황산의 4대 절경(기암, 운해, 온천, 송백)　**绝 jué** 특정 분야 또는 지역에서의 가장 뛰어난 것

TIP

- 주요 문장 형식

  因 A, 故 B (A때문에, B하다)
  원문　黄山原名"黟山"，因峰岩青黑，从远处望去呈现苍黛色而得名，后因传说轩辕黄帝曾在此炼丹，故改名为"黄山"。
  예문　因资金不足，故这项工程被迫停工了。

  ……很多，其中最……是…… (~이 많은데, 그중 가장 ~한 것은 ~이다)
  원문　黄山名松很多，还曾有人编纂《名松谱》，收录了众多黄山松。可以叫出名字的松树有成百上千棵，每棵都具有独特而优雅的风姿。其中最著名的是迎客松，树龄至少已有1300年。
  예문　中国有很多少数民族，其中人数最多的少数民族是壮族。

  ……的最佳时间段 (~의 가장 좋은 시기)
  원문　一般来说，每年的11月到次年5月是观赏黄山云海的最佳时间段。
  예문　观赏北京香山红叶的最佳时间段是每年的10月中旬至11月中旬。

81-87

①　铁定甲虫属于瘤拟步行虫科，听名字就知道它们至少有两大特征，第一形态不怎么好看，第二不怎么会飞。很多昆虫都有属于自己的武器，有些有毒针，有些有大颚，有些能释放毒液，再不济也能飞。**㉛铁定甲虫看起来比较弱，没有攻击能力，连主动防御也不会，遇上事儿了只能被动防御。**

②　铁定甲虫有三种超强的被动防御技能。

③　第一是装死，这并不稀奇，毕竟很多昆虫都会这一招，但铁定甲虫的装死技巧更为高超。很多昆虫六脚朝天一躺倒，足和触角都拉在外面，虽然装得像，却很容易遭到损伤。铁定甲虫则会有意识地把足和触角收缩回身体周围，**㉜它们的胴体上甚至有在装死时用来收纳足和触角的凹槽。**这样一来，安然渡劫的可能性就会大大增加。

④　第二就是拟态——**㉝它们的表面和形状看起来非常像不起眼的小石头。**而且不仅是铁定甲虫，整个瘤拟步行虫科都是拟态的高手。在国外某些甲虫爱好者的圈子里，甚至有收集瘤拟步行虫标本然后制成类似宝石装饰品的风气。

⑤　铁定甲虫的第三个被动防御技能就更厉害了。它们的身体能够承受极大的压力，不仅捕食者的挤压和尖刺对它们没什么作用，连汽车碾过都可能安然无恙。**㉞甚至想把它们固定在标本盒里的昆虫学家们常常一筹莫展**——它们的铁甲甚至能让固定标本用的钢针弯曲。**㉟普普通通的血肉之躯，如何能够承载如此重压，铁定甲虫绝技背后的秘密勾起了科学家们的好奇心。**

⑥　铁定甲虫和其他甲虫一样，周身由坚硬的外骨骼包裹。在这套甲胄中，最关键的明显是背部，因为昆虫能否扛住猎食者的尖牙利爪，全靠背部的承压能力。

⑦　普通飞行甲虫的背部装甲由两片鞘翅组成，这两片鞘翅是第一对翅特化为类似外骨骼的坚硬"剑鞘"，柔软的后翅藏于其下。两片鞘翅间只在最上方处凭借一个像活页一样的结构来控制开合，在飞行时两片鞘翅打开，平时则合并为背部装甲。

⑧　**㊱而铁定甲虫为代表的步甲虫们彻底抛弃了飞行能力，将最为关键的两片背部鞘翅特化为了一整块背甲，抗压能力得到了极大提升。**不必再考虑飞行

---

①　철갑 딱정벌레는 혹거저리과에 속하며, 이름에서 알 수 있듯 최소 두 가지 특징을 가진다. 첫째, 생김새가 그다지 보기 좋지 않고, 둘째, 잘 날지 못한다. 많은 곤충들은 자신만의 무기를 갖고 있으며, 어떤 곤충은 독침을 가지고, 어떤 곤충은 큰 턱을 가지고, 또 어떤 곤충은 독액을 분비하고, 그도 아니면 최소한 날 수는 있다. **㉛철갑 딱정벌레는 겉보기에 비교적 약해 보이고, 공격 능력도 없으며, 능동적인 방어조차 하지 못하고, 위급한 상황에서는 그저 수동적으로 방어할 수밖에 없다.**

②　철갑 딱정벌레는 세 가지 매우 강력한 수동 방어 기술을 가지고 있다.

③　첫째는 죽은 척하기이다. 이는 드문 일이 아니며, 많은 곤충들이 이 기술을 가지고 있지만, 철갑 딱정벌레의 죽은 척하기 기술이 훨씬 더 뛰어나다. 많은 곤충들은 다리를 위로 향하게 한 채 쓰러지며, 다리와 더듬이가 밖으로 늘어져 있어 그럴싸해 보이긴 하지만 손상을 입기 쉽다. 반면 철갑 딱정벌레는 의식적으로 다리와 더듬이를 몸 주변으로 움츠리며, **㉜몸통에는 죽은 척할 때 다리와 더듬이를 수납할 수 있는 홈까지 있다.** 이렇게 하면 위기를 무사히 넘길 가능성이 훨씬 높아진다.

④　두번째는 의태이다. **㉝철갑 딱정벌레의 표면과 형태는 눈에 잘 띄지 않는 작은 돌멩이처럼 보인다.** 철갑 딱정벌레뿐만 아니라 모든 혹거저리과가 다 모방의 달인이다. 해외의 일부 딱정벌레 애호가들 사이에서는 혹거저리과의 표본을 수집해 보석 장식품처럼 만드는 유행도 있다.

⑤　철갑 딱정벌레의 세 번째 수동 방어 기술은 더욱 강력하다. 철갑 딱정벌레의 몸은 매우 큰 압력을 견딜 수 있어 포식자의 압박이나 날카로운 이빨도 별 효과가 없으며, 심지어 자동차가 밟고 지나가도 멀쩡할 수 있다. **㉞심지어 철갑 딱정벌레를 표본 상자에 고정시키려는 곤충학자들조차도 종종 속수무책이며,** 철갑딱정벌레의 철갑은 표본 고정용 강철 핀조차 구부러지게 만든다. **㉟아주 평범한 살덩어리에 불과한 몸이 어떻게 그토록 무거운 압력을 견딜 수 있는지, 철갑 딱정벌레의 비밀스러운 능력은 과학자들의 호기심을 자극했다.**

⑥　철갑 딱정벌레는 다른 딱정벌레들과 마찬가지로 온몸이 단단한 외골격으로 둘러싸여 있다. 이 갑옷과 투구 중에서 가장 중요한 부분은 분명히 등이다. 곤충이 포식자의 날카로운 이빨과 발톱을 버텨낼 수 있는지 여부는 모두 등 부위의 압력 저항 능력에 달려 있다.

⑦　일반적으로 날아다니는 딱정벌레의 등딱지는 두 개의 겉날개로 구성되며, 이 두 개의 겉날개는 처음 한 쌍의 날개가 외골격처럼 단단한 '검집'으로 특화된 것이며, 부드러운 뒷날개는 그 아래에 숨겨져 있다. 두 개의 겉날개는 맨 윗부분

力学的它们，无须再维持圆润的流线型体态，而是进化得越来越扁平且棱角分明。这样的体型也让它们能够更好地栖身于岩石和树皮下方。

至于铁定甲虫的抗压能力到底有多大，科学家们给出了具体的测试结果。大部分同类甲虫外骨骼断裂时的载荷大约是40到70牛顿，㊻ 而铁定甲虫的断裂载荷却达到了150牛顿。这一受力相当于它自身体重的大约4万倍，而且也远远超过了成年人拇指和食指合捏时所能产生的载荷（大约50牛顿）。也就是说，即使是人类中最有力的大力士，恐怕也无法用手指捏爆一只铁定甲虫。

의 경첩 같은 구조를 통해 열고 닫히며, 날 때는 양쪽 날개가 벌어지고, 평소에는 등딱지로 합쳐져 있다.

㊺ 반면 철갑 딱정벌레를 대표로 하는 보행성 딱정벌레들은 비행 능력을 완전히 버리고, 가장 중요한 두 장의 겉날개를 하나의 등딱지로 특수하게 변형시켜 압력 저항 능력을 대폭 향상시켰다. 더 이상 비행 역학을 고려하지 않아도 되는 이들은 유선형의 매끄러운 체형을 유지할 필요가 없으며, 점점 더 납작하고 각이 진 형태로 진화했다. 이러한 체형은 철갑딱 정벌레가 바위 틈이나 나무껍질 아래에 더 잘 숨어 살 수 있게 해준다.

그렇다면 '철갑 딱정벌레'의 압력 저항 능력이 얼마나 강한 지, 학자들은 이에 대한 구체적인 실험 결과를 제시했다. 대부분의 비슷한 딱정벌레는 외골격이 부서질 때 하중이 약 40~70뉴턴 정도이지만, ㊻ 철갑 딱정벌레의 외골격이 부서질 때 하중이 무려150뉴턴에 달했다. 이 하중은 대략 딱정벌레 체중의 약 4만 배에 해당하며, 성인이 엄지와 집게 손가락으로 짓이길 때 낼 수 있는 최대 하중(약 50뉴턴)을 훨씬 초과합니다. 다시 말해, 인간 중 가장 힘이 센 천하장사조차도 손가락만으로는 철갑 딱정벌레를 눌러 터뜨릴 수 없다는 뜻입니다."

단어 铁定甲虫 tiědìng jiǎchóng 명 철갑 딱정벌레 瘤拟步行虫科 liú nǐ bùxíng chóng kē 명 혹거저리과 (Zopheridae) (딱정벌레 과의 명칭) 昆虫 kūnchóng 명 곤충 毒针 dúzhēn 독침 大颚 dà'è 큰 턱 释放 shìfàng 방출하다 毒液 dúyè 명 독액 防御 fángyù 동 방어하다 装死 zhuāngsǐ 동 죽은 척하다 稀奇 xīqí 명 신기하다 招 zhāo 명 수단, 전략 技巧 jìqiǎo 명 기교, 테크닉 六脚朝天 liù jiǎo cháo tiān 6개 다리를 하늘로 향하다(죽은 척 자세를 취하다) 躺倒 tǎngdǎo 동 드러눕다. 누워 버리다 触角 chùjiǎo 명 더듬이 耷拉 dāla 동 축 늘어뜨리다 收缩 shōusuō 동 수축하다 胴体 dòngtǐ 명 몸통 收纳 shōunà 동 보관하다. 집어넣다 凹槽 āocáo 명 홈. 움푹 팬 곳 安然渡劫 ānrán dùjié 위기를 무사히 넘기다 拟态 nǐtài 명 의태(자신의 몸을 보호하거나 사냥하기 위해서 모양이나 색깔이 주위와 비슷하게 되는 현상) 不起眼 bùqǐyǎn 형 눈에 띄지 않다 圈子 quānzi 명 (사회적) 무리, 그룹 标本 biāoběn 명 표본 宝石 bǎoshí 명 보석 捕食者 bǔshízhě 포식자 挤压 jǐyā 동 눌러 짜다. 압박하다 尖刺 jiāncì 명 뾰족한 가시(비유:포식자의 날카로운 이빨) 碾过 niǎnguò 동 눌러 지나가다 安然无恙 ānrán wúyàng 성 아무 탈 없이 무사하다 一筹莫展 yì chóu mò zhǎn 성 속수무책이다 钢针 gāngzhēn 명 강철 바늘 弯曲 wānqū 동 구부러지다. 형 구부러진 血肉之躯 xuèròu zhī qū 피와 살의 몸 承载 chéngzài 동 견디다. 짊어지다 重压 zhòngyā 명 큰 압력 绝技 juéjì 명 특기, 필살기 勾起 gōuqǐ 동 (기억, 관심 등을) 불러일으키다 坚硬 jiānyìng 형 단단하다 外骨骼 wài gǔgé 명 외골격 包裹 bāoguǒ 동 감싸다. 덮다 甲胄 jiǎzhòu 명 갑옷과 투구 扛住 kángzhù 동 버티다. 감당하다 尖牙利爪 jiānyá lìzhǎo 뾰족한 이빨과 날카로운 발톱 鞘翅 qiàochì 명 딱정벌레의 겉날개 特化为 tèhuà wéi 특수하게 변형되다. 특화되다 剑鞘 jiànqiào 명 검집 柔软 róuruǎn 형 부드럽다 凭借 píngjiè 동 ~에 의지하다 活页 huóyè 명 접히는 부분, 경첩 打开 dǎkāi 동 열다 合并 hébìng 동 합치다 彻底 chèdǐ 형 철저히 抛弃 pāoqì 동 버리다 背甲 bèijiǎ 명 등껍질 抗压 kàngyā 동 압력을 견디다 명 내압성, 압력을 견딜 수 있는 圆润 yuánrùn 형 둥글고 매끄럽다 流线型体态 liúxiànxíng tǐtài 명 유선형 몸체 扁平 biǎnpíng 형 납작하다 棱角分明 léngjiǎo fēnmíng 윤곽이 뚜렷하다 栖身 qīshēn 동 몸을 의탁하다. 서식하다 岩石 yánshí 명 암석

81 被动防御。/ 装死。 ★★

铁定甲虫遇到外敌时会怎么做?	철갑 딱정벌레는 외부의 적을 만났을 때 어떻게 하는가?
被动防御。/ 装死。	수동적으로 방어한다. / 죽은 척한다.

해설 첫 번째 단락 후반에서 '铁定甲虫看起来比较弱, 没有攻击能力, 连主动防御也不会, 遇上事儿了只能被动防御(철갑 딱정벌레는 겉보기엔 비교적 약해 보이고, 공격 능력도 없으며, 능동적인 방어조차 하지 못하고, 위급한 상황에서는 그저 수동적으로 방어할 수밖에 없다)'라 했으므로 정답은 被动防御이다. 이어지는 두 번째 단락에서 수동적 방어법을 구체적으로 소개하고 있으므로 装死도 정답으로 가능하다.

단어　**外敌** wàidí 몡 외적, 외부의 적　**被动防御** bèidòng fángyù 수동적으로 방어하다　**装死** zhuāngsǐ 동 죽은 척하다　**拟态** nǐtài 몡 의태(자신의 몸을 보호하거나 사냥하기 위해서 모양이나 색깔이 주위와 비슷하게 되는 현상)

82 足和触角。　★

| 铁定甲虫身体上的凹槽是用来容纳什么的? | 철갑 딱정벌레 몸에 있는 홈은 무엇을 수납하는가? |

足和触角。　　　　　　　　　　　　　　　　　다리와 더듬이.

해설　세 번째 단락 후반에서 '它们的胴体上甚至有在装死时用来收纳足和触角的凹槽(그들 몸통에는 죽은 척할 때 다리와 더듬이를 수납할 수 있는 홈까지 있다)'라고 했으므로 정답은 足和触角이다.

단어　**凹槽** āocáo 몡 오목한 홈, 홈통　**容纳** róngnà 동 수용하다, 담다　**收纳** shōunà 동 정리해 넣다, 보관하다　**足** zú 몡 발　**触礁** chùjiāo 동 암초에 부딪히다

83 小石头。　★

| 铁定甲虫的外形像什么? | 철갑 딱정벌레의 겉모습은 무엇을 닮았는가? |

小石头。　　　　　　　　　　　　　　　　　작은 돌멩이.

해설　네 번째 단락 초반에서 '它们的表面和形状看起来非常像不起眼的小石头(철갑 딱정벌레의 표면과 형태는 눈에 잘 띄지 않는 작은 돌멩이처럼 보인다)'라고 했으므로 정답은 小石头이다.

단어　**外形** wàixíng 몡 외형, 겉모양　**小石头** xiǎo shítou 작은 돌

84 没有办法。　★★

| 画线词语 "一筹莫展" 是什么意思? | 밑줄 친 표현 '一筹莫展'은 무슨 뜻인가? |

没有办法。　　　　　　　　　　　　　　　　방법이 없다.

해설　다섯 번째 단락 중반에서 '甚至想把它们固定在标本盒里的昆虫学家们常常一筹莫展(심지어 철갑 딱정벌레를 표본 상자에 고정시키려는 곤충학자들조차도 종종 속수무책이며)——它们的铁甲甚至能让固定标本用的钢针弯曲(철갑딱정벌레의 철갑은 표본 고정용 강철 핀조차 구부러지게 만든다)'라고 했다. 곤충학자들이 철갑 딱정벌레를 표본 상자에 고정시키려고 했지만 고정용 강철 핀조차 구부러진다는 내용으로 미루어 보아 밑줄 친 一筹莫展의 뜻이 '방법이 없다'라는 것을 유추할 수 있다. '一筹莫展(아무런 방법이 없다)'의 筹는 '계책', '방법'을 뜻하고 莫는 '하지 못하다', 展은 '발휘하다'라는 뜻으로 '발휘할 수 있는 방법이 하나도 없다', '속수무책이다' 등의 의미를 나타낸다. 정답은 没有办法 혹은 一点办法也没有 모두 가능하며, 유사한 의미의 성어 无计可施, 束手无策, 无可奈何 등도 가능하다.

단어　**一筹莫展** yì chóu mò zhǎn 성 아무런 방법이 없다　**无计可施** wú jì kě shī 성 방법이 없다　**束手无策** shùshǒu wúcè 성 속수무책이다　**无可奈何** wúkě nàihé 성 어찌할 도리가 없다

85 承压能力。 ★★

铁定甲虫的什么特点引起了科学家的兴趣?	철갑 딱정벌레의 어떤 특징이 과학자의 흥미를 끌었는가?
承压能力。	압력을 견디는 능력.

해설 다섯 번째 단락 후반에서 '普普通通的血肉之躯, 如何能够承载如此重压(아주 평범한 살덩어리에 불과한 몸이 어떻게 그토록 무거운 압력을 견딜 수 있는지), 铁定甲虫绝技背后的秘密勾起了科学家们的好奇心(철갑딱정벌레의 비밀스러운 능력은 과학자들의 호기심을 자극했다)'라고 했으므로 정답은 承压能力이다. 能够承受极大的压力 또는 能够承载重压도 정답으로 가능하다.

단어 引起 yǐnqǐ 통 일으키다, 유발하다　兴趣 xìngqù 명 흥미　承压能力 chéngyā nénglì 명 압력을 견디는 능력　极大 jídà 형 극히 크다　承载 chéngzài 통 (하중을) 감당하다, 지탱하다　重压 zhòngyā 명 무거운 압력, 중압

86 一块。 ★

铁定甲虫的背部装甲由几块组成?	철갑 딱정벌레의 등딱지는 몇 개로 이루어져 있는가?
一块。	한 조각.

해설 여덟 번째 단락 초반에서 '而铁定甲虫为代表的步行甲虫们彻底抛弃了飞行能力(반면 철갑 딱정벌레를 대표로 하는 보행성 딱정벌레들은 비행 능력을 완전히 버리고), 将最为关键的两片背部鞘翅特化为一整块背甲, 抗压能力得到了极大提升(가장 중요한 두 장의 겉날개를 하나의 등딱지로 특수하게 변형시켜 압력 저항 능력을 대폭 향상시켰다)'라고 했다. 두 장의 겉날개를 하나의 등딱지로 특수하게 변형시켰으므로 정답은 一块 혹은 一整块 모두 가능하다.

단어 背部 bèibù 명 등(신체 부위)　装甲 zhuāngjiǎ 명 장갑, 방어 구조

87 150牛顿。 ★

需要用多大的力才可以捏爆一只铁定甲虫?	철갑 딱정벌레를 눌러서 터뜨리려면 얼마나 큰 힘이 필요한가?
150牛顿。	150뉴턴.

해설 마지막 아홉 번째 단락 중반에서 '而铁定甲虫的断裂载荷却达到了150牛顿(철갑 딱정벌레의 외골격이 부서질 때 하중이 무려 150뉴턴에 달했다)'라고 했으므로 정답은 150牛顿이다.

단어 捏爆 niēbào 통 손으로 눌러 터뜨리다　牛顿 niúdùn 명 뉴턴(힘의 단위)

三、书写 쓰기

제1부분 (88) 도표를 설명하고 분석하는 200자 내외의 글을 작성하세요. 제한 시간은 15분입니다.

88

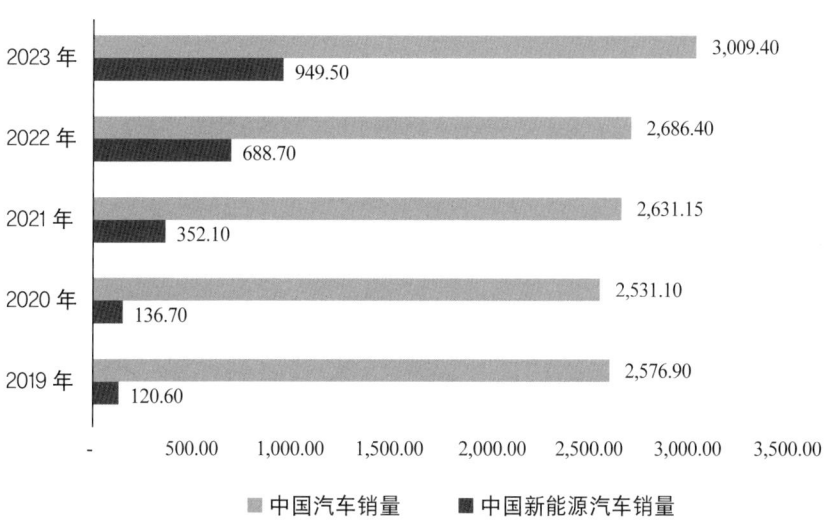

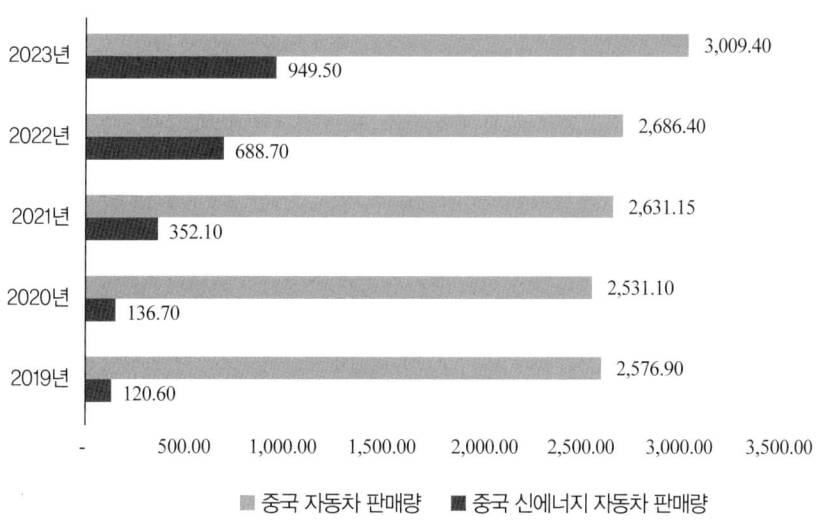

단어 新能源汽车 xīn néngyuán qìchē 명 신에너지 자동차   销量 xiāoliàng 명 판매량   辆 liàng 양 대(차량을 세는 단위)

🔍 고득점 작문 가이드

이 문항은 2019년부터 2023년까지 중국의 자동차 및 신에너지 자동차 판매량에 관한 것이다. 이러한 유형의 도표를 분석할 때, 응시자는 다음과 같은 몇 가지 측면에 주목해야 한다.

1. 추세 분석

우선 두 집단의 데이터가 각 연도별로 어떻게 변화했는지를 분석해야 한다. 전체 자동차 판매량과 신에너지 자동차 판매량이 각각 증가 혹은 감소하는 추세를 보이는지, 그리고 그 증가 혹은 감소 속도에 차이가 있는지를 주의 깊게 살펴야 한다.

2. 비율 분석

신에너지 자동차 판매량이 전체 자동차 판매량에서 차지하는 비율의 변화를 분석해야 한다. 이는 신에너지 자동차 시장의 성장이 전체 자동차 시장의 성장보다 빠른 지를 파악할 수 있게 해 주며, 신에너지 자동차의 시장 침투율을 판단하는 데 도움이 된다.

3. 영향 요인 탐색

정책적 지원, 기술 발전, 소비자 선호 변화, 경제 환경 등 자동차 및 신에너지 자동차 판매량에 영향을 미칠 수 있는 외부 요인들을 고려해야 한다. 이러한 요인들이 두 집단의 데이터 변화에 어떤 영향을 주었는지를 분석해야 한다.

4. 미래 추세 예측

기존 데이터와 외부 영향 요인을 바탕으로 향후 몇 년간의 전체 자동차 판매량과 신에너지 자동차 판매량의 추세를 예측해야 한다. 이를 통해 미래 시장의 발전 방향과 잠재적인 도전을 분석해야 한다.

5. 비교 분석

신에너지 자동차 판매량의 증가와 전체 자동차 판매량의 증가를 비교해야 한다. 이를 통해 신에너지 자동차의 성장 속도를 파악할 수 있을 뿐 아니라, 전체 시장에서의 성과와 잠재력을 분석할 수 있다.

이러한 분석을 통해 응시자는 데이터 이면의 시장 동향을 종합적으로 이해하고, 신에너지 자동차 시장의 발전 추세와 전체 자동차 시장 내에서의 중요성을 더 잘 파악할 수 있다. 이러한 심층적인 분석은 응시자가 문제를 풀 때 데이터에 대한 민감성과 문제 분석 능력을 효과적으로 드러내는 데 도움이 된다.

모범 답안 1 ★★

　　这些数据展示了从2019年至2023年间中国汽车及新能源汽车的销量情况。

　　从数据中可以看出，整体汽车销量在这五年中呈现出逐年增长的趋势。2019年，汽车总销量为2576.9万辆，而到了2023年，这一数字增加到了3009.4万辆，反映了汽车市场的持续扩大。

　　特别值得注意的是新能源汽车销量的显著增长。2019年，新能源汽车销量仅为120.6万辆，而到2023年时已激增至949.5万辆。这种快速增长显示出新能源汽车市场的迅猛发展。

　　此外，新能源汽车销量在汽车总销量中所占的比例也在显著提升。2019年新能源汽车仅占总销量的4.7%，而到了2023年，这一比例上升至31.5%。这表明新能源汽车正在逐渐成为主流，而传统燃油车的市场份额正在减少。这一趋势预示着未来汽车市场可能会更多地向新能源技术倾斜。

　　이 데이터는 2019년부터 2023년까지 중국의 자동차 및 신에너지 자동차 판매량 현황을 보여 준다.

　　데이터를 통해 알 수 있는 것은, 전체 자동차 판매량이 5년간 해마다 증가하는 추세를 보였다는 점이다. 2019년 전체 자동차 판매량은 2,576.9만 대였으나, 2023년에는 3,009.4만 대로 증가하며 자동차 시장의 지속적인 확대를 반영한다.

　　특히 주목할 점은 신에너지 자동차 판매량의 뚜렷한 증가이다. 2019년에는 120.6만 대에 불과했던 신에너지 자동차 판매량이 2023년에는 949.5만 대로 급증했다. 이러한 급격한 성장은 신에너지 자동차 시장의 폭발적인 발전을 보여 준다.

　　또한 신에너지 자동차가 전체 자동차 판매량에서 차지하는 비율 역시 현저하게 상승했다. 2019년에는 전체의 4.7%에 불과했지만, 2023년에는 31.5%로 증가했다. 이는 신에너지 자동차가 점차 주류로 자리 잡고 있으며, 기존의 내연기관차 시장 점유율은 점점 줄어들고 있음을 보여 준다. 이러한 추세는 앞으로 자동차 시장이 신에너지 기술 중심으로 변화할 가능성이 크다는 것을 시사한다.

단어 数据 shùjù 명 데이터　展示 zhǎnshì 동 전시하다, 보여 주다　汽车 qìchē 명 자동차　新能源 xīn néngyuán 명 신에너지　销量 xiāoliàng 명 판매량　整体 zhěngtǐ 명 전체　呈现 chéngxiàn 동 드러나다, 나타나다　逐年 zhúnián 부 해마다, 해를 거듭할수록　趋势 qūshì 명 추세, 경향　反映 fǎnyìng 동 반영하다　持续 chíxù 동 지속하다　扩大 kuòdà 동 확대하다　值得注意 zhídé zhùyì 주목할 만하다　显著 xiǎnzhù 형 현저하다, 뚜렷하다　激增 jīzēng 동 급증하다　显示 xiǎnshì 동 나타내다, 보여 주다　迅猛 xùnměng 형 급격히, 무서운 속도로　占 zhàn 동 차지하다　比例 bǐlì 명 비율　提升 tíshēng 동 향상시키다, 끌어올리다　燃油 rányóu 명 연료　份额 fèn'é 명 몫, 점유율　预示 yùshì 동 예고하다, 암시하다　倾斜 qīngxié 동 기울다

모범 답안 2 ★★★

　　这个图表是2019年至2023年间中国汽车及新能源汽车的销量数据。

　　数据显示：五年间，中国汽车销量都是上升趋势。

　　2019年，汽车总销量为2576.9万辆，2020年为2531.1万辆，比前一年稍微减少，但以后几年都是上升状态。

　　2023年，汽车销量增加到了3009.4万辆，说明汽车市场一直在扩大。

　　而新能源汽车销量则一直是上升趋势。2019年，新能源汽车销量只有120.6万辆，之后都是逐年增长，到了2023年，销量猛增，达到了949.5万辆。这表明新能源汽车市场前景广阔。

　　이 도표는 2019년부터 2023년까지 중국 자동차 및 신에너지 자동차의 판매 데이터를 보여 준다.

　　데이터에 따르면, 5년 동안 중국 자동차 판매량은 꾸준히 상승하는 추세를 보였다.

　　2019년 자동차 총판매량은 2,576.9만 대였고, 2020년에는 2,531.1만 대로 전년 대비 약간 감소했지만, 이후 몇 년간은 모두 상승세를 이어갔다.

　　2023년에는 자동차 판매량이 3,009.4만 대로 증가해 자동차 시장이 계속 확장되고 있음을 보여 준다.

　　한편, 신에너지 자동차 판매량은 꾸준히 상승하는 추세를 보였다. 2019년에는 신에너지 자동차 판매량이 120.6만 대에 불과했지만, 이후 매년 증가하여 2023년에는 판매량이 급증해 949.5만 대에 달했다. 이는 신에너지 자동차 시장의 전망이 매우 밝다는 것을 나타낸다.

此外，从图表中，还可以看出，新能源汽车销量增长速度每年都在提升，汽车市场正在发生变化。预计未来，新能源汽车市场可能比传统燃油汽车市场有更大的发展空间。

그 외, 도표를 통해 신에너지 자동차 판매 증가 속도도 매년 빨라지고 있으며, 자동차 시장이 변화하고 있음을 알 수 있다. 앞으로는 신에너지 자동차 시장이 전통 연료 자동차 시장보다 더 큰 발전 가능성을 가질 것으로 예상된다.

단어 图表 túbiǎo 명 도표 新能源汽车 xīn néngyuán qìchē 명 신에너지 자동차 销量 xiāoliàng 명 판매량 数据 shùjù 명 데이터 上升 shàngshēng 동 상승하다 总销量 zǒng xiāoliàng 명 총판매량 稍微 shāowēi 부 약간, 조금 减少 jiǎnshǎo 동 감소하다 状态 zhuàngtài 명 상태 扩大 kuòdà 동 확대하다 趋势 qūshì 명 추세 逐年 zhúnián 부 해마다 增长 zēngzhǎng 동 증가하다 猛增 měngzēng 동 급증하다 前景广阔 qiánjǐng guǎngkuò 전망이 밝고 넓다 预计 yùjì 동 예측하다 传统燃油汽车 chuántǒng rányóu qìchē 명 전통 연료 자동차 发展空间 fāzhǎn kōngjiān 명 발전 가능성

TIP

- **데이터, 도표 분석 문제 빈출 표현**

根据图表…… (도표에 따르면) / 根据数据…… (데이터에 따르면)

从图表中可以看出…… (도표에서 알 수 있는 것은)

显示出…… (~을 나타내다, 보여 주다)

呈现出……的趋势 (~의 추세를 보이다)

逐年增加 (해마다 증가하다) / 逐年下降 (해마다 감소하다)

呈现出明显的上升趋势 (명확한 상승 추세를 보이다) / 呈现出明显的下降趋势 (명확한 하강 추세를 보이다)

呈现出逐年增长的趋势 (해마다 증가하는 추세를 보이다) / 呈现出逐年减少的趋势 (해마다 감소하는 추세를 보이다)

预计未来…… (미래에 ~가 예상된다)

在……的影响下 (~의 영향을 받아)

在……的推动下 (~의 추진력에 의해)

数据显示出……的趋势 (데이터는 ~의 추세를 보여 준다)

可见，…… (~임을 알 수 있다)

这一趋势表明…… (이 추세는 ~을 나타낸다)

与……相比 (~와 비교했을 때)

可以得出结论…… (~의 결론을 내릴 수 있다)

总的来说 (종합적으로 말하자면)

- **新能源(신에너지) 주제 관련 추가 예문**

新能源汽车在中国市场的销量逐年增加，将成为市场的主流。
신에너지 자동차는 중국 시장에서 판매량이 해마다 증가하고 있으며, 시장의 주류가 될 것이다.

随着环保意识的提高，新能源汽车逐渐受到了消费者的青睐。
환경 보호 의식이 높아짐에 따라, 신에너지 자동차는 점차 소비자들의 사랑을 받고 있다.

政府为了促进新能源汽车的发展，提供了许多补贴和优惠政策。
정부는 신에너지 자동차의 발전을 촉진하기 위해 많은 보조금과 혜택 정책을 제공하고 있다.

新能源汽车的普及有助于减少空气污染和减少对传统燃油的依赖。
신에너지 자동차의 보급은 공기 오염을 줄이고 전통 연료에 대한 의존도를 낮추는 데 기여한다.

제2부분 (89)

제시된 주제에 관해 작문을 하세요. 제한 시간은 40분입니다.

89 ★★★

《穀梁传》中说：" 人之所以为人者，言也，人而不能言，何以为人？言之所以为言者，信也。言而不信，何以为言？" 意思是人之所以成为人，是因为能言语。如果不能言语，何以称为人？ 言语之所以有意义，是因为能表达承诺。如果言而无信，言语再多也没有意义。请写一篇600字左右的文章，谈谈你对诚信的认识并论证你的观点。

《곡량전》에서는 이렇게 말했습니다. "사람이 사람인 까닭은 말에 있다. 사람이면서 말을 할 수 없다면, 어찌 사람이라 할 수 있겠는가? 말이 말인 까닭은 신의에 있다. 말에 신의가 없다면, 어찌 그것을 말이라 할 수 있겠는가?" 이는 사람이 사람일 수 있는 이유는 말을 할 수 있기 때문이며, 말을 할 수 없다면 사람이라고 할 수 없다는 의미입니다. 또한 말이 의미를 가지는 것은 그것이 약속을 표현할 수 있기 때문이며, 말에 신의가 없다면 아무리 많은 말을 해도 의미가 없다는 뜻입니다. 600자 내외의 글을 작성하여 이 문장에 대한 견해를 밝히고, 자신의 관점을 논증하시오.

단어 《穀梁传》Gǔliáng Zhuàn 고유 《곡량전》(춘추시대 역사서) | 言语 yányǔ 명 말, 언어 | 信 xìn 명|동 신용(하다), 신뢰(하다), 신의(하다) | 表达 biǎodá 동 표현하다 | 承诺 chéngnuò 동 약속하다, 승낙하다 | 言而无信 yán ér wú xìn 성 말에 신용이 없다 | 诚信 chéngxìn 명 성실과 신용 | 认识 rènshi 명 이해, 인식, 견해 | 论证 lùnzhèng 동 논증하다 | 观点 guāndiǎn 명 관점, 견해

🔍 고득점 작문 가이드

이 문항은 《곡량전》에서 언급된 '말'과 '신의'에 대한 관점을 인용하여, 응시자에게 '성실과 신의(誠信)'에 대한 자신의 인식을 서술하고 논증할 것을 요구한다. 따라서 핵심은 인간관계 속에서 성실함과 신뢰가 가지는 중요성과, 그것이 말(言語)에 어떤 의미를 부여하는지를 이해하는 데 있다. 다음은 글쓰기 과정에 도움이 되는 단계별 제안이다.

1. 인용문 해석
먼저 제시된 고문을 정확히 이해해야 한다. 여기서 핵심은 '말(言)'과 '신의(信)'라는 두 개념의 의미와 그 관계를 분명히 파악하는 것이다.

2. 주제 명확화
이 글의 주제는 '성실과 신의'이다. 글 전체는 이 주제를 중심으로 자신의 관점과 논리를 전개해야 한다.

3. 논리 구조 구성
도입: 고문 인용으로 독자의 흥미를 끌고, 자신의 관점을 간결하게 제시한다.
본론 1: 신의가 왜 말의 의미를 결정하는 핵심인지 설명하고, 인간관계에서의 예시를 들어 논증한다.
본론 2: 학습 경험이나 개인적인 사례를 통해, 신의가 개인의 성장에 어떤 영향을 미치는지 구체화한다.
본론 3: 시야를 넓혀 사회 전반에서 신의가 가지는 역할, 예를 들어 비즈니스나 사회적 신뢰에 대해 설명한다.
결론: 전체 내용을 정리하고, 성실과 신의의 중요성을 재강조하며 미래에 대한 자신의 기대나 바람을 제시한다.

4. 적절한 예시 선택
자신의 경험, 관찰한 사회 현상, 뉴스에서 접한 사건 등을 활용해 논거를 뒷받침하는 것이 좋다.

5. 언어 표현에 주의
대조, 수사 의문 등 다양한 표현 기법을 적절히 사용하면 글에 논리적 깊이와 설득력을 더할 수 있다.

6. 개인적 시각과 보편적 의미의 결합
자신의 경험에서 출발하되, 그것이 사회 전체나 인류 보편의 가치와 어떻게 연결되는지도 함께 조명해야 한다.

위와 같은 단계를 따라 구성하면, 고문 인용과 개인 경험, 사회 현실을 유기적으로 연결한 깊이 있는 논증문 작성이 가능하다.

모범 답안 1

作为一名汉语学习者，我深受中国古代文化的熏陶。《穀梁传》中的一句："人之所以为人者，言也，人而不能言，何以为人？言之所以为言者，信也。言而不信，何以为言？"这引起了我对诚信重要性的深思。

在我理解中，"言之所以为言者，信也"，强调的是言行一致、信守承诺的重要性。人的言语是我们思想、情感和意愿的直接表达。如果我们的言行不一，那我们的言语就会失去其真实意义，变得空洞和无力。在人际交往中，我们常常通过言语来传达我们的意愿，做出承诺，这不仅是表达自己，也是与他人建立关系的重要方式。如果我们不能信守承诺，我们的言语就会失去可信度，而这对我们的人际关系会产生深远的影响。

作为一名外国学生，我在学习中深深体会到了这个道理的重要性。学习语言不仅仅是学习一种表达方式，更是学习一种文化，一种价值观。在学习汉语的过程中，我需要作出承诺，比如按时完成作业，参加考试，这些承诺不仅仅是对老师的承诺，更是对自己的承诺。如果我不能信守承诺，我就会失去学习的动力和方向，而我的学习也就会失去意义。

在更广泛的社会生活中，诚信同样重要。无论是在商业活动中，还是在日常生活中，我们都需要信守承诺，保持诚信。如果我们不能做到这一点，我们就会失去他人的信任，而这会对我们的社会关系，甚至我们的社会地位产生严重的影响。这就是为什么我们常说，诚信是做人的基本原则，是社会的基石。

总的来说，我完全赞同《穀梁传》中的这个观点。在我看来，言行一致，信守承诺，是我们作为人类的基本责任，是我们的言语有意义的基础。只有我们做到这一点，我们的言语才能真正发挥其应有的作用，而我们的人际关系也才能得到真正地加强。我相信，诚信是我们个人和社会发展的重要基础，是我们赢得他人尊重和信任的重要途径。

중국어를 배우는 학습자로서 나는 중국 고대 문화에 깊이 감화되었다. 《곡량전》의 "사람이 사람인 까닭은 말에 있고, 사람이면서 말을 하지 못한다면 어찌 사람이라 할 수 있겠는가? 말이 말인 까닭은 신의에 있고, 말에 신의가 없다면 어찌 그것을 말이라 할 수 있겠는가?"라는 문장은 나로 하여금 성실과 신의의 중요성에 대해 깊이 생각하게 한다.

내가 이해하기로 '말이 말인 까닭은 신의에 있다'는 것은, 말과 행동이 일치하고 약속을 지키는 것이 얼마나 중요한지를 강조하는 것이다. 인간의 언어는 우리의 생각, 감정, 의지를 직접적으로 표현하는 수단이다. 만약 우리의 말과 행동이 일치하지 않는다면, 우리의 말은 그 진정한 의미를 잃게 되고, 공허하며 힘을 잃게 된다. 인간관계 속에서 우리는 종종 언어를 통해 우리의 의사를 전달하고 약속을 하며, 이는 자신을 표현할 뿐만 아니라 타인과 관계를 맺는 데 있어서도 중요한 방식이다. 만약 우리가 약속을 지키지 못한다면, 우리의 언어는 신뢰를 잃게 되고, 이는 우리의 인간관계에 깊은 영향을 끼친다.

외국인 학생으로서 나는 학습 과정 속에서 이 진리를 절실히 체감한다. 언어를 배우는 것은 단순히 표현 방식을 익히는 것이 아니라, 한 문화와 그 가치관을 배우는 일이기도 하다. 중국어를 배우는 과정에서 나는 과제를 제시간에 제출하거나 시험에 참여하겠다는 약속을 해야 한다. 이러한 약속은 단지 선생님에 대한 약속이 아니라, 나 자신에 대한 약속이기도 하다. 만약 내가 약속을 지키지 못한다면, 학습에 대한 동기와 방향을 잃게 되고, 나의 학습은 의미를 잃게 된다.

더 넓은 사회생활 속에서도 성실과 신의는 마찬가지로 중요하다. 비즈니스 활동에서 든, 일상생활에서 든 우리는 모두 약속을 지키고 신의를 지켜야 한다. 만약 우리가 그렇게 하지 못한다면, 타인의 신뢰를 잃게 되고, 이는 우리의 사회적 관계만이 아니라 사회적 지위에도 심각한 영향을 끼칠 수 있다. 그렇기 때문에 우리는 흔히 '성실은 인간의 기본 원칙이며, 사회의 초석이다'라 말한다.

결론적으로, 나는 《곡량전》의 이 견해에 전적으로 동의한다. 내 생각에 말과 행동의 일치, 약속을 지키는 태도는 인간으로서의 기본적인 책임이며, 언어가 의미를 갖는 토대이기도 하다. 우리가 이 점을 실천할 수 있어야만 우리의 언어가 비로서 진정한 역할을 발휘할 수 있고, 인간관계도 더욱 굳건해 질 수 있다. 나는 성실과 신의가 개인과 사회 발전의 중요한 기반이며, 타인의 존중과 신뢰를 얻는 중요한 경로라 믿는다.

단어 作为 zuòwéi 〖개〗 ~로서　深受 shēnshòu 〖동〗 깊이 받다　熏陶 xūntáo 〖동〗 (좋은 영향을) 끼치다　诚信 chéngxìn 〖명〗 성실과 신용　深思 shēnsī 〖동〗 깊이 생각하다　强调 qiángdiào 〖동〗 강조하다　言行一致 yánxíng yízhì 말과 행동이 일치하다　信守承诺 xìnshǒu chéngnuò 약속을 지키다　情感 qínggǎn 〖명〗 감정　意愿 yìyuàn 〖명〗 의지, 바람　言行不一 yánxíng bùyī 표현 말과 행동이 일치하지 않다　空洞 kōngdòng 〖형〗 공허하다　无力 wúlì 〖형〗 무력하다　人际交往 rénjì jiāowǎng 〖명〗 인간관계　承诺 chéngnuò 〖명통〗 약속(하다)　可信度 kěxìndù 〖명〗 신뢰도　深远影响 shēnyuǎn yǐngxiǎng 〖명〗 깊고 먼 영향, 장기적 영향　价值观 jiàzhíguān 〖명〗 가치관　按时 ànshí 〖부〗 제시간에　广泛 guǎngfàn 〖형〗 광범위하다　基本原则 jīběn yuánzé 〖명〗 기본 원칙　基石 jīshí 〖명〗 초석　基础 jīchǔ 〖명〗 기초, 기반, 토대　发挥作用 fāhuī zuòyòng 역할을 발휘하다　赢得 yíngdé 〖동〗 얻다, 쟁취하다　尊重 zūnzhòng 〖동〗 존중하다　信任 xìnrèn 〖명통〗 신뢰(하다)　途径 tújìng 〖명〗 경로, 방법

모범 답안 2 ★★

　　《榖梁传》中说，人之所以成为人，是因为能言语。言语之所以有意义，是因为能表达承诺。如果言而无信，言语再多也没有意义。
　　我非常喜欢《榖梁传》中的这段话。诚信是做人的根本。一个讲诚信的人，能得到他人的信任和尊重，相反，如果一个人没有诚信，就会失去他人的信赖，难以在社会维持正常生活。
　　古代有个叫季布的人。他说话算数，信誉极高，很多人都和他建立了深厚友情。"一诺千金"这个成语就是从他的故事来的。当时，季布得罪了汉高祖刘邦，刘邦想用重金捉拿他。但季布的朋友不为重金所动，冒着灭九族的危险保护他，使他免遭灾难。可见，一个诚实有信的人身边一定会有很多信得过的朋友。
　　相反，失去诚信会是什么结果呢。大家都知道"狼来了"的故事吧。一个男孩，只是为了好玩，大喊"狼来了"，第一次，人们相信他，都跑来帮助他。可是，他反复说谎，结果，真的狼来了以后，没有一个人相信他。
　　在现代社会中，信用的价值更是体现在生活的方方面面。一个信用良好的人，到银行贷款就比较容易。而没有信用的人，很可能连工作都很难再找到。更严重的是人的信用一旦有了污点，这个记录几乎会伴随着他的一生。
　　由此可见，诚实守信多么重要。
　　只有遵守诺言，我们的语言才会有意义。

　　《곡량전》에서 말하기를, 사람이 사람이 될 수 있는 이유는 말을 할 수 있기 때문이다. 말이 의미 있는 이유는 약속을 표현할 수 있기 때문이다. 만약 말과 행동이 일치하지 않으면, 아무리 말을 많이 해도 의미가 없다.
　　나는《곡량전》에서 이 구절을 아주 좋아한다. 성실과 신용은 사람됨의 근본이다. 성실과 신용을 지키는 사람은 타인의 신뢰와 존경을 받을 수 있지만, 반대로 그렇지 않은 사람은 타인의 신뢰를 잃고, 사회에서 정상적인 삶을 유지하기 어려울 것이다.
　　고대에 계포(季布)라는 사람이 있었다. 그는 말을 지키고 신용이 매우 높아서 많은 사람들이 그와 깊은 우정을 쌓았다. '일낙천금'이라는 성어는 그의 이야기에서 유래한 것이다. 당시 계포는 한 고조(한나라 초대 왕) 유방에게 미움을 샀고, 유방은 그를 잡기 위해 많은 돈을 걸었지만, 계포의 친구들은 그 돈에 흔들리지 않고, 구족이 처형을 당할 위험을 무릅쓰고 그를 보호하여 재난을 피하게 했다. 이것은 성실하고 신뢰할 수 있는 사람 주변에는 반드시 믿을 수 있는 친구들이 많다는 것을 보여 준다.
　　반대로, 신뢰를 잃으면 어떤 결과가 초래될까? 모두 '늑대가 왔다!' 이야기를 알고 있을 것이다. 한 소년이 재미로 '늑대가 왔다!'라고 외쳤다. 처음에 사람들은 그를 믿고 도와주러 달려왔지만, 그는 계속해서 같은 거짓말을 했고, 결국 진짜 늑대가 왔을 때는 아무도 그를 믿지 않았다.
　　현대 사회에서 신용의 가치는 생활의 모든 부분에서 더욱 두드러지게 나타난다. 신용이 좋은 사람은 은행에서 대출을 받는 것이 더 쉬운 반면, 신용이 없는 사람은 다시 직장을 구하기 어려울 수도 있다. 더 심각한 것은, 사람의 신용에 오점이 생기면, 그 기록은 거의 평생 따라다닌다는 것이다.
　　이것으로 성실하고 신뢰를 지키는 것이 얼마나 중요한지 알 수 있다.
　　오직 약속을 지킬 때만 우리의 말이 의미가 있을 것이다.

단어 **诚信** chéngxìn 명 성실과 신용 **根本** gēnběn 명 근본 **信赖** xìnlài 동 신뢰하다 **难以** nányǐ 부 ~하기 어렵다 **维持** wéichí 동 유지하다 **季布** Jì Bù 고유 계포(중국 고대 인물) **说话算数** shuōhuà suànshù 한 말은 꼭 지킨다 **信誉** xìnyù 명 신용과 명성 **深厚友情** shēnhòu yǒuqíng 깊은 우정 **一诺千金** yīnuò qiānjīn 성 약속은 천금같이 귀하다 **得罪** dézuì 동 미움을 사다. 노여움을 사다 **重金** zhòngjīn 명 많은 돈, 거액 **捉拿** zhuōná 동 잡다, 체포하다 **冒着危险** màozhe wēixiǎn 위험을 무릅쓰다 **灭九族** miè jiǔzú 구족을 멸하다 (가족을 포함하여 모든 친족을 멸망시키다) **免遭灾难** miǎnzāo zāinàn 재난을 면하다 **狼** láng 명 늑대 **说谎** shuōhuǎng 동 거짓말하다 **贷款** dàikuǎn 동/명 대출(하다) **污点** wūdiǎn 명 오점, 흠 **伴随** bànsuí 동 동반하다, 따르다 **遵守** zūnshǒu 동 준수하다 **诺言** nuòyán 명 약속

TIP

● 쓰기 제2부분(89번) 시간 배분

89번 문제는 제시된 주제에 관한 자신의 관점을 40분 이내에 600자 내외로 서술해야 한다. 문제에 대한 이해와 논거를 모두 준비해야 하기에 자칫하면 시간이 부족할 수도 있다. 항상 실제 시험처럼 스톱워치를 맞춰 놓고 아래와 같이 시간을 배분하며 글쓰는 연습이 필요하다.

소요 시간	준비 내용
5~10분	문제 분석 + 개요 구성
20~25분	본문 쓰기(서론, 주장, 세부 주장 2~3개, 결론)
5분	검토 및 수정

四、翻译 통번역

제1부분 (90-91)
다음 두 개의 자료를 중국어로 번역하세요. 제한 시간은 35분입니다.

90 ★

도보 여행은 자연을 가까이에서 느낄 수 있는 좋은 방법이다. 많은 사람들이 도시의 번잡함에서 벗어나, 숲이나 산에서 걷는 것을 선택한다. 이렇게 걸으면서, 신선한 공기와 아름다운 풍경을 즐긴다.

🔍 고득점 번역 가이드

이 문항은 도보 여행(트레킹)이 자연을 느끼는 한 가지 방식이라는 점을 설명하고 있다. 번역 시 주의할 점은 다음과 같다.

1. 자연 풍경을 묘사하는 어휘 사용

예를 들어 '清新的空气(신선한 공기)', '美丽的风景(아름다운 풍경)', '晴朗的天空(맑은 하늘)', '宁静的林间小路(고요한 숲길)' 등 자연의 감각을 생생하게 전할 수 있는 표현을 활용해야 한다.

2. 개인의 감정과 선택을 전달하기

자연을 향한 그리움, 일상의 피로에서 벗어나고 싶은 마음, 평화로운 순간을 찾고자 하는 사람들의 감정을 담아야 하며, 왜 도보 여행을 선택했는지에 대한 생각을 자연스럽게 드러내야 한다.

3. 문장의 자연스러움과 흐름 유지

전체적인 문장은 매끄럽고 부드러워야 하며, 읽는 이가 실제로 자연 속을 걷고 있는 듯한 몰입감을 느낄 수 있도록 번역해야 한다.

모범 답안

徒步旅行是近距离感受自然的好方法。许多人选择远离城市的喧嚣，到森林或山中漫步。这样走着，享受着清新的空气和美丽的风景。

단어 徒步 túbù 동 도보로 가다, 걷다 近距离 jìn jùlí 가까운 거리 感受 gǎnshòu 명 느낌 동 느끼다 远离 yuǎnlí 동 멀리하다, 멀어지다 喧嚣 xuānxiāo 명 형 소란(스럽다) 森林 sēnlín 명 숲, 삼림 漫步 mànbù 동 거닐다, 천천히 걷다 享受 xiǎngshòu 동 누리다, 즐기다 清新 qīngxīn 형 상쾌하다, 신선하다

TIP

- **빠른 번역을 위한 필수 스킬**
  ① 자료의 주요 내용과 의도 파악하기
  ② 전체 문장을 번역하는 것보다는 주어, 동, 목적어 등 핵심 요소를 잡고 번역하기
  ③ 직역보다는 의미 중심으로 번역하기
  ④ 고유명사와 전문 용어는 그대로 사용하기
  ⑤ 전략적으로 번역하기(시간 배분 〉 초안 작성 〉 교정 및 수정)

91 ★★

중국의 전통 문화에서 "礼尚往来"이라는 개념은 상호 존중과 배려를 기반으로 한 대인관계의 중요한 개념이다.

예를 들어, 중국에서는 축하나 조의를 표현할 때 작은 선물을 주는 습관이 있다. 받은 사람은 나중에 기회가 될 때 같은 마음으로 응답하는 것이 예의이다. 이러한 행동은 서로의 관계를 돈독하게 하고 신뢰를 쌓는 데 도움이 된다.

또한, 중국의 가족이나 친구 사이에서도 이러한 "礼尚往来"의 문화는 깊게 뿌리 박혀 있다. 생일 파티나 특별한 이벤트에서 사람들은 이를 통해 감사와 사랑을 표현한다.

종합적으로 보면, "礼尚往来"은 중국 사회에서 인간 관계를 더욱더 깊게 유지하게 만드는 핵심 원칙 중 하나이다.

🔍 고득점 번역 가이드

이 문항은 중국 전통문화에서 중요한 개념인 '예상왕래(礼尚往来)'와 그것이 인간관계에서 가지는 의미를 소개하는 것이다. 번역 시 주의할 점은 다음과 같다.

1. 문화 및 사회적 관습에 대한 이해

"礼尚往来"는 '예는 오고 가는 것이 마땅하다'는 뜻으로, 상대방이 베푼 예에 대해 성의 있게 되갚는 것이 예의라는 사고방식이다. 이는 단순한 형식이 아니라, 상호 존중과 따뜻한 배려에 기반한 문화적 가치로 이해해야 한다.

2. 구체적인 사례의 명확한 서술

예를 들어, 누군가에게 선물을 받았을 때 작지만 정성스러운 답례품을 준비하거나, 초대받았을 때 간단한 선물을 들고 가는 등의 일상 속 사례를 정확하게 표현해야 한다. 이런 예시는 사람들 사이의 감사, 호의, 애정 표현의 수단이 된다.

3. 문화적 배경의 종합적 이해와 표현

"礼尚往来"는 단순한 주고받음 이상의 의미를 가진다. 이는 중국 사회에서 인간관계를 맺고 유지하는 중요한 원칙이며, 상대방과의 관계를 돈독히 하고 신뢰를 쌓는 기반이 된다. 따라서 글에서는 이러한 문화의 깊이와 가치관을 반영할 수 있도록 서술해야 한다.

모범 답안

在中国的传统文化中，"礼尚往来"是基于相互尊重和体谅的人际关系的重要理念。

例如，在中国，表达祝贺或哀悼时，有送小礼物的习惯。收到礼物的人在以后有机会时以同样的心意回应，这是一种礼貌。这样的行为有助于加深彼此的关系并建立信任。

此外，在中国的家人或朋友之间，这种"礼尚往来"的文化也根深蒂固。在生日派对或特殊活动中，人们通过此来表达感激和爱意。

总之，"礼尚往来"是中国社会中维持人际关系更加深厚的核心原则之一。

단어 **传统文化** chuántǒng wén huà 명 전통 문화 **礼尚往来** lǐshàng wǎnglái 성 오고 가는 정 **基于** jīyú 동 ~에 근거하다 **相互尊重** xiānghù zūnzhòng 상호 존중(하다) **体谅** tǐliàng 동 배려하다, 이해하다 **人际关系** rénjì guānxì 명 인간 관계 **理念** lǐniàn 명 이념, 사고 방식 **例如** lìrú 명 예를 들어 **表达** biǎodá 동 표현하다, 나타내다 **祝贺** zhùhè 동 축하하다 **哀悼** āidào 동 애도하다 **心意** xīnyì 명 마음, 뜻 **回应** huíyìng 명 반응, 호응 **礼貌** lǐmào 명 예의, 예절 **有助于** yǒuzhù yú 동 ~에 도움이 되다 **加深** jiāshēn 동 깊어지다 **彼此** bǐcǐ 대 서로, 상호 간에 **建立信任** jiànlì xìnrèn 동 신뢰를 구축하다 **根深蒂固** gēnshēn dìgù 성 깊이 뿌리내리다 **派对** pàiduì 명 파티 **感激** gǎnjī 동 감사하다 **爱意** àiyì 명 사랑의 마음 **总之** zǒngzhī 접 요컨대, 결국 **维持** wéichí 동 유지하다 **核心原则** héxīn yuánzé 명 핵심 원칙

> **TIP**
>
> - 상황별 활용도가 높은 표현 모음
>
> 기본적인 개념이나 원칙을 설명할 때 → 基于…… (~을 기반으로, 바탕으로)
> 예) 这个原则是基于相互尊重和体谅。
>
> 구체적인 예시를 들어 설명할 때 → 例如 (예를 들어)
> 예) 例如，在生日时有送礼物的习惯。
>
> 시간적인 배경을 설명할 때 → 在……时 (~할 때)
> 예) 在表达祝贺或哀悼时，通常会送礼物。
>
> 어떤 행동이 결과적으로 긍정적인 영향을 줄 때 → 有助于 (~에 도움이 되다)
> 예) 这样的行为有助于建立彼此之间的信任。
>
> 두 사람 또는 집단 간의 관계를 설명할 때 → 在……之间 (~사이에서)
> 예) 在家人或朋友之间，这种文化也根深蒂固。
>
> 어떤 방식이나 방법을 설명할 때 → 通过……来 (~을 통해서)
> 예) 人们通过送礼物来表达感激和爱意。
>
> 결론을 내리거나 요약할 때 → 总之 (결론적으로 말하면)
> 예) 总之，礼尚往来是中国社会中重要的原则之一。

제2부분 (92-93)   다음 두 개의 글을 중국어로 통역하세요. (통역 시간 각 2분)

92 ★

　　나의 애완동물은 나의 생활에 가장 행복한 부분 중 하나입니다. 그들은 나에게 끊임없이 기쁨과 사랑을 전달하며, 힘든 시기에는 위로의 역할을 합니다. 그들의 진심이 담긴 표정과 행동은 나를 웃게 만들고, 나의 하루를 밝게 만듭니다. 또한, 그들은 나에게 책임감과 배려를 배우게 해주며, 그것은 나의 인간관계에도 큰 도움이 됩니다. 나의 애완동물은 단순히 애완동물이 아니라 나의 소중한 가족이자 친구입니다.

> ### 🔍 고득점 통역 가이드
>
> 이 문항은 필자가 반려동물에 대해 가지는 감정, 그리고 반려동물이 그의 삶에서 차지하는 중요한 지위와 역할을 표현한다. 통역 시 주의할 점은 다음과 같다.
>
> **1. 감정을 묘사하는 표현**
>
> 　예를 들어 '欢乐和爱(기쁨과 사랑)', '내가 힘든 시기에는 위로의 역할을 합니다(在我艰难的时刻给予我安慰)'와 같이, 이러한 감정을 정확히 포착하고 전달해야 한다.
>
> **2. 사람과 반려동물의 상호작용**
>
> 　반려동물이 어떻게 사람을 웃게 하는지, 어떻게 책임감을 가르쳐 주는지 등, 사람과 반려동물 간의 상호 영향을 묘사해야 한다.

3. 반려동물과 가족, 우정과의 연관

반려동물이 단순한 동물이 아니라 소중한 가족이자 친구라는 점을 명확히 표현하여, 사람들이 반려동물에게 가지는 깊은 감정을 드러내야 한다.

4. 글 전체의 따뜻하고 친근한 어투 유지

전반적인 문체는 따뜻하고 친근해야 하며, 독자가 필자와 반려동물 사이의 깊은 감정을 느낄 수 있도록 해야 한다.

모범 답안

我的宠物是我生活中最幸福的部分之一。它们不断给我带来欢乐和爱，在我艰难的时刻给予我安慰。它们真挚的表情和行动让我欢笑，让我的每一天都充满阳光。此外，它们还教会了我责任感和体贴，这对我的人际关系也有很大的帮助。我的宠物不仅仅是宠物，它们是我珍贵的家人和朋友。

단어 宠物 chǒngwù 명 애완동물　幸福 xìngfú 명 행복　部分 bùfen 명 부분　之一 zhī yī 집 ~중 하나　欢乐 huānlè 명 즐거움　艰难 jiānnán 형 힘들다, 고달프다　时刻 shíkè 명 순간　给予 jǐyǔ 동 주다　安慰 ānwèi 동 위로하다　真挚 zhēnzhì 형 진지한, 진실된　欢笑 huānxiào 명 웃음　充满阳光 chōngmǎn yángguāng 햇빛으로 가득차다　教会 jiàohuì 동 가르쳐 알게 하다　责任感 zérèngǎn 명 책임감　体贴 tǐtiē 동 배려하다　人际关系 rénjì guānxì 인간 관계　不仅仅 bùjǐnjǐn 부 단지 ~만이 아니라　珍贵 zhēnguì 형 귀중한

93　★★

젊은이들에게 있어 직업에 대한 계획은 그들의 미래를 위한 중요한 단계이다. 어릴 적부터 그들은 자신의 꿈을 추구하고, 가족이나 교사의 지도 아래에서 미래를 계획하도록 격려 받는다.

요즘에는 중국에서 고등교육이 더욱 중요하게 여겨지며, 학사 또는 석사 학위를 취득하는 것은 많은 직업에 필수적인 조건이 되었다. 이로 인해, 중국의 젊은이들은 대학 입학을 위한 준비에 많은 시간과 노력을 투자하고 있다.

한편으로, 중국 젊은이들은 인생의 다양한 영역에서 성공을 꿈꾸며 다양한 직업을 탐구하고 있다. 그들은 기업가, 예술가, 과학자, 교육자 등으로 서의 경력을 추구하며, 자신의 열정과 능력을 최대한 활용하려고 노력한다.

요약하자면, 직업에 대한 계획은 중국의 젊은 세대에게 자신의 미래를 책임지고, 성공적인 경력을 구축하는데 필수적인 과정이다. 이를 통해 그들은 자신의 잠재력을 최대한 발휘하고, 사회에 긍정적인 기여를 할 수 있다 .

🔍 고득점 통역 가이드

이 문항은 청년들의 진로 계획과, 교육이 중국 청년들의 직업 선택과 인생 설계에서 가지는 중요성에 대해 탐구한다. 통역할 때 유의해야 할 사항들은 다음과 같다.

1. 구조와 논리성

글은 진로 계획에 대한 일반적인 중시 → 교육의 중요성 → 직업 선택의 다양화 → 진로 계획의 중요성 정리라는 흐름으로 전개되며, 명확한 논리적 흐름을 보여 준다.

2. 문화적 배경에 대한 이해

중국의 젊은 세대가 교육과 직업을 어떻게 추구하는지에 대한 문화적 배경을 이해해야 한다.

3. 문장의 자연스러움과 이해 용이성

번역 과정에서 문장이 자연스럽고 이해하기 쉬운 표현이 되도록 해야 한다.

● 핵심 표현

职业规划 (직업 계획)
为未来迈出的重要一步 (미래를 준비하는 중요한 첫 걸음)
家人或老师的指导 (가족이나 선생님의 지도)
高等教育 (고등 교육)
学士或硕士学位 (학사나 석사 학위)
投入大量的时间和精力 (많은 시간과 에너지를 투자하다)
梦想在人生的各个领域取得成功 (인생의 여러 분야에서 성공을 이루다)
努力最大限度地发挥自己的热情和能力 (자신의 열정과 능력을 최대한 발휘하다)

모범 답안

对于年轻人来说，职业规划是他们为未来迈出的重要一步。从小，他们就被鼓励追求自己的梦想，并在家人或老师的指导下规划未来。

如今，在中国，高等教育被视为更加重要，获得学士或硕士学位已成为许多职业的必备条件。因此，中国的年轻人正在投入大量的时间和精力为大学入学做准备。

另一方面，中国年轻人梦想在人生的各个领域取得成功，并正在探索各种职业。他们追求作为企业家、艺术家、科学家、教育工作者等的职业生涯，并努力最大限度地发挥自己的热情和能力。

总之，职业规划对于中国的年轻一代来说是承担自己未来责任、建立成功职业生涯的必经过程。通过这一过程，他们可以最大限度地发挥自己的潜力，并对社会做出积极贡献。

단어 对于……来说 duìyú …láishuō ~에 대해 말하자면　职业规划 zhíyè guīhuà 직업 계획, 진로 계획　迈出一步 màichū yí bù 한 걸음 내딛다　鼓励 gǔlì 동 격려하다　追求梦想 zhuīqiú mèngxiǎng 꿈을 추구하다　指导 zhǐdǎo 동 지도하다　规划未来 guīhuà wèilái 미래를 계획하다　高等教育 gāoděng jiàoyù 명 고등 교육　被视为 bèi shìwéi ~로 간주되다　获得学位 huòdé xuéwèi 학위를 받다　硕士 shuòshì 명 석사　必备条件 bìbèi tiáojiàn 필수 조건　投入精力 tóurù jīnglì 힘(에너지)을 쏟다　梦想 mèngxiǎng 동 꿈꾸다　领域 lǐngyù 명 분야　探索 tànsuǒ 동 탐색하다　职业生涯 zhíyè shēngyá 커리어　最大限度 zuìdà xiàndù 최대한　发挥 fāhuī 동 발휘하다　年轻一代 niánqīng yídài 명 젊은 세대　承担 chéngdān 동 책임지다　必经之路 bìjīng zhī lù 명 반드시 거쳐야 할 길　发挥潜力 fāhuī qiánlì 잠재력을 발휘하다　做出贡献 zuòchū gòngxiàn 기여하다, 공헌을 하다　积极 jījí 형 긍정적인, 적극적인

五、口语 말하기

제1부분 (94)
제시된 내용들을 응용해서 말해 보세요. (준비 시간 3분, 대답 시간 3분)

94 ★★★

2026 第七届全国大学生建筑设计大赛

竞赛主题：协同

主题阐释：

本次竞赛提出"协同"概念，针对城市及乡村人居环境组成要素之间的"间隙"，基于城市设计、建筑设计、景观设计及环境艺术设计的视角、理念及方法，结合当今自然科学技术与人类社会需求，提出人居环境组成要素在空间、实体及功能之间的创作性协同模式，从宏观、中观及微观方面，多层次释放人居环境更大的服务供给潜能。

奖项设置

一等奖1名：5000元与获奖证书
二等奖2名：3000元与获奖证书
三等奖3名：1000元与获奖证书
优秀奖若干名：获奖证书

报名方式

线上报名：请在大赛官网填写在线报名表。
"ART&TECH"全国大学生建筑设计大赛官方网站：
https:aubase.cn

报名时间：
2026年3月25日—2026年4月25日

作品提交时间：
2026年5月21日—2026年5月28日
参赛选手统一将作品的电子档按照要求发送至组委会邮箱。组委会邮箱：aubase@163.com

参赛对象

(1) 建筑学、城乡规划、风景园林、环境设计等相关专业的在校本科生及研究生；
(2) 个人参赛或不超过3人（含3人）团队参赛，团队指导老师不超过2名。

2026 제7회 전국 대학생 건축 설계 대회

경연 주제: 협동

주제 설명:

이번 대회는 '협동'이라는 개념을 제안하며, 도시 및 농촌의 인간 거주 환경 구성 요소 간의 '간극'을 대상으로 합니다. 도시 설계, 건축 설계, 조경 설계 및 환경 예술 설계의 시각, 개념 및 방법을 바탕으로, 오늘날의 자연과학기술과 인류 사회의 수요를 결합하여, 거주 환경 구성 요소 간의 공간, 실체 및 기능의 창의적 협동 모델을 제시하고자 합니다. 거시적, 중간적, 미시적 차원에서 다층적으로 인간 거주 환경의 더 큰 서비스 공급 잠재력을 발휘하고자 합니다.

시상 내용

1등상 1명: 5,000위안 및 상장
2등상 2명: 3,000위안 및 상장
3등상 3명: 1,000위안 및 상장
우수상 소수 인원: 수상 증서

신청 방식

온라인 신청: 대회 공식 웹사이트에서 온라인 신청서 작성해 주십시오.
"ART&TECH"전국 대학생 건축 설계 대회 공식 웹사이트: https:aubase.cn

신청 기간:
2026년 3월 25일 - 2026년 4월 25일

작품 제출 기간:
2026년 5월 21일 — 2026년 5월 28일
참가자는 작품의 전자 파일을 요구 사항에 맞춰 대회 위원회 이메일로 통일하여 제출합니다.
위원회 이메일: aubase@163.com

참가 대상

(1) 건축학, 도시·농촌 계획, 조경학, 환경 디자인 등 관련 전공의 재학 중인 학부생 및 대학원생
(2) 개인 참가 또는 3인 이하(3인 포함) 단체 참가 가능하며, 단체 지도 교사는 2명 이하로 제한됩니다.

设计要求	설계 요구 사항
基础要求（要求全部符合）：	기본 요구 사항(모두 충족해야 함):
(1) 图纸表达规范，能充分表达作品创作意图，且需包含必要的设计说明（可组合于图面之中）等，比例不限；	(1) 도면 표현이 규범적이어야 하며, 작품 창작 의도를 충분히 전달할 수 있어야 하고, 필요한 설계 설명(도면에 포함 가능) 등을 포함해야 하며, 비율은 제한이 없습니다.
(2) 设计成果实用、美观，结构或外观设计上有创新意识；	(2) 설계 결과물이 실용적이고 아름다워야 하며, 구조 또는 외관 설계에서 혁신 의식을 갖추어야 합니다.
(3) 设计注重运用新技术、新材料，致力于前沿科技与竞赛设计的结合。	(3) 신기술, 신소재의 활용을 중시하고, 첨단 과학기술과 대회 설계의 결합에 힘써야 합니다.
你作为建筑专业的辅导员：	당신은 건축 전공의 지도 교사(또는 지도 조교)로서:
(1) 向学生简要介绍此次比赛。	(1) 학생들에게 이번 대회를 간략하게 소개합니다.
(2) 鼓励学生踊跃参加比赛。	(2) 학생들이 적극적으로 대회에 참가하도록 격려합니다.

단어   届 jiè 몡 회, 기(회차를 나타냄)   建筑设计 jiànzhù shèjì 건축 설계   大赛 dàsài 몡 대회   竞赛主题 jìngsài zhǔtí 몡 경연 주제   协同 xiétóng 통 협력하다, 협동하다   阐释 chǎnshì 통 설명하다, 해석하다   概念 gàiniàn 몡 개념   针对 zhēnduì 통 ~에 초점을 맞추다, ~을 겨냥하다   乡村 xiāngcūn 몡 시골, 농촌   人居环境 rénjū huánjìng 몡 주거 환경   要素 yàosù 몡 요소   间隙 jiànxì 몡 간극(사물 사이의 틈)   基于 jīyú 전 ~에 근거하여   视角 shìjiǎo 몡 시각, 관점   理念 lǐniàn 몡 개념, 생각, 이념   实体 shítǐ 몡 실체   功能 gōngnéng 몡 기능   模式 móshì 몡 방식, 모델   宏观 hóngguān 혱 거시적인   微观 wēiguān 혱 미시적인   多层次 duō céngcì 혱 다층적인   释放 shìfàng 통 방출하다, 발산하다   供给 gōngjǐ 통 공급하다   潜能 qiánnéng 몡 잠재력   奖项设置 jiǎngxiàng shèzhì 몡 시상 내용   获奖证书 huòjiǎng zhèngshū 몡 수상 증서   若干名 ruògān míng 몡 소수 인원, 몇 명   报名方式 bàomíng fāngshì 몡 신청 방식   线上 xiànshàng 몡 온라인   官网 guānwǎng 몡 공식 홈페이지   填写 tiánxiě 통 작성하다, 기입하다   在线 zàixiàn 몡 온라인   报名表 bàomíngbiǎo 몡 신청서   网站 wǎngzhàn 몡 웹사이트   提交时间 tíjiāo shíjiān 몡 제출 시간   参赛选手 cānsài xuǎnshǒu 몡 참가 선수   电子档 diànzǐdàng 몡 전자 파일   发送 fāsòng 통 보내다, 발송하다   组委会 zǔwěihuì 몡 조직위원회   邮箱 yóuxiāng 몡 이메일 주소   参赛对象 cānsài duìxiàng 몡 참가 대상   建筑学 jiànzhùxué 몡 건축학   城乡规划 chéngxiāng guīhuà 몡 도시와 농촌 기획   风景园林 fēngjǐng yuánlín 몡 조경학   相关专业 xiāngguān zhuānyè 몡 관련 전공   本科生 běnkēshēng 몡 학부생   研究生 yánjiūshēng 몡 대학원생   团队 tuánduì 몡 팀, 단체   指导老师 zhǐdǎo lǎoshī 몡 지도 교사   设计要求 shèjì yāoqiú 몡 설계 요구 사항   符合 fúhé 통 부합하다   图纸 túzhǐ 몡 도면   规范 guīfàn 몡 규범, 규격   意图 yìtú 몡 의도   比例 bǐlì 몡 비율   不限 búxiàn 통 제한하지 않다   实用 shíyòng 혱 실용적이다   结构 jiégòu 몡 구조, 구성   创新意识 chuàngxīn yìshí 몡 창의적 사고   注重 zhùzhòng 통 중시하다   致力于 zhìlì yú ~에 힘쓰다   前沿科技 qiányán kējì 몡 최첨단 기술   辅导员 fǔdǎoyuán 몡 지도 교사, 지도 담당   简要介绍 jiǎnyào jièshào 간단한 소개   踊跃参加 yǒngyuè cānjiā 적극적으로 참여하다

🔍 고득점 통역 가이드

답변할 때 유의해야 할 사항들은 다음과 같다.

1. 주제 이해

응시자는 먼저 대회의 주제인 "협동"과 관련된 설계 요구를 이해해야 하며, 이를 학생들에게 간결하고 명확하게 전달할 수 있어야 한다.

2. 상세한 소개

경기 주제, 상금 구성, 신청 방식, 참가 대상, 설계 요구 사항 등의 항목을 시간 순서에 따라 자세히 소개해야 한다. 각 항목은 명확해야 하며, 핵심 정보를 빠뜨리지 않아야 한다.

3. 참여 독려

대회 정보를 소개하는 것 외에도, 학생들의 참여 의욕을 불러일으켜야 한다. 대회의 중요성, 상금의 매력, 대회가 개인 성장에 미치는 긍정적인 영향을 강조함으로써 학생들이 참가하도록 독려해야 한다.

4. 언어 표현

건축 전공 학생을 대상으로 하는 만큼 일부 전문 용어를 사용할 수 있지만, 동시에 전체 표현은 이해하기 쉬워야 한다. 목적은 모두가 대회의 구체적인 내용과 요구 사항을 이해할 수 있도록 하는 데 있다.

5. 태도와 어조

적극적이고 열정적인 태도와 어조로 대회를 소개해야 하며, 그래야 학생들의 흥미와 참여 의지를 더 잘 이끌어낼 수 있다.

이 문항은 응시자가 특정 상황에서 복잡한 정보를 효과적으로 전달하고, 대상 청중이 특정 활동에 참여하도록 독려할 수 있는지를 평가한다. 응시자는 뛰어난 구성 능력, 명확한 언어 표현 능력, 그리고 적절한 감정 이입 능력을 종합적으로 표현할 수 있어야 고득점 획득이 가능하다.

TIP

● 말하기 제1부분(94번) 시간별 전략

1. 준비 시간 3분 동안 해야 할 일

  (1) 1분: 핵심 키워드 빠르게 뽑기
    ① 주제: 协同(협동)
    ② 주요 분야: 城市设计(도시 디자인), 建筑设计(건축 디자인), 景观设计(경관 디자인)
    ③ 중점 사항: 新技术(신기술), 创新(혁신)
    ④ 대상: 建筑、城乡规划、环境设计专业(관련 전공 학생)

  (2) 1분: 답변 큰 틀 잡기
    ① 도입부: 대회 간략 소개
    ② 본론: 주제 설명 + 참가 대상 + 디자인 요구
    ③ 마무리: 느낀 점 또는 대회의 의미

  (3) 1분: 사용할 표현 3~5개 준비
    예 本次比赛的主题是…… (이번 대회의 주제는 ~이다)
      参赛对象主要是…… (참가 대상은 주로 ~이다)
      设计要求包括…… (디자인 요구는 ~을 포함한다)
      这个比赛不仅强调……而且注重…… (이 대회는 ~뿐만 아니라 ~도 중시한다)
      通过参加比赛，我认为…… (대회에 참가함으로써 나는 ~라고 생각한다)

2. 대답 시간 3분 동안 해야 할 일

  (1) 30초: 대회 간단 소개하기(이름, 주제 간단히 언급)
    예 本次比赛的主题是"协同"，主要关注人居环境的创新协作。

  (2) 1분 30초: 포인트별로 설명하기
    ① 구체적 주제 설명: 협동, 신기술, 공간과 기능 통합 강조
    ② 참가 대상 설명: 관련 전공, 개인 또는 팀 참가 가능
    ③ 디자인 요구 설명: 실용성, 미적 감각, 신소재 활용 강조

  (3) 1분: 개인 생각 정리하기(이 대회가 갖는 의미와 개인의 성장을 연결)
    예 通过参加这样的比赛，我可以提升自己的设计能力和创新思维。

모범 답안 1

　　各位建筑专业的同学，我想向大家介绍一个很好的机会，2026第七届全国大学生建筑设计大赛。

　　竞赛主题是"协同"。它着眼于城市与乡村人居环境的组成要素，通过城市设计、建筑设计等方面，提出空间、实体和功能间的创造性协同模式。

　　奖项非常丰厚，包括一等奖5000元，二等奖3000元，三等奖1000元，并都有获奖证书；还有若干优秀奖。

　　大家可以在大赛官网上在线报名，报名时间从2026年3月25日到4月25日。本科生和研究生都可以参赛，可以个人或团队（不超过3人）参赛。

　　设计要求包括图纸的规范表达、设计的实用与美观、新技术和新材料的运用等。

　　我真心希望大家积极参与这次比赛，这不仅是一个展示才能的舞台，还是一个学习和成长的机会。这个比赛能让你们与全国的优秀学生互动交流，提升自己的综合能力和专业素养。希望大家踊跃报名，努力争取好成绩！

　　건축 전공의 여러분, 여러분께 좋은 기회를 하나 소개하고자 합니다. 그것은 바로 2026 제7회 전국 대학생 건축 설계 대회입니다.

　　이번 대회의 주제는 '협동'입니다. 이 주제는 도시와 농촌의 인간 거주 환경의 구성 요소들 사이의 '간극'에 주목하며, 도시 설계, 건축 설계 등의 측면을 통해 공간, 실체, 기능 간의 창의적인 협동 모델을 제시합니다.

　　수상 종목은 매우 풍부합니다. 1등상 5,000위안, 2등상 3,000위안, 3등상 1,000위안을 받으며 모두 수상 증서를 받습니다. 또한 소수 인원의 우수상도 있습니다.

　　여러분은 대회 공식 웹사이트에서 온라인으로 신청할 수 있습니다. 신청 기간은 2026년 3월 25일부터 4월 25일까지입니다. 학부생과 대학원생 모두 참가할 수 있으며, 개인 또는 3인 이하 팀으로 참가할 수 있습니다.

　　설계 요구에는 도면의 규격화, 설계의 실용성과 미관, 신기술과 신소재의 활용 등이 포함됩니다.

　　저는 여러분이 이 대회에 적극적으로 참여하길 진심으로 바랍니다. 이 대회는 여러분이 자신의 재능을 보여줄 수 있는 무대일 뿐만 아니라, 배우고 성장할 수 있는 기회이기도 합니다. 이 대회를 통해 전국의 우수한 학생들과 교류하며, 자신의 종합적인 능력과 전공 역량을 높일 수 있습니다. 여러분이 적극적으로 신청하여 좋은 성적을 거두기를 바랍니다.

단어 建筑专业 jiànzhù zhuānyè 명 건축 전공　设计 shèjì 동 설계(하다)　竞赛主题 jìngsài zhǔtí 경연 주제　协同 xiétóng 동 협력하다, 협동하다　着眼于 zhuóyǎn yú ~에 주목하다, ~에 초점을 맞추다　城市 chéngshì 명 도시　乡村 xiāngcūn 명 시골, 농촌　人居环境 rénjū huánjìng 주거 환경　要素 yàosù 명 요소　空间 kōngjiān 명 공간　实体 shítǐ 명 실체　功能 gōngnéng 명 기능　创造性 chuàngzàoxìng 명 창의성　协同模式 xiétóng móshì 협동 모델, 협업 방식　奖项 jiǎngxiàng 명 상　丰厚 fēnghòu 형 풍부한, 푸짐한　包括 bāokuò 동 포함하다　获奖证书 huòjiǎng zhèngshū 명 수상 증서　优秀奖 yōuxiù jiǎng 명 우수상　官网 guānwǎng 공식 홈페이지　在线 zàixiàn 형 온라인상의　团队 tuánduì 명 팀, 단체　图纸 túzhǐ 명 도면　运用 yùnyòng 동 활용하다　积极参与 jījí cānyù 적극적으로 참여하다　展示 zhǎnshì 동 보여 주다　才能 cáinéng 명 재능　舞台 wǔtái 명 무대　互动交流 hùdòng jiāoliú 명 상호 소통, 교류　提升 tíshēng 동 향상시키다　综合能力 zōnghé nénglì 명 종합 능력　专业素养 zhuānyè sùyǎng 명 전문 소양　踊跃 yǒngyuè 형 열성적인　争取 zhēngqǔ 동 쟁취하다, 얻으려 노력하다

모범 답안 2

　　同学们，2026第七届全国大学生建筑设计大赛的竞赛主题已经确定，是"协同"。重点要素是城市与乡村人居环境的协同模式。

　　本次大赛奖项共四等：一等奖1名，5000元；二等奖2名，3000元，三等奖3名，1000元，优秀奖若干名，每一等级都有获奖证书。

　　报名方式是在官网上在线报名，报名时间是2026年3月25日到4月25日。

　　作品提交时间是5月21—28日

　　在校的本科生和研究生都可以报名参加，个人参赛或团队参赛都可以，团队不能超过3人。团队可以有2名以下指导老师。

　　设计要求是图纸要规范表达，设计成果要有创新意识，要运用新技术和新材料展现前沿科技。

　　这次活动是大家的所学专业得以实践的好机会，希望同学们积极参与这次活动。祝大家取得好成绩。

여러분, 2026년 제7회 전국 대학생 건축 디자인 대회의 대회 주제가 확정되었습니다. 주제는 '협동'이며, 주요 요소는 도시와 농촌의 주거 생활 환경에서의 협동 모델입니다.

이번 대회의 시상내역은 총 4개 부문이며, 1등 1명에게 5000위안, 2등은 2명에게 3000위안, 3등은 3명에게 1000위안이 주어지고, 소수 인원에게 우수상이 수여됩니다. 각 등급마다 상장도 수여됩니다.

참가 신청은 공식 홈페이지에서 온라인으로 진행되며, 신청 기간은 2026년 3월 25일부터 4월 25일까지입니다.

작품 제출 시간은 5월 21일부터 28일까지입니다.

대회는 재학 중인 학부생과 대학원생 모두 참가할 수 있으며, 개인 참가나 팀 참가 모두 가능합니다. 팀은 3명을 넘을 수 없으며, 팀 지도교수는 2명 이하로 제한한다.

디자인 요구 사항은 도면이 규격에 맞아야 하고, 디자인 결과물은 창의적인 사고를 지녀야 하며, 새로운 기술과 신소재를 활용하여 최첨단 기술을 보여주어야 합니다.

이번 활동은 여러분이 배운 전공을 실제로 적용할 수 있는 좋은 기회이므로, 모두가 적극적으로 참여하길 바랍니다. 여러분의 좋은 결과를 기원합니다.

단어 第七届 dì qī jiè 제7회　建筑设计 jiànzhù shèjì 명 건축 설계　竞赛主题 jìngsài zhǔtí 명 경연 주제　确定 quèdìng 동 확정하다　协同 xiétóng 동 협력하다, 협동하다　要素 yàosù 명 요소　乡村 xiāngcūn 명 시골, 농촌　人居环境 rénjū huánjìng 명 주거 환경　模式 móshì 명 방식, 모델　奖项 jiǎngxiàng 명 상　优秀奖 yōuxiù jiǎng 명 우수상　等级 děngjí 명 등급　获奖证书 huòjiǎng zhèngshū 명 수상 증서　官网 guānwǎng 명 공식 홈페이지　在线报名 zàixiàn bàomíng 동 온라인 신청　提交时间 tíjiāo shíjiān 명 제출 시간　团队 tuánduì 명 팀, 단체　指导老师 zhǐdǎo lǎoshī 명 지도 교사　图纸 túzhǐ 명 도면　规范 guīfàn 명 규범, 규격　创新意识 chuàngxīn yìshí 명 창의 의식　运用 yùnyòng 동 활용하다　前沿科技 qiányán kējì 명 첨단 과학기술　专业 zhuānyè 명 전공, 전문 분야　实践 shíjiàn 명 실천(하다), 실행(하다)　积极 jījí 형 적극적인　参与 cānyù 동 참여하다

제2부분 (95-97) 자료를 듣고 3개의 질문에 대답하세요.(95, 96 대답 시간 30초, 97 대답 시간 2분)

95-97

★★★ MP3 03-08

1 高铁，顾名思义，就是高速铁路。高铁的时速达到了每小时350公里。时速350公里是什么概念呢？我们用一个对比来说明。高铁出现以前，从北京到广州全程两千多公里，坐当时最快的火车需要40多个小时，将近两天。(95) 京广高铁通车以后，现在只需要7小时38分钟即可到达。从40个小时到7个多小时，时间大大缩短，真正实现了朝发夕至。

2 2008年8月1日，中国第一条时速350公里的高速铁路——京津高铁开通。截至2022年6月20日，中国已经有近3200公里高铁线路，包括京沪高铁（北京到上海）、京津城际（北京到天津）、成渝高铁（成都到重庆）等。

3 高铁在中国的版图上，沿着八条南北纵线和八条东西横线延展，并以此为主线，发展成网状，从而连接起更多的中小城市。(96) 对于中国这样一个人口众多、流动频繁的国家来说，高铁具有重大意义。它让人们的生活和工作方式发生了实质性的变化，可以说，中国大地正在迅速地被高铁连接成“一日生活圈”。目前，从北京到天津、上海到杭州等也已经实现了30分钟通勤直达，甚至比开车在同一个城市跨区上班都要快。

고속 철도란 말 그대로 고속으로 달리는 철도를 의미한다. 고속 철도의 속도는 시속350킬로미터에 달한다. 시속 350킬로미터가 어떤 개념인지 비교를 통해 설명해 보자. 고속 철도 등장 이전, 베이징에서 광저우까지의 전 구간은 2,000킬로미터가 넘는데, 당시 가장 빠른 기차를 타더라도 40시간 이상, 거의 이틀이 걸렸다. 그러나 (95) 징광(京广) 고속 철도가 개통된 이후, 현재는 단 7시간 38분이면 도착할 수 있다. 40시간에서 7시간대로, 시간이 크게 단축되었으며, 아침에 출발해 저녁에 도착하는 것이 현실화되었다. 1

2008년 8월 1일, 중국 최초의 시속 350킬로미터 고속 철도인 징진(京津) 고속 철도가 개통되었다. 2022년 6월 20일 기준, 중국은 이미 3,200킬로미터에 가까운 고속철 노선을 보유하고 있으며, 징후(京沪) 고속 철도(베이징-상하이), 징진 도시 간 노선(베이징-톈진), 청위(成渝) 고속 철도(청두-충칭) 등이 포함된다. 2

고속 철도는 중국 국토에서 남북 방향 8개 세로축선과 동서 방향 8개 가로축선을 따라 확장되고 있으며, 이를 중심으로 그물망 형태의 노선으로 발전해, 더 많은 중소도시를 연결하고 있다. (96) 인구가 많고 이동이 잦은 중국 같은 나라에서 고속 철도는 매우 큰 의미를 가진다. 고속 철도는 사람들의 삶과 일하는 방식에 실질적인 변화를 가져왔으며, 중국 대륙은 현재 빠르게 고속 철도에 의해 '하루 생활권'으로 이어지고 있다고 볼 수 있다. 현재는 베이징-톈진, 상하이-항저우 구간 등에서도 30분 출퇴근 직통 노선이 실현되어, 심지어 한 도시 내에서 자동차로 출퇴근하는 것보다 더 빠르다. 3

단어 顾名思义 gùmíng sīyì 성 이름을 보면 뜻을 알 수 있다(이름 그대로, 말 그대로) 高速铁路 gāosù tiělù 명 고속 철도 时速 shísù 명 시속 概念 gàiniàn 명 개념 对比 duìbǐ 명동 대비(하다), 대조(하다) 全程 quánchéng 명 전 구간, 전체 거리 京广高铁 Jīng–Guāng gāotiě 고유 징광(베이징–광저우) 고속 철도 通车 tōngchē 동 개통하다 缩短 suōduǎn 동 단축하다 朝发夕至 zhāo fā xī zhì 성 아침에 출발해 저녁에 도착하다 京津高铁 Jīng–Jīn gāotiě 고유 징진(베이징–톈진) 고속 철도 截至 jiézhì 동 (시간적으로) ~에 이르다, ~까지 마감하다 京沪高铁 Jīng-Hù gāotiě 고유 징후(베이징–상하이) 고속 철도 京津城际 jīng-jīn chéngjì 명 베이징–톈진 도시 간 열차 成渝高铁 Chéng-Yú gāotiě 고유 청위(청두–충칭) 고속 철도 版图 bǎntú 명 지도, 영역, 영토 沿着 yánzhe 개 ~을 따라 南北纵线 nánběi zòngxiàn 명 남북 종단선 东西横线 dōngxī héngxiàn 명 동서 횡단선 延展 yánzhǎn 동 뻗다, 확장하다 网状 wǎngzhuàng 명 망형, 그물 모양 流动 liúdòng 동 흐르다, 이동하다 频繁 pínfán 형 빈번한 实质性 shízhìxìng 명 실질적 生活圈 shēnghuóquān 명 생활권 通勤 tōngqín 동 통근하다 直达 zhídá 형 직행의, 직통의 跨区 kuàqū 동 구역을 넘다, 지역 간을 오가다

> **TIP**
>
> ★핵심 내용 메모
>
> 屠高铁(고속철) = 고속도로(시속 350km)
> 과거: 베이징→광저우 40시간 소요
> 현재: 京广高铁(베이징–광저우) 개통 후 7시간 38분 소요
> 중요 고속 철도 노선: 京沪高铁(베이징–상하이), 京津城际(베이징–톈진), 成渝高铁(청두–충칭)
> 현재 상황(2022 기준): 고속철 총 거리 약 3200km
> 구조: 8개 남북선 + 8개 동서선 → 거미줄처럼 전국 연결
> 의미: 사람들의 생활 또는 업무 방식 변화 → '일일생활권' 실현 (베이징–톈진, 상하이–항저우 구간 30분 통근 가능)

95 ★★

问: 京广高铁通车后, 从北京到广州要多长时间?

질문: 징광(京广) 고속 철도가 개통된 후, 베이징에서 광저우까지 걸리는 시간은 얼마인가?

모범 답안

7小时38分钟。

7시간 38분이다.

해설 녹음 첫 번째 단락에서 '京广高铁通车以后(징광 고속 철도가 개통된 이후), 现在只需要7小时38分钟即可到达(현재는 단 7시간 38분이면 도착할 수 있다)'라고 했으므로 정답은 7시간 38분이다.

단어 京广高铁 Jīng-Guǎng gāotiě 고유 징광(베이징–광저우) 고속 철도 通车 tōngchē 통 개통하다 广州 Guǎngzhōu 고유 광저우(지명)

96 ★★

问: 高铁为什么对于人口众多的中国来说意义重大?

질문: 고속 철도는 왜 인구가 많은 중국에 있어서 큰 의미를 가지는가?

모범 답안

因为它让人们的生活和工作方式发生了实质性的变化, 可以说, 中国大地正在迅速地被高铁连接成"一日生活圈"。

고속 철도가 사람들의 생활과 일하는 방식에 실질적인 변화를 가져왔기 때문이며, 중국 대륙은 현재 빠르게 고속 철도에 의해 '하루 생활권'으로 이어지고 있다고 볼 수 있다.

해설 이 문제에서는 고속 철도가 인구가 많은 중국에서 중요한 이유를 묻고 있기 때문에, 고속 철도가 가져다주는 주요 이점을 중점적으로 대답해야 한다. 녹음 세 번째 단락의 '对于中国这样一个人口众多、流动频繁的国家来说, 高铁具有重大意义(인구가 많고 이동이 잦은 중국 같은 나라에서 고속 철도는 매우 큰 의미를 가진다)'에서 관련 내용이 언급되었다. 이어지는 내용에서 '它让人们的生活和工作方式发生了实质性的变化(고속 철도는 사람들의 삶과 일하는 방식에 실질적인 변화를 가져왔으며), 可以说, 中国大地正在迅速地被高铁连接成 "一日生活圈"(중국 대륙이 현재 빠르게 고속 철도에 의해 '하루 생활권'으로 이어지고 있다고 볼 수 있다)'라며 고속 철도가 중국에서 가지는 의미를 언급했으므로, 해당 내용이 정답임을 알 수 있다.

단어 人口众多 rénkǒu zhòngduō 인구가 많다 意义重大 yìyì zhòngdà 의미가 크다(중대하다)

问: 结合所听到的内容,谈谈你如何看待技术进步 | 질문: 들은 내용을 바탕으로, 기술 발전이 현대 사회의 삶과
对于现代社会生活和工作方式的影响。 | 일하는 방식에 어떤 영향을 준다고 생각하는지 이야기해 보세요.

🔍 고득점 말하기 가이드

응시자는 답변할 때 글의 주요 정보를 빠짐없이 포괄해야 하며, 기술 발전, 특히 고속 철도 기술이 현대 사회에 미치는 영향에 대해 깊이 있는 분석을 해야 한다. 고속 철도 기술 발전과 현대 사회의 변화에 대해 보다 깊이 있는 이해와 답변을 보여주기 위하여 아래의 단계에 유의하여 대답을 구성해 보자.

1. 주제 명확화
주제를 도입할 때 문제의 핵심, 즉 고속 철도 기술 발전이 현대 사회의 생활과 일하는 방식에 미치는 영향을 명확하게 서술해야 한다.

2. 구체적 분석
(1) 시간 효율:
고속 철도가 어떻게 여행 시간을 단축시키고, 장거리 이동을 더 편리하고 빠르게 만들었는지를 강조해야 한다.
(2) 공간 인식의 변화:
고속 철도의 연결을 통해 사람들이 거리와 공간에 대한 인식이 어떻게 변화했는지, 멀리 있는 도시가 더 쉽게 도달 가능한 곳이 되었음을 서술해야 한다.
(3) 경제 발전:
고속 철도 건설과 운영이 관광, 부동산, 서비스업 등 관련 산업의 발전을 어떻게 촉진했는지를 분석해야 한다.
(4) 사회적 영향:
고속 철도의 등장으로 사람들의 일과 삶의 방식이 어떻게 바뀌었는지, 예를 들어 출퇴근 방식의 변화 등을 포함하여 설명해야 한다.
(5) 심리적 변화:
고속 철도의 편리함이 사람들의 가치관과 삶의 선택에 어떤 영향을 미칠 수 있는지도 서술해야 한다.

3. 사례 제시를 통한 뒷받침
징광 고속 철도의 시간 단축, 고속철로 형성된 "하루 생활권" 등의 구체적인 수치와 사례를 활용하여 자신의 주장을 뒷받침해야 한다.

4. 가능한 도전과 문제에 대한 논의
고속 철도 기술 발전이 가져올 수 있는 도전과 문제점도 간단히 논의할 수 있다. 예를 들어 고속 철도 요금, 환경에 미치는 영향 등이다. 이는 분석을 보다 포괄적으로 만들어 준다.

5. 결론
고속 철도 기술이 현대 사회에 끼친 깊은 영향을 정리하고, 기술 발전이 사람들의 삶과 일하는 방식을 어떻게 변화시켰는지를 강조해야 한다.

6. 언어 표현
문장 구조가 매끄럽고, 단어 사용이 정확해야 하며, 전체 답변이 명확하고 논리적으로 이어지도록 해야 한다.

모범 답안 1

技术进步，尤其是高铁这种交通革命，对现代社会的生活和工作方式产生了深远的影响。这些影响不仅局限于单纯的时间节省，还涉及人们的心态、选择和整个国家的经济发展。

首先，从时间上看，高铁显著缩短了旅行时间。人们可以在一天内往返于两地，实现"朝发夕至"。例如，北京至广州只需要7个多小时就可抵达。这为商务人员、学者、旅客和普通民众提供了更大的便利性，使得更远距离的出行成为可能。

其次，高铁的出现和快速发展，改变了人们对距离和空间的认知。以往被认为是远程的城市现在因为高铁的贯通变得近在咫尺。这种快速的连接性使得中国的很多中小城市有了更多的发展机会，也促进了人口的流动和资源的分配。

此外，这种便捷的交通网络也影响了人们的工作和生活方式。例如，一些人可能选择住在一个城市，但每天通勤到另一个城市工作，高铁使得这种通勤模式成为可能。这种变化可能进一步促进房地产、服务业和其他相关产业的发展。

经济上，高铁不仅推动了旅游业的繁荣，还刺激了相关的产业链，如高铁建设、维护、服务等产业的兴起。中小城市之间的连接也带来了商业和人才的流动，进一步拉近了城市间的经济差距。

最后，这种技术进步也带来了心态上的变化。人们开始更加重视时间效率，也更加注重与远方的联系。同时，高铁也为人们提供了更多的选择，无论是工作、学习还是休闲。

综上所述，技术的进步，特别是高铁技术，为现代社会带来了方方面面的变革，不仅仅是交通的便捷，更多的是对人们生活和工作方式的影响。

기술의 발전, 특히 고속 철도와 같은 교통 혁명은 현대 사회의 생활과 일하는 방식에 깊은 영향을 미친다. 이러한 영향은 단순한 시간 절약에 그치지 않고, 사람들의 마음가짐, 선택, 그리고 국가 전체의 경제 발전에까지 걸쳐 있다.

우선 시간적인 측면에서, 고속 철도는 여행 시간을 눈에 띄게 단축시킨다. 사람들은 하루 안에 두 지역을 왕복할 수 있게 되었고, 아침에 출발해 저녁에 도착하는 것이 실현되었다. 예를 들어, 베이징에서 광저우까지 7시간 남짓이면 도착할 수 있다. 이는 비즈니스맨, 학자, 여행자, 일반 시민 모두에게 더 큰 편의성을 제공하며, 장거리 이동을 가능하게 한다.

다음으로, 고속 철도의 등장과 빠른 발전은 사람들의 거리와 공간에 대한 인식을 변화시켰다. 예전에는 멀다고 여겨졌던 도시들도 고속철의 연결로 인해 가까운 곳처럼 느껴지게 되었으며, 이런 빠른 연결성은 중국의 많은 중소 도시들에게 더 많은 발전 기회를 제공하고, 인구 이동과 자원 배분도 촉진하게 되었다.

또한, 이와 같은 편리한 교통망은 사람들의 일과 삶의 방식에도 영향을 준다. 예를 들어, 어떤 사람들은 한 도시에 거주하면서 매일 다른 도시로 출퇴근하는 것을 선택할 수도 있다. 고속 철도 덕분에 이러한 통근 방식이 가능 해졌으며, 이러한 변화는 부동산, 서비스업, 기타 관련 산업의 발전을 더욱 촉진할 수 있다.

경제적으로도, 고속 철도는 단순히 관광 산업을 활성화하는 데 그치지 않고, 고속 철도 건설, 유지보수, 서비스 등 관련 산업 전반의 발전을 자극하였다. 중소 도시 간의 연결은 상업과 인재의 이동을 가능하게 하며, 도시 간 경제 격차를 좁히는 데도 기여한다.

마지막으로, 이러한 기술 발전은 사람들의 사고방식에도 변화를 준다. 사람들은 시간 효율을 더욱 중시하게 되었고, 멀리 있는 곳과의 연결성에도 더욱 주목하게 되었다. 고속 철도는 일, 학습, 여가에 이르기까지 더 다양한 선택지를 제공하게 되었다.

종합하면, 기술의 발전, 특히 고속 철도 기술은 현대 사회에 다양한 변화를 가져왔다. 단순히 교통 수단의 편리함을 넘어서, 사람들의 삶과 일의 방식 전반에 깊은 영향을 미치고 있다.

단어 尤其 yóuqí 튀 특히 革命 gémìng 몡 혁명 深远影响 shēnyuǎn yǐngxiǎng 몡 깊고 먼 영향, 심대한 영향 局限于 júxiànyú 동 ~에 국한되다 单纯 dānchún 혱 단순한 涉及 shèjí 동 관련되다 心态 xīntài 몡 심리 상태, 마음가짐 整个 zhěnggè 혱 전체의 显著 xiǎnzhù 혱 뚜렷한, 현저한 缩短 suōduǎn 동 단축하다 往返 wǎngfǎn 동 왕복하다 朝发夕至 zhāofā xīzhì 아침에 출발해 저녁에 도착하다 抵达 dǐdá 동 도착하다 商务人员 shāngwù rényuán 비즈니스 맨 普通民众 pǔtōng mínzhòng 일반 시민 远距离出行 yuǎn jùlí chūxíng 몡 장거리 이동 认知 rènzhī 몡 인식, 인지 以往 yǐwǎng 부사 종전, 이전 远程 yuǎnchéng 몡 장거리 贯通 guàntōng 동 관통하다, 연결하다 近在咫尺 jìn zài zhǐchǐ 셍 지척에 있다, 매우 가깝다 促进 cùjìn 동 촉진하다 分配 fēnpèi 동 분배하다 便捷 biànjié 혱 편

리하고 신속한　**交通网络** jiāotōng wǎngluò 몡 교통망　**通勤** tōngqín 통 통근하다　**模式** móshì 몡 방식, 모델　**房地产** fángdìchǎn 몡 부동산　**服务业** fúwùyè 몡 서비스업　**推动** tuīdòng 통 추진하다, 밀어 나가다　**繁荣** fánróng 형 번영하다　**刺激** cìjī 통 자극하다　**产业链** chǎnyèliàn 몡 산업 체인　**维护** wéihù 통 유지, 보호하다　**兴起** xīngqǐ 통 일어나다, 유행하다　**拉近** lājìn 좁히다　**差距** chājù 몡 격차, 차이　**休闲** xiūxián 몡 여가　**综上所述** zōng shàng suǒ shù 위의 내용을 종합하면　**变革** biàngé 몡통 변화(하다), 개혁(하다)

모범 답안 2　★★★

　　高速铁路的时速达到了每小时350公里。就是说，以前，从北京到广州，坐当时最快的火车需要40多个小时，高铁通车以后，只需要7个多小时就可以到达。这就是科技发展的力量。

　　科学技术的进步，正在改变着现代人的生活方式。就像高速铁路出现后，不仅人们的出行效率提高了，城市的生活节奏和工作方式也发生了很大的变化。

　　首先，高铁大大提高了人们的出行效率。原来需要40多个小时的旅程，现在不到8小时就能到达。如果是以前，在外打工的人，只能在逢年过节才能回家看望父母亲人，而现在有了高铁，随时都可以返回家乡与家人团聚。

　　北京到上海、北京到天津、成都到重庆等这些区域开通高铁后，人们可以在不同城市之间自由流动，跨城市工作成为可能。像北京到天津、上海到杭州等区域坐高铁只需要半个小时，人们可以生活在天津，工作在北京。每天下班后，回到家里还能和家人一起共进晚餐呢。这在以前简直不能想象。

　　其次，人们的生活观念和节奏发生了变化。过去，人们的生活和工作往往局限于一个城市或一个地区；而现在，随着交通、通讯等技术的发展，出现了很多新型工作模式。如：远程办公、弹性通勤等。电商出现后也不断冲击着实体店铺，以前在网上了解产品，线下购买；现在线下体验产品，网上下单。这些都是科技进步带来的改变。

　　总之，科技的发展不断地改变我们的生活和工作。如今，我们生活在这个科技日益进步的时代，科技进步带来的影响不会因为个人的意志转移，我们能做的只有紧跟时代的步伐，主动拥抱新兴的技术。如此，才能更好的适应这个新时代。

　　고속 철도의 시속은 시속 350킬로미터에 달한다. 즉, 이전에는 베이징에서 광저우까지 당시 가장 빠른 기차를 타고 40시간 이상 걸렸지만, 고속 철도가 개통된 후에는 7시간이 채 걸리지 않고 도착할 수 있다. 이것이 바로 과학기술 발전의 힘이다.

　　과학기술의 진보는 현대인의 생활 방식을 바꾸고 있다. 고속 철도가 등장한 후, 사람들의 이동 효율성이 높아졌을 뿐만 아니라, 도시의 생활 리듬과 일하는 방식에도 큰 변화가 생겼다.

　　첫째, 고속 철도는 사람들의 이동 효율성을 크게 높였다. 원래 40시간 이상 걸리던 여정이 이제는 8시간도 채 안 걸려 도달할 수 있게 되었다. 예전에는 외지에서 일하는 사람들은 명절에만 부모님을 찾아 뵙고 가족을 만날 수 있었지만, 이제 고속 철도가 생기면서 언제든지 고향에 돌아가 가족과 함께 모일 수 있다.

　　베이징에서 상하이, 베이징에서 톈진, 청두에서 충칭 등 다양한 지역에 고속 철도가 개통되면서, 사람들은 다양한 도시간을 자유롭게 이동할 수 있게 되었고, 도시 간 근무도 가능해졌다. 예를 들어, 베이징에서 톈진, 상하이에서 항저우 등 지역은 고속 철도를 타고 30분밖에 걸리지 않아, 사람들은 톈진에 살고 베이징에서 일할 수 있게 되었다. 퇴근 후에는 집에 돌아가 가족과 함께 저녁을 먹을 수 있다. 이것은 예전에는 상상할 수 없었던 일이다.

　　둘째, 사람들의 생활 관념과 리듬에 변화가 생겼다. 과거에는 사람들의 생활과 일이 하나의 도시나 지역에 한정되었지만, 이제 교통, 통신 등의 기술 발전에 따라 많은 새로운 근무 형태들이 등장했다. 예를 들어, 원격 근무와 탄력적 출퇴근 등의 방식이 생겨났다. 이커머스가 등장한 후에는 오프라인 매장을 지속적으로 위협하고 있다. 예전에는 온라인에서 제품을 보고 오프라인에서 구매했지만, 이제는 오프라인에서 제품을 체험하고 온라인으로 주문하는 방식이 되었다. 이 모든 변화는 과학기술 발전이 가져온 변화이다.

　　결론적으로, 과학기술의 발전은 우리의 생활과 일을 계속해서 변화시키고 있다. 오늘날 우리는 과학기술이 날로 발전하는 시대에 살고 있으며, 과학기술 의 진보가 가져온 변화는 개인의 의지로 바뀌지 않는다. 우리가 할 수 있는 것은 시대의 흐름을 바싹 따라가며, 새로운 기술을 적극적으로 받아들이는 것이다. 이렇게 해야만 새로운 시대에 더 잘 적응할 수 있다.

단어   **时速** shísù 명 시속   **通车** tōngchē 동 개통하다   **科技** kējì 명 과학 기술   **力量** lìliàng 명 힘, 역량   **出行效率** chūxíng xiàolǜ 명 이동 효율   **生活节奏** shēnghuó jiézòu 삶의 리듬   **打工** dǎgōng 동 아르바이트하다, 일하다   **逢年过节** féngnián guòjié 명절이 되다   **看望** kànwàng 동 방문하다   **返回** fǎnhuí 동 돌아가다   **团聚** tuánjù 동 가족이 함께 모이다   **区域** qūyù 명 지역, 구역   **跨城市** kuà chéngshì 도시 간의, 도시를 넘는   **共进晚餐** gòngjìn wǎncān 함께 저녁식사를 하다   **简直** jiǎnzhí 부 그야말로, 정말로   **观念** guānniàn 명 관념, 생각   **局限于** júxiàn yú ~에 국한되다   **新型** xīnxíng 형 새로운 유형의   **模式** móshì 명 방식, 모델   **远程办公** yuǎnchéng bàngōng 명 원격 근무   **弹性通勤** tánxìng tōngqín 탄력적 통근   **电商** diànshāng 명 이커머스   **冲击** chōngjī 명 동 충격(을 주다)   **实体店铺** shítǐ diànpù 명 오프라인 매장   **线下** xiànxià 명 오프라인   **购买** gòumǎi 동 구매하다   **体验** tǐyàn 동 체험하다   **下单** xiàdān 동 주문하다   **日益进步** rìyì jìnbù 날로 발전하다   **意志** yìzhì 명 의지   **转移** zhuǎnyí 동 전환하다, 이동하다   **紧跟** jǐngēn 동 바싹 따르다   **步伐** bùfá 명 발걸음, 보폭   **拥抱** yōngbào 동 포용하다, 끌어안다   **新兴** xīnxīng 형 신흥의   **适应** shìyìng 동 적응하다

제3부분 (98)   자료를 듣고 질문에 대해 자신의 관점을 말해 보세요. (대답 시간 3분)

98

★★★ MP3 03-09

林徽因是中国历史上第一位女建筑学家。在动荡的历史时期，她和丈夫谢绝了去国外工作的建议，因为她认为，祖国正在危难中，不能离开。即使在病中，她依然投身到建筑事业中，为中国古建筑的勘测和保护工作作出了巨大的贡献。

린후이인은 중국 역사상 최초의 여성 건축학자이다. 혼란스러운 역사 시기, 그녀는 남편과 함께 해외에서 일하자는 제안을 거절했는데, 그녀는 조국이 위기에 처한 상황에서 떠날 수 없다고 생각했기 때문이다. 병중에도 그녀는 여전히 건축 사업에 몸담았고, 중국 고건축의 조사와 보호 작업에 커다란 공헌을 했다.

请结合听到的内容，谈谈你对承担社会责任的认识。

들은 내용을 바탕으로, 사회적 책임을 짊어지는 것에 대한 당신의 생각을 이야기해 보세요.

단어   **林徽因** Lín Huīyīn 고유 린후이인(중국의 여성 건축가, 작가)   **建筑学家** jiànzhù xuéjiā 명 건축학자   **动荡** dòngdàng 형 (정세·상황 등이) 불안정하다   **谢绝** xièjué 동 정중히 거절하다   **危难** wēinàn 위기와 재난   **依然** yīrán 부 여전히   **投身** tóushēn 동 헌신하다, 몸담다   **勘测** kāncè 동 조사하다, 측량하다   **巨大** jùdà 형 거대한   **贡献** gòngxiàn 명 동 공헌(하다)   **结合** jiéhé 동 결합하다   **承担** chéngdān 동 떠맡다, 감당하다   **社会责任** shèhuì zérèn 명 사회적 책임

TIP

★핵심 내용 메모

인물: 林徽因, 中国第一位女建筑学家 (린후이인, 중국 최초의 여성 건축학자)

기여 및 성과: 投身古建筑保护工作 (고건축 보호에 헌신하다)
　　　　　　 作出巨大贡献 (큰 공헌을 하다)

개인적 견해: 这种精神让我感动佩服。(이런 정신은 나로 하여금 감동하고 감탄하게 한다)

주요 내용: 危难之际坚守祖国 (위기 속에서도 조국을 지키다)
　　　　　 社会责任和担当 (사회적 책임과 책임감)
　　　　　 对国家的热爱 (조국에 대한 사랑)
　　　　　 拒绝出国邀请 (해외 초청을 거절하다)

고득점 말하기 가이드

응시자는 다음과 같은 측면에서 답변을 시작할 수 있다.

1. 주제 도입
응시자는 먼저 주제를 명확하게 도입하고, 들은 글의 내용을 요약해야 한다. 예를 들어, 린후이인의 배경 소개와 그녀의 사회적 책임감의 표현 등을 서술한다.

2. 린후이인의 특징 분석
린후이인이 국내에 남아 일하기로 결정한 점과, 고건축 보호에 기여한 내용을 상세히 서술할 수 있다. 그녀의 구체적인 행동을 통해 그녀의 책임감, 애국심, 굳은 신념을 드러낸다.

3. 사회적 책임의 깊은 의미 파악
린후이인의 사례를 바탕으로, 사회적 책임은 단순한 의무가 아니라 국가, 사회, 자신에 대한 충성과 사랑의 표현임을 분석한다. 개인이 사회와 어떻게 연결되어 있는지, 그리고 개인의 성장과 사회의 관계를 설명한다.

4. 현실 생활로의 확장
사회적 책임의 개념을 일상생활로 확장시켜, 모든 사람이 다양한 수준에서 사회적 책임을 질 수 있음을 제시한다. 예를 들어, 사회적 약자에 대한 관심, 환경 보호 활동 참여, 직업적 탁월성 추구 등이 있다.

5. 결론
린후이인의 이야기는 우리가 사회적 책임을 인식하는 데 영향을 준다. 이 이야기는 사회적 책임의 중요성을 강조하며, 우리가 그것을 더욱 중시하고 적극적으로 실천해야 함을 깨닫게 한다.

6. 언어 표현
문장이 유창하고 어휘가 정확해야 하며, 적절한 수사 표현을 사용하여 답변의 표현력과 설득력을 높이도록 한다.

7. 개인 감정의 반영
린후이인의 일화에 대한 감정적 반응을 적절히 표현하고, 그 일이 자신의 생각과 가치관에 미친 영향을 서술함으로써, 답변에 감동과 공감을 더할 수 있다.

이상의 분석을 종합하면, 응시자는 구체적인 분석과 확장을 통해, 사회적 책임에 대한 인식을 전면적으로 표현할 수 있어야 하며, 린후이인의 사례를 통해 그 중요성과 현실적 의미를 생생하게 보여 줘야 한다.

모범 답안 1 ★★

林徽因女士的事迹深深地触动了我，让我重新审视了承担社会责任的重要性。

在动荡的历史时期，林徽因选择留在祖国，是因为她深深理解到个人的责任和使命。作为第一位女建筑学家，她本可以选择去国外寻求更为稳定和舒适的工作环境，但她选择了留下，投身于自己热爱的建筑事业，并为保护中国古建筑作出了巨大贡献。她的这种精神让我深感敬佩。

从林徽因的事例中，我认识到社会责任不仅是一种义务，更是一种对自己、对社会、对国家的忠诚和热爱的体现。每一个人都是社会的一部分，我们的成长、成功与社会息息相关。因此，

린후이인(林徽因) 여사의 사적은 나를 깊이 감동시켰고, 내가 사회적 책임을 짊어지는 것의 중요성을 다시 바라보게 한다.

혼란한 역사 시기 속에서, 린후이인은 조국에 남는 것을 선택했는데, 이는 그녀가 개인의 책임과 사명을 깊이 이해했기 때문이다. 중국 최초의 여성 건축가로서, 그녀는 더 안정적이고 편안한 근무 환경을 찾아 해외로 나갈 수도 있었지만, 그녀는 남기를 선택했고, 자신이 사랑하는 건축 사업에 몸담았으며, 중국 고건축 보호를 위해 거대한 공헌을 했다. 그녀의 이러한 정신은 내가 깊이 존경심을 느끼게 한다.

린후이인의 사례로부터 나는 사회적 책임이 단지 의무일 뿐만 아니라, 자신, 사회, 국가에 대한 충성과 사랑

我们不能仅仅关注自己的利益，而应该时刻思考如何回馈社会，为社会的进步和发展作出贡献。

在现今社会，承担社会责任不仅限于那些伟大的事业，每个人在日常工作和生活中都可以为社会作出贡献。无论是关心弱势群体，还是参与环保活动，甚至是在工作中追求卓越，都是承担社会责任的体现。

总的来说，林徽因的故事让我深刻理解了承担社会责任的重要性。这种责任感将引导我在未来的生活和工作中，不仅要追求自己的梦想和目标，也要时刻关注社会的需求，用自己的实际行动为社会的进步作出贡献。

의 표현이라는 것을 인식하게 된다. 모든 사람은 사회의 일부이고, 우리의 성장과 성공은 사회와 밀접한 관련이 있다. 그러므로 우리는 단지 자신의 이익에만 주의를 기울여서는 안 되며, 항상 어떻게 사회에 보답하고, 사회의 진보와 발전을 위해 기여할지를 생각해야 한다.

현대 사회에서 사회적 책임을 짊어지는 것은 위대한 일에만 국한되지 않고, 모든 사람은 일상생활과 업무 중에서 사회를 위해 기여할 수 있다. 취약 계층에 대한 관심을 가지거나, 환경 보호 활동에 참여하거나, 심지어 업무에서 탁월함을 추구하는 것 모두가 사회적 책임을 다하는 표현이 된다.

총체적으로 말해, 린후이인의 이야기는 내가 사회적 책임을 짊어지는 것의 중요성을 깊이 이해하게 한다. 이러한 책임감은 내가 미래의 생활과 업무 중에, 자신의 꿈과 목표를 추구함과 동시에, 항상 사회가 필요로 하는 것에 관심 갖고, 자신의 실제 행동으로 사회의 발전에 기여하게 한다.

단어 **事迹** shìjì 몡 사적, 업적 **触动** chùdòng 통 감동시키다, 건드리다 **审视** shěnshì 통 주의 깊게 바라보다 **承担** chéngdān 통 맡다, 감당하다 **动荡** dòngdàng 톙 (정세·상황 등이) 불안정하다 **使命** shǐmìng 몡 사명 **寻求** xúnqiú 통 찾다, 추구하다 **稳定** wěndìng 톙 안정된 통 안정되 **巨大** jùdà 톙 거대한 **精神** jīngshén 몡 정신 **深感敬佩** shēngǎn jìngpèi 깊이 존경하다 **事例** shìlì 몡 사례 **义务** yìwù 몡 의무 **忠诚** zhōngchéng 톙 충성스러운 **息息相关** xīxī xiāngguān 젱 밀접한 관련이 있다 **关注** guānzhù 통 주목하다, 관심을 가지다 **回馈** huíkuì 통 보답하다 **限于** xiànyú 통 ~에 국한되다 **弱势群体** ruòshì qúntǐ 사회적 약자 **参与** cānyù 통 참여하다 **卓越** zhuóyuè 톙 탁월한 **引导** yǐndǎo 통 이끌다, 유도하다 **目标** mùbiāo 몡 목표 **需求** xūqiú 몡 수요, 요구 **实际行动** shíjì xíngdòng 몡 실질적인 행동

모범 답안 2 ★★★

林徽因是中国历史上第一位女建筑学家。在国家危难之际，她和丈夫选择坚守祖国；即使在病中，她也投身于古建筑保护工作，她为中国古建筑的保护工作作出了巨大的贡献。从她的故事中我认识到了什么是社会责任，什么是真正的担当。

社会责任首先应该是对国家的爱。当时，北京被占领前，很多外国大学邀请他们去工作，但他们决定留在自己的国家，因为很多古建筑需要保护。就像她丈夫说的："如果国家不在了，我们就没有根了。" 林徽因用自己的行动告诉我们：真正的人才，应该用知识帮助自己国家的发展。

她对工作的态度也值得我们学习。她在生病时，躺在床上写了《中国建筑史》。不能走路，她就让人抬着去看古建筑。她还参与设计了中华人民共和国国徽和人民英雄纪念碑，此时她已经

린후이인은 중국 역사상 최초의 여성 건축학자이다. 나라가 위기에 처했을 때, 그녀는 남편과 함께 조국을 지키기로 선택했다. 병중에도 그녀는 고건축 보호 작업에 몸을 바쳤고, 중국 고건축 보호를 위해 큰 공헌을 했다. 그녀의 이야기를 통해 나는 '사회적 책임'이 무엇인지, 그리고 '진정한 책임감'이 무엇인지를 알게 되었다.

사회적 책임은 무엇보다도 '나라에 대한 사랑'에서 비롯되어야 한다. 당시 베이징이 점령되기 전, 많은 외국 대학들이 그들에게 일자리를 제안했지만, 그들은 많은 고건축물들을 보호해야 한다는 이유로 자신의 나라에 남기로 결심했다. 그녀의 남편이 말했듯이, "나라가 없으면 우리는 뿌리도 없다." 린후이인은 자신의 행동을 통해 우리에게 진정한 인재란 자신의 지식으로 조국의 발전에 기여하는 사람이라고 말한다.

그녀의 일에 대한 태도도 우리가 본받아야 할 점이다. 병든 몸으로 침대에 누운 채 《중국건축사》를 집필했고, 스스로 걸을 수 없을 땐 사람들이 들것에 태워 고건축을 보러 다녔다. 그녀는 또한 중화인민공화국 국장과 인민영웅기념비 설계에도 참여했는데, 이때 그녀는 이

重病缠身。这种坚持让我们明白：工作不只是挣钱，更是要实现人生价值，找到更重要的意义。

林徽因不仅是一位有强烈社会责任感的建筑学家，她在生活中也充满情趣，是一位集才华、优雅与感性于一身的女性。她不仅研究建筑，还擅长写诗、散文和戏剧。

承担社会责任，是一种担当，是一种良知，更是一种力量。林徽因让我看到了一个有责任感的人，一个充满浪漫情怀的人，一个真正意义上的"现代知识女性"。

미 중병에 시달리고 있었다. 이런 끈기는 우리에게 알려준다. 일이란 단지 돈을 버는 수단이 아니라, 인생의 가치를 실현하고 더 중요한 의미를 찾는 길임을.

린후이인은 강한 사회적 책임감을 지닌 건축학자일 뿐만 아니라, 삶의 정취를 아는 사람이었다. 그녀는 재능, 우아함, 감성을 한 몸에 지닌 여성으로서, 건축을 연구했을 뿐만 아니라 시, 산문, 희곡에도 능했다.

사회적 책임을 짊어진다는 것은 책임감이자 양심이며, 더 나아가 하나의 힘이다. 린후이인을 통해 나는 책임감을 가진 사람, 낭만적 감성을 지닌 사람, 그리고 진정한 의미에서의 '현대적 지식 여성'을 보게 되었다.

단어 危难之际 wēinàn zhī jì 위기의 순간에 坚守祖国 jiānshǒu zǔguó 조국을 굳게 지키다 投身 tóushēn 동 헌신하다 古建筑 gǔjiànzhù 명 고건축, 전통 건축물 巨大贡献 jùdà gòngxiàn 거대한 공헌 社会责任 shèhuì zérèn 명 사회적 책임 担当 dāndāng 동 책임지다 占领 zhànlǐng 동 점령하다 邀请 yāoqǐng 동 초청하다 根 gēn 명 뿌리 值得 zhíde ~할 만한 가치가 있다 抬 tái 동 들다 参与 cānyù 동 참여하다 国徽 guóhuī 국장(국가 상징 문장) 人民英雄纪念碑 Rénmín Yīngxióng Jìniànbēi 인민영웅기념비 重病缠身 zhòngbìng chánshēn 중병에 시달리다 强烈 qiángliè 형 강렬한 责任感 zérèngǎn 명 책임감 充满 chōngmǎn 동 가득 차다 情趣 qíngqù 명 정서, 감성 才华 cáihuá 명 재능 优雅 yōuyǎ 형 우아한 感性 gǎnxìng 형 감성적인 于一身 jí yú yīshēn ~을 한 몸에 지니다 擅长 shàncháng 동 ~에 능하다 诗 shī 명 시 散文 sǎnwén 명 산문 戏剧 xìjù 명 희곡, 연극 承担 chéngdān 동 감당하다 良知 liángzhī 명 양심 责任感 zérèngǎn 명 책임감 浪漫情怀 làngmàn qínghuái 낭만적인 정서, 낭만적 감성

TIP

★3분 대답 실전 스킬

1. 첫 문장에서 '내 견해'를 확실하게 밝히기
- 예) 我认为，承担社会责任不仅是个人发展的需要，也是社会进步的基础。

2. 연결어를 자연스럽게 사용해서 '정리된 느낌' 살리기
- 예) 首先……其次……最后…… (우선, 다음으로, 마지막으로)
  不仅……而且…… (뿐만 아니라, 게다가)
  除了……以外，还…… (~외에도, ~도 있다)
  因为……所以…… (왜냐하면 ~ 그래서 ~)

3. 듣기에서 언급된 자료 내용을 재차 활용하기
듣기에서 언급하는 자료를 인용하면 답변이 자료와 직접적으로 연결된 느낌을 준다.
- 예) 就像林徽因在国家危难时刻，选择留在祖国，这种精神非常值得我们学习。

4. 예시를 추가하여 내용 풍부하게 만들기
나의 실제 경험, 다른 사람 이야기 또는 뉴스 이야기 등의 예시를 추가하면 내용이 더욱 다채로워진다.
- 예) 比如，我身边有些人参加志愿者活动，他们在平凡的岗位上为社会贡献力量。

5. 마무리는 '긍정적'으로 끝내기
- 예) 我相信，只要我们每个人都勇于承担责任，社会一定会变得更加美好。

6. 스톱워치를 활용한 실전 시간 감각 키우기
매일 핸드폰 스톱워치를 켜고 3분을 설정하여 말하는 연습은 실제 시험에서 큰 자신감을 줄 수 있다.

HSK 7-9급 실전모의고사

모범 답안 및 해설

MP3 바로 듣기

실전모의고사 4회 모범 답안

듣기 P262

제1부분

1 ✗   2 ✗   3 ✗   4 ✓   5 ✓   6 ✓   7 ✗   8 ✓   9 ✗   10 ✗

제2부분

11 A   12 青铜神兽。   13 B   14 枯燥辛苦的。   15 D   16 C   17 D
18 单纯性肥胖。   19 C   20 B   21 C   22 A

제3부분

23 C   24 A   25 D   26 D   27 高举双臂的小人儿。   28 C   29 A   30 羊毛毯。
31 D   32 C   33 D   34 C   35 C   36 B   37 中轴。/ 主体。   38 D   39 B   40 C

독해 P286

제1부분

41 A   42 B   43 C   44 D   45 B   46 D   47 B   48 A   49 D   50 C
51 D   52 C   53 A   54 B   55 A   56 C   57 C   58 D   59 A   60 B
61 D   62 B   63 B   64 A   65 A   66 C   67 A   68 B

제2부분

69 D   70 B   71 A   72 C   73 E

제3부분

74 宜宾酿酒历史悠久。   75 明代。   76 改进了配方。
77 眼睛看不过来。   78 打开陶罐。   79 巴拿马金奖。
80 从古使用至今。   81 新年。   82 李光庭。
83 斗方。   84 很多，不止一种。   85 拙朴。
86 辟邪除灾。   87 年画内涵丰富。

쓰기

제1부분   88 [모범답안] .... P316   **제2부분**   89 [모범답안] P320

통번역

제1부분   90 [모범답안] .... P326   91 [모범답안] P328
제2부분   92 [모범답안] .... P329   93 [모범답안] P330

말하기

제1부분   94 [모범답안] P333
제2부분   95 [모범답안] ...... P339   96 [모범답안] ...... P339   97 [모범답안] P340
제3부분   98 [모범답안] P343

一、听力 듣기

제1부분 (1-10) 들은 내용을 바탕으로 아래 문장이 원문의 내용과 일치하는지 판단하세요.
원문과 일치하면 '✓'을, 일치하지 않으면 'X'를 표시하세요.

1-5　　　　　　　　　　　　　　　　　　　　　　　　　MP3 04-01

❶ 普洱茶由其产地云南省普洱而得名，具有甘、顺、滑、醇厚、陈香的品质特点。

❺ 普洱茶又分生茶和熟茶，主要可以从外形、口感、汤色及制作工艺等几个方面来鉴别：

首先，外形区别。生普洱茶也称青饼，其茶饼中茶叶颜色以青绿、墨绿为主。熟普洱茶也称熟饼，其茶饼中茶叶颜色为黑或红褐色，有些芽茶则是暗金色。

其次，口感的区别。生茶口感强烈，茶气足，茶汤清香，苦而带涩。好的生茶是苦能回甘，涩能生津。如果苦涩味一直不散，这种生茶品质可能不佳，或可能不是普洱茶。❷ 熟茶则浓稠甘甜，几乎不苦涩。

再次，汤色的区别。生茶呈青黄色或金黄色，较透亮。熟茶呈栗红色或暗红色，微透亮。

最后，制作工艺的区别。❸ 生茶是鲜叶采摘后经杀青、揉捻、晒干等步骤制成的，即生散茶，或叫晒青毛茶。把晒青毛茶由高温蒸后，放入固定模具定型再晒干后，成为紧压茶品，也就成了生饼，或各类型的砖沱。而熟茶是在生散茶的基础上，进行人工快速催熟发酵、洒水渥堆等工序。

生普洱茶富含茶多酚，性属清凉，有清热解毒、消暑减肥、生津止渴、消食通便等功效。❹ 熟茶有暖胃、减肥、降脂、防止动脉硬化、降血压血糖等功效。

❶ 푸얼차는 그 산지인 윈난성 푸얼에서 이름을 따왔으며, 달고, 부드럽고, 매끄럽고, 진하고, 숙성된 향의 품질 특성을 가지고 있다.

❺ 푸얼차는 생차(生茶)와 숙차(熟茶)로 나뉘며, 주로 외형, 맛, 찻물의 빛깔, 그리고 제조 공정 등 몇 가지 측면에서 감별할 수 있다:

우선, 외형의 차이. 생푸얼차는 청병이라고도 하며, 그 차병 속 찻잎의 색은 청록색이나 먹색이 주를 이룬다. 숙푸얼차는 숙병이라고도 하며, 그 차병 속 찻잎 색은 검정 또는 적갈색이고, 일부 어린 싹 차는 어두운 금색이다.

둘째로, 맛의 차이. 생차는 맛이 강하고, 차기(茶气)가 충분하며, 차탕(茶汤)은 맑고 향기롭고, 쓰며 떫다. 좋은 생차는 쓴맛 뒤에 단맛이 따라오며, 떫은 맛이 침을 돌게 한다. 만약 쓴맛과 떫은맛이 계속 가시지 않는다면, 이런 생차는 품질이 좋지 않거나 푸얼차가 아닐 수도 있다. ❷ 숙차는 진하고 달콤하며, 거의 쓰거나 떫지 않다.

다음으로, 찻물의 빛깔의 차이. 생차는 청황색 또는 황금색으로 비교적 투명하다. 숙차는 밤색 또는 어두운 붉은색이며, 약간 투명하다.

마지막으로, 제조 공정의 차이. ❸ 생차는 신선한 찻잎을 따서 살청, 비비기, 햇볕에 말리기 등의 과정을 거쳐 만들어진 것으로, 즉 생산차(生散茶)이거나 쇄청모차(晒青毛茶)라고도 한다. 쇄청모차를 고온에서 쪄낸 후, 고정된 틀에 넣어 성형하고 다시 말리면 압착된 차 제품이 되어, 생병 또는 각종 벽돌형의 덩어리차가 된다. 숙차는 생산차(生散茶)에 인공적으로 빠르게 숙성 발효시키고, 일정한 높이로 쌓아서 물을 뿌려두는 등의 공정을 거친다.

생푸얼차는 차 폴리페놀을 풍부하게 함유하고 있으며, 성질이 청량하여 열을 내리고 해독하며, 더위를 없애고 살을 빼며, 침을 돌게 하고 갈증을 해소해주며, 소화를 도와 배변을 촉진하는 효능이 있다. ❹ 숙차는 위를 따뜻하게 하고, 살을 빼며, 지방을 줄이고, 동맥경화를 방지하며, 혈압과 혈당을 낮추는 효능이 있다.

단어 　普洱茶 pǔ'ěr chá 명 푸얼차(중국 윈난성에서 생산되는 차)　产地 chǎndì 명 생산지　云南省 Yúnnán Shěng 고유 윈난성(중국 성(省)급 행정 구역)　甘 gān 형 달다　顺 shùn 형 순하다, 부드럽다　滑 huá 형 매끄럽다, 부드럽다　醇厚 chúnhòu 형 진하고 깊다　陈香 chénxiāng 명 숙성된 향, 오래된 향　生茶 shēngchá 명 생차(발효되지 않은 보이차)　熟茶 shúchá 명 숙차 (발효된 보이차)　汤色 tāngsè 명 찻물의 빛깔(우린 물의 색)　制作工艺 zhìzuò gōngyì 명 제조 공정, 제작 기술　鉴别 jiànbié 동 감별하다　青饼 qīngbǐng 명 청병(생차 형태의 차 덩어리)　茶叶 cháyè 명 찻잎　墨绿 mòlǜ 명 먹빛 초록, 짙은 초록색　红褐色 hónghèsè 명 적갈색　芽茶 yáchá 명 새순 차, 어린 잎 차　暗金色 ànjīnsè 명 어두운 금색　清香 qīngxiāng 명 은은한 향기　苦而带涩 kǔ ér dài sè 쓰고 떫다　苦能回甘 kǔ néng huígān 쓴맛 뒤에 단맛이 있다　涩能生津 sè néng shēngjīn 떫은맛이 입에 침을 돌게 한다　不散 bù sàn 동 (냄새, 향기 등이) 흩어지지 않다　不佳 bù jiā 형 좋지 않다　浓稠 nóngchóu 형 진하고 걸쭉하다　甘甜 gāntián 형 달콤하다　呈 chéng 동 (상태를) 나타내다, 드러내다　透亮 tòuliàng 형 투명하고 맑다　栗红色 lìhóngsè 명 밤색　暗红色 ànhóngsè 명 어두운 붉은색　鲜叶 xiānyè 명 신선한 잎　采摘 cǎizhāi 동 채집하다, 따다　杀青 shāqīng 명 찻잎을 덖다(산화 멈추는 과정)　揉捻 róuniǎn 동 비비고 꼬다(찻잎 성형 과정)　晒干 shàigān 동 햇볕에 말리다　步骤 bùzhòu 명 단계, 절차　晒青毛茶 shàiqīng máochá 명 쇄청모차(덖은 후 말린 생찻잎)　蒸 zhēng 동 찌다　模具 mújù 명 틀, 금형

1 ✗ ★

普洱茶根据制作工艺而得名。( )　　푸얼차는 제조 공정에 따라 이름이 붙여졌다. (✗)

해설　녹음 첫 번째 단락에서 '普洱茶由其产地云南省普洱而得名(푸얼차는 그 산지인 윈난성 푸얼에서 이름을 따왔다)'라고 했다. 이름의 어원이 생산 지명이므로 문제 내용과 일치하지 않는다.
　•핵심 표현: 由……而得名 (~에서 이름을 얻다)

단어　普洱茶 pǔ'ěr chá 명 푸얼차(중국 윈난성에서 생산되는 차)　制作工艺 zhì zuò gōng yì 명 제조 공정　得名 dé míng 동 이름을 얻다, 이름이 붙여지다

2 ✗ ★

熟普洱茶口感苦而带涩。( )　　숙푸얼차는 맛이 쓰고 떫다. (✗)

해설　녹음 네 번째 단락에서 '熟茶则浓稠甘甜，几乎不苦涩(숙차는 진하고 달콤하며, 거의 쓰거나 떫지 않다)'라고 했으므로 문제 내용과 일치하지 않는다. '苦而带涩(쓰고 떫다)'는 생차(生茶)의 특징이다.

단어　熟普洱茶 shú pǔ'ěr chá 명 숙보이차　口感 kǒu gǎn 명 맛　苦而带涩 kǔ ér dài sè 형 쓰고 떫다

3 ✗ ★★

晒青毛茶是一种熟茶。( )　　쇄청모차는 숙차의 일종이다. (✗)

해설　녹음 여섯 번째 단락에서 '生茶是鲜叶采摘后经杀青、揉捻、晒干等步骤制成的，即生散茶，或叫晒青毛茶(생차는 신선한 찻잎을 따서 살청, 비비기, 햇볕에 말리기 등의 과정을 거쳐 만들어진 것으로, 즉 생산차이거나 쇄청모차라고도 한다)'라고 했다. 쇄청모차는 생차(生茶)에 해당하므로 문제 내용과 일치하지 않는다.

단어　晒青毛茶 shài qīngmáochá 명 쇄청모차(햇볕에 말린 청모차)　熟茶 shú chá 명 숙차　步骤 bù zhòu 명 단계, 절차

4 ✓ ★

高血压患者比较适合喝熟普洱茶。( )　　고혈압 환자는 숙푸얼차를 마시는 것이 비교적 적합하다. (✓)

해설   녹음 일곱 번째 단락에서 '熟茶有暖胃、减肥、降脂、防止动脉硬化、降血压血糖等功效(숙차는 위를 따뜻하게 하고, 살을 빼며, 지방을 줄이고, 동맥경화를 방지하며, 혈압과 혈당을 낮추는 효능이 있다)'라고 했다. 숙차(熟茶)는 '降血压(혈압을 낮추다)'의 효능이 있어 고혈압 환자가 마시기에 적합하므로 문제 내용과 일치한다.

단어   **高血压患者** gāoxuèyā huànzhě 명 고혈압 환자   **降血压** jiàng xuèyā 혈압을 낮추다   **适合** shìhé 동 적합하다   **功效** gōngxiào 명 효능

5 ✓   ★★

这篇文章主要介绍了生、熟普洱茶的区别。(   )   이 글은 주로 생푸얼차와 숙푸얼차의 차이를 소개했다. (✓)

해설   녹음 두 번째 단락에서 '普洱茶又分生茶和熟茶，主要可以从外形、口感、汤色及制作工艺等几个方面来鉴别(푸얼차는 생차와 숙차로 나뉘며, 주로 외형, 맛, 찻물의 빛깔, 그리고 제조 공정 등 몇 가지 측면에서 감별할 수 있다)'라며 주요 내용을 소개했다. 이어지는 내용에서도 생차와 숙차의 외형, 맛, 찻물의 색, 제작 공정의 차이를 구체적으로 소개하고 있으므로 문제 내용과 일치한다.

단어   **鉴别** jiànbié 동 감별하다, 구별하다   **介绍** jièshào 동 소개하다   **区别** qūbié 명 차이, 구별 동 구별하다, 판별하다

> **TIP**
>
> - 주요 문장 형식
>
> **由……而得名，具有……特点** (~에서 이름을 얻었는데, ~한 특징을 지닌다)
> 원문   普洱茶**由**其产地云南省普洱**而得名**，**具有**甘、顺、滑、醇厚、陈香的品质**特点**。
> 예문   龙井茶**由**产于杭州西湖龙井村**而得名**，是中国著名的绿茶之一。
>   京剧**具有**浓厚的民族艺术**特点**，是中国传统戏曲的重要代表。
>
> **主要可以从……等几个方面来……** (주로 ~등의 몇 가지 방면에서 ~할 수 있다)
> 원문   普洱茶又分生茶和熟茶，**主要可以从**外形、口感、汤色及制作工艺**等几个方面来**鉴别。
> 예문   这个问题**主要可以从**历史、经济和文化**等几个方面**分析。
>
> **有……等功效** (~등의 효능이 있다)
> 원문   生普洱茶富含茶多酚，性属清凉，**有**清热解毒、消暑减肥、生津止渴、消食通便**等功效**。
> 예문   吃水果**有**补充维生素、增强免疫力**等功效**，特别是苹果。

6-10   🎵 04-02

[1] 四川评书是四川省传统曲艺剧种之一，流行于四川各地及云南、贵州部分地区，醒木、折扇、茶碗、汗巾是常见的演出道具。❻ 醒木用作吸引听众的注意力，营造气氛，折扇用作模拟物体，增强表演效果。

[2] 四川评书源于唐代的"说话"及明代的"评话"，盛于清代。❼ 早期的四川评书，是在市井搭棚设台，台上放置一个写着"评书"两字的方形灯笼，说书人手扬折扇、脚开弓步，讲述将帅交锋的故事，给人以震撼之感。

[3] 四川评书接地气，表演多样化、说法艺术化、故事纲目化是它的主要特点。从类型上讲，四川评书有

[1] 쓰촨 평서는 쓰촨성의 전통 설창 문예의 일종으로, 쓰촨 각지 및 윈난, 구이저우의 일부 지역에서 유행하며, 성목(醒木), 접선(접는 부채), 찻잔, 땀수건은 흔히 사용되는 공연 도구이다. ❻ 성목은 청중의 주의를 끌고 분위기를 조성하는 데 사용되며, 접선은 사물을 모방하는 데 사용되어 공연 효과를 높인다.

[2] 쓰촨 평서는 당나라 시대의 '설화(说话)'와 명나라 시대의 '평화(评话)'에서 유래하였고, 청나라 시대에 크게 유행하였다. ❼ 초기의 쓰촨 평서는 시장 거리에서 천막을 치고 무대를 세워, 무대 위에 '평서' 두 글자가 적힌 사각형 초롱불을 놓고, 설서(공연식으로 이야기하다) 담당자가 손에 접선을 들고 발은 활 모양으로 벌려, 장수들이 맞대결하는 이야기를 들려주어 사람들에게 전율을 느끼게 해주었다.

264

"清棚"和"雷棚"之分。清棚以讲述烟粉、传奇之类的风情故事为主，重在文说，讲究谈吐风雅，以情动人。❽ 主要由文人从事说书，没有固定程式，偏重文采，讲究"声、才、辩、博"的基本功，强调"抑扬顿挫，口齿利落""博览广闻，信手拈来"。❾ 雷棚则以讲述历史和金戈铁马的战争故事为主，重在武讲，讲究模拟形容。金鼓号炮、马嘶虎啸等场景，都通过艺人之口来表达，使听众如临其境。雷棚艺人中也有人擅长讲朴刀杆棒之类的武侠书。

❿ 四川评书中的代表人物之一是李伯清，他在传统评书的基础上进行了创新，发展出一种新的说书形式——散打评书，其说书形式不拘一格，内容丰富多彩，常以摆龙门阵、吹牛皮等方式博人一笑。

쓰촨 평서는 서민적이고, 공연이 다양하며, 말하는 방식이 예술적이고, 이야기 줄거리가 체계적인 것이 주요 특징이다. 장르 구분으로 보면 쓰촨 평서는 '청붕(清棚)'과 '뢰붕(雷棚)'으로 나뉜다. 청붕은 주로 기녀나 풍속을 소재로 한 사랑 이야기(烟粉), 전기 소설(당대에 흥행한 단편 소설)과 같은 사랑 이야기를 주로 말하는데, 문어적인 설명에 중점을 두고, 우아한 말씨를 중시하며 감정으로 사람을 감동시킨다. ❽ 주로 문인들이 설서를 담당하며, 정해진 형식이 없고, 문학적 재능에 치중하며, '목소리, 재능, 언변, 박학'의 기본기를 중시하고, '억양의 리듬감, 발음의 또렷함', '넓은 견문, 표현의 능수능란함'을 강조한다. ❾ 뢰붕은 주로 역사 이야기와 금과철마(金戈铁马)와 같은 전쟁 이야기 중심이며, 무(武)를 설명하는 것에 중점을 두고, 묘사와 형용을 중시한다. 징, 북, 나팔, 포성, 말 울음, 호랑이 포효 등의 장면을 예인(艺人)이 입으로 표현하여 청중이 마치 그 현장에 있는 듯한 느낌을 받게 한다. 뢰붕 예인 중에는 박도간봉(朴刀杆棒)의 무협 이야기를 잘 이야기하는 이들도 있다.

❿ 쓰촨 평서의 대표 인물 중 하나는 리보칭(李伯清)으로, 그는 전통 평서를 기반으로 혁신을 거듭하여 '산다 평서(散打评书)'라는 새로운 설서 형식을 발전시켰다. 그의 설서 형식은 틀에 얽매이지 않고, 내용이 풍부하고 다채로우며, 흔히 한담을 나누거나 허풍을 부리는 방식으로 웃음을 자아낸다.

단어 四川评书 Sìchuān píngshū 명 쓰촨 평서(쓰촨 지역의 전통 이야기 공연) 曲艺 qǔyì 명 민간에 유행되는 지방색이 농후한 각종 설창 문예의 총칭 剧种 jùzhǒng 명 극 종류, 연극 장르 醒木 xǐngmù 명 성목(이야기꾼이 책상을 두들겨 청중의 주의를 끄는 데 쓰는 나무토막) 折扇 zhéshàn 명 접이식 부채 茶碗 cháwǎn 명 찻잔 汗巾 hànjīn 명 땀수건 演出道具 yǎnchū dàojù 명 공연 소품 营造气氛 yíngzào qìfēn 분위기를 조성하다 模拟物体 mónǐ wùtǐ 사물을 흉내내다, 재현하다 源于 yuányú ~에서 기원하다 盛于 shèngyú 동 ~에서 성행하다 市井 shìjǐng 명 시장 거리 搭棚设台 dāpéng shètái 임시 무대를 설치하다 放置 fàngzhì 동 놓다, 배치하다 方形灯笼 fāngxíng dēnglóng 네모난 초롱불 说书人 shuō shū rén 설서(공연식으로 이야기하다) 담당자 手扬折扇 shǒu yáng zhéshàn 손에 부채를 들어 올리다 脚开 jiǎo kāi 동 다리를 벌리다 弓步 gōngbù 명 무술의 5대 기본 걸음걸이 讲述 jiǎngshù 동 이야기하다 将帅交锋 jiàngshuài jiāofēng 장군들의 대결 震撼 zhènhàn 동 감동시키다, 전율을 느끼다 接地气 jiēdìqì 서민적이다, 현실적이다 纲目化 gāngmùhuà 동 개요화 하다, 체계적이다 类型 lèixíng 명 유형, 타입 清棚 qīngpéng 명 청붕(쓰촨 평서의 한 장르) 雷棚 léipéng 명 뢰붕(쓰촨 평서의 한 장르) 烟粉 yānfěn 명 중국 전통 서사 예술에서 기녀나 풍속을 소재로 한 사랑 이야기를 가리키는 용어 传奇 chuánqí 명 전기 소설(당대에 흥행한 단편 소설) 风情故事 fēngqíng gùshì 사랑 이야기 文说 wénshuō 설창(说唱, 공연에서 말과 글로 생각과 감정을 표현하는 것) 讲究 jiǎngjiu 동 중요시하다 谈吐风雅 tántǔ fēngyǎ 말투가 우아하다 以情动人 yǐqíng dòngrén 감정으로 사람을 감동시키다 固定程式 gùdìng chéngshì 명 고정된 형식 偏重文采 piānzhòng wéncǎi 문학적 표현을 중시하다 "声, 才, 辩, 博" shēng, cái, biàn, bó 목소리, 재능, 말솜씨, 박식함(평서의 4대 자질) 基本功 jīběngōng 명 기본기 抑扬顿挫 yìyáng dùncuò 성 억양의 리듬감 口齿利落 kǒuchǐ lìluò 발음이 또렷하고 분명하다 博览广闻 bólǎn guǎngwén 박학다식하다

6 ✓ ★★

用于营造现场氛围的是醒木。(　　)   현장 분위기를 조성하는 데 사용되는 것은 성목이다. (✓)

해설 녹음 첫 번째 단락에서 '醒木用作吸引听众的注意力，营造气氛(성목은 청중의 주의를 끌고 분위기를 조성하는 데 사용되며)'라고 했으므로 문제 내용과 일치한다.

단어 营造 yíngzào 동 조성하다, 만들어내다 现场 xiànchǎng 명 현장 氛围 fēnwéi 명 분위기 醒木 xǐngmù 명 성목(이야기꾼이 책상을 두들겨 청중의 주의를 끄는 데 쓰는 나무토막)

7 ✗

| 早期的四川评书是在皇宫里搭棚设台的。（　） | 초기의 쓰촨 평서는 황궁에 천막을 치고 무대를 세웠다. (✗) |

해설　녹음 두 번째 단락에서 '早期的四川评书，是在市井搭棚设台(초기의 쓰촨 평서는 시장 거리에서 천막을 치고 무대를 세워)'라고 했다. 황궁(皇宫)이 아닌 시장 거리(市井)에 간이 무대를 세웠으므로 문제 내용과 일치하지 않는다.

단어　市井 shìjǐng 몡 시장 거리　皇宫 huánggōng 몡 황궁　营造 yíngzào 동 조성하다, 만들어내다　搭棚 dāpéng 동 천막을 치다　设台 shètái 동 무대를 설치하다

8 ✓

| 文人从事说书讲究"声、才、辩、博"的基本功。（　） | 문인이 설서를 담당하는 것은 '목소리, 재능, 언변, 박학'의 기본기를 중시한다. (✓) |

해설　녹음 세 번째 단락에서 '主要由文人从事说书，没有固定程式，偏重文采，讲究"声、才、辩、博"的基本功(주로 문인들이 설서를 담당하며, 정해진 형식이 없고, 문학적 재능에 치중하며, '목소리, 재능, 언변, 박학'의 기본기를 중시한다)'라고 했으므로 문제 내용과 일치한다.

단어　文人 wénrén 몡 문인, 학자　从事 cóngshì 동 종사하다　说书 shuōshū 동 설서(공연식으로 이야기하다)　讲究 jiǎngjiu 동 중요시하다, 중시하다　基本功 jīběngōng 몡 기본기

9 ✗

| 最可能出现在"雷棚"中的是童话类书目。（　） | '뢰붕'에서 등장할 가능성이 가장 높은 것은 동화 장르 프로그램이다. (✗) |

해설　녹음 세 번째 단락에서 '雷棚则以讲述历史和金戈铁马的战争故事为主(뢰붕은 주로 역사 이야기와 금과철마와 같은 전쟁 이야기 중심이다)'라고 했으므로 제시문 내용과 일치하지 않는다.

단어　战争故事 zhànzhēng gùshì 몡 전쟁 이야기　童话类 tónghuàlèi 동화 장르　书目 shūmù 몡 도서 목록　金戈铁马 jīngē tiěmǎ 셩 금과철마(금속 창과 철갑을 두른 말을 뜻하며, 전쟁 또는 전쟁에 관한 일을 나타냄)

10 ✗ ★★

| 李伯清说书擅长细腻地描摹人物心理。（　） | 리보칭의 설서는 인물의 심리를 섬세하게 묘사하는 데 능하다. (✗) |

해설　녹음 네 번째 단락에서 '四川评书中的代表人物之一是李伯清(쓰촨 평서의 대표 인물 중 하나는 리보칭으로), ……, 其说书形式不拘一格，内容丰富多彩，常以摆龙门阵、吹牛皮等方式博人一笑(그의 설서 형식은 틀에 얽매이지 않고, 내용이 풍부하고 다채로우며, 흔히 한담을 나누거나 허풍을 부리는 방식으로 웃음을 자아낸다)'라고 했다. 인물의 심리 묘사는 언급되지 않았으므로 문제 내용과 일치하지 않는다.

단어　摹人 mórén 동 사람을 그리다, 모사하다　人物心理 rénwù xīnlǐ 몡 인물 심리　不拘一格 bù jū yì gé 셩 규격에 얽매이지 않다, 자유롭다　丰富多彩 fēngfù duōcǎi 셩 풍부하고 다채롭다　吹牛皮 chuī niúpí 동 허풍을 떨다　博人一笑 bórén yí xiào 사람들에게 웃음을 자아내다

TIP

- **주요 문장 형식**

流行于……地区 (~지역에서 유행하다)
- 원문 　四川评书是四川省传统曲艺剧种之一，流行于四川各地及云南、贵州部分地区。
- 예문 　"腰鼓舞"是一种民间舞蹈，流行于中国陕北地区。

从……上讲，有"A"和"B"之分 (~로 말하자면, A와 B로 나뉜다)
- 원문 　四川评书接地气，表演多样化、说法艺术化、故事纲目化是它的主要特点。从类型上讲，四川评书有"清棚"和"雷棚"之分。
- 예문 　从制作方法上讲，茶叶有"绿茶"和"红茶"之分。

他在传统……的基础上进行了创新，发展出一种新的……
(그는 전통적인 ~을 기반으로 혁신을 진행하여, 새로운 ~으로 발전시켰다)
- 원문 　四川评书中的代表人物之一是李伯清，他在传统评书的基础上进行了创新，发展出一种新的说书形式——散打评书。
- 예문 　他在传统玩具的基础上进行了创新，发展出一种新的可以动的机器人玩具。

제2부분 (11-22)
녹음을 듣고 올바른 답을 선택하거나 빈칸을 채우세요.

11-16
MP3 04-03

女：各位观众大家好，今天我们请来的是上海大学讲师、三星堆3号祭祀坑发掘负责人徐斐宏老师。徐老师，我看您手上拿着的是个铲子吗？

男：是的，⑪ 这是上海大学参与三星堆考古发掘的纪念手铲，我和同事、学生们一起，参与了三星堆3号祭祀坑的发掘。发掘过程中令我们印象最深的是发现了青铜顶尊跪坐人像，我们最初在坑中分别发现了铜尊和铜人的手部，随后确认了二者属于同一件器物，进而通过研究，推测铜尊很可能来自长江中游，而铜人是长江上游的物品。

女：听说，⑫ 这座青铜顶尊跪坐人像和8号坑的巨型青铜神兽完成了拼合。

男：是的，拼合后有1.5米高，⑬ 文物实现了跨坑合体，让前所未见的重器得以完整展现。这件文物不仅体现了古蜀人对中原青铜文明的吸收与改造，也诠释了中华文脉开放包容、交流交融的特点。

女：不断揭开文物神秘面纱的过程，真的很令人神往。

男：⑭ 真实的考古工作跟小说中那种惊险刺激的"寻宝"截然不同，大部分时候都是枯燥的。在祭祀坑里发掘时，因为怕损伤文物，我们每天都要在只有14平方米的坑里，趴着工作8小时以上。在我

여: 여러분 안녕하세요, 오늘 모신 분은 상하이대학교 강사이자 삼성퇴(三星堆) 3호 제사갱(祭祀坑) 발굴 책임자인 쉬페이홍 선생님입니다. 쉬 선생님, 지금 손에 들고 계신 게 삽인가요?

남: 네, ⑪ 이것은 상하이대학교가 삼성퇴 고고 발굴에 참여한 기념 소형 삽입니다. 저는 동료들, 학생들과 함께 삼성퇴 3호 제사갱 발굴에 참여했습니다. 발굴 과정에서 가장 인상 깊었던 것은 청동 정존 궤좌 인물상을 발견한 것입니다. 처음에는 구덩이 안에서 청동 술잔과 청동 인물의 손 부분을 각각 발견했는데, 이후 두 부분이 동일한 기물에 속한다는 것을 확인했고, 연구를 통해 청동 술잔은 장강 중류에서, 청동 인물은 장강 상류에서 온 물건일 가능성이 크다고 추정했습니다.

여: ⑫ 청동 정존 궤좌 인물상이 8호 갱의 거대한 청동 신수(神兽)가 하나로 맞춰졌다고 들었습니다.

남: 맞습니다. 하나로 맞춰진 후 높이는 1.5미터에 달하며, ⑬ 서로 다른 구덩이(坑)에서 출토된 유물이 하나로 결합되어, 지금까지 한 번도 본 적 없는 중요 유물이 완전한 형태로 드러났습니다. 이 유물은 고대 촉(蜀)나라 사람들이 중원(中原)의 청동 문명을 흡수하고 변형시킨 것을 보여 줄 뿐만 아니라, 중화 문명 근원의 개방성과 포용성, 교류와 융합의 특징을 잘 설명해 줍니다.

여: 유물의 신비한 베일이 하나씩 벗겨지는 그 과정이 정말 매혹적이네요.

남: ⑭ 실제 고고학 작업은 소설 속 에서처럼 스릴 넘치고

看来，这样的发掘姿势仿佛是对中华文明的顶礼膜拜。

女：一代又一代的考古人，就是这样，虔诚地贴近历史，努力地还原历史。比如至今已从事敦煌文物事业60年的樊锦诗院长。听说她是您的师姐？

男：是的，她已经80多岁了，尽管她年事已高，但她仍在为敦煌莫高窟的保护贡献力量。⑮ 她经常勉励我们，要为中华优秀传统文化的传承与发展贡献力量。在我博士后期间，我承担了武昌隋唐墓的整理与报告编撰工作，这份资料积压了60多年。20世纪80年代，这项工作曾由我导师的导师、学界泰斗宿白先生牵头整理，当时因为种种限制，报告没有出版。⑯ 2018年年底，我主动请缨，带领同事们利用新方法、新技术，重新整理了这批材料，最终在2021年年底出版了考古报告《武昌隋唐墓》。

자극적인 '보물 찾기'와는 전혀 다릅니다. 대부분의 시간은 지루하죠. 제사갱을 발굴할 때는 유물이 손상될까 봐, 매일 14제곱미터의 구덩이 안에서 8시간 이상 엎드려 작업해야 했습니다. 저에게는 이러한 발굴 자세 자체가 중화 문명에 대한 무한한 숭배와 도 같습니다.

여: 한 세대 또 한 세대의 고고학자들은 그렇게 역사에 경건하게 다가가고, 역사를 복원해내기 위해 노력해왔군요. 예를 들어, 지금까지 60년 동안 돈황(敦煌) 유물 사업에 종사해 온 판진스(樊錦詩) 원장님도 계시잖아요. 그분이 선생님의 선배라고요?

남: 네, 그분은 이미 80여세의 고령임에도 여전히 돈황 모가오굴(莫高窟) 보호에 힘쓰고 계십니다. ⑮ 종종 저희에게, 중국의 우수한 전통문화의 전승과 발전을 위해 힘쓰라고 격려하시죠. 저는 박사후 과정 중에 무창(武昌) 수당시대 무덤의 정리와 보고서 편찬 업무를 맡았습니다. 이 자료는 60년 넘게 쌓여 있었는데요. 20세기 80년대에 제 스승의 스승이자 학계의 권위자인 쑤바이(宿白) 선생님이 이 작업을 주도했지만, 여러가지 제약으로 인해 당시 보고서는 출판되지 못했습니다. ⑯ 2018년 말, 제가 자청해서 동료들과 함께 새로운 방법과 기술을 활용해 이 자료들을 다시 정리했고, 결국 2021년 말에 고고학 보고서 《무창수당묘》를 출판하게 되었습니다.

단어　三星堆 Sānxīngduī 고유 삼성퇴(중국 고대 유적지)　祭祀坑 jìsì kēng 명 제사갱(제사 의식용 유물이 묻힌 구덩이)　发掘 fājué 동 발굴하다　徐斐宏 Xú Fěihóng 고유 쉬페이훙(인명)　铲子 chǎnzi 명 삽　考古 kǎogǔ 명 고고학(을 연구하다)　手铲 shǒuchǎn 명 소형 삽(고고학 발굴용 도구)　青铜顶尊跪坐人像 qīngtóng dǐngzūn guìzuò rénxiàng 청동 정존 궤좌 인물상　铜尊 tóngzūn 청동 술잔(제기)　器物 qìwù 명 기물, 물건　进而 jìn'ér 부 나아가, 더 나아가서　推测 tuīcè 동 추측하다　长江中游 Chángjiāng zhōngyóu 장강 중류(상류 상류 / 하류 하류)　巨型 jùxíng 형 거대한　青铜神兽 qīngtóng shénshòu 청동 신수　拼合 pīnhé 동 조합하다, 맞추다　文物 wénwù 명 문화재　坑跨合体 kēng kuà hétǐ (유물이) 구덩이 경계를 뛰어넘어 결합하다　前所未见 qiánsuǒ wèijiàn 성 전례 없는, 한 번도 본 적 없는　重器 zhòngqì 명 중요 유물, 국보　古蜀人 gǔ Shǔrén 명 고대 촉나라 사람들　吸收 xīshōu 동 흡수하다　诠释 quánshì 동 해석하다, 설명하다　中华文脉 Zhōnghuá wénmài 중화 문명 근원　包容 bāoróng 동 포용하다　交融 jiāoróng 동 융합되다　揭开 jiēkāi 동 벗기다, 드러내다　神秘面纱 shénmì miànshā 신비한 베일　令人神往 lìngrén shénwǎng 사람을 매혹시키다　惊险刺激 jīngxiǎn cìjī 아찔하고 스릴 있다　寻宝 xúnbǎo 동 보물을 찾다　截然不同 jiérán bùtóng 전혀 다르다　枯燥 kūzào 형 지루하다, 따분하다　损伤 sǔnshāng 동 손상시키다　趴着 pāzhe 동 엎드려 있다　姿势 zīshì 명 자세　仿佛 fǎngfú 부 마치 ~인 듯하다　顶礼膜拜 dǐnglǐ móbài 정중히 절하다, 숭배하다　虔诚 qiánchéng 경건하다, 신앙심이 깊다

11　A ★

问：男的手里的手铲是什么？	질문: 남자의 손에 있는 소형 삽은 무엇인가?
A 参与事件的纪念 B 发掘现场的工具 C 考古专业的标志 D 铜人的手拿物品	A 참여 사건의 기념 B 발굴 현장의 도구 C 고고학 전공의 상징 D 청동 인물이 손에 든 물품

해설　첫 번째 질문에 대한 남자의 답변에서 '这是上海大学参与三星堆考古发掘的纪念手铲(이것은 상하이대학교가 삼성퇴 고고 발굴에 참여한 기념 소형 삽입니다)'라고 했으므로 정답은 A이다.

단어 **手铲 shǒuchǎn** 명 소형 삽(고고학 발굴용 도구)　**参与 cānyù** 통 참여하다　**纪念 jìniàn** 통 기념하다　**发掘 fājué** 통 발굴하다　**标志 biāozhì** 명 표지, 상징

12 青铜神兽。 ★★★

问: 青铜顶尊跪坐人像和8号坑的哪件物品完成了拼合? 　　질문: 청동 정존 궤좌 인물상은 8호 갱의 어떤 물품과 하나로 맞춰졌는가?

青铜神兽。　　　　　　　　　　　　　　　청동 신수.

해설　여자의 두 번째 질문에서 '这座青铜顶尊跪坐人像和8号坑的巨型青铜神兽完成了拼合(청동 정존 궤좌 인물상이 8호 갱의 거대한 청동 신수가 하나로 맞춰졌습니다)'라고 했으므로 정답은 青铜神兽이다.

단어　**8号坑 bāhào kēng** 명 8번 구덩이(유적지나 발굴 현장에서의 구덩이 번호)　**物品 wùpǐn** 명 물건, 품목　**完成 wánchéng** 통 완료하다, 끝내다　**拼合 pīnhé** 통 맞추어 합치다　**青铜神兽 qīngtóng shénshòu** 명 청동 신수(신성한 동물 형태의 청동 조각)

13 B ★★

问: 跨坑合体有什么意义? 　　질문: 구덩이를 뛰어넘는 결합은 어떤 의미가 있는가?

A 体现了中原青铜文明的优势　　　　　A 중원 청동 문명의 우월함을 나타냈다
B 诠释了中华文明的开放与融合　　　　B 중화 문명의 개방성과 융합을 설명했다
C 拼合成了一件最高的青铜重器　　　　C 가장 높은 청동 국보로 결합되었다
D 确认了两件文物都来自长江中下游　　D 두 유물이 모두 장강 중하류에서 왔음을 확인했다

해설　두 번째 질문에 대한 남자의 답변에서 '文物实现了跨坑合体(서로 다른 구덩이에서 출토된 유물이 하나로 결합되어), ……, 这件文物不仅体现了古蜀人对中原青铜文明的吸收与改造(이 유물은 고대 촉나라 사람들이 중원의 청동 문명을 흡수하고 변형시킨 것을 보여줄 뿐만 아니라), 也诠释了中华文脉开放包容、交流交融的特点(중화 문명 근원의 개방성과 포용성, 교류와 융합의 특징을 잘 설명해준다)'라고 했으므로 정답은 B이다. 녹음에서 '前所未见的重器(지금까지 본 적 없는 중요 유물)'이라고 했으므로 C는 정답이 될 수 없다. 또한 첫 번째 질문에 대한 남자의 답변에서 '铜尊来自长江中游, 铜人是长江上游(청동 술잔은 장강 중류에서, 청동 인물은 장강 상류에서 왔다)'라고 했으므로 D도 정답이 될 수 없다.

단어　**中原 zhōngyuán** 명 중원　**青铜文明 qīngtóng wénmíng** 명 청동 문명　**优势 yōushì** 명 우세, 장점　**诠释 quánshì** 통 설명하다　**融合 rónghé** 통 융합하다, 통합하다　**拼合 pīnhé** 통 맞추어 합치다　**重器 zhòngqì** 명 중요 유물, 국보　**长江中下游 Cháng Jiāng zhōngxiàyóu** 명 장강(양쯔강) 중하류

14 枯燥辛苦的。 ★★

问: 男的认为考古工作是什么样的? 　　질문: 남자는 고고학 작업을 어떻게 생각하는가?

枯燥辛苦的。　　　　　　　　　　　　　지루하고 고된 것.

해설　세 번째 질문에 대한 남자의 답변 중 '真实的考古工作跟小说中那种惊险刺激的"寻宝"截然不同(실제 고고학 작업은 소설 속 에서처럼 스릴 넘치고 자극적인 '보물 찾기'와는 전혀 다릅니다)'에서 관련 내용이 언급되었다. 이어지는 내용에 '大部分时候都是枯燥的(대부분의 시간은 지루하죠)', '每天都要在只有14平方米的坑里, 趴着工作8小时以上(매일 14제곱미터의 구덩이 안에서 8시간 이상 엎드려 작업해야 했습니다)'의 내용을 통해 정답이 枯燥辛苦的임을 알 수 있다.

단어 考古 kǎogǔ 명동 고고학(을 연구하다)　枯燥 kūzào 형 지루하다, 단조롭다　趴 pā 동 엎드리다, 기어가다　惊险刺激 jīngxiǎn cìjī 위험하고 자극적이다　截然不同 jiérán bùtóng 전혀 다르다, 확연히 다르다

15 D ★

问: 樊锦诗院长的勉励侧重于哪方面?	질문: 판진스 원장의 격려는 어떤 방면에 중점을 두는가?
A 考古门派的师承	A 고고학 유파의 계승
B 中青两代人的联合	B 중청(중년과 청년) 두 세대의 연합
C 对中华文明的态度	C 중화 문명에 대한 태도
D 文化的传承与发展	D 문화의 계승과 발전

해설 여자의 네 번째 질문에서 '樊锦诗院长(판진스 원장)'이 언급되었다. 이에 대한 남자의 답변에서 '她经常勉励我们，要为中华优秀传统文化的传承与发展贡献力量(종종 저희에게, 중국의 우수한 전통문화의 전승과 발전을 위해 힘쓰라고 격려하시죠)'라고 했으므로 정답은 D이다.

단어 门派 ménpài 명 파, 학파　师承 shīchéng 명동 전승(하다, 받다)　联合 liánhé 동 결합하다, 연합하다　传承 chuánchéng 동 전수하다, 계승하다　勉励 miǎnlì 동 격려하다, 독려하다　侧重 cèzhòng 동 중점을 두다, 강조하다

16 C ★

问: 关于《武昌隋唐墓》，下列哪项正确?	질문:《무창수당묘》에 대해 다음 중 옳은 것은?
A 还没有出版	A 아직 출판되지 않음
B 是关于敦煌的总结	B 돈황에 대한 총정리
C 用新方法重新整理	C 새로운 방법으로 다시 정리함
D 在男的硕士期间完成	D 남자의 석사 기간에 완성됨

해설 네 번째 질문에 대한 남자의 답변에서 '2018年年底，我主动请缨，带领同事们利用新方法、新技术，重新整理了这批材料(2018년 말, 제가 자청해서 동료들과 함께 새로운 방법과 기술을 활용해 이 자료들을 다시 정리했고), 最终在2021年年底出版了考古报告《武昌隋唐墓》(결국 2021년 말에 고고학 보고서 《무창수당묘》를 출판하게 되었습니다)'라고 했으므로 정답은 C이다.

단어 出版 chūbǎn 동 출판하다　敦煌 dūnhuáng 명 돈황(중국의 유명한 역사 유적지)　总结 zǒngjié 동 정리하다, 요약하다　新方法 xīn fāngfǎ 새로운 방법　整理 zhěnglǐ 동 정리하다　硕士期间 shuòshì qījiān 석사 기간

TIP

- 주요 문장 형식

揭开……神秘面纱 (~의 신비한 베일을 벗기다)
원문 不断揭开文物神秘面纱的过程，真的很令人神往。
예문 科学家终于揭开了黑洞的神秘面纱。

跟……截然不同 (~과 전혀 다르다)
원문 真实的考古工作跟小说中那种惊险刺激的"寻宝"截然不同，大部分时候都是枯燥的。
예문 这里的生活节奏跟我以前的生活截然不同，我有点不太适应。

由……牵头 (~가 주도하다, 이끌다)
원문 20世纪80年代，这项工作曾由我导师的导师、学界泰斗宿白先生牵头整理，当时因为种种限制，报告没有出版。
예문 本次科技大赛是由教育部牵头主办的。

17-22

男：夏医生，❷ 孩子胖胖的是好事吗？

女：当然不是，儿童肥胖比消瘦会引发更多疾病和危害，肥胖的儿童骨龄超前的风险更高，而骨龄超前可能导致孩子长不高，并且孩子成年后患慢性疾病的风险也会增加。同时，胖孩子还可能会被歧视，产生自卑等心理障碍。

男：近年来，❼ 随着多省份将身体质量指数纳入体育成绩，家长们开始关注孩子的身高与体重情况。有的家长看到孩子胖就觉得孩子是吃得太好了，想要给孩子减肥，这种做法对吗？

女：事实上，这里面也存在许多误区需要厘清。胖小孩不是吃得太好，恰恰是吃得太不好，从广义来看，孩子超重肥胖、过于消瘦、微量营养素缺乏都属于营养不良。❽ 肥胖主要分为没有疾病因素的单纯性肥胖和有疾病因素的继发性肥胖。继发性肥胖是由垂体功能失调、甲状腺功能减退或者药物等多种原因引起的；而单纯性肥胖是由遗传因素和环境因素相互作用导致的，环境因素包括膳食不平衡、缺乏运动、睡眠不足、情感忽视，等等。我们统计过，❾ 在门诊遇到的肥胖儿童中，有95%都是单纯性肥胖，总能量摄入过多、饮食结构不合理是导致儿童超重肥胖的重要原因。

男：那是不是可以说，儿童营养不均衡大多是因为家庭的饮食结构不合理。

女：是的，儿童减重离不开父母的督促。正确判断孩子是否超重肥胖，是帮助孩子达到科学营养饮食、保持健康体重的第一步。❷⓪ 儿童肥胖的判定应参照科学依据，在判断时至少要考虑三方面的因素：腰围与身高的比值、身体质量指数、体脂率。

男：那对于超重肥胖的儿童来说，减肥是不是要跟成人一样"管住嘴"？

女：这是又一个常见误区，单纯依靠节食来减重是非常不科学的。❷① 有减重需求的孩子首先需要改变进食习惯，把吃饭的速度放慢。在日常饮食中，应注意主食粗细搭配，粗粮可以占到主食摄入量的1/3；荤素搭配，肉类尽量选择优质高蛋白，每餐多吃蔬菜；可以将酸奶、坚果、豆类、可生吃的蔬菜、水果等作为孩子的零食，但需注意每天吃零食的次数不超过3次，量也不宜过多；尽量不吃高油、高糖、高热量的食物。同时，㉒ 科学减重绝对不是一蹴而就的事情，应遵循递减法则来改善饮食结构。另外，长跑、游泳、跳绳、踢球等中强度有氧运动，对控制儿童肥胖非常有益。

을 바꿔야 하며, 식사 속도를 늦춰야 합니다. 일상 식단에서는 주식(主食)의 곡물 종류를 잘 조합해야 하며, 거친 곡물(잡곡 등)은 주식의 1/3 정도를 차지할 수 있도록 합니다. 고기와 채소는 균형 있게 섭취하고, 고기는 가능하면 고단백의 양질의 고기를 선택해야 하며, 매 끼니마다 채소를 많이 먹는 것이 좋습니다. 간식으로는 요거트, 견과류, 콩류, 생으로 먹을 수 있는 채소, 과일 등을 선택할 수 있지만, 하루 간식 횟수는 3번을 넘기지 말고, 양도 너무 많지 않도록 주의해야 합니다. 또한 기름지거나, 단 음식, 열량이 높은 음식은 되도록 피해야 합니다. ㉒ 과학적인 체중 감량은 절대로 단기간에 이루어지는 일이 아니며, 점진적인 감량 원칙에 따라 식단 구조를 개선해야 합니다. 그 외에도, 오래 달리기, 수영, 줄넘기, 축구 등 중간 강도의 유산소 운동은 아동 비만을 조절하는 데 매우 유익합니다.

단어 **肥胖** féipàng 형 비만 **消瘦** xiāoshòu 형 (얼굴, 몸 등이) 수척하다, 홀쭉하다 **引发** yǐnfā 동 유발하다, 일으키다 **疾病** jíbìng 명 질병 **危害** wēihài 동 해를 끼치다 **骨龄** gǔlíng 명 골연령(뼈 나이) **超前的** chāoqián de 형 앞선, 조숙한 **风险** fēngxiǎn 명 위험, 리스크 **导致** dǎozhì 동 초래하다, 야기하다 **患慢性疾病** huàn mànxìng jíbìng 만성 질병을 앓다 **歧视** qíshì 동 차별하다 **自卑** zìbēi 명 자격지심을 갖다, 열등감을 느끼다 **心理障碍** xīnlǐ zhàng'ài 심리 장애 **省份** shěngfèn 명 성(省), 지방 행정 단위 **指数** zhǐshù 명 지수 **纳入** nàrù 동 포함시키다, 편입하다 **减肥** jiǎnféi 동 체중 감량하다, 살을 빼다 **误区** wùqū 명 잘못된 인식, 오해 **厘清** líqīng 동 명확히 구분하다 **恰恰** qiàqià 부 바로, 정확히 **广义** guǎngyì 광의, 넓은 의미 **超重** chāozhòng 동 중량을 초과하다 **微量营养素** wēiliàng yíngyǎngsù 미량 영양소 **缺乏** quēfá 동 부족하다, 결핍되다 **因素** yīnsù 명 요인 **单纯性** dānchúnxìng 단순성 **继发性肥胖** jìfāxìng féipàng 이차성 비만, 속발성 비만 **垂体功能** chuítǐ gōngnéng 뇌하수체 기능 **失调** shītiáo 불균형 **甲状腺功能** jiǎzhuàngxiàn gōngnéng 갑상선 기능 **减退** jiǎntuì 저하되다, 약화되다 **遗传** yíchuán 명 동 유전(하다, 되다) **相互作用** xiānghù zuòyòng 명 상호작용 **膳食** shànshí 명 식단, 식사 **平衡** pínghéng 명 동 균형을 잡다 **门诊** ménzhěn 명 외래 진료 **总能量** zǒng néngliàng 총 열량(칼로리) **摄入** shèrù 동 섭취하다 **饮食结构** yǐnshí jiégòu 식사 구조, 식단 구성 **均衡** jūnhéng 형 균형 잡힌 **离不开** líbùkāi ~을 떠날 수 없다, ~과 뗄 수 없다

17 D ★

问: 家长们为什么开始关注孩子的身高与体重了?	질문: 학부모들은 왜 아이의 키와 몸무게에 관심을 갖기 시작했는가?
A 孩子受到歧视了 B 受网络潮流的影响 C 肥胖引发了更多疾病 D 身体指数纳入成绩了	A 아이가 차별을 받았다 B 인터넷 유행의 영향을 받았다 C 비만이 더 많은 질병을 유발했다 D 체질량지수가 성적에 포함되었다

해설 남자의 두 번째 질문에서 '随着多省份将身体质量指数纳入体育成绩(여러 성(省)에서 체질량지수(BMI)를 체육 성적에 포함시키면서), 家长们开始关注孩子的身高与体重情况(학부모들이 아이의 키와 몸무게에 관심을 갖기 시작했습니다)'라고 했으므로 정답은 D이다.

단어 **歧视** qíshì 동 차별하다 **网络潮流** wǎngluò cháoliú 명 인터넷 유행, 온라인 트렌드 **引发** yǐnfā 동 유발하다, 일으키다 **疾病** jíbìng 명 질병 **身体指数** shēntǐ zhǐshù 신체 지수 **纳入** nàrù 동 포함하다, 편입하다

18 单纯性肥胖。 ★★

问: 没有疾病因素的肥胖叫什么?	질문: 질병 요인이 없는 비만은 무엇이라고 부르는가?
单纯性肥胖。	단순성 비만.

해설 두 번째 질문에 대한 여자의 답변에서 '肥胖主要分为没有疾病因素的单纯性肥胖和有疾病因素的继发性肥胖(비만은 주로 질병 요인이 없는 단순성 비만과 질병 요인이 있는 이차성 비만으로 나눌 수 있습니다)'라고 했으므로 정답은 单纯性肥胖이다.

단어 **单纯性肥胖** dānchúnxìng féipàng 몡 단순성 비만 **疾病** jíbìng 몡 질병 **因素** yīnsù 몡 요소, 요인

19 C ★★★

问: 关于胖小孩，下列哪项正确?	질문: 뚱뚱한 아이에 대해, 다음 중 옳은 것은?
A 营养过剩	A 영양 과잉
B 缺乏微量元素	B 미량 원소 부족
C 饮食结构不合理	C 식단 구조 불합리
D 绝对不能吃零食	D 간식을 절대 먹으면 안 된다

해설 두 번째 질문에 대한 여자의 답변 중 '在门诊遇到的肥胖儿童中，有95%都是单纯性肥胖(외래에서 만난 비만 아동들 중 95%가 단순성 비만이었다)'에서 문제의 키워드 '비만 아동(肥胖儿童=胖小孩)'이 언급되었다. 이어지는 내용에서 '总能量摄入过多(총 영양 섭취 과다와), 饮食结构不合理是导致儿童超重肥胖的重要原因(불합리한 식단 구조가 아동의 과체중과 비만을 초래하는 주요 원인이었습니다)'라고 했으므로 정답은 C이다. 녹음에서 언급된 '总能量(총 열량 → 칼로리)'와 보기 A의 '营养(영양 → 단백질, 비타민 등)'은 서로 다른 개념이다. 또한 남자의 세 번째 질문에서 언급된 '营养不均衡(영양 불균형)'이 실제 비만에 영향을 끼치는 요소이므로 A는 정답이 될 수 없다.

단어 **营养过剩** yíngyǎng guò shèng 영양 과잉 **缺乏** quēfá 동 부족하다, 결핍되다 **微量元素** wēiliàng yuánsù 몡 미량 원소 **饮食结构** yǐnshí jiégòu 몡 식단 구조 **吃零食** chī língshí 간식을 먹다

20 B ★

问: 判断肥胖的条件之一是什么?	질문: 비만을 판단하는 조건 중 하나는 무엇인가?
A 每餐摄入的总能量	A 매 끼니 섭취하는 총 열량
B 腰围与身高的比值	B 허리둘레와 키의 비율
C 遗传与环境的因素	C 유전과 환경의 요소
D 骨龄超前的风险率	D 골연령 앞섬의 위험률

해설 세 번째 질문에 대한 여자의 답변에서 '儿童肥胖的判定应参照科学依据，在判断时至少要考虑三方面的因素(아동 비만의 판단은 과학적 근거를 참조해야 하며, 판단 시 적어도 세 가지 요소를 고려해야 합니다): 腰围与身高的比值、身体质量指数、体脂率(허리둘레와 키의 비율, 체질량지수(BMI), 체지방률입니다)'라고 했으므로 정답은 B이다.

단어 **摄入** shèrù 동 섭취하다 **总能量** zǒngnéngliàng 몡 총에너지 **腰围** yāowéi 몡 허리둘레 **身高** shēngāo 몡 키 **比值** bǐzhí 몡 비율, 비값 **遗传** yíchuán 동 유전되다 **骨龄** gǔlíng 몡 골연령(뼈 나이) **超前** chāoqián 동 앞서다 **风险率** fēngxiǎnlǜ 몡 위험률

21 C ★

问: 减肥的第一步是做什么?　　　　　　　　질문: 체중 감량의 첫 번째 단계는 무엇을 하는 것인가?

A 节食　　　　　　　　　　　　　　　　　A 절식
B 粗细搭配　　　　　　　　　　　　　　　B 잡곡의 배합
C 放慢吃饭速度　　　　　　　　　　　　　C 식사 속도를 늦추기
D 克服心理障碍　　　　　　　　　　　　　D 심리적 장애 극복

해설　네 번째 질문에 대한 여자의 답변에서 '有减重需求的孩子首先需要改变进食习惯, 把吃饭的速度放慢(체중을 줄여야 하는 아이는 먼저 식사 습관을 바꿔야 하며, 식사 속도를 늦춰야 합니다)'라 했으므로 정답은 C이다. 녹음의 '首先需要改变的(먼저 바뀌어야 하는 것)'이 질문에서 '第一步要做的(첫 번째 단계로 해야 하는 것)'으로 바뀌어 제시되었다.

단어　**节食** jiéshí 동 식이요법을 하다, 식사량을 줄이다　**粗细搭配** cūxì dāpèi 명 정제된 음식과 섬유질 식품의 균형 있는 배합　**放慢** fàngmàn 동 늦추다, 느리게 하다　**克服** kèfú 동 극복하다　**障碍** zhàng'ài 명 장애, 방해　**减肥** jiǎnféi 동 살을 빼다　**第一步** dì yī bù 명 첫걸음, 첫 단계

22 A ★★

问: 这段对话主要谈的是什么?　　　　　　　질문: 이 대화에서 주로 이야기하는 것은 무엇인가?

A 儿童与科学减重　　　　　　　　　　　　A 아동과 과학적 체중 감량
B 肥胖与疾病风险　　　　　　　　　　　　B 비만과 질병 위험
C 减肥与有氧运动　　　　　　　　　　　　C 다이어트와 유산소 운동
D 食物与身体指数　　　　　　　　　　　　D 음식과 체질량지수

해설　남자의 첫 번째 질문에서 '孩子胖胖的是好事吗? (아이가 통통한 건 좋은 일인가요?)'라는 화제로 인터뷰의 주제를 간접적으로 언급하고 있다. 그리고 네 번째 질문에 대한 여자의 답변 중 '科学减重绝对不是一蹴而就的事情(과학적인 체중 감량은 절대로 단기간에 이루어지는 일이 아니며), 应遵循递减法则来改善饮食结构(점진적인 감량 원칙에 따라 식단 구조를 개선해야 합니다)'를 통해서 대화의 중심 내용이 아동과 과학적 체중 감량임을 유추할 수 있다. 따라서 정답은 A이다.

단어　**儿童** értóng 명 아동, 어린이　**科学** kēxué 형 과학적인　**减重** jiǎnzhòng 동 체중을 줄이다　**一蹴而就** yī cù ér jiù 성 단번에 이루다, 단숨에 성공하다　**有氧运动** yǒu yǎng yùndòng 명 유산소 운동　**指数** zhǐshù 명 지수, 수치

TIP

- 주요 문장 형식

事实上, 这里面也存在许多误区 (사실은 여기에도 많은 잘못된 부분이 존재한다)
원문　事实上, 这里面也存在许多误区需要厘清。胖小孩不是吃得太好, 恰恰是吃得太不好。
예문　事实上, 这里面也存在许多误区, 锻炼身体不是运动越多越好, 而是要讲究方法。

主要分为…… (주로 ～으로 나눠진다)
원문　肥胖主要分为没有疾病因素的单纯性肥胖和有疾病因素的继发性肥胖。
예문　这项调查主要分为线上问卷和线下访问两个部分。

遵循……(的)法则来…… (～의 법에 따라 ～한다)
원문　同时, 科学减重绝对不是一蹴而就的事情, 应遵循递减法则来改善饮食结构。
예문　商人要遵循公平交易的法则来赢得顾客信任。

제3부분 (23-40) 녹음을 듣고 올바른 답을 선택하거나 빈칸을 채우세요.

23-28

MP3 04-05

你有没有过这样的经历，盯着一个字看久了，这个字好像变得越来越扭曲，到最后甚至感觉都不认识这个字了？

㉓ 其实，这一现象在心理学上被称为"语义饱和"，即盯着一个字久了，我们的大脑便只关注它的字形，从而忽视了它的语义，产生了短暂的陌生感。通常来说，㉔ 这个过程只会持续几十秒，当你闭上眼睛或者转头看看其他事物，这种感觉就消失了。

那么，这个现象是如何产生的呢？看到一个字时，我们的眼睛先输入了字形的图案信息，然后传送给大脑；大脑接收到这个图案信息后开始运转，在它的知识仓库里找到和这个字形相关联的意义，然后把它们联系起来。

在这个过程中，主要负责接收和处理信息的是我们大脑中的神经元，㉕ 神经元通过突触传递视觉信号。大脑的视觉处理区域对这些信号进行解析和比对，找到正确的语义，我们也就理解了这个字的含义。但如果你长时间盯着一个字看，就等同于短时间内反复进行这样的过程，㉕㉘ 神经元感到疲倦，它们就会选择偷懒，直至最后罢工。

任何一个词都可能成为我们体验"语义饱和"的牺牲品。㉖ 但也有例外，例如大碗宽面（biángbiáng 面）的"𰻞"字，不论我们盯多久，它也很难在我们脑海里变得陌生或失去意义。这样一个字形结构复杂而且乍看很是陌生的字，会使我们的大脑进行数据对比时更专注，也就无法在短时间内偷懒。相反，能让我们产生语义饱和感觉的字，都是一些字形简单的字。没错，其实不用看多久，我就会觉得"韭"是仙人掌或者两座高楼、"击"是插在深坑里的电线杆、㉗ "乂"是一个高举双臂的小人儿了。有些结构稍微复杂的字会在长久注视下开始分裂，由一个熟知的字变成两个字。如"的"字，盯久了就会分出"白"与"勺"了。

당신은 이런 경험이 있는가, 어떤 글자를 오랫동안 쳐다보다 보면, 그 글자가 점점 더 뒤틀려 보이고, 결국에는 그 글자를 전혀 모르는 것처럼 느껴진 적이 있는가?

㉓ 사실, 이 현상은 심리학에서는 '의미 포화(语义饱和)'라고 불리는데, 어떤 글자를 너무 오래 쳐다보면 우리의 뇌는 그 글자의 형태만 신경 쓰게 되고, 그 의미는 무시하게 되어 잠시 낯설게 느껴지는 것이다. 일반적으로 ㉔ 이 과정은 몇 십 초밖에 지속되지 않으며, 눈을 감거나 고개를 돌려 다른 것을 보면 이런 느낌은 곧 사라진다.

그렇다면 이 현상은 어떻게 생겨나는 걸까? 어떤 글자를 보면 우리의 눈은 먼저 그 글자의 형태 정보를 입력하고, 그 다음에 이를 뇌로 전달한다. 뇌는 이 형태 정보를 받은 후 작동하기 시작하여, 지식 저장소 안에서 이 글자와 관련된 의미를 찾아내고, 그것들을 연결시킨다.

이 과정에서 주로 정보를 받아들이고 처리하는 것은 뇌 속의 신경세포(뉴런)이며, ㉕ 뉴런은 시냅스를 통해 시각 신호를 전달한다. 뇌의 시각 처리 영역은 이 신호들을 분석하고 대조하여, 올바른 의미를 찾아내고, 우리는 이 글자의 뜻을 이해하게 된다. 하지만 만약 오랜 시간 동안 한 글자를 쳐다본다면, 이는 짧은 시간 안에 이 과정을 반복하는 것과 같아서, ㉕㉘ 뉴런은 피로를 느끼게 되고, 결국 게으름을 피우기 시작하다가 마침내 작업을 중단하게 된다.

어떤 단어 이든 우리가 '의미 포화'를 경험하게 하는 희생물이 될 수 있다. ㉖ 하지만 예외도 있다. 예를 들어 큰 그릇 넓은 면(biángbiáng 면)의 '𰻞'자 같은 경우, 우리가 아무리 오랫동안 쳐다보아도 머릿속에서 낯설게 느껴지거나 의미를 잃기 어렵다. 이렇게 형태가 복잡하고 언뜻 보기엔 낯선 글자는, 뇌가 데이터를 대조할 때 더 집중하게 되어 짧은 시간 안에 게으름을 피울 수 없게 된다. 반대로, 우리가 의미 포화 현상을 쉽게 느끼는 글자는 대부분 형태가 단순한 글자이다. 그렇다, 사실 오래 보지 않아도 나는 '韭'자가 선인장 같기도 하고 두 채의 고층 건물 같기도 하며, '击'은 깊은 구덩이에 꽂힌 전봇대 같고, ㉗ '乂'는 두 팔을 높이 든 작은 사람처럼 느껴지기도 한다. 구조가 약간 복잡한 글자들도 오래 바라보면 분해되기 시작해서, 익숙한 글자가 두 개의 글자로 바뀌는 경우가 있다. 예를 들어 '的'자는 오래 쳐다보면 '白'과 '勺'로 나뉘게 된다.

단어 盯 dīng 图 뚫어지게 쳐다보다 扭曲 niǔqū 图 뒤틀리다, 왜곡되다 语义饱和 yǔyì bǎohé 图 의미 포화(지나친 정보로 의미 전달 과부하) 大脑 dànǎo 图 뇌 字形 zìxíng 图 글자 모양, 자형 忽视 hūshì 图 무시하다, 간과하다 语义 yǔyì 图 어의, 단어의 의미 短暂 duǎnzàn 图 짧은 시간의, 순간적인 陌生感 mòshēnggǎn 图 낯섦, 생소함 持续 chíxù 图 지속되다 闭上眼睛 bìshàng yǎnjing 눈을 감다 转头 zhuǎntóu 图 고개를 돌리다 输入 shūrù 图 입력하다 图案 tú'àn 图 무늬, 패턴 传送 chuánsòng 图 전달하다, 옮기다 接收 jiēshōu 图 받아들이다, 수신하다 运转 yùnzhuǎn 图 작동하다, 운행되다 仓库 cāngkù 图 창고 相关联 xiāng guānlián 图 서로 연관되다 神经元 shénjīngyuán 图 뉴런 突触 tūchù 图 시냅스 视觉信号 shìjué xìnhào 图 시각 신호 处理区域 chǔlǐ qūyù 图 처리 영역(뇌의 특정 기능 영역) 解析 jiěxī 图 분석하다, 해석하다 比对 bǐduì 图 비교 대조하다 等同于 děngtóng yú 图 ~와 동일하다 疲倦 píjuàn 图 피곤하다 偷懒 tōulǎn 图 게으름 피우다 直至 zhízhì 图 ~까지, ~에 이르기까지 罢工 bàgōng 图 파업하다, 일하기를 멈추다 牺牲品 xīshēngpǐn 图 희생물 大碗宽面 dàwǎn kuānmiàn 图 큰 그릇 넓은 면(=biángbiángmiàn) 脑海 nǎohǎi 图 뇌속, 머릿속 乍看 zhàkàn 图 얼핏 보면 专注 zhuānzhù 图 집중하다 韭 jiǔ 图 부추 仙人掌 xiānrénzhǎng 图 선인장 击 jī 图 치다, 때리다

23 C ★★

问: 什么是"语义饱和"? | 질문: '의미 포화'란 무엇인가?

A 词语能有无限的释义 | A 단어는 무한한 해석이 있을 수 있다
B 语言对大脑产生了消极影响 | B 언어는 대뇌에 부정적인 영향을 끼친다
C 大脑暂时性忽视了文字的含义 | C 뇌는 일시적으로 글자의 의미를 무시한다
D 文字盯久了会在视网膜中消失 | D 글자를 오래 바라보면 망막에서 사라진다

해설 녹음 두 번째 단락의 '其实,这一现象在心理学上被称为"语义饱和"(사실, 이 현상은 심리학에서는 '의미 포화'라고 불리는데)'에서 관련 내용이 언급되었다. 이어지는 내용에서 '即盯着一个字久了,我们的大脑便只关注它的字形(어떤 글자를 너무 오래 쳐다보면 우리의 뇌는 그 글자의 형태만 신경 쓰게 되고), 从而忽视了它的语义, 产生了短暂的陌生感(그 의미는 무시하게 되어 잠시 낯설게 느껴지는 것이다)'라고 했으므로 정답은 C이다.

단어 无限 wúxiàn 图 무한하다 释义 shìyì 图 해석, 의미 설명 消极 xiāojí 图 소극적이다, 부정적이다 大脑 dànǎo 图 대뇌, 뇌 暂时性 zànshíxìng 图 일시성 忽视 hūshì 图 무시하다 含义 hányì 图 함의, 내포된 의미 盯久 dīngjiǔ 오래 바라보다 视网膜 shìwǎngmó 图 망막 语义饱和 yǔyì bǎohé 图 의미 포화(같은 단어를 반복해서 볼 때 의미가 흐려지는 현상)

24 A ★

问: 产生"语义饱和"后可以怎么做? | 질문: '의미 포화'가 생긴 후에는 어떻게 해야 하는가?

A 闭一会儿眼睛 | A 잠시 눈을 감는다
B 想象一个画面 | B 하나의 장면을 상상한다
C 练习几行书法 | C 몇 줄의 서예를 연습한다
D 重复写一些字 | D 몇 글자를 반복해서 쓴다

해설 녹음 두 번째 단락에서 '这个过程只会持续几十秒(이 과정은 몇 십 초밖에 지속되지 않으며), 当你闭上眼睛或者转头看看其他事物,这种感觉就会消失了(눈을 감거나 고개를 돌려 다른 것을 보면 이런 느낌은 곧 사라진다)'라고 했으므로 정답은 A이다.

단어 闭眼睛 bì yǎnjing 눈을 감다 书法 shūfǎ 图 서예

25 D ★★★

问: 眼睛反复输入字形信息后, 神经元会有什么反应? | 질문: 눈이 반복적으로 글자 형태 정보를 입력한 후, 뉴런은 어떤 반응을 보이는가?

A 放电频率会增加
B 可能会出现受损的症状
C 会对比文字和记忆数据库
D 会停止向神经中枢发送信号

A 방전 빈도가 증가한다
B 손상 증상이 나타날 수 있다
C 글자와 기억 데이터베이스를 대조한다
D 신경 중추로 신호 보내는 것을 멈춘다

해설 녹음 네 번째 단락에서 '神经元通过突触传递视觉信号(뉴런은 시냅스를 통해 시각 신호를 전달한다). …… 但如果你长时间盯着一个字看，就等同于短时间内反复进行这样的过程(하지만 만약 오랜 시간 동안 한 글자를 쳐다본다면, 이는 짧은 시간 안에 이 과정을 반복하는 것과 같아서), 神经元感到疲倦, 它们就会选择偷懒, 直至最后罢工(뉴런은 피로를 느끼게 되고, 결국 게으름을 피우기 시작하다가 마침내 작업을 중단하게 된다)'라고 했다. 녹음의 '偷懒(게으름 피우다)', '罢工(파업하다)'의 표현은 뉴런의 역할인 '通过突触传递视觉信号(시냅스를 통해 시각 신호 전달한다)'를 멈춘다는 의미이므로 정답은 D이다.

단어 偷懒 tōulǎn 동 게으름을 피우다 罢工 bàgōng 동 파업하다 停止 tíngzhǐ 동 멈추다, 중지하다 神经中枢 shénjīng zhōngshū 명 신경 중추 发送 fāsòng 동 발송하다, 보내다 信号 xìnhào 명 신호 受损 shòusǔn 동 손상되다 症状 zhèngzhuàng 명 증상 对比 duìbǐ 동 비교 대조하다 数据库 shùjùkù 명 데이터베이스

26 D ★★

问: 下列哪个字不容易产生"语义饱和"现象?

질문: 다음 중 어떤 글자가 '의미 포화' 현상이 쉽게 생기지 않는가?

A 韭
B 击
C 的
D 𰻞

A 韭
B 击
C 的
D 𰻞

해설 녹음 다섯 번째 단락에서 '但也有例外, 例如大碗宽面（biángbiáng面）的"𰻞"字(하지만 예외도 있다. 예를 들어 큰 그릇 넓은 면(biángbiáng 면)의 '𰻞'자 같은 경우), 不论我们盯多久, 它也很难在我们脑海里变得陌生或失去意义(우리가 아무리 오랫동안 쳐다보아도 머릿속에서 낯설게 느껴지거나 의미를 잃기 어렵다)'라고 했으므로 정답은 D이다.

단어 例外 lìwài 명 예외 例如 lìrú 접 예를 들면 韭 jiǔ 명 부추 击 jī 동 치다, 때리다 不论 búlùn 접 ~에 관계없이, ~와 상관없이 脑海 nǎohǎi 명 머릿속

27 高举双臂的小人儿。 ★★★

问: "含义"的"义"字看久了可能会变成什么样?

질문: '含义'의 '义' 자를 오래 보면 어떤 모습으로 변할 수 있는가?

高举双臂的小人儿。

두 팔을 높이 든 작은 사람.

해설 녹음 다섯 번째 단락에서 '"义"是一个高举双臂的小人儿了('义'는 두 팔을 높이 든 작은 사람처럼 느껴지기도 한다)'라고 했으므로 정답은 高举双臂的小人儿이다.

단어 含义 hányì 명 함의, 의미 高举 gāojǔ 동 높이 들다 双臂 shuāngbì 명 두 팔

28 C ★★

问：这篇文章主要谈的是什么？	질문: 이 글은 주로 무엇에 대해 말하고 있는가?
A 语义的演变问题	A 어의의 변천 문제
B 神经中枢的工作原理	B 신경 중추의 작동 원리
C 视觉神经活动的疲劳现象	C 시각 신경 활동의 피로 현상
D 语言文字对大脑进化的影响	D 언어 문자가 대뇌 진화에 미친 영향

해설 녹음 네 번째 단락의 '神经元感到疲倦，它们就会选择偷懒，直至最后罢工(뉴런은 피로를 느끼게 되고, 결국 게으름을 피우기 시작하다가 마침내 작업을 중단하게 된다)'는 이 글의 핵심 내용에 해당한다. 글 전체에서 언급하고 있는 '盯(응시하다)', '看(바라보다)', '疲倦(피곤하다)', '偷懒(게으름을 피우다)' 등의 표현들을 통해 이 글의 주제가 시각 신경 활동의 피로와 관련되어 있음을 유추할 수 있으므로 정답은 C이다.

단어 演变 yǎnbiàn 통 변화하다 神经中枢 shénjīng zhōngshū 명 신경 중추 原理 yuánlǐ 명 원리 视觉神经 shìjué shénjīng 명 시각 신경 疲劳现象 píláo xiànxiàng 명 피로 현상 进化 jìnhuà 통 진화하다

TIP

- 주요 문장 형식

这一现象在……上被称为…… (이 현상은 ~에서 ~라고 불린다)
원문 这一现象在心理学上被称为"语义饱和"。
예문 水蒸气遇冷变成小水滴，这一现象在物理学上被称为"液化"。

只关注……，从而忽视了…… (단지 ~에만 신경을 쓰고, ~은 무시하게 된다)
원문 盯着一个字久了，我们的大脑便只关注它的字形，从而忽视了它的语义，产生了短暂的陌生感。
예문 有些家长只关注孩子的学习成绩，从而忽视了孩子的心理健康。

由……变成…… (~에서 ~으로 바뀌다)
원문 有些结构稍微复杂的字会在长久注视下开始分裂，由一个熟知的字变成两个字。如"的"字，盯久了就会分出"白"与"勺"了。
예문 经过多年的努力，他由一个普通员工变成了公司的经理。

29-34 🎵 04-06

目前对冰川的研究主要集中在变化过程、机理和未来变化预估等方面，但是，㉞在应对冰川消融的工程措施方面，相关研究相对较少。

冰川消融主要发生在夏季，方式有冰面消融、冰内消融和冰下消融，以冰面消融为主，太阳直接辐射和近地层大气湍流交换是引起冰川消融的主要热源。㉙所以有关学者研究发现在冰面直接实施人工降雪不仅能直接增加雪物质，也能增大表面的反照率，或者在冰面阻挡太阳辐射和冰面的热交换也能够有效地减缓冰川消融。㉞奥地利的冰川滑雪场就是利用人造雪维持雪道

현재 빙하에 대한 연구는 주로 변화 과정, 메커니즘, 그리고 미래 변화 예측 등의 방면에 집중되어 있지만, ㉞빙하 융해에 대응하는 공학적 대책에 대한 관련 연구는 상대적으로 적다.

빙하 융해는 주로 여름철에 발생하며, 방식에는 빙면 융해, 빙내 융해, 빙하(冰下) 융해가 있으며, 주로 빙면 융해가 중심이다. 태양의 직접 복사와 지면 근처의 대기 난류 교환이 빙하 융해를 일으키는 주요 열원이다. ㉙따라서 관련 학자들의 연구에 따르면, 빙하 표면에 직접 인공 강설을 실시하는 것은 눈 물질을 직접적으로 증가시킬 수 있을 뿐만 아니라, 표면의 반사율을 증가시킬 수 있으며, 혹은 빙하 표면에서 태양 복사와 열 교환을 차단하는 것도 빙하 융해를 효과적으로 늦출 수 있다.

的。研究估算，相比于没有人工管理的雪面，人造雪贡献了20厘米厚的雪。

㉞ 值得一提的是瑞士针对减缓冰川消融的研究已有所尝试，㉚ 科学家将白色的羊毛毯覆盖在瑞士的两座冰川上，利用羊毛毯遮挡和反射太阳辐射来达到缓解冰川消融的目的。

㉛ 中国科学院研究团队应用人工措施减缓达古冰川消融的试验中，就是采用在冰面覆盖光热阻隔物，从而阻挡太阳辐射和冰面的热交换。

㉜ 研究团队给冰川盖的"被子"，是一种隔热和反光材料，主要是涤纶、腈纶、锦纶等高分子聚合物的合成纤维，具有良好的防水和保温作用。这种材料具有防紫外线、耐寒冻、抗化学腐蚀和抗生物破坏能力，同时对太阳光具有较强的反照、辐射衰减能力和低导热能力。

㉜ 在冰川表面铺设隔热和反光材料，可以减少太阳直接辐射和近地层大气湍流交换对于冰川的影响，增大冰川表面的反照率。试验效果显著，在两个月内减缓了接近一米的消融量，大大减缓了冰川在全球变暖背景条件下的变化。从试验成本和人力来说，需求不高，完全可以大规模推广使用。㉝ 从环境保护的角度来看，试验材料可以回收利用，既可以节约成本，又不会对周围环境产生影响。

㉞ 오스트리아의 빙하 스키장은 인공 눈을 이용해 슬로프를 유지하고 있다. 연구에 따르면, 인공적으로 관리되지 않은 설면과 비교했을 때, 인공 눈은 20센티미터 두께의 눈을 기여했다.

㉞ 주목할 만한 것은, 스위스는 빙하 융해를 늦추는 연구를 이미 시도하고 있으며, ㉚ 과학자들은 하얀 양털 담요를 스위스의 두 개 빙하에 덮어 태양 복사를 차단하고 반사함으로써 빙하 융해를 완화하는 목적을 달성하려 했다.

㉛ 중국과학원 연구팀이 다구(古冰) 빙하의 융해를 늦추기 위한 인위적인 조치를 응용한 실험에서는, 빙하 표면 위에 광열 차단물을 덮는 방식을 채택하여, 태양 복사와 빙하 표면의 열 교환을 차단했다.

㉜ 연구팀이 빙하에 덮은 '이불'은 일종의 단열 및 반사 소재로, 주요 성분은 폴리에스테르, 아크릴, 나일론 등의 고분자 화합물 합성 섬유이며, 뛰어난 방수 및 보온 기능을 가지고 있다. 이 소재는 자외선 차단, 혹한에 강하고, 화학 부식 및 생물 손상 저항력을 갖추고 있으며, 태양광에 대해 강한 반사와 복사 감쇠 능력, 낮은 열전도 능력을 가진다.

㉜ 빙하 표면에 단열 및 반사 소재를 깔면, 태양의 직접 복사와 지면 근처 대기의 난류 교환이 빙하에 미치는 영향을 줄일 수 있고, 빙하 표면의 반사율을 높일 수 있다. 실험 효과는 뚜렷했으며, 두 달 동안 약 1미터에 가까운 융해량을 줄였고, 지구 온난화 배경하에서 빙하의 변화 속도를 크게 늦췄다. 실험 비용과 인력 측면에서도 요구가 높지 않아, 대규모로 보급 및 사용이 완전히 가능하다. ㉝ 환경 보호의 관점에서 보더라도, 실험에 사용된 소재는 재활용이 가능하며, 비용을 절감할 수 있을 뿐 아니라 주변 환경에도 영향을 주지 않는다.

단어 冰川 bīngchuān 명 빙하 机理 jīlǐ 명 기전, 메커니즘 预估 yùgū 동 예측하다, 추산하다 应对 yìngduì 동 대응하다 消融 xiāoróng 동 녹다, 용해되다 工程 gōngchéng 명 엔지니어링, 공학 措施 cuòshī 명 조치, 대책 辐射 fúshè 명 복사 (에너지) 地层大气湍流 dìcéng dàqì tuānliú 지표 대기의 난류 热源 rèyuán 명 열원, 열의 근원 实施 shíshī 동 실시하다, 실행하다 人工降雪 réngōng jiàngxuě 명 인공 강설 反照率 fǎnzhàolǜ 명 반사율 阻挡 zǔdǎng 동 막다, 차단하다 减缓 jiǎnhuǎn 동 완화하다, 늦추다 奥地利 Àodìlì 고유 오스트리아 冰川滑雪场 bīngchuān huáxuěchǎng 명 빙하 스키장 维持 wéichí 동 유지하다 雪道 xuědào 명 스키 슬로프 估算 gūsuàn 동 추산하다 厘米 límǐ 명 센티미터 值得一提 zhídé yì tí 언급할 가치가 있다 瑞士 Ruìshì 고유 스위스 针对 zhēnduì 동 ~에 대해, ~을 대상으로 羊毛毯 yángmáotǎn 명 양모 담요 覆盖 fùgài 동 덮다 遮挡 zhēdǎng 동 가리다, 막다 团队 tuánduì 명 팀, 단체 应用 yìngyòng 명동 응용(하다) 采用 cǎiyòng 동 채택하다 阻隔物 zǔgéwù 명 차단물 热交换 rè jiāohuàn 명 열 교환 盖被子 gài bèizi 이불을 덮다 隔热 gérè 명동 단열(하다), 열 차단(을 하다) 反光材料 fǎnguāng cáiliào 명 반사 재료 涤纶 dílún 명 폴리에스테르 腈纶 jīnglún 명 아크릴 섬유 锦纶 jǐnlún 명 나일론 高分子聚合物 gāofēnzǐ jùhéwù 명 고분자 화합물 合成纤维 héchéng xiānwéi 명 합성 섬유

29 A ★★

问：下列哪种措施可以有效减缓冰川融化？	질문: 다음 중 어떤 조치가 빙하 융해를 효과적으로 늦출 수 있는가?
A 直接对冰川实施人工降雪 B 保证冰川与外部的热交换 C 减少夏季雨水对冰川的冲刷 D 多建设滑雪场以降低地表温度	A 빙하에 직접 인공 강설을 실시한다 B 빙하와 외부의 열 교환을 보장한다 C 여름철 빗물이 빙하를 씻어내는 것을 줄인다 D 지표 온도를 낮추기 위해 스키장을 많이 건설한다

해설 녹음 두 번째 단락에서 '所以有关学者研究发现在冰面直接实施人工降雪不仅能直接增加雪物质(따라서 관련 학자들의 연구에 따르면, 빙하 표면에 직접 인공 강설을 실시하는 것은 눈 물질을 직접적으로 증가시킬 수 있을 뿐만 아니라), 也能增大表面的反照率(표면의 반사율을 증가시킬 수 있으며), 或者在冰面阻挡太阳辐射和冰面的热交换也能够有效地减缓冰川消融(혹은 빙하 표면에서 태양 복사와 열 교환을 차단하는 것도 빙하 융해를 효과적으로 늦출 수 있다)'라고 했으므로 정답은 A이다.

* 핵심 표현: ……不仅能 A 也能 B (~은 A할 수 있을 뿐만 아니라, B도 가능하다)

단어 冰川 bīngchuān 명 빙하　实施 shíshī 통 시행하다, 실행하다　人工降雪 réngōng jiàngxuě 명 인공 강설　热交换 rèjiāohuàn 명 열 교환　冲刷 chōngshuā 통 씻어내다, 세게 쓸다　滑雪场 huáxuěchǎng 명 스키장　地表温度 dìbiǎo wēndù 명 지표 온도　措施 cuòshī 명 조치, 대책　减缓 jiǎnhuǎn 통 완화하다, 늦추다　融化 rónghuà 통 녹다

30 羊毛毯。 ★★★

问：科学家给瑞士的两座冰川盖上了什么？	질문: 과학자들은 스위스의 두 개 빙하에 무엇을 덮었는가?
羊毛毯。	양털 담요.

해설 녹음 네 번째 단락에서 '科学家将白色的羊毛毯覆盖在瑞士的两座冰川上(과학자들은 하얀 양털 담요를 스위스의 두 개 빙하에 덮어)'라고 했으므로 정답은 羊毛毯이다.

단어 羊毛毯 yángmáotǎn 명 양모 담요　盖 gài 통 덮다　瑞士 Ruìshì 고유 스위스

31 D ★

问：减缓达古冰川消融的试验原理是什么？	질문: 다구 빙하 융해를 늦추는 실험의 원리는 무엇인가?
A 增加降雪的概率 B 增大表面的反照率 C 增加雪物质降低温度 D 阻挡太阳辐射和冰面的热交换	A 강설 확률을 높인다 B 표면의 반사율을 높인다 C 눈 물질을 증가시켜 온도를 낮춘다 D 태양 복사와 빙면의 열 교환을 차단한다

해설 녹음 다섯 번째 단락에서 '中国科学院研究团队应用人工措施减缓达古冰川消融的试验中(중국과학원 연구팀이 다구 빙하의 융해를 늦추기 위한 인위적인 조치를 응용한 실험에서는), 就是采用在冰面覆盖光热阻隔物(빙하 표면 위에 광열 차단물을 덮는 방식을 채택하여), 从而阻挡太阳辐射和冰面的热交换(태양 복사와 빙하 표면의 열 교환을 차단했다)'라고 했으므로 정답은 D이다.

단어　**降雪** jiàngxuě 명 강설 동 눈이 내리다　**概率** gàilǜ 명 확률　**反照率** fǎnzhàolǜ 명 반사율　**雪物质** xuěwùzhì 명 눈 물질　**阻挡** zǔdǎng 동 막다, 방해하다　**太阳辐射** tàiyáng fúshè 명 태양 복사, 태양 방사선　**冰面** bīngmiàn 명 얼음 표면　**热交换** rèjiāohuàn 명 열 교환　**减缓** jiǎnhuǎn 동 완화하다, 늦추다　**达古冰川** Dá Gǔ bīngchuān 고유 다구 빙하　**消融** xiāo róng 동 녹다, 용해되다

32 C ★★

问: 关于给冰川 "盖被子", 下列哪项正确?　　질문: 빙하에 '이불을 덮는 것'에 대해 다음 중 옳은 것은?

A 主要针对奥地利的冰川　　　　　　　　　A 주로 오스트리아의 빙하를 대상으로 한다
B 还处在计算机模拟阶段　　　　　　　　　B 아직 컴퓨터 시뮬레이션 단계에 있다
C 采用的是阻隔热源的方法　　　　　　　　C 열원을 차단하는 방법을 채택하였다
D 是目前对于冰川的主要研究　　　　　　　D 현재 빙하에 대한 주요 연구이다

해설　녹음 여섯 번째 단락의 '研究团队给冰川盖的 "被子", 是一种隔热和反光材料(연구팀이 빙하에 덮은 '이불'은 일종의 단열 및 반사 소재로)'에서 관련 내용이 언급되었다. 이어지는 단락에서 '在冰川表面铺设隔热和反光材料(빙하 표면에 단열 및 반사 소재를 깔면), 可以减少太阳直接辐射和近地层大气湍流交换对于冰川的影响(태양의 직접 복사와 지면 근처 대기의 난류 교환이 빙하에 미치는 영향을 줄일 수 있고), 增大冰川表面的反照率(빙하 표면의 반사율을 높일 수 있다)'라고 했다. 단열 및 반사 소재를 깔아서 빙하 표면의 반사율을 높이는 것은 즉 열원을 차단하는 방법에 해당하므로 정답은 C이다.

단어　**针对** zhēnduì 동 ~에 대해, ~을 대상으로　**模拟** mónǐ 동 모의하다, 시뮬레이션 하다　**阶段** jiēduàn 명 단계　**采用** cǎiyòng 동 채택하다, 사용하다　**阻隔** zǔgé 동 차단하다, 막다　**热源** rèyuán 명 열원, 열의 근원　**冰川** bīngchuān 명 빙하　**被子** bèizi 명 이불

33 D ★

问: 文中所谈到的试验材料, 具有什么优势?　　질문: 본문에서 언급된 실험 재료는 어떤 장점이 있는가?

A 价格便宜, 制作简单　　　　　　　　　　A 가격이 싸고, 제작이 간단하다
B 吸热力强, 保温性好　　　　　　　　　　B 흡열력이 강하고, 보온성이 좋다
C 材料天然, 可推广使用　　　　　　　　　C 소재가 천연이고, 보급 사용이 가능하다
D 绿色环保, 可回收利用　　　　　　　　　D 친환경적이며, 재활용이 가능하다

해설　녹음 일곱 번째 단락에서 '从环境保护的角度来看, 试验材料可以回收利用(환경 보호의 관점에서 보더라도, 실험에 사용된 소재는 재활용이 가능하며), 既可以节约成本, 又不会对周围环境产生影响(비용을 절감할 수 있을 뿐 아니라 주변 환경에도 영향을 주지 않는다)'라고 했으므로 정답은 D이다.

단어　**吸热力** xīrèlì 명 흡열력　**保温性** bǎowēnxing 명 보온성　**材料** cáiliào 명 재료　**天然** tiānrán 형 천연의　**推广** tuīguǎng 동 보급하다, 확산시키다　**绿色环保** lǜsè huánbǎo 명 친환경적이다　**回收利用** huíshōu lìyòng 동 재활용하다

34 C ★★★

问: 这篇文章主要讨论了什么内容?　　질문: 이 글은 주로 어떤 내용을 다루고 있는가?

A 冰川研究的方向预估　　　　　　　　　　A 빙하 연구의 방향 예측
B 冰川消融的严重危害　　　　　　　　　　B 빙하 융해의 심각한 피해
C 冰川消融的应对措施　　　　　　　　　　C 빙하 융해의 대응 조치
D 冰川未来的变化过程　　　　　　　　　　D 빙하 미래의 변화 과정

해설 녹음 첫 번째 단락에서 '在应对冰川消融的工程措施方面，相关研究相对较少(빙하 융해에 대응하는 공학적 대책에 대한 관련 연구는 상대적으로 적다)'라며 '빙하 융해에 대한 대응'이라는 주제를 간접적으로 제시하였다. 또한 세 번째 단락의 '奥地利的冰川滑雪场就是利用人造雪维持雪道的(오스트리아의 빙하 스키장은 인공 눈을 이용해 슬로프를 유지하고 있다)', 그리고 네 번째 단락의 '值得一提的是瑞士针对减缓冰川消融的研究已有所尝试(주목할 만한 것은, 스위스는 빙하 융해를 늦추는 연구를 이미 시도하고 있다)' 등의 내용을 통해 세계 각국이 빙하 융해에 대응하는 조치를 설명하고 있으므로 정답은 C이다.

단어 预估 yùgū 동 예상하다, 추정하다 消融 xiāoróng 동 녹다, 용해되다 严重危害 yánzhòng wēihài 심각한 위험, 심각한 해 冰川消融 bīngchuān xiāoróng 명 빙하 융해 应对措施 yìngduì cuòshī 명 대응 조치

TIP

• 주요 문장 형식

目前对……的研究主要集中在……等方面，但是，在……方面，相关研究相对较少
(오늘날 ~에 대한 연구는 ~방면에 집중되어 있다. 그러나 ~방면에서 상관 연구는 비교적 적다)

원문 目前对**冰川**的研究主要集中在**变化过程、机理和未来变化预估**等方面，但是，在**应对冰川消融的工程措施**方面，相关研究相对较少。

예문 目前对**环境污染**的研究主要集中在**空气和水资源**方面，但是，在**噪音污染**方面，相关研究相对较少。

值得一提的是…… (언급할 만한 것은(주목할 만한 것은) ~이다)

원문 值得一提的是瑞士针对减缓冰川消融的研究已有所尝试，科学家将白色的羊毛毯覆盖在瑞士的两座冰川上，利用羊毛毯遮挡和反射太阳辐射来达到缓解冰川消融的目的。

예문 值得一提的是，这次实验虽然失败了，却为后来的成功打下了基础。

35-40

MP3 04-07

⓵ ㊵ 仿生建筑的类型十分丰富，有些仿生建筑不仅拥有与生物相仿的优美外形，而且还像自然界的生物一样拥有无与伦比的生命力和创造力，大大缩短了人与自然的距离。

⓶ 向日葵从发芽到花盘盛开这一段时间，其叶子和花盘会一直追随着太阳的位置以获得最充足的阳光。㉟ 向日葵式的仿生建筑也能够随着太阳的方向进行旋转，太阳落山以后，控制程序会让房屋自动恢复初始位置。其旋转的动力全都来自自身的"光合作用"，即由屋顶的太阳能光电板和小型的太阳能电动机提供动力，十分节能。加上其外表面安装了大量的太阳能光电板，它每天生产的电能远远大于旋转所消耗的，于是住户便将多余的电能存入社区电网，冬天或者阴天时再拿出取用，剩余的还能卖钱。"向日葵建筑"中还拥有众多"葵花籽"，例如客厅电灯、浴室加热器等，它们的能量都来自屋顶的太阳能光电板。阳光下，"向日葵"就像璀璨的宝石一样闪闪发光，周围植物的影子由玻璃透到室内去，光影纵横，仿佛置身于树荫之下；黑夜里，"葵花籽"们熠熠生辉，五彩斑斓，十分动人。

⓵ ㊵ 생체 모방 건축의 유형은 매우 다양하며, 일부 생체 모방 건축은 생물과 유사한 아름다운 외형을 가졌을 뿐만 아니라, 자연계의 생물처럼 비할 바 없는 생명력과 창조력을 지니고 있어, 사람과 자연 사이의 거리를 크게 좁혀주었다.

⓶ 해바라기는 싹이 트는 것부터 화반이 만개하는 기간 동안, 그 잎과 화반이 태양의 위치를 따라가서 햇빛을 가장 많이 받도록 한다. ㉟ 해바라기식 생체 모방 건축도 태양의 방향에 따라 회전할 수 있으며, 태양이 지고 난 뒤에는 제어 프로그램이 집을 자동으로 원래 위치로 복귀시킨다. 그 회전 동력은 전부 자체적인 '광합성'에서 나오는데, 이는 지붕의 태양광 패널과 소형 태양전지 전동기에서 동력을 제공받아 에너지를 매우 절약한다. 외벽에 대량의 태양광 패널이 설치되어 있어, 매일 생산되는 전기는 회전에 소비되는 전기를 훨씬 초과하며, 거주자는 남는 전기를 커뮤니티 전력망에 저장해 두었다가 겨울이나 흐린 날에 꺼내 쓸 수 있으며, 남는 전기는 판매할 수도 있다. '해바라기 건축물' 안에는 많은 '해바라기 씨'도 있는데, 예를 들어 거실 전등, 욕실 난방기 등이 있으며, 이들의 에너지도 모두 지붕의 태양광 패널에서 온다. 햇빛 아래, '해바라기'는 찬란한 보석처럼 반짝이고, 주변 식물의 그림자가 유리를 통해 실내로 비치며, 빛과 그림자가 어우러져 마치 나무 그늘 아래 있는 듯한 느낌을 준다. 밤이 되면, '해바라기 씨'들이 반짝이며 오

3 仙人掌一般生长在干旱的沙漠里，每次降雨，仙人掌都会竭尽全力吸收、储存水分。城市㊱㊴“仙人掌建筑”也是如此，住户们将各种植物种植在自己大面积的户外阳台上，整个建筑就像一座小型的光合作用工厂，能够吸收城市中的有害气体，并且释放新鲜的氧气，㊱㊴缓解城市的热岛效应，为住户提供清新、幽雅的居住环境。

4 ㊲花梗是马蹄莲的中轴部分，除了作为结构主体，还作为整株植物的主要能量传送带，可以将水分、养分及时地在根、花、果实之间运输。“马蹄莲建筑”的塔楼作为整支“马蹄莲”的花梗，在其底部设有集热棚，利用温室效应加热空气，将热量通过中心烟囱的内部气流，源源不断输送给整座建筑。此外，塔楼主体的外表面并不平整，像折过的纸张一样，这样能够保证经过气流的最大化，从而最大限度地利用风能。而且，㊳为了提高顶部风力发电机组的效率，“花”被设计成双弧形截面，将风速提高到环境风速的4倍之多。风儿吹过，“马蹄莲建筑”迎风招展，散发着蓬勃的生机。

색찬란하게 빛나 매우 감동적이다.

선인장은 일반적으로 건조한 사막에서 자라며, 비가 내릴 때마다 선인장은 온 힘을 다해 물을 흡수하고 저장한다. 도시의 ㊱㊴'선인장 건축물'도 마찬가지로, 거주자들이 자신의 넓은 야외 발코니에 각종 식물을 심어, 건축물 전체가 마치 소형 광합성 공장처럼 되어, 도시의 유해 가스를 흡수하고 신선한 산소를 내뿜으며, ㊱㊴도시의 열섬 현상을 완화하고, 거주자에게 신선하고 고요한 주거 환경을 제공한다. 3

㊲꽃대는 칼라(calla)의 중심축 부분으로, 구조의 본체일 뿐만 아니라 식물 전체의 주요 에너지 전달 통로 역할을 하여 물과 영양분을 뿌리, 꽃, 열매 사이에서 제때에 전달해 줄 수 있다. '칼라 건축물'의 타워는 전체 '칼라'의 꽃대로서, 그 아래 부분에는 열 수집 지붕이 설치되어 있어 온실 효과를 이용해 공기를 가열하고, 열을 중심 굴뚝 내부의 기류를 통해 건축물 전체에 끊임없이 전달한다. 또한 타워 본체의 외부 표면은 평평하지 않고 접었던 종이처럼 되어 있어 흐르는 기류를 최대화할 수 있으며, 따라서 풍력을 최대한 활용할 수 있다. 그리고 ㊳꼭대기의 풍력 발전기 효율을 높이기 위해, '꽃'은 이중 곡선 단면으로 설계되어 풍속을 환경 풍속의 4배로 높일 수 있다. 바람이 불면, '칼라 건축물'은 바람을 맞으며 나부끼고, 왕성한 생명력을 발산한다. 4

단어 **仿生** fǎngshēng 명 생체 모방 **类型** lèixíng 명 유형, 종류 **相仿** xiāngfǎng 형 비슷하다, 유사하다 **无与伦比** wú yǔ lúnbǐ 성 비할 데 없다, 탁월하다 **缩短** suōduǎn 동 단축하다 **向日葵** xiàngrìkuí 명 해바라기 **发芽** fāyá 동 발아하다, 싹트다 **花盘** huāpán 명 꽃판 **盛开** shèngkāi 동 만개하다 **叶子** yèzi 명 잎 **追随** zhuīsuí 동 따라가다, 따르다 **旋转** xuánzhuǎn 동 회전하다 **太阳落山** tàiyáng luòshān 해가 지다 **控制程序** kòngzhì chéngxù 명 제어 프로그램 **房屋** fángwū 명 집, 주택 **初始位置** chūshǐ wèizhi 명 초기 위치 **光合作用** guānghé zuòyòng 명 광합성 작용 **屋顶** wūdǐng 명 지붕 **光电板** guāngdiànbǎn 명 태양광 패널 **电动机** diàndòngjī 명 전동기, 모터 **动力** dònglì 명 동력, 추진력 **节能** jiénéng 동 에너지를 절약하다 **安装** ānzhuāng 동 설치하다 **消耗** xiāohào 동 소비하다, 소모하다 **住户** zhùhù 명 거주자 **存入** cúnrù 동 저장하다, 입금하다 **社区电网** shèqū diànwǎng 명 지역 전력망 **拿出取用** náchū qǔyòng 꺼내서 사용하다 **剩余** shèngyú 명 남은 것 형 여분의 **葵花籽** kuíhuāzǐ 명 해바라기씨 **浴室** yùshì 명 욕실 **加热器** jiārèqì 명 히터, 가열기 **璀璨** cuǐcàn 형 찬란하다, 빛나다 **闪闪发光** shǎnshǎn fāguāng 동 반짝이다 **玻璃** bōli 명 유리 **透** tòu 동 투과하다, 비치다 **光影纵横** guāngyǐng zònghéng 빛과 그림자가 교차하는 모습 **仿佛** fǎngfú 부 마치 ~인 것 같다

35 C

★★

问：为什么有的仿生建筑以“向日葵”命名？

질문: 왜 어떤 생체 모방 건축물은 '해바라기'로 이름을 지었는가?

A 生产“葵花籽”
B 造型像向日葵
C 由太阳能提供动力
D 表面涂抹各类颜色

A. '해바라기 씨'를 생산해서
B. 모양이 해바라기를 닮아서
C. 태양 에너지로 동력을 제공받아서
D. 표면에 각종 색상을 칠해서

해설 녹음 두 번째 단락의 '向日葵式的仿生建筑也能够随着太阳的方向进行旋转(해바라기식 생체 모방 건축도 태양의 방향에 따라 회전할 수 있다)'에서 관련 내용이 언급되었다. 이어지는 내용에서 '其旋转的动力全都来自自身的“光合作用”(그 회전 동력은 전부 자체적인 '광합성'에서 나오는데), **即由屋顶的太阳能光电板和小型的太阳能电动机提供动力，十分节能**(이는 지붕의 태양광 패널과 소형 태양전지 전동기에서 동력을 제공받아 에너지를 매우 절약한다)'라고 했다. '向日葵式的仿生建筑(해바라기식 생체 모방 건축물)'이라고 부른 이유는 태양 에너지로 동력을 제공받아 회전하기 때문이므로 정답은 C이다.

단어　提供 tígōng 통 제공하다　动力 dònglì 명 동력, 에너지　涂抹 túmǒ 통 바르다, 칠하다　仿生建筑 fǎngshēng jiànzhù 명 생체 모방 건축　命名 mìngmíng 통 이름을 짓다, 명명하다

36　B　★★

问: 关于"仙人掌建筑", 下列哪项正确? | 질문: '선인장 건축물'에 대해 다음 중 어느 것이 맞는가?

A 适合建于沙漠
B 居住环境宜人
C 会大量吸收雨水
D 能阻挡有毒细菌

A. 사막에 짓기에 적합하다
B. 주거 환경이 쾌적하다
C. 많은 빗물을 흡수한다
D. 유독한 세균을 막을 수 있다

해설　녹음 세 번째 단락의 '"仙人掌建筑"也是如此('선인장 건축물'도 마찬가지로)'에서 관련 내용이 언급되었다. 이어지는 내용에서 '缓解城市的热岛效应, 为住户提供清新、幽雅的居住环境(도시의 열섬 현상을 완화하고, 거주자에게 신선하고 고요한 주거 환경을 제공한다)'라고 했다. 신선하고 고요한 주거 환경은 곧 쾌적함을 나타내므로 정답은 B이다.

단어　沙漠 shāmò 명 사막　居住环境 jūzhù huánjìng 명 주거 환경　宜人 yírén 형 기분 좋다, 쾌적하다　吸收 xīshōu 통 흡수하다　阻挡 zǔdǎng 통 막다, 방해하다　细菌 xìjūn 명 세균　仙人掌建筑 xiānrénzhǎng jiànzhù 선인장 건축물

37　中轴。/ 主体。　★★★

问: 马蹄莲的花梗类似于"马蹄莲建筑"的什么部分? | 질문: 칼라의 꽃대는 '칼라 건축물'의 어느 부분과 유사한가?

中轴。/ 主体。

중심축. / 본체.

해설　녹음 네 번째 단락 초반에서 '花梗是马蹄莲的中轴部分, 除了作为结构主体(꽃대는 칼라의 중심축 부분으로, 구조의 본체일 뿐만 아니라)'라고 했다. 이어지는 내용의 '"马蹄莲建筑"的塔楼作为整支"马蹄莲"的花梗('칼라 건축물'의 타워는 전체 '칼라'의 꽃대이다)'를 통해 칼라의 꽃대가 '칼라 건축물'의 중심축 또는 본체에 해당함을 유추할 수 있다. 따라서 정답은 中轴 또는 主体이다.

단어　马蹄莲 mǎtílián 명 칼라(천남성과의 여러해살이 풀)　花梗 huāgěng 명 꽃줄기　类似于 lèisì yú ~와 비슷하다　中轴 zhōngzhóu 명 중앙축　主体 zhǔtǐ 명 주체, 본체

38　D　★

问: "花"被设计成双弧形截面的目的是什么? | 질문: '꽃'이 이중 곡선 단면으로 설계된 목적은 무엇인가?

A 保证经过气流最大化
B 利用温室效应加热空气
C 扩大建筑内部能量传输带
D 提高风力发电机组的效率

A 기류가 지나가는 것을 최대화하도록 보장한다
B 온실 효과를 이용해 공기를 가열한다
C 건축물 내부의 에너지 전달 통로를 확대한다
D 풍력 발전기 효율을 높인다

해설　녹음 네 번째 단락에서 '为了提高顶部风力发电机组的效率, "花"被设计成双弧形截面(꼭대기의 풍력 발전기 효율을 높이기 위해, '꽃'은 이중 곡선 단면으로 설계되어)'라고 했으므로 정답은 D이다.

단어   气流 qìliú 몡 기류   最大化 zuìdàhuà 동 최대화하다   温室效应 wēnshì xiàoyìng 몡 온실 효과   扩大 kuòdà 동 확대하다, 확장하다   传输带 chuánshūdài 몡 전송 벨트   提高 tígāo 동 향상시키다, 높이다   风力发电机组 fēnglì fādiàn jīzǔ 풍력발전기 장치   效率 xiàolǜ 몡 효율   双弧形截面 shuāng húxíng jiémiàn 몡 이중 곡선 단면

39 B ★★

问: 哪种建筑能缓解城市的热岛效应?   질문: 어떤 건축물이 도시의 열섬 현상을 완화할 수 있는가?

A 向日葵   A 해바라기
B 仙人掌   B 선인장
C 马蹄莲   C 칼라
D 三角枫   D 단풍나무

해설   녹음 세 번째 단락에서 "仙人掌建筑"也是如此('선인장 건축물'도 마찬가지로) …… 缓解城市的热岛效应, 为住户提供清新、幽雅的居住环境(도시의 열섬 현상을 완화하고, 거주자에게 신선하고 고요한 주거 환경을 제공한다)'라고 했으므로 정답은 B이다.

단어   向日葵 xiàngrìkuí 몡 해바라기   仙人掌 xiānrénzhǎng 몡 선인장   三角枫 sānjiǎofēng 몡 삼각 단풍   缓解 huǎnjiě 동 완화하다, 경감하다   热岛效应 rèdǎo xiàoyìng 몡 열섬 효과

40 C ★★

问: 下列哪个标题更适合这篇文章?   질문: 다음 중 어떤 제목이 이 글에 더 적합한가?

A 建筑的不同造型   A 건축의 다양한 외형
B 建筑的节能应用   B 건축의 에너지 절약적 활용
C 建筑的仿生功能   C 건축의 생체 모방 기능
D 建筑与自然环境   D 건축과 자연 환경

해설   주제는 일반적으로 초반이나 마지막에 제시되는 경우가 많다. 녹음 첫 번째 단락에서 '仿生建筑的类型十分丰富(생체 모방 건축의 유형은 매우 다양하며), 有些仿生建筑不仅拥有与生物相仿的优美外形, 而且还像自然界的生物一样拥有无与伦比的生命力和创造力(일부 생체 모방 건축은 생물과 유사한 아름다운 외형을 가졌을 뿐만 아니라, 자연계의 생물처럼 비할 바 없는 생명력과 창조력을 지니고 있어), 大大缩短了人与自然的距离(사람과 자연 사이의 거리를 크게 좁혀주었다)'라고 했다. 이 글의 중심 내용은 건축이 생체 모방을 통하여 가지는 이점을 나타내므로 정답은 C이다.

단어   造型 zàoxíng 몡 디자인   节能 jiénéng 동 에너지를 절약하다   应用 yìngyòng 동 활용하다   建筑 jiànzhù 몡 건축   仿生功能 fǎngshēng gōngnéng 몡 생체 모방 기능   自然环境 zìrán huánjìng 몡 자연 환경

TIP

● 주요 문장 형식

……十分丰富, 不仅 A, 而且还 B (~은 매우 풍부한데, A할 뿐만 아니라, B하다)
원문 仿生建筑的类型十分丰富, 有些仿生建筑不仅拥有与生物相仿的优美外形, 而且还像自然界的生物一样拥有无与伦比的生命力和创造力, 大大缩短了人与自然的距离。
예문 这家图书馆的藏书十分丰富, 不仅有文学名著, 而且还有各类专业书籍。

为了提高……的效率 (~의 효율을 높이기 위하여)
원문 而且, 为了提高顶部风力发电机组的效率, "花"被设计成双弧形截面, 将风速提高到环境风速的4倍之多。
예문 为了提高农作物的授粉效率, 一些农场引入了人工辅助授粉或饲养蜜蜂。

二、阅读 독해

제1부분 (41-68) 지문을 보고 올바른 답을 선택하세요.

41-47

　　15岁那年深秋，父亲让我乘车去购买麦种。下了车后，按照父亲指定的位置，我很快就找到了种子交易市场。

　　在市场街口，㊶我进了几家种子门市店。门市店里的地上和货柜上摆满了塑料盆盛着的麦种样品。我边和店主说话，边蹲下身子一一观察。那些麦种看起来真的很好，一粒粒饱满、肥大，捧到手里沉甸甸、亮闪闪的。㊷在店主巧舌如簧的游说下，我差不多就要掏钱购种了，但想起父亲的叮嘱，我最终还是把捧在手里的麦种依依不舍地又放进了样品盆中。

　　父亲说种子公司的国营门市店里有上好的麦种，有个农业教授亲自在那里出售麦种。他再三叮嘱我一定要到种子公司的国营门市店去，一定要买那个农业教授培育出来的小麦一代杂交新品种。我一路打听着，终于找到了种子公司的国营门市店，见到了那个戴着深度近视镜的教授和他培育出来的一代杂交新麦种，但我失望极了。我的失望不是对教授，而是对教授培育出来的新麦种。那些麦种，个头大小不一，显得十分参差，并且那些麦种也不饱满，一粒粒瘦瘦的、瘦瘦的，还一个个灰头土脸的，几乎没什么光泽，㊸远不如前面那些个体种子店出售的麦种，甚至同我家里收回来的麦粒也不能同日而语。我抓了一把捧在手掌里，细细看了足足有三分钟，才怀疑地问站在一旁的教授："这真的是您培育出来的一代杂交新品种？"教授笑着点点头说："是的，是的。"

　　我怀疑地问他："怎么成色这么差呢？"

　　教授解释说："一代杂交的新品种都这样，种几茬成色就会越来越好了。"㊹我一点儿也不相信他的解释，母种都这样，还能结出什么样的好麦子来？我断定教授一定是骗人的，只不过是打着教授的幌子想靠出售麦种捞上一笔钱而已。

　　于是，我果断地离开了种子公司的国营门市店，到街上的个体种子店里买了几十斤颗粒饱满、个个通体金亮的麦种。

　　麦种带回家后，我向父亲讲了我的推测，父亲也没说什么，很快就把种子播进地里去了。㊺直到第二年收麦时我和父亲才惊讶地发现，我们家那些颗粒饱满的麦种长出的麦子并不好，麦粒又细又烂不说，产量也很低，而村里几家买教授麦种的人，他们的麦子穗长、粒实、颗粒饱满、金亮，产量高出我家好几倍。

后来我请教一位搞农业育种的专家，专家一听就笑了。他说，那些一代杂交的种子确实看上去不起眼儿，瘦小，亮色也差，可它们毕竟是一代杂交的，㊻它们种一年就变得饱满些，再种一年就更加饱满了，它们在一年年克服着缺陷，在拼命趋向饱满和完美。㊼而那些看上去饱满、金亮、完美无缺的种子，它已经完美到尽头了，只有一年年退化，一年年向缺陷发展，最后被彻底淘汰，永远退出土地和田园。

거리의 개인 종자 상점에서 알이 굵고 하나같이 금빛으로 빛나는 밀 종자 수십 근을 샀다.

밀 종자를 집으로 가져온 뒤, 나는 아버지에게 내 추측을 이야기했다. 아버지는 별말 없이 곧장 그 종자를 밭에 뿌렸다. ㊺다음 해 밀을 수확할 때가 되어서 나와 아버지는 놀라며 발견하였는데, 우리 집에서 심은 그 알이 실하던 밀 종자에서 자란 밀은 형편없었다. 밀알은 가늘고 흐물거리는 것은 말할 것도 없고, 수확량도 매우 낮았다. 반면 교수의 종자를 산 몇몇 마을 사람들의 밀은 이삭이 길고, 알이 실하며, 밀알이 굵고 금빛으로 빛났으며, 수확량은 우리 집의 몇 배였다.

그 뒤 나는 농업 육종을 하는 전문가에게 자문을 구했다. 전문가가 이야기를 듣자 웃으며 말했다. 그는 이렇게 말했다. 그 1세대 교잡 종자는 겉으로 보기에는 정말 초라하고, 쭈글쭈글하며, 광택도 떨어지지만, 그래도 어쨌든 1세대 교잡 종자이라. ㊻한 해를 재배하면 실해지고, 두 해를 재배하면 더욱더 실해진다. 그것들은 해마다 결함을 극복하며, 온 힘을 다해 실하고 완전함을 향해 나아간다. ㊼반면 겉보기에 실하고, 금빛으로 빛나며, 완벽해 보이는 그 종자들은 이미 완벽의 끝에 도달했기에, 해마다 퇴화하고, 해마다 결함이 생기는 방향으로 발전하며, 결국 완전히 도태되어 영원히 땅과 밭에서 사라지게 된다.

단어 乘车 chéngchē 동 차를 타다　麦种 màizhǒng 명 밀·보리 종자　按照 ànzhào 개 ~에 따라　指定 zhǐdìng 동 지정하다　种子 zhǒngzi 명 씨앗　交易市场 jiāoyì shìchǎng 명 거래 시장　街口 jiēkǒu 명 길목　门市店 ménshìdiàn 명 소매점　货柜 huòguì 명 진열대　摆满 bǎimǎn 가득 진열하다　塑料盆 sùliàopén 명 플라스틱 화분　盛 chéng 동 담다　样品 yàngpǐn 명 샘플　蹲下身子 dūnxià shēnzi 몸을 웅크리고 앉다, 허리를 구부리다　粒 lì 양 알(곡 등의 낱알)　饱满 bǎomǎn 형 실하다, 풍만하다　肥大 féidà 형 크고 뚱뚱하다　捧 pěng 동 두 손으로 받치다　沉甸甸 chéndiàndiàn 형 묵직하다　亮闪闪 liàngshǎnshǎn 형 번쩍번쩍 빛나다　巧舌如簧 qiǎoshérúhuáng 성 말재주가 뛰어나다　掏钱 tāoqián 동 돈을 꺼내다　叮嘱 dīngzhǔ 동 신신당부하다　依依不舍 yīyībùshě 형 아쉬워하며 떠나지 못하다　国营 guóyíng 형 국영의　出售 chūshòu 동 팔다　培育 péiyù 동 배양하다, 육성하다　小麦 xiǎomài 명 밀　杂交 zájiāo 동 (잡종) 교배하다　戴 dài 동 쓰다, 착용하다　深度近视镜 shēndù jìnshìjìng 명 고도 근시 안경　个头 gètou 명 몸집, 키　参差 cēncī 형 들쑥날쑥하다　瘦 biě 형 납작하다, 홀쭉하다　灰头土脸 huītóutǔliǎn 성 얼굴이 온통 먼지투성이 이다　光泽 guāngzé 명 윤기　远不如 yuǎnbùrú ~보다 한참 못하다　同日而语 tóngrì'éryǔ 동 동등하게 비교하다　成色 chéngsè 명 품질, 상태　茬 chá 명 (농작물) 밑동, 밑부분　断定 duàndìng 동 단정하다　打着幌子 dǎzhe huǎngzi 동 (명분을) 내세우다　捞上一笔钱 lāoshàng yìbǐ qián 한몫 잡다　而已 éryǐ 조 (단지) ~뿐이다　通体金亮 tōngtǐ jīnliàng 온통 금빛으로 빛나다　推测 tuīcè 동 추측하다　播进 bōjìn 파종하다　惊讶 jīngyà 형 놀라다　烂 làn 형 썩다, 물러지다　穗 suì 명 이삭　育种 yùzhǒng 동 품종을 개량하다　不起眼儿 bùqǐyǎnr 볼품없다, 눈에 띄지 않다　缺陷 quēxiàn 명 결함　拼命 pīnmìng 부 죽기 살기로　趋向 qūxiàng 동 추구하다, ~을 향하다　完美无缺 wánměiwúquē 성 완벽하다　尽头 jìntóu 명 끝　退化 tuìhuà 동 퇴화하다　淘汰 táotài 동 도태하다　田园 tiányuán 명 전원

41 A

"我"先去的个体门市店的麦种:

A 饱满亮丽
B 参差不齐
C 性价比高
D 重量不足

'내'가 먼저 간 개인 소매점의 밀 종자는:

A 알이 굵고 반짝인다
B 들쭉날쭉하다
C 가성비가 높다
D 중량 미달이다

해설 두 번째 단락 초반 '我进了几家种子门市店(나는 몇 곳의 종자 소매점을 들어갔다)'의 门市店은 곧 '개인 소매점'을 의미한다. 이어지는 내용에서 '那些麦种看起来真的很好，一粒粒饱满、肥大，捧到手里沉甸甸、亮闪闪的(그 밀 종자들은 정말 좋아 보였고, 알알이 실하고 크며, 손에 쥐면 묵직하고 반짝반짝 빛났다)'라고 했으므로 정답은 A이다.

단어 饱满 bǎomǎn 형 실하다, 풍만하다   亮丽 liànglì 형 화려하다, 밝고 아름답다   参差不齐 cēncī bù qí 성 고르지 못하다, 들쭉날쭉하다   性价比 xìngjiàbǐ 가성비   个体门市店 gètǐ ménshìdiàn 개인 점포, 소매점   麦种 màizhǒng 보리 종자

42 B ★★

根据文意，第二段的空白处最适合填入的词语是：	글의 의미에 따르면, 두 번째 단락의 빈칸에 가장 적합한 단어는:
A 旁白 B 游说 C 谈论 D 宣讲	A 나레이션 B 유세하다 C 토론하다 D 강연하다

해설 빈칸이 포함된 '在店主巧舌如簧的_____下(가게 주인의 말재간 좋은 유세에서)' 중 빈칸 앞의 성어 巧舌如簧은 '감언이설로 말을 잘한다'는 의미이다. 가게 주인이 필자를 설득하여 밀 종자를 사게 하려 했으므로 문맥상 빈칸에 가장 적합한 단어는 '유세하다(다른 사람을 설득하여 자신의 의견이나 제안을 받아들이게 하다)'라는 의미의 B 游说이다.

단어 旁白 pángbái 명 내레이션, 해설   游说 yóushuì 동 설득하다, 권유하다   谈论 tánlùn 동 이야기하다, 토론하다   宣讲 xuānjiǎng 동 선전하다, 강연하다

43 C ★★★

第三段中画线部分"不能同日而语"的意思是：	세 번째 단락의 밑줄 부분 '不能同日而语'의 뜻은:
A 不能同时对比 B 不是同一种类 C 不可相提并论 D 不在同一天出现	A 동시에 비교할 수 없다 B 같은 종류가 아니다 C 함께 두고 논할 수 없다(비교가 되지 않는다) D 같은 날에 나타나지 않는다

해설 밑줄 친 不能同日而语는 '차이가 매우 크며, 완전히 다르기 때문에 함께 놓고 말할 수 없다(비교가 되지 않는다)'는 것을 말한다. 이와 유사한 뜻을 나타내는 말은 '不可相提并论(다른 것이므로 함께 논할 수 없다)'이므로 정답은 C이다. A의 对比는 두 가지 다른 사물이나 상황을 서로 비교하는 것을 뜻하므로 정답으로 적절하지 않다. 해당 문제 유형은 대부분 고급 성어들이 출제된다. 정확한 의미를 모를 시에는 앞뒤 내용을 유추해서 답을 찾도록 하자.

단어 对比 duìbǐ 명 동 대조(하다), 대비(하다)   相提并论 xiāng tí bìng lùn 성 한데 섞어 논하다(주로 부정문에 쓰임)

44 D ★★

第五段中 "我" 的判断，是根据：	다섯 번째 단락에서 '나'의 판단 근거는:
A 教授的外貌	A 교수의 외모
B 门店的装潢	B 가게의 장식
C 教授的解释	C 교수의 설명
D 种子的成色	D 종자의 품질

해설　다섯 번째 단락 중반에서 '我一点儿也不相信他的解释(나는 그의 설명을 전혀 믿지 않았다), 母种都这样，还能结出什么样的好麦子来?(모종이 이 정도인데, 무슨 좋은 밀을 거둘 수 있겠는가)'라고 했다. '나'의 판단 근거는 '모종이 좋지 않아서'이므로 정답은 D이다. 필자는 교수의 설명을 믿지 않았으므로 C는 정답이 될 수 없다.

단어　成色 chéngsè 몡 (물건의) 품질, 상태　解释 jiěshì 통 설명하다, 해석하다　麦子 màizi 몡 보리, 밀　外貌 wàimào 몡 외모, 겉모습　装潢 zhuānghuáng 몡 장식, 꾸밈

45 B ★

十五岁那年，我买回的种子：	열다섯 살 때 내가 사온 종자는:
A 是干瘪的	A 쭈글쭈글했다
B 产量很低	B 수확량이 매우 낮았다
C 被父亲退回了	C 아버지가 되돌려 보냈다
D 是教授挑选的	D 교수가 고른 것이었다

해설　일곱 번째 단락 중반에서 '直到第二年收麦时我和父亲才惊讶地发现(다음 해 밀을 수확할 때가 되어서 나와 아버지는 놀라며 발견하였는데), 我们家那些颗粒饱满的麦种长出的麦子并不好(우리 집에서 심은 그 알이 실하던 밀 종자에서 자란 밀은 형편없었다), 麦粒又细又烂不说，产量也很低(밀알은 가늘고 흐물거리는 것은 말할 것도 없고, 수확량도 매우 낮았다)'라고 했으므로 정답은 B이다.

단어　干瘪 gānbiě 톙 시들다, 말라 비틀어지다　产量 chǎnliàng 몡 생산량　低 dī 톙 낮다　退回 tuìhuí 통 반송하다, 돌려보내다　挑选 tiāoxuǎn 통 선택하다, 고르다

46 D ★★

一代杂交麦种：	1세대 교잡 밀 종자는:
① 不在市场出售	① 시장에서 판매되지 않는다
② 结出了好麦穗	② 좋은 밀 이삭을 맺었다
③ 逐年完善自己	③ 해마다 자신을 개선한다
④ 对土壤有要求	④ 토양에 대한 요구가 있다
A ①② 　B ②④ 　C ①④ 　D ②③	A ①② 　B ②④ 　C ①④ 　D ②③

해설	여덟 번째 단락 중반에서 '它们种一年就变得饱满些，再种一年就更加饱满了(그것들은 한 해를 재배하면 실해지고, 두 해를 재배하면 더욱더 실해진다), 它们在一年年克服着缺陷, 在拼命趋向饱满和完美(그것들은 해마다 결함을 극복하며, 온 힘을 다해 실하고 완전함을 향해 나아간다)'라고 했다. 해가 거듭될수록 종자가 실해진다는 것은 보기 ② 结出了好麦穗에 해당하고, 해마다 결함을 극복한다는 것은 보기 ③ 逐年完善自己에 해당한다. 따라서 정답은 D이다
단어	**杂交** zájiāo 통 (잡종) 교배하다 **麦种** màizhǒng 명 보리 종자 **出售** chūshòu 통 판매하다, 팔다 **结出** jiēchū 통 (열매 등을) 맺다 **麦穗** màisuì 명 밀(보리) 이삭 **逐年** zhúnián 부 해마다, 매년 **趋向** qūxiàng 명 경향, 추세

47 B ★★

上文主要想告诉我们：	윗글은 주로 우리에게 다음을 말해주고자 한다:
A 生活中要努力增强优势	A 생활 속에서 장점을 키워야 한다
B 完美有时反而会是缺陷	B 완벽함이 오히려 결점일 수 있다
C 科学技术推动农业发展	C 과학기술이 농업 발전을 이끈다
D 好的决定需要多听建议	D 좋은 결정을 위해 여러 의견을 들어야 한다

해설	여덟 번째 단락 후반에서 '而那些看上去饱满、金亮、完美无缺的种子(반면 겉보기에 실하고, 금빛으로 빛나며, 완벽해 보이는 그 종자들은), 它已经完美到尽头了，只有一年年退化，一年年向缺陷发展(이미 완벽의 끝에 도달했기에, 해마다 퇴화하고, 해마다 결함이 생기는 방향으로 발전하며), 最后被彻底淘汰，永远退出土地和田园(결국 완전히 도태되어 영원히 땅과 밭에서 사라지게 된다)'라고 했다. '완벽해 보이는 종자는 앞으로 도태된다'는 것을 말하고 있으므로 정답은 B이다.
단어	**增强** zēngqiáng 통 강화하다, 증강하다 **优势** yōushì 명 우위, 장점 **完美** wánměi 형 완벽하다 **反而** fǎn'ér 부 오히려 **缺陷** quēxiàn 명 결함, 부족한 점 **推动** tuīdòng 통 추진하다, 이끌다

TIP

● 주요 문장 형식

远不如……，甚至……也不能同日而语 (~보다 훨씬 못하며, 심지어 ~과도 비교가 되지 않는다)

원문 我的失望不是对教授，而是对教授培育出来的新麦种。那些麦种，个头大小不一，显得十分参差，并且那些麦种也不饱满，一粒粒瘪瘪的、瘦瘦的，还一个个灰头土脸，几乎没什么光泽，远不如前面那些个体种子店出售的麦种，甚至同我家里收回来的麦粒也不能同日而语。

예문 这些仿制品的质量远不如正品精致，甚至包装的细节也不能同日而语。

只不过是……而已 (단지 ~일 뿐이다)

원문 教授解释说："一代杂交的新品种都这样，种几茬成色就会越来越好了。"我一点儿也不相信他的解释，母种都这样，还能结出什么样的好麦子来？我断定教授一定是骗人的，只不过是打着教授的幌子想靠出售麦种捞上一笔钱而已。

예문 她不说话，只不过是为了避免无谓的争论而已，并不代表没有立场。

看上去……，可…… (보기에는 ~하지만, 그러나 ~이다)

원문 后来我请教一位搞农业育种的专家，专家一听就笑了。他说，那些一代杂交的种子确实看上去不起眼儿，瘦小，亮色也差，可它们毕竟是一代杂交的，它们种一年就变得饱满些，再种一年就更加饱满了，它们在一年年克服着缺陷，在拼命趋向饱满和完美。

예문 这道题看上去很简单，可真正做时才发现不那么容易。

48-54

1 (48) 沙漠地鼠龟，俗名沙漠陆龟，(53) 是一种独居动物，以龟壳保护自身，免受猎食者袭击，(48) 主要分布在加利福尼亚州的莫哈韦沙漠和索诺拉沙漠。这里干旱少雨，它们所栖息的环境夏季地面温度可高达60℃。沙漠地鼠龟会凿洞寻找有湿气的地方或者利用洞穴制造一个凉爽空间。它们一生当中有95%的时间都在洞穴中度过。

2 美州豹是沙漠地鼠龟最大的敌人，它们靠着强大的咬力，能穿透沙漠地鼠龟的龟壳。根据奔跑速度判断，(49) 沙漠地鼠龟根本不是美州豹的对手，那是不是沙漠地鼠龟只能束手就擒呢？当然不是。沙漠地鼠龟选择生活在这里，是因为这两座沙漠多产仙人掌，种类达三百多种，而且密密麻麻，(50) 仙人掌的刺锋利无比，让美州豹不敢靠近，保护了沙漠地鼠龟的安全。

3 虽然让美州豹远离自己，但沙漠地鼠龟也被困在了这里，(51) 食物的匮乏，使仙人掌成为沙漠地鼠龟最主要的食物。这可不是说说而已，很多动物都盯上了仙人掌，最后因为无法处理仙人掌的刺放弃了。

4 很小的沙漠地鼠龟就要练习生嚼仙人掌。(52) 它们要反复用沙砾磨自己的嘴，让嘴的内壁和舌头出血，当伤口愈合后再磨，一直到这些地方长出厚厚的老茧。这需要十几年的时间，当沙漠地鼠龟的口腔能适应仙人掌的刺后，这些仙人掌就是最好的食物和主要的水分来源。

5 沙漠地鼠龟还有一点特殊之处，它们膀胱的蓄水能力可以说是陆龟之最，靠着从仙人掌吸收的水分，(53) 它们可以度过长达一年的旱季。另外，沙漠地鼠龟在一年中有四个月处于冬眠状态，这降低了对食物和水分的需求。

6 (54) 沙漠地鼠龟展示了适应环境和克服困难的能力，它们的生存策略证明了即使在恶劣的条件下，通过适应和调整，也能生存和繁衍。

(48) 사막 들쥐거북, 속칭 사막 육지거북은 (53) 일종의 단독 생활하는 동물로, 거북이 등껍질로 자신을 보호하여 포식자의 공격을 피하며, (48) 주로 캘리포니아주의 모하비 사막과 소노란 사막에 분포한다. 이곳은 건조하고 비가 적으며, 그들이 서식하는 환경은 여름철 지면 온도가 최고 60℃에 달할 수 있다. 사막 거북은 굴을 파서 습기가 있는 장소를 찾거나 굴을 이용해 시원한 공간을 만든다. 그들은 일생의 95%를 굴 속에서 보낸다. 1

재규어는 사막 들쥐거북의 가장 큰 적이며, 강력한 물어뜯는 힘으로 사막 들쥐거북의 등껍질을 뚫을 수 있다. 달리기 속도로 판단했을 때, (49) 사막 들쥐거북은 전혀 재규어의 상대가 되지 못하는데, 그렇다면 사막 들쥐거북은 속수무책으로 잡아 먹힐 수밖에 없는 것일까? 당연히 아니다. 사막 들쥐거북이 이곳에서 살기로 선택한 이유는, 이 두 사막에 선인장이 많이 나기 때문이다. 종류가 300여종이나 되고, 빽빽하게 자라 있으며, (50) 선인장의 가시는 매우 날카로워 재규어가 쉽게 접근하지 못하게 하여 사막 들쥐거북의 안전을 지켜준다. 2

재규어가 가까이 접근하지 못하게 만들었지만, 사막 들쥐거북도 이곳에 갇히게 되었다. (51) 먹이 부족(匮乏)은 선인장을 사막 들쥐거북의 가장 주요한 먹이로 만들었다. 이는 말로만 하는 게 아니다. 많은 동물들이 선인장을 노리지만, 결국 선인장의 가시를 처리하지 못해 포기하게 된다. 3

아주 어린 사막 들쥐거북도 생으로 선인장을 씹는 연습을 해야 한다. (52) 그들은 반복해서 모래 자갈로 자신의 입을 닳게 하고, 입 안쪽과 혀에서 피가 나야 하며, 상처가 아문 뒤 다시 닳게하여, 이러한 부위에 두껍고 단단한 굳은살이 생길 때까지 반복한다. 이는 십여 년의 시간이 필요하며, 사막 들쥐거북의 입이 선인장의 가시에 적응하게 되면, 이 선인장들은 최고의 음식이자 주요한 수분 공급원이 된다. 4

사막 들쥐거북은 또 하나의 특별한 점이 있는데, 그들의 방광은 물을 저장하는 능력이 육지거북 중 최고라 할 수 있으며, 선인장에서 흡수한 수분으로 (53) 최대 1년에 달하는 건기를 견딜 수 있다. 그 외에도, 사막 들쥐거북은 1년 중 4개월 동안 동면에 들어가며, 이로 인해 음식과 수분에 대한 요구가 줄어든다. 5

(54) 사막 들쥐거북은 환경에 적응하고 어려움을 극복하는 능력을 보여 준다. 그들의 생존 전략은 열악한 조건에서도 적응과 조정을 통해 생존하고 번식할 수 있음을 증명한다. 6

단어 沙漠地鼠龟 shāmò dìshǔguī 몡 사막 들쥐거북(학명 Gopherus agassizii) 俗名 súmíng 몡 속칭 沙漠陆龟 shāmò lùguī 몡 사막 육지거북 独居 dújū 통 혼자 살다 龟壳 guīké 몡 거북 등껍질 猎食者 lièshízhě 몡 포식자 袭击 xíjī 통 습격하다 加利福尼亚州 Jiālìfúníyà zhōu 고유 캘리포니아주 莫哈韦沙漠 Mòhāwéi shāmò 고유 모하비 사막 索诺拉沙漠 Suǒnuòlā shāmò 고유 소노란 사막 干旱少雨 gānhàn shǎoyǔ 건조하고 비가 적다 栖息 qīxī 통 서식하다 凿洞 záodòng 통 구멍을 뚫다 湿气 shīqì 몡 습기 洞穴 dòngxué 몡 동굴 凉爽 liángshuǎng 통 시원하다 美州豹 měizhōubào 몡 재규어(아메리카 표범) 咬力 yǎolì 몡 치악력(물어뜯는 힘) 穿透 chuāntòu 통 꿰뚫다 奔跑 bēnpǎo 통 달리다 对手 duìshǒu 몡 상대 束手就擒 shùshǒu jiùqín 젱 속수무책으로 잡히다 仙人掌 xiānrénzhǎng 몡 선인장 密密麻麻 mìmimámá 빽빽하다 刺 cì 몡 가시 锋利无比 fēnglì wúbǐ 비할 바 없이 날카롭다 靠近 kàojìn 통 가까이 가다 远离 yuǎnlí 통 멀리하다 困 kùn 통 갇히다 盯上 dīngshàng 통 노리다, 주시하다 生嚼 shēngjiáo 통 생으로 씹다 沙砾 shālì 몡 자갈 磨 mó 통 갈다 内壁 nèibì 몡 내벽 舌头 shétou 몡 혀 伤口愈合 shāngkǒu yùhé 상처가 아물다 老茧 lǎojiǎn 몡 굳은살 口腔 kǒuqiāng 몡 입 안, 구강 膀胱 pángguāng 몡 방광(신체 부위) 蓄水 xùshuǐ 통 물을 저장하다 吸收 xīshōu 통 흡수하다 旱季 hànjì 몡 건기 冬眠 dōngmián 통 겨울잠을 자다 降低 jiàngdī 통 낮추다 策略 cèlüè 몡 전략 恶劣 èliè 통 열악하다 调整 tiáozhěng 통 조절하다 繁衍 fányǎn 통 번식하다

48 A ★

沙漠地鼠龟栖息的地方:	사막 들쥐거북이 서식하는 장소는:
A 高温少雨	A 고온에 비가 적게 내린다
B 海拔较高	B 해발이 비교적 높다
C 老鼠很多	C 쥐가 많다
D 适合狩猎	D 사냥에 적합하다

해설 첫 번째 단락 초반의 '沙漠地鼠龟, 俗名沙漠陆龟(사막 들쥐거북, 속칭 사막 들쥐거북은)'에서 키워드가 언급되었다. 이어지는 내용에서 '主要分布在加利福尼亚州的莫哈韦沙漠和索诺拉沙漠(주로 캘리포니아주의 모하비 사막과 소노란 사막에 분포한다). 这里干旱少雨, 它们所栖息的环境夏季地面温度可高达60℃(이곳은 건조하고 비가 적으며, 그들이 서식하는 환경은 여름철 지면 온도가 최고 60℃에 달할 수 있다)'라고 했으므로 정답은 A이다.

단어 高温 gāowēn 몡 고온, 높은 온도 海拔 hǎibá 몡 해발, 해발고도 老鼠 lǎoshǔ 몡 쥐, 생쥐 狩猎 shòuliè 통 사냥하다 栖息 qīxī 통 서식하다, 거주하다

49 D ★★★

第二段画线词语"束手就擒"的意思最可能是:	두 번째 단락 밑줄 친 단어 '束手就擒'의 뜻으로 가장 가능성 있는 것은:
A 迅速地逃跑	A 재빨리 도망친다
B 奋力和对方斗争	B 힘껏 상대와 싸운다
C 在困境中等待转机	C 곤경 속에서 기회를 기다린다
D 乖乖被对方捉住	D 순순히 상대방에게 잡힌다

해설 밑줄이 포함된 '沙漠地鼠龟根本不是美州豹的对手, 那是不是沙漠地鼠龟只能束手就擒呢? (사막 들쥐거북은 전혀 재규어의 상대가 되지 못하는데, 그렇다면 사막 들쥐거북은 속수무책으로 잡아 먹힐 수밖에 없는 것인가?)'에서 사막 들쥐거북이 포식자인 재규어에게 어떤 행동을 당할 수밖에 없음을 나타내므로, 문맥상 가장 적절한 정답은 D이다. 束手就擒은 '속수무책으로 잡히다'라는 뜻으로, 유의어로는 束手无策, 束手待毙, 听天由命 등이 있다.

단어 束手就擒 shùshǒu jiùqín 젱 속수무책으로 잡히다 逃跑 táopǎo 통 도망치다 奋力 fènlì 힘껏 분투하여 困境 kùnjìng 몡 곤경, 어려운 처지 转机 zhuǎnjī 몡 전환점, 계기 乖乖 guāiguāi 휑 순순히, 얌전히 捉住 zhuōzhù 통 붙잡다 束手无策 shùshǒu wúcè 젱 속수무책이다, 어쩔 도리가 없다 束手待毙 shùshǒu dàibì 젱 가만히 앉아서 죽음(실패)를 기다리다 听天由命 tīngtiān yóumìng 운명을 하늘에 맡기다(되어 가는 대로 내버려두다)

50 C

根据本文，可以知道"美州豹"： | 본문에 따르면, '재규어'에 대해 알 수 있는 것은:

A 咬合力不够
B 有三百多种
C 害怕仙人掌
D 舌头常出血

A 물어뜯는 힘이 부족하다
B 300여 종이 있다
C 선인장을 무서워한다
D 혀에서 자주 피가 난다

해설 두 번째 단락 후반에서 '仙人掌的刺锋利无比，让美州豹不敢靠近(선인장의 가시는 매우 날카로워 재규어가 쉽게 접근하지 못하게 하여)'라고 했으므로 정답은 C이다. '不敢(감히 ~하지 못하다)'는 '害怕(두렵다)'와 의미가 통한다.

단어 咬合力 yǎohélì 몡 물어뜯는 힘 害怕 hàipà 통 두려워하다 不敢 bùgǎn 통 감히 ~하지 않다 仙人掌 xiānrénzhǎng 몡 선인장 舌头 shétou 몡 혀 出血 chūxuè 통 출혈하다 美州豹 měizhōubào 몡 재규어(아메리카 표범)

51 D ★★

根据文意，第三段的空白处最适合填入的词语是： | 문맥에 따라, 세 번째 단락의 빈칸에 가장 적합한 단어는:

A 馈赠
B 单调
C 营养
D 匮乏

A 선물
B 단조로움
C 영양
D 부족

해설 빈칸이 포함된 '食物的＿＿＿，使仙人掌成为沙漠地鼠龟最主要的食物(먹이의 부족은 선인장을 사막 들쥐거북의 가장 중요한 먹이로 만들었다)'에서 문맥상 먹이가 절대적으로 부족한 상황에서 뾰족한 선인장이 중요 먹이가 될 수 있다. 따라서 빈칸에는 '부족하다, 결핍되다'의 뜻을 나타내는 D 匮乏가 가장 적합하다. 匮乏의 유의어로는 缺乏, 缺少, 不足 등이 있으며, 반의어로는 充足, 充裕, 丰富 등이 있다.

• 빈출 조합: 物资匮乏, 资源匮乏, 能源匮乏, 食物匮乏, 人才匮乏

단어 匮乏 kuìfá 형 부족하다, 결핍되다 馈赠 kuìzèng 통 증정하다, 선물하다 单调 dāndiào 형 단조롭다 充裕 chōngyù 형 넉넉하다, 풍부하다 缺乏 quēfá 통 결핍되다, 부족하다 物资匮乏 wùzī kuìfá 물자가 부족하다 资源匮乏 zīyuán kuìfá 자원이 부족하다 能源匮乏 néngyuán kuìfá 에너지가 부족하다 食物匮乏 shíwù kuìfá 식량이 부족하다 人才匮乏 réncái kuìfá 인재가 부족하다

52 C ★★

沙漠地鼠龟用砂砾磨嘴是为了： | 사막 들쥐거북이 자갈로 입을 닳게 하는 이유는:

A 抑制牙齿的生长
B 快速地愈合伤口
C 更方便食用仙人掌
D 抵抗美州豹的侵袭

A 이빨의 성장을 억제하기 위해
B 상처가 빨리 아물도록 하기 위해
C 선인장을 더 쉽게 먹기 위해
D 미주표범의 공격을 막기 위해

해설 네 번째 단락 초반의 '它们要反复用沙砾磨自己的嘴(그들은 반복해서 모래 자갈로 자신의 입을 닳게 하고)'에서 관련 내용이 언급되었다. 이어지는 내용에서 '当沙漠地鼠龟的口腔能适应仙人掌的刺后(사막 들쥐거북의 입이 선인장의 가시에 적응하게 되면), 这些仙人掌就是最好的食物和主要的水分来源(이 선인장들은 최고의 음식이자 주요한 수분 공급원이 된다)'라고 했다. 입을 닳게 하는 이유는 선인장을 먹을 때 가시에 적응하기 위함이므로 정답은 C이다.

단어 抑制 yìzhì 통 억제하다, 억누르다 牙齿 yáchǐ 명 이, 치아 愈合 yùhé 통 아물다, 회복되다 伤口 shāngkǒu 명 상처 食用 shíyòng 통 식용하다 仙人掌 xiānrénzhǎng 명 선인장 抵抗 dǐkàng 통 저항하다, 막아내다 侵袭 qīnxí 통 침입하다, 습격하다

53 A ★★

根据本文，沙漠地鼠龟具有怎样的特点？	본문에 따르면, 사막 들쥐거북은 어떤 특징을 가지고 있는가?
① 耐旱 ② 群居 ③ 独居 ④ 牙利	① 가뭄에 강하다 ② 무리 생활을 한다 ③ 단독 생활을 한다 ④ 이빨이 날카롭다
A ①③ B ②④ C ①④ D ②③	A ①③ B ②④ C ①④ D ②③

해설 첫 번째 단락 초반의 '是一种独居动物(일종의 단독 생활하는 동물로)'는 보기 ③과 일치하고, 다섯 번째 단락 중반의 '它们可以度过长达一年的旱季(그들은 최대 1년에 달하는 건기를 견딜 수 있다)'는 보기 ①과 일치하므로 정답은 A이다.

단어 耐旱 nàihàn 형 가뭄을 견디다, 내한성이 있다 群居 qúnjū 통 무리를 지어 살다 独居 dújū 혼자 살다, 독거하다 利 lì 형 날카롭다

54 B ★★

最适合做上文标题的是：	윗글의 제목으로 가장 적합한 것은:
A 美州豹的智慧 B 沙漠地鼠龟的奇迹 C 放弃也会柳暗花明 D 沙漠中的美食——仙人掌	A 재규어의 지혜 B 사막 들쥐거북의 기적 C 포기해도 새로운 희망이 생긴다. D 사막 속 별미—선인장

해설 여섯 번째 단락에서 '沙漠地鼠龟展示了适应环境和克服困难的能力(사막 들쥐거북은 환경에 적응하고 어려움을 극복하는 능력을 보여 준다), 它们的生存策略证明了即使在恶劣的条件下，通过适应和调整，也能生存和繁衍(그들의 생존 전략은 열악한 조건에서도 적응과 조정을 통해 생존하고 번식할 수 있음을 증명한다)'라고 했다. 사막 들쥐거북이 환경에 적응하고 어려움을 극복하는 능력과, 그들의 생존 전략으로 열악한 조건에서도 적응과 조정을 통해 기적처럼 생존하고 번식할 수 있음을 말하고 있으므로 정답은 B이다. 주제나, 제목 찾기 문제는 먼저 주요 화제를 파악한 다음, 첫 단락이나 마지막 단락을 자세히 살펴보자.

단어 智慧 zhìhuì 명 지혜 奇迹 qíjì 명 기적 柳暗花明 liǔ àn huā míng 성 버드나무 우거지고 백화가 만발하다(비유: 새로운 희망이 생기다) 克服 kèfú 통 극복하다 生存策略 shēngcún cèlüè 명 생존 전략 恶劣 èliè 형 악랄하다, 나쁘다, 열악하다 调整 tiáozhěng 통 조정하다, 조절하다 繁衍 fányǎn 통 번식하다, 늘어나다

TIP

- **주요 문장 형식**

主要分布在…… (주로 ~에 분포한다)

원문 沙漠地鼠龟，俗名沙漠陆龟，是一种独居动物，以龟壳保护自身，免受猎食者袭击，主要分布在加利福尼亚州的莫哈韦沙漠和索诺拉沙漠。

예문 这种植物主要分布在热带雨林中，尤其是西双版纳地区居多。

根本不是……的对手 (전혀 ~의 상대가 되지 못한다)

원문 美州豹是沙漠地鼠龟最大的敌人，它们靠着强大的咬力，能穿透沙漠地鼠龟的龟壳。根据奔跑速度判断，沙漠地鼠龟根本不是美州豹的对手，那是不是沙漠地鼠龟只能束手就擒呢？

예문 她反应迅速、思维敏捷，实力太强了，我根本不是她的对手。

可以说是……之最 (~중 최고라고 말할 수 있다)

원문 沙漠地鼠龟还有一点特殊之处，它们膀胱的蓄水能力可以说是陆龟之最，靠着从仙人掌吸收的水分，它们可以度过长达一年的旱季。

예문 故宫可以说是中国古代建筑之最，规模宏大、布局严谨，且蕴含着深厚的历史文化底蕴。

55-61

1941 年，第二次世界大战期间，一位统计学教授应军方要求，利用其在统计方面的专业知识提供关于飞机应该如何加强防护才能降低被炮火击落的概率的相关建议。教授研究了盟军轰炸机遭受攻击后的数据，发现机翼是最容易受到攻击的位置，而机尾则是受到攻击最少的位置。㊺ 教授的结论是"应该强化机尾的防护"，而军方指挥官认为"应该加强机翼的防护，因为这是最容易被击中的位置"。教授坚持认为：㊼ 统计样本仅涵盖平安返回的轰炸机，被多次击中机翼的轰炸机似乎仍能安全返航；㊻ 而在机尾的位置，很少发现弹孔并非真的不会中弹，㊻㊼ 而是一旦中弹，其安全返航的概率就微乎其微。军方采用了教授的建议，并且后来证实该决策是正确的，毕竟看不见的弹痕最致命！

这个故事有两个启示： 一是战死或被俘的飞行员无法发表意见，所以弹痕数据的来源本身就有严重的偏差；二是作战经验丰富的飞行员的专业意见也不一定能提升决策的质量，因为这些飞行员大多是机翼中弹而机尾未中弹的幸存者。

俗语"死人不会说话"很好地解释了这种偏差的重要成因。当我们分析问题所依赖的信息全部或者大部分来自显著的信息，较少利用不显著的信息甚至彻底忽略沉默的信息时，得到的结论与事实情况就可能存在巨大偏差。

1941년, 제2차 세계대전 기간, 한 통계학 교수는 군의 요청에 따라, 자신의 통계 분야의 전문 지식을 활용해 비행기가 어떻게 방어를 강화해야 포화(炮火)에 격추될 확률을 줄일 수 있는지에 대한 관련 제안을 제공했다. 교수는 연합군 폭격기가 공격을 받은 후의 데이터를 연구했고, 날개가 가장 공격받기 쉬운 위치이며, 꼬리 부분은 가장 적게 공격받는 위치라는 것을 발견했다. ㊺ 교수의 결론은 "꼬리 부분의 방어를 강화해야 한다"는 것이었고, 군 지휘관은 "날개의 방어를 강화해야 한다, 왜냐하면 날개가 가장 쉽게 (포탄을) 맞는 위치이기 때문이다."라고 여겼다. 교수는 다음과 같이 주장했다: ㊼ 통계 샘플은 오직 무사히 돌아온 폭격기만을 포함하고 있으며, 날개를 여러 차례 포탄 공격을 맞은 폭격기는 여전히 무사히 귀환할 수 있는 듯 보이지만, ㊻ 비행기 꼬리 부분에서는 탄흔이 거의 발견되지 않는다고 해서 실제로 피격되지 않았다는 것이 아니라, ㊻㊼ 일단 피격되면 무사히 귀환할 확률이 극히 미미하다는 것이다. 군은 교수의 제안을 채택했고, 이후 이 결정이 옳았음이 증명되었다. 어쨌든 보이지 않는 탄흔이 가장 치명적이니까!

이 이야기는 두 가지 깨달음을 준다: 첫째, 전사하거나 포로가 된 조종사는 의견을 표할 수 없기 때문에 탄흔 데이터의 출처 자체에 심각한 편차가 존재한다는 점이고; 둘째, 전투 경험이 풍부한 조종사의 전문적인 의견이 반드시 의사 결정의 질을 향상시키는 것은 아니라는 점인데, 왜냐하면 이러한 조종사들 대부분은 비행기 날개가 피격되었고 꼬리는 피격되지 않은 생존자이기 때문이다.

속담 "죽은 자는 말하지 않는다"는 이러한 편향의 결정

回到投资领域，在投资理财类电视节目中，我们经常看到取得成功的投资者谈论其投资经验和方法，但观众往往会忽略一个事实：采用同样经验和方法而投资失败的人是没有机会上电视的。幸存者偏差现象可能导致以下结果：❺❽ 投资成功者出书并出名，而失败者则默默无闻，导致电视上大量专家在传经布道、市面上充斥着太多投资成功学类的书籍，可能会让观众或读者高估了通过投资获得成功的概率；❺❾ 由于条件限制或心理因素，投资成功者难以保证理性和客观，容易夸大自己的能力，忽略运气因素，弱化当时所承担的风险等。

❻❶ 对于如何消除幸存者偏差的误区，没有好的办法，但如果能做到以下几点，应该有些帮助：在投资领域，我们改变不了幸存者偏差现象的存在，但我们可以努力 ❻⓿ 不盲从所谓的权威。❻❶ 为了使样本更客观地反映事实，我们更应该搜集介绍投资失败的案例和总结，不仅要向成功的人学习如何成功，更要从失败的人那里总结为什么失败，因为投资很大程度上是个避免失败的过程。

적 원인을 잘 설명해 준다. 우리가 문제를 분석할 때 의존하는 정보가 전부 또는 대부분 눈에 띄는 정보에서 온 것이고, 덜 두드러진 정보는 적게 활용하거나 심지어 침묵하는 정보를 완전히 무시한다면, 도출된 결론과 사실 간에는 큰 편차가 존재할 수 있다.

투자 영역으로 돌아와 보면, 투자 재테크 관련 텔레비전 프로그램에서 우리는 종종 성공한 투자자들이 자신의 투자 경험과 방법에 대해 이야기하는 것을 보지만, 시청자들은 종종 한 가지 사실을 간과한다: 동일한 경험과 방법을 사용했지만 투자에 실패한 사람들은 텔레비전에 출연할 기회가 없다는 점이다. 생존자 편향 현상은 다음과 같은 결과를 초래할 수 있다: ❺❽ 투자에 성공한 사람이 책을 내고 유명해지지만, 실패한 사람은 조용히 묻히게 되고, 이로 인해 텔레비전에는 수많은 전문가들이 경험을 전수하고, 시중에는 너무 많은 투자 성공 관련 서적이 넘쳐나며, 이는 시청자나 독자로 하여금 투자를 통해 성공할 확률을 과대평가하게 만들 수 있다; ❺❾ 조건이 제약적이거나 심리적 요인으로 인해, 투자에 성공한 사람은 이성을 유지하고 객관적이기 어려우며, 자신의 능력을 과장하기 쉽고, 운의 요소를 무시하고, 당시 감수한 리스크 등을 축소시키기 쉽다.

❻❶ 생존자 편향의 오류를 어떻게 없앨 수 있는가에 대한 좋은 방법은 없지만, 만약 다음 몇 가지를 해낼 수 있다면 어느 정도 도움이 될 수 있다: 투자 영역에서, 우리는 생존자 편향 현상의 존재를 바꿀 수는 없지만, ❻⓿ 이른바 권위에 맹종하지 않기 위해 노력할 수는 있다. ❻❶ 샘플이 사실을 더 객관적으로 반영할 수 있도록 하기 위해, 우리는 더욱 투자 실패 사례와 총정리를 수집해서 소개해야 하며, 성공한 사람에게서 어떻게 성공했는지를 배우는 것뿐 아니라, 실패한 사람에게서 왜 실패했는지를 총정리해야 한다. 왜냐하면 투자의 상당부분은 실패를 피하는 과정이기 때문이다.

단어 统计学 tǒngjìxué 뗑 통계학 加强 jiāqiáng 통 강화하다 防护 fánghù 통 방어하다 降低 jiàngdī 통 낮추다 炮火 pàohuǒ 뗑 포격 击落 jīluò 통 격추하다 概率 gàilǜ 뗑 확률 盟军 méngjūn 뗑 연합군 轰炸机 hōngzhàjī 뗑 폭격기 遭受 zāoshòu 통 (피해를) 입다 攻击 gōngjī 통 공격하다 机翼 jīyì 뗑 비행기의 날개 位置 wèizhi 뗑 위치 机尾 jīwěi 뗑 비행기 꼬리 부분 指挥官 zhǐhuīguān 뗑 지휘관 击中 jīzhòng 통 명중하다 样本 yàngběn 뗑 샘플 涵盖 hángài 통 포함하다 返航 fǎnháng 통 귀환하다, 회항하다 弹孔 dànkǒng 뗑 탄흔 中弹 zhòngdàn 통 총알을 맞다 微乎其微 wēihūqíwēi 성 미미하다, 극히 적다 证实 zhèngshí 통 입증하다 弹痕 dànhén 뗑 총알 자국 被俘 bèifú 통 포로가 되다 偏差 piānchā 뗑 편차 飞行员 fēixíngyuán 뗑 비행사 提升 tíshēng 통 향상시키다 幸存者 xìngcúnzhě 뗑 생존자 俗语 súyǔ 뗑 속담 依赖 yīlài 통 의존하다 显著 xiǎnzhù 톙 현저하다 彻底 chèdǐ 톙 철저하다 沉默 chénmò 통 침묵하다 领域 lǐngyù 뗑 영역 理财 lǐcái 통 재테크 谈论 tánlùn 통 토론하다 忽略 hūlüè 통 무시하다 采用 cǎiyòng 통 채택하다 默默无闻 mòmòuwúwén 성 세상에 알려지지 않다 传经布道 chuánjīng bùdào 지식을 전하다(전수하다) 充斥 chōngchì 통 넘쳐나다 书籍 shūjí 뗑 책, 서적 高估 gāogū 통 과대평가하다 概率 gàilǜ 뗑 확률 条件限制 tiáojiàn xiànzhì 뗑 조건 제한 夸大 kuādà 통 과장하다 运气 yùnqi 뗑 운 因素 yīnsù 뗑 요소 弱化 ruòhuà 통 약화하다 承担 chéngdān 통 감당하다 风险 fēngxiǎn 뗑 위험, 리스크 消除 xiāochú 통 없애다 误区 wùqū 뗑 오류 지대, 착오 盲从 mángcóng 통 맹목적으로 따르다 所谓的 suǒwèide 이른바, ~이라는 것 样本 yàngběn 뗑 샘플 反映 fǎnyìng 통 반영하다 搜集 sōují 통 수집하다 案例 ànlì 뗑 사례 总结 zǒngjié 통 총 정리하다, 요약하다

55 A

军方指挥官:	군 지휘관은:
A 与教授意见相左	A 교수와 의견이 서로 달랐다
B 拒绝了别人的帮助	B 다른 사람의 도움을 거절했다
C 作战经验不够丰富	C 전투 경험이 충분하지 않다
D 不听从飞行员的意见	D 조종사의 의견을 듣지 않는다

해설 첫 번째 단락 중반에서 '教授的结论是"应该强化机尾的防护"(교수의 결론은 '꼬리 부분의 방어를 강화해야 한다'는 것이었고), 而军方指挥官认为"应该加强机翼的防护，因为这是最容易被击中的位置"(군 지휘관은 '날개의 방어를 강화해야 한다. 왜냐하면 날개가 가장 쉽게 (포탄을)맞는 위치이기 때문이다'라고 여겼다)'라고 했다. 비행기에서 강화할 부분에 대한 의견 차이가 있었으므로 정답은 A이다.

단어 相左 xiāngzuǒ 동 어긋나다, 일치하지 않다 拒绝 jùjué 동 거절하다 作战 zuòzhàn 동 전투하다, 싸우다 听从 tīngcóng 동 따르다, 복종하다 而 ér 접 그러나, 하지만

56 C

根据第一段，机尾很少发现弹孔，是因为:	첫 번째 단락에 따르면, 비행기 꼬리 부분에 탄흔이 거의 발견되지 않는 이유는:
A 所用材料质量高	A 사용된 재료의 품질이 높다
B 飞行员水平高超	B 조종사의 실력이 뛰어나다
C 机尾中弹很难安全返航	C 꼬리가 피격되면 무사 귀환하기 어렵다
D 面积小，中弹的概率小	D 면적이 작아 피격될 확률이 작다

해설 첫 번째 단락 후반에서 '而在机尾的位置，很少发现弹孔并非真的不会中弹(비행기 꼬리 부분에서는 탄흔이 거의 발견되지 않는다고 해서 실제로 피격되지 않았다는 것이 아니라), 而是一旦中弹，其安全返航的概率就微乎其微(일단 피격되면 무사히 귀환할 확률이 극히 미미하다는 것이다)'라고 했으므로 정답은 C이다.

단어 机尾 jīwěi 명 비행기 꼬리 弹孔 dànkǒng 명 총알 자국, 탄흔 高超 gāochāo 형 뛰어나다, 우수하다 微乎其微 wēihūqíwēi 성 극히 미미하다 返航 fǎnháng 동 귀항하다, 돌아오다 概率 gàilǜ 명 확률

57 C

第一段的故事中，被忽略的"沉默的信息"有:	첫 번째 단락 내용에서, 간과된 '침묵하는 정보'에 포함되는 것은:
① 战死的飞行员	① 전사한 조종사
② 敌方俘虏的口供	② 적군 포로의 진술
③ 军方领导人的意见	③ 군 지도자의 의견
④ 没被搜集的中弹样本	④ 수집되지 않은 피격 샘플
A ①③ B ②④ C ①④ D ②③	A ①③ B ②④ C ①④ D ②③

해설 이 문제는 '沉默的信息(침묵하는 정보, 즉 표면에 드러나지 않아 사람들이 놓치기 쉬운 중요한 정보)'가 무엇인지 묻고 있다. 첫 번째 단락 중반의 '统计样本仅涵盖平安返回的轰炸机(통계 샘플은 오직 무사히 돌아온 폭격기만을 포함하고 있으며)'는 전사한 비행사가 귀환하지 못했기 때문에 통계에 포함되지 않은 '침묵하는 정보'에 해당하며 이는 보기 ①과 일치한다. 그리고 동일 단락 후반의 '而是一旦中弹, 其安全返航的概率就微乎其微(일단 피격되면 무사히 귀환할 확률이 극히 미미하다는 것이다)'는 귀환하지 못한 비행기에 대한 피격 샘플은 수집될 수 없었기 때문에 이 역시 '침묵하는 정보'에 해당하며 보기 ④와 일치한다. 따라서 정답은 C이다.

단어 战死 zhànsǐ 동 전사하다 敌方 dífāng 명 적군 俘虏 fúlǔ 명동 포로(로 잡다) 口供 kǒugòng 명 (피의자나 증인의) 진술, 자백 军方 jūnfāng 명 군 측, 군 당국 搜集 sōují 동 수집하다, 모으다 中弹 zhòngdàn 동 총에 맞다 样本 yàngběn 명 샘플, 표본 忽略 hūlüè 동 간과하다, 무시하다 沉默 chénmò 명동 침묵(하다)

58 D ★

大量投资成功的节目或书籍可能会导致:	수많은 투자 성공 관련 프로그램이나 서적은 다음을 초래할 수 있다:
A 政府的形象受到损害	A 정부의 이미지가 손상된다
B 人们忽略自身的能力	B 사람들이 자신의 능력을 무시하게 된다
C 社会信任体系被摧毁	C 사회의 신뢰 체계가 무너진다
D 成功的概率被人高估	D 성공 확률이 과대평가된다

해설 네 번째 단락 중반에서 '投资成功者出书并出名, 而失败者则默默无闻(투자에 성공한 사람이 책을 내고 유명해지지만, 실패한 사람은 조용히 묻히게 되고), 导致电视上大量专家在传经布道、市面上充斥着太多投资成功学类的书籍(이로 인해 텔레비전에는 수많은 전문가들이 경험을 전수하고, 시중에는 너무 많은 투자 성공 관련 서적이 넘쳐나며), 可能让观众或读者高估了通过投资获得成功的概率(이는 시청자나 독자로 하여금 투자를 통해 성공할 확률을 과대평가하게 만들 수 있다)'라고 했으므로 정답은 D이다.

단어 书籍 shūjí 명 서적, 책 导致 dǎozhì 동 (어떤 결과를) 초래하다 损害 sǔnhài 동 손해를 주다, 손상시키다 忽略 hūlüè 동 간과하다, 소홀히 하다 信任体系 xìnrèn tǐxì 명 신뢰 체계 摧毁 cuīhuǐ 동 파괴하다, 부수다 高估 gāogū 동 과대평가하다

59 A ★

根据本文, 投资成功者往往:	본문에 따르면, 투자에 성공한 사람들은 종종:
A 难以理性和客观	A 이성과 객관성을 유지하기 어렵다
B 不顾当时的风险	B 당시의 리스크를 고려하지 않는다
C 具备充足的资金	C 충분한 자금을 갖추고 있다
D 从小就磨炼意志	D 어릴 때부터 의지를 단련했다

해설 네 번째 단락 후반에서 '由于条件限制或心理因素(조건이 제약적이거나 심리적 요인으로 인해), 投资成功者难以保证理性和客观(투자에 성공한 사람은 이성을 유지하고 객관적이기 어려우며), 容易夸大自己的能力(자신의 능력을 과장하기 쉽다)'라고 했으므로 정답은 A이다.

단어 投资成功者 tóuzī chénggōng zhě 명 투자 성공자 难以 nányǐ 부 ~하기 어렵다 不顾 búgù 동 돌보지 않다, 아랑곳하지 않다 具备 jùbèi 동 갖추다 充足 chōngzú 형 충분하다 磨炼 móliàn 동 단련하다, 연마하다 意志 yìzhì 명 의지

60 B ★★

根据文意，第五段的空白处最适合填入的词语是：	문맥에 따르면, 다섯 번째 단락의 빈칸에 가장 적합한 단어는:
A 权力	A 권력
B 权威	B 권위
C 权利	C 권리
D 权柄	D 권병(권력)

해설 이 글은 생존자 편향을 경계하며, 성공한 사람만을 맹목적으로 따라서는 안 된다는 메시지를 담고 있다. 빈칸 앞의 '不盲从……(~을 맹목적으로 따르지 않다)'가 주요 힌트이며, 문맥상 '이른바 권위에 맹종하지 않다'라는 내용이 자연스러우므로 정답은 B이다. A 权力는 '정치적 또는 물리적인 권력'을 의미하여 문맥과 어울리지 않으며, C 权利는 법적 권한을 나타내므로 앞에 '盲从(맹목적으로 따르다)'와 어울리지 않는다. 그리고 D 权柄 역시 '권력'이라는 의미를 가지므로 빈칸에는 어울리지 않는다.

단어 权力 quánlì 명 권력, 힘 权威 quánwēi 명 권위, 권위자 权利 quánlì 명 권리, 권한 权柄 quánbǐng 명 (장악한) 권력

61 D ★★

怎样降低"幸存者偏差"带来的影响？	'생존자 편향'이 가져오는 영향을 줄이는 방법은?
A 尊重专家的意见	A 전문가의 의견을 존중한다
B 学会给自己减压	B 자신의 스트레스 해소법을 터득한다
C 制订周密的计划	C 치밀한 계획을 세운다
D 总结失败的教训	D 실패의 교훈을 총 정리한다

해설 다섯 번째 단락 초반의 '对于如何消除幸存者偏差的误区(생존자 편향의 오류를 어떻게 없앨 수 있는가)'에서 관련 내용이 언급되었다. 동일 단락 후반에서 '为了使样本更客观地反映事实，我们更应该搜集介绍投资失败的案例和总结(샘플이 사실을 더 객관적으로 반영할 수 있도록 하기 위해, 우리는 더욱 투자 실패 사례와 총정리를 수집해서 소개해야 하며), 不仅要向成功的人学习如何成功，更要从失败的人那里总结为什么失败(성공한 사람에게서 어떻게 성공했는지를 배우는 것뿐 아니라, 실패한 사람에게서 왜 실패했는지를 총정리해야 한다)'라고 했으므로 정답은 D이다.

단어 消除 xiāochú 동 제거하다, 없애다 降低 jiàngdī 동 낮추다, 줄이다 总结 zǒngjié 동 총괄하다, 요약하다 教训 jiàoxun 명 교훈 减压 jiǎnyā 동 스트레스 해소하다, 압력을 줄이다 制定计划 zhìdìng jìhuà 계획을 세우다 周密 zhōumì 형 치밀하다, 꼼꼼하다

TIP

● 주요 문장 형식

并非 A，而是 B (결코 A가 아니라, B이다)
원문 而在机尾的位置，很少发现弹孔并非真的不会中弹，而是一旦中弹，其安全返航的概率就微乎其微。
예문 我辞职的原因并非是这个公司待遇不好，而是想追求自己想要的生活。

当……时，得到的结论与事实情况就可能…… (~일 때, 얻은 결론과 실제 상황은 아마도 ~하다)
원문 当我们分析问题所依赖的信息全部或者大部分来自显著的信息，较少利用不显著的信息甚至彻底忽略沉默的信息时，得到的结论与事实情况就可能存在巨大偏差。
예문 当数据分析不严谨时，得到的结论与事实情况就可能存在较大误差。

成功者……, 而失败者…… (성공한 사람은 ~하지만, 실패한 사람은 ~한다)

원문 投资**成功者**出书出名, **而失败者**则默默无闻, 导致电视上大量专家在传经布道、市面上充斥着太多投资成功学类的书籍, 可能会让观众或读者高估了通过投资获得成功的概率。

예문 **成功者**的经历就是励志传奇, 他们说的话就能当作名言, **而失败者**的故事则无人问津, 他们说的话也无人倾听。

62-68

❻❶ 湘西吊脚楼是中国南方少数民族一种特有的建筑形式, 建筑框架完全采用木材并通过榫卯接合。❻❷ 所谓"脚", 其实是指几根粗大的木桩, 用于支撑楼房。建在水边的湘西吊脚楼, 伸出两只长长的前"脚", 深深地插入水里, 与建在另一边河岸上的墙基共同支撑起一栋栋楼房; 在山腰上, 湘西吊脚楼的前两只"脚"则稳稳地站在低处, 与另一边的墙基共同支撑楼房, 使其保持平衡; 也有一些建在平地上的湘西吊脚楼, 那是由几根长短一样的木桩把楼房从地面上支撑起来的。木楼的地板高于室外地面60厘米左右, 有时悬空达1米。❻❸ 这样使木楼底部通风, 从而可保持室内地面干燥, 防止毒蛇猛兽侵扰。

❻❹❻❽ 湘西吊脚楼分两层或多层形式, 下层多畅空, 里面多作牛、猪等牲畜棚及储存农具与杂物。楼上为客堂和卧室, 四周伸出有挑廊, 楼上前半部光线充足, 主人可以在廊里劳作和休息。这些廊子的柱子有的不着地, 以便人畜在下面通行, 廊子的重量完全靠挑出的木梁来支撑。湘西吊脚楼看起来美观, 灵巧别致, 凌空欲飞; 住起来舒适, 干爽透气, 通风采光; ❻❺ 它的建筑艺术体现了"地不平我身平"的哲学思想。

❻❽ 湘西吊脚楼有时也称为"干阑"式建筑, 三面有走廊, 悬出木质栏杆。栏杆上雕有万字塔、喜字格、亚字格、四方格等 ❻❻ **象征**吉祥如意的图案。悬柱有八棱形、四方形, 底端常雕有绣球、金爪等各种形状。湘西吊脚楼上下铺楼板, 楼上开有窗户, 通风向阳。❻❼ 窗棂上刻有双凤朝阳、喜鹊闹梅、狮子滚球以及牡丹、茶花、菊花等各种花草, 古朴雅秀, 既美观又实用, 很有民族住房的特色。

观察湘西吊脚楼所使用的建筑材料, 发现以当地的杉木作为主要材料。杉树树体高大, 纹理通直, 结构细致, 材质轻软, 加工容易, 不翘不裂, 耐腐防虫, 耐磨性强, 而且具有芳香气味, 有"木中之王"

❻❶ 상시(湘西) 지역의 디아오자오러우(吊脚楼)는 중국 남방 소수민족 특유의 건축 양식으로, 건축 프레임은 전부 목재를 사용하고 장부 이음(榫卯, 전통 짜맞춤 방식)으로 결합된다. ❻❷ 이른바 '발(脚)'이란, 사실 몇 개의 굵은 나무 말뚝을 가리키며, 건물을 지탱하는 데 사용된다. 물가에 지어진 상시 디아오자오러우는 두 개의 긴 앞 '발'을 내밀어 물속 깊숙이 꽂혀 있고, 강기슭에 지어진 벽의 기초와 함께 건물들을 지탱한다; 산허리에 있을 경우, 디아오자오러우의 앞 두 '발'은 낮은 곳에 안정되게 서 있고, 다른 한쪽의 벽 기초와 함께 건물을 지탱하여 균형을 유지한다; 일부 디아오자오러우는 평지에 지어졌는데, 이는 길이가 같은 몇 개의 나무 말뚝이 건물을 들어올려 지면에서부터 지탱하고 있는 것이다. 조건물의 바닥은 실외 지면보다 약 60센티미터 높고, 때로는 1미터까지 떠 있다. ❻❸ 이렇게 하면 목조 건물의 아래쪽이 바람이 통하여, 실내 바닥을 건조하게 유지할 수 있고, 독사와 맹수의 침입을 막을 수 있다.

❻❹❻❽ 상시 디아오자오러우는 2층 또는 여러 층의 형태로 나뉘며, 아래층은 대부분 비어 있고, 안쪽은 주로 소나 돼지 같은 가축 우리나 농기구 및 잡동니를 저장하는 용도로 사용된다. 위층은 손님 접대용 거실과 침실로 쓰이며, 사방에는 돌출된 복도가 있고, 위층 앞부분은 채광이 좋으며, 주인은 복도에서 노동하거나 휴식할 수 있다. 이 복도의 기둥들 중 일부는 땅에 닿지 않으며, 이는 사람이나 가축이 아래로 지나갈 수 있도록 하기 위함이며, 복도의 무게는 전적으로 튀어나온 목재 들보가 지탱한다. 상서 디아오자오러우는 보기에 아름답고, 날렵하고 독특하며, 하늘로 날아오를 듯하고; 거주하기에도 쾌적하고, 건조하며, 통풍이 잘 되고 채광도 좋다. ❻❺ 이러한 건축 예술은 '땅은 평평하지 않아도 내 심신은 균형을 이룬다'라는 철학 사상을 반영하고 있다.

❻❽ 상시 디아오자오러우는 때로 '간란(干阑)'식 건축이라 불리며, 세 면에 복도가 있고, 나무로 된 난간이 밖으로 돌출되어 있다. 난간 위에는 만자탑, 희자격, 아자격, 사방격 등 길상과 길조를 ❻❻ **상징하는** 무늬가 새겨져 있다. 허공에 떠있는 기둥은 팔각형, 사각형 등이 있으며, 기둥 끝부분에는 수 놓은 공(绣球), 금갈고리 등의 여러 가지 형태가

的美称，被广泛用于湘西吊脚楼的建筑构架、围板、栏杆、地板、门窗等处。

새겨져 있다. 샹시 디아오자오러우는 위아래로 마루판을 깔고, 위층에는 창문을 내어 통풍이 잘 되고 햇빛이 잘 든다. ❻ 창살에는 쌍봉조양, 희작등매, 사자곤구, 그리고 모란, 차꽃(동백꽃), 국화 등 여러 가지 화초들이 새겨져 있으며, 고풍스럽고 우아하며, 아름다우면서도 실용적이고, 민족 주택의 특징을 잘 보여 준다.

샹시 디아오자오러우에 사용된 건축 재료를 살펴보면, 현지의 삼나무를 주요 재료로 사용한 것을 알 수 있다. 삼나무는 나무가 크고, 결이 곧고, 구조가 섬세하며, 재질이 가볍고 부드러우며, 가공이 쉽고, 휘거나 갈라지지 않고, 부패와 해충에 강하며, 내마모성이 강하고, 향기로운 냄새를 지녀 '목재 중의 왕'이라 이름나 있으며, 샹시 디아오자오러우의 건축 프레임, 치마널, 난간, 마루, 문과 창 등의 부위에 광범위하게 사용된다.

단어 湘西 Xiāngxī 고유 샹시(후난성 서부쪽 지명)　吊脚楼 diàojiǎolóu 디아오자오러우(기둥으로 떠받친 집)　框架 kuàngjià 명 틀, 프레임　榫卯 sǔnmǎo 명 장부 구조(전통 목재 결합 방식)　接合 jiēhé 동 결합하다　根 gēn 양 개(가늘고 긴 것)　木桩 mùzhuāng 명 말뚝　支撑 zhīchēng 동 받치다. 지탱하다　插入 chārù 삽입하다　墙基 qiángjī 담의 기초　栋 dòng 양 채(건물 세는 단위)　山腰 shānyāo 산허리, 산중턱　稳稳地 wěnwěn de 부 안정되게　平衡 pínghéng 명 균형(을 맞추다)　木楼 mùlóu 목조 건물　地板 dìbǎn 명 마룻바닥　悬空 xuánkōng 형 공중에 떠 있는　干燥 gānzào 형 건조하다　防止 fángzhǐ 방지하다　毒蛇猛兽 dúshé měngshòu 독사와 맹수　侵扰 qīnrǎo 침입하다　畅空 chàngkōng 형 탁 트인　牲畜 shēngchù 가축　棚 péng 우리, 가건물　储存 chǔcún 동 저장하다　杂物 záwù 명 잡동사니　客堂 kètáng 거실　卧室 wòshì 명 침실　伸出 shēnchū 내밀다　挑廊 tiāoláng 처마 아래 난간 딸린 복도　劳作 láozuò 동 노동하다　柱子 zhùzi 명 기둥　着地 zhuódì 땅에 닿다　挑出 tiāochū 밖으로 내다　木梁 mùliáng 나무 들보　灵巧 língqiǎo 날렵하다, 매끈하다　别致 biézhì 형 독특하다　凌空欲飞 língkōng yù fēi 하늘로 날아갈 듯하다　干爽透气 gānshuǎng tòuqì 보송보송하고 통풍이 잘된다　干栏 gānlán 간란식 가옥, 전통 목조 고상가옥　走廊 zǒuláng 명 복도　栏杆 lángān 명 난간　雕 diāo 동 새기다　吉祥如意 jíxiáng rúyì 길상하고 뜻대로 되다　八棱形 bālēngxíng 팔각형　四方形 sìfāngxíng 사각형　绣球 xiùqiú 수구(자수 공 모양 장식)　金爪 jīnzhǎo 금색 발톱 장식　铺 pū 깔다　向阳 xiàngyáng 해가 잘 든다　窗棂 chuānglíng 창살　刻 kè 동 새기다　双凤朝阳 shuāng fèng cháoyáng 봉황과 태양이 결합된 문양을 통해 길함을 타나 냄　喜鹊闹梅 xǐquè nào méi 까치와 매화 그림 문양(길조를 뜻함)　狮子滚球 shīzi gǔnqiú 사자가 공을 가지고 노는 그림(길조를 뜻함)　牡丹 mǔdān 모란　茶花 cháhuā 동백꽃　菊花 júhuā 명 국화　古朴雅秀 gǔpǔ yǎxiù 고풍스럽고 우아하다　杉木 shānmù 삼나무　树体高大 shùtǐ gāodà 나무가 크다　纹理通直 wénlǐ tōngzhí 나뭇결이 곧다　结构细致 jiégòu xìzhì 구조가 섬세하다　材质轻软 cáizhì qīngruǎn 재질이 가볍고 부드럽다　不翘不裂 bù qiào bù liè 휘지 않고 갈라지지 않다　耐腐防虫 nài fǔ fáng chóng 부패와 벌레에 강하다　耐磨性强 nài mó xìng qiáng 내마모성이 강하다　芳香气味 fāngxiāng qìwèi 명 향기　广泛 guǎngfàn 형 광범위하다　构架 gòujià 명 프레임(frame), 틀　围板 wéibǎn 명 치마널(난간의 밑 가장자리에 돌려 붙인 널빤지), 울타리 판자

62 B ★

关于湘西吊脚楼的"脚"，下列哪项正确?

A 多用石头砖块堆砌
B 用于支撑楼房平衡
C 前后脚长短须一致
D 需要经常进行维修

샹시 디아오자오러우의 '脚'에 대해 다음 중 어느 것이 옳은가?

A 돌과 벽돌을 쌓아 만든 것이 많다
B 건물의 균형을 지탱하는 데 사용된다
C 앞다리와 뒷다리의 길이는 반드시 같아야 한다
D 자주 수리를 해야 한다

해설 첫 번째 단락 초반에서 '所谓"脚"，其实是指几根粗大的木桩，用于支撑楼房(이른바 '발'이란, 사실 몇 개의 굵은 나무 말뚝을 가리키며, 건물을 지탱하는 데 사용된다)'라고 했다. 또한 동일 단락 중반에서 '与另一边的墙基共同支撑楼房，使其保持平衡(다른 한쪽의 벽 기초와 함께 건물을 지탱하여 균형을 유지한다)'라고 했으므로 정답은 B이다.

단어 砖块 zhuānkuài 명 벽돌　堆砌 duīqì 쌓다, 포개 쌓다　支撑 zhīchēng 동 지탱하다, 버티다　平衡 pínghéng 명 동 균형(을 맞추다)　一致 yīzhì 형 일치하다, 한결같다　维修 wéixiū 동 수리하다, 보수하다

63 B ★

吊脚楼地板悬空的好处有:	디아오자오러우의 바닥이 공중에 떠 있는 것의 장점은:
① 方便储存杂物 ② 保持通风干燥 ③ 可以停放汽车 ④ 防止毒蛇侵袭	① 잡동사니를 저장하기에 편리하다 ② 통풍과 건조를 유지할 수 있다 ③ 자동차를 주차할 수 있다 ④ 독사와 맹수의 침입을 막을 수 있다
A ①③ B ②④ C ①④ D ②③	A ①③ B ②④ C ①④ D ②③

해설 첫 번째 단락 후반의 '这样使木楼底部通风(이렇게 하면 목조 건물의 아래쪽이 바람이 통하여)'는 보기 ②와 일치하고, '从而可保持室内地面干燥，防止毒蛇猛兽侵扰(실내 바닥을 건조하게 유지할 수 있고, 독사와 맹수의 침입을 막을 수 있다)'는 보기 ④와 일치한다. 따라서 정답은 B 이다.

단어 储存 chúcún 동 저장하다, 보관하다   杂物 záwù 명 잡동사니   保持 bǎochí 동 유지하다, 지키다   通风 tōngfēng 동 통풍하다   干燥 gānzào 형 건조하다   防止 fángzhǐ 동 방지하다, 막다   毒蛇 dúshé 명 독사   侵袭 qīnxí 동 침입하다, 습격하다   悬空 xuánkōng 동 공중에 매달리다, 공중에 떠 있다

64 A ★★

吊脚楼的下层:	디아오자오러우의 아래층은:
A 可饲养动物 B 多布置成客厅 C 空间比较狭窄 D 专门设有挑廊	A 가축을 기를 수 있다 B 대개 거실로 꾸며져 있다 C 공간이 비교적 좁다 D 특별히 돌출된 복도가 설치되어 있다

해설 두 번째 단락 초반의 '湘西吊脚楼分两层或多层形式(상시 디아오자오러우는 2층 또는 여러 층의 형태로 나뉘며)'에서 관련 내용이 언급되었다. 이어지는 내용에서 '下层多畅空，里面多作牛、猪等牲畜棚及储存农具与杂物(아래층은 대부분 비어 있고, 안쪽은 주로 소나 돼지 같은 가축 우리나 농기구 및 잡동사니를 저장하는 용도로 사용된다)'라고 했다. 아래층이 소나 돼지 같은 가축 우리로 사용된다는 것은 가축을 기를 수 있음을 의미하므로 정답은 A이다.

단어 下层 xiàcéng 명 아래층   饲养 sìyǎng 동 사육하다   布置 bùzhì 동 배치하다, 설치하다   狭窄 xiázhǎi 형 좁다   设有 shèyǒu 동 갖추다, 설치하다   挑廊 tiāoláng 명 (건축 용어) 돌출된 복도, 돌출 복도 구조

65 A ★★★

下面哪句话符合吊脚楼所体现的哲学思想?	다음 중 디아오자오러우가 구현하는 철학 사상에 부합하는 문장은?
A 出淤泥而不染 B 忍一时风平浪静 C 天生我材必有用 D 不扫一屋，何以扫天下	A 진흙에서 태어났지만, 진흙에 더럽혀지지 않다 B 인내는 갈등과 분쟁을 잠재울 수 있다 C 모든 사람은 자기자신만의 재능을 가지고 있다 D 집 한 칸을 쓸지 못하면서 천하를 어찌 쓸 수 있겠는가?

해설   두 번째 단락 후반의 '它的建筑艺术体现了 "地不平我身平"的哲学思想(이러한 건축 예술은 '땅은 평평하지 않아도 내 심신은 균형을 이룬다'라는 철학 사상을 반영하고 있다)'에서 관련 내용이 언급되었다. 핵심 사상 '地不平我身平(땅은 평평하지 않아도 내 심신은 균형을 이룬다)'는 불리한 자연 환경에서도 균형 있고 조화롭게 살아가려는 태도를 나타내는데, '出淤泥而不染(진흙 속에서 자라나도 더러움에 물들지 않는다)' 표현은 나쁜 환경 속에서도 스스로를 지키며 살아간다는 의미로, 이 지문의 철학과 가장 부합하는 문장이다. 따라서 정답은 A이다.

忍一时风平浪静 (한순간만 참으면 바람도 고요하고 파도도 잔잔해진다)
→ 감정을 잘 다스리면 갈등을 피할 수 있다는 뜻으로 참을성과 인내심 강조

天生我材必有用 (하늘이 내게 재능을 주었으니 반드시 쓸모가 있다)
→ 언젠가는 자신의 재능이 쓰일 날이 온다는 자기 자신에 대한 확신 강조

不扫一屋，何以扫天下 (한 집도 쓸지 못하면서 어찌 천하를 쓸 수 있겠는가?)
→ 큰일을 하기 위해선 작은 일부터 시작해야 한다는 의미로 실천적 태도 강조

단어   淤泥 yūní 명 (저수지, 하천 등에 쌓인) 진흙   染 rǎn 동 물들이다   忍 rěn 동 참다. 견디다   风平浪静 fēng píng làng jìng 성 바람이 잠잠하고 파도가 잔잔하다. 평온하다   扫 sǎo 동 쓸다. 청소하다   哲学思想 zhéxué sīxiǎng 명 철학 사상

66 C

根据文意，第三段的空白处最适合填入的词语是: 문맥에 따라, 세 번째 단락의 빈칸에 가장 알맞은 단어는:

A 征兆   A 징조
B 预示   B 예시하다
C 象征   C 상징하다
D 比喻   D 비유

해설   세 번째 단락은 '난간 위에 새겨진 무늬'에 대해 설명하면서, 다양한 문양(万字塔、喜字格、亚字格、四方格等)을 나열하고 그것들이 모두 행운과 길함을 상징한다는 점을 이야기하고 있다. 따라서 빈칸에는 문맥상 이런 문양들의 공통된 성격인 '吉祥如意(상서롭게 뜻하는 바와 같이 되다)'를 상징한다는 의미의 단어가 와야 하므로 정답은 C이다.

단어   征兆 zhēngzhào 명 징후, 조짐   预示 yùshì 동 예고하다, 예시하다   象征 xiàngzhēng 동 상징하다   比喻 bǐyù 동 비유하다

67 A

吊脚楼上面雕刻的图案: 디아오자오러우 위에 새겨진 무늬는:

A 传统美观   A 전통적이고 아름답다
B 精致统一   B 정교하고 통일되어 있다
C 不加色彩   C 색이 더해지지 않았다
D 以人像为主   D 인물 형상이 주를 이룬다

해설   세 번째 단락 후반의 '窗棂上刻有双凤朝阳、喜鹊闹梅、狮子滚球以及牡丹、茶花、菊花等各种花草(창살에는 쌍봉조양, 희작등매, 사자곤구, 그리고 모란, 차꽃(동백꽃), 국화 등 여러 가지 화초들이 새겨져 있으며)'는 문제의 '雕刻的团(새겨진 무늬)'를 의미한다. 이어진 내용에서 '古朴雅秀，既美观又实用，很有民族住房的特色(고풍스럽고 우아하며, 아름다우면서도 실용적이고, 민족 주택의 특징을 잘 보여 준다)'라고 했으므로 정답은 A이다.

단어   传统 chuántǒng 형 전통적이다   美观 měiguān 형 (장식·외관 등이) 보기 좋다. 아름답다   精致 jīngzhì 형 정교하다, 섬세하다   人像 rénxiàng 명 인물상, 초상화   雕刻 diāokè 동 조각하다   图案 tú'àn 명 무늬, 도안

68 B ★★

上文主要介绍的是湘西吊脚楼的：	위 글은 주로 상시 디아오자오러우의 무엇에 대해 소개하고 있는가?
A 历史文化 B 结构特点 C 使用用途 D 地理位置	A 역사와 문화 B 구조적 특징 C 사용 용도 D 지리적 위치

해설 첫 번째 단락 초반 '湘西吊脚楼是中国南方少数民族一种特有的建筑形式(상시 지역 디아오자오러우는 중국 남방 소수민족 특유의 건축 양식으로), 建筑框架完全采用木材并通过榫卯接合(건축 프레임은 전부 목재를 사용하고 장부 이음으로 결합된다)'의 내용을 통해 이 글이 건축물의 구조적 특징을 설명하고 있음을 알 수 있다. 또한 이어지는 두 번째 단락 초반 '湘西吊脚楼分两层或多层形式(상시 디아오자오러우는 2층 또는 여러 층의 형태로 나뉘며)'의 내용과, 세 번째 단락 초반 '湘西吊脚楼有时也称为"干阑"式建筑，三面有走廊，悬出木质栏杆(상시 디아오자오러우는 때로 '간란'식 건축이라 불리며, 세 면에 복도가 있고, 나무로 된 난간이 밖으로 돌출되어 있다)'의 내용에서 모두 건축물의 구조적 특징을 차례로 자세히 설명하고 있다. 따라서 정답은 B이다.

단어 结构 jiégòu 뗑 구조   特点 tèdiǎn 뗑 특징   用途 yòngtú 뗑 용도   建筑框架 jiànzhù kuàngjià 건축 골격   多层形式 duōcéng xíngshì 여러 층 형태   走廊 zǒuláng 뗑 복도, 회랑   栏杆 lángān 뗑 난간

TIP

- 주요 문장 형식

  ……是中国……特有的……形式 (~은 중국 ~ 특유의 ~양식/형식이다)
  - 원문 湘西吊脚楼**是中国**南方少数民族一种**特有的**建筑**形式**，建筑框架完全采用木材并通过榫卯接合。
  - 예문 四合院**是中国**北方民居**特有的**建筑**形式**。

  ……体现了"……"的哲学思想 (~은 '~'의 철학 사상을 구현했다)
  - 원문 湘西吊脚楼看起来美观，灵巧别致，凌空欲飞；住起来舒适，干爽透气，通风采光；它的建筑艺术**体现了**"地不平我身平"**的哲学思想**。
  - 예문 中国园林讲究自然与人为的融合，这种设计**体现了**"天人合一"**的哲学思想**。

  有"……"的美称，被广泛用于…… ('~'으로 이름나 있으며, ~에 광범위하게 사용된다)
  - 원문 杉树树体高大，纹理通直，结构细致，材质轻软，加工容易，不翘不裂，耐腐防虫，耐磨性强，而且具有芳香气味，**有**"木中之王"**的美称，被广泛用于**湘西吊脚楼的建筑构架、围板、栏杆、地板、门窗等处。
  - 예문 青花瓷**有**"瓷中之王"**的美称，被广泛用于**工艺品、收藏和外贸出口。

제2부분 (69-73)

다음 글의 순서가 뒤섞여 있습니다. 논리적으로 일관된 글이 되도록 다시 정렬하세요.
이 과정에서 한 개의 단락은 내용과 무관한 방해 요소이므로 제외해야 합니다.
밑줄 친 단락의 위치는 고정되어 있으므로 순서를 변경할 필요가 없습니다.

69-73

A 我继续问：“城里的道路这么复杂，你出来不怕迷路吗？”听了，老人笑了起来，说："如果没有勇气迈出一步，那我只能一直待在家里了。现在，我每个星期都要从乡下到城里往返两趟，一点儿都不担心会迷路。"

B 尽管这已是很多年前的情景，但老人说得很准确。我瞅了瞅他失明的眼睛，感到有些诧异，在犹豫了一会儿之后，仍忍不住问："老伯，你的眼睛……怎么会知道我们村子以前的情景呢？"老人毫不在意地微笑着说："你怀疑我说谎？年轻的时候，我这两只眼睛并没有瞎。我还当过兵哩，在青海开过车。复员后，我被分配到一家化工厂里工作。后来，因为工伤，我这两只眼睛才不行了。"在说这些话的时候，老人脸上的神情非常轻松。

C 说到这儿时，老人的话题一转，说："刚开始，我也很绝望，感觉自己好像突然从这个世界上消失了。但后来，我就想已经这样了，再怎么后悔也无济于事了。于是，我就对自己说，走出去吧，只要抓准目标，走一步就近一步，这有什么好担心和害怕的呢？"

D 那一天，我去城里拜访了一位朋友。下午返回时，我乘上了一辆驶往乡下的大巴。汽车只行了几站，便上来一位盲人，看上去60多岁。因为我距离车门较近，便帮助他将背包放好。他嘴里一边说着谢谢，一边在我身边的座位上坐下。然后，他微笑着问我家住哪里。当我告诉他住在海西时，他竟兴奋地说："你们那里，我可去过很多次。在你们村子东南方向不远就是大海，村前有一条小路，路旁有一座龙王庙……"

E 在此之后的很长时间，那位双目失明老人的乐观和坦然的神情，一直萦绕在我的脑海之中。一个人，突然从光明的生活跌入黑暗的世界，这是一种多么巨大的打击和痛苦啊！但是，那一位失明的老者却用坚强的信念和勇气，坦然地面对所有痛苦，并将这份痛苦转化为更强大的信念，使自己活得更有尊严。

F 此时，我被老人的话语深深打动，于是我又问他："老伯，你到城里来做什么呢？"他颇有些自豪地

A 나는 계속 물었다. "도시의 도로가 이렇게 복잡한데, 밖에 나오면 길을 잃을까봐 두렵지 않으세요?" 이 말을 들은 노인은 웃으면서 말했다. "만약 용기를 내서 한 걸음을 내딛지 않는다면, 나는 계속 집에만 있어야겠지. 지금은 매주 두 번 시골에서 도시로 왕복해, 전혀 길 잃을 걱정은 하지 않아."

B 비록 이것은 아주 오래전의 광경이지만, 노인의 말은 아주 정확했다. 나는 그의 실명된 눈을 힐끗 바라보며 약간 놀라움을 느꼈고, 잠시 망설이다 결국 참지 못하고 물었다. "어르신, 눈이…… 어떻게 우리 마을의 예전 광경을 아시나요?" 노인은 전혀 개의치 않는 듯 미소 지으며 말했다. "내가 거짓말한다고 의심하나? 젊었을 땐 이 두 눈이 멀쩡했어. 군대 생활도 했고, 칭하이(青海)에서 운전도 했지. 제대 후에 한 화학공장에 배치되어 일을 했어. 나중에 작업 중 사고로 이 두 눈이 안 좋아졌지." 이 말을 할 때 노인의 얼굴 표정은 아주 편안했다.

C 여기까지 말한 후, 노인은 화제를 돌리며 말했다. "처음엔 나도 아주 절망했어, 마치 나 자신이 갑자기 이 세상에서 사라진 느낌이었지. 하지만 나중엔, 이미 이렇게 된 이상 아무리 후회해도 소용없다고 생각하게 됐어. 그래서 스스로에게 말했지, 나가보자, 목표를 잘 잡고 한 걸음 나아가면 그만큼 목표에 가까워질 수 있어. 그게 뭐가 그렇게 걱정되고 무서울 일이겠나?"

D 그날, 나는 도시에 있는 친구를 방문하러 갔다. 오후에 돌아올 때, 나는 시골로 가는 버스를 탔다. 버스는 몇 정거장만 가고 나서, 한 명의 맹인이 올라탔다. 60세가 넘어 보였다. 나는 문 가까이에 있었기에, 그의 배낭을 자리에 놓는 것을 도와주었다. 그는 입으로 고맙다고 말하면서, 내 옆자리에 앉았다. 그리고는 미소를 지으며 나에게 집이 어디냐고 물었다. 내가 해시(海西)에 산다고 말하자, 그는 놀랍게도 흥분해서 말했다. "그곳, 내가 여러 번 가봤지. 너희 마을 동남쪽으로 얼마 가지 않으면 바다가 있고, 마을 앞엔 오솔길이 하나 있어. 길 옆에는 용왕묘도 있지……"

E 그 이후로 아주 오랫동안, 그 시력을 잃은 노인의 낙관적이고 담담한 모습이 줄곧 내 머릿속에서 맴돌았다. 한 사람이, 밝은 생활에서 갑자기 암흑의 세계로 떨어진다는 것은, 얼마나 크나큰 충격이자 고통이겠는가! 그러나 그 시력을 잃은 노인은 강한 신념과 용기로 모든 고통을 담담히 마주하며, 이 고통을 더 강한 믿음으로 바꾸어, 자기 삶을 더 품위 있게 살고 있었다.

F 이때, 나는 노인의 말에 깊이 감동받아 다시 물었다. "어

说：“是一家大医院，聘我给病人做推拿。”我惊讶地问：“你还会做推拿？”老人平静地说：“是呀，既然活着，就应该学习一门手艺，我研究推拿已经几十年了。”到站后，在我起身下车的时候，聊兴正浓的老人看上去有些不舍，竟然关切地对我说："走好啊。"

G 盲人按摩讲究手指的力度和穴位的准确，手指肿痛更是常有的事。为了学好盲人按摩技术，他开始学盲文，每次学习都认真做好笔记，勤奋练习，有时练得连端碗拿筷子都感到痛，经过三年的学习，他的手关节都有些变形了。也许很多人吃不下这些苦，但他说，在他看来，学习盲人按摩技术过程中，手指酸痛是必经的过程，想要学好一门技术，不吃苦是学不出来的。

르신, 도시에는 무슨 일로 오신 건가요?" 그는 다소 자랑스럽게 말했다. "큰 병원이야, 나를 고용해서 환자들에게 마사지(추나)해 주고 있지." 나는 놀라서 물었다. "마사지도 하세요?" 노인은 침착하게 말했다. "그래, 살아 있는 이상 기술 하나는 배워야지. 나는 마사지 연구를 수십 년 했어." 정류장에 도착했을 때, 내가 일어나서 내리려 하자, 한창 이야기 중이던 노인은 조금 아쉬운 듯 보였고, 놀랍게도 정답게 내게 말했다. "잘 가게나."

G 맹인 마사지는 손가락의 힘과 혈자리의 정확함이 중요하며, 손가락이 붓고 아픈 일은 매우 흔하다. 맹인 마사지 기술을 잘 배우기 위해, 그는 점자를 배우기 시작했고, 매번 학습할 때마다 꼼꼼히 필기를 하고, 부지런히 연습했으며, 때로는 연습 때문에 밥그릇을 들거나 젓가락을 잡는 것조차 아플 지경이었다. 3년간의 학습을 거치며, 그의 손 관절은 약간 변형될 정도였다. 많은 사람이 이런 고생을 견디지 못할 수 있지만, 그가 말하길, 자기 생각에 맹인 마사지 기술을 배우는 과정에서 손가락의 통증은 반드시 거쳐야 하는 과정이며, 기술을 잘 배우려면 고통 없이 배울 수는 없다고 했다.

단어

A 迷路 mílù 동 길을 잃다　迈出 màichū 동 내딛다　往返 wǎngfǎn 동 왕복하다　趟 tàng 양 번 (왕복 횟수)

B 情景 qíngjǐng 명 정경, 장면　瞅 chǒu 흘깃 보다　失明 shīmíng 동 실명하다　诧异 chàyì 형 놀라다, 의아하다　犹豫 yóuyù 형 망설이다　忍不住 rěnbuzhù 참지 못하다　毫不在意 háo bù zàiyì 조금도 개의치 않다　怀疑 huáiyí 동 의심하다　说谎 shuōhuǎng 동 거짓말하다　瞎 xiā 동 눈이 멀다　青海 Qīnghǎi 고유 칭하이(중국 성(省)급 행정 구역)　复员 fùyuán 동 (군에서) 제대하다　分配 fēnpèi 동 배정하다　工伤 gōngshāng 명 업무 중 부상, 산재　神情 shénqíng 명 표정, 기색

C 话题一转 huàtí yì zhuǎn 주제를 바꾸다　绝望 juéwàng 형 절망하다　后悔 hòuhuǐ 동 후회하다　无济于事 wújì yú shì 성 아무 소용없다　抓准 zhuāzhǔn 정확히 잡다

D 拜访 bàifǎng 동 방문하다　返回 fǎnhuí 동 돌아오다　乘 chéng (차를) 타다　驶往 shǐwǎng ~로 향해 달리다　乡下 xiāngxia 명 시골　大巴 dàbā 명 대형 버스　盲人 mángrén 명 시각장애인　背包 bēibāo 명 배낭　村子 cūnzi 명 마을　龙王庙 Lóngwángmiào 명 용왕묘

E 双目失明 shuāngmù shīmíng 양쪽 눈이 실명하다　乐观 lèguān 형 낙관적이다　坦然 tǎnrán 형 담담하다　神情 shénqíng 명 표정　萦绕 yíngrào 동 맴돌다　脑海 nǎohǎi 명 머릿속　跌入 diērù 동 떨어지다　巨大 jùdà 형 거대하다　打击 dǎjī 명 충격　坚强 jiānqiáng 형 강하다　信念 xìnniàn 명 신념　转化 zhuǎnhuà 동 전환되다　尊严 zūnyán 명 존엄, 자존

F 颇 pō 부 상당히　自豪 zìháo 형 자랑스럽다　聘 pìn 동 고용하다　推拿 tuīná 명 (중의학) 추나, 안마　惊讶 jīngyà 형 놀라다　平静 píngjìng 형 차분하다　一门手艺 yīmén shǒuyì 한 가지 기술　起身下车 qǐshēn xiàchē 자리에서 일어나 차에서 내리다　聊兴正浓 liáoxìng zhèng nóng 대화가 무르익다　不舍 bùshě 형 아쉽다　关切 guānqiè 형 간절히 염려하다

G 盲人 mángrén 명 시각장애인　按摩 ànmó 동 안마하다　讲究 jiǎngjiu 동 중시하다　手指 shǒuzhǐ 명 손가락　力度 lìdù 명 세기, 힘　穴位 xuéwèi 명 혈자리　肿痛 zhǒngtòng 붓고 아픔　盲文 mángwén 명 점자　勤奋练习 qínfèn liànxí 열심히 연습하다　端碗 duānwǎn 동 그릇을 들다　拿筷子 ná kuàizi 젓가락을 들다　手关节 shǒu guānjié 손 관절　变形 biànxíng 동 변형되다　酸痛 suāntòng 형 시큰하고 아프다

문장 배치 순서

해설 **69 D**
매 단락의 시작 부분을 확인해 보면 A 我继续问(나는 계속해서 물었다), B 尽管(비록 ~이지만), C 说到这儿时(여기까지 말했을 때), E 在此之后(그 이후로), F 此时(그 때) 등 D를 제외한 나머지 단락들은 모두 첫 단락으로 오기에는 적합하지 않다. D 단락은 주인공이 한 맹인 노인을 만나게 된 상황을 묘사하면서 이야기의 전체적인 배경을 소개하고 있으므로, 첫 번째 단락에 해당한다.

70 B
B 단락 시작 부분의 '尽管这已是很多年前的情景(비록 이것은 아주 오래전의 광경이지만)'은 D 단락 마지막 부분과 이어지는 이야기로, 그가 실명하기 전의 생활 경험을 자세히 묘사하고 있다. 이 단락에서는 노인이 예전에 볼 수 있었다는 것이 언급되며, D 단락 속에서 노인이 마을의 정황을 알고 있었던 것을 설명해 준다.

71 A
B 단락의 '忍不住问(참지 못하고 물었다)' 표현과 A 단락의 '我继续问(나는 계속해서 물었다)' 표현으로 단락의 선후 관계를 빠르게 파악할 수 있다. B 단락에서는 주인공이 질문으로 노인과의 대화를 계속 이어가고 있는데, 노인이 어떻게 길을 잃지 않는지에 대해 궁금해했고, 이어지는 A 단락에서 노인은 그것에 대한 자신의 용기와 신념을 말하고 있다.

72 C
C 단락에서 노인은 자신이 실명한 후의 느낌과 태도를 한층 더 자세하게 묘사하였으며, 이는 앞 A 단락에서 노인이 말한 용기와 신념에 관한 내용을 이어가고 있음을 알 수 있다.

73 E
E 단락에서 '在此之后'는 작가와 노인의 만난 사건을 가리킨다. 이 사건을 통해 작가가 노인과의 교류 전체를 되돌아보며, 노인에게서 배운 인생의 이치와 이 글의 교훈이 담겨 있으므로 결말로 삼을 수 있다.

G 단락은 맹인 마사지와 점자 학습 과정을 묘사하고 있다. 하지만 이 이야기 속에서는 명확한 연결점을 찾을 수 없으며, 다른 단락들과 논리적으로 연결되지 않는다. 따라서 해당 단락은 방해 요소로 판단할 수 있다.

제3부분 (74-87) 아래의 문제에 답하세요. 답안은 10글자 이내로 작성해야 합니다.

74-80

自古川黔多好酒，"五粮液"便是其中最有名的代表之一。四川宜宾是五粮液酒的故乡，酿造五粮液酒的历史可追溯到一千年以上。

❼❹ 相传，宜宾早在唐代时就已盛行酿酒。唐代大诗人杜甫于永泰元年（765年）到戎州（今四川宜宾），在所写《宴戎州杨使君东楼》诗中就有"重碧牛青酒，轻红臂荔枝"之句。其时所产的"重碧酒"和"荔枝绿"均为唐宋时期的名酒。

❼❺ 五粮液，原名杂粮酒，据说创始于明代，至今酿造用的酒窖，乃是明代遗物。当时系仿宋代名酒荔枝绿之制法，用多种谷物配合酿制，经历代不断改进发展而成。

明朝初期，四川宜宾一位姓陈的老板，创"温德羊"酒坊，潜心研究，探索出杂粮酒的配方，嫡传六代。到了清代，因陈家无后，最后一代陈三便将秘方口授给徒弟赵铭盛。赵铭盛去世前，又将秘方传给了徒弟邓子均。❼❻ 邓根据其秘方几经调整，确定了新配方。

1915年，巴拿马万国博览会上，❼❼ 世界各地的商品包装精美，目不暇接。上海"利川东"商行的展位前，仅陈列着一些产自长江之滨的土陶罐，土陶罐粗陋难看的外表令所有人嗤之以鼻。眼看着买卖难成，❼❽ "利川东"商行的一名商人情急之下，打开了一个土陶罐，顷刻间香气扑鼻。参观者驻足观望，只见陶罐中的玉液晶莹剔透，入口甘香绵甜、齿颊留香、回味无穷，凡饮者赞不绝口，从此无法忘记中国"五粮液"的美名。❼❾ 正是这名商人的偶然举动，令"五粮液"名扬四海，一举夺得了巴拿马金奖，成就了一个中华民族的国际品牌。

为庆贺"五粮液"获得巴拿马国际金奖，"利川东"商行还特意制作了一块用彩色玻璃镶边的牌匾赠送给五粮液的传人邓子均，上书"名振华夏"。自此以后，"五粮液"多次荣获国际国内金奖及名酒美誉，铸就了80年金牌不倒的辉煌，不愧为神州神酒。

❽⓿ 而更神奇的是，六百多年来，五粮液酒厂的明代地穴式酒窖发酵池得以不断使用。这16口明代古窖池经过几百年的连续使用和不断维护，成为我国现

예로부터 쓰촨(川)과 구이저우(黔)는 술을 좋아하는 사람이 많았고, '우량예(五粮液)'는 그중 가장 유명한 대표 중 하나이다. 쓰촨 이빈(宜宾)은 우량예 술의 고향이며, 우량예 술을 빚는 역사는 천 년 이상 거슬러 올라간다.

❼❹ 전해지는 바에 따르면, 이빈(宜宾)에서는 이미 당나라 시대에 술 빚는 일이 성행했다고 한다. 당나라의 대시인 두보(杜甫)는 영태 원년(765년)에 융주(戎州, 지금의 쓰촨 이빈)에 왔는데, 그가 쓴《연융주양사군동루(宴戎州杨使君东楼)》라는 시에는 '중벽우청주, 경홍비려지'라는 구절이 있다. 그 당시에 생산된 '중벽주(重碧酒)'와 '여지록(荔枝绿)'은 모두 당송 시기의 명주(名酒)였다.

❼❺ 우량예는 원래 이름이 잡곡주(杂粮酒)였으며, 명나라 시대에 창시된 것으로 전해지며, 지금까지 술을 빚는 데 쓰이는 술 저장고는 명나라의 유물이다. 그 당시에는 송나라 명주인 여지록의 제조법을 모방하여 여러 곡물을 배합해 빚었고, 여러 대를 거치며 끊임없이 개량되고 발전되어 오늘날에 이르렀다.

명나라 초기, 쓰촨 이빈에 천(陈)씨 성을 가진 한 주인이 있었는데, '원더양(温德羊)' 술공방을 창립하고 술 연구에 몰두하여 잡곡주의 배합법을 연구해냈으며, 그것은 6대에 걸쳐 대대로 전해졌다. 청나라에 이르러, 진 씨 집안에 후사가 없었기에 마지막 세대인 천싼(陈三)은 비법을 제자 자오밍성(赵铭盛)에게 구전으로 전해주었다. 자오밍성은 세상을 떠나기 전, 제자 덩쯔쥔(邓子均)에게도 비법을 전수하였다. ❼❻ 등자균은 그 비법을 바탕으로 여러 차례 조정을 거쳐 새로운 배합법을 확정하였다.

1915년, 파나마 만국 박람회에서 ❼❼ 전 세계 각지의 상품들이 정교하고 아름답게 포장되어, 볼 것이 너무 많았다. 상하이의 '리촨둥(利川东)' 상회의 전시 부스에는 단지 장강(长江)양안에서 생산된 몇 개의 흙 항아리만이 전시되어 있었고, 흙 항아리의 투박하고 못생긴 외형은 모든 이들의 비웃음을 샀다. 장사가 이루어지기 어려운 상황에 처하자, ❼❽ 리촨둥 상회의 한 상인은 다급한 나머지 항아리 하나를 열었고, 순식간에 향기가 코끝을 찔렀다. 관람객들은 발길을 멈추었고, 흙 항아리 속의 옥빛 술은 투명하고 맑았으며, 입에 넣자 향기롭고 부드럽고 달며, 입 안 가득 향기가 퍼지고, 여운이 길어, 마신 사람은 모두 칭찬을 아끼지 않았으며, 그 뒤로 중국의 '우량예'라는 이름을 잊지 못하게 되었다. ❼❾ 바로 이 상인의 우연한 행동 덕분에 '우량예'는 세계적으로 이름을 떨쳤고, 단번에 파나마 금상을 수상하였으며, 중화 민족의 국제 브랜드를 이루어 냈다.

'우량예'가 파나마 국제 금상을 수상한 것을 축하하기 위

存最早的地穴式曲酒发酵窖池，其微生物繁衍至今从未间断。这不仅是五粮液集团的瑰宝，也是白酒行业的奇迹！

해, '이천동' 상회는 특별히 색유리로 테두리를 장식한 현판을 제작하여 우량예의 전승인인 덩쯔쥔에게 증정하였고, 그 위에는 '명진화하(名振華夏, 중화에 명성을 떨치다)'라는 글이 새겨져 있었다. 이로부터 '우량예'는 국제 및 국내에서 수차례 금상과 명주 칭호를 수상하였고, 80년 동안 금상 브랜드의 영광을 이어왔으며, 진정으로 신주(神州)의 신주(神酒)라 할 만하다.

⑧ 더욱 신기한 것은, 600여 년 동안, 우량예 주조장의 명나라 시대 지하 저장고식 발효조가 계속 사용되어 왔다는 점이다. 이 16개의 명나라 고(古) 발효조는 수백 년에 걸쳐 지속적으로 사용되고 관리되어, 현재 중국에 현존하는 가장 오래된 지하 저장고식 누룩술 발효조가 되었으며, 그 안의 미생물은 지금까지도 번식을 멈춘 적이 없다. 이는 우량예 그룹의 보물일 뿐 아니라, 백주(白酒) 업계의 기적이기도 하다!

단어 川黔 Chuān Qián [고유] 쓰촨과 구이저우 五粮液 Wǔliángyè [고명] 우량예(중국 유명 백주 브랜드) 四川宜宾 Sìchuān Yíbīn [고유] 쓰촨성(省) 이빈시(市) 酿造 niàngzào [동] 빚다, 양조하다 追溯 zhuīsù [동] 거슬러 올라가다 唐代 Tángdài [고명] 당나라 시대 盛行 shèngxíng [동] 널리 유행하다 酿酒 niàngjiǔ [동] 술을 빚다 杜甫 Dù Fǔ [고유] 두보(중국 당나라 시인) 永泰元年 Yǒngtài yuánnián 영태 원년(=762년) 戎州(今 四川宜宾) Róngzhōu(jīn Sìchuān Yíbīn) [고유] 융저우(현재 쓰촨 이빈의 옛 지명) 系 xì ~이다(고문=是) 谷物 gǔwù [명] 곡물 配合 pèihé [동] 배합하다 酿制 niàngzhì [동] 빚다 酒坊 jiǔfáng [명] 술집, 양조장 潜心研究 qiánxīn yánjiū 몰두하여 연구하다 探索 tànsuǒ [동] 탐색하다 杂粮酒 záliángjiǔ [명] 잡곡주 配方 pèifāng [명] 배합 방식 嫡传 díchuán [형] 적통의, 정통(의) 无后 wúhòu [동] 후사가 없다 秘方 mìfāng [명] 비법 口授 kǒushòu [동] 구두로 전하다 徒弟 túdì [명] 제자 赵铭盛 Zhào Míngshèng [고유] 자오밍성(인명) 邓子均 Dèng Zǐjūn [고유] 덩쯔쥔(인명) 几经调整 jǐjīng tiáozhěng 여러 차례 조정하다 巴拿马万国博览会 Bānámǎ Wànguó Bólǎnhuì [고유] 파나마 만국박람회 精美 jīngměi [형] 정교하고 아름답다 目不暇接 mù bù xiá jiē [성] 많아서 다 볼 수 없다 利川东"商行 "Lìchuāndōng" shāngháng [고유] 리촨동 상회, 상사 展位 zhǎnwèi [명] 전시 부스 陈列 chénliè [동] 진열하다 长江之滨 Chángjiāng zhī bīn [명] 장강(양쯔강) 양안 土陶罐 tǔtáoguàn [명] 토기 항아리 粗陋难看 cūlòu nánkàn 조잡하고 볼품없다 嗤之以鼻 chī zhī yǐ bí 콧방귀를 뀌다, 비웃다 眼看着 yǎnkànzhe [동] 눈앞에서, 당장 情急之下 qíngjí zhī xià 급한 상황에서 顷刻间 qǐngkè jiān [부] 순식간에 香气扑鼻 xiāngqì pūbí [성] 향기가 코를 스치다 驻足观望 zhùzú guānwàng [동] 발걸음을 멈추고 바라보다 玉液 yùyè [명] 옥같이 맑은 술 晶莹剔透 jīngyíng tītòu [성] 아주 맑고 투명하다 甘香绵甜 gānxiāng miántián 달콤하고 향긋하다 齿颊留香 chǐjiá liúxiāng [성] 입안에 향이 오래 남다 回味无穷 huíwèi wúqióng [성] 여운이 길다 赞不绝口 zàn bù jué kǒu 칭찬을 아끼지 않다 名扬四海 míng yáng sìhǎi [성] 명성이 천하에 퍼지다 一举夺得金奖 yìjǔ duódé jīnjiǎng 단번에 금상을 수상하다 镶边 xiāngbiān [동] 테를 두르다 牌匾 páibiǎn [명] 현판 赠送 zèngsòng [동] 선물하다 传人 chuánrén [명] 계승자 铸就辉煌 zhùjiù huīhuáng 눈부신 성과를 거두다 神州神酒 Shénzhōu shénjiǔ [명] 신주(중국 최고의 술로 비유) 地穴式酒窖发酵池 dìxué shì jiǔjiào fājiàochí [명] 지하 저장고식 발효조 微生物 wēishēngwù [명] 미생물 繁衍 fányǎn [동] 번식하다 从未间断 cóngwèi jiànduàn 한 번도 끊긴 적이 없다 瑰宝 guībǎo [명] 진귀한 보물

---

74 宜宾酿酒历史悠久。 ★★★

第二段中，作者引用杜甫的诗句是想说明什么？	두 번째 단락에서, 글쓴이가 두보의 시 구절을 인용하여 무엇을 말하고자 했는가?
宜宾酿酒历史悠久。	이빈의 술 빚는 역사가 유구하다.

해설 두 번째 단락 초반의 '相传，宜宾早在唐代时就已盛行酿酒(전해지는 바에 따르면, 이빈에서는 이미 당나라 시대에 술 빚는 일이 성행했다고 한다). 唐代大诗人杜甫于永泰元年（765年）到戎州（今四川宜宾）(당나라의 대시인 두보는 영태 원년(765년)에 융주(戎州, 지금의 쓰촨 이빈)에 왔는데), 在所写〈宴戎州杨使君东楼〉诗中就有"重碧牛青酒, 轻红臂荔枝"之句(그가 쓴 《연융주양사군동루(宴戎州杨使君东楼)》라는 시에는 '중벽우청주, 경홍비려지'라는 구절이 있다)'라고 한 부분은 당대에 이미 이빈에서 술을 빚었고 그 술이 유명했다는 것을 말해 준다. 이는 이빈 지역의 오랜 술 문화에 대한 역사적 근거가 되며, 이 시구를 인용한 목적은 이빈 지역의 술 빚는 전통이 오래되었음을 강조하기 위한 것이다. 따라서 정답은 宜宾酿酒历史悠久이다.

단어	引用 yǐnyòng 图 인용하다 杜甫 Dù Fǔ 고유 두보(중국 당나라 시인) 诗句 shījù 명 시구, 시 구절 早在 zǎozài 부 이미 ~할 때, 일찍이 盛行 shèngxíng 图 성행하다, 널리 퍼지다 酿酒 niàngjiǔ 图 술을 빚다, 양조하다

75 明代。 ★

五粮液源自哪个年代？	우량예는 어느 시대에서 유래했는가?
明代。	명나라.

해설	세 번째 단락 초반에서 '五粮液，原名杂粮酒，据说创始于明代(우량예는 원래 이름이 잡곡주였으며, 명나라 시대에 창시된 것으로 전해지며)'라고 했으므로 정답은 明代이다.
단어	五粮液 wǔliángyè 명 우량예(중국 유명 백주 브랜드) 源自 yuánzì 유래하다, 비롯되다 年代 niándài 명 시대, 연대 明代 Míngdài 명 명나라 시대 创始于 chuàngshǐ yú 图 ~에 창립되다, 시작되다

76 改进了配方。 ★★★

除了改名之外，邓子均对五粮液还有什么贡献？	이름을 바꾼 것 외에, 덩쯔쥔은 우량예에 어떤 공헌을 했는가?
改进了配方。	배합법을 개량했다.

해설	네 번째 단락 후반에서 '邓根据其秘方几经调整，确定了新配方(덩쯔쥔은 그 비법을 바탕으로 여러 차례 조정을 거쳐 새로운 배합법을 확정하였다)'라고 했으므로 정답은 改进了配方이다.
단어	邓子均 Dèng Zǐjūn 고유 덩쯔쥔(인명) 贡献 gòngxiàn 图 기여하다, 공헌하다 改进 gǎijìn 图 개선하다, 개량하다 配方 pèifāng 명 조리법, 배합 비율

77 眼睛看不过来。 ★★★

画线词语 "目不暇接" 是什么意思？	밑줄 친 단어 '目不暇接'는 무슨 뜻인가?
眼睛看不过来。	(너무 많아) 미처 다 보지 못한다.

해설	밑줄 앞 내용 '世界各地的商品包装精美(전 세계 각지의 상품들이 정교하고 아름답게 포장되어)'를 통해 전시된 상품의 수가 매우 많음을 유추할 수 있다. 目不暇接는 '눈이 한꺼번에 다 담지 못할 만큼 아주 많다'라는 뜻으로, '사물이나 경치가 너무 많아 다 볼 수 없음'을 묘사한다. 따라서 정답은 眼睛看不过来이다. 유의어로는 琳琅满目, 眼花缭乱, 应接不暇 등이 있다.
단어	目不暇接 mù bù xiá jiē 성 눈이 쉴 틈이 없다, 볼 것이 너무 많다 琳琅满目 lín láng mǎn mù 성 갖가지 좋은 물건이 눈앞에 가득하다 眼花缭乱 yǎn huā liáo luàn 성 눈이 어지럽다, 현기증이 나다(주로 많은 것을 보고 혼란스러울 때) 应接不暇 yìng jiē bù xiá 성 맞이하고 접대할 틈이 없다, 매우 바쁘다, 감당하기 어렵다

78 打开陶罐。 ★★

"利川东"的商人是如何推销五粮液的？	'리촨둥' 상점의 상인은 어떻게 우량예를 홍보했는가?
打开陶罐。	흙 항아리를 열었다.

해설   다섯 번째 단락 중반에서 '"利川东"商行的一名商人情急之下('리촨둥' 상회의 한 상인은 다급한 나머지), 打开了一个土陶罐，顷刻间香气扑鼻(흙 항아리 하나를 열었고, 순식간에 향기가 코끝을 찔렀다)'라고 했으므로 정답은 打开陶罐이다.

단어   推销 tuīxiāo 동 판매하다, 판촉하다   陶罐 táoguàn 명 도자기 항아리, 토기 단지

79 巴拿马金奖。 ★

1915年，五粮液获得了什么奖项？	1915년에, 우량예는 어떤 상을 수상했는가?
巴拿马金奖。	파나마 금상.

해설   다섯 번째 단락 후반에서 '正是这名商人的偶然举动，令"五粮液"名扬四海(바로 이 상인의 우연한 행동 덕분에 '우량예'는 세계적으로 이름을 떨쳤고), 一举夺得了巴拿马金奖(단번에 파나마 금상을 수상하였으며), 成就了一个中华民族的国际品牌(중화 민족의 국제 브랜드를 이루어 냈다)'라고 했으므로 정답은 巴拿马金奖이다.

단어   奖项 jiǎngxiàng 명 상, 상장   巴拿马金奖 Bānámǎ Jīn Jiǎng 고유 파나마 금상

80 从古使用至今。 ★

五粮液酒厂的古窖池为什么令人称奇？	사람들은 왜 우량예 양조장의 고(古) 발효조가 경이롭다고 하는가？
从古使用至今。	옛날부터 지금까지 계속 사용되었다.

해설   일곱 번째 단락 초반에서 '而更神奇的是(더욱 신기한 것은), 六百多年来，五粮液酒厂的明代地穴式酒窖发酵池得以不断使用(600여 년 동안, 우량예 주조장의 명나라 시대 지하 저장고식 발효조가 계속 사용되어 왔다는 점이다)'라고 했으므로 정답은 从古使用至今이다. 지문의 '神奇(신기하다)'와 문제의 '令人称奇(경이로움을 자아내다)'가 의미가 통함을 유추할 수 있어야 한다.

단어   酒厂 jiǔchǎng 명 주조장, 술 공장   古窖池 gǔ jiào chí 명 고대 술 저장고   令人称奇 lìng rén chēngqí 사람을 놀라게 하다, 경이로움을 자아내다   从古至今 cóng gǔ zhì jīn 정 예로부터 지금까지

TIP

- **주요 문장 형식**

……很多，……便是其中最有名的代表之一 (~이 많은데, ~은 그 중에서 가장 유명한 대표 중 하나이다)
원문   自古川黔多好酒，"五粮液"便是其中最有名的代表之一。
예문   茶叶的种类很多，西湖龙井便是其中最有名的代表之一。

……的历史可追溯到…… (~의 역사는 ~까지 거슬러 올라간다)
원문   四川宜宾是五粮液酒的故乡，酿造五粮液酒的历史可追溯到一千年以上。
예문   中国造纸术的历史可追溯到两千年以上。

一举夺得了…… (한 번에 차지하다/달성하다)
원문   正是这名商人的偶然举动，令"五粮液"名扬四海，一举夺得了巴拿马金奖，成就了一个中华民族的国际品牌。
예문   她在这次演讲中表现非常出色，一举夺得了全国演讲比赛的冠军。

❶ 年画，是我国特有的一种绘画体裁，也是民间喜闻乐见的艺术形式。它大多在新年时张贴，用于装饰环境，寓意新年喜庆吉祥。在中国，一提起过年，很多人心中都会出现一幅色泽鲜艳、喜气洋洋的年画，其中承载了太多中国人关于年的美好记忆。

历史上，民间对年画有着多种称呼：宋朝叫"纸画"，明朝叫"画帖"，清朝叫"画片"，直到清朝道光年间，❷ 文人李光庭在文章中写道"扫舍之后，便贴年画，稚子之戏耳"，年画由此定名。

❸ 各地对年画的称谓也各式各样，北京叫"画片""卫画"，四川叫"斗方"，苏州叫"画张"，浙江叫"花纸"，福建叫"神符"……❹ 不一而足。今天，各地对年画逐渐约定俗成地简称为"年画"。

年画的形式包括门画（独幅和对开）、四屏条和横竖的单开独幅等。❺ 传统年画以木刻水印为主，追求拙朴的风格与热闹的气氛，因而画的线条单纯，色彩鲜明。年画内容有金鸡、春牛、胖娃娃、神话传说与历史故事等，表达人们祈望丰收的心情和对幸福生活的憧憬，具有浓郁的民族特色与乡土气息。年画多数作为门画张贴之用，夹杂着"神祇护宅"的观念，如"神荼郁垒""天官""秦琼敬德"等。

年画最早以门神的形式出现，其起源可以上溯到汉代甚至秦代。目前能见到的最早的木版年画是宋金时期刻印的《隋朝窈窕呈倾国之芳容》。❻ 宋代年画的主要题材有门神、灶王、钟馗、桃符等，一年一换，百姓希望通过这种方式来辟邪除灾。

明代，人们对驱魔逐鬼的门神信仰渐渐淡化，转而盼望五谷丰收、百福临门、子孙昌盛、长生不老，因而寓意吉庆祥瑞的年画得以发展。清代中期，年画尤为盛行。民国初年，开始出现阴阳合历的月份牌年画。新中国成立后，年画在传统的基础上推陈出新，更为人民群众所喜爱。

千百年来，年画不仅是年节五彩缤纷的点缀，也是一种看图识字式的大众读物，还是文化流通、道德教育、审美传播、信仰传承的载体与工具；年画又是一部地域文化的辞典，从中可以找到各个地域鲜明的文化个性。这些个性因素，不仅从题材内容，而且从各个年画产地习惯的体裁、用色、线条及版式里，

❶ 연화(年画)는 우리나라 특유의 회화 형태이며, 또한 민간에서 즐겨 보고 즐겨 듣는 예술 형식이다. 대부분 새해에 붙이며, 환경을 장식하고, 새해에 경사롭고 행운이 따른다는 의미를 담는다. 중국에서는, 새해라고 하면, 많은 사람들 마음속에 산뜻하고 아름다운 색깔과 기쁨이 넘치는 한 폭의 연화를 떠올리며, 그 안에는 중국인들이 새해에 대한 아름다운 기억이 가득 담겨 있다.

역사적으로, 민간에서는 연화를 다양한 명칭으로 불렀다: 송나라 때는 "지화(纸画)"라 불렸고, 명나라 때는 "화첩(画帖)", 청나라 때는 "연화(画片)"이라 불렸으며, 청나라 도광년간(道光年间)에 이르러, ❷ 문인 리광팅(李光庭)이 글에서 '집을 청소한 뒤, 곧 연화를 붙이는데, 이는 어린 아이들의 재미난 놀이가 되었다.'라고 썼는데, 연화는 이로 인해 이름이 정해졌다.

❸ 각 지역에서 연화를 부르는 명칭도 각양각색이다. 베이징에서는 '화편(画片)', '웨이화(卫画)', 쓰촨에서는 '두방(斗方)', 쑤저우에서는 '화장(画张)', 저장에서는 '화지(花纸)', 푸젠에서는 '선부(神符)'……❹ 수없이 많다. 오늘날, 각지에서는 점차적으로 연화를 관습적으로 '연화'로 통칭하게 되었다.

연화의 형식에는 문화(门画문에 붙이는 그림, 단일 혹은 쌍대), 사평조(四屏条), 가로 또는 세로의 단일 화폭 등이 포함된다. ❺ 전통 연화는 목각 탁본(木刻水印) 위주이며, 소박한 스타일과 떠들썩한 분위기를 추구하므로, 그림의 선은 심플하고, 색깔은 선명하다. 연화의 내용에는 금계(金鸡), 춘우(春牛), 통통한 아기, 신화 전설과 역사 이야기 등이 있으며, 사람들의 풍년을 기원하는 마음과 행복한 삶에 대한 동경을 표현하며, 짙은 민족적 특징과 향토적 정서를 지닌다. 연화는 대부분 문화로 붙이며(문에 붙이는 용도로 사용되며), 그 안에는 '신령이 집을 수호한다'는 생각이 담겨 있다. 예를 들어 '신도울루(神荼郁垒)', '천관(天官)', '진숭경덕(秦琼敬德)' 등이 있다.

최초의 연화는 문신(门神)의 형태로 만들어졌으며, 그 기원은 한나라 시대, 심지어 진나라까지 거슬러 올라간다. 현재 볼 수 있는 가장 이른 시기의 목판 연화는 송나라 금나라 시기에 새겨 인쇄된 《수조요조정경국지방용(隋朝窈窕呈倾国之芳容)》이다. ❻ 송나라 시대 연화의 주된 소재는 문신, 조왕(灶王), 종규(钟馗), 도부(桃符) 등이며, 매년 한 번 교체하고, 백성들은 이러한 방식을 통해 액을 쫓고 재앙을 없애기를 바랐다.

명나라 시기에는, 사람들의 악귀를 쫓는 문신에 대한 신앙이 점차 약화되었고, 대신 오곡이 풍작이고, 온갖 복이 찾아오며, 자손이 번창하고, 장수하기를 바라는 것으로 바뀌었기에, 길상과 상서로움을 뜻하는 연화가 발전하게 되었다.

都能一眼识别出来。㉘ 可以说，年画这种"百科全书"般的民间艺术，蕴含着丰富的中国民间文化内涵。

청나라 중기에 이르러, 연화는 특히 성행하였다. 민국 초기에는 음양력이 합쳐진 달력 그림 연화가 등장하였다. 신중국이 건국된 후, 연화는 전통을 기반으로 새롭게 변화를 주었고, 더욱 인민 대중의 사랑을 받았다.

수천 년 동안, 연화는 단지 명절의 다채로운 장식일 뿐 아니라, 그림을 통해 글자를 익히는 대중의 읽을거리였고, 또한 문화 유통, 도덕 교육, 미적 전파, 신앙 계승의 매개체와 도구이기도 하였다. 연화는 또한 한 권의 지역 문화 사전이라 할 수 있으며, 그 안에서 각 지역의 뚜렷한 문화적 개성을 찾아볼 수 있다. 이러한 개성 요소는, 소재의 내용만이 아니라 각 연화 산지의 익숙한 양식, 색채 사용, 선의 형태 및 판식 등에서도 한눈에 알아볼 수 있다. ㉘ 말하자면, 연화라는 이 '백과사전' 같은 민간 예술은, 중국 민간 문화의 풍부한 내적 의미를 지니고 있다.

단어 年画 niánhuà 명 연화(새해 맞이 그림)　绘画 huìhuà 명 그림(을 그리다)　体裁 tǐcái 명 형식, 장르　喜闻乐见 xǐwénlèjiàn 성 대중이 좋아하고 즐겨 본다　张贴 zhāngtiē 동 게시하다, 붙이다　装饰 zhuāngshì 명동 장식하다　寓意 yùyì 명 내포된 뜻, 상징　喜庆吉祥 xǐqìng jíxiáng 경사스럽고 길하다　色泽鲜艳 sèzé xiānyàn 색이 선명하다　喜气洋洋 xǐqì yángyáng 기쁨이 넘치는　承载 chéngzài 동 담다, 싣다　称呼 chēnghu 명 호칭 동 부르다　画帖 huàtiè 명 그림첩　清朝道光年间 Qīngcháo Dàoguāng niánjiān 고명 청나라 도광 연간　李光庭 Lǐ Guāngtíng 고유 리광팅(인명)　称谓 chēngwèi 명 칭호　不一而足 bù yī ér zú 성 하나뿐이 아니다, 적지 않다　约定俗成 yuēdìng súchéng 성 관례로 굳어진, 사회적으로 약속되다　门画(独幅和对开) ménhuà (dúfú hé duìkāi) 명 문에 붙이는 그림(단독, 쌍)　横竖 héng shù 가로와 세로　单开独幅 dānkāi dúfú 단일 화폭　木刻水印 mùkè shuǐyìn 목각 탁본　拙朴 zhuōpǔ 형 소박하다　风格 fēnggé 명 스타일, 풍격　热闹 rènao 북적이다, 활기차다　气氛 qìfēn 명 분위기　线条单纯 xiàntiáo dānchún 선이 단순하다　神话传说 shénhuà chuánshuō 명 신화와 전설　祈望丰收 qíwàng fēngshōu 명 풍년을 기원하다　憧憬 chōngjǐng 동 동경하다, 갈망하다　浓郁 nóngyù 짙다, 진하다　乡土气息 xiāngtǔ qìxī 명 향토의 정취　夹杂 jiázá 동 섞이다　神祇护宅 shénqí hùzhái 신이 집을 지켜주다　神荼郁垒 Shēnshū Yùlǜ 고유 신수와 욱뢰(귀문을 지키면서 악귀를 잡아가는 두 신)　天官 tiānguān 천관(복을 내리는 신)　秦琼敬德 Qín Qióng Jìng Dé 고유 진숭과 정덕(명장, 악귀를 몰아낼 수 있다하여 문신으로 숭배됨)　木版年画 mùbǎn niánhuà 목판 연화　刻印 kèyìn 동 새겨 인쇄하다　《隋朝窈窕呈倾国之芳容》 Suícháo Yǎotiǎo Chéng Qīngguó zhī Fāngróng 고유 수나라 미녀를 그린 작품 제목　题材 tícái 명 소재, 테마　门神 ménshén 명 문신　灶王 Zàowáng 명 조왕(부엌 신)　钟馗 Zhōngkuí 명 종규(귀신 쫓는 신)　桃符 táofú 명 도부(복을 기원하는 문에 붙이는 부적)　辟邪除灾 bìxié chúzāi 액을 쫓고 악귀를 물리치다　驱魔逐鬼 qūmó zhúguǐ 악귀를 쫓다　淡化 dànhuà 동 약화하다　转而 zhuǎn'ér 바꾸어, 전환하여　盼望 pànwàng 동 기대하다　五谷丰收 wǔgǔ fēngshōu 오곡이 풍작이다　百福临门 bǎifú línmén 성 온갖 복이 찾아오다　子孙昌盛 zǐsūn chāngshèng 자손이 번성하다　长生不老 chángshēng bùlǎo 성 영원히 늙지 않다　吉庆祥瑞 jíqìng xiángruì 길하고 상서롭다　阴阳合历 yīnyáng hélì 명 음양 합력(음양력을 겸한 달력)　月份牌年画 yuèfènpái niánhuà 명 월력 그림(연화의 형식 중 하나)　推陈出新 tuīchén chūxīn 성 옛것을 버리고 새것을 창조하다　五彩缤纷 wǔcǎi bīnfēn 성 오색찬란하다　点缀 diǎnzhuì 꾸미다　看图识字 kàntú shízì 그림을 보며 글자를 배우다　大众读物 dàzhòng dúwù 대중 서적　审美传播 shěnměi chuánbō 미의 전파　信仰传承 xìnyǎng chuánchéng 신앙의 계승　载体 zàitǐ 매체, 전달 수단　辞典 cídiǎn 사전　题材内容 tícái nèiróng 주제와 내용　版式 bǎnshì 판식, 레이아웃　一眼识别 yīyǎn shíbié 단번에 알아보다　百科全书 bǎikē quánshū 백과사전　蕴含 yùnhán 동 내포하다　内涵 nèihán 내면적 의미

81 新年。

一般在什么时候张贴年画?	일반적으로 언제 연화를 붙이는가?
新年。	새해.

해설 첫 번째 단락 초반에서 '年画，是我国特有的一种绘画体裁，也是民间喜闻乐见的艺术形式(연화는 우리나라 특유의 회화 형태이며, 또한 민간에서 즐겨 보고 즐겨 듣는 예술 형식이다). 它大多在新年时张贴(그것은 대부분 새해에 붙이며)'라고 했으므로 정답은 新年이다.

단어 张贴 zhāngtiē 동 붙이다, 게시하다　年画 niánhuà 명 연화(새해 맞이 그림)　新年 xīnnián 명 새해

82 李光庭。 ★

年画因谁而定名？	연화는 누구에 의해 이름이 정해졌는가?
李光庭。	리광팅.

해설 두 번째 단락 후반에서 '文人李光庭在文章中写道 "扫舍之后，便贴年画，稚子之戏耳"(문인 리광팅이 글에서 집을 청소한 뒤, 곧 연화를 붙이는데, 이는 어린아이들의 재미난 놀이가 되었다'라고 썼는데), 年画由此定名(연화는 이로 인해 이름이 정해졌다)'라고 했으므로 정답은 李光庭이다.

단어 定名 dìngmíng 통 이름을 정하다, 명명하다　李光庭 Lǐ Guāngtíng 고유 리광팅(인명)

83 斗方。 ★

四川地区把年画叫作什么？	쓰촨 지역에서는 연화를 무엇이라 부르는가?
斗方。	두방.

해설 세 번째 단락 초반에서 '各地对年画的称谓也各式各样(각 지역에서 연화를 부르는 명칭도 각양각색이다), 北京叫 "画片" "卫画"，四川叫 "斗方"(베이징에서는 '화편', '위화'라고 부르고, 쓰촨에서는 '두방'이라고 부른다)'라고 했으므로 정답은 斗方이다.

단어 四川 Sìchuān 고유 쓰촨(중국 성(省)급 행정 구역)　地区 dìqū 명 지역, 구역　各式各样 gèshì gèyàng 각종 각양각색의, 여러 가지 종류의

84 很多，不止一种。 ★★

画线词语 "不一而足" 是什么意思？	밑줄 친 단어 '不一而足'는 무슨 뜻인가?
很多，不止一种。	수가 많고, 한 가지에 그치지 않는다.

해설 세 번째 단락 초반에서 '各地对年画的称谓也各式各样(각 지역에서 연화를 부르는 명칭도 각양각색이다)'라 했다. 또한 이어지는 내용에서도 각 지역별 연화의 많은 명칭들을 소개하고 있으므로 不一而足가 '수가 많음'을 나타낸 다는 것을 유추할 수 있다. 성어 不一而足는 '종류나 수량이 매우 많아서 하나하나 열거할 수 없다'는 뜻이다. 그러므로 정답은 很多, 不止一种이며 유의어로는 数不胜数, 不可胜数, 不计其数 등이 있다.

단어 不止 bùzhǐ 부 그치지 않다, ~뿐만 아니라　数不胜数 shǔ bù shèng shǔ 성 셀 수 없이 많다　不可胜数 bù kě shèng shǔ 성 셀 수 없을 만큼 많다　不计其数 bù jì qí shù 성 셀 수 없이 많다, 매우 많다

85 拙朴。 ★★

传统年画在艺术上追求什么样的风格？	전통 연화는 예술적인 면에서 어떤 스타일을 추구하는가?
拙朴。	투박하고 소박함.

해설 네 번째 단락 초반에서 '传统年画以木刻水印为主(전통 연화는 목각 탁본 위주이며), 追求拙朴的风格与热闹的气氛(소박한 스타일과 떠들썩한 분위기를 추구하므로), 因而画的线条单纯，色彩鲜明(그림의 선은 심플하고, 색깔은 선명하다)'라고 했으므로 정답은 拙朴이다.

단어   **传统年画** chuántǒng niánhuà 명 전통 연화(새해 맞이 그림)   **追求** zhuīqiú 동 추구하다, 쫓다   **风格** fēnggé 명 스타일, 풍격   **拙朴** zhuōpǔ 형 투박하며 소박하다

86 辟邪除灾。 ★★

| 宋代的年画主要表达老百姓什么样的愿望? | 송나라 시대의 연화는 주로 백성들의 어떤 바람을 표현했는가? |

| 辟邪除灾。 | 액막이를 하고 재앙을 없애려는 것. |

해설   다섯 번째 단락 후반에서 '宋代年画的主要题材有门神、灶王、钟馗、桃符等，一年一换(송나라 시대 연화의 주된 소재는 문신, 조왕, 종규, 도부 등이며, 매년 한 번 교체하고), 百姓希望通过这种方式来辟邪除灾(백성들은 이러한 방식을 통해 액을 쫓고 재앙을 없애기를 바랐다)'라고 했으므로 정답은 辟邪除灾이다.

단어   **宋代** Sòngdài 명 송나라 시대   **表达** biǎodá 동 표현하다   **老百姓** lǎobǎixìng 명 평민, 일반 백성   **愿望** yuànwàng 명 소망, 바람   **辟邪除灾** bìxié chúzāi 성 액을 쫓고 재앙을 없애다

87 年画内涵丰富。 ★★

| 第七段把年画比作 "百科全书" 是想说明什么? | 일곱 번째 단락에서 연화를 '백과사전'에 비유한 것은 무엇을 말하고자 한 것인가? |

| 年画内涵丰富。 | 연화에 내포된 의미가 풍부하다. |

해설   일곱 번째 단락 후반에서 '可以说，年画这种 "百科全书" 般的民间艺术(말하자면, 연화라는 이 '백과사전' 같은 민간 예술은)，蕴含着丰富的中国民间文化内涵(중국 민간 문화의 풍부한 내적 의미를 지니고 있다)'라고 했으므로 정답은 年画内涵丰富이다.

단어   **比作** bǐzuò 동 비유하다, ~에 비하다   **百科全书** bǎikē quánshū 명 백과전서   **蕴含** yùnhán 동 함유하다, 내포하다   **丰富** fēngfù 형 풍부하다   **内涵** nèihán 명 내포된 의미

> **TIP**
>
> • 주요 문장 형식
>
> **一提起……，很多人就会……** (~을 언급하면, 많은 사람들은 ~할 것이다)
> 원문   在中国，一提起过年，很多人心中都会出现一幅色泽鲜艳、喜气洋洋的年画，其中承载了太多中国人关于年的美好记忆。
> 예문   一提起明星，很多人就会联想到娱乐圈的绯闻和八卦。
>
> **其起源可以上溯到……** (그 기원은 ~까지 거슬러 올라갈 수 있다)
> 원문   年画最早以门神的形式出现，其起源可以上溯到汉代甚至秦代。
> 예문   这项被誉为 "世界第一运动" 的体育项目，其起源可以上溯到中国古代的蹴鞠。
>
> **在传统的基础上推陈出新** (전통을 기반으로 새롭게 변화를 주다)
> 원문   新中国成立后，年画在传统的基础上推陈出新，更为人民群众所喜爱。
> 예문   手机制造商在传统的基础上推陈出新，在保留原来经典设计的同时，加入了先进的人工智能功能。

三、书写 쓰기

제1부분 (88) 도표를 설명하고 분석하는 200자 내외의 글을 작성하세요. 제한 시간은 15분입니다.

88 ★

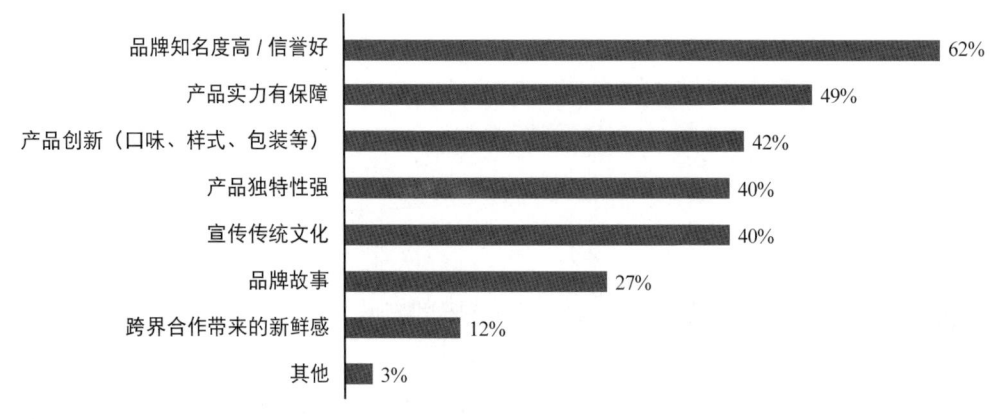

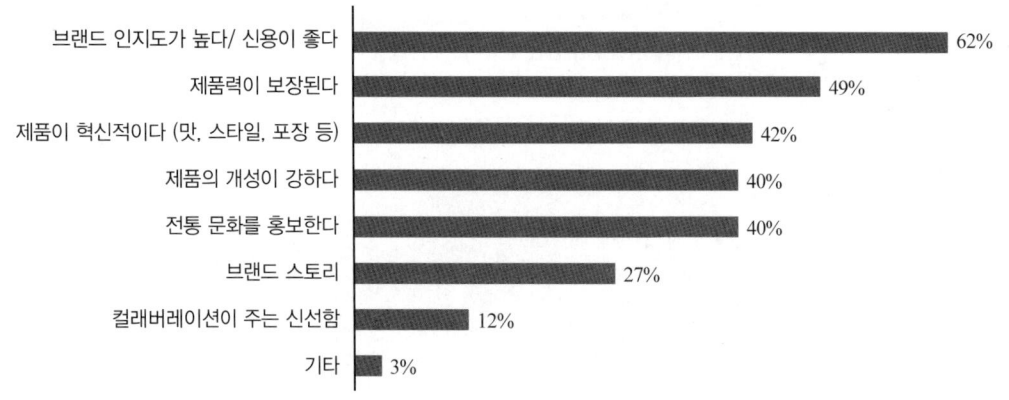

단어 **餐饮** cānyǐn 명 식음료, 요식업 **老字号** lǎozìhào 명 오래된 전통 브랜드 **关注** guānzhù 동 관심을 갖다, 주목하다 **消费** xiāofèi 명동 소비(하다) **品牌** pǐnpái 명 브랜드 **知名度** zhīmíngdù 명 인지도, 지명도 **产品实力** chǎnpǐn shílì 명 제품 경쟁력 **保障** bǎozhàng 명동 보장(하다) **产品创新** chǎnpǐn chuàngxīn 명 제품 혁신 **口味** kǒuwèi 명 맛, 입맛 **样式** yàngshì 명 양식, 스타일 **包装** bāozhuāng 명동 포장(하다) **独特性** dútèxìng 명 독특성, 유니크함 **宣传** xuānchuán 명동 선전(하다), 홍보(하다) **传统文化** chuántǒng wénhuà 명 전통 문화 **品牌故事** pǐnpái gùshi 명 브랜드 스토리 **跨界合作** kuàjiè hézuò 명 컬래버레이션 **新鲜感** xīnxiāngǎn 명 신선함, 새로움

고득점 작문 가이드

이 문항은 음식점 '전통 브랜드(老字号)'가 소비자의 관심을 끌거나 소비를 발생시키는 다양한 이유에 대한 백분율 데이터를 제공한다. 데이터 항목이 많은 도표를 서술하고 분석할 때, 응시자는 다음 몇 가지 측면에 주의해야 한다.

1. 중요도 순으로 정렬
응시자는 백분율의 높고 낮음을 기준으로 중요도 순서대로 각 이유를 서술할 수 있다. 예를 들어, 가장 큰 백분율을 차지하는 '브랜드 인지도가 높다 / 신용이 좋다'를 먼저 언급할 수 있다.

2. 그룹으로 분류
데이터 항목이 많을 경우, 비슷하거나 관련된 요소를 하나로 묶어 서술하면 이해와 표현이 쉬워진다. '브랜드 인지도 / 신용', '제품 실력', '제품 혁신' 등의 요소를 제품과 브랜드의 매력으로 묶을 수 있으며, '브랜드 스토리', '전통 문화 홍보' 등은 문화와 이야기의 매력으로 묶을 수 있다.

3. 설명과 분석
단순히 데이터를 서술하는 것에 그치지 않고, 그 의미와 뒤에 숨겨진 원인을 설명해야 한다. 예를 들어, 브랜드 인지도가 높은 이유를 '전통 브랜드(老字号)'가 장기간 축적한 브랜드 이미지와 명성 때문이라고 설명할 수 있다.

4. 핵심 포인트 강조
데이터 항목이 많을 경우, 핵심적인 관찰 포인트나 발견을 강조해야 한다. 예를 들어, '브랜드 인지도가 높다 / 신용이 좋다'가 가장 주요한 매력 요소임을 강조하고, '크로스오버 협업'은 상대적으로 낮은 항목임을 지적할 수 있다.

5. 종합적 요약
구체적인 데이터를 서술하고 분석한 뒤에는, 전체적인 관찰과 발견을 요약해야 한다. '전통 브랜드(老字号)'의 주요 매력은 브랜드 이미지, 제품 품질, 문화 전승 등에 있다는 것을 요약할 수 있다.

위의 단계를 통해 응시자는 데이터 항목이 많은 도표를 효과적으로 서술하고 분석할 수 있으며, 분석 구조가 명확하고 관점이 뚜렷해지는 동시에 중요한 정보를 누락하지 않을 수 있다.

모범 답안 1 ★★

这组数据展示了消费者被餐饮"老字号"所吸引的主要原因。

首先，品牌的知名度和信誉是最大的吸引因素，有62%的人因此关注或消费"老字号"。这表明，对于"老字号"来说，其长久积累的品牌形象和声誉仍是其最主要的竞争力。

其次，49%的人认为"老字号"的产品实力有保障，这显示了消费者对经历过时间考验的品牌在产品质量上的信任。

此外，产品创新（例如口味、样式、包装等）也是一大吸引点，吸引了42%的消费者。同时，产品的独特性吸引了40%的消费者，说明消费者不仅追求产品的新鲜感，也很重视传统文化的传承。

이 데이터는 소비자가 식음료 '전통 브랜드(老字号)'에 끌리는 주요 이유를 보여 준다.

우선, 브랜드의 인지도와 신용이 가장 큰 매력 요소로, 62%의 사람이 이로 인해 '전통 브랜드'을 주목하거나 소비한다. 이는 '전통 브랜드'에게 있어 오랜 시간 쌓아온 브랜드 이미지와 명성이 여전히 가장 주요한 경쟁력임을 보여 준다.

그 다음으로, 49%의 사람은 '전통 브랜드'의 제품 실력이 보장된다고 생각하며, 이는 시간이 검증한 브랜드에 대한 소비자의 제품 품질에 대한 신뢰를 보여준다.

그 외에, 제품 혁신(예: 맛, 스타일, 포장 등)도 큰 매력 요소로, 42%의 소비자를 끌어들였다. 동시에, 제품의 독특성은 40%의 소비자를 끌어들였으며, 이는 소비자가 제품의 신선함을 추구할 뿐만 아니라 전통 문화의 전승도 중시함을 보여 준다.

品牌故事对27%的消费者有吸引力,展现了品牌背后的故事和文化对于消费者的吸引力。而跨界合作则相对较低,只有12%的人因此产生兴趣。
　　综合看来,"老字号"的品牌形象、产品质量和独特的文化传承是其主要的吸引力,而产品的创新和品牌故事也是不可忽视的因素。

　　브랜드 스토리는 27%의 소비자에게 매력을 가지며, 이는 브랜드 이면의 이야기와 문화가 소비자에게 끌림을 준다는 것을 보여 준다. 반면, 컬래버레이션은 비교적 낮아, 단지 12%의 사람만이 이로 인해 흥미를 가진다.
　　종합적으로 보면, '전통 브랜드'의 브랜드 이미지, 제품 품질, 독특한 문화 전승이 주된 매력이며, 제품 혁신과 브랜드 스토리 또한 무시할 수 없는 요소이다.

단어　**数据** shùjù 몡 데이터　**展示** zhǎnshì 동 전시하다, 보여 주다　**消费者** xiāofèizhě 몡 소비자　**餐饮** cānyǐn 몡 식음료, 외식업　**老字号** lǎozìhào 몡 오래된 전통 브랜드　**吸引** xīyǐn 동 끌다　**品牌** pǐnpái 몡 브랜드　**知名度** zhīmíngdù 몡 인지도　**信誉** xìnyù 몡 신용, 명성　**因素** yīnsù 몡 요소　**关注** guānzhù 동 관심을 갖다, 주목하다　**表明** biǎomíng 동 분명히 나타내다, 명확히 밝히다　**积累** jīlěi 동 축적하다, 쌓다　**形象** xíngxiàng 몡 이미지　**声誉** shēngyù 몡 명성, 평판　**竞争力** jìngzhēnglì 몡 경쟁력　**保障** bǎozhàng 동 보장(하다)　**显示** xiǎnshì 동 나타내다, 드러내다　**考验** kǎoyàn 동 시험하다, 검증하다　**质量** zhìliàng 몡 품질　**信任** xìnrèn 동 신뢰하다　**创新** chuàngxīn 동 혁신(하다)　**例如** lìrú 접 예를 들어　**包装** bāozhuāng 동 포장(하다)　**独特性** dútèxìng 몡 독특성　**新鲜感** xīnxiāngǎn 몡 신선함, 새로움　**传承** chuánchéng 동 계승하다, 전승하다　**背后** bèihòu 명 뒤, 배후 뒤에서　**综合看来** zōnghé kànlái 종합적으로 보면　**不可忽视** bùkě hūshì 무시할 수 없다, 간과할 수 없다

모범 답안 2 ★★★

　　这个图表介绍的是餐饮"老字号"关注或产生消费的原因。
　　首先,品牌知名度和信誉是消费者最关注的,有62%的人是因"老字号"的名气而去消费。
　　其次是产品质量:有49%的消费者认为"老字号"的产品质量有保障。
　　接着是产品创新和独特性:分别有42%和40%的消费者被其独特的口味、样式、包装工艺所吸引。
　　还有,关注传统文化和品牌故事的人也不在少数,分别占比40%和27%。说明消费者对品牌背后的故事也很感兴趣。
　　对于跨界合作带来的新鲜感,相对来说,关注度低一些,约12%的消费者表示了兴趣。
　　根据图表可以知道,消费者最关注的还是"老字号"的品牌形象和产品质量。而产品的创新和品牌故事则会使企业品牌保持更永久的活力。

　　이 도표는 식음료 '전통 브랜드(老字号)'에 대한 관심이나 소비가 이루어지는 이유를 소개하고 있다.
　　먼저, 브랜드의 인지도와 신뢰도가 소비자들이 가장 중요하게 여기는 부분으로, 전체의 62%가 '전통 브랜드'의 명성을 보고 소비한다고 응답했다.
　　그 다음은 제품의 품질이다. 49%의 소비자들이 '전통 브랜드'의 제품 품질이 믿을 만하다고 생각하고 있다.
　　이어 제품의 혁신성과 독특함도 중요한 요인인데, 각각 42%와 40%의 소비자들이 독특한 맛, 스타일, 포장 방식 등에 끌린다고 답했다.
　　또한, 전통 문화나 브랜드 스토리에 관심을 가지는 사람들도 적지 않아서, 각각 40%와 27%를 차지했다. 이는 소비자들이 브랜드 뒤에 숨겨진 이야기에도 큰 흥미를 느끼고 있다는 것을 보여 준다.
　　컬래버레이션을 통해 생기는 신선함에 대해서는 상대적으로 관심이 적은 편으로, 약 12%의 소비자만이 흥미를 보였다.
　　도표를 통해 알 수 있듯이, 소비자들이 가장 중시하는 것은 '전통 브랜드'의 브랜드 이미지와 제품 품질이다. 그리고 제품의 혁신성과 브랜드 스토리는 기업 브랜드에 더욱 지속적인 활력을 유지시킬 것이다.

단어 **图表** túbiǎo 몡 도표, 차트 **介绍** jièshào 통 소개하다 **关注** guānzhù 통 관심을 갖다, 주목하다 **消费** xiāofèi 몡통 소비(하다) **品牌** pǐnpái 몡 브랜드 **知名度** zhīmíngdù 몡 인지도 **信誉** xìnyù 몡 신용, 명성 **名气** míngqì 몡 명성, 인기 **保障** bǎozhàng 몡통 보장(하다) **创新** chuàngxīn 몡통 혁신(하다) **独特性** dútèxìng 몡 독특성 **工艺** gōngyì 몡 공예, 기술 **吸引** xīyǐn 통 끌어당기다, 유인하다 **背后** bèihòu 몡 뒤, 배후 뒤에서 **感兴趣** gǎn xìngqù 흥미를 느끼다 **新鲜感** xīnxiāngǎn 몡 신선함, 새로움 **根据** gēnjù 몡 근거 개 ~에 따르면 **保持** bǎochí 통 유지하다 **永久** yǒngjiǔ 몡 영구적인 **活力** huólì 몡 활력, 생기

TIP

- **논리적 구성 잡기**

1. 서론(도표 주제 소개)
도표의 주제를 간결하게 제시함으로써 글의 출발점을 명확히 하기
> 예 这组数据展示了消费者被餐饮"老字号"所吸引的主要原因。

2. 본론 (핵심 내용 요약 및 수치 언급)
(1) 가장 주요한 수치부터 순차적으로 설명하기
(2) 중국어 수치 표현, 占62%, 高达42%, 仅有12% 등을 미리 외우기
(3) 각 항목에 대해 해석을 덧붙여 분석의 느낌 살리기
> 예 这表明…… (이것은 ~을 나타낸다)
> 这显示了…… (이것은 ~을 보여 준다)
> 可见…… (~임을 알 수 있다)

3. 각 요소에 대한 수치 → 설명 → 해석 구조의 패턴화

4. 결론 (요약+평가)
전체 흐름을 정리하고 핵심 요인을 강조하면서도 부차적 요인도 언급하여 균형 잡힌 결론 제시하기
> 예 根据图表…… (도표에 따르면)
> 根据数据…… (데이터에 따르면)
> 从图表中可以看出…… (도표에서 알 수 있는 것은)

- **문장 구성 예시**

这组数据展示了＿＿＿＿的主要原因。
首先，＿＿＿＿是最大的吸引因素，占＿＿%。这表明＿＿＿＿。
其次，＿＿%的人认为＿＿＿＿，这显示了＿＿＿＿。
此外，＿＿＿＿也是一大吸引点，占＿＿%。
同时，＿＿＿＿吸引了＿＿%的消费者，说明＿＿＿＿。
而＿＿＿＿则相对较低，仅＿＿%。
综合看来，＿＿＿＿是其主要的吸引力，而＿＿＿＿也是不可忽视的因素。

- **데이터, 도표 분석 고 활용도 표현 모음**

1. 도표 소개·서론 표현 (도표의 주제와 내용을 간단히 소개할 때 쓰는 표현)
> 예 这组数据展示了…… (이 자료는 ~을 보여 준다)
> 图表显示…… (도표는 ~을 나타낸다)
> 从图中可以看出…… (그림에서 ~을 알 수 있다)
> 根据图表…… (도표에 따르면)
> 数据反映出…… (데이터는 ~을 반영한다)
> 调查结果显示…… (조사 결과는 ~을 보여 준다)

2. 수치 비교·분석 표현 (수치를 소개하고, 높고 낮음을 비교하거나 특징을 분석할 때 쓰는 표현)
> 예 ……是占比最高的，占……% (~이 가장 높은 비율로, ~%를 차지한다)
> 其次是……，占……% (그 다음은 ~이며, ~%를 차지한다)

排在第三位的是…… (세 번째는 ~이다)
……的比例为…… (~의 비율은 ~이다)
相比之下，……的比例较低 (비교해보면 ~의 비율은 더 낮다)
……的比例不容忽视 (~의 비율도 무시할 수 없다)
只有……%的人选择…… (단지 ~%의 사람만이 ~을 선택했다)
占比虽小，但也具有一定影响 (비율은 작지만 일정한 영향력을 가진다)

3. 이유 분석 · 의미 해석 표현 (수치에 대해 해석하고 의미를 부여할 때 자주 쓰는 표현)
 예) 这表明…… (이것은 ~을 보여 준다)
 这反映了…… (이것은 ~을 반영한다)
 可以看出…… (~을 볼 수 있다)
 显示出人们对……的重视 (사람들이 ~에 대해 중시함을 보여 준다)
 表明消费者更倾向于…… (소비자들이 더 ~하는 경향을 보여 준다)
 表现出……的趋势 (~하는 추세를 보여 준다)
 说明……在消费者心中占据重要的地位 (~이 소비자 마음속에 중요한 위치를 차지함을 설명한다)

4. 결론 · 시사점 표현 (전체 분석 후 자신의 의견이나 시사점을 제시할 때 쓰는 표현)
 예) 综合来看…… (종합적으로 보면 ~)
 总的来说…… (전반적으로 보면 ~)
 因此，可以推测…… (그러므로 ~라고 추측할 수 있다)
 可见，……是影响人们选择的重要因素 (알 수 있듯이 ~은 사람들의 선택에 중요한 요소다)
 企业应该更加重视…… (기업은 ~을 더 중시해야 한다)
 说明品牌不仅要……，还要…… (브랜드는 ~뿐만 아니라 ~도 해야 함을 나타낸다)

제2부분 (89)

제시된 주제에 관해 작문을 하세요. 제한 시간은 40분입니다.

89 ★★★

古语说："居安思危，思则有备，有备无患。"它警示我们：人在安全的时候，一定要想到未来可能会发生的危险，这样才会先做准备，以避免失败和灾祸的发生。请写一篇600字左右的文章，谈谈你对"居安思危"的认识并论证你的观点。

옛말에 이르기를: "거안사위(居安思危), 사즉유비(思则有备), 유비무환(有备无患)."이라고 했다. 이는 우리에게 경고한다: 사람이 안전할 때, 반드시 미래에 발생할 수 있는 위험을 생각해야 하며, 이렇게 해야 먼저 준비를 하여 실패와 재앙이 발생하는 것을 피할 수 있다. 600자 정도의 글을 작성하여 '거안사위(居安思危)'에 대한 당신의 인식을 말하고, 당신의 관점을 논증하시오.

단어 **古语说** gǔyǔ shuō 옛말에 이르기를 **居安思危** jū ān sī wēi 성 평안한 처지에 있을 때도 위기를 예상하여 대비해야 한다 **思则有备** sī zé yǒu bèi 성 위험을 생각하며 그에 대비하다 **有备无患** yǒu bèi wú huàn 성 유비무환(사전에 방비하면 우환이 없다) **警示** jǐngshì 명동 경고(하다) **危险** wēixiǎn 명 위험 형 위험하다 **避免** bìmiǎn 동 피하다, 방지하다 **失败** shībài 명동 실패(하다) **灾祸** zāihuò 명 재앙, 재해 **论证** lùnzhèng 명동 논증(하다) **观点** guāndiǎn 명 관점, 견해 **居安思危，思则有备，有备无患**: jū ān sī wēi, sī zé yǒu bèi, yǒu bèi wú huàn 안전한 환경에 있을 때에도 나타날 수 있는 위험을 고려해야 하며, 위험을 고려하면 자연히 대비책이 생기고, 미리 준비가 되어 있으면 재난을 피할 수 있다

🔍 고득점 작문 가이드

이 문항은 응시자가 '거안사위(居安思危)'라는 관점에 대한 자신의 이해와 견해를 서술할 것을 요구한다. 주제의 핵심은 발생 가능한 위기를 예견하고 미리 준비하는 것의 중요성을 강조하는 데 있다. 다음은 글쓰기 과정에서 도움이 되는 단계별 제안이다.

1. 도입 단락

인용문 해석: 인용된 고문을 해석하고, 그 의미를 서술한다.
관점 제시: '거안사위'에 대한 자신의 기본적인 이해와 태도를 명확히 밝힌다.

2. 본문 단락 1

개인 생활 속 불확실성 논술: 인생은 미지와 불확실한 요소로 가득 차 있다는 점을 강조한다.
사례 논증: 학업, 업무 또는 일상생활에서의 예를 선택하여, 어떻게 위기를 예견하고 준비하여 대응했는지를 서술한다.

3. 본문 단락 2 – 사회적 관점에서 전개

사회 또는 국가 차원의 응용 서술: '거안사위'가 사회와 국가에 대해 왜 중요한지를 설명한다.
사례 논증: 경제, 정치, 환경 등 측면의 예를 선택하여, 어떻게 선견지명과 준비를 통해 위기를 피하거나 해결할 수 있는지를 분석한다.

4. 본문 단락 3

오해 바로잡기: '거안사위'는 공포나 불안한 태도가 아니라는 점을 명확히 한다.
필요한 자질 서술: 넓은 지식 시야, 깊은 이해와 분석 능력, 긍정적인 마음가짐 등의 자질을 서술한다.

5. 결말 단락

전체 요약: 주요 관점을 되짚으며, '거안사위'의 지혜와 긍정적인 태도를 강조한다.
기대 제시: 자신의 기대를 제시할 수도 있고, 사회에 대한 전망을 제시할 수도 있다.

6. 세부항 주의:

글자 수 조절: 글을 600자 안팎으로 유지하고, 단락과 문장의 연속성을 유지한다.
수사법 활용: 적절하게 대조, 예시, 반문 등의 수사법을 사용하여 글을 더욱 생동감 있고 힘 있게 만든다.
객관성 유지: 개인의 관점을 표현할 때는 어휘 사용에 주의하고, 지나치게 주관적이거나 감정적이지 않도록 한다.

위의 단계를 통해 응시자는 구조가 명확하고, 관점이 뚜렷한 논술문을 구성할 수 있다. 또한 개인의 시각과 사회적 시각을 결합하여 '거안사위'의 중요성을 깊이 있게 설명할 수 있으며, 적절한 예시를 통해 논증의 설득력을 강화할 수 있다.

모범 답안 1

我对"居安思危，思则有备，有备无患"这句话有深刻的理解和认同。这句话提醒我们，无论是个人还是社会，都要有远见，预见可能的危机，并提前做好准备，这样才能避免或减轻危机的影响。

第一，从个人的角度来看，"居安思危"的道理是显而易见的。我们的生活中充满了不确定性，我们无法预知未来会发生什么，但是我们可以预见可能存在的风险，并提前做好准备。比如，我在学习中文的过程中，就会预见可能存在的困难，如语法复杂、词汇较多等，所以我会提前做好准备，如多读多写，以应对可能出现的问题。

第二，从社会的角度来看，"居安思危"的道理同样适用。无论是社会还是国家，都需要有远见，预见可能的危机，并提前做好准备。比如在经济领域，一个国家不能仅仅满足于当前的经济繁荣，而且要预见可能的经济危机，并提前做好应对措施。这样，即使发生经济危机，也能尽可能地减轻其影响。

然而，我认为，"居安思危"并不是要我们时刻惶恐不安，而是要我们有预见性，有准备心态。这就需要我们具有广阔的知识视野，对事物有深入的理解和分析，同时也需要我们有积极的心态，对未来充满信心。只有这样，我们才能在面对危机时，有足够的智慧和勇气。

总的来说，我赞同"居安思危"的观点，我认为这是一种智慧的体现，是我们在面对生活的不确定性时，可以持有的一种积极态度。无论是在学习上，还是在生活中，我都会持有这种态度，预见可能存在的问题，并提前做好准备。我相信，只有这样，我们才能更好地应对生活中的挑战，达成我们的目标。

나는 '거안사위(居安思危), 사즉유비(思則有備), 유비무환(有備無患)'이라는 말에 대해 깊이 있는 이해와 동의를 한다. 이 말은 우리에게 개인이든 사회이든, 모두 선견지명이 있어야 하고, 발생할 수 있는 위기를 예견하며, 미리 준비를 해야만 위기의 영향을 피하거나 줄일 수 있다는 것을 상기시켜준다.

첫째, 개인의 관점에서 보면, '거안사위'의 이치는 매우 분명하다. 우리의 생활은 불확실성으로 가득 차 있으며, 우리는 미래에 어떤 일이 발생할지를 알 수 없지만, 존재할 수 있는 위험을 예견하고 미리 준비할 수는 있다. 예를 들어, 내가 중국어를 공부하는 과정에서 문법이 복잡하고 어휘가 많다는 등의 어려움이 있을 수 있음을 미리 예견하기 때문에, 나는 미리 준비를 한다. 예를 들어, 책을 많이 읽고 글을 많이 써서 발생할 수 있는 문제에 대응한다.

둘째, 사회적 관점에서 보아도 '거안사위'의 이치는 마찬가지로 적용된다. 사회든 국가든 모두 선견지명이 있어야 하고, 발생할 수 있는 위기를 예견하며, 미리 준비해야 한다. 예를 들어, 경제 분야에서는 한 나라가 현재의 경제 번영에 만족해서는 안 되며, 발생할 수 있는 경제 위기를 예견하고, 미리 대응 조치를 마련해야 한다. 그래야만 경제 위기가 발생하더라도, 그 영향을 최대한 줄일 수 있다.

그러나 나는 '거안사위'가 우리에게 항상 두려움과 불안에 떨라는 뜻이라고는 생각하지 않는다. 오히려 우리에게는 예견하는 능력과 준비하는 마음가짐이 필요하다는 것이다. 이를 위해서는 우리는 넓은 지식 시야를 가지고, 사물에 대해 깊은 이해와 분석을 해야 하며, 동시에 적극적인 태도로 미래에 대해 자신감을 가져야 한다. 그래야만 위기를 마주할 때 충분한 지혜와 용기를 가질 수 있다.

전반적으로 나는 '거안사위'라는 관점에 찬성한다. 나는 이것이 하나의 지혜의 표현이라고 생각하며, 우리가 삶의 불확실성을 마주할 때 가질 수 있는 하나의 적극적인 태도라고 본다. 학습에서든, 생활에서든 나는 이러한 태도를 지니고, 존재할 수 있는 문제를 예견하며, 미리 준비할 것이다. 나는 믿는다. 이렇게 해야만 우리는 삶의 도전에 더 잘 대응하고, 우리의 목표를 달성할 수 있다.

단어 深刻 shēnkè 형 깊이 있는 理解 lǐjiě 통 이해하다 认同 rèntóng 통 인정하다, 동의하다 提醒 tíxǐng 통 일깨우다, 주의를 주다 远见 yuǎnjiàn 명 선견지명, 원대한 식견 预见 yùjiàn 통 예견하다 危机 wēijī 명 위기 减轻 jiǎnqīng 통 줄이다, 경감하다 显而易见 xiǎn ér yì jiàn 셩 분명히 알 수 있다, 명백하다 充满 chōngmǎn 통 가득 차다, 넘치다 风险 fēngxiǎn 명 위험, 리스크 词汇 cíhuì 명 어휘 适用 shìyòng 통 적용하다 형 적용 가능한 经济领域 jīngjì lǐngyù 경제 분야 当前 dāngqián 명형 현재(의) 繁荣 fánróng 통 번영하다, 번창하다 应对 yìngduì 통 대응하다 措施 cuòshī 명 조치 惶恐不安 huángkǒng bù'ān 셩 불안하고 두렵다 心态 xīntài 명 심리 상태, 마음가짐 广阔 guǎngkuò 형 넓다, 광활하다 视野 shìyě 명 시야, 시각 深入 shēnrù 통 깊이 들어가다, 깊이 파고들다 分析 fēnxī 통 분석하다

智慧 zhìhuì 몡 지혜 勇气 yǒngqì 몡 용기 总的来说 zǒng de lái shuō 전체적으로 말하면, 요컨대 赞同 zàntóng 동 찬성하다, 동의하다 持有 chíyǒu 동 가지고 있다, 보유하다 积极态度 jījí tàidù 몡 적극적인 태도 挑战 tiǎozhàn 몡동 도전(하다) 达成 dáchéng 동 달성하다 目标 mùbiāo 몡 목표

모범 답안 2 ★★

"居安思危"的意思是我们在安全的时候，要想到未来可能会发生的危险，做事要提前做准备，以免发生灾难。

我认为"居安思危"这句话非常有道理，充满智慧的哲理。它提醒我们在和平安定的环境中也不要忘记潜在的危机，提前做好准备。

我们可以从个人成长、企业发展、国家治理等方面谈谈这句话的作用。

首先，对于个人而言，居安思危是一种自我警醒的态度，是自我提升的动力。在顺利时不要忘了社会在发展中，我们随时都有可能会面临各种挑战，只有持续学习和不断提升自我，才能在变化的环境中不断进步，立于不败之地。

其次，从企业发展来看，具备居安思危的意识是极其重要的。现代社会，竞争激烈，市场环境瞬息万变。一个企业如果有了名气后，放松警惕，可能会被后来发展的新企业超越。因此，必须要有"居安思危"意识，持续创新、关注市场动态、提升员工素质，企业才能应对未来的各种挑战。

最后，从国家治理角度来看，历史上有过很多教训。历史上，许多王朝在繁荣盛世时，因为没有重视潜在的风险而最后导致衰败。因此，在太平时也保持警惕，国家才能保持稳定。如今，在新时代背景下，我们要增强忧患意识，做到居安思危。提前预判和防范可能的风险，确保国家的持续稳定发展。

总之，"居安思危"这句话告诉我们要安定和平时保持警觉，在顺利时不忘挑战。无论是个人、企业还是国家，只有具备这种忧患意识，才能在未来的不确定性中把握主动，稳定发展。

'거안사위(居安思危)'란, 우리가 평안할 때에도 미래에 닥칠 수 있는 위험을 생각하고, 재난을 피하기 위해 미리 대비해야 한다는 뜻이다.

나는 '거안사위'라는 말이 매우 타당하고, 지혜로운 철학이 담겨 있다고 생각한다. 이 말은 우리에게 평화롭고 안정된 환경 속에서도 잠재적인 위기를 잊지 말고, 미리 준비해야 한다는 점을 일깨워준다.

이 말의 의미는 개인의 성장, 기업의 발전, 국가의 통치 등 다양한 측면에서 살펴볼 수 있다.

먼저 개인적인 측면에서 보면, 거안사위는 자기 자신을 경계하는 태도이자, 스스로를 발전시키는 원동력이다. 일이 잘 풀릴 때일수록 사회는 끊임없이 변화하고 있으며, 우리는 언제든 다양한 도전에 직면할 수 있음을 잊어서는 안된다. 따라서 지속적으로 배워야 하고, 끊임없이 자신을 향상시켜야 변화하는 환경 속에서도 계속해서 성장하며 확실한 우위를 점할 수 있다.

다음으로 기업 발전 측면을 살펴보면, 거안사위의 의식은 매우 중요하다. 현대 사회는 경쟁이 치열하고, 시장 환경은 빠르게 변화하고 있다. 어떤 기업이 명성을 얻었다고 해서 방심하게 되면, 이후에 등장한 경쟁 기업들에게 금세 따라 잡힐 수 있다. 그러므로 항상 위기의식을 가지고 지속적으로 혁신하고, 시장의 흐름을 주시하며, 직원들의 역량을 향상시켜야만 앞으로의 도전을 이겨낼 수 있다.

마지막으로 국가 운영의 관점에서도 거안사위는 많은 교훈을 준다. 역사적으로 보면 많은 왕조들이 전성기에도 잠재적인 위험을 무시하다가 결국 쇠퇴하고 말았다. 그러므로 평화로운 시기에도 늘 경계심을 유지해야 국가가 안정될 수 있다. 오늘날과 같은 새로운 시대에는 위기의식을 높여야 하며, 거안사위의 태도를 갖추는 것이 중요하다. 가능성 있는 위험을 미리 예측하고 방지해야 국가가 지속적이고 안정적으로 발전할 수 있다.

결론적으로, '거안사위'는 우리에게 평온하고 안정된 상황일수록 더욱 경계심을 갖고 준비해야 함을 일러준다. 순조로운 상황 속에서도 도전을 잊지 않아야 하며, 개인이든 기업이든 국가든 이러한 위기의식을 갖추었을 때에만 미래의 불확실성을 주도적으로 헤쳐 나가며 안정적인 발전을 이룰 수 있다.

단어   灾难 zāinàn 명 재난   智慧 zhìhuì 명 지혜   哲理 zhélǐ 명 철학적 이치   安定 āndìng 형 안정되다   潜在 qiánzài 형 잠재적인   危机 wēijī 명 위기   企业 qǐyè 명 기업   治理 zhìlǐ 동 통치하다, 관리하다   自我警醒 zìwǒ jǐngxǐng 자아의 각성, 자기반성   面临 miànlín 동 직면하다   挑战 tiǎozhàn 명동 도전(하다)   持续 chíxù 동 지속하다   立于不败之地 lì yú bú bài zhī dì 불패의 위치에 서다   极其 jíqí 부 극히, 아주   竞争激烈 jìngzhēng jīliè 경쟁이 치열하다   瞬息万变 shùnxī wànbiàn 성 변화가 아주 빠르다, 변화무쌍하다   放松警惕 fàngsōng jǐngtì 경계를 늦추다   超越 chāoyuè 동 초월하다, 능가하다   动态 dòngtài 명 동향, 동태   素质 sùzhì 명 자질, 소양   教训 jiàoxun 명 교훈   繁荣 fánróng 명동 번영(하다)   盛世 shèngshì 명 태평성대   风险 fēngxiǎn 명 위험, 리스크   导致 dǎozhì 동 초래하다, 야기하다   忧患意识 yōuhuàn yìshí 위기 의식   预判 yùpàn 동 예측하다, 미리 판단하다   防范 fángfàn 동 예방하다, 방지하다   确保 quèbǎo 동 보장하다, 확보하다   警觉 jǐngjué 명형 경계심, 경계하는   把握主动 bǎwò zhǔdòng 주도권을 잡다   稳定发展 wěndìng fāzhǎn 안정적으로 발전하다

TIP

- **쓰기 제2부분 전략**

1. 문제를 받자마자 글의 구조 먼저 잡기

글을 쓰기 전에 3~5분 정도는 반드시 '글의 전반적인 뼈대'를 짜야 한다.

(1) 서론(80~100자)

    속담의 의미 설명과 주제의 중요성 간단히 강조

(2) 본론(400자 내외)

    주장의 핵심 제시(居安思危는 왜 중요한가?)

    2~3가지 예시나 논거를 제시(사회적 사례, 역사, 개인 경험 등)

(3) 결론(80~100자)

    주장 재 강조 및 미래를 대비하는 삶의 중요성 요약

2. 주제 문장을 '자신의 말'로 바꾸어 해석하기

   예) 주제 문장: "居安思危, 思则有备, 有备无患。"

      자신의 말: 这句话的意思是：当我们生活安稳时，也不能忘记可能存在的风险。只有提前考虑和准备，才能避免未来的麻烦和危险。

3. 예시는 구체적이고 다양하게 들기

한두 가지 예시를 구체적인 사건과 결과까지 서술해서 설득력 높여야 한다.

(1) 현실 사회 사례(기업, 환경, 전염병 등)

(2) 역사적 사건(전쟁, 위기 등)

(3) 개인 경험(공부, 건강, 재테크 등)

4. 자주 쓰이는 표현은 암기 후 재활용하기

5. 전체 시간 배분 추천

(1) 초반 3~5분: 구조 설계+아이디어 메모

(2) 중반 30분: 본문 쓰기

(3) 후반 5분: 글 다듬기(오탈자, 표현 또는 내용 중복 확인)

- **문장 쓰기 고 활용도 표현 모음**

1. 서론에 활용 가능한 표현

(1) 속담, 고사성어 등에 대한 입장 표명

   예) 我对"……"这句话有深刻的理解和认同 (나는 "~"이 말에 깊이 이해하며 동의한다)

(2) 주제의 핵심 메시지를 요약

   예) 这句话提醒我们…… (이 말은 우리에게 ~을 일깨워 준다)

(3) 보편성 강조 문형 (개인과 사회 등)

   예) 无论是 A, 还是 B, 都要…… (A이건 B이건 모두 ~해야 한다)

2. 본론에서 활용 가능한 표현

(1) 개인 차원
- 예) 从个人的角度来看…… (개인 입장에서 보면 ~이다)
  生活中充满了不确定性 (삶에는 불확실성이 많다)
  我们无法预知……, 但可以…… (우리는 ~을 예측할 수는 없지만, ~할 수 있다)

(2) 사회적 차원
- 예) 从社会的角度来看…… (사회적 관점에서 보면 ~이다)
  无论是社会还是国家, 都需要…… (사회거나 국가거나 모두 ~해야 한다)
  ……不能仅仅满足于……, 而应当…… (단지 ~에 만족할 수 없고, 마땅히 ~해야 한다)
  即使……, 也能…… (설령 ~한다고 해도, ~할 수 있다)

3. 결론에서 활용 가능한 표현

(1) 글 전체를 정리하며 입장 강조
- 예) 总的来说, 我赞同…… (전체적으로 말하자면, 나는 ~에 동의한다)

(2) 주제에 대한 태도 정리
- 예) 我认为这是一种智慧的体现 (나는 이것이 지혜의 구현이라고 생각한다)

(3) 적용의 확장
- 예) 无论是 A 还是 B, 我都会…… (A이건 B이건 모두 ~일 것이다)

(4) 미래 지향적 마무리
- 예) 我相信, 只有……, 才能…… (나는 오직 ~해야만이 ~할 수 있다고 믿는다)

4. 기타 표현

(1) 인용 시작
- 예) 古语说…… (옛말에 말하기를 ~)
  俗话说…… (속담에서 말하기를 ~)

(2) 입장 명확히 하기
- 예) 我认为…… (나는 ~라고 생각한다)
  ……是非常重要的 (~은 매우 중요하다)

(3) 논거 제시
- 예) 首先……; 其次……; 最后…… (먼저 ~이고, 다음으로 ~이며, 마지막으로 ~이다)

(4) 예시 도입
- 예) 比如…… (예를 들면 ~)
  例如…… (예를 들면 ~)

(5) 반박/조율
- 예) 然而…… (그러나 ~이다)
  但这并不意味着…… (하지만 이것이 결코 ~을 의미하는 것은 아니다)

(6) 결론 요약
- 예) 总的来说…… (전체적으로 말하자면 ~이다)
  因此我们要…… (그러므로 우리는 ~해야 한다)

四、翻译 통번역

제1부분 (90-91) 다음 두 개의 자료를 중국어로 번역하세요. 제한 시간은 35분입니다.

90 ★

중국의 차 문화는 수천 년의 역사를 가지고 있다. 차를 마시는 것은 단순한 음료를 즐기는 것 이상의 의미를 지닌다. 전통적인 차의 제조법에서부터 차 음료에 담긴 철학까지, 모든 것이 중국의 깊은 문화적 유산을 반영한다. 현대의 중국 도시에서도, 이런 전통적인 차 문화의 흔적과 영향을 쉽게 발견할 수 있다.

고득점 번역 가이드

이 문항은 중국 차 문화의 배경과 그것이 현대 사회에 끼친 영향을 설명하고 있다. 번역 시 주의할 점은 다음과 같다.

1. 문화적 특색
   중국 차 문화의 특색과 깊은 의미를 이해하고 정확히 표현해야 한다.

2. 역사와 현대의 결합
   차 문화가 고대에서부터 현재에 이르기까지 변화해 온 과정을 묘사하며, 문화의 연속성을 나타내야 한다.

3. 언어의 간결함
   내용은 비록 간단하지만, 간결한 언어를 통해 중국 차 문화의 넓고 깊은 뜻을 표현해야 한다.

모범 답안

中国的茶文化有着数千年的历史。饮茶不仅仅是为了享受饮料本身，更蕴含了深远的意义。从传统的茶叶制作方法到茶饮中所蕴含的哲学，这些都体现了中国深厚的文化遗产。在现代化的中国城市中，也很容易发现这种传统茶文化的痕迹和影响。

단어 茶文化 chá wénhuà 몡 차 문화　有着 yǒuzhe 가지고 있다　数千年 shù qiān nián 몡 수천 년　饮茶 yǐnchá 통 차를 마시다　不仅仅 bù jǐnjǐn 閉 단지 ~뿐만 아니라　享受 xiǎngshòu 통 즐기다, 누리다　饮料 yǐnliào 몡 음료　本身 běnshēn 몡 그 자체　蕴含 yùnhán 통 담고 있다, 포함하다　深远意义 shēn yuǎn yìyì 몡 깊은 의미　茶叶 cháyè 몡 찻잎　制作方法 zhìzuò fāngfǎ 제작 방법　哲学 zhéxué 몡 철학　体现 tǐxiàn 통 반영하다, 드러내다　深厚 shēnhòu 형 깊고 두텁다　文化遗产 wénhuà yíchǎn 몡 문화 유산　痕迹 hénjì 몡 흔적　影响 yǐngxiǎng 몡통 영향(을 미치다)

TIP

● 한중 번역 실전 스킬

1. 문장의 뜻을 정확히 파악하기
   단어 하나하나에 매달리기보다는 전체 문장의 의미 단위를 파악한다.
   추상적인 개념(철학, 영향, 유산 등)은 문맥에 맞게 의역한다.

2. 직역보다는 자연스러운 표현을 우선으로 번역하기
   중국어 표현과 어법에 맞는 자연스러운 문장으로 변환하는 과정이 필요하다.

3. 자주 쓰이는 고급 표현 익혀두기
   예) 不仅仅是……，更…… (~ 뿐만 아니라, 더욱 ~하다)

蕴含了…… (~이 담겨 있다)
体现了…… (~이 반영되었다)
从……到…… (~에서 ~까지)
在……中也能看到…… (~에서도 ~을 볼 수 있다)

4. 문장 연결 구조를 활용하기
자주 쓰이는 연결어와 구조로 문장 흐름을 부드럽게 연결

> 예) 인과: 因此, 因此而, ……所以……
> 대조: 虽然……, 但是…… / 尽管……仍然……
> 나열: 不仅……而且…… / 一方面……另一方面……
> 조건: 如果……就…… / 即使……也……

5. 수준 높은 어휘 선택하기

> 예) 深远的意义 깊은 의미
> 深厚的文化 깊이 있는 문화
> 容易发现 쉽게 발견하다
> 广泛的影响 광범위한 영향
> 明显的痕迹 뚜렷한 흔적

6. 주요 표현 정리

(1) 有着……的历史 (~의 역사를 가지고 있다)

> 예) 中国有着悠久的历史。

(2) 不仅……, 更…… (~할 뿐만 아니라 더 ~하다)

> 예) 饮茶不仅是享受饮料, 更蕴含深远的意义。

(3) 从……到…… (~에서부터 ~까지)

> 예) 从传统的制作方法到现代的哲学思想。

(4) 蕴含…… (~이 담겨 있다)

> 예) 茶叶中蕴含丰富的文化。

(5) 体现…… (~을 반영하다)

> 예) 这种设计体现了文化遗产。

(6) 发现……的痕迹 (~의 흔적을 발견하다)

> 예) 在城市中可以发现传统文化的痕迹。 (도시에서 전통 문화의 흔적을 발견할 수 있다.)

(7) 有深厚的…… (깊고 두터운 ~을 가지다)

> 예) 中国有深厚的文化底蕴。

(8) 很容易发现…… (~을 쉽게 발견할 수 있다)

> 예) 在现代城市中很容易发现传统文化的影响。

중국의 전통에서 "양생(养生)" 또는 "건강을 보호하다"는 개념은 수세기에 걸쳐 중요하게 여겨졌다. 이것은 정신과 신체의 균형을 유지하고, 질병을 예방하는 방법을 찾는 것을 의미한다.

많은 중국인들은 아침에 공원에서 태극권을 연습하며 양생하는 습관을 가지고 있다. 또한, 계절에 따른 음식 선택도 중요하게 여겨져, 각 계절마다 적절한 음식을 섭취하여 건강을 유지한다.

최근에는 젊은 세대 사이에서도 중국의 전통 양생 방법에 대한 관심이 증가하고 있다. 디지털 시대의 스트레스와 바쁜 일상에서 벗어나, 자연과 함께하는 시간을 찾는 것이 중요하게 여겨진다.

종합적으로, "양생"은 중국 문화의 핵심 부분이며, 그것은 인간의 삶의 질을 향상시키는 방법으로 계속 전승되고 있다.

고득점 번역 가이드

이 문항은 중국의 '양생' 개념을 중심으로 전개되며, 양생이 중국 문화에서 차지하는 중요한 지위와 현대에서의 실천을 묘사하였다. 번역 시 주의할 점은 다음과 같다.

1. 문화와 건강 개념의 융합
이 글은 중국 특유의 건강 양생 개념을 결합하여, 문화와 생활 방식의 융합을 보여 준다.

2. 시대를 넘는 연계
고대의 양생 개념을 묘사할 뿐만 아니라, 현대 젊은 세대의 실천과도 연결하여 문화의 전승과 시대의 발전을 보여 준다.

3. 언어의 정확성과 생동감
번역 과정에서는 '양생'의 내포와 외연을 정확히 표현하여, 중국 문화 배경에 부합하면서도 생동감 있게 해야 한다.

모범 답안

中国传统的"养生"或"保护健康"的概念已被重视了数个世纪。这意味着维持身心的平衡，寻找预防疾病的方法。

许多中国人习惯于早上在公园练习太极拳来养生。此外，他们也重视因时制宜，根据不同季节摄入适宜的食物来维持健康。

最近，年轻一代也开始对中国的传统养生方法产生兴趣。在数字化时代的压力和繁忙的日常生活中，人们认为与自然共处的时间变得尤为重要。

总的来说，"养生"是中国文化的核心部分，作为一种提高人类生活质量的方法，它一直在被传承着。

단어 养生 yǎngshēng 통 양생하다(심신의 건강을 유지하다) 概念 gàiniàn 명 개념 被重视 bèi zhòngshì 중요하게 여겨지다 数个世纪 shù gè shìjì 수 세기 意味着 yìwèizhe ~을 의미하다 维持 wéichí 통 유지하다 身心平衡 shēn xīn pínghéng 명 심신의 균형 寻找 xúnzhǎo 통 찾다 预防疾病 yùfáng jíbìng 질병을 예방하다 习惯于 xíguàn yú ~하는 데 익숙하다(습관이 되어 있다) 练习太极拳 liànxí tàijíquán 태극권을 연습하다 因时制宜 yīn shí zhì yí 시기에 따라 적절히 조절하다 因地制宜 yīn dì zhì yí 정 현지 상황에 맞게 적절한 대책을 세우다 根据 gēnjù 젠 ~에 근거하여 季节 jìjié 명 계절 摄入食物 shèrù shíwù 음식을 섭취하다 适宜 shìyí 형 적절하다, 적합하다 维持健康 wéichí jiànkāng 건강을 유지하다 年轻一代 niánqīng yídài 명 젊은 세대 数字化时代 shùzìhuà shídài 명 디지털 시대 繁忙 fánmáng 형 바쁘다 日常生活 rìcháng shēnghuó 명 일상생활 共处 gòngchǔ 통 함께 지내다, 공존하다 尤为 yóuwéi 부 특히, 유달리 核心部分 héxīn bùfen 명 핵심 부분 作为 zuòwéi 개 ~로서 传承 chuánchéng 통 전승하다, 이어지다

TIP

- 주요 표현 모음

被重视 (중요하게 여겨지다)
예) 这些问题需要被重视。

意味着…… (~을 의미하다)
예) 这意味着我们需要努力。

习惯于 (~하는 데 익숙하다, ~하는 습관이 있다)
예) 在人前我们总是习惯于伪装自己。

因时制宜 (시기에 따라 적절히 조절하다, 상황이나 시기에 맞게 적절히 대응하다)
예) 农民需要因时制宜种植作物。

根据不同……来维持健康 (~에 따라 건강을 유지하다)
예) 根据不同季节来维持健康。

对……产生兴趣 (~에 관심을 가지다)
예) 学生们对科学产生兴趣。

与……共处 (~와 함께 지내다)
예) 人们应该与自然共处。

……变得尤为重要 (~이 특히 중요해지다)
예) 健康变得尤为重要。

……是……的核心部分 (~은 ~의 핵심 부분이다)
예) 文化是民族的核心部分。

作为一种……的方法 (~로서의 방법)
예) 作为一种学习的方法，这很有效。

……被传承着 (~가 전승되고 있다)
예) 传统文化被传承着。

제2부분 (92-93) 다음 두 개의 글을 중국어로 통역하세요. (통역 시간 각 2분)

92 ★

금요일 저녁, 베이징의 싼리툰은(三里屯) 활기를 띤다. 젊은이들은 다양한 바와 클럽에서 밤을 즐긴다. 도시의 불빛 아래, 음악, 댄스, 그리고 패션이 하나로 어우러진다. 싼리툰은 중국 현대 청년문화의 대표적인 장소 중 하나로, 도시의 새로운 문화적 트렌드를 체험할 수 있는 곳이다.

🔍 고득점 통역 가이드

이 문항은 베이징 싼리툰 지역의 금요일 밤의 번화한 광경을 묘사하였으며, 현대 중국 도시의 야생활 매력과 청년 문화의 다양성을 반영하였다. 통역 시 주의할 점은 다음과 같다.

1. 지역 문화 이해
싼리툰은 베이징의 하나의 패션 랜드마크로, 그 문화적 배경과 지역적 특색을 이해할 필요가 있다.

2. 표현 방식의 전환
글에서는 음악, 춤, 패션의 완벽한 융합을 통해 밤의 활력을 묘사하고 있으며, 번역 시 이러한 분위기를 포착해야 한다.

3. 고유 명의 처리
예를 들어 '싼리툰(三里屯)'은 원문을 그대로 유지하며 해석을 덧붙여야 한다.

모범 답안

周五晚上，北京的三里屯热闹非凡。年轻人们在各式各样的酒吧和俱乐部里享受夜晚。城市的灯光下，音乐、舞蹈和时尚融为一体。三里屯作为中国现代青年文化的代表性场所之一，是体验城市新文化潮流的好去处。

단어 三里屯 Sānlǐtún 고유 싼리툰(베이징의 유명 상권 지역) 非凡 fēifán 형 비범한, 특별한 各式各样 gè shì gè yang 각양각색, 다양한 俱乐部 jùlèbù 명 클럽, 동호회 酒吧 jiǔbā 명 바(bar), 술집 享受 xiǎngshòu 동 즐기다, 누리다 夜晚 yèwǎn 명 밤, 야간 灯光 dēngguāng 명 조명, 불빛 舞蹈 wǔdǎo 명동 춤(추다) 时尚 shíshàng 명 패션, 유행 融为一体 róng wéi yìtǐ 하나로 융합되다 作为 zuòwéi 개 ~로서 代表性 dàibiǎoxìng 명 상징성, 대표성 场所 chǎngsuǒ 명 장소 体验 tǐyàn 명동 체험(하다) 文化潮流 wénhuà cháoliú 명 문화 트렌드, 문화적 흐름 好去处 hǎo qùchù 명 좋은 장소, 갈 만한 곳

TIP

- 주요 표현 정리

非凡 (비범한, 특별한)
용법: 형 뒤에 非凡을 붙여 정도 강조
구조: (형) + 非凡 → 주로 긍정적 의미로 사용
예 元宵佳节，市场上热闹非凡。

融为一体 (하나로 융합되다, 일체화되다)
용법: 두 가지 이상의 요소가 조화롭게 합쳐져 분리되지 않는 상태를 묘사
구조: (A) 与 (B) 融为一体 또는 단독으로 사용
예 这座新建筑的设计将现代与传统元素融为一体，使得整个建筑既富有时代感又不失古典韵味。

作为……之一 (~의 하나로서, ~중 하나로서)
용법: 특정 대상이 집단이나 목록 속 하나임을 나타냄
구조: 作为 + A + 之一 → A는 전체 그룹 또는 범주
예 中国作为世界上人口最多的国家之一，拥有巨大的市场潜力。

93 ★★

팟캐스트는 현재 디지털 미디어의 주요 형식 중 하나로 떠오르고 있습니다. 팟캐스트의 가장 큰 장점 중 하나는 유연성입니다. 이들은 언제 어디에서든 들을 수 있으며, 스마트폰, 태블릿, 컴퓨터 등 다양한 디바이스에서 접근할 수 있습니다. 또한 팟캐스트에는 학습, 엔터테인먼트, 뉴스 업데이트 등 다양한 주제가 있어 원하는 정보를 쉽게 얻을 수 있습니다.

나아가, 팟캐스트는 시간을 효율적으로 활용하는 데 도움이 됩니다. 출퇴근, 청소, 운동 중에도 들을 수 있어 시간을 최대한 효율적으로 활용할 수 있습니다.

마지막으로, 팟캐스트는 깊이 있는 정보와 지식을 제공하는 매체로, 특정 주제에 대한 깊은 이해와 새로운 관점을 얻는 데 도움이 될 수 있습니다.

고득점 통역 가이드

이 문항은 팟캐스트가 디지털 미디어의 새로운 형식으로서 가져온 장점과 가능성을 소개하였다. 통역 시 주의할 점은 다음과 같다.

1. 과학기술 용어의 정확한 이해

예를 들어 '디지털 미디어(数字媒体)', '스마트폰(智能手机)' 등이 있다.

2. 구조가 합리적이며 표현이 명확함

본문은 구조가 합리적이고 표현이 명확하며, 팟캐스트의 장점을 하나하나 구체적으로 설명해야 한다.

3. 문화 간 이해

팟캐스트는 전 세계적으로 유행하는 미디어 형식으로, 서로 다른 문화적 배경 속에서의 수용 정도와 사용 습관을 이해할 필요가 있다.

모범 답안

播客目前正成为数字媒体的主要形式之一。

播客最大的优点之一就是其灵活性。人们可以在任何时间、任何地点收听播客，而且可以通过智能手机、平板电脑、电脑等多种设备访问。

此外，播客涵盖了学习、娱乐、新闻更新等多种主题，使人们可以轻松获取所需的信息。

进一步来说，播客有助于人们高效地利用时间，如在上下班、打扫、运动时都可以收听，从而最大限度地有效利用时间。

最后，播客是提供深度信息和知识的媒体，可以帮助人们更深入地理解特定主题并获得新的观点。

단어 播客 bōkè 명 팟캐스트 成为 chéngwéi 동 ~이 되다 数字媒体 shùzì méitǐ 명 디지털 미디어 之一 zhī yī ~중 하나 优点 yōudiǎn 명 장점 灵活性 línghuóxìng 유연성, 융통성 任何 rènhé 대 어떠한, 아무 收听 shōutīng 청취하다 智能手机 zhìnéng shǒujī 명 스마트폰 平板电脑 píngbǎn diànnǎo 명 태블릿 设备 shèbèi 명 기기, 장비 访问 fǎngwèn 동 접근하다, 방문하다 此外 cǐwài 접 이 외에도, 그 외에도 涵盖 hángài 동 포함하다, 포괄하다 娱乐 yúlè 명 오락 新闻更新 xīnwén gēngxīn 뉴스 업데이트 主题 zhǔtí 명 주제 使 shǐ 동 ~하게 하다 轻松 qīngsōng 형 쉽게, 편하게 获取 huòqǔ 동 획득하다, 얻다 所需 suǒxū 필요한 것 信息 xìnxī 명 정보 进一步 jìnyībù 부 한층 더, 더 나아가 有助于 yǒu zhù yú ~에 도움이 되다 高效 gāoxiào 형 효율적인 限度 xiàndù 명 한도, 제한 有效 yǒuxiào 형 효과적인 深度信息 shēndù xìnxī 심층 정보 媒体 méitǐ 매체, 미디어 深入 shēnrù 동 깊이 들어가다, 깊이 있는 特定 tèdìng 형 특정한 观点 guāndiǎn 명 관점, 시각

TIP

● **주요 표현 정리**

……成为…… (~이 되다, ~로 자리잡다)

용법: 기존의 어떤 대상이나 현상에 새로운 변화가 생겼음을 표현

구조: 주어 + 成为 + 명/명사구

예 播客成为越来越多人获取信息的方式。

……之一 (~중 하나)

용법: 어떤 집단이나 범위 중 하나에 속함을 나타냄

구조: A + 是/被认为是 + B + 之一 (A는 B 중 하나이다)

예 播客被广泛认为是数字媒体中最受欢迎的形式之一。

……最大的优点就是…… (~의 가장 큰 장점은 ~이다)

용법: 여러 장점 중 '가장 큰 것'을 설명 할 때 사용

구조: 주어 + 最大的优点就是 + 설명

예 播客最大的优点就是灵活性高。

任何时间 (언제든지)

용법: 문장에서 '언제든 가능함'을 강조

구조: 주로 在任何时间, 任何时间都能/可以 등의 형태로 사용

예 你可以在任何时间收听播客。

涵盖 (포함하다, 포괄하다)

용법: 주어가 포함하고 있는 특정 범위나 내용을 나타낼 때 사용

구조: 주어 + 涵盖 + 범위/내용

예 播客内容涵盖娱乐、新闻、健康等各种主题。

最大限度地 (최대한으로)

용법: 문장에서 동사 앞에 위치하여 부사 역할을 하며, 문어체로 공식적이고 객관적인 내용 전달

구조: 最大限度地 + 동 / 最大限度地 + 发挥/利用/减少 등

예 这种方法能最大限度地提高学习效率。

五、口语 말하기

제1부분 (94) 제시된 내용들을 응용해서 말해 보세요. (준비 시간 3분, 대답 시간 3분)

94 ★★★

你作为海外项目管理人员在一个国际贸易公司工作。下表是公司安排的业务培训。

당신은 해외 프로젝트 관리자로서 한 국제 무역 회사에서 근무하고 있다. 아래 표는 회사에서 마련한 업무 연수이다.

主题	国际商务	销售技巧
时间	7月1—2日	7月15—16日
课时	2天，每天6课时	2天，每天6课时
培训地点	3楼宴会厅	4楼小会议室
培训方式	公开课	表达练习
培训内容	国际产品商务报价、国际采购、产品供应和物流管理、商品检验、海关清关、国际产品保险管理	售前准备、销售的核心实力、产品与行业知识、销售人员形象、沟通技能、客户利益、客户关系的建立与维持
参加人员	所有海外业务人员	所有海外业务人员
主题	产品思维	海外项目管理
时间	8月3—4日	8月15—18日
课时	2天，每天6课时	4天，每天6课时
培训地点	3楼会议室	6楼大会议室
培训方式	公开课	沙盘模拟
培训内容	把握客户需求、机会判断、提升客户体验、产品模式创新	风险管理、合同管理、索赔和反索赔、外籍员工引进和管理
参加人员	海外业务开发人员	海外项目管理人员、技术人员

주제	글로벌 비즈니스	세일즈 기법
시간	7월 1—2일	7월 15—16일
수업 시간	2일, 매일 6교시	2일, 매일 6교시
연수 장소	3층 연회장	4층 소회의실
연수 방식	공개 수업	표현력 트레이닝
연수 내용	국제 상품 상무 견적, 해외 구매, 제품 공급 및 물류 관리, 상품 검수, 세관 통관, 국제 상품 보험 관리	사전 판매 준비, 영업의 핵심 역량, 제품 및 업계 지식, 영업 사원 이미지, 의사소통 능력, 고객 이익, 고객 관계의 구축 및 유지
참가 인원	모든 해외 업무 인원	모든 해외 업무 인원
주제	제품 중심 사고	해외 프로젝트 관리
시간	8월 3—4일	8월 15—18일
수업 시간	2일, 매일 6교시	4일, 매일 6교시
연수 장소	3층 회의실	6층 대회의실
연수 방식	공개 수업	전사적 자원관리
연수 내용	고객 니즈 파악, 기회 판단, 고객 경험 향상, 제품 모델 혁신	리스크 관리, 계약 관리, 손해 배상 청구 및 카운터 클레임, 외국인 직원 영입 및 관리
참가 인원	해외 영업 개발 인원	해외 프로젝트 관리자, 기술 인원

请你向部门员工简要介绍此次培训的主要安排。	부서 직원들에게 이번 연수의 주요 일정을 간단히 소개해 주세요.

단어

主题 zhǔtí 명 주제, **国际商务** guójì shāngwù 명 글로벌 비즈니스, 해외 비즈니스, **销售技巧** xiāoshòu jìqiǎo 명 영업 스킬, 세일즈 기법, 판매 스킬, **课时** kèshí 명 수업 시간, **培训** péixùn 동 교육(하다), 훈련(하다), **地点** dìdiǎn 명 장소, **宴会厅** yànhuìtīng 명 연회장, **小会议室** xiǎo huìyìshì 명 소회의실, **内容** nèiróng 명 내용, **报价** bàojià 명동 오퍼(를 내다), 견적(을 내다), **国际采购** guójì cǎigòu 명 해외 구매, 글로벌 소싱, **产品供应** chǎnpǐn gōngyìng 명 제품 공급, **物流管理** wùliú guǎnlǐ 명 물류 관리, **商品检验** shāngpǐn jiǎnyàn 명 상품 검사, 상품 검수, **海关清关** hǎiguān qīngguān 세관 통관 절차, **清关** qīngguān 동 통관 절차를 밟다, **国际产品保险管理** guójì chǎnpǐn bǎoxiǎn guǎnlǐ 국제 상품 보험 관리, 무역보험 관리, **表达练习** biǎodá liànxí 명 표현력 트레이닝, **售前准备** shòuqián zhǔnbèi 명 사전 판매 준비, 출시 전 준비, **销售** xiāoshòu 명동 판매(하다), 영업(하다), **核心实力** héxīn shílì 명 핵심 역량, 핵심 경쟁력, **产品** chǎnpǐn 명 제품, **行业知识** hángyè zhīshi 명 업계 지식, **销售人员形象** xiāoshòu rényuán xíngxiàng 명 영업 사원의 이미지, **沟通技能** gōutōng jìnéng 명 의사소통 능력, 커뮤니케이션 스킬, **客户利益** kèhù lìyì 명 고객 이익, **客户关系** kèhù guānxì 명 고객 관계, **建立** jiànlì 동 구축하다, **维持** wéichí 동 유지하다, **参加人员** cānjiā rényuán 명 참가자, **海外业务人员** hǎiwài yèwù rényuán 명 해외 영업 담당자, **产品思维** chǎnpǐn sīwéi 명 제품 중심 사고, **海外项目** hǎiwài xiàngmù 명 해외 프로젝트, **公开课** gōngkāikè 명 공개 강의, **沙盘模拟** shāpán mónǐ 전략적 자원관리(ERP = 企业资源计划系统) 경영전략 중 하나, **把握** bǎwò 동 파악하다, 장악하다, **客户需求** kèhù xūqiú 명 고객 수요, 고객 니즈, **机会判断** jīhuì pànduàn 명 기회 판단, **提升** tíshēng 동 체험하다, **客户体验感** kèhù tǐyàngǎn 명 고객 경험, 고객 체감, **产品模式创新** chǎnpǐn móshì chuàngxīn 명 제품 모델 혁신, **风险管理** fēngxiǎn guǎnlǐ 명 리스크 관리, **合同管理** hétóng guǎnlǐ 명 계약 관리, **索赔** suǒpéi 명동 클레임(을 요구하다), 손해 배상 청구(를 하다), **反索赔** fǎnsuǒpéi 명동 카운터 클레임(을 요구하다), 맞고소(를 하다), **外籍员工** wàijí yuángōng 명 외국인 직원, **引进** yǐnjìn 동 영입하다, 도입하다, **海外业务开发人员** hǎiwài yèwù kāifā rényuán 명 해외 영업 개발 인력, **管理人员** guǎnlǐ rényuán 명 관리자, 관리 담당자, 경영진, **技术人员** jìshù rényuán 명 기술 인력

🔍 고득점 통역 가이드

이 문항은 응시자가 해외 프로젝트 관리자 신분으로 부서 직원들에게 회사가 마련한 업무 연수를 소개하도록 요구하고 있으므로, 답변 시 다음 몇 가지 측면에 주의해야 한다.

1. 조직 구조

답변 시 각 연수 주제의 세부 일정을 명확한 구조로 제시해야 하며, 시간 순서 또는 주제별로 분류하여 정리할 수 있다.

2. 정확한 정보 전달

시간, 장소, 수업 시수, 연수 방식 및 내용 등과 관련된 정보를 정확하게 전달해야 한다.

3. 어조와 표현

직원들에게 소개하는 상황이므로, 격식을 갖추되 친근한 어조를 사용해야 하며, 표현이 명확하고 정보가 이해하기 쉬워야 한다.

4. 대상별 분석

각 연수가 서로 다른 인원을 대상으로 할 수 있으므로, 어떤 연수에 어떤 인원이 참가해야 하는지를 분명히 밝혀야 한다.

5. 참여 독려

연수 내용을 모두 소개한 후에는 직원들이 적극적으로 참여하고 학습하도록 적절히 독려할 수 있다.

전반적으로 이 문항은 비즈니스 상황에서 구두로 명확하고 정확하게 표현하는 능력을 평가하며, 복잡한 정보를 효과적으로 조직하고 전달할 수 있는지를 요구한다.

모범 답안 1

各位部门的同事，我现在向大家介绍我们公司安排的一系列海外业务培训。

（1）国际商务：培训将于7月1日至2日进行，2天，每天6课时，在3楼宴会厅。通过公开课的方式呈现，涉及国际产品商务报价、国际采购、产品供应和物流管理等内容。所有海外业务人员都需要参加。

（2）销售技巧：时间为7月15日至16日，2天，每天6课时，在4楼小会议室。我们会进行表达练习，讲解售前准备、销售人员形象、客户关系的建立与维持等。同样适用于所有海外业务人员。

（3）产品思维：时间是8月3日至4日，2天，每天6课时，在3楼会议室。采用公开课形式，内容包括把握客户需求、提升客户体验等。适用于海外业务开发人员。

（4）海外项目管理：时间在8月15日至18日，4天，每天6课时，在6楼大会议室。通过沙盘模拟来教授风险管理、合同管理等。适用于海外项目管理人员和技术人员。

请大家提前做好准备，并积极参与，把握这次学习提升的机会。

각 부서의 동료 여러분, 지금부터 우리 회사에서 마련한 일련의 해외 업무 연수 과정을 소개하겠습니다.

(1) 글로벌 비즈니스: 연수는 7월 1일부터 2일까지 진행되며, 2일간 매일 6교시씩 진행됩니다. 장소는 3층 연회장입니다. 공개 수업 방식으로 진행되며, 국제 제품 비즈니스 견적, 해외 구매, 제품 공급 및 물류 관리 등의 내용을 포함합니다. 모든 해외 업무 인원이 참가해야 합니다.

(2) 세일즈 기법: 시간은 7월 15일부터 16일까지이며, 2일간 매일 6교시씩 진행됩니다. 장소는 4층 소회의실입니다. 의사소통 능력, 사전 판매 준비, 영업 사원 이미지, 고객 관계의 구축 및 유지 등에 대한 트레이닝을 실시합니다. 모든 해외 업무 인원을 대상으로 합니다.

(3) 제품 중심 사고: 시간은 8월 3일부터 4일까지이며, 2일간 매일 6교시씩 진행됩니다. 장소는 3층 회의실입니다. 공개 수업 형식으로, 고객 니즈 파악, 고객 경험 향상 등과 같은 내용을 포함합니다. 해외 업무 개발 인원이 대상입니다.

(4) 해외 프로젝트 관리: 시간은 8월 15일부터 18일까지이며, 4일간 매일 6교시씩 진행됩니다. 장소는 6층 대회의실입니다. 전사적 자원관리를 통한 리스크 관리, 계약 관리 등을 교육합니다. 대상은 해외 프로젝트 관리 인원과 기술 인원입니다.

여러분 모두 사전 준비를 잘 하셔서 적극적으로 참여하여 이번 학습과 역량 향상의 기회를 잘 활용하시길 바랍니다.

단어 部门 bùmén 명 부서 | 同事 tóngshì 명 동료, 직장 동료 | 一系列 yí xìliè 일련의 | 国际商务 guójì shāngwù 국제 비즈니스 | 呈现 chéngxiàn 동 나타내다, 보여 주다 | 涉及 shèjí 동 관련되다, 포함하다 | 适用 shìyòng 동 적합하다, 적용되다 | 产品思维 chǎnpǐn sīwéi 명 제품 중심 사고 | 采用 cǎiyòng 동 채용하다, 사용하다 | 包括 bāokuò 동 포함하다 | 把握 bǎwò 동 파악하다, 잡다 | 海外项目管理 hǎiwài xiàngmù guǎnlǐ 해외 프로젝트 관리 | 积极 jījí 형 적극적이다 | 参与 cānyù 동 참여하다

모범 답안 2

大家好！我们公司这次的海外业务培训计划已经确定，共有四个主题：国际商务、销售技巧、产品思维和海外项目管理。

下面是具体安排：

7月1日至2日，是国际商务培训。时间为2天，每天6课时，地点在3楼宴会厅，培训方式是公开课，主要内容有：国际产品商务报价、国际采购、产品供应和物流管理等。所有海外业务人员都要参加。

7月15日至16日，是销售技巧培训。时间为2天，每天6课时，在4楼小会议室，是表达练习，主要内容有：售前准备、销售人员形象、客户关系的建立与维持等。也是所有海外业务人员都要参加。

8月3日至4日，主题是产品思维。时间为2天，每天6课时，在3楼会议室。公开课形式，内容有：把握客户需求、机会判断、提升客户体验、产品模式创新等。培训对象是海外业务开发人员。

8月15日至18日，海外项目管理。为期4天，每天6课时，在6楼大会议室，沙盘模拟方式教学。培训内容是：风险管理、合同管理、索赔和反索赔、外籍员工引进和管理等。培训对象是海外项目管理人员和技术人员。

这次培训将有助于大家提升业务水平，相信大家在这次培训中会有所收获。

안녕하세요!

이번에 저희 회사의 해외 업무 관련 연수 계획이 확정되었습니다. 총 네 가지 주제로 구성되어 있으며, 각각 국제 비즈니스, 영업 기술, 제품 중심 사고, 해외 프로젝트 관리입니다.

다음은 구체적인 일정입니다:

7월 1일부터 2일까지는 국제 비즈니스 교육입니다.

2일 동안 진행되며, 하루에 6교시씩입니다. 장소는 3층 연회장이고, 교육 방식은 공개 강의입니다. 주요 내용은 국제 제품의 비즈니스 견적, 국제 구매, 제품 공급, 물류 관리 등입니다. 모든 해외 영업 인원은 반드시 참석해야 합니다.

7월 15일부터 16일까지는 영업 스킬 교육입니다. 2일간 하루 6교시로 진행되며, 장소는 4층 소회의실입니다. 교육은 의사소통 능력 중심이며, 주요 내용은 사전 판매 준비, 영업 사원의 이미지 관리, 고객 관계 구축과 유지 등입니다. 이 교육도 모든 해외 영업 직원이 반드시 참석해야 합니다.

8월 3일부터 4일까지는 제품 중심 사고를 주제로 한 교육입니다. 2일 동안 하루 6교시, 장소는 3층 회의실이고, 공개 강의 형식으로 진행됩니다. 주요 내용은 고객 니즈 파악, 기회 판단, 고객 경험 향상, 제품 모델의 혁신 등입니다. 교육 대상은 해외 영업 개발 인원입니다.

8월 15일부터 18일까지는 해외 프로젝트 관리 교육입니다. 4일 동안 하루 6교시로, 6층 대회의실에서 진행되며, 전사적 자원관리 기반 수업 방식입니다. 교육 내용은 리스크 관리, 계약 관리, 클레임 및 카운터 클레임, 외국인 직원의 채용 및 관리 등입니다. 교육 대상은 해외 프로젝트 관리자 및 기술 인원입니다.

이번 교육은 여러분의 업무 역량 향상에 큰 도움이 될 것입니다. 모두가 이번 교육을 통해 많은 것을 얻어 가시길 바랍니다.

단어 确定 quèdìng 동 확정하다, 확실히 하다　具体 jùtǐ 형 구체적이다　安排 ānpái 동 배치하다, 준비하다　有助于 yǒuzhù yú ~에 도움이 되다　提升 tíshēng 동 향상시키다, 끌어올리다　相信 xiāngxìn 동 믿다, 확신하다　有所收获 yǒu suǒ shōuhuò 성과를 얻다, 소득이 있다

> **TIP**

- 효과적인 도표 내용 전달 스킬

1. **전체 → 세부 순서로 말하기**
   먼저 전체적인 목적과 배경을 간략히 언급한 후에 항목별로 세부 내용을 설명한다.
   > 예) 我来介绍一下公司安排的几项培训。
   > 总共有四项培训，分别是……

2. **항목별 내용 구성 통일**
   각 항목마다 동일한 구성으로 설명하면 논리적일 뿐만 아니라 듣는 이가 정보를 더욱 쉽게 파악할 수 있다.
   > 예) ①时间 (기간)　②地点 (장소)　③对象 (대상자)　④方式 (형식)　⑤内容 (내용 요약)

3. **공지 사항 관련 주요 표현**
   > 예) 培训将于……进行 (교육은 ~에 진행됩니다)
   > 时间是…… (시간은 ~입니다)
   > 地点在…… (장소는 ~입니다)
   > 参加人员是…… (참가자는 ~입니다)
   > 内容包括…… (내용에는 ~이 포함됩니다)
   > 培训方式为…… (교육 방식은 ~입니다)
   > 适用于…… (~에게 적합합니다)
   > 通过……的方式提供 (~방식을 통해 제공됩니다)
   > 请大家提前做好准备。(미리 준비해 주세요)
   > 请大家积极参与。(적극적으로 참여해 주세요)

제2부분 (95-97) 자료를 듣고 3개의 질문에 대답하세요.(95, 96 대답 시간 30초, 97 대답 시간 2분)

95-97

★★★ MP3 04-08

海尔的故事要从1984年开始讲起。这一年，张瑞敏，也就是海尔后来的掌门人，来到了山东省青岛市一家濒临破产的工厂。这家工厂就是青岛电冰箱厂，当时的冰箱厂亏损147万元，产品滞销，人心涣散，可以说是处于生死存亡的关头。(95) 张瑞敏厂长收到用户来信，得知海尔冰箱存在质量问题。他带人检查之后，从仓库里的400多台冰箱里找出了76台不合格的，然后把全厂员工召集到一起。他当场宣布，要把这些不合格产品全部砸掉，而且，不合格冰箱由谁生产就由谁亲自砸毁。当时有人提出，这些冰箱大多是外观划伤，不会对使用造成影响。可以把这些残次品作为福利，低价卖给自己的员工。而张瑞敏却说："我要是今天允许把这76台冰箱卖出去，就等于允许明天大家再生产760台、7600台这样的不合格冰箱。"要知道，当时中国还是物资奇缺的年代，海尔冰箱的市场售价是八百元左右，而当时一个工人的平均工资大约是每月四十元。也就是说，普通工人想要买下这样一台冰箱，至少要不吃不喝存两年钱。(96) 张瑞敏"砸冰箱"，砸醒了全厂工人的质量意识，也向市场宣布，海尔要用质量赢得市场。 ①

质量为先的意识让海尔在1988年获得了冰箱行业的第一枚金牌，并且在之后的发展中获得各种奖项，公司在国内的发展越来越好。 ②

하이얼(海尔)의 이야기는 1984년부터 시작된다. 이 해, 장루이민(张瑞敏), 즉 훗날 하이얼의 수장이 된 인물은 산둥성 칭다오시에 있는 한 파산 직전의 공장에 왔다. 이 공장은 바로 칭다오 냉장고 공장이었는데, 당시 냉장고 공장은 147만 위안의 손실을 입고 있었고, 제품은 팔리지 않았으며, 직원들의 마음은 해이해져 있었고, 말 그대로 생사의 기로에 처해 있었다. (95) 장루이민 공장장은 사용자로부터 편지를 받고, 하이얼 냉장고에 품질 문제가 있음을 알게 되었다. 그는 사람들을 데리고 확인한 후, 창고에 있던 400여 대의 냉장고 중에서 76대의 불합격 제품을 찾아냈고, 전 공장의 직원을 한자리에 불러 모았다. 그는 현장에서 이 불합격 제품들을 전부 부숴버릴 것이라고 선언했고, 불합격 냉장고는 생산한 그 사람이 직접 부숴야 한다고 했다. 당시 누군가 이 불합격 냉장고는 외관에 긁힌 자국이 있는 정도로, 사용에는 영향을 주지 않으니, 이런 하자 있는 제품들을 복지 차원에서 자사 직원에게 저렴하게 판매할 수 있다고 제안했다. 그러나 장루이민은 이렇게 말했다: "내가 오늘 이 76대의 냉장고를 판매하도록 허락하면, 그것은 내일 또다시 760대, 7600대의 이런 불합격 냉장고를 생산하도록 허락하는 것과 같다." 당시 중국은 여전히 물자가 매우 부족한 시기였고, 하이얼 냉장고의 시장 판매가는 약 800위안이었으며, 당시 노동자 한 명의 평균 월급은 대략 40위안이었다. 즉, 일반 노동자가 이런 냉장고를 하나 사려면 최소한 2년은 아무것도 먹거나 쓰지 않고 모아야 했다. (96) 장루이민의 '냉장고 부수기'는 전 공장 직원의 품질 의식을 일깨웠고, 시장에 하이얼은 품질로 시장을 쟁취하겠다고 선언한 것이기도 했다. ①

품질을 우선시하는 의식은 하이얼로 하여금 1988년에 냉장고 업계에서 첫번째 금메달을 얻게 했고, 이후 발전 과정에서 각종 상을 수상했으며, 회사는 국내에서 점점 더 큰 성공을 거두기 시작했다. ②

단어 **海尔** Hǎi'ěr 고유 하이얼(중국 유명 전자제품 회사) **张瑞敏** Zhāng Ruìmǐn 고유 장루이민(인명) **掌门人** zhǎngménrén 명 대표, 책임자 **山东省青岛市** Shāndōng Shěng Qīngdǎo Shì 산둥성(省) 칭다오시(市) **濒临破产** bīn lín pòchǎn 파산 직전에 이르다 **电冰箱** diàn bīngxiāng 명 전기 냉장고 **亏损** kuīsǔn 동 손실을 보다 **产品滞销** chǎnpǐn zhìxiāo 제품 판매 부진 **人心涣散** rénxīn huànsàn 동 사기가 떨어지다 **生死存亡** shēngsǐ cúnwáng 명 생사존망 **关头** guāntóu 명 중요한 시기, 고비 **仓库** cāngkù 명 창고 **召集** zhàojí 동 소집하다 **当场宣布** dāngchǎng xuānbù 현장에서 발표하다 **砸掉** zádiào 동 부수어 버리다 **划伤** huáshāng 동 긁혀 상처나다 **残次品** cáncìpǐn 명 불량품 **福利** fúlì 명 복리후생, 복지 **允许** yǔnxǔ 동 허락하다, 승인하다 **物资奇缺** wùzī qí quē 물자가 심각하게 부족하다 **市场售价** shìchǎng shòujià 명 시장 판매 가격 **工资** gōngzī 명 급여, 임금 **砸醒** zá xǐng 동 깨우다, 정신 차리게 하다 **赢得市场** yíngdé shìchǎng 시장을 얻다, 시장 점유율을 확보하다 **质量为先** zhìliàng wéi xiān 품질을 우선하다 **枚** méi 양 매, 장, 개(주로 작은 물건을 세는 단위) **金牌** jīnpái 명 금메달, 금상 **奖项** jiǎngxiàng 명 상, 상장

95 ★

问: 用户投诉海尔的冰箱存在什么问题?

질문: 사용자(고객)는 하이얼 냉장고에 어떤 문제가 있다고 불만을 제기했는가?

모범 답안

用户投诉海尔的冰箱存在质量问题。

사용자는 하이얼 냉장고에 품질 문제가 있다고 불만을 제기했다.

해설　녹음 첫 번째 단락 중반에서 '张瑞敏厂长收到用户来信，得知海尔冰箱存在质量问题(장루이민 공장장은 사용자로부터 편지를 받고, 하이얼 냉장고에 품질 문제가 있음을 알게 되었다)'라고 했으므로 정답은 用户投诉海尔的冰箱存在质量问题이다.

단어　用户 yònghù 명 사용자, 가입자　投诉 tóusù 동 클레임을 걸다, 하소연하다

96 ★★

问: 张瑞敏为什么要砸冰箱?

질문: 장루이민은 왜 냉장고를 부수려고 했는가?

모범 답안

海尔要用质量征服市场。

하이얼은 품질로 시장을 정복하려고 한다.

해설　녹음 첫 번째 단락 후반에서 '张瑞敏"砸冰箱"，砸醒了全厂工人的质量意识，也向市场宣布，海尔要用质量赢得市场(장루이민의 '냉장고 부수기'는 전 공장 직원의 품질 의식을 일깨웠고, 시장에 하이얼은 품질로 시장을 쟁취하겠다고 선언한 것이기도 했다)'라고 했으므로 정답은 海尔要用质量征服市场. 이다.

단어　砸 zá 동 부수다, 깨뜨리다　冰箱 bīngxiāng 명 냉장고　征服 zhēngfú 동 정복하다, 극복하다

问: 你认同"质量为先"的产品意识吗？请谈谈你的理由。

질문: 당신은 '품질 우선'의 제품 의식에 동의하시나요? 당신의 이유를 말해 보세요.

🔍 고득점 말하기 가이드

이 문항은 단순한 찬반보다는 구체적인 이유와 사례를 통해 자신의 관점을 설득력 있게 설명하는 능력을 평가한다. 또한 '품질 우선'이라는 제품 의식에 대해 자신의 입장을 분명히 밝히고, 그에 대한 논리적인 이유와 구체적인 사례(예: 하이얼, 애플, 화웨이 등)를 들어 설명할 수 있는지를 평가한다. 의견 제시와 근거 설명 능력이 관건이므로, 응시자는 답변할 때 다음 사항에 주의해야 한다.

1. 입장과 주제를 명확히 할 것

시작할 때 '품질 우선'이라는 제품 의식에 대한 자신의 입장(찬성인지 반대인지)을 명확히 하고, 간단히 이유를 서술해야 한다.

2. 듣기 지문 속 사실을 사용하여 관점을 뒷받침할 것

듣기 자료 속 하이얼의 장루이민 '냉장고 부수기' 이야기 사례를 인용하면 자신의 견해에 사실적 근거와 설득력을 부여할 수 있다.

3. 적절한 예시와 비교를 제시할 것

구체적인 예시나 서로 다른 품질 수준의 제품을 비교하여 자신의 관점을 더욱 뒷받침할 수 있다. 애플, 도요타, 화웨이 등 품질을 중시해 성공한 글로벌 기업들의 사례를 알고 있다면 예시로 들어 내용을 풍부하게 만들 수 있다.

4. 사고 및 전망 제시

제품 품질이 기업의 생존과 발전의 핵심이라는 점과 품질이 좋으면 소비자 만족과 신뢰를 얻어 시장 경쟁력 확보가 가능하다는 점을 제시한다.

5. 결론 강조

'품질 우선'은 고객 책임일 뿐 아니라 기업의 사회적 책임이며, 오늘날 치열한 경쟁 속에서 지속 가능한 발전을 위한 필수 요소라는 점을 강조하며 마무리한다.

모범 답안 1

我完全认同"质量为先"的产品意识。

首先，只有高质量的产品可以赢得消费者的信任，并在竞争日益激烈的市场中建立一个稳固的品牌形象。正如海尔的案例所示，坚持质量意识使其在竞争中立于不败之地。

其次，虽然短期内，牺牲质量可能会带来成本节约或更快的生产速度，但长远来看，质量问题会导致品牌信誉受损、顾客流失，甚至可能面临法律诉讼。在张瑞敏的例子中，他明白如果允许不合格的产品进入市场，那么这种低标准会变成一种常态，最终损害公司的声誉。

再次，高质量的产品不仅能满足顾客的基本需求，还能超出他们的期望。满意的顾客更有可能成为忠诚的重复购买者，并且他们还会通过口口相传为品牌进行推广。

最后，优质的产品减少了维修和退货的可能性，从而减少了售后支持的成本。相反，劣质的产品可能导致高额的售后维修费用和管理退货的成本。

总之，质量是企业的生命线，是其长久发展的基石。无论是对消费者、员工还是企业自身，都应坚守质量为先的原则。

나는 '품질 우선'의 제품 의식에 전적으로 동의한다.

우선, 오직 고품질의 제품만이 소비자의 신뢰를 얻을 수 있으며, 경쟁이 날로 치열해지는 시장에서 탄탄한 브랜드 이미지를 구축할 수 있다. 하이얼의 사례에서 보듯, 품질 의식을 고수함으로써 경쟁에서 실패하지 않는 확실한 우위를 차지할 수 있었다.

다음으로, 단기적으로는 품질을 희생하면 비용 절감이나 더 빠른 생산 속도를 가져올 수 있지만, 장기적으로 보면 품질 문제는 브랜드 신용 훼손, 고객 이탈, 심지어 법적 소송에까지 이를 수 있다. 장루이민의 사례에서 그는 불합격 제품이 시장에 들어가도록 허용하면 이러한 낮은 기준이 하나의 상례가 되어 결국 회사의 명성을 해칠 것임을 알고 있었다.

다시 말해, 고품질 제품은 고객의 기본적인 수요를 충족시킬 뿐 아니라 그들의 기대를 뛰어넘을 수 있다. 만족한 고객은 충성도 높은 반복 구매자가 될 가능성이 높고, 그들은 구전(입소문)을 통해 브랜드를 홍보해 줄 것이다.

마지막으로, 품질이 우수한 제품은 수리 및 반품 가능성을 줄여 사후 지원 비용을 절감시킨다. 반대로, 품질이 나쁜 제품은 높은 사후 수리 비용과 반품 처리 비용을 초래할 수 있다.

결론적으로, 품질은 기업의 생명선이며, 장기적인 발전의 초석이다. 소비자, 직원, 기업 자체를 막론하고 모두가 품질 우선의 원칙을 지켜야 한다.

단어 认同 rèntóng 통 인정하다, 동의하다 质量为先 zhìliàng wéi xiān 품질을 우선하다 意识 yìshí 명 의식, 인식 赢得 yíngdé 통 얻다, 획득하다 消费者 xiāofèizhě 소비자 信任 xìnrèn 통 신뢰하다, 믿다 竞争 jìngzhēng 명통 경쟁(하다) 日益 rìyì 튀 날로, 점점 激烈 jīliè 형 격렬하다, 치열하다 稳固 wěngù 형 견고하다, 안정되다 品牌形象 pǐnpái xíngxiàng 명 브랜드 이미지 案例 ànlì 명 사례, 케이스 坚持 jiānchí 통 견지하다, 고수하다 立于不败之地 lì yú bù bài zhī dì 구문 무패의 위치에 서다 牺牲 xīshēng 통 희생하다 成本 chéngběn 명 비용, 원가 节约 jiéyuē 통 절약하다 导致 dǎozhì 통 초래하다, 야기하다 信誉 xìnyù 명 신용, 명성 受损 shòusǔn 통 손상되다, 피해를 입다 顾客 gùkè 명 고객 流失 liúshī 통 유실되다, 이탈하다 面临 miànlín 통 직면하다 法律 fǎlǜ 명 법률 诉讼 sùsòng 명통 소송(하다) 常态 chángtài 명 정상 상태 损害 sǔnhài 통 손상하다, 해치다 声誉 shēngyù 명 명성, 평판 超出 chāochū 통 초과하다, 넘어서다 忠诚 zhōngchéng 형 충성스럽다 购买者 gòumǎi zhě 명 구매자 口口相传 kǒu kǒu xiāng chuán 입에서 입으로 전해지다 推广 tuīguǎng 통 보급하다, 홍보하다 维修 wéixiū 통 수리하다, 정비하다 退货 tuìhuò 통 반품하다 售后 shòuhòu 명 판매 후 相反 xiāngfǎn 형 반대의 튀 반대로 劣质 lièzhì 형 질이 나쁘다 高额 gāo'é 형 높은 액수의 总之 zǒngzhī 튀 요컨대, 한마디로 企业 qǐyè 명 기업 生命线 shēngmìng xiàn 명 생명선, 생명줄 长久 chángjiǔ 형 오랫동안 基石 jīshí 명 기초, 초석 坚守 jiānshǒu 통 굳게 지키다 原则 yuánzé 명 원칙

모범 답안 2

我认为产品质量是企业生存和发展的根本。所以，一个好的企业最重要的是要有"质量为先"的产品意识。

张瑞敏"砸冰箱"让"质量为先"的理念深入到海尔企业文化，最后，海尔产品成为全球知名的家电品牌，产品远销海外。

张瑞敏"砸冰箱"的故事也告诉我们，如果一个企业的产品质量过关，消费者的满意度就高，就会赢得客户的信任。从而使企业更有生命力。

其实，很多成功的企业都有"质量为先"的产品意识。大家都知道，苹果公司的产品如iPhone等，虽然价格有些高，但它的质量是全世界都认可的，就是因为他们对质量要求极高，所以，赢得了全球范围内大量的忠实用户。

还有，丰田汽车的理念就是"质量第一"，也是以质量赢得了全球信任。

现在，华为手机在全球大受欢迎，也是因为对质量的坚持，成为了品牌形象。

"质量为先"不仅是对客户负责，也是企业的社会责任。如今，社会竞争日益激烈，只有质量可靠的产品才会有市场优势。因此，我认为，企业要生存和发展必须要有"质量为先"的产品意识。

나는 제품 품질이 기업의 생존과 발전의 근본이라고 생각한다. 그래서 훌륭한 기업이라면 무엇보다 '품질 우선'의 제품 의식을 갖추는 것이 가장 중요하다고 여긴다.

장루이민(张瑞敏)의 '냉장고 부수기' 사건은 '품질 우선' 개념을 하이얼(Haier)의 기업 문화에 깊이 뿌리내리게 했고, 결국 하이얼은 세계적인 가전 브랜드가 되어 제품을 해외에까지 수출하는 기업으로 성장했다.

장루이민의 '냉장고 부수기' 이야기는 우리에게 기업의 제품 품질이 우수하면, 소비자의 만족도는 자연히 높아지고, 고객의 신뢰를 얻게 되어 기업은 더 큰 생명력을 갖게 된다는 것을 말해 준다.

사실 많은 성공한 기업들은 모두 '품질 우선'이라는 제품 철학을 가지고 있다. 모두 다 알고 있듯이, 애플(Apple)의 아이폰(iPhone) 같은 제품은 가격이 다소 높지만, 전 세계적으로 품질을 인정받고 있다. 이는 애플이 제품 품질에 대해 매우 엄격한 기준을 가지고 있기 때문이며, 그런 철저함 덕분에 전 세계적으로 수많은 충성 고객을 확보할 수 있었던 것이다.

또 다른 예로는 도요타(Toyota)가 있다. 도요타는 '품질 제일주의'를 철학으로 삼고 있으며, 품질을 통해 세계적인 신뢰를 얻은 대표적인 기업이다.

현재 화웨이(Huawei) 스마트폰도 전 세계적으로 큰 인기를 끌고 있는데, 이 역시 품질에 대한 고집과 노력 덕분에 강력한 브랜드 이미지를 만들어낸 사례이다.

'품질 우선'은 단순히 고객에 대한 책임일 뿐 아니라, 기업이 가져야 할 사회적 책임이기도 하다. 오늘날 사회 경쟁이 날로 치열해지는 가운데, 품질이 확실한 제품만이 시장에서 우위를 점할 수 있다. 그래서 나는, 기업이 살아남고 발전하기 위해서는 반드시 '품질 우선'의 제품 의식이 필요하다고 생각한다.

단어 理念 lǐniàn 명 이념, 관념　深入 shēnrù 동 깊이 들어가다, 심층적이다　全球 quánqiú 명 전 세계, 글로벌　知名 zhīmíng 형 유명한　家电品牌 jiādiàn pǐnpái 명 가전 브랜드　远销海外 yuǎnxiāo hǎiwài 해외로 널리 판매되다　过关 guòguān 동 (검사, 시험 등을) 통과하다　满意度 mǎnyì dù 명 만족도　赢得 yíngdé 동 얻다, 획득하다　客户 kèhù 명 고객　信任 xìnrèn 동 신뢰하다, 믿다　生命力 shēngmìng lì 명 생명력　苹果公司 Píngguǒ 고유 애플 회사　忠实用户 zhōngshí yònghù 충실한 사용자　丰田 Fēngtián 고유 도요토 자동차 회사　华为手机 Huáwéi shǒujī 명 화웨이 휴대폰　品牌形象 pǐnpái xíngxiàng 명 브랜드 이미지　负责 fùzé 동 책임지다　社会责任 shèhuì zérèn 명 사회적 책임　竞争 jìngzhēng 명동 경쟁(하다)　日益激烈 rìyì jīliè 날로 격렬하다　可靠 kěkào 형 믿을 만하다, 신뢰할 수 있다　市场优势 shìchǎng yōushì 명 시장 우위, 시장 강점

제3부분 (98)

자료를 듣고 질문에 대해 자신의 관점을 말해 보세요. (대답 시간 3분)

★★★ MP3 04-09

王阳明是明朝时期著名的哲学家、政治家，也是汉字文化圈中最重要的儒家学者之一。他提出了"知行合一"的思想，强调心即是理，行为是检验一个人思想正确与否的标准。他认为，知识如果不转化为实践，则毫无价值。	왕양밍(王阳明)은 명나라 시기의 저명한 철학자이자 정치가이며, 한자 문화권에서 가장 중요한 유가 학자 중 한 사람이다. 그는 '지행합일'의 사상을 제기했으며, 마음이 곧 이치이며, 행위는 한 사람의 사상이 올바른지 아닌지를 검증하는 기준이라고 강조했다. 그는 지식이 실천으로 전환되지 않으면 전혀 가치가 없다고 여겼다.
请结合听到的内容，谈谈你对"知行合一"的认识。	들은 내용을 바탕으로, '지행합일'에 대한 당신의 생각을 이야기해 보세요.

단어 王阳明 Wáng Yángmíng [고유] 왕양밍(중국의 유명한 철학자) | 明朝 Míngcháo [명] 명나라, 명 왕조 | 著名 zhùmíng [형] 유명한 | 哲学家 zhéxuéjiā [명] 철학자 | 政治家 zhèngzhìjiā [명] 정치가 | 汉字文化圈 hànzì wénhuà quān [명] 한자 문화권 | 儒家 rújiā [명] 유가(중국 전통 사상, 유학자(유가 사상을 연구하는 학자) | 提出 tíchū [동] 제기하다, 내놓다 | 知行合一 zhīxíng hé yī [성] 지행합일(알고 행함이 하나이다) | 强调 qiángdiào [동] 강조하다 | 即是 jíshì [동] 즉 ~이다 | 行为 xíngwéi [명] 행동 | 检验 jiǎnyàn [동] 검사하다, 검증하다 | 正确与否 zhèngquè yǔ fǒu 맞는지 아닌지 | 标准 biāozhǔn [명] 기준, 표준 | 转化 zhuǎnhuà [동] 전환하다, 변화시키다 | 实践 shíjiàn [명][동] 실천(하다), 실행하다 | 毫无价值 háo wú jiàzhí [형] 전혀 가치 없다

🔍 고득점 말하기 가이드

이 문항은 듣기 자료를 바탕으로 주어진 철학적 개념 '知行合一'에 대해 자신의 생각을 논리적으로 말하는 유형이다. 가장 먼저 해야 할 것은 듣기에서 전달한 핵심 정보를 파악하는 것이다. '知行合一'란 무엇인지, 어떤 사상인지, 왜 중요한지에 대해 간단히 요약하거나 언급해야 한다. 그 다음으로는 자신이 '知行合一'를 어떻게 이해하는지 말해야 한다. 이 개념이 본인에게 어떤 의미가 있는지, 혹은 실제 생활이나 학습에서 어떻게 적용되는지 구체적인 경험을 덧붙이는 것이 좋다. 개인적인 경험과 생각을 포함함으로써 답변에 진정성과 설득력을 더할 수 있다. 응시자는 다음과 같은 측면에서 답변을 시작할 수 있다.

1. 핵심 개념 이해
우선 왕양밍의 '지행합일' 사상을 깊이 이해하고, 정확하게 표현할 수 있어야 한다.
이 철학적 이념은 지식과 실천의 긴밀한 결합을 강조하며, 지식이 실천으로 전환되지 않으면 가치가 없다고 본다.
이 이념의 역사적 배경과 유가 학파 내에서의 지위를 간단히 소개할 수 있다.

2. 개인 경험 또는 관찰과 연결
중국어 학습을 예로 드는 것은 매우 적절하다.
왜냐하면 그것은 '지행합일' 이념을 실제 학습 과정에 어떻게 적용하는지를 구체적으로 보여주기 때문이다.
언어 학습에서의 도전과 경험을 출발점으로 삼아, 배운 지식을 어떻게 실천에 옮기는지를 설명할 수 있다.

3. 문화에 대한 이해를 보여주기
이 답변에서는 문화적 간극을 뛰어넘는 것이 중요하다고 언급했는데, 이는 매우 심오한 관찰이다.
이는 언어 학습이 단지 문법과 어휘를 배우는 것이 아니라, 일종의 문화를 이해하고 수용하는 것임을 강조한다.

4. 더 넓은 적용에 대한 사고
'지행합일' 사상이 다른 방면, 예를 들어 직업 경력, 인간관계, 도덕 윤리 등에서 어떻게 적용될 수 있는지를 더욱 논의할 수 있다. 이는 이 철학적 이념에 대한 보다 전면적인 이해와 성찰을 보여줄 수 있다.

5. 명확한 구조와 유창한 표현

답변은 명확한 논리 구조를 가져야 하며, 핵심 개념의 이해로 시작해 개인 경험과 연결시키고, 더 넓은 층위로 확장한 후, 마지막에 정리해야 한다. 언어는 정확하고 유창해야 하며, 우수한 중국어 실력을 보여줄 수 있어야 한다.

6. 감정 표현에 주의

분석과 설명 외에도, '지행합일'은 일종의 인생 철학으로서 감정과 가치관도 포함된다.
자신이 이 이념에 대해 갖는 감정적 반응과 가치 판단을 적절히 표현할 수 있다.

좋은 답변은 '지행합일'의 핵심 개념을 설명하는 데 그치지 않고, 그것을 개인 경험 및 더 넓은 배경과 연결시켜 깊이 있는 이해와 성찰을 보여줄 수 있어야 한다.

TIP

★ 듣기 지문 메모 전략

1. 듣기 내용 구성 예측하기

듣기 자료의 빈출 구성인 [인물 + 사상/행동 + 의미]를 숙지하고 있다면 내용을 더욱 쉽고 빠르게 파악할 수 있다.

(1) 인물/주제 (누가? 무엇에 대해?)
   예) 王阳明, 知行合一, 儒家思想

(2) 핵심 개념/주장 (어떤 사상, 개념이 소개되었나?)
   예) 心即是理, 知识转化为实践

(3) 평가나 의미 (왜 중요한지, 어떤 영향을 주는지)
   예) 没有实践 → 毫无价值, 检验思想的标准

(4) 연결어로 흐름을 파악
   예) 代表性, 比如说, 这说明了 등

2. '단어' 위주로, 빠르게 메모하기

듣기 내용	메모 예시
王阳明是明朝著名的哲学家	王阳明 / 明朝 / 哲学家
提出"知行合一"的思想	知行合一 / 提出
心即是理, 行为检验思想	心=理 / 行为=标准
知识不实践→没价值	知识 - 实践 = 0

3. 빈출 표현 익혀두기

예) 他认为…… / 他提出了…… (뒤에 핵심 사상 언급)
   强调…… / 说明…… / 指出…… (뒤에 중요한 주장 언급)
   如果……就…… (논리 구조 제시)
   最重要的……之一 (주제 강조)

★ 답변 구성 전략

1단계: 도입 (주제 소개하기)

王阳明과 그의 사상 간략 소개 / '知行合一' 개념 정의

2단계: 개념 설명

본인이 이해한 '知行合一'의 의미 설명
   예) 지식은 실천을 통해서만 완성된다.

3단계: 경험이나 사례 제시

본인의 경험 또는 관찰한 사례 제시

예 공부한 내용을 실제로 써 봤을 때 이해가 깊어진 경험

4단계: 결론 (나의 견해와 현대적 의미 말하기)
'知行合一' 사상이 오늘날에도 왜 중요한지 설명 / 지식과 실천의 균형 강조

★단계별 상용 표현

1단계: 도입 (주제 소개하기)

표현	용도
材料中提到了……	듣기 내용 요약 시작할 때
他是……（哲学家/思想家/历史人物）	인물 소개
他提出了……的思想/观点	중심 사상 소개
我对这个话题很感兴趣，因为……	주제에 관심 표현

2단계: 개념 설명

표현	용도
在我看来，"……"是指……	개인적인 해석
我的理解是……	내 방식대로 설명
这个观点让我明白……	배운 점 언급
他强调……，意思是……	듣기 내용을 연결하며 해석
如果只是……而不……，那就……	이론 ↔ 실천 대비 구조

3단계: 경험이나 사례 제시

표현	용도
我自己也有类似的经历……	개인 경험 도입
比如说……	예시 제시
有一次，我……	구체적인 상황 설명
在学习……的过程中，我发现……	학습 경험 구체화
通过……，我更深刻地体会到……	경험과 사상 연결

4단계: 결론 (나의 견해와 현대적 의미 말하기)

표현	용도
所以我觉得这个思想非常重要……	마무리 의견 정리
它不仅适用于……，也适用于……	확장 표현
它提醒我……	나에게 주는 메시지
这个思想对我来说是一种鼓励/指导	정서적 반응 표현
今后我也会继续……	미래 계획 언급

★시간 배분 전략

단계	내용	시간 배분
1단계	도입	20초
2단계	개념 설명	30~40초
3단계	사례 제시	40~50초
4단계	결론 정리	30초
여유 시간	추가 강조, 천천히 말하기	30~40초

모범 답안 1

作为一名汉语学习者，我深刻意识到王阳明的"知行合一"思想在语言学习中的深远意义。学习一门新的语言，不仅仅是对语法、词汇的掌握，更重要的是如何将所学运用于实践中。

"知行合一"为我提供了一个非常明确的方向：学习汉语并不仅仅停留在书本和课堂上。当我了解到一个新的语法结构或词汇时，我会尽量在日常生活和交流中使用它，将所学的知识转化为实际的语言运用能力。正如王阳明所强调的，知识如果不能转化为实践，便是空洞无物。

此外，对于我这样的汉语学习者而言，真正的挑战在于跨越文化鸿沟，理解背后的文化和思维方式。王阳明的这一思想让我明白，学习语言不仅仅是学习说话，更是学习一种文化、一种思维方式。这需要我不断地实践，与母语为汉语的人交往，深入了解他们的生活和文化。

总的来说，王阳明的"知行合一"思想对我来说，是一个鼓励和指导，提醒我不仅仅要学会说，更要学会行，将所学的汉语知识真正地运用到生活中，感受其中的魅力和深度。

중국어 학습자로서, 나는 왕양밍의 '지행합일' 사상이 언어 학습에서 지니는 깊은 의미를 절실하게 인식하고 있다. 새로운 언어를 학습하는 것은 단순히 문법이나 어휘를 습득하는 것이 아니라, 더 중요한 것은 배운 것을 어떻게 실천에 옮기는가 하는 것이다.

'지행합일'은 나에게 매우 명확한 방향을 제시해 주었다: 중국어 학습은 단지 책과 교실에서 머물러서는 안 된다. 내가 어떤 새로운 문법 구조나 어휘를 알게 되었을 때, 나는 그것을 일상생활과 의사소통 중에 가능한 한 사용하려 하며, 배운 지식을 실제 언어 활용 능력으로 전환하려고 한다. 왕양밍이 강조했듯이, 지식이 실천으로 전환되지 않으면 그것은 공허하고 무의미한 것이다.

또한 나와 같은 한어 학습자에게 진정한 도전은 문화적 간극을 넘어 그 이면의 문화와 사고방식을 이해하는 데 있다. 왕양밍의 이 사상은 나로 하여금 언어를 배우는 것이 단순히 말을 배우는 것이 아니라 하나의 문화, 하나의 사고방식을 배우는 것임을 깨닫게 해 주었다. 이는 내가 끊임없이 실천하고, 중국어를 모국어로 하는 사람들과 교류하며, 그들의 삶과 문화를 깊이 이해해야 함을 의미한다.

총체적으로 말해, 왕양밍의 '지행합일' 사상은 나에게 격려와 지침이 되어주며, 단지 말하는 것을 배우는 것에 그치지 않고, 실천하는 것을 터득해야 한다는 것을 일깨워 준다. 배운 중국어 지식을 진정으로 생활 속에서 활용하고, 그 속의 매력과 깊이를 느끼게 해 준다.

단어 深刻意识 shēnkè yìshí 깊이 인식하다, 깊이 자각하다 深远意义 shēnyuǎn yìyì 圐 깊고 먼 의미, 심오한 의미 门 mén 窇 분야, 과목 语法 yǔfǎ 圐 문법 词汇 cíhuì 圐 어휘 掌握 zhǎngwò 圐 장악하다, 숙달하다, 완전히 이해하다 运用 yùnyòng 圐 운용하다, 활용하다 实践 shíjiàn 圐 실천(하다), 실행하다 提供 tígōng 圐 제공하다 明确 míngquè 圐 명확하다 圐 분명히 하다 停留 tíngliú 圐 머무르다, 체류하다 课堂 kètáng 圐 강의실, 교실 结构 jiégòu 圐 구조 尽量 jǐnliàng 囝 가능한 한, 최대한 空洞无物 kōngdòng wúwù 圐 공허하고 내용이 없다 挑战 tiǎozhàn 圐圐 도전(하다) 在于 zàiyú ~에 달려 있다, ~에 있다 跨越 kuàyuè 圐 넘다, 초월하다 鸿沟 hónggōu 圐 큰 간극, 큰 차이 背后 bèihòu 囝 뒤, 배후, 이면 思维 sīwéi 圐 사고, 사고방식 交往 jiāowǎng 圐 교제하다, 교류하다 深入了解 shēnrù liǎojiě 깊이 이해하다 鼓励 gǔlì 격려하다, 북돋우다 指导 zhǐdǎo 圐 지도하다, 안내하다 提醒 tíxǐng 圐 상기시키다, 일깨우다 魅力 mèilì 圐 매력 深度 shēndù 圐 깊이

모범 답안 2

明朝哲学家王阳明提出了"知行合一"的思想，他认为行为是检验一个人思想正确与否的标准。他认为我们学到的知识要转化为实践，否则，就没有意义。也就是说，思想和行动要统一，实践最重要。

对于王阳明提出的"知行合一"的思想，我的理解是：我们的认知要通过行动去验证，只有实践，知识才有价值。就是说，"知"与"行"是不能分开的，知道应该做什么，是行动的开始；而真正的"知道"，要在行动中完成。

在现实中，很多人是"知而不行"，比如，想减肥的人都知道，运动是最好的办法，可是，真正要行动起来，很多人却始终做不到。只是"知"，不能"行"。

"知行合一"是一个人非常重要的能力。

有的大学毕业生，走上社会后，不知道如何应用在学校学到的知识，所以，很难真正成长。

我们从书本上学到的道理，只有经过实践的人，才能真正体会道理中的意义。实践是检验认知的唯一标准，说的就是这个道理。

在我们的日常生活中，"知行合一"也很重要。比如，很多人都知道环保重要，就会重复利用购物袋、不使用一次性餐具，这就是真正行动起来的人，就是"知行合一"的人。

总之，"知行合一"就是思想和行动要统一，要言行一致，在认知的基础上，去行动，去实践。

명나라 철학자 왕양밍은 '지행합일(知行合一)'이라는 사상을 제시했다. 그는 행동이 한 사람의 사상이 올바른지 아닌지를 검증하는 기준이라고 보았다. 우리가 배운 지식은 반드시 실천으로 이어져야 하며, 그렇지 않으면 의미가 없다고 주장했다. 즉, 생각과 행동은 일치해야 하며, 실천이 가장 중요하다는 것이다.

왕양밍의 '지행합일' 사상에 대한 나의 이해는 다음과 같다: 우리가 가진 인식은 행동을 통해 검증되어야 하며, 실천을 통해서만 지식은 진정한 가치를 갖게 된다. 즉, '지(知)'와 '행(行)'은 분리될 수 없으며, 무엇을 해야 할지를 아는 것은 행동의 시작이고, 진정으로 '안다'는 것은 실천을 통해 완성되는 것이다.

현실에서는 많은 사람들이 '알지만 실천하지 않는' 경우가 많다. 예를 들어, 다이어트를 하고 싶은 사람은 운동이 가장 좋은 방법이라는 걸 잘 알고 있지만, 실제로 행동으로 옮기지 못하는 경우가 많다. 알기만 할 뿐 실천하지는 못한다.

'지행합일'은 개인이 갖추어야 할 매우 중요한 능력이다.

어떤 대학 졸업생들은 사회에 나간 후, 학교에서 배운 지식을 어떻게 적용해야 할지 몰라 어려움을 겪고, 결국 성장에 한계를 느끼기도 한다.

책에서 배운 이론이나 도리는 직접 실천해 본 사람만이 그 진정한 의미를 제대로 이해할 수 있으며, 실천은 인식의 유일한 검증 기준이라는 말이 바로 이 뜻이다.

우리의 일상생활에서도 '지행합일'은 매우 중요하다. 예를 들어, 많은 사람들이 환경 보호가 중요하다는 걸 알기 때문에, 장바구니를 반복해서 사용하거나 일회용 식기를 사용하지 않으려고 노력하는 사람들이 있다. 이들이야말로 실제로 행동으로 옮긴 '지행합일'의 실천자이다.

결론적으로, '지행합일'이란 생각과 행동의 일치를 의미하며, 말과 행동이 일관되고, 인식에 기반하여 실제로 실천하는 것이다.

단어 明朝 Míngcháo 명 명나라, 명 왕조 哲学家 zhéxué jiā 명 철학자 王阳明 Wáng Yángmíng 고유 왕양밍(중국의 유명한 철학자) 提出 tíchū 동 제시하다, 내놓다 知行合一 zhīxíng hé yī 성 지행합일(아는 것과 행동이 하나를 이루다) 检验 jiǎnyàn 동 검사하다, 검증하다 标准 biāozhǔn 명 기준, 표준 转化 zhuǎnhuà 동 전환하다, 변화시키다 实践 shíjiàn 명동 실천(하다), 실행(하다) 验证 yànzhèng 동 검증하다 知而不行 zhī ér bù xíng 알고도 실행하지 않다 减肥 jiǎnféi 동 다이어트하다 应用 yìngyòng 동 응용하다, 적용하다 体会 tǐhuì 동 체험하다, 깨닫다 环保 huánbǎo 명 환경 보호 购物袋 gòuwù dài 명 장바구니 总之 zǒngzhī 부 요컨대, 결론적으로 统一 tǒngyī 동 통일하다 형 통일된 认知 rènzhī 명동 인식(하다), 인지(하다) 基础 Jīchǔ 명 기초, 기반

HSK 7-9급 실전모의고사

모범 답안 및 해설

MP3 바로 듣기

실전모의고사 5회 모범 답안

듣기 P350

제1부분
1 ✓   2 ✗   3 ✗   4 ✓   5 ✓   6 ✗   7 ✓   8 ✓   9 ✗   10 ✗

제2부분
11 首个完全自研的系统。   12 B   13 A   14 C   15 C   16 D   17 有仙气。/ 有神采。
18 A   19 B   20 D   21 A   22 线条及诗意之美。

제3부분
23 刺绣。   24 A   25 D   26 B   27 C   28 A   29 C   30 B   31 C
32 棕榈猫的数量。   33 D   34 D   35 B   36 A   37 B   38 云雾。   39 B   40 C

독해 P374

제1부분
41 A   42 C   43 D   44 D   45 D   46 C   47 B   48 A   49 C   50 D
51 B   52 D   53 B   54 D   55 D   56 B   57 A   58 D   59 B   60 C
61 B   62 D   63 B   64 C   65 A   66 B   67 B   68 D

제2부분
69 B   70 F   71 A   72 G   73 D

제3부분
74 光线也是光子流。   75 压力太小。   76 2分硬币的重量。
77 可推动航天器。   78 受照面积。   79 表面镀了铝或银。
80 31.54千米/秒。   81 白色污染。   82 可降解塑料。
83 变成小碎片。   84 二氧化碳和水。   85 可变成肥料。
86 庄稼。/ 土豆和玉米。   87 有突出的成绩或效果。

쓰기

제1부분   88 [모범답안] .... P405   제2부분   89 [모범답안] P408

통번역

제1부분   90 [모범답안] .... P413   91 [모범답안] P414
제2부분   92 [모범답안] .... P416   93 [모범답안] P417

말하기

제1부분   94 [모범답안] P420
제2부분   95 [모범답안] ...... P426   96 [모범답안] ...... P426   97 [모범답안] P427
제3부분   98 [모범답안] P430

一、听力 듣기

제1부분 (1-10) 들은 내용을 바탕으로 아래 문장이 원문의 내용과 일치하는지 판단하세요.
원문과 일치하면 '✓'을, 일치하지 않으면 '✗'를 표시하세요.

1-5 MP3 05-01

一位动物行为学家曾做过这样的实验:他将鹅蛋分为两组,一组由母鹅孵化,一组由孵化箱孵化。结果是由孵化箱孵化出来的小鹅把他当成了妈妈。如果把两组小鹅放在同一个箱子下面,提起箱子时,一组小鹅跑向母鹅,另一组则跑向动物学家。很显然,❶这种现象是小鹅出生时就接触母鹅和动物学家形成的印象导致的。动物学家把这种现象叫"印痕行为"。❷印痕行为是动物的一种特殊学习方式,只需一次或数次经验,就能形成印痕,对动物行为产生长远的影响。

印痕行为大都发生在动物的幼年时期,某些动物的某些本领也只有在印痕时期才能学到。例如,❸许多鸟类如果在出生后几个月内被剥夺了学习飞翔的机会,那么它们以后就很难学会飞翔。据估计,这可能是因为在生命的早期,神经系统处于一种特殊的状态,只有这一时期才能接受这类刺激。

❹印痕行为虽然发生在早期,但也会对晚期的行为产生一定的影响,尤其是繁殖行为。有一次,动物学家被他饲养的八哥当成了求爱的对象,八哥不断地向他嘴里塞食物。这可能是一些从小由饲养员养大的动物成年后难以成功繁殖的原因之一。在四川大熊猫人工繁殖基地,❺为了避免出生的熊猫宝宝对人产生印痕,饲养员都穿上特制的"熊猫服"工作。

한 동물행동학자가 다음과 같은 실험을 한 적이 있다: 그는 거위 알을 두 그룹으로 나누었고, 한 그룹은 어미 거위가 부화시키고, 다른 한 그룹은 부화 상자가 부화시켰다. 결과는 부화 상자에서 부화한 새끼 거위들이 동물행동학자를 어미로 여긴다는 것이었다. 만약 두 그룹의 새끼 거위를 같은 상자 아래에 두고 상자를 들어 올리면, 한 그룹은 어미 거위에게 달려가고, 다른 한 그룹은 동물행동학자에게 달려간다. 분명한 것은, ❶이러한 현상은 새끼 거위가 태어날 때 어미 거위와 동물학자를 접촉하면서 형성된 인상 때문이라고 할 수 있다. 동물행동학자는 이러한 현상을 '각인 행동'이라 부른다. ❷각인 행동은 동물의 한 가지 특별한 학습 방식으로, 한두 번의 경험만으로 각인이 형성되어 동물의 행동에 장기적인 영향을 미친다.

각인 행동은 대부분 동물의 유년기에 발생하며, 어떤 동물의 특정 능력은 각인 시기에만 배울 수 있다. 예를 들어, ❸많은 조류가 태어난 후 몇 개월 안에 비행을 배울 기회를 박탈당하면, 이후에는 비행을 배우기가 매우 어려워진다. 추정에 따르면, 이는 생명의 초기 단계에서 신경계가 특별한 상태에 놓여 있어 이 시기에만 이러한 자극을 받아들일 수 있기 때문이다.

❹각인 행동은 비록 초기에 발생하지만, 후기에 나타나는 행동에도 일정한 영향을 미치며, 특히 번식 행동에 영향을 준다. 한 번은, 동물행동학자가 기르던 찌르레기에게 구애의 대상이 된 적이 있는데, 찌르레기가 끊임없이 그의 입에 먹이를 물어다 주었다. 이것은 어릴 때 사육사에게 길러진 일부 동물들이 성체가 된 후 번식에 성공하기 어려운 원인 중 하나일 수 있다. 쓰촨의 자이언트판다 인공번식 기지에서는 ❺태어난 판다 새끼가 사람에게 각인을 형성하는 것을 막기 위해 사육사들이 특수 제작된 '판다복'을 입고 일한다.

단어 动物行为学家 dòngwù xíngwéi xuéjiā 동물 행동학자 | 实验 shíyàn 명동 실험(하다) | 鹅蛋 édàn 명 거위 알 | 孵化 fūhuà 동 부화하다 | 孵化箱 fūhuàxiāng 명 부화 상자 | 显然 xiǎnrán 형 분명히, 명백히 | 接触 jiēchù 동 접촉하다 | 印象 yìnxiàng 명 인상 | 导致 dǎozhì 동 야기하다, 초래하다 | 印痕行为 yìnhén xíngwéi 명 각인 행동 | 长远 chángyuǎn 형 장기적인, 오래가는 | 幼年 yòunián 명 유년기 | 本领 běnlǐng 명 능력, 재능 | 鸟类 niǎolèi 명 조류 | 剥夺 bōduó 동 박탈하다 | 飞翔 fēixiáng 동 날다, 비상하다 | 估计 gūjì 명동 추정(하다) | 神经系统 shénjīng xìtǒng 명 신경계 | 刺激 cìjī 동 자극하다 | 尤其 yóuqí 부 특히 | 繁殖 fánzhí 동 번식하다 | 八哥 bāgē 명 구관조 | 求爱 qiú'ài 동 구애하다 | 塞 sāi 동 막다, 채워 넣다 | 饲养员 sìyǎngyuán 명 사육사 | 养 yǎng 동 기르다 | 四川 Sìchuān 고유 쓰촨(중국 성(省)급 행정 구역) | 大熊猫 dà xióngmāo 명 자이언트 판다 | 人工繁殖基地 réngōng fánzhí jīdì 명 인공 번식 기지 | 避免 bìmiǎn 동 피하다, 방지하다 | 熊猫宝宝 xióngmāo bǎobāo 명 아기 판다 | 特制 tèzhì 동 특별 제작하다 / 특별히 만들다

350

1 ✓ ★★

试验中，扣在箱子下的两组小鹅出生时接触的对象不同。（　）

실험에서, 상자 아래에 갇힌 두 그룹의 새끼 거위는 태어났을 때 접촉한 대상이 다르다. (✓)

해설　녹음 첫 번째 단락에서 '这种现象是小鹅出生时就接触母鹅和动物学家形成的印象导致的(이러한 현상은 새끼 거위가 태어날 때 어미 거위와 동물학자를 접촉하면서 형성된 인상 때문이라고 할 수 있다)'라고 했다. 거위들이 태어났을 각각 어미 거위와 동물학자를 접촉했음을 알 수 있으므로 문제 내용과 일치한다.

단어　试验 shìyàn 명동 실험(하다)　扣 kòu 동 덮다, 씌우다　箱子 xiāngzi 명 상자　小鹅 xiǎo'é 명 어린 거위　接触 jiēchù 동 접촉하다, 접하다　对象 duìxiàng 명 대상　母鹅 mǔ'é 명 어미 거위　动物学家 dòngwùxuéjiā 명 동물학자

2 ✗ ★

印痕行为需要重复观察学习。（　）

각인 행동은 반복적인 관찰과 학습을 필요로 한다. (✗)

해설　녹음 첫 번째 단락에서 '印痕行为是动物的一种特殊学习方式(각인 행동은 동물의 한 가지 특별한 학습 방식으로), 只需一次或数次经验，就能形成印痕(한두 번의 경험만으로 각인이 형성되어), 对动物行为产生长远的影响(동물의 행동에 장기적인 영향을 미친다)'라 했으므로 문제 내용과 일치하지 않는다.

단어　印痕行为 yìnhén xíngwéi 명 각인 행동　重复 chóngfù 동 반복하다　观察 guānchá 동 관찰하다

3 ✗ ★

幼鸟在学习飞翔时，神经系统不能受到刺激。（　）

어린 새가 비행을 배울 때, 신경계는 자극을 받아서는 안 된다. (✗)

해설　녹음 두 번째 단락에서 '许多鸟类如果在出生后几个月内被剥夺了学习飞翔的机会(많은 조류가 태어난 후 몇 개월 안에 비행을 배울 기회를 박탈당하면), 那么它们以后就很难学会飞翔(이후에는 비행을 배우기가 매우 어려워진다)'에서 관련 내용이 언급되었다. 이어지는 내용에서 '这可能是因为在生命的早期，神经系统处于一种特殊的状态(이는 생명의 초기 단계에서 신경계가 특별한 상태에 놓여 있어), 只有这一时期才能接受这类刺激(이 시기에만 이러한 자극을 받아들일 수 있기 때문이다)'라며, 조류는 어릴 때 신경계에서 자극을 받는다고 했으므로 문제 내용과 일치하지 않는다.

단어　飞翔 fēixiáng 동 날다, 비상하다　神经系统 shénjīng xìtǒng 명 신경계　接受 jiēshòu 동 받아들이다, 수용하다　刺激 cìjī 명동 자극(하다)

4 ✓ ★★

印痕行为会影响动物晚期的繁殖行为。（　）

각인 행동은 동물의 후기 번식 행동에 영향을 미친다. (✓)

해설　녹음 세 번째 단락에서 '印痕行为虽然发生在早期(각인 행동은 비록 초기에 발생하지만), 但也会对晚期的行为产生一定的影响(후기에 나타나는 행동에도 일정한 영향을 미치며), 尤其是繁殖行为(특히 번식 행동에 영향을 준다)'라고 했으므로 문제 내용과 일치한다.

단어　影响 yǐngxiǎng 동 영향을 주다　晚期 wǎnqī 명 형 말기(의), 후반(의)　繁殖行为 fánzhí xíngwéi 명 번식 행동

5 ✓ ★★

| 为了避免熊猫宝宝对人产生印痕行为，饲养员要穿上"熊猫服"工作。（ ） | 판다 새끼가 사람에게 각인 행동을 형성하는 것을 피하기 위해, 사육사는 '판다복'을 입고 일한다. (✓) |

해설 녹음 세 번째 단락에서 '为了避免出生的熊猫宝宝对人产生印痕(태어난 판다 새끼가 사람에게 각인을 형성하는 것을 막기 위해), 饲养员都穿上特制的"熊猫服"工作(사육사들이 특수 제작된 '판다복'을 입고 일한다)'라고 했으므로 문제 내용과 일치한다.

단어 避免 bìmiǎn 통 피하다, 막다   熊猫宝宝 xióngmāo bǎobao 명 아기 판다   印痕行为 yìnhén xíngwéi 각인 행동   饲养员 sìyǎngyuán 명 사육사   熊猫服 xióngmāo fú 명 판다 복장

TIP

- **주요 문장 형식**

将……分为两组，一组……，一组…… (~을 두 그룹으로 나누어, 한 그룹은 ~하고, 다른 한 그룹은 ~하다)
- 원문 一位动物行为学家曾做过这样的实验: 他将鹅蛋分为两组，一组由母鹅孵化，一组由孵化箱孵化。
- 예문 一位社会心理学家曾做过这样的实验: 他将志愿者分为两组，一组看正能量视频，一组看负面新闻。

把这种现象叫"……" (이러한 현상을 '~'이라고 부르다)
- 원문 很显然，这种现象是小鹅出生时就接触母鹅和动物学家形成的印象导致的。动物学家把这种现象叫"印痕行为"。
- 예문 气象专家把这种现象叫"热岛效应"。

对……产生……(的)影响 (~에 ~한 영향을 미치다)
- 원문 印痕行为是动物的一种特殊学习方式，只需一次或数次经验，就能形成印痕，对动物行为产生长远的影响。
- 예문 家庭教育对孩子的性格发展产生深远影响。

6-10　　　　　　　　　　　　　　　　MP3 05-02

孟子自幼丧父，母亲一个人抚养他生活。他们居住在城北的乡下，附近有一块墓地。❻ 墓地旁边，每天都有送葬的人在忙忙碌碌。死者的亲人披麻戴孝，吹鼓手吹吹打打，非常喧闹。年幼的孟子，模仿性很强，他看到这些情景，也学着他们的样子，一会儿模仿孝子贤孙，一会儿模仿吹鼓手的举止。他和邻居的孩子玩耍时，也经常模仿出殡、送葬时的情景。孟母看到儿子这些模仿行为，她觉得这个环境实在不利于孩子的成长，就决定搬家。

不久，孟母把家搬到城里。孟子居住的这条街十分热闹，有卖杂货的，有做陶器的，还有榨油的油坊，商贩们高声叫卖，好不热闹。西边邻居是打铁的，东边邻居是杀猪的。❼ 孟子对商人的叫卖声最感兴趣，他又模仿着吆喝声，和邻居的孩子们做起了游戏。孟母又决定搬家。

这次她搬到城东的学宫对面。❽ 学宫是国家兴办的教育机构，聚集着许多既有学问又懂礼仪的读书

맹자는 어릴 적 아버지를 여의고, 어머니 혼자서 그를 키웠다. 그들은 성 북쪽의 시골에 살았고, 근처에는 공동묘지가 있었다. ❻ 묘지 옆에서는 매일 장례를 치르는 사람들이 분주하게 움직였다. 죽은 이의 친족들은 삼베옷을 입고 상복을 두른 채, 악기를 연주하는 이들은 요란하게 북을 치고 피리를 불며 매우 소란스러웠다. 어렸던 맹자는 모방성이 강했기에 이런 모습을 보고 곧잘 따라 했다. 때로는 효성스러운 아들과 어진 손자를 흉내 내고, 때로는 악사의 행동을 흉내 내기도 했다. 이웃 아이들과 놀 때도 발인이나 장례 운구 장면을 자주 재현하며 놀았다. 맹자의 이런 모방 행동을 본 맹자의 어머니는 이 환경이 아이의 성장에 좋지 않다고 생각해 이사를 결심했다.

얼마 지나지 않아 맹자의 어머니는 집을 성 안으로 옮겼다. 그가 살게 된 거리는 매우 활기찼으며, 잡화를 파는 이, 도자기를 만드는 이, 기름을 짜는 기름집 등 상인들이 모여 있었고, 상인들은 큰 소리로 외치며 물건을 팔았고 몹시 떠들썩했다. 서쪽 이웃은 대장장이였고, 동쪽 이웃은 돼지를 잡는 사람이었다. ❼ 맹자는 상인들의 외치는 소리에 가장 흥미를 느꼈고, 그 외치는 소리를 따라하며 이웃 아이들과

人。学宫里书声琅琅，把孟子吸引住了。他时常跑到学宫门前张望，有时还看到老师带领学生们演习周礼。周礼，是周朝的一套祭祀、朝拜、往来的礼节仪式。在这种气氛的熏陶下，孟子也和邻居的孩子们模仿着演习周礼。⑩ 不久，孟子就进入这所学宫学习礼乐、射御、术数等。孟母非常高兴，就决定定居下来了。

장사놀이를 하고는 했다. 그러자 맹자의 어머니는 다시 이사를 결심했다.

이번에는 성 동쪽에 있는 학궁(学宫) 건너편으로 이사했다. ⑧ 학궁은 국가에서 세운 교육 기관으로, 학식과 예절을 갖춘 선비들이 모여 있는 곳이었다. 학궁 안에서는 책 읽는 소리가 울려 퍼졌고, 그것이 맹자의 귀를 사로잡았다. 그는 자주 학교 문 앞에 가서 구경했고, 때때로 선생님이 학생들을 데리고 주례를 연습하는 장면도 보았다. 주례는 주나라 시대의 제사, 조회(황제 알현), 교류에 관한 일련의 예법이었다. 이런 분위기의 장기적인 영향 하에 맹자는 이웃 아이들과 함께 주례를 흉내 내며 놀았다. ⑩ 얼마 지나지 않아 그는 이 학교에 입학해 예법과 음악(礼乐), 궁술과 마술(射御), 계책(术数)등을 배우게 되었다. 이에 맹자의 어머니는 크게 기뻐하며 정착하기로 결심했다.

단어 孟子 Mèngzǐ 고유 맹자(중국 고대 사상가) 自幼丧父 zì yòu sàng fù 어릴 때 아버지를 여의다 抚养 fǔyǎng 동 부양하다, 돌보다 居住 jūzhù 동 거주하다 乡下 xiāngxià 명 시골 附近 fùjìn 명 근처, 인근 墓地 mùdì 명 묘지 送葬 sòngzàng 동 장례를 치르다, 상여를 보내다 忙忙碌碌 mángmáng lùlù 형 매우 바쁘다 亲人 qīnrén 명 가족, 친척 披麻戴孝 pīmá dàixiào 동 상복을 입다 吹鼓手 chuīgǔshǒu 명 악대, 장례음악 연주자 吹吹打打 chuīchuī dǎdǎ 악기를 불고 치다(시끄러운 장면 묘사) 喧闹 xuānnào 형 떠들썩하다 年幼 niányòu 형 나이가 어리다 模仿性 mófǎngxìng 명 모방성 情景 qíngjǐng 명 장면, 상황 孝子贤孙 xiàozǐ xiánsūn 효자와 훌륭한 손자 举止 jǔzhǐ 명 행동, 태도 玩耍 wánshuǎ 동 놀다 出殡 chūbìn 동 장례를 치르다 实在 shízài 부 정말로, 진실로 搬家 bānjiā 동 이사하다 街 jiē 명 거리, 길 热闹 rènao 동 번화하다, 떠들썩하다 杂货 záhuò 명 잡화 陶器 táoqì 명 도자기 榨油 zhàyóu 동 기름을 짜다 油坊 yóufáng 명 기름집 商贩 shāngfàn 명 상인, 노점상 高声叫卖 gāoshēng jiàomài 큰 소리로 물건을 팔다 打铁 dǎtiě 동 대장간에서 쇠를 두드리다 杀猪 shāzhū 동 돼지를 도살하다 吆喝 yāohe 동 외치다, 소리치다 游戏 yóuxì 명 놀이, 게임 学宫 xuégōng 명 학궁(고대 교육 기관) 兴办 xīngbàn 동 설립하다, 시작하다 机构 jīgòu 명 기관, 조직 聚集 jùjí 동 모이다 学问 xuéwèn 명 학문, 지식 礼仪 lǐyí 명 예의, 예절 书声琅琅 shūshēng lángláng 책 읽는 소리가 낭랑하다 吸引 xīyǐn 동 끌어당기다, 유혹하다 张望 zhāngwàng 동 바라보다, 내다보다 带领 dàilǐng 동 이끌다 演习 yǎnxí 동 시범, 훈련하다 周礼 Zhōulǐ 명 《주례》(중국 고대 유가경전) 周朝 Zhōucháo 명 주나라, 주 왕조 套 tào 양 세트, 벌 덮개 祭祀 jìsì 동 제사를 지내다 朝拜 cháobài 동 참배하다 礼节 lǐjié 명 예절, 예의범절 仪式 yíshì 명 의식, 행사 气氛 qìfēn 명 분위기 熏陶 xūntáo 동 (좋은 방향으로) 영향을 주다 礼乐 lǐyuè 명 예악(예와 음악) 射御 shèyù 명 활 쏘기와 마차를 모는 기술 术数 shùshù 명 기예, 전술 定居 dìngjū 동 정착하다, 거주하다

6 ✗

孟子家旁边的墓地有很多老人。( )   맹자 집 근처의 묘지에는 노인이 많았다. (✗)

해설 녹음 첫 번째 단락에서 '墓地旁边，每天都有送葬的人在忙忙碌碌(묘지 옆에서는 매일 장례를 치르는 사람들이 분주하게 움직였다)'라고 했다. 장례를 치르는 사람들이 노인이라는 언급은 없었으므로 문제 내용과 일치하지 않는다.

단어 孟子 Mèngzǐ 고유 맹자(중국 고대 사상가) 墓地 mùdì 명 묘지 老人 lǎorén 명 노인 送葬 sòngzàng 동 장례를 치르다, 상여를 보내다

7 ✓

第一次搬家后，孟子开始对做买卖感兴趣。( )   첫 번째 이사 후, 맹자는 장사에 흥미를 가지기 시작했다. (✓)

해설 녹음 두 번째 단락에서 '孟子对商人的叫卖声最感兴趣(맹자는 상인들의 외치는 소리에 가장 흥미를 느꼈고)，他又模仿着吆喝声，和邻居的孩子们做起了游戏(그 외치는 소리를 따라하며 이웃 아이들과 장사놀이를 하고는 했다)'라고 했으므로 문제 내용과 일치한다.

단어   买卖 mǎimài 동명 매매(하다), 장사(하다)   感兴趣 gǎn xìngqù 동 흥미를 느끼다   叫卖声 jiàomàishēng 명 호객 소리   模仿 mófǎng 동 모방하다, 흉내 내다   游戏 yóuxì 명 놀이

8 ✓   ★

| 周朝的学宫是国家兴办的教育机构。(   ) | 주나라의 학궁은 국가에서 세운 교육 기관이다. (✓) |

해설   녹음 세 번째 단락에서 '学宫是国家兴办的教育机构(학궁은 국가에서 세운 교육 기관으로), 聚集着许多既有学问又懂礼仪的读书人(학식과 예절을 갖춘 선비들이 모여 있는 곳이었다)'라고 했으므로 문제 내용과 일치한다.

단어   学宫 xuégōng 명 학궁(고대 교육 기관)   兴办 xīngbàn 동 설립하다, 창립하다   教育机构 jiàoyù jīgòu 명 교육 기관

9 ✗   ★★

| 孟子住在闹市，却能保持贫穷的心态。(   ) | 맹자는 번화한 시장에 살면서도 가난한 마음가짐을 유지했다. (✗) |

해설   녹음에서 '保持贫穷的心态(가난한 마음가짐을 유지했다)'라는 내용은 언급되지 않았으므로 문제 내용과 일치하지 않는다.

단어   保持 bǎochí 동 유지하다, 지키다   贫穷 pínqióng 형 가난하다   心态 xīntài 명 마음가짐, 심리 상태

10 ✗   ★★

| 孟母几次搬家是为了让孟子和邻居处好关系。(   ) | 맹자의 어머니가 여러 번 이사한 것은 맹자가 이웃들과 잘 지내게 하려는 것이었다. (✗) |

해설   녹음 세 번째 단락에서 '不久，孟子就进入这所学宫学习礼乐、射御、术数等(얼마 지나지 않아 그는 이 학교에 입학해 예법과 음악, 궁술과 마술, 계책 등을 배우게 되었다). 孟母非常高兴，就决定定居下来了(이에 맹자의 어머니는 크게 기뻐하며 정착하기로 결심했다)'라고 했다. 맹자의 어머니는 이웃과의 관계가 아닌 '교육을 목적'으로 이사한 것이므로 문제 내용과 일치하지 않는다. 이 이야기 글은 맹모삼천지교(孟母三迁之教)에 관한 내용으로, 교육에는 주위 환경이 매우 중요함을 알려 준다.

단어   学宫 xuégōng 명 학궁(고대 교육 기관)   定居 dìngjū 동 정착하다   邻居 línjū 명 이웃   处好 chǔhǎo 동 잘 지내다, 잘 처리하다   关系 guānxi 명 관계

TIP

- 주요 문장 형식

  一会儿……，一会儿…… (때로는 ~하고, 때로는 ~하다)
  원문   年幼的孟子，模仿性很强，他看到这些情景，也学着他们的样子，一会儿模仿孝子贤孙，一会儿模仿吹鼓手的举止。
  예문   他现在情绪很不稳定，一会儿大笑，一会儿又流泪。

  看到……，觉得……，就…… (~을 보게 되자, ~을 느껴, 곧 ~하다)
  원문   孟母看到儿子这些模仿行为，她觉得这个环境实在不利于孩子的成长，就决定搬家。
  예문   我看到外面下雪了，觉得特别美，就出去拍了几张照片。

  在这种气氛的熏陶下，…… (이러한 분위기의 영향 아래, ~하다)
  원문   在这种气氛的熏陶下孟子也和邻居的孩子们模仿着演习周礼。
  예문   在这种气氛的熏陶下，我逐渐对艺术产生了浓厚兴趣。

제2부분 (11-22)

녹음을 듣고 올바른 답을 선택하거나 빈칸을 채우세요.

11-16

MP3 05-03

女: 大家好，今天我们的嘉宾是南航旗下珠海翔翼航空技术有限公司总经理周易之先生。近日，⑪ "南航—腾讯"航空安全与仿真研究实验室成立，并正式发布了我国首个完全自主研发的全动飞行模拟机视景系统。周先生，请您跟大家介绍一下这个系统吧。

男: 这套视景系统包含虚像显示系统以及超写实视景引擎、智能化视景建模两个国产工业级软件，实现了国产自主研发视景系统关键技术的突破，我国成为全球少数能独立自主研发完整视景系统的国家。

女: 这套系统主要是用来做什么的呢?

男: 在我国，⑫ 每位民航飞行员在其职业生涯内要经受1000个小时以上的模拟训练，以提升应对极端天气情况或突发飞行状况的能力。而他们进行飞行训练的地方，就是可以模拟真实飞行情况的全动飞行模拟机。全动飞行模拟机通常由模拟座舱、运动系统、视景系统、计算机系统及教员控制台五大部分组成。训练场景与真实环境越接近，飞行员的训练效果就越好。所以能够模拟飞机座舱外环境的视景系统是模拟机的关键部分。

女: 以往有这种视景系统吗?

男: 以往都是向国外购买，不仅成本较高，且仍未解决建模效率低、飞行体验不真实、训练场景不够丰富等问题。这次发布的新一代视景系统，半天就能重建1000平方公里城市，三天就能"造"一个机场，⑬ 与传统视景系统相比，该系统的数字资产制作效率提升了10倍以上，多边形生成与渲染能力提升了380倍，使我国全动飞行模拟机在全球范围内率先实现代际升级，且可模拟出不同天气和数百种极端情况。

女: 相信你们在研究过程中一定遇到过各种各样的"拦路虎"。

男: 对，⑭ 有很多。例如，每重建一座城市和机场，不仅涉及大量的建筑、植被等资产重建，还需要重建精细化的机场地景，资产量相当庞大。最终，⑮ 我们通过自研的12K多通道融合算法完成了视景系统搭载飞行模拟机使用的最后一环，实

여: 안녕하세요, 여러분. 오늘 모신 특별한 게스트는 남방항공 산하 주하이 샹이 항공기술유한회사 대표님이신 주이지 선생님입니다. 최근 ⑪ '남방항공-텐센트' 항공안전 및 시뮬레이션 연구실이 설립되었고, 중국 최초로 완전 자체 개발한 풀 플라이트 시뮬레이터 시각 시스템이 공식 발표되었는데요. 주 선생님, 이 시스템에 대해 소개 좀 해주세요.

남: 이 시각 시스템은 가상 이미지 디스플레이 시스템, 그리고 초현실 시각 엔진과 스마트 시각 모델링으로 구성된 두 개의 국산 산업용 소프트웨어로 이뤄져 있습니다. 이를 통해 국산 시각 시스템의 핵심 기술의 혁신을 이루어 냈으며, 중국은 전 세계에서 독자적으로 완전한 시각 시스템을 개발할 수 있는 몇 안 되는 국가 중 하나가 되었습니다.

여: 그렇다면 이 시스템은 주로 어떤 용도로 사용되나요?

남: 중국 내 ⑫ 모든 민간항공 조종사는 일을 하는 동안 1,000시간 이상의 시뮬레이션 훈련을 받아야 합니다. 이는 극한의 기상 상황이나 돌발 상황에 대한 대응 능력을 높이기 위한 것이죠. 그리고 그들이 비행훈련을 진행하는 곳은 바로 실제 비행 상황을 재현할 수 있는 풀 플라이트 시뮬레이터에서 이루어진다. 이 시뮬레이터는 조종석, 모션 시스템, 시각 시스템, 컴퓨터 시스템, 교관 콘솔의 다섯 부분으로 구성되어 있습니다. 훈련 환경이 실제와 가까울수록 조종사의 훈련 효과도 높아지기 때문에, 조종석 외부 환경을 시뮬레이션하는 시각 시스템이 핵심이라고 할 수 있습니다.

여: 기존에도 이런 시각 시스템이 있었나요?

남: 네, 기존에는 외국산 시스템을 구입해 사용했지만, 비용이 많이 들고 모델링 효율이 낮거나 비행 경험이 비현실적이며, 훈련 시나리오가 부족하다는 문제점이 있었습니다. 이번에 발표한 차세대 시각 시스템은 단 반나절 만에 1,000제곱킬로미터 규모의 도시를 재현할 수 있고, 삼일이면 하나의 공항을 만들 수 있습니다. ⑬ 기존 시스템 대비 디지털 자산 제작 효율은 10배 이상, 폴리곤(polygon) 생성 및 렌더링 능력은 380배 향상되었으며, 이를 통해 중국의 풀 플라이트 시뮬레이터는 세계적으로도 제일 먼저 세대간 업그레이드를 실현하게 되었고, 또한 여러 기상 조건 및 수백 가지 극한 상황도 시뮬레이션할 수 있게 되었습니다.

여: 여러분은 연구 과정에서 분명히 온갖 '장애물'을 마주했을 거라 생각됩니다.

남: 맞습니다. ⑭ 아주 많았어요. 예를 들어, 도시나 공항을

现了多张4K高清画面在多块显示屏上的毫秒级无缝拼接。

女：还有哪些突破性的技术呢？

男：⓰ 模拟机中的超高分辨率画面需要运用高精度多投影仪融合校准技术。为突破此技术，双方团队在实验室搭建了一个由多台投影仪组成的测试环境，经过反复试错、研究、探讨、再试错，团队开发出了一套完整的融合校准技术解决方案。

하나 재현하려면 수많은 건축물, 식생 등의 자산을 재구축해야 하고, 동시에 정밀한 공항 지형도 재구축해야 하기 때문에, 자산 규모가 매우 방대합니다. 최종적으로 ⓯ 우리는 자체 개발한 12K 다채널 통합 알고리즘을 통해 시각 시스템이 시뮬레이터에 탑재될 수 있는 마지막 단계를 완성했고, 여러 장의 4K 고화질 영상을 멀티 디스플레이에 밀리초 단위로 무결점 연결하는 기술도 실현했습니다.

여: 또 어떤 획기적인 기술들이 있나요?

남: ⓰ 시뮬레이터에서 사용하는 초고해상도 화면은 고정밀 다중 프로젝터 융합 보정 기술이 필요합니다. 이 기술을 돌파하기 위해 양측 팀은 여러 대의 프로젝터로 구성된 실험 환경을 실험실에 구축했고, 수차례 시행착오와 연구, 토론, 재시도를 거듭한 끝에, 완전한 융합 보정 기술 솔루션을 개발해냈습니다.

단어 南航 Nán Háng 고유 남방항공(중국 항공사, 南方航空의 약칭) 旗下 qíxià 명 산하, 소속 珠海翔翼航空技术有限公司 Zhūhǎi Xiángyì Hángkōng Jìshù Yǒuxiàn Gōngsī 고유 주하이 샹이 항공기술 유한회사(중국 내 시뮬레이터 산업 국산화의 핵심 기업 중 하나) 腾讯 Téngxùn 고유 텐센트(중국의 대형 IT기업) 仿真 fǎngzhēn 명|형 시뮬레이션(의) 首个 shǒu ge 최초의, 첫 번째 自主研发 zìzhǔ yánfā 자체적으로 연구 개발하다, 자체 개발 飞行模拟机 fēixíng mónǐjī 비행 시뮬레이터 视景系统 shìjǐng xìtǒng 비주얼 시스템(visual system, 다양한 시각적 장면을 시뮬레이션하고 표현하는 기술 시스템으로 비행훈련 시뮬레이터, 게임 개발, 가상현실(VR), 증강현실(AR) 등에 널리 활용됨) 包含 bāohán 동 포함하다 虚像显示系统 xūxiàng xiǎnshì xìtǒng 가상 이미지 디스플레이 시스템 超写实视景引擎 chāo xiěshí shìjǐng yǐnqíng 초현실 비주얼 엔진 智能化视景建模 zhìnénghuà shìjǐng jiànmó 명 지능형 비주얼 모델링 工业级 gōngyè jí 산업급(industrial grade) 软件 ruǎnjiàn 명 소프트웨어 关键技术 guānjiàn jìshù 핵심 기술 突破 tūpò 동 돌파(하다) 完整 wánzhěng 형 완전한 用来 yònglái 동 ~에 쓰이다 民航 mínháng 명 민간 항공 飞行员 fēixíngyuán 명 조종사 职业生涯 zhíyè shēngyá 명 직장 생활, 커리어 经受 jīngshòu 동 겪다, 견디다 模拟训练 mónǐ xùnliàn 명 시뮬레이션 훈련 提升 tíshēng 동 향상시키다 应对 yìngduì 동 대응하다 极端天气 jíduān tiānqì 극단적인 날씨 突发飞行状况 tūfā fēixíng zhuàngkuàng 명 돌발 비행 상황 飞行训练 fēixíng xùnliàn 명 비행 훈련 模拟 mónǐ 동 시뮬레이션(하다) 真实飞行情况 zhēnshí fēixíng qíngkuàng 명 실제 비행 상황 全动飞行模拟机 quándòng fēixíng mónǐjī 명 풀 플라이트 시뮬레이터(Full Flight Simulator, FFS) 座舱 zuòcāng 명 조종석 运动系统 yùndòng xìtǒng 명 모션 시스템 视景系统 shìjǐng xìtǒng 명 시각 시스템(모니터, 영상 프로젝터 등) 计算机系统 jìsuànjī xìtǒng 명 컴퓨터 시스템 教员控制 jiàoyuán kòngzhì 명 강사 제어 训练场景 xùnliàn chǎngjǐng 명 훈련 장면 飞机座舱 fēijī zuòcāng 명 항공기 조종석 模拟机 mónǐjī 명 시뮬레이터 以往 yǐwǎng 명|형 이전(의), 과거(의) 购买 gòumǎi 동 구매하다 成本 chéngběn 명 비용 未 wèi 부 ~하지 않다 建模 jiànmó 동 모델링하다 新一代 xīn yídài 명 신세대, 차세대 重建 chóngjiàn 동 재구축하다, 재건하다 平方公里 píngfāng gōnglǐ 명 제곱킬로미터 数字资产 shùzì zīchǎn 명 디지털 자산 制作效率 zhìzuò xiàolǜ 명 제작 효율 多边形生成 duōbiānxíng shēngchéng 명 폴리곤(polygon, 컴퓨터 그래픽스에서 입체 도형을 구성하는 최소 단위의 다각형) 생성 渲染能力 xuànrǎn nénglì 명 렌더링(rendering, 동 2차원 또는 명 2차원 장면을 바탕으로 사진이나 영상을 만들어 내는 방식) 능력 率先 shuàixiān 부 가장 먼저, 선도적으로 代际升级 dàijì shēngjí 명 세대 간 업그레이드 极端情况 jíduān qíngkuàng 명 극한 상황 拦路虎 lánlùhǔ 명 장애물, 난관(길을 막는 호랑이) 涉及 shèjí 동 관련되다 植被 zhíbèi 명 식생 精细化 jīngxìhuà 명|형 정밀화 형 정밀한 资产量 zīchǎn liàng 명 자산량 庞大 pángdà 형 방대한 自研 zìyán 명 자체 개발하다 多通道融合算法 duōtōngdào rónghé suànfǎ 명 다채널 통합 알고리즘 搭载 dāzài 동 탑재하다 最后一环 zuìhòu yī huán 명 마지막 단계, 마지막 일환 高清 gāoqīng 형 고화질의 显示屏 xiǎnshìpíng 명 디스플레이, 화면 毫秒 háomiǎo 명 밀리초(1000분의 1초) 无缝 wúféng 형 이음매 없는, 빈틈없는 拼接 pīnjiē 동 연결하다, 결합하다 超高 chāogāo 형 초고의, 매우 높은 分辨率 fēnbiànlǜ 명 해상도 高精度 gāo jīngdù 명 고정밀의, 높은 정밀도의 投影仪 tóuyǐngyí 명 프로젝터 融合 rónghé 동 융합하다, 결합하다 校准技术 jiàozhǔn jìshù 명 보정 기술, 캘리브레이션 기술 搭建 dājiàn 동 구축하다, 세우다 测试 cèshì 동 테스트(하다) 试错 shìcuò 동 시행착오를 하다, 실험하며 오류를 찾다 探讨 tàntǎo 동 탐구하다, 논의하다

---

11 首个完全自研的系统。　★★★

| 问：全动飞行模拟机视景系统对中国来说有什么里程碑意义？ | 질문: 전동 비행 시뮬레이터 시각 시스템은 중국에 어떤 기념비적 의미를 가지는가? |

首个完全自研的系统。　　　　　　　　최초의 완전한 자체 개발 시스템.

해설　여자의 첫 번째 질문에서 '"南航—腾讯"航空安全与仿真研究实验室成立('남방항공—텐센트' 항공안전 및 시뮬레이션 연구실이 설립되었고), 并正式发布了我国首个完全自主研发的全动飞行模拟机视景系统(중국 최초로 완전 자체 개발한 풀 플라이트 시뮬레이터 시각 시스템이 공식 발표되었는데요)'라고 했으므로 정답은 首个完全自研的系统이다. 里程碑는 '기념비'라는 뜻으로 기념비적인 업적이나 사건을 소개할 때 많이 사용되는 표현이다.

단어　里程碑 líchéngbēi 몡 기념비, 이정표, 중요한 사건　首个 shǒu ge 최초의, 첫 번째　自主研发 zìzhǔ yánfā 동 독자적으로 연구 개발하다

12　B　★★

问：民航飞行员为什么要进行模拟训练？　　　　질문: 민항 조종사는 왜 시뮬레이션 훈련을 받아야 하는가？

A 延长职业生涯　　　　　　　　　　　　　　A 직업 생애를 연장한다
B 提升应对能力　　　　　　　　　　　　　　B 대응 능력을 향상시킨다
C 检测系统设备　　　　　　　　　　　　　　C 시스템 장비를 점검한다
D 缩减适应时间　　　　　　　　　　　　　　D 적응 시간을 단축한다

해설　두 번째 질문에 대한 남자의 답변에서 '每位民航飞行员在其职业生涯内要经受1000个小时以上的模拟训练(모든 민간항공 조종사는 일을 하는 동안 1,000시간 이상의 시뮬레이션 훈련을 받아야 합니다), 以提升应对极端天气情况或突发飞行状况的能力(이는 극한의 기상 상황이나 돌발 상황에 대한 대응 능력을 높이기 위한 것이죠)'라고 했으므로 정답은 B이다.

단어　延长 yáncháng 동 연장하다　职业 zhíyè 몡 직업　应对 yìngduì 동 대응하다　检测 jiǎncè 동 검사하다, 측정하다　缩减 suōjiǎn 동 축소하다, 줄이다　模拟 mónǐ 동 모의하다, 시뮬레이션하다　训练 xùnliàn 동 훈련하다

13　A　★★

问：与传统视景系统相比，新一代视景系统的优点是什么？　　질문: 기존 시각 시스템과 비교했을 때, 차세대 시각 시스템의 장점은 무엇인가？

A 制作效率提升　　　　　　　　　　　　　　A 제작 효율이 향상된다
B 数字资产庞大　　　　　　　　　　　　　　B 디지털 자산이 방대하다
C 运营成本精简　　　　　　　　　　　　　　C 운영 비용을 절감한다
D 操作便捷舒适　　　　　　　　　　　　　　D 조작이 간편하고 편안하다

해설　세 번째 질문에 대한 남자의 답변에서 '与传统视景系统相比，该系统的数字资产制作效率提升了10倍以上(기존 시스템 대비 디지털 자산 제작 효율은 10배 이상 향상되었고), 多边形生成与渲染能力提升了380倍(폴리곤(polygon) 생성 및 렌더링 능력은 380배 향상되었다)'라고 했 했으므로 정답은 A이다.

● 핵심 표현: 与传统……相比 (기존의/전통적인 〜와 비교하면)

단어　制作效率 zhìzuò xiàolǜ 제작 효율　提升 tíshēng 동 향상시키다, 끌어올리다　数字资产 shùzì zīchǎn 디지털 자산　庞大 pángdà 형 거대하다, 방대하다　运营成本 yùnyíng chéngběn 몡 운영 비용　精简 jīngjiǎn 동 간소화하다, 정리하다　操作 cāozuò 동 조작하다, 작동시키다　便捷 biànjié 형 편리하다, 간편하다　传统 chuántǒng 몡 형 전통(적인)　新一代 xīn yídài 몡 신세대, 차세대　优点 yōudiǎn 몡 장점

14 C ★★

问: "拦路虎"在对话中指什么?	대화 중 "拦路虎(장애물)"는 무엇을 가리키는가?
A 突破性的技术	A 획기적인 기술
B 飞机座舱外环境的辨别	B 항공기 조종석 외부 환경의 식별
C 需要重建的庞大资产量	C 재구축해야 하는 방대한 자산 규모
D 训练场景与真实环境的背离	D 훈련 장면과 실제 환경의 괴리

해설 여자의 네 번째 질문에서 키워드 '拦路虎(장애물)'가 언급되었다. 이어지는 남자의 답변에서 '有很多(아주 많아요)。例如, 每重建一座城市和机场(예를 들어, 도시나 공항을 하나 재구축하려면), 不仅涉及大量的建筑、植被等资产重建(수많은 건축물, 식생 등의 자산을 재구축해야 하고), 还需要重建精细化的机场地景, 资产量相当庞大(동시에 정밀한 공항 지형도 재구축해야 하기 때문에, 자산 규모가 매우 방대합니다)'라고 했으므로 정답은 C이다.

단어 拦路虎 lánlùhǔ 몡 장애물, 난관(길을 막는 호랑이) 突破性 tūpòxìng 혁신성, 획기적 座舱 zuòcāng 몡 조종석, 객실 辨别 biànbié 동 식별, 구별하다 重建 chóngjiàn 동 재건하다 庞大 pángdà 혱 거대하다, 방대하다 资产量 zīchǎn liàng 몡 자산량 训练场景 xùnliàn chǎngjǐng 몡 훈련 장면 真实环境 zhēnshí huánjìng 몡 실제 환경 背离 bèilí 동 벗어나다, 이탈하다

15 C ★

问: 视景系统搭载飞行模拟机使用的最后一环是通过什么完成的?	질문: 시각 시스템이 비행 시뮬레이터에 탑재되기 위한 마지막 단계는 무엇을 통해 완성되었는가?
A 4K 高清画面	A 4K 고화질 화면
B 精细化的机场地景	B 정밀화된 공항 지형
C 12K多通道融合算法	C 12K 다중 채널 융합 알고리즘
D 多台投影仪组成的测试环境	D 여러 대의 프로젝터로 구성된 테스트 환경

해설 네 번째 질문에 대한 남자의 답변에서 '我们通过自研的12K多通道融合算法完成了视景系统搭载飞行模拟机使用的最后一环(우리는 자체 개발한 12K 다채널 통합 알고리즘을 통해 시각 시스템이 시뮬레이터에 탑재될 수 있는 마지막 단계를 완성했고)'라고 했으므로 정답은 C이다.

단어 高清 gāoqīng 몡 고화질 精细化 jīngxìhuà 몡 정밀화 通道 tōngdào 몡 통로, 채널 融合 rónghé 동 융합하다, 합치다 算法 suànfǎ 몡 알고리즘 投影仪 tóuyǐngyí 몡 프로젝터 测试 cèshì 동/명 테스트(하다) 搭载 dāzài 동 탑재하다 最后一环 zuìhòu yì huán 마지막 단계

16 D ★★

问: 模拟机中的超高分辨率画面需要运用到什么技术?	질문: 시뮬레이터의 초고해상도 화면에는 어떤 기술이 사용되어야 하는가?
A 虚拟现实技术	A 가상현실 기술
B 人脸识别技术	B 얼굴 인식 기술
C 文本生成图像技术	C 텍스트 기반 이미지 생성 기술
D 高精度多投影仪融合校准技术	D 고정밀 다중 프로젝터 융합 보정 기술

해설 다섯 번째 질문에 대한 남자의 답변에서 '模拟机中的超高分辨率画面需要运用高精度多投影仪融合校准技术(시뮬레이터에서 사용하는 초고해상도 화면은 고정밀 다중 프로젝터 융합 보정 기술이 필요합니다)'라고 했으므로 정답은 D이다.

단어 虚拟 xūnǐ 형 가상, 허구의 人脸识别 rénliǎn shíbié 명 얼굴 인식 文本 wénběn 명 텍스트 生成 shēngchéng 명동 생성(하다) 图像 túxiàng 명 이미지 高精度 gāo jīngdù 명 고정밀 投影仪 tóuyǐngyí 명 프로젝터 融合 rónghé 동 융합하다 校准 jiàozhǔn 동 교정하다, 보정하다 模拟机 mónǐjī 명 시뮬레이터 超高 chāogāo 형 초고, 매우 높음 分辨率 fēnbiànlǜ 명 해상도 运用 yùnyòng 동 응용하다, 활용하다

17-22

女: 今天我们有幸请到了中国美术家协会会员，中国艺术研究院终身研究员、博士生导师范曾先生。范先生，您好。⓱ 文学泰斗钱锺书先生曾这样评价您的画："画品居上之上，化人现身外身。" 意思是说您的画是上上品，有仙气，具体形象里还有神采在外。您在艺术上深厚的造诣来自哪里？

男: ⓲ 我的祖辈们以诗文著称，是当地有名的诗文世家。我的爸爸是上海美院毕业的，因此除了诗文以外，他还从小教我画画，蜡笔画、铅笔画，还用粉笔在墙上画，从小培养了我这样的兴趣。我高考考入南开大学历史系，后又转入中央美术学院美术史系，因美术史系解散又转入中国画系。人生有很多偶然性，⓳ 当时中央美术学院的师资队伍名家云集，人物画家蒋兆和、写意画家李苦禅、山水画家李可染、小写意画家郭味蕖，这些当时都是极负盛名的大师。这些人的笔墨和造型对我都有深远的影响。

女: 您特别喜欢画道家学派创始人老子？

男: 我画的老子，反映了我理解的老子。在中国哲学里感到一切都是过程，一切都瞬息变化，一切不会停留。⓴ 我画《老子出关》的时候这些思想就在脑海里浮动。因此我画的老子有很多虚无缥缈的地方。除了画老子，我也画庄子，画尼采，画爱因斯坦。我喜欢在东西方不同的哲学观里看到人类的共性，也从不同的绘画方法中汲取养分。

女: 听说您下笔非常快？

男: 对，我作画向来不打草稿，画笔像在三维空间里回荡，用书写的笔法和简括的线条就能快速勾勒出人物形象。㉑ 比如画科学家爱因斯坦，我从他左边的眼珠开始画，画完左边眼珠画右边眼珠。两个眼睛的距离当然一点都不能差。然后画鼻

여: 오늘은 특별히 중국미술가협회 회원이자, 중국예술연구원 종신 연구원이며 박사과정 지도교수이신 판쩡 선생님을 모셨습니다. 선생님, 안녕하세요. ⓱ 문학의 거장 첸중수 선생은 당신의 그림을 이렇게 평가하셨어요: "그림 품격이 으뜸 중의 으뜸이며, 형상화된 인물이 현실에 나타난 듯 생생하다." 이 뜻은 당신의 그림이 최상급이며, 속세를 초월한 기운(仙气)이 있고, 구체적인 형상 속에 신적인 기운(神采)도 있어 겉으로 드러난다는 의미인데요. 선생님의 깊은 예술적 조예는 어디에서 비롯된 것인가요?

남: ⓲ 저희 조상 대대로 시문(诗文)에 능했고, 지역에서 이름난 문인 집안이었습니다. 아버지는 상하이 미술대학 출신이었고, 시문뿐만 아니라 어릴 적부터 저에게 그림도 가르쳐 주셨어요. 크레용화, 연필화, 분필로 벽에 그리는 것까지 다양하게 가르쳐 주시면서 자연스럽게 흥미를 키워 주셨죠. 저는 대학입시에 난카이대학교 역사학과에 입학했고, 이후 중앙미술학원 미술사학과로 전과했다가, 미술사학과가 해체되면서 중국화학과로 다시 옮겼습니다. 인생엔 우연이 많은 법이죠. ⓳ 당시 중앙미술학원에는 뛰어난 교사진들이 대단히 많았는데, 인물화를 그리던 장자오허(蒋兆和), 사의화(写意画)를 하던 리쿠찬(李苦禅), 산수화의 대가 리커란(李可染), 소묘 수묵화를 그리던 궈웨이취 같은 분들이 계셨습니다. 이분들의 필묵과 조형은 저에게 깊은 영향을 주었습니다.

여: 당신은 도가 학파의 창시자인 노자를 특히 즐겨 그리신다면서요?

남: 제가 그린 노자는, 제가 이해한 노자를 담고 있습니다. 중국 철학에서 모든 것은 과정이고, 찰나마다 변화하며, 머무름이 없다고 느끼죠. ⓴ 제가《노자 출관(老子出关)》을 그릴 때, 이런 사상이 머릿속에 떠올랐습니다. 그래서 제가 그린 노자는 어딘가 몽환적이고 신비로운 느낌이 있습니다. 노자만이 아니라, 장자, 니체, 아인슈타인도 그렸습니다. 동서양의 다양한 철학에서 인류의 공통된 본질을 보고 싶었고, 다양한 회화기법에서 영감을 얻기도 했습니다.

子，两个口角，鼻唇沟要画出来。这需要高度的写实技巧和白描的功底，因为毛笔是不能改的。

女: 您曾在日本、意大利等国举办个展，您的艺术感染力跨越国界，承载着浓厚的中华文明。联合国教科文组织也聘请您担任"多元文化特别顾问"。

男: ㉒ 我希望向世界展示中国书画的线条及诗意之美，让来自不同文明的观众感受到中国水墨艺术的魅力。

여: 선생님은 붓을 굉장히 빠르게 운용하신다고 들었습니다?

남: 네, 저는 원래 밑그림 없이 바로 그립니다. 붓이 마치 3차원 공간을 유영하듯 움직이고, 서예의 필법과 간결한 선으로 인물의 형태를 재빠르게 그려냅니다. ㉑ 예를 들어 아인슈타인을 그릴 때는, 왼쪽 눈동자부터 시작해, 그 다음 오른쪽 눈동자를 그립니다. 두 눈의 간격은 조금도 어긋나서는 안 되죠. 이어서 코, 양쪽 입 꼬리, 코와 입술의 골까지 완성합니다. 이는 높은 사실적인 묘사 능력과 백묘(白描) 실력이 요구됩니다. 왜냐하면 붓으로 그릴 땐 수정이 불가능하기 때문이죠.

여: 일본, 이탈리아 등지에서 개인전을 열었었고, 선생님의 예술적 영향력은 국경을 초월하며 깊이 있는 중화 문명을 담고 있습니다. 유네스코에서도 선생님을 '다문화 특별고문'으로 임명했죠.

남: ㉒ 저는 세계에 중국 서화의 선과 시적인 아름다움을 알려서, 서로 다른 문명권에 속한 관람객들이 중국 수묵화의 매력을 느낄 수 있기를 바랍니다.

단어 有幸 yǒuxìng 동 운 좋게 ~하다　协会 xiéhuì 명 협회　终身研究员 zhōngshēn yánjiūyuán 명 종신 연구원　博士生导师 bóshìshēng dǎoshī 명 박사 과정 지도교수　范曾 Fàn Zēng 고유 판쩡(중국의 유명 화가)　泰斗 tàidǒu 명 태두, 대가　钱锺书 Qián Zhōngshū 고유 첸중수(중국 현대 작가)　化人 huà rén 인물을 형상화하다　现身外身 xiànshēn wàishēn 마치 눈앞에 몸을 드러낸 듯하다(그림의 사실성과 생동감이 뛰어나다)　仙气 xiānqì 명 속세를 초월한 기운　神采 shéncǎi 명 신적인 기운(예술 작품의 신비로운 운치 또는 풍채)　在外 zàiwài 동 내포하지 않다, 드러내다　深厚 shēnhòu 형 깊고 두텁다　造诣 zàoyì 명 조예　祖辈 zǔbèi 명 조상, 선조　诗文 shīwén 명 시문, 시와 글　著称 zhùchēng 동 ~로 유명하다　世家 shìjiā 명 명가, 세가, 명문　蜡笔画 làbǐhuà 명 크레용 그림　铅笔画 qiānbǐhuà 명 연필화　粉笔 fěnbǐ 명 분필　墙 qiáng 명 벽　高考 gāokǎo 명 중국의 대학입학시험　转入 zhuǎnrù 동 전학하다, 전과하다　解散 jiěsàn 동 해산하다　偶然性 ǒuránxìng 명 우연성　师资队伍 shīzī duìwǔ 명 교사진, 교수진　名家云集 míngjiā yúnjí 명가들이 운집하다　蒋兆和 Jiǎng Zhàohé 고유 장자오허(중국 화가)　写意 xiěyì 명 사의(회화에서, 사물의 형식보다도 그 내용·정신에 치중하여 그리는 일)　李苦禅 Lǐ Kǔchán 고유 리쿠찬(중국 화가)　李可染 Lǐ Kěrǎn 고유 리커란(중국 화가)　郭味蕖 Guō Wèiqú 고유 궈웨이취(중국 화가)　极负盛名 jí fù shèngmíng 대단히 명성이 높다　笔墨 bǐmò 명 필묵, 붓과 먹　造型 zàoxíng 명동 조형(하다)　深远影响 shēnyuǎn yǐngxiǎng 지대한 영향　道家学派 Dàojiā xuépài 명 도가 학파　创始人 chuàngshǐrén 명 창시자　瞬息变化 shùnxī biànhuà 순식간에 변하다　停留 tíngliú 동 머물다　脑海 nǎohǎi 명 머릿속　浮动 fúdòng 동 떠다니다　虚无缥缈 xūwú piāomiǎo 성 허무하고 아득하다　老子 Lǎozǐ 고유 노자(중국 고대 사상가)　庄子 Zhuāngzǐ 고유 장자(중국 고대 사상가)　尼采 Nícǎi 고유 니체(독일의 철학자)　爱因斯坦 Āiyīnsītǎn 고유 아인슈타인(독일 태생의 미국 이론 물리학자)　绘画 huìhuà 명 회화, 그림　汲取 jíqǔ 동 흡수하다, 받아들이다　养分 yǎngfèn 명 영양분　下笔 xiàbǐ 동 붓을 들다, 글이나 그림을 시작하다　打草稿 dǎ cǎogǎo 초안을 그리다　三维空间 sānwéi kōngjiān 명 3차원 공간　回荡 huídàng 동 울려 퍼지다　简括 jiǎnkuò 형 간결하게 하다, 간결하고도 개괄적이다　线条 xiàntiáo 명 선, 선의 흐름　勾勒 gōulè 동 윤곽을 그리다　眼珠 yǎnzhū 명 눈동자　口角 kǒujiǎo 명 입꼬리　鼻唇沟 bíchúngōu 명 코와 입술의 골　写实技巧 xiěshí jìqiǎo 사실적 표현 기법　白描 báimiáo 명 백묘(먹으로 진하게 선만을 그리는 화법)　功底 gōngdǐ 명 기본기　毛笔 máobǐ 명 붓　个展 gèzhǎn 명 개인전　感染力 gǎnrǎnlì 명 감화력, 영향력　跨越 kuàyuè 동 뛰어넘다　国界 guójiè 명 국경　承载 chéngzài 동 싣다, 담다　浓厚 nónghòu 형 짙은, 강한　联合国教科文组织 Liánhéguó Jiàokēwén Zǔzhī 유네스코(UNESCO)　聘请 pìnqǐng 동 초빙하다　担任 dānrèn 동 맡다, 담당하다　多元文化 duōyuán wénhuà 명 다문화　特别顾问 tèbié gùwèn 특별 고문　魅力 mèilì 명 매력

17 有仙气。/ 有神采。　★★★

问: 钱锺书先生的评价是指男的的画妙在什么地方？	질문: 첸중수 선생의 평가는 남자의 그림이 어떤 점에서 뛰어나다고 말하는가?
有仙气。/ 有神采。	속세를 초월한 기운이 있다. / 신적인 기운이 있다.

해설   여자의 첫 번째 질문 중 '文学泰斗钱锺书先生曾这样评价您的画(문학의 거장 첸중수 선생께서 이전에 당신의 그림을 이렇게 평가하셨어요)'에서 관련 내용이 언급되었다. 이어지는 내용에서 '有仙气(속세를 초월한 기운이 있고), 具体形象里还有神采在外(구체적인 형상 속에 신적인 기운도 있어 겉으로 드러난다)'라고 했으므로 정답은 有仙气 또는 有神采이다.

단어   钱锺书 Qián Zhōngshū [고유] 첸중수(중국 현대 작가)   评价 píngjià [동] 평가하다   妙 miào [형] 훌륭하다, 절묘하다   仙气 xiānqì [명] 속세를 초월한 기운, 신령한 분위기   神采 shéncǎi [명] 신적인 기운(예술 작품의 신비로운 운치 또는 풍취)

18   A   ★★

问: 男的最初对画画的兴趣源自哪里?   질문: 남자가 처음으로 그림에 흥미를 갖게 된 계기는 무엇인가?

A 家学渊源   A 가문의 깊은 학문적 전통
B 专业更换   B 전공 변경
C 传统文化的熏陶   C 전통 문화의 영향
D 人生际遇的偶然   D 인생의 우연한 계기

해설   첫 번째 질문에 대한 남자의 답변에서 '我的祖辈们以诗文著称，是当地有名的诗文世家(저희 조상 대대로 시문에 능했고, 지역에서 이름난 문인 집안이었습니다). 我的爸爸是上海美院毕业的，因此除了诗文以外，他还从小教我画画(아버지는 상하이 미술대학 출신이었고, 시문뿐만 아니라 어릴 적부터 저에게 그림도 가르쳐 주셨어요), 蜡笔画、铅笔画、还用粉笔在墙上画，从小培养了我这样的兴趣(크레용화, 연필화, 분필로 벽에 그리는 것까지 다양하게 가르쳐 주시면서 자연스럽게 흥미를 키워 주셨죠)'라고 했으므로 정답은 A이다.

단어   家学渊源 jiāxué yuānyuán [성] 집안 대대로 전해 내려오는 학문이 뿌리가 깊다   更换 gēnghuàn [동] 교체하다, 바꾸다   熏陶 xūntáo [동] 장기적으로 (긍정적) 영향을 끼치다   际遇 jìyù [명] 기회, 경우   偶然 ǒurán [형] 우연하다, 뜻밖에   最初 zuìchū [명] 최초, 처음   兴趣 xìngqù [명] 흥미, 관심   源自 yuánzì [동] 비롯되다, 유래하다

19   B   ★

问: 中央美术学院的老师对男的产生了什么影响?   질문: 중앙미술학원의 선생님들은 남자에게 어떤 영향을 주었는가?

A 成名要趁早   A 성공은 일찍 할수록 좋다는 생각
B 关注笔墨和造型   B 필묵과 조형에 대한 관심
C 找到适合的流派   C 자신에게 맞는 유파를 찾는 것
D 学习中西哲学思想   D 동서양 철학 사상을 배우는 것

해설   첫 번째 질문에 대한 남자의 답변에서 '当时中央美术学院的师资队伍名家云集(당시 중앙미술학원에는 뛰어난 교사진들이 대단히 많았는데), ……. 这些人的笔墨和造型对我都有深远的影响(이분들의 필묵과 조형은 저에게 깊은 영향을 주었습니다)'라고 했으므로 정답은 B이다.

단어   趁早 chènzǎo [부] 조기에, 서둘러서   关注 guānzhù [동] 주목하다, 관심을 가지다   笔墨 bǐmò [명] 필묵(붓과 먹)   造型 zàoxíng [명/동] 조형(하다)   流派 liúpài [명] 유파, 학파, 유행   哲学思想 zhéxué sīxiǎng [명] 철학 사상

20 D   ★★

问: 关于《老子出关》, 下列哪项正确?	질문: 《노자 출관》에 대해 옳은 설명은?
A 是一幅简笔画 B 能感受到永恒 C 融合了中西画法 D 有虚无缥缈的地方	A 간단한 스케치이다 B 영원을 느낄 수 있다 C 중국화와 서양화 기법을 결합하였다 D 몽환적이고 신비로운 느낌이 있다

해설 두 번째 질문에 대한 남자의 답변 중 '我画《老子出关》的时候这些思想就在脑海里浮动(제가 《노자 출관(老子出关)》을 그릴 때, 이런 사상이 머릿속에 떠올랐습니다)'에서 키워드 《老子出关》이 언급되었다. 이어지는 내용에서 '因此我画的老子有很多虚无缥缈的地方(그래서 제가 그린 노자는 어딘가 몽환적이고 신비로운 느낌이 있습니다)'라고 했으므로 정답은 D이다.

단어 一幅 yì fú ㈜ (그림) 한 폭   简笔画 jiǎnbǐhuà 명 간단한 스케치   永恒 yǒnghéng 명 영원한, 불변의   融合 rónghé 동 융합하다, 합치다   虚无缥缈 xū wú piāo miǎo 성 몽환적이고 신비롭다

21 A   ★

问: 男的画爱因斯坦, 需要什么技巧?	질문: 남자가 아인슈타인을 그릴 때 필요한 기술은 무엇인가?
A 写实和白描 B 构图和色彩 C 水墨和意境 D 空白和空间感	A 사실적인 묘사와 백묘 B 구도와 색채 C 수묵과 정취 D 여백과 공간감

해설 세 번째 질문에 대한 남자의 답변 중 '比如画科学家爱因斯坦(예를 들어 아인슈타인을 그릴 때는)'에서 관련 내용이 언급되었다. 이어지는 내용에서 '这需要高度的写实技巧和白描的功底(이는 높은 사실적인 묘사 능력과 백묘 실력이 요구됩니다)'라고 했으므로 정답은 A이다.

단어 写实 xiěshí 명 사실적 묘사   白描 báimiáo 명 백묘(먹으로 진하게 선만을 그리는 화법)   构图 gòutú 명 구도   色彩 sècǎi 명 색채, 색깔   水墨 shuǐmò 명 수묵화   意境 yìjìng 명 (예술 작품의) 경지, 정취, 정서   空白 kòngbái 명 빈 공간   空间感 kōngjiān gǎn 명 공간감   爱因斯坦 Àiyīnsītǎn 고유 아인슈타인(독일 태생의 미국 이론 물리학자)   技巧 jìqiǎo 명 기교, 기술

22 线条及诗意之美。   ★★★

问: 男的希望向世界展示中国书画的什么方面?	질문: 남자는 세계에 중국 서화의 어떤 방면을 보여주고 싶어 하는가?
线条及诗意之美。	선과 시적인 아름다움.

해설 네 번째 질문에 대한 남자의 답변에서 '我希望向世界展示中国书画的线条及诗意之美(저는 세계에 중국 서화의 선과 시적인 아름다움을 알려서), 让来自不同文明的观众感受到中国水墨艺术的魅力(서로 다른 문명권에 속한 관람객들이 중국 수묵화의 매력을 느낄 수 있기를 바랍니다)'라고 했으므로 정답은 线条及诗意之美이다.

단어 展示 zhǎnshì 동 보여 주다   书画 shūhuà 명 서화(서예와 회화)   线条 xiàntiáo 명 (그림의) 선   诗意之美 shīyì zhī měi 시적인 아름다움

제3부분 (23-40) 녹음을 듣고 올바른 답을 선택하거나 빈칸을 채우세요.

23-28

㉓ 挑花是刺绣的一种针法，即在棉布或麻布的经纬线上用彩色的线挑出许多很小的十字，构成各种图案。㉓ 一般挑在枕头、桌布、服装等上面，作为装饰。

挑花多为实用品，㉔ 民间挑花的品种主要有门帘、帐帘、床沿、被面、荷包、头巾、手巾、枕巾、鞋、帽、肚兜、褡裢、花带等，多取生动活泼的自然景物和吉祥图案为题材，如凤穿牡丹、双龙戏珠、年年有余、鲤鱼跳龙门、麒麟送子、鸳鸯戏荷、喜结良缘、福寿三多等。㉕ 根据绣品装饰部位的不同要求，绣制团花、角花、折枝花和边条花等纹样。

各地域、各民族因风尚习俗不同，挑花各具特色。四川茂汶挑花素雅古朴，图案及针法多变化，装饰性强；湖南挑花喜在深蓝黑的土布上挑绣五彩缤纷的吉祥纹样，格调明快热烈，秀丽丰满；安徽合肥和望江挑花多采用铺花和纤花针法，严谨细致，以工整见长；㉖ 北京挑花多表现名胜古迹和古代建筑；温州和上海的挑花则以花卉和几何图案为主。现代挑花在传统技艺基础上不断创新，提高了艺术表现力。

挑花的手法多种多样，包括单面挑、双面挑；素色挑花、彩色丝线挑花；在同一产品上也有挑、绣补等各种工艺。挑花的图案有山水人物、花鸟虫鱼。黄梅挑花的图案有团花、边花、填花、角花和花边之别。各纹样造型迥然不同，取材广泛，构思精巧，如团花就有福寿双全、龙凤呈祥等；边花有二龙戏珠、八仙过海等；填花则有斑鸠石榴、龙舟竞渡等；㉗ 角花则无一定格式，多以柏叶、莲花为主体，组成三角形图案置于四角；边花多以二方连接为主，大多用作挑花头巾的花边。

㉓ 도화(挑花)는 자수를 놓는 일종의 바느질 기법으로, 면직물이나 마직물의 날실과 씨실에 여러 개의 아주 작은 십자 모양을 색실로 떠서 다양한 무늬를 만드는 것이다. ㉓ 일반적으로 베개, 식탁보, 의류 등에 장식용으로 사용한다.

도화는 대부분 실용적인 용도이며, ㉔ 민간 도화의 종류로는 문발, 장막, 침대 가장자리, 이불 겉면, 향낭, 머릿수건, 손수건, 베갯잇, 신발, 모자, 배두렁이(肚兜), 전대(褡裢), 장식 띠 등이 있으며, 생동적이고 활기찬 자연 경관과 길상 무늬를 주제로 많이 사용한다. 예를 들면, 봉천모단 무늬, 쌍룡희주, 년년유여, 이어도룡문, 기린송자, 원앙희하 무늬, 희결량연 무늬, 복수삼다 무늬 등이 있다. ㉕ 자수 장식 부위의 서로 다른 요구에 따라 둥근꽃무늬, 모서리꽃무늬, 절지무늬, 테두리꽃무늬 등 여러 가지 무늬를 수놓는다.

각 지역과 민족에 따라 풍속과 관습이 달라 도화에도 각기 다른 특징이 있다. 쓰촨 마오원 지역의 도화는 소박하고 고풍스러우며, 무늬와 바늘땀이 다양하고 장식성이 강하다. 후난의 도화는 짙은 남색의 무명천 위에 다채로운 길상 무늬를 수놓는 것을 즐기며, 색조는 밝고 강렬하며 아름답고 풍성하다. 안후이의 허페이와 왕장 지방의 도화는 넓게 채우는 바늘땀과 가는 바늘땀을 많이 사용하며, 엄격하고 세밀하고 단정함을 특징으로 한다. ㉖ 베이징의 도화는 명승고적과 고대 건축물을 주로 표현하며, 원저우와 상하이의 도화는 주로 꽃무늬와 기하학 무늬를 위주로 한다. 현대 도화는 전통 기술을 기반으로 끊임없이 혁신하면서 예술적 표현력을 높이고 있다.

도화의 기법은 매우 다양하며, 단면 도화, 양면 도화, 단색 도화, 색실 도화 등이 있으며, 하나의 제품 안에서도 도화, 자수 보완 등 다양한 공예가 혼합되어 사용된다. 도화의 무늬는 산수, 인물, 화조, 곤충, 물고기 등을 포함한다. 황메이 도화의 무늬는 둥근 무늬, 가장자리 꽃무늬, 채움 무늬, 모서리 무늬, 레이스 무늬 등으로 나뉘며, 각각의 문양은 형태가 서로 다르고 소재가 다양하며 구상이 정교하다. 예를 들면, 원형 무늬에는 복수쌍전, 용봉정상무늬 등이 있고, 가장자리 무늬에는 쌍룡희주, 팔선과해 등이 있으며, 채움 무늬에는 반구석류, 용주경도 등이 있고, ㉗ 모서리 무늬는 일정한 형식이 없으며, 측백잎과 연꽃을 주체로 하여 삼각형 무늬를 구성해 네 모서리에 배치한다. 가장자리 꽃무늬는 주로 양쪽 연결 형식이며, 대부분 도화 머릿수건의 가장자리 장식으로 사용한다.

단어 挑花 tiāohuā 명 도화(바늘질로 천을 당기면서 입체적인 무늬를 만드는 자수 기법) 동 수를 놓다 刺绣 cìxiù 명동 자수(를 놓다) 针法 zhēnfǎ 명 바느질 기법 棉布 miánbù 명 면포 麻布 mábù 명 마포 经纬线 jīngwěixiàn 명 날실(직물의 세로 방향의 실)과 씨실(직물의 가로 방향의 실) 构成 gòuchéng 동 구성하다 图案 tú'àn 명 무늬, 도안 枕头 zhěntou 명 베개 桌布 zhuōbù 명 식탁보 装饰 zhuāngshì 동명 장식(하다) 门帘 ménlián 명 문발(문에 치는 발/가리개) 帐帘 zhànglián 명 장막, 휘장 床沿 chuángyán 명 침대 가장자리 荷包 hébāo 명 향낭 头巾 tóujīn 명 머릿수건 手巾 shǒujīn 명 손수건 枕巾 zhěnjīn 명 베개 수건 肚兜 dùdōu 명 배두렁이(전통 아기 배 가리개) 褡裢 dālián 명 전대(고대 주머니의 일종) 花带 huādài 명 꽃무늬 띠 生动活泼 shēngdòng huópō 생동감 있고 활기차다 自然景物 zìrán jǐngwù 자연 경물 吉祥图案 jíxiáng tú'àn 길상 문양 题材 tícái 명 제재, 소재 凤穿牡丹 fèng chuān mǔdan 봉황이 모란을 가르는 문양 双龙戏珠 shuānglóng xìzhū 쌍룡이 구슬을 갖고 노는 문양 年年有余 niánnián yǒuyú 매년 풍요롭다(해음 현상으로 물고기 그림이 포함됨) 鲤鱼跳龙门 lǐyú tiào lóngmén 잉어가 용문에 오르다(비유: 출세하다) 麒麟送子 qílín sòngzǐ 기린이 아이를 태우고 있는 그림(득남을 축하할 때 사용함) 鸳鸯戏荷 yuānyang xì hé 원앙이 연꽃과 놀다(부부금슬의 상징) 喜结良缘 xǐ jié liángyuán 좋은 인연을 맺다 福寿三多 fú shòu sānduō 다복·장수·자녀가 많다 绣品 xiùpǐn 명자수 제품 绣制 xiùzhì 동 수놓다, 자수를 놓다 团花 tuánhuā 명 둥근 꽃무늬 角花 jiǎohuā 모서리에 장식하는 꽃무늬 折枝花 zhézhīhuā 절지화 边条花 biāntiáohuā 가장자리에 장식하는 꽃무늬 纹样 wényàng 명 무늬, 패턴 地域 dìyù 명 지역 风尚习俗 fēngshàng xísú 풍습 풍속 各具特色 gè jù tèsè 각각의 특색을 지니다 四川茂汶 Sìchuān Màowèn 고유 쓰촨 마오원(지명) 素雅古朴 sùyǎ gǔpǔ 형 우아하고 고풍스럽다 深蓝黑 shēn lán hēi 형 검퍼렇다 土布 tǔbù 명 (방직) 광목, 무명 五彩缤纷 wǔcǎi bīnfēn 형 오색찬란하다 吉祥纹样 jíxiáng wényàng 길상 무늬 格调 gédiào 격조, 분위기 明快热烈 míngkuài rèliè 밝고 열정적이다 秀丽丰满 xiùlì fēngmǎn 수려하고 풍성하다 安徽合肥和望江 Ānhuī Héféi hé Wàngjiāng 고유 안후이성의 허페이와 왕장(지명) 采用 cǎiyòng 동 (기술을) 채용하다, 채택하다 铺花 pūhuā 전체적으로 수놓은 무늬 纤花 xiānhuā 명 (자수 기법) 섬세한 꽃무늬 严谨细致 yánjǐn xìzhì 치밀하다 세밀하다 工整 gōngzhěng 형 반듯하다 名胜古迹 míngshèng gǔjì 명 명승고적 花卉 huāhuì 명 꽃과 식물, 화훼 几何图案 jǐhé tú'àn 기하학적 문양 传统技艺 chuántǒng jìyì 명 전통 기술 不断创新 búduàn chuàngxīn 끊임없이 혁신하다 多种多样 duō zhǒng duō yàng 다양하다 包括 bāokuò 동 포함하다 单面挑 dānmiàn tiāo 한쪽 면만 자수 双面挑 shuāngmiàn tiāo 양면 자수 素色挑花 sùsè tiāohuā 단색 자수 彩色丝线挑花 cǎisè sīxiàn tiāohuā 색실을 이용한 자수 绣补 xiùbǔ 동 수선하여 자수하다 山水人物 shānshuǐ rénwù 산수와 인물(화제) 花鸟虫鱼 huāniǎo chóngyú 꽃, 새, 벌레, 물고기(전통 자수 주제) 边花 biānhuā 가장자리 꽃무늬 填花 tiánhuā 채워 넣은 꽃무늬 花边 huābiān 명 레이스 之别 zhī bié 명 ~의 차이 造型 zàoxíng 명 형태, 디자인 迥然不同 jiǒngrán bùtóng 완전히 다르다 取材广泛 qǔcái guǎngfàn 소재가 광범위하다 构思精巧 gòusī jīngqiǎo 구상이 정교하다 福寿双全 fú shòu shuāngquán 행복과 장수를 모두 갖다 龙凤呈祥 lóng fèng chéngxiáng 용과 봉황이 함께 길함을 나타내다 二龙戏珠 èrlóng xìzhū 두 용이 구슬을 가지고 노는 문양 八仙过海 bāxiān guò hǎi 팔선이 바다를 건너다(전통 길상 표현) 斑鸠石榴 bānjiū shíliu 산비둘기와 석류(자손 번장의 상징) 龙舟竞渡 lóngzhōu jìngdù 용선 경기 一定格式 yīdìng géshì 명 일정한 형식 柏叶 bǎiyè 명 측백나무잎 莲花 liánhuā 명 연꽃 三角形 sānjiǎoxíng 명 삼각형 置于 zhìyú 동 ~에 두다

23 刺绣。 ★★

问: 挑花属于什么传统工艺的针法?	질문: 도화는 어떤 전통 공예의 바느질 방법에 속하는가?
刺绣。	자수.

해설 녹음 첫 번째 단락에서 '挑花是刺绣的一种针法(도화는 자수를 놓는 일종의 바느질 기법으로)'라고 했으므로 정답은 刺绣이다.
★HSK 빈출 중국 10대 전통 문화
① 京剧(경극), ② 武术(무술), ③ 中医(중의학), ④ 书法(서예), ⑤ 陶瓷(도자기),
⑥ 茶艺(다도), ⑦ 刺绣(자수), ⑧ 汉服(중국 의상), ⑨ 围棋(바둑), ⑩ 剪纸(종이 공예)

단어 挑花 tiāohuā 명 도화(중국 전통 자수의 한 기법) 属于 shǔyú 동 ~에 속하다, ~에 해당하다 传统工艺 chuántǒng gōngyì 명 전통 공예 针法 zhēnfǎ 명 바느질 방법, 바느질 기법 刺绣 cìxiù 명 자수

24 A ★★

问: 民间挑花多以什么为题材?	질문: 민간 도화는 주로 무엇을 주제로 삼는가?
A 祥瑞图案	A 길상 문양
B 生猛野兽	B 사나운 야생 동물
C 宗教经典	C 종교 경전
D 名胜古迹	D 명승 고적

해설 녹음 두 번째 단락에서 '民间挑花的品种主要有(민간 도화의 종류로는) ……, 多取生动活泼的自然景物和吉祥图案为题材(생동적이고 활기찬 자연 경관과 길상 무늬를 주제로 많이 사용한다)'라고 했으므로 정답은 A이다.
- 빈출 유의어: 祥瑞 - 吉祥, 喜兆, 吉利, 吉兆

단어 吉祥 jíxiáng 혱 길조, 좋은 징조 祥瑞 xiángruì 몡 상서로운 징조 宗教经典 zōngjiào jīngdiǎn 몡 종교 경전 题材 tícái 몡 (예술·문학 등의) 주제, 소재 喜兆 xǐzhào 몡 기쁜 징조 吉利 jílì 혱 길하다 吉兆 jízhào 몡 길조, 좋은 징조

25 D   ★

问: 不同的纹样是根据什么来绣制的?	질문: 서로 다른 문양은 무엇을 기준으로 수놓는가?
A 个人喜好	A 개인 취향
B 擅长手法	B 능숙한 기법
C 各地风俗	C 지역 풍속
D 装饰部位	D 장식 부위

해설 녹음 두 번째 단락에서 '根据绣品装饰部位的不同要求(자수 장식 부위의 서로 다른 요구에 따라), 绣制团花、角花、折枝花和边条花等纹样(둥근꽃무늬, 모서리꽃무늬, 절지무늬, 테두리꽃무늬 등 여러 가지 무늬를 수놓는다)'라고 했으므로 정답은 D이다.

단어 喜好 xǐhào 몡 선호, 취향 擅长 shàncháng 동 ~을 잘하다, 능숙하다 手法 shǒufǎ 몡 (예술·기술의) 기법, 수법 风俗 fēngsú 몡 풍속, 풍습 装饰 zhuāngshì 동 장식하다 部位 bùwèi 몡 부위, 부분 纹样 wényàng 몡 문양, 무늬 绣制 xiùzhì 자수를 놓다

26 B   ★★

问: 下列哪种挑花多以表现古代建筑为主?	질문: 다음 중 어떤 도화가 고대 건축 표현을 주로 하는가?
A 四川挑花	A 쓰촨 도화
B 北京挑花	B 베이징 도화
C 湖南挑花	C 후난 도화
D 上海挑花	D 상하이 도화

해설 녹음 세 번째 단락에서 '北京挑花多表现名胜古迹和古代建筑(베이징의 도화는 명승고적과 고대 건축물을 주로 표현하며)'라 했으므로 정답은 B이다. 해당 유형의 문제는 보기를 확인할 때 각 지역별 특징을 잘 기억해 두어야 한다.

단어 四川 Sichuān 고유 쓰촨(중국 성(省)급 행정 구역) 北京 Běijīng 고유 베이징(중국 수도) 湖南 Húnán 고유 후난(중국 성(省)급 행정 구역) 上海 Shànghǎi 고유 상하이 古代建筑 gǔdài jiànzhù 몡 고대 건축

27 C   ★★★

问: 组成三角形图案置于四角的是哪种图案?	질문: 삼각형 문양을 구성해 네 모서리에 배치하는 것은 어떤 문양인가?
A 填花	A 채움 무늬
B 团花	B 원형 무늬
C 角花	C 모서리 무늬
D 边花	D 가장자리 무늬

해설	녹음 네 번째 단락에서 '**角花则无一定格式，多以柏叶、莲花为主体**(모서리 무늬는 일정한 형식이 없으며), **组成三角形图案置于四角**(측백잎과 연꽃을 주체로 하여 삼각형 무늬를 구성해 네 모서리에 배치한다)'라고 했으므로 정답은 C이다. 녹음에서 보기에 관한 내용을 모두 언급하고 있어 상당히 긴 내용을 들어야 정답을 찾을 수 있다. 고득점을 위해서는 평소 긴 지문을 집중력 있게 듣는 연습이 필요하다.
단어	**组成** zǔchéng 통 구성하다, 이루다　**三角形** sānjiǎoxíng 명 삼각형　**图案** tú'àn 명 도안, 무늬　**置于** zhìyú 통 ~에 두다, ~에 배치하다　**四角** sìjiǎo 명 네 모서리, 네 귀퉁이

28　A　★★

问: 根据上文内容，下列哪项正确？	질문: 위 글의 내용에 근거할 때, 다음 중 올바른 것은 무엇인가?
A 挑花多用作装饰 B 安徽挑花格调明快 C 挑花是一种针织阵法 D 边花大多是几何图形	A 도화는 주로 장식용으로 사용된다 B 안후이 도화는 밝고 경쾌한 분위기를 가진다 C 도화는 니트 형태의 바늘땀이다 D 가장자리 무늬는 대부분 기하학적 도형이다

해설	녹음 첫 번째 단락에서 도화에 대해 '**一般挑在枕头、桌布、服装等上面，作为装饰**(일반적으로 베개, 식탁보, 의류 등에 장식용으로 사용한다)'라고 했으므로 정답은 A이다. 마지막 문제에서 녹음 초반의 내용이 정답으로 나오는 경우가 많으므로, 녹음이 시작되기 전 반드시 첫 문제와 마지막 문제의 보기 내용을 함께 체크하는 습관을 들이자.
단어	**装饰** zhuāngshì 통 장식하다　**格调** gédiào 명 (예술 작품 등의) 격조, 스타일　**明快** míngkuài 형 밝고 산뜻하다, 경쾌하다　**针织阵法** zhēnzhī zhènfǎ 편직 기법 (편직 공예에서 사용하는 다양한 뜨개 기법과 기술)　**几何图形** jǐhé túxíng 명 기하학적 도형

29-34　MP3 05-06

① 印度尼西亚的苏门答腊岛上，生长着茂密的咖啡树，几百年以来，岛上的居民都靠采集咖啡豆来谋生。

② 但近年来，有一种被称作棕榈猫的动物开始在岛上繁衍生息。棕榈猫喜咖啡果，而且它们比人类更善于爬树，往往在人们还没有开始采摘时，那些最熟最红的咖啡果就已经成了这些棕榈猫的美餐。

③ ㉙由于棕榈猫的争夺，人们能采集到的咖啡果数量大幅减少。为此，㉝岛上的居民非常痛恨这个竞争对手，开始大肆攻击和捕杀它们。饥饿加上人类的捕杀，使棕榈猫的数量大量减少，人们终于达到了独占咖啡果的目的。

④ 咖啡果长在高大的咖啡树上。人们采集时必须爬上去，这是一项非常辛苦的工作。一天，㉚一个懒惰不想爬树的人突然发现，棕榈猫的排泄物中有很多未消化的咖啡豆！原来，棕榈猫只喜欢吃甜美的咖啡果实，但果实里的咖啡豆却因无法消化而被排出

① 인도네시아의 수마트라섬에는 울창한 커피나무가 자라고 있으며, 수백 년 동안 이 섬의 주민들은 커피콩을 채집해 생계를 이어왔다.

② 그러나 최근 몇 년 사이, '사향고양이'라고 불리는 동물이 섬에서 번식하며 살기 시작했다. 사향고양이는 커피 열매를 좋아하고, 사람보다 나무를 더 잘 타기 때문에, 사람들이 수확을 시작하기도 전에 가장 잘 익고 붉게 물든 커피 열매는 이미 이 사향고양이들의 맛있는 먹이감이 되어버렸다.

③ ㉙사향고양이의 쟁탈로 인해, 사람들이 수확할 수 있는 커피 열매의 양이 크게 줄어들었다. 이로 인해 ㉝섬 주민들은 이 경쟁자를 매우 미워하게 되었고, 사향고양이를 마구잡이로 공격하고 포획하기 시작했다. 굶주림과 인간의 포획으로 사향고양이의 수가 급격히 줄었고, 사람들은 마침내 커피 열매를 독점하는 목적을 이루게 되었다.

④ 커피 열매는 키 큰 커피나무에서 자란다. 사람들은 이를 따기 위해 나무에 올라가야 하는데, 이는 매우 힘든 일이다. 어느 날, ㉚나무에 오르기 싫어하던 한 게으른 사람이 우연히 발견하게 되었는데, 사향고양이의 배설물 속에 소화되지 않은 커피콩이 많이 섞여 있었다. 알고 보니, 사향고양이

366

体外。于是，这个人偷偷地收集这些排泄物中的咖啡豆，并将其卖给了一位咖啡的商人。商人在品尝这些咖啡时，惊奇万分，因为这种咖啡不但具备糖浆般的黏稠，而且还有巧克力般的浓厚，入口后香醇润滑，妙不可言。他放下杯子，马上找到卖咖啡的人，询问这些咖啡的来源。

当得知真相后，咖啡商不由感叹大自然的神奇，人为的发酵咖啡方法只能发酵出普通的咖啡，㉛ 而棕榈猫的消化系统竟然对咖啡豆产生特殊的发酵作用，使得经过其消化的咖啡豆口感变得非常独特。

于是人们开始背着筐苦苦寻找着棕榈猫的排泄物。他们每天都期待着能有大量的棕榈猫来吃咖啡果，然后排泄出更多香味诱人的"棕榈猫咖啡豆"。但可笑的是，岛上棕榈猫的数量已经不多了，㉜ 而棕榈猫的数量直接制约了"棕榈猫咖啡豆"的产量，㉝ 这让人们后悔不已。

진실을 알게 된 커피 상인은 자연의 신비로움에 절로 감탄했다. 인위적인 커피 발효 방식은 평범한 커피밖에 만들 수 없지만, ㉛ 사향고양이의 소화 시스템은 커피콩에 특별한 발효 작용을 일으켜, 그 소화된 커피콩의 맛을 매우 독특하게 바꾸는 것이었다.

그리하여 사람들은 등에 바구니를 메고 사향고양이의 배설물을 애타게 찾기 시작했다. 그들은 매일 사향고양이가 커피 열매를 많이 먹고, 더 많은 향기로운 '사향고양이 커피콩'을 배출해 주길 기대했다. 하지만 우습게도, 섬에 사향고양이의 수가 이미 얼마 남지 않았다는 점이었다. ㉜ 사향고양이의 수량이 바로 사향고양이 커피콩 생산량을 직접적으로 제한하게 되었고, ㉝ 사람들은 그제야 깊이 후회하게 되었다.

단어 印度尼西亚 Yìndùníxīyà 고유 인도네시아　苏门答腊岛 Sūméndálàdǎo 고유 수마트라섬　茂密 màomì 형 빽빽하고 무성하다　咖啡树 kāfēishù 명 커피나무　居民 jūmín 명 주민　采集 cǎijí 동 채집하다, 수확하다　咖啡豆 kāfēidòu 명 커피콩　称作 chēngzuò 동 ~라고 부르다　棕榈猫 zōnglǘmāo 명 사향고양이(루왁)　繁衍生息 fányǎn shēngxī 동 번식하며 살아가다　喜食 xǐshí 즐겨 먹다　善于 shànyú 동 ~을 잘하다　爬树 páshù 나무를 타다　采摘 cǎizhāi 동 (열매 등을) 따다　熟 shú 형 익은　美餐 měicān 명 맛있는 음식　争夺 zhēngduó 동 쟁탈하다　大幅 dàfú 부 대폭으로　痛恨 tònghèn 동 몹시 미워하다　竞争对手 jìngzhēng duìshǒu 명 경쟁자　大肆 dàsì 부 마구, 거리낌 없이　攻击 gōngjī 동 공격하다　捕杀 bǔshā 동 사로잡아 죽이다　饥饿 jī'è 명 굶주림 배고프다　独占 dúzhàn 동 독점하다　懒惰 lǎnduò 형 게으르다　排泄物 páixièwù 명 배설물　消化 xiāohuà 동 소화하다　甜美 tiánměi 형 달콤하고 맛있다　果实 guǒshí 명 과실, 열매　排出 páichū 동 배출하다　收集 shōují 동 수집하다　商人 shāngrén 명 상인　品尝 pǐncháng 동 맛보다, 시식하다　惊奇万分 jīngqí wànfēn 대단히 놀라다　糖浆 tángjiāng 명 시럽　黏稠 niánchóu 형 끈적끈적하고 걸쭉하다　巧克力 qiǎokèlì 명 초콜릿　浓厚 nónghòu 형 짙고 진하다　香醇润滑 xiāngchún rùnhuá 형 향기롭고 부드럽다　妙不可言 miào bù kě yán 이루 말할 수 없이 훌륭하다　询问 xúnwèn 동 물어보다, 문의하다　来源 láiyuán 명 출처　得知真相 dézhī zhēnxiàng 진실을 알게 되다　不由感叹 bùyóu gǎntàn 저절로 감탄하다　人为 rénwéi 형 인위적인　发酵 fājiào 동 발효되다　背着 bēizhe 동 (등에) 지다, 짊어지다　筐 kuāng 명 바구니　苦苦寻找 kǔkǔ xúnzhǎo 애써 찾다　期待 qīdài 동 기대하다　香味诱人 xiāngwèi yòurén 향긋한 냄새가 사람을 유혹하다　制约 zhìyuē 동 제약하다　后悔不已 hòuhuǐ bùyǐ 대단히 후회하다

29 C

问：岛民讨厌棕榈猫的原因是什么？　　　　　질문: 섬 주민들이 사향고양이를 미워한 이유는 무엇인가?

A 大量繁殖　　　　　　　　　　　　　　　　A 대량으로 번식해서
B 排泄物太多　　　　　　　　　　　　　　　B 배설물이 너무 많아서
C 争夺咖啡果　　　　　　　　　　　　　　　C 커피 열매를 빼앗아 가서
D 破坏咖啡树　　　　　　　　　　　　　　　D 커피나무를 파괴해서

해설 　녹음 세 번째 단락에서 '由于棕榈猫的争夺，人们能采集到的咖啡果数量大幅减少(사향고양이의 쟁탈로 인해, 사람들이 수확할 수 있는 커피 열매의 양이 크게 줄어들었다). 为此，岛上的居民非常痛恨这个竞争对手(이로 인해 섬 주민들은 이 경쟁자를 매우 미워하게 되었고)'라고 했으므로 정답은 C이다.
* 빈출 유의어: 痛恨 - 讨厌, 憎恨, 敌视, 厌烦, 厌恶

단어 　**繁殖** fánzhí 동 번식하다　**排泄物** páixièwù 명 배설물　**争夺** zhēngduó 동 쟁탈하다, 다투어 차지하다　**破坏** pòhuài 동 파괴하다　**憎恨** zēnghèn 동 증오하다　**敌视** díshì 동 적대시하다　**厌烦** yànfán 동 싫증나다, 지겹다　**厌恶** yànwù 동 혐오하다, 몹시 싫어하다

30　B　★

问: 棕榈猫咖啡最初是怎样被发现的?	질문: 사향고양이 커피는 처음에 어떻게 발견되었는가?
A 想卖出高价	A 고가에 팔고 싶어서
B 懒于采摘果实	B 열매 따기 귀찮아서
C 跟商人有矛盾	C 상인과의 갈등 때문에
D 发现它味道甜美	D 그 맛이 달콤한 걸 발견했기 때문에

해설 　녹음 네 번째 단락에서 '一个懒惰不想爬树的人突然发现(나무에 오르기 싫어하던 한 게으른 사람이 우연히 발견하게 되었는데), 棕榈猫的排泄物中有很多未消化的咖啡豆(사향고양이의 배설물 속에 소화되지 않은 커피콩이 많이 섞여 있었다)'라고 했다. 게을러서 나무에 오르기 싫어했다는 것은 곧 열매를 따기 귀찮아했다는 의미이므로 정답은 B이다.
* 빈출 유의어: 懒惰 - 懒散, 懒怠, 懈怠

단어 　**高价** gāojià 명 고가, 비싼 가격　**懒于** lǎnyú 동 ~하기 귀찮다　**采摘** cǎizhāi 동 따다, 채집하다　**矛盾** máodùn 명 갈등, 충돌　**甜美** tiánměi 형 달콤하고 맛있다　**懒惰** lǎnduò 형 게으르다, 나태하다　**懒散** lǎnsǎn 형 나태하고 해이하다　**懒怠** lǎndài 형 게으르다, 느슨하다　**懈怠** xièdài 형 태만하다, 느슨하다

31　C　★

问: 棕榈猫咖啡的口感为什么很独特?	질문: 사향고양이 커피의 맛이 독특한 이유는?
A 改变了烘焙方式	A 볶는 방식을 바꿔서
B 添加了微量元素	B 미량원소를 첨가해서
C 经过了特别的发酵	C 특별한 발효를 거쳐서
D 拥有棕榈猫的味道	D 사향고양이의 향이 있어서

해설 　녹음 다섯 번째 단락에서 '而棕榈猫的消化系统竟然对咖啡豆产生特殊的发酵作用(사향고양이의 소화 시스템은 커피콩에 특별한 발효 작용을 일으켜), 使得经过其消化的咖啡豆口感变得非常独特(그 소화된 커피콩의 맛을 매우 독특하게 바꾸는 것이었다)'라 했으므로 정답은 C이다.

단어 　**烘焙** hōngbèi 동 굽다　**添加** tiānjiā 동 첨가하다, 더하다　**发酵** fājiào 동 발효하다　**消化系统** xiāohuà xìtǒng 명 소화 계통　**独特** dútè 형 독특하다, 특별하다

32　棕榈猫的数量。　★★★

问: 是什么制约了"棕榈猫咖啡豆"的产量?	질문: 무엇이 '사향고양이 커피콩'의 생산량을 제한하게 되었는가?

368

| 棕榈猫的数量。 | 사향고양이의 수. |

해설　녹음 여섯 번째 단락에서 '而棕榈猫的数量直接制约了"棕榈猫咖啡豆"的产量(사향고양이의 수량이 바로 사향고양이 커피콩 생산량을 직접적으로 제한하게 되었고)'라고 했으므로 정답은 棕榈猫的数量이다.

단어　制约 zhìyuē 동 제약하다　产量 chǎnliàng 명 생산량　数量 shùliàng 명 수량, 양

33　D　★★

| 问: 岛民对棕榈猫的态度发生了怎样的变化? | 질문: 섬 주민들은 사향고양이에 대해 어떤 태도 변화를 보였는가? |

A 从喜欢到厌恶	A 좋아하다가 싫어하게 되었다
B 从惊奇到平常	B 신기해하다 평범하게 느꼈다
C 从保护到忽视	C 보호하다가 무시하게 되었다
D 从憎恨到后悔	D 미워하다가 후회하게 되었다

해설　녹음 녹음 세 번째 단락에서 '大家非常痛恨这个竞争对手(섬 주민들은 이 경쟁자를 매우 미워하게 되었고)'라고 했고, 녹음 여섯 번째 단락에서는 '这让人们后悔不已(사람들은 그제야 깊이 후회하게 되었다)'라고 했으므로 정답은 D이다.

단어　厌恶 yànwù 동 혐오하다, 몹시 싫어하다　惊奇 jīngqí 형 놀랍고 신기하다　忽视 hūshì 동 무시하다, 소홀히 하다　痛恨 tònghèn 동 몹시 미워하다, 깊이 증오하다　憎恨 zēnghèn 동 증오하다, 미워하다　后悔 hòuhuǐ 동 후회하다　态度 tàidu 명 태도, 입장

34　D　★★★

| 问: 上文主要想告诉我们什么? | 질문: 위 글은 주로 우리에게 무엇을 말하고자 하는가? |

A 棕榈猫很可爱	A 사향고양이는 매우 귀엽다
B 要善于发现商机	B 사업 기회를 잘 포착해야 한다
C 棕榈猫咖啡的制造	C 사향고양이 커피의 제조 과정
D 要与自然和谐相处	D 자연과 조화를 이루며 살아야 한다

해설　위 글은 수마트라섬의 사향고양이와 커피 열매 이야기를 통해, 인간의 무분별한 자원 남획이 결국 자신에게 돌아오는 피해를 보여 준다. 사향고양이를 경쟁자로 여기고 대량으로 포획했지만, 그로 인해 사향고양이 개체 수가 급감하면서 '사향고양이 커피콩'이라는 특별한 자원의 생산이 크게 줄어들었다. 이는 자연 생태계가 가진 고유한 균형과 가치를 인간이 존중하지 않고 파괴할 때, 예상치 못한 결과와 손해를 초래한다는 사실을 알려준다. 또한, 인간과 자연은 대립관계가 아니라 상생하며 조화롭게 공존해야 한다는 메시지를 담고 있다. 그러므로 정답은 D이다.

단어　善于发现 shànyú fāxiàn ~을 잘 발견하다, 잘 찾아내다　商机 shāngjī 명 사업 기회, 상업적 기회　制造 zhìzào 동 제조하다, 만들어 내다　和谐相处 héxié xiāngchǔ 조화롭게 지내다, 화목하게 공존하다

> **TIP**
>
> ● 주요 문장 형식
>
> **靠……来谋生……** (~에 의지해 생계를 유지하다)
> 원문　印度尼西亚的苏门答腊岛上，生长着茂密的咖啡树，几百年以来，岛上的居民都靠采集咖啡豆来谋生。
> 예문　他的父母靠摆摊卖菜来谋生，最后还供他上了大学。
>
> **达到了……的目的** (~의 목적에 도달하다, ~의 목적을 이루다)
> 원문　饥饿加上人类的捕杀，使棕榈猫的数量大量减少，人们终于达到了独占咖啡果的目的。
> 예문　商场通过各种优惠活动，成功达到了吸引顾客消费的目的。
>
> **当……后，……不由感叹大自然的神奇** (~ 이후에, ~은 저도 모르게 대자연의 신기함에 감탄하게 되었다)
> 원문　当得知真相后，咖啡商不由感叹大自然的神奇。
> 예문　当亲眼目睹火山喷发的景象后，他不由感叹大自然的神奇。

35-40

MP3 05-07

　　武陵源风景名胜区位于湖南省西北部，㉟由张家界市的张家界国家森林公园、慈利县的索溪峪自然保护区和桑植县的天子山自然保护区组合而成，后又发现了杨家界新景区。㊱方圆369平方公里，奇山异峰3000多座，其中海拔在千米以上的有243座。

　　由于武陵源地处石英砂岩与石灰岩的接合部，景区北部大片石灰岩喀斯特地貌，经亿万年的河流变迁和侵蚀溶解，形成了无数的溶洞、落水洞、天窗、群泉。武陵源风景名胜区森林覆盖率达67%。㊵生长有野生动物400多种、木本植物850多种。

　　武陵源风景名胜区属亚热带山原型季风性湿润气候。境内年均降水量1380—1450毫米，各月降水分布不均，集中在4—7月，降水日达49天，约占全年降水日数的32%。㊲强降水集中期为5—7月，降水量达650毫米，占全年总量的46%。12—1月降水少，约56毫米，仅占全年总量的4%。降雪主要集中在当年12月至次年2月。霜冻最早年份从11月开始，最晚年份至次年3月结束。以1月最多，12月和2月次之。

　　㊳云雾是武陵源风景名胜区最多见的气象奇观，有云雾、云海、云涛、云瀑和云彩五种形态。

　　㊴张家界国家森林公园是武陵源风景名胜区的重要组成部分，面积达130平方公里，是中国首个国家森林公园，它位于武陵山中。张家界地貌奇特，有石峰2000多座，形态各异，树木茂盛，森林覆盖率达95%，以黄狮寨、砂刀沟、金鞭岩、金鞭溪等最为著名。

무릉원 풍경명승구는 후난성 서북부에 위치하며, ㉟ 장가계시의 장가계 국가삼림공원, 자이현(慈利县)의 색계욕 자연보호구, 상식현(桑植县)의 천자산 자연보호구로 구성되어 있고, 이후 양가계 신 관광 풍치 지구 새롭게 발견되었다. ㊱ 면적은 369제곱킬로미터이며, 기이한 산과 독특한 봉우리가 3000여 개에 달하고, 이 중 해발 1000미터 이상인 것이 243개이다.

무릉원은 석영사암과 석회암의 접합부에 위치해 있어, 경구 북부에는 광범위한 석회암 카르스트 지형이 분포하며, 수억 년에 걸친 하천의 이동과 침식, 용해 작용으로 수많은 종유동굴, 용식 함지, 천창, 여러 샘물이 형성되었다. 무릉원 풍경명승구의 산림율은 67%에 달하며, ㊵ 야생동물은 400여 종, 목본식물은 850여 종이 자라고 있다.

무릉원 풍경명승구는 아열대 산지형 계절풍성 습윤 기후에 속한다. 연평균 강수량은 1380~1450mm이며, 월별 강수량 분포는 고르지 않고 4~7월에 집중되며, 강수일수는 49일로 연간 강수일수의 약 32%를 차지한다. ㊲ 집중호우는 5~7월에 집중되어 강수량은 650mm에 달하며, 연간 총량의 46%를 차지한다. 12~1월은 강수량이 적으며 약 56mm로, 연간 총량의 4%에 불과하다. 강설은 주로 해당 연도 12월부터 다음 해 2월까지 집중되며, 서리는 빠르면 11월부터 시작되고 늦으면 다음 해 3월까지 지속된다. 1월이 가장 많고, 12월과 2월이 그 뒤를 잇는다.

㊳ 운무는 무릉원 풍경명승구에서 가장 자주 볼 수 있는 기상 기현상으로, 운무, 운해, 운도, 운폭, 운채의 다섯 가지 형태가 있다.

㊴ 장가계 국가삼림공원은 무릉원 풍경명승구의 중요한 구성 부분으로, 면적은 130제곱킬로미터에 달하며, 중국 최초의 국가 삼림공원이다. 무릉산 속에 위치하고 있으며, 장자제는 기묘한 지형을 가지고 있고, 바위 봉우리가 2000여

개에 달하며, 형태가 다양하고 수목이 울창하며, 산림율은 95%에 달한다. 황사채, 사도구, 금편암, 금편계 등이 가장 유명하다.

단어　武陵源 Wǔlíngyuán 무릉원(중국 장가계에 위치한 명승지)　风景名胜 fēngjǐng míngshèng 图 풍경 명승지　湖南省 Húnán Shěng 고유 후난성(중국 성(省)급 행정 구역)　张家界市 Zhāngjiājiè Shì 고유 장가계시　国家森林公园 guójiā sēnlín gōngyuán 图 국가 삼림공원　慈利县 Cílì Xiàn 고유 자이현(후난성에 위치한 현)　索溪峪自然保护区 Suǒxīyù zìrán bǎohùqū 图 색계욕 자연보호구역　桑植县 Sāngzhí Xiàn 고유 상식현(후난성에 위치한 현)　天子山自然保护区 Tiānzǐshān zìrán bǎohùqū 图 천자산 자연보호구역　杨家界 Yángjiājiè 고유 양가계(장가계의 서북에 위치한 경관구)　景区 jǐngqū 图 관광 풍치 지구, 관광지　方圆 fāngyuán 图 면적, 주위, 사방　平方公里 píngfāng gōnglǐ 图 제곱킬로미터　奇山异峰 qíshān yìfēng 图 기이한 산과 봉우리　海拔 hǎibá 图 해발　地处 dìchǔ 图 ~에 위치하다　石英砂岩 shíyīng shāyán 图 석영 사암　石灰岩 shíhuīyán 图 석회암　接合部 jiēhébù 图 접합부　大片 dàpiàn 图 광범위한 지역　喀斯特地貌 kāsītè dìmào 图 카르스트 지형　变迁 biànqiān 图 변화(하다), 변천(하다)　侵蚀 qīnshí 图 침식하다　溶解 róngjiě 图 용해되다　溶洞 róngdòng 图 종유 동굴　落水洞 luòshuǐdòng 图 돌리네(석회암 지대의 움푹 패인 땅)　天窗 tiānchuāng 图 천창(동굴 지붕에 뚫린 틈)　群泉 qúnquán 图 여러 샘들　森林覆盖率 sēnlín fùgàilǜ 图 삼림율　野生动物 yěshēng dòngwù 图 야생 동물　木本植物 mùběn zhíwù 图 목본 식물　亚热带 yàrèdài 图 아열대　季风性湿润气候 jìfēngxìng shīrùn qìhòu 图 계절풍성 습윤 기후　境内 jìngnèi 图 경내, 관할 지역 내　年均降水量 niánjūn jiàngshuǐliàng 图 연평균 강수량　毫米 háomǐ 图 밀리미터　分布不均 fēnbù bùjūn 분포가 고르지 않다　霜冻 shuāngdòng 图 서리 피해, 서리 피해를 일으키는 기후 현상　年份 niánfèn 图 해, 연도　次之 cìzhī 图 그 다음이다　云雾 yúnwù 图 구름과 안개　气象奇观 qìxiàng qíguān 图 기상 기현상　云海 yúnhǎi 图 운해　云涛 yúntāo 图 운도, 물결치듯 사납게 이는 구름　云瀑 yúnpù 图 구름 폭포　云彩 yúncai 图 구름　首个 shǒu ge 최초의, 첫 번째　地貌奇特 dìmào qítè 지형이 독특하다　石峰 shífēng 图 바위 봉우리　形态各异 xíngtài gèyì 형태가 각각 다르다　树木茂盛 shùmù màoshèng 나무가 울창하다　黄狮寨 Huángshīzhài 고유 황사채(경관지 이름)　砂刀沟 Shādāogōu 고유 사도구(협곡 이름)　金鞭岩 Jīnbiānyán 고유 금편암　金鞭溪 Jīnbiānxī 고유 금편계곡

35 B ★★

问: 下列哪项不属于武陵源风景名胜区? 　　질문: 다음 중 무릉원 풍경명승구에 속하지 않는 것은?

A 杨家界新景区　　　　　　　　　　　　A 양가계 신 관광 풍치 지구
B 桃花源风景区　　　　　　　　　　　　B 도화원 풍경구
C 天子山自然保护区　　　　　　　　　　C 천자산 자연보호구
D 张家界国家森林公园　　　　　　　　　D 장가계 국가삼림공원

해설　녹음 첫 번째 단락에서 무릉원 풍경명승구에 관해 '由张家界市的张家界国家森林公园、慈利县的索溪峪自然保护区和桑植县的天子山自然保护区组合而成(장가계시의 장가계 국가삼림공원, 자이현의 색계욕 자연보호구, 상직현의 천자산 자연보호구로 구성되어 있고), 后又发现了杨家界新景区(이후 양가계 신 관광 풍치 지구가 새롭게 발견되었다)'라고 했다. 천자산 자연보호구는 언급되지 않았으므로 정답은 B이다.

단어　组合 zǔhé 图 조합하다, 결합하다　而成 érchéng 图 ~해서 이루어지다, ~로 완성되다　属于 shǔyú 图 ~에 속하다, ~의 범주에 들다

36 A ★

问: 武陵源风景名胜区的特点是什么?　　질문: 무릉원 풍경명승구의 특징은 무엇인가?

A 多奇山异峰　　　　　　　　　　　　　A 기이한 산과 봉우리들이 많다
B 少见溶洞、群泉等　　　　　　　　　　B 종유 동굴, 군천 등은 보기 드물다
C 森林覆盖率超过80%　　　　　　　　　 C 산림율이 80%를 초과한다
D 北部多为石英砂岩喀斯特地貌　　　　　D 북부는 석영사암 카르스트 지형이 많다

해설	녹음 첫 번째 단락에서 '方圆369平方公里(면적은 369제곱킬로미터이며), 奇山异峰3000多座(기이한 산과 독특한 봉우리가 3000여 개에 달하고), 其中海拔在千米以上的有243座(이 중 해발 1000미터 이상인 것이 243개이다)'라고 했으므로 정답은 A이다.
단어	奇山异峰 qíshān yìfēng 명 기이한 산과 독특한 봉우리 溶洞 róngdòng 명 석회암 동굴 群 qún 명 무리 泉 quán 명 샘물 喀斯特地貌 kāsītè dìmào 명 카르스트 지형 森林覆盖率 sēnlín fùgàilǜ 명 산림율

37 B ★★

问: 武陵源风景区降水量最多的是哪一个时间段?	질문: 무릉원 풍경구에서 강수량이 가장 많은 시기는 언제인가?
A 4月—7月 B 5月—7月 C 12月—1月 D 11月—3月	A 4월—7월 B 5월—7월 C 12월—1월 D 11월—3월

해설	녹음 세 번째 단락에서 '强降水集中期为5—7月(집중호우는 5~7월에 집중되어), 降水量达650毫米, 占全年总量的46%(강수량은 650mm에 달하며, 연간 총량의 46%를 차지한다)'라고 했으므로 정답은 B이다. 녹음에서 기간 별 기상 특징을 모두 소개하고 있으므로 보기와 질문을 꼼꼼하게 확인한 후 답을 체크해야 실수를 줄일 수 있다.
단어	降雨 jiàngyǔ 명 강수 동 비가 내리다 时段 shíduàn 명 시간 구간, 시간대 强降水 qiáng jiàngshuǐ 명 강한 강수, 폭우 降水量 jiàngshuǐliàng 명 강수량 毫米 háomǐ 양 밀리미터(길이 단위)

38 云雾。 ★★

问: 哪一气象奇观在武陵源风景名胜区最多见?	질문: 무릉원 풍경명승구에서 가장 많이 볼 수 있는 기상현상은?
云雾。	운무.

해설	녹음 네 번째 단락에서 '云雾是武陵源风景名胜区最多见的气象奇观(운무는 무릉원 풍경명승구에서 가장 자주 볼 수 있는 기상 기현상으로), 有云雾、云海、云涛、云瀑和云彩五种形态(운무, 운해, 운도, 운폭, 운채의 다섯 가지 형태가 있다)'라고 했으므로 정답은 云雾이다. 문제에서는 가장 많이 볼 수 있는 기상현상을 묻고 있으므로, 云海, 涛, 云瀑, 云彩는 답이 될 수 없다.
단어	风景名胜区 fēngjǐng míngshèngqū 풍경 명승지, 관광 명소 多见 duōjiàn 흔히 볼 수 있다, 자주 나타나다 云雾 yúnwù 명 운무(구름과 안개)

39 B ★★★

问: 关于张家界国家森林公园, 下列哪项正确?	질문: 장가계 국가삼림공원에 대해 다음 중 어느 항목이 옳은가?
A 有2000多座山峰 B 是首个国家森林公园 C 森林覆盖率在95%以上 D 占地面积有300多平方公里	A 2000여개의 산봉우리가 있다 B 최초의 국가 삼림공원이다 C 산림율이 95% 이상이다 D 면적이 300제곱킬로미터가 넘는다

| 해설 | 녹음 다섯 번째 단락에서 '张家界国家森林公园是武陵源风景名胜区的重要组成部分(장자제 국가삼림공원은 무링위안 풍경명승구의 중요한 구성 부분으로), 面积达130平方公里(면적은 130제곱킬로미터에 달하며), 是中国首个国家森林公园(중국 최초의 국가 삼림공원이다)'라고 했으므로 정답은 B이다. '首个……, 首次……, 首批……' 등의 표현들은 정답이 자주 언급되는 부분이니 녹음을 들을 때 유의하도록 하자.
| 단어 | 首个 shǒu ge 최초의, 첫 번째 　国家森林公园 guójiā sēnlín gōngyuán 명 국가 삼림공원　占地 zhàndì 명통 토지, 부지(를 차지하다)　面积 miànjī 명 면적

40 C　★

| 问 : 根据上文可以知道什么? | 질문: 위 글에 근거하여 알 수 있는 것은? |

A 武陵源11月降雪最多　　　　　　　　A 무링위안은 11월에 강설이 가장 많다
B 武陵源霜冻长达6个月　　　　　　　　B 무링위안의 서리는 6개월간 지속된다
C 武陵源动植物资源丰富　　　　　　　　C 무링위안은 동식물 자원이 풍부하다
D 黄狮寨位于索溪峪自然保护区　　　　　D 황사채는 소계곡 자연보호구에 위치해 있다

| 해설 | 녹음 두 번째 단락에서 '生长有野生动物400多种、木本植物850多种(야생동물은 400여 종, 목본식물은 850여 종이 자라고 있다)'라고 했다. 다수의 야생동물과 식물이 자라고 있으므로 정답은 C이다.
| 단어 | 降雪 jiàngxuě 동 눈이 내리다　霜冻 shuāngdòng 명 서리　动植物 dòng zhíwù 명 동식물　丰富 fēngfù 형 풍부하다　位于 wèiyú 동 위치하다, 자리 잡다

TIP

- **주요 문장 형식**

由……组合而成 (~의 조합으로 이루어지다)
원문　武陵源风景名胜区位于湖南省西北部，由张家界市的张家界国家森林公园、慈利县的索溪峪自然保护区和桑植县的天子山自然保护区组合而成，后又发现了杨家界新景区。
예문　中国的传统文化是由语言、服饰、节日、礼仪等元素组合而成的整体体系。

覆盖率达……% (점유율이 ~%에 달한다)
원문　武陵源风景名胜区森林覆盖率达67%。生长有野生动物400多种、木本植物850多种。
예문　这座城市的绿化覆盖率达45%，环境宜人，是居住的好地方。

以……最为著名 (~으로 가장 유명하다)
원문　张家界地貌奇特，有石峰2000多座，形态各异，树木茂盛，森林覆盖率达95%，以黄狮寨、砂刀沟、金鞭岩、金鞭溪等最为著名。
예문　这座山脉风景秀丽，有奇峰、怪石、瀑布，以飞流直下的瀑布最为著名。

二、阅读 독해

제1부분 (41-68) 지문을 보고 올바른 답을 선택하세요.

41-47

㊼ 担担面是川味小吃中的代表性食物，相传为1841年四川自贡一个叫陈包包的小贩创制，㊶ 因为早期是用扁担挑在肩上沿街叫卖，所以叫作担担面，至今已经有上百年历史。

当年挑担担面的扁担一头是个煤球炉子，上面一口铜锅。铜锅隔为两格，一格煮面，一格炖鸡；另一头装的是碗筷、调料和洗碗的水桶。卖面的小贩用扁担挑在街上，晃晃悠悠地沿街游走，㊷ 边走边吆喝："担担面，担担面。"喜欢担担面的一听到这种熟悉的叫卖声，赶紧叫住小贩说"来一碗"，那么你只要付点儿小钱，就能品尝到这种美食了。

㊶ 担担面得名，来自这特殊的年代和叫卖方式；担担面出名，却在于它的调味和独特的面臊。

㊸ 先说面臊，其实就是面卤或是浇头。四川人习惯把面臊分为三种：汤汁面臊、稀卤面臊和干煵面臊。汤汁面臊就是带有汤水的，比如红烧牛肉面、清汤牛肉面、香菇炖鸡面等的面臊；稀卤面臊就是面臊比较浓稠，一般都有勾芡这一过程，像打卤面、大蒜鳝鱼面等的面臊就属此列；㊹ 干煵面臊就是指炒制的面臊，面臊一般都比较干爽，像杂酱面和担担面的面臊就是。

担担面的面臊非常有特色，人们习惯把它叫作"脆臊"，一听名字就知道好吃，制作起来其实也不麻烦：取动物腿肉剁成肉末，甜面酱用少许油解散；然后锅置火上，放少许油烧热，然后下肉末炒散，加料酒炒干水分，加盐、胡椒粉、味精调味，然后放入适量的甜面酱炒香，肉末呈现诱人的茶色，如果颜色较浅，可以加少许酱油，微微吐油就可以起锅放在一边了。

再来说说调味。㊺ 担担面的定碗调料非常多：盐、味精、酱油、醋、辣椒油、香油、白糖、碎米芽菜、葱花和少许的鲜汤，甚至有人会放点儿花生碎和芝麻粉来增香。似乎看起来非常麻烦，但这正是四川厨师的高明和精妙。四川厨师高明，高在用味来刺激你的味蕾，用味来吸引你的食欲，叫你吃了就忘不掉；四川厨师的精妙，妙在可以把很多的调味原料组合在一起，让其和谐地统一，一味衬托另一味，一味更比一味好。

　　炒好面臊，放好调料，就可以开始煮面了。面条煮熟后，捞入已调味的碗中，撒上少许的肉末面臊就可以了。㊻㊼ 如今担担面已遍布各地，虽做法有些许不同，但因其味美受到各地人民的喜爱，已成为一种家常美食小吃。

약간 추가해도 되고, 약간 기름이 배어 나오기 시작하면 냄비를 불에서 내려 한쪽에 두면 된다.

이제 양념에 대해 다시 이야기해 보자. ㊺ 탄탄면의 기본 양념은 매우 다양하다. 소금, 미원, 간장, 식초, 고추기름, 참기름, 설탕, 잘게 썬 절임 채소, 잘게 썬 파, 그리고 소량의 육수까지 들어간다. 심지어 어떤 사람은 향을 더하기 위해 땅콩 부순 것과 참깨가루까지 넣기도 한다. 보기엔 매우 번거로워 보이지만, 이것이 바로 쓰촨 요리사의 뛰어난 솜씨와 절묘(정교)함이다. 쓰촨 요리사의 뛰어난 솜씨는, 맛으로 미각을 자극하고, 맛으로 식욕을 끌어당기며, 한 번 먹으면 잊을 수 없게 만드는 데에 있다. 그들의 정교함은, 많은 양념 재료들을 조화롭게 결합하여 서로 어우러지게 하고, 하나의 맛이 다른 맛을 살려주며, 각각의 맛을 더욱 돋보이게 해준다.

미엔싸오를 볶고, 양념을 넣었으면(양념이 준비되면) 이제 면을 삶기 시작하면 된다. 면이 익으면, 양념을 미리 넣어둔 그릇에 건져 넣고, 다진 고기 고명을 조금 뿌려주면 완성이다. ㊻㊼ 오늘날 탄탄면은 이미 전국 곳곳에 퍼져 있으며, 비록 만드는 방식에 다소 차이가 있지만, 그 맛이 뛰어나 많은 사람들의 사랑을 받고 있어, 이미 일상적으로 즐기는 맛있는 먹거리로 자리 잡았다.

단어　浇头 jiāotóu 몡 양념이 된 고명　担担面 dāndānmiàn 몡 탄탄면(중국 쓰촨 지역의 면 요리)　川味小吃 chuānwèi xiǎochī 쓰촨식 먹거리　相传 xiāngchuán 동 전해지다　四川自贡 Sìchuān Zìgòng 고유 쓰촨 쯔궁(지명)　小贩 xiǎofàn 몡 노점상, 길거리 상인　创制 chuàngzhì 처음 만들어내다　扁担 biǎndan 몡 멜대　挑 tiāo 동 (멜대로) 메다　肩 jiān 몡 어깨　沿街叫卖 yánjiē jiàomài 길거리에서 외치며 팔다　煤球炉子 méiqiú lúzi 몡 연탄 화로　铜锅 tóngguō 몡 놋솥　隔为两格 gé wéi liǎng gé 두 칸으로 나누다　煮面 zhǔ miàn 동 면을 삶다　炖鸡 dùn jī 닭을 푹 삶다　装 zhuāng 동 담다, 채우다　碗筷 wǎnkuài 몡 그릇과 젓가락　调料 tiáoliào 양념　洗碗 xǐ wǎn 동 설거지하다　水桶 shuǐtǒng 몡 물통　晃晃悠悠 huànghuang yōuyōu 흔들흔들　沿街游走 yánjiē yóuzǒu 길거리를 돌아다니다　熟悉 shúxī 형 익숙하다　叫卖声 jiàomàishēng 몡 (호객하는)외치는 소리　赶紧 gǎnjǐn 동 서둘러　付 fù 동 지불하다　品尝 pǐncháng 동 맛보다　调味 tiáowèi 동 간하다, 양념하다　面臊 miànsào 몡 미엔싸오(면 위에 얹는 양념, 소스, 고명)　面卤 miànlǔ 몡 국물 양념　汤汁面臊 tāngzhī miànsào 몡 탕즈미엔싸오(국물 있는 고명)　稀卤面臊 xīlǔ miànsào 몡 시루미엔싸오(걸죽한 미엔싸오)　干煸面臊 gānbiān miànsào 몡 간볜미엔싸오(기름에 볶은 미엔싸오)　红烧牛肉面 hóngshāo niúròu miàn 몡 홍소 소고기면　清汤牛肉面 qīngtāng niúròu miàn 몡 맑은국 소고기면　香菇炖鸡面 xiānggū dùn jī miàn 몡 표고버섯 닭고기면　浓稠 nóngchóu 형 진하고 걸쭉하다　勾芡 gōuqiàn 동 전분을 넣어 걸쭉하게 하다　打卤面 dǎlǔmiàn 짙은 양념국물을 부은 면　大蒜鳝鱼面 dàsuàn shànyú miàn 마늘 장어면　炒制 chǎozhì 동 볶아 만들다　干爽 gānshuǎng 형 기름지지 않고 담백하다　杂酱面 zájiàngmiàn 몡 잡장면(중국 쓰촨 지역의 면 요리)　剁 duò 동 (잘게) 썰다　肉末 ròumò 몡 다진 고기　甜面酱 tiánmiànjiàng 달콤한 된장소스　少许 shǎoxǔ 형 약간　解散 jiěsàn 동 흩어지다, 분해되다　置 zhì 동 두다, 놓다　烧热 shāorè 동 달구다　料酒 liàojiǔ 몡 조미술　胡椒粉 hújiāofěn 몡 후춧가루　味精 wèijīng 몡 조미료　调味 tiáowèi 동 (요리의) 맛을 내다, 맛을 조절하다　适量 shìliàng 형 양이 적당하다　呈现 chéngxiàn 동 드러나다, 나타나다　诱人 yòurén 형 유혹적인　浅 qiǎn 형 옅다, 연하다　酱油 jiàngyóu 몡 간장　微微 wēiwēi 형 살짝, 약간　吐油 tǔyóu 기름이 배어 나오다　起锅 qǐguō 동 (조리를 마치고) 팬에서 덜다　定碗调料 dìngwǎn tiáoliào 몡 기본 양념 세트　醋 cù 몡 식초　辣椒油 làjiāoyóu 몡 고추기름　香油 xiāngyóu 몡 참기름　碎米芽菜 suìmǐ yácài 몡 잘게 썬 절임 채소(쓰촨 지방의 유명한 절임 채소 중 하나)　葱花 cōnghuā 몡 송송 썬 파　花生碎 huāshēng suì 다진 땅콩　芝麻粉 zhīmafěn 몡 참깨 가루　高明 gāomíng 형 뛰어나다, 훌륭하다　精妙 jīngmiào 정교하다　刺激 cìjī 동 자극하다　味蕾 wèilěi 몡 미뢰(맛을 느끼는 감각기관)　食欲 shíyù 식욕　和谐 héxié 형 조화롭다　衬托 chèntuō 동 돋보이게 하다　捞 lāo 동 건지다　撒 sǎ 동 뿌리다　遍布各地 biànbù gèdì 각지에 널리 퍼지다

---

41 A　★

担担面的命名是源于它的：　　　　탄탄면이라는 이름은 다음 중 어디에서 유래되었는가:

A 售卖方式	A 판매 방식
B 制作材料	B 만드는 재료
C 产品工艺	C 제조 공정
D 发源地址	D 발원지

해설 첫 번째 단락 후반에서 '因为早期是用扁担挑在肩上沿街叫卖，所以叫作担担面(초기에는 멜대를 어깨에 메고 거리를 다니며 외치며 팔았기 때문에 탄탄면이라 불렸으며)'라고 했다. 또한 세 번째 단락 초반에서도 '担担面得名，来自这特殊的年代和叫卖方式(탄탄면이라는 이름은 이 특별한 시대와 외치며 파는 방식에서 유래되었고)'라고 했으므로 정답은 A이다.

단어 命名 mìngmíng 통 명명하다, 이름을 붙이다 源于 yuányú 통 ~에서 유래하다, ~에서 비롯되다 售卖 shòumài 통 판매하다, 팔다 制作 zhìzuò 통 제작하다, 만들다 工艺 gōngyì 명 공예, 기술, 제작 기술 发源 fāyuán 통 발원하다, 시작되다

42 C ★★

根据文意，第二段的空白处最适合填入的词语是：	문장의 의미에 따르면, 두 번째 단락의 빈칸에 가장 적절한 단어는:
A 打闹	A 떠들고 장난치다
B 尖叫	B 비명을 지르다
C 吆喝	C 큰 소리로 외치다
D 耍宝	D 익살을 부리다

해설 빈칸 뒤에서 '喜欢担担面的一听到这种熟悉的叫卖声(탄탄면을 좋아하는 사람들은 이 익숙한 외침을 듣자마자)'라고 했다. 叫卖声은 '손님을 끌기 위한 외침'으로, 빈칸에는 소리치며 손님을 끄는 의미의 단어가 들어가야 한다. 따라서 정답은 C이다. 吆喝는 '큰 소리로 외치다'라는 뜻으로 주로 물건을 팔거나 또는 가축을 몰거나 사람을 부를 때 사용한다.

단어 打闹 dǎnào 통 시끄럽게 떠들고 장난치다 尖叫 jiānjiào (놀람·공포로) 비명을 지르다 吆喝 yāohe (크게 외쳐) 부르다, 소리치다 耍宝 shuǎbǎo 통 익살을 부리다

43 D ★★

浇头：	浇头는:
A 都带有汤水	A 모두 국물이 있다
B 都需要勾芡	B 모두 전분을 넣어 걸쭉하게 만든다
C 起源于四川	C 쓰촨에서 기원했다
D 是面臊的别称	D 미엔싸오의 별칭이다

해설 네 번째 단락 초반에서 '先说面臊，其实就是面卤或是浇头(먼저 미엔싸오에 대해 말하자면, 면에 얹는 소스 또는 양념이 된 고명이다)'라고 했다. 즉 面臊와 浇头가 동일함을 알 수 있으므로 정답은 D이다.

단어 勾芡 gōuqiàn 통 (요리에) 전분물로 걸쭉하게 하다, 농도를 내다 起源 qǐyuán 명통 기원(하다), 시작(되다) 别称 biéchēng 명 다른 이름, 별칭

44 D ★★★

关于担担面的面臊，下列哪项正确？ 　　　탄탄면의 미엔싸오에 관해 다음 중 옳은 것은:

① 属于干燶面臊　　　　　　　　　　① 간난미엔싸오에 속한다
② 需要事先炒制　　　　　　　　　　② 미리 볶아야 한다
③ 颜色比较清淡　　　　　　　　　　③ 색깔이 비교적 연하다
④ 制作时使用茶叶　　　　　　　　　④ 만들 때 찻잎을 사용한다

A ①③　B ②④　C ①④　D ①②　　A ①③　B ②④　C ①④　D ①②

해설　네 번째 단락 후반에서 '干燶面臊就是指炒制的面臊(간난미엔싸오는 말 그대로 볶아서 만든 것으로), 面臊一般都比较干爽(대체로 기름지지 않고 담백하며), 像杂酱面和担担面的面臊就是(자장면과 탄탄면의 미엔싸오가 여기에 해당한다)'라고 했다. 탄탄면의 미엔싸오가 간난미엔싸오에 해당하므로 보기 ①은 옳은 내용이며, 간난미엔싸오는 볶아서 만든다고 했으므로 보기 ② 역시 옳은 내용이다. 따라서 정답은 D이다.

단어　是指 shì zhǐ ~을 가리킨다, ~을 의미한다　属于 shǔyú 통 ~에 속하다　炒制 chǎozhì 통 볶아 만들다, 볶아서 조리하다　清淡 qīngdàn 형 담백하다, 산뜻하다　茶叶 cháyè 명 찻잎, 차(茶)

45 D ★

担担面的调味原料:　　　　　　　　탄탄면의 양념 재료는:

A 各不相同　　　　　　　　　　　　A 각각 다르다
B 着重麻辣　　　　　　　　　　　　B 얼얼하고 매운 맛을 중시한다
C 多用骨汤　　　　　　　　　　　　C 뼈 육수를 많이 쓴다
D 多而和谐　　　　　　　　　　　　D 많지만 조화롭다

해설　여섯 번째 단락 초반의 '担担面的定碗调料非常多(탄탄면의 기본 양념은 매우 다양하다)'에서 관련 내용이 언급되었다. 동일 단락 후반에서 '四川厨师的精妙(쓰촨 요리사들의 정교함은), 妙在可以把很多的调味原料组合在一起, 让其和谐地统一(많은 양념 재료들을 조화롭게 결합하여 서로 어우러지게 하고)'라고 했으므로 정답은 D이다.

단어　调料 tiáoliào 명 조미료, 양념　组合 zǔhé 명 통 조합(하다)　和谐 héxié 형 조화롭다, 화목하다　统一 tǒngyī 통 통일된　精妙 jīngmiào 형 정교하고 훌륭하다

46 C ★

担担面:　　　　　　　　　　　　　탄탄면은:

A 尚未走出四川　　　　　　　　　　A 아직 쓰촨 지역을 벗어나지 않았다
B 做法统一严谨　　　　　　　　　　B 조리법이 통일되고 엄격하다
C 属于家常美食　　　　　　　　　　C 맛있는 일상 요리에 속한다
D 拥有千年历史　　　　　　　　　　D 천 년의 역사를 가지고 있다

해설 일곱 번째 단락 후반에서 '如今担担面已遍布各地(오늘날 탄탄면은 이미 전국 곳곳에 퍼져 있으며), 虽做法有些许不同, 但因其味美受到各地人民的喜爱(비록 만드는 방식에 다소 차이가 있지만, 그 맛이 뛰어나 많은 사람들의 사랑을 받고 있어), 已成为一种家常美食小吃(이미 일상적으로 즐기는 맛있는 먹거리로 자리 잡았다)'라고 했으므로 정답은 C이다.

단어 尚未 shàngwèi 🈚 아직 ~하지 않았다　严谨 yánjǐn 🈴 엄밀하다, 빈틈없다　属于 shǔyú 🈚 ~에 속하다　家常 jiācháng 🈴 가정식의, 일상적인　美食 měishí 🈲 맛있는 음식, 미식　拥有 yōngyǒu 🈚 소유하다

47 B ★★

最适合做上文标题的是:	위 글에 가장 적절한 제목은:
A 回味无穷的美食 B 川味美食担担面 C 无辣不欢的四川菜 D 担担面与它的历史故事	A 오래도록 여운이 남는 음식 B 쓰촨 맛의 미식 탄탄면 C 맵지 않으면 좋아하지 않는 쓰촨 요리 D 탄탄면과 그것의 역사 이야기

해설 글의 제목을 찾는 문제는 보통 첫 단락이나 마지막 단락에서 그 핵심 내용을 빠르게 찾을 수 있다. 이 글은 탄탄면 이름의 유래, 양념 방법, 조리법 등을 소개하고 있는데, 첫 번째 단락 초반의 '担担面是川味小吃中的代表性食物(탄탄면은 쓰촨식 먹거리 중 대표적인 음식으로)'라는 내용과 마지막 단락의 '如今担担面已遍布各地(오늘날 탄탄면은 이미 전국 곳곳에 퍼져 있으며), 虽做法有些许不同, 但因其味美受到各地人民的喜爱(비록 만드는 방식에 다소 차이가 있지만, 그 맛이 뛰어나 많은 사람들의 사랑을 받고 있어), 已成为一种家常美食小吃(이미 일상적으로 즐기는 맛있는 먹거리로 자리 잡았다)'라는 내용을 통해 정답이 B임을 유추할 수 있다. D는 탄탄면의 역사가 이 글 전체 내용을 대표할 수는 없으므로 정답이 될 수 없다.

단어 标题 biāotí 🈲 제목, 타이틀　川味 chuānwèi 🈲 쓰촨 풍미, 쓰촨 요리의 맛　回味无穷 huíwèi wúqióng 🈳 (맛, 감동 등이) 오래 남다, 여운이 길다　无辣不欢 wú là bù huān 매운 것을 매우 좋아하다, 매워야 즐겁다　历史故事 lìshǐ gùshi 🈲 역사 이야기, 역사적 일화

TIP

● 주요 문장 형식

因为早期是……, 所以叫作……, 至今已经有……年历史
(초기에 ~였기 때문에, ~이라고 불렸고, 오늘까지 ~년의 역사를 가진다)
원문　担担面是川味小吃中的代表性食物, 相传为1841年四川自贡一个叫陈包包的小贩创制, 因为早期是用扁担挑在肩上沿街叫卖, 所以叫作担担面, 至今已经有上百年历史。
예문　竹简, 是古代常用的书写材料, 因为早期是书写在竹片上, 所以叫作"竹简", 至今已经有两千多年的历史。

……得名, 来自……; ……出名, 却在于它的……
(~의 이름을 얻은 것은 ~에서 왔지만, ~이 유명해진 것은 그것의 ~에 달려 있다)
원문　担担面得名, 来自这特殊的年代和叫卖方式; 担担面出名, 却在于它的调味和独特的面膜。
예문　龙井茶得名, 来自杭州龙井村的泉水; 龙井茶出名, 却在于它的清香回甘与传统手工炒制技艺。

似乎看起来……, 但这正是…… (마치 보기에는 ~해 보이지만, 이것은 바로 ~이다)
원문　担担面的定碗调料非常多: 盐、味精、酱油、醋、辣椒油、香油、白糖、碎米芽菜、葱花和少许的鲜汤, 甚至有人会放点儿花生碎和芝麻粉来增香。似乎看起来非常麻烦, 但这正是四川厨师的高明和精妙。
예문　太极拳的动作缓慢, 似乎看起来软弱无力, 但这正是以柔克刚、刚柔并济的体现。

因其……受到……的喜爱, 已成为一种…… (그 ~은 ~의 사랑을 받아, 이미 ~이 되었다)
원문　如今担担面已遍布各地, 虽做法有些许不同, 但因其味美受到各地人民的喜爱, 已成为一种家常美食小吃。
예문　旗袍因其优雅的线条与东方美学, 受到中外女性的喜爱, 已成为一种经典的中国服饰代表。

48-54

　　战国时期，❹❽齐国有一个名叫淳于髡的人。他的口才很好，也很会说话。他常常用一些有趣的隐语，来规劝君主，使君主不但不生气，而且乐于接受。

　　❹❾齐国的齐威王本来是一个很有才智的君主，但他继位以后，沉迷酒色，不理国家大事，每日只知饮酒作乐，把一切政事都交给大臣去办理，自己则不闻不问。因此，❺⓿政治混乱，官吏们贪污失职，再加上各国诸侯也都趁机来侵犯，使得齐国濒临灭亡的边缘。

　　齐国的爱国之士都很担忧，但因为畏惧齐威王，没有人敢出面劝谏。❺❶其实齐威王是一个很聪明的人，他很喜欢说些隐语来展现自己的智慧。虽然他不喜欢听别人的劝告，但如果劝告得法的话，他还是会接受的。淳于髡知道这点后，便想了一个计策，准备找个机会来劝告齐威王。有一天，淳于髡见到了齐威王，就对他说："大王，臣有一个谜语想请您猜一猜：某个国家的宫廷中住着一只大鸟，已经整整三年了。可是他既不振翅飞翔，也不发声鸣叫，只是毫无目的地蜷伏着。大王，您猜这是一只什么鸟呢？"

　　❺❷齐威王是一个聪明人，一听就知道淳于髡是在讽刺自己像那只大鸟一样，身为一国之君却毫无作为，只知道享乐。他不再想做一个昏庸的君主，于是沉思片刻后便毅然决定要重新振作起来，做出一番轰轰烈烈的事业，因此他对淳于髡说："你不知道，❺❹这只大鸟不飞则已，一飞冲天；不鸣则已，一鸣惊人。你慢慢等着瞧吧！"

　　从此齐威王不再沉迷于饮酒作乐，而开始整顿国政。❺❸首先他召见全国的官吏，对尽忠负责的给予奖励，对腐败无能的则加以惩罚。结果全国上下，很快就振作起来，到处充满蓬勃的朝气。另一方面，他也着手整顿军事，强大武力，提升国家的威望。各国诸侯听到这个消息以后都很震惊，不但不敢再来侵犯，甚至还把原先侵占的土地都归还给了齐国。

　　전국시대, ❹❽제나라에 춘위쿤(淳于髡)이라는 사람이 있었다. 그는 말재주가 뛰어나고 말을 아주 잘했다. 그는 자주 흥미로운 은유를 사용해 군주를 간언했는데, 군주는 화를 내지 않을 뿐 아니라 기꺼이 받아들였다.

　　❹❾제나라의 제위왕은 원래 매우 지혜로운 군주였으나, 즉위한 후에는 주색에 빠져 국정을 돌보지 않고, 날마다 술 마시고 즐기는 데만 몰두하며, 모든 정사를 대신들에게 맡기고 자신은 전혀 신경 쓰지 않았다. 그로 인해 ❺⓿정치가 혼란해지고, 관리들은 부패하고 직무를 태만히 했으며, 더불어 여러 제후국들도 틈을 타 침입해, 제나라는 멸망의 위기에 처했다.

　　제나라의 애국지사들은 모두 걱정했지만, 제위왕을 두려워하여 감히 나서서 간언하는 사람이 없었다. ❺❶사실 제위왕은 매우 영리한 사람이었고, 스스로의 지혜를 뽐내기 위해 은유적인 말을 하는 것을 좋아했다. 그는 다른 사람의 충고를 좋아하지는 않았지만, 충고하는 방식이 적절하면 받아들이기도 했다. 춘위쿤은 이 점을 알고 나서 하나의 계책을 생각해 기회를 봐서 제위왕에게 간언하기로 했다. 어느 날, 춘위쿤은 제위왕을 만나 이렇게 말했다. "대왕, 신이 수수께끼 하나를 드리고 싶은데, 한번 맞혀 보시겠습니까? 어떤 나라의 궁궐에 큰 새 한 마리가 살고 있었는데, 벌써 꼬박 3년이 지났습니다. 그런데도 그 새는 날개를 퍼덕이며 날지도 않고, 소리를 내어 울지도 않으며, 아무 목적 없이 몸을 웅크리고 있을 뿐입니다. 대왕, 이건 무슨 새라고 생각하십니까?"

　　❺❷제위왕은 영리한 사람이었기 때문에, 이 말을 듣자마자 춘위쿤이 자신을 풍자하고 있다는 것을 알아차렸다. 즉, 자신이 한 나라의 군주로서 아무런 일을 하지 않고 즐기기만 하는 모습을 그 새에 빗댄 것이었다. 그는 더 이상 어리석은 군주로 남고 싶지 않았기에 잠시 생각에 잠긴 후 다시 마음을 다잡고 세상에 큰 업적을 이루기로 결심했다. 그리고 춘위쿤에게 "그대는 모를 것이다. ❺❹이 새는 날지 않을 때는 모르지만, 한번 날면 하늘 끝까지 치솟고, 울지 않으면 그만이지만, 한번 울면 사람을 놀라게 한다. 그대는 두고 보라!"라고 말했다.

　　그때부터 제위왕은 더 이상 술과 향락에 빠지지 않고 국정을 바로잡기 시작했다. ❺❸그는 우선 전국의 관리를 소환해 충성스럽고 책임감 있는 이들에게는 포상을 내리고, 부패하고 무능한 이들에게는 처벌을 내렸다. 그 결과 전국이 빠르게 활기를 되찾았고, 온 나라에 생기가 넘쳤다. 한편 그는 군대도 정비하고 무력을 강화하여 국가의 위엄을 높였다. 이 소식을 들은 여러 제후국들은 모두 놀랐고, 더 이상 감히 침략하지 못했을 뿐만 아니라, 이전에 침범해 빼앗은 땅마저 제나라에 되돌려 주었다.

단어 不飞则已，一飞冲天；不鸣则已，一鸣惊人 bùfēi zéyǐ, yìfēi chōngtiān; bùmíng zéyǐ, yìmíng jīngrén 이 새는 평소에는 날지도 울지도 않지만, 한 번 날면 하늘 끝까지 날고, 한 번 울면 모두를 놀라게 한다(비유: 평소에는 특별한 것이 없다가 한 번 시작하면 사람을 놀랠 정도의 큰일을 이루다) 淳于髡 Chúnyú Kūn 고유 춘위쿤(전국 시대 인물) 口才 kǒucái 명 말재주, 언변 隐语 yǐnyǔ 명 은어, 암시적인 말 规劝 guīquàn 동 훈계하다, 타이르다 君主 jūnzhǔ 명 군주 齐威王 Qí Wēi wáng 고유 제위왕(제나라 위왕) 才智 cáizhì 명 재능과 지혜 继位 jìwèi 동 왕위를 잇다 沉迷酒色 chénmí jiǔsè 동 주색에 빠지다 饮酒作乐 yǐnjiǔ zuòlè 술 마시며 즐기다 大臣 dàchén 명 대신 不闻不问 bù wén bù wèn 성 듣지도 묻지도 않다(무관심하다) 混乱 hùnluàn 형 혼란스럽다 官吏 guānlì 명 관리 贪污 tānwū 명동 부정부패(하다) 诸侯 zhūhóu 명 제후 趁机 chènjī 동 기회를 틈타다 侵犯 qīnfàn 동 침범하다 灭亡 mièwáng 동 멸망하다 边缘 biānyuán 명 가장자리, 위기 직전 担忧 dānyōu 동 걱정하다 畏惧 wèijù 동 두려워하다 劝谏 quànjiàn 동 (윗사람에게) 충고하다, 간언하다 智慧 zhìhuì 명 지혜 劝告 quàngào 명동 권고(하다), 충고(하다) 得法 défǎ 동 방법이 적절하다 计策 jìcè 명 계책 谜语 míyǔ 명 수수께끼 猜 cāi 동 추측하다, 맞히다 宫廷 gōngtíng 명 궁정, 궁궐 大鸟 dàniǎo 명 큰 새 振翅飞翔 zhènchì fēixiáng 동 날개를 퍼덕이며 날아오르다 发声鸣叫 fāshēng míngjiào 동 울음소리를 내다 毫无目的 háowú mùdì 동 아무런 목적이 없다 蜷伏 quánfú 동 몸을 웅크리다 讽刺 fěngcì 동 풍자하다 毫无作为 háowú zuòwéi 성 아무런 성과가 없다 享乐 xiǎnglè 동 향락하다 昏庸 hūnyōng 형 어리석고 무능하다 沉思片刻 chénsī piànkè 동 잠시 생각에 잠기다 毅然 yìrán 부 단호히 振作 zhènzuò 동 분발하다 一番 yì fān 양 한바탕, 한차례 轰轰烈烈 hōnghōng lièliè 형 장대하고 거창하다 不鸣则已，一鸣惊人 bù míng zé yǐ, yī míng jīng rén 성 평소에는 잠잠하다가 한 번에 놀라운 성과를 내다 等着瞧 děngzhe qiáo 두고 보자 整顿 zhěngdùn 동 정돈하다, 바로잡다 召见 zhàojiàn 동 (임금이 신하를) 불러 만나다 尽忠负责 jìnzhōng fùzé 충성을 다하고 책임을 지다 给予奖励 jǐyǔ jiǎnglì 상을 주다 腐败无能 fǔbài wúnéng 부패하고 무능하다 加以惩罚 jiāyǐ chéngfá 벌을 내리다 蓬勃 péngbó 동 왕성하다 朝气 zhāoqì 명 활기 着手 zhuóshǒu 동 착수하다 威望 wēiwàng 명 위신, 명망 震惊 zhènjīng 동 놀라게 하다 侵占 qīnzhàn 동 침략하여 차지하다 归还 guīhuán 동 반환하다

48 A ★★

淳于髡的特点是：	춘위쿤의 특징은:
A 善于劝谏	A 간언을 잘한다
B 擅长歌舞	B 노래와 춤에 능하다
C 打仗勇敢	C 전쟁에서 용맹하다
D 长于算计	D 계략에 능하다

해설 첫 번째 단락 초반의 '齐国有一个名叫淳于髡的人(제나라에 춘위쿤이라는 사람이 있었다)'에서 해당 인물이 언급되었다. 이어지는 내용에서 '他的口才很好，也很会说话(그는 말재주가 뛰어나고 말을 아주 잘했다)。他常常用一些有趣的隐语，来规劝君主，使君主不但不生气，而且乐于接受(그는 자주 흥미로운 은유를 사용해 군주를 간언했는데, 군주는 화를 내지 않을 뿐 아니라 기꺼이 받아들였다)'라고 했다. 지문의 '规劝(권고하다, 충고하다)'은 보기의 '劝谏(충고하다, 간언하다)'와 의미가 통하므로 정답은 A이다.

단어 善于 shànyú 동 ~를 잘하다, 능하다 劝谏 quànjiàn 동 (윗사람에게) 충고하다, 간언하다 规劝 guīquàn 동 권고하다, 충고하다 擅长 shàncháng 동 ~에 능하다, ~를 잘하다 歌舞 gēwǔ 명 노래와 춤 동 노래하고 춤추다 打仗 dǎzhàng 동 전쟁하다, 싸우다 长于 chángyú 동 ~에 뛰어나다, ~에 강하다 算计 suànjì 동 계획하다, (문맥에 따라) 속임수를 쓰다

49 C ★★

齐威王做了国君之后：	제위왕이 군주가 된 이후:
① 不理朝政	① 조정을 돌보지 않았다
② 经常打猎	② 자주 사냥을 다녔다
③ 大修宫殿楼阁	③ 궁궐과 누각을 대대적으로 지었다
④ 喜欢饮酒取乐	④ 술 마시고 즐기는 것을 좋아했다
A ①③ B ②④ C ①④ D ②③	A ①③ B ②④ C ①④ D ②③

해설 두 번째 단락 초반에서 '齐国的齐威王本来是一个很有才智的君主(제나라의 제위왕은 원래 매우 지혜로운 군주였으나), 但他继位以后, 沉迷酒色, 不理国家大事, 每日只知饮酒作乐(즉위한 후에는 주색에 빠져 국정을 돌보지 않고, 날마다 술 마시고 즐기는 데만 몰두하며)'라고 했다. 보지 않다'는 보기 ①에 해당하고 '饮酒作乐(술을 마시고 즐기다)'는 보기 ④에 해당하므로 정답은 C이다.

단어 理 lǐ 통 처리하다, 정리하다 朝政 cháozhèng 명 조정 업무, 국정 打猎 dǎliè 통 사냥하다 大修 dàxiū 대대적으로 수리하다, 보수하다 宫殿楼阁 gōngdiàn lóugé 명 궁전과 누각 饮酒作乐 yǐn jiǔ zuò lè 술 마시고 즐기다 饮酒取乐 yǐnjiǔ qǔlè 술 마시며 즐기다

50 D ★★

根据文意，第二段的空白处最适合填入的词语是：	문장의 의미에 따라, 두 번째 단락의 빈칸에 가장 적절한 단어는:
A 跨越	A 뛰어넘다
B 涉足	B 발을 들이다
C 开创	C 개척하다
D 濒临	D 위기에 처하다

해설 빈칸 앞에서 '政治混乱, 官吏们贪污失职, 再加上各国诸侯也都趁机来侵犯(정치가 혼란해지고, 관리들은 부패하고 직무를 태만히 했으며, 더불어 여러 제후국들도 틈을 타 침입해)'라고 한 것으로 보아 제나라가 위기에 빠졌음을 알 수 있다. 그러므로 '使得齐国_____灭亡的边缘'의 빈칸에 가장 적절한 단어는 D이다. 濒临은 주로 부정적이거나 위기 상황과 함께 자주 쓰이며, '~한 지경에 이르다', '~의 직전에 처하다'라는 의미로 사용된다.

• 빈출 조합: 濒临灭绝 (동식물이) 멸종 위기에 처하다   濒临崩溃 (생태계가) 붕괴 직전에 놓이다
          濒临破产 (경제, 기업 등이) 파산 위기에 처하다   濒临危机 (사회, 경제, 환경 등이) 위기 상황에 처하다

단어 跨越 kuàyuè 통 뛰어넘다, 건너다 涉足 shèzú 통 발을 들여놓다, 섭렵하다 开创 kāichuàng 통 창시하다, 개척하다 濒临 bīnlín 통 임박하다, 직면하다 灭绝 mièjué 통 멸종하다, 완전히 없어지다 崩溃 bēngkuì 통 붕괴하다, 무너지다 破产 pòchǎn 통 파산하다 危机 wēijī 명 위기

51 B ★★

齐威王喜欢什么样的劝告?	제위왕이 좋아한 간언 방식은:
A 直接的	A 직설적인
B 委婉的	B 완곡한
C 猛烈的	C 강한 어조의
D 持续的	D 지속적인

해설 세 번째 단락에서 '其实齐威王是一个很聪明的人(사실 제위왕은 매우 영리한 사람이었고), 他很喜欢说些隐语来展现自己的智慧(스스로의 지혜를 뽐내기 위해 은유적인 말을 하는 것을 좋아했다)'라고 했다. 지문의 隐语는 주로 비판, 풍자, 간언 또는 뜻을 숨기거나 빗대어 표현한 말이고, 委婉은 부드럽고 우회적으로 표현하는 방식을 의미한다. 隐语와 委婉 모두 직접적으로 말하지 않는다는 공통점이 있으므로 정답은 B이다.

단어 劝告 quàngào 통 권고하다, 충고하다 直接 zhíjiē 형 직접적이다 부 직접적으로 委婉 wěiwǎn 형 완곡하다, 돌려서 표현하다 猛烈 měngliè 형 맹렬하다, 격렬하다 持续 chíxù 통 지속하다, 계속되다

52 D ★

淳于髡把大鸟比作：	춘위쿤은 큰 새를 누구에 비유했는가:
A 小人	A 소인배
B 敌人	B 적
C 某大臣	C 어떤 대신
D 齐威王	D 제위왕

해설 네 번째 단락 초반에서 '齐威王是一个聪明人，一听就知道淳于髡是在讽刺自己像那只大鸟一样(제위왕은 영리한 사람이었기 때문에, 이 말을 듣자마자 춘위쿤이 자신을 풍자하고 있다는 것을 알아차렸다), 身为一国之君却毫无作为，只知道享乐(자신이 한 나라의 군주로서 아무런 일을 하지 않고 즐기기만 하는 모습을 그 새에 빗댄 것이었다)'라고 했으므로 정답은 D이다.

단어 比作 bǐzuò 동 비유하다, ~에 비유하다   小人 xiǎorén 명 소인, 비열한 사람   敌人 dírén 명 적, 적군   讽刺 fěngcì 명동 풍자(하다)   某大臣 mǒu dàchén 어떤 대신(관료)   齐威王 Qí Wēi wáng 고유 제위왕(제나라 위왕)

53 B ★★

齐威王改革的措施不包括：	제위왕의 개혁 조치에 포함되지 않는 것은:
A 整顿军事	A 군사 정비
B 把土地分给百姓	B 백성에게 토지를 나눠 줌
C 惩罚腐败的官员	C 부패한 관리 처벌
D 奖励尽职的官吏	D 직무에 충실한 관리 포상

해설 다섯 번째 단락에서 '首先他召见全国的官吏(그는 우선 전국의 관리를 소환해), 对尽忠负责的给予奖励，对腐败无能的则加以惩罚(충성스럽고 책임감 있는 이들에게는 포상을 내리고, 부패하고 무능한 이들에게는 처벌을 내렸다)', '他也着手整顿军事，强大武力(그는 군대도 정비하고 무력을 강화하여 국가의 위엄을 높였다)'라고 했다. 따라서 정답은 지문에서 언급되지 않은 B이다.

단어 改革 gǎigé 동 개혁하다   措施 cuòshī 명 조치, 방책   整顿 zhěngdùn 동 정돈하다, 정비하다   百姓 bǎixìng 명 백성, 일반 국민   惩罚 chéngfá 동 처벌하다, 벌주다   腐败 fǔbài 명동 부패(하다)   奖励 jiǎnglì 명동 상(을 주다)   尽职 jìnzhí 동 직무를 다하다   官吏 guānlì 명 관리, 관료

54 D ★★★

下列哪个成语可以概括本文的主要内容？	다음 중 본문의 주요 내용을 요약할 수 있는 성어는:
A 谋事在人，成事在天	A 일은 사람에게 달렸고 성패는 하늘에 달렸다
B 路见不平，拔刀相助	B 불의를 보면 칼을 뽑아 도와준다
C 重赏之下，必有勇夫	C 큰 상을 걸면 반드시 용감한 이가 있다
D 不鸣则已，一鸣惊人	D 울지 않으면 그만이지만, 한 번 울면 놀랍게 한다

해설   성어 不鸣则已, 一鸣惊人은 제나라의 군주인 위왕(齐威王)이 춘위쿤(淳于髡)에게 한 말로 '새가 울지 않다가 한번 울면 사람을 놀라게 한다'라는 의미를 나타낸다. 겉으로는 평범해 보이지만 결정적인 순간에 큰 능력이나 성과를 나타내는 사람이나 상황을 묘사할 때 사용한다. 본문의 주요 내용은 제위왕의 비범함을 말하고 있는데, 이는 네 번째 단락 후반의 '这只大鸟不飞则已，一飞冲天; 不鸣则已，一鸣惊人(이 새는 날지 않을 때는 모르지만, 한번 날면 하늘 끝까지 치솟고, 울지 않으면 그만이지만, 한번 울면 사람을 놀라게 한다)'에서 잘 설명되고 있다. 따라서 정답은 A이다.

단어   谋事在人, 成事在天 móu shì zài rén, chéng shì zài tiān 일을 계획하는 것은 사람이 하지만, 그 성패는 하늘에 달려 있다 路见不平, 拔刀相助 lù jiàn bù píng, bá dāo xiāng zhù 길에서 부당한 일을 보면 칼을 뽑아 도와준다(불의를 보면 적극적으로 나서서 돕는다) 重赏之下, 必有勇夫 zhòng shǎng zhī xià, bì yǒu yǒng fū 큰 상이 있으면 반드시 용감하게 나서는 사람이 있다

TIP

- **주요 문장 형식**

常常用……来…… (종종 ~을 이용하여 ~하다)
원문   他的口才很好，也很会说话。他常常用一些有趣的隐语，来规劝君主，使君主不但不生气，而且乐于接受。
예문   庄子常常用寓言来表达他的哲学思想，使深奥的道理生动有趣。

本来是……, 但……以后 (본래는 ~었는데, ~이후에는)
원문   齐国的齐威王本来是一个很有才智的君主，但他继位以后，沉迷酒色，不理国家大事，每日只知饮酒作乐，把一切政事都交给大臣去办理，自己则不闻不问。
예문   风筝本来是用于军事传信的工具，但传入民间以后，风筝变成了深受人们喜爱的传统玩具。

不但不没有……, 甚至还…… (~하지 않을 뿐만 아니라, 심지어 ~하다)
원문   各国诸侯听到这个消息以后都很震惊，不但不敢再来侵犯，甚至还把原先侵占的土地都归还给了齐国。
예문   传统的家常菜不但没有失去市场，甚至还因为独特的风味越来越受欢迎。

55-61

舞狮是中国优秀的民间艺术，至今已有一千多年的历史。狮舞在旧时称"太平乐"，㊄㊄ 而到了唐代时更得到广泛的发展。狮艺在当时已成为过年过节、行香走会中的必备节目。在一千多年的发展过程中，狮舞形成了南北两种表演风格。

北狮造型和真的狮子很像，狮头较为简单，全身披金黄色毛。舞狮者（一般二人舞一头）的裤子、鞋都会披上毛，㊄㊆ 未舞时看起来已经是惟妙惟肖的狮子。狮头上有红结者为雄狮，有绿结者为雌狮。㊄㊅ 北狮表现灵活的动作，与南狮着重威猛不同。舞动则是以扑、跌、翻、滚、跳跃、擦痒等动作为主，表演较为接近杂耍。北狮一般是雌雄成对出现，由装扮成武士的主人引领。有时一对北狮会配一对小北狮，小狮戏弄大狮，大狮弄儿为乐，尽显天伦。

河北是北狮的发祥地。其中又以徐水的舞狮最为有名。徐水舞狮的活动时间主要在春节和春季寺庙法

사자춤은 중국의 우수한 민간 예술로, 지금까지 천 년이 넘는 역사를 가지고 있다. 사자춤은 예전에는 '태평악'이라 불렸고, ㊄㊄ 당나라 시기에는 더욱 광범위하게 발전하였다. 사자(狮艺)예술은 당시 이미 설날이나 명절, 민속 제례행사에서 반드시 포함되는 공연 프로그램이 되었다. 천여년의 발전 과정을 거쳐, 사자춤은 남방와 북방 두 가지 공연 스타일로 나뉘게 되었다.

북방 사자춤의 사자는 외형이 실제 사자와 매우 비슷하며, 사자 머리는 비교적 단순하고 온몸에 황금빛 털이 덮여있다. 사자춤을 추는 사람(보통 두 명이 한 마리를 연기한다)의 바지와 신발 모두 털이 덮여 있어 ㊄㊆ 춤을 추지 않을 때에도 이미 살아 있는 듯한 사자로 보인다. 사자 머리에 붉은 매듭이 있으면 수사자, 초록 매듭이 있으면 암사자이다. ㊄㊅ 북방 사자춤은 날렵하고 생동감있는 동작을 표현하는 것이 특징이며, 위엄을 강조하는 남사자와는 다르다. 동작은 달려들기, 넘어지기, 뒤집기, 구르기, 점프, 몸을 긁는 등의 동작이 중심이며, 공연은 곡예에 가깝다. 북방 사자춤은 보통 수컷과 암컷이 짝을 이루어 등장하고, 무사로 분장한

会期间，表演时由两人前后配合，前者双手执道具戴在头上扮演狮头，后者俯身双手抓住前者腰部，披上用牛毛缀成的狮皮饰盖扮演狮身，两人合作扮成一只大狮子，称太狮；另由一人头戴狮头面具，身披狮皮扮演小狮子，称少狮；❺❽ 手持绣球逗引狮子的人称为引狮郎，引狮郎与狮子默契配合，形成北方舞狮的一个重要特征。徐水舞狮的基本特征是外形夸张，狮头圆大，眼睛灵动，大嘴张合有度，既威武雄壮，又憨态可掬。

❻❶ 南狮又称醒狮，以广东等地的醒狮最具代表性，分为文狮、武狮和少狮三大类。❺❾ 醒狮是融武术、舞蹈、音乐等为一体的汉族民俗文化，由唐代宫廷狮子舞脱胎而来。五代十国之后，随着中原移民的南迁，舞狮文化传入广东地区。❻❶ 醒狮现流传于南方地区以及海外华人社区，被认为能驱邪避害，是吉祥瑞物，每逢节庆或有重大活动必有舞狮助兴，长盛不衰，世代相传。

南狮造型威猛，舞动时注重马步。南狮主要是靠舞者的动作表现出威猛的狮子形态，一般二人舞一头。南狮的狮头设计独特，不完全像真实的狮子头。南狮的狮头还有一只角，传闻以前会用铁制作，以应对舞狮时经常出现的武斗。传统上，南狮狮头有"刘备""关羽""张飞"之分。三种狮头，不仅颜色、装饰不同，而且舞法亦根据三人的性格而异。红色为关公狮，代表忠义、胜利，❻❿ 因关羽又被称为武财神，故关公狮又代表财富；黄色为刘备狮，代表泽被苍生、仁义及皇家贵气；黑色为张飞狮，代表霸气、勇猛，故一般张飞狮只有在比赛或者踢馆挑战时才用，一般喜庆之事还是红黄狮较为常见。

舞南狮时会配以大锣、大鼓、大钹等乐器，有时还会有一人扮作"大头佛"，手执葵扇带领。❻❶ 舞南狮之前通常还会举行"点睛"仪式。主礼嘉宾把朱砂涂在狮的眼睛及天庭上，寓意着赋予灵气及生命。

인물이 이들을 이끈다. 때로는 큰 북사자 한 쌍에 작은 북사자 한 쌍이 함께 등장하기도 하며, 작은 사자가 큰 사자에게 장난치고, 큰 사자가 새끼와 어울리며 천륜지락(가족이 누리는 단란함)을 한껏 드러낸다.

하북은 북사자 춤의 발상지로, 그 중에서도 쉬수이(徐水)의 사자춤이 가장 유명하다. 쉬수이 사자춤은 주로 설날과 봄철 사찰 법회 기간에 열리며, 공연은 두 사람이 앞뒤로 협력하여 진행된다. 앞사람은 양손으로 소품을 들어 머리에 쓰고 사자 머리를 연기하며, 뒷사람은 몸을 굽혀 앞사람의 허리를 잡고, 소의 털로 만든 사자 가죽 장식을 덮어 사자 몸통을 연기한다. 이 두 사람이 함께 큰 사자를 연기하는데, 이를 태사(太獅)라고 한다. 또 다른 한 사람은 사자 머리 가면을 쓰고, 사자 가죽을 걸치고 작은 사자를 연기하며, 이를 소사(少獅)라고 한다. ❺❽ 수놓은 공을 들고 사자를 유인하는 사람은 인사랑(引獅郎)이라 부르는데, 인사랑과 사자의 조화로운 호흡은, 북방 사자춤의 중요한 특징 중 하나가 되었다. 쉬수이 사자춤의 기본적인 특징은 외형이 과장되어 있고, 사자 머리는 둥글고 크며, 눈은 생동감 있고, 입을 여닫는 동작이 적절하며, 위엄 있고 힘차면서도 천진난만하고 귀엽다.

❻❶ 남사자 춤은 성사(醒獅)라고도 하며, 광둥 등을 중심으로 한 성사 문화가 가장 대표적이다. 문사, 무사, 소사 세 종류로 나뉜다. ❺❾ 성사는 무술, 무용, 음악을 하나로 융합한 한족의 민속 문화로, 당나라 궁정의 사자춤에서 유래하였다. 오대십국 이후 중원의 이민자들이 남하함에 따라, 사자춤 문화가 광둥 지역에 전파되었다. ❻❶ 오늘날 성사는 중국 남부 지역과 해외 화교 사회에 전해지며, 재앙을 물리치고 복을 가져다주는 길상물로 여겨진다. 명절이나 중요한 행사가 있을 때마다 사자춤이 흥을 돋우며, 긴 세월 동안 끊이지 않고 대대로 전해지고 있다.

남사자의 외형은 위엄 있고 강인하며, 춤출 때에는 마보(馬步)를 중요하게 여긴다. 남사자는 주로 무용수의 동작을 통해 사자의 위엄 있는 형상을 표현하며, 보통 두 사람이 한 마리를 춘다. 남사자의 사자 머리는 디자인이 독특하여 실제 사자 머리와 완전히 같지는 않다. 남사자의 사자 머리에는 뿔이 하나 있는데, 전해지기로는 예전에 그것을 쇠로 만들어서, 사자춤을 출 때 자주 일어나던 무력 충돌에 대비했다고 한다. 전통적으로 남사자 머리는 '유비', '관우', '장비'로 나뉜다. 세 종류의 사자 머리는 색상과 장식이 다를 뿐 아니라, 세 사람의 성격에 따라 춤 동작도 달라진다. 빨간색은 관우 사자로, 충의와 승리를 상징하며, ❻❿ 관우가 무신으로도 불리기 때문에 재물을 뜻하기도 한다. 노란색은 유비 사자로, 백성을 위한 은혜, 인의, 제왕의 기품을 상징한다. 검은색은 장비 사자로, 패기와 용맹을 상징하며, 일반적으로 장비 사자는 경연이나 대결 시에만 사용되며, 축제와 같은 기쁜 일에는 빨간색과 노란색 사자가 더 흔히 사용된다.

남사자 춤에는 대징(큰 징), 대고(큰 북), 대발(큰 심벌즈) 등의 악기가 함께 사용되며, 때때로 '대두불(大头佛)'로 분장한 인물이 부채를 들고 앞장서기도 한다. (61) 남사자 춤을 시작하기 전에는 보통 '점정(点睛)' 의식을 치르는데, 6
주례 귀빈이 주사(붉은 안료)를 사자의 눈과 양미간에 칠하여, 사자에게 영기와 생명을 불어넣는다는 의미를 담고 있다.

단어 舞狮 wǔshī 명동 사자춤(을 추다) 旧时 jiùshí 명 옛날 唐代 Tángdài 명 당나라 시기 广泛 guǎngfàn 형 광범위하다 行香走会 xíngxiāng zǒuhuì 명 민속 제례행사 必备 bìbèi 형 반드시 갖추어야 하는 造型 zàoxíng 명 형태, 스타일 披 pī 동 걸치다 红结 hóngjié 명 붉은 리본 雄 xióng 형 수컷의 绿结 lǜjié 명 초록 리본 雌 cí 형 암컷의 灵活 línghuó 형 민첩하다, 유연하다 着重 zhuózhòng 동 중점을 두다 威猛 wēiměng 형 위풍당당하고 사납다 扑 pū 동 달려들다 跌 diē 동 넘어지다 翻 fān 동 뒤집다 滚 gǔn 동 구르다 跳跃 tiàoyuè 동 뛰어오르다 擦痒 cāyǎng 동 가려운 데를 긁다 杂耍 záshuǎ 명 곡예, 재주 부리기 装扮 zhuāngbàn 동 꾸미다, 분장하다 武士 wǔshì 명 무사 引领 yǐnlǐng 동 인도하다, 이끌다 配 pèi 동 배합하다, 어울리다 戏弄 xìnòng 동 놀리다 弄儿为乐 nòng ér wéi lè 성 아이와 장난치며 즐기다 尽显天伦 jìnxiǎn tiānlún 성 가족 간의 따뜻한 정을 충분히 나타내다 发祥地 fāxiángdì 명 발상지 徐水 Xúshuǐ 고유 쉬수이(지명) 寺庙法会 sìmiào fǎhuì 명 사찰 행사 配合 pèihé 동 협력하다, 호응하다 执 zhí 동 잡다, 쥐다 道具 dàojù 명 소품 戴 dài 동 쓰다, 착용하다 扮演 bànyǎn 동 (역할을) 맡다 狮头 shītóu 명 사자 머리 (탈) 俯身 fǔshēn 동 몸을 숙이다 腰部 yāobù 명 허리 부분 缀 zhuì 동 달다, 매달다 狮皮 shīpí 명 사자 가죽 (탈의 몸통 부분) 饰盖 shìgài 명 장식 덮개 面具 miànjù 명 가면 身披 shēnpī 동 몸에 걸치다 手持 shǒuchí 동 손에 들다 绣球 xiùqiú 명 수를 놓은 공 逗引 dòuyǐn 동 (장난스럽게) 유도하다, 놀리다 默契 mòqì 명 암묵적 이해 형 호흡이 잘 맞음 夸张 kuāzhāng 형 과장되다 灵动 língdòng 형 생동감 있고 유연하다 张合有度 zhāng hé yǒu dù 펼침과 닫힘이 절도 있다 威武雄壮 wēiwǔ xióngzhuàng 위풍당당하고 씩씩하다 憨态可掬 hāntài kě jū 성 천진난만하고 사랑스럽다 融……为一体 róng…wéi yī tǐ ~이 합쳐져 하나가 되다 由……脱胎而来 yóu…tuōtāi ér lái ~에서 유래하다 驱邪避害 qūxié bìhài 성 액운을 물리치고 재난을 피하다 吉祥瑞物 jíxiáng ruìwù 명 길상의 상징물 助兴 zhùxìng 동 흥을 돋우다 长盛不衰 chángshèng bù shuāi 성 오랫동안 번성하여 쇠하지 않다 世代相传 shìdài xiāngchuán 성 대대로 전해지다 注重 zhùzhòng 동 중시하다 马步 mǎbù 명 마보(무술 자세) 角 jiǎo 명 뿔 传闻 chuánwén 명 전설 동 전해지다 应对 yìngduì 동 대응하다 武斗 wǔdòu 동 무기를 갖고 싸우다 刘备 Liú Bèi 고유 유비 关羽 Guān Yǔ 고유 관우 张飞 Zhāng Fēi 고유 장비 忠义 zhōngyì 명 충성과 의리 武财神 wǔ cáishén 명 무신(무력을 상징하는 재물의 신, 관우 등) 财富 cáifù 명 부, 재물 泽被苍生 zébèi cāngshēng 성 백성에게 은혜가 미치다 仁义 rényì 명 인의(어짐과 의로움) 皇家贵气 huángjiā guìqì 명 황실의 기품 霸气 bàqì 명 패기 勇猛 yǒngměng 형 용감하고 사납다 踢馆 tī guǎn 동 도장 깨기를 하다, 대결을 신청하다 锣 luó 명 징 鼓 gǔ 명 북 钹 bó 명 심벌즈 大头佛 dàtóufó 명 큰 머리 부처(사자춤에 등장하는 인물) 手执 shǒuzhí 동 손에 들다 葵扇 kuíshàn 명 부채 点睛 diǎnjīng 동 눈동자를 찍다(비유: 생명을 불어넣다) 仪式 yíshì 명 의식 主礼嘉宾 zhǔ lǐ jiābīn (행사에서) 주요 의식을 맡은 귀빈 朱砂 zhūshā 명 주사(붉은 광물, 상징색소) 涂 tú 동 바르다 天庭 tiāntíng 명 (관상에서) 양미간 寓意 yùyì 명 상징, 내포된 뜻 赋予 fùyǔ 동 부여하다 灵气 língqì 명 영기, 신령한 기운

55 D ★

唐代时舞狮:	당나라 시기의 사자춤은:
A 开始叫作太平乐	A 처음으로 '태평악'이라 불렸다
B 已有一千年历史	B 천 년의 역사를 가지고 있었다
C 形成了两种风格	C 두 가지 스타일이 형성되었다
D 是过节的必备节目	D 명절의 필수 프로그램이었다

해설 첫 번째 단락 중반에서 '而到了唐代时更得到广泛的发展(당나라 시기에는 더욱 광범위하게 발전하였다)。狮艺在当时已成为过年过节、行香走会中的必备节目(사자 예술은 당시 이미 설날이나 명절, 종교 행사에서 반드시 포함되는 공연 프로그램이 되었다)'라고 했으므로 정답은 D이다.

단어 舞狮 wǔshī 명 사자춤 太平乐 tàipíngyuè 명 태평요(전통 음악 이름) 过节 guòjié 동 명절을 보내다 必备 bìbèi 동 반드시 갖추다, 필수로 준비하다 过年 guònián 동 설을 지내다, 새해를 맞이하다

56 B ★

北狮的:	북방 사자춤의 특징은:
A 狮头有角	A 사자 머리에 뿔이 있다
B 动作灵活	B 동작이 날렵하고 생동감있다
C 颜色多变	C 색상이 다양하다
D 造型复杂	D 외형이 복잡하다

해설 두 번째 단락 중반에서 '北狮表现灵活的动作，与南狮着重威猛不同(북방 사자춤은 날렵하고 생동감 있는 동작을 표현하는 것이 특징이며)'라고 했으므로 정답은 B이다.

단어 角 jiǎo 몡 뿔 动作灵活 dòngzuò línghuó 혱 동작이 민첩하다, 유연하다 多变 duōbiàn 혱 변화가 많다, 다채롭다 造型 zàoxíng 몡 조형, 형태 复杂 fùzá 혱 복잡하다

57 A ★★★

根据文意，第二段的空白处最适合填入的词语是:	문맥에 따라, 두 번째 단락의 빈칸에 가장 적절한 단어는:
A 惟妙惟肖	A 진짜처럼 살아 있는 듯하다
B 如假包换	B 가짜일 경우 무조건 교환해 준다
C 浑然天成	C 자연스럽고 완벽하게 어우러진다
D 有板有眼	D 형식과 리듬이 잘 맞는다

해설 두 번째 단락 초반에서 '北狮造型和真的狮子很像(북방 사자춤의 사자는 외형이 실제 사자와 매우 비슷하며)'라고 했다. 빈칸이 포함된 '未舞时看起来已经是_____的狮子(춤을 추지 않을 때에도 이미 살아 있는 듯한 사자로 보인다)'에서 문맥상 사자의 형태를 수식할 수 있는 단어는 '어떤 대상이나 동작을 매우 사실적이고 생동감 있게 묘사하다'라는 의미의 A 惟妙惟肖이다.

단어 惟妙惟肖 셩 wéi miào wéi xiào 묘사가 아주 생생하고 진짜 같다 如假包换 셩 rú jiǎ bāo huàn 가짜일 경우 무조건 교환해 준다(상품 광고, 판매 보증 등에서 진품임을 보장하다, 진품임을 약속하다) 浑然天成 셩 hún rán tiān chéng 자연스럽고 완전하여 인위적임이 전혀 없다(예술 작품이나 인물의 기품, 자연미 등을 칭찬할 때 사용) 有板有眼 셩 yǒu bǎn yǒu yǎn 말이나 행동, 음악 등이 리듬감 있고 규칙적이며 조화롭다(극, 음악 등에서 정확한 박자와 흐름을 칭찬할 때 자주 사용)

58 D ★★

徐水舞狮有什么特征?	쉬수이 사자춤의 특징은:
A 狮头扁小	A 사자 머리가 납작하고 작다
B 瘦小灵活	B 마르고 작으며 민첩하다
C 有"大头佛"	C '대두불'이 있다
D 有"引狮郎"	D '인사랑'이 있다

해설 세 번째 단락 초반에서 '徐水的舞狮(쉬수이의 사자춤)'이 언급되었다. 동일 단락의 후반에서 '手持绣球逗引狮子的人称为引狮郎，引狮郎与狮子默契配合，形成北方舞狮的一个重要特征(수놓은 공을 들고 사자를 유인하는 사람을 인사랑이라 부르는데, 인사랑과 사자의 조화로운 호흡은, 북방 사자춤의 중요한 특징 중 하나가 되었다)'라고 했으므로 정답은 D이다.

단어 徐水 Xúshuǐ [고유] 쉬수이(지명)　舞狮 wǔshī [명] 사자춤　特征 tèzhēng [명] 특징　称为 chēngwéi [동] ~라고 부르다, ~로 칭하다　配合默契 pèihé mòqì 손발이 잘 맞다　形成 xíngchéng [동] 형성하다

59 B ★★

广东醒狮:	광둥 성사의 특징은:
A 分为两种	A 두 가지로 나뉜다
B 传自中原	B 중원에서 전해졌다
C 来自民间	C 민간에서 유래되었다
D 表演接近杂耍	D 공연이 곡예에 가깝다

해설　네 번째 단락 중반에서 '醒狮是融武术、舞蹈、音乐等为一体的汉族民俗文化，由唐代宫廷狮子舞脱胎而来(성사는 무술, 무용, 음악을 하나로 융합한 한족의 민속 문화로, 당나라 궁정의 사자춤에서 유래하였다). 五代十国之后，随着中原移民的南迁，舞狮文化传入广东地区(오대십국 이후 중원의 이민자들이 남하함에 따라, 사자춤 문화가 광둥 지역에 전파되었다)'라고 했으므로 정답은 B이다.

단어 随着 suízhe [개] ~에 따라서, ~와 함께　中原 zhōngyuán [명] 중원(중국 중부 지역)　移民 yímín [명] 이주하다　南迁 nánqiān [명] 남쪽으로 이주하다　传入 chuánrù [동] 전해져 들어오다　来自 láizì [동] ~에서 오다, 출신이다　民间 mínjiān [명] 민간　接近 jiējìn [동] 접근하다, 가까워지다　杂耍 záshuǎ [명] 곡예

60 C ★

醒狮中的关公狮代表:	성사에서 관우 사자가 상징하는 것은:
A 勇猛	A 용맹함
B 贵气	B 고귀한 기운
C 财富	C 재물
D 凶悍	D 사나움

해설　다섯 번째 단락 중반에서 '因关羽又被称为武财神，故关公狮又代表财富(관우가 무신으로도 불리기 때문에 재물을 상징하기도 한다)'라고 했으므로 정답은 C이다.

단어 勇猛 yǒng měng [형] 용감하고 맹렬하다　贵气 guìqì [명] 고귀한 기운, 품위 있는 분위기　财富 cáifù [명] 재산, 부　凶悍 xiōnghàn [형] 사납고 포악하다　关公 guān gōng [명] 삼국시대 촉(蜀)나라 장군 관우를 높여 이르는 말　代表 dài biǎo [동] 대표하다, 상징하다, 의미하다

61 B ★★★

关于南狮，下列哪两项正确？	남사자에 대해 옳은 두 가지는:
① 一般三人一组	① 보통 세 명이 한 조다
② 狮头非常逼真	② 사자 머리가 매우 사실적이다
③ 多有"点睛"仪式	③ 대부분 '점정' 의식이 있다
④ 受海外华人欢迎	④ 해외 화교들에게 인기가 있다
A ①③　B ③④　C ①④　D ②③	A ①③　B ③④　C ①④　D ②③

해설 네 번째 단락 초반의 '南狮又称醒狮(남사자 춤은 성사라고도 하며)'를 통해 성사의 특징이 곧 남사자 춤의 특징임을 알 수 있다. 동일 단락 중반의 '醒狮现流传于南方地区以及海外华人社区(오늘날 성사는 중국 남부 지역과 해외 화교 사회에 전해지며)'는 보기 ④의 내용과 일치하고, 여섯 번째 단락 중반의 '舞南狮之前通常还会举行"点睛"仪式(남사자 춤을 시작하기 전에는 보통 '점정' 의식을 치르는데)'는 보기 ③의 내용과 일치한다. 따라서 정답은 B 이다. 일치하는 내용 찾기는 보기를 먼저 정독하고 지문을 보도록 하자!

단어 **正确** zhèngquè 혱 정확하다, 올바르다 **逼真** bīzhēn 혱 실감 나다, 아주 사실적이다 **仪式** yíshì 몡 의식, 의례 **海外** hǎiwài 몡 해외 **华人** huárén 몡 화교, 중국인

TIP

- 주요 문장 형식

……**是**……**的发祥地**. **其中又以**……**最为有名** (~은 ~의 발상지이다. 그 중에서 ~이 가장 유명하다)

원문 河北是北狮的发祥地。其中又以徐水的舞狮最为有名。
예문 陕西是中国古代历史文化的发祥地。其中又以西安最为有名。

……**是融** A、B、C **等为一体的**…… (~은 A, B, C 등이 합쳐져 하나가 된 ~이다)

원문 醒狮是融武术、舞蹈、音乐等为一体的汉族民俗文化。
예문 中医是融诊断、治疗、养生等为一体的医学体系。

传统上，……**有"A""B""C"之分** (전통적으로 ~은 'A', 'B', 'C'의 구분이 있다)

원문 传统上，南狮狮头有"刘备""关羽""张飞"之分。
예문 传统上，火锅有"麻辣火锅""三鲜火锅""素食火锅"之分，适合不同人群。

62-68

曾经，运载火箭是一次性航天工具。㊷ 其第一级火箭在完成分离后会降落到陆上无人区或空旷海域，不可重复使用。㊸ 有人曾形容火箭使用的浪费程度，就和一架波音747客机仅完成一次单程飞行就报废一般。造价高昂的火箭如果摆脱"一次性"用品的角色，未来航天发射的成本有望大大降低。这就是人们历经失败仍然坚持尝试的原因，不过他们需要克服的难题不小。

㊹ 运载火箭回收试验有两大难点：一是让火箭第一级在分离后垂直下降，其难度就像在暴风雨中让一根扫帚平稳地直立在手掌上；二是精准降落在未锚定且只有足球场大小的浮动平台上极其困难，且着陆的精度要求在10米以内。因此，回收火箭首先要解决火箭着陆的精度问题，要能够回收到预定地点。其次，火箭要以垂直的姿态降落，必须解决姿态控制问题，而越是竖长的物体，就越难以控制。此外，㊺ 还要解决减速问题，必须是软着陆，又不用降落伞，所以只能用反向推力装置。而且，回收过程是一个变速过程，在这一过程中如何持续有效地解决以上几大问题，难度非常高。

과거에는 운반 로켓이 일회용 우주 비행 수단 이였다. ㊷ 그 1단 로켓은 분리 완료 후 육지의 무인 지대나 탁 트인 해역에 추락하여 다시 사용할 수 없었다. ㊸ 어떤 사람은 로켓 사용의 낭비를 보잉 747 여객기가 단 한 번 편도 비행만 마치고 폐기되는 것에 비유하기도 했다. 제작 비용이 막대한 로켓이 '일회용'이라는 역할에서 벗어난다면, 미래 우주 발사의 비용은 크게 낮아질 수 있다. 이것이 사람들이 실패를 거듭하면서도 여전히 시도를 멈추지 않는 이유지만, 극복해야 할 난관은 만만치 않다.

㊹ 운반 로켓 회수 실험에는 두 가지 큰 어려움이 있다. 첫째는, 로켓 1단이 분리 후 수직으로 낙하하게 하는 것으로, 이는 폭풍우 속에서 빗자루를 손바닥 위에 수직으로 안정되게 세우는 것과 같은 난이도다. 둘째는, 고정되어 있지 않고 크기도 축구장만 한 부유 플랫폼 위에 정확히 착륙하는 것이 매우 어려우며, 착륙 정확도는 10미터 이내여야 한다. 따라서 로켓을 회수하기 위해 우선 착륙의 정확도 문제를 해결해야 하며, 예정된 지점으로 회수되어야 한다. 다음으로, 로켓은 수직 자세로 착륙해야 하므로, 자세 제어 문제를 해결해야 하는데, 물체가 길쭉할수록 제어가 어렵다. ㊺ 이 밖에도 감속 문제를 해결해야 하며, 낙하산 없이 연착륙을 실현해야 하므로 역추진 장치를 사용할 수밖에 없다. 게다가 회수 과정은 속도가 지속적으로 변하는 과정이기 때문

就回收平台来说，在海上平台上回收火箭比陆地平台更难。❻❻ 因为陆地上的气象条件更好，回收面积也更大，平台更稳定。不过，在陆上降落意味着火箭在空中飞行距离可能更长，消耗的燃料更多。

火箭的回收只是火箭重复使用的第一步，接下来要验证火箭的发动机是否可以重复使用，还要进一步验证回收二级火箭的可行性。

❻❼ 火箭的重复使用对于发动机核心部件的性能和寿命提出了更高的要求。对于一次性使用的火箭来说，保证材料和相关设计在短时间内能够承受住压力是一个问题，确保长期使用的耐久性又是另外一个问题。美国航天飞机的主发动机燃烧室的压强高达207个大气压，工作温度约为3300 摄氏度，其中一个小小的涡轮泵的功率是主战坦克发动机功率的10 倍。

令人欣喜的是，火箭回收技术的发展已经取得了显著的进展，特别是在降低发射成本方面。例如，❻❽ 中国航天科技集团开发的用于运载火箭助推器和整流罩回收的系统，预计每年可节约十几亿元人民币的发射成本。此外，蓝箭航天的朱雀三号VTVL-1 试验箭成功完成了十公里级垂直起降返回飞行试验，标志着中国商业航天在可重复使用运载火箭技术上取得重大突破。这些进展预示着未来卫星发射成本将大幅降低，发射频率将提高，从而推动商业航天产业的快速发展。

에, 그 과정에서 위의 여러 문제를 계속해서 효과적으로 해결하는 것이 매우 어렵다.

회수 플랫폼 측면에서 보면, 해상 착륙장에서 로켓을 회수하는 것이 육상 착륙장보다 더 어렵다. ❻❻ 왜냐하면 육상은 기상 조건이 더 좋고, 회수 면적도 더 넓으며, 착륙장도 더 안정적이기 때문이다. 그러나 육상에 착륙하려면 공중 비행 거리가 더 길어질 수 있고, 그만큼 연료 소모도 많아진다.

로켓 회수는 로켓을 재사용하기 위한 첫걸음에 불과하다. 그 다음에는 로켓 엔진이 반복 사용할 수 있는지 여부를 검증해야 하며, 나아가 2단 로켓 회수의 실현 가능성도 검증해야 한다.

❻❼ 로켓 재사용은 엔진 핵심 부품의 성능과 수명에 대해 더 높은 요구를 제기한다. 일회용 로켓의 경우, 짧은 시간 안에 재료와 관련 설계가 압력을 견딜 수 있도록 하는 것이 문제라면, 반복 사용에 있어서의 내구성을 확보하는 것은 또 다른 문제다. 미국 우주왕복선의 주 엔진 연소실 압력은 207기압에 달하고, 작동 온도는 약 섭씨 3,300도이며, 그 안의 작은 터보 펌프 하나의 출력은 주력 탱크 엔진 출력의 10배에 달한다.

기쁜 것은, 로켓 회수 기술의 발전이 이미 뚜렷한 성과를 거두고 있다는 점이다. 특히 발사 비용 절감 측면에서 그렇다. 예를 들어, ❻❽ 중국항천과기그룹이 개발한 운반 로켓의 보조 추진기와 페어링 회수용 시스템은 매년 수십억 위안의 발사 비용을 절감할 수 있을 것으로 예상된다. 또한 LANDSPACE(蓝箭航天)의 주작 3호 VTVL-1 시험 로켓이 10킬로미터급 수직 이착륙 복귀 비행 실험을 성공적으로 완료하여, 중국 상업 우주 분야가 재사용 가능한 운반 로켓 기술에서 중대한 성과를 이룬 것을 의미한다. 이러한 진전은 앞으로 위성 발사 비용이 대폭 낮아지고 발사 빈도가 높아질 것이며, 상업 우주 산업의 빠른 발전을 촉진하게 될 것임을 예고한다.

단어 运载火箭 yùnzài huǒjiàn 몡 운반 로켓　航天 hángtiān 몡 항공우주　工具 gōngjù 몡 도구　分离 fēnlí 동 분리하다　无人区 wúrénqū 몡 무인 지대　空旷海域 kōngkuàng hǎiyù 몡 넓고 한적한 해역　浪费 làngfèi 동 낭비하다　波音747客机 Bōyīn 747 kèjī 고유 보잉 747 여객기　报废 bàofèi 동 폐기하다　造价高昂 zàojià gāo'áng 제작비가 매우 높다　摆脱 bǎituō 동 벗어나다, 탈피하다　角色 juésè 몡 역할　发射 fāshè 동 발사하다　有望 yǒuwàng 동 ~할 가능성이 있다　降低 jiàngdī 동 낮추다　尝试 chángshì 동 시도하다　克服 kèfú 동 극복하다　难题 nántí 몡 난제, 어려운 문제　回收试验 huíshōu shìyàn 몡 회수 실험　垂直 chuízhí 형 수직의　暴风雨 bàofēngyǔ 몡 폭풍우　扫帚 sàozhou 몡 빗자루　平稳 píngwěn 형 평온하고 안정되다　直立 zhílì 동 직립하다　手掌 shǒuzhǎng 몡 손바닥　精准 jīngzhǔn 형 정확하다　降落 jiàngluò 동 착륙하다　锚定 máodìng 동 고정시키다, 앵커링하다　浮动平台 fúdòng píngtái 몡 부유 플랫폼　着陆 zhuólù 동 착륙하다　预定 yùdìng 형 예정된 동 예약하다　姿态 zītài 몡 자세, 태도　控制 kòngzhì 동 제어하다, 통제하다　竖长 shùcháng 형 길쭉하다　软着陆 ruǎnzhuólù 몡 연착륙　降落伞 jiàngluòsǎn 몡 낙하산　反向推力 fǎnxiàng tuīlì 몡 역추진력　装置 zhuāngzhì 몡 장치　意味着 yìwèizhe ~을 의미하다　消耗 xiāohào 동 소모하다　燃料 ránliào 몡 연료　验证 yànzhèng 동 검증하다　发动机 fādòngjī 몡 엔진　核心部件 héxīn bùjiàn 몡 핵심 부품　寿命 shòumìng 몡 수명　材料 cáiliào 몡 재료　耐久性 nàijiǔxìng 몡 내구성　主发动机燃烧室 zhǔ fādòngjī ránshāoshì 몡 주 엔진 연소실　压强 yāqiáng 몡 단위 면적당 받는 압력　大气压 dàqìyā 몡 대기압　摄氏度 shèshìdù 몡 섭씨도　涡轮泵 wōlúnbèng 몡 터빈 펌프　功率 gōnglǜ 몡 출력, 파워　坦克 tǎnkè 몡 탱크　令人欣喜 lìngrén xīnxǐ 기쁘게 하다　显著 xiǎnzhù 형 현저하다　降低成本 jiàngdī chéngběn 비용을 절감하다　助推器 zhùtuīqì 몡 보조 추진기, 부스터　整流罩 zhěngliúzhào 몡 페어링(로켓 앞부분 덮개)　预计 yùjì 동 예상하다　节约 jiéyuē 동 절약하다　蓝箭航天 Lánjiàn Hángtiān 고유 블루애로우 항공우주(중국 민간 우주기업)　朱雀三号 Zhūquè Sānhào 고유 주작 3호(재사용 로켓 이름)　标志 biāozhì 몡 동 상징(하다), 표시(하다)

突破 tūpò 통 돌파하다　**预示** yùshì 통 예고하다　**卫星发射成本** wèixīng fāshè chéngběn 위성 발사 비용　**大幅降低** dàfú jiàngdī 대폭 낮추다　**频率** pínlǜ 명 빈도　**推动** tuīdòng 통 추진하다

62 D　★★

根据文意，第一段的空白处最适合填入的词语是：	문장의 의미에 따라, 첫 번째 단락의 빈칸에 가장 적절한 단어는：
A 飘落 B 降落 C 堕落 D 坠落	A 흩날리듯 떨어지다 B 착륙하다 C 타락하다 D 추락하다

해설　빈칸이 포함된 '其第一级火箭们在完成分离后会_____到无人区或空旷海域, 不可重复使用(그 1단 로켓은 분리 완료 후 육지의 무인 지대나 탁 트인 해역에 추락하여 다시 사용할 수 없었다)'에서 不可重复使用을 통해 발사된 로켓은 재사용이 불가능할 정도로 비정상적으로 착륙한다는 것을 알 수 있다. 따라서 문맥상 빈칸 뒤의 '到无人区或空旷海域(무인 지대나 탁 트인 해역에 ~하다)'와 가장 어울리는 단어는 '추락하다, 떨어지다'라는 뜻의 D 坠落이다.

단어　**飘落** piāoluò 통 (주로 꽃잎·낙엽·눈 등이 바람 따라) 흩날리며 떨어지다　**降落** jiàngluò 통 착륙하다(주로 비행기, 낙하산 등 인위적인 하강)　**堕落** duòluò 통 (도덕, 인격 등이) 타락하다　**坠落** zhuìluò 통 추락하다, 떨어지다

63 D　★

第一段中用"仅完成一次单程飞行就报废一般"来说明：	첫 번째 단락에서 '단 한 번의 편도 비행만 마치고 폐기된다'는 표현으로 설명하는 것은：
A 波音客机质量太差 B 波音公司财大气粗 C 运载火箭造价昂贵 D 火箭使用极其浪费	A 보잉 여객기의 품질이 너무 나쁘다 B 보잉사는 자금이 풍부하고 배포가 크다 C 운반 로켓의 제작 비용이 매우 비싸다 D 로켓 사용이 크나큰 낭비이다

해설　첫 번째 단락 중반의 '有人曾形容火箭使用的浪费程度, 就和一架波音747客机仅完成一次单程飞行就报废一般(어떤 사람은 로켓 사용의 낭비를 보잉 747 여객기가 단 한 번 편도 비행만 마치고 폐기되는 것에 비유하기도 했다)'는 로켓이 한 번 편도 비행을 마치고 나면 폐기해야 하므로 그 낭비가 매우 심하다는 것을 말한다. 따라서 정답은 D이다.

단어　**单程飞行** dānchéng fēixíng 편도 비행　**报废** bàofèi 통 폐기하다　**波音客机** bōyīn kèjī 보잉 여객기　**财大气粗** cáidà qìcū 정 부유하고 호화스럽다　**运载火箭** yùnzài huǒjiàn 명 운반용 로켓　**造价昂贵** zàojià ánggùi 제작 비용이 매우 비싸다　**火箭使用** huǒjiàn shǐyòng 로켓 사용　**极其浪费** jíqí làngfèi 극히 낭비하다

64 C　★★

火箭回收的难点在于：	로켓 회수의 어려운 점은：

① 降落姿态的控制
② 降落过程的监测
③ 降落时间的设定
④ 降落地点的把握

① 착륙 자세의 제어
② 착륙 과정의 모니터링
③ 착륙 시간의 설정
④ 착륙 지점의 파악

A ①③   B ③④   C ①④   D ②③

A ①③   B ③④   C ①④   D ②③

해설 두 번째 단락 초반의 '运载火箭回收试验有两大难点(운반 로켓 회수 실험에는 두 가지 큰 어려움이 있다)'에서 관련 내용이 언급되었다. 이어지는 내용에서 '一是让火箭第一级在分离后垂直下降(첫째는 로켓 1단이 분리 후 수직으로 낙하하게 하는 것으로), 其难度就像在暴风雨中让一根扫帚平稳地直立在手掌上(이는 폭풍우 속에서 빗자루를 손바닥 위에 수직으로 안정되게 세우는 것과 같은 난이도다)'라며 착륙 자세 제어의 난이도를 설명하고 있으므로 ①의 내용과 일치한다. 또한 '二是精准降落在未锚定且只有足球场大小的浮动平台上极其困难(둘째는 고정되어 있지 않고 크기도 축구장만 한 부유 플랫폼 위에 정확히 착륙하는 것이 매우 어려우며), 且着陆的精度要求在10米以内(착륙 정확도는 10미터 이내여야 한다)'라며 착륙 위치를 정확히 파악하고 맞추는 일이 매우 어렵다는 것을 말하고 있으므로 ④의 내용과 일치한다. 따라서 정답은 C이다.

단어 降落姿态 jiàngluò zītài 명 착륙 자세   控制 kòngzhì 통 제어하다, 통제하다   监测 jiāncè 통 모니터링하다   设定 shèdìng 통 설정하다, 정하다   降落地点 jiàngluò dìdiǎn 명 착륙 지점   把握 bǎwò 통 파악하다, 잡다

65 A   ★★

反向推力装置是用来解决什么问题的?

역추진 장치는 어떤 문제를 해결하기 위한 것인가?

A 减速
B 加速
C 匀速
D 超速

A 감속
B 가속
C 등속
D 과속

해설 두 번째 단락 후반에서 '还要解决减速问题(이 밖에도 감속 문제를 해결해야 하며), 必须是软着陆, 又不用降落伞(낙하산 없이 연착륙을 실현해야 하므로), 所以只能用反向推力装置(역추진 장치를 사용할 수밖에 없다)'라고 했다. 감속 문제를 해결하기 위해 역추진 장치를 사용한다고 했으므로 정답은 A이다.

단어 减速 jiǎnsù 통 감속하다, 속도를 줄이다   加速 jiāsù 통 가속하다, 속도를 높이다   匀速 yúnsù 명 등속도(일정한 속도)   超速 chāosù 통 과속하다

66 B   ★

陆上回收平台的优势是:

육상 회수 플랫폼의 장점은:

A 消耗燃料少
B 气象条件好
C 回收面积更精准
D 可以使用降落伞

A 연료 소모가 적다
B 기상 조건이 좋다
C 회수 면적이 더 정밀하다
D 낙하산을 사용할 수 있다

해설 세 번째 단락 중반에서 '因为陆地上的气象条件更好(왜냐하면 육상은 기상 조건이 더 좋고), 回收面积也更大, 平台更稳定(회수 면적도 더 넓으며, 착륙장도 더 안정적이기 때문이다)'라고 했으므로 정답은 B이다.

단어 消耗 xiāohào 동 소모하다, 소비하다 燃料 ránliào 명 연료 气象条件 qìxiàng tiáojiàn 명 기상 조건 回收 huíshōu 동 회수하다, 재활용하다 面积 miànjī 명 면적 精准 jīngzhǔn 형 정확하다, 정밀하다 降落伞 jiàngluòsǎn 낙하산

67 B ★★

第五段主要谈的是:	다섯 번째 단락이 주로 말하고 있는 것은:
A 火箭的重复使用 B 对发动机的高要求 C 航天飞机的工作温度 D 建造材料的巨大进步	A 로켓의 반복 사용 B 엔진에 대한 높은 요구 C 우주왕복선의 작동 온도 D 건설 재료의 큰 진보

해설 다섯 번째 단락은 로켓의 반복 사용이 엔진 핵심 부품의 성능과 수명에 더 높은 요구를 제기한다는 내용을 주로 다루고 있다. 단락별 주제를 묻는 질문은 보통 단락의 시작 부분에 핵심 주제를 담는데, 다섯 번째 단락 초반에서 '火箭的重复使用对于发动机核心部件的性能和寿命提出了更高的要求(로켓 재사용은 엔진 핵심 부품의 성능과 수명에 대해 더 높은 요구를 제기한다)'라고 했으므로 정답은 B이다.

단어 火箭 huǒjiàn 명 로켓 重复使用 chóngfù shǐyòng 반복 사용하다 发动机 fādòngjī 명 엔진, 기관 要求 yāoqiú 명 요구, 조건 동 요구하다 航天飞机 hángtiān fēijī 명 우주 왕복선 温度 wēndù 명 온도 建造材料 jiànzào cáiliào 명 건축 자재, 제작 재료

68 D ★★★

关于火箭回收技术的发展，以下哪项描述是正确的?	로켓 회수 기술의 발전에 대해 다음 중 올바른 설명은:
A 火箭回收技术目前还处于试验阶段，尚未实现商业化应用。 B 火箭回收技术的发展不会降低卫星发射成本，也不会提高发射频率。 C 蓝箭航天的朱雀三号VTVL-1试验箭未能完成十公里级垂直起降返回飞行试验。 D 中国航天科技集团开发的火箭助推器和整流罩回收系统预计每年可节约大量的发射成本。	A 로켓 회수 기술은 현재 여전히 시험 단계에 있으며, 아직 상업화되지 않았다 B 로켓 회수 기술의 발전은 위성 발사 비용을 줄이지도, 발사 빈도를 높이지도 않는다 C LANDSPACE의 주작 3호 VTVL-1 시험 로켓은 10킬로미터급 수직 이착륙 복귀 비행 실험을 완료하지 못했다 D 중국항천과기그룹이 개발한 로켓 보조 추진기 및 페어링 회수 시스템은 매년 막대한 발사 비용을 절감할 수 있을 것으로 예상된다

해설 여섯 번째 단락 중반에서 '中国航天科技集团开发的用于运载火箭助推器和整流罩回收的系统(중국항천과기그룹이 개발한 운반 로켓의 보조 추진기와 페어링 회수용 시스템은), 预计每年可节约十几亿元人民币的发射成本(매년 수십억 위안의 발사 비용을 절감할 수 있을 것으로 예상된다)'라고 했으므로 정답은 D이다.
보기에 긴 내용이 주어지는 경우 내용 속 부정 의미를 나타내는 尚未, 不, 未 등을 주의해서 체크하자!

단어 尚未 shàng wèi 부 아직 ~하지 않다, 아직 ~하지 못하다 未 wèi 부 아직 ~하지 않다 处于 chǔyú 동 ~에 처하다, ~에 있다 试验阶段 shìyàn jiēduàn 명 시험 단계 卫星发射 wèixīng fāshè 위성 발사 发射频率 fāshè pínlǜ 명 발사 빈도 垂直起降 chuízhí qǐjiàng 명 수직 이착륙 返回 fǎnhuí 동 돌아가다, 반환하다 火箭助推器 huǒjiàn zhùtuījī 로켓 부스터 整流罩 zhěngliúzhào 명 노즐 덮개 回收系统 huíshōu xìtǒng 명 회수 시스템

TIP

- **주요 문장 형식**

这就是……的原因 (이것이 바로 ~의 원인이다)
- 원문 这就是人们历经失败仍然坚持尝试的原因，不过他们需要克服的难题不小。
- 예문 他从不轻言放弃，这就是他最终成功的原因。

对于……提出了更高的要求 (~에 대해 더 높은 요구사항을 제시하였다)
- 원문 火箭的重复使用对于发动机核心部件的性能和寿命提出了更高的要求。
- 예문 人们对健康的关注提升，对于医疗服务质量提出了更高的要求。

……已经取得了显著的进展，特别是在……方面 (대부분은 아직 ~ 단계에 있으며, ~으로부터 아직 ~하다)
- 원문 目前，可降解型塑料大多还处在研究或试产阶段，距大规模推广使用还有一段时间。
- 예문 目前，机器人大多还处在辅助人类的阶段，距完全代替人类还有很长一段路。

제2부분 (69-73)

다음 글의 순서가 뒤섞여 있습니다. 논리적으로 일관된 글이 되도록 다시 정렬하세요.
이 과정에서 한 개의 단락은 내용과 무관한 방해 요소이므로 제외해야 합니다.
밑줄 친 단락의 위치는 고정되어 있으므로 순서를 변경할 필요가 없습니다.

69-73 ★★

A 该计划被称为厨师的秘密会议，但只有精英阶层享受到了升级后的餐点。头等舱和商务舱的乘客可以吃到像墨西哥辣椒烧烤排骨和烤西红柿茄子汤这类由顶级厨师设计的菜肴。

B 曾经，空中旅行是奢华的顶点。各个航空公司都以自己的食物和饮料的质量和数量自豪。比如美国环球航空公司，曾在从洛杉矶到巴黎的航线上提供最高级的鱼子酱、鲑鱼和36 种不同的饮料。乘客还可以从一份豪华菜单中点餐，从复杂的橘汁鸭肉到简单的热狗和汉堡包应有尽有。这顿饭可以从飞机起飞一直吃到看到塞纳河上的日出。

C 到了经济快速发展的21世纪，航空公司开始努力让自己变得与众不同，要做到这一点，方法之一就是改善伙食。美国航空决心去除贴在航空食品上的"令人耻辱"的标签。1988 年，美国航空向著名厨师取经，请他们利用专业知识帮助改进工艺，提升该航空公司航线上的食品服务。

D 今天有些航空还有点餐服务，比如新加坡航空，坐公务舱及以上舱位，就可以获得"点菜"服务，也就是说，他们的选择并非仅限于"鸡肉饭"或"牛肉面"，而是可以从色拉到主菜任意点选，选择多达十几种。当然，这样的服务必须最晚在起飞前一天通过网络或人工座席完成。除了食物可口之外，在头等舱，不少瓷器餐具都是名牌货，塑料材质基

A 이 계획은 '셰프의 비밀 회의'라고 불렸지만, 업그레이드된 식사를 누릴 수 있었던 것은 오직 엘리트 계층뿐이었다. 일등석과 비즈니스석 승객들은 멕시코 고추 갈비 바비큐나 구운 토마토 가지 수프 같은 최정상급 셰프가 고안한 요리를 먹을 수 있었다.

B 한때, 항공 여행은 사치의 정점이었다. 각 항공사들은 자사가 제공하는 음식과 음료의 품질과 양에 대해 자부심을 가졌다. 예를 들어, 미국 트랜스월드 항공은 로스앤젤레스에서 파리로 가는 노선에서 최고급 캐비아, 연어, 그리고 36종의 다양한 음료를 제공했다. 승객은 호화로운 메뉴에서 직접 요리를 선택할 수 있었고, 복잡한 오렌지 소스 오리 요리부터 간단한 핫도그, 햄버거까지 모든 것을 갖추었다. 이 식사는 비행기가 이륙한 순간부터 센강 위의 일출을 볼 때까지 계속 즐길 수 있었다.

C 경제가 빠르게 발전한 21세기에 이르러 항공사들은 차별화를 꾀하기 시작했고, 그 방법 중 하나가 기내식 개선이었다. 아메리칸 항공은 항공기 기내식에 붙은 '수치스러운' 꼬리표를 없애기로 결심했다. 1988년, 아메리칸 항공은 유명 셰프들에게 자문을 구해 그들의 전문 지식을 바탕으로 제조 공정을 개선하고 해당 항공사의 노선에서 음식 서비스를 향상시키려 했다.

D 오늘날 일부 항공사는 여전히 주문식 서비스를 제공하고 있다. 예를 들어, 싱가포르 항공은 비즈니스석 이상의 승객에게 '메뉴 주문' 서비스를 제공하는데, 이는 그들의 선택이 단순히 '치킨 라이스'나 '우육면'에 한정되지 않고, 샐러드부터 메인 요리까지 10여 가지 중에서 자유롭

本是不会被端上餐桌的。公务舱及以上舱位一般都有餐布服务，食物容器底盘是不会直接接触小桌板的。

E 从你踏上飞机的那一刻起，机舱里面的环境首先开始影响你的嗅觉。接着，随着飞机的高度一路攀升，气压下降，机舱内的湿度也骤降。到了大约3000英尺高的时候，湿度低于12%，比大部分沙漠还要干燥。

F 此后，越来越多的人开始空中旅行，航空公司开始削减食品预算了。从20世纪60年代到80年代，问题越来越严重。航空公司就像机器人一样用传送带运送食物。再加上石油危机和各国政府对航空公司管制的放松，进一步导致票价下降和竞争加剧，航空公司只能尽可能减少在客户身上的开支。于是，由于成本问题，美味佳肴从飞机餐中消失了。

G 到了2013年，厨师的秘密会议的影响已经消失，因为美国航空公司开始与全美航空公司合并。美国航空公司已经不再请名厨打造他们的菜单，转而由内部员工来为客人奉上食物。

게 고를 수 있다는 뜻이다. 물론 이러한 서비스는 늦어도 출발 하루 전까지 온라인이나 콜센터를 통해 완료되어야 한다. 맛있는 음식 외에도 일등석에서는 많은 도자기 식기가 명품 브랜드이고, 플라스틱 재질의 식기는 거의 테이블에 올라오지 않는다. 비즈니스석 이상의 좌석에는 일반적으로 테이블보가 제공되며, 음식 용기의 받침대는 접이식 테이블에 직접 닿지 않도록 한다.

E 당신이 비행기에 발을 디디는 순간부터, 기내의 환경이 가장 먼저 당신의 후각에 영향을 미친다. 이어서, 비행기의 고도가 점점 높아짐에 따라 기압이 낮아지고, 기내 습도도 급격히 떨어진다. 약 3,000피트 고도에 도달하면 습도는 12% 이하로, 대부분의 사막보다 더 건조한 상태가 된다.

F 그 후, 항공 여행을 하는 사람이 점점 많아지자, 항공사들은 음식 예산을 줄이기 시작했다. 20세기 60년대부터 80년대까지 이 문제는 점점 심각해졌다. 항공사들은 로봇처럼 컨베이어 벨트로 음식을 나르기 시작했다. 여기에 석유 위기와 각국 정부의 항공사 규제 완화가 더해지며, 항공권 가격은 떨어지고 경쟁은 심화되었다. 항공사들은 고객에게 들어가는 비용을 가능한 한 줄일 수밖에 없었다. 그 결과, 비용 문제로 인해 맛있는 요리는 기내식에서 사라졌다.

G 2013년에 이르러 '셰프의 비밀 회의'의 영향력은 사라졌다. 이는 아메리칸 항공이 US 에어웨이즈와 합병하기 시작했기 때문이다. 아메리칸 항공은 더 이상 유명 셰프에게 메뉴를 의뢰하지 않고, 내부 직원이 승객들에게 식사를 제공하게 되었다.

단어 A 被称为 bèi chēngwéi ~라고 불리다 秘密会议 mìmì huìyì 명 비밀 회의 精英阶层 jīngyīng jiēcéng 명 엘리트 계층 享受 xiǎngshòu 동 누리다 餐点 cāndiǎn 명 식사, 음식 头等舱 tóuděngcāng 명 일등석 商务舱 shāngwùcāng 명 비즈니스석 墨西哥 Mòxīgē 고유 멕시코 辣椒烧烤排骨 làjiāo shāokǎo páigǔ 명 고추 바비큐 폭립 烤西红柿茄子汤 kǎo xīhóngshì qiézi tāng 명 구운 토마토 가지 수프 菜肴 càiyáo 명 요리

B 空中旅行 kōngzhōng lǚxíng 명 항공 여행 奢华 shēhuá 형 사치스럽다 顶点 dǐngdiǎn 명 정점 自豪 zìháo 형 자랑스럽다 环球航空公司 Huánqiú Hángkōng Gōngsī 고유 트랜스 월드 항공(TWA) 洛杉矶 Luòshānjī 고유 로스앤젤레스 巴黎 Bālí 고유 파리 航线 hángxiàn 명 항공 노선 鱼子酱 yúzǐjiàng 명 캐비어 鲑鱼 guīyú 명 연어 乘客 chéngkè 명 승객 豪华 háohuá 형 호화롭다 菜单 càidān 명 메뉴 点餐 diǎncān 동 주문하다 橘汁鸭肉 júzhī yāròu 명 오렌지 소스 오리 요리 热狗 règǒu 명 핫도그 汉堡包 hànbǎobāo 명 햄버거 应有尽有 yīng yǒu jìn yǒu 성 없는 것이 없다 塞纳河 Sàinàhé 고유 세느강

C 与众不同 yǔ zhòng bù tóng 성 남다르다. 색다르다 改善伙食 gǎishàn huǒshí 식사를 개선하다 去除 qùchú 동 제거하다 贴 tiē 동 붙이다 令人耻辱 lìngrén chǐrǔ 수치스럽게 하다 标签 biāoqiān 명 라벨, 꼬리표 厨师 chúshī 명 요리사 取经 qǔjīng 동 불경을 구해 오다(비유: 남의 경험을 배워오다, 흡수하다) 改进工艺 gǎijìn gōngyì 기술을 개선하다 提升 tíshēng 동 향상시키다

D 新加坡航空 Xīnjiāpō Hángkōng 고유 싱가포르 항공 公务舱 gōngwùcāng 명 비즈니스석 舱位 cāngwèi 명 좌석 등급 色拉 sèlā 명 샐러드 任意 rènyì 부 자유롭게 点选 diǎnxuǎn 동 선택하다 网络 wǎngluò 명 인터넷 人工座席 réngōng zuòxí 명 콜센터 可口 kěkǒu 형 맛있다 瓷器餐具 cíqì cānjù 명 도자기 식기 名牌货 míngpáihuò 명 명품 塑料材质 sùliào cáizhì 플라스틱 재질 基本 jīběn 부 기본적으로, 거의 端 duān 동 나르다 餐桌 cānzhuō 명 식탁 餐布服务 cānbù fúwù 명 테이블보 서비스 容器 róngqì 명 용기 底盘 dǐpán 명 받침대 接触 jiēchù 동 접촉하다, 닿다 小桌板 xiǎo zhuōbǎn 명 접이식 테이블

E 踏 tà 동 밟다 机舱 jīcāng 명 기내 环境 huánjìng 명 환경 嗅觉 xiùjué 명 후각 随着 suízhe 개 ~에 따라 一路攀升 yīlù pānshēng 계속 상승하다 气压 qìyā 명 기압 湿度 shīdù 명 습도 骤降 zhòujiàng 급격히 떨어지다 英尺 yīngchǐ 명 피트(길이 단위) 沙漠 shāmò 명 사막 干燥 gānzào 형 건조하다

F 削减 xuējiǎn 통 삭감하다　预算 yùsuàn 명 예산　机器人 jīqìrén 명 로봇　传送带 chuánsòngdài 명 컨베이어 벨트　运送 yùnsòng 통 운반하다　石油危机 shíyóu wēijī 석유 위기　管制 guǎnzhì 통 통제하다　放松 fàngsōng 통 느슨하게 하다　导致 dǎozhì 통 초래하다　加剧 jiājù 통 심화되다　开支 kāizhī 명 지출　美味佳肴 měiwèi jiāyáo 맛있는 요리, 진수성찬　飞机餐 fēijīcān 명 기내식　消失 xiāoshī 통 사라지다

G 合并 hébìng 통 합병하다　打造 dǎzào 통 만들다, 구축하다　奉上 fèngshàng 통 바치다, 드리다

문장 배치 순서

해설　**69 B**
매 단락의 시작 부분은 대략적인 순서를 잡는 힌트가 된다. 먼저 A 该计划(이 계획), F 此后(그 후)는 첫 번째 단락으로 오기 어렵다. 또한 시간적 순서를 본다면 B 曾经(한때, 일찍이), C 到了……21世纪(21세기가 되어), G 到了2013年(2013년에 이르러), D 今天(오늘날)의 순서로 배치할 수 있는데, 그 중 B 단락은 먼저 과거 항공 여행의 사치스러움과 항공사가 음식의 품질에 자부심을 가졌던 상황을 언급하며, 글의 화제를 도입하는 부분에 해당한다.

70 F
F 단락의 '此后，越来越多的人开始空中旅行(그 후, 항공 여행을 하는 사람이 점점 많아지자)'는 도입부 B 단락에서 언급한 호화로운 항공 여행에 대한 추가 사실을 말하고 있다. 항공 비행 품질이 점점 하락하는 과정을 묘사하며, 이 중에는 항공사의 식비 예산 삭감, 항공권 가격 하락, 경쟁 심화 등의 상황이 언급된다.
C 단락에서는 F 단락에서 제기된 문제의 해결책으로 기내식의 개선 시도가 이루어졌음을 말한다.

71 A
A 단락 초반에 '该计划被称为厨师的秘密会议(이 계획은 셰프의 비밀 회의라고 불렸다)'라고 했는데, 이 계획은 바로 앞 C 단락에서 언급된 '改善伙食(기내식 개선)'을 가리킨다. 해당 단락에서는 개선된 기내식의 품질을 묘사하며, 엘리트 계층 승객들이 누릴 수 있는 업그레이드된 식사가 언급된다.

72 G
G 단락에서는 앞 A 단락에서 언급된 '厨师的秘密会议(이 계획셰프의 비밀 회의)'에 대해 추가 설명을 하고 있다. 요리사의 비밀 회의가 더 이상 영향력을 갖지 못하고, 미국 항공사들이 더는 유명 요리사를 초빙하지 않는 상황을 묘사한다. A 단락에서 개선된 기내식 품질을 설명한 뒤 G 단락에서 요리사 회의의 영향력 상실을 언급하는 것은 순서상 적절하다.

73 D
D 단락 초반의 '今天有些航空还有点餐服务(오늘날 일부 항공사는 여전히 주문식 서비스를 제공하고 있다)' 내용은 앞서 나온 내용들에 대한 추가적 사실을 말한다. 일부 항공사의 현재 주문형 식사 서비스와 일등석 및 비즈니스석의 식음료 서비스를 묘사하며, 일등석의 식기류 및 서비스 품질도 언급하고 있다. 앞에서 개선된 기내식 품질과 개선 조치의 영향을 설명한 후, D 단락에서 현재 일부 항공사의 주문형 서비스 및 다른 좌석 등급의 식기 및 서비스 품질을 소개하는 것은 순서상 자연스럽다.

E 단락은 비행기 안의 환경적 영향을 묘사하며, 여기에는 고도 변화와 습도 하락 등의 내용이 포함된다.
이 단락은 다른 단락의 주제와 직접적인 연관이 없으므로 방해 요소로 판단할 수 있다.

★단락 흐름 정리
B 과거의 호화 기내식 소개 (과거 시작점)
F 대중화로 인한 기내식의 질 저하 (변화와 하락)
C 기내식이 개선 시도 (전환)
A 개선 내용 소개 (개선)
G 결과 및 변화 (쇠퇴)
D 현재 일부 항공사에 대한 보충 설명 (추가 사례 제시)

제3부분 (74-87) 아래의 문제에 답하세요. 답안은 10글자 이내로 작성해야 합니다.

74-80

太阳光传递光和热，照到人身上，人会感到暖洋洋的，但从未有人感觉到太阳光有压力。**㊴** 实际上，太阳光是有压力的，因为光具有两重性，既是电磁波，又是粒子——光子。光线实际上是光子流，当光子流遇到物体阻挡时，光子就会撞到该物体上，就像空气分子撞到物体上一样，光子的动能就转化成对物体的压力。

不过，**㊵** 太阳光产生的压力非常小。不仅人感受不到，就连普通的仪器也测不出来。在地球附近，**㊶** 太阳光照射到一个平整、光亮、能完全反射光的表面时，产生的压力最大，100万平方米平整光亮的面积上才受到9牛的压力，相当于一个2分硬币的重量。在地面上，由于重力、大气压力、空气阻力、摩擦等力的存在，微乎其微的太阳光压力被淹没在这些宏观力的汪洋大海之中。

"山中无老虎，猴子称大王。"到了太空中，重力、大气压力、空气阻力、摩擦力等几乎完全消失，太阳光压的作用才开始显著。**㊷** 一些具有创新思维的人开始想到利用太阳光压来推动航天器在太空飞行。早在20世纪初，俄罗斯宇航理论先驱齐奥尔科夫斯基就提出过这一大胆的设想。以后，又有不少科学家进行过研究。然而，只有当科学技术发展到今天的水平，在有强大的火箭把航天器送入太空的条件下，利用太阳光作为航天推进力才有了实现的可能。

㊸ 太阳光压的大小是与接受太阳照射的面积成正比的。受照面积越大，产生的压力越大。为了获得一定的压力，必须有足够大的受照面积，从而引出了太阳帆的概念。**㊹** 太阳帆是一种面积很大，表面平整、光滑、无斑点和皱纹的薄膜，一般由聚酯或聚酰亚胺等高分子材料制成，表面镀铝或银，使其具有全反射的特性。

一块面积为$5×10^5$ 平方米的太阳帆，在太阳光正射下可获得大约100毫牛的力，用它推动100 千克的物体，可产生1毫米/二次方秒的加速度。这个加速度极其微小，只有地面重力加速度的一万分之一。

俗话说："涓涓细流汇成大海，块块碎土堆成高山。"速度是加速度与时间的乘积，尽管加速度非常小，只要时间足够长，最终能达到一定的速度。理论

태양빛은 빛과 열을 전달하며, 사람 몸에 비치면 따뜻함을 느끼게 된다. 그러나 태양빛에 압력이 있다는 것을 느낀 사람은 없다. **㊴** 실제로 태양빛에는 압력이 있다. 왜냐하면 빛은 이중성을 가지고 있어, 전자기파이면서 동시에 입자인 광자이기 때문이다. 빛줄기는 실제로 광자의 흐름이며, 광자 흐름이 물체에 가로막히면, 광자는 그 물체에 충돌하게 되며, 이는 마치 공기 분자가 물체에 충돌하는 것과 같아서, 광자의 운동 에너지가 물체에 대한 압력으로 전환된다.

하지만 **㊵** 태양빛이 만들어내는 압력은 매우 작다. 사람은 물론이고 일반적인 기기로도 측정해낼 수 없다. 지구 근처에서 **㊶** 태양빛이 평평하고 밝으며 빛을 완전히 반사할 수 있는 표면에 닿을 때, 생성되는 압력이 최대치인데, 100만 제곱미터의 평탄하고 밝은 면적에 겨우 9뉴턴의 압력이 가해지며, 이는 2펀(分)짜리 동전 하나의 무게에 해당한다. 지상에서는 중력, 대기압, 공기 저항, 마찰력 등 다양한 힘이 존재하기 때문에, 극히 미세한 태양광 압력은 이러한 거대한 힘의 망망대해에 묻혀버린다.

"산에 호랑이가 없으면 원숭이가 왕 노릇 한다"는 말처럼, 우주에 도달하면 중력, 대기압, 공기 저항, 마찰력 등이 거의 완전히 사라져, 그제서야 태양광의 압력이 뚜렷한 효과를 발휘하게 된다. **㊷** 어떤 창의적인 사고를 가진 이들은 태양광 압력을 이용해 우주선이 우주 공간을 비행하도록 하는 아이디어를 떠올렸다. 이미 20세기 초 러시아의 우주항공 이론의 선구자인 치올콥스키는 이 대담한 구상을 제안한 바 있다. 이후 많은 과학자들이 연구를 이어갔지만, 그러나 과학기술이 오늘날 수준으로 발전하고 강력한 로켓으로 우주선을 우주에 보낼 수 있게 된 오늘에 서야, 태양광을 추진력으로 사용하는 것이 실현 가능한 일이 되었다.

㊸ 태양광 압력의 크기는 태양빛을 받는 면적에 정비례한다. 태양빛을 받는 면적이 클수록 발생하는 압력도 크다. 일정한 압력을 얻기 위해서는 충분히 넓은 빛을 받는 면적이 필요하고, 이는 곧 '태양돛'이라는 개념을 낳게 되었다. **㊹** 태양돛은 면적이 매우 넓고, 표면이 평탄하며 매끄럽고, 얼룩과 주름이 없는 얇은 막이다. 일반적으로 폴리에스터나 폴리이미드 같은 고분자 재료로 만들어지며, 표면에 알루미늄이나 은을 입혀 전반사 특성을 갖도록 한다.

면적이 $5×10^5$ 제곱미터인 태양돛 하나는 태양빛이 수직으로 비출 때 약 100밀리뉴턴의 힘을 얻을 수 있으며, 이것으로 100킬로그램의 물체를 밀 경우 1밀리미터/제곱초의 가속도를 만들어낼 수 있다. 이 가속도는 매우 미세하여 지면의 중력 가속도의 만분의 일에 불과하다.

속담에 이르기를 "작은 물줄기가 모여 바다가 되고, 작은

上，即使航天器的加速度只有1 毫米/ 二次方秒，那么，一天后，速度达到86.4 米/ 秒；一个月后达到2592 米/ 秒；130 天后，就可超过第二宇宙速度，达到11.23 千米/ 秒；㊿ 一年后可达到31.54千米/秒，足以飞出太阳系。由此可见，加速度不在大而在时间长，时间长则灵。

흙덩이가 쌓여 산이 된다"고 했다. 속도는 가속도와 시간의 곱이다. 비록 가속도가 매우 작더라도 시간이 충분히 길다면 결국 일정한 속도에 도달할 수 있다. 이론적으로, 설령 우주선의 가속도가 1밀리미터/제곱 초(1 mm/s²)에 불과하더라도, 하루가 지나면 속도는 86.4m/s에 도달하고, 한 달 후에는 2,592m/s, 130일 후에는 제2우주속도인 11.23km/s를 초과하게 되며, ㊿ 1년 후에는 31.54km/s에 도달해 태양계를 벗어날 수 있다. 이로부터 알 수 있듯이, 가속도는 크기보다 지속 시간이 중요하다는 것이며, 시간이 길면 그 자체가 힘이 된다는 것이다.

단어　传递 chuándì 동 전달하다　照 zhào 동 비추다　暖洋洋 nuǎnyángyáng 형 따뜻하다　压力 yālì 명 압력　电磁波 diàncíbō 명 전자기파　粒子 lìzǐ 명 입자　光子 guāngzǐ 명 광자　光线 guāngxiàn 명 광선　光子流 guāngzǐliú 광자의 흐름　阻挡 zǔdǎng 동 막다　撞 zhuàng 동 부딪히다　动能 dòngnéng 명 운동에너지　转化 zhuǎnhuà 동 전환하다　仪器 yíqì 명 기기, 장비　测 cè 동 측정하다　照射 zhàoshè 동 비추다　平整 píngzhěng 형 평평하다　光亮 guāngliàng 형 빛나다　反射光 fǎnshèguāng 명 반사광　平方米 píngfāngmǐ 명 제곱미터　牛 niú 양 뉴턴(단위)　硬币 yìngbì 명 동전　重力 zhònglì 명 중력　大气压力 dàqì yālì 명 대기압　空气阻力 kōngqì zǔlì 공기 저항　摩擦力 mócā lì 명 마찰력　微乎其微 wēihūqíwēi 성 극히 작다. 미미하고도 미미하다　淹没 yānmò 동 잠기다. 파묻히다　宏观 hóngguān 형 거시적인　汪洋大海 wāngyáng dàhǎi 성 광활한 바다. 망망대해　显著 xiǎnzhù 형 현저하다. 뚜렷하다　创新思维 chuàngxīn sīwéi 명 혁신적 사고　太阳光压 tàiyáng guāngyā 명 광압　推动 tuīdòng 동 추진하다　航天器 hángtiānqì 명 우주선　俄罗斯 Éluósī 고유 러시아　宇航理论 yǔháng lǐlùn 명 우주항공 이론　先驱 xiānqū 명 선구자　齐奥尔科夫斯基 Qíào'ěrkēfūsījī 고유 치올코프스키(러시아 로켓 과학자)　大胆 dàdǎn 형 대담하다　设想 shèxiǎng 동 상상하다. 구상하다　火箭 huǒjiàn 명 로켓　正比 zhèngbǐ 명 정비례　太阳帆 tàiyáng fān 명 태양 돛　概念 gàiniàn 명 개념　平整 píngzhěng 형 평평하다　光滑 guānghuá 형 매끄럽다　斑点 bāndiǎn 명 반점　皱纹 zhòuwén 명 주름　薄膜 bó mó 명 박막. 얇은 막　聚酯 jùzhǐ 명 폴리에스터　聚酰亚胺 jù xiān yà'àn 명 폴리이미드(범용 엔지니어링 플라스틱으로 구분되는 고분자 유기 화합물)　镀 dù 동 도금하다. 입히다　铝 lǚ 명 알루미늄　银 yín 명 은　加速度 jiāsùdù 명 가속도　微小 wēixiǎo 형 아주 작다　涓涓细流 juānjuān xìliú 성 잔잔한 시내 물줄기　汇成 huìchéng 동 모여서 되다　块块碎土 kuài kuài suì tǔ 명 조각난 흙덩이　堆成 duīchéng 동 쌓이다　乘积 chéngjī 명 곱. 곱셈　第二宇宙速度 dì èr yǔzhòu sùdù 명 제2우주속도 (물체가 지구의 중력을 완전히 벗어나 우주 공간으로 이동할 수 있는 최소한의 속도)　灵 líng 형 효력이 있다. 효과가 있다

74　光线也是光子流。　★★★

| 太阳光为什么有压力？ | 태양빛에는 왜 압력이 있는가？ |

| 光线也是光子流。 | 빛은 광자 흐름이기도 하다. |

해설　첫 번째 단락 중반의 '实际上, 太阳光是有压力的(실제로 태양빛에는 압력이 있다)'에서 관련 내용이 언급되었다. 이어지는 내용에서 '因为光具有两重性, 既是电磁波, 又是粒子——光子(왜냐하면 빛은 이중성을 가지고 있어, 전자기파이면서 동시에 입자인 광자이기 때문이다). 光线实际上是光子流(빛줄기는 실제로 광자의 흐름이다)'라고 했다. 즉, 빛줄기는 광자의 흐름이므로, 광자가 물체에 충돌할 때 힘을 가할 수 있어 압력이 생긴다는 것이다. 따라서 정답은 지문의 표현을 그대로 활용한 光线也是光子流가 적절하다.

단어　太阳光 tàiyángguāng 명 태양광. 햇빛　压力 yālì 명 압력　光线 guāngxiàn 명 광선. 빛줄기　光子流 guāngzǐ liú 명 광자 흐름. 광자류　实际上 shíjìshàng 부 실제로, 사실상

75　压力太小。　★

| 人们感受不到太阳光压力的原因是什么？ | 사람들이 태양빛의 압력을 느끼지 못하는 이유는 무엇인가？ |

| 压力太小。 | 압력이 너무 작기 때문이다. |

해설 두 번째 단락 초반에서 '太阳光产生的压力非常小(태양빛이 만들어내는 압력은 매우 작다). 不仅人感受不到, 就连普通的仪器也测不出来(사람은 물론이고 일반적인 기기로도 측정해낼 수 없다)'라고 했으므로 정답은 压力太小 또는 压力非常小이다.

단어 感受不到 gǎnshòu bú dào 통 느낄 수 없다, 감지하지 못하다　太阳光压力 tàiyáng guāng yālì 명 태양광 압력, 광압

76 2分硬币的重量。 ★

地面上，太阳光的压力与什么相当？	지상에서 태양빛의 압력은 무엇과 비슷한가?
2分硬币的重量。	2펀짜리 동전의 무게.

해설 두 번째 단락 중반에서 '太阳光照射到一个平整、光亮、能完全反射光的表面时，产生的压力最大(태양빛이 평평하고 밝으며 빛을 완전히 반사할 수 있는 표면에 닿을 때, 생성되는 압력이 최대치인데), 100万平方米平整光亮的面积上才受到9牛的压力(100만 제곱미터의 평탄하고 밝은 면적에 겨우 9뉴턴의 압력이 가해지며), 相当于一个2分硬币的重量(이는 2펀짜리 동전 하나의 무게에 해당한다)'라고 했으므로 정답은 2分硬币的重量이다.

- 핵심 표현: A 与 B 相当 = A 相当于 B (A는 B와 맞먹는다)

단어 压力 yālì 명 압력　相当 xiāngdāng 형 상당하다 부 상당히　硬币 yìngbì 명 동전　重量 zhòngliàng 명 무게, 중량　相当于 xiāngdāng yú 통 ~에 상당하다, ~에 맞먹다

77 可推动航天器。 ★★

科学家认为太阳光压有什么作用？	과학자들은 태양광 압력이 어떤 역할을 한다고 보는가?
可推动航天器。	우주선을 추진할 수 있다.

해설 세 번째 단락 중반에서 '一些具有创新思维的人开始想到利用太阳光压来推动航天器在太空飞行(어떤 창의적인 사고를 가진 이들은 태양광 압력을 이용해 우주선이 우주 공간을 비행하도록 하는 아이디어를 떠올렸다)'라고 했다. 즉 태양광 압력으로 우주선을 추진할 수 있게 되는 것이므로 정답은 可推动航天器이다.

단어 作用 zuòyòng 명 작용, 영향 통 작용하다　创新思维 chuàngxīn sīwéi 명 혁신적 사고, 창의적 사고　推动 tuīdòng 통 추진하다　航天器 hángtiānqì 명 우주선

78 受照面积。 ★★★

太阳光压的大小与什么成正相关？	태양광 압력의 크기는 무엇과 상관관계가 있는가?
受照面积。	빛을 받는 면적.

해설 네 번째 단락 초반에서 '太阳光压的大小是与接受太阳照射的面积成正比的(태양광 압력의 크기는 태양빛을 받는 면적에 정비례한다)'라고 했으므로 정답은 受照面积이다.

- 핵심 표현: A 与 B 成正比 (A와 B는 정비례한다) / A 与 B 成反比 (A와 B는 반비례한다)

단어 成正相关 chéng zhèng xiāngguān 상관관계가 있다　受照 shòuzhào 통 (빛, 햇빛 등을) 받다, 조사되다　面积 miànjī 명 면적

79 表面镀了铝或银。 ★★

太阳帆为什么具有全反射性?	태양돛이 전반사 특성을 가지는 이유는?
表面镀了铝或银。	표면에 알루미늄이나 은을 입혔기 때문이다.

해설 네 번째 단락 중반에서 '太阳帆是一种面积很大，表面平整、光滑、无斑点和皱纹的薄膜(태양돛은 면적이 매우 넓고, 표면이 평탄하며 매끄럽고, 얼룩과 주름이 없는 얇은 막이다), 一般由聚酯或聚酰亚胺等高分子材料制成(일반적으로 폴리에스터나 폴리이미드 같은 고분자 재료로 만들어지며), 表面镀铝或银, 使其具有全反射的特性(표면에 알루미늄이나 은을 입혀 전반사 특성을 갖도록 한다)'라고 했으므로 정답은 表面镀了铝或银이다.

단어 太阳帆 tàiyángfān 명 태양돛 反射 fǎnshè 동 반사하다 镀 dù 동 도금하다, 입히다 铝 lǚ 명 알루미늄 银 yín 명 은

80 31.54千米/秒。 ★

航天器具备什么样的速度就可以飞出太阳系?	우주선이 태양계를 벗어날 수 있는 속도는 얼마인가?
31.54千米/秒。	31.54킬로미터/초.

해설 여섯 번째 단락 후반에서 '一年后可达到31.54千米/秒, 足以飞出太阳系(1년 후에는 31.54km/s에 도달해 태양계를 벗어날 수 있다)'라고 했으므로 정답은 31.54千米/秒이다.

단어 航天器 hángtiānqì 명 우주선 速度 sùdù 명 속도 飞出 fēichū 동 날아가다, 비행해 나가다 太阳系 tàiyángxì 명 태양계

TIP

• 주요 문장 형식

不仅 A, 就连 B 也…… (A뿐만 아니라, B조차도 ~하다)
원문 不过, 太阳光产生的压力非常小。不仅人感受不到, 就连普通的仪器也测不出来。
예문 人工智能的发展速度惊人, 不仅改变了我们的生活方式, 就连传统产业也开始全面转型。

早在……, ……就提出过…… (일찍이 ~시기에, ~는 ~을 제시한 적이 있다)
원문 一些具有创新思维的人开始想到利用太阳光压来推动航天器在太空飞行。早在20世纪初, 俄罗斯宇航理论先驱齐奥尔科夫斯基就提出过这一大胆的设想。
예문 机器也能进行思考。早在20世纪40年代, 科学家就提出过这一大胆的设想。

A 是与 B 成正比的 (A는 B와 정비례한다)
원문 太阳光压的大小是与接受太阳照射的面积成正比的。受照面积越大, 产生的压力越大。
예문 空气质量是与植被覆盖率成正比的。绿化越好, 空气越清新。

不在(于) A, 而在(于) B (A에 달려 있는 게 아니라, B에 달려 있다)
원문 由此可见, 加速度不在大而在时间长, 时间长则灵。
예문 生态保护的意义不在于面积大小, 而在于生物多样性的维护。

❶ 塑料问世后，即被人们广泛地应用到了几乎所有的领域。但是，在塑料应用极大地促进工农业生产发展，丰富和改善人们物质文化生活的同时，也带来严重的"白色污染"问题。塑料不会自行"腐烂"，如果塑料薄膜长期存在于田间，不仅妨碍耕作，而且破坏土壤的水肥及微生物平衡，对农作物生长造成不利影响。发达国家对使用后的塑料曾采用过掩埋、焚烧和回收利用等方法进行处理，但存在这样那样的不足。为此，❷ 从20世纪70年代开始，中外许多科学家为解决"白色污染"问题，纷纷投身于研制"绿色塑料"——可降解塑料。

所谓"绿色塑料"，并不是指绿颜色的塑料，而是指能够自行降解和再利用，不会污染环境的塑料。具体地说，就是指在一定使用期限内具有与普通塑料制品同样的功效，而在完成一定的功效后能迅速自行降解，与自然环境同化的一类聚合物。因为它对保护环境具有重大意义，所以被称为"绿色塑料"。

"绿色塑料"的品种很多，这里只介绍光降解型塑料、天然高分子型塑料、微生物高分子型塑料和转基因型塑料四种。

光降解型塑料是在聚合物中添加少量光敏剂生产出来的塑料。我国科学家从20世纪80年代就开始了对光降解型塑料的研制。中国科学院上海有机化学研究所和长春应用化学研究所研制的光敏剂及其光降解聚乙烯地膜，早在1995年就通过了技术鉴定，并在推广中证明这一技术已经成熟。❸ 光降解聚乙烯地膜在光照下，可分解成4×4 平方厘米的碎片，即使以后不再分解、长期存在于土壤中，也不会给土壤的物理化学性能造成影响，不会破坏土壤养分。

天然高分子型塑料是利用纤维素、木质素等天然物质，用化学方法制成的塑料。比如，日本工业技术研究院利用农作物下脚料，如豆秸等制成的可降解农用地膜就是其中的一种。这种 ❹ 天然高分子塑料地膜具有极好的透明度和伸展性，埋在土中只需数日，即可被微生物分解为二氧化碳和水，不会污染环境。

❺ 微生物高分子型塑料是由一种叫真核产碱性细菌先在葡萄糖溶液中生产出生化聚酯，再经进一步加工生产出的生物塑料。德国哥廷根大学的微生物学家通过对一种细菌的特定基因隔离，使植物细胞内部生

❶ 플라스틱이 등장한 이후, 사람들은 이를 거의 모든 분야에 널리 활용하게 되었다. 그러나 플라스틱이 공업 및 농업 생산의 발전을 크게 촉진하고, 사람들의 물질 문화 생활을 풍부하게 하고 개선하는 동시에, 심각한 '백색 오염' 문제도 초래하였다. 플라스틱은 스스로 '부패'하지 않기 때문에, 비닐막이 오랫동안 밭에 남아 있으면 경작을 방해할 뿐만 아니라, 토양의 수분·비료 및 미생물 균형을 파괴하여 농작물의 생장에 부정적 영향을 끼친다. 선진국에서는 사용 후의 플라스틱을 매립, 소각, 재활용 등의 방식으로 처리해 왔지만, 이들 방식 모두 이런저런 문제점을 안고 있다. 이를 해결하기 위해 ❷ 20세기 70년대부터, 국내외의 많은 과학자들이 '백색 오염' 문제를 해결하기 위해 앞다투어 '녹색 플라스틱'—즉, 생분해성 플라스틱의 개발에 뛰어들었다.

이른바 '녹색 플라스틱'이란, 초록색 플라스틱을 의미하는 것이 아니라, 스스로 분해되고 재활용될 수 있으며 환경을 오염시키지 않는 플라스틱을 말한다. 구체적으로 말하면, 일정 사용 기한 내에 일반 플라스틱 제품과 동일한 기능을 가지며, 일정한 기능을 다한 후에는 빠르게 스스로 분해되어 자연환경과 동화될 수 있는 일종의 고분자 물질을 의미한다. 이것이 환경 보호에 매우 큰 의의를 지니기 때문에 '녹색 플라스틱'이라고 불린다.

'녹색 플라스틱'의 종류는 매우 많지만, 여기서는 광분해형 플라스틱, 천연 고분자형 플라스틱, 미생물 고분자형 플라스틱, 유전자 변형형 플라스틱의 네 가지 유형만을 소개한다.

광분해형 플라스틱은 고분자에 소량의 감광제를 첨가해 생산한 플라스틱이다. 우리나라 과학자들은 20세기 1980년대부터 광분해형 플라스틱 개발을 시작했다. 중국과학원 상하이 유기화학연구소와 창춘 응용화학연구소가 개발한 감광제 및 광분해 폴리에틸렌 멀칭 필름은 이미 1995년에 기술 감정을 통과했고, 보급 과정에서 이 기술이 성숙되었음을 입증하였다. ❸ 광분해 폴리에틸렌 멀칭 필름은 햇빛에 노출되면 4×4cm 크기의 조각으로 분해되며, 이후 더 이상 분해되지 않고 장기간 토양에 남아 있더라도 토양의 물리화학적 성질에 영향을 주지 않으며, 토양의 영양 성분도 파괴하지 않는다.

천연 고분자형 플라스틱은 셀룰로오스, 리그닌 등 천연 물질을 화학적 방법으로 가공하여 만든 플라스틱이다. 예를 들어, 일본 공업기술연구원에서는 콩대 등 농작물의 부산물을 이용해 생분해성 농업용 멀칭 필름을 개발했는데, 이것이 그 예에 해당한다. 이러한 ❹ 천연 고분자 플라스틱 멀칭 필름은 뛰어난 투명성과 신축성을 가지며, 흙에 묻으면 수일 내에 미생물에 의해 이산화탄소와 물로 분해되어 환경을 오염시키지 않는다.

성聚酯, 再利用这种聚酯制成植物型生化塑料。这种塑料在细菌作用下也可分解成水和二氧化碳, 不但不污染环境, 而且还可作为肥料回馈大自然。

转基因型塑料是由美国密歇根州立大学的教授索姆维尔等人研制的。他们利用生物工程技术, 从一种叫作营养佳良产碱杆菌的土壤细菌中分离出生产塑料的基因, 然后把这一基因转移到一种遗传结构简单的油菜籽属植物中, 培育出一种适宜种植的名叫多羟丁酸的塑料植物。这种植物的叶、秆、根都能长出多羟丁酸颗粒塑料, 用这种颗粒制成的塑料可以完全被降解。受索姆维尔研究的启发, ❽ 美国密歇根大学的生物学家们则干脆将这种塑料基因直接植入土豆和玉米之中, 在人工控制下生长出不含有害成分的生物塑料。不久, 人们就可以像种庄稼那样大面积种植和收获塑料了。

目前, 可降解型塑料大多还处在研究或试产阶段, 距大规模推广使用还有一段时间, 但 ❽ 科学家卓有成效的研究已经为人们展现出光明的前景。我们坚信, 随着研究的加速进展, 绿色环保塑料的新时代一定会很快到来。

❽ 미생물 고분자형 플라스틱은 진핵성 알칼리 생성 세균이라 불리는 일종의 세균이 포도당 용액에서 생화학적 폴리에스터를 먼저 생산하고, 그 후 추가 가공을 통해 만들어진 바이오 플라스틱이다. 독일 괴팅겐 대학교의 미생물학자들은 일종의 세균에서 특정 유전자를 분리해 식물 세포 내부에서 폴리에스터를 생성하게 하고, 이 폴리에스터를 이용해 식물형 생화학 플라스틱을 제작하였다. 이 플라스틱은 세균의 작용으로 물과 이산화탄소로 분해될 수 있으며, 환경을 오염시키지 않을 뿐 아니라 비료로 자연에 되돌려줄 수도 있다.

유전자 변형형 플라스틱은 미국 미시간주립대학교의 소머빌(Somerville) 교수 등이 개발한 것이다. 그들은 생명 공학 기술을 이용해, '영양이 좋은 알칼리 생성 간균(알칼리제네스)'이라는 일종의 토양 세균에서 플라스틱을 생성하는 유전자를 분리하고, 이 유전자를 유전 구조가 비교적 간단한 유채과 식물에 이식하여, '폴리하이드록시부티르산(PHB)'이라 불리는 플라스틱 식물을 재배하는 데 성공하였다. 이 식물의 잎, 줄기, 뿌리 모두 폴리하이드록시부티르산 입자 플라스틱을 생성할 수 있으며, 이 입자로 만든 플라스틱은 완전히 분해될 수 있다. 소머빌의 연구에 영감을 받은 ❽ 미국 미시간대학교의 생물학자들은 이 플라스틱 유전자를 아예 감자와 옥수수에 직접 이식하여, 인공적으로 통제된 환경에서 인체에 유해한 성분이 없는 바이오 플라스틱을 재배하였다. 머지않아 사람들은 곡식을 재배하듯 플라스틱을 대규모로 재배하고 수확할 수 있게 될 것이다.

현재, 대부분의 생분해성 플라스틱은 여전히 연구 또는 시험 생산 단계에 있으며, 대규모로 보급되어 사용되기까지는 아직 시간이 더 필요하다. 그러나 ❽ 과학자들의 탁월한 성과를 거둔 연구는 이미 사람들에게 밝은 미래를 보여주고 있다. 우리는 연구가 가속화됨에 따라, 녹색 친환경 플라스틱의 새 시대가 반드시 곧 도래할 것이라고 굳게 믿는다.

단어 塑料 sùliào 명 플라스틱 | 问世 wènshì 동 세상에 나오다 | 广泛 guǎngfàn 형 광범위하다 | 领域 lǐngyù 명 분야 | 促进 cùjìn 동 촉진하다 | 白色污染 báisè wūrǎn 명 백색 오염(비닐, 스티로폼 등 화학 용기의 오염) | 腐烂 fǔlàn 동 부패하다 | 薄膜 bó mó 명 박막, 얇은 막 | 田间 tiánjiān 명 논밭 | 妨碍 fáng'ài 동 방해하다 | 耕作 gēngzuò 동 경작하다 | 土壤 tǔrǎng 명 토양 | 微生物 wēishēngwù 명 미생물 | 平衡 pínghéng 명 균형 | 采用 cǎiyòng 동 채택하다, 취하다 | 掩埋 yǎnmái 동 매장하다 | 焚烧 fénshāo 동 소각하다 | 回收利用 huíshōu lìyòng 동 재활용하다 | 纷纷 fēnfēn 부 잇따라 | 投身于 tóushēn yú ~에 몸담다, ~에 헌신하다 | 可降解塑料 kě jiàngjiě sùliào 생분해성 플라스틱 | 降解 jiàngjiě 동 분해하다 | 期限 qīxiàn 명 기한 | 同化 tónghuà 동 동화하다 | 聚合物 jùhéwù 명 고분자 | 光降解型 guāng jiàngjiě xíng 광분해형 | 天然高分子型 tiānrán gāofēnzǐ xíng 천연 고분자형 | 微生物高分子型 wēishēngwù gāofēnzǐ xíng 미생물 고분자형 | 转基因型 zhuǎnjīyīn xíng 유전자 변형형 | 添加 tiānjiā 동 첨가하다 | 光敏剂 guāngmǐnjì 감광제 | 光降解 guāng jiàng jiě 광분해(빛에 의해 분해됨) | 聚乙烯 jùyǐxī 폴리에틸렌 | 地膜 dìmó 멀칭필름(농업에서 토양 표면 덮개용 비닐) | 鉴定 jiàndìng 동 감정하다 | 推广 tuīguǎng 동 보급하다 | 成熟 chéngshú 동 성숙하다 | 分解 fēnjiě 동 분해하다 | 平方厘米 píngfāng límǐ 제곱센티미터 | 碎片 suìpiàn 명 조각 | 纤维素 xiānwéisù 셀룰로오스(고등 식물이나 조류 세포막의 주성분) | 木质素 mùzhìsù 명 리그닌(목질소, 고등 식물의 도관·섬유 등의 세포막에 축적되는 물질) | 下脚料 xiàjiǎoliào 명 부산물 | 豆秸 dòujiē 명 콩대 | 透明度 tòumíngdù 명 투명도 | 伸展性 shēnzhǎn xìng 명 신축성 | 埋 mái 동 묻다 | 二氧化碳 èryǎnghuàtàn 명 이산화탄소 | 真核 zhēnhé 명 진핵 | 葡萄糖溶液 pútaotáng róngyè 명 포도당 용액 | 生化聚酯 shēnghuà jùzhǐ 명 생화학 폴리에스터 | 基因 jīyīn 명 유전자 | 隔离 gélí 동 격리하다 | 细胞 xìbāo 명 세포 | 肥料 féiliào 명 비료 | 回馈 huíkuì 동 되돌려주다 | 密歇根立大学 Mìxiēgēn Zhōulì Dàxué 고유 미시간 주립대학 | 索姆维尔 suǒmǔwéier 고유 소머빌(인명) | 营养佳良 yíngyǎng jiāliáng 영양 상태가 매우 우수하다 | 产碱杆菌 chǎn jiǎn gǎnjūn 알칼리성 물질을 생성하는 간균, 막대균 | 分离 fēnlí 동 분리하다 | 遗传结构 yíchuán jiégòu 명 유전 구조 | 油菜籽属植物 yóucàizǐ shǔ zhíwù 명 유채속 식물(유채씨를 생산하는 식물)

适宜 shìyí 형 적합하다　种植 zhòngzhí 동 재배하다　多羟丁酸 duōqiǎng dīngsuān 명 폴리하이드록시부티레이트(PHA)　叶 yè 명 잎　秆 gǎn 명 줄기　根 gēn 명 뿌리　启发 qǐfā 명 깨우침, 영감 동 깨우치다　干脆 gāncuì 형 과감히, 단호히　人工控制 réngōng kòngzhì 인공 조절, 인공적으로 통제하다　有害成分 yǒuhài chéngfèn 명 유해 성분　试产阶段 shìchǎn jiēduàn 명 시험 생산 단계　卓有成效 zhuó yǒu chéngxiào 성 탁월한 성과가 있다　前景 qiánjǐng 명 전망

81 白色污染。 ★

塑料的广泛应用造成了什么问题?	플라스틱의 광범위한 사용은 어떤 문제를 초래했는가?
白色污染。	백색 오염.

해설　첫 번째 단락 초반에서 '塑料问世后(플라스틱이 등장한 이후), ……, 也带来严重的"白色污染"问题(심각한 '백색 오염' 문제도 초래하였다)'라고 했으므로 정답은 白色污染이다.

단어　塑料 sùliào 명 플라스틱　带来 dàilái 가져오다, 초래하다　严重 yánzhòng 형 심각하다　造成 zàochéng 동 초래하다, 야기하다　白色污染 báisè wūrǎn 명 백색 오염

82 可降解塑料。 ★★

"绿色塑料"又叫作什么塑料?	'녹색 플라스틱'은 또 무엇이라고 불리는가?
可降解塑料。	생분해성 플라스틱.

해설　첫 번째 단락 후반에서 '从20世纪70年代开始(20세기 70년대부터), 中外许多科学家为解决"白色污染"问题(국내외의 많은 과학자들이 '백색 오염' 문제를 해결하기 위해), 纷纷投身于研制"绿色塑料"——可降解塑料(앞다투어 '녹색 플라스틱'—생분해성 플라스틱의 개발에 뛰어들었다)'라고 했으므로 정답은 可降解塑料이다. 문제가 'A 又叫作什么?' 형태로 나온다면 지문에서 앞뒤가 같은 개념을 가리키는 '——' 대시(破折号)를 빠르게 찾아보자. (예: 中国首都——北京)

단어　绿色塑料 lǜsè sùliào 친환경 플라스틱, 녹색 플라스틱　叫作 jiàozuò 동 불리다, ~라고 부르다　可降解塑料 kě jiàngjiě sùliào 명 생분해 플라스틱　破折号 pòzhéhào 명 대시(—)

83 变成小碎片。 ★★

在光照下, 光降解聚乙烯地膜会发生什么变化?	빛을 쬐면, 광분해 폴리에틸렌 멀칭 필름은 어떤 변화가 일어나는가?
变成小碎片。	작은 조각으로 변한다.

해설　네 번째 단락 후반에서 '光降解聚乙烯地膜在光照下(광분해 폴리에틸렌 멀칭 필름은 햇빛에 노출되면), 可分解成4×4平方厘米的碎片(4×4cm 크기의 조각으로 분해된다)'라고 했으므로 정답은 变成小碎片이다. 또는 지문 속 표현 '分解成碎片'도 정답으로 가능하다.

단어　光照 guāngzhào 명 햇빛　光降解 guāng jiàngjiě 동 광분해하다(빛에 의해 분해되다)　聚乙烯 jù yǐxī 명 폴리에틸렌　地膜 dìmó 명 농작물을 덮는 비닐막　碎片 suìpiàn 명 조각, 파편　分解 fēnjiě 동 분해하다

84 二氧化碳和水。

天然高分子型塑料最终可以被分解成什么?	천연 고분자형 플라스틱은 최종적으로 분해되어 무엇이 될 수 있는가?
二氧化碳和水。	이산화탄소와 물.

해설 다섯 번째 단락에서 문제의 키워드 '天然高分子型塑料(천연 고분자형 플라스틱)'이 언급되었다. 이어지는 내용에서 '埋在土中只需数日(흙에 묻으면 수일 내에), 即可被微生物分解为二氧化碳和水(미생물에 의해 이산화탄소와 물로 분해되어)'라고 했으므로 정답은 二氧化碳和水이다.

단어 天然 tiānrán 형 자연의, 천연의 高分子 gāofēnzǐ 명 고분자 塑料地膜 sùliào dìmó 명 플라스틱 멀칭 필름(비닐 멀칭) 二氧化碳 èryǎnghuàtàn 명 이산화탄소

85 可变成肥料。

除了无污染之外，微生物高分子型塑料还有什么作用?	무오염 외에, 미생물 고분자형 플라스틱은 또 어떤 역할을 하는가?
可变成肥料。	비료가 될 수 있다.

해설 여섯 번째 단락에서 문제의 키워드 '微生物高分子型塑料(미생물 고분자형 플라스틱)'이 언급되었다. 이어지는 내용에서 '不但不污染环境(환경을 오염시키지 않을 뿐 아니라), 而且还可作为肥料回馈大自然(비료로 자연에 되돌려줄 수도 있다)'라고 했으므로 정답은 可变成肥料이다. 또는 지문에서 제시한 还可作为肥料도 정답으로 가능하다.

단어 微生物高分子型塑料 wēishēngwù gāofēnzǐ xíng sùliào 미생물 고분자형 플라스틱 作用 zuòyòng 명동 작용(하다) 变成 biànchéng 동 변하다, ~로 되다 作为 zuòwéi 행위, 역할 동 행동하다 肥料 féiliào 명 비료

86 庄稼。/ 土豆和玉米。

转基因型塑料可通过什么生产出来?	유전자 변형형 플라스틱은 무엇을 통해 생산할 수 있는가?
庄稼。/ 土豆和玉米。	농작물. / 감자와 옥수수.

해설 일곱 번째 단락 후반에서 '美国密歇根大学的生物学家则干脆将这种塑料基因直接植入土豆和玉米之中(미국 미시간대학교의 생물학자들은 이 플라스틱 유전자를 아예 감자와 옥수수에 직접 이식하여), 在人工控制下生长出不含有害成分的生物塑料(인공적으로 통제된 환경에서 인체에 유해한 성분이 없는 바이오 플라스틱을 재배하였다)'라고 했으므로 정답은 庄稼 또는 土豆和玉米이다.

단어 转基因型 zhuǎnjīyīn xíng 명 유전자 변형형 庄稼 zhuāngjia 명 농작물, 곡식 植入 zhírù 동 이식하다, 심다 土豆 tǔdòu 명 감자 玉米 yùmǐ 명 옥수수

87 有突出的成绩或效果。

画线词语"卓有成效"是什么意思?	밑줄 친 단어 '卓有成效'의 뜻은?
有突出的成绩或效果。	뛰어난 성과나 효과가 있다.

해설	마지막 단락 중반의 밑줄 친 卓有成效는 뒤 단어 研究의 결과를 나타내는 말이다. 이 연구에 대해 '已经为人们展现出光明的前景(이미 사람들에게 밝은 미래를 보여주고 있다)'라고 했으므로, 해당 연구는 뛰어난 성과를 드러냈다고 유추할 수 있다. '탁월한 성과를 거두다'라는 뜻의 卓有成效는 중국어로는 '有突出的成绩或效果(뛰어난 성과나 효과가 있다)'이며, 주로 일이나 업무 수행에서 매우 효과적이고 눈에 띄는 성과를 거두었을 때 사용한다. 卓有成效와 비슷한 표현으로는 成效显著, 富有成效 등이 있다.
단어	突出 tūchū 통 두드러지다, 부각되다　成绩 chéngjì 명 성적, 성과　成果 chéngguǒ 명 성과, 결과　成效显著 chéngxiào xiǎnzhù 성과가 뚜렷하다　富有成效 fùyǒu chéngxiào 매우 효과적이다, 성과가 풍부하다

TIP

● 주요 문장 형식

在……的同时，也带来…… (~인 동시에, ~(의 문제)도 가지고 오게 되었다)

원문	塑料问世后，即被人们广泛地应用到了几乎所有的领域。但是，在塑料应用极大地促进工农业生产发展，丰富和改善人们物质文化生活的同时，也带来严重的"白色污染"问题。
예문	旅游业的发展，在带动经济增长的同时，也带来了生态环境的压力。

所谓"……"，并不是指A，而是指B ('~'이라 불리는 것은 결코 A를 나타내는 것이 아니라, B를 나타낸다)

원문	所谓"绿色塑料"，并不是指绿颜色的塑料，而是指能够自行降解和再利用，不会污染环境的塑料。
예문	所谓"智能生活"，并不是指家里有很多高科技产品，而是指科技真正提升了生活质量。

大多还处在……阶段，距……还有…… (대부분은 아직 ~ 단계에 있으며, ~으로부터 아직 ~하다)

원문	目前，可降解型塑料大多还处在研究或试产阶段，距大规模推广使用还有一段时间。
예문	目前，机器人大多还处在辅助人类的阶段，距完全代替人类还有很长一段路。

随着……，……的新时代一定会很快到来 (~에 따라, ~한 새 시대는 반드시 아주 빠르게 도래할 것이다)

원문	我们坚信，随着研究的加速进展，绿色环保塑料的新时代一定会很快到来。
예문	我们坚信，随着医疗技术的飞跃发展，全民健康的新时代一定会很快到来。

三、书写 쓰기

제1부분 (88) 도표를 설명하고 분석하는 200자 내외의 글을 작성하세요. 제한 시간은 15분입니다.

88

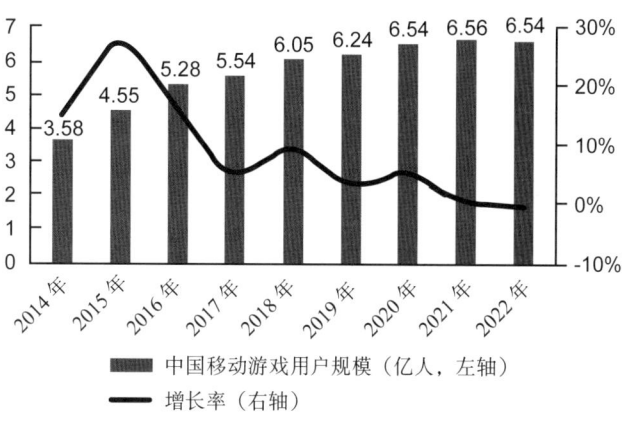

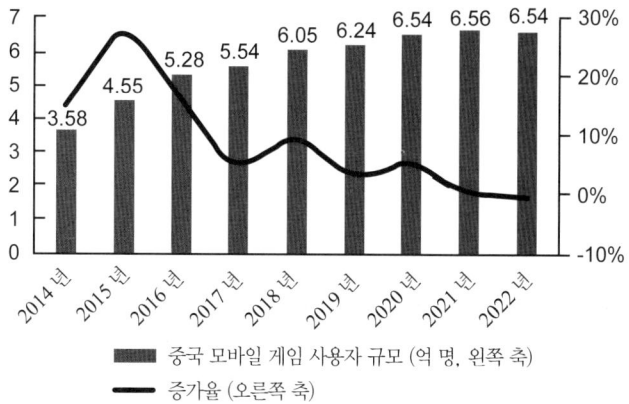

단어   **中国移动** Zhōngguó Yídòng 고유 차이나모바일(중국의 이동통신 회사) | **游戏** yóuxì 명 게임 | **用户** yònghù 명 사용자, 유저 | **规模** guīmó 명 규모 | **增长率** zēngzhǎnglǜ 명 증가율 | **轴** zhóu 명 축(회전축, 좌표축 등)

고득점 작문 가이드

이 문항은 막대그래프와 꺾은선그래프를 포함하고 있어, 데이터 간의 관계와 추세를 보여 주며, 두 개 이상의 비교적 많은 데이터를 어떻게 분석하는지를 평가하는 문제이다. 응시자는 데이터 분석 글을 쓸 때 다음 몇 가지 측면에 주의해야 한다.

1. 두 데이터 집합 간의 연관성 확보

두 개 또는 그 이상의 데이터가 있을 경우, 서술 시 그들 간의 관계와 상호작용을 명확하게 표현해야 한다. 본 문제에서는, 모바일 게임 사용자 규모와 증가율 간의 관계를 명확히 해야 하는데, 증가율은 사용자 규모 증가의 백분율 표현이기 때문이다.

2. 단락 나누어 서술하기

먼저 한 가지 데이터 집합을 설명한 후, 두 번째 데이터로 전환하는 방식으로 논리의 명확성과 일관성을 유지할 수 있다. 두 번째 데이터를 설명할 때는 첫 번째 데이터와 연결지어 설명하는 것이 바람직하다. 예를 들어 본 문제에서는 먼저 사용자 규모 변화를 설명하고, 이후 증가율 변화를 설명하며, 이러한 변화가 어떻게 상호 연관되어 있는지를 강조할 수 있다.

3. 분석 결과 제시하기

데이터를 설명할 때 단순한 수치 나열에 그치지 말고, 분석과 해석을 삽입해 독자가 데이터 이면의 원인과 추세를 이해할 수 있도록 해야 한다. 예를 들어 본 문제에서는 증가율 하락의 원인을 시장 포화 상태나 업계의 도전, 경쟁 심화로 분석할 수 있다.

4. 주요 관찰 내용 요약하기

모든 데이터를 설명하고 분석한 후에는 요약을 통해 주요 관찰 결과를 강조해야 한다. 본 문제의 경우, 모바일 게임 시장의 고속 성장기와 이후의 성장 둔화, 그리고 정체 현상에 이르는 추세를 요약할 수 있다.

전반적으로, 여러 개의 많은 데이터를 포함한 문제를 처리하고 분석할 때는 명확한 구성, 뚜렷한 논리, 그리고 목적에 맞는 분석이 필요하다. 단락 나누기, 분석 결과 제시, 주요 관찰 요약 등을 통해 서술의 정확성과 분석의 깊이를 확보할 수 있다.

모범 답안 1 ★★

这两组数据展示了从2014年至2022年中国移动游戏用户规模及其年增长率的变化。

首先，中国移动游戏用户规模从2014年的3.58亿人增长到2022年的6.54亿人。在这期间，2015年的4.55亿和2016年的5.28亿分别比前一年增长了27%和16%，显示了这两年移动游戏市场的快速扩张。但到2017年，用户规模增长放缓，仅增长5%，达到5.54亿。随后几年，尽管用户规模还在增加，但增长率逐渐减小，例如2019年只有3%。到2021年，用户数增长已停滞，说明市场已进入饱和状态。

结合用户规模和增长率，我们可以看到中国移动游戏市场在2014—2016年经历了一个高速增长期，而随后增长逐渐放缓，直至2021—2022年停滞不前。这可能是因为市场已接近饱和，大部

이 두 개의 데이터는 2014년부터 2022년까지 중국 모바일 게임 사용자 규모와 그 연간 증가율의 변화를 보여 준다.

우선, 중국 모바일 게임 사용자 규모는 2014년의 3.58억 명에서 2022년의 6.54억 명으로 증가했다. 이 기간 동안, 2015년의 4.55억 명과 2016년의 5.28억 명은 각각 전년도 대비 27%와 16% 증가하여, 이 두 해에 모바일 게임 시장이 빠르게 확장되었음을 보여 준다. 하지만 2017년에 이르러 사용자 규모 증가가 둔화되어, 5%만 증가하여 5.54억 명에 도달했다. 그 후 몇 년 동안에도 사용자 규모는 계속 증가했지만, 증가율은 점차 감소했으며, 예를 들어 2019년에는 단지 3%에 불과했다. 2021년에 이르러 사용자 수 증가가 정체되었고, 이는 시장이 이미 포화 상태에 도달했음을 나타낸다.

사용자 규모와 증가율을 종합해보면, 중국 모바일 게임 시장은 2014년부터 2016년까지 고속 성장기를 겪었고, 이후 점차 성장 속도가 둔화되었으며, 2021년부터

分潜在用户都已经被吸纳进市场，同时也可能反映出移动游戏行业面临的挑战和竞争加剧。

2022년에는 정체 상태에 이르렀다. 이는 시장이 이미 포화상태에 가까워져 대부분의 잠재적 사용자가 이미 시장에 흡수되었음을 의미하며, 동시에 모바일 게임 산업이 직면한 도전과 경쟁 심화를 반영할 수도 있다.

단어 数据 shùjù 명 데이터 展示 zhǎnshì 동 보여 주다. 드러내다 中国移动 Zhōngguó Yídòng 고유 차이나모바일(중국의 이동통신 회사) 游戏 yóuxì 게임 用户 yònghù 명 사용자, 유저 规模 guīmó 규모 年增长率 nián zēngzhǎnglǜ 연간 증가율 分别 fēnbié 부 각각, 따로 快速 kuàisù 형 빠른 扩张 kuòzhāng 확장하다 放缓 fànghuǎn 완만해지다, 둔화되다 逐渐 zhújiàn 부 점점, 차츰 减小 jiǎnxiǎo 줄다, 감소하다 停滞 tíngzhì 침체되다, 정체되다 饱和 bǎohé 포화 상태에 이르다 状态 zhuàngtài 명 상태 潜在 qiánzài 형 잠재적인 吸纳 xīnà 흡수하다, 받아들이다 面临 miànlín 동 직면하다 挑战 tiǎozhàn 명 도전, 도전 과제 竞争 jìngzhēng 동 경쟁하다 加剧 jiājù 동 격화되다, 심해지다

모범 답안 2 ★★★

从这张图表中，我们可以了解到2014年至2022年中国移动游戏用户规模及其年增长率的变化。

根据图表，我们可以知道，2014-2018年是快速增长期。用户规模从3亿增长至6亿，年增长率一度超20%。

2019-2020进入稳定增长期，增速放缓，但仍有一定增长。

2021-2022：增速停滞，2022年甚至出现了负增长（-10%），这是一个重要的信号，

说明市场出现了饱和状态，行业正面临新的挑战。当然，原因可能是多方面的，如，新增用户数量有限，年轻人口增速放缓，许多游戏同质化严重等，随着短视频、直播等其他移动娱乐方式的出现，也使部分用户被分流。

移动游戏行业的未来增长走向如何，目前还无法预测。

도표를 통해 우리는 2014년부터 2022년까지 중국 모바일 게임 사용자 규모와 연간 증가율의 변화를 알 수 있다.

도표에 따르면, 2014년부터 2018년까지는 빠르게 성장한 시기였음을 알 수 있다. 규모는 3억 명에서 6억 명으로 증가했으며, 연간 증가율은 한때 20%를 넘기도 했다.

2019년부터 2020년까지는 안정적인 성장기로 접어들었고, 증가 속도는 둔화되었지만 여전히 일정 수준의 성장이 있었다.

2021년부터 2022년까지는 성장 속도가 정체되었고, 2022년에는 심지어 −10%의 마이너스 성장까지 나타났다. 이는 매우 중요한 신호로, 시장이 포화 상태에 도달했으며 업계가 새로운 도전에 직면하고 있음을 보여준다.

물론 그 원인은 여러 가지일 수 있다. 예를 들어, 신규 사용자 확보 수량이 제한적이고, 젊은 인구의 증가 속도가 둔화되었으며, 많은 게임들이 심각한 동질화 문제를 겪고 있다. 또한, 숏 폼(Short-form)이나 라이브 방송 등 기타 모바일 엔터테인먼트 방식의 등장으로 일부 사용자가 분산된 것도 원인 중 하나이다.

모바일 게임 산업의 미래 성장 방향이 어떻게 될지는 아직 예측하기 어렵다.

단어 图表 túbiǎo 명 도표, 차트 亿 yì 수 억 一度 yídù 부 한때 超 chāo 동 넘다, 초과하다 稳定 wěndìng 형 안정적인 增速 zēngsù 명 증가 속도 停滞 tíngzhì 동 정체되다 甚至 shènzhì 부 심지어 负增长 fù zēngzhǎng 명 마이너스 성장 信号 xìnhào 명 신호 状态 zhuàngtài 명 상태 行业 hángyè 명 업계, 산업 面临 miànlín 동 직면하다 挑战 tiǎozhàn 명 도전, 도전 과제 新增 xīnzēng 새로 증가하다 用户 yònghù 명 사용자 空间 kōngjiān 명 공간, 여지 有限 yǒuxiàn 형 제한된 同质化 tóngzhìhuà 명 동질화, 획일화 短视频 duǎnshìpín 명 짧은 동영상 直播 zhíbō 명 생방송, 라이브 스트리밍 娱乐 yúlè 명 오락, 엔터테인먼트 分流 fēnliú 동 분산시키다 走向 zǒuxiàng 명 추세 동 향하다 预测 yùcè 동 예측하다

> **TIP**
>
> • 도표 분석 문제 고 활용도 표현 모음
>
> 1. 도표 설명 + 주제 제시
>   从图表中可以看出…… (도표에서 ~을 알아볼 수 있다)
>   数据显示…… (데이터는 ~을 보여 준다)
>   根据图表，…… (도표에 따르면)
>   这张图展示了……的发展趋势 (이 표는 ~의 발전 추세를 보여 주었다)
>
> 2. 변화 설명 + 수치 활용
>   年增长率一度超过…… (연 성장률은 한때 ~을 초과했다)
>   增速明显放缓 (성장 속도가 뚜렷하게 둔화되었다)
>   增速停滞 (성장 속도가 정체되었다)
>   出现负增长 (마이너스 성장세가 나타났다)
>   ……进入……阶段 (~은 ~의 단계에 진입했다)
>   呈现出(减缓 / 停滞 / 下降)的趋势 ('둔화 / 정체 / 하락'의 추세를 보이고 있다)
>
> 3. 원인 분석
>   ……的原因可能包括以下几点： (~의 원인은 아마 아래 몇 가지를 포함할 것이다)
>   造成这一趋势的原因包括：…… (이러한 추세를 초래한 원인으로는 ~이 있다)
>   主要原因有…… (주요 원인에는 ~이 있다)
>   造成……的原因是…… (~을 초래한 원인은 ~이다)
>   由于……，导致…… (~때문에, ~을 야기시키게 되었다)
>
> 4. 결론 / 전망
>   未来是否能够……，还需观察 (미래에 ~이 가능할지는, 아직 관찰이 필요하다)
>   行业未来走向值得关注 (업계의 향후 전망은 주목할 만하다)
>   目前尚无法预测……的发展 (오늘날 아직 ~의 발전을 예측할 방법은 없다)
>   由此可见，……正面临新的挑战 (이것으로 알 수 있듯이, ~은 현재 새로운 도전에 직면했다)

제2부분 (89)   제시된 주제에 관해 작문을 하세요. 제한 시간은 40분입니다.

89 ★★★

老子在《道德经》中说："合抱之木，生于毫末；九层之台，起于累土；千里之行，始于足下。"意思是说合抱的大树由细小的幼苗长成，九层的高台由一筐一筐的泥土堆成，千里远的行程须从脚下开始。你是否赞同从小事出发、坚持不懈的观点？请写一篇600字左右的文章，谈谈你对这句话的认识并论证你的观点。

노자는 『도덕경』에서 "합포지목, 생우호말; 구층지대, 기우루토; 천리지행, 시우족하"라고 말했습니다. 이는 한 아름이나 되는 큰 나무도 털끝만 한 싹에서 자란 것이고, 9층이나 되는 높은 누대도 흙을 쌓아 올린 것이며, 천리 길도 한 걸음부터 시작된다는 뜻입니다. 당신은 작은 일부터 시작해 꾸준히 노력해야 한다는 이 관점에 동의하나요? 600자 정도의 글을 작성하여 이것에 대한 당신의 인식을 말하고, 당신의 관점을 논증하시오.

단어 老子 Lǎozǐ [고유] 노자(중국 고대 사상가) 《道德经》Dàodéjīng [고유] 도덕경(노자의 저서) 合抱 hébào [동] 두 팔로 껴안을 수 있다 大树 dàshù [명] 큰 나무 细小 xìxiǎo [형] 아주 작다, 세밀하다 幼苗 yòumiáo [명] 어린 싹, 묘목 高台 gāotái [명] 누대(높은 누각) 筐 kuāng [명] 바구니 泥土 nítǔ [명] 흙 堆成 duīchéng [동] 쌓아 올려 만들다 行程 xíngchéng [명] 여정, 일정 脚下 jiǎoxià [명] 발 아래 赞同 zàntóng [동] 찬성하다, 동의하다 从小事出发 cóng xiǎoshì chūfā 작은 일부터 시작하다 坚持不懈 jiānchí búxiè [동] 끈질기게 계속하다, 포기하지 않다 论证 lùnzhèng [동] 논증하다, 논리적으로 증명하다 合抱之木，生于毫末；九层之台，起于累土；千里之行，始于足下 hébàozhīmù, shēngyú háomò; jiǔcéngzhītái, qǐyúlěitǔ; qiānlǐzhīxíng, shǐyúzúxià 한 아름이나 되는 큰 나무도 털끝 만한 싹에서 자란 것이고, 9층이나 되는 높은 누대도 흙을 쌓아 올린 것이며, 천리길도 한 걸음부터 시작된다

🔍 고득점 작문 가이드

이 문항은 『도덕경』에서 노자가 한 명언을 인용하여, 큰일은 작은 일에서 쌓이고 장기적인 목표는 점차적으로 실현되어야 한다는 관점을 말하고 있다. 응시자는 600자 분량으로 '작은 일에서 출발하고 꾸준히 노력해야 한다는 관점에 동의하는지 여부'를 논술해야 하며, 다음은 글쓰기 과정에서 도움이 되는 단계별 제안이다.

1. 도입 단락
명언 인용하기: 노자의 명언을 인용하여 글의 도입으로 삼고, 주제와 직접적으로 연결한다.
자신의 입장 제시: 해당 관점에 대해 찬성하는지 여부를 명확하게 밝히고, 간단히 이유를 제시할 수 있다.

2. 본론 단락 1 – 개인 경험 중심
적절한 개인 경험 선택: 예를 들어 학습, 업무, 생활 속의 구체적인 사례.
경험 자세히 서술: 작은 일에서 시작해 점차 축적해 가는 과정을 보여주고, 그것이 노자의 이치를 어떻게 반영하는지 나타낸다.

3. 본론 단락 2 – 일반화 및 분석
더 넓은 분야로 확장: 과학, 비즈니스, 예술 등 분야에서 이 관점의 보편성을 입증한다.
이유 분석: 왜 작은 일에서 시작하고 꾸준히 해 나가는 것이 필요한지 설명하며, 심리적·실천적 측면에서 분석할 수 있다.

4. 본론 단락 3 – 명언의 철학적 해석
명언의 깊이 있는 해석: 표면적인 뜻에 머무르지 않고, 그 이면의 철학적 사유와 인생의 지혜를 탐구한다.
반성 및 경계: 작은 일에만 집중하는 것이 곧 작은 일에 만족하는 것을 의미하는 것은 아니라는 점을 지적하고, 큰 목표를 세워 작은 일에서 시작해 점차 실현해야 함을 강조한다.

5. 결말 단락 – 요약 및 확장
글의 요점 정리: 글의 주요 논점과 자신의 관점을 간결하게 되짚는다.
깨달음 제시: 이 관점이 현실생활과 미래의 목표 추구에서 가지는 실천적 의미를 정리한다.

6. 기타 유의사항
논리적 구조 유지: 개인적 사례에서 사회 일반으로, 구체적에서 추상적으로 확장하여 글의 구조를 분명히 한다.
어휘 정확성 유지: 되도록 정확한 어휘와 표준 문장을 사용해 글의 격식을 유지한다.
분량 조절: 각 부분의 분량을 적절히 배분하여 총 600자 내외로 완성한다.

위와 같은 구조와 절차에 따라 글을 작성하면, 응시자는 논리가 탄탄하고 관점이 분명한 글을 구성할 수 있다. 또한 고인의 명언에 대한 이해뿐 아니라 현실에 대한 통찰과 반성도 함께 표현할 수 있다.

모범 답안 1

　　我作为一名对汉语和中国文化有浓厚兴趣的外国学习者，对《道德经》中的这段话深有感触。这段话讲述了一个道理，那就是大事往往从小事开始，长远的目标需要一步一步地努力实现。我坚决赞同这一观点，并在我的学习和生活中，我也一直坚守并实践着这一理念。

　　首先，从我的汉语学习经历来看，我深深感受到了这一道理的真实性。学习一门新的语言，就像是开始一场千里之行，需要从最基本的"足下"开始，比如学习汉字，学习语法，学习发音，然后逐渐积累，从简单的句子开始，再到复杂的文章，最后才能熟练掌握这门语言。在这个过程中，每一步的积累，每一次的努力，都像是《道德经》中提到的"累土"，虽然看似微不足道，但实际上却是构建"九层之台"的重要基石。

　　其次，我相信这个道理同样适用于人生的其他方面。在任何领域中，无论是科学研究、商业创新、艺术创作，还是健身锻炼，我们都需要从小事做起，逐步积累经验，培养能力，最终才能实现长远目标。因此，"千里之行，始于足下"这一观点，其实是我们在面对人生挑战时，需要拥有的一种积极态度。

　　然而，赞同这一观点并不意味着我们可以满足于做小事。相反，我们应该有远大的目标和理想，但在追求这些目标和理想的过程中，我们需要扎实的脚步，一步一步地前进，这就需要我们坚持不懈，从小事做起。

　　总的来说，我深深地赞同《道德经》中这一观点，并在我的学习和生活中得到了充分的实践。我相信，无论是学习还是生活，只有我们始于"足下"，逐步积累，坚持不懈，才能最终实现目标。这不仅是一种实际的态度，更是一种智慧的体现，是我们在追求人生目标时不可或缺的精神支柱。

나는 중국어와 중국 문화에 깊은 관심을 가진 외국인 학습자로서, 『도덕경』의 이 구절에 깊은 감명을 받았다. 이 구절은 하나의 이치를 말하고 있는데, 바로 큰일은 대개 작은 일에서 시작되며, 장기적인 목표는 한 걸음 한 걸음씩 노력해서 실현해야 한다는 것이다. 나는 이 관점에 전적으로 동의하며, 나의 학습과 생활 속에서 도 이 이념을 굳게 지키고 실천하고 있다.

우선, 나의 중국어 학습 경험을 보면 이 이치의 진실됨을 깊이 느낄 수 있다. 새로운 언어를 배우는 것은 마치 천 리 길을 떠나는 것과 같아서 가장 기본적인 '발 밑'에서 출발해야 한다. 예를 들면 한자를 배우고, 문법을 배우고, 발음을 익히며, 점차 축적해 가면서 간단한 문장에서 시작해 복잡한 글로 나아가야 결국 이 언어를 능숙하게 구사할 수 있게 된다. 이 과정에서 매 단계의 축적과 매번의 노력은 『도덕경』에서 말한 '흙을 쌓는 것'과 같아서, 비록 보잘것없어 보이지만 실제로는 '9층의 누대'를 세우는 데 중요한 초석이 된다.

다음으로, 저는 이 이치가 인생의 다른 면에도 동일하게 적용된다고 믿는다. 과학 연구, 비즈니스 혁신, 예술 창작, 혹은 운동 등 분야 불문하고 우리는 작은 일부터 시작하여 점차 경험을 축적하고, 능력을 키워야만, 최종적으로 장기적인 목표를 실현할 수 있다. 그러므로 '천 리 길도 발밑에서 시작된다'는 이 관점은 사실 우리가 인생의 도전에 직면할 때 가져야 할 하나의 긍정적인 태도이다.

그러나 이 관점에 동의한다고 해서 우리가 작은 일에 만족해야 한다는 뜻은 아니다. 오히려 우리는 원대한 목표와 이상을 가져야 하며, 이러한 목표와 이상을 추구하는 과정에서 흔들리지 않는 발걸음으로 한 걸음씩 앞으로 나아가야 하는데, 이것이 바로 우리가 꾸준히 노력하고 작은 일부터 시작해야 하는 이유이다.

전반적으로, 난 『도덕경』의 이 관점에 깊이 공감하며, 제 학습과 생활 속에서 충분히 실천해 왔다. 저는 학습이든 삶이든 '발 밑에서 시작'하고, 점차 축적하고, 꾸준히 노력해야만 최종적으로 목표를 실현할 수 있다고 믿는다. 이것은 단순한 실천적 태도일 뿐 아니라 지혜의 구현 이기도 하며, 우리가 인생의 목표를 추구할 때 결코 없어서는 안 될 정신적 지주이다.

단어 作为 zuòwéi 〔개〕 ~로서　浓厚 nónghòu 〔형〕 농후한, 짙은　兴趣 xìngqù 〔명〕 관심, 흥미　深有感触 shēnyǒu gǎnchù 깊이 감명받다　讲述 jiǎngshù 〔동〕 이야기하다, 서술하다　长远 chángyuǎn 〔형〕 장기적인, 먼 미래의　目标 mùbiāo 〔명〕 목표　一步一步 yībù yībù 〔부〕 한 걸음 한 걸음씩　坚决 jiānjué 〔형〕 단호한, 굳은　赞同 zàntóng 〔동〕 찬성하다　坚守 jiānshǒu 〔동〕 굳게 지키다, 고수하다　实践 shíjiàn 〔동〕 실천하다, 실행하다　理念 lǐniàn 〔명〕 이념, 관념　真实性 zhēnshíxìng 〔명〕 진실성　足下 zúxià 〔명〕 발 밑, 발 아래　逐渐 zhújiàn 〔부〕 점차　积累 jīlěi 〔동〕 쌓다, 축적하다　文章 wénzhāng 〔명〕 글, 문장, 기사　熟练 shúliàn 〔형〕 숙련된　掌握 zhǎngwò 〔동〕 숙달하다, 파악하다　看似 kànsì 겉보기에는

微不足道 wēibùzúdào 혱 아주 미미하다　构建 gòujiàn 통 구축하다　基石 jīshí 명 초석, 기초　适用于 shìyòng yú 통 적용되다, 적합하다　领域 lǐngyù 명 분야, 영역　科学研究 kēxué yánjiū 명 과학 연구　商业创新 shāngyè chuàngxīn 명 비즈니스 혁신　艺术创作 yìshù chuàngzuò 명 예술 창작　健身锻炼 jiànshēn duànliàn 명 체력 단련　意味着 yìwèi zhe 통 의미하다　扎实 zhāshí 혱 견고하다, 견실하다　脚步 jiǎobù 명 발걸음　坚持不懈 jiānchí búxiè 성 끈기 있게 꾸준히 하다　智慧 zhìhuì 명 지혜　体现 tǐxiàn 통 구현하다, 드러내다　追求 zhuīqiú 통 추구하다　不可或缺 bùkě huò quē 성 없어서는 안 된다　精神支柱 jīngshén zhīzhù 명 정신적 지주

모범 답안 2 ★★

　　老子在《道德经》中说："合抱之木，生于毫末；九层之台，起于累土；千里之行，始于足下。"这句话深刻揭示了一个恒久的道理：任何伟大的事物，都是从小事开始，只有长期积累并坚持不懈才能实现远大的目标。我非常赞同并喜欢老子的这段话。

　　首先，从小事做起，是实现大目标的前提。"合抱的大树由细小的幼苗长成"，那些令人仰望的参天大树都是从小树苗开始成长起来的，一个成功人士，也是一步一步，脚踏实地走出来的。比如，韩国著名的企业家，三星公司创始人李秉喆，他从一家食品杂货小商行开始，通过不懈奋斗，最后发展为亚洲最大企业---三星集团。他的成长和创业经历就体现了从小处起步、坚持长期奋斗的成功之道。

　　其次，坚持不懈，是从小到大、由弱变强的关键。"千里之行，始于足下"。行千里离不开每一步的前行。保持耐心，坚持不懈，才能最终实现自己的理想与目标。中国"杂交水稻之父"袁隆平早年从事水稻研究时，实验条件非常艰苦，但他坚持头顶烈日、脚踏烂泥，一遍又一遍地选种试验，坚持又坚持，经过数十年的努力，最终培育出了高产杂交水稻，解决了中国十几亿人口的温饱问题。他的伟大成就正是一次又一次的实验积累的结果。

　　此外，开始并不难，难的是坚持。

　　事实上，从小事做起，不仅是尊重了过程，也促成了成果。在当下快节奏的社会环境中，有些人总是急于求成，忽视了小事的重要性。真正的成功来自一点一滴的行动，来自脚踏实地的努力。只有从做小事开始，并持之以恒，才能走到最终的理想的目的地。

　　总而言之，老子的这句话蕴含着深刻的人生哲理，是我人生的行为指南。

　　노자가『도덕경』에서 말하기를: "한 아름이나 되는 큰 나무도 털끝 만한 싹에서 자란 것이고, 9층이나 되는 높은 누대도 흙을 쌓아 올린 것이며, 천리길도 한 걸음부터 시작된다." 이 말은 하나의 변치 않는 진리를 깊이 드러낸다. 즉, 어떤 위대한 것도 작은 일에서 시작하며, 오랜 시간 꾸준히 쌓아가고 끈기 있게 견뎌야만 원대한 목표를 이룰 수 있다는 것이다. 나는 노자의 이 말씀에 매우 공감하고 좋아한다.

　　우선, 작은 일부터 시작하는 것은 큰 목표를 이루기 위한 전제 조건이다.

　　"한 아름이나 되는 큰 나무도 털끝 만한 싹에서 자란 것이다." 우리를 감탄하게 하는 하늘을 찌를 듯한 큰 나무들도 모두 작은 묘목에서부터 성장한다. 성공한 사람 역시 한 걸음 한 걸음씩 착실히 걸어온 것이다. 예를 들어, 한국의 유명 기업가이자 삼성 창업자 이병철은 식료품 잡화점에서 시작하여 끊임없는 노력 끝에 아시아 최대 기업인 삼성 그룹으로 성장시켰다. 그의 성장과 창업 경험은 작은 것에서 출발하여 긴 시간 꾸준히 노력한 성공의 길을 보여 준다.

　　다음으로, 끈기 있게 견뎌내는 것이 작게 시작해 크게 성장하고 약한 상태에서 강해지는 핵심이다.

　　"천 리 길도 한걸음부터 시작된다." 천 리를 가려면 매 걸음이 앞으로 나아가야 한다. 인내심을 유지하고 끊임없이 노력해야만 결국 자신의 이상과 목표를 이룰 수 있다. 중국 '교잡벼의 아버지' 원롱핑(袁隆平)은 초기 쌀 연구 당시 매우 열악한 환경에서 실험을 했지만, 작열하는 태양 아래서, 진흙탕을 밟으며 수없이 종자를 골라 시험했고 변함없이 꾸준히 노력했다. 수십 년에 걸친 노력 끝에 수확량이 많은 교잡벼를 개발하여 중국 십억이 넘는 인구의 식량 문제를 해결했다. 그의 위대한 업적은 바로 수많은 실험과 축적의 결과이다.

　　게다가 시작하는 것은 어렵지 않으나, 지속하는 것이 어렵다.

　　사실, 작은 일부터 하는 것은 과정에 대한 존중이자 결과를 만드는 기반이다. 오늘날 리듬이 빠른 사회 환경에서 어떤 사람들은 너무 성급하게 성공을 바라며 작은 일의 중요성을 무시한다. 진정한 성공은 작은 행동 하나하나에서, 현실적이고 성실히 노력하는 데서 나온다. 작은 일부터 시작해 꾸준히 노력할 때만이 비로서 이상적

인 목적지에 도달할 수 있다.

결론적으로, 노자의 이 말씀은 깊은 인생 철학을 담고 있으며, 나의 삶의 행동 지침이 된다.

단어 揭示 jiēshì 통 드러내다, 밝히다　恒久 héngjiǔ 형 영원하다　长期积累 chángqī jīlěi 명 장기적인 축적　坚持不懈 jiānchí búxiè 끈기 있게 포기하지 않다　远大目标 yuǎndà mùbiāo 명 원대한 목표　前提 qiántí 명 전제 조건　令人仰望 lìngrén yǎngwàng (사람을) 우러러보게 하다　参天大树 cāntiān dàshù 하늘을 찌를 듯한 큰 나무　小树苗 xiǎo shùmiáo 명 어린 묘목　脚踏实地 jiǎo tà shídí 성 착실하게 하다, 현실적으로 임하다　李秉喆 Lǐ Bǐngzhé 고유 이병철(삼성그룹의 창업자)　食品杂货 shípǐn záhuò 명 식품 잡화　商行 shāngháng 명 상점　起步 qǐbù 통 출발하다, 시작하다　由弱变强 yóu ruò biàn qiáng 약한 데서 강해지다　关键 guānjiàn 명 핵심, 관건　耐心 nàixīn 명 인내심　理想与目标 lǐxiǎng yǔ mùbiāo 명 이상과 목표　杂交水稻 zájiāo shuǐdào 명 잡종 벼, 교잡벼　袁隆平 Yuán Lóngpíng 고유 원롱핑(인명)　艰苦 jiānkǔ 형 고달프다, 어려운　头顶烈日 tóu dǐng lièrì 머리 위에 작열하는 태양을 이고 있다　脚踏烂泥 jiǎo tà lànní 진흙탕을 밟다　选种 xuǎnzhǒng 통 종자를 고르다　培育 péiyù 통 배양하다, 키우다　温饱 wēnbǎo 명 의식이 풍족한 생활, 생계　尊重 zūnzhòng 통 존중하다　促成 cùchéng 통 촉진시키다　当下 dāngxià 명 현재, 지금　快节奏 kuài jiézòu 명 빠른 리듬　急于求成 jíyú qiúchéng 성 조급하게 성공을 추구하다　一点一滴 yì diǎn yì dī 성 한 방울 한 방울, 조금씩　持之以恒 chí zhī yǐ héng 성 꾸준히 지속하다　总而言之 zǒng ér yán zhī 집 요약하면, 결론적으로　蕴含着 yùnhánzhe 내포하고 있다, 담고 있다　深刻 shēnkè 형 깊이 있는, 심오한　人生哲理 rénshēng zhélǐ 명 인생 철학　行为指南 xíngwéi zhǐnán 명 행동 지침

TIP

- 쓰기 제2부분 시간 배분 전략

시간(40분)	내용
1~5분	서론 명언 소개 + 주제 다시 언급 자신의 입장(찬성/부정) 밝히기
6~35분	본론1: 의미 해석 명언의 의미를 구체적으로 해석 '작은 일의 시작'이 왜 중요한지 서술 본론2: 논증과 예시 현실적 근거나 역사적 사례 또는 개인의 경험 결론: 자신의 생각을 정리하고 강조 '千里之行, 始于足下'가 왜 중요한지 다시 언급
36~40분	수정 + 문법 점검 + 표현 다듬기

- 문장 쓰기 고 활용도 표현

……是……的前提/关键/基础 (~은 ~의 전제/핵심/기초이다)

예 从小事做起，是实现大目标的前提。

……不仅……, 也…… (~는 단지 ~할 뿐만 아니라, 또한 ~하다)

예 从小事做起，不仅是尊重了过程，也促成了成果。

……是……的结果/体现 (~은 ~의 결과/표현이다)

예 他的成功是长期积累和坚持的结果。

无论……还是……, 都…… (~이든 ~이든 모두 ~하다)

예 无论是学习还是工作，都需要坚持不懈。

不仅如此，…… (그뿐만 아니라, ~)

예 不仅如此，开始并不难，难的是坚持。

四、翻译 통번역

제1부분 (90-91) 다음 두 개의 자료를 중국어로 번역하세요. 제한 시간은 35분입니다.

90 ★

헬스클럽과 체육관이 도시 곳곳에서 빠르게 증가하고 있다. 사람들은 몸매를 관리하고, 건강을 유지하기 위해 운동을 점점 더 중요하게 생각한다. 특히 현대인들은 일상 생활에서 스트레스 해소와 건강한 삶을 추구하기 위해 꾸준한 운동을 선택한다.

🔍 고득점 번역 가이드

이 문항은 도시 내에서 헬스클럽과 체육관이 빠르게 증가하고 있는 현상과, 사람들이 신체 건강에 점점 더 많은 관심을 기울이고 있다는 점을 다루고 있다. 번역 시 아래 사항들에 주의하도록 한다.

1. 사회 현상에 대한 통찰
현대 사회에서 헬스 문화의 부상과 보편화를 서술하며, 사람들이 건강한 생활 방식을 추구하고 있음을 드러낸다.

2. 어휘와 표현의 정확성
예를 들어 '헬스클럽(健身俱乐部)', '체육관(体育馆)' 등의 단어는 정확하게 번역해야 한다.

3. 감정적 색채의 전달
글은 건강을 추구하는 긍정적이고 적극적인 생활 태도를 전달하므로, 번역 시 이러한 감정적 분위기를 잘 살려야 한다.

모범 답안

健身房和体育馆在城市各地迅速增加。人们越来越重视运动，以此来管理身材和保持健康。特别是现代人，为了缓解日常生活中的压力和追求健康生活，选择坚持运动。

단어 健身房 jiànshēnfáng 명 헬스장 体育馆 tǐyùguǎn 명 체육관 城市各地 chéngshì gèdì 명 도시 각지, 도시 곳곳 迅速增加 xùnsù zēngjiā 빠르게 증가하다 越来越 yuèláiyuè 부 점점 더 重视 zhòngshì 동 중시하다 以此来 yǐcǐ lái 접 이를 통해 管理身材 guǎnlǐ shēncái 체형을 관리하다 保持健康 bǎochí jiànkāng 건강을 유지하다 特别是 tèbié shì 접 특히 ~이다 为了 wèile 개 ~를 위하여 缓解压力 huǎnjiě yālì 스트레스를 완화하다 追求健康生活 zhuīqiú jiànkāng shēnghuó 건강한 삶을 추구하다 坚持运动 jiānchí yùndòng 운동을 꾸준히 하다

TIP

- **빈출 응용 표현**

  随着……的发展 (~의 발전에 따라)
  随着社会的发展，生活节奏加快了。
  随着社会的发展，生活节奏不断加快。
  如今，随着社会的快速发展和生活节奏的加快，人们越来越重视养生的重要性。

  越来越受到……关注 (점점 더 ~의 관심을 받고 있다)
  健康问题越来越受到关注。
  数字货币越来越受到人们的关注。

新能源汽车越来越受到消费者的关注。
随着科技进步,虚拟现实越来越受到关注和欢迎。

成为……的一部分 (~의 일부분이 되었다)
锻炼已经成为人们生活的一部分。
网络语言已成为日常生活的一部分。
当今社会,移动支付已成为人们日常生活中不可或缺的一部分
当今社会,二维码已经成为人们日常生活中不可或缺的一部分。
在现代社会,理财已经成为人们生活中不可或缺的一部分。

对……产生积极影响 (~에 대해 긍정적인 영향을 미친다)
坚持锻炼对身体产生积极影响。
人工智能将对人类产生积极影响。

人们意识到…… (사람들은 ~을 의식하게 되었다)
人们越来越意识到健康的重要性。
人们越来越意识到健康与生活质量的重要性。
人们越来越意识到健康饮食的重要性。
人们越来越意识到环境保护的重要性。

- 건강 주제 관련 고 활용도 표현

健康是人们生活中最重要的财富之一。
运动不仅有助于身体健康,也能提高生活质量。
面对快节奏的生活,合理安排时间非常重要。
很多人选择去健身房锻炼,以此来改善身体状况。
通过改变生活方式,人们可以拥有更健康的未来。

91 ★★★

중국은 최근 몇 년 동안 신재생 에너지 자동차 분야에서 빠른 발전을 이루었다. 이러한 발전은 환경 문제와 지속 가능한 발전에 대한 중국 국민들의 관심이 증가함에 따라 이루어졌다.

신재생 에너지 자동차는 도시의 대기 질 개선과 탄소 배출량 감소를 위한 중요한 수단으로 간주된다. 많은 중국 도시에서는 신규 신재생 에너지 차량 구매자에게 장려금과 기타 혜택을 제공하여 신에너지 자동차의 보급을 촉진하고 있다.

또한 중국의 자동차 제조업체들도 전 세계적으로 신재생 에너지 차량의 선두 주자로 나섰다. 그들의 연구 및 개발 능력은 국제 시장에서도 높게 평가받고 있다.

결국, 중국의 신재생 에너지 자동차 산업은 환경 보호와 지속 가능한 발전에 대한 국민들의 의식 변화를 반영하며, 이를 통해 더 나은 미래를 위한 중요한 발걸음을 내딛고 있다 .

🔍 고득점 번역 가이드

이 문항은 중국이 신재생 에너지 자동차 분야에서 이룬 빠른 발전과, 그 발전이 환경 보호 및 지속 가능한 발전에 미친 영향을 설명하고 있다. 번역 시 아래 사항들에 주의하도록 한다.

1. 전문 용어의 정확한 처리

    예를 들어 '신재생 에너지 자동차(可再生能源汽车/新能源汽车)' 등은 정확하게 번역해야 한다.

2. 발전 과정의 서술

    이 분야에서 중국이 걸어온 발전 경로와, 정부 및 기업의 노력 방향을 잘 묘사해야 한다.

3. 환경 보호 및 지속 가능한 발전이라는 주제의 강조

신재생 에너지 자동차가 환경과 미래 발전에 미치는 중요성을 정확히 포착해야 한다.

4. 자연스럽고 매끄러운 표현 유지

전체적으로 문장은 쉽게 이해할 수 있도록 해야 하며, 내용이 논리적으로 흐르도록 유의해야 한다. 또한 글이 전달하고자 하는 긍정적인 태도 역시 잘 드러나야 한다.

모범 답안

　　近年来，中国在新能源汽车领域取得了快速发展。这一发展得益于中国民众对环境问题和可持续发展的关注度日益提升。

　　新能源汽车被视为改善城市空气质量、减少碳排放的重要手段。中国许多城市都为购买新能源汽车的消费者提供奖励金和其他优惠政策，以促进新能源汽车的普及。

　　此外，中国的汽车制造商也在全球新能源汽车领域崭露头角，成为了领头羊。他们的研发能力在国际市场上也获得了高度评价。

　　总之，中国的新能源汽车产业不仅反映了民众对环境保护和可持续发展的意识转变，还为此迈出了走向更美好未来的重要一步。

단어 新能源汽车 xīn néngyuán qìchē 몡 신재생 에너지 자동차　领域 lǐngyù 몡 분야　取得发展 qǔdé fāzhǎn 동 발전을 이루다　得益于 déyì yú ~의 덕을 보다, ~에 힘입다　对……关注 duì……guānzhù ~에 관심을 가지다　可持续发展 kě chíxù fāzhǎn 지속 가능한 발전　日益提升 rìyì tíshēng 동 나날이 향상되다　被视为 bèi shìwéi ~로 간주되다　改善空气质量 gǎishàn kōngqì zhìliàng 대기 질을 개선하다　减少碳排放量 jiǎnshǎo tàn páifàngliàng 탄소 배출량을 줄이다　重要手段 zhòngyào shǒuduàn 중요한 수단　为……提供 wèi……tígōng ~에게 ~을 제공하다　购买 gòumǎi 동 구매하다　奖励金 jiǎnglìjīn 몡 장려금　优惠政策 yōuhuì zhèngcè 몡 우대 정책　促进 cùjìn 동 촉진하다　普及 pǔjí 동 보급하다　此外 cǐwài 접 그 외에도　汽车制造商 qìchē zhìzàoshāng 몡 자동차 제조업체　在……领域 zài……lǐngyù ~분야에서　全球 quánqiú 몡 전 세계　崭露头角 zhǎnlù tóujiǎo 성 두각을 나타내다　成为领头羊 chéngwéi lǐngtóuyáng 선두주자가 되다　研发能力 yánfā nénglì 연구개발 능력　国际市场 guójì shìchǎng 몡 국제 시장　获得高度评价 huòdé gāodù píngjià 높은 평가를 받다　总之 zǒngzhī 접 결국　反映 fǎnyìng 동 반영하다　意识转变 yìshí zhuǎnbiàn 인식의 변화　为……迈出重要一步 wèi……màichū zhòngyào yíbù ~을 향해 중요한 한 걸음을 내딛다　走向美好未来 zǒuxiàng měihǎo wèilái 아름다운 미래를 향해 나아가다

TIP

- 패턴으로 익히는 번역 공식

1. 시간, 배경은 문장의 시작에 배치하기

　　近年来 (최근 몇 년 동안)

　　目前 / 当下 (요즘)

　　在……过程中 (~하는 과정에서)

2. 특정 분야 표현은 '在 + 분야 + 领域' 활용하기

　　在……领域取得发展 (~분야에서 발전하다)

3. '~에 대한 관심' 표현은 '对……的关注' 활용가기

　　对……的关注度日益提升 (~에 대한 관심이 나날이 증가하다)

4. 공식적인 표현은 수동태 사용하기

　　被视为…… (~으로 간주된다)

　　被认为是…… (~으로 여겨진다)

5. '~하기 위해' 표현은 '以' 또는 '为了' 활용하기

　　以促进…… (~을 촉진하기 위해)

6. 혜택 제공은 '提供 + 명사' 활용하기
   提供奖励金和优惠政策 (장려금과 우대 정책을 제공하다)
7. 결론을 제시할 때는 문장 앞에 연결어 사용하기
   总之 (요컨대)
   因此 (그러므로, 따라서)
   可以说 (말하자면)

제2부분 (92-93) 다음 두 개의 글을 중국어로 통역하세요. (통역 시간 각 2분)

92 ★

바쁜 일상에서, 배달 음식 주문 서비스는 큰 인기를 얻고 있다. 스마트폰 앱을 통해 다양한 음식을 쉽게 주문할 수 있으며, 집이나 사무실로 빠르게 배송 받는다. 이 서비스는 편리함과 다양성으로 많은 사람들의 사랑을 받는다.

모범 답안

在忙碌的日常生活中，外卖订餐服务深受欢迎。通过智能手机应用程序，可以轻松订购各种美食，并快速送达到家或办公室。这项服务因其便利性和多样性受到许多人的喜爱。

단어 忙碌 mánglù 형 바쁘다 日常生活 rìcháng shēnghuó 명 일상생활 在……中 zài…zhōng ~속에서, ~중에 外卖订餐服务 wàimài dìngcān fúwù 명 배달 음식 서비스 深受欢迎 shēnshòu huānyíng 크게 환영받다 通过 tōngguò 개 ~을 통해 智能手机 zhìnéng shǒujī 명 스마트폰 应用程序 yìngyòng chéngxù 명 애플리케이션, 앱 轻松 qīngsōng 부 쉽게, 수월하게 订购 dìnggòu 동 주문하다 各种美食 gèzhǒng měishí 각종 맛있는 음식 快速 kuàisù 부 빠르게 送达 sòngdá 동 배달되다, 도착하다 一项服务 yíxiàng fúwù 명 하나의 서비스 因……受到喜爱 yīn…shòudào xǐài ~로 인해 사랑받다 便利性 biànlìxìng 명 편리함, 편의성

🔍 고득점 통역 가이드

이 문항은 바쁜 일상 속에서 배달 서비스가 왜 편리성과 다양성으로 인해 환영받는지를 설명하고 있다. 통역 시 아래 사항들에 주의하도록 한다.

1. 현대 생활 방식의 묘사
   빠른 속도의 현대 생활에서 편리한 서비스에 대한 수요를 반영해야 한다.
2. 기술과 생활의 결합
   스마트폰 애플리케이션을 통한 음식 주문 등 현대 생활의 특징을 잘 보여 줘야 한다.
3. 핵심 특성 강조
   배달 서비스의 편리성과 다양성을 명확히 부각시켜 독자가 쉽게 이해하고 공감할 수 있도록 해야 한다.
4. 간결하고 명료한 언어 사용
   전체 표현은 간단하고 명확해야 하며, 생활 현실에 부합되도록 해야 한다.

> **TIP**
>
> ● 패턴으로 익히는 통역 공식
>
> 1. 배경(시간, 장소, 상황)은 항상 처음에 배치하기
>   在忙碌的日常生活中 (바쁜 일상에서)
>
> 2. 복잡한 표현은 간결하게 줄여서 말하기
>   外卖订餐服务 (배달 음식 주문 서비스)
>   外卖(배달) + 订餐(음식 주문)으로 정확하고 간결하게 표현
>
> 3. '사랑, 인기 등을 얻다'의 표현은 수동 구조 활용하기
>   深受欢迎 (큰 인기를 얻다)
>   受到喜爱 (큰 사랑을 받다)
>   新能源汽车受到消费者青睐 (신에너지 차량은 소비자에게 인기를 얻는다)
>
> 4. '배달 받는다'의 표현은 '보내진다'로 표현하기
>   送达+장소 (~로 보내지다)
>   快速送达到家或办公室 (빠르게 집이나 회사로 보내진다)
>
> 5. 서비스의 장점은 '추상명사 + 性' 형태의 어휘를 활용하여 말하기
>   便利性 (편의성)
>   多样性 (다양성)
>   便利性和多样性 (편의성과 다양성)

93 ★★

중국은 세계에서 가장 다양한 음식 문화를 자랑한다. 그 가운데 채식주의는 고대부터 중국 사람들 사이에서 자리 잡아왔다. 전통적인 중국 음식에서는 다양한 채소, 버섯, 두부 등을 활용하여 맛있고 영양가 있는 요리를 만들어왔다.

최근에는 건강에 대한 관심이 증가함에 따라, 채식주의는 중국 젊은 세대 사이에서도 인기를 얻고 있다. 많은 레스토랑과 식당에서는 다양한 채식 메뉴를 제공하여 소비자의 다양한 선택을 충족시킨다.

뿐만 아니라, 중국의 길거리 음식 문화에서도 많은 채식 스낵이 인기를 끌고 있다. 중국의 채식 문화는 현대와 전통 사이에서 지속적으로 발전하고 있다.

🔍 고득점 통역 가이드

이 문항은 중국의 풍부한 음식 문화를 보여주며, 특히 채식 문화의 역사적 뿌리와 현대적 발전을 조명한다. 통역 시 주의할 점은 아래와 같다.

1. 문화 및 역사적 배경의 제시
   채식 문화가 중국에서 오랜 역사를 지닌 이유와, 오늘날 인기를 얻는 배경을 잘 드러내야 한다.

2. 음식 종류와 조리 방식에 대한 서술
   예를 들어 채소, 버섯, 두부 등의 다양한 활용 방식과 맛과 영양을 어떻게 살리는지를 구체적으로 묘사해야 한다.

3. 사회적 흐름 반영
   현대 사회에서 건강에 대한 관심이 채식 문화의 유행을 이끄는 배경임을 반영해야 한다.

4. 섬세하고 정밀한 묘사
   중국의 음식 문화가 전통과 현대 사이에서 어떻게 변화·발전하고 있는지를 정확하게 포착해야 한다.

모범 답안

　　中国拥有世界上最丰富多样的饮食文化。其中，素食主义自古以来就在中国人中占据了一席之地。在传统的中国菜肴中，人们利用各种各样的蔬菜、蘑菇、豆腐等食材，制作出美味且营养丰富的佳肴。

　　近年来，随着人们对健康关注的增加，素食主义也在中国年轻一代中流行起来。许多餐厅和饭馆都提供多样化的素食菜单，以满足消费者的不同选择。

　　不仅如此，在中国的街头美食文化中，也有许多素食小吃备受欢迎。中国的素食文化在现代与传统之间不断发展和演变。

단어 拥有 yōngyǒu 통 가지다, 소유하다　世界上 shìjiè shàng 세계에서　丰富多样 fēngfù duōyàng 풍부하고 다양하다　饮食文化 yǐnshí wénhuà 명 음식 문화　素食主义 sùshí zhǔyì 명 채식주의　自古以来 zìgǔ yǐlái 명 옛날부터, 예로부터　占据一席之地 zhànjù yì xí zhī dì 한 자리를 차지하다　菜肴 càiyáo 명 요리, 음식　利用 lìyòng 통 이용하다　各种各样 gèzhǒng gè yàng 갖가지의, 다양한　蔬菜 shūcài 명 채소　蘑菇 mógū 명 버섯　豆腐 dòufu 명 두부　食材 shícái 명 식재료　制作出 zhìzuò chū 만들어내다　美味 měiwèi 형 맛있다　营养丰富 yíngyǎng fēngfù 영양이 풍부하다　佳肴 jiāyáo 명 훌륭한 요리　随着……的增加, ……也 suízhe…de zēngjiā, …yě ~가 증가함에 따라, ~도　对……关注 duì…guānzhù ~에 관심을 가지다　年轻一代 niánqīng yídài 명 젊은 세대　流行起来 liúxíng qǐlái 유행하기 시작하다　多样化 duōyànghuà 명 다양화　素食菜单 sùshí càidān 채식 메뉴　满足 mǎnzú 만족시키다　不同选择 bùtóng xuǎnzé 명 다양한 선택　不仅如此 bùjǐn rúcǐ 젭 그뿐만 아니라　街头美食文化 jiētóu měishí wénhuà 거리 음식 문화　小吃 xiǎochī 명 간식, 길거리 음식　备受欢迎 bèi shòu huānyíng 매우 환영받다　在……与……之间 zài…yǔ…zhījiān ~와 ~ 사이에　不断发展 búduàn fāzhǎn 통 계속 발전하다　演变 yǎnbiàn 통 변천하다, 진화하다

TIP

- 중국 음식 문화 관련 빈출 표현

1. 음식 문화 전반 표현

饮食文化博大精深 (음식문화가 심오하고 풍부하다)
　예 中国的饮食文化博大精深，代表了中华民族的智慧。

融合传统与现代元素 (전통과 현대 요소를 융합하다)
　예 中餐在不断发展中融合了传统与现代元素。

色香味俱全 (색, 향, 맛을 모두 갖추다)
　예 这道菜色香味俱全，是一道经典的鲁菜。

吃的不仅是味道，更是文化 (단순한 맛이 아닌, 문화를 맛본다)
　예 在中国，吃的不仅是味道，更是文化的传承。

2. 지역별 요리 특징 묘사

八大菜系各具特色 (8대 요리 계통은 각각의 특징이 있다)
　예 八大菜系各具特色，满足不同人的口味。

川菜以麻辣著称 (쓰촨요리는 얼얼하고 매운 맛으로 유명하다)
　예 川菜以麻辣著称，深受年轻人欢迎。

地域风味浓厚 (지역적 특색이 강하다)
　예 这家小吃店保留了云南的地域风味。

南甜北咸，东辣西酸 (남쪽은 달고, 북쪽은 짜며, 동쪽은 맵고, 서쪽은 시다)
　예 中国饮食有"南甜北咸，东辣西酸"的说法。

3. 현대 사회와 음식

随着生活节奏加快，人们越来越依赖外卖 (생활 속도가 빨라지며 외식을 많이 한다)
- 예) 随着生活节奏加快，外卖平台快速发展。

健康饮食成为热门话题 (건강한 식생활이 화두가 되다)
- 예) 健康饮食成为许多家庭关注的重点。

食材安全引发广泛关注 (식재료 안전이 주목받다)
- 예) 最近，食品添加剂问题引发了社会关注。

注重营养搭配 (영양 배합을 중시하다)
- 예) 现代人更注重营养搭配和低油低盐的饮食方式。

4. 음식에 대한 감정과 가치관

一道菜承载着家的味道 (한 요리가 집의 맛을 담고 있다)
- 예) 妈妈做的红烧肉，一直是我心中家的味道。

食物唤起回忆传递情感 (음식은 기억을 불러일으키고 감정을 전달한다)
- 예) 美食不仅填饱肚子，也传递了浓浓的亲情。

美食是人与人之间的桥梁 (음식은 사람 사이의 다리다)
- 예) 美食无国界，是人与人之间交流的桥梁。

吃是一种生活态度 (먹는 것은 삶의 태도다)
- 예) 对我来说，吃是一种热爱生活的方式。

五、口语 말하기

제1부분 (94)
제시된 내용들을 응용해서 말해 보세요. (준비 시간 3분, 대답 시간 3분)

94 ★

主题：关于2025年度公司年会安排的通知

各部门：

　　随着春节的临近，我们即将迎来充满希望的2026年。为总结2025年的成就，展望未来的发展，共同绘制新的宏伟蓝图，公司决定于2026年2月初举办2025年度公司年会。现将具体安排及要求通知如下：

　　一、年会时间
日期：2026年2月2日（星期五）
　　二、年会地点
年会的具体地点将后续通知，请大家保持关注。
　　三、乘车安排
乘车时间：2026年2月2日13:30
集合地点：香格里拉大酒店3楼宴会厅
车辆安排：公司将为杭州地区的员工统一安排大巴车接送。请各部门于2026年1月25日前完成乘车人员统计，并将信息提交至行政中心。
　　四、年会议程
年会包括总结表彰大会和迎春晚宴两部分。
　　五、会议纪律
1. 着装要求
　（1）表彰大会环节：参会人员需穿着现行工作服，男士着西服、戴领带；女士着西服。
　（2）晚宴环节：可自由选择着装。
2. 准时参会
　（1）请所有参会人员于2026年2月2日16:00前到达会议现场。16:00—16:30为会议签到时间。
　（2）会议结束后，请有序进入晚宴现场。17:30—18:00为晚宴签到时间，签到请至指定位置入座。
　　六、其他要求
1. 节目选报
各部门需准备2个节目，请有序组织排练，并跟进节目进展。
2. 用餐要求

제목: 2025년도 회사 연례행사 일정에 관한 공지

각 부서에:

　　설이 다가옴에 따라, 우리는 희망으로 가득 찬 2026년을 곧 맞이하게 됩니다. 2025년의 성과를 정리하고 미래의 발전을 전망하며 함께 새로운 청사진을 그리기 위해, 본사는 2026년 2월 초에 2025년도 회사 연례행사를 개최하기로 결정하였습니다. 구체적인 일정 및 요구사항은 다음과 같습니다:

　1. 연례행사 일정
날짜: 2026년 2월 2일 (금요일)
　2. 연례행사 장소
행사의 구체적인 장소는 추후 공지 예정이오니, 모두 지속적으로 확인해 주시기 바랍니다.
　3. 차량 이용 안내
탑승 시간: 2026년 2월 2일 13:30
집결 장소: 샹그릴라 호텔 3층 연회장
차량 지원: 회사는 항저우 지역 직원을 위해 일괄적으로 셔틀버스를 운영할 예정입니다. 각 부서는 2026년 1월 25일 전까지 차량 탑승 인원을 집계하여 행정 센터에 제출해 주시기 바랍니다.
　4. 연례행사 일정
행사는 연간 업무 보고 및 시상식과 신년 만찬 1부, 2부로 나뉘어 진행됩니다.
　5. 행사 관련 규정
1. 복장 규정
　(1) 시상식: 참석자는 현재 근무복을 착용해야 하며, 남성은 정장에 넥타이를, 여성은 정장을 착용해야 합니다.
　(2) 만찬: 자유 복장 착용 가능.
2. 시간 준수
　(1) 모든 참석자는 2026년 2월 2일 16:00까지 행사장에 도착해야 합니다. 방명록에 이름 서명 가능한 시간은 16:00-16:30입니다.
　(2) 회의 종료 후, 질서 있게 만찬장으로 입장해 주시기 바랍니다. 17:30-18:00까지 방명록에 이름 서명을 해 주시고, 등록 후 지정된 좌석에 착석해 주시기 바랍니다.
　6. 기타 요구사항
1. 프로그램 신청
각 부서는 2개의 공연 프로그램을 준비해야 하며, 계획적

（1）迎春晚宴定于18:00 开始，请参会人员于18:00 前到指定桌次入座，不得随意更换用餐桌次。

（2）每桌设桌长一名，负责维护本桌秩序，并协助组织晚宴活动。

特此通知。

总裁办公室
2025 年 11 月 10 日

你作为部门经理：
（1）向大家说明活动通知和注意事项。
（2）说一些激励的话。

으로 리허설을 진행해 주시고 행사 진행 상황에 맞춰 움직여 주세요

2. 식사 관련 규정

(1) 신년 만찬은 18:00에 시작됩니다. 참석자는 18:00 전까지 지정된 테이블에 착석해 주시고, 임의로 좌석을 변경해서는 안 됩니다.

(2) 각 테이블에는 테이블장을 1명 배치하며, 해당 테이블의 질서를 유지하고 만찬 행사를 보조하는 역할을 맡습니다.

이상으로 공지합니다.

총재사무실
2025년 11월 10일

당신은 부서장으로서：
(1) 모두에게 활동 공지와 주의사항을 설명합니다.
(2) 격려의 말을 몇 마디 합니다.

단어 **主题** zhǔtí 명 주제 **年度** niándù 명 연도, 해 **年会** niánhuì 명 연례 회의 **安排** ānpái 명 일정, 안배 동 안배하다 **通知** tōngzhī 명 통지(하다), 공지(하다) **各部门** gè bùmén 명 각 부서 **春节** Chūnjié 명 춘절, 설날 **临近** línjìn 동 임박하다, 가까워지다 **迎来** yínglái 동 맞이하다 **充满** chōngmǎn 동 가득 차다 **总结** zǒngjié 명 총결(하다), 요약(하다) **成就** chéngjiù 명 성과, 업적 **展望** zhǎnwàng 동 전망하다, 내다보다 **绘制** huìzhì 동 그리다, 설계하다 **宏伟** hóngwěi 형 웅장하다, 거대하다 **蓝图** lántú 명 청사진, 설계도 **举办** jǔbàn 동 개최하다 **具体** jùtǐ 형 구체적인 **后续** hòuxù 형 후속, 다음 단계 **关注** guānzhù 동 주목하다, 관심을 가지다 **乘车** chéngchē 동 차를 타다 **集合** jíhé 동 집합하다 **宴会厅** yànhuìtīng 명 연회장 **杭州** Hángzhōu 고유 항저우(지명) **接送** jiēsòng 동 마중하고 배웅하다 **统计** tǒngjì 명 통계(하다) **提交** tíjiāo 동 제출하다 **行政中心** xíngzhèng zhōngxīn 명 행정 센터 **议程** yìchéng 명 의사 일정 **表彰大会** biǎozhāng dàhuì 명 시상식 **迎春宴** yíngchūn wǎnyàn 명 설 맞이 저녁 연회 **纪律** jìlǜ 명 기율, 규율 **着装** zhuózhuāng 명 복장 **环节** huánjié 명 절차, 순서 **戴** dài 동 착용하다 **领带** lǐngdài 명 넥타이 **签到** qiāndào 동 출석 체크하다 **有序** yǒuxù 형 질서 있는 **指定位置** zhǐdìng wèizhì 명 지정석 **节目** jiémù 명 프로그램, 공연 **选报** xuǎnbào 동 선택하여 신청하다 **排练** páiliàn 동 리허설하다, 연습하다 **跟进** gēnjìn 동 따라가다 **桌次** zhuōcì 명 테이블 순번 **更换** gēnghuàn 동 교체하다, 바꾸다 **维护** wéihù 동 유지하고 보호하다 **秩序** zhìxù 명 질서 **协助** xiézhù 동 협조하다 **组织** zǔzhī 동 조직하다 **特此通知** tècǐ tōngzhī 특별히 이로써 통지함 **经理** jīnglǐ 명 매니저, 관리자 **注意事项** zhùyì shìxiàng 명 주의사항 **激励** jīlì 동 격려하다, 고무하다

🔍 고득점 통역 가이드

이 문항은 회사 환경에서 공식적인 공지를 전달하는 능력을 평가하는 것으로, 다음 몇 가지 측면에 유의해서 말해야 한다.

1. 상세하고 완전할 것
학생은 시간, 장소, 복장 규정 등 모든 핵심 정보를 명확하고 정확하게 전달해야 한다.

2. 조직적인 구조
답변은 논리적이어야 하며, 각 부분이 명확히 구분되어 청자가 쉽게 이해할 수 있어야 한다.

3. 어조와 예의
부서장으로서, 학생은 공식적이고 예의 바른 어조로 표현해야 하며, 동시에 동료에 대한 존중과 배려를 드러내야 한다.

4. 격려의 말
단순한 공지 외에도, 문제에서는 격려의 말도 요구하고 있다. 이 부분에서는 학생의 감정 표현 능력을 보여주어야 하며, 적절한 언어를 사용해 팀의 사기를 북돋을 수 있어야 한다.

모범 답안 1

各位同事，春节即将来临，我来通知大家关于即将举行的2025年度公司年会的一些重要信息。

年会定于2026年2月2日（星期五）举行，具体地点我们后续会再通知大家，但请大家放心，公司会统一为杭州地区的员工安排大巴车接送，确保大家能够顺利到达。请大家在2026年1月25日前完成乘车人员的统计，并将信息提交给行政中心。

关于乘车安排，我们定在2月2日下午1点30分在香格里拉大酒店3楼宴会厅集合，然后统一前往年会现场。请大家务必准时到达，不要迟到。

年会的议程主要包括总结表彰大会和迎春晚宴两部分。在着装方面，表彰大会环节，请大家穿着现行工作服，男士着西服、戴领带，女士着西服；晚宴环节，大家可以自由选择着装。

此外，我想强调的是，请大家务必准时参会。签到时间定在下午4点到4点30分，会议结束后，我们会有序进入晚宴现场，晚宴签到时间是5点30分到6点，签到后请大家到指定位置入座。

另外，我们部门需要准备2个节目，请大家有序组织排练，并跟进节目的进展。晚宴时，每桌会设一名桌长，负责维护本桌的秩序，并协助组织晚宴活动。

此次年会是我们共同总结过去、展望未来的重要时刻。让我们以饱满的热情、团结的姿态共同迎接新的一年，共同创造新的辉煌！

感谢大家！

동료 여러분, 설이 다가옴에 따라, 2025년도 회사 연례행사와 관련된 몇 가지 중요한 사항을 알려드리고자 합니다.

연례행사는 2026년 2월 2일(금요일)에 개최될 예정이며, 구체적인 장소는 추후 다시 안내드릴 예정입니다. 회사에서 항저우 지역 직원 여러분을 위해 전세버스를 일괄적으로 배정하여 원활하게 행사장까지 이동하실 수 있도록 준비할 예정 이오니 염려하지 않으셔도 됩니다. 2026년 1월 25일 전까지 각 부서에서는 탑승 인원을 취합하여 행정 센터로 제출해 주시기 바랍니다.

차량 탑승 일정과 관련하여 우리는 2월 2일 오후 1시 30분 샹그릴라 호텔 3층 연회장에 집합한 후 함께 연례행사장으로 이동할 예정 이오니, 반드시 시간을 준수하시어 늦지 않도록 유의해 주시기 바랍니다.

이번 연례행사의 주요 일정은 연간 결산 및 시상식과 신년 만찬 두 부분으로 나뉘어 진행될 예정입니다. 복장과 관련하여 시상식 순서에서는 현재 착용 중인 근무복을 기본으로 하며, 남성은 정장에 넥타이, 여성은 정장을 착용해 주시기 바랍니다. 만찬 시간에는 자유로운 복장 착용이 가능합니다.

또한 한 가지 강조 드리고 싶은 점은, 반드시 정시에 행사에 참석해 주시기 바랍니다. 방명록 서명 가능 시간은 오후 4시부터 4시 30분까지이며, 회의 종료 후에는 질서 있게 만찬 행사장으로 입장하게 됩니다. 만찬 방명록 서명 가능 시간은 오후 5시 30분부터 6시까지이며, 등록을 마친 후에는 지정된 좌석에 착석해 주시기 바랍니다.

아울러 저희 부서에서는 2개의 프로그램을 준비해야 하며, 각 팀에서는 계획적으로 리허설을 진행해 주시고, 행사 진행 상황에 맞춰 움직여 주세요. 만찬 시간에는 테이블마다 1명의 테이블장을 배정하여, 각 테이블의 질서를 유지하고 만찬 프로그램 진행을 도와주시게 됩니다.

이번 연례행사는 우리가 함께 지난 시간을 돌아보고, 새로운 한 해를 맞이할 준비를 하는 의미 있는 시간입니다. 밝고 활기찬 열정, 그리고 단결된 모습으로 새로운 한 해를 함께 맞이하며, 더 큰 성과를 함께 이루어 나가기를 기원합니다.

감사합니다.

단어 **各位同事** gèwèi tóngshì 명 직원 여러분　**即将** jíjiāng 부 곧, 머지않아　**举行** jǔxíng 동 개최하다　**公司年会** gōngsī niánhuì 명 회사 연례 회의　**后续** hòuxù 명 후속　**大巴车** dàbāchē 명 대형 버스　**确保** quèbǎo 동 확실히 보장하다　**提交** tíjiāo 동 제출하다　**乘车安排** chéngchē ānpái 명 차량 이용 일정　**宴会厅** yànhuìtīng 명 연회장　**集合** jíhé 동 집합하다　**务必** wùbì 부 반드시, 꼭　**准时到达** zhǔnshí dàodá 동 제시간에 도착하다　**包括** bāokuò 동 포함하다　**总结表彰大会** zǒngjié biǎozhāng dàhuì 명 연말 결산 및 시상식　**迎春晚宴** yíngchūn wǎnyàn 명 신년 만찬　**着装** zhuózhuāng 명 복장　**现行工作服** xiànxíng gōngzuòfú 명 현행 근무복　**戴领带** dài lǐngdài 동 넥

타이를 착용하다 **晚宴环节** wǎnyàn huánjié 몡 저녁 연회 순서 **强调** qiángdiào 동 강조하다 **签到时间** qiāndào shíjiān 몡 출석 확인 시간,
방명록 서명 시간 **有序** yǒuxù 혱 체계적으로, 계획적으로 **指定位置** zhǐdìng wèizhì 몡 지정석 **入座** rùzuò 동 착석하다 **跟进** gēnjìn 동
진행 상황을 따라가다 **进展** jìnzhǎn 몡 진행, 진척 **秩序** zhìxù 몡 질서 **协助** xiézhù 동 협력하다 **总结过去** zǒngjié guòqù 지난 시간
을 돌아보다 **展望未来** zhǎnwàng wèilái 몡 미래를 내다보다 **饱满** bǎomǎn 혱 충만한 **热情** rèqíng 몡 열정 **团结** tuánjié 몡 단결(하
다), 단합(하다) **姿态** zītài 몡 자세, 태도 **迎接** yíngjiē 동 맞이하다 **辉煌** huīhuáng 혱 빛나는, 찬란한

모범 답안 2 ★★★

各位同事，大家好！

春节临近了，一年一度的重要活动——2025年度公司年会也即将举行。刚刚我们收到了正式通知，现在我来向大家简单说明一下具体安排和注意事项。

首先，年会时间定在2026年2月2日（星期五），这次年会分为两个部分：总结表彰大会和迎春晚宴。

年会地点还没确定，再等后续通知。

年会当天下午1点半，公司统一安排大巴车接送，集合地点是香格里拉大酒店3楼宴会厅。

我们部门的乘车人员名单，需要在1月25日前统计完毕，请大家尽快确认是否参加，以便我们上报行政中心。

着装方面也有要求：在表彰大会上，要求大家穿工作服，男士穿西服打领带，女士也要穿西服；晚宴时，可以自由着装，但也要得体。

签到时间是16:00—16:30，请大家一定要准时到场，不要迟到。晚宴时间是18:00，每桌都有一名桌长，负责协调活动秩序，也希望大家积极配合。

另外，公司要求每个部门准备两个节目。我们部门也要组织排练，希望有才艺的同事们踊跃报名参与，在舞台上展现出我们部门的风采。

最后，我想说几句心里话。过去的一年，我们部门取得了不错的成绩，这是大家共同努力的结果，感谢大家的辛劳付出。年会不仅是对过去的总结，更是新一年的起点。我希望大家继续保持以往的热情，以更加紧密的协作精神，迎接充满希望的一年！

请大家认真准备这次年会，也尽情享受这一年中难得的欢乐时光。谢谢大家！

여러분 안녕하세요!

설이 다가오면서, 해마다 열리는 중요한 행사인 2025년도 회사 연례행사도 곧 개최될 예정입니다. 방금 저희가 공지를 받았기에, 지금부터 제가 여러분께 구체적인 일정과 주의사항을 간단히 안내해 드리겠습니다.

우선, 연례 회의는 2026년 2월 2일(금요일)로 예정되어 있으며, 이번 회의는 연말 결산 및 시상식과 신년 만찬 1~2부로 나누어 진행됩니다.

행사 장소는 아직 미정이며, 추후 공지를 기다려주세요.

행사 당일 오후 1시 30분에 회사에서 일괄적으로 대형 버스를 배정하여 이동할 예정이며, 집합 장소는 샹그릴라 호텔 3층 연회장입니다.

우리 부서의 차량 이용 인원 명단은 1월 25일까지 집계가 완료되어야 하니, 참가 여부를 가능한 빨리 확인해 주시고, 저희가 행정 센터에 전달할 수 있도록 협조 부탁드립니다.

복장 관련 요구사항으로는 연말 결산 및 시상식에는 근무복 착용이 요구되며, 남성은 정장에 넥타이, 여성은 정장을 착용해 주시기 바랍니다. 저녁 만찬 시에는 자유 복장이 가능하지만 단정한 차림을 부탁드립니다.

출석 체크는 오후 4시부터 4시 30분까지이며, 꼭 정시에 도착해주시고 지각은 삼가주시기 바랍니다. 만찬은 오후 6시에 시작되며, 각 테이블마다 테이블장을 지정해 행사의 질서 유지를 돕게 됩니다. 모든 분들의 적극적인 협조를 부탁드립니다.

또한 회사에서는 각 부서에 프로그램 두 개씩 준비하라고 요구하고 있습니다. 우리 부서도 공연 준비를 해야 하며, 끼 있는 동료들의 적극적인 참여를 기대합니다. 무대에서 우리 부서의 멋진 모습을 보여주세요.

마지막으로, 제 마음을 담아 몇 마디 드리고 싶습니다. 지난 1년 동안 우리 부서는 훌륭한 성과를 이루었고, 이는 모두가 함께 노력한 결과입니다. 여러분의 수고에 진심으로 감사드립니다. 이번 연례 회의는 단지 지난 시간을 돌아보는 자리가 아니라, 새해를 시작하는 출발점이기도 합니다. 앞으로도 한결같은 열정으로, 더욱 긴밀한 협력 정신으로 희망 가득한 새해를 함께 맞이하길 바랍니다!

이번 연례 회의 준비에 최선을 다해주시고, 또한 이 소중한 축제의 시간을 마음껏 즐기시기 바랍니다. 감사합니다!

단어 春节临近 Chūnjié línjìn 설날이 다가오다 一年一度 yìnián yídù 해마다 한 번, 한 해 한 차례 即将 jíjiāng 🔹 곧, 머지않아 举行 jǔxíng 🔹 개최하다 正式 zhèngshì 🔹 공식적인 具体安排 jùtǐ ānpái 🔹 구체적인 일정 注意事项 zhùyì shìxiàng 🔹 주의사항 总结表彰大会 zǒngjié biǎozhāng dàhuì 🔹 연말 결산 및 시상식 迎春晚宴 yíngchūn wǎnyàn 🔹 신년 만찬 后续 hòuxù 🔹 후속 完毕 wánbì 🔹 완료하다 尽快 jǐnkuài 🔹 되도록 빨리 确认 quèrèn 🔹 확인하다 上报 shàngbào 🔹 보고하다 打领带 dǎ lǐngdài 넥타이를 매다 得体 détǐ 🔹 단정하다, 적절하다 签到 qiāndào 🔹 출석 체크하다 桌长 zhuōzhǎng 🔹 테이블장(책임자) 负责 fùzé 🔹 책임지다 协调 xiétiáo 🔹 조율하다, 협조하다 秩序 zhìxù 🔹 질서 积极 jījí 🔹 적극적이다 配合 pèihé 🔹 협력하다, 호응하다 排练 páiliàn 🔹 리허설하다 踊跃 yǒngyuè 🔹 적극적으로, 열정적으로 报名 bàomíng 🔹 신청하다 参与 cānyù 🔹 참가하다 舞台 wǔtái 🔹 무대 风采 fēngcǎi 🔹 풍채, 매력 辛劳 xīnláo 명/형 수고, 노고 付出 fùchū 🔹 들이다, 바치다 紧密 jǐnmì 🔹 긴밀하다 协作 xiézuò 🔹 협력하다 尽情 jìnqíng 🔹 마음껏 享受 xiǎngshòu 🔹 누리다

TIP

- 답변 준비 전략

1. 문제의 정확한 요구 파악하기
→ 활동 공지 + 유의사항 전달 + 격려

2. 간략 개요 만들기
핵심 키워드만 간단히 메모하기
开头 → 年会通知 → 乘车+时间 → 着装要求 → 节目准备 → 鼓励总结

3. 사용할 표현 정리하기

1) 인사 및 개요
各位同事，春节即将来临，我来通知大家……
今天我想和大家说明一下……的安排。

2) 활동 공지 및 주의사항 안내
年会定于……举行，具体地点我们后续会再通知大家。
公司会统一安排大巴车接送，确保大家顺利到达。
请大家务必准时到达，不要迟到。
请大家穿着现行工作服……，晚宴环节可自由选择着装。

3) 부서 업무 전달
我们部门需要准备……个节目，请大家有序组织排练。
每桌会设一名桌长，负责维护本桌的秩序。

4) 격려 마무리
此次年会是我们总结过去、展望未来的重要时刻。
让我们以饱满的热情、团结的姿态共同迎接新的一年！
感谢大家！

제2부분 (95-97)
자료를 듣고 3개의 질문에 대답하세요.(95, 96 대답 시간 30초, 97 대답 시간 2분)

95-97

春秋战国时期的琴师伯牙，琴艺高超但鲜有人懂。一次，他奉命去楚国，中途遇风浪停泊汉阳江口。风平后，伯牙被明月所感，抚琴自娱。当琴声缥缈之间，伯牙发现岸边站着一个樵夫，正是钟子期。钟子期被伯牙的琴声吸引，静静聆听。

伯牙的琴声非常特别，他用弹琴表达自己的内心情感。 ⑨⑤ 当琴声雄壮高亢时，代表着"高山"的雄伟气势，钟子期听后，马上领悟并说："这琴声，表达了高山的雄伟气势。"接着，当伯牙变换手法，琴声变得清新流畅，如同山间溪水潺潺，这代表了"流水"。钟子期再次准确辨识出："这后弹的琴声，表达的是无尽的流水。"

两人之间的这次交流，使伯牙非常惊喜。于是，伯牙邀请钟子期上船交谈， ⑨⑥ 两人像知音一样，谈得十分投机，约定第二年中秋再相会。

到了第二年中秋，伯牙按时赴约，但钟子期未现身。一老人告知伯牙，钟子期已过世，但曾留言希望能听到伯牙的琴声。伯牙悲痛，为钟子期弹起《高山流水》。之后，他损坏了自己的琴，悲叹失去了唯一的知音，再无人能听懂他的琴声。

춘추전국시대의 거문고 연주자 백아(伯牙)는 거문고 실력이 뛰어났지만, 그 진가를 아는 이는 드물었다. 어느 날, 그는 명을 받아 초나라로 가던 중 풍랑을 만나 한양강 어귀에 정박하게 되었다. 바람이 잠잠해진 뒤, 백아는 밝은 달빛에 감동하여 거문고를 타며 스스로 즐겼다. 거문고 소리가 아련하게 퍼지던 중, 백아는 강가에 한 나무꾼이 서 있는 것을 발견했는데, 그는 바로 종자기(钟子期)였다. 종자기는 백아의 거문고 소리에 이끌려 조용히 귀를 기울이고 있었다.

백아의 거문고 소리는 매우 특별하여, 그는 연주를 통해 자신의 내면의 감정을 표현하였다. ⑨⑤ 거문고 소리가 웅장하고 고조될 때는 '높은 산'의 장엄한 기세를 나타냈고, 종자기는 그 소리를 듣고 바로 의미를 깨닫고는 "이 거문고 소리는 높은 산의 장엄한 기세를 표현한 것이군요."라고 말하였다. 이어서 백아가 연주 기법을 바꾸자 거문고 소리는 맑고 부드러워져 마치 산속 시냇물이 졸졸 흐르는 듯한 느낌이 되었고, 이는 '흐르는 물'을 의미하였다. 종자기는 또다시 정확히 알아챘으며 "이 뒤의 거문고 소리는 끝없이 흐르는 물을 표현한 것이군요."라고 말했다.

두 사람의 이 만남은 백아에게 큰 기쁨을 주었다. 백아는 종자기를 배에 초대하여 이야기를 나누었고, ⑨⑥ 두 사람은 마치 오랜 지음(知音)처럼 매우 뜻이 잘 맞아 다음 해 중추절에 다시 만나기로 약속하였다.

이듬해 중추절이 되어 백아는 약속대로 도착하였으나, 종자기는 나타나지 않았다. 한 노인이 백아에게 종자기가 이미 세상을 떠났다는 소식을 전하였고, 생전에 백아의 거문고 소리를 다시 듣고 싶다는 말을 남겼다고 하였다. 백아는 깊은 슬픔에 잠겨 종자기를 위해 《고산유수(高山流水)》를 연주하였다. 그 후, 그는 자신의 거문고를 부수며 유일한 지음을 잃었으니, 다시는 그 누구도 자신의 거문고 소리를 알아들을 수 없다고 탄식하였다.

단어 **春秋战国时期** Chūnqiū Zhànguó shíqī 몡 춘추전국시대 **琴师** qínshī 몡 거문고 연주자 **伯牙** Bóyá 고유 백아(인명) **琴艺高超** qínyì gāochāo 휑 거문고 연주 솜씨가 뛰어나다 **鲜有** xiǎn yǒu 뷔 드물다 **奉命** fèngmìng 동 명을 받들다 **楚国** Chǔguó 고유 초나라 **中途** zhōngtú 몡 도중(에) **风浪** fēnglàng 몡 풍랑 **停泊** tíngbó 동 정박하다 **汉阳江口** Hànyáng Jiāngkǒu 고유 한양강 어귀 **抚琴自娱** fǔqín zìyú 거문고를 연주하며 스스로 즐기다 **缥缈** piāomiǎo 휑 아득하다, 희미하다 **岸边** ànbiān 몡 강가, 물가 **樵夫** qiáofū 몡 나무꾼 **钟子期** Zhōng Zǐqī 고유 종자기(인명) **吸引** xīyǐn 동 끌어들이다, 매료시키다 **聆听** língtīng 동 경청하다 **弹琴** tánqín 동 거문고를 타다 **雄壮高亢** xióngzhuàng gāokàng 휑 웅장하고 우렁차다 **雄伟气势** xióngwěi qìshì 몡 웅장한 기세 **领悟** lǐngwù 동 깨닫다 **变换** biànhuàn 동 변화시키다 **手法** shǒufǎ 몡 기법 **清新流畅** qīngxīn liúchàng (선율이) 맑고 매끄럽다 **溪水潺潺** xīshuǐ chánchán 시냇물이 졸졸 **辨识** biànshí 동 식별하다 **邀请** yāoqǐng 동 초대하다 **交谈** jiāotán 동 대화하다 **知音** zhīyīn 마음을 알아주는 친구(지기) **谈得投机** tándé tóujī 대화가 잘 통하다 **按时** ànshí 동 제시간에 **赴约** fùyuē 동 약속 장소에 가다 **现身** xiànshēn 동 모습을 드러내다 **告知** gàozhī 동 알리다 **过世** guòshì 동 세상을 떠나다 **留言** liúyán 동 말을 남기다 **悲痛** bēitòng 휑 슬퍼하다 **损坏** sǔnhuài 동 부수다 **悲叹** bēitàn 동 슬퍼하며 탄식하다

95 ★★

问: 伯牙为什么非常惊喜? | 질문: 백아는 왜 매우 기뻐했는가?

모범 답안

钟子期听懂了伯牙琴声中想要表达的内容。 | 종자기가 백아의 거문고 소리 속에 담긴 뜻을 알아들었기 때문이다.

해설 녹음 두 번째 단락에서 '当琴声雄壮高亢时，代表着"高山"的雄伟气势，钟子期听后，马上领悟并说："这琴声，表达了高山的雄伟气势。"(거문고 소리가 웅장하고 고조될 때는 '높은 산'의 장엄한 기세를 나타냈고, 종자기는 그 소리를 듣고 바로 의미를 깨닫고는 "이 거문고소리는 높은 산의 장엄한 기세를 표현한 것이군요."라고 말했다). 接着，当伯牙变换手法，琴声变得清新流畅，如同山间溪水潺潺，这代表了"流水"(이어서 백아가 연주 기법을 바꾸자 거문고 소리는 맑고 부드러워져 마치 산속 시냇물이 졸졸 흐르는 듯한 느낌이 되었고, 이는 '흐르는 물'을 의미하였다). 钟子期再次准确辨识出："这后弹的琴声，表达的是无尽的流水(종자기는 또 다시 정확히 알아챘으며 "이 뒤의 거문고 소리는 끝없이 흐르는 물을 표현한 것이군요."라고 말했다)'의 내용을 통해 백아가 기뻤던 이유는 자신이 거문고로 표현하려는 내용을 종자기가 정확히 이해했기 때문임을 알 수 있다. 따라서 정답은 钟子期听懂了伯牙琴声中想要表达的内容이다.

단어 弹琴 tánqín 동 거문고를 켜다 内心情感 nèixīn qínggǎn 명 내면의 감정 代表 dàibiǎo 동 의미하다 领悟 lǐngwù 동 깨닫다, 이해하다 准确 zhǔnquè 형 정확하다 辨认 biànrèn 동 분별하다, 식별하다

96 ★

问: 第二年中秋, 伯牙为什么又来到汉阳江口? | 질문: 이듬해 중추절에 백아는 왜 다시 한양강 어귀에 왔는가?

모범 답안

来和钟子期相会。 | 종자기와 다시 만나기 위해서이다.

해설 녹음 세 번째 단락에서 '两人像知音一样，谈得十分投机，约定第二年中秋再相会(두 사람은 마치 오랜 지음처럼 매우 뜻이 잘 맞아 다음 해 중추절에 다시 만나기로 약속하였다)'라고 했으므로 정답은 来和钟子期相会이다.

단어 约定 yuēdìng 동 약속하다 中秋节 Zhōngqiū Jié 고유 중추절(중국의 명절) 相会 xiānghuì 동 만나다

97　　★★★

| 问：你认为在现代社会，找到知音是一件困难的事情吗？请给出你的理由。 | 질문: 당신은 현대 사회에서 지음을 찾는 것이 어려운 일이라고 생각하나요? 당신의 이유를 말해 보세요. |

🔍 고득점 말하기 가이드

답변을 작성할 때 다음 몇 가지 측면에서 접근할 수 있다.

1. 주제와 배경 도입

먼저 들은 글의 주요 내용을 간략히 요약하여, 백아와 종자기 사이의 지음(知音) 이야기를 소개하고, 이후의 토론과 분석을 위한 기초를 마련해야 한다.

2. 문제의 초점 명확히 하기

문제의 핵심, 즉 현대 사회에서 지음을 찾는 것이 어려운 일인지 여부를 분명히 해야 하며, '지음'이라는 개념에 대한 정의나 설명을 덧붙여야 한다.

3. 현대 사회의 특징 분석

수소셜미디어, 현대의 빠른 생활 속도, 인간관계의 방식 등 다양한 측면에서 현대 사회가 지음을 찾는 데 어떤 영향을 미치는지를 분석할 수 있다. 긍정적 측면과 부정적 측면을 모두 제시하며, 현대 사회는 지음을 찾을 수 있는 기회를 제공함과 동시에 새로운 도전도 가져온다고 설명할 수 있다.

4. 사례 제시와 비교

가능하다면, 현실 생활 속 사례를 들어 자신의 관점을 뒷받침하거나, 고대와 현대의 사회적 교류 환경을 비교하여 논지를 더욱 설득력 있게 만들 수 있다.

5. 심화 분석

현대 사회에서 사람들이 지음을 찾기 어렵다고 느끼는 이유를 더 깊이 탐구할 수 있다. 예를 들어, 인간관계의 피상화, 기술 의존 등의 요소를 분석하고, 이러한 요소들이 지음을 찾는 과정에 어떤 영향을 미치는지 설명할 수 있다.

6. 관점 정리

결론에서 자신의 관점을 다시 정리하고, 현대 사회에서 진정한 지음을 찾기 위한 제안이나 전망을 제시할 수 있다. 또한 인간관계의 가치에 대해 더 깊이 있는 반성을 덧붙일 수 있다.

7. 언어 표현

답변은 문장이 자연스럽고 정확해야 하며, 적절한 어휘와 문장 구조를 사용하여 자신의 관점을 명확하게 표현해야 한다.

8. 듣기 자료와의 연계

전체 답변 과정에서 응시자는 자신의 답변이 듣기 자료와 밀접하게 연결되어 있음을 보여야 한다. 이는 단순히 도입부에서 활용하는 데 그치지 않고, 분석 과정에서도 수시로 인용하여 답변의 깊이와 풍부함을 더해야 한다.

종합적으로 볼 때, 훌륭한 답변은 들은 이야기에 대해 깊이 있는 분석을 제공하고, 이를 현대 사회의 특성과 결합하여 자신의 관점을 충분히 설명하고 지지하며, 명확한 구조와 유창한 언어로 제시하는 것이다.

모범 답안 1 ★★

在现代社会，找到知音或许比古代更具挑战性，但也更具可能性。

首先，在社交媒体和互联网的时代，人们有机会接触到比以往任何时候都多的人，这为我们提供了更多的机会遇到那些与我们志趣相投的人。现代社会的多元性意味着每个人都可以找到与自己相似的群体。兴趣小组、线上社群等都为人们提供了一个平台，让他们可以找到共同的话题和兴趣。

但与此同时，过多的信息可能导致人们浅尝辄止，难以深入地了解他人。现代生活的快节奏使得人们在日常生活的交流中可能没有足够的时间和精力深入了解他人，只能形成浅层的社交。尽管有了更多的通信工具，但现代社会中的个体可能会感到更加孤独和隔离。过度依赖技术可能导致人与人之间的真实情感连接被淡化。

总的来说，现代社会虽然为人们提供了更多的机会去寻找知音，但同时也带来了更多的干扰和挑战。真正的知音需要相互的理解、尊重和深入地交流，这需要时间和努力去建立和维护。

현대 사회에서 지음을 찾는 일은 고대보다 더 도전적일 수 있지만, 동시에 더 많은 가능성을 가지고 있다고 생각한다.

우선, 소셜미디어와 인터넷 시대에는 사람들이 예전보다 훨씬 더 많은 사람들과 접촉할 수 있는 기회를 갖게 되었고, 이는 취향과 관심이 맞는 사람을 만날 수 있는 가능성을 제공한다. 현대 사회의 다양성은 누구나 자신과 비슷한 집단을 찾을 수 있게 하며, 동호회나 온라인 커뮤니티 등은 사람들이 공통의 주제와 관심사를 나눌 수 있는 플랫폼이 되어 준다.

하지만 동시에, 과도한 정보는 사람들이 깊이 있는 관계를 맺기보다는 겉핥기식 소통에 머물게 할 수 있다. 현대의 빠른 생활 리듬은 사람들로 하여금 타인을 깊이 이해할 시간과 에너지를 갖기 어렵게 만들며, 얕은 교류를 할 수밖에 없도록 한다. 소통 수단은 다양해졌지만, 현대사회의 개인은 오히려 더 외롭고 단절감을 느끼기 쉽다. 기술에 과도하게 의존할 경우, 사람과 사람 사이의 진정한 정서적 연결이 약해질 수 있다.

종합하자면, 현대 사회는 사람들이 지음을 찾을 수 있는 더 많은 기회를 제공하는 동시에, 더 많은 방해 요소와 도전을 함께 안겨준다. 진정한 지음은 상호 이해와 존중, 그리고 깊이 있는 소통을 필요로 하며, 이는 시간과 노력을 들여야만 구축하고 유지할 수 있는 관계이다.

단어 知音 zhīyīn 몡 마음을 알아주는 친구 或许 huòxǔ 囝 아마도, 어쩌면 挑战性 tiǎozhànxìng 몡 도전성, 난이도 社交媒体 shèjiāo méitǐ 몡 소셜 미디어 互联网 hùliánwǎng 몡 인터넷 接触 jiēchù 동 접하다 志趣相投 zhìqù xiāngtóu 뜻이 맞다, 의기투합하다 多元性 duōyuánxìng 몡 다양성 意味 yìwèi 동 의미 相似 xiāngsì 囘 유사하다, 비슷하다 群体 qúntǐ 몡 집단, 그룹 兴趣小组 xìngqù xiǎozǔ 몡 취미 소모임, 동호회 线上社群 xiànshàng shèqún 몡 온라인 커뮤니티 平台 píngtái 몡 플랫폼 导致 dǎozhì 동 초래하다, 야기하다 浅尝辄止 qiǎncháng zhézhǐ 솅 조금 맛보고 곧 그만두다(겉핥기 식이다) 深 shēn 囝 깊다 快节奏 kuài jiézòu 몡 빠른 템포, 빠른 생활 리듬 精力 jīnglì 몡 정력, 에너지 浅层 qiǎncéng 囝 얕은 社交 shèjiāo 몡 사교, 인간관계 孤独 gūdú 囝 외롭다 隔离 gélí 동 고립되다, 단절되다 依赖 yīlài 동 의존하다 淡化 dànhuà 동 약해지다 寻找 xúnzhǎo 동 찾다, 찾아 나서다 干扰 gānrǎo 동 방해하다 尊重 zūnzhòng 동 존중하다 交流 jiāoliú 동 교류하다, 소통하다 建立维护 jiànlì wéihù (관계 등을) 구축하고 유지하다

모범 답안 2 ★★★

这段内容是"高山流水遇知音"的故事，伯牙和钟子期的友谊是许多人心中的美好向往。那么，在今天这个快速发展的时代，能不能找到一个真正懂自己的人呢？有人认为在当今社会找到知音是一件困难的事情。由此，我开始思考这个问题。

在现代社会遇到一个知音很难，我认为有以下几个原因。

이 내용은 '고산유수(高山流水)' 이야기, 즉 백아(伯牙)와 종자기(钟子期)의 우정을 담고 있다. 이들의 우정은 많은 사람들이 마음속으로 동경하는 아름다운 이상이다. 그렇다면, 오늘날 이처럼 빠르게 변화하는 시대에도 정말 나를 이해해주는 사람을 만날 수 있을까? 어떤 사람들은 현대 사회에서 '지음(知音, 마음을 알아주는 친구)'을 찾는 것이 매우 어렵다고 말한다. 그래서 나도 이 문제에 대해 생각해보게 되었다.

현대 사회에서 진정한 지음을 만나는 것은 어렵다고 생각하는데, 그 이유는 다음과 같다.

首先，现代社会生活节奏太快，人与人的交流不能深入。大多数人的交流都是碎片化的、工具性的。比如手机短信啊、微信啊、短视频啊等等。人与人之间互相倾听对方内心的机会越来越少了。对很多人来说，"时间就是金钱"，人们每天要忙于学习、工作和各种应酬，很少有时间静下心来和别人深入交谈。

其次，现代人自我保护意识越来越强，人与人之间的信任变得越来越少了。很多人不愿轻易表现自己，甚至把自己的真实想法掩藏起来，人与人的交流，不能坦诚相待。

再加上每个人的价值观、兴趣、经历都不尽相同。所以，虽然，我们可能遇到了很多朋友，但能够真正理解彼此内心的人不多，所以，遇到知音很难。

中国有句俗语叫"千古知音难寻"，说明自古以来，遇到知音就是不容易的。

当然，不容易并不意味着"知音"不存在，困难不等于不可能。正因为难得，所以才珍贵。只要真诚待人、善于倾听，去理解他人、也会被他人理解。

因此，我还是相信，在茫茫人海中，总会有心灵相通的人出现的，也有可能遇到真正懂我的人。

첫째, 현대 사회는 생활 리듬이 너무 빠르고, 사람들 간의 깊은 소통이 어렵다. 대부분 사람들의 소통은 단편적이고 수단적인 경우가 많다. 예를 들어 휴대폰 문자, 위챗, 짧은 영상 등이다. 사람들 간에 서로의 내면을 경청할 기회는 점점 줄어들고 있다. 많은 사람들에게 '시간은 곧 돈'이기 때문에, 매일 학업과 일, 각종 업무약속에 바빠서 차분히 마음을 가라 앉히고 다른 사람과 깊이 있는 대화를 나눌 시간이 거의 없다.

둘째, 현대인들은 자아 보호 의식이 점점 강해지고 있어, 사람들 사이의 신뢰도 점점 낮아지고 있다. 많은 사람들이 쉽게 자신을 드러내지 않으려 하고, 심지어 진실된 생각을 감춰 버려 사람과 사람 간의 진심 어린 대화가 불 가능해진다.

게다가, 각자의 가치관, 흥미, 경험이 다 다르기 때문에 많은 친구를 사귄다 해도 서로의 내면을 진정으로 이해할 수 있는 사람은 드물다. 그래서 지음을 만나는 것은 참 어렵다.

중국 속담에 '천고지음난심(千古知音难寻)'이라는 말이 있는데, 이는 예로부터 지음을 찾는 것이 쉽지 않다는 것을 말해준다.

물론, 쉽지 않다는 것이 지음이 존재하지 않는다는 뜻은 아니다. 어렵다고 해서 불가능한 것은 아니다. 바로 드물기 때문에 더더욱 소중한 것이다. 진심으로 사람을 대하고, 귀 기울일 줄 알며, 남을 이해할 수 있다면 나 역시 이해 받을 수 있을 것이다.

그래서 나는 여전히 믿는다. 수많은 사람들 속에서 언젠가는 마음이 통하는 사람을 만날 수 있을 거라고, 그리고 진정으로 나를 이해해주는 사람도 반드시 나타날 것이다.

단어 **高山流水** gāoshān liúshuǐ 명 고산유수(절친한 친구 간의 교감을 비유) **遇知音** yù zhīyīn 진정한 친구를 만나다 **友谊** yǒuyì 명 우정 **美好向往** měihǎo xiàngwǎng 명 아름다운 동경, 이상 **思考** sīkǎo 동 사고하다, 깊이 생각하다 **生活节奏** shēnghuó jiézòu 명 생활 리듬 **碎片化** suìpiànhuà 명 파편화, 단편적 **工具性** gōngjùxìng 명 수단적 **手机短信** shǒujī duǎnxìn 휴대폰 문자 **微信** Wēixìn 고유 위챗(중국 메신저 앱) **短视频** duǎn shìpín 짧은 영상, 숏 폼 **倾听** qīngtīng 동 경청하다 **应酬** yìngchou 명동 접대(하다), 사교 활동(을 하다) **静下心来** jìng xià xīn lái 동 마음을 가라앉히다 **自我保护意识** zìwǒ bǎohù yìshí 명 자기 보호 의식 **轻易** qīngyì 부 함부로, 쉽게 **掩藏起** yǎncáng qǐ 동 감추다, 숨기다 **坦诚相待** tǎnchéng xiāngdài 동 솔직하게 대하다 **价值观** jiàzhíguān 명 가치관 **兴趣** xìngqù 명 흥미 **经历** jīnglì 명 경험 **不尽相同** bùjìn xiāngtóng 완전히 같지 않다, 조금씩 다르다 **彼此内心** bǐcǐ nèixīn 명 서로의 내면 **俗语** súyǔ 명 속담 **千古知音难寻** qiāngǔ zhīyīn nán xún 예로부터 지음은 찾기 어렵다 **自古以来** zìgǔ yǐlái 예로부터 **难得** nándé 형 얻기 어렵다, 드물다 **珍贵** zhēnguì 형 소중하다, 귀중하다 **茫茫人海** mángmáng rénhǎi 사람들로 가득한 세상, 많고 많은 사람들 중 **心灵相通** xīnlíng xiāngtōng 마음이 통하다

제3부분 (98) 자료를 듣고 질문에 대해 자신의 관점을 말해 보세요. (대답 시간 3분)

黄伟芬，被称作"航天员女教头"，是中国首位女性航天员系统总指挥。30年来，黄伟芬已8次送自己选拔培训的航天员送上太空。在她的带领下，中国成功地进行了一系列载人航天任务，进一步稳固了中国在国际航天领域的地位。黄伟芬表示："航天的挑战与风险永远伴随，但正是这些困难与未知驱使我们不断前进。"

황웨이펀은 '우주비행사 여성 교관'으로 불리며, 중국 최초의 여성 우주비행사 시스템 총지휘관이다. 30년 동안 황웨이펀은 자신이 선발하고 훈련한 우주비행사들을 8차례나 우주로 보냈다. 그녀의 지도 아래, 중국은 일련의 유인 우주비행 임무를 성공적으로 수행하였고, 국제 우주 분야에서 중국의 입지를 한층 더 공고히 하였다. 황웨이펀은 다음과 같이 말했다. "우주항해의 도전과 위험은 항상 따르지만, 바로 이러한 어려움과 미지의 세계가 우리를 끊임없이 앞으로 나아가게 만든다."

请结合听到的内容，谈谈你对航天事业的看法及人类探索未知的精神。

들은 내용을 바탕으로, 우주 개발에 대한 당신의 생각과 인간의 미지 탐구 정신에 대해 말해 보세요.

단어 黄伟芬 Huáng Wěifēn 고유 황웨이펀(인명, 중국 우주항공 분야 인물) 航天员 hángtiānyuán 명 우주비행사 教头 jiàotóu 명 교관, 지도자, 코치 首位 shǒuwèi 명 첫 번째 형 최초의 系统 xìtǒng 명 시스템 总指挥 zǒng zhǐhuī 명 총지휘자 选拔 xuǎnbá 동 선발하다 培训 péixùn 명동 훈련(하다), 양성(하다) 带领 dàilǐng 동 이끌다, 인솔하다 一系列 yí xìliè 형 일련의, 일련된 载人航天 zàirén hángtiān 명 유인 우주항공 稳固 wěngù 형 안정되다, 견고하다 领域 lǐngyù 명 영역, 분야 挑战 tiǎozhàn 명 도전 风险 fēngxiǎn 명 위험 伴随 bànsuí 동 따르다, 수반하다 困难 kùnnán 형 어려움 곤란한 未知 wèizhī 형 미지, 알려지지 않은 영역 驱使 qūshǐ 동 (어떤 목적을 위해) 몰아가다, 움직이게 하다 探索 tànsuǒ 동 탐색하다, 탐험하다 精神 jīngshén 명 정신, 정신력

🔍 고득점 말하기 가이드

응시자는 답변할 때 다음 사항들에 유의해야 한다.

1. 서두에서의 요약과 주제 도입
적절한 답변은 먼저 듣기 지문에 대한 간단한 요약으로 시작되어야 하며, 즉 중국 최초의 여성 우주비행사 시스템 총지휘관인 황웨이펀의 업무와 그녀가 밝힌 우주항공 도전에 대한 견해를 간략히 정리해야 한다. 이후에는 해당 이야기가 우주항공 분야에서 왜 중요한 의미를 가지는지 주제를 명확히 제시해야 한다.

2. 우주항공 분야의 도전 분석
기술적, 물리적, 감정적, 정신적인 다양한 측면에서 우주항공이 가진 도전 요소를 깊이 있게 분석해야 한다. 황웨이펀의 발언을 인용하여 자신의 분석을 뒷받침하고, 왜 이러한 도전이 주목할 만한지를 설명해야 한다.

3. 우주인들의 동기 원천 설명
우주인들이 어떻게 도전과 위험 속에서 동기와 자극을 얻는지를 설명해야 하며, 이러한 감정적·심리적 상태가 그들의 업무와 성취에 어떤 영향을 주는지도 분석해야 한다.

4. 인류의 탐구 정신과 연결
우주항공 분야를 인류의 미지 탐구 정신과 연결지을 수 있어야 하며, 우주사업이 인류의 지식 추구와 미지에 대한 해답을 얻고자 하는 욕망을 어떻게 구현하는지를 설명해야 한다.

5. 결론과 성찰
우수한 답변은 마지막에 내용을 요약하고, 우주항공이 단지 과학과 기술의 도전이 아닌, 인간의 의지와 탐구 정신에 대한

시험이라는 점을 재강조해야 한다. 향후 우주항공 발전이나 과학 탐사에 대한 전망이나 반성도 덧붙이면 답변의 깊이를 더할 수 있다.

6. 언어 표현에 유의

언어는 명확하고 자연스러워야 하며, 설득력 있게 복잡한 견해와 분석을 전달할 수 있도록 적절한 어휘와 문장 구조를 사용해야 한다.

7. 듣기 자료와의 연계

응시자의 답변은 듣기 자료와 긴밀히 연결되어야 하며, 서두에서만 언급하는 것이 아니라 분석과 결론에서도 적절히 인용하여 답변의 정확성과 관련성을 높여야 한다.

종합적으로, 우수한 답변은 응시자가 듣기 자료를 정확히 이해하고, 우주항공 분야의 도전과 매력을 깊이 있게 분석하며, 인류의 탐구 정신에 대한 통찰력을 보여주는 데 있다. 구조가 명확하고 관점이 분명한 답변을 통해 응시자의 주제 이해도와 분석 능력을 효과적으로 드러낼 수 있다.

TIP

★답변 구성 전략

1. 핵심 메시지 파악
자료의 주요 사실, 인물, 사건을 정확히 파악하기
황웨이펀 – 중국 최초 여성 우주비행사 총지휘관, 30년간 8차례 우주인 선발 및 발사 책임

2. 중요 내용 선별
부차적 세부 사항이 아닌, 전체 흐름과 주제와 직결된 내용 중심 요약하기
핵심 가치 표현: 挑战与风险永远伴随，但正是这些困难驱使我们前进。

3. 논리적 의견 전개
1) 입장 명확화
   자신의 관점이나 태도를 분명하게 드러내기
   예) 我认为航天事业不仅仅是技术进步，更是精神力量的体现。

2) 근거와 이유 제시
   자신의 주장을 뒷받침하는 이유와 사례 설명하기
   예) 科学家和航天员夜以继日的努力说明了勇于挑战的重要性。

3) 체계적인 구조
   연결어를 사용하여 서론-본론-결론의 구성으로 일관성 있게 전개하기
   예) 首先……, 其次……, 最后……, 总的来说……

4. 탐구 정신에 대한 통찰력
1) 탐구 정신 정의
   미지의 영역에 대한 호기심과 끊임없는 도전 의지
   예) 面对未知，我们不害怕，勇敢前行。

2) 역사적·문화적 배경 연계
   嫦娥奔月 전설 등 문화적 요소와 현대 우주 개발 연결 및 인류가 오랜 세월 우주를 동경해 온 이유 설명

3) 현대적 의미와 가치
   과학기술 진보뿐 아니라 인간 정신의 승리로서의 의미 → 개인과 사회에 주는 교훈

4) 개인적 적용 가능성
   도전과 실패를 두려워하지 않는 삶의 자세 강조
   예) 我从航天事业中学到了坚持和勇敢面对困难。

모범 답안 1

航天事业，对于人类来说，既是一次次超越自我的冒险，也是对未知宇宙的一种执着追求。黄伟芬的这句话，深刻揭示了航天人面对的种种困难与风险，以及他们在如此艰难的条件下，仍然坚持探索与前进的原因。

航天领域的挑战不仅仅是技术上的，更有情感、物理和精神上的压力。每一次发射都可能面临巨大的风险，每一个小小的失误都可能导致整个任务的失败。但正如黄伟芬所说，这些风险和挑战反而成了航天人的动力源泉，他们视之为激励，更加努力工作，不断寻求新的技术与方法，从而确保任务的成功。

对未知的渴望，是推动人类不断前行的原动力。从古至今，人们都试图解开宇宙的奥秘，从古代的星象学到现代的天文物理学，这种对未知的好奇心从未改变。航天事业正是这种探索精神的最佳体现。面对浩瀚宇宙，我们渺小如尘，但我们依然勇敢地冲破大气层，试图触摸星辰。

总的来说，航天事业不仅仅是技术和科学的挑战，更是对人类意志和探索精神的一次次考验。黄伟芬的话，为我们提供了一个独特的视角，让我们更加深入地理解这个领域的魅力与价值。

우주항공 사업은 인류에게 있어 끊임없이 자신의 한계를 뛰어넘는 모험이자, 미지의 우주에 대한 집념 어린 추구이다. 황웨이펀이 한 이 말은, 우주인들이 마주하는 온갖 어려움과 위험, 그리고 그러한 험난한 조건 속에서도 그들이 계속해서 탐험하고 앞으로 나아가는 이유를 깊이 있게 드러낸다.

우주항공 분야의 도전은 단지 기술적인 것만이 아니다. 감정적인 압박, 신체적인 한계, 정신적인 스트레스도 함께 따른다. 매번의 발사는 엄청난 위험에 직면할 수 있으며, 아주 작은 실수 하나가 전체 임무의 실패로 이어질 수도 있다. 그러나 황웨이펀이 말했듯이, 이러한 위험과 도전은 오히려 우주 항공 종사자들에게 동력의 원천이 된다. 그들은 이를 하나의 자극으로 여기며, 더욱더 노력하고, 끊임없이 새로운 기술과 방법을 모색함으로써 임무의 성공을 보장하려 한다.

미지에 대한 갈망은 인류가 계속 앞으로 나아가게 하는 근본적인 원동력이다. 고대부터 오늘날까지, 사람들은 우주의 신비를 풀고자 해왔다. 고대의 천문학에서부터 현대의 천체물리학에 이르기까지, 이러한 미지에 대한 호기심은 결코 사라지지 않았다. 우주항공 사업은 바로 이러한 탐구 정신을 가장 잘 보여주는 사례이다. 광활한 우주를 마주하며, 우리는 먼지처럼 미약한 존재일지라도, 여전히 대기권을 뚫고 별에 닿기 위해 용감하게 도전한다.

종합적으로 말해서, 우주항공 사업은 단순한 기술이나 과학의 도전을 넘어, 인간의 의지와 탐구 정신에 대한 끊임없는 시험이라 할 수 있다. 황웨이펀의 이 말은 우리에게 우주항공이라는 분야의 매력과 가치에 대해 더욱 깊이 이해할 수 있는 독특한 시각을 제공해 준다.

단어 航天事业 hángtiān shìyè 몡 우주항공 사업 | 超越自我 chāoyuè zìwǒ 자신을 초월하다 | 冒险 màoxiǎn 동 위험을 무릅쓰다 | 未知 wèizhī 몡 미지 | 宇宙 yǔzhòu 몡 우주 | 执着追求 zhízhuó zhuīqiú 집념 어린 추구 | 深刻揭示 shēnkè jiēshì 깊이 드러내다 | 艰难 jiānnán 형 힘들고 어렵다 | 坚持 jiānchí 동 견디다, 고수하다 | 探索 tànsuǒ 동 탐구하다 | 领域 lǐngyù 몡 분야, 영역 | 情感 qínggǎn 몡 감정 | 精神 jīngshén 몡 정신 | 压力 yālì 몡 부담, 압박 | 发射 fāshè 동 발사하다 | 面临 miànlín 동 직면하다 | 巨大 jùdà 형 거대하다 | 失误 shīwù 몡 실수 | 导致 dǎozhì 동 초래하다 | 失败 shībài 동 실패하다 | 反而 fǎn'ér 凨 오히려 | 动力 dònglì 몡 동력 | 源泉 yuánquán 몡 원천 | 激励 jīlì 동 격려하다 | 寻求 xúnqiú 동 추구하다 | 确保 quèbǎo 동 보장하다 | 渴望 kěwàng 동 갈망하다 | 推动 tuīdòng 동 추진하다 | 原动力 yuándònglì 몡 원동력 | 试图 shìtú 동 시도하다 | 解开 jiěkāi 동 풀다 | 奥秘 àomì 몡 신비 | 星象学 xīngxiàngxué 몡 점성학, 천문학 | 天文物理学 tiānwén wùlǐxué 몡 천체물리학 | 好奇心 hàoqíxīn 몡 호기심 | 浩瀚宇宙 hàohàn yǔzhòu 광활한 우주 | 渺小如尘 miǎoxiǎo rú chén 먼지처럼 미미하다 | 冲破 chōngpò 동 돌파하다, 뚫다 | 大气层 dàqìcéng 몡 대기층 | 触摸 chùmō 동 만지다 | 星辰 xīngchén 몡 별 | 考验 kǎoyàn 몡 시험, 시련 | 独特 dútè 형 독특하다 | 视角 shìjiǎo 몡 시각 | 魅力 mèilì 몡 매력

모범 답안 2

　　黄伟芬，一个令人深受感动的名字。她是中国第一位女性航天员系统总指挥，人们称她为"航天员女教头"。三十年来，她八次亲手将自己选拔培训的航天员送上太空，为中国航天事业做出了巨大贡献。

　　她说："航天的挑战与风险永远伴随，但正是这些困难与未知，驱使我们不断前进。"

　　黄伟芬的这句话让我深刻地感受到，航天不仅仅要挑战技术，更要承担风险，面对未知。

　　航天不仅仅是"高科技"，还是一种不怕困难、勇于挑战的精神力量。

　　中国古代就有"嫦娥奔月"的传说，这个美丽的传说，一直激励着人类，怀着好奇心去学习、去思考、去不断地探索。从古至今，人类从未停止对宇宙的向往。这种向往，促使人类一代又一代不断努力，终于发展到今天的"神舟飞天"。

　　在这个过程中，就像黄伟芬所说："挑战与风险永远伴随"。

　　每一次火箭升空的时候、每一次卫星发射的时候，我们似乎看到了无数科研人员夜以继日的努力，以及他们对技术极限的挑战。

　　黄教头又说，"但正是这些困难与未知驱使我们不断前进"。这话，又好像让我们看到了航天工作者们面对未知世界的坚定探索的身影。

　　正是他们不怕困难、勇于挑战的探索精神，让我们知道了，面对困难，不后退；面对未知，不害怕。向着心中的追求，不断前行。也使我感受到了，面对风险，科学家们坚守岗位、敢于挑战；面对未知，航天员们从不退缩，永不言弃，用科技和信念不断探索的精神。

　　我想，正是这种精神，才是促使人类不断飞向宇宙的原因吧。

　　也许，这就是航天事业和人类的探索精神吧。

　　황웨이펀, 그 이름만으로도 깊은 감동을 주는 사람이다. 그녀는 중국 최초의 여성 우주비행사 시스템 총지휘관으로, 사람들은 그녀를 '우주비행사의 여성 교관'이라 부른다. 30년 동안 그녀는 자신이 직접 선발하고 훈련시킨 우주비행사를 8차례나 우주로 보내며, 중국 우주 항공 분야에 큰 기여를 했다.

　　그녀는 "우주항공의 도전과 위험은 언제나 함께합니다. 하지만 바로 이러한 어려움과 미지의 세계가 우리를 끊임없이 앞으로 나아가게 합니다."라고 말했다.

　　황웨이펀의 이 말은 나에게 깊은 인상을 주었다. 우주 비행은 단지 기술을 시험하는 일이 아니라, 위험을 감수하고 미지에 맞서는 일이라는 사실을 다시금 느꼈기 때문이다.

　　우주 비행은 단순한 첨단 과학기술이 아니라, 어려움을 두려워하지 않고 도전을 두려워하지 않는 정신적 힘이기도 하다.

　　중국 고대에는 '항아분월(嫦娥奔月)'의 전설이 있다. 이 아름다운 이야기는 오래전부터 인류에게 호기심을 품고 배우고, 생각하고, 끊임없이 탐구하라는 영감을 주었다. 예로부터 지금까지, 인류는 우주에 대한 동경을 멈춘 적이 없었다. 이런 동경은 세대를 거듭하며 인류를 끊임없이 전진하게 했고, 마침내 오늘날의 '선저우(神舟)호 비행'이라는 성과로 이어졌다.

　　이 모든 과정 속에서, 황웨이펀이 말한 것처럼 '도전과 위험은 언제나 함께한다'는 사실을 되새기게 된다.

　　로켓이 발사될 때마다, 위성이 우주로 향할 때마다, 우리는 수많은 과학자들이 밤낮 없이 연구하며 기술의 한계를 넘어서기 위해 얼마나 노력했는지를 떠올리게 된다.

　　황 교관은 또 "바로 이런 어려움과 미지의 세계가 우리를 끊임없이 전진하게 한다."라고 말했다. 그 말은 마치, 우주항공 종사자들이 미지의 세계를 향해 꿋꿋하게 나아가는 모습을 우리 눈앞에 보여주는 듯하다.

　　바로 그들이 어려움을 두려워하지 않고, 도전을 주저하지 않는 그들의 탐구 정신 덕분에 우리는 어려움을 마주해도 물러서지 않고, 미지의 세계를 두려워하지 않으며, 가슴 속의 꿈을 향해 끊임없이 나아갈 수 있다는 사실을 알게 되었다. 그리고 그 과정에서, 과학자들이 위험을 무릅쓰고 자기 자리를 지키며, 용감하게 도전하고, 우주비행사들이 미지에 맞서 결코 포기하지 않고 과학 기술과 신념으로 우주를 탐험하는 모습이 나를 깊이 감동시켰다.

나는 바로 이런 정신이 인류를 끊임없이 우주로 나아가게 하는 이유라 생각한다.

어쩌면, 이것이야 말로 우주항공 사업과 인류의 탐험 정신이 지닌 본질일지도 모른다.

단어   深受感动 shēn shòu gǎndòng 동 깊이 감동받다   航天员系统总指挥 hángtiānyuán xìtǒng zǒng zhǐhuī 명 우주비행사 시스템 총지휘자   教头 jiàotóu 명 교관, 지도자, 코치   亲手 qīnshǒu 부 직접, 손수   选拔 xuǎnbá 동 선발하다   培训 péixùn 동 훈련하다   太空 tàikōng 명 우주 공간   巨大 jùdà 형 거대하다   贡献 gòngxiàn 명 동 공헌(하다), 기여(하다)   挑战 tiǎozhàn 명 도전   风险 fēngxiǎn 명 위험   伴随 bànsuí 동 수반하다   驱使 qūshǐ 동 몰다, 부추기다   承担风险 chéngdān fēngxiǎn 위험을 부담하다   面对未知 miànduì wèizhī 미지에 직면하다   嫦娥奔月 Cháng'é bēn yuè 창어(중국 신화 속 달의 여신)가 달로 간 이야기   激励 jīlì 동 격려하다   怀着 huáizhe 품다, 가지다   好奇心 hàoqíxīn 호기심   思考 sīkǎo 동 생각하다   探索 tànsuǒ 동 탐구하다   宇宙 yǔzhòu 명 우주   向往 xiàngwǎng 동 동경하다   促使 cùshǐ 동 촉진하다   "神舟飞天" Shénzhōu fēitiān 고유 '신주(神舟)' 우주선 발사 사업명   火箭升空 huǒjiàn shēngkōng 로켓 발사하다   卫星发射 wèixīng fāshè 위성 발사하다   夜以继日 yèyǐjìrì 성어 밤낮으로, 쉬지 않고   技术极限 jìshù jíxiàn 기술의 한계   身影 shēnyǐng 명 모습, 그림자   害怕 hàipà 동 두려워하다   坚守岗位 jiānshǒu gǎngwèi 맡은 자리(직무)를 굳게 지키다   退缩 tuìsuō 동 주춤하다, 물러서다   永不言弃 yǒng bù yán qì 절대 포기하지 않다

TIP

★ 주제별 고 활용도 표현(우주, 도전, 과학정신)

1. 우주 항공 관련 표현

中国航天事业发展迅速 (중국 우주항공은 빠르게 발전하고 있다)

예) 近年来，中国航天事业发展迅速，取得了很多突破。

进入太空 / 飞向宇宙 (우주에 진입하다 / 우주로 날아가다)

예) 这是中国航天员第一次进入太空。

神舟飞船 / 嫦娥探月 / 天宫空间站 (신주 우주선 / 창어 달 탐사 / 톈궁 우주정거장)

예) 神舟飞船的成功标志着中国航天的新突破。

发射火箭 / 卫星发射 (로켓을 쏘다 / 위성을 발사하다)

예) 每次卫星发射都凝聚着无数人的努力。

空间探索 / 宇宙探索 (우주 탐사)

예) 宇宙探索是人类共同的梦想。

2. 도전과 극복 관련 표현

面对困难不退缩 (어려움 앞에서도 물러서지 않다)

예) 面对困难不退缩，是航天员最重要的品质之一。

不畏艰难 / 勇于挑战 (어려움을 두려워하지 않다 / 도전에 용감하다)

예) 她不畏艰难，勇于挑战，成为中国第一位女指挥。

承担风险 / 接受挑战 (위험을 감수하다 / 도전을 받아들이다)

예) 科学家们愿意承担风险，推动技术发展。

在失败中总结经验 (실패 속에서 경험을 쌓다)

예) 我们要在失败中总结经验，继续前进。

只要坚持，就能成功 (계속하면 성공할 수 있다)

예) 我相信，只要坚持，就一定能实现梦想。

3. 과학·탐구 정신 관련 표현

　探索未知世界 (미지의 세계를 탐구하다)
　　예) 航天就是人类探索未知世界的重要一步。

　不断追求真理 (진리를 끊임없이 추구하다)
　　예) 科学精神就是不断追求真理的过程。

　科技的进步离不开…… (과학기술의 발전은 ~ 없이는 불가능하다)
　　예) 科技的进步离不开科研人员的努力。

　推动人类社会进步 (인류 사회 발전을 추진하다)
　　예) 航天技术推动了人类社会的巨大进步。

　科研人员默默奉献 (과학자들은 묵묵히 헌신한다)
　　예) 科研人员默默奉献，是国家发展的基石。

4. 감정 표현 및 마무리 구문

　让我深受感动 (깊이 감동받았다)
　　예) 黄伟芬的故事让我深受感动。

　我由衷地敬佩…… (~를 진심으로 존경한다)
　　예) 我由衷地敬佩每一位航天工作者。

　这让我意识到…… (이로 인해 ~을 깨달았다)
　　예) 这让我意识到，精神力量有多么重要。

　正是这种精神，才让我们不断进步 (바로 이런 정신이 우리를 발전하게 만든다)
　　예) 正是这种坚持不懈的精神，才让人类不断进步。

　这就是我心目中的…… (이것이 내가 생각하는 ~이다)
　　예) 这就是我心目中的科学精神。

부록

HSK 7-9급
빈출 주요 문장 형식

듣기·독해 영역

실전모의고사 1회 빈출 주요 문장 형식

듣기 영역

而……却…… (그러나 ~은 오히려 ~하다)
- 원문 它的西坡长满松、柏、柘、女贞等杂树，而东坡却只有雪松。
- 예문 北方的冬天寒风刺骨，而南方却依然温暖如春。

由于…… (~때문에, ~으로 인하여)
- 원문 由于特殊的风向，山谷东坡的雪总比西坡的雪来得大。
- 예문 由于天气突然变冷，院子里的花全冻坏了。

看上去……，却敌不过…… (보기에는 ~하지만, 오히려 ~만도 못하다)
- 원문 燕窝的蛋白质含量看上去不低，却敌不过常见的豆腐皮。
- 예문 牛排看上去很高级，却敌不过一碗简单的蔬菜汤健康。

有人会说，……，但…… (어떤 이는 ~이라고 말하지만, 그러나 ~하다)
- 원문 有人会说，许多明星都说护肤养颜的秘诀是吃燕窝。但是……而非依赖吃燕窝之类的食品。
- 예문 有人会说早餐吃得简单也行，但营养丰富的早餐能让一天更有精力。

为……增添了神秘色彩 (~에 신비로운 색채를 더했다)
- 원문 这一切都为燕窝增添了神秘色彩，像是一门博大精深的学问。
- 예문 巧克力在口中慢慢融化，释放出层层香味，这些都为巧克力增添了神秘色彩。

打造……品牌 (~한 브랜드를 만들다)
- 원문 想赚更多的钱，就要打造属于自己的品牌。
- 예문 要想打造出强大的个人品牌，就要塑造独一无二的自我形象。

把 A 和 / 与 B 混为一谈 (A와 B를 동일시하다)
- 원문 把品牌所有者和零售平台混为一谈了。
- 예문 在评价某些行为时，我们不能把法律与道德混为一谈。

不是 A，而是 B (A가 아니고 B이다)
- 원문 做物流最大的门槛不是资金的门槛，而是时间的门槛。
- 예문 真正的幸福不是物质的富足，而是心灵的满足和平静。

以前……。但近些年来…… (예전에는 ~했다. 하지만 근 몇 년 동안 ~하다)
- 원문 以前，真正能花钱走进剧场的年轻观众很少。但近些年来，20—30岁之间的观众占了60%。
- 예문 以前，说一个人"有野心"，不是什么好话。但近些年来，"有野心"似乎成了远大抱负的代名词。

A 里(面)泛 B，A 里(面)透 B (A 속에 B가 감돌고, A 속에 B가 비치다)
- 원문 蓝里面又泛绿，绿里面又透青，是有层次的。
- 예문 白里泛红，白里透红。

挂……的招牌 (~의/~한 간판을 걸다)
- 원문 掌柜的是江苏南京人郭玉生，……，经过一番整修和准备，挂出了"稻香村"的招牌。
- 예문 学院门前挂着一块醒目的招牌。

A 并不是 B，而是 C (A는 결코 B가 아니고, C이다)
- 원문 北京稻香村能取得今天惊人的发展速度，并不是只靠过去"老字号"的积累坐吃山空，而是与时俱进，持续不断地创新。
- 예문 成功并不是偶然的，而是通过不断努力和积累获得的。

一道……的风景 (~한 풍경)
- 원문 现在，北京稻香村连锁店门前，每天都有众多等待美食的顾客排队，这已成为北京商业区中的一道热闹的风景。
- 예문 一道美丽的风景，一道迷人的风景，一道独特的风景

"……"一词成了……(的)热词 ('~' 단어가 ~한 인기 있는 단어가 되었다)
- 원문 时下，"平台"一词成了人们书面用语中的热词。
- 예문 近日"deepseek"一词成为热词。

由于 A 成为(成了) B (A로 인해 B가 되다(되었다))
- 원문 由于电脑的普及与广泛运用，普普通通的"平台"摇身一变成为人们热衷的新词。由于它简洁又形象，渐渐成了书面语中的热词。
- 예문 他由于热爱电影,最终成为了一个演员。

从 A 扩大到(发展为/变化为) B (A에서 B로 확대되다(발전되다/변화되다))
- 원문 同时它的意义也从"电脑操作系统"扩大到"一切虚拟的为某项工作提供支持的系统或层面"。
- 예문 购买服务范围从"重点领域"扩大到"多领域"。

关于……的起源，流传着……传说(有……传说) (~의 기원에 대해, ~의 전설이 전해지고 있다(~의 전설이 있다))
- 원문 关于宣纸的起源，民间一直流传着一个传说。
- 예문 关于汉字的起源，有很多种传说。

经过反复试验，终于…… (반복적인 실험을 통해 마침내 ~하게 되다)
- 원문 经过反复试验，终于造出一种质地绝妙的纸来。
- 예문 爱迪生经过反复试验终于发明了灯泡。

除具备(具有) A 的特性之外，还具备(具有) B (A의 특성을 가지고 있는 것 외에도, B의 특성도 가지고 있다)
- 원문 生宣除具备湿染性的特性之外，还具备较强的吸墨性。
- 예문 植物除了具有向光性的特性以外，还具有向地性、向水性。

독해 영역

A 坐落在 B / A 坐落于 B (A는 B에 위치한다)
- 원문 坐落在前门外粮食店街路西，是全国闻名的老字号。
- 예문 灵隐寺坐落于山清水秀、环境幽静的地方，是佛教信徒朝拜和游客游览的胜地。

仍保持着……的风格 / 特点 / 特征 (여전히 ~한 풍격 / 특징을 유지하고 있다)
- 원문 1994年翻建仍保持着古色古香的建筑风格。
- 예문 如今，北京大学仍保持着古典与现代交织的风格。

早在~时代 / 时期，……就…… (일찍이 ~시대 / 시기에)
- 원문 早在清代，六必居自产自销的酱菜就被选作宫廷御品。
- 예문 早在5000多年前，我们的祖先就发现了茶的解毒功能。

以……居多 (~의 수량이 많다)
- 원문 像店铺的字号以带"庆""福""顺"等字的居多。
- 예문 中国的成语以四字居多。

有人说……，也有人说……，还有人说…… (어떤 이는 ~라고 하는데, 어떤 이는 ~라고도 하며, 또 어떤 이는 ~라고 한다)
- 원문 关于"六必"的解释有许多，有人说……，也有人说……，还有人说……。
- 예문 追溯中国人饮茶的起源，有的认为起于上古，也有的认为起于周，还有的认为起于秦汉，甚至起于唐代的说法也有，真可谓众说纷纭。

比如……等 (예를 들면 ~ 등)
- 원문 宇航员会在飞船里准备一个药箱，里面放上一些常用药物，比如退烧药、消炎药、止晕药等。
- 예문 胶囊内装有一种"粒细胞集落刺激因子"，不仅可以帮助宇航员抵抗辐射，还可以帮助他们对抗其他常见太空疾病，比如感染、发烧、器官衰竭和失眠等。

先A，再(然后)B，最后C。 (먼저 A하고, 다음으로 B하고, 마지막으로 C하다)
- 원문 只要先将纳米碳放入胶囊模具，再填入人工细胞，最后用纳米碳或是蛋白质胶水将其黏合，一颗生物胶囊就制造成功了。
- 예문 红烧排骨的做法并不复杂，只要先准备好食材，然后按照食谱一步步烹饪，最后放进自己喜欢的餐具里，一道美味佳肴就会呈现在你的眼前。

……的因素很多，最主要的就是…… (~의 요소는 많지만, 가장 주요한 것은 ~이다)
- 원문 太空中有无数能够威胁人体健康的因素，最主要的就是高强度的辐射。
- 예문 影响消费的因素很多，最主要因素是居民收入和物价水平。

不仅可以A，还可以B (A할 수 있을 뿐만 아니라, 또 B할 수 있다)
- 원문 胶囊内装有一种"粒细胞集落刺激因子"，不仅可以帮助宇航员抵抗辐射，还可以帮助他们对抗其他常见太空疾病，比如感染、发烧、器官衰竭和失眠等。
- 예문 运动有益于身心健康，不仅可以帮助我们强身健体，还可以帮助我们放缓衰老的速度，最终会提高我们的生活质量。

A已成为人们必不可少的B (A는 이미 사람들에게 없어서는 안 될 B가 되었다)
- 원문 高铁已成为人们必不可少的交通工具。
- 예문 互联网已经成为我们日常生活必不可少的一部分。

也就是俗称的"……" (또한 '~'라고도 불리다)
- 원문 降噪头靠是怎样形成降噪区的呢？答案是借助扬声器，也就是俗称的"大喇叭"。
- 예문 农历正月初一春节，也就是俗称的"大年"。

主要是……(的)原理 (주로 ~을 이용하는 원리이다)
- 원문 以声消声，主要是利用声波的相消性干涉原理。
- 예문 声纳技术主要运用了回声定位的原理。

值得注意的是, …… (주목할 점은 ~이다)
- 원문 值得注意的是，降噪头靠降低的是高铁噪声中的低频部分，属于主动降噪技术；噪声的高频部分一般使用吸声材料进行降噪，属于被动降噪技术。
- 예문 值得注意的是，第四次工业革命带来的管理革命也加速了新质生产力的发展。

对于 A 来说，或许是……的，但对 B 而言，…… (A에게는 어쩌면 ~일 수 있지만, B에 대해 말하자면 ~이다)
- 원문 漫步细雨中对于人们来说，或许是浪漫而惬意的，但对体积微小的昆虫而言，譬如蚊子，雨中漫步简直是一场灾难。
- 예문 成功的人生，对于成年人来说或许是幸福的人生，但对儿童而言，两者并不一定是等同的。

……并不(是) A，而是 B (~는 결코 A하는 것이 아니라, B하는 것이다)
- 원문 蚊子被雨滴击中时并不抵挡，而是与雨滴融为一体，顺应它的趋势落下。
- 예문 挫折并不是永久的失败，而是奋斗的新起。

研究动物……，可为科学家和工程师提供新的设计思想，解决……的诸多难题 (생물 공학 주제 빈출 문장)
(동물의 ~을 연구하는 것은 과학자들과 엔지니어들에게 새로운 설계 아이디어를 제공할 수 있으며, ~의 다양한 문제를 해결해 줄 수 있다)
- 원문 研究动物应对大自然的**特殊本领**，可为科学家和工程师提供新的设计思想，解决**机械技术**上的诸多难题。
- 예문 研究动物的**运动方式**，可为科学家和工程师提供新的设计思想，解决**机器人行走**的诸多难题。

실전모의고사 2회 빈출 주요 문장 형식

듣기 영역

……的兴起, 与……有着不解之缘 (~의 부흥(인기)은 ~과 떼어놓을 수 없는 인연이 있다)
- 원문 "天知道"梨膏店的兴起, 竟与对面的水果店有着不解之缘。
- 예문 共享单车的兴起, 与环保理念的普及有着不解之缘。

为……起……的名号 (~를 위해(~에게) ~한 이름을 지어주다)
- 원문 我正想为我们的梨膏糖起个响亮的名号, 既然连皇上和皇太后都吃过, 叫"天知道"正合适。
- 예문 他为那家餐馆起了"美味天堂"的名号, 吸引了不少食客。

成了驰名商标 (유명한 브랜드가 되었다)
- 원문 从此, 这个商标就成了上海的驰名商标。
- 예문 由于提供专业可靠的药品服务, 北京同仁堂成了驰名商标。

被后人誉为"……" (후세 사람들에게 ~이라 불리다)
- 원문 王羲之博采众长, 自成一家, 书法风格独树一帜, 被后人誉为"书圣"。
- 예문 敦煌莫高窟的壁画, 色彩绚丽、形象生动, 被后人誉为"东方艺术明珠"。

由此可知, 在……上所下功夫之深了 (그가 ~에 얼마나 많은 심혈을 기울였는지 알 수 있다)
- 원문 由此可知, 他在练习书法上所下功夫之深了。
- 예문 毕加索每天不断作画并尝试各种风格, 由此可知, 他在绘画艺术上所下功夫之深了。

既A, 又B (A할 뿐만 아니라, 또 B하다)
- 원문 王羲之运用这套"鹅掌操"活动身躯四肢, 既增强了体力, 又促进了习练书法的功力。
- 예문 坚持锻炼既能提升耐力, 又能改善心情。

幸好……, 才…… (다행히 ~하여, 겨우 ~하다)
- 원문 幸好在同事的帮助下, 通过冷敷才逐渐缓解。
- 예문 幸好我及时发现了这个问题, 才避免了一场事故。

……, 甚至…… (심지어 ~하기도 하다)
- 원문 热射病则是一种严重的急症, ……, 严重时甚至可能造成死亡。
- 예문 抑郁症主要表现为显著而持久的情绪低落, 有的患者甚至可能有自伤或自杀的行为。

应A, 以便B (B하기 위하여 A해야 한다)
- 원문 应选择透气性好、吸汗快干的运动服装和鞋袜, 以便身体能够更好地散热和排汗。
- 예문 无论做什么事我们都应提前做好充分准备, 以便有备无患。

并不是A, 而是B (결코 A가 아니고 B이다)
- 원문 真正的"大画"并不是指纸张的大小, 而是要有内容, 有故事, 讲述一个时代的故事或历史故事。
- 예문 人生并不是一场短跑, 而是一场很远的马拉松。

之所以 A，是因为 B (A한 이유는, B이기 때문이다)
- 원문　您的画可以称为时代"大画"，之所以精彩，是因为根基于脚下厚厚的泥土，心间深深的情感。
- 예문　人们之所以追捧名牌大学，是因为它确实有很多优势条件。

从……中可以发现 (~에서 발견할 수 있다)
- 원문　从孕妇唾液中可以发现警示早产迹象的激素异常。
- 예문　从研究植物中可以发现很多生命的奇迹和美丽。

A 是不可或缺的 B (A는 없어서는 안 되는/필수불가결한 B이다)
- 원문　唾液是消化系统不可或缺的帮手，它是食物消化的催化剂。
- 예문　农作物生长过程中，水是不可或缺的要素。

……含量降低 (~의 함량이 낮아지다)
- 원문　经常吸烟饮酒的人唾液中蛋白质的含量会降低。
- 예문　营养不良可能会出现血红蛋白含量降低的情况。

主要成分是 A，其次是 B，还有 C (주요 성분은 A이고, 다음으로 B이며, 또 C가 있다)
主要成分是 A，还有 B，另外还有 C (주요 성분은 A이고, 또 B가 있으며, 그 외에 C도 있다)
- 원문　水果的主要成分是水，其次含量较多的是糖和膳食纤维，还有一些矿物质、维生素和多酚。
- 예문　西瓜的主要成分是水分和糖分，西瓜还含有一定量的蛋白质和脂肪，另外还含有多种维生素和矿物质。

通常 A，但 B (보통은 A인데, 그러나 B이다)
- 원문　通常，水果中的多酚和多酚氧化酶是不会碰面的，但在榨汁时，细胞破裂，它们就会"狭路相逢"了。
- 예문　这种问题通常不会发生，但在特定情况下可能会出现。

不在于 A，而在于 B (A에 달린 것이 아니라, B에 달렸다 / A에 의해 결정되는 것이 아니라, B에 의해 결정된다)
- 원문　关键不在于"是否喝果汁"，而在于"喝什么"更有益于健康。
- 예문　成功不在于你有多聪明，而在于你有多努力。

如果……，就…… (만약 ~하면, 곧 ~하다)
- 원문　如果没有意外情况的话，飞行的事儿就可以交给电脑操作了。
- 예문　社会如果没有法律，就会出现一系列严重的问题。

(比)如……等 (예를 들면 ~등)
- 원문　毕竟一旦有意外情况，比如天气突变、飞行员误操作、机上出现安全事件等，飞行员的作用是自动驾驶系统无法替代的。
- 예문　如果火灾是由于人不可抗力的自然灾害引起的，如雷击、地震等，那么，相关人员就不用承担法律责任。

不仅 A，也 B (A할 뿐만 아니라, B하다)
- 원문　对于飞行员，尤其是执行长距离航班的飞行员来说，不仅从技术角度可以睡，从安全角度来说，也很有必要睡一会儿。
- 예문　外出时带口罩，不仅可以预防肺部吸入粉尘、污染物等，也能起到一定的保温效果。

독해 영역

在众多……中，……是最具代表性的 (수많은 ~중에서, ~은 가장 대표성을 지닌다)
- 원문 在皖南众多风格独特的徽派民居村落中，宏村是最具代表性的。
- 예문 在黄山众多的奇松中，最具代表性的是"迎客松"。

素有"……"之美誉 (평소에 ~이라는 명성을 가지고 있다)
- 원문 宏村是"桃花源"里一座奇特的牛形古村落，既有山林野趣，又有水乡风貌，素有"中国画里的乡村"之美誉。
- 예문 四川，位于中国西南部，地处长江上游，素有"天府之国"的美誉。

是"……（的）一大奇观" (~의 굉장한 기관(경관)이다)
- 원문 古宏村人规划、建造的牛形村落和人工水系，是当今"建筑史上一大奇观"
- 예문 吉林雾凇是代表冬季美景的一大奇观。

关于……最早的记载…… (~에 대한 가장 이른 기록은 ~이다)
- 원문 关于栈道最早的记载是在战国时期。
- 예문 中国是茶的故乡，关于茶叶的最早记载可以追溯到公元前2737年。

如今尚存的……主要有…… (오늘날까지 남아있는 ~은 주로 ~가 있다)
- 원문 如今尚存的古栈道主要有子午道、骆谷道、褒斜道、陈仓道等。
- 예문 深圳的南头古城，始建于东晋时期，距今已经有1000多年的历史，如今尚存的有南城门和东城门。

为……奠定了基础 (~을 위한 기초를 마련하였다)
- 원문 自此，刘邦全部占领关中地区，为以后建立汉朝奠定基础。
- 예문 东晋书法家王羲之，从小勤奋练字，坚持数十年如一日，练就了扎实的功夫，这为他以后成为大书法家奠定了基础。

被列为…… (~으로 지정되다, 등재되다)
- 원문 在中国，古栈道、大运河、长城一并被列为古代三大杰出建筑。
- 예문 这座寺庙被列为世界文化遗产。

小到……，大到……，都…… (작은 ~에서부터 큰 ~까지 모두 ~하다)
- 원문 我们周围的世界是一个声音的总汇。小到元粒子，大到银河系，万物都在振动。
- 예문 那家商店商品种类齐全，小到日常用品，大到家具电器，什么都有。

本来A，结果却B (본래 A였는데(A를 예상했는데), 결과적으로는 오히려 B이다)
- 원문 这本来是件值得高兴的事，结果却适得其反。
- 예문 我送她礼物，本来以为她会很惊喜，结果她却什么反应都没有。

既不是A，也不是B，而是C (A가 아닐 뿐만 아니라, B도 아니고, C이다)
- 원문 能带来疗效的既不是小猫柔软的毛，也不是猫身上散发的特殊气味，而是温顺的小家伙发出的低叫声。
- 예문 我做的这道菜既不是中式，也不是韩式，而是我自己独创的特殊风味菜。

AB交加 (A와 B가 동시에 나타나다)
- 원문 声音，真是让我们爱恨交加。
- 예문 风雨交加 / 风雪交加 / 悲喜交加 / 惊喜交加

不仅 A，而且 B (A할 뿐만 아니라, 게다가 B하다)

- 원문　动感单车在克服了室外行驶的一切缺点后，由于技术上的改进，不仅简单易学，而且成为一项能够使全身得到锻炼的有氧运动。
- 예문　多读书，不仅能增长我们的知识，而且还能开阔我们的视野。

A 与 B 相似 (A는 B와 비슷하다)

- 원문　动感单车基本与普通单车相似，包括车把、车座、蹬板和轮子几个部分，车身稳固地联结为一个整体。
- 예문　这座城市的建筑风格与欧洲的一些古城有些相似，都带有古典韵味。

(A) 与 B 不同的是…… (A가 B와 다른 것은 ~이다)

- 원문　与普通单车不同的是，动感单车的结构可以进行较大的调整，以便骑行者感觉更舒适。
- 예문　与宁静的乡村夜晚不同的是，大城市的夜生活繁华喧嚣，是是实在在的不夜城。

在……之前，一定要…… (~하기 전에 반드시 ~해야 한다)

- 원문　在进行动感单车训练之前，一定要花时间做好充分的热身运动。
- 예문　有些水果，如草莓、葡萄等，在食用之前一定要用盐水充分浸泡，这样才能有效地消除寄生虫。

실전모의고사 3회 빈출 주요 문장 형식

듣기 영역

岂不……? (어찌 ~아니겠는가? → 반문의 어기를 강조)
- 원문 如果我拿剑刺他, 岂不犯了杀人罪?
- 예문 学了那么多知识却用不上, 白白浪费那么多好时光, 岂不可惜?

逞一时之勇 (순간의 용기를 과시하다)
- 원문 不如忍受眼前之辱, 不逞一时之勇为好。
- 예문 无论做什么事都不能冲动, 逞一时之勇的结果常常是长久的后悔和遗憾。

吓得直打哆嗦 (겁에 질려 벌벌 떨다)
- 원문 他找到了那个曾经侮辱过他的恶霸, 恶霸吓得直打哆嗦。
- 예문 小华特别胆小, 听到打雷声都会吓得直打哆嗦。

……是……最古老的……之一, 其历史可追溯至(到)…… (~은 가장 오래된 ~중 하나이며, 그 역사는 ~까지 거슬러 올라간다)
- 원문 秦腔是中国汉族最古老的戏剧之一, 其历史可追溯至秦朝。
- 예문 汉字是世界上最古老的文字之一。其历史可追溯到距今约6000年前的新石器时代晚期。

……主要流行于……一带 (~은 주로 ~일대에서 유행한다)
- 원문 秦腔主要流行于陕西、甘肃一带。
- 예문 信天游(xìntiānyóu 중국 산시성 북부 민가 곡조의 총칭)是民歌的一种, 主要流行于陕北一带。

……包括"……"和"……"两部分, A……; B则…… (~은 '~'과 '~' 두 부분을 포함하는데, A는 ~하고, B는 ~하다)
- 원문 秦腔唱腔包括"板路"和"彩腔"两部分, 每部分均有欢音和苦音之分。苦音腔最能代表秦腔特色, 深沉哀婉、慷慨激昂, 适合表现悲愤、怀念、凄哀的感情。欢音腔则欢乐明快, 刚健有力, 擅长表现喜悦和明朗的感情。
- 예문 书法包括软笔书法和硬笔书法。软笔书法一般指用毛笔书写汉字的书法; 硬笔书法的书写工具则是钢笔、铅笔、粉笔等。

受到……的追捧 (~의 열광적인 사랑을 받다)
- 원문 这种被称为"倒挂排水"的方法受到不少人的追捧。
- 예문 近年来, AI技术受到越来越多人的追捧。

针对不同……, 采取相应的…… (서로 다른 ~에 대해 상응하는 ~을 취하다)
- 원문 针对不同情况的溺水者, 采取相应的急救措施。
- 예문 名医华佗给人看病时, 会针对不同病因, 采取相应的治疗方法, 即对症下药。

在……的同时 (~하는 동시에)
- 원문 果溺水者有呼吸和心跳, 那么在拨打120等待专业急救人员的同时, 应先清理溺水者口腔中的异物, 并让其保持侧卧姿势并做好保暖。
- 예문 抑郁症患者在配合医生进行治疗的同时, 还应该积极地采取自救措施。

从……到…… (~에서 ~까지)
- 원문 从热带雨林到寒带针叶林, 从潮湿的海滩到干燥的高山, 兰花的踪迹随处可见。
- 예문 从远古时代的部落社会到今天的现代文明, 人类历史经历了无数辉煌与变迁。

为了……使出浑身解数 (~을 위해 온 힘을 다하다)
- 원문 兰花为了生存，使出浑身解数，真可谓"足智多谋"。
- 예문 各电视台为了提高收视，使出了浑身解数，真可谓"八仙过海，各显神通"啊。

列举……的例子 (~의 예시를 열거하다)
- 원문 当然，我们还可以列举更多的例子来证明兰花的智慧。
- 예문 老师为了提升学生的写作水平，列举了很多的例子来介绍写好文章的方法

독해 영역

距今已有……年的历史，是…… (지금으로부터 ~년의 역사를 가지고 있으며, ~이다)
- 원문 便宜坊烤鸭店是北京著名的"中华老字号"饭庄，创立于明朝永乐十四年(1416 年)，距今已有约600年的历史，是中国商务部首批认定并授予牌匾的"中华老字号"。
- 예문 兵马俑是秦朝时期的一项伟大工程，距今已有两千多年的历史，是世界文化遗产。

乍一看 A，其实，B (언뜻 보면 A이지만, 사실은 B이다)
- 원문 "便宜坊"三个字让人乍一看是便宜货的意思，不好听呀！其实，这个名字是有来历的。
- 예문 这种东西乍一看没什么特别的，其实，它的作用是不可想象的。

把……抛至(抛到)九霄云外 (~을 멀리 떨쳐버리다)
- 원문 把烦闷与不快抛至九霄云外。
- 예문 回到家看到可爱的孩子，她把白天的一切烦恼都抛到九霄云外了。

何必……呢? (~할 필요가 있는가?)
- 원문 他的同乡说："大官们会谋划这件事的，你又何必参与呢？"曹刿说："大官们眼光短浅，不能深谋远虑。"
- 예문 你又不是不了解他的性格，何必生那么大的气呢。

凭什么……? (무엇을 근거로 ~하는가?)
- 원문 曹刿问庄公："您凭什么跟齐国打仗？"
- 예문 你凭什么拿下这么大的工程？

……的这番话 (~의 말/이야기)
- 원문 鲁庄公听了曹刿的这番话，不禁称赞道："将军真是精通战事的奇才啊！"
- 예문 听了他的这番话后，我受到了很大的启发。

提起……就不得不提到…… (~에 대해 말하자면, ~을 언급하지 않을 수 없다)
- 원문 武汉人一直有过早的习惯，提起武汉的过早就不得不提到热干面。
- 예문 提起冬天取暖，就不得不提到韩国的"温突"地暖。

以……为生 (~을 생업으로 삼다, ~으로 생계를 유지하다)
- 원문 在汉口长堤街有个名叫蔡明伟的食贩。他以前一直以卖凉面或汤粉为生。
- 예문 在远古时代，我们的祖先主要以采集和打猎为生。

从那之后……就迅速地传播开来了 (그때 이후로 ~은 빠르게 전파되었다)

원문　煮好的面热气腾腾，香气四溢，人们吃得津津有味，赞不绝口。有人问他卖的是什么面，他脱口而出一"热干面"。从那之后热干面就迅速地传播开来了。

예문　从那之后，这种音乐就迅速地传播开了。

不仅 A，更重要的是 B (A일 뿐만 아니라, 더 중요한 것은 B이다)

원문　出汗不仅影响人的舒适感，更重要的是与健康有关联。

예문　城市绿化树不仅美化环境，更重要的是其维持生态平衡的作用。

广泛(地)分布 (광범위하게 분포하다)

원문　汗腺广泛地分布于皮肤，哪里有皮肤，哪里就有它的存在。

예문　这种多年生草本植物，广泛分布于亚洲、欧洲等地区。

尤其是……最…… (특히 ~이 가장 ~하다)

원문　其余的是小汗腺，尤其是以脚掌、额部、背部等处数量最多。

예문　不良情绪对我们的身体健康造成威胁，尤其是生气的时候最严重。

因 A，故 B (A때문에, B하다)

원문　黄山原名"黟山"，因峰岩青黑，从远处望去呈现苍黛色而得名，后因传说轩辕黄帝曾在此炼丹，故改名为"黄山"。

예문　因资金不足，故这项工程被迫停工了。

……很多，其中最……是…… (~이 많은데, 그중 가장 ~한 것은 ~이다)

원문　黄山名松很多，还曾有人编纂《名松谱》，收录了众多黄山松。可以叫出名字的松树有成百上千棵，每棵都具有独特而优雅的风姿。其中最著名的是迎客松，树龄至少已有1300年。

예문　中国有很多少数民族，其中人数最多的少数民族是壮族。

……的最佳时间段 (~의 가장 좋은 시기)

원문　一般来说，每年的11月到次年5月是观赏黄山云海的最佳时间段。

예문　观赏北京香山红叶的最佳时间段是每年的10月中旬至11月中旬。

실전모의고사 4회 빈출 주요 문장 형식

듣기 영역

由……而得名，具有……特点 (~에서 이름을 얻었는데, ~한 특징을 지닌다)
- 원문: 普洱茶由其产地云南省普洱而得名，具有甘、顺、滑、醇厚、陈香的品质特点。
- 예문: 龙井茶由产于杭州西湖龙井村而得名，是中国著名的绿茶之一。
  京剧具有浓厚的民族艺术特点，是中国传统戏曲的重要代表。

主要可以从……等几个方面来…… (주로 ~등의 몇 가지 방면에서 ~할 수 있다)
- 원문: 普洱茶又分生茶和熟茶，主要可以从外形、口感、汤色及制作工艺等几个方面来鉴别。
- 예문: 这个问题主要可以从历史、经济和文化等几个方面来分析。

有……等功效 (~등의 효능이 있다)
- 원문: 生普洱茶富含茶多酚，性属清凉，有清热解毒、消暑减肥、生津止渴、消食通便等功效。
- 예문: 吃水果有补充维生素、增强免疫力等功效，特别是苹果。

流行于……地区 (~지역에서 유행하다)
- 원문: 四川评书是四川省传统曲艺剧种之一，流行于四川各地及云南、贵州部分地区。
- 예문: "腰鼓舞"是一种民间舞蹈，流行于中国陕北地区。

从……上讲，有"A"和"B"之分 (~로 말하자면, A와 B로 나뉜다)
- 원문: 四川评书接地气，表演多样化、说法艺术化、故事纲目化是它的主要特点。从类型上讲，四川评书有"清棚"和"雷棚"之分。
- 예문: 从制作方法上讲，茶叶有"绿茶"和"红茶"之分。

他在传统……的基础上进行了创新，发展出一种新的……
(그는 전통적인 ~을 기반으로 혁신을 진행하여, 새로운 ~으로 발전시켰다)
- 원문: 四川评书中的代表人物之一是李伯清，他在传统评书的基础上进行了创新，发展出一种新的说书形式——散打评书。
- 예문: 他在传统玩具的基础上进行了创新，发展出一种新的可以动的机器人玩具。

揭开……神秘面纱 (~의 신비한 베일을 벗기다)
- 원문: 不断揭开文物神秘面纱的过程，真的很令人神往。
- 예문: 科学家终于揭开了黑洞的神秘面纱。

跟……截然不同 (~과 전혀 다르다)
- 원문: 真实的考古工作跟小说中那种惊险刺激的"寻宝"截然不同，大部分时候都是枯燥的。
- 예문: 这里的生活节奏跟我以前的生活截然不同，我有点不太适应。

由……牵头 (~가 주도하다, 이끌다)
- 원문: 20世纪80年代，这项工作曾由我导师的导师、学界泰斗宿白先生牵头整理，当时因为种种限制，报告没有出版。
- 예문: 本次科技大赛是由教育部牵头主办的。

事实上，这里面也存在许多误区 (사실은 여기에도 많은 잘못된 부분이 존재한다)
- 원문 事实上，这里面也存在许多误区需要厘清。胖小孩不是吃得太好，恰恰是吃得太不好。
- 예문 事实上，这里面也存在许多误区，锻炼身体不是运动越多越好，而是要讲究方法。

主要分为…… (주로 ~으로 나눠진다)
- 원문 肥胖主要分为没有疾病因素的单纯性肥胖和有疾病因素的继发性肥胖。
- 예문 这项调查主要分为线上问卷和线下访问两个部分。

遵循……(的)法则来…… (~의 법에 따라 ~한다)
- 원문 同时，科学减重绝对不是一蹴而就的事情，应遵循递减法则来改善饮食结构。
- 예문 商人要遵循公平交易的法则来赢得顾客信任。

这一现象在……上被称为…… (이 현상은 ~에서 ~라고 불린다)
- 원문 这一现象在心理学上被称为"语义饱和"。
- 예문 水蒸气遇冷变成小水滴，这一现象在物理学上被称为"液化"。

只关注……，从而忽视了…… (단지 ~에만 신경을 쓰고, ~은 무시하게 된다)
- 원문 盯着一个字久了，我们的大脑便只关注它的字形，从而忽视了它的语义，产生了短暂的陌生感。
- 예문 有些家长只关注孩子的学习成绩，从而忽视了孩子的心理健康。

由……变成…… (~에서 ~으로 바뀌다)
- 원문 有些结构稍微复杂的字会在长久注视下开始分裂，由一个熟知的字变成两个字。如"的"字，盯久了就会分出"白"与"勺"了。
- 예문 经过多年的努力，他由一个普通员工变成了公司的经理。

目前对……的研究主要集中在……等方面，但是，在……方面，相关研究相对较少
(오늘날 ~에 대한 연구는 ~방면에 집중되어 있다. 그러나 ~방면에서 상관 연구는 비교적 적다)
- 원문 目前对冰川的研究主要集中在变化过程、机理和未来变化预估等方面，但是，在应对冰川消融的工程措施方面，相关研究相对较少。
- 예문 目前对环境污染的研究主要集中在空气和水资源方面，但是，在噪音污染方面，相关研究相对较少。

值得一提的是…… (언급할 만한 것은(주목할 만한 것은) ~이다)
- 원문 值得一提的是瑞士针对减缓冰川消融的研究已有所尝试，科学家将白色的羊毛毯覆盖在瑞士的两座冰川上，利用羊毛毯遮挡和反射太阳辐射来达到缓解冰川消融的目的。
- 예문 值得一提的是，这次实验虽然失败了，却为后来的成功打下了基础。

……十分丰富，不仅 A，而且还 B (~은 매우 풍부한데, A할 뿐만 아니라, B하다)
- 원문 仿生建筑的类型十分丰富，有些仿生建筑不仅拥有与生物相仿的优美外形，而且还像自然界的生物一样拥有无与伦比的生命力和创造力，大大缩短了人与自然的距离。
- 예문 这家图书馆的藏书十分丰富，不仅有文学名著，而且还有各类专业书籍。

为了提高……的效率 (~의 효율을 높이기 위하여)
- 원문 而且，为了提高顶部风力发电机组的效率，"花"被设计成双弧形截面，将风速提高到环境风速的4倍之多。
- 예문 为了提高农作物的授粉效率，一些农场引入了人工辅助授粉或饲养蜜蜂。

독해 영역

远不如……, 甚至……也不能同日而语 (~보다 훨씬 못하며, 심지어 ~과도 비교가 되지 않는다)

원문 我的失望不是对教授, 而是对教授培育出来的新麦种。那些麦种, 个头大小不一, 显得十分参差, 并且那些麦种也不饱满, 一粒粒瘪瘪的、瘦瘦的, 还一个个灰头土脸的, 几乎没什么光泽, 远不如前面那些个体种子店出售的麦种, 甚至同我家里收回来的麦粒也不能同日而语。

예문 这些仿制品的质量远不如正品精致, 甚至包装的细节也不能同日而语。

只不过是……而已 (단지 ~일 뿐이다)

원문 教授解释说: "一代杂交的新品种都这样, 种几茬成色就会越来越好了。"我一点儿也不相信他的解释, 母种都这样, 还能结出什么样的好麦子来? 我断定教授一定是骗人的, 只不过是打着教授的幌子想靠出售麦种捞上一笔钱而已。

예문 她不说话, 只不过是为了避免无谓的争论而已, 并不代表没有立场。

看上去……, 可…… (보기에는 ~하지만, 그러나 ~이다)

원문 后来我请教一位搞农业育种的专家, 专家一听就笑了。他说, 那些一代杂交的种子确实看上去不起眼儿, 瘦小, 亮色也差, 可它们毕竟是一代杂交的, 它们种一年就变得饱满些, 再种一年就更加饱满了, 它们在一年年克服着缺陷, 在拼命趋向饱满和完美。

예문 这道题看上去很简单, 可真正做时才发现不那么容易。

主要分布在…… (주로 ~에 분포한다)

원문 沙漠地鼠龟, 俗名沙漠陆龟, 是一种独居动物, 以龟壳保护自身, 免受猎食者袭击, 主要分布在加利福尼亚州的莫哈韦沙漠和索诺拉沙漠。

예문 这种植物主要分布在热带雨林中, 尤其是西双版纳地区居多。

根本不是……的对手 (전혀 ~의 상대가 되지 못한다)

원문 美州豹是沙漠地鼠龟最大的敌人, 它们靠着强大的咬力, 能穿透沙漠地鼠龟的龟壳。根据奔跑速度判断, 沙漠地鼠龟根本不是美州豹的对手, 那是不是沙漠地鼠龟只能束手就擒呢?

예문 她反应迅速、思维敏捷, 实力太强了, 我根本不是她的对手。

可以说是……之最 (~중 최고라고 말할 수 있다)

원문 沙漠地鼠龟还有一点特殊之处, 它们膀胱的蓄水能力可以说是陆龟之最, 靠着从仙人掌吸收的水分, 它们可以度过长达一年的旱季。

예문 故宫可以说是中国古代建筑之最, 规模宏大、布局严谨, 且蕴含着深厚的历史文化底蕴。

并非 A, 而是 B (결코 A가 아니라, B이다)

원문 而在机尾的位置, 很少发现弹孔并非真的不会中弹, 而是一旦中弹, 其安全返航的概率就微乎其微。

예문 我辞职的原因并非是这个公司待遇不好, 而是想追求自己想要的生活。

当……时, 得到的结论与事实情况就可能…… (~일 때, 얻은 결론과 실제 상황은 아마도 ~하다)

원문 当我们分析问题所依赖的信息全部或者大部分来自显著的信息, 较少利用不显著的信息甚至彻底忽略沉默的信息时, 得到的结论与事实情况就可能存在巨大偏差。

예문 当数据分析不严谨时, 得到的结论与事实情况就可能存在较大误差。

成功者……，而失败者…… (성공한 사람은 ~하지만, 실패한 사람은 ~한다)
- 원문 投资成功者出书出名，而失败者则默默无闻，导致电视上大量专家在传经布道、市面上充斥着太多投资成功学类的书籍，可能会让观众或读者高估通过投资获得成功的概率。
- 예문 成功者的经历就是励志传奇，他们说的话能就能当作名言，而失败者的故事则无人问津，他们说的话也无人倾听。

……是中国……特有的……形式 (~은 중국 ~ 특유의 ~양식/형식이다)
- 원문 湘西吊脚楼是中国南方少数民族一种特有的建筑形式，建筑框架完全采用木材并通过榫卯接合。
- 예문 四合院是中国北方民居特有的建筑形式。

……体现了"……"的哲学思想 (~은 '~'의 철학 사상을 구현했다)
- 원문 湘西吊脚楼看起来美观，灵巧别致，凌空欲飞；住起来舒适，干爽透气，通风采光；它的建筑艺术体现了"地不平我身平"的哲学思想。
- 예문 中国园林讲究自然与人为的融合，这种设计体现了"天人合一"的哲学思想。

有"……"的美称，被广泛用于…… ('~'으로 이름나 있으며, ~에 광범위하게 사용된다)
- 원문 杉树树体高大，纹理通直，结构细致，材质轻软，加工容易，不翘不裂，耐腐防虫，耐磨性强，而且具有芳香气味，有"木中之王"的美称，被广泛用于湘西吊脚楼的建筑构架、围板、栏杆、地板、门窗等处。
- 예문 青花瓷有"瓷中之王"的美称，被广泛用于工艺品、收藏和外贸出口。

……很多，……便是其中最有名的代表之一 (~이 많은데, ~은 그 중에서 가장 유명한 대표 중 하나이다)
- 원문 自古川黔多好酒，"五粮液"便是其中最有名的代表之一。
- 예문 茶叶的种类很多，西湖龙井便是其中最有名的代表之一。

……的历史可追溯到…… (~의 역사는 ~까지 거슬러 올라간다)
- 원문 四川宜宾是五粮液酒的故乡，酿造五粮液酒的历史可追溯到一千年以上。
- 예문 中国造纸术的历史可追溯到两千年以上。

一举夺得了…… (한 번에 차지하다/달성하다)
- 원문 正是这名商人的偶然举动，令"五粮液"名扬四海，一举夺得了巴拿马金奖，成就了一个中华民族的国际品牌。
- 예문 她在这次演讲中表现非常出色，一举夺得了全国演讲比赛的冠军。

一提起……，很多人就会…… (~을 언급하면, 많은 사람들은 ~할 것이다)
- 원문 在中国，一提起过年，很多人心中都会出现一幅色泽鲜艳、喜气洋洋的年画，其中承载了太多中国人关于年的美好记忆。
- 예문 一提起明星，很多人就会联想到娱乐圈的绯闻和八卦。

其起源可以上溯到…… (그 기원은 ~까지 거슬러 올라갈 수 있다)
- 원문 年画最早以门神的形式出现，其起源可以上溯到汉代甚至秦代。
- 예문 这项被誉为"世界第一运动"的体育项目，其起源可以上溯到中国古代的蹴鞠。

在传统的基础上推陈出新 (전통을 기반으로 새롭게 변화를 주다)
- 원문 新中国成立后，年画在传统的基础上推陈出新，更为人民群众所喜爱。
- 예문 手机制造商在传统的基础上推陈出新，在保留原来经典设计的同时，加入了先进的人工智能功能。

실전모의고사 5회 빈출 주요 문장 형식

듣기 영역

将……分为两组，一组……，一组…… (~을 두 그룹으로 나누어, 한 그룹은 ~하고, 다른 한 그룹은 ~하다)
- 원문 一位动物行为学家曾做过这样的实验：他将鹅蛋分为两组，一组由母鹅孵化，一组由孵化箱孵化。
- 예문 一位社会心理学家曾做过这样的实验：他将志愿者分为两组，一组看正能量视频，一组看负面新闻。

把这种现象叫"……" (이러한 현상을 '~'이라고 부르다)
- 원문 很显然，这种现象是小鹅出生时就接触母鹅和动物学家形成的印象导致的。动物学家把这种现象叫"印痕行为"。
- 예문 气象专家把这种现象叫"热岛效应"。

对……产生……(的)影响 (~에 ~한 영향을 미치다)
- 원문 印痕行为是动物的一种特殊学习方式，只需一次或数次经验，就能形成印痕，对动物行为产生长远的影响。
- 예문 家庭教育对孩子的性格发展产生深远影响。

一会儿……，一会儿…… (때로는 ~하고, 때로는 ~하다)
- 원문 年幼的孟子，模仿性很强，他看到这些情景，也学着他们的样子，一会儿模仿孝子贤孙，一会儿模仿吹鼓手的举止。
- 예문 他现在情绪很不稳定，一会儿大笑，一会儿又流泪。

看到……，觉得……，就…… (~을 보게 되자, ~을 느껴, 곧 ~하다)
- 원문 孟母看到儿子这些模仿行为，她觉得这个环境实在不利于孩子的成长，就决定搬家。
- 예문 我看到外面下雪了，觉得特别美，就出去拍了几张照片。

在这种气氛的熏陶下，…… (이러한 분위기의 영향 아래, ~하다)
- 원문 在这种气氛的熏陶下孟子也和邻居的孩子们模仿着演习周礼。
- 예문 在这种气氛的熏陶下，我逐渐对艺术产生了浓厚兴趣。

靠……来谋生…… (~에 의지해 생계를 유지하다)
- 원문 印度尼西亚的苏门答腊岛上，生长着茂密的咖啡树，几百年以来，岛上的居民都靠采集咖啡豆来谋生。
- 예문 他的父母靠摆摊卖菜来谋生，最后还供他上了大学。

达到了……的目的 (~의 목적에 도달하다, ~의 목적을 이루다)
- 원문 饥饿加上人类的捕杀，使棕榈猫的数量大量减少，人们终于达到了独占咖啡果的目的。
- 예문 商场通过各种优惠活动，成功达到了吸引顾客消费的目的。

当……后，……不由感叹大自然的神奇 (~ 이후에, ~은 저도 모르게 대자연의 신기함에 감탄하게 되었다)
- 원문 当得知真相后，咖啡商不由感叹大自然的神奇。
- 예문 当亲眼目睹火山喷发的景象后，他不由感叹大自然的神奇。

由……组合而成 (~의 조합으로 이루어지다)
- 원문 武陵源风景名胜区位于湖南省西北部，由张家界市的张家界国家森林公园、慈利县的索溪峪自然保护区和桑植县的天子山自然保护区组合而成，后又发现了杨家界新景区。
- 예문 中国的传统文化是由语言、服饰、节日、礼仪等元素组合而成的整体体系。

覆盖率达……% (점유율이 ~%에 달한다)
- 원문 武陵源风景名胜区森林覆盖率达67%。生长有野生动物400多种、木本植物850多种。
- 예문 这座城市的绿化覆盖率达45%，环境宜人，是居住的好地方。

以……最为著名 (~으로 가장 유명하다)
- 원문 张家界地貌奇特，有石峰2000多座，形态各异，树木茂盛，森林覆盖率达95%，以黄狮寨、砂刀沟、金鞭岩、金鞭溪等最为著名。
- 예문 这座山脉风景秀丽，有奇峰、怪石、瀑布，以飞流直下的瀑布最为著名。

독해 영역

因为早期是……，所以叫作……，至今已经有……年历史
(초기에 ~였기 때문에, ~이라고 불렸고, 오늘까지 ~년의 역사를 가진다)
- 원문 担担面是川味小吃中的代表性食物，相传为1841年四川自贡一个叫陈包包的小贩创制，因为早期是用扁担挑在肩上沿街叫卖，所以叫作担担面，至今已经有上百年历史。
- 예문 竹简，是古代常用的书写材料，因为早期是书写在竹片上，所以叫作"竹简"，至今已经有两千多年的历史。

……得名，来自……；……出名，却在于它的……
(~의 이름을 얻은 것은 ~에서 왔지만, ~이 유명해진 것은 그것의 ~에 달려 있다)
- 원문 担担面得名，来自这特殊的年代和叫卖方式；担担面出名，却在于它的调味和独特的面膜。
- 예문 龙井茶得名，来自杭州龙井村的泉水；龙井茶出名，却在于它的清香回甘与传统手工炒制技艺。

似乎看起来……，但这正是…… (마치 보기에는 ~해 보이지만, 이것은 바로 ~이다)
- 원문 担担面的定碗调料非常多：盐、味精、酱油、醋、辣椒油、香油、白糖、碎米芽菜、葱花和少许的鲜汤，甚至有人会放点儿花生碎和芝麻粉来增香。似乎看起来非常麻烦，但这正是四川厨师的高明和精妙。
- 예문 太极拳的动作缓慢，似乎看起来软弱无力，但这正是以柔克刚,刚柔并济的体现。

因其……受到……的喜爱，已成为一种…… (그 ~은 ~의 사랑을 받아, 이미 ~이 되었다)
- 원문 如今担担面已遍布各地，虽做法有些许不同，但因其味美受到各地人民的喜爱，已成为一种家常美食小吃。
- 예문 旗袍因其优雅的线条与东方美学，受到中外女性的喜爱，已成为一种经典的中国服饰代表。

常常用……来…… (종종 ~을 이용하여 ~하다)
- 원문 他的口才很好，也很会说话。他常常用一些有趣的隐语，来规劝君主，使君主不但不生气，而且乐于接受。
- 예문 庄子常常用寓言来表达他的哲学思想，使深奥的道理生动有趣。

本来是……，但……以后 (본래는 ~였는데, ~이후에는)
- 원문 齐国的齐威王本来是一个很有才智的君主，但他继位以后，沉迷酒色，不理国家大事，每日只知饮酒作乐，把一切政事都交给大臣去办理，自己则不闻不问。
- 예문 风筝本来是用于军事传信的工具，但传入民间以后，风筝变成了深受人们喜爱的传统玩具。

不但不/没有……，甚至还…… (~하지 않을 뿐만 아니라, 심지어 ~하다)
- 원문　各国诸侯听到这个消息以后都很震惊,不但不敢再来侵犯,甚至还把原先侵占的土地都归还给了齐国。
- 예문　传统的家常菜不但没有失去市场,甚至还因为独特的风味越来越受欢迎。

……是……的发祥地。其中又以……最为有名 (~은 ~의 발상지이다. 그 중에서 ~이 가장 유명하다)
- 원문　河北是北狮的发祥地,其中又以徐水的舞狮最为有名。
- 예문　陕西是中国古代历史文化的发祥地,其中又以西安最为有名。

……是融 A、B、C等为一体的…… (~은 A, B, C 등이 합쳐져 하나가 된 ~이다)
- 원문　醒狮是融武术.舞蹈.音乐等为一体的汉族民俗文化。
- 예문　中医是融诊断.治疗.养生等为一体的医学体系。

传统上，……有"A""B""C"之分 (전통적으로 ~은 'A', 'B', 'C'의 구분이 있다)
- 원문　传统上,南狮狮头有"刘备""关羽""张飞"之分。
- 예문　传统上,火锅有"麻辣火锅""三鲜火锅""素食火锅"之分,适合不同人群。

这就是……的原因 (이것이 바로 ~의 원인이다)
- 원문　这就是人们历经失败仍然坚持尝试的原因,不过他们需要克服的难题不小。
- 예문　他从不轻言放弃,这就是他最终成功的原因。

对于……提出了更高的要求 (~에 대해 더 높은 요구사항을 제시하였다)
- 원문　火箭的重复使用对于发动机核心部件的性能和寿命提出了更高的要求。
- 예문　人们对健康的关注提升,对于医疗服务质量提出了更高的要求。

……已经取得了显著的进展，特别是在……方面 (대부분은 아직 ~ 단계에 있으며, ~으로부터 아직 ~하다)
- 원문　目前,可降解型塑料大多还处在研究或试产阶段,距大规模推广使用还有一段时间。
- 예문　目前,机器人大多还处在辅助人类的阶段,距完全代替人类还有很长一段路。

不仅 A，就连 B 也…… (A뿐만 아니라, B조차도 ~하다)
- 원문　不过,太阳光产生的压力非常小不仅人感受不到,就连普通的仪器也测不出来。
- 예문　人工智能的发展速度惊人,不仅改变了我们的生活方式,就连传统产业也开始全面转型。

早在……，……就提出过…… (일찍이 ~시기에, ~는 ~을 제시한 적이 있다)
- 원문　一些具有创新思维的人开始想到利用太阳光压来推动航天器在太空飞行。早在20世纪初,俄罗斯宇航理论先驱齐奥尔科夫斯基就提出过这一大胆的设想。
- 예문　机器也能进行思考。早在20世纪40年代,科学家就提出过这一大胆的设想。

A 是与 B 成正比的 (A는 B와 정비례한다)
- 원문　太阳光压的大小是与接受太阳照射的面积成正比的,受照面积越大,产生的压力越大。
- 예문　空气质量是与植被覆盖率成正比的,绿化越好,空气越清新。

不在(于) A, 而在(于) B (A에 달려 있는 게 아니라, B에 달려 있다)
- 원문　由此可见,加速度不在大而在时间长,时间长则灵。
- 예문　生态保护的意义不在于面积大小,而在于生物多样性的维护。

在……的同时，也带来…… (~인 동시에, ~(의 문제)도 가지고 오게 되었다)

원문　塑料问世后，即被人们广泛地应用到了几乎所有的领域。但是，在塑料应用极大地促进工农业生产发展，丰富和改善人们物质文化生活的同时，也带来严重的"白色污染"问题。

예문　旅游业的发展，在带动经济增长的同时，也带来了生态环境的压力。

所谓"……"，并不是指 A，而是指 B ('~'이라 불리는 것은 결코 A를 나타내는 것이 아니라, B를 나타낸다)

원문　所谓"绿色塑料"，并不是指绿颜色的塑料，而是指能够自行降解和再利用，不会污染环境的塑料。

예문　所谓"智能生活"，并不是指家里有很多高科技产品，而是指科技真正提升了生活质量。

大多还处在……阶段，距……还有…… (대부분은 아직 ~ 단계에 있으며, ~으로부터 아직 ~하다)

원문　目前，可降解型塑料大多还处在研究或试产阶段，距大规模推广使用还有一段时间。

예문　目前，机器人大多还处在辅助人类的阶段，距完全代替人类还有很长一段路。

随着……，……的新时代一定会很快到来 (~에 따라, ~한 새 시대는 반드시 아주 빠르게 도래할 것이다)

원문　我们坚信，随着研究的加速进展，绿色环保塑料的新时代一定会很快到来。

예문　我们坚信，随着医疗技术的飞跃发展，全民健康的新时代一定会很快到来。

북경대 HSK 7-9급 실전모의고사 5회분

초판 인쇄 | 2026년 1월 1일
초판 발행 | 2026년 1월 10일

主　　编 | 刘云・郝小焕・姜安
한국어 해설 | 윤정미(青美)・김순기(金順基)
발 행 인 | 김태웅
기획 편집 | 김상현
디 자 인 | 남은혜, 김지혜, 강재은
마케팅 총괄 | 김철영
온라인 마케팅 | 신아연
제　　작 | 현대순

발행처 | ㈜동양북스
등　록 | 제 2014-000055호
주　소 | 서울시 마포구 동교로22길 14 (04030)
구입 문의 | 전화 (02)337-1737　팩스 (02)334-6624
내용 문의 | 전화 (02)337-1762　이메일 dymg98@naver.com

ISBN 979-11-7210-156-5 13720

ⓒ 刘云・郝小焕・姜安 主编 2024年
本作品原由北京大学出版社出版。韩文版经由北京大学出版社授权DongYang Books
于全球独家出版发行，保留一切权利。未经书面许可，任何人不得复制、发行。

▶ 이 책의 한국어판 저작권은 북경대학출판사와의 독점 계약으로 동양북스에 있습니다.
▶ 본 책은 저작권법에 의해 보호를 받는 저작물이므로 무단 전재와 복제를 금합니다.
▶ 잘못된 책은 구입처에서 교환해 드립니다.
▶ ㈜동양북스에서는 소중한 원고, 새로운 기획을 기다리고 있습니다.
　　http://www.dongyangbooks.com

北大版
HSK应试辅导丛书

刘云·郝小焕·姜安 主编

문제집

실전 모의고사 5회분

HSK 3.0 기출 유형 **국내 최다 문제 수록**

동양북스

북경대 HSK 7-9급

北大版
HSK应试辅导丛书

刘云·郝小焕·姜安 主编

문제집

실전
모의고사 5회분

차례

실전모의고사 1회 ·· 5

실전모의고사 2회 ·· 31

실전모의고사 3회 ·· 57

실전모의고사 4회 ·· 83

실전모의고사 5회 ·· 109

실전모의고사 QR 코드 활용법
❶ QR 코드를 스캔하여 MP3 실시간 재생 페이지 열기
❷ 문제집 부분의 해당 회차 클릭하기
❸ 듣기, 통번역 제2부분 & 말하기 중 선택하여 청취하기

中文水平考试
HSK（七—九级）

全真模拟题 1

注　意

一、中文水平考试 HSK（七—九级）分五部分，共 98 题：

　　1. 听力（40 题，约 30 分钟）

　　2. 阅读（47 题，60 分钟）

　　3. 写作（2 题，55 分钟）

　　4. 翻译（4 题，41 分钟）

　　5. 口语（5 题，约 24 分钟）

二、全部考试约 210 分钟。

一、听力

第一部分

第1—10题：请根据听到的内容，判断下列句子是否符合原文。符合原文的请画"✓"，不符合的请画"×"。

第1—5题
1. 这条山谷里只生长着松树和柏树。　　　　　　　　　　　　　　　　（　　）
2. 风向导致了山谷东坡和西坡的雪量不一样大。　　　　　　　　　　　（　　）
3. 雪松树枝的弹性更大。　　　　　　　　　　　　　　　　　　　　　（　　）
4. 西坡树上的积雪常常压断树枝。　　　　　　　　　　　　　　　　　（　　）
5. 这篇文章想告诉我们适当弯曲能够更好地发展自己。　　　　　　　　（　　）

第6—10题
6. 燕窝中的蛋白质含量高于豆腐皮。　　　　　　　　　　　　　　　　（　　）
7. 影视、广告中，明星们的肌肤呈现光泽的原因是靠吃滋补食品。　　　（　　）
8. 吃燕窝可以预防皮肤老化。　　　　　　　　　　　　　　　　　　　（　　）
9. 燕窝的真正功效在于它的心理作用。　　　　　　　　　　　　　　　（　　）
10. 商家提供的系统的燕窝知识是为了加深消费者对燕窝的喜爱和迷恋。（　　）

第二部分

第11—22题：请选出或填上正确答案。

11. A 产品多元化
　　B 提升知名度
　　C 提高产品质量
　　D 获得品牌溢价

12. A 提高服务价格
　　B 降低产品成本
　　C 收取广告费用
　　D 收取会员订阅费

13. A 人力成本
　　B 房租成本
　　C 物流成本
　　D 研发成本

14. A 不抱希望
　　B 非常支持
　　C 左右摇摆
　　D 坚决反对

15. _____

16. A 15—18 天
    B 40—60 天
    C 30 天左右
    D 80 天左右

17. A 10—20 岁
    B 20—30 岁
    C 30—40 岁
    D 40—50 岁

18. _____

19. _____

20. A 服饰的工艺技术
    B 艺术品的视觉效果
    C 对时代和画作的感受
    D 历史人物的背景与故事

21. A 层次变化
    B 潮流和趋势
    C 光线的影响
    D 文化和情感因素

22. A 面料和材质
    B 剪裁和设计
    C 图案和纹理
    D 配件和装饰

第三部分

第 23—40 题：请选出或填上正确答案。

23. A 精细的南方糕点
    B 咸香的北方糕点
    C 麻辣的四川风味
    D 细腻的广式糕点

24. A 门面很大
    B 生意兴隆
    C 产品独特
    D 位置显眼

25. A 忘带钱了
    B 糕点卖完了
    C 糕点涨价了
    D 店伙计算错账了

26. A 老掌柜心胸狭窄
    B 南货店的流行程度
    C 稻香村对诚信的重视
    D 作家奇特的饮食习惯

27. _____

28. A 拥有老字号的核心技术
    B 开发了多种口味的糕点
    C 聘请了优秀的管理人员
    D 以市场消费需求为中心

29. A 居住和生活
    B 教育和学习
    C 商业和贸易
    D 休息和眺望

30. A 大型购物网站
    B 电子游戏类型
    C 电脑系统环境
    D 施展才能的舞台

31. A 出于健康的考虑
    B 时尚潮流的发展
    C 电脑的普及和广泛运用
    D 人们渴望恢复国学教育

32. A 居民生活的基础
    B 具备最尖端的技术
    C 拥有巨大的实体介质
    D 在虚拟层面提供支持

33. _____

34. A 如何搭建系统平台
    B "平台"的词义发展
    C 高科技如何改变生活
    D 电脑术语丰富词汇系统

35. A 为了纪念蔡伦
    B 受到蔡伦的启发
    C 为了造出最贵的纸
    D 不小心加入了腐烂的树皮

36. A 树皮
    B 旧衣服
    C 枯树叶
    D 动物皮毛

37. A 湿染性
    B 撕不破
    C 表面光滑
    D 弹性和韧性

38. _____

39. A 产量低
    B 价格昂贵
    C 墨迹容易晾干
    D 不会发生跑墨现象

40. A 孔丹的创新精神
    B 用墨的注意事项
    C 宣纸的品质特性
    D 书法的演变历史

二、阅读

第一部分

第 41—68 题：请选出正确答案。

41—47.

六必居酱园坐落在前门外粮食店街路西，是全国闻名的老字号，其门面房子是中国古典式的木结构建筑，1994 年翻建仍保持着古色古香的建筑风格。

六必居创始至今已有将近五百年的历史。他们家生产的酱菜，咸甜适口、色泽鲜亮、脆嫩清香、酱味浓郁，令人赞不绝口。这种独特的口感与选料精细分不开。精选北京大兴产的鲜嫩黄瓜，要 6 根共 500 克，必须"顶花带刺"，并且"条顺"；再用 500 克自制的面酱，先腌制后酱制，冬季要 10 天左右的时间方制成一罐"六必居"甜酱黄瓜。早在清代，六必居自产自销的酱菜就被选作宫廷御品。为了送货方便，清朝宫廷还赐给六必居一顶红缨帽和一件黄马褂，这两件衣帽一直被六必居保存到 1966 年。

除了酱菜，六必居这一店名也常常引起人们的好奇。商人给自己的店铺起字号和人们为自己的孩子起名字，从古至今都是一样，图个吉利、叫得响。像店铺的字号以带"庆""福""顺"等字的居多。可是，六必居的掌柜为什么给自己的店铺起个"六必"的字号？

关于"六必"的解释有许多，有人说，六必居是六个人合伙开的买卖，他们托人求明代的大学士严嵩写牌匾，严嵩提笔写了"六心居"三个字，转念一想又认为六人"六心"不好，所以在"心"字上加上了一撇成了"必"。也有人说，六必居最初是个酒坊，它们酿酒必须齐全，下料必须优良，泉水必须香甜。还有人说，最早六必居的后厂酿酒，前店除卖酒外，还卖柴、米、油、盐、酱、醋等六样人们的日常生活必需用品，所以叫"六必居"。

几百年来，六必居 _____ 古训，讲求厚德务实，靠着销售一瓶瓶微利的酱腌菜成为全国酱腌菜行业中规模最大的企业。

41. 前门外六必居的门面：

  A 是砖瓦结构   B 是旅游景点

  C 始建于 1994 年   D 保留了古风特点

42. 六必居的酱菜为什么深受群众的喜爱？

  A 用料很讲究   B 广告效应好

  C 富含营养成分   D 赠品非常丰富

43. 六必居在清代：
 A 开始生产酱菜　　　　　　　　B 不向百姓出售
 C 深受皇家喜爱　　　　　　　　D 有多家代理商

44. 为什么很多店铺字号中常常有"庆""福""顺"等字？
 A 希望带来好运气　　　　　　　B 受到了皇家的鼓励
 C 群众识字程度不高　　　　　　D 为了和孩子的名字相符

45. 严嵩把店名从"六心"改为"六必"是为了：
 A 显得新奇　　　　　　　　　　B 读起来更顺口
 C 更容易被消费者接受　　　　　D 避免解释为合伙人之间不和睦

46. 除了"六个人"，"六必"还指的是：
 ①酿酒要求
 ②制作工艺
 ③六种营养成分
 ④六样生活必需品
 A ①③　　　　B ②④　　　　C ①④　　　　D ②③

47. 根据文意，第五段的空白处最适合填入的词语是：
 A 循环　　　　B 遵循　　　　C 参照　　　　D 参谋

48—54.

　　在各种科幻电影中，观众很难看到宇航员生病的场景。假如宇航员真的在太空中出现头疼脑热等不适，离他们最近的急诊室是在十万八千里外的地球上，他们该如何是好呢？

　　现在的做法是，宇航员会在飞船里准备一个药箱，里面放上一些常用药物，比如退烧药、消炎药、止晕药等。当感觉身体不适时，宇航员会向地面的医生报告，医生会及时发出指令，告诉他该怎么吃药。

　　但是在不久的将来，一种由纳米碳构成的生物胶囊也许可以帮助他们。美国国家航空航天局正在加紧研发一种生物胶囊，将其植入人体皮下后，能在宇航员_____察觉时迅速自动诊断其身体中的异常状况，并进行相应治疗，就像一个随身相伴的医生。

　　生物胶囊的成本并不高，制造工艺也不复杂。只要先将纳米碳放入胶囊模具，再填入人工细胞，最后用纳米碳或是蛋白质胶水将其黏合，一颗生物胶囊就制造成功了。

　　生物胶囊的研究者表示，在进入太空前，宇航员只要进行一项微创手术，在大腿表皮下植入几颗生物胶囊，就拥有了对抗绝大部分疾病的能力。这种手术非常简单，只需使用普通的麻药。

　　太空中有无数能够威胁人体健康的因素，最主要的就是高强度的辐射，它会杀死宇航员的骨髓细胞并破坏其免疫系统。生物胶囊中填充的细胞可以检测到辐射强度的上升，并自动释放药物，保护人体。胶囊内装有一种"粒细胞集落刺激因子"，不仅可以帮助宇航员抵抗辐射，还可以帮助他们对抗其他常见太空疾病，比如感染、发烧、器官衰竭和失眠等。目前，研究人员正在有针对性地研发相应的抵抗因子。

生物胶囊中细胞的纳米外壳有一定的空隙，可以允许药物通过，但保证人工细胞一直留在胶囊中。生物胶囊不是一次性用品，胶囊中的细胞可以通过自身新陈代谢维持活力。这些细胞的寿命从几个月到几年不等，因此每个胶囊都可以连续使用数年之久。生物胶囊本身也没有"保质期"，它的纳米碳结构是惰性的，非常稳定且具有弹性，至今没有发现人体中有可以分解该生物胶囊的酶。生物胶囊也不会造成人体的排异反应，当宇航员返回地球时，可由医生取出。

48. 画线短语"十万八千里外"用来形容：
 A 医疗设备齐全 B 距离非常遥远
 C 迫切的思乡心情 D 地球的运动轨迹

49. 现行的太空医疗手段是：
 A 使用纳米碳生物胶囊治疗 B 将病人送回地面救助中心
 C 医务人员随行进入太空舱 D 飞船中提前备好常用药物

50. 根据文意，第三段的空白处最适合填入的词语是：
 A 无故 B 丝毫 C 毫无 D 无力

51. 生物胶囊中除纳米碳外，还有：
 A 蛋白质 B 人工细胞
 C 活性化合物 D 复合维生素

52. 高强度太空辐射会对人体产生什么影响？
 ①诱发癌症
 ②杀死骨髓细胞
 ③导致智力残缺
 ④损伤免疫系统
 A ①③ B ②④ C ①④ D ②③

53. 第六段主要介绍了太空胶囊的：
 A 功能 B 原料 C 效益 D 种类

54. 关于太空胶囊，下列哪项正确？
 A 制作成本高昂 B 可连续使用多年
 C 植入手术过程复杂 D 会造成人体的排异反应

55—61.

高铁已成为人们_____的交通工具。复兴号高铁持续运行速度达每小时350公里，轻松实现日行万里。越来越多的人将高铁作为出行的首选交通工具。然而高铁所产生的噪声却让人担忧。

高铁噪声的来源有受电弓噪声、车头空气动力噪声、车辆上部空气动力噪声、车辆下部噪声和结构噪声等，比如我们"耳熟能详"的钢轨摩擦声就属于其中一种。对这些高铁运行而产生的噪声，我们既无法让车轮与车厢分离，也无法让风停止歌唱，只能戴上耳机。可是长时间戴耳机并不舒服。

怎么办呢？科学家们研制了一种降噪头靠，可以进行主动降噪，降低高铁噪声中的低频部分。降噪头靠可以形成一个保护区，即降噪区域，只要乘客们在降噪区域，听到的噪声就会减小，从而可以免受噪声"妖怪"的干扰。

降噪头靠是怎样形成降噪区的呢？答案是借助扬声器，也就是俗称的"大喇叭"。科学家们在座椅周围放置多个扬声器，发出特定的声波来抵消噪声。就像武侠小说里的以毒攻毒，降噪头靠是以声消声，利用声波来抵消噪声。

以声消声，主要是利用声波的相消性干涉原理，即两列频率相同、相位相反的声波叠加，声波幅值就会减小。扬声器发出的正是与噪声声波相位相反的声波，噪声声波与扬声器发出的声波叠加，该区域的声波幅值便减小，人们听到的声音也就减小了。

高铁噪声种类这么多，降噪头靠都能消除吗？为了让乘客免受这些噪声的干扰，降噪头靠可以做到兵来将挡，水来土掩。由于降噪头靠的核心控制器具有自适应算法，因此能够监测噪声，并针对不同的噪声设计发出相应的声波，以实现更有效的降噪。无噪声时，降噪头靠是不发声的。

值得注意的是，降噪头靠降低的是高铁噪声中的低频部分，属于主动降噪技术；噪声的高频部分一般使用吸声材料进行降噪，属于被动降噪技术。

神奇的降噪头靠通过以声消声，还您清静。目前，中国科学院噪声与振动重点实验室已经完成了降噪头靠的实验部分，让我们期待高铁上的降噪头靠可以早日和大家见面！

55. 根据文意，第一段的空白处最适合填入的词语是：

　　A 必不可少　　　　　　　B 不翼而飞
　　C 成千上万　　　　　　　D 川流不息

56. 下列哪项不是高铁噪声的来源？

　　A 受电弓噪声　　　　　　B 钢轨摩擦声
　　C 空气动力噪声　　　　　D 发动机运行噪声

57. 下列哪项是形成降噪区的原理?
    A 心理学原理　　　　　　　　　　B 借助扬声器
    C 声波的相消性干涉　　　　　　　D 利用大喇叭播放音乐

58. 画线部分"兵来将挡,水来土掩"的意思主要是指:
    A 具备防水功能　　　　　　　　　B 调动军队的力量
    C 尽所有的力量做最后的一搏　　　D 针对不同情况采用灵活的对策

59. 关于"降噪头靠",下列哪项正确?
    A 可以抵消所有声波　　　　　　　B 会在全程发出乐声
    C 需要附加吸声材料　　　　　　　D 内含自动适应系统

60. 高铁降低噪声主要靠的是哪两种材料?
    ①扬声器
    ②吸声材料
    ③中空材料
    ④有孔木吸声板
    A ①②　　　B ②④　　　C ①④　　　D ②③

61. 上文主要谈的是:
    A 高铁带来的各种噪声　　　　　　B 高铁"日行万里"的秘诀
    C 为什么高铁会成为出行首选　　　D 如何让高铁的噪声"消失"

62—68.

　　漫步细雨中对于人们来说,或许是浪漫而惬意的,但对体积微小的昆虫而言,譬如蚊子,雨中漫步简直是一场灾难。一滴雨的重量可达到蚊子体重的 50 倍之多,人们所谓的毛毛雨,在蚊子看来,_____一辆辆甲壳虫汽车从天而降。但是,在这"甲壳虫汽车雨"中,蚊子却能够毫发无损,这是什么原因呢?

　　为破解这一谜题,科学家对雨中飞舞的蚊子进行了高速摄像,以观察蚊子被雨滴击中瞬间的行为。

　　通过视频,科学家们分析了雨滴击中蚊子不同部位的各种情况,计算出蚊子被雨滴击中的瞬间所受到的作用力,以及其后随雨滴向下移动的距离。他们发现,蚊子并不像人们可能推测的那样去躲避雨滴,也不会因遭到雨滴的冲击而受伤,秘密之一就在于蚊子体重极轻。

　　原来,蚊子被雨滴击中时并不抵挡,而是与雨滴融为一体,顺应它的趋势落下。如果雨滴击中蚊子的翅膀或腿部,它会向击中的那一侧倾斜,并通过"侧身翻滚"的高难度动作,让雨滴从身体一侧滑落;当雨滴正中蚊子身体时,它先顺应雨滴强大的推力与之一同下落,随之迅速侧向微调与雨滴分离并恢复飞行。

研究者还发现，当雨滴击中栖息于地面的蚊子时，雨滴的速度在瞬间减小为0，这时蚊子就会承受相当于它体重10000倍的力，足以致命。当蚊子在空中被击中并采用"不抵抗"策略时，它受到的冲击力就减小到其体重的1/300至1/50，此时，雨滴就像一根极细小的羽毛压在了蚊子身上——这是蚊子能够承受的。

　　尽管蚊子柔弱如风中柳絮，会被雨滴砸得摇晃不定，但正是由于它体重极轻，雨滴在与蚊子碰撞的过程中几乎没有减速，它的动能也几乎没有转化为对蚊子的撞击能量，而是让蚊子瞬间加速下降，从而化解了高速下降的雨滴带来的巨大冲击。这就像是"以柔克刚"，达到"四两拨千斤"的效果，没想到小小的蚊子还是个太极高手呢！

　　蚊子在雨中安然无恙的另一个秘密，是覆盖它们全身的细毛具有疏水性。这种防水的细毛使蚊子与打在它身上的雨滴保持分隔状态，从而使蚊子能够迅速摆脱雨滴重新飞起，以避免雨滴将它们砸落地面造成致命伤害。

　　这一发现引起了广泛关注。事实上，这项研究不只与蚊子有关。在面对大自然时，动物往往有着比人类更丰富的经验，它们在千万年的进化过程中拥有了适应生存环境的生理结构和功能。研究动物应对大自然的特殊本领，可为科学家和工程师提供新的设计思想，解决机械技术上的诸多难题——比如，可以更好地设计微型飞行器，让它们能像蚊子一样，在雨中轻盈地飞翔。

62. 根据文意，第一段的空白处最适合填入的词语是：
　　A 说不上　　　　　　　　B 不亚于
　　C 不相上下　　　　　　　D 层出不穷

63. 第一段中，"甲壳虫汽车雨"是指：
　　A 雨的重量大　　　　　　B 汽车的体积大
　　C 天敌的数量多　　　　　D 甲壳虫的躯体巨大

64. 飞行过程中蚊子的身体被雨击中时会：
　　A 立刻躲避雨滴　　　　　B 随着雨滴下降
　　C 受到轻微伤害　　　　　D 加速侧向飞行

65. 蚊子能够"以柔克刚"靠的是：
　　A 体重轻　　　　　　　　B 承受能力强
　　C 应对经验丰富　　　　　D 懂得太极之道

66. 当地面上的蚊子被雨滴击中时会：
　　A 毫发无伤　　　　　　　B 瞬间起飞
　　C 左右摇摆不定　　　　　D 受到致命的伤害

67. 蚊子能成功逃生，主要依赖于：
    A 雨滴的冲击力变小
    B 全身细毛的防水性
    C 栖息于地面的运气
    D 蚊子体重特别轻

68. 根据文意，下列哪项正确？
    A 蚊子喜欢在雨中"散步"
    B 微型飞行器的避雨功能强大
    C 蚊子具有独特的"仿生"价值
    D 高速摄像可以观察蚊子吸血过程

第二部分

第69—73题：下列语段的顺序已被打乱，请将它们重新排序，组成一篇逻辑连贯的文章。
注意其中一个段落为干扰项，需排除；画线段落的位置已固定，无需排序。

A 在阿根廷的瓦尔德斯半岛，我们将这种技术应用于南露脊鲸。瓦尔德斯的中央半岛周围有两个大的圆形海湾，这里的海水不深且清澈，许多鲸聚集于此，交配繁衍。这种独特的地理位置也使得它成为研究的好地方，我们可以轻易地在陆地上起飞无人机，在非常靠近海岸的理想条件下拍摄大量鲸的照片。

B <u>这实在让我们伤透了脑筋。超大的体型对鲸很重要，这让鲸能够储存足够的能量用于长途移动，从而在诸多分散的地点觅食。可惜，在研究这些自由生活的鲸时，我们却很难将体重作为一个变量纳入研究，因为测它们的重量实在太难了！所以，我们需要一种新的方法，可以在不造成伤害的前提下称量鲸的体重。我和同事想出的解决方案是一种名为"摄影测量法"的技术——根据空中无人机拍摄的照片来测量体重。</u>

C 借助无人机，我们能够测量鲸的长度、宽度、高度和体围，再根据这些测量值建立精确的3D模型，以此预测鲸的体积。不过，光靠体积，还不足以算出鲸的重量，我们还需要知道密度。为此，我们参考了北太平洋露脊鲸的旧记录，这是与南露脊鲸同种但不同地理分布的一种鲸。这些北太平洋露脊鲸是在之前科研捕鲸活动中被杀死的，记录里不仅有它们的长度、体围，还有最重要的数字——重量。根据长度和宽度，我们用3D模型算出了每头死鲸的体积，然后根据重量算出它们的密度。北太平洋露脊鲸与南露脊鲸相似，仅靠无人机的测量结果，我们就可以推算出活的南露脊鲸的重量。完整的方法最近已经在科学期刊《生态与进化方法》中发表。

D 摄影测量法不仅更加仁慈，还可以追踪同一头鲸的生长和身体状况的变化，例如脂肪储备。同时，对于一些小而脆弱、无法承受科研捕鲸活动的鲸群，我们的方法也能够评估它们的健康状况。因此，这种方法为大型鲸的生态学和生理学研究开辟了一条新的途径，将大大有益于科学的发展和对这些神奇生物的保护。

E 通过无人机采集的鲸鱼呼气样本，可以帮助我们研究它的DNA、体内激素和细菌，从而进一步分析出它们的家族关系、压力水平和健康状况。根据样本还可以分析鲸鱼呼吸道的微生物，以判断鲸鱼常见疾病的来源。

F　鲸是地球上最大的动物，也是海洋生态系统中的重要捕食者。作为一名海洋生物学家，我有幸能近距离地观察它们。看一头像公共汽车那么大、14米长、将近40吨重的母鲸，温柔地将它5米长、将近1吨重、刚出生的"小"宝宝托上海面呼吸，这是一种很神奇的体验。话说，我是怎么知道这头鲸重40吨的呢？毕竟，我们既没办法捉住十几米长的大家伙，然后简单粗暴地把它放在秤上，也不可能游到海里，拿个卷尺去量它。

G　这当然不是人类第一次测量鲸的体重。我们对大型鲸生理学的知识，大部分都来自捕鲸业。这个行业的传统做法，通常需要对鲸进行测量，有时甚至需要称重——但这些，都是在杀死鲸的情况下进行的。而我们的称量方法，好处是不需要杀死它们。

| | → | B | → | | → | | → | | → | |

第三部分

第74—87题：请回答下面的问题，注意答案控制在十个字以内。

74—80.

　　中国是世界上邮驿起源最早、最发达的国家之一，也是世界上最早、最成功地发现并运用通信规律组织书信传递的国家之一。中国古代创造和积累的一整套治邮经验，已在全球范围内被广泛借鉴。

　　在原始社会，我们的先民大概是采取以物示意的方法来传递信息的。到了商代，边疆开始有了通信兵，负责传递军情。这种形式延至明清，历经千年，其中尤以汉代的组织规模为大。

　　古代战争中，常在边防军事要塞或交通要冲的高处，每隔一定距离建筑一座高台，俗称烽火台，亦称烽燧、墩堠、烟墩等。高台上有驻军守候，发现敌人入侵，白天燃烧柴草以"燔烟"报警，夜间燃烧薪柴以"举烽"（火光）报警。一台燃起烽烟，邻台见之也相继举火，逐台传递，须臾千里，以达到报告敌情、调兵遣将、求得援兵、克敌制胜的目的。

　　到了西周，我国已经出现了比较完整的邮驿制度。当时，各诸侯国因政治、军事上的需要，在大道上经常设有驿马和邮车，往返传送官府文书。

　　秦始皇统一六国后，开始在全国修筑驰道。"车同轨""书同文"，更促进了邮驿通信的发展。

　　到了唐朝，这种制度更是盛极一时。唐朝的邮驿分陆驿、水驿和水陆兼办三种，共有1600多处，其中水驿260多处，水陆兼办的也有80多处，由驿亭的亭长管理送信的事。那时送信就像跑接力赛一样，一站接一站往前传。遇到紧急军情，就在信封上插根羽毛，驿亭接到插有羽毛的信后，便马不停蹄地飞速把信传递到收信人的手里。邮驿的行程也有明文规定，如陆驿规定马每天走70里，驴50里，车30里。

到了700多年前的元朝，中国的邮驿通信已经非常发达，仅在中国境内，就设有驿站1496处。那时除"马驿"外，还出现了"狗驿"。狗跑得快，又能认路，不需人骑，只要在狗身上绑一个装信的小袋，它就能很快把信送到固定的地点。当时，有个最大的"狗驿"驯养着3000多只专门送信的"邮犬"，这也是当时世界上最大的狗驿。

另外，元朝还沿袭宋朝的办法，在各州县广泛设置"急递铺"。这种急递铺是专门传递官府的紧急公文的，有点儿像现在的军邮，全国估计约有2万处，每铺有几个铺丁，日夜不停地递送文件，一昼夜可行200公里。

明朝驿站，基本上沿袭旧制。清朝中叶以后，近代邮政逐渐发展起来，代替了古老的驿站制度。

74. 烽火台的主要作用是什么？

75. 比较完整的邮驿制度是在什么时期出现的？

76. 请用文中的一个成语描述唐朝邮驿制度的发展程度。

77. 信封上插羽毛的作用是什么？

78. 当时世界上最大的犬驿驯养了多少只"邮犬"？

79. 急递铺是专门用于传递什么的？

80. 上文主要介绍了什么？

81—87.

作为我国特有的一种花卉植物，牡丹被誉为"百花之王"，在唐、明、清三朝曾被当作"国花"，在历史上很早便融入了我国人民的生活。然而最早，它并不是一种观赏花卉，其根皮入药，称为"丹皮"。牡丹入药可追溯到秦汉，当时被列为上品，是名贵的药材，秦汉时的医书《神农本草经》中就有关于牡丹的记载。此后的《本草纲目》等医书中，均详细地记载了牡丹的药用价值。

牡丹的药理用途十分广泛。据统计，我国有1300多个药方涉及丹皮，它是诸如"六味地黄丸"等著名中成药的主要原料。另外随着丹皮消炎、抗过敏、抗病毒、提高免疫力、祛斑美白等药效的不断发现，其应用范围正不断向化妆品、保健品等领域延伸。

当然，对于吃货来说，牡丹的食用方法更加重要。早在五代时期，在《复斋漫录》中就记载了牡丹花的食用方法。明清以后，用牡丹制作的食品的种类日益增多，应用牡丹花制作糕点、花酒、菜肴和茶的方法逐渐完善起来。到了现代，通过有关科研机构、医学专家、烹调专家的精心研制，选用牡丹的根、茎、叶、花为原料，经上浆、烹炸、浇汁等工序，烧制成了"牡丹菜"系列，进一步将牡丹的食用功能发扬光大。

在牡丹1000多年的栽培史中，人们培育了数以千计的牡丹品种。除按花色、花型分类外，人们也常根据花期的早晚、植株的高矮、当年生枝条的成长量、香味浓淡、用途等进行分类。新中国成立后，特别是改革开放以来，全国范围内，牡丹产业的发展又迎来了一个新的高潮，无论品种数量、类型还是规模都是以往历朝历代无法比拟的。这段时期，牡丹的种植和培育与科技紧密结合，并且在规模化、产业化方面均取得了长足的进步，以山东菏泽为例，其牡丹栽培面积已达80000余亩，品种1000多个，是世界上面积最大的牡丹栽培、观赏和科研中心。

近年来，人们又发现不同地区栽培的牡丹不仅形态上有一定差异，而且生态习性上也有本质的差别，据此又把牡丹划分为不同的栽培类群（品种群），这种分类对引种具有重要意义。如今，我国作为世界牡丹的发源地，拥有所有8个野生种和1000多个栽培品种，遍及我国大部分地区。

在中国的传统文化中，吉祥文化、喜庆文化是一个相当重要的内容，而牡丹繁荣兴旺、富贵吉祥的文化内涵恰恰与此相符合，因此受到人们的喜爱，并涌现出许多以牡丹为题材的诗词文赋、书法绘画以及其他艺术品。据不完全统计，历代吟诵牡丹的诗词约有10000首，与牡丹有关的小说、戏剧、影视、故事传说更是不胜枚举。此外，牡丹的形象也以各种形式融入人们的日常生活中，不仅体现在建筑装饰、衣物服饰、生活用品等方面，还出现在艺术创作、节日庆典等许多场合。

81. 牡丹的药用价值，最早记录于哪本书？

_____

82. 除了制作药品外，牡丹的药效还在哪些领域发挥作用？

_____

83. 哪个朝代最早记载了牡丹的食用方法？

84. 世界上面积最大的牡丹栽培、观赏和科研中心在哪里？

85. 近年来，牡丹的栽培类群是根据什么划分的？

86. 牡丹具有怎样的文化内涵？

87. 画线词语"不胜枚举"是什么意思？

三、写作

第一部分

第88题：请对图表进行描述与分析，写一篇200字左右的文章，限时15分钟。

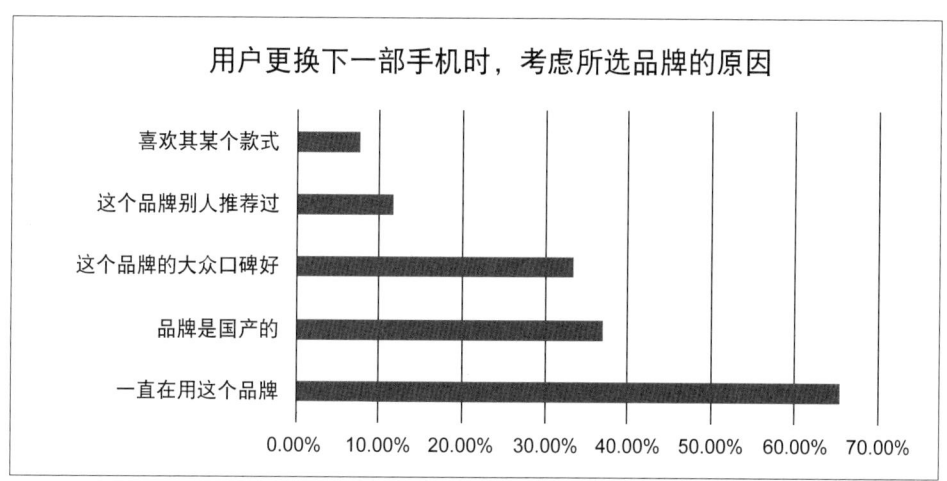

88.

第二部分

第89题：话题作文，限时40分钟。

89.《论语》中说："三人行，必有我师焉。择其善者而从之，其不善者而改之。"意思是与众人相处，其中必定有可以作为我老师的人；选择别人好的学习，看到别人缺点，反省自身有没有同样的缺点，如果有，就加以改正。你是否赞同"三人行，必有我师焉"的观点？请写一篇600字左右的文章，谈谈你对这句话的认识并论证你的观点。

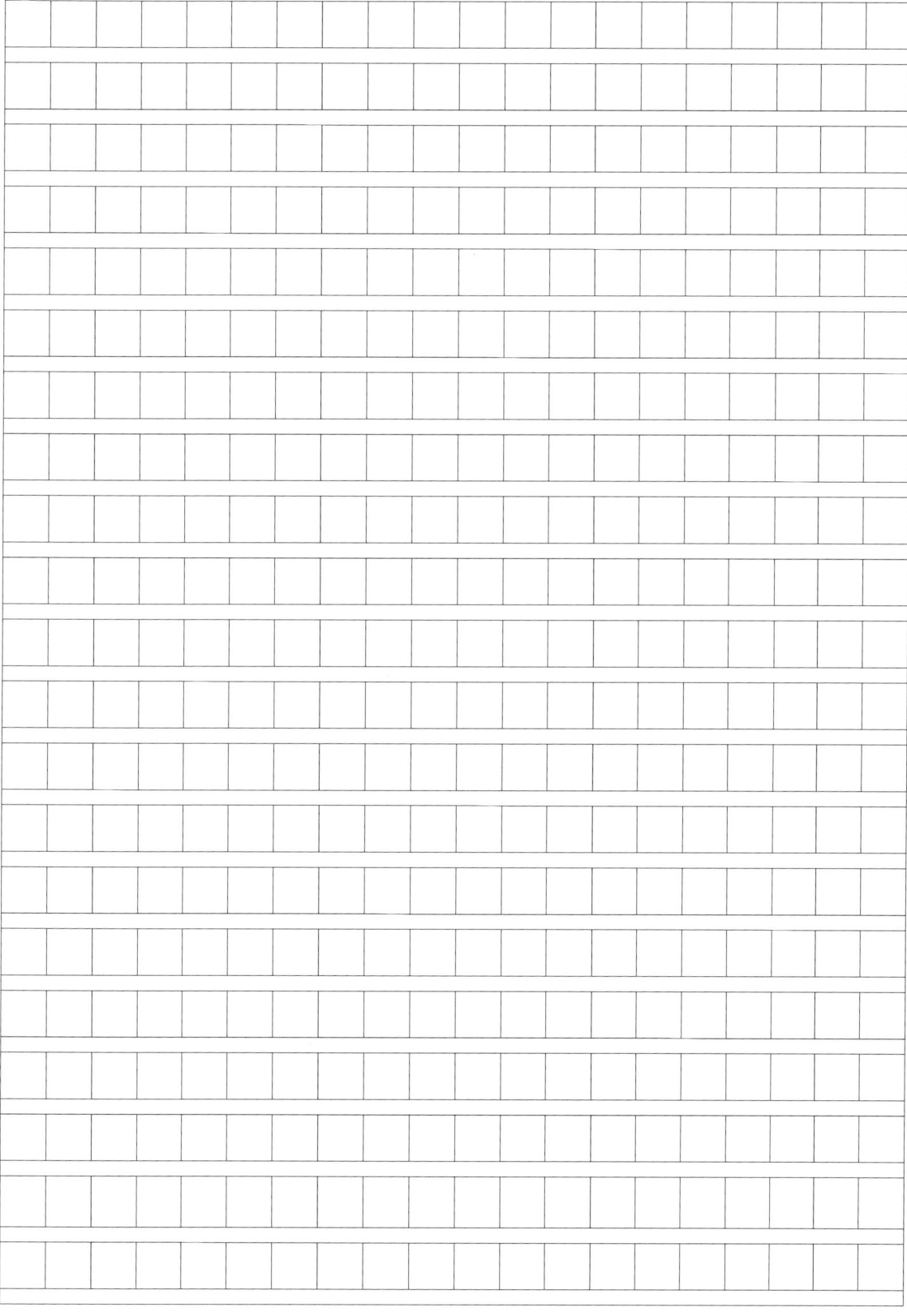

四、翻译

第一部分

第 90—91 题：请将下列两篇材料译写成中文，限时 35 分钟。

90. 중국의 전통 예술, 예를 들면 서예와 도자기는 현대 문화에 큰 영향을 미치고 있다. 이러한 예술 형태는 세월의 흐름 속에서 변화와 발전을 겪었지만, 그 본질은 변하지 않았다. 많은 현대 예술가들은 전통과 현대를 결합한 작품을 창작하며, 이를 통해 중국의 역사와 문화를 현대에 전달한다.

91. 중국의 고속 철도는 그 나라의 기술 발전과 국민의 생활 편의를 대표하는 것 중 하나다. 그것은 중국이 얼마나 빠르게 근대화와 발전을 이룩하였는지를 보여주는 중요한 지표로 간주된다.

　많은 중국 사람들이 이 고속 철도를 이용하여 먼 거리를 짧은 시간 안에 여행할 수 있게 되었다. 전통적인 명절이나 휴가 시즌에는 수많은 사람들이 고향을 방문하거나 여행지를 찾아가기 위해 고속 철도를 이용한다.

　또한 중국의 고속 철도는 다른 국가들에게도 기술 전달의 기회를 제공하며, 중국과 다른 나라들 간의 경제 및 문화 교류를 촉진하였다. 이로 인해 중국은 전 세계적으로 철도 기술의 선두주자로 인식되게 되었다.

　결론적으로, 중국의 고속 철도는 그 나라의 혁신적인 발전과 세계적인 리더십을 상징하며, 중국 국민들에게는 편리하고 효율적인 이동 수단으로 자리 잡았다.

第二部分

第 92—93 题：口译。

92. 인공지능이 완전히 통합된 미래의 나의 하루를 상상해봅니다. 아침에 일어나면 제가 제일 좋아하는 커피를 AI가 자동으로 준비해줍니다. 출근길에는 자율 주행 차가 안전하게 저를 목적지까지 데려갑니다. 직장에서는 AI가 업무를 보조하며, 효율적으로 시간을 관리해줍니다. 저녁에는 AI가 건강에 좋은 식단을 제안하며, 잠자리에 들기 전에는 내일의 일정을 알려줍니다. (2分钟)

草稿区（不计分）

93. 스트레스에 직면했을 때, 아래의 권장 사항들이 도움이 될 것입니다.

　첫째, 당신의 생각과 감정을 인식하십시오. 스트레스는 우리의 마음과 몸에 영향을 미치므로, 우리가 어떻게 느끼고 생각하는지를 이해하는 것이 중요합니다.

　둘째, 건강한 생활습관을 유지하십시오. 규칙적인 운동, 건강한 식습관, 충분한 수면은 스트레스를 관리하는데 큰 도움이 됩니다.

　셋째, 휴식을 취하십시오. 짧은 휴식이나 휴가를 통해 스트레스를 해소하고 에너지를 충전하는 것이 좋습니다.

　넷째, 긍정적인 사람들과 함께 시간을 보내십시오. 그들의 태도와 행동은 종종 우리의 태도와 행동에 영향을 미치며, 스트레스를 줄이는 데 도움이 될 수 있습니다.

　마지막으로, 전문가의 도움을 청하십시오. 심리학자 또는 상담사와의 상담은 스트레스 관리에 매우 유용할 수 있습니다.

（2分钟）

草稿区（不计分）

五、口语

第一部分

第94题：应用读说。

天蓝公司诚聘产品营销经理

岗位责任

1. 负责本部门的销售管理工作；
2. 掌握市场发展情况，能根据市场变化，提出具体的营销策划方案和详细的计划；
3. 负责该地区市场的开发工作；
4. 重点负责市场调查、分析、预测工作；
5. 负责相关人员的管理工作，包括员工的培训、检查等；
6. 负责本部门各种紧急事件的处理工作。

岗位能力要求

1. 本科及以上学历；
2. 两年以上团队管理经验；
3. 具备销售渠道拓展的宏观规划能力与执行能力；
4. 具备优秀的营销策划能力及文字运用能力；
5. 具备紧急情况的处理能力；
6. 适应出差，抗压性强，愿意接受挑战。

联系方式

更多招聘信息，请访问公司网站 http://www.bluesky.com.cn
地址：北京市海淀区海淀北一街1号
电话：010-12345678
邮箱：hr@bluesky.com.cn

94. 你的外籍朋友王美丽正在找工作，你看到你公司发布的招聘职位非常适合她。请你告诉她相关的信息，并邀请她来参加面试。（3分钟）

第二部分

第 95—97 题：听材料回答问题。

95.（30 秒）

草稿区（不计分）

96.（30 秒）

草稿区（不计分）

97.（2分钟）

草稿区（不计分）

第三部分

第98题：观点表达。

98.（3分钟）

草稿区（不计分）

中文水平考试
HSK（七—九级）

全真模拟题 2

注 意

一、中文水平考试 HSK（七—九级）分五部分，共 98 题：

    1. 听力（40 题，约 30 分钟）

    2. 阅读（47 题，60 分钟）

    3. 写作（2 题，55 分钟）

    4. 翻译（4 题，41 分钟）

    5. 口语（5 题，约 24 分钟）

二、全部考试约 210 分钟。

一、听力

第一部分

第1—10题：请根据听到的内容，判断下列句子是否符合原文。符合原文的请画"√"，不符合的请画"×"。

第1—5题
1. 夫妻二人最开始是为了填饱肚子才捡的烂梨。 （　）
2. 人们特别想吃梨膏糖的季节是秋天。 （　）
3. 水果店老板将梨膏的秘密公之于众了。 （　）
4. 用乌龟当商标是因为男老板认为乌龟代表着好运。 （　）
5. 这个故事告诉我们应该把挫折当成机遇。 （　）

第6—10题
6. 王羲之因出版过很多书而被称为"书圣"。 （　）
7. 文章列举"衣服磨破"和"池塘水变墨色"两个例子是为了说明王羲之勤奋刻苦。 （　）
8. 王羲之喜欢在养鹅池里洗笔。 （　）
9. "鹅掌操"主要是以鹅掌划水动作为主。 （　）
10. 王羲之晚年非常孤独和凄凉。 （　）

第二部分

第11—22题：请选出或填上正确答案。

11. A 冷敷
    B 换鞋
    C 吃退热剂
    D 洗凉水澡

12. A 减少运动量
    B 多喝冰饮料
    C 只在室内健身
    D 做好防护措施

13. A 中暑
    B 痢疾
    C 热射病
    D 热痉挛

14. _____

15. _____

16. A 避免过度劳累
    B 选择透气服装
    C 充分补充盐分
    D 进行室外运动

17. A 刊物名称
    B 地方特色
    C 海运通道
    D 建筑标志

18. A 纸张要很大
    B 内容要很多
    C 有时代内涵
    D 有历史传承

19. _____

20. A 利用近景和远景交替
    B 探索山水画独特内涵
    C 描摹城市的繁华摩登
    D 借鉴西洋画表现技巧

21. A 争取著作出版权
    B 做艺术需要游历
    C 对古人保持敬畏
    D 一生只做一件事

22. A 最高学历是博士
    B 以陶瓷创作为主
    C 精通中国山水画
    D 特别喜欢写游记

第三部分

第23—40题：请选出或填上正确答案。

23. A 宝宝的睡眠质量
    B 孕妇的激素异常
    C 食物的咀嚼次数
    D 细菌的污染指标

24. A 婴儿的唾液更黏稠
    B 唾液能抑制癌细胞
    C 唾液有益食物消化
    D 糖尿病预防很简单

25. _____

26. A 经常抽烟喝酒
    B 癌细胞增加了
    C 刷牙方式不对
    D 食物含糖过少

27. A 价钱便宜
    B 体型微小
    C 检测快速
    D 应用广泛

28. A 癌细胞的温床
    B 你的唾液贵如金
    C 基因与生命密码
    D 珍爱生命，远离烟酒

29. A 糖和维生素
    B 水和抗氧化剂
    C 纤维和矿物质
    D 多酚和多酚氧化酶

30. A 矿物质会氧化
    B 糖的浓度会增加
    C 抗氧化剂会消失
    D 膳食纤维会溶解

31. A 引发糖尿病
    B 导致智力下降
    C 阻碍肠胃器官生长
    D 不利于接受其他食物

32. _____

33. A 孩子的消化能力
    B 果汁中水的含量
    C 替代饮料的健康程度
    D 其他食物的商业价值

34. A 有益健康的饮料
    B 婴儿的饮食偏好
    C 果汁的营养缺陷
    D 果糖的保健功效

35. A 监督空乘人员
    B 观察仪表数据
    C 保持飞机速度
    D 服务客舱乘客

36. A 巡航高度
    B 平流层高度
    C 单数高度层
    D 5000米高度

37. A 着陆操作困难
    B 飞行员作用大
    C 航行的危险性
    D 电脑配置重要

38. _____

39. A 40%
    B 75%
    C 15%—20%
    D 50%—60%

40. A 增加飞行机组
    B 更新电脑系统
    C 为飞行员提供咖啡
    D 建议飞行员多交流

二、阅读

第一部分

第 41—68 题：请选出正确答案。

41—47.

在皖南众多风格独特的徽派民居村落中，宏村是最具代表性的。从整个外观上说，宏村是"桃花源"里一座奇特的牛形古村落，既有山林野趣，又有水乡风貌，素有"中国画里的乡村"之美誉。村中各户皆有水道相连，汩汩清泉从各户潺潺流过，层楼叠院与湖光山色交相辉映，处处是景、步步入画。闲庭信步其间，悠然之情浓烈得让人心醉。

古宏村人规划、建造的牛形村落和人工水系，是当今"建筑史上一大奇观"：巍峨苍翠的雷岗为牛首，参天古木是牛角，由东而西错落有致的民居群宛如庞大的牛躯。引清泉为"牛肠"，经村流入被称为"牛胃"的月塘后，被过滤了的水流向村外被称作"牛肚"的南湖。人们还在绕村的河溪上架起了四座桥梁，作为"牛腿"。这种别出心裁的科学的村落水系设计，不仅为村民解决了消防用水，而且调节了气温，为居民生产、生活用水提供了方便，创造了一种"浣汲未防溪路远，家家门前有清泉"的良好环境。

宏村的建筑主要是住宅和私家园林，也有书院和祠堂等公共设施，建筑组群比较完整。各类建筑都注重雕饰，木雕、砖雕和石雕等细腻精美，具有极高的艺术价值。村内街巷大都傍水而建，民居也都围绕着月塘布局。住宅多为二进院落，有些人家还将活水引入宅内，形成水院，开辟了鱼池。比较典型的建筑有南湖书院、乐叙堂、承志堂、德义堂、松鹤堂、碧园等。

宏村阴雨天多，云雾天多，＿＿＿＿＿＿海洋性气候，年均气温 7.8 ℃，年平均降雨日数 183 天，多集中于 4—6 月，山上全年降水量为 2395 毫米。西南风、西北风较多，年平均降雪日数 49 天。

2006 年以后，宏村的旅馆业开始有了新发展，家家户户只要家里有几间空房间的，都开始挂牌搞起了农家乐。因此，到宏村游玩，尽量住在村里，这样出入宏村就不用多买门票。而且村中多是老宅子，运气好的话，还能住进有雕花大床的厢房。由于游客众多，在旅游高峰期最好提前预订。

41. 宏村的建筑风格属于：

  A 苏派   B 徽派   C 京派   D 川派

42. 宏村被称为"建筑史上一大奇观"，是因为它：

  A 修建了最高的木质建筑   B 保留了丰富的明清建筑
  C 构建了科学的牛形村落   D 再现了高超的古代工艺

43. 宏村建筑包括：
    ①民居
    ②官衙
    ③寺庙
    ④书院
    A ①③　　　　　　B ②④　　　　　　C ①④　　　　　　D ②③

44. 宏村的房屋大多：
    A 依水而建　　　　　　　　　　B 散落在山上
    C 属于公共设施　　　　　　　　D 备有雕花大床

45. 根据文意，第四段的空白处最适合填入的词语是：
    A 等于　　　　　　　　　　　　B 差不多
    C 接近于　　　　　　　　　　　D 雷同

46. 关于宏村的气候，下列哪项正确？
    A 夏季炎热干燥　　　　　　　　B 冬季气温多在零下
    C 秋季最适合旅游　　　　　　　D 降雨天数约占全年一半

47. 根据本文，游客选择在村内民宿住宿的好处是：
    A 不用另买门票　　　　　　　　B 餐饮出行免费
    C 可以体验农活　　　　　　　　D 有纪念品赠送

48—54.

栈道这种常见于险峻山区的道路形式，是在陡峭的悬崖上用木材架设的通道，在中国古代很早就产生了。关于栈道最早的记载是在战国时期。秦昭襄王以范雎为相，开凿栈道，在悬崖绝壁间，穴山为孔、插木为梁，铺设木板，联为栈阁，形成独特的山间栈道。这是一个与万里长城同样古老的巨大土木工程，是人类历史上的创举。如今尚存的古栈道主要有子午道、骆谷道、褒斜道、陈仓道等，均系古代自长安翻越秦岭，前往南方诸省的驿道。

栈道的主要作用在于沟通，在中国，古栈道、大运河、长城一并被列为古代三大杰出建筑，在军事防备、物资运输、民间生活等方面发挥了重要的作用。

与栈道有关的尽人皆知的成语，叫作"明修栈道，暗度陈仓"。"陈仓"是陕西省宝鸡市的古名，此处特指渭河北岸的陈仓古渡口。此处的"栈道"指的是从关中翻越秦岭，南通汉中、巴蜀的古代交通要道，由秦岭古道、褒斜道、连云栈道组成，全长250公里，架于悬崖绝壁和泥沼之地。这个栈道在关中的出口斜峪关，距陈仓古渡口约70公里。

这个成语来源于一段历史。当年秦朝被推翻的时候，项羽、刘邦以及其他参加反秦战争的各路将领，齐集商议胜利以后怎样割据国土，大家＿＿＿＿＿＿：谁先攻下秦都咸阳，谁就在关中为王。关中不但物产丰富，而且军事工程也有强固的基础。结果，最先进入咸阳的是刘邦，而势力最强的项羽企图独霸天下，既不想让刘邦当"关中王"，也不肯让他回到家乡一带去，便故意把巴、蜀和汉中三个郡分给刘邦，封其为汉王，以南郑为都城，企图把刘邦关进偏僻的山里去；同时，把关中划作三部分，分给秦朝的降将章邯、司马欣和董翳，以便阻塞刘邦向东发展的出路；项羽自封为西楚霸王，封地九郡，占领长江中下游和淮河流域一带广大肥沃之地，以彭城（今江苏徐州）为都城。

　　刘邦表面上服从安排，暂时领兵西上，开往南郑，并且接受张良的计策，把一路走过的几百里栈道全部烧毁，以示无东归之意。烧毁栈道，一方面是为了防御，另一方面是为了迷惑项羽，使其放松对刘邦的戒备，以为刘邦不打算回返了。刘邦到了南郑后，拜韩信为大将，商议向东发展、夺取天下的策略。于是，韩信派出几百名官兵去修复栈道，暗中却和刘邦统率的主力部队抄小路袭击陈仓，杀死守将，逼章邯自杀，令驻守关中东部的司马欣和北部的董翳投降。自此，刘邦全部占领关中地区，为以后建立汉朝奠定了基础。

48. 史料记载最早的栈道铺设于：
　　A 水边　　　　　　　　　　B 平原
　　C 山间　　　　　　　　　　D 地下

49. 现存的栈道古迹：
　　A 都连接长城　　　　　　　B 均通往南方
　　C 皆始建于战国　　　　　　D 全长 250 公里

50. 根据本文，属于中国古代三大杰出建筑的是：
　　A 索道　　　　　　　　　　B 大运河
　　C 大雁塔　　　　　　　　　D 避暑山庄

51. 与第三段中的"明修栈道，暗度陈仓"意思相近的成语是：
　　A 声东击西　　　　　　　　B 卧薪尝胆
　　C 破釜沉舟　　　　　　　　D 同归于尽

52. 根据文意，第四段的空白处最适合填入的词语是：
　　A 投票　　　　　　　　　　B 表决
　　C 肯定　　　　　　　　　　D 约定

53. 项羽把巴、蜀、汉中地区分给刘邦，是想：
　　A 安抚其他将士　　　　　　B 逼迫韩信投降
　　C 限制刘邦的发展　　　　　D 开发此处的资源

54. 刘邦烧毁栈道，是为了：
①防御敌人
②欺骗韩信
③迷惑项羽
④不再回返
A ①③　　　　　　B ②④　　　　　　C ①④　　　　　　D ②③

55—61.

我们周围的世界是一个声音的总汇。小到元粒子，大到银河系，万物都在振动。人类的耳朵能够感知的振动频率非常有限（20赫兹—20000赫兹），但这并不意味着，在听觉范围之内的声音就不会对我们的身体产生影响。

就振动频率和强度而言，噪声对我们的身体更有害。举个例子，莫斯科西南区的一处楼房安装了电梯，这本来是件值得高兴的事，结果却_____。楼里的大多数居民开始经常性地失眠头疼。原来，日夜运转的电梯机械成了噪声源，而电梯井则像一个巨型喇叭，又加重了这种噪声。

噪声有害，美妙的音乐又如何呢？实际上，音乐声在50分贝左右时会使人身心放松，给人以美感。而声音一旦高于85分贝，就会造成听力损伤。一般情况下，当人耳较长时间地听到音量达100分贝的声音时，无论多么美妙的音乐都可造成不可恢复性听力损伤，严重者还会造成听力丧失。

一些在听觉范围之外的声音对人的危害也是相当大的，火山学家对这一点非常了解。熔岩喷发时发出的响声是一种低音波（低于20赫兹），它使人不自觉地产生恐惧感和躲避的念头。有实验表明，特定频率的声波可以影响人体的生理反应。

当今医学界已经在成功地利用声音治疗疾病。俄罗斯生物学家的研究表明，森林里树木摇摆的声音对降低病人血压的疗效胜过任何药物。而音乐对疾病的疗效也是广为人知的。专家发现，胃肠道具备音符"fa"的共振频率，音符"do"能够治疗牛皮癣，而"si""so"和"do"的和声对肿瘤病患者有效果。

其实，我们每个人都有过运用声音治疗疾病的经历，尽管我们自己没意识到。难道您从未尝试过通过抚摸小猫来放松疲惫的神经吗？科学家证实：能带来疗效的既不是小猫柔软的毛，也不是猫身上散发的特殊气味，而是温顺的小家伙发出的低叫声。现在，猫的呼噜声已经被用于某些医疗程序中，以帮助患者放松和减轻压力。

声音，真是让我们爱恨交加。

55. 关于人耳能感知的振动频率，下列哪项正确？

A 源自机械运动　　　　　　　　　B 不会影响健康
C 形成了噪声源　　　　　　　　　D 有一定的范围

56. 根据文意，第二段的空白处最适合填入的词语是：
    A 异曲同工　　　　　　　　　　B 适得其反
    C 南辕北辙　　　　　　　　　　D 显而易见

57. 下列哪个分贝的音乐更适合人听？
    A 5　　　　B 50　　　　C 100　　　　D 20000

58. 熔岩喷发的响声：
    ①能被人听到
    ②会让人恐惧
    ③可治疗疾病
    ④属于低音波
    A ①③　　　　B ②④　　　　C ①④　　　　D ②③

59. 如果患有胃病，应该用哪个音符来治疗？
    A fa　　　　B do　　　　C si　　　　D so

60. 带来放松神经疗效的是小猫的：
    A 温顺的动作　　　　　　　　　B 柔软的毛发
    C 低低的叫声　　　　　　　　　D 特殊的气味

61. 上文介绍了：
    A 频率的重要性　　　　　　　　B 音乐的杀伤力
    C 治病的新方法　　　　　　　　D 声音的利与害

62—68.
　　动感单车在克服了室外行驶的一切缺点后，由于技术上的改进，不仅简单易学，而且成为一项能够使全身得到锻炼的有氧运动。它适合15到50岁的人群。但是由于其通常配备绚丽灯光和高分贝的音乐，选择动感单车的人士集中在20到45岁之间，大多数是年轻白领。

　　动感单车基本与普通单车相似，包括车把、车座、蹬板和轮子几个部分，车身稳固地联结为一个整体。与普通单车不同的是，动感单车的结构可以进行较大的调整，以便骑行者感觉更舒适。在开始骑行之前，首先要调整座位的高度，通常这个高度应以骑行者站在地面上，大腿抬起至与地面平行时的高度为准。这样在骑行时，大腿与小腿的夹角不会过小，从而减轻了髌骨的负担，避免膝盖受伤。

　　据教练介绍，动感单车是健身房中运动量最大的器械之一，有效地进行40分钟的动感单车训练，可以消耗大约500卡路里的热量，对体能的要求非常高。一堂课下来，通常会排出很多汗液，身体的水分流失很快，因此要及时补充水分。但是水分大量流失并不代表它是靠"脱水"来减肥的。在以腿部为中心的锻炼过程中，臀部、腰部、背部、手臂的肌肉都能得到充分锻炼，同时还能够增强心肺功能。

　　但是需要注意的是，在进行动感单车训练之前，一定要花时间做好充分的热身运动，比如在跑步机上慢跑一会儿，或者跳一段健美操，等身体开始兴奋时再参与。因为长期近乎休眠的身体不适应突然增强的负荷和强度，如果筋骨没有得到适当的拉伸舒展，身体很容易受伤。动感单车上的呼吸方法非常重要，应该学会腹式呼吸。在进行腹式呼吸时，由于腹部肌肉紧张与松弛交替发生，从而使局部肌肉内毛细血管也交替出现收缩与舒张，这样可以加速血液循环，扩大氧气供给，有利于代谢物的排出，对全身器官组织起到调整和促进作用，同时也能极大增强肺功能。

服装方面最好穿_____的动感单车服，弹性好的棉质运动服装也可以替代，系鞋带的运动鞋是最佳选择，因为这样可以很牢固地把脚固定在脚蹬上，防止脱蹬。

62. 根据本文，下列哪项不是动感单车流行的原因？
　　A 简单易上手　　B 锻炼到全身　　C 不需去户外　　D 有教练指导

63. 根据本文，什么原因可能导致45岁以上的人不太喜爱动感单车？
　　A 锻炼环境　　B 消费金额　　C 运动强度　　D 受伤概率

64. 调整动感单车座位的高度是为了：
　　A 避免拉伤　　B 降低强度　　C 保护膝盖　　D 美化腿形

65. 一堂动感单车课：
　　①会流失大量水分
　　②能让人快速减肥
　　③不能多喝矿泉水
　　④可锻炼心肺功能
　　A ①③　　B ②④　　C ①④　　D ②③

66. 骑动感单车之前，需要：
　　A 调整自己心情　　　　B 进行热身运动
　　C 检查自己服装　　　　D 保证充足睡眠

67. 第五段主要介绍了腹式呼吸的：
　　A 方法　　B 时间　　C 频率　　D 作用

68. 根据文意，第六段的空白处最适合填入的词语是：
　　A 职业　　B 行业　　C 专业　　D 商业

第二部分

第69—73题：下列语段的顺序已被打乱，请将它们重新排序，组成一篇逻辑连贯的文章。注意其中一个段落为干扰项，需排除；画线段落的位置已固定，无需排序。

A <u>植物生长活动的最低温度通常是0℃。秋天之后，许多一年生草本植物纷纷枯萎。到了寒冷的冬季，冰封的大地上几乎看不到红花绿叶，但也有些"英雄好汉"是不怕严寒的。</u>

B 耐冻植物都有休眠的特性，它们常使用"沉睡"的妙法来对付寒冬。一般而言，处于休眠状态的植株抗寒力强，并且植株休眠越深，抗寒能力越强。事实上，多年生植物的季节性休眠是长期自然选择的结果，是植物应对不利环境的一大绝招。

C 此外，每一棵树都有一副"甲胄"，保护它们娇嫩的组织不受寒气侵袭。这副"甲胄"就是木栓层。每年夏天，树木都在树干和树枝的皮下储存木栓组织——死的间层。木栓既不透水，也不透气。停滞在气孔中的空气能够阻挡树木的热量向外散发。树木年龄越大，木栓层越厚。因此，老树、粗树的抗寒能力比枝嫩干细的小树强。

D 到了秋天，情形就变了，秋季白昼温度高，日照强，叶子的光合作用旺盛；而夜间气温低，树木生长缓慢，养分消耗少，积累多，于是树木越长越"胖"，变得粗壮并木质化，树叶里合成了更多的脱落酸（休眠素）。这种植物激素被输送到植物枝梢的尖端和侧芽后，这些部位的新陈代谢会受到抑制，从而进入休眠状态，不再萌芽生长，植物体也停止生长。这意味着植物的物质和能量消耗大大减少，养分因此被积蓄起来，树木逐渐有了抵御寒冷的能力，即使叶子在冬天被冻掉，小枝依旧完好无损。

E 另外，植物还常常会通过细胞内水分减少或合成液态抗冻有机物来增强细胞的抗冻性。有的植物会通过降低自身含水量以适应低温环境，安全过冬。具体来说，就是将水分从细胞内排到细胞外，防止细胞内的水结冰。如果以上方法还不足以抵抗严寒，一些植物还会通过增加糖或蛋白质、脂肪的含量，或者增强生物膜系统结构的稳定性来练就更高更强的御寒本领。

F 植物通过光合作用将无机物转化为有机物，并将太阳能转化为化学能，储存在所形成的有机化合物中。每年光合作用所同化的太阳能约为人类所需能量的10倍。有机物中所存储的化学能，除了供植物本身和全部异养生物之用外，更重要的是可供人类营养和活动的能量来源。

G 通常而言，即便是同一种植物，冬季和夏季的抗冻能力也不一样。在夏季活动期多不耐寒，在冬季休眠期则更为耐寒。这是因为春夏季节，植物生长旺盛，养分消耗多于积累，因而其抗冻能力较弱。如北方的梨树，在-30至-2℃低温下能够平安越冬，在春天却抵挡不住微寒的袭击；松树的针叶，冬天能耐-30℃的严寒，夏天如果人为地降温到-8℃就会冻死，就是这个道理。

| A | → | | → | | → | | → | | → | |

第三部分

第74—87题：请回答下面的问题，注意答案控制在十个字以内。

74—80.

在非洲内陆的水域中，最强大的水生物种莫过于鳄鱼。它们仰仗其庞大的身躯和冷酷的猎杀手段，成为纵横交错的河流湖泊中当之无愧的霸主。令人惊叹的是，在鳄鱼的领地，有一种足以与它分庭抗礼的种群，竟是身躯只有10厘米左右的小鱼——非洲鲋鱼。

非洲鲋鱼虽然是鱼类当中的"小不点"，但它们的数量大得惊人。在某些河流中，它们的总数可能远远超过其他鱼类。这种数量优势使它们的生存显得相对地从容和有利。正因为如此，它们变得在自然界中不可小觑。

同样的生活环境，为什么独独非洲鲋鱼的数量可以超越其他鱼类呢？这与它们独特的繁殖方式有关。

众所周知，鱼类是将卵产在水里让其孵化的。可是，鱼卵在水里要面对太多的危险。大鱼、水鸟、水獭、蛇、螃蟹等天敌都会将它们列入自己的食谱。这也正是其他鱼类的数量难以增加的根本原因。非洲鲋鱼却独辟蹊径，没有将卵产在水里孵化。

到了产卵期，非洲鲋鱼会仔细搜寻，寻找岸边有大树的水域。当它发现有树枝伸到水面，便选择距水面有一段距离的某片合适的树叶作为产房。然后，它尽力从水中跃起，将身子紧紧黏附在叶片朝下的一面，将卵排在上面。卵附着在悬在水面半米高的树叶上，几乎隔绝了所有来自天空、陆地以及水中的天敌。

随后，它会一直待在这里，不间断地甩动尾巴，以便激起水花溅到树叶上的卵上面，保证卵始终处于湿润状态，直到小鱼孵出落到水里。正因为选择了这种独特的孵化方式，非洲鲋鱼的庞大数量才有了绝对的保障。

生存是一件极其艰难的事情，而智慧恰恰是解决所有难题的灵丹妙药。不囿于常规，全力求新求异，也许生存不仅会显得比较容易，更会焕发出夺目的性灵之光。

74. 非洲内陆水域的霸主是什么动物？

_____

75. 画线词语"分庭抗礼"是什么意思？

_____

76. 鲋鱼在自然界不可小觑的原因是什么？

_____

77. 鱼卵产在水里会面临什么危险?

78. 非洲鲱鱼将鱼卵产在何处?

79. 非洲鲱鱼为什么甩动尾巴?

80. 上文主要想告诉我们生存需要什么?

81—87.

　　花鼓灯是安徽省优秀的民间艺术之一,是安徽民间舞蹈中流传最广、参与人数最多、影响最大、知名度最高的歌舞艺术,也是汉族舞蹈的典型代表之一。以前的花鼓灯表演多是广场表演,且在夜晚花灯的照耀下进行,这也是花鼓灯名称的由来。后来,花鼓灯发展到了舞台表演,更具观赏性。

　　相传,花鼓灯起源于夏代。在涂山脚下,大禹会诸侯的地方,大禹娶了涂山氏的女儿——女娇为妻。新婚不久,大禹便外出治理洪水。大禹治水十三年,三次路过家门而不入,女娇十分想念大禹,每天抱着儿子启站在山坡上向着远方眺望,祝愿丈夫治水成功,早日归来。由于她望夫心切,精诚所至,化作了一块巨石,后人称为"望夫石"或"启母石"。为了纪念他们,人们盖起了禹王庙,每年农历三月二十八赶庙会,打起锣鼓,跳起舞,从此就有了花鼓灯。至宋朝花鼓灯已发展成为比较系统的艺术形式,在民间舞蹈艺术中占据了举足轻重的地位。每年举行的艺术灯会,花鼓灯都是作为压轴戏出场,因此被称为"缀大灯"。

　　花鼓灯的角色繁多,分工也较为细致。男角统称"鼓架子",女角统称"兰花"。根据分工的不同,鼓架子又可分为大鼓架子、小鼓架子、丑鼓和伞把子。大鼓架子主要表演"上盘鼓"中的叠罗汉,俗称"底座";小鼓架子主要表演"大花场"和"小花场";"丑鼓"类似于戏曲中的丑角,演出时身背花鼓,善于即兴演唱,表演滑稽诙谐;"伞把子"又称"领伞的",负责全场演出的指挥和调度,其中,"文伞把子"主要负责领唱和对唱,"武伞把子"以舞蹈为主,调整队形,掌控节奏。"兰花"以折扇和方巾为主要道具,表演时左手持方巾,右手执扇,通过步法及姿态的变换表达不同的思想感情。

　　舞蹈是花鼓灯的主要组成部分。花鼓灯的舞蹈包括"大花场""小花场"和"盘鼓"三部分。

"大花场"是大型的集体情绪舞;"小花场"是花鼓灯舞蹈的核心部分,多为两人或三人即兴表演的具有简单情节的抒情舞;"盘鼓"没有固定的表演形式,是舞蹈、武术与技巧表演的结合,同时又具有造型艺术的特征。

在长期的表演过程中,花鼓灯形成了自己的演出套路:开场锣敲响过后,"文伞把子"或"丑鼓"首先出场,接下来是"武伞把子"上场,然后依次进行"大花场"和"小花场"表演,最后是"盘鼓"或后场小戏表演。

81. 花鼓灯流传于中国哪个省份?

82. 花鼓灯的命名缘由是什么?

83. "望夫石"因谁而命名?

84. 花鼓灯作为压轴戏登场说明它具有什么样的地位?

85. 花鼓灯女角表演时的道具有哪些?

86. "丑鼓"的表演特点是什么?

87. 花鼓灯舞蹈的核心部分是什么?

三、写作

第一部分

第88题：请对图表进行描述与分析，写一篇200字左右的文章，限时15分钟。

在线旅游用户性别分布

 52.8% 男性   **47.2%** 女性

在线旅游活跃用户学历分析

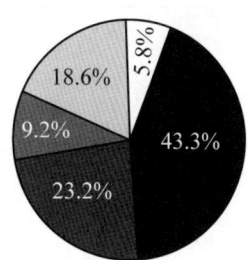

□ 研究生
■ 本科
■ 大专
■ 高中、高职及中专技校
■ 初中及以下

88.

第二部分

第 89 题：话题作文，限时 40 分钟。

89.《孟子》中说："穷则独善其身，达则兼济天下。"意思是当一个人处在困境中时，要管好自己的道德修养，而在得志时要努力使老百姓都能得到好处。你是否赞同"穷则独善其身，达则兼善天下"？请写一篇 600 字左右的文章，谈谈你对这句话的认识并论证你的观点。

四、翻译

第一部分

第90—91题：请将下列两篇材料译写成中文，限时35分钟。

90. 전통적인 중국 음악은 현대 팝 음악에 큰 영향을 주었다. 전통 악기와 현대 악기의 조화, 고대의 멜로디와 현대의 리듬이 결합될 때, 중국 음악의 독특한 매력이 탄생한다. 많은 중국 뮤지션들이 이러한 혼합을 통해 세계적인 무대에서 주목받는 음악을 만들어냈다.

91. 중국에서도 '극단적인 단순화' 또는 '극단적인 단순주의'라는 개념이 점점 인기를 얻고 있다. 이것은 생활에서 불필요한 물건이나 생각을 줄이고, 중요한 것에만 집중하는 방식을 의미한다.

특히, 현대 중국의 도시에서는 빠른 생활의 속도와 다양한 정보 속에서 사람들이 마음의 평온을 찾고자 하는 움직임이 늘고 있다. 많은 젊은 세대들은 극단적인 단순주의의 원칙을 채택하여, 삶의 질을 향상시키려고 노력한다.

이 움직임은 또한 중국의 패션과 디자인 분야에도 영향을 미치고 있다. 단순하면서도 세련된 디자인이 인기를 얻으며, 이러한 추세는 다양한 상품에서 볼 수 있다.

극단적인 단순주의는 중국에서 새로운 생활 방식의 한 부분으로 자리잡고, 사람들의 삶에 더 큰 만족감과 편안함을 가져다준다.

第二部分

第 92—93 题：口译。

92. 상하이는 패션과 디자인의 중심지로 떠오르고 있다. 이 도시는 현대적인 건축물과 고전적인 건물이 어우러진 독특한 풍경을 제공한다. 매년 다양한 패션 쇼와 전시회가 열리며, 세계적인 디자이너들이 이 도시를 방문해 그들의 창작물을 선보인다. 상하이의 패션과 디자인은 중국의 현대 문화의 중심으로 자리 잡았다. （2分钟）

草稿区（不计分）

93. 중국의 도시들은 공유 자전거 붐으로 인해 큰 변화를 겪었다. 이러한 공유 자전거는 사람들이 편리하게 이동하게 해주며, 교통체증 문제를 완화하는데 크게 기여하였다.

많은 중국인들, 특히 젊은 세대는 매일 출퇴근을 포함한 일상 생활에서 공유 자전거를 사용한다. 이러한 서비스는 스마트폰 애플리케이션과 결합되어 있어, 사용자들이 쉽게 자전거를 찾고 이용할 수 있다.

그러나 공유 자전거의 인기로 인해 일부 도시에서는 주차 문제나 재활용 문제도 발생하였다. 중국의 여러 도시는 이러한 문제를 해결하기 위해 관련 규정과 지침을 마련하였다.

종합적으로 볼 때, 공유 자전거는 중국 도시의 교통 문화를 혁신적으로 변화시켰으며, 그로 인해 더 친환경적이고 효율적인 도시 생활을 실현할 수 있게 되었다.

（2分钟）

草稿区（不计分）

五、口语

第一部分

第94题：应用读说。

　　你的公司希望在香格里拉酒店预订一个宴会厅用于新员工入职团建活动，共有20人参加。活动需要10间商务套房，以及带舞台的场地。活动当天除了桌椅、家具和花艺布置外，还需要打印机、投影仪、灯光、音响、背景板和装饰材料等。你作为老板的助理，已与酒店沟通了活动安排。下面是酒店发来的报价。

宴会厅报价					
名称	规格	风格	数量	单价（元）	总价（元）
商务套房	商务套房（含早餐）	现代	10间	349	3490
宴会厅	20人	商务	1个	1888	1888
茶歇	20人	西式糕点	20人	39	780
花艺	百合、玫瑰	现代	4束	69	276
其他装饰材料	舞台、打印机、投影仪、灯光、音响、背景板等	无要求	1套	899	899
总价（元）					7333

94.请向你的老板汇报此次活动安排及活动报价。（3分钟）

第二部分

95—97：听材料回答问题。

95.（30秒）

草稿区（不计分）

96.（30秒）

草稿区（不计分）

97.（2分钟）

草稿区（不计分）

第三部分

第98题：观点表达。

98.（3分钟）

草稿区（不计分）

中文水平考试
HSK（七—九级）

全真模拟题 3

注　意

一、中文水平考试HSK（七—九级）分五部分，共98题：

　　1. 听力（40题，约30分钟）

　　2. 阅读（47题，60分钟）

　　3. 写作（2题，55分钟）

　　4. 翻译（4题，41分钟）

　　5. 口语（5题，约24分钟）

二、全部考试约210分钟。

一、听力

第一部分

第1—10题：请根据听到的内容，判断下列句子是否符合原文。符合原文的请画"√"，不符合的请画"×"。

第1—5题

1. 早年曾有少数亲戚接济过韩信。（　）
2. 老婆婆专门到河边给韩信洗衣服。（　）
3. 韩信遇到恶霸之后立志习武。（　）
4. 韩信后来协助刘邦建立了汉朝。（　）
5. "一饭千金"这个成语很可能出自这个故事。（　）

第6—10题

6. 秦腔的命名源自它的流行地区。（　）
7. 文中的"鼻祖"可以解释为秦腔是梆子腔剧种的"源头"。（　）
8. 欢音腔最能代表秦腔的特点。（　）
9. 秦腔的表演综合运用了多种特技。（　）
10. 《黄河阵》中使用了五种法宝道具。（　）

第二部分

第11—22题：请选出或填上正确答案。

11. A 寨门和民居
    B 戏台和祖母祠
    C 凉亭和吊脚楼
    D 鼓楼和风雨桥

12. A 杉树
    B 罗汉
    C 萨堂
    D 杠杆

13. A 精美华丽
    B 建于山腰
    C 造型和谐
    D 有曲线美

14. A 传承地方特色
    B 构图朴实自然
    C 体现民族信仰
    D 全以榫卯连接

15. _____

16. A 鼓楼非常实用
    B 吊脚楼四边悬空
    C 干栏建筑始于魏唐
    D 风雨桥是国家重点文物

17. A 创新空调技术
    B 供南方人过冬
    C 保护生态环境
    D 降低石油价格

18. A 靠近郊区
    B 建有雪库
    C 用雪制冷
    D 以雪建造

19. A 晶粒结构简单
    B 微孔有吸附力
    C 化学反应强大
    D 降落速度缓慢

20. A 含有多种矿物质
    B 可以渗透进血液
    C 每天饮用越多越好
    D 对人体有保健作用

21. _____

22. A 雪花的快乐
    B 雪与生态资源
    C 超软水的功能
    D 雪的利用价值

第三部分

第 23—40 题：请选出或填上正确答案。

23. A 中暑
    B 溺水
    C 肺炎
    D 中风

24. _____

25. A 肺泡会缩小
    B 阻塞呼吸道
    C 血液供氧不足
    D 食物不易消化

26. A 1 分钟
    B 4 分钟
    C 10 分钟
    D 超过 10 分钟

27. A 将人移至通风处
    B 立即进行人工呼吸
    C 使用胸外心脏按压
    D 采取不同的急救方法

28. A 清理口腔异物
    B 保持侧卧姿势
    C 做好保暖措施
    D 等待专业人员

29. A 数量众多
    B 分量很轻
    C 内部裹有一层细胞
    D 外部附着了许多腔室

30. A 水流传播
    B 自行弹射
    C 植物表皮黏附
    D 动物消化传播

31. _____

32. A 与真菌共生
    B 练就了上乘轻功
    C 不给传粉者好处
    D 生长在贫瘠的土壤上

33. A 少数依赖于昆虫
    B 部分可以自行繁殖
    C 通过嫁接方式传播
    D 有的不需要发育成种子

34. A 兰花的"智慧"
    B 兰花的生态链
    C 兰花的经济效益
    D 兰花与昆虫的"斗争"

35. A 没有培训机会
    B 无法参加画展
    C 没有被人赏识
    D 草根画家太多

36. A 看不起亲戚
    B 亲戚太热了
    C 和亲戚有矛盾
    D 亲戚画得不好

37. A 继续敲
    B 转身离开
    C 求助别人
    D 去凿个门洞

38. _____

39. A 另辟蹊径
    B 坚持不懈
    C 瞻前顾后
    D 南辕北辙

40. A 如何砌好一堵墙
    B 请求帮助并不可耻
    C 坚持就可能把墙敲开
    D 遇到弯路要及时绕开

二、阅读

第一部分

第41—68题：请选出正确答案。

41—47.

便宜坊烤鸭店是北京著名的"中华老字号"饭庄，创立于明朝永乐十四年（1416年），距今已有约600年的历史，是中国商务部首批认定并授予牌匾的"中华老字号"。便宜坊的"焖炉烤鸭"是北京烤鸭两大流派之一，皮酥肉嫩，口味鲜美，享誉京城。又因其烤制过程鸭子不见明火，保证了烤鸭表面无杂质，因此被现代人称为"绿色烤鸭"，可谓是馈赠佳品。

很多顾客看了"便宜坊"这个名号，可能会觉得奇怪，说："'便宜坊'三个字让人乍一看是便宜货的意思，不好听呀！"其实，这个名字是有来历的。

据说，明嘉靖三十年（1551年），兵部员外郎杨继盛在朝堂之上弹劾奸臣，却反被奸臣诬陷。等下了朝，他感觉非常忧郁，便在回去的路上漫无目的地走，以化解心中的苦闷。当来到菜市口米市胡同时，他忽闻一股香气扑鼻而来，见一小店，此时自己也是饥肠辘辘，便推门而入。进入店中，他四下一看，店堂虽然不大，却干净幽雅，宾客满堂。他便找了个比较清静的桌子坐下，点了酒水、烤鸭及其他菜肴，把烦闷与不快抛至＿＿＿＿＿＿，大口吃肉，痛饮美酒。此时，有人认出他是杨继盛，是爱国名臣良将，便告之掌柜。掌柜听说后，非常惊喜，赶紧上前招呼，端菜斟酒，对杨继盛表达钦佩之意。杨继盛也是一个性情耿直的人，两个人聊得非常投机。攀谈的过程中，杨继盛知道这个店的名号是便宜坊，又见店家待客非常周到，于是感叹道："此店真乃方便宜人，物超所值！"于是命人拿来文房四宝，待笔、墨、纸、砚备齐，杨继盛提笔一挥而就，写下三个大字"便宜坊"！众人看了都拍手称好。此后，杨继盛与众位同僚经常光顾这家店，品尝焖炉烤鸭。便宜坊也由此而声名远播。

20世纪60年代，周恩来总理等一行人来到便宜坊用餐。周总理看到了便宜坊的变化，感触颇深。餐后，周总理起身，沉思片刻，指着堂内便宜坊的字号，语重心长地说："便宜坊是我们老祖宗留下的宝贵财富，'便宜'两字应以'便利人民、宜室宜家'为核心，服务人民、服务大众。"从此，"便宜坊"有了新的解意，其经营宗旨有了更准确的内涵。

如今的便宜坊烤鸭店，以焖炉烤鸭为招牌菜，融合鲁菜特色，已经成为集团化企业。旗下老字号品牌众多，除了以焖炉烤鸭技艺独树一帜的"便宜坊烤鸭店"，还有乾隆皇帝亲赐牌匾的"都一处烧麦馆"、光绪皇帝御驾光临的"壹条龙饭庄"、建于清道光二十三年（1843年）有"北京八大楼之一"称号的"正阳楼饭庄"等，店铺已经多达36家。

41. 被称为"绿色烤鸭"是因为便宜坊烤鸭的：
    A 制作工艺　　　　B 原料来源　　　　C 悠久历史　　　　D 美味口感

42. 杨继盛进店时：
    A 刚输了比赛　　　B 心情很郁闷　　　C 身上没有钱　　　D 已吃过晚饭

43. 根据文意，第三段的空白处最适合填入的词语是：
    A 天涯海角　　　　B 四面八方　　　　C 五湖四海　　　　D 九霄云外

44. 由众人的反应可知，杨继盛擅长：
    A 取名　　　　　　B 书法　　　　　　C 表演　　　　　　D 作诗

45. 周总理认为便宜坊：
    ①是珍贵遗产
    ②应服务人民
    ③可扩大店面
    ④需改进技艺
    A ①③　　　　　　B ②④　　　　　　C ①④　　　　　　D ①②

46. 现在的便宜坊：
    A 主推烤鸭和鲁菜　　　　　　　　　B 管理层参与分红
    C 多在郊区开分店　　　　　　　　　D 面临着生存危机

47. 正阳楼饭庄：
    A 始建于光绪时期　　　　　　　　　B 牌匾为皇帝所赐
    C 属于老字号品牌　　　　　　　　　D 已有36家门店

48—54.

　　鲁庄公十年的春天，齐国军队攻打鲁国，鲁庄公将要迎战。曹刿请求庄公_____他。他的同乡说："大官们会谋划这件事的，你又何必参与呢？"曹刿说："大官们眼光短浅，不能深谋远虑。"于是他进宫去见庄公。

　　曹刿问庄公："您凭什么跟齐国打仗？"庄公说："衣食是使人生活安定的东西，我不敢独自占有，一定拿来分给别人。"曹刿说："这种小恩小惠不能遍及百姓，百姓是不会跟从您的。"庄公又说："祭祀用的牛羊、玉帛之类，我从来不敢虚报数目，一定要做到诚实可信。"曹刿说："这种诚意难以使人信服，神明是不会保佑您的。"庄公接着说："大大小小的案件，虽然不能每一件都了解清楚，但一定要处理得合情合理。"曹刿回答道："这才是尽本职的事，可以凭这一点去打仗。作战时请允许我跟您一起去。"

　　鲁庄公和曹刿同乘一辆战车，在长勺和齐军作战。庄公刚上战场就要击鼓进军，曹刿说：

"现在不行。"齐军擂鼓三次之后，曹刿说："可以击鼓进军了。"

结果，齐军大败。庄公正要下令追击，曹刿说："还不行。"说完就下车察看齐军的车辙，然后登上车，手扶车轼观望齐军的队形。仔细观察一番后，他说："现在可以追击了。"于是，庄公命令军队追击齐军。

最终，鲁国的军队战胜了齐军，鲁庄公向曹刿询问取胜的原因。曹刿答道："打仗，要靠勇气。第一次擂鼓能振作士兵们的勇气。第二次擂鼓时，士兵们的勇气就会减弱。等到第三次擂鼓时，士兵们的勇气已经枯竭了。敌方的勇气已经枯竭，而我方的勇气正旺，所以我们打败了他们。齐国是大国，难以摸清他们的情况。经过观察后，我发现他们的车辙混乱，军旗也倒下了，于是下令追击他们。"

鲁庄公听了曹刿的这番话，不禁称赞道："将军真是精通战事的奇才啊！"

48. 根据文意，第一段的空白处最适合填入的词语是：
  A 遇见　　　　B 召见　　　　C 召集　　　　D 集合

49. 曹刿找鲁庄公是为了：
  A 协助作战　　B 谋求官职　　C 诉说友情　　D 打击大官

50. 鲁庄公认为自己有哪些优点？
  ①用心备战且观察细致
  ②常常与别人分享衣食
  ③祭祀神明时诚实守信
  ④谦虚谨慎又待人诚恳
  A ①②　　　　B ②④　　　　C ①④　　　　D ②③

51. 曹刿认为可以打仗的前提条件是：
  A 齐军已有退意　　　　　　　B 鲁国国富民强
  C 鲁庄公小心处理各种案件　　D 鲁庄公是精通战事的奇才

52. 鲁国与齐国打仗的地点是：
  A 长平　　　　B 长春　　　　C 长勺　　　　D 长安

53. 鲁国取胜的原因是：
  A 粮草及武器充足　　　　　　B 提前布置了埋伏
  C 掌握了战场的地形分布　　　D 准确判断了进攻时间点

54. 最适合做上文标题的是：
  A 战场之谜　　B 勇气之源　　C 庄公称雄　　D 曹刿论战

55—61.

　　武汉人一直有过早的习惯，提起武汉的过早就不得不提到热干面，它是每一个武汉人都熟悉的平民美食。在武汉人心中，它远比其他的早餐更能代表武汉的美食小吃。

　　热干面起源于码头，这里由于两江交汇，水路运输非常发达，历史上是重要的水运枢纽。大量的码头工人和船工在天刚亮时就要开始繁重的体力劳动，因此他们在匆忙的选择早餐时，需要一种制作快捷方便、味道好、能支撑体力劳动且价格便宜的早餐。于是，热干面_____。

　　当地人说，热干面的起源还有一个故事。在汉口长堤街有个名叫蔡明伟的食贩。他以前一直以卖凉面或汤粉为生。但是有一天因为天气炎热，剩下了不少面没有卖出去，所以他为了避免面条发臭变味，就把剩面煮熟沥干，晾在案板上。一不小心，他碰倒了案上的油壶，麻油泼在面条上。蔡明伟看到这种情况也无计可施，只能重新将面条用油拌匀再晾放。第二天早上，蔡明伟将拌过油的熟面条放在沸水中稍烫，用漏网捞起后装入碗中，然后再加上卖凉粉时用的调料，煮好的面热气腾腾，香气四溢，人们吃得津津有味，赞不绝口。有人问他卖的是什么面，他脱口而出——"热干面"。从那之后热干面就迅速地传播开来了。

　　现在，武汉人吃热干面是很有讲究的。做武汉热干面的店铺要规范，厨子要正宗，原料要地道，调料要上等，配菜要天然。此外，还可以根据各人的喜好，喜欢辣的可以加入辣椒红油，还可以选择咸菜、萝卜干、酸豆角等作为配料，也可以加入香菜。食用前应趁热将面拌匀，让芝麻酱均匀地裹在面上，<u>如蚂蚁上树</u>。这时吃起来，格外香气扑鼻，味道好极了。

　　吃热干面时，最好搭配一碗蛋酒、一袋牛奶、一杯豆浆或一碗酸甜的米酒，边吃边喝。如果只吃不喝，就会觉得嘴巴干干的，也就品尝不出热干面的最佳风味了。有些早餐店会在热干面旁边提供排骨藕汤或者鸡汤，供不喜欢口感太干的顾客选择，方便他们浇上汤汁调味。

55. "过早"是指：
　　A 吃早餐　　　　B 起太早　　　　C 上早班　　　　D 去晨练

56. 武汉热干面起源于：
　　A 市井小巷　　　B 大学校园　　　C 机关食堂　　　D 河边码头

57. 根据文意，第二段的空白处最适合填入的词语是：
　　A 突如其来　　　B 呱呱坠地　　　C 应运而生　　　D 从天而降

58. 蔡明伟发明热干面，是因为他：
　　A 将错就错　　　B 精心设计　　　C 遍访名师　　　D 得到食谱

59. 食用武汉热干面时，应该：
　　A 多放辣油　　　B 趁热拌匀　　　C 添加肉类　　　D 讲究盛具

60. 第四段中的划线词"蚂蚁上树":

   A 展现了热干面的工序　　　　B 描绘了热干面的外形
   C 象征着热干面的美味　　　　D 突出了热干面的颜色

61. 关于热干面,下列哪项正确?
   ①价格亲民且又制作便捷
   ②最早流传于年轻人之中
   ③配以饮品则其滋味更佳
   ④是中国最负盛名的小吃
   A ①③　　　　B ②④　　　　C ①④　　　　D ①②

62—68.

夏天是出汗的旺季。出汗不仅影响人的舒适感,更重要的是与健康有关联。

汗液从何而来?原来是由一种称为汗腺的腺体产生的。汗腺_____地分布于皮肤,哪里有皮肤,哪里就有它的存在。其中,手掌和足底的汗腺最多,大约每平方厘米有600个;大腿处的汗腺最少,平均每平方厘米大约有120个。

将汗腺放在显微镜下,你会看到它是一种管状结构,可分为两部分:一部分埋藏于皮肤内,由管子盘曲而成,是产生汗液的地方,称为分泌部;另一部分则伸向皮肤表面,开口处扩大成漏斗状,叫汗孔,生成的汗液从这里排出来,称为排泄部。

据估计,一个人大约有300万个汗腺,其中分布于腋窝、脐窝、肛门四周及生殖器等处的汗腺管腔较大,是小汗腺的10倍多,叫作大汗腺。其余的是小汗腺,尤其是以脚掌、额部、背部等处数量最多。

汗腺的主要使命是分泌汗液,一般每天的分泌量在400至600毫升之间,高温时可达1000毫升。汗液99%是水,因此俗称汗水。另外还含有钠、钾、氨基酸、脂肪酸、乳酸、尿酸、尿素等成分,与尿液差不多,这便是汗腺的第一个功能——排泄功能,可以与肾脏功能相互补充。例如,吃了葱蒜等食物后两三天,如果身上仍散发出很浓的葱蒜味,那可能是汗腺排泄的结果。

出汗还有调节体温的作用,因为汗液的蒸发会带走身体的热量,如果汗腺管堵塞,导致汗液排出不畅,就可能发炎并形成痱子。这就是汗腺的第二个功能——散热功能。

汗腺的第三个功能是保护皮肤。一方面,汗液与体表的皮脂混合,形成乳状脂膜,发挥滋润和保护皮肤的作用。另一方面,德国专家发现汗液中含一种用途广泛的抗生素,在消灭致病细菌方面很有成效,能防治常见的皮肤传染病,如脓包病等。

汗液中的酸性物质可能伤害表层皮肤,导致皮肤过早老化。在大量出汗后,人们除了要及时补充水分,满足皮肤细胞的需求,还应该勤洗澡,包括面部和全身的清洁。要勤换内衣裤和鞋袜,穿着吸汗且透气性好的衣物,以便于汗液的及时蒸发,减少汗液对皮肤的伤害。

62. 根据文意，第二段的空白处最适合填入的词语是：

A 广泛　　　　　B 广大　　　　　C 宽泛　　　　　D 宽松

63. 关于汗腺，下列哪两项正确？

①平均分布于皮肤
②足底多为小汗腺
③分泌部也叫汗孔
④排泄部呈漏斗状

A ①③　　　　　B ②④　　　　　C ①④　　　　　D ①②

64. 人体的汗腺数量大约有多少个？

A 300多万　　　B 400多万　　　C 600多万　　　D 1000多万

65. 身上长时间有葱蒜味，主要是因为：

A 葱蒜正在杀菌　　　　　　B 汗腺排泄汗液
C 肾脏排泄尿液　　　　　　D 餐后没有刷牙

66. 汗腺管如果堵住了，可能会形成：

A 伤疤　　　　　B 鸡眼　　　　　C 麻风　　　　　D 痱子

67. 汗液中的抗生素：

A 可防治常见的皮肤传染病　　B 经常刺激皮脂
C 也存在于尿液中　　　　　　D 已提炼至药品中

68. 穿透气性好的衣服有助于：

A 满足皮肤细胞的需要　　　　B 减少汗液对皮肤的伤害
C 加快汗液排泄的速度　　　　D 保留汗液中的矿物质

第二部分

第69—73题：下列语段的顺序已被打乱，请将它们重新排序，组成一篇逻辑连贯的文章。
注意其中一个段落为干扰项，需排除；画线段落的位置已固定，无需排序。

A 由此，动物学家们明白了，在西伯利亚山林里，每年冬天，许多体弱的动物冻死，但为什么唯独没有花腹驼鹿，同时也解释了这种驼鹿被祖辈人称作"西伯利亚丛林勇士"的原因。这一切，都和小鹿遇到的磨难有关。

B 纵横的伤口最终形成了美丽的花纹，这确实令人称奇。在人生漫长的旅途中，人和小鹿遭遇的环境极其相似，当苦难来临时，心存胆怯地回避，很可能是致命的，与其回避，不如勇敢地去正视并迎击它。但凡成功的人，没有谁是不遭受磨难的，只有经历了磨难，你才可能更接近成功，更理性地看待人生，很多时候，哪怕命运刺了你一刀，你只要有足够的勇气去面对和搏击，伤口同样能绽放出另一种美丽。

C 这一现象引起了动物学家的注意。经过跟踪研究，他们终于发现了野生花腹驼鹿的一个惊人习性：每年秋季来临，母鹿都会带领小鹿找一个荆棘丛生的地方，然后群鹿依次跳跃着穿越大片荆棘丛。因为幼鹿个子矮，所以每只小鹿的腹部都被划出了一道道渗血的伤痕。

D 一个偶然的机会，几个猎手遇到了一只遭黑熊袭击而受伤的母花腹驼鹿，并将它带回村中饲养。次年春天，伤势痊愈的驼鹿产下了一窝鹿崽儿。猎人们发现，那些可爱的小鹿的腹部并没有花纹，原来花腹驼鹿腹部的花纹并非天生就有。小鹿渐渐长大，但花纹仍未出现。猎人们的好奇心愈发强烈，于是他们开始更加密切地关注小鹿。四年后，当这些小鹿长大，花纹仍未显现，这让猎人们百思不得其解。

E 西伯利亚森林中一半以上的树木树龄超过 100 年。这一方面是因为气候严寒，只有熬过幼年期的树木才可能在这里存活；另一方面则是因为人迹罕至，长期保持着原始状态。由于严酷的自然环境，这里的树木笔直、细长、高大。

F 在遥远且寒冷的西伯利亚针叶阔叶混交林中，生活着一种外形与普通驼鹿相似但腹部布满不规则花纹的奇特驼鹿，这些花纹异常美丽。因此，动物学家把它们命名为花腹驼鹿。因为它们在丛林和寒冷中展现出极强的生存能力，当地人称它们为"西伯利亚丛林勇士"。在这里，花腹驼鹿受到保护，而且不捕杀花腹驼鹿的规矩在猎户中代代流传。

G 进一步观察揭示了一个惊人的秘密：由于受伤，小鹿即使觅食时已经吃饱，也不能躺下休息，因为这会刺痛伤口。所以，它们只好一直站着吃草。这样拼命进食的好处是，在酷寒的西伯利亚冬天来临之前，每只小鹿都储存了足够御寒的营养和能量。一只小鹿需要经历三个秋季的荆棘刺伤，直至成年。而那些美丽的花纹，其实就是这些伤痕留下的印记。

	→		→	C	→		→		→	

第三部分

第74—87题：请回答下面的问题，注意答案控制在十个字以内。

74—80.

被誉为"天下第一奇山"的黄山，位于安徽省南部黄山市黄山区，有72峰，主峰莲花峰海拔1864米，与光明顶、天都峰并称三大黄山主峰，为36大峰之一。黄山是安徽旅游的标志，是中国十大风景名胜中唯一的山岳。黄山原名"黟山"，因峰岩青黑，从远处望去呈现苍黛色而得名，后因传说轩辕黄帝曾在此炼丹，故改名为"黄山"。黄山的代表性景观有"四绝"，即奇松、怪石、云海、温泉。

黄山延绵数百里，千峰万壑，到处生长着松树。这些松树分布于海拔800米以上的高山，北坡的松树一般生长在1500至1700米处，而南坡的松树在1000至1600米处。黄山松的生长方式非常奇特，它们扎根岩石缝隙里，无须泥土，枝丫都向一侧伸展。松针粗短，苍翠浓密；干曲枝虬，千姿百态。黄山名松很多，还曾有人编纂《名松谱》，收录了众多黄山松。可以叫出名字的松树有成百上千棵，每棵都具有独特而优雅的风姿。其中最著名的是迎客松，树龄至少已有1300年。它如同一个人伸出一只臂膀欢迎远道而来的客人，姿态优美。

黄山怪石以奇取胜，以多著称。其形态可谓千奇百怪，令人叫绝。似人似物，似鸟似兽，情态各异，形象逼真。从不同的位置观赏黄山怪石，在不同的天气中情趣迥异，可谓"横看成岭侧成峰，远近高低各不同"。

黄山一年之中有云雾的天气超过200天，水汽升腾或雨后雾气未消，就会形成波澜壮阔、一望无边的云海，黄山的大小山峰、千沟万壑都隐没在云涛雾浪里，天都峰、光明顶也就成了浩瀚云海中的孤岛。一般来说，每年的11月到次年5月是观赏黄山云海的最佳时间段，尤其是雨雪天之后，逢日出及日落之前，云海必定最为壮观。

黄山温泉源自海拔850多米的紫云峰下，泉水以碳酸氢盐，可饮可浴。相传轩辕黄帝在此沐浴四十九日得以返老还童，羽化飞升，因此黄山温泉被誉为"灵泉"。黄山温泉常年不息，水温在42℃左右，属高山温泉，置身其中，能够舒缓身心、净化心灵。

74. 莲花峰有多高？

75. 黄山因谁而命名？

76. 黄山最有名的松树是哪一棵？

77. 文中引用诗句"横看成岭侧成峰，远近高低各不同"，描绘了哪种景观的特点？

78. 观赏黄山云海的最佳时间段是什么时间？

79. 黄山温泉源自哪里？

80. 上文主要介绍了什么?

_____

81—87.

  铁定甲虫属于瘤拟步行虫科，听名字就知道它们至少有两大特征，第一形态不怎么好看，第二不怎么会飞。很多昆虫都有属于自己的武器，有些有毒针，有些有大颚，有些能释放毒液，再不济也能飞。铁定甲虫看起来比较弱，没有攻击能力，连主动防御也不会，遇上事儿了只能被动防御。

  铁定甲虫有三种超强的被动防御技能。

  第一是装死，这并不稀奇，毕竟很多昆虫都会这一招，但铁定甲虫的装死技巧更为高超。很多昆虫六脚朝天一躺倒，足和触角都拉在外面，虽然装得像，却很容易遭到损伤。铁定甲虫则会有意识地把足和触角收缩回身体周围，它们的胴体上甚至有在装死时用来收纳足和触角的凹槽。这样一来，安然渡劫的可能性就会大大增加。

  第二就是拟态——它们的表面和形状看起来非常像不起眼的小石头。而且不仅是铁定甲虫，整个瘤拟步行虫科都是拟态的高手。在国外某些甲虫爱好者的圈子里，甚至有收集瘤拟步行虫标本然后制成类似宝石装饰品的风气。

  铁定甲虫的第三个被动防御技能就更厉害了。它们的身体能够承受极大的压力，不仅捕食者的挤压和尖刺对它们没什么作用，连汽车碾过都可能安然无恙。甚至想把它们固定在标本盒里的昆虫学家们常常<u>一筹莫展</u>——它们的铁甲甚至能让固定标本用的钢针弯曲。普普通通的血肉之躯，如何能够承载如此重压，铁定甲虫绝技背后的秘密勾起了科学家们的好奇心。

  铁定甲虫和其他甲虫一样，周身由坚硬的外骨骼包裹。在这套甲胄中，最关键的明显是背部，因为昆虫能否扛住猎食者的尖牙利爪，全靠背部的承压能力。

  普通飞行甲虫的背部装甲由两片鞘翅组成，这两片鞘翅是第一对翅特化为类似外骨骼的坚硬"剑鞘"，柔软的后翅藏于其下。两片鞘翅间只在最上方处凭借一个像活页一样的结构来控制开合，在飞行时两片鞘翅打开，平时则合并为背部装甲。

  而铁定甲虫为代表的步行甲虫们彻底抛弃了飞行能力，将最为关键的两片背部鞘翅特化为了一整块背甲，抗压能力得到了极大提升。不必再考虑飞行动力学的它们，无须再维持圆润的流线型体态，而是进化得越来越扁平且棱角分明。这样的体型也让它们能够更好地栖身于岩石和树皮下方。

  至于铁定甲虫的抗压能力到底有多大，科学家们给出了具体的测试结果。大部分同类甲虫外骨骼断裂时的载荷大约是40到70牛顿，而铁定甲虫的断裂载荷却达到了150牛顿。这一受力相当于它自身体重的大约4万倍，而且也远远超过了成年人拇指和食指合捏时所能产生的载荷（大约50牛顿）。也就是说，即使是人类中最有力的大力士，恐怕也无法用手指捏爆一只铁定甲虫。

81. 铁定甲虫遇到外敌时会怎么做?

82. 铁定甲虫身体上的凹槽是用来容纳什么的?

83. 铁定甲虫的外形像什么?

84. 画线词语"一筹莫展"是什么意思?

85. 铁定甲虫的什么特点引起了科学家的兴趣?

86. 铁定甲虫的背部装甲由几块组成?

87. 需要用多大的力才可以捏爆一只铁定甲虫?

三、写作

第一部分

第88题：请对图表进行描述与分析，写一篇200字左右的文章，限时15分钟。

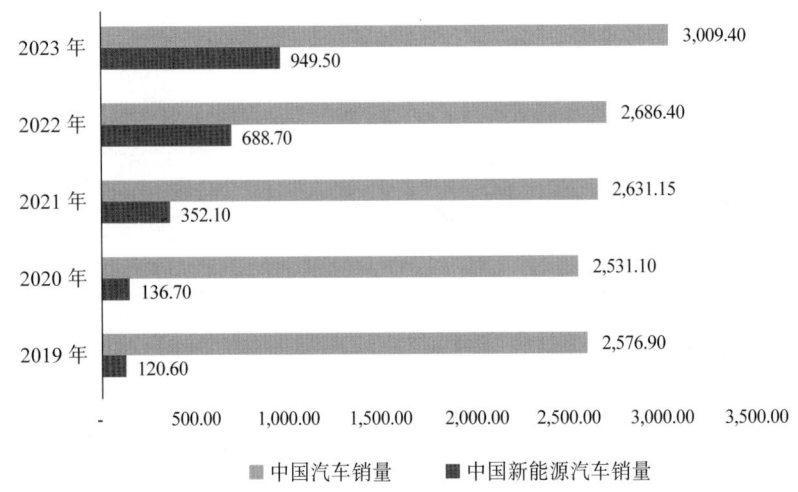

2019—2023年中国汽车及新能源汽车销量（万辆）

88.

第二部分

第89题：话题作文，限时40分钟。

89.《穀梁传》中说："人之所以为人者，言也，人而不能言，何以为人？言之所以为言者，信也。言而不信，何以为言？"意思是人之所以成为人，是因为能言语。如果不能言语，何以称为人？言语之所以有意义，是因为能表达承诺。如果言而无信，言语再多也没有意义。请写一篇600字左右的文章，谈谈你对诚信的认识并论证你的观点。

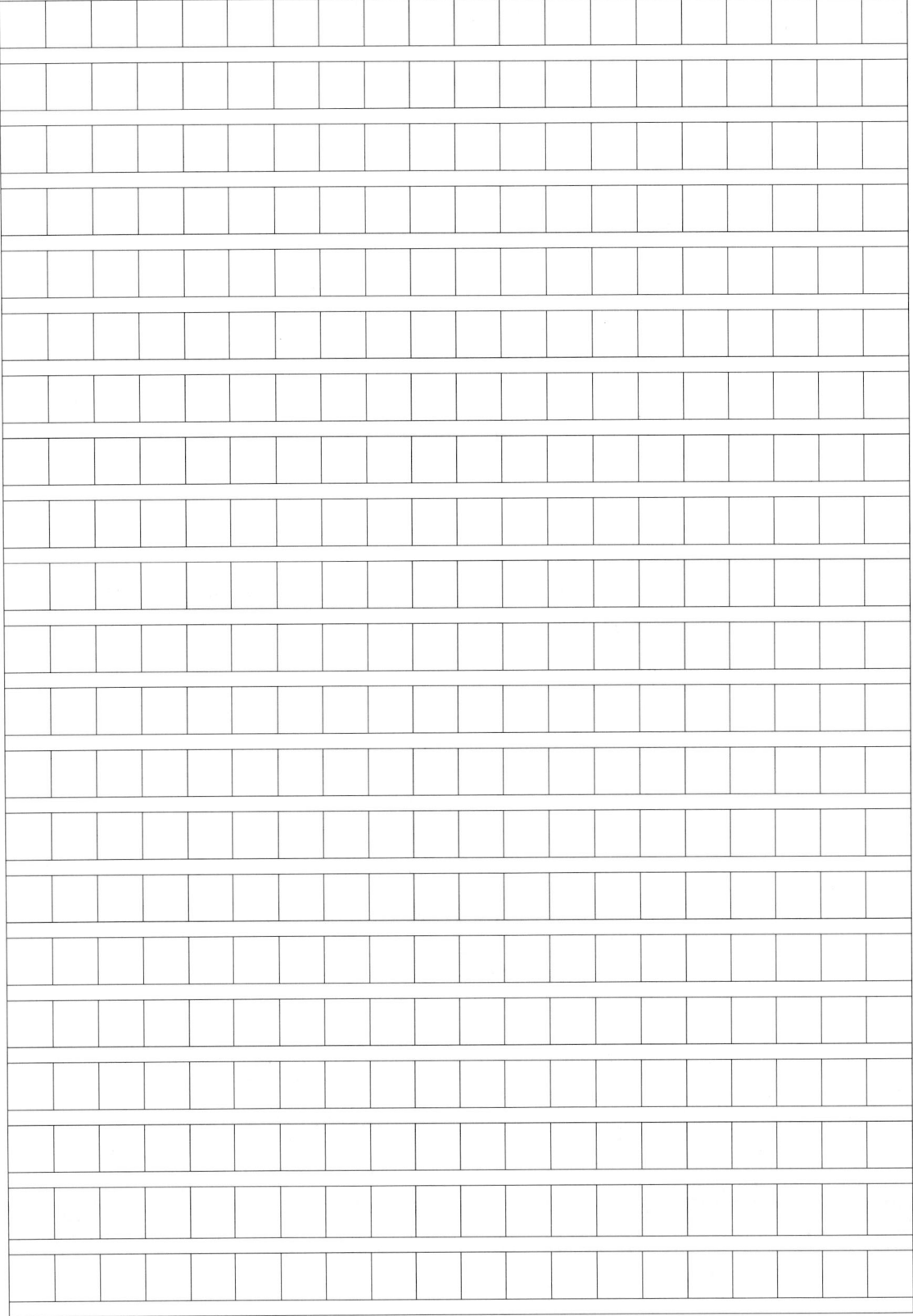

四、翻译

第一部分

第90—91题：请将下列两篇材料译写成中文，限时35分钟。

90. 도보 여행은 자연을 가까이에서 느낄 수 있는 좋은 방법이다. 많은 사람들이 도시의 번잡함에서 벗어나, 숲이나 산에서 걷는 것을 선택한다. 이렇게 걸으면서, 신선한 공기와 아름다운 풍경을 즐긴다.

91. 중국의 전통 문화에서 "礼尚往来"이라는 개념은 상호 존중과 배려를 기반으로 한 대인관계의 중요한 개념이다.

　예를 들어, 중국에서는 축하나 조의를 표현할 때 작은 선물을 주는 습관이 있다. 받은 사람은 나중에 기회가 될 때 같은 마음으로 응답하는 것이 예의이다. 이러한 행동은 서로의 관계를 돈독하게 하고 신뢰를 쌓는 데 도움이 된다.

　또한, 중국의 가족이나 친구 사이에서도 이러한 "礼尚往来"의 문화는 깊게 뿌리 박혀 있다. 생일 파티나 특별한 이벤트에서 사람들은 이를 통해 감사와 사랑을 표현한다.

　종합적으로 보면, "礼尚往来"은 중국 사회에서 인간 관계를 더욱더 깊게 유지하게 만드는 핵심 원칙 중 하나이다.

第二部分

第 92—93 题：口译。

92. 나의 애완동물은 나의 생활에 가장 행복한 부분 중 하나입니다. 그들은 나에게 끊임없이 기쁨과 사랑을 전달하며, 힘든 시기에는 위로의 역할을 합니다. 그들의 진심이 담긴 표정과 행동은 나를 웃게 만들고, 나의 하루를 밝게 만듭니다. 또한, 그들은 나에게 책임감과 배려를 배우게 해주며, 그 것은 나의 인간관계에도 큰 도움이 됩니다. 나의 애완동물은 단순히 애완동물이 아니라 나의 소중한 가족이자 친구입니다. （2分钟）

草稿区（不计分）

93. 젊은이들에게 있어 직업에 대한 계획은 그들의 미래를 위한 중요한 단계이다. 어릴 적부터 그들은 자신의 꿈을 추구하고, 가족이나 교사의 지도 아래에서 미래를 계획하도록 격려받는다.

요즘에는 중국에서 고등교육이 더욱 중요하게 여겨지며, 학사 또는 석사 학위를 취득하는 것은 많은 직업에 필수적인 조건이 되었다. 이로 인해, 중국의 젊은이들은 대학 입학을 위한 준비에 많은 시간과 노력을 투자하고 있다.

한편으로, 중국 젊은이들은 인생의 다양한 영역에서 성공을 꿈꾸며 다양한 직업을 탐구하고 있다. 그들은 기업가, 예술가, 과학자, 교육자 등으로서의 경력을 추구하며, 자신의 열정과 능력을 최대한 활용하려고 노력한다.

요약하자면, 직업에 대한 계획은 중국의 젊은 세대에게 자신의 미래를 책임지고, 성공적인 경력을 구축하는데 필수적인 과정이다. 이를 통해 그들은 자신의 잠재력을 최대한 발휘하고, 사회에 긍정적인 기여를 할 수 있다.

（2分钟）

草稿区（不计分）

五、口语

第一部分

第 94 题：应用读说。

2026 第七届全国大学生建筑设计大赛

竞赛主题：协同

主题阐释：

　　本次竞赛提出"协同"概念，针对城市及乡村人居环境组成要素之间的"间隙"，基于城市设计、建筑设计、景观设计及环境艺术设计的视角、理念及方法，结合当今自然科学技术与人类社会需求，提出人居环境组成要素在空间、实体及功能之间的创作性协同模式，从宏观、中观及微观方面，多层次释放人居环境更大的服务供给潜能。

奖项设置

一等奖 1 名：5000 元与获奖证书

二等奖 2 名：3000 元与获奖证书

三等奖 3 名：1000 元与获奖证书

优秀奖若干名：获奖证书

报名方式

线上报名：请在大赛官网填写在线报名表。

第七届全国大学生建筑设计大赛官方网站：https://aubase.cn

报名时间：

2026 年 3 月 25 日—2026 年 4 月 25 日

作品提交时间：

2026 年 5 月 21 日—2026 年 5 月 28 日

参赛选手统一将作品的电子档按照要求发送至组委会邮箱。组委会邮箱：aubase@163.com

参赛对象

（1）建筑学、城乡规划、风景园林、环境设计等相关专业的在校本科生及研究生；

（2）个人参赛或不超过 3 人（含 3 人）团队参赛，团队指导老师不超过 2 名。

设计要求

基础要求（要求全部符合）：

(1) 图纸表达规范，能充分表达作品创作意图，且需包含必要的设计说明(可组合于图面之中)等，比例不限；

(2) 设计成果实用、美观，结构或外观设计上有创新意识；

(3) 设计注重运用新技术、新材料，致力于前沿科技与竞赛设计的结合。

94. 你作为建筑专业的辅导员：

　　(1) 向学生简要介绍此次比赛。

　　(2) 鼓励学生踊跃参加比赛。

　　(3分钟)

第二部分

95—97：听材料回答问题。

95.（30秒）

草稿区（不计分）

96.（30秒）

草稿区（不计分）

97.（2分钟）

草稿区（不计分）

第三部分

第 98 题：观点表达。

98.（3 分钟）

草稿区（不计分）

中文水平考试
HSK（七—九级）

全真模拟题 4

注　意

一、中文水平考试HSK（七—九级）分五部分，共98题：

　　1. 听力（40题，约30分钟）

　　2. 阅读（47题，60分钟）

　　3. 写作（2题，55分钟）

　　4. 翻译（4题，41分钟）

　　5. 口语（5题，约24分钟）

二、全部考试约210分钟。

一、听力

第一部分

第1—10题：请根据听到的内容，判断下列句子是否符合原文。符合原文的请画"√"，不符合的请画"×"。

第1—5题
1. 普洱茶根据制作工艺而得名。 ( )
2. 熟普洱茶口感苦而带涩。 ( )
3. 晒青毛茶是一种熟茶。 ( )
4. 高血压患者比较适合喝熟普洱茶。 ( )
5. 这篇文章主要介绍了生、熟普洱茶的区别。 ( )

第6—10题
6. 用于营造现场氛围的是醒木。 ( )
7. 早期的四川评书是在皇宫里搭棚设台的。 ( )
8. 文人从事说书讲究"声、才、辩、博"的基本功。 ( )
9. 最可能出现在"雷棚"中的是童话类书目。 ( )
10. 李伯清说书擅长细腻地描摹人物心理。 ( )

第二部分

第11—22题：请选出或填上正确答案。

11. A 参与事件的纪念
    B 发掘现场的工具
    C 考古专业的标志
    D 铜人的手拿物品

12. _____

13. A 体现了中原青铜文明的优势
    B 诠释了中华文明的开放与融合
    C 拼合成了一件最高的青铜重器
    D 确认了两件文物都来自长江中下游

14. _____

15. A 考古门派的师承
    B 中青两代人的联合
    C 对中华文明的态度
    D 文化的传承与发展

16. A 还没有出版
    B 是关于敦煌的总结
    C 用新方法重新整理
    D 在男的硕士期间完成

17. A 孩子受到歧视了
    B 受网络潮流的影响
    C 肥胖引发了更多疾病
    D 身体指数纳入成绩了

18. _____

19. A 营养过剩
    B 缺乏微量元素
    C 饮食结构不合理
    D 绝对不能吃零食

20. A 每餐摄入的总能量
    B 腰围与身高的比值
    C 遗传与环境的因素
    D 骨龄超前的风险率

21. A 节食
    B 粗细搭配
    C 放慢吃饭速度
    D 克服心理障碍

22. A 儿童与科学减重
    B 肥胖与疾病风险
    C 减肥与有氧运动
    D 食物与身体指数

第三部分

第23—40题：请选出或填上正确答案。

23. A 词语能有无限的释义
    B 语言对大脑产生了消极影响
    C 大脑暂时性忽视了文字的含义
    D 文字盯久了会在视网膜中消失

24. A 闭一会儿眼睛
    B 想象一个画面
    C 练习几行书法
    D 重复写一些字

25. A 放电频率会增加
    B 可能会出现受损的症状
    C 会对比文字和记忆数据库
    D 会停止向神经中枢发送信号

26. A 韭
    B 击
    C 的
    D 蠱

27. _____

28. A 语义的演变问题
    B 神经中枢的工作原理
    C 视觉神经活动的疲劳现象
    D 语言文字对大脑进化的影响

29. A 直接对冰川实施人工降雪
    B 保证冰川与外部的热交换
    C 减少夏季雨水对冰川的冲刷
    D 多建设滑雪场以降低地表温度

30. _____

31. A 增加降雪的概率
    B 增大表面的反照率
    C 增加雪物质降低温度
    D 阻挡太阳辐射和冰面的热交换

32. A 主要针对奥地利的冰川
    B 还处在计算机模拟阶段
    C 采用的是阻隔热源的方法
    D 是目前对于冰川的主要研究

33. A 价格便宜，制作简单
    B 吸热力强，保温性好
    C 材料天然，可推广使用
    D 绿色环保，可回收利用

34. A 冰川研究的方向预估
    B 冰川消融的严重危害
    C 冰川消融的应对措施
    D 冰川未来的变化过程

35. A 生产"葵花籽"
    B 造型像向日葵
    C 由太阳能提供动力
    D 表面涂抹各类颜色

36. A 适合建于沙漠
    B 居住环境宜人
    C 会大量吸收雨水
    D 能阻挡有毒细菌

37. _____

38. A 保证经过气流最大化
    B 利用温室效应加热空气
    C 扩大建筑内部能量传输带
    D 提高风力发电机组的效率

39. A 向日葵
    B 仙人掌
    C 马蹄莲
    D 三角枫

40. A 建筑的不同造型
    B 建筑的节能应用
    C 建筑的仿生功能
    D 建筑与自然环境

二、阅读

第一部分

第 41—68 题：请选出正确答案。

41—47.

　　15 岁那年深秋，父亲让我乘车去购买麦种。下了车后，按照父亲指定的位置，我很快就找到了种子交易市场。

　　在市场街口，我进了几家种子门市店。门市店里的地上和货柜上摆满了塑料盆盛着的麦种样品。我边和店主说话，边蹲下身子一一观察。那些麦种看起来真的很好，一粒粒饱满、肥大，捧到手里沉甸甸、亮闪闪的。在店主巧舌如簧的_____下，我差不多就要掏钱购种了，但想起父亲的叮嘱，我最终还是把捧在手里的麦种依依不舍地又放进了样品盆中。

　　父亲说种子公司的国营门市店里有上好的麦种，有个农业教授亲自在那里出售麦种。他再三叮嘱我一定要到种子公司的国营门市店去，一定要买那个农业教授培育出来的小麦一代杂交新品种。我一路打听着，终于找到了种子公司的国营门市店，见到了那个戴着深度近视镜的教授和他培育出来的一代杂交新麦种，但我失望极了。我的失望不是对教授，而是对教授培育出来的新麦种。那些麦种，个头大小不一，显得十分参差，并且那些麦种也不饱满，一粒粒瘦瘦的、瘦瘦的，还一个个灰头土脸的，几乎没什么光泽，远不如前面那些个体种子店出售的麦种，甚至同我家里收回来的麦粒也不能同日而语。我抓了一把捧在手掌里，细细看了足足有三分钟，才怀疑地问站在一旁的教授："这真的是您培育出来的一代杂交新品种？"教授笑着点点头说："是的，是的。"

　　我怀疑地问他："怎么成色这么差呢？"

　　教授解释说："一代杂交的新品种都这样，种几茬成色就会越来越好了。"我一点儿也不相信他的解释，母种都这样，还能结出什么样的好麦子来？我断定教授一定是骗人的，只不过是打着教授的幌子想靠出售麦种捞上一笔钱而已。

　　于是，我果断地离开了种子公司的国营门市店，到街上的个体种子店里买了几十斤颗粒饱满、个个通体金亮的麦种。

　　麦种带回家后，我向父亲讲了我的推测，父亲也没说什么，很快就把种子播进地里去了。直到第二年收麦时我和父亲才惊讶地发现，我们家那些颗粒饱满的麦种长出的麦子并不好，麦粒又细又烂不说，产量也很低，而村里几家买教授麦种的人，他们的麦子穗长、粒实，颗粒饱满、金亮，产量高出我家好几倍。

　　后来我请教一位搞农业育种的专家，专家一听就笑了。他说，那些一代杂交的种子确实看上去不起眼儿，瘦小，亮色也差，可它们毕竟是一代杂交的，它们种一年就变得饱满些，再种一年就更加饱满了，它们在一年年克服着缺陷，在拼命趋向饱满和完美。而那些看上去饱满、金亮、完美无缺的种子，它已经完美到尽头了，只有一年年退化，一年年向缺陷发展，最后被彻底淘汰，永远退出土地和田园。

41. "我"先去的个体门市店的麦种：
    A 饱满亮丽　　　B 参差不齐　　　C 性价比高　　　D 重量不足

42. 根据文意，第二段的空白处最适合填入的词语是：
    A 旁白　　　　　B 游说　　　　　C 谈论　　　　　D 宣讲

43. 第三段中画线部分"不能同日而语"的意思是：
    A 不能同时对比　　　　　　　　　B 不是同一种类
    C 不可相提并论　　　　　　　　　D 不在同一天出现

44. 第五段中"我"的判断，是根据：
    A 教授的外貌　B 门店的装潢　C 教授的解释　D 种子的成色

45. 十五岁那年，我买回的种子：
    A 是干瘪的　　B 产量很低　　C 被父亲退回了　D 是教授挑选的

46. 一代杂交麦种：
    ①不在市场出售
    ②结出了好麦穗
    ③逐年完善自己
    ④对土壤有要求
    A ①②　　　　B ②④　　　　C ①④　　　　D ②③

47. 上文主要想告诉我们：
    A 生活中要努力增强优势　　　　B 完美有时反而会是缺陷
    C 科学技术推动农业发展　　　　D 好的决定需要多听建议

48—54.

沙漠地鼠龟，俗名沙漠陆龟，是一种独居动物，以龟壳保护自身，免受猎食者袭击，主要分布在加利福尼亚州的莫哈韦沙漠和索诺拉沙漠。这里干旱少雨，它们所栖息的环境夏季地面温度可高达60℃。沙漠地鼠龟会凿洞寻找有湿气的地方或者利用洞穴制造一个凉爽空间。它们一生当中有95%的时间都在洞穴中度过。

美州豹是沙漠地鼠龟最大的敌人，它们靠着强大的咬力，能穿透沙漠地鼠龟的龟壳。根据奔跑速度判断，沙漠地鼠龟根本不是美州豹的对手，那是不是沙漠地鼠龟只能束手就擒呢？当然不是。沙漠地鼠龟选择生活在这里，是因为这两座沙漠多产仙人掌，种类达三百多种，而且密密麻麻，仙人掌的刺锋利无比，让美州豹不敢靠近，保护了沙漠地鼠龟的安全。

虽然让美州豹远离自己，但沙漠地鼠龟也被困在了这里，食物的_____，使仙人掌成为沙漠地鼠龟最主要的食物。这可不是说说而已，很多动物都盯上了仙人掌，最后因为无法处理仙人掌的刺放弃了。

很小的沙漠地鼠龟就要练习生嚼仙人掌。它们要反复用沙砾磨自己的嘴，让嘴的内壁和舌头出血，当伤口愈合后再磨，一直到这些地方长出厚厚的老茧。这需要十几年的时间，当沙漠地鼠龟的口腔能适应仙人掌的刺后，这些仙人掌就是最好的食物和主要的水分来源。

沙漠地鼠龟还有一点特殊之处，它们膀胱的蓄水能力可以说是陆龟之最，靠着从仙人掌吸收的水分，它们可以度过长达一年的旱季。另外，沙漠地鼠龟在一年中有四个月处于冬眠状态，这降低了对食物和水分的需求。

沙漠地鼠龟展示了适应环境和克服困难的能力，它们的生存策略证明了即使在恶劣的条件下，通过适应和调整，也能生存和繁衍。

48. 沙漠地鼠龟栖息的地方：
   A 高温少雨　　　　B 海拔较高　　　　C 老鼠很多　　　　D 适合狩猎

49. 第二段画线词语"束手就擒"的意思最可能是：
   A 迅速地逃跑　　　　　　　　B 奋力和对方斗争
   C 在困境中等待转机　　　　　D 乖乖被对方捉住

50. 根据本文，可以知道"美州豹"：
   A 咬合力不够　　　B 有三百多种　　　C 害怕仙人掌　　　D 舌头常出血

51. 根据文意，第三段的空白处最适合填入的词语是：
   A 馈赠　　　　　B 单调　　　　　C 营养　　　　　D 匮乏

52. 沙漠地鼠龟用砂砾磨嘴是为了：
   A 抑制牙齿的生长　　　　　B 快速地愈合伤口
   C 更方便食用仙人掌　　　　D 抵抗美州豹的侵袭

53. 根据本文，沙漠地鼠龟具有怎样的特点？
   ①耐旱　　　　　　　　　②群居
   ③独居　　　　　　　　　④牙利
   A ①③　　　　　B ②④　　　　　C ①④　　　　　D ②③

54. 最适合做上文标题的是：
   A 美州豹的智慧　　　　　　B 沙漠地鼠龟的奇迹
   C 放弃也会柳暗花明　　　　D 沙漠中的美食——仙人掌

55—61.

　　1941年，第二次世界大战期间，一位统计学教授应军方要求，利用其在统计方面的专业知识提供关于飞机应该如何加强防护才能降低被炮火击落的概率的相关建议。教授研究了盟军轰炸机遭受攻击后的数据，发现机翼是最容易受到攻击的位置，而机尾则是受到攻击最少的位置。教授的结论是"应该强化机尾的防护"，而军方指挥官认为"应该加强机翼的防护，因为这是最容易被击中的位置"。教授坚持认为：统计样本仅涵盖平安返回的轰炸机，被多次击中机翼的轰炸机似乎仍能安全返航；而在机尾的位置，很少发现弹孔并非真的不会中弹，而是一旦中弹，其安全返航的概率就微乎其微。军方采用了教授的建议，并且后来证实该决策是正确的，毕竟看不见的弹痕最致命！

　　这个故事有两个启示：一是战死或被俘的飞行员无法发表意见，所以弹痕数据的来源本身就有严重的偏差；二是作战经验丰富的飞行员的专业意见也不一定能提升决策的质量，因为这些飞行员大多是机翼中弹而机尾未中弹的幸存者。

　　俗语"死人不会说话"很好地解释了这种偏差的重要成因。当我们分析问题所依赖的信息全部或者大部分来自显著的信息，较少利用不显著的信息甚至彻底忽略沉默的信息时，得到的结论与事实情况就可能存在巨大偏差。

　　回到投资领域，在投资理财类电视节目中，我们经常看到取得成功的投资者谈论其投资经验和方法，但观众往往会忽略一个事实：采用同样经验和方法而投资失败的人是没有机会上电视的。幸存者偏差现象可能导致以下结果：投资成功者出书并出名，而失败者则默默无闻，导致电视上大量专家在传经布道、市面上充斥着太多投资成功学类的书籍，可能会让观众或读者高估了通过投资获得成功的概率；由于条件限制或心理因素，投资成功者难以保证理性和客观，容易夸大自己的能力，忽略运气因素，弱化当时所承担的风险等。

　　对于如何消除幸存者偏差的误区，没有好的办法，但如果能做到以下几点，应该有些帮助：在投资领域，我们改变不了幸存者偏差现象的存在，但我们可以努力不盲从所谓的_____。为了使样本更客观地反映事实，我们更应该搜集介绍投资失败的案例和总结，不仅要向成功的人学习如何成功，更要从失败的人那里总结为什么失败，因为投资很大程度上是个避免失败的过程。

55. 军方指挥官：

　　A 与教授意见相左　　　　　　　B 拒绝了别人的帮助
　　C 作战经验不够丰富　　　　　　D 不听从飞行员的意见

56. 根据第一段，机尾很少发现弹孔，是因为：

　　A 所用材料质量高　　　　　　　B 飞行员水平高超
　　C 机尾中弹很难安全返航　　　　D 面积小，中弹的概率小

57. 第一段的故事中，被忽略的"沉默的信息"有：
①战死的飞行员
②敌方俘虏的口供
③军方领导人的意见
④没被搜集的中弹样本
A ①③　　　　B ②④　　　　C ①④　　　　D ②③

58. 大量投资成功的节目或书籍可能会导致：
A 政府的形象受到损害　　　B 人们忽略自身的能力
C 社会信任体系被摧毁　　　D 成功的概率被人高估

59. 根据本文，投资成功者往往：
A 难以理性和客观　　　　　B 不顾当时的风险
C 具备充足的资金　　　　　D 从小就磨炼意志

60. 根据文意，第五段的空白处最适合填入的词语是：
A 权力　　　B 权威　　　C 权利　　　D 权柄

61. 怎样降低"幸存者偏差"带来的影响？
A 尊重专家的意见　　　　　B 学会给自己减压
C 制订周密的计划　　　　　D 总结失败的教训

62—68.
　　湘西吊脚楼是中国南方少数民族一种特有的建筑形式，建筑框架完全采用木材并通过榫卯接合。所谓"脚"，其实是指几根粗大的木桩，用于支撑楼房。建在水边的湘西吊脚楼，伸出两只长长的前"脚"，深深地插入水里，与建在另一边河岸上的墙基共同支撑起一栋栋楼房；在山腰上，湘西吊脚楼的前两只"脚"则稳稳地站在低处，与另一边的墙基共同支撑楼房，使其保持平衡；也有一些建在平地上的湘西吊脚楼，那是由几根长短一样的木桩把楼房从地面上支撑起来的。木楼的地板高于室外地面60厘米左右，有时悬空达1米。这样使木楼底部通风，从而可保持室内地面干燥，防止毒蛇猛兽侵扰。

　　湘西吊脚楼分两层或多层形式，下层多畅空，里面多作牛、猪等牲畜棚及储存农具与杂物。楼上为客堂和卧室，四周伸出有挑廊，楼上前半部光线充足，主人可以在廊里劳作和休息。这些廊子的柱子有的不着地，以便人畜在下面通行，廊子的重量完全靠挑出的木梁来支撑。湘西吊脚楼看起来美观，灵巧别致，凌空欲飞；住起来舒适，干爽透气，通风采光；它的建筑艺术体现了"地不平我身平"的哲学思想。

　　湘西吊脚楼有时也称为"干阑"式建筑，三面有走廊，悬出木质栏杆。栏杆上雕有万字塔、喜字格、亚字格、四方格等_____吉祥如意的图案。悬柱有八棱形、四方形，底端常雕有绣球、金爪等各种形状。湘西吊脚楼上下铺楼板，楼上开有窗户，通风向阳。窗棂上刻有双凤朝阳、喜鹊闹梅、狮子滚球以及牡丹、茶花、菊花等各种花草，古朴雅秀，既美观又实用，很有民族住房的特色。

观察湘西吊脚楼所使用的建筑材料，发现以当地的杉木作为主要材料。杉树树体高大，纹理通直，结构细致，材质轻软，加工容易，不翘不裂，耐腐防虫，耐磨性强，而且具有芳香气味，有"木中之王"的美称，被广泛用于湘西吊脚楼的建筑构架、围板、栏杆、地板、门窗等处。

62. 关于湘西吊脚楼的"脚"，下列哪项正确？
    A 多用石头砖块堆砌　　　　　　　　B 用于支撑楼房平衡
    C 前后脚长短须一致　　　　　　　　D 需要经常进行维修

63. 吊脚楼地板悬空的好处有：
    ①方便储存杂物
    ②保持通风干燥
    ③可以停放汽车
    ④防止毒蛇侵袭
    A ①③　　　　B ②④　　　　C ①④　　　　D ②③

64. 吊脚楼的下层：
    A 可饲养动物　　B 多布置成客厅　　C 空间比较狭窄　　D 专门设有挑廊

65. 下面哪句话符合吊脚楼所体现的哲学思想？
    A 出淤泥而不染　　　　　　　　　B 忍一时风平浪静
    C 天生我材必有用　　　　　　　　D 不扫一屋，何以扫天下

66. 根据文意，第三段的空白处最适合填入的词语是：
    A 征兆　　　　B 预示　　　　C 象征　　　　D 比喻

67. 吊脚楼上面雕刻的图案：
    A 传统美观　　B 精致统一　　C 不加色彩　　D 以人像为主

68. 上文主要介绍的是湘西吊脚楼的：
    A 历史文化　　B 结构特点　　C 使用用途　　D 地理位置

第二部分

第69—73题：下列语段的顺序已被打乱，请将它们重新排序，组成一篇逻辑连贯的文章。
注意其中一个段落为干扰项，需排除；画线段落的位置已固定，无需排序。

A 我继续问："城里的道路这么复杂，你出来不怕迷路吗？"听了，老人笑了起来，说："如果没有勇气迈出一步，那我只能一直待在家里了。现在，我每个星期都要从乡下到城里往返两趟，一点儿都不担心会迷路。"

B 尽管这已是很多年前的情景，但老人说得很准确。我瞅了瞅他失明的眼睛，感到有些诧异，在犹豫了一会儿之后，仍忍不住问："老伯，你的眼睛……怎么会知道我们村子以前的情景呢？"老人毫不在意地微笑着说："你怀疑我说谎？年轻的时候，我这两只眼睛并没有瞎。我还当过兵哩，在青海开过车。复员后，我被分配到一家化工厂里工作。后来，因为工伤，我这两只眼睛才不行了。"在说这些话的时候，老人脸上的神情非常轻松。

C 说到这儿时，老人的话题一转，说："刚开始，我也很绝望，感觉自己好像突然从这个世界上消失了。但后来，我就想已经这样了，再怎么后悔也无济于事了。于是，我就对自己说，走出去吧，只要抓准目标，走一步就近一步，这有什么好担心和害怕的呢？"

D 那一天，我去城里拜访了一位朋友。下午返回时，我乘上了一辆驶往乡下的大巴。汽车只行了几站，便上来一位盲人，看上去60多岁。因为我距离车门较近，便帮助他将背包放好。他嘴里一边说着谢谢，一边在我身边的座位上坐下。然后，他微笑着问我家住哪里。当我告诉他住在海西时，他竟兴奋地说："你们那里，我可去过很多次。在你们村子东南方向不远就是大海，村前有一条小路，路旁有一座龙王庙……"

E 在此之后的很长时间，那位双目失明老人的乐观和坦然的神情，一直萦绕在我的脑海之中。一个人，突然从光明的生活跌入黑暗的世界，这是一种多么巨大的打击和痛苦啊！但是，那一位失明的老者却用坚强的信念和勇气，坦然地面对所有痛苦，并将这份痛苦转化为更强大的信念，使自己活得更有尊严。

F <u>此时，我被老人的话语深深打动，于是我又问他："老伯，你到城里来做什么呢？"他颇有些自豪地说："是一家大医院，聘我给病人做推拿。"我惊讶地问："你还会做推拿？"老人平静地说："是呀，既然活着，就应该学习一门手艺，我研究推拿已经几十年了。"到站后，在我起身下车的时候，聊兴正浓的老人看上去有些不舍，竟然关切地对我说："走好啊。"</u>

G 盲人按摩讲究手指的力度和穴位的准确，手指肿痛更是常有的事。为了学好盲人按摩技术，他开始学盲文，每次学习都认真做好笔记，勤奋练习，有时练得连端碗拿筷子都感到痛，经过三年的学习，他的手关节都有些变形了。也许有很多人吃不下这些苦，但他说，在他看来，学习盲人按摩技术过程中，手指酸痛是必经的过程，想要学好一门技术，不吃苦是学不出来的。

| | → | | → | | → | | → | F | → | |

第三部分

第74—87题：请回答下面的问题，注意答案控制在十个字以内。

74—80.

自古川黔多好酒，"五粮液"便是其中最有名的代表之一。四川宜宾是五粮液酒的故乡，酿造五粮液酒的历史可追溯到一千年以上。

相传，宜宾早在唐代时就已盛行酿酒。唐代大诗人杜甫于永泰元年（765年）到戎州（今四川宜宾），在所写《宴戎州杨使君东楼》诗中就有"重碧牛青酒，轻红臂荔枝"之句。其时所产的"重碧酒"和"荔枝绿"均为唐宋时期的名酒。

五粮液，原名杂粮酒，据说创始于明代，至今酿造用的酒窖，乃是明代遗物。当时系仿宋代名酒荔枝绿之制法，用多种谷物配合酿制，经历代不断改进发展而成。

明朝初期，四川宜宾一位姓陈的老板，创"温德羊"酒坊，潜心研究，探索出杂粮酒的配方，嫡传六代。到了清代，因陈家无后，最后一代陈三便将秘方口授给徒弟赵铭盛。赵铭盛去世前，又将秘方传给了徒弟邓子均。邓根据其秘方几经调整，确定了新配方。

1915年，巴拿马万国博览会上，世界各地的商品包装精美，目不暇接。上海"利川东"商行的展位前，仅陈列着一些产自长江之滨的土陶罐，土陶罐粗陋难看的外表令所有人嗤之以鼻。眼看着买卖难成，"利川东"商行的一名商人情急之下，打开了一个土陶罐，顷刻间香气扑鼻。参观者驻足观望，只见陶罐中的玉液晶莹剔透，入口甘香绵甜、齿颊留香、回味无穷，凡饮者赞不绝口，从此无法忘记中国"五粮液"的美名。正是这名商人的偶然举动，令"五粮液"名扬四海，一举夺得了巴拿马金奖，成就了一个中华民族的国际品牌。

为庆贺"五粮液"获得巴拿马国际金奖，"利川东"商行还特意制作了一块用彩色玻璃镶边的牌匾赠送给五粮液的传人邓子均，上书"名振华夏"。自此以后，"五粮液"多次荣获国际国内金奖及名酒美誉，铸就了80年金牌不倒的辉煌，不愧为神州神酒。

而更神奇的是，六百多年来，五粮液酒厂的明代地穴式酒窖发酵池得以不断使用。这16口明代古窖池经过几百年的连续使用和不断维护，成为我国现存最早的地穴式曲酒发酵窖池，其微生物繁衍至今从未间断。这不仅是五粮液集团的瑰宝，也是白酒行业的奇迹！

74. 第二段中，作者引用杜甫的诗句是想说明什么？

75. 五粮液源自哪个年代?

76. 除了改名之外,邓子均对五粮液还有什么贡献?

77. 画线词语"目不暇接"是什么意思?

78. "利川东"的商人是如何推销五粮液的?

79. 1915年,五粮液获得了什么奖项?

80. 五粮液酒厂的古窖池为什么令人称奇?

81—87.

年画,是我国特有的一种绘画体裁,也是民间喜闻乐见的艺术形式。它大多在新年时张贴,用于装饰环境,寓意新年喜庆吉祥。在中国,一提起过年,很多人心中都会出现一幅色泽鲜艳、喜气洋洋的年画,其中承载了太多中国人关于年的美好记忆。

历史上,民间对年画有着多种称呼:宋朝叫"纸画",明朝叫"画帖",清朝叫"画片",直到清朝道光年间,文人李光庭在文章中写道"扫舍之后,便贴年画,稚子之戏耳",年画由此定名。

各地对年画的称谓也各式各样,北京叫"画片""卫画",四川叫"斗方",苏州叫"画张",浙江叫"花纸",福建叫"神符"……不一而足。今天,各地对年画逐渐约定俗成地简称为"年画"。

年画的形式包括门画(独幅和对开)、四屏条和横竖的单开独幅等。传统年画以木刻水印为主,追求拙朴的风格与热闹的气氛,因而画的线条单纯,色彩鲜明。年画内容有金鸡、春牛、胖娃娃、神话传说与历史故事等,表达人们祈望丰收的心情和对幸福生活的憧憬,具有浓郁的民族特色与乡土气息。年画多数作为门画张贴之用,夹杂着"神祇护宅"的观念,如"神荼郁垒""天官""秦琼敬德"等。

年画最早以门神的形式出现,其起源可以上溯到汉代甚至秦代。目前能见到的最早的木版年画是宋金时期刻印的《隋朝窈窕呈倾国之芳容》。宋代年画的主要题材有门神、灶王、钟馗、桃符等，一年一换，百姓希望通过这种方式来辟邪除灾。

明代，人们对驱魔逐鬼的门神信仰渐渐淡化，转而盼望五谷丰收、百福临门、子孙昌盛、长生不老，因而寓意吉庆祥瑞的年画得以发展。清代中期，年画尤为盛行。民国初年，开始出现阴阳合历的月份牌年画。新中国成立后，年画在传统的基础上推陈出新，更为人民群众所喜爱。

千百年来，年画不仅是年节五彩缤纷的点缀，也是一种看图识字式的大众读物，还是文化流通、道德教育、审美传播、信仰传承的载体与工具；年画又是一部地域文化的辞典，从中可以找到各个地域鲜明的文化个性。这些个性因素，不仅从题材内容，而且从各个年画产地习惯的体裁、用色、线条及版式里，都能一眼识别出来。可以说，年画这种"百科全书"般的民间艺术，蕴含着丰富的中国民间文化内涵。

81. 一般在什么时候张贴年画？

82. 年画因谁而定名？

83. 四川地区把年画叫作什么？

84. 画线词语"不一而足"是什么意思？

85. 传统年画在艺术上追求什么样的风格？

86. 宋代的年画主要表达老百姓什么样的愿望？

87. 第七段把年画比作"百科全书"是想说明什么？

三、写作

第一部分

第88题：请对图表进行描述与分析，写一篇200字左右的文章，限时15分钟。

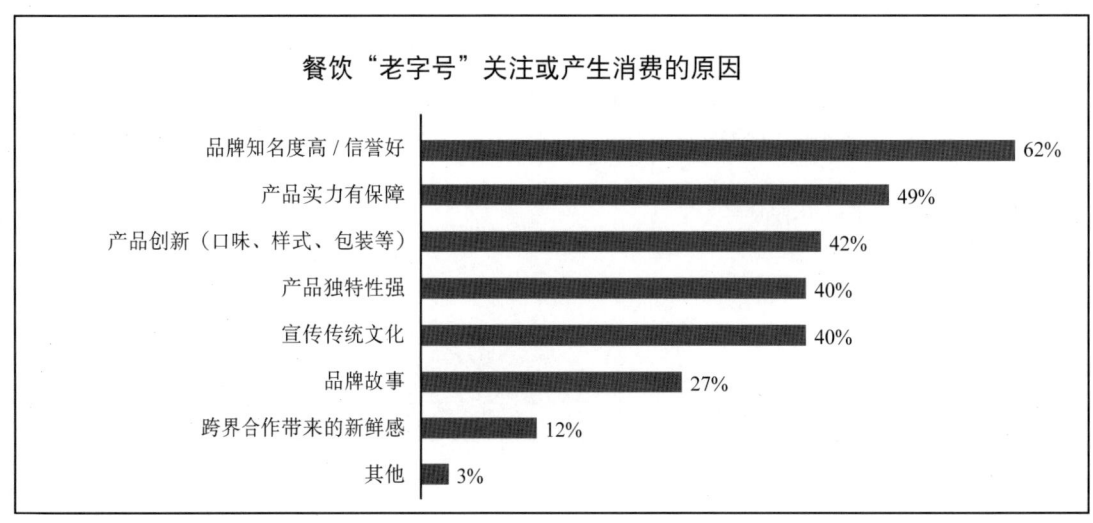

88.

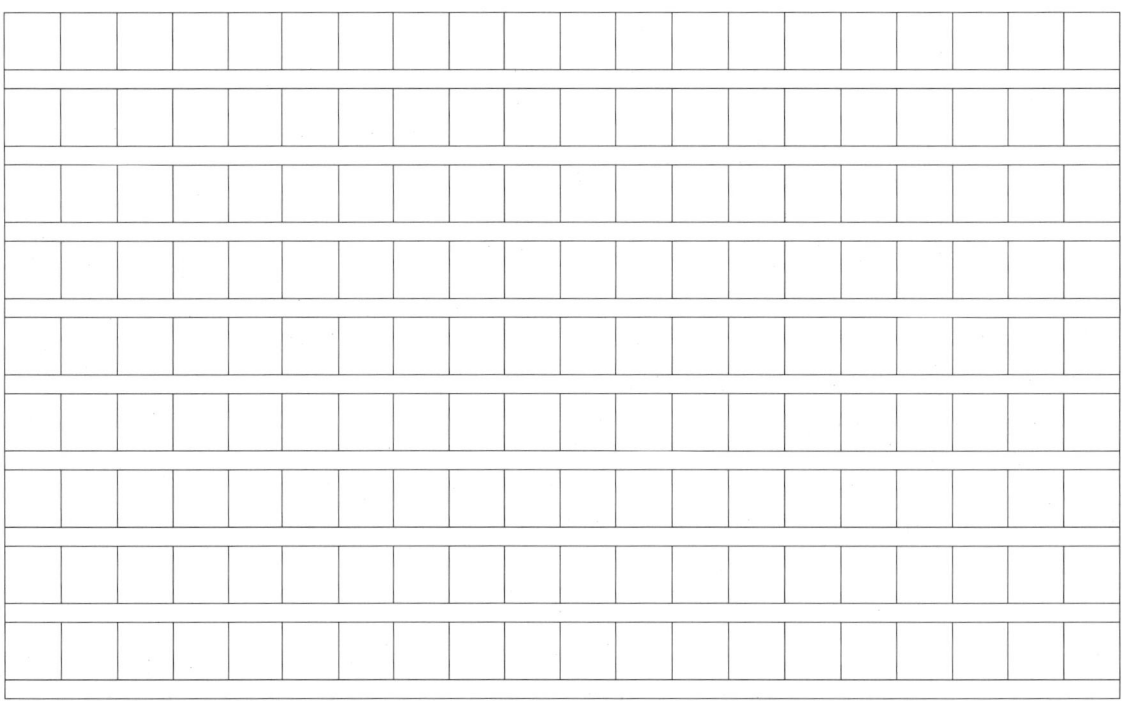

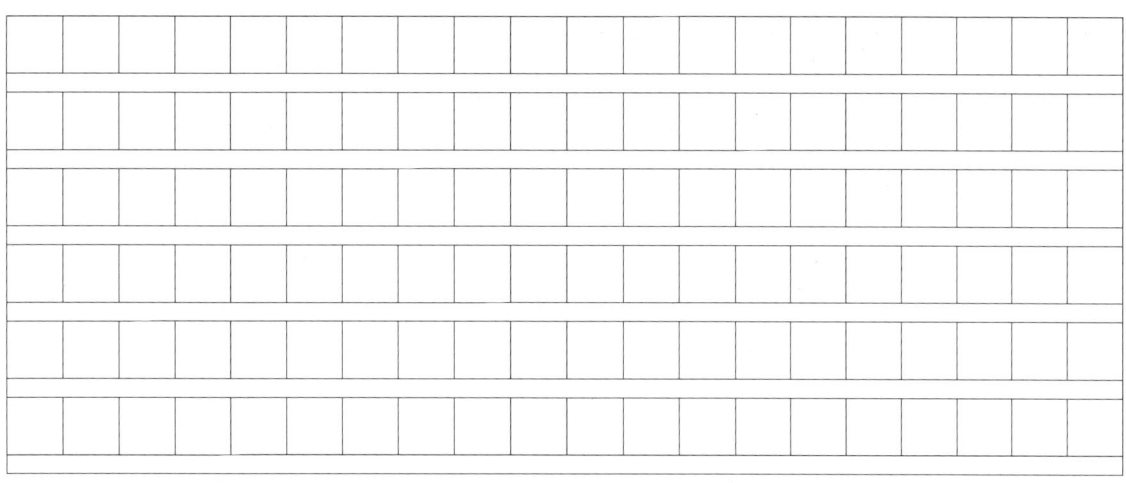

第二部分

第89题：话题作文，限时40分钟。

89. 古语说："居安思危，思则有备，有备无患。"它警示我们：人在安全的时候，一定要想到未来可能会发生的危险，这样才会先做准备，以避免失败和灾祸的发生。请写一篇600字左右的文章，谈谈你对"居安思危"的认识并论证你的观点。

四、翻译

第一部分

第 90—91 题：请将下列两篇材料译写成中文，限时 35 分钟。

90. 중국의 차 문화는 수천 년의 역사를 가지고 있다. 차를 마시는 것은 단순한 음료를 즐기는 것 이상의 의미를 지닌다. 전통적인 차의 제조법에서부터 차 음료에 담긴 철학까지, 모든 것이 중국의 깊은 문화적 유산을 반영한다. 현대의 중국 도시에서도, 이런 전통적인 차 문화의 흔적과 영향을 쉽게 발견할 수 있다.

91. 중국의 전통에서 "양생(养生)" 또는 "건강을 보호하다"는 개념은 수세기에 걸쳐 중요하게 여겨졌다. 이것은 정신과 신체의 균형을 유지하고, 질병을 예방하는 방법을 찾는 것을 의미한다.

많은 중국인들은 아침에 공원에서 태극권을 연습하며 양생하는 습관을 가지고 있다. 또한, 계절에 따른 음식 선택도 중요하게 여겨져, 각 계절마다 적절한 음식을 섭취하여 건강을 유지한다.

최근에는 젊은 세대 사이에서도 중국의 전통 양생 방법에 대한 관심이 증가하고 있다. 디지털 시대의 스트레스와 바쁜 일상에서 벗어나, 자연과 함께하는 시간을 찾는 것이 중요하게 여겨진다.

종합적으로, "양생"은 중국 문화의 핵심 부분이며, 그것은 인간의 삶의 질을 향상시키는 방법으로 계속 전승되고 있다.

第二部分

第 92—93 题：口译。

92. 금요일 저녁, 베이징의 싼리툰은(三里屯) 활기를 띤다. 젊은이들은 다양한 바와 클럽에서 밤을 즐긴다. 도시의 불빛 아래, 음악, 댄스, 그리고 패션이 하나로 어우러진다. 싼리툰은 중국 현대 청년문화의 대표적인 장소 중 하나로, 도시의 새로운 문화적 트렌드를 체험할 수 있는 곳이다.
（2分钟）

草稿区（不计分）

93. 팟캐스트는 현재 디지털 미디어의 주요 형식 중 하나로 떠오르고 있습니다.

　팟캐스트의 가장 큰 장점 중 하나는 유연성입니다. 이들은 언제 어디에서든 들을 수 있으며, 스마트폰, 태블릿, 컴퓨터 등 다양한 디바이스에서 접근할 수 있습니다.

　또한 팟캐스트에는 학습, 엔터테인먼트, 뉴스 업데이트 등 다양한 주제가 있어 원하는 정보를 쉽게 얻을수 있습니다.

　나아가, 팟캐스트는 시간을 효율적으로 활용하는 데 도움이 됩니다. 출퇴근, 청소, 운동 중에도 들을 수 있어 시간을 최대한 효율적으로 활용할 수 있습니다.

　마지막으로, 팟캐스트는 깊이 있는 정보와 지식을 제공하는 매체로, 특정 주제에 대한 깊은 이해와 새로운 관점을 얻는데 도움이 될 수 있습니다.

（2分钟）

草稿区（不计分）

五、口语

第一部分

第94题：应用读说。

你作为海外项目管理人员在一个国际贸易公司工作。下表是公司安排的业务培训。

主题	国际商务	销售技巧
时间	7月1—2日	7月15—16日
课时	2天，每天6课时	2天，每天6课时
培训地点	3楼宴会厅	4楼小会议室
培训方式	公开课	表达练习
培训内容	国际产品商务报价、国际采购、产品供应和物流管理、商品检验、海关清关、国际产品保险管理	售前准备、销售的核心实力、产品与行业知识、销售人员形象、沟通技能、客户利益、客户关系的建立与维持
参加人员	所有海外业务人员	所有海外业务人员

主题	产品思维	海外项目管理
时间	8月3—4日	8月15—18日
课时	2天，每天6课时	4天，每天6课时
培训地点	3楼会议室	6楼大会议室
培训方式	公开课	沙盘模拟
培训内容	把握客户需求、机会判断、提升客户体验、产品模式创新	风险管理、合同管理、索赔和反索赔、外籍员工引进和管理
参加人员	海外业务开发人员	海外项目管理人员、技术人员

94. 请你向部门员工简要介绍此次培训的主要安排。（3分钟）

第二部分

95—97：听材料回答问题。

95.（30秒）

草稿区（不计分）

96.（30秒）

草稿区（不计分）

97.（2分钟）

草稿区（不计分）

第三部分

第98题：观点表达。

98.（3分钟）

草稿区（不计分）

中文水平考试
HSK（七—九级）

全真模拟题 5

注　意

一、中文水平考试 HSK（七—九级）分五部分，共 98 题：

　　1. 听力（40 题，约 30 分钟）

　　2. 阅读（47 题，60 分钟）

　　3. 写作（2 题，55 分钟）

　　4. 翻译（4 题，41 分钟）

　　5. 口语（5 题，约 24 分钟）

二、全部考试约 210 分钟。

一、听力

第一部分

第1—10题：请根据听到的内容，判断下列句子是否符合原文。符合原文的请画"√"，不符合的请画"×"。

第1—5题
1. 试验中，扣在箱子下的两组小鹅出生时接触的对象不同。（　　）
2. 印痕行为需要重复观察学习。（　　）
3. 幼鸟在学习飞翔时，神经系统不能受到刺激。（　　）
4. 印痕行为会影响动物晚期的繁殖行为。（　　）
5. 为了避免熊猫宝宝对人产生印痕行为，饲养员要穿上"熊猫服"工作。（　　）

第6—10题
6. 孟子家旁边的墓地有很多老人。（　　）
7. 第一次搬家后，孟子开始对做买卖感兴趣。（　　）
8. 周朝的学宫是国家兴办的教育机构。（　　）
9. 孟子住在闹市，却能保持贫穷的心态。（　　）
10. 孟母几次搬家是为了让孟子和邻居处好关系。（　　）

第二部分

第11—22题：请选出或填上正确答案。

11. _____

12. A 延长职业生涯
    B 提升应对能力
    C 检测系统设备
    D 缩减适应时间

13. A 制作效率提升
    B 数字资产庞大
    C 运营成本精简
    D 操作便捷舒适

14. A 突破性的技术
    B 飞机座舱外环境的辨别
    C 需要重建的庞大资产量
    D 训练场景与真实环境的背离

15. A 4K 高清画面
    B 精细化的机场地景
    C 12K 多通道融合算法
    D 多台投影仪组成的测试环境

16. A 虚拟现实技术
    B 人脸识别技术
    C 文本生成图像技术
    D 高精度多投影仪融合校准技术

17. _____

18. A 家学渊源
    B 专业更换
    C 传统文化的熏陶
    D 人生际遇的偶然

19. A 成名要趁早
    B 关注笔墨和造型
    C 找到适合的流派
    D 学习中西哲学思想

20. A 是一幅简笔画
    B 能感受到永恒
    C 融合了中西画法
    D 有虚无缥缈的地方

21. A 写实和白描
    B 构图和色彩
    C 水墨和意境
    D 空白和空间感

22. _____

第三部分

第23—40题：请选出或填上正确答案。

23. _____

24. A 祥瑞图案
    B 生猛野兽
    C 宗教经典
    D 名胜古迹

25. A 个人喜好
    B 擅长手法
    C 各地风俗
    D 装饰部位

26. A 四川挑花
    B 北京挑花
    C 湖南挑花
    D 上海挑花

27. A 填花
    B 团花
    C 角花
    D 边花

28. A 挑花多用作装饰
    B 安徽挑花格调明快
    C 挑花是一种针织阵法
    D 边花大多是几何图形

29. A 大量繁殖
    B 排泄物太多
    C 争夺咖啡果
    D 破坏咖啡树

30. A 想卖出高价
    B 懒于采摘果实
    C 跟商人有矛盾
    D 发现它味道甜美

31. A 改变了烘焙方式
    B 添加了微量元素
    C 经过了特别的发酵
    D 拥有棕榈猫的味道

32. _____

33. A 从喜欢到厌恶
    B 从惊奇到平常
    C 从保护到忽视
    D 从憎恨到后悔

34. A 棕榈猫很可爱
    B 要善于发现商机
    C 棕榈猫咖啡的制造
    D 要与自然和谐相处

35. A 杨家界新景区
    B 桃花源风景区
    C 天子山自然保护区
    D 张家界国家森林公园

36. A 多奇山异峰
    B 少见溶洞、群泉等
    C 森林覆盖率超过80%
    D 北部多为石英砂岩喀斯特地貌

37. A 4月—7月
    B 5月—7月
    C 12月—1月
    D 11月—3月

38. _____

39. A 有2000多座山峰
    B 是首个国家森林公园
    C 森林覆盖率在95%以上
    D 占地面积有300多平方公里

40. A 武陵源11月降雪最多
    B 武陵源霜冻长达6个月
    C 武陵源动植物资源丰富
    D 黄狮寨位于索溪峪自然保护区

二、阅读

第一部分

第41—68题：请选出正确答案。

41—47.

担担面是川味小吃中的代表性食物，相传为1841年四川自贡一个叫陈包包的小贩创制，因为早期是用扁担挑在肩上沿街叫卖，所以叫作担担面，至今已经有上百年历史。

当年挑担担面的扁担一头是个煤球炉子，上面一口铜锅。铜锅隔为两格，一格煮面，一格炖鸡；另一头装的是碗筷、调料和洗碗的水桶。卖面的小贩用扁担挑在街上，晃晃悠悠地沿街游走，边走边 _____："担担面，担担面。"喜欢担担面的一听到这种熟悉的叫卖声，赶紧叫住小贩说"来一碗"，那么你只要付点儿小钱，就能品尝到这种美食了。

担担面得名，来自这特殊的年代和叫卖方式；担担面出名，却在于它的调味和独特的面臊。

先说面臊，其实就是面卤或是浇头。四川人习惯把面臊分为三种：汤汁面臊、稀卤面臊和干煵面臊。汤汁面臊就是带有汤水的，比如红烧牛肉面、清汤牛肉面、香菇炖鸡面等的面臊；稀卤面臊就是面臊比较浓稠，一般都有勾芡这一过程，像打卤面、大蒜鳝鱼面等的面臊就属此列；干煵面臊就是指炒制的面臊，面臊一般都比较干爽，像杂酱面和担担面的面臊就是。

担担面的面臊非常有特色，人们习惯把它叫作"脆臊"，一听名字就知道好吃，制作起来其实也不麻烦：取动物腿肉剁成肉末，甜面酱用少许油解散；然后锅置火上，放少许油烧热，然后下肉末炒散，加料酒炒干水分，加盐、胡椒粉、味精调味，然后放入适量的甜面酱炒香，肉末呈现诱人的茶色，如果颜色较浅，可以加少许酱油，微微吐油就可以起锅放在一边了。

再来说说调味。担担面的定碗调料非常多：盐、味精、酱油、醋、辣椒油、香油、白糖、碎米芽菜、葱花和少许的鲜汤，甚至有人会放点儿花生碎和芝麻粉来增香。似乎看起来非常麻烦，但这正是四川厨师的高明和精妙。四川厨师高明，高在用味来刺激你的味蕾，用味来吸引你的食欲，叫你吃了就忘不掉；四川厨师的精妙，妙在可以把很多的调味原料组合在一起，让其和谐地统一，一味衬托另一味，一味更比一味好。

炒好面臊，放好调料，就可以开始煮面了。面条煮熟后，捞入已调味的碗中，撒上少许的肉末面臊就可以了。如今担担面已遍布各地，虽做法有些许不同，但因其味美受到各地人民的喜爱，已成为一种家常美食小吃。

41. 担担面的命名是源于它的：
    A 售卖方式   B 制作材料   C 产品工艺   D 发源地址

42. 根据文意，第二段的空白处最适合填入的词语是：
    A 打闹   B 尖叫   C 吆喝   D 要宝

43. 浇头：
    A 都带有汤水   B 都需要勾芡   C 起源于四川   D 是面臊的别称

44. 关于担担面的面臊，下列哪项正确？
    ①属于干煵面臊
    ②需要事先炒制
    ③颜色比较清淡
    ④制作时使用茶叶
    A ①③   B ②④   C ①④   D ①②

45. 担担面的调味原料：
    A 各不相同   B 着重麻辣   C 多用骨汤   D 多而和谐

46. 担担面：
    A 尚未走出四川   B 做法统一严谨
    C 属于家常美食   D 拥有千年历史

47. 最适合做上文标题的是：
    A 回味无穷的美食   B 川味美食担担面
    C 无辣不欢的四川菜   D 担担面与它的历史故事

48—54.

　　战国时期，齐国有一个名叫淳于髡的人。他的口才很好，也很会说话。他常常用一些有趣的隐语，来规劝君主，使君主不但不生气，而且乐于接受。

　　齐国的齐威王本来是一个很有才智的君主，但他继位以后，沉迷酒色，不理国家大事，每日只知饮酒作乐，把一切政事都交给大臣去办理，自己则不闻不问。因此，政治混乱，官吏们贪污失职，再加上各国诸侯也都趁机来侵犯，使得齐国_____灭亡的边缘。

　　齐国的爱国之士都很担忧，但因为畏惧齐威王，没有人敢出面劝谏。其实齐威王是一个很聪明的人，他很喜欢说些隐语来展现自己的智慧。虽然他不喜欢听别人的劝告，但如果劝告得法的话，他还是会接受的。淳于髡知道这点后，便想了一个计策，准备找个机会来劝告齐威王。有一天，淳于髡见到了齐威王，就对他说："大王，臣有一个谜语想请您猜一猜：某个国家的宫廷中住着一只大鸟，已经整整三年了。可是他既不振翅飞翔，也不发声鸣叫，只是毫无目的地蜷伏着。大王，您猜这是一只什么鸟呢？"

齐威王是一个聪明人，一听就知道淳于髡是在讽刺自己像那只大鸟一样，身为一国之君却毫无作为，只知道享乐。他不再想做一个昏庸的君主，于是沉思片刻后便毅然决定要重新振作起来，做出一番轰轰烈烈的事业，因此他对淳于髡说："你不知道，这只大鸟不飞则已，一飞冲天；不鸣则已，一鸣惊人。你慢慢等着瞧吧！"

从此齐威王不再沉迷于饮酒作乐，而开始整顿国政。首先他召见全国的官吏，对尽忠负责的给予奖励，对腐败无能的则加以惩罚。结果全国上下，很快就振作起来，到处充满蓬勃的朝气。另一方面，他也着手整顿军事，强大武力，提升国家的威望。各国诸侯听到这个消息以后都很震惊，不但不敢再来侵犯，甚至还把原先侵占的土地都归还给了齐国。

48. 淳于髡的特点是：
 A 善于劝谏　　　B 擅长歌舞　　　C 打仗勇敢　　　D 长于算计

49. 齐威王做了国君之后：
 ①不理朝政
 ②经常打猎
 ③大修宫殿楼阁
 ④喜欢饮酒取乐
 A ①③　　　B ②④　　　C ①④　　　D ②③

50. 根据文意，第二段的空白处最适合填入的词语是：
 A 跨越　　　B 涉足　　　C 开创　　　D 濒临

51. 齐威王喜欢什么样的劝告？
 A 直接的　　　B 委婉的　　　C 猛烈的　　　D 持续的

52. 淳于髡把大鸟比作：
 A 小人　　　B 敌人　　　C 某大臣　　　D 齐威王

53. 齐威王改革的措施不包括：
 A 整顿军事　　　　　　　　　B 把土地分给百姓
 C 惩罚腐败的官员　　　　　　D 奖励尽职的官吏

54. 下列哪个成语可以概括本文的主要内容？
 A 谋事在人，成事在天　　　　B 路见不平，拔刀相助
 C 重赏之下，必有勇夫　　　　D 不鸣则已，一鸣惊人

55—61.

舞狮是中国优秀的民间艺术，至今已有一千多年的历史。狮舞在旧时称"太平乐"，而到了唐代时更得到广泛的发展。狮艺在当时已成为过年过节、行香走会中的必备节目。在一千多年的发展过程中，狮舞形成了南北两种表演风格。

北狮造型和真的狮子很像，狮头较为简单，全身披金黄色毛。舞狮者（一般二人舞一头）的裤子、鞋都会披上毛，未舞时看起来已经是_____的狮子。狮头上有红结者为雄狮，有绿结者为雌狮。北狮表现灵活的动作，与南狮着重威猛不同。舞动则是以扑、跌、翻、滚、跳跃、擦痒等动作为主，表演较为接近杂耍。北狮一般是雌雄成对出现，由装扮成武士的主人引领。有时一对北狮会配一对小北狮，小狮戏弄大狮，大狮弄儿为乐，尽显天伦。

河北是北狮的发祥地。其中又以徐水的舞狮最为有名。徐水舞狮的活动时间主要在春节和春季寺庙法会期间，表演时由两人前后配合，前者双手执道具戴在头上扮演狮头，后者俯身双手抓住前者腰部，披上用牛毛缀成的狮皮饰盖扮演狮身，两人合作扮成一只大狮子，称太狮；另由一人头戴狮头面具，身披狮皮扮演小狮子，称少狮；手持绣球逗引狮子的人称为引狮郎，引狮郎与狮子默契配合，形成北方舞狮的一个重要特征。徐水舞狮的基本特征是外形夸张，狮头圆大，眼睛灵动，大嘴张合有度，既威武雄壮，又憨态可掬。

南狮又称醒狮，以广东等地的醒狮最具代表性，分为文狮、武狮和少狮三大类。醒狮是融武术、舞蹈、音乐等为一体的汉族民俗文化，由唐代宫廷狮子舞脱胎而来。五代十国之后，随着中原移民的南迁，舞狮文化传入广东地区。醒狮现流传于南方地区以及海外华人社区，被认为能驱邪避害，是吉祥瑞物，每逢节庆或有重大活动必有舞狮助兴，长盛不衰，世代相传。

南狮造型威猛，舞动时注重马步。南狮主要是靠舞者的动作表现出威猛的狮子形态，一般二人舞一头。南狮的狮头设计独特，不完全像真实的狮子头。南狮的狮头还有一只角，传闻以前会用铁制作，以应对舞狮时经常出现的武斗。传统上，南狮狮头有"刘备""关羽""张飞"之分。三种狮头，不仅颜色、装饰不同，而且舞法亦根据三人的性格而异。红色为关公狮，代表忠义、胜利，因关羽又被称为武财神，故关公狮又代表财富；黄色为刘备狮，代表泽被苍生、仁义及皇家贵气；黑色为张飞狮，代表霸气、勇猛，故一般张飞狮只有在比赛或者踢馆挑战时才用，一般喜庆之事还是红黄狮较为常见。

舞南狮时会配以大锣、大鼓、大钹等乐器，有时还会有一人扮作"大头佛"，手执葵扇带领。舞南狮之前通常还会举行"点睛"仪式。主礼嘉宾把朱砂涂在狮的眼睛及天庭上，寓意着赋予灵气及生命。

55. 唐代时舞狮：

A 开始叫作太平乐 B 已有一千年历史
C 形成了两种风格 D 是过节的必备节目

56. 北狮的：
    A 狮头有角   B 动作灵活   C 颜色多变   D 造型复杂

57. 根据文意，第二段的空白处最适合填入的词语是：
    A 惟妙惟肖   B 如假包换   C 浑然天成   D 有板有眼

58. 徐水舞狮有什么特征？
    A 狮头扁小   B 瘦小灵活   C 有"大头佛"   D 有"引狮郎"

59. 广东醒狮：
    A 分为两种   B 传自中原   C 来自民间   D 表演接近杂耍

60. 醒狮中的关公狮代表：
    A 勇猛   B 贵气   C 财富   D 凶悍

61. 关于南狮，下列哪两项正确？
    ①一般三人一组
    ②狮头非常逼真
    ③多有"点睛"仪式
    ④受海外华人欢迎
    A ①③   B ③④   C ①④   D ②③

62—68.
　　曾经，运载火箭是一次性航天工具。其第一级火箭在完成分离后会_____到陆上无人区或空旷海域，不可重复使用。有人曾形容火箭使用的浪费程度，就和一架波音747客机仅完成一次单程飞行就报废一般。造价高昂的火箭如果摆脱"一次性"用品的角色，未来航天发射的成本有望大大降低。这就是人们历经失败仍然坚持尝试的原因，不过他们需要克服的难题不小。

　　运载火箭回收试验有两大难点：一是让火箭第一级在分离后垂直下降，其难度就像在暴风雨中让一根扫帚平稳地直立在手掌上；二是精准降落在未锚定且只有足球场大小的浮动平台上极其困难，且着陆的精度要求在10米以内。因此，回收火箭首先要解决火箭着陆的精度问题，要能够回收到预定地点。其次，火箭要以垂直的姿态降落，必须解决姿态控制问题，而越是竖长的物体，就越难以控制。此外，还要解决减速问题，必须是软着陆，又不用降落伞，所以只能用反向推力装置。而且，回收过程是一个变速过程，在这一过程中如何持续有效地解决以上几大问题，难度非常高。

　　就回收平台来说，在海上平台上回收火箭比陆地平台更难，因为陆地上的气象条件更好，回收面积也更大，平台更稳定。不过，在陆上降落意味着火箭在空中飞行距离可能更长，消耗的燃料更多。

火箭的回收只是火箭重复使用的第一步，接下来要验证火箭的发动机是否可以重复使用，还要进一步验证回收二级火箭的可行性。

火箭的重复使用对于发动机核心部件的性能和寿命提出了更高的要求。对于一次性使用的火箭来说，保证材料和相关设计在短时间内能够承受住压力是一个问题，确保长期使用的耐久性又是另外一个问题。美国航天飞机的主发动机燃烧室的压强高达 207 个大气压，工作温度约为 3300 摄氏度，其中一个小小的涡轮泵的功率是主战坦克发动机功率的 10 倍。

令人欣喜的是，火箭回收技术的发展已经取得了显著的进展，特别是在降低发射成本方面。例如，中国航天科技集团开发的用于运载火箭助推器和整流罩回收的系统，预计每年可节约十几亿元人民币的发射成本。此外，蓝箭航天的朱雀三号 VTVL-1 试验箭成功完成了十公里级垂直起降返回飞行试验，标志着中国商业航天在可重复使用运载火箭技术上取得重大突破。这些进展预示着未来卫星发射成本将大幅降低，发射频率将提高，从而推动商业航天产业的快速发展。

62. 根据文意，第一段的空白处最适合填入的词语是：
   A 飘落　　　　B 降落　　　　C 堕落　　　　D 坠落

63. 第一段中用"仅完成一次单程飞行就报废一般"来说明：
   A 波音客机质量太差　　　　B 波音公司财大气粗
   C 运载火箭造价昂贵　　　　D 火箭使用极其浪费

64. 火箭回收的难点在于：
   ①降落姿态的控制
   ②降落过程的监测
   ③降落时间的设定
   ④降落地点的把握
   A ①③　　　　B ③④　　　　C ①④　　　　D ②③

65. 反向推力装置是用来解决什么问题的？
   A 减速　　　　B 加速　　　　C 匀速　　　　D 超速

66. 陆上回收平台的优势是：
   A 消耗燃料少　　　　B 气象条件好
   C 回收面积更精准　　D 可以使用降落伞

67. 第五段主要谈的是：
   A 火箭的重复使用　　　B 对发动机的高要求
   C 航天飞机的工作温度　D 建造材料的巨大进步

68. 关于火箭回收技术的发展，以下哪项描述是正确的？
   A 火箭回收技术目前还处于试验阶段，尚未实现商业化应用。
   B 火箭回收技术的发展不会降低卫星发射成本，也不会提高发射频率。
   C 蓝箭航天的朱雀三号 VTVL-1 试验箭未能完成十公里级垂直起降返回飞行试验。
   D 中国航天科技集团开发的火箭助推器和整流罩回收系统预计每年可节约大量的发射成本。

第二部分

第 69—73 题：下列语段的顺序已被打乱，请将它们重新排序，组成一篇逻辑连贯的文章。
注意其中一个段落为干扰项，需排除；画线段落的位置已固定，无需排序。

A 该计划被称为厨师的秘密会议，但只有精英阶层享受到了升级后的餐点。头等舱和商务舱的乘客可以吃到像墨西哥辣椒烧烤排骨和烤西红柿茄子汤这类由顶级厨师设计的菜肴。

B 曾经，空中旅行是奢华的顶点。各个航空公司都以自己的食物和饮料的质量和数量自豪。比如美国环球航空公司，曾在从洛杉矶到巴黎的航线上提供最高级的鱼子酱、鲑鱼和36种不同的饮料。乘客还可以从一份豪华菜单中点餐，从复杂的橘汁鸭肉到简单的热狗和汉堡包应有尽有。这顿饭可以从飞机起飞一直吃到看到塞纳河上的日出。

C <u>到了经济快速发展的 21 世纪，航空公司开始努力让自己变得与众不同，要做到这一点，方法之一就是改善伙食。美国航空决心去除贴在航空食品上的"令人耻辱"的标签。1988 年，美国航空向著名厨师取经，请他们利用专业知识帮助改进工艺，提升该航空公司航线上的食品服务。</u>

D 今天有些航空还有点餐服务，比如新加坡航空，坐公务舱及以上舱位，就可以获得"点菜"服务，也就是说，他们的选择并非仅限于"鸡肉饭"或"牛肉面"，而是可以从色拉到主菜任意点选，选择多达十几种。当然，这样的服务必须最晚在起飞前一天通过网络或人工座席完成。除了食物可口之外，在头等舱，不少瓷器餐具都是名牌货，塑料材质基本是不会被端上餐桌的。公务舱及以上舱位一般都有餐布服务，食物容器底盘是不会直接接触小桌板的。

E 从你踏上飞机的那一刻起，机舱里面的环境首先开始影响你的嗅觉。接着，随着飞机的高度一路攀升，气压下降，机舱内的湿度也骤降。到了大约 3000 英尺高的时候，湿度低于 12%，比大部分沙漠还要干燥。

F 此后，越来越多的人开始空中旅行，航空公司开始削减食品预算了。从 20 世纪 60 年代到 80 年代，问题越来越严重。航空公司就像机器人一样用传送带运送食物。再加上石油危机和各国政府对航空公司管制的放松，进一步导致票价下降和竞争加剧，航空公司只能尽可能减少在客户身上的开支。于是，由于成本问题，美味佳肴从飞机餐中消失了。

G 到了2013年，厨师的秘密会议的影响已经消失，因为美国航空公司开始与全美航空公司合并。美国航空公司已经不再请名厨打造他们的菜单，转而由内部员工来为客人奉上食物。

| | → | | → | C | → | | → | | → | |

第三部分

第74—87题：请回答下面的问题，注意答案控制在十个字以内。

74—80.

　　太阳光传递光和热，照到人身上，人会感到暖洋洋的，但从未有人感觉到太阳光有压力。实际上，太阳光是有压力的，因为光具有两重性，既是电磁波，又是粒子——光子。光线实际上是光子流，当光子流遇到物体阻挡时，光子就会撞到该物体上，就像空气分子撞到物体上一样，光子的动能就转化成对物体的压力。

　　不过，太阳光产生的压力非常小。不仅人感受不到，就连普通的仪器也测不出来。在地球附近，太阳光照射到一个平整、光亮、能完全反射光的表面时，产生的压力最大，100万平方米平整光亮的面积上才受到9牛的压力，相当于一个2分硬币的重量。在地面上，由于重力、大气压力、空气阻力、摩擦力等力的存在，微乎其微的太阳光压力被淹没在这些宏观力的汪洋大海之中。

　　"山中无老虎，猴子称大王。"到了太空中，重力、大气压力、空气阻力、摩擦力等几乎完全消失，太阳光压的作用才开始显著。一些具有创新思维的人开始想到利用太阳光压来推动航天器在太空飞行。早在20世纪初，俄罗斯宇航理论先驱齐奥尔科夫斯基就提出过这一大胆的设想。以后，又有不少科学家进行过研究。然而，只有当科学技术发展到今天的水平，在有强大的火箭把航天器送入太空的条件下，利用太阳光作为航天推进力才有了实现的可能。

　　太阳光压的大小是与接受太阳照射的面积成正比的。受照面积越大，产生的压力越大。为了获得一定的压力，必须有足够大的受照面积，从而引出了太阳帆的概念。太阳帆是一种面积很大，表面平整、光滑、无斑点和皱纹的薄膜，一般由聚酯或聚酰亚胺等高分子材料制成，表面镀铝或银，使其具有全反射的特性。

　　一块面积为5×105平方米的太阳帆，在太阳光正射下可获得大约100毫牛的力，用它推动100千克的物体，可产生1毫米/二次方秒的加速度。这个加速度极其微小，只有地面重力加速度的一万分之一。

　　俗话说："涓涓细流汇成大海，块块碎土堆成高山。"速度是加速度与时间的乘积，尽管加速度非常小，只要时间足够长，最终能达到一定的速度。理论上，即使航天器的加速度只有1毫米/二次方秒，那么，一天后，速度达到86.4米/秒；一个月后达到2592米/秒；130天后，就可超过第二宇宙速度,达到11.23千米/秒;一年后可达到31.54千米/秒,足以飞出太阳系。由此可见,加速度不在大而在时间长,时间长则灵。

74. 太阳光为什么有压力?
___

75. 人们感受不到太阳光压力的原因是什么?
___

76. 地面上,太阳光的压力与什么相当?
___

77. 科学家认为太阳光压有什么作用?
___

78. 太阳光压的大小与什么成正相关?
___

79. 太阳帆为什么具有全反射性?
___

80. 航天器具备什么样的速度就可以飞出太阳系?
___

81—87.

　　塑料问世后,即被人们广泛地应用到了几乎所有的领域。但是,在塑料应用极大地促进工农业生产发展,丰富和改善人们物质文化生活的同时,也带来严重的"白色污染"问题。塑料不会自行"腐烂",如果塑料薄膜长期存在于田间,不仅妨碍耕作,而且破坏土壤的水肥及微生物平衡,对农作物生长造成不利影响。发达国家对使用后的塑料曾采用过掩埋、焚烧和回收利用等方法进行处理,但都存在这样那样的不足。为此,从20世纪70年代开始,中外许多科学家为解决"白色污染"问题,纷纷投身于研制"绿色塑料"——可降解塑料。

　　所谓"绿色塑料",并不是指绿颜色的塑料,而是指能够自行降解和再利用,不会污染环境的塑料。具体地说,就是指在一定使用期限内具有与普通塑料制品同样的功效,而在完成一定的功效后能迅速自行降解,与自然环境同化的一类聚合物。因为它对保护环境具有重大意义,所以被称为"绿色塑料"。

"绿色塑料"的品种很多，这里只介绍光降解型塑料、天然高分子型塑料、微生物高分子型塑料和转基因型塑料四种。

光降解型塑料是在聚合物中添加少量光敏剂生产出来的塑料。我国科学家从20世纪80年代就开始了对光降解型塑料的研制。中国科学院上海有机化学研究所和长春应用化学研究所研制的光敏剂及其光降解聚乙烯地膜，早在1995年就通过了技术鉴定，并在推广中证明这一技术已经成熟。光降解聚乙烯地膜在光照下，可分解成4×4平方厘米的碎片，即使以后不再分解、长期存在于土壤中，也不会给土壤的物理化学性能造成影响，不会破坏土壤养分。

天然高分子型塑料是利用纤维素、木质素等天然物质，用化学方法制成的塑料。比如，日本工业技术研究院利用农作物下脚料，如豆秸等制成的可降解农用地膜就是其中的一种。这种天然高分子型塑料地膜具有极好的透明度和伸展性，埋在土中只需数日，即可被微生物分解为二氧化碳和水，不会污染环境。

微生物高分子型塑料是由一种叫真核产碱性细菌先在葡萄糖溶液中生产出生化聚酯，再经进一步加工生产出的生物塑料。德国哥廷根大学的微生物学家通过对一种细菌的特定基因隔离，使植物细胞内部生成聚酯，再利用这种聚酯制成植物型生化塑料。这种塑料在细菌作用下也可分解成水和二氧化碳，不但不污染环境，而且还可作为肥料回馈大自然。

转基因型塑料是由美国密歇根州立大学的教授索姆维尔等人研制的。他们利用生物工程技术，从一种叫营养佳良产碱杆菌的土壤细菌中分离出生产塑料的基因，然后把这一基因转移到一种遗传结构简单的油菜籽属植物中，培育出一种适宜种植的名叫多羟丁酸的塑料植物。这种植物的叶、秆、根都能长出多羟丁酸颗粒塑料，用这种颗粒制成的塑料可以完全被降解。受索姆维尔研究的启发，美国密歇根大学的生物学家则干脆将这种塑料基因直接植入土豆和玉米之中，在人工控制下生长出不含有害成分的生物塑料。不久，人们就可以像种庄稼那样大面积种植和收获塑料了。

目前，可降解型塑料大多还处在研究或试产阶段，距大规模推广使用还有一段时间，但科学家卓有成效的研究已经为人们展现出光明的前景。我们坚信，随着研究的加速进展，绿色环保塑料的新时代一定会很快到来。

81. 塑料的广泛应用造成了什么问题？

82. "绿色塑料"又叫作什么塑料？

83. 在光照下，光降解聚乙烯地膜会发生什么变化？

84. 天然高分子型塑料最终可以被分解成什么?

85. 除了无污染之外,微生物高分子型塑料还有什么作用?

86. 转基因型塑料可通过什么生产出来?

87. 画线词语"卓有成效"是什么意思?

三、写作

第一部分

第88题：请对图表进行描述与分析，写一篇200字左右的文章，限时15分钟。

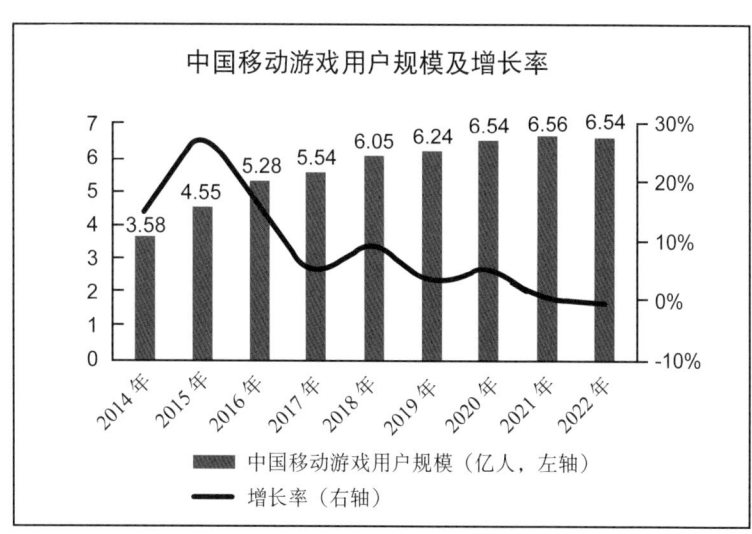

88.

第二部分

第 89 题：话题作文，限时 40 分钟。

89. 老子在《道德经》中说："合抱之木，生于毫末；九层之台，起于累土；千里之行，始于足下。"意思是说合抱的大树由细小的幼苗长成，九层的高台由一筐一筐的泥土堆成，千里远的行程须从脚下开始。你是否赞同从小事出发、坚持不懈的观点？请写一篇 600 字左右的文章，谈谈你对这句话的认识并论证你的观点。

四、翻译

第一部分

第 90—91 题：请将下列两篇材料译写成中文，限时 35 分钟。

90. 헬스클럽과 체육관이 도시 곳곳에서 빠르게 증가하고 있다. 사람들은 몸매를 관리하고, 건강을 유지하기 위해 운동을 점점 더 중요하게 생각한다. 특히 현대인들은 일상 생활에서 스트레스 해소와 건강한 삶을 추구하기 위해 꾸준한 운동을 선택한다.

91. 중국은 최근 몇 년 동안 신재생 에너지 자동차 분야에서 빠른 발전을 이루었다. 이러한 발전은 환경 문제와 지속 가능한 발전에 대한 중국 국민들의 관심이 증가함에 따라 이루어졌다.

　신재생 에너지 자동차는 도시의 대기 질 개선과 탄소 배출량 감소를 위한 중요한 수단으로 간주된다. 많은 중국 도시에서는 신규 신재생 에너지 차량 구매자에게 장려금과 기타 혜택을 제공하여 신에너지 자동차의 보급을 촉진하고 있다.

　또한 중국의 자동차 제조업체들도 전 세계적으로 신재생 에너지 차량의 선두 주자로 나섰다. 그들의 연구 및 개발 능력은 국제 시장에서도 높게 평가받고 있다.

　결국, 중국의 신재생 에너지 자동차 산업은 환경 보호와 지속 가능한 발전에 대한 국민들의 의식 변화를 반영하며, 이를 통해 더 나은 미래를 위한 중요한 발걸음을 내딛고 있다.

第二部分

第 92—93 题：口译。

92. 바쁜 일상에서, 배달 음식 주문 서비스는 큰 인기를 얻고 있다. 스마트폰 앱을 통해 다양한 음식을 쉽게 주문할 수 있으며, 집이나 사무실로 빠르게 배송받는다. 이 서비스는 편리함과 다양성으로 많은 사람들의 사랑을 받는다.（2分钟）

草稿区（不计分）

93. 중국은 세계에서 가장 다양한 음식 문화를 자랑한다. 그 가운데 채식주의는 고대부터 중국 사람들 사이에서 자리 잡아왔다. 전통적인 중국 음식에서는 다양한 채소, 버섯, 두부 등을 활용하여 맛있고 영양가 있는 요리를 만들어왔다.

　최근에는 건강에 대한 관심이 증가함에 따라, 채식주의는 중국 젊은 세대 사이에서도 인기를 얻고 있다. 많은 레스토랑과 식당에서는 다양한 채식 메뉴를 제공하여 소비자의 다양한 선택을 충족시킨다.

　뿐만 아니라, 중국의 길거리 음식 문화에서도 많은 채식 스낵이 인기를 끌고 있다. 중국의 채식 문화는 현대와 전통 사이에서 지속적으로 발전하고 있다.

（2分钟）

草稿区（不计分）

五、口语

第一部分

第94题：应用读说。

主题：关于2025年度公司年会安排的通知

各部门：

  随着春节的临近，我们即将迎来充满希望的2026年。为总结2025年的成就，展望未来的发展，共同绘制新的宏伟蓝图，公司决定于2026年2月初举办2025年度公司年会。现将具体安排及要求通知如下：

  一、年会时间

日期：2026年2月2日（星期五）

  二、年会地点

年会的具体地点将后续通知，请大家保持关注。

  三、乘车安排

乘车时间：2026年2月2日13:30

集合地点：香格里拉大酒店3楼宴会厅

车辆安排：公司将为杭州地区的员工统一安排大巴车接送。请各部门于2026年1月25日前完成乘车人员统计，并将信息提交至行政中心。

  四、年会议程

年会包括总结表彰大会和迎春晚宴两部分。

  五、会议纪律

1. 着装要求

（1）表彰大会环节：参会人员需穿着现行工作服，男士着西服、戴领带；女士着西服。

（2）晚宴环节：可自由选择着装。

2. 准时参会

（1）请所有参会人员于2026年2月2日16:00前到达会议现场。16:00—16:30为会议签到时间。

（2）会议结束后，请有序进入晚宴现场。17:30—18:00为晚宴签到时间，签到后请至指定位置入座。

  六、其他要求

1. 节目选报

各部门需准备2个节目，请有序组织排练，并跟进节目进展。

2. 用餐要求

（1）迎春晚宴定于 18:00 开始，请参会人员于 18:00 前到指定桌次入座，不得随意更换用餐桌次。

（2）每桌设桌长一名，负责维护本桌秩序，并协助组织晚宴活动。

特此通知。

总裁办公室
2025 年 11 月 10 日

94. 你作为部门经理：

（1）向大家说明活动通知和注意事项。

（2）说一些激励的话。

（3 分钟）

第二部分

95—97：听材料回答问题。

95.（30 秒）

草稿区（不计分）

96.（30秒）

草稿区（不计分）

97.（2分钟）

草稿区（不计分）

第三部分

第 98 题：观点表达。

98.（3 分钟）

草稿区（不计分）

북경대 HSK 7-9급

실전모의고사 5회분

北大版 HSK应试辅导丛书

MP3 바로 듣기

동양북스 채널에서 더 많은 도서
더 많은 이야기를 만나보세요!

외국어 출판 45년의 신뢰
외국어 전문 출판 그룹
동양북스가 만드는 책은 다릅니다.

45년의 쉼 없는 노력과 도전으로 책 만들기에 최선을 다해온
동양북스는 오늘도 미래의 가치에 투자하고 있습니다.
대한민국의 내일을 생각하는 도전 정신과 믿음으로 최선을 다하겠습니다.

동양북스